数据中心手册

[美] 耿怀渝（Hwaiyu Geng）等著

黄冬梅　耿怀渝　周里功　傅烈虎　孙映雪　鲁少堃　吴晓晖
孙文铮　邓　馨　丁　聪　田瑞杰　钟　晨　倪震楚　李雪琪
杨军志　胡宇昭　郑品迪　杨　超　国　晖　张　健　钟杨帆　译
赵帅帅　陈　远　黄　赟　郑大为　沈添翼　杜晓牧　金超强
王宇恒　朱国胜　孟　明　李伟涛　李　楠　段凯文

机械工业出版社

《数据中心手册》由来自7个国家的51位数据中心业内专家共同编写，中文版由国内24家企业、公司和大学的34位数据中心业内专家共同翻译并修订完成。内容涵盖了数据中心全生命周期的相关技术及运营管理策略，从数据中心规划、选址、设计、建设、测试、验收到运营和管理、灾难恢复，全面翔实，是作者及译者多年经验所得，是一本由来自全球不同国家、不同企业、不同专业领域的专家共同完成的数据中心领域的工具书。

本书可作为数据中心设计者、建设者、管理者和投资者的学习及参考材料，也可作为高校相关专业师生及其他人士了解数据中心行业的入门材料。

Copyright © 2015 by John Wiley & Sons, Inc.

All Rights Reserved. This translation published under license. Authorized translation from the English language edition, entitled Data Center Handbook, ISBN 978-1-118-43663-9, by Hwaiyu Geng, Published by John Wiley & Sons. No part of this book may be reproduced in any form without the written permission of the original copyrights holder.

本书中文简体字版由 Wiley 授权机械工业出版社独家出版。未经出版者书面允许，本书的任何部分不得以任何方式复制或抄袭。版权所有，翻印必究。

北京市版权局著作权合同登记 图字：01-2018-7080号。

图书在版编目（CIP）数据

数据中心手册 /（美）耿怀渝（Hwaiyu Geng）等著；黄冬梅等译. —北京：机械工业出版社，2022.1

书名原文：Data Center Handbook

ISBN 978-7-111-69748-0

Ⅰ. ①数… Ⅱ. ①耿… ②黄… Ⅲ. ①数据处理中心-手册 Ⅳ. ①G254.926-62

中国版本图书馆 CIP 数据核字（2021）第 259850 号

机械工业出版社（北京市百万庄大街22号 邮政编码100037）
策划编辑：孔 劲 责任编辑：孔 劲 李含杨
责任校对：樊钟英 李 婷 封面设计：鞠 杨
责任印制：单爱军
河北鑫兆源印刷有限公司印刷
2022年3月第1版第1次印刷
184mm×260mm・38印张・2插页・1261千字
0 001—2 500册
标准书号：ISBN 978-7-111-69748-0
定价：239.00元

电话服务	网络服务
客服电话：010-88361066	机 工 官 网：www.cmpbook.com
010-88379833	机 工 官 博：weibo.com/cmp1952
010-68326294	金 书 网：www.golden-book.com
封底无防伪标均为盗版	机工教育服务网：www.cmpedu.com

译 者 列 表

章节	内容	译者
第1章	数据中心战略规划、设计、建设和运营	耿怀渝　亚美智库
第2章	数据中心能源与可持续性	李伟涛　新华三集团
第3章	托管或租赁数据中心	孙映雪　美国加州大学圣地亚哥分校
第4章	模块化数据中心的设计、部署及其注意事项	鲁少堃　普洛斯普瑞数据科技（上海）有限公司
第5章	数据中心选址	吴晓晖　中国建筑标准设计研究院有限公司
第6章	数据中心财务分析、投资收益率和总体拥有成本	孙文铮　香港朝亚公司
第7章	架构设计：数据中心机架及设施布局设计	丁聪　上海邮电设计咨询研究院有限公司
第8章	数据中心的机械设计	田瑞杰　中国民航信息网络股份有限公司
第9章	数据中心的电气设计	钟晨　维谛技术有限公司
第10章	数据中心的消防与生命安全设计	倪震楚　深圳城市公共安全技术研究院有限公司
第11章	数据中心的结构设计：自然灾害下的抗力	李雪琪　德赛英创（天津）科技有限公司
第12章	数据中心布线	杨军志　华设设计集团股份有限公司
第13章	数据中心基础设施的可靠性工程	黄冬梅　北京瑞思博创科技有限公司　杨超　重庆大学
第14章	数据中心的空气质量	胡宇昭　德赛英创（天津）科技有限公司
第15章	计算流体动力学在数据中心中的应用	郑品迪　北京瑞思博创科技有限公司
第16章	数据中心的环境控制	李楠　段凯文　西安交通大学
第17章	数据中心项目管理与测试	国晖　德赛英创（天津）科技有限公司
第18章	虚拟化、云、软件定义网络和软件定义数据中心	张健　天津江天数据科技有限公司
第19章	微处理器与服务器节能设计	钟杨帆　阿里巴巴公司
第20章	信息技术设备设计的节能要求	张健　天津江天数据科技有限公司
第21章	数据中心地板下送风与顶部送风冷却技术	傅烈虎　维谛技术有限公司
第22章	热通道与冷通道封闭	赵帅帅　浙江大学山东工业技术研究院
第23章	数据中心自然冷却技术	陈远　世图兹空调技术服务（上海）有限公司
第24章	机架级冷却和冷板冷却	陈远　世图兹空调技术服务（上海）有限公司　黄赟　上海绿色数据中心专委会
第25章	不间断电源系统	郑大为　伊顿电源（上海）有限公司
第26章	直流网络在数据中心的应用	沈添翼　香港朝亚公司
第27章	绿色数据中心机架式PDU的应用	周里功　罗格朗中国北京力登科技有限公司
第28章	可再生与清洁能源在数据中心的应用	杜晓牧　突破电气科技（上海）有限公司
第29章	智能电网响应数据中心	邓馨　西门子（中国）有限公司
第30章	数据中心基准指标	金超强　普洛斯普瑞数据科技（上海）有限公司
第31章	数据中心基础设施管理	周里功　罗格朗中国北京力登科技有限公司
第32章	数据中心信息化运维管理系统	王宇恒　德赛英创（天津）科技有限公司
第33章	数据中心灾难恢复和高可用性	朱国胜　云聚数据科技（上海）有限公司
第34章	自然灾害的教训和数据中心的准备	耿怀渝　亚美智库　孟明　中国外运股份有限公司

推荐序一

《数据中心手册》一书的英文版是由耿怀渝老师与全球7个国家的51位科学家及专业人士历时数年共同编写而成的,这些作者包括斯坦福大学的Jonathan Koomey博士,他曾来过中国,也是我的朋友,他对数据中心能源利用有很深的见解,也包括Facebook、Google、微软等知名IDC业主,他们都无私地分享了他们的超低PUE数据中心经验。我很荣幸作为中国专家、手册技术顾问委员会成员参与了书中部分内容的校对。这本书在国际上是很受欢迎的,但英文版对于中国读者来说阅读起来有一定的困难,得知此书的中文版即将发布,我非常高兴!

中国数据中心行业正在快速发展,《数据中心手册》的很多内容都非常值得参考和学习。作为中国数据中心设计规范GB50174—2017的主编,读此书时我会不由自主地与国内的标准进行对比,可以了解国内外相应规范的差异有哪些,也可以发现我们是否很好地与我国国情结合,还有哪些做得不够,读这本书就像与几十位国际专家对话,受益匪浅。比如,我经常会讲数据中心选址,本书的第5章讲述的就是数据中心选址,国外与国内数据中心选址的原则基本一致,但也存在一些特殊情况,比如国外的数据中心选址时要考虑政治环境等。

随着北京、上海、深圳纷纷出台数据中心能效政策,对PUE值都有一定的要求,这意味着新建数据中心必须要考虑节能措施,存量数据中心必须要进行节能改造。当你用到自然冷却,就要考虑空气质量,第14章就为读者提供了这方面的资料。另外,数据中心节能也离不开IT节能,IT虚拟化、云化技术等在本书也有涉及。

耿怀渝老师70多岁,头发花白,精神矍铄,有40多年工程和管理经验,撰写和编写了众多科技文章和书籍,还创建了亚美智库,总是走在科技的前沿,他将《数据中心手册》一书奉献给世界,对数据中心的发展做出了重要贡献。

《数据中心手册》一书覆盖面广,原书作者都是国际知名学者或专家,译者也都是国内数据中心行业资深人士,本书中文版的发布,为国内读者提供了全面了解全球数据中心行业技术及发展的资料,非常难得,也非常值得大家阅读。

钟景华

推荐序二

随着网络和信息技术的快速迭代，近20年来数据中心已经迅速发展成为一个新型的高科技产业。在数据中心不断发展壮大的过程中，始终受到技术人员短缺和相关理论知识不完备的阻碍。技术人员渴望掌握更多更先进的数据中心建造技术，有机会接受数据中心基础知识的学习培训，获得新的设计理念和建造技术、新设备和新的解决方案等，已成为现阶段数据中心业内的一个显著特点。他山之石可以攻玉，由黄冬梅、周里功等多位数据中心领域的专家翻译的《数据中心手册》一书的出版，无疑是为这一学习热潮的发展雪中送炭，这本书一定会成为重要的学习参考资料。

数据中心基础设施建设是一项复杂的综合性工程，在规划设计、设备选用、机房建造、工程验收、运行维护和专业检测评估等各个阶段需要掌握基础理论知识、产品知识和标准知识。

基础理论知识：基础理论知识是科学，是基本概念，它不随市场和产品属性而改变，是研究技术发展规律、研发产品、产品应用和标准制定的基础。数据中心基础设施建造技术涉及的基础理论知识包括电工技术、自动控制原理、可靠性和可用性科学、功率电子学、电子电路知识、制冷技术、空气调节原理、流体力学、热力学、各种器件物理结构和工作原理、各种设备物理结构和工作原理等。

产品知识：在基础理论知识指导下开发产品并形成产品知识，包括产品的基本功能和使用范围、产品的基本体系结构特点和工作原理、产品的性能指标、应用中安装环境条件要求和安装方法等，当然还包括使用维护方法。同一类而不同时代、不同规格的产品，其产品知识会有差别，但其基本工作原理却是相通的。

标准知识：标准知识是各类产品，也包括数据中心规划建造和运维方法等系统性和方案性产品的市场规则。当产品研发成功并推向市场时，就必须针对不同厂家、不同型号的产品，以及不同用途、不同性质的系统性的不同方案做出统一的规定。标准条款不应是简单的产品知识和经验的堆积。制定标准时，要根据应用需求、基础知识和产品知识，对产品性能、各项性能参数、使用和配置条件做出准确的描述和规定。每个标准条款和规定都要有坚实的基础知识和正确的概念作为支撑，特别是对经验的引用。简单引用没有基础知识做出解释的经验，可能会对产品的正确应用和产品技术的走向产生误导甚至将其引向歧路，并造成长期恶劣的影响。标准知识与市场需求知识一样，有鲜明的市场需求针对性和技术发展阶段性。

在数据中心基础设施规划设计、设备选用、机房建造、工程验收、运行维护和专业检测评估等各个阶段中，各种知识发挥着不同的作用。

基础知识同时在产品研发和产品知识、标准制定和标准知识、数据中心规划建设和设备选用、工程建设验收、运行维护和专业检测评估等阶段都起着指导作用。违背基本原理和基础知识的产品和产品知识、标准和标准知识，都可能使各阶段的工作出现偏差，使规划功能不能实现，或造成资源成本和人力成本的巨大浪费，或为系统埋下严重的风险隐患。

产品知识在标准制定、规划设计、设备选用、运行维护和专业检测评估等阶段起着关键性的作用。任何违背基本原理和基础知识的产品和产品知识，或者虚假的产品宣传知识，都会严重影响系统规划设计和运行维护工作，甚至严重影响规划性能的实现。

标准和标准知识只在系统规划设计、建造、设备选用和工程验收阶段起关键性作用，而在系统维护和专业检测评估阶段，由于不同数据中心的规模、性质和用途、地理位置环境和建筑结构的特殊性、维护人员的知识水平和技能素质的差别，只能起参考作用，不能作为主要的依据。特别是对系统存在的风险隐患的排查以及对重大事故原因的查找和处理等事件中，维护人员的基本知识、产品知识和技能素质，才是解决问题的关键。

《数据中心手册》内容丰富，每章都包含基础知识和基本原理，手册涵盖了对规划设计、运维和实践过程的思考，对规划、实施和控制过程中一些问题的有益提示，对未来趋势的分析判断，每章都提出了相关的参考书籍、文献和网站。所有这些既有利于读者在学到数据中心的相关知识，还可启发读者独立思考，提升创新能力。

《数据中心手册》的作者指出，设计和运维一个可持续发展的数据中心要求具备各项技术和技能，包括规划策略、复杂的技术、实践经验、优化运行效率和灾备等。技术人员面临着各种设计、建设和运维的挑战，包含基础设施、IT系统、工程、业务等。对于一个关键业务的可持续数据中心项目，必须考虑目标、已知条件、约束、未知条件、有哪些可行的解决方案和如何优化并验证解决方案等一系列问题。技术人员要用自己的技术和知识来开发最佳解决方案和实施计划，在新技术应用、可用性、可扩展性、可持续性、灵活性、弹性、最佳实践和快速响应等方面，都给出令人满意的答案和最佳实践效果。

《数据中心手册》一书是专门为负责数据中心规划设计、建设和运维的人员提供技术知识而撰写的，对负责数据中心容量规划和投资策略决策者也具有很高的参考价值。对信息部门主管、数据中心负责人、设计院设计工程师、IT系统和基础设施设计经理、网络运维中心和安保中心经理、网络和布线工程师、系统和设备调试工程师、机房建筑师、房地产投资经理和财务主管等，都是一本极有价值的学习资料。

张广明

译 者 序

数据中心是为信息化、物联网、大数据、云计算等提供大规模计算和承载其数据存储的场所,是与人们日常生活密不可分的基础设施。近十几年来,全球数据中心产业呈爆发式发展;未来几十年,这种势头还将持续。随着网络、配电、冷却等技术的快速发展,数据中心必将引入众多新兴技术。但是,数据中心的建设和运维成本巨大,可以说,谁都不愿承担技术和成本的风险。那到底谁的技术更好,谁的更适合,这对于新建数据中心的业主来讲是一个必须考虑的问题,这也是引进本书 DATA CENTER HANDBOOK(《数据中心手册》)的初衷。

本书由美国 Wiley 出版社出版,内容涉及数据中心全生命周期的相关技术及运营管理策略,包括数据中心的规划、选址、设计、建设、测试、验收、运营和管理、灾难恢复。书中作者均为数据中心领域内知名的专家,包括 Facebook 公司(该公司拥有全球知名的 PUE 为 1.073 的超级节能型数据中心)的杰伊·S. 帕克(Jay S. Park)、莎拉·汉娜(Sarah Hanna)和维伦德拉·穆莱(Veerendra Mulay);惠普公司的威廉·J. 科西克(William J. Kosik)、韦德·文森(Wade Vinson)、马特·斯莱比(Matt Slaby)和伊恩·莱文(Ian Levine);IBM 公司的拉梅什·梅农(Ramesh Menon)、乔普·里斯科(Joe Prisco)、杰伊·迪特里希(Jay Dietrich)和索菲亚·伯格维斯特(Sofia Bergqvist)(普惠公司和 IBM 公司都是全球知名的数据中心服务商)。还有我最熟悉的、全球知名的计算流体动力学专家马克·西摩(Mark Seymour)。他们都在书中分享了自己的经验。

我与本书的作者耿怀渝老师是在 2011 年的一个"数据中心"的会议上相识的,我很钦佩他,仅用了两年时间就联络到几十位数据中心全球知名专家,并成功出版了 DATA CENTER HANDBOOK《数据中心手册》一书。我与耿怀渝老师提到了引进并出版中文版一书的事宜,经过不懈的努力,中文版《数据中心手册》即将面世。

在中文版《数据中心手册》的翻译过程中,几十位数据中心专家花费了几个月的时间,细细推敲每个章节,乃至每个英文单词的含义,生怕理解不到位而误导读者,大家在微信群里共同提问和解答的场景仍历历在目。适逢 2019 年春节和元宵节,几十位译者和审核人员牺牲自己的休假时间来共同完成本书的翻译工作,在此我对各位专家的支持表示衷心的感谢,感恩所有人的努力,同时也感谢机械工业出版社孔劲博士的大力支持。

原书共 36 章,其中有两个章节,一个是"中国数据中心的发展",一个是"韩国数据中心的发展",基于这两个章节的内容与数据中心技术没有大的关系,加上其中涉及的技术更新太多,在中文版《数据中心手册》中删除了这两个章节,其他章节全部保留,并且根据最新技术或现行标准的发展情况由原作者或译者进行了更新。

中文版《数据中心手册》是为中国数据中心从业者精心准备的,译者由来自 24 家企业、公司和大学的 34 位业内专家组成。本书是国内第一本数据中心行业涵盖全球技术的最全面的指导手册。

参加本书翻译的有黄冬梅、耿怀渝、周里功、傅烈虎、孙映雪、鲁少堃、吴晓晖、孙文铮、邓馨、丁聪、田瑞杰、钟晨、倪震楚、李雪琪、杨军志、胡宇昭、郑品迪、杨超、国晖、张健、钟杨帆、赵帅帅、陈远、黄赟、郑大为、沈添翼、杜晓牧、金超强、王宇恒、朱国胜、孟明、李伟涛、李楠、段凯文。

参加本书审核的有吴文方(台湾大学)、王海峰(上海数据港股份有限公司)、杨彦霞[戴尔(中国)有限公司]、吴健(美国康普公司)、罗志刚(中国建筑科学研究院有限公司)、陈川(深圳市英维克科技股份有限公司)、黄生云(中国建筑科学研究院有限公司)、赵强(中国移动通信集团设计院有限公司)、吴臻豪(广东省农村信用社联合社)、丁聪、耿怀渝、倪震楚、傅烈虎、邓馨、黄赟、胡宇昭、李楠、金超强、周里功、郑品迪、李伟涛、杨超、杜晓牧、沈添翼、钟晨、郑大为、张健、黄冬梅,在此特别表示感谢。另外,也非常感谢钟景华(中国电子工程设计院有限公司)、戚亥腾(上海与腾实业有限公司)、王治国(北京瑞思博创科技有限公司)、戴缨[新华三集团(退休)]几位业内专家在本书翻译过程中提供的帮助和支持。

译 者

前　言

设计和运维一个可持续发展的数据中心，需要具备各项专业知识和技能，包括战略规划、复杂技术、可用最佳实践、优化运行效率和灾难恢复等。

工程师和管理人员都面临着各种设计、建设和运维的挑战，包括设施、IT、工程和业务等。对于一个关键业务的可持续数据中心项目，我们必须考虑以下内容：

- 目标是什么？
- 有哪些已知条件？
- 有哪些约束？
- 有哪些未知条件？
- 有哪些可行的解决方案？
- 如何验证解决方案？
- 如何应用技术和业务知识来实现最佳解决方案计划，以考虑新兴技术、可用性、可扩展性、可持续性、灵活性、弹性、最佳实践和快速影响的价值？

问题还有很多，而我们的挑战包括：

- 选址策略。
- 设计和建造一个高能效关键业务数据中心。
- 应用最佳实践减少能耗。
- 应用云和虚拟化等IT技术。
- 合理管理数据中心运维，以降低成本和碳排放等。

对数据中心组成、IT技术和数据中心运维的正确理解，能够有助于成功规划、设计、建造和营运数据中心。

本书旨在为数据中心业内人士提供有价值的相关知识，从而有助于完成数据中心的设计、建设、部署IT，以及改进运维。本书包含数据中心行业的传统技术、新兴技术及其最佳实践。通过应用本书提供的信息，我们能够加速创新，减少能耗和碳排放，从而保护我们赖以生存的地球。

本书包含以下主题：

- 数据中心战略规划。
- 托管、租赁、选址和经济影响。
- 规划、设计和建造关键业务数据中心。
- IT技术包括虚拟化、云、SDN和SDDC。
- 数据中心机架布局和MEP设计。
- 成熟和新兴高能效技术。
- 数据中心项目管理和调试。
- 数据中心运营。
- 灾难恢复和业务连续性。

每章包含基本原理、设计和运行注意事项、最佳实践、未来趋势和延伸阅读。基本原理包括基础技术和应用；设计和运行注意事项包括系统设计、运行、安全、安保、环境、维护、经济性和最佳实践，也有一些规划、实施和控制过程方面有用的提示；未来趋势和延伸阅读部分提供了有远见的观点，以及相关书籍、文献和网站。

《数据中心手册》是专门为负责数据中心设计、建设和运维的人员提供技术知识而策划的，也对负责数据中心容量规划和投资策略决策者有参考价值。本书将对下列专业人士和管理人员有益并获得启发：

- C级主管（首席信息官、首席技术官、首席运营官、首席财务官）。

- 数据中心总监和经理。
- 数据中心项目经理。
- 数据中心设计顾问。
- IT和基础设施管理人员。
- 网络运营中心和安全运营中心经理。
- 网络、布线和通信工程师。
- 服务器、存储和应用程序管理人员。
- IT项目经理。
- IT顾问。
- 建筑师和MEP顾问。
- 设施经理和工程师。
- 房地产投资经理。
- 财务经理。

《数据中心手册》作者由来自7个国家的51位业内专家组成，内容覆盖了数据中心规划、设计、建设、运营、政府、电信或研发数据中心的深度和广度，它是目前数据中心行业最全面的指导手册。

耿怀渝（Hwaiyu Geng）

章 节 组 成

本书包含以下五个主要部分。
第1篇：数据中心概况和战略规划
第2篇：数据中心的设计和建设
第3篇：数据中心技术
第4篇：数据中心运营和管理
第5篇：数据中心灾难恢复和业务连续性

  本书有5篇共34章（以下按照中文版《数据中心手册》章节介绍），这样的组成能够使读者对数据中心有一个较为清晰的了解。

第1篇 数据中心概况和战略规划

  第1章 数据中心战略规划、设计、建设和运营。本章讨论了数据中心规划和设计中的一些关键要素，包括数据中心的定义、愿景和路线图、选址规划，与可靠性、计算流体动力学、DCIM 和 PUE 相关的可持续性设计，以及最佳实践和新兴技术、运营管理和灾害管理、业务连续性和灾难恢复。所有这些主题都在后面的章节中有详细描述。

  第2章 数据中心能源与可持续性。本章概述了设计和运营数据中心的最佳实践，以减少能源消耗并实现可持续性。

  第3章 托管或租赁数据中心。本章介绍了托管、租赁数据中心的定义，探索了"建造还是购买"的财务思考，同时也讨论了评估和选择托管或租赁供应商时要考虑的因素。

  第4章 模块化数据中心的设计、部署及其注意事项。对采用 ISO 集装箱标准的模块化数据中心进行了剖析，对采用模块化数据中心的优点和应用，以及现场准备、安装、调试进行了介绍。

  第5章 数据中心选址。本章讨论了数据中心选址的路线、过程和团队成员，以及影响成功选址的关键因素。

  第6章 数据中心财务分析、投资收益率和总体拥有成本。本章讨论了基础财务分析（NPV、IRR）、投资收益和总体拥有成本；一个实际案例用于说明选择不同节能方案时的 NPV、盈亏平衡和灵敏度分析；还包括对数据中心、托管和云的"选择自建、再投资、租赁或租用"的分析。

第2篇 数据中心的设计和建设

  第7章 架构设计：数据中心机架及设施布局设计。本章对服务器机架、机柜、网络、大框架平台进行了概述；结合暖通空调系统、配电系统、火灾探测与保护系统、照明系统、架空地板与顶置系统、通道封闭系统，对机房的设计进行了讨论；同时也对模块化设计，CFD 建模和空间规划进行了描述。

  第8章 数据中心的机械设计。本章介绍了可靠性、安全性、安保性、效率和灵活性等设计标准，详细说明了前期设计、原理图设计、设计开发、施工文件、施工管理的设计过程及其角色和职责。此外，还讨论了选择关键机械设备时应考虑的因素及能效实践方面的最佳实践。

  第9章 数据中心的电气设计。本章讨论了电气设计要求、正常运行时间、冗余和可用性。

  第10章 数据中心的消防与生命安全设计。本章介绍了消防基础、规范和标准及生命安全，讨论了被动防火、自动防火/灭火、火灾探测、报警与信号传递。

  第11章 数据中心的结构设计：自然灾害下的抗力。本章介绍了建筑结构和非结构组件的加固，讨论了基于规范和基于性能的建筑设计，提出了与自然灾害有关的新的设计思考和减灾战略，最后综述了灾前和灾后规划的综合抵抗策略。

  第12章 数据中心布线。本章介绍了布线标准，讨论了通信空间、布线拓扑、线缆类型、机柜和机架的布置、布线和能源效率，最后讨论了配线架和线缆管理、可靠性等级和布线。

第13章　数据中心基础设施的可靠性工程。本章从系统可靠性分析的定义开始，介绍了系统可靠性指标，包括可靠性、可用性和可维护性，还介绍了设备可靠性数据，包括 MTTF、MTBF 和故障率，讨论了系统可靠性、冗余建模和系统故障分析。

第14章　数据中心的空气质量。本章讨论了使用室外空气和再循环空气之间的 IT 设备故障率，涉及 ISO 颗粒清洁度标准、ANSI 气体污染评估标准和 ASHRAE TC9.9 委员会的颗粒和气体污染问题。

第15章　计算流体动力学在数据中心中的应用。本章阐述了计算流体动力学（CFD）的基本原理和理论，讨论了 CFD 在数据中心中的应用，包括设计、故障排除、升级和运行管理。对数据中心进行建模，包括 CRAC/CRAH 和冷却基础设施、控制系统、瞬态模拟和故障等场景，本章最后总结了 CFD 和未来虚拟设施的优点。

第16章　数据中心的环境控制。本章讨论了数据中心的热管理，包括结构参数、机房空调布置、冷却系统的设计与控制，并对空气侧和水侧节能、集中空气处理、液体冷却、动态冷却等数据中心的能量管理进行了讨论。

第17章　数据中心项目管理与测试。本章描述的项目管理包括项目启动、计划、执行、监控和收尾几个阶段，讨论了从设计测试、验收到最终使用阶段的调试任务，详细介绍了调试团队的选择，需要测试和调试的设备和系统，以及调试团队在项目生命周期不同阶段的角色和职责。

第3篇　数据中心技术

第18章　虚拟化、云、软件定义网络和软件定义数据中心。本章描述了虚拟化、云、软件定义网络和软件定义数据中心的基本原理，以及这些技术对数据中心从业者的益处和挑战。

第19章　微处理器与服务器节能设计。本章关注的是微处理器与服务器设计，探讨如何判断和选择最适合可持续数据中心的微处理器与服务器。从帮助用户选择服务器的指导原则开始，详细地遵循微处理器和服务器系统的主要标准，以及有关存储、软件和机架的注意事项。

第20章　信息技术设备设计的节能要求。本章介绍了数据中心使用的服务器、存储系统和不间断电源系统的能源效率。每台设备都在部件级和运行状态下进行检查，以了解如何使用有用的基准来提高能源效率。

第21章　数据中心地板下送风与顶部送风冷却技术。本章从送风方式、空气动力学和地板下气流分布等方面讨论了地板下送风与顶部送风冷却之间的优势和挑战。

第22章　热通道与冷通道封闭。本章介绍了使用内部和外部冷却装置的气流结构模型的设计基础，以及冷通道、热通道封闭和气流管理系统的基本原理，讨论了 HAC 冷却装置回风温度升高的影响及被动管道回风系统的一些问题，并举例说明了 HAC 和 CAC 对冷却风扇功率和冗余度的影响，也对周边设备和经济器的运行进行了讨论。

第23章　数据中心自然冷却技术。本章介绍了如何利用室外空气冷却数据中心，讨论了干球温度和湿球温度下节能器的热力学过程，综述了空气-空气换热器和间接蒸发冷却空气-空气换热器，并对不同冷却方式的节能潜力和所需机械制冷比例进行了比较。

第24章　机架级冷却和冷板冷却。本章介绍了机架级冷却的基本原理，讨论了传统房间冷却与机架冷却的能耗，以及机架级冷却如封闭式、行级和板式冷却的优缺点。

第25章　不间断电源系统。不间断电源是电气基础设施的重要组成部分，对电能质量和可靠性有较高的要求。在本章中，我们将讨论不间断电源设计的基础知识、使用 UPS 的典型应用程序、选择节能不间断电源的注意因素，以及购买和部署不间断电源系统的其他组件和选项。

第26章　直流网络在数据中心的应用。本章介绍了为什么使用交流电源，而不是直流电源。数据中心为什么应使用直流系统，以及使用直流系统的趋势。

第27章　绿色数据中心机架式 PDU 的应用。本章概述了 PDU 的基本原理和准则，讨论了 PUD 用于包括电能、温度、湿度和气流的数据收集，以及选择智能 PUD 时的注意事项。

第28章　可再生与清洁能源在数据中心的应用。本章讨论了什么是可再生能源，可再生能源与替代能源的区别,以及它们在数据中心中的使用方式。

第29章 智能电网响应数据中心。本章探讨了数据中心的特征、负载、控制系统,以及与现代电网(智能电网)集成的技术能力,提供了有关智能电网体系结构、系统和跨不同领域的通信接口的信息。重点是了解数据中心的硬件和软件技术、传感和先进控制方法,以及如何使其能够响应智能电网参与的需求响应和自动需求响应的机会和挑战。

第4篇 数据中心运营和管理

第30章 数据中心基准指标。本章提供了有关PUE、XUE、机架冷却指数和回风温度指数的信息,描述了SPEC、The Green 500和欧盟委员会行为准则正在开发或使用的基准指标。

第31章 数据中心基础设施管理。本章讨论了什么是数据中心基础设施管理(DCIM),它在技术成熟度曲线中的位置,数据中心部署DCIM为什么是重要的,DCIM有哪些解决方案模块,未来的趋势是什么,以及如何成功地选择和实现DCIM系统。

第32章 数据中心信息化运维管理系统。本章介绍了信息化运维管理系统(CMMS)的基础概念、部署CMMS的重要性、CMMS模块,以及如何在数据中心中成功地选择、实施和操作CMMS。

第5篇 数据中心灾难恢复和业务连续性

第33章 数据中心灾难恢复和高可用性。本章旨在让人们了解关键的设计要素、规划和流程方法,以维护数据中心在灾难恢复和高可用性中所需的服务和业务连续性。

第34章 自然灾害的教训和数据中心的准备。本章介绍了从两次重大自然灾害中吸取的经验教训,它将增强数据中心的利益相关者对自然灾害的认识、预防和准备。从这些事件中获得的详细经验教训包括业务连续性和灾难恢复计划、通信、应急电源、后勤、预防性维护、人力资源和信息技术,这些可以很容易理解并应用到业务连续性和灾难恢复规划中。

技术顾问委员会

David Bonneville	S. E.	德根科尔工程公司（加州旧金山）
John Calhoon		微软公司（华盛顿雷德蒙）
Yihlin Chan	博士	职业安全与健康管理局（退休）（犹他州盐湖城）
Sam Gelpi		惠普公司（加州帕洛阿尔托）
耿怀渝	P. E.	亚美智库协会（加州帕罗奥图）
Magnus Herlin	博士	安吉斯公司（加州旧金山）
Madhu Iyengar	博士	Facebook 公司（加州门洛帕克）
Jonathan Jew		J&M 顾问公司（加州旧金山）
Jacques Kimman	博士	荷兰泽伊德大学赫伦分校
Jonathan Koomey	博士	斯坦福大学（加州）
Veerendra Mulay	博士	Facebook 公司（加州门洛帕克）
Dean Nelson		易趣公司（加州圣何塞）
Jay Park	P. E.	Facebook 公司（加州门洛帕克）
Roger Schmidt	博士	IBM 公司（纽约波基普西）
钟景华		中国电子工程设计院（北京）

致 谢

《数据中心手册》是一本由来自世界7个国家的科学家和专业人士组成的集体的代表作。来自数据中心行业研发和学术界的51位作者,以及技术顾问委员会的15位成员为本书做出了贡献。在我准备和组织编写本书的过程中,收到了很多建议。我衷心感谢所有在百忙之中与我分享智慧和宝贵经验的撰稿者。我还要感谢技术顾问委员会的成员就本书的结构提出了建设性的建议,并对各章节进行了全面的同行审查。我还要感谢 John Wiley & Sons 公司的 Brett Kurzman、Alex Castro 和 Katrina Maceda,他们团队的努力和合作对本书的出版起到了重要作用,同时也感谢以下人士提供的建议、支持和贡献:

Sam Gelpi		惠普公司(Hewlett–Packard Company)
黄冬梅	博士	北京瑞思博创科技(Rainspur Technology, China)
Madhu Iyengar	博士	脸书公司(Facebook Inc.)
Johnathan Jew		J&M 顾问公司(J&M Consultants)
Jonathan Koomey	博士	斯坦福大学(Stanford University)
Tomoo Misaki		日本野村证券研究所(Nomura Research Institute, Ltd., Japan)
Veerendra Mulay	博士	脸书公司(Facebook Inc.)
Jay Park	P. E.	脸书公司(Facebook Inc.)
Roger Schmidt	博士	IBM 公司
Hajime Takagi		日本 GIT–a 公司(GIT Associates, Ltd., Japan)
William Tschudi.	P. E	劳伦斯伯克利国家实验室(Lawrence Berkeley National Laboratory, LBNL)
Kari Capone		约翰·威利父子出版公司(John Wiley & Sons, Inc.)

也感谢以下组织和研究机构:

7×24 国际交换(7×24 Exchange International)
美国采暖、制冷和空调工程师协会(ASHRAE)
国际建筑行业咨询服务(BICSI)
动态数据中心(Datacenter Dynamics)
欧洲委员会行为守则(European Commission Codes of Conduct)
绿色网格联盟(The Green Grid)
日本数据中心理事会(Japan Data Center Council)
开放计算项目(Open Compute Project)
硅谷领导小组(Silicon Valley Leadership Group)
电信行业协会(Telecommunications Industry Association)
正常运行时间研究所/451 研究(Uptime Institute/451 Research)
美国商务部国家标准与技术研究所
美国能源部劳伦斯伯克利国家实验室
美国能源部橡树岭国家实验室
美国能源部能源效率和可再生能源办公室
美国国土安全部联邦紧急事务管理局
美国环境保护署能源之星项目
美国绿色建筑委员会能源和环境设计的领导者

特别感谢我的妻子李梅(Limei),我的女儿艾米(Amy)和朱莉(Julie),以及我的孙子孙女们,感谢他们在我准备本书时给予我的理解、支持和鼓励。

译者

黄冬梅	耿怀渝	周里功	傅烈虎	孙映雪	鲁少堃	吴晓晖	孙文铮	邓馨	丁聪	田瑞杰	钟晨
倪震楚	李雪琪	杨军志	胡宇昭	郑品迪	杨超	国晖	张健	钟杨帆	赵帅帅	陈远	黄赟
郑大为	沈添翼	杜晓牧	金超强	王宇恒	朱国胜	孟明	李伟涛	李楠	段凯文		

审核

吴文方	王海峰	杨彦霞	吴健	罗志刚	陈川	黄生云	赵强	吴臻豪	丁聪	耿怀渝	倪震楚
傅烈虎	邓馨	黄赟	胡宇昭	李楠	金超强	周里功	郑品迪	李伟涛	杨超	杜晓牧	沈添翼
钟晨	郑大为	张健	黄冬梅								

致谢

《数据中心手册》中文版由来自国内 34 位专业人士共同翻译、28 位专业人士审核完成，同时还有几位业内专家提供了帮助和支持。还要感谢机械工业出版社的孔劲博士从开始到成稿给予的大力协助。这些译者、审核人员以及在本书翻译过程中做出贡献的人士有：

耿怀渝	亚美智库
李伟涛	新华三集团
孙映雪	美国加州大学圣地亚哥分校
鲁少堃	普洛斯普瑞数据科技（上海）有限公司
吴晓晖	中国建筑标准设计研究院有限公司
孙文铮	香港朝亚公司
丁聪	上海邮电设计咨询研究院有限公司
田瑞杰	中国民航信息网络股份有限公司
钟晨	维谛技术有限公司
倪震楚	深圳城市公共安全技术研究院有限公司
李雪琪	德赛英创（天津）科技有限公司
杨军志	华设设计集团股份有限公司
杨超	重庆大学
黄冬梅	北京瑞思博创科技有限公司
胡宇昭	德赛英创（天津）科技有限公司
郑品迪	北京瑞思博创科技有限公司
李楠	西安交通大学
段凯文	西安交通大学
金超强	普洛斯普瑞数据科技（上海）有限公司
国晖	德赛英创（天津）科技有限公司
张健	天津江天数据科技有限公司
钟杨帆	阿里巴巴公司
傅烈虎	维谛技术有限公司
赵帅帅	浙江大学山东工业技术研究院
陈远	世图兹空调技术服务（上海）有限公司
黄赟	上海绿色数据中心专委会
郑大为	伊顿电源（上海）有限公司
沈添翼	香港朝亚公司
周里功	罗格朗中国北京力登科技有限公司
杜晓牧	突破电气科技（上海）有限公司

邓馨	西门子（中国）有限公司
王宇恒	德赛英创（天津）科技有限公司
朱国胜	云聚数据科技（上海）有限公司
孟明	中国外运股份有限公司
吴文方	台湾大学
王海峰	上海数据港股份有限公司
杨彦霞	戴尔（中国）有限公司
吴健	美国康普公司
罗志刚	中国建筑科学研究院有限公司
陈川	深圳市英维克科技股份有限公司
黄生云	中国建筑科学研究院有限公司
赵强	中国移动通信集团设计院有限公司
吴臻豪	广东省农村信用社联合社
戚亥腾	上海与腾实业有限公司
王治国	北京瑞思博创科技有限公司
戴缨	新华三集团（退休）
钟景华	中国电子工程设计院有限公司
孔劲	机械工业出版社

目　　录

译者列表
推荐序一
推荐序二
译者序
前言
章节组成
技术顾问委员会
致谢

第 1 篇　数据中心概况和战略规划

第 1 章　数据中心战略规划、设计、建设和运营 ... 3
- 1.1　引言 ... 3
  - 1.1.1　数据中心与地球变暖 ... 3
  - 1.1.2　数据中心的定义 ... 3
  - 1.1.3　能源消耗的趋势 ... 4
  - 1.1.4　高效用电 ... 4
  - 1.1.5　虚拟化、云计算、软件定义的数据中心 ... 4
- 1.2　数据中心愿景和路线图 ... 5
  - 1.2.1　战略规划和路线图 ... 5
  - 1.2.2　容量规划 ... 7
- 1.3　选址规划 ... 7
- 1.4　可持续性设计 ... 8
  - 1.4.1　设计指南 ... 8
  - 1.4.2　可靠性和冗余 ... 8
  - 1.4.3　计算流体动力学 ... 9
  - 1.4.4　DCIM 和 PUE™ ... 9
- 1.5　最佳实践和新兴技术 ... 9
- 1.6　运营管理和灾害管理 ... 10
  - 1.6.1　ISO 标准 ... 10
  - 1.6.2　计算机化维护管理系统 ... 10
  - 1.6.3　线缆管理 ... 11
  - 1.6.4　5S 现场管理法 ... 11
  - 1.6.5　培训和认证 ... 11
- 1.7　业务连续性和灾难恢复 ... 11
- 1.8　结论 ... 12
- 参考文献 ... 12
- 延伸阅读 ... 13

第 2 章　数据中心能源与可持续性 ... 15
- 2.1　引言 ... 15
  - 2.1.1　怎样才是绿色环保 ... 15

2.1.2 环境影响 ··· 16
2.2 数据中心弹性设施的模块化 ··· 18
  2.2.1 弹性设施模块化设计的优化 ··· 18
  2.2.2 分析方法 ··· 18
  2.2.3 弹性设施的冷却 ··· 19
2.3 用水 ··· 20
2.4 适当的运行温度和湿度 ··· 21
2.5 避免常见的规划错误 ··· 22
  2.5.1 情景1——气候对能源利用的影响 ·· 22
  2.5.2 情景2——在早期规划PUE时没有考虑电气系统拓扑结构 ············ 22
  2.5.3 情景3——数据中心温度低于建议的最低温度 ·························· 24
  2.5.4 情景4——冷却系统的效率没有考虑服务器部分负载情况 ············ 24
  2.5.5 情景5——缺乏对冷却系统如何影响IT设备能耗的理解 ·············· 25
2.6 冷却系统中的概念 ··· 25
  2.6.1 冷却方式的选择 ··· 25
  2.6.2 冷却系统的主要设备类型 ·· 26
2.7 建筑围护结构与能源利用 ·· 27
  2.7.1 建筑围护结构的影响 ·· 27
  2.7.2 建筑围护结构泄漏 ·· 27
  2.7.3 使用建筑性能模拟评估能源消耗 ·· 28
2.8 气流管理与封闭策略 ··· 28
  2.8.1 被动式烟囱IT机柜 ·· 29
  2.8.2 封闭热通道 ··· 29
  2.8.3 封闭冷通道 ··· 29
  2.8.4 行间冷却 ··· 29
  2.8.5 水冷服务器 ··· 29
  2.8.6 浸没式液冷 ··· 29
2.9 电气系统能效 ·· 29
2.10 IT设备的能源使用 ··· 31
  2.10.1 美国环境保护署能源之星规范 ·· 31
  2.10.2 SPECpower_ssj2008 ·· 31
  2.10.3 IT与设施共同协作以降低能耗 ·· 34
2.11 平衡IT和设施 ·· 34
  2.11.1 技术更新 ·· 35
  2.11.2 降低IT运行成本 ··· 35
  2.11.3 数据中心设施动态和不可预测 ·· 35
  2.11.4 服务器技术和应用效率 ·· 35
  2.11.5 数据收集和分析评估 ··· 35
2.12 数据中心能源使用效率的确定 ··· 38
2.13 私有企业和政府能源效率计划 ··· 39
2.14 USGBC–LEED升级版适用于数据中心 ································· 39
2.15 协调全球数据中心能效指标 ·· 39
2.16 行业联盟关于衡量和报告整体数据中心效率的建议 ················· 39
  2.16.1 美国环境保护署数据中心能源之星 ······································· 40
  2.16.2 ASHRAE数据中心绿色提示 ·· 40

2.16.3　其他国际项目与标准 ································ 40
2.17　运营优化策略 ··· 40
参考文献 ··· 41
延伸阅读 ··· 41

第3章　托管或租赁数据中心 ··································· 43
3.1　引言 ·· 43
3.2　托管 ·· 43
　　3.2.1　计算能力 ··· 43
　　3.2.2　存储 ·· 44
　　3.2.3　管理服务 ··· 44
3.3　租赁（批发） ··· 44
3.4　数据中心类型 ··· 44
　　3.4.1　传统数据中心 ······································ 44
　　3.4.2　整体模块化数据中心（数据大厅） ······ 44
　　3.4.3　集装箱数据中心 ·································· 46
　　3.4.4　整体模块化数据中心（预制） ············· 47
　　3.4.5　独立数据中心 ······································ 48
3.5　扩展数据中心 ··· 48
3.6　选择、评估托管和批发供应商 ······················ 49
3.7　建造与购买 ··· 49
　　3.7.1　建造 ·· 49
　　3.7.2　租赁 ·· 49
　　3.7.3　选址 ·· 50
　　3.7.4　冗余 ·· 50
　　3.7.5　维护 ·· 50
　　3.7.6　从财务角度确定建造或购买 ················ 50
　　3.7.7　建造或购买的挑战 ······························· 50
3.8　未来趋势 ··· 51
3.9　结论 ·· 51
延伸阅读 ··· 51
数据中心行业新闻和趋势的来源 ························ 51

第4章　模块化数据中心的设计、部署及其注意事项 ··· 52
4.1　模块化数据中心的定义 ································ 52
4.2　模块化数据中心的优点及应用 ····················· 52
4.3　模块化可扩展性计划 ···································· 54
4.4　模块化数据中心的分解结构 ························· 55
　　4.4.1　模块化数据中心的结构（标准集装箱式） ··· 55
　　4.4.2　建筑部分 ··· 59
　　4.4.3　电力部分 ··· 60
　　4.4.4　冷却部分 ··· 61
　　4.4.5　控制部分 ··· 64
　　4.4.6　冗余和可靠性方面 ······························· 64
　　4.4.7　网络和布线部分 ·································· 65
　　4.4.8　多模组阵列部署 ·································· 67
4.5　现场准备、安装和测试 ································ 69

- 4.6 如何选择模块化数据中心供应商 ... 72
- 4.7 外部因素 ... 72
- 4.8 发展趋势及结论 ... 73
- 延伸阅读 ... 73

第5章 数据中心选址 ... 74
- 5.1 引言 ... 74
- 5.2 地点和设施的寻找 ... 74
- 5.3 全球化和光速 ... 74
  - 5.3.1 选址团队 ... 75
  - 5.3.2 选址的本质 ... 76
- 5.4 选址过程 ... 77
  - 5.4.1 制定业务需求和限制条件 ... 78
  - 5.4.2 第1轮－定义地理选址区域 ... 78
  - 5.4.3 第2轮－选址标准 ... 80
  - 5.4.4 分析和淘汰机会的短名单 ... 83
  - 5.4.5 选址结束 ... 84
- 5.5 行业趋势的影响 ... 84
  - 5.5.1 全球化和政治经济改革 ... 84
  - 5.5.2 全球战略位置 ... 84
  - 5.5.3 未来数据中心 ... 84
- 延伸阅读 ... 85

第6章 数据中心财务分析、投资收益率和总体拥有成本 ... 86
- 6.1 前言 ... 86
  - 6.1.1 市场变化和混合型信息通信技术战略 ... 86
  - 6.1.2 通常的决策 ... 87
  - 6.1.3 成本负担与职责的偏离 ... 87
  - 6.1.4 什么是总体拥有成本 ... 88
  - 6.1.5 什么是投资收益率 ... 88
  - 6.1.6 货币的时间价值 ... 89
  - 6.1.7 资本成本 ... 90
  - 6.1.8 投资收益期 ... 90
  - 6.1.9 组成TCO和ROI的元素 ... 90
- 6.2 成本与收益的财务测算 ... 92
  - 6.2.1 常见业务测算方法和项目批准测试 ... 92
  - 6.2.2 现值 ... 92
  - 6.2.3 净现值 ... 94
  - 6.2.4 盈利指数 ... 95
  - 6.2.5 简单投资收益率计算中的净现值 ... 95
  - 6.2.6 内部收益率 ... 96
  - 6.2.7 NPV或IRR的选择 ... 97
- 6.3 难点和常见问题 ... 98
  - 6.3.1 ROI分析不仅为了达到既定目标值，更多的是用来优化 ... 98
  - 6.3.2 敏感度分析 ... 98
  - 6.3.3 税务的会计方法 ... 98
  - 6.3.4 随时间变化的成本—实际和名义贴现率 ... 98

  6.3.5 IRR 的多种计算方法 ·· 99
  6.3.6 断章取义 ·· 99
  6.3.7 标准升级程序 ··· 100
  6.3.8 区位的敏感度 ··· 101
  6.3.9 IT 节能和 PUE 乘积 ··· 104
  6.3.10 换算其他成本因素 ··· 104
 6.4 一个实际案例 ·· 106
  6.4.1 气流组织改进项目 ··· 106
  6.4.2 对上述选项的细化 ··· 107
  6.4.3 资本性成本 ··· 107
  6.4.4 运营成本 ··· 107
  6.4.5 净现值分析 ··· 108
  6.4.6 内部收益率分析 ··· 109
  6.4.7 收益分析 ··· 109
  6.4.8 盈亏平衡点 ··· 110
 6.5 在自建、再投资、租赁容量或托管中进行选择 ··· 115
  6.5.1 自有数据中心容量 ··· 115
  6.5.2 租赁数据中心容量 ··· 116
  6.5.3 数据中心托管容量 ··· 116
  6.5.4 云数据中心容量 ··· 116
延伸阅读 ··· 116

第 2 篇 数据中心的设计和建设

第 7 章 架构设计：数据中心机架及设施布局设计 ··· 119
 7.1 引言 ·· 119
 7.2 机架和机柜设计概述 ·· 119
  7.2.1 双柱式和四柱式机架 ··· 119
  7.2.2 机柜 ··· 120
  7.2.3 网络 ··· 120
  7.2.4 服务器和存储设备 ··· 121
  7.2.5 大框架平台 ··· 122
 7.3 空间和电源设计标准 ·· 122
  7.3.1 平台相关容量规划 ··· 122
  7.3.2 更新改造 ··· 122
  7.3.3 功率密度 ··· 124
 7.4 路由 ·· 124
  7.4.1 网络进线路由 ··· 124
  7.4.2 机房内的路由 ··· 125
 7.5 与其他系统的协调 ·· 126
  7.5.1 CRAC/CRAH ··· 127
  7.5.2 配电 ··· 127
  7.5.3 喷淋和消防系统 ··· 128
  7.5.4 照明设备 ··· 128
  7.5.5 有无架空地板的对比 ··· 128
  7.5.6 通道封闭 ··· 128

7.6 机房设计	129
7.6.1 根据面积	129
7.6.2 根据类型	129
7.7 模块化设计	132
7.7.1 机房空间	132
7.7.2 电力和冷却基础设施	133
7.7.3 网络容量	133
7.7.4 可扩展性与可靠性	133
7.8 CFD模拟	133
7.9 数据中心空间规划	133
7.9.1 流线组织	133
7.9.2 支持区	133
7.10 结论	135
延伸阅读	135

第8章 数据中心的机械设计

8.1 引言	136
8.2 关键设计标准	136
8.2.1 可靠性	136
8.2.2 安全性	137
8.2.3 人身安全	137
8.2.4 美学	137
8.2.5 灵活性	138
8.2.6 废热再利用	138
8.2.7 盈利能力	138
8.2.8 效率	138
8.2.9 设计标准和指南	139
8.3 机械设计过程	139
8.3.1 初步设计	140
8.3.2 方案设计	140
8.3.3 深化设计	143
8.3.4 施工文件	147
8.3.5 施工管理	152
8.4 数据中心关键设备选型注意事项	153
8.5 主要设计方法	156
8.5.1 冷却介质	156
8.5.2 散热	157
8.5.3 空气输送路径	158
8.5.4 气流管理	159
8.6 当前最佳实践	161
8.6.1 冗余	161
8.6.2 可靠性	161
8.6.3 布局和气流管理：热通道-冷通道	161
8.6.4 液冷	161
8.6.5 优化机房环境	162
8.6.6 节能	162

8.6.7 冷却 ········ 162
8.6.8 湿度控制 ········ 162
8.6.9 效率 ········ 162
8.7 未来趋势 ········ 163
8.7.1 数据中心用水 ········ 163
8.7.2 高温数据中心 ········ 163
8.7.3 假设的质疑 ········ 163
参考文献 ········ 163
延伸阅读 ········ 163

第9章 数据中心的电气设计 ········ 164

9.1 运行时间 ········ 164
9.2 要部署的电气设备 ········ 164
9.3 电气设计 ········ 164
9.3.1 并联 UPS 冗余配置 ········ 165
9.3.2 备用组件式冗余配置 ········ 165
9.3.3 分布式冗余配置 ········ 165
9.3.4 2N 配置 ········ 165
9.3.5 N+1 拓扑 ········ 165
9.3.6 Facebook 公司电气设计 ········ 168
9.4 可用性 ········ 170
9.4.1 串并联系统间的联系 ········ 171
9.4.2 可用性场景示例 ········ 171
9.4.3 带载与运行 ········ 172
9.4.4 机架信息 ········ 174
9.4.5 数据中心正常运行时间 ········ 174
9.5 确定完成 ········ 175
延伸阅读 ········ 176

第10章 数据中心的消防与生命安全设计 ········ 177

10.1 消防基础 ········ 177
10.2 消防主管部门、规范和标准 ········ 178
10.3 当地部门、国家规范和标准 ········ 178
10.3.1 保险公司 ········ 179
10.3.2 企业标准 ········ 179
10.3.3 分层系统 ········ 179
10.4 生命安全 ········ 180
10.4.1 用途 ········ 180
10.4.2 人员负荷 ········ 180
10.4.3 疏散设计 ········ 180
10.4.4 通道 ········ 180
10.5 被动防火 ········ 180
10.6 主动防火/灭火 ········ 181
10.6.1 自动喷水灭火系统 ········ 182
10.6.2 湿式系统 ········ 182
10.6.3 干式系统 ········ 182
10.6.4 预作用系统 ········ 182

- 10.6.5 细水雾 ··· 183
- 10.6.6 清洁灭火剂与气体灭火系统 ··· 184
- 10.6.7 哈龙 ··· 185
- 10.6.8 氢氟碳化物 ··· 185
- 10.6.9 惰性气体 ·· 185
- 10.6.10 全氟己酮（Novec 1230） ··· 185
- 10.6.11 低氧防火系统 ·· 186
- 10.6.12 机柜灭火系统 ·· 186
- 10.6.13 手提式灭火器 ·· 186
- 10.6.14 冷通道/热通道 ··· 187
- 10.6.15 小结 ··· 187
- 10.7 火灾探测、报警与信号传递 ··· 188
  - 10.7.1 温度探测 ·· 188
  - 10.7.2 烟雾探测 ·· 188
  - 10.7.3 运行顺序 ·· 189
  - 10.7.4 暖通空调系统的关闭 ··· 190
- 10.8 消防设计 ··· 190
- 参考文献 ·· 190

第11章 数据中心的结构设计：自然灾害下的抗力 ···························· 192

- 11.1 引言 ·· 192
  - 11.1.1 结构及非结构组件 ··· 192
  - 11.1.2 环境设计风险 ··· 192
- 11.2 建筑设计考虑因素 ··· 193
  - 11.2.1 基于规范的设计 ··· 193
  - 11.2.2 基于性能的设计 ··· 193
  - 11.2.3 既有建筑 ·· 194
- 11.3 地震 ·· 194
  - 11.3.1 概述 ··· 194
  - 11.3.2 地震灾害 ·· 194
  - 11.3.3 对建筑物的常见影响 ··· 195
  - 11.3.4 新建建筑设计考虑因素 ··· 195
  - 11.3.5 既有建筑物缓解措施 ··· 197
- 11.4 飓风、龙卷风及其他风暴 ·· 197
  - 11.4.1 概述 ··· 197
  - 11.4.2 对建筑物的常见影响 ··· 198
  - 11.4.3 缓解措施 ·· 198
- 11.5 雪荷载和雨荷载 ·· 198
  - 11.5.1 概述 ··· 198
  - 11.5.2 缓解措施 ·· 198
- 11.6 洪水及海啸 ·· 199
  - 11.6.1 概述 ··· 199
  - 11.6.2 对建筑物的常见影响 ··· 199
  - 11.6.3 缓解措施 ·· 199
- 11.7 综合抵抗策略 ··· 199
  - 11.7.1 灾前规划 ·· 199

11.7.2　灾后规划 ··· 201
参考文献 ·· 201

第12章　数据中心布线

12.1　为什么在数据中心采用标准的结构化布线 ·· 202
12.2　布线标准组织 ··· 203
12.3　数据中心电信线缆基础设施标准 ··· 203
12.4　通信空间和要求 ·· 206
　　12.4.1　一般要求 ··· 206
　　12.4.2　电信进线间（TER） ··· 207
　　12.4.3　主配线区（MDA） ·· 207
　　12.4.4　中间配线区（IDA） ··· 207
　　12.4.5　水平配线区（HDA） ·· 208
　　12.4.6　区域配线区（ZDA） ·· 208
　　12.4.7　设备配线区（EDA） ·· 208
　　12.4.8　电信间（TR） ·· 208
　　12.4.9　支持区域的布线 ·· 209
12.5　结构化布线拓扑 ·· 209
12.6　线缆类型和线缆长度最大值 ··· 211
　　12.6.1　同轴电缆 ··· 211
　　12.6.2　平衡双绞线布线 ·· 211
　　12.6.3　光纤布线 ··· 212
　　12.6.4　最大布线长度 ··· 213
12.7　机柜和机架的布置（热通道和冷通道） ··· 213
12.8　布线和能源效率 ·· 214
12.9　线缆通道 ··· 215
12.10　机柜和机架 ··· 216
12.11　配线架和线缆管理 ·· 216
12.12　可靠性等级和布线 ··· 216
12.13　结论与趋势 ··· 216
延伸阅读 ··· 217

第13章　数据中心基础设施的可靠性工程

13.1　引言 ·· 219
13.2　可靠性理论 ·· 219
　　13.2.1　系统可靠性分析定义 ·· 220
　　13.2.2　系统的可靠性指标 ··· 220
　　13.2.3　设备可靠性数据 ·· 220
　　13.2.4　基本的系统可靠性模型 ··· 224
13.3　系统故障分析 ··· 226
　　13.3.1　可靠性分析方法 ·· 226
　　13.3.2　主系统故障分析方法 ·· 231
　　13.3.3　故障工具的优缺点 ··· 237
13.4　数据中心可靠性应用 ·· 237
　　13.4.1　系统可靠性评估的好处 ··· 237
　　13.4.2　数据中心可靠性评估的要点 ··· 239
　　13.4.3　TIA 分级和可靠性评估 ··· 243

参考文献 244
延伸阅读 244

第 14 章 数据中心的空气质量 245
14.1 引言 245
14.2 标准和指南 245
14.3 空气污染（气载污染） 247
14.4 常规解决方案 247
14.4.1 腐蚀分级测试片检测法 248
14.4.2 常规腐蚀分级测试片检测法的应用 248
14.5 中国数据中心空气质量的研究 249
14.6 结论与未来趋势 252
参考文献 252
延伸阅读 253

第 15 章 计算流体动力学在数据中心中的应用 254
15.1 简介 254
15.2 CFD 原理 254
15.2.1 基本原理 255
15.2.2 数值方法 255
15.2.3 CFD 模型 256
15.2.4 选择求解网格 257
15.2.5 计算域求解 258
15.2.6 什么时候可以使用求解结果 259
15.2.7 结果是什么 259
15.3 数据中心中 CFD 的应用 261
15.3.1 典型用途 261
15.3.2 用于数据中心设计 261
15.3.3 用于评估、故障排除和升级 263
15.3.4 用于运行管理 263
15.4 数据中心建模 266
15.4.1 围护结构 266
15.4.2 CRAC／CRAH 和冷却基础设施 267
15.4.3 其他基础设施 268
15.4.4 白色空间/ IT 设备 270
15.4.5 模拟控制系统 272
15.4.6 低能耗设计 273
15.4.7 挑战 273
15.4.8 瞬态模拟和故障场景 274
15.4.9 数据机房指标 276
15.5 CFD／虚拟模型的潜在附加优势 278
15.6 虚拟设施模型的未来 278
参考文献 279

第 16 章 数据中心的环境控制 280
16.1 数据中心能耗趋势 280
16.2 数据中心的热管理 280
16.2.1 冷却系统架构 280

16.2.2 结构参数 · 281
16.2.3 机房空调布置 · 282
16.2.4 数据中心能源管理 · 282
16.3 冷却系统的设计与控制 · 283
16.3.1 数据中心设计 · 283
16.3.2 反渗透补水系统 · 285
16.3.3 冷却系统的设计及其运行包络线基础 · 286
16.3.4 冷却系统的运行顺序 · 286
16.4 性能指标 · 289
参考文献 · 290

第17章 数据中心项目管理与测试 · 294
17.1 引言 · 294
17.2 项目管理 · 294
17.2.1 项目启动阶段 · 294
17.2.2 计划阶段 · 295
17.2.3 执行阶段 · 296
17.2.4 监控阶段 · 299
17.2.5 收尾阶段 · 300
17.3 测试 · 300
17.3.1 什么是测试 · 300
17.3.2 为什么要测试一座建筑 · 300
17.3.3 为什么要测试一个数据中心 · 302
17.3.4 选择一个测试公司 · 303
17.3.5 准备测试的设备和系统 · 304
17.3.6 测试任务 · 304
17.3.7 审核 OPR 和 BoD 文件 · 305
17.3.8 审核图纸 · 307
17.3.9 机械、电气和管道规范的审核 · 307
17.3.10 测试规范的发布 · 307
17.3.11 设计阶段会议/价值工程 · 308
17.4 投标阶段任务 · 308
17.4.1 参加预备投标会议 · 308
17.4.2 最终测试计划 · 308
17.4.3 编制测试任务清单文件 · 308
17.4.4 测试启动会议 · 309
17.4.5 测试会议 · 309
17.4.6 评审提交 · 309
17.4.7 PFC 现场考察 · 309
17.4.8 设备启动 · 309
17.5 验收阶段任务 · 309
17.5.1 风管压力测试 · 309
17.5.2 管道压力测试 · 310
17.5.3 空气侧和水侧系统的测试和平衡 · 310
17.5.4 审核运行和维护手册 · 310
17.5.5 FPT 和 IST 测试 · 311

17.5.6	对业主员工的培训	311
17.5.7	最终测试报告	312
17.5.8	系统手册	312
17.5.9	近质保审查/入住阶段审查	312
17.5.10	反季节性测试	312
17.5.11	延迟测试	312

17.6 LEED – 所需的测试任务 312
    17.6.1 EA 先决条件 1：FC 313
    17.6.2 EA Credit 3 EC 313

17.7 最小测试任务 313
    17.7.1 设计阶段 313
    17.7.2 施工阶段 313
    17.7.3 验收阶段 313
    17.7.4 入住阶段 313

17.8 测试团队成员 313
17.9 数据中心趋势 317
17.10 结论 317
延伸阅读 317

第 3 篇 数据中心技术

第 18 章 虚拟化、云、软件定义网络和软件定义数据中心 321

18.1 引言 321
18.2 数据中心虚拟化 321
    18.2.1 虚拟化的收益 322
    18.2.2 网络技术的挑战 322

18.3 云作为数据中心的延伸 323
    18.3.1 云的类型和云服务的模型 323
    18.3.2 IaaS 对数据中心的益处 323
    18.3.3 IaaS 运营和相关问题 323

18.4 数据中心网络 324
    18.4.1 数据中心网络拓扑 324
    18.4.2 网络拓扑的挑战 324
    18.4.3 I/O 阻塞和 I/O 隔离 325
    18.4.4 多租户数据中心和虚拟数据中心 325

18.5 软件定义网络（SDN） 326
18.6 软件定义数据中心（SDDC） 327
18.7 云计算数据中心的路线图 328
18.8 容器技术 329
参考文献 329
延伸阅读 330

第 19 章 微处理器与服务器节能设计 331

19.1 引言 331
19.2 微处理器 333
    19.2.1 频率、电容、电压和介电常数 333
    19.2.2 工艺制程 333

19.2.3　微处理器体系结构 ……………………………………………………………… 334
19.2.4　微处理器主要功能块 ……………………………………………………………… 334
19.2.5　虚拟化、电源和散热 ……………………………………………………………… 335
19.3　服务器 ……………………………………………………………………………………… 336
19.3.1　分类 …………………………………………………………………………………… 336
19.3.2　数据存储 ……………………………………………………………………………… 337
19.3.3　风扇 …………………………………………………………………………………… 337
19.3.4　I/O 卡 ………………………………………………………………………………… 338
19.3.5　PSU ……………………………………………………………………………………… 338
19.3.6　PMBus 和节点管理 …………………………………………………………………… 338
19.4　主板 ………………………………………………………………………………………… 338
19.4.1　芯片组和电压调节器（VR） ……………………………………………………… 339
19.4.2　基板管理控制器（BMC） …………………………………………………………… 339
19.4.3　内存 …………………………………………………………………………………… 339
19.4.4　风扇、散热器和布局影响 …………………………………………………………… 340
19.4.5　板载 I/O（LAN、USB 和 VGA） ………………………………………………… 340
19.4.6　服务器利用率和服务器更换策略 …………………………………………………… 340
19.4.7　其他考虑因素 ………………………………………………………………………… 341
19.5　软件 ………………………………………………………………………………………… 341
19.6　基准测试 …………………………………………………………………………………… 343
19.7　结论 ………………………………………………………………………………………… 345
延伸阅读 …………………………………………………………………………………………… 346

第 20 章　信息技术设备设计的节能要求 ……………………………………………………… 347
20.1　引言 ………………………………………………………………………………………… 347
20.2　计算机服务器 ……………………………………………………………………………… 348
20.2.1　电源效率 ……………………………………………………………………………… 349
20.2.2　待机能耗 ……………………………………………………………………………… 349
20.2.3　服务器的工作负载容量 ……………………………………………………………… 351
20.2.4　服务器利用率、虚拟技术和性能/功率指标 …………………………………… 351
20.2.5　服务器电源使用和进风温度报告 …………………………………………………… 352
20.3　存储系统 …………………………………………………………………………………… 352
20.3.1　电源效率 ……………………………………………………………………………… 353
20.3.2　性能/功率指标 ……………………………………………………………………… 353
20.3.3　容量优化方法 ………………………………………………………………………… 353
20.3.4　存储系统电源使用和进风温度的报告 ……………………………………………… 353
20.4　不间断电源系统 …………………………………………………………………………… 354
20.5　网络设备 …………………………………………………………………………………… 354
20.6　产品能效要求的未来趋势 ………………………………………………………………… 354
参考文献 …………………………………………………………………………………………… 355
延伸阅读 …………………………………………………………………………………………… 355

第 21 章　数据中心地板下送风与顶部送风冷却技术 ………………………………………… 356
21.1　引言 ………………………………………………………………………………………… 356
21.2　地板下送风与顶部送风的由来 …………………………………………………………… 356
21.3　送风方式和气流遏制 ……………………………………………………………………… 357
21.4　气流组织动态分析 ………………………………………………………………………… 357

21.4.1 空气环流 ……………………………………………………………………………… 359
21.4.2 空气旁流 ……………………………………………………………………………… 359
21.5 地板下送风气流组织 …………………………………………………………………… 360
21.5.1 气流组织的自动化管理 ……………………………………………………………… 362
21.5.2 控制策略 ……………………………………………………………………………… 363
21.6 顶部送风气流组织 ……………………………………………………………………… 363
21.6.1 通道宽度对安装的影响 ……………………………………………………………… 364
21.6.2 气流组织管理的自动化 ……………………………………………………………… 364
21.7 结论 ……………………………………………………………………………………… 365
参考文献 ……………………………………………………………………………………… 365
延伸阅读 ……………………………………………………………………………………… 365

第22章 热通道与冷通道封闭 …………………………………………………………… 366
22.1 执行概要 ………………………………………………………………………………… 366
22.2 封闭：气流结构模型 …………………………………………………………………… 366
22.2.1 封闭热通道 …………………………………………………………………………… 366
22.2.2 封闭冷通道 …………………………………………………………………………… 368
22.3 封闭热通道与封闭冷通道回风温度趋势 ……………………………………………… 369
22.4 高 RAT 对运行或温升的影响 ………………………………………………………… 371
22.4.1 低密度 CAC 和 HAC 温升对比 ……………………………………………………… 371
22.4.2 中密度 CAC 和 HAC 温升对比 ……………………………………………………… 372
22.5 单几何被动式风管的 HAC ……………………………………………………………… 373
22.5.1 压差相关性 …………………………………………………………………………… 373
22.5.2 服务器风机问题 ……………………………………………………………………… 373
22.5.3 混合 IT 设备负载示例 ……………………………………………………………… 373
22.5.4 解决方案：带挡板管路的 HACS ……………………………………………………… 374
22.6 较高回风温度的心理影响 ……………………………………………………………… 374
22.6.1 最高室温舒适度 ……………………………………………………………………… 374
22.6.2 HAC 与 CAC 工作人员的工作条件 ………………………………………………… 375
22.6.3 热通道温度的调整 …………………………………………………………………… 376
22.7 冷却系统风量和风机功率 ……………………………………………………………… 377
22.7.1 房间级冷却系统 ……………………………………………………………………… 377
22.7.2 行级冷却系统 ………………………………………………………………………… 379
22.8 冗余和冷却装置位置的影响 …………………………………………………………… 382
22.8.1 房间冷却冗余 ………………………………………………………………………… 382
22.8.2 包含外部冷却装置的 HAC 或 CAC 示例 …………………………………………… 382
22.8.3 包含内部冷却装置的 HAC 或 CAC 示例 …………………………………………… 384
22.9 对 HAC 或 CAC 区域外数据中心外围设备条件的影响 ……………………………… 384
22.9.1 CAC 和外围设备 …………………………………………………………………… 384
22.9.2 HAC 和外围设备 …………………………………………………………………… 385
22.10 在较冷外部环境温度下对经济器运行时间的影响 …………………………………… 385
22.11 结论和未来趋势 ………………………………………………………………………… 386
22.11.1 HAC 满足四个要素 ………………………………………………………………… 386
22.11.2 CAC 仅满足两个要素 ……………………………………………………………… 386
22.11.3 HAC 具有设计优势 ………………………………………………………………… 387
22.11.4 机架风道管路是一种特殊情况 …………………………………………………… 387

| 参考文献 | 387 |
| 延伸阅读 | 387 |

第23章　数据中心自然冷却技术 ······ 388

- 23.1　引言 ······ 388
- 23.2　利用室外空气的特性来冷却数据中心 ······ 389
- 23.3　经济器的热力过程及设备布局 ······ 389
  - 23.3.1　直接式空气侧经济器（DASE） ······ 389
  - 23.3.2　间接式空气侧经济器（IASE） ······ 391
- 23.4　节能潜力与所需机械制冷补冷比例的比较 ······ 398
- 23.5　冷却数据中心的常规方法 ······ 400
- 参考文献 ······ 400
- 延伸阅读 ······ 400

第24章　机架级冷却和冷板冷却 ······ 401

- 24.1　引言 ······ 401
  - 24.1.1　基础 ······ 401
  - 24.1.2　能耗 ······ 401
  - 24.1.3　数据中心能源强度 ······ 402
  - 24.1.4　数据中心冷却 ······ 402
- 24.2　机架级冷却方案的类型 ······ 403
  - 24.2.1　概述 ······ 403
  - 24.2.2　封闭式 ······ 403
  - 24.2.3　行级 In‑Row™ ······ 404
  - 24.2.4　背门式 ······ 405
  - 24.2.5　其他冷却方式 ······ 405
- 24.3　机架级冷却设备的选型和安装 ······ 406
  - 24.3.1　利用既有基础设施 ······ 406
  - 24.3.2　ICT设备信息和布局 ······ 406
  - 24.3.3　市政设施要求 ······ 407
- 24.4　机架级冷却总结和未来趋势 ······ 407
- 24.5　采用冷板的机架级冷却 ······ 407
  - 24.5.1　冷却基础 ······ 407
  - 24.5.2　辐射 ······ 408
  - 24.5.3　传导 ······ 408
  - 24.5.4　自然对流 ······ 408
  - 24.5.5　强制对流 ······ 408
  - 24.5.6　相变 ······ 411
- 24.6　结论和未来趋势 ······ 413
- 参考文献 ······ 413
- 延伸阅读 ······ 413

第25章　不间断电源系统 ······ 414

- 25.1　引言 ······ 414
  - 25.1.1　UPS是什么 ······ 414
  - 25.1.2　为什么需要UPS ······ 414
- 25.2　UPS的工作原理和应用 ······ 415
  - 25.2.1　UPS的工作原理 ······ 415

25.2.2	UPS 系列的一般分类	417
25.2.3	UPS 拓扑结构	418
25.3	UPS 选型的参考原则	423
25.3.1	UPS 的切换时间	423
25.3.2	效率	424
25.3.3	环境因素和安全	425
25.3.4	成本	425
25.4	可靠性和系统冗余	425
25.4.1	提高 UPS 供电可用性的策略	426
25.4.2	并联 UPS 系统如何工作	428
25.4.3	并联系统中的扩容应用	430
25.4.4	大型并联系统的定制化	430
25.4.5	其他增强冗余系统保护的方案	431
25.4.6	整体系统安装	431
25.5	可替代的交流和直流能源	431
25.5.1	可替代的交流能源	431
25.5.2	可替代的直流能源	431
25.5.3	双总线或 2N 架构的数据中心双电源 IT 设备	432
25.5.4	基于独立 UPS 系统的多重冗余设计	434
25.6	UPS 预防性维护需求	436
25.6.1	决定服务供应商和计划的常见问题	436
25.6.2	选项 1：UPS 制造商的服务体系	436
25.6.3	选项 2：独立服务提供商的服务体系	436
25.6.4	选项 3：自我维护的服务体系	437
25.6.5	选项 4：T&M	437
25.7	UPS 系统的管理和控制	437
25.8	结论和发展趋势	438
参考文献		439
延伸阅读		439
第 26 章 直流网络在数据中心的应用		**440**
26.1	引言	440
26.2	爱迪生的复仇	440
26.2.1	交流曾经战胜直流的原因	440
26.2.2	长距离直流配电	440
26.2.3	建筑内的直流供电	440
26.3	数据中心电源设计	441
26.3.1	传统上使用交流供电的数据中心	441
26.3.2	作为替代方案的直流供电	442
26.4	为何在数据中心内使用直流系统	443
26.4.1	效率	443
26.4.2	可靠性	444
26.4.3	冗余	444
26.4.4	谐波	444
26.4.5	故障和泄漏电流	445
26.4.6	可扩展性	445

26.4.7	标准	445
26.4.8	安全	445
26.4.9	环境影响	445
26.4.10	成本论证	445
26.4.11	空间节省	446
26.4.12	与可再生能源的整合	446

26.5 在用直流数据中心案例 … 447
    26.5.1 瑞典能源署 … 447
    26.5.2 SAP 数据中心 … 447
    26.5.3 NTT 集团 … 447
26.6 未来趋势和结论 … 447
致谢 … 448
参考文献 … 448
延伸阅读 … 448

第 27 章 绿色数据中心机架式 PDU 的应用 … 449

27.1 引言 … 449
27.2 基本原理和准则 … 450
    27.2.1 概述和产品分类 … 450
    27.2.2 机架的电力分配 … 451
    27.2.3 进线插头、电源插座和电源线缆 … 452
    27.2.4 额定值和安全性 … 454
    27.2.5 过载保护 … 455
27.3 系统构成 … 456
    27.3.1 机架式 PDU … 456
    27.3.2 环境管理 … 460
    27.3.3 系统的连接 … 461
    27.3.4 机架式 PDU 管理系统 … 461
27.4 规划和选择机架式 PDU 的注意事项 … 464
    27.4.1 机架电源的可用性和分配 … 464
    27.4.2 机架内设备电力需求 … 467
    27.4.3 机架式 PDU 的选型 … 467
    27.4.4 电源效率 … 469
27.5 机架式 PDU 未来的发展趋势 … 470
    27.5.1 配备各种传感器的高密度、高功率机架式 PDU … 470
    27.5.2 提高机架的智能性以支持效率计划的"智能机架" … 471
    27.5.3 与更高级别的数据中心管理系统集成 … 471
延伸阅读 … 472

第 28 章 可再生与清洁能源在数据中心的应用 … 473

28.1 引言 … 473
28.2 可再生能源基础知识 … 474
28.3 可再生能源的类型 … 474
    28.3.1 太阳能 … 474
    28.3.2 风能 … 476
    28.3.3 生物质能 … 477
    28.3.4 水能（水力发电） … 479

- 28.3.5 波浪能 ········· 480
- 28.3.6 潮汐能 ········· 480
- 28.3.7 地热能 ········· 481
- 28.4 替代能源：燃料电池 ········· 482
  - 28.4.1 燃料电池设计 ········· 482
  - 28.4.2 燃料电池技术的优势 ········· 482
  - 28.4.3 燃料电池类型 ········· 482
  - 28.4.4 燃料电池技术比较 ········· 485
  - 28.4.5 燃料电池技术挑战 ········· 485
  - 28.4.6 燃料电池制造商和用户 ········· 486
- 28.5 案例研究 ········· 486
  - 28.5.1 苹果公司 ········· 486
  - 28.5.2 易趣网 ········· 487
  - 28.5.3 谷歌 ········· 487
  - 28.5.4 IBM ········· 488
  - 28.5.5 微软 ········· 488
  - 28.5.6 雅虎 ········· 488
- 28.6 总结和未来趋势 ········· 488
- 参考文献 ········· 489
- 延伸阅读 ········· 489

第29章 智能电网响应数据中心 ········· 490

- 29.1 智能电网响应数据中心简介和背景 ········· 490
  - 29.1.1 什么是电网响应数据中心 ········· 490
  - 29.1.2 智能电网和需求响应角色 ········· 490
  - 29.1.3 研究对象 ········· 491
- 29.2 美国的智能电网和需求响应应用 ········· 492
  - 29.2.1 使命 ········· 492
  - 29.2.2 利益相关者 ········· 492
  - 29.2.3 效益 ········· 492
  - 29.2.4 当前智能电网和需求响应状态 ········· 493
  - 29.2.5 数据中心配电和技术 ········· 493
- 29.3 现场基础设施控制系统技术 ········· 493
  - 29.3.1 冷却、供电系统和照明技术 ········· 494
  - 29.3.2 冷却系统技术 ········· 494
  - 29.3.3 电力输送系统技术 ········· 494
  - 29.3.4 照明控制技术 ········· 494
- 29.4 IT基础设施虚拟化技术 ········· 494
- 29.5 需求响应机遇、挑战和自动化注意事项 ········· 494
- 29.6 具有需求响应功能的数据中心 ········· 495
  - 29.6.1 现场基础设施的需求响应策略 ········· 495
  - 29.6.2 IT基础设施的需求响应策略 ········· 495
  - 29.6.3 IT和现场基础设施协同 ········· 495
- 29.7 使用开放式标准的自动需求响应 ········· 497
- 29.8 分布式电网数据中心和网络 ········· 498
- 29.9 需求响应策略总结 ········· 498

29.10	电网响应数据中心面临的挑战	498
29.10.1	对业务和运营风险的感知	498
29.10.2	绩效衡量策略	499
29.10.3	缺乏信息	499
29.11	美国关于智能电网新兴技术的政策	499
29.12	智能电网发展的州立政策	500
29.13	结论和下一步	500
29.13.1	商业化潜力	501
29.13.2	下一步	501
致谢		502
参考文献		502
延伸阅读		503

第4篇　数据中心运营和管理

第30章　数据中心基准指标　507

30.1	引言	507
30.2	PUE 的来源与应用	507
30.3	数据中心评价指标	508
30.4	绿色网格的 XUE 指标	508
30.4.1	能源再利用率	509
30.4.2	水利用效率	509
30.4.3	碳使用效率	509
30.5	机架冷却指数和回风温度指数	509
30.5.1	机架冷却指数	509
30.5.2	回风温度指数	509
30.6	其他行业指标	510
30.6.1	SPEC	510
30.6.2	The Green500™	510
30.7	欧盟委员会行为准则	510
30.8	国际电信联盟	510
30.9	结论	510
延伸阅读		510

第31章　数据中心基础设施管理　511

31.1	什么是数据中心基础设施管理	511
31.1.1	DCIM 技术和用户的成熟度	511
31.1.2	DCIM 对现代数据中心具有重要的战略意义	512
31.1.3	DCIM 的共同目标	513
31.1.4	DCIM 是谁的工作？IT 还是设施	513
31.2	DCIM 采购和部署的出发点	514
31.2.1	容量管理	514
31.2.2	业务流程再造和运营效率	514
31.2.3	数据中心整合项目	514
31.2.4	新容量、新数据中心	514
31.2.5	降低数据中心成本，提高资源效率	514
31.2.6	技术更新和架构变更	515

- 31.2.7 聚焦环境和可持续性 ·········· 515
- 31.2.8 监管和合规、审计和文件 ·········· 515
- 31.2.9 云 ·········· 515
- 31.3 DCIM 解决方案的模块 ·········· 515
  - 31.3.1 资产生命周期要求和变更管理 ·········· 515
  - 31.3.2 容量规划、分析和预测 ·········· 515
  - 31.3.3 实时数据收集 ·········· 516
  - 31.3.4 与第三方现有管理框架、Web API 的集成 ·········· 516
  - 31.3.5 发现服务和定位服务 ·········· 517
  - 31.3.6 数据导入和导出 ·········· 517
  - 31.3.7 模型目录和库 ·········· 518
  - 31.3.8 机架规划和设计 ·········· 518
  - 31.3.9 楼层规划 ·········· 519
  - 31.3.10 DCIM 的关键部分——报告 ·········· 520
  - 31.3.11 仪表盘 ·········· 520
- 31.4 系统本身、期待和规划 ·········· 520
  - 31.4.1 平台结构 ·········· 521
  - 31.4.2 平台的数据存储模型 ·········· 521
  - 31.4.3 平台的用户界面 ·········· 521
  - 31.4.4 使用仪表实时监测物理组件 ·········· 521
  - 31.4.5 数据中心最基本的构建块——机架 ·········· 523
  - 31.4.6 远程访问和电源状态管理 ·········· 523
- 31.5 实施 DCIM 时的关键成功因素 ·········· 524
  - 31.5.1 选择 DCIM 的供应商 ·········· 524
  - 31.5.2 成本考量 ·········· 525
  - 31.5.3 其他 DCIM 注意事项 ·········· 525
- 31.6 DCIM 的未来趋势 ·········· 525
  - 31.6.1 供应商解决方案的整合和合理化 ·········· 525
  - 31.6.2 自动化和控制 ·········· 526
  - 31.6.3 资产定位和物理发现 ·········· 526
  - 31.6.4 生态系统和集成"标准",与其他系统的连接 ·········· 526
  - 31.6.5 DMaaS——基于云服务的 DCIM + AI 大数据分析 ·········· 526
- 31.7 结论 ·········· 526
- 参考文献 ·········· 527
- 延伸阅读 ·········· 527

第32章 数据中心信息化运维管理系统 ·········· 529
- 32.1 引言 ·········· 529
- 32.2 CMMS 基础概念 ·········· 529
  - 32.2.1 架构 ·········· 529
  - 32.2.2 配置 ·········· 529
  - 32.2.3 操作 ·········· 529
- 32.3 CMMS 模块 ·········· 530
  - 32.3.1 资产管理 ·········· 530
  - 32.3.2 服务管理及服务程序 ·········· 534
  - 32.3.3 工作管理 ·········· 535

32.3.4 日历 · 536
32.3.5 报告 · 536
32.3.6 文件管理 · 538
32.3.7 管理职能 · 538
32.3.8 用户首页 · 539
32.4 选择 CMMS 的注意事项 · 539
32.4.1 实施过程 · 539
32.4.2 员工因素 · 539
32.4.3 IT 需求 · 541
32.4.4 可用性/易用性 · 541
32.4.5 成本 · 541
32.5 结论 · 543
32.6 趋势 · 543
延伸阅读 · 544

第 5 篇 数据中心灾难恢复和业务连续性

第 33 章 数据中心灾难恢复和高可用性 · 547
33.1 引言 · 547
33.2 数据中心的演变和数据中心风险 · 548
33.2.1 评估数据中心和 IT 系统停机的影响和成本 · 550
33.2.2 可能出错的地方总会出错：为什么数据中心会失效 · 551
33.3 物理数据中心设计和冗余：Tiers 和 $N+$ · 555
33.4 虚拟化带来开箱即用的灾难恢复生存能力 · 558
33.5 灾难恢复和云 · 561
参考文献 · 562
延伸阅读 · 562

第 34 章 自然灾害的教训和数据中心的准备 · 563
34.1 引言 · 563
34.2 业务连续性和灾难恢复设计 · 563
34.3 自然灾害 · 563
34.4 2011 年日本东北部大地震 · 565
34.5 2012 年美国东海岸超强风暴桑迪 · 567
34.5.1 从美国东海岸超级风暴桑迪得到的教训 · 567
34.5.2 业务连续性/灾难恢复计划 · 569
34.5.3 通信 · 569
34.5.4 应急电源/备用发电机 · 569
34.5.5 后勤 · 569
34.5.6 预防性维护 · 569
34.5.7 人力资源 · 569
34.5.8 信息技术 · 569
34.6 结论 · 569
参考文献 · 570
延伸阅读 · 570

第1篇 数据中心概况和战略规划

第 1 章　数据中心战略规划、设计、建设和运营

美国加利福尼亚州，亚美智库　耿怀渝（Hwaiyu Geng）　著
美国加利福尼亚州，亚美智库　耿怀渝　译

1.1　引言

2016 年，数据中心消耗约 3% 的全球电能，预计到 2025 年将为 20%。使用的数据分析、人工智能、虚拟现实、增强现实、元宇宙，加上更多物联网连接的设备，它们都渴望更强大的处理能力及消耗更多的电能，从而改变未来的世界。

一个典型数据中心的电能主要用于运行信息和通信技术（ICT）设备及其配套设施。其中，大约 45% 的电能用于运行 ICT 设备，如服务器、存储器和网络，其余 55% 的电能消耗于其他设施，如配电系统、不间断电源、冷水机组、机房空调和照明等。许多研究已证明，由于人类衣食住行康育及其他活动导致温室气体增加及地球变暖。改进 ICT 设备和设施的电能消耗对于有效利用能源至关重要。

1.1.1　数据中心与地球变暖

根据《科学》杂志一项研究的估计，从 1992 年到 2012 年，格陵兰和南极洲融化的冰使全球海平面上升了 11.1mm。2012 年，超级飓风桑迪袭击美国人口稠密的东海岸，造成洪水，海平面上升引起了更多的关注。

世界气象组织（WMO）和联合国环境规划署（UNEP）设立的政府间气候变化专门委员会（IPCC）编写的题为《2013 年气候变化/物理科学基础》的报告[1]指出："气候系统变暖是明确的。自 20 世纪 50 年代以来，许多观察到的变化在前几十年到几千年间都是前所未有的。大气和海洋变暖、冰雪减少、海平面上升、温室气体浓度增加。""自 19 世纪中叶以来，海平面上升的速度已经超过了前两千年的平均速度（高置信度）。在 1901 年至 2010 年期间，全球海平面平均上升了 0.19（0.17～0.21）m。"

2012 年 11 月，世界银行发布了一份题为《降低温度：为什么必须避免全球变暖 4℃》的报告[2]。报告描述了如果地球气温上升 4℃，世界会是什么样子："地球气温上升 4℃ 的情景是毁灭性的：沿海城市被淹没；粮食生产的不足越来越严重，这必然导致营养不良率上升；许多干旱地区变得更干旱，潮湿地区变得更潮湿；许多地区，特别是热带地区出现了前所未有的热浪；严重加剧许多地区缺水的现象，高强度热带气旋频发，以及包括珊瑚礁系统在内的生物多样性的不可逆转的丧失。"

科学研究明确指出："人类是全球变暖的主因，并且已经观察到重大变化，全球平均变暖比工业化前高 0.8℃；自 20 世纪 50 年代以来，海洋变暖了 0.09℃、并且正在酸化；自工业化以来，海平面上升了约 20cm，而且现在正以每 10 年 32mm 的速度上升。在过去的 10 年中，出现了异常数量的极端热浪；主要粮食作物种植区日益受到干旱的影响。"

2018 年 10 月发布的《IPCC 全球升温 1.5℃ 特别报告》表明："到 2100 年，将全球变暖限制在 1.5℃ 而非 2℃，因为升温超过 1.5℃，会增加长期不可逆转变化的风险。"将全球变暖限制在 1.5℃，将需要在土地、能源、工业、建筑、交通和城市方面进行"快速而深远的"转型。到 2030 年，全球二氧化碳（CO_2）排放量需要比 2010 年的水平下降大约 45%，到 2050 年要达到"零排放"。这意味着需要通过从空气中去除 CO_2 来平衡剩余的排放。

人类从烹饪食物、制造商品、建造房屋、客货运输、信息和通信技术等活动中产生了各种热量。数据中心中的 ICT 和 EB（10^{18}）级超级计算机在全球经济中继续发挥着广泛的作用，包括互联网搜索、计算、网上购物、网上银行、移动电话、社交网络、医疗服务、气候预测等，它们都需要消耗能量并因此放出热量。数据中心处理数据的 1W 输入会产生 1W 的热量输出。因此，所有数据中心都会吸收能量并释放热量。我们不能停止释放热量，但我们可以通过有效地管理数据中心能量输入来减少热量输出。

1.1.2　数据中心的定义

"数据中心"这个术语对不同的使用者有不同的含义。其通用的名称包括数据大厅、数据场、数

据仓库、机房、服务器机房、研发软件实验室、高性能实验室、托管设施、共用设施等。美国环境保护署（U. S. EPA）。将数据中心定义为：

- "主要用于数据处理（服务器）、数据存储（存储设备）和通信（网络设备）等电子设备。这些设备共同处理、存储和传输数字信息。"
- "保持可靠、高质量电源的专用电源转换和备用设备，以及保持ICT设备的适当温度和湿度的环境控制设备。"在本手册中，"数据中心"指的是上面提到的所有名称。

数据中心涉及生活的各个方面，包括亚马逊、AT&T、中央情报局（CIA）、花旗银行、迪士尼世界、易趣网、联邦航空管理局（FAA）、Facebook（新名为Meta）、联邦应急管理局（FEMA）、联邦调查局（FBI）、哈佛大学、IBM、梅奥诊所、航空航天局、纳斯达克（NASDAQ）、平安保险、美国政府、推特、沃尔玛、微信、雅虎和Zillow等。这份从字母A～Z的清单覆盖了社会中人与人之间的关系，反映了衣服、食物、住房、交通、医疗保健和社会活动的"基本需求"。

数据中心可消耗1MW～500MW的电力。无论数据中心的大小如何（表1.1），它都是为了一个目的，即处理信息。

表1.1 数据中心类型、服务器数量和设施大小

设施类型	服务器数量	估计每个设施的服务器数量/个	标准尺寸/ft² （m²）	估计设施数量（美国）/个	2006年美国用电量/10^9kW·h
服务器柜	1798000	1～2	<200（19）	900000～1500000	3.5
服务器机房	2120000	3～36	<500（46）	50000～100000	4.3
本地化数据中心	1820000	36～300	<1000（93）	10000～13000	4.2
中端数据中心	1643000	300～800	<5000（465）	2000～4000	3.7
企业级数据中心	3215000	800～2000+	5000+（465+）	1000～2500	8.8

注：源自U. S. EPA、数据中心热电联产技术的应用、ICF国际、橡树岭国家实验室。

1.1.3 能源消耗的趋势

"2010年，全球数据中心的用电量占总用电量的1.1%～1.5%。而在美国，这一数字是1.7%～2.2%。"[3] 由EMC公司赞助的IDC IVIEW指出[4]："在未来十年中，全球服务器（虚拟和物理）的数量将增长10倍，企业数据中心管理的信息量将增长50倍，数据中心必须处理的文件数量将至少增长75倍。"到2025年，全球数据中心的用电量可能激增。

2011年，人们创建了1.8ZB（10^{21}）的数据。到2015年，这一数字增加到7.9ZB。这相当于1800万个美国国会图书馆的存书。Gartner公司估计[5]，"大部分数据生成源自北美和欧洲。随着全球其他地区更全面地上线，数据生成量将呈指数增长。"IDC2017的白皮书《Data Age 2025》预测，2016年的16ZB数据到2025将增加到163ZB。

很显然，随着大数据分析、在线服务、移动宽带、社交活动、商业、制造业、医疗保健、教育、医学、科学和工程等领域越来越多数据交换的增加，能源的需求及消耗也将持续增加。

1.1.4 高效用电

数据中心包含ICT设备及冷却ICT设备的设施。虽然空气冷却仍然是机架中冷却服务器最经济的方式，但水或介质冷却是去除中央处理器产生热量的最有效方式。

根据绿色网格联盟编制的《2012年3月电能利用效率（PUE）》[2]，总能源的66.6%用于IT负载，33.4%用于数据中心的供电和冷却（图1.1）。一个典型的服务器，30%的电能用于中央处理器，70%被外围设备，如变压器、内存、风扇、磁盘驱动器等消耗。服务器的利用率估计为令人失望的20%[6]。

服务器节能的选项及机会包括使用美国能源部评定的"能源之星"设备、水冷式服务器、固态驱动器和服务器中的变速风扇。其他如虚拟化，也可以应用软件来提高服务器的利用效率。

1.1.5 虚拟化、云计算、软件定义的数据中心

如图1.2所示，虚拟化是一种在单个物理计算机上运行多个独立虚拟操作系统的方法。这是一种通过提高服务器利用率来允许在较少的服务器上进行更多数量的处理方法。虚拟化不是以低CPU利用率运行许多服务器，而是将处理能力结合到以更高利用率运行较少服务器。[7]

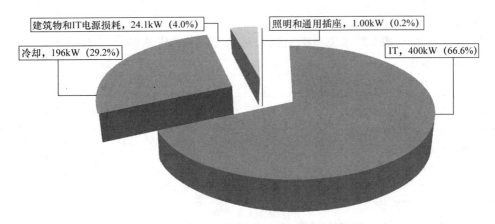

图 1.1　电能利用效率（PUE）（2012 年 3 月）

注：美国能源部的资料显示，全国数据中心的 PUE 平均值为 1.75。劳伦斯伯克利国家实验室（LBNL）的第 50 号楼数据中心已经从平均 PUE 为 1.65（2009 年计算）发展到今天的 1.47。从开始到进一步改善 PUE 是一项持续不断的努力。

（资料来源：Nina Lucido、《数据中心利用报告》2012 年 3 月、LBNL、美国能源部，
　　　　　https：//commons.lbl.gov/display/itdivision/2012/04）

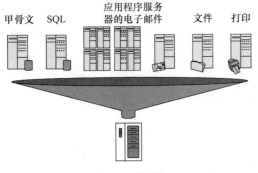

图 1.2　虚拟化

（来源：http：//www.energystar.gov/index.cfm? c = power_mgt.datacenter_efficiency_virtualization）

云计算仍是一个在不断发展及优化的商业模式[8]。通过共享计算资源池，实现服务器、存储、网络、应用程序和服务等资源的共享，具有易接入、按需使用、快速适应、成本低廉、自助服务等特点。云容量可以快速调配、控制和测量。

云计算提供各种服务模式，包括软件即服务（SaaS）、基础设施即服务（IaaS）、平台即服务（PaaS）等。惠普公司的"一切即服务"提供如下服务模式："通过云，所有事情都将作为服务交付，从计算能力、业务流程到个人互动"。云计算可部署为公共、私有、社区或混合云模式，它通过提供资源池以及更低的成本优化资源使用，为数据中心管理人员带来许多好处。哈佛大学商学院推断，超过 85% 的公司已以某种方式使用云技术。

由 VMware 公司开创的软件定义数据中心（SDDC）是一种体系架构方法，它通过独立于硬件的管理系统，虚拟化所有 ICT 基础设施（服务器、存储、网络和安全）。SDDC 可以是云的构建模块，也可以是 SDDC 的扩展[9]。虚拟机可以在几分钟内部署而不须人工参与。资源调配应用程序可以在几分钟内运行，从而缩短价值实现时间。SDDC 最大限度地优化及利用了物理基础设施[10]。因此，SDDC 减少了资本支出、提高了资产利用率，提高了运营效率，并提高了 ICT 生产率。SDDC 同时会降低数据中心的硬件成本。

1.2　数据中心愿景和路线图

数据中心战略规划的首要条件包含愿景和路线图。表 1.2 列出了一个愿景框架、潜在的技术解决方案和主要优势。该表汇总了 60 位出席"愿景和路线图"研讨会的专家的想法和解决方案，研讨会的主题为"电信和数据中心的高效能源使用"。该表可根据各数据中心的需要进行调整，以增强新兴技术，如 SDDC、燃料电池技术等。

1.2.1　战略规划和路线图

一个整体数据中心的战略规划包括全球布局规划、选址计划，以及应用 ICT 和新兴技术的设计、建设和运营。制定战略规划有许多不同的方法，数据中心可以是自管、托管、租赁、购买或构建的。建设的级别可能从服务器机房的小修建、扩建到新

项目的完整构建。

表 1.2　信息和通信技术（ICT）愿景和路线图摘要[11]

设备和软件	电力供应链	冷却
愿景		
ICT 硬件和软件将使每瓦的计算能力增加至少一个数量级，在不增加能源消耗或总体拥有成本的情况下满足未来的需求，并显著降低 ICT 设施对环境的影响	将数据中心及电信中心局的电能损耗从服务入口到最终使用减少 50%，同时保持或提高总体拥有成本的可靠性	将冷却能源占 ICT 电能的比例降低到全球平均水平：改造用电 ≤20%，新建用电 <5%。冷却系统将是适应性的、可扩展的，并且能够最大化所有资产的利用率和使用寿命，同时保持系统弹性并降低总体拥有成本
潜在的技术解决方案		
• ICT 硬件的先进电源管理 • 动态网络电源管理 • 新的数据存储技术 • 免费冷却和设备标准 • 更耐用的 ICT 设备 • 新型计算架构的创新科技 • 纳米电子电路 • 全光网络 • 超导元件	• 消除电压转换步骤 • 采用高效电力系统组件 • 采用效率优化的控制系统 • 向直流运行过渡 • 数据中心现场直流发电和微电网	• 采用先进的空气冷却技术 • 硬件的液体冷却 • 先进的单个硬件组件冷却 • 效益优化的控制系统
主要优势		
• 通过软件操作 ICT 设备，以提高效率并减少电力供应链和冷却系统的负荷，推动 ICT 设施所有领域的节约 • 强化设备在极端环境中可靠运行，可避免或大幅减少 ICT 冷却	• 提高效率，以降低功率系统损耗和相关冷却负荷 • 大多数降低功耗的策略都侧重于减少电压阶跃的数量，这也可能会减少电力系统组件的数量和成本 • 使用绿色能源以减少碳排放	• 新的冷却方法可以降低能源成本，促进提高的 ICT 硬件密度

竞争战略之父迈克尔·E. 波特教授的《竞争力量如何塑造战略》[12] 描述了导致行业竞争状态的著名的"五种力量"，即顾客的议价能力、供应商的议价能力、新进入者的威胁、替代产品的威胁和同行业竞争者。中国军事家孙子在《孙子兵法》中阐述了五大因素：道、天、地、将、法。这两种战略规划中的关键因素可归纳为以下几点[13]：

- 战略规划的目标是什么。
- 有哪些已知和未知条件。
- 有哪些约束条件。
- 有哪些是可行的解决方案。
- 如何验证不同的方案。
- 如何找到最佳的解决方案。

在为数据中心制定战略规划时，需考虑许多驱动力量。图 1.3 所示为数据中心战略规划的驱动力[14]。包括业务驱动力流程、技术和运营。每个驱动力都有相关的因素、要求或理念，与业务驱动力相关的要求或理念包括以下内容：

- 敏捷性：快速变动的能力。
- 弹性：从设备故障或自然灾害中快速恢复的能力。
- 可扩展性和模块化："分步重复"可快速并容易地扩展基础设施。
- 可靠性和可用性：可靠性是设备执行预定功能的能力，可用性是项目处于执行所需功能状态的能力。
- 可持续性：在数据中心的绿色设计、建设和运营中应用最佳实践，以减少环境影响。
- 总体拥有成本：数据中心全生命周期内的资本支出（包括土地、建筑、绿色设计和施工等）

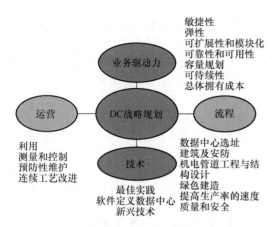

图 1.3　数据中心战略规划的驱动力
（美国 AmicaResearch.org 提供）

和运营支出（包括能源成本等）。

数据中心项目还有许多其他的驱动力及要求，如容量规划，以满足各个数据中心项目的需求。"已知条件"的业务驱动力是复杂且经常是互相矛盾的。例如，增加数据中心的弹性或灵活性，将不可避免地增加设计和构建的成本，以及后续的运营成本。另一个例子是对可持续性的需求将增加总体拥有成本。鱼与熊掌不可兼得，所以在战略规划的早期，考虑业务驱动因素的优先次序是至关重要的。

战略规划还应考虑新兴技术的影响，如以直流电源、燃料电池作为能源或 SDDC 的影响。

1.2.2　容量规划

Gartner 的研究报告指出，数据中心设施很少能满足其初始设计的运营和容量要求[15]。必须把重点放在容量规划和资源利用上。微软的十大商业惯例估计[16]，如果一个 12MW 的数据中心仅使用 50% 的电力容量，那么每年有 400 万～800 万美元的闲置资本滞留在 UPS、发电机、冷却器和其他投资的资本设备中。

1.3　选址规划

在确定数据中心位置时，业务驱动因素包括市场需求、市场增长、新兴技术、互联网交换点、物联网需求、电力、资本投资和其他因素。重要的是要有一个精心策划的路线图来预估在全球何地建立未来的数据中心。因此，从全球角度制定包括长期数据中心计划、短期数据中心的实施计划及战略定位计划都是非常重要的。这一战略选址规划从考虑世界各大洲、国家、省或州、城市开始，到最后考虑数据中心站点。

从世界洲际和国家层面的宏观规划需考虑选址的因素包括：
- 国家有稳定的政治和经济。
- 政治经济协定（如欧盟、G7、OPEC、亚太经合组织等）的影响。
- 国内生产总值或相关指标。
- 生产力和竞争力。
- 市场需求和趋势。
- 优势、劣势、机会和威胁（SWOT）的分析。
- 政治、经济、社会和技术（PEST）的分析。

从各个国家的省市第二级层面计划来考虑选址的因素包括：
- 地区自然灾害（如地震、海啸、飓风、龙卷风、火山等）。
- 具有双重或多重电网服务的电源。
- 电费率。
- 具有多重连通性的光纤基础设施。
- 公用设施事业（如天然气、水）。
- 飞机升降走廊。
- 劳动力市场（如受过教育或训练的劳动力、失业率）。

从园区层面的微观角度来考虑选址的因素包括：
- 地形、百年洪水规划、地下水位。
- 站点，面积大小、形状、可达性、可扩展性。
- 用地分区要求和规范。
- 市和州的税收优惠。
- 生活环境质量以留住员工。
- 安全和犯罪率。
- 邻近机场和铁路线。
- 邻近化工厂、炼油厂。
- 靠近高压电力线（电磁场）。
- 营运的考量及注意事项。

可以用来帮助制定数据中心选址计划的其他工具包括：
- 运筹学
    - 网络设计和优化。
    - 市场预测的回归分析。
- 租赁与购买分析或建造回租。
- 净现值。
- 盈亏平衡分析。
- 灵敏度分析和决策树等。

作为参考,可以将全球选址计划与亚马逊、Facebook(Meta)或谷歌已部署的数据中心进行比较。

1.4 可持续性设计

数据中心可持续设计是必不可少的。因为与同等规模的办公空间相比,数据中心的耗电量是其 40~100 倍(以 ft² 为单位)。可持续设计涉及建筑、结构、机械、电气、消防、安全和布线系统。每个企业都需要数据中心支持不断变化的环境,如新的市场要求更大数据中心的容量、需要机架级冷却[17]、合并和征用功耗更高的新 ICT 产品等。

1.4.1 设计指南

由于数据中心涉及的电气和机械设备占数据中心资本成本的 60%~80%(图 1.4),所以在一般情况下,数据中心被认为是由工程师而非建筑师来主导的项目。可持续设计的主要因素包括总体场地规划、建筑及工程设计、能效最佳设计、冗余、分模块阶段部署等。建筑和场地设计可符合美国能源和环境设计领导组织(LEED)计划或 GB/T 500378 中规定的要求。美国 LEED 计划是由美国绿色建筑委员会(USGBC)主导的一项自愿认证计划。GBCI®是 LEED 的中国代理。

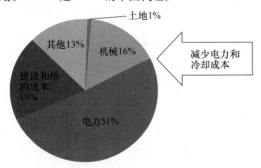

图 1.4 美国数据中心的资本(微软公司提供)成本

注:可以看出,控制机械和电气设备的费用可显著降低成本[16]。

在设计过程之初,确定建筑物的机架平面图和立面图是必不可少的一个步骤。有较大柱间距的厂房更宜安排数据中心的 ICT 机架和冷却设备。建筑物立面高度须仔细评估规划,以覆盖结构、机械、暖通空调、电气、照明、防火和布线所需的空间。确保适当设计的柱间距和建筑高度以减少不必要的资本投入和未来的运营费用。有效的空间规划将确保最多的机架部署,并通过计算流体动力学(CFD)模拟优化气流组织,提高电力和冷却容量利用率,以满足高功率密度设计的要求[18]。

国际技术学会及组织已制定了许多有用的设计指南。为制定数据中心的设计要求和规范,可以参考以下指南:

- 中国数据中心设计规范(GB 50174—2017)。
- 美国 LEED 评级系统⊖。
- 数据中心电力设备热量指南和最佳实践(ASHRAE TC9.9)。
- 建筑能源标准(ANSI/ASHRAE/IE90.1)。
- 数据中心能源标准(ASHRAE TC90.4)。
- 数据中心气体和颗粒污染指南 2011(ASHRAE)。
- 数据中心设计和实现最佳实践(ANSI/BICSI 02)。
- 数据中心电信基础设施标准(ANSI/TIA942-B)。
- 2017 数据中心行为准则导引(欧盟)(http://publications.jrc.ec.europa.eu/repository/bitstream/JRC110666/kjna29103enn.pdf)。
- 2014 最佳实践指南(欧盟)(https://www.ou.nl/documents/380238/382808/GSDC_2014_best_practice_guidelines_v5_1_1r.pdf/2ed97695-52ab-7818-5385-9c150cab246f)。
- 节能数据中心设计最佳实践指南、FEMP(美国能源部的联邦能源管理计划)。
- 日本数据中心委员会(JDCC)数据中心设施标准⊜和概述⊜。
- 绿色网格联盟白皮书。

1.4.2 可靠性和冗余

"冗余"确保了更高的可靠性,但它对初始投资和持续运营成本有深远的影响。美国正常运行时间研究所(Uptime Institute®)率先推出了一项分层认证计划,以四个层次的构建来计划数据中心的冗余和容错。美国电信行业协会的 TIA-942-B 包含四个等级,描述了四个层级的建筑和基础设施冗余[19]。不同的冗余定义如下:

⊖ http://www.usgbc.org/leed/rating-systems。
⊜ http://www.jdcc.or.jp/english/facility.pdf。
⊜ http://www.jdcc.or.jp/english/council.pdf。

- N：基本需求，零冗余。
- $N+1$ 冗余：根据最低需求提供一个额外的单元、模块、路径或系统。
- $N+2$ 冗余：除最低需求外，还提供两个额外的单元、模块、路径或系统。
- $2N$ 冗余：为基础系统所需的每一个单元提供两个完整的单元、模块、路径或系统。
- $2(N+1)$ 冗余：提供两个完整的 $(N+1)$ 单元、模块、路径或系统。

基于上述内容，下列数据中心的四个层级可与电信、建筑和结构、电气和机械相关的组件建立不同的冗余及容错：

- TierⅠ（级别Ⅰ）数据中心：基本系统。
- TierⅡ（级别Ⅱ）数据中心：冗余组件。
- TierⅢ（级别Ⅲ）数据中心：可同时运作及维护。
- TierⅣ（级别Ⅳ）数据中心：容错。

中国国家标准 GB 50174—2017《数据中心设计规范》将数据中心的设计及建设分为 A 级、B 级和 C 三级，其中 A 级是最严格的。

JDCC 的《数据中心设施标准大纲》也是一个组织良好的矩阵，说明了与冗余级别 1、2、3 和 4 相关的"建筑、安全、电气设备、空调设备、通信设备和设备管理"。值得一提的是，该矩阵还包括与设计冗余相关的可能最大损失（PML）的抗震设计考虑。

数据中心业主与机电顾问合作，在期望的可靠性、冗余性和总体拥有成本之间建立平衡。

1.4.3 计算流体动力学

尽管数据中心可以采用上述设计指南或最佳实践，但是机架、空调设备等系统位置的设计可能不是整体上最佳安排。几十年来，CFD 技术已经被广泛用于半导体的洁净室项目中，以确保洁净室内部的气流均匀及无气流的死角。CFD 提供了科学的分析和解决方案，以验证最佳机架布局、冷却单元的位置和冷却能力。人们可以通过模拟冷热通道中的气流来优化房间设计。在运行阶段，CFD 可用于模拟和管理空气流动，以确保空气路径不会再循环、旁路或产生负压等现象。CFD 还可用于识别机架空间中的热点。

1.4.4 DCIM 和 PUE™

结合 CFD 技术，数据中心基础设施管理（DCIM）可用于控制资产和容量、变更流程、测量和控制功耗、能源和环境管理[⊖]。能源管理系统允许将来自楼宇管理系统（BMS）、公用事业仪表、UPS 等的信息集成到可操作的报告，如准确的资产库存、即时空间/电力/冷却能力和账单回收报告。实时仪表板显示允许持续监控能耗并在需要时采取纠正措施。

Robert Kaplan 和 David Norton 教授曾说过："如果你不能测量它，你就无法管理它。"电力使用效率（PUE™）及其他监控参数是绿色电网协会绿色网格联盟开发的范例之一。

在设计阶段早期将 CFD 和 DCIM 结合起来，对于数据中心成功的设计和持续的运营是不可或缺的。若在数据中心建成后，安装 PUE 监控设备或做 CFD 变更的成本将是极其昂贵的。

1.5 最佳实践和新兴技术

尽管节能数据中心的设计仍在不断发展改进中，但无论是设计小型服务器机房还是大型数据中心，都可以应用许多最佳实践。欧洲委员会发布了一份全面的《2017 年欧盟数据中心行为准则最佳实践》。美国能源部的联邦能源管理项目（FEMP）出版了《数据中心节能设计最佳实践指南》。在准备数据中心设计规范时，可以参考这两种和许多其他出版物。以下是最佳实践和新兴技术的简短列表：

- 升高服务器入口温度（图 1.5）和湿度调节[20]。
- 冷通道和热通道配置。
- 冷热空气隔离或封闭。
- 空气管理（以避免旁路、冷热空气混合和再循环）。
- 使用空气侧经济器或水侧经济器进行自由冷却。
- 高效 UPS 系统。
- 变速驱动器。
- 机架级直接液体冷却。
- 数据中心的热电联产（CHP）(图 1.6)[21]。
- 燃料电池技术[22]。
- 直流配电等。

⊖ http://www.raritandcim.com/。

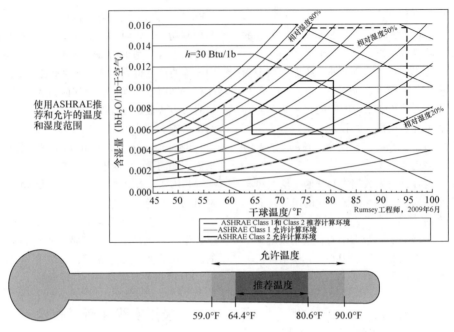

图 1.5　调整环境条件（FEMP 第一个星期四研讨会，美国能源部）

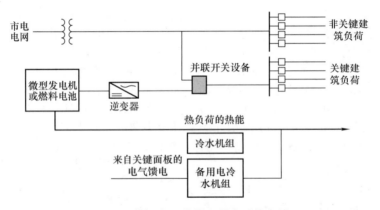

图 1.6　数据中心的热电联产系统布局

1.6　运营管理和灾害管理

运营管理的一些最佳实践包括应用 ISO 标准、空气流管理、线缆管理、预防性和预测性维护、5S、灾难管理和培训等，其中员工培训是运营管理中的一个重要环节。

1.6.1　ISO 标准

为了有效地运营管理数据中心，可遵循以下适用的国际标准。
- ISO 9000：质量管理。
- ISO 14000：环境管理。
- OHSAS 18001：职业健康和安全管理。
- ISO 26000：社会责任。
- ISO 27001：信息安全管理。
- ISO 50001：能源管理。
- ISO 20121：可持续性管理。

1.6.2　计算机化维护管理系统

仅冗余本身不能防止故障的发生并保持可靠性。计算机化维护管理系统（CMMS）、是一个成熟的工具，具有移动、QR/条形码或语音识别功能，主要用于管理和维护数据中心设施设备、调度维修工作单、控制库存和购买服务部件。ICT 资产可以由 DCIM 和企业资产管理系统管理。CMMS 可以扩展并与 DCIM、BMS 数字孪生（Digital Twin）及监控和数据采集（SCADA）接口，以监控和改善平均故障间隔时间（MTBF）和平均无故障时间（MTTF），这两者与数据中心的冗余和可靠性密切相关。CMMS 通常包括以下模块：

- 资产管理（机械、电气和管道设备等）。
- 备件库存管理。
- 工作单计划（人、机器、材料、方法和工具）及执行：
  - 预防性维护（基于历史数据、仪表读数等）。
  - 预测性维护（基于噪声、振动、温度、颗粒数、压力和气流）。
  - 计划外或紧急服务。
- 运营和维护手册维护/维修历史存储库。
- 设备生命周期和成本管理。

CMMS 可通过更密切地监督暖通空调系统通过预防性维护获得美国 LEED 认证的积分。

1.6.3 线缆管理

布线系统看似不重要，但它影响深远，而且寿命长、成本高且难以更换[23]。布线系统可按照 TIA-942-A 和 ANSI/TIA/EIA-598 标准中规定的网络拓扑和线缆分布要求进行规划、组织和安装。线缆的组织应使连接可追溯到符合相关法规要求。由于线缆和设备线缆之间的感应，不良的线缆管理会产生电磁干扰（EMI）。为了提高可维护和易维护性，布线方式应使其能够断开连接，以便对设备进行调整或更改。应避免超过规定范围的线缆拉伸、弯曲半径。确保线缆管理"规范"，避免数据中心"失控，导致混乱[24]"。

1.6.4 5S 现场管理法[25]

5S 是一种现场管理精益方法。数据中心通过维护一个有序的工作场所来实现生产力的优化⊖。5S 是一种周期性的管理方法，包括以下内容：

- 整理（SEIRI）：消除工作场所不必要的物品。
- 整顿（SEITON）：创建一个工作场所，以便物品易于查找和存放。
- 清扫（SEISO）：彻底清洁工作区。
- 清洁（SEIKETSU）：创建一个统一的方法来完成任务和程序。
- 素养（SHITSUKE）：养成保持程序的习惯。

1.6.5 培训和认证

规划和认证在数据中心的节能和有效运营中发挥着至关重要的作用。美国能源部提供了许多有用的培训和工具。

美国联邦能源管理计划（FEMP）提供免费的交互式在线"第一个星期四"和"电子培训"⊖。数据中心业主可以使用数据中心能量分析器（DC Pro）软件⊖来、分析、评估和确定提高能效的潜在因素。数据中心能源从业者（DCEP）计划[26]为数据中心从业人员提供不同的认证计划。

1.7 业务连续性和灾难恢复

除了自然灾害之外，对互联网基础设施的恐怖袭击也可能发生并造成毁灭性的破坏。此外，统计数据显示，超过 70% 的数据中心灾难是由人为错误造成的，如执行程序或维护不当。数据中心必须准备并执行详细的业务连续性（BC）和灾难恢复（DR）计划。数据中心的业务连续性应考虑超出建筑规范和标准的设计要求。国际建筑规范（IBC）和其他相关规范通常关注数据中心工作人员的生命安全，但很少考虑数据中心的作用及功能损失。为了在自然灾害后维持数据中心的正常运行，对数据中心建筑结构和非结构组件（机械设备[27]、电气设备[28]、风管和水管[29]）的设计必须考虑业务连续性。

从许多自然灾害［日本东部海啸（2011 年 3 月）[30]和美国东部超级飓风桑迪（2012 年 10 月）］中吸取了许多灾难恢复的经验教训。"日本的许多数据中心建造在地震活动频繁的地区，除了连续阶梯式的停电外，大多数都为日本的地震和海啸采取了强有力的措施，做好了充分准备[31]。"

从上述自然灾害中吸取的主要经验教训如下：

- 详细的危机管理程序和通信沟通要求。
- 应急响应小组使用既定程序并定期进行演习。
- 定期维护并测试运行数据中心的备用发电机和关键基础设施。
- 与多家柴油供应商签订合同，以确保柴油燃料的供应。

⊖ "Lean Thinking and Methods," the U.S. Environmental Protection Agency。

⊜ http://apps1.eere.energy.gov/femp/training/first_thursday_seminars.cfm。

⊜ http://www1.eere.energy.gov/manufacturing/datacenters/software.html。

• 调用非受灾区员工。储备食物、饮用水、睡袋等。

• 拥有不同的通信机制，如社交网络、网络电话和卫星电话。

• 在现场准备所需的设备（如手电筒、便携式发电机、燃料和容器、软管和延长线等）。

• 准备好在灾难期间与客户进行沟通的方法，并制定受控的停机和灾难恢复计划等。

其他的经验教训包括使用柴油和天然气混合发电机、燃料电池技术和浸没式燃料泵，以及类似云计算的环境是非常有用的[32]。太繁杂的风险应对手册条例将成为组织的负担。相反，实施一个风险管理框架，可以很好地帮助你准备和应对灾难。

1.8 结论

本章描述了加速全球变暖，并导致气候变化、洪水、干旱和粮食短缺的能源使用，介绍了数据中心战略规划、设计规范和运营中应用的最佳实践，举例讨论了从自然灾害中吸取的教训，说明培训对于成功的节能设计和安全操作至关重要。通过集体努力，我们可以应用最佳实践，从根本上加快创新的步伐（图1.7），以高效和可持续地规划、设计、构建和运营数据中心。

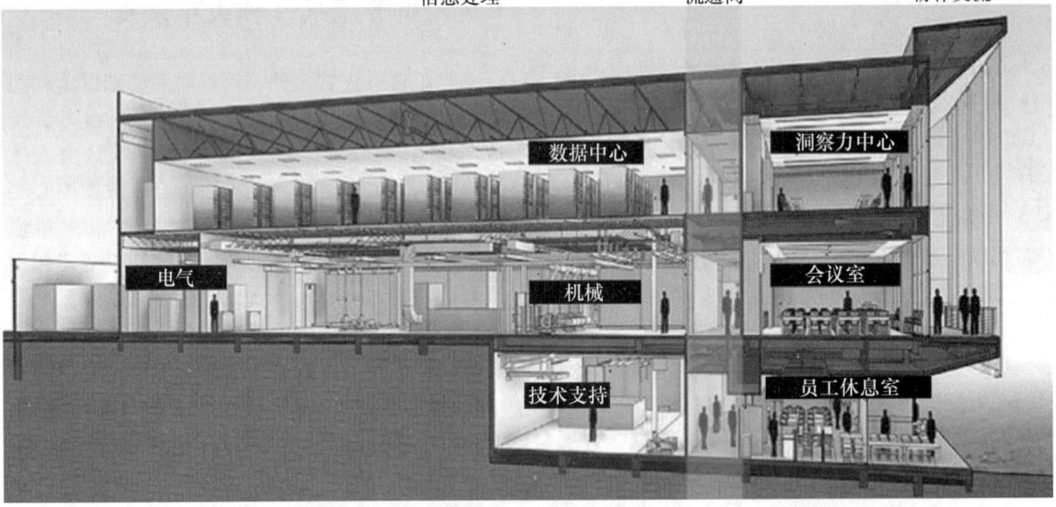

ESIF HPC数据中心的横截面图///ustration from Smith GroupJJR

图 1.7 美国 ESIF 的高性能计算数据中心（创新的冷却设计，PUE 为 1.06[33]）
注：顶层数据中心、中层设备间、底层服务间。

参考文献

[1] IPCC. Summary for policymakers. In: Stocker TF, Qin D, Plattner G-K, Tignor M, Allen SK, Boschung J, Nauels A, Xia Y, Bex V, Midgley PM (eds.) *Climate Change 2013: The Physical Science Basis. Contribution of Working Group 1 to the Fifth Assessment Report of the Intergovernmental Panel on Climate Change*. Cambridge/New York: Cambridge University Press; 2013.

[2] Turn down the heat: why a 4°C warmer world must be avoid. Washington, DC: The World Bank; November 18, 2012.

[3] Koomey J. Growth in data center electricity use 2005 to 2010. Analytics Press; August 2011.

[4] EMC/IDC (International Data Corporation). Extracting value from chaos; June 2011.

[5] Gartner. The top 10 strategic technology trends for 2012; November 2011.

[6] Ebbers M, Archibald M, Fonseca C, Griffel M, Para V, Searcy M. *Smart Data Centers, Achieving Greater Efficiency*. 2nd ed. IBM Redpaper; 2011.

[7] Best Practices Guide for Energy-Efficient Data Center Design. Federal Energy Management Program, U.S. Department of Energy; March 2011.

[8] Mell P, Grance T. The NIST definition of cloud computing. NIST, U.S. Department of Commerce; September 2011.

[9] Sigmon D. What is the difference between SDDC and cloud?. InFocus; August 2013.

[10] VMware. Delivering on the promise of the software-defined data center; 2013.

[11] Vision and roadmap: routing telecom and data centers toward efficient energy use. Sponsored by: Emerson Network Power, Silicon Valley Leadership Group, TIA, Yahoo Inc., U.S. Department of Energy; May 13, 2009.

[12] Porter ME. How competitive forces shape strategy. Harvard Bus Rev 1980;57(2):137–145.
[13] Geng H. Strategic planning process. Amica Association; 2012.
[14] Geng H. Data centers plan, design, construction and operations. Datacenter Dynamics Conference, Shanghai; September 2013.
[15] Bell MA. Use best practices to design data center facilities. Gartner Publication; April 22, 2005.
[16] Top 10 business practices for environmentally sustainable data centers. Microsoft; August 2012.
[17] Dunlap K, Rasmussen N. Choosing between room, row, and rack-based cooling for data centers. White Paper 130, Rev. 2, Schneider Electric Corporation.
[18] Rasmussen N, Torell W. Data center projects: establishing a floor plan. APC White Paper #144; 2007.
[19] Telecommunications Infrastructure Standard for Data Centers. Telecommunications Industry Association; August 2012.
[20] Server Inlet Temperature and Humidity Adjustments. Available at http://www.energystar.gov/index.cfm?c=power_mgt.datacenter_efficiency_inlet_temp. Accessed on May 6, 2014.
[21] Darrow K, Hedman B. Opportunities for combined heat and power in data centers. Arlington: ICF International, Oak Ridge National Laboratory; March 2009.
[22] 2010 hydrogen and fuel cell global commercialization & development update. International Partnership for Hydrogen and Fuel Cells in the Economy; November 2010.
[23] Best Practices Guides: Cabling the Data Center. Brocade; 2007.
[24] Apply proper cable management in IT racks—a guide for planning, deployment and growth. Emerson Network Power; 2012.
[25] Productivity Press Development Team. *5S for Operators: 5 Pillars of the Visual Workplace*. Portland: Productivity Press; 1996.
[26] DCEP program energy training-assessment process manual. LBNL and ANCIS Inc.; 2010.
[27] Installing seismic restraints for mechanical equipment. FEMA; December 2002.
[28] Installing seismic restraints for electrical equipment. FEMA; January 2004.
[29] Installing seismic restraints for duct and pipe. FEMA; January 2004.
[30] Yamanaka A, Kishimoto Z. The realities of disaster recovery: how the Japan Data Center Council is successfully operating in the aftermath of the earthquake. JDCC, Alta Terra Research; June 2011.
[31] Jones P. The after effect of the Japanese earthquake. Tokyo: Datacenter Dynamics; December 2012.
[32] Kajimoto M. One year later: lessons learned from the Japanese tsunami. ISACA; March 2012.
[33] High performance computing data center. National Renewable Energy Laboratory, U.S. Department of Energy; August 2012.

延 伸 阅 读

2011 Thermal Guidelines for Data Processing Environments. ASHRAE TC 9.9; 2011.

Al Gillen, et al., The software-defined datacenter: what it means to the CIO. IDC; July 2012.

A New Approach to Industrialized IT. HP Flexible Data Center; November 2012.

Annual Energy Outlook 2013 with Projections to 2040. U.S. Energy Information Administration; April 2013.

Avelar V, Azevedo D, French A. PUE™: a comprehensive examination of the metric. The Green Grid; 2012.

Brey T, Lembke R, et al. Case study: the ROI of cooling system energy efficiency upgrades. White Pager #39, the Green Grid; 2011.

Create a Project Plan-Cops, U.S. Dept. of Justice. Available at http://www.itl.nist.gov/div898/handbook/index.htm. Accessed on May 6, 2014.

Coles H, Han T, Price P, Gadgil A, Tschudi W. Assessing corrosion risk from outside-air cooling: are coupons a useful indicator? LBNL; March 2011.

eBay Data Center Retrofits: The Costs and Benefits of Ultrasonic Humidification and Variable Speed Drive. Energy Star Program, the U.S. EPA and DOE; March 2012. Available at http://www.energystar.gov/ia/products/power_mgt/downloads/Energy_Star_fact_sheet.pdf?0efd-83df. Accessed on May 6, 2014.

EU energy trends to 2030. European Commission; 2009.

European Code of Conduct on Data Centre Energy Efficiency, introductory guide for applicants 2013. European Commission; 2013.

Gartner IT Glossary. 2012. Available at http://www.gartner.com/itglossary/data-center/. Accessed on May 6, 2014.

Geary J. Who protects the internet? Popular Science; March 2009.

Gens F. Top 10 predictions, IDC predictions 2013: competing on the 3rd platform. IDC; November 2012.

Govindan S, Wang D, Chen L, Sivasubramaniam A, Urgaonkar B. Modeling and Analysis of Availability of Datacenter Power Infrastructure. Department of Computer Science and Engineering, The Pennsylvania State University, IBM Research Zurich. Technical Report. CSE 10-006.

Green Google. Available at http://www.google.com/green/. Accessed on May 6, 2014.

Hickins M. Companies test backup plans, and learn some lessons. Wall Street Journal, October 37, 2012.

Iyengar M, Schmidt RR. *Energy Consumption of Information Technology Data Centers*. Electronics Cooling Magazine, Publisher: ITEM Media, Plymouth Meeting, PA; December 2010.

Joshi Y, Kumar P. *Energy Efficient Thermal Management of Data Centers*. New York: Springer; 2012.

LaFontaine WR. Global technology outlook 2013. IBM Research; April 2013.

Newcombe L, et al. 2013 Best Practices for the EU Code of Conduct on Data Centers. European Commission; 2013.

Pitt Turner IV W, Brill K. Cost model: dollars per kW plus dollars per square foot of computer floor. White Paper, Uptime Institute; 2008.

Planning guide: getting started with big data. Intel; 2013.

Polar ice melt is accelerating. The Wall Street Journal, November 30, 2012.

Porter M. *Competitive Strategy: Techniques for Analyzing Industries and Competitors*. New York: Free Press, Harvard University; 1980.

Prescription for server room growth: Design a Scalable Modular Data Center. IBM Global Services; August 2009.

Report to Congress on server and data center energy efficiency. U.S. Environmental Protection, Agency Energy Star Program; August 2007.

Rodgers TL. Critical facilities: reliability and availability. Facility Net; August 2013.

Salim M, Tozer R. Data Center Air Management Metrics-Practical Approach. Hewlett-Packard, EYP MCF.

Sawyer R. Calculating total power requirements for data centers. APC; 2004.

Trick MA. *Network Optimization*. Carnegie Mellon University; 1996.

U.S. Energy Information Administration. Available at http://www.eia.gov/todayinenergy/. Accessed on May 6, 2014.

VanDenBerg S. Cable pathways: a data center design guide and best practices. Data Center Knowledge, Industry Perspectives; October 2013.

Wenning T, MacDonald M. High performance computing data center metering protocol. Federal Energy Management Program, U.S. Department of Energy; 2010.

第 2 章　数据中心能源与可持续性

美国伊利诺伊州，惠普公司　　威廉·J. 科西克（William J. Kosik）　著
新华三集团　　李伟涛　译

2.1　引言

回顾 1999 年：《福布斯》发表了一篇由 Peter Huber 和 Mark Mills 共同撰写的开创性文章。它有一个非常精彩的标题"挖掘更多煤炭——PC 时代即将到来"。这篇文章的前提是挑战这样一个观点，即互联网实际上会减少美国的整体能源消耗，尤其是在交通、银行和医疗保健等领域，电子数据的存储、检索和交易处理正成为企业运营中不可或缺的一部分。

在带有些预言性的首段写道：南加利福尼亚州爱迪生电力公司遇到亚马逊网站。在美国的某个地方，每当网上订购一本书，就会燃烧一块煤。目前的燃油经济性评级是：每生产、包装、存储和移动 2MB 的数据需要大约 1lb（约 0.45kg）煤。事实证明，数字时代非常耗能。互联网也许有一天会为我们节省砖、砂浆和目录纸，但在这个过程中它消耗了大量的化石燃料。

Mills 试图证明，即使你从不开车去银行存入薪水，或者从没有为了欣赏最新歌曲而要求送货车把 CD 送到家中，处理事务的服务器或传输流媒体的存储和网络设备仍需消耗大量的电力。虽然这里不对新旧方式所消耗的能量、碳及水资源进行详细的对比，但有一点是肯定的，即互联网已经创建了一种新型服务，这些服务完全不能取代任何东西，但却是一个全新的事物。我们在这里讨论的能源使用完全是额外增加的。

反观当今时代：脑海中浮现的范例之一就是社交网络。因此，如果 Mills 和 Huber 在这个时代写了一篇文章，那它肯定会涉及在浏览 Twitter、在 Facebook 上交朋友，或者使用 LinkedIn 与专业团体建立联系时将会消耗多少煤炭。目前的好消息是，数据中心行业正在共同努力，不断寻找能够使服务器、存储和网络设备耗电最小化的方法，以及减少冷却过程和配电系统中的"间接"能耗。例如，数据中心所有者和最终用户要求更好的服务器效率、气流优化，并使用详细的建筑性能模拟技术来比较"优化前后"的能源使用情况，以证明增加初始支出以降低持续运营成本是合理的。

本章的主要目的是为数据中心能源使用的驱动因素提供信息和指导。这是一个复杂的主题——能源使用优化和环境影响最小化所涉及的变量和技能组合是跨学科的，包括 IT 专业人员、电力和制冷工程师、建筑工人、建筑师、财务和会计专业人员以及能源采购团队。虽然在处理大型复杂的商业挑战时，这种多学科团队并不少见，但规划、设计和运营新的数据中心是非常复杂的，并且需要很多关心和关注。此外，数据中心必须每年连续运行 8760h，包括所有定期维护、处理计划外的故障，并确保如期交付严苛的业务成果。总之，数据中心的规划、设计、实施和运行需要花费大量的精力以及对细节的关注。在数据中心建成并运行之后，如果在规划和设计阶段没有进行优化，运行的低能效和高额的电力成本等遗留问题将在运行阶段的能源支出中显现出来。

为了简单起见，本章将提供一些有价值的信息、技巧和资源以帮助更深入地阅读，这就好比在一开始就为汽车安装好合适的发动机，从而避免未来只是为了减少能源支出而必须去更换汽车发动机。好消息是，整个行业在开发高效节能数据中心方面的知识掌握程度更高，兴趣也日益上涨（至少与十年前相比是这样）。照这种说法，在未来十年，还有多少我们甚至没有想到的新事物会浮出水面，而这些事物有可能会超过我们在当前十年中取得的所有节能效果？只有时间会告诉我们答案，但很显然，我们需要继续努力，进行不断创新，或者正如我最喜欢的一位作家 Tom Peters 所说，"除非你走进未知世界，否则产生意义深远的差异的概率……非常低。"因此，随着对数据中心需求的持续增长，每个数据中心的耗电量和耗水量都相当于一个小镇的消耗量，我们有必要对此做出巨大的改变。

2.1.1　怎样才是绿色环保

我经常会遇到这样的问题，"从环保角度来说，

绿色是正确的吗？或者这只是一种代价高昂的趋势？或者这样做是否有商业理由（比如当前就可以节能、未来节能、提高生产率、更好地防灾准备等）？"毫无疑问，这肯定是正确的做法。但是，个人、小企业或公司对他们想要推广的"附加好处"都有不同的接受程度。首席信息官要对股东和董事会负责，因此任何绿色环保行动都必须有一个令人信服的商业理由。这就是"可持续"一词真正可以应用的地方——从环境的角度来看是可持续的，从商业的角度来看也是可持续的。商业视角可能包括优化能源使用的战术升级，也可能包括通过采取积极的立场尽量减少对环境的影响，从而增加市场份额，并让全世界都知道这一点。

当然，需要考虑为了实现绿色所可能带来的不同影响。例如，在寻找实现绿色数据中心的具体方法时，与电力和冷却系统相关的措施比较容易实施，通常会有1年或2年的回报期（建设成本与降低能耗而节约的运营成本相比）。有些投资的回报期非常短，因为涉及的资本投入很少或根本没有。例如，调整温度和湿度的设定值，尽量减少架空地板的漏风，优化制冷设备的控制策略，以及优化机房的气流组织以消除局部热点（减少对过冷空气的需要）。其他的升级，初投资要高出许多，历史上显示的回报期接近5年。这些升级不仅提高了能源效率，而且延长了设备的寿命并提高了可靠性。因此，这些初投资不仅仅是提升了能源效率。这些升级通常包括更换冷却站组件（冷水机组、泵、冷却塔）以及配电设备（UPS、配电装置）。这些升级通常对数据中心的运行会造成较大的影响，需要关停设备，除非设施已设计为可在线维护。采取全面的分析，包括初投资、能源费用、运营费用和温室气体排放，是真正判断不同项目可行性的唯一方法。

因此，当准备实现绿色数据中心时，采取一种全面的方法是至关重要的。例如，在判断一个项目对环境的影响时，从原材料提取到组装、施工、运输、使用和回收/处置的整个生命周期都是很重要的。这可能是一个非常复杂的分析过程，但即使粗略地进行分析，它也可以更好地为决策过程提供信息。这同样也有助于理解如何使用水和土地资源，以及最终结果会对人员造成什么影响。类似地，IT设备也应包括在此分析中。当然，仅仅为了降低能源成本而更换服务器是不太可能的，但将IT设备退役与能源效率计划结合起来是可能的。新设备可能会需要更高效的电源供应，更强大的电源管理技术，从而降低整体能耗。新的IT设备将减少冷却负荷，并通过数据中心布局的调整来改善气流及减少气流组织方面的问题。通过协作，基础设施部门和IT部门可以在减少数据中心的能源使用方面产生作用，而这些作用是两个部门单独工作中无法实现的（图2.1）。

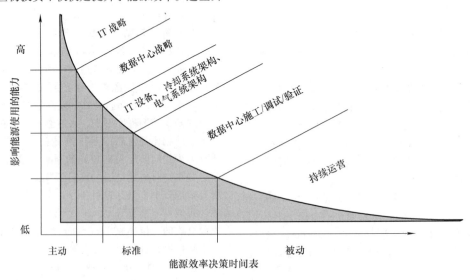

图2.1　数据中心计划时间表（HP图形）

2.1.2　环境影响

请记住，一个典型的企业数据中心消耗的能源是同样大小的办公大楼的40倍或更多。这会对公司的整体能源使用、运营成本和碳排放产生重大影响。更复杂的是，由于知识水平、经验和能效提升计划预算可用性的不同，并不是所有的 IT 和基础设施领导者都能够充分确保最佳的能源效率。这些项目可以划分为多个层级，包括鼓励员工在家办公、回收计划、严格的建筑能源和水资源管理、车辆优化和碳排放报告。那么最佳的起点在哪里呢？

例如，奥巴马总统于 2009 年 10 月 5 日签署的行政令（EO）13514《联邦政府在环境、能源和经济绩效方面的领导作用》，概述了减少美国联邦设施能源消耗、用水和温室气体排放的任务。虽然 EO 是专门为美国联邦机构编写的，但更广泛的数据中心行业也正在进入能源和资源效率的下一个时代：大力鼓励或强制减少资源使用和温室气体排放。此外，虽然行政令（EO）提出了减少除建筑物（车辆、发电等）使用外的其他要求，但行政令的大部分内容都是针对建筑环境的。有关数据中心的内容，以及采用的相关技术对建筑环境的影响，在行政令中都有关于电子和数据处理设施的专门规定。其中的一段摘录指出："……（各机构）应促进电子管理，特别是通过实施最佳实践，对服务器和联邦数据中心进行节能管理。"

虽然美国的大多数工业部门仍然不受强制性碳排放报告的影响，但我们需要考虑未来。虽然私营部门何时（或是否）将开始强制性碳排放报告不得而知，但这些项目还是正在开展；与此同时，首席信息官在帮助实现企业目标方面发挥着重要作用，并积极主动地走在前列。像碳排放披露项目（CDP）这样的组织正试图改变组织管理和报告碳排放的方式。（大多数大公司发布的年度报告都涉及能源使用、碳排放和其他可持续发展的目标）无论哪个项目最终占据主导地位，一份碳排放报告都会对首席信息官产生重大影响：为数据中心供电所用的电量。众所周知，范围 2 排放（指能源间接温室气体排放，系统组织所消耗的输入电力、热及蒸汽所产生的温室气体排放）是由于公司购买的电力消耗所产生的。对许多公司来说，购买的电力是温室气体排放的最大来源之一（也是减少这些排放的关键之处）。

当使用行政令（或其他温室气体核算和报告协议）分析数据中心的碳排放量时，必须考虑从发电厂到数据中心大楼的整个电力生产链。电力和天然气等市政资源不仅会影响该设施的运营成本，还会决定排放到大气中的二氧化碳当量。当评估一项全面的能源和可持续发展计划时，了解能源（化石燃料、煤炭、石油、天然气、风力、太阳能、水电等）的来源和发电效率至关重要，以便全面了解该设施如何影响环境。不同的技术使用不同类型和数量的燃料，不同的发电厂使用不同类型的可再生能源发电技术，如风能和太阳能。在评估新数据中心的地点时，除了电费之外，还需要考虑关于二氧化碳排放的数据。发电的类型也将决定在生产电力的热机械过程中使用的水量。大多数情况下，我们无法控制发电厂的效率，但可以通过了解发电厂的关键统计数据来为有关数据中心规划的决策提供依据。

为了帮助解决这些错综复杂的问题，行政令有一个非常明确的规定，即利用以下框架来思考如何报告和减少二氧化碳的排放：

- 责任和透明度——制定明确的战略计划、治理和评级协议。
- 战略可持续性绩效规划——概述目标、确定政策和程序。
- 温室气体管理——使用低排放车辆，减少建筑能耗，使用当前可再生能源。
- 可持续建筑和社区——实施战略，开发高性能建筑，着眼于新建筑、运营和改造。
- 水利用效率——通过开发节水型水龙头、淋浴器、坐便器，以及节水型灌溉技术和冷却系统的节水技术来减少淡水的使用。
- 电子产品和服务——使用能源之星产品，采用高效电源，无毒或低毒的替代能源，并"实施服务器和联邦数据中心节能管理的最佳实践"。
- 车队和运输管理——包括温室气体排放清单和减排过程中的车队和运输管理。
- 防止污染和减少废物——尽量减少废物的产生，尽量减少纸张的使用，使用可回收的纸张，减少化学品的使用，并转移 50% 的无害固体废物。

显然，其中一些项目超出了首席信息官的职责范围，但许多条例都（直接或间接）影响数据中心的规划、建设和运营。即使没有正式的能源和温室气体减排计划，这个框架也可以作为制定战略的起点。

所有这些都发生在数据中心用电量超出预期的背景下，可能超出预估量的 70%。如果将数据中心用电量看成是一个国家的用电量，云/互联网数据中心和电信网络的用电量将位居世界第五。而且，根据目前的预测，未来的电力需求可能是 1973 亿 kW·h 的三倍以上，超过法国、德国、加拿大和巴西的总用电量。数据中心的能源使用和温室气体排放备受关注。

2.2 数据中心弹性设施的模块化

一个新的数据中心投入使用后，通常需要一段时间 IT 设备才能充分发挥其潜力。新建的数据中心起初都是空旷的架空地板数据机房，然后等待服务器、网络和存储设备的安装。即使安装了 IT 设备，也需要一段时间才能提高利用率、降低功耗，并且 IT 设备的散热量也需要一段时间才能高于最小额定值。对于安装 IT 设备，有的数据中心可能需要几个月的时间，而另一些数据中心可能需要更长时间。事实上，大多数数据中心所包含的 IT 设备，在设计上永远不会达到其计算能力的 50%（这是由于容量和冗余考虑）。这说明了为什么数据中心设施需要以模块化的方式来进行规划和设计。这种方式具有扩展性，当业务需求驱动 IT 设备需求时，弹性数据中心基础设施也可以对电力使用进行调节、扩展和压缩。

那么一个弹性数据中心是什么样子的呢？最终用户的需求将驱动特定类型的设计方法，但所有方法都具有类似的特征，这些特征将有助于用户实现其优化的目标：

（1）集装箱式数据中心　这是在讨论模块化数据中心时通常会想到的。集装箱式数据中心首先采用标准的 20ft（1ft＝0.3048m）和 40ft 集装箱。现在新的设计使用带有隔热墙的定制集装箱，以及其他更适合放置计算设备的特征。由于集装箱需要集中电源和冷却系统，通常对集装箱进行分组并由集中电源来供电。通过安装附加的集装箱以及所需的额外电源和冷却源来完成扩展。先进的集装箱式数据中心现在有一个"环保"选项，可以在不使用机械冷却的情况下冷却 IT 设备。IT 设备对气候环境的要求及热环境的需求将决定该技术是否适用。

（2）工业化数据中心　这种类型的数据中心是传统实体数据中心和集装箱数据中心的混合模型。数据中心是像集装箱一样以增量方式构建的，但这个过程允许更大程度上选择定制电源和冷却系统及建筑布局。这些模块与包含"人员空间"的中心区域相连，而电源和冷却设备位于数据中心模块附近。通过放置附加的模块（如建筑模块）来完成扩展，包括所需的电源和冷却源。

（3）传统数据中心　模块化规划设计理念也可以应用到实体式设施中。然而，要实现有效的模块化，需要不同于过去三十年的传统设计过程的策略。建筑的整个外壳必须能够容纳未来数据中心增长的空间。基础设施区域需要仔细规划，以确保未来有足够的空间安装电力和制冷设备。此外，在扩建期间，原有数据中心需要继续运行和支持 IT 负载。如果不希望在在线的数据中心范围内进行扩展，那么另一种方法是在场址上预留出空间，以便将来扩展新的数据中心模块。这种方式可以在扩建过程中将现有数据中心隔离，并可将对现有数据中心的影响降低在最低限度。

2.2.1 弹性设施模块化设计的优化

当需要增加电力和制冷设备以提高系统可靠性时，以及需要增加、减少或转移 IT 设备功率的情况下，采用模块化方法也可以降低数据中心的能耗。与模块化设计方法相比，使用传统的整体式电力和冷却系统，往往是设备的尺寸大但数量较少。对于较小的、不太复杂的数据中心，这种方法完全可以接受。然而，对于具有多个数据机房的大型数据中心，可能有不同的可靠性需求，整体式的设计方案可能在优化数据中心的可靠性、可扩展性和效率方面面临比较大的困难。

为了证明这一想法，我们对一个数据中心进行了分析，该数据中心从最初的一个数据机房扩展到总共三个数据机房。为了实现并行的可维护性，电力系统和冷却系统将被设计成 $N+2$ 的架构。为了优化系统设计和设备选型，需要对配电系统和冷水机组的运行效率进行优化。运行效率应该计算至少四个负载状态点：总负载的 25%、50%、75% 和 100%。分析中使用的参数如下：

（1）电气/UPS 系统　为了进行分析，使用了双转换 UPS。效率曲线是根据欧盟委员会《交流不间断电力系统能源效率和质量行为准则》定义的三个参数分析模型和容量生成的，将在 25%、50%、75% 和 100% 的 IT 负载状态下对电气/UPS 系统进行分析。

（2）冷水机组　冷水机组采用 ASHRAE 最小能量要求（单位为 kW 或 ton）和综合部分负荷性能系数公式进行建模，以模拟压缩机的功耗。在 IT 总负载的 25%、50%、75% 和 100% 时对系统进行分析。

2.2.2 分析方法

分析的目的是建立数学模型，定义 4 个负载状态点的电能损耗之间的关系，比较两种系统类型。同样的方法也适用于确定冷水机组的能效。以下两

种系统类型是分析的基础:

(1) 整体式设计　本设计中使用的方法是假定一个大型系统能够满足IT电气的100%需求。同时,假设此大型系统具有调节(功率输出或冷却能力)功能以匹配四个负载状态点。

(2) 模块化设计　这种方法是提供四个大小相等的单元,对应于四个负载状态点。

重要的是要理解,该分析展示了如何在整体式数据中心能效与模块化数据中心能效之间建立数值关系。还有许多其他因素会影响能效,并可能对两种类型数据中心的对比产生重大影响。

对于电气系统(图2.2a),计算了整体式数据中心在四个负载率下的电能损耗;然后将得到的数据与四个模块化数据中心的电能损耗进行比较,每个模块化数据中心的负载为IT总负载的1/4(模仿IT功率随时间而增加的情况)。以模块化数据中心的电能损耗为分母,以整体式数据中心的电能损耗为分子,得到一个比率。

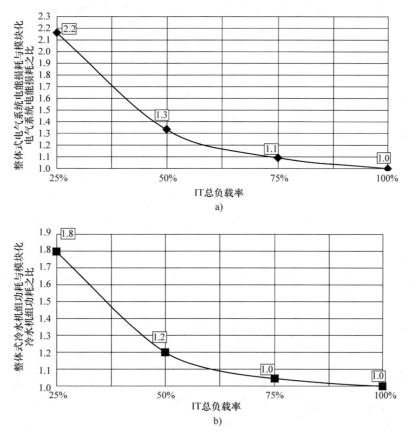

图 2.2　IT负载对电气系统和冷却系统效率的影响
a) 电气系统损耗—整体式设计与模块化设计对比　b) 冷水机组功耗—整体式设计与模块化设计对比

对于冷水机组(图2.2b),除了使用冷水机组压缩机功率作为指标之外,其他方面与图2.2a采用了相同的方法。为了确定各负载点的峰值功率,对整体式冷却系统进行了建模;然后对四种模块化冷水机组系统进行建模,每一个模块系统的负载为IT总负载的1/4。以模块化系统的功耗为分母,以整体式系统的功耗为分子,得到了一个比率。在优化能源利用、可扩展性、初投资和可靠性的过程中,可将两种系统电气和冷水机组能效的对比比率作为一个指标。

2.2.3　弹性设施的冷却

数据中心用户可能有更严格的机房环境要求,并且由于一些原因,需要保持在较小的温度区间内。分析表明,采用传统的温度和相对湿度设定值的常规空调系统通常会将湿度的上限控制在合理的范围内,但下限变得不确定,尤其是在温和、干燥的气候中,在缩短机械制冷时间方面有很大的潜力。在表示湿度级别信息时,建议使用含湿量或露点温度，因为它们不随干球温度的变化而变化。而相对湿度会随着干球温度的变化而变化。

数据中心的能耗受冷却系统类型、UPS设备、IT负载等诸多因素的影响。确定气候对能源使用的影响是一项非常重要的工作，需要相当精细的分析技术。利用与多元分析技术相关联的复杂能源建模工具，为实现数据中心能源消耗的地理可视化提供了必要的信息。这在新数据中心的早期概念开发中非常有用，它为用户提供了强大的工具，可以简单地通过地理位置预测大致的能源使用。

随着数据中心设计和建筑业的不断发展，以及利用当地气候条件的新设备和技术的开发，PUE值的差距将会越来越大。在评估跨越大的地理分区的数据中心的能源效率时，将这一点纳入考虑是很重要的，这样在较恶劣气候中的设施就不会直接与位于更有利于使用节能策略的气候条件下的设施直接比较。相反，在气候较冷地区的设施应保持较高的标准，这样可以减少每年的能源消耗。

2.3 用水

数据中心的用水是一个非常重要的问题，也是一个通常被低估的环境挑战。数据中心最大的用水量不是用于饮用、灌溉、清洁或冲厕所的淡水，而是冷却系统，即蒸发式冷却塔和其他蒸发类设备，以及加湿所用的水量。这些水蒸发到大气中会损耗掉，或者在风吹动下会消耗掉一部分水，以及为了保持蒸发水的清洁程度而定期换水导致的水的消耗。

除了数据中心（现场用水）的用水外，发电设施在发电过程（发电厂用水）中也消耗了大量的水。虽然讨论与发电厂用水有关的具体问题不在本章的讨论范围内，但数据中心的决策者一定要理解这些问题，尤其是在选择新数据中心的选址过程中。火力发电厂的用水类似于二氧化碳的排放；也就是说，与发电厂效率关系不大的数据中心业主可以影响发电厂的效率。可以通过数据中心范围之外的因素来判断数据中心对环境的影响，因此通过掌握正确的数据进而做出决策是至关重要的。不同类型的发电过程（如核能、煤炭、石油、天然气、水电）以及冷却水的处理方式（再循环或一次性使用）将决定最终的用水量。在这里所举的例子中，用平均值来计算用水量（gal/MW·h）（本文所讨论的用水指仅用于冷却和加湿系统运行中使用的水。数据来自 NREL 报告 NREL/TP-550-33905，"美国电力生产用水"，2003 年 12 月。该报告建议对饮用水、厕所/便池冲洗、灌溉等的淡水消耗量进行分析）。

对于风冷型数据中心（直接膨胀型压缩机组、干式冷却器和风冷冷水机组），仅加湿对用水量有影响。对于间接蒸发冷却，用水将包括喷入外部气流和换热器内的水，以降低流经换热器的空气的干球温度。蒸发冷却也可以通过将水直接喷射到空气处理装置的气流中（直接蒸发冷却）来实现。如果数据中心有水冷式暖通空调设备（即水冷式冷水机组或水冷式机房精密空调），这时就需要用到冷却塔。利用蒸发技术，流经冷却塔的水被冷却下来，这样它就可以返回到主冷却设备来吸收压缩机的热量。可以通过分析不同的冷却系统来确定水源和场地的用水情况（气候会对能源消耗和水资源消耗产生很大影响，所以下面的分析是一个可以预期的例子，而不是绝对数字）。

很明显，在某些情况下，即使数据中心现场用水量增加，但电力源头（发电厂）的用水量却显著减少（表 2.1）。

表 2.1 数据中心冷却系统的用电量和用水量

冷却系统	节能技术	暖通空调系统全年用电量/kW·h	暖通空调系统全年用水量/USgal（包括数据中心用水和发电过程用水）
风冷直接膨胀型	无	11975000	5624000
	间接蒸发冷却	7548000	4566000
	间接利用新风	7669000	3602000
水冷冷水机组	水侧热交换器	8673000	29128000
	直接利用新风	5532000	2598000
风冷冷水机组	直接利用新风	6145000	2886000

注：1USgal = 3.78541dm^3。

在减少用电的同时,再对减少数据中心和发电厂用水提出一般性建议是不可取的,因为有许多因素影响最终的用水量。此外,当地可用的水源以及数据中心外部水处理能力的限制(水在使用后必须运往其他地方进行处理)也将影响到决策,为了减少数据中心的用水量,有可能需要采用较低能效的空调系统。

2.4 适当的运行温度和湿度

在技术领域中,数据中心设施中的电力系统和冷却分配系统是"末端技术"。技术领域所需的环境条件(温度和湿度)的作用不容小觑,并会对数据中心的整体能源使用产生重大影响。评估数据中心的能源影响必须包括近距离观察技术领域中的热环境和电力状况。在现有的数据中心中,在数据中心内的多个位置获取干球温度和露点温度读数,以及空气处理系统的送风和回风温度,将为能耗分析和后续建议提供必要的数据。

传统上,大多数计算机服务器、存储设备、网络设备等都配有操作手册,说明运行的环境条件为20%~80%的非结露相对湿度,以及推荐的运行环境的相对湿度范围为40%~55%。最大值和推荐值之间有什么区别?这与延长设备的使用寿命和避免出现故障有关,这些故障源自湿度超出范围引起的静电放电(ESD)和腐蚀。然而,不同的湿度水平,具体会造成使用寿命缩短多少,相关可被认可的数据非常少(ASHRAE关于这一主题的最新文件《2011年数据处理热环境指南——数据中心扩展类及其使用指南》,包含了与故障率有关的非常有用的信息,故障率是关于环境温度的函数,但它们只能作为通用指南使用)。与此同时,使用新风进行冷却会降低冷却系统的功耗,但新风会带来灰尘、污垢,而且在一年的过程中,湿度会有很大的波动。这些微粒会积聚在电子元件上,导致电路短路。此外,颗粒物的积聚会改变IT设备内部的气流路径,对热性能产生不利影响。

当将计算机设备的初投资与对控制要求非常高的基础设施的运行费用进行对比时,这些数据是必要的。将计算机放置于一定会发生意外故障的环境中是不可接受的。然而,如果预计计算机具有3年的使用寿命,并且了解到放宽对内部温度和湿度的严格要求不会导致使用寿命的缩短,则数据中心业主可以选择节省由于严格控制温度和湿度水平而产生的持续运行费用。采用这种方法,需要更好地理

解与热机械、电磁兼容性(EMC)、振动、湿度和温度相关的因素的相互依赖关系。每个因素的变化率,不仅仅是稳态条件,也会对故障模式产生影响。最后,大多数故障发生在"装配点",而不一定是组件本身。换言之,这意味着焊点等接触点往往会导致计算机使用寿命的缩短。因此,计算机制造商准确预测不同的故障机理变得非常困难,因为计算机本身是由其他制造商开发和测试的许多子系统组成的。

重要的是要了解推荐的空气温度是指计算机的进风处的空气温度。有许多现有数据中心(还有许多仍在设计中)空调设备的送风空气比计算机所需的温度要低得多。此外,由于空气通常会饱和(冷却到空气的露点温度,实际进行了除湿),造成了含湿量的降低,然后再需要对空气进行加湿,以使其恢复到所需的条件。这个循环非常耗能,并且对改善计算机运行的环境条件没有任何作用(安装传统IT设备的数据中心,由于没有足够的气流来冷却IT设备,会形成热点,只能通过降低送风温度来消除热点,这样就造成了空气的过度冷却)。

在数据中心设计中,使用相对湿度作为衡量标准产生的结果可能具有误导性。相对湿度(顾名思义)随着空气干球温度的变化而变化。如果将温度和相对湿度的上下限绘制在湿度图上,露点温度范围为43~59°F(6.1~15℃),含湿量为40~83gr/lb(5.9~20.0g/kg)。重要的是不仅要确定温度,还要确定计算机入口处空气的露点温度或含湿量的精确标准。这将消除由于不清楚在哪个温度下采用什么样的相对湿度造成的混淆。由于大多数冷却和加湿设备是由相对湿度控制的,而且对大多数运维人员来说,相对湿度比gr/lb作为控制参数更容易理解,所以这可能会使问题变得复杂。为了充分利用露点或含湿量作为测量和控制的手段,需要改变设备的规格和控制方式。

所有这些对数据中心的运行有什么影响?主要影响表现为能源使用的增加、设备更迭和退出更频繁,以及同时进行冷却/除湿和加热/加湿。在空气处理单元中,通过盘管换热后送出55°F(12.8℃)的空气在暖通空调行业很常见,特别是在传统的数据中心。为什么?答案是,在夏天采用舒适性空调制冷的典型房间内通常是75°F(23.9℃)和50%的相对湿度。这个条件下的露点是55°F(12.8℃),因此空气将以55°F(12.8℃)的温度被送到房间。由于房间中有显热负荷,空气温度会

升高通常升高20℉（11.1℃），并返回空气处理单元；然后，它与更热、更潮湿的新风混合，返回冷却盘管；最后，空气被冷却和干燥到适合人类居住的舒适水平，并被送至房间。虽然这种设计策略在办公建筑中非常有效，但并不适用于数据中心的设计。

将相同的过程描述用于高效的数据中心冷却应用程序，只是需要进行以下的修改：提供给计算机设备的空气温度为78℉（25.6℃），相对湿度为40%，由于不恰当的气流管理技术会造成空调送风与机房内空气的无效混合，因此送入机房的冷风需要有一定的安全余量，应该保持在73～75℉（22.8～23.9℃）（对采用精确气流管理的数据中心，如封闭冷通道或使用具有内部热量管理功能的机柜，送风温度可以高一些）。由于机房区域内存在显热负荷，因此送入机房内的冷空气温度会升高通常为20～40℉（11.1～22.2℃），并返回空气处理设备中（尽管计算机设备的排风温度与计算机的性能无关，但对过高的排风温度仍需仔细分析，以防止在失去冷却后出现热崩溃，以及高温对在计算机设备后工作的运行人员的影响）；然后它将与更温暖潮湿的新风混合，被送回冷却盘管（或者有一个单独的空气处理设备用于提供新风）；最后空气被冷却并被送至机房。

这两个例子有什么不同呢？在其他条件都相同的情况下，两个例子中的空调总负荷是相同的。但是，在第一种情况下，中央制冷设备的功率将比第二种情况高出近50%。这是因为产生55℉（12.8℃）的空气比产生75℉（23.9℃）的空气需要更多的能量（图2.3）。此外，如果采用较高的送风温度，则无论是采用空气换热器还是水侧换热器，利用室外空气的时间可以显著增加，甚至可以使用较潮湿的空气，只要其温度低于空调送风温度为55℉（12.8℃）时的露点温度。类似地，如果降低对相对湿度或含湿量的要求，凉爽和干燥的气候非常适合利用室外空气进行自然冷却，一年中可以有更多的时间来减少中央冷却系统的负荷，并且不需要向空气中加湿。仔细分析和实施数据中心所需要的温度和湿度水平，对最大限度地减少冷却系统的能耗至关重要。

2.5 避免常见的规划错误

当新建或改建一个既有的数据中心时，在项目开始时有一个机会窗口，可以做出对长期能源使用产生积极或消极影响的决策。由于最终目标是获得积极的结果，因此有一些非常有效的分析技术可以帮助理解最佳优化策略，确保最终建成一个高能效的数据中心。在数据中心建造或升级的早期设计阶段，制冷设备和系统的概念设计尚未最终确定，这时是分析、质疑和优化系统设计需求，从而最小化冷却系统能耗的最佳时机。

能源不是影响最终设计方案的唯一因素，其他条件也会影响数据中心的能源使用，如地点、可靠性水平、系统拓扑和设备类型等。在考虑设计可选方案时，没有长远眼光是非常危险的。切记，冷却系统的设计是动态的，并需要根据其他系统的状态进行不断地调整和修正，以保持适当的室内环境。充分理解看似不相关的因素之间的相互作用将使决策过程变得更为准确可靠。例如，在有些情况下，如果不进行适当的分析和理解，可能会造成效率低下，甚至可能会造成重大影响。

2.5.1 情景1——气候对能源利用的影响

气候只是影响数据中心能源使用的众多因素之一。此外，考虑电力成本和发电所用燃料的种类，通过全面分析，可以更加细致地了解其对环境的影响和长期能源成本。如果没有进行这些分析，就有可能导致冷却策略与当地气候不匹配。的确，某些冷却系统的能耗受气候的影响很小，这主要是不使用节能技术的冷却系统。好消息是，有些冷却策略在某些气候条件下会比其他的效果好得多，并且有些冷却策略在许多气候条件下都表现良好。通过估算位于明显不同气候条件下的数据中心能耗（所估算的数据中心的假设条件相同，并且具有相同的IT功率和效率参数），可以很好地证明气候对能源使用的影响（图2.3和图2.4）。

2.5.2 情景2——在早期规划PUE时没有考虑电气系统拓扑结构

电力在传输和分配过程中造成的系统损耗可能等于冷却系统中风机和水泵所消耗的全部能量。这些损耗量不可忽略，因此必须要考虑电气系统对PUE的影响。一般来说，可靠性越高，UPS和PDUs的运行负载率就越低，系统的损耗就越大。对于要求高可用性的数据中心，可靠性肯定比能源效率更重要，同时成本也会更高。这就是为什么我们会看到市场上会出现即使在低负载下也能实现高效率的新的UPS技术和创新的设计解决方案。数据中心整体PUE受电气系统设计形式和UPS系统负载率的影响（图2.5）。

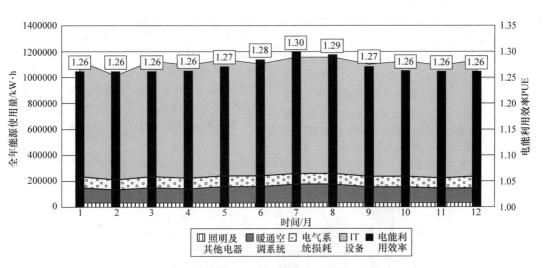

图 2.3 数据中心每月能源使用量及 PUE（赫尔辛基，芬兰）

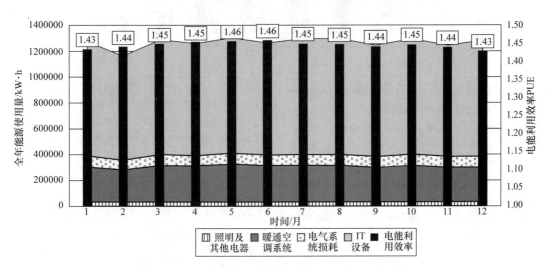

图 2.4 数据中心每月能源使用量及 PUE（新加坡）

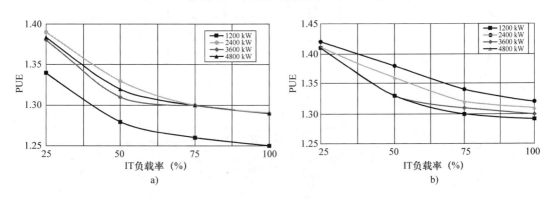

图 2.5 电气系统拓扑和 IT 负载率对数据中心 PUE 的影响
a）电气系统 $N+1$ 拓扑 b）电气系统 $2N$ 拓扑

注：在此示例中，分析了一种由 1200kW 到 4800kW 的可扩展电气系统。PUE 值随总用电负荷以及 IT 负载率而变化。

2.5.3 情景3——数据中心温度低于建议的最低温度

热力学第二定律告诉我们,热量不能自发地从低温区域流向高温区域,要实现这一过程需要做功。数据中心温度越低,所需的做功就越多,因此数据中心温度越低,冷却系统做功所消耗的能量就越多。相反,数据中心温度越高,消耗的能量就越少(图2.6)。但这只是温度对能效影响的一部分。

另外,数据中心内温度的设定值越高,换热器运行的时间就越长。这意味着耗能高的压缩制冷设备在换热器运行期间会以较低的容量运行或根本不运行。需要提醒的是:服务器的冷却风扇在进风温度升高时会消耗更多的能量,这会减少甚至抵消之前制冷设备所节约的能量。这取决于实际使用的硬件,因此需要咨询IT供应商(请参阅情景5)。

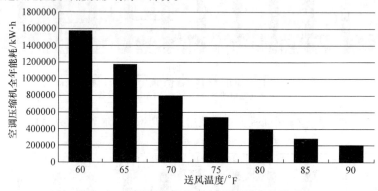

图2.6 空调压缩机能耗与送风温度的关系

2.5.4 情景4——冷却系统的效率没有考虑服务器部分负载情况

一个精心设计的数据中心在100%负载下运行时的PUE看起来非常棒,但将IT负载降低(模拟设备迁移时或工作负载波动时发生的情况),情况突然变得不太好。PUE的定义描述了数据中心的冷却系统和电气系统支撑所给定IT负载时的效率。即使IT设备运行的负载率非常低,该数据中心也会产生最基本的能源消耗(人员、照明、其他电器等)。把这些条件代入PUE的公式,会得到什么?将是一个可怕的指标的。在极低的IT负载率下,PUE值很容易超过10.0;在10%的IT负载率下,PUE值仍然为5.0,甚至更高。直到IT负载率升高到20%~30%时,PUE值才开始接近一个我们引以为傲的数值。因此,这里的教训是,在预测PUE值时要十分小心,并确保已经提供了达到所预测PUE值的时间范围(图2.7)。

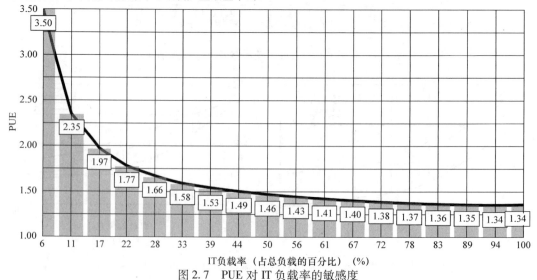

图2.7 PUE对IT负载率的敏感度

注:数据中心刚投入运行时,IT设备还没有全部安装,因此在IT负载率非常低时,PUE值可能非常高的情况很常见。

2.5.5 情景5——缺乏对冷却系统如何影响IT设备能耗的理解

ASHRAE TC9.9《数据处理环境热指南》根据数据中心考虑使用的服务器等级提出了更宽泛的环境标准。由于存在由许多不同供应商制造的各种类型的IT服务器、存储和网络设备,因此这里的细节很重要。关于IT设备的能耗,在温度范围的下限存在一个点(通常为65°F)。在该点处,服务器的能耗将趋于稳定,并且无论数据中心的温度变得多低,服务器的能耗都是相同的。还有一个很宽的温度波动范围,温度波动对服务器的能耗影响不大(但对冷却系统的能耗影响很大,参见情景4)。这个范围通常为65~80°F,目前大多数数据中心都在这个温度范围内运行。超过80°F时,事情就变得复杂了。通常,服务器风扇的能耗将在超过80°F(有时为75°F)时开始增加,并且会成为整个IT能耗的主要部分(与服务器的最小能耗相比)。当风扇的能耗开始超过冷却系统的节约量时,我们就会看到环境温度升高所带来的收益递减。好消息是,IT设备制造商正通过设计能够容忍更高温度的服务器来应对这种情况,这也将不再限制高温数据中心的设计(见图2.8)。

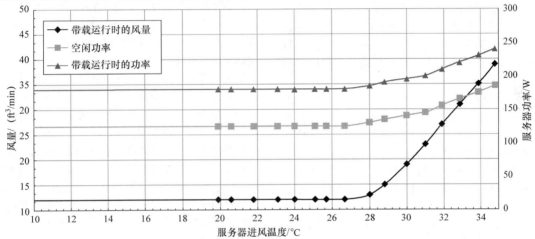

图2.8 服务器进风温度与风量和服务器功率的关系

规划、设计、建设和运营一个数据中心需要项目团队中各个组成部分之间的大量合作。影响数据中心的很多因素都是动态变化的,并且需要详细记录和规划。为了应对这一问题,需要有一个动态的决策过程,并且要以最佳的可用信息进行支撑,以使项目能够继续进行。关键是要将IT、电力和冷却领域联系起来,因此需要有不断的对话,这种对话不是只涉及其中一个或几个领域,而是同时涉及所有领域。

2.6 冷却系统中的概念

2.6.1 冷却方式的选择

在数据中心中,暖通空调(HAVC)系统的能耗取决于三个主要因素:室外条件(温度和湿度)、使用的节能方法和主要的冷却方式。其中,冷却方式的选择需要考虑如下因素:

1)暖通空调系统的能耗与室外温度和湿度水平密切相关。简言之,暖通空调设备从数据中心提取热量,并将其传输到室外。室外空气温度越高(对于水冷系统,还包括湿度水平越高),压缩机需要做更多的功,才能将空气温度降低到数据中心所需的水平。

2)暖通空调系统的节能是在一定的室外环境下允许降低压缩机运行功率(或允许完全关停压缩机)的过程。这是通过将室外空气直接送入数据中心(直接空气换热器),或者在水冷系统中,通过直接用冷却水来为冷冻水降温,从而替代压缩机制冷产生冷冻水来实现的。

3)不同类型的暖通空调系统有不同的能耗水平。不同类型的系统在不同的气候条件下会有不同的表现。例如,在炎热和干燥的气候条件下,水冷设备通常比风冷系统消耗更少的能量。相反,在温度较低、湿度较高的地区,风冷设备消耗的能量更少。系统的维护和运行也会影响能量的消耗(这可能是最大的影响因素)。数据中心的送风温度和允许的湿度水平将对全年能耗产生影响,这与冷却系统的类型相关。

2.6.2 冷却系统的主要设备类型

1）中心制冷站。概括地说，冷却系统将连接到中心冷站，中心制冷站产生冷冻水和冷却水，用于末端空气处理设备或 CRAH。是否采用中心制冷站由许多不同的因素决定：数据中心的规模、增长规划、效率、可靠性和冗余等。一般来说，一个中心制冷站由以下主要设备组成，如冷水机组、冷却塔、管道、泵、换热器和水处理系统。通常情况下，中心制冷站用于大型数据中心，并且具有未来可扩展的能力。

2）水冷设备。水冷设备包括冷水机组（风冷或水冷）和冷却塔（如果是水冷）。这些装置在设计和运行上都很复杂，但具有出众的能源效率。目前一些高效水冷式冷水机组的用电量比传统型号低 50%。

3）风冷设备。类似于水冷式冷水机组，风冷式冷水机组也很复杂，但效率也高。根据气候的不同，风冷式冷水机组每年比同等大小的水冷式冷水机组要消耗更多的能量。为了最大限度地减少风冷式冷水机组的能耗，制造商提供了内置在冷水机组中的换热器模块，该模块利用室外的冷空气从冷冻水中提取热量，而无须使用压缩机。干式冷却器或蒸发式冷却器也被用来对冷水机组的冷冻水回水进行预冷。

4）直接膨胀式（DX）设备。DX 系统的活动部件数量最少，因为冷凝器和蒸发器都使用空气作为传热介质，而不是水。这降低了系统的复杂性，但也会降低其能效。该系统的一种变化形式是用水来冷却冷凝器，这样可以提高能效（水冷式 CRAC 属于这一类）。

5）蒸发冷却系统。蒸发冷却采用的原理是，当空气暴露在水雾中时，空气的干球温度将降低到接近空气湿球温度的水平。空气干球温度和湿球温度之间的差值被称为干湿球温差。在干燥的气候条件下，蒸发冷却效果很好，因为干湿球温差很大，使得蒸发过程可以显著降低干球温度。蒸发冷却可以与前面提到的任何制冷技术结合使用。

6）水侧冷却。在对数据中心进行冷却时，水可以有许多用途。它可以由蒸汽压缩循环进行冷却，然后再输送到末端冷却设备；也可以被使用相同蒸发原理的冷却塔冷却，然后用于冷却压缩机；或者如果温度足够低，它可以直接被输送到末端冷却设备。水侧换热器的目标是尽可能少地使用机械冷却，并依靠室外空气将水冷却，进而通过冷却的水将空气冷却到所需的送风温度。当系统处于节能模式时，只有空气处理单元的风扇、冷冻水泵和冷却水泵会运行。应仔细检查这些设备运行所需要的能量，以确保使用水侧换热器所节约的能量不会因电机能耗过高而被抵消。使用水冷服务器（如在高性能计算设备中）的数据中心可以使用温度较高的水，因为水冷服务器用以保持内部温度所采用的水温比常规冷却方式中的水温高得多。

7）直接式冷却。直接式冷却通常是指不使用换热器而直接使用室外空气。直接式室外空气换热系统将室外空气与回风混合，以保持所需的送风温度。当室外空气温度介于送风温度和回风温度范围内时，可以实现部分节能，但需要辅以机械冷却。在这一点上，蒸发式冷却能够通过降低干球温度来提高使用室外新风的能力，特别是在气候比较干燥的区域。当送风温度不能保持在所需范围时，机械冷却将开始运行并为负载降温。当室外干球和湿度达到可接受的限度后，辅助的机械冷却设备将停止工作，室外空气调节阀会开启以保持温度。在许多气候条件下，全年都可以在很少或没有辅助机械冷却的情况下直接使用空气冷却。而在有些气候条件下，如室外干球温度适合节能，但室外湿度过高。在这种情况下，必须采用适当的控制策略来利用可接受的干球温度，以避免数据中心凝露的风险或无意中增加能源成本。

8）间接式冷却。间接式冷却是在不方便直接利用室外空气进行冷却的情况下使用的方式。间接式冷却使用与直接式室外空气系统相同的控制原理。在直接式冷却系统中，通过室外空气与回风的物理混合来冷却回风。当使用间接冷却时，室外空气用于冷却换热器的一侧，然后通过换热器来冷却另一侧的回风，从而达到使两股气流不接触而冷却回风的效果。在间接蒸发冷却系统中，水被喷到有室外空气穿过的换热器上。蒸发作用降低了换热器的温度，从而降低室外空气的温度。这些系统在许多气候条件下都非常有效，甚至是潮湿的气候。由于使用的是间接换热器，因此需要风机来吸引室外空气通过换热器，有时也称为换气风扇。这种风扇电动机的功率不是特别低，因此需要在估计能耗时加以考虑。

在设计一个冷却系统时，有几种不同的方法和技术可以利用。对于间接式换热器的设计，也有很多种不同的方式。

1）它可以是一个旋转换热器，也称为热转轮，通过蓄热体来利用室外空气冷却回风。

2）另一种方法是使用横流式换热器。

3）热管技术也可以在间接换热方式中结合使用。

在这些选项中，有几个子选项可视具体的应用来决定，最终将为整个冷却系统的设计策略提供信息。

2.7 建筑围护结构与能源利用

建筑物漏风。有时，这种情况实际上可能会产生有利的结果，但大多数情况下并非如此。无论如何，这种情况都会对室内温度和湿度产生重大影响，在设计过程中必须加以考虑。

数据中心暖通空调系统设计师通常都清楚，计算机需要一个温度和湿度符合计算机制造商推荐值、ASHRAE 指南和 Telcordia 的网络设备构建系统（NEBS）要求的环境。现代数据中心基础设施的设计通常是根据用户要求和 ASHRAE 指南为计算机设备提供进风气流。由于全年 8760h 都维持这个温度和湿度范围是非常耗能的，因此暖通空调系统控制策略和系统效率备受关注并被重点研究。目前，计算机所处的建筑是如何影响温度、湿度和能源使用的仍是一个尚未完全解决的问题。为了弄清楚建筑物所起到的作用，需要回答以下问题：

1）建筑物维护结构的泄漏量是否与室内湿度和能源使用有关？

2）数据中心所在区域的气候条件如何影响室内温度和湿度？是否有特殊的气候条件更适合在室外空气较干燥、不使用加湿器的情况下，可通过室外空气节能技术来增加空气湿度？

3）扩大计算机设备所要求的湿度范围是否会产生有价值的节能效果？

2.7.1 建筑围护结构的影响

建筑围护结构由屋顶、外墙、地板和地面以下的墙壁组成，并与地面、窗户和门相接触。很多数据中心的门窗都保持在最低数量，因此其余的部分，包括屋顶、墙壁和地板是需要考虑的因素。在分析这些因素时，需要考虑不同的参数，如热阻（保温）、蓄热（相对于轻质钢的混凝土等重型建筑）、气密性和透湿性。

当大型数据中心满负荷运行时，建筑围护结构对能源使用的影响（占总量的百分比）相对较小。然而，由于许多数据中心设施从来没有达到它们设计的满负荷能力，或者是在较长一段时间后才能达到满负荷，所以规定对建筑围护结构的相关要求有

必要成为设计过程中不可或缺的一部分。

当结合时间进行分析时，随着数据中心设备负荷的增加，建筑围护结构的冷负荷开始不再成为整体冷负荷的重要组成部分，并且随着计算机设备负荷在整体冷负荷中所占比重的增大，建筑围护结构冷负荷所占比重会越来越小（表2.2）。

表 2.2 建筑围护结构冷负荷占总体
冷负荷百分比的变化

计算机设备运行百分比（%）	建筑围护结构冷负荷占总体冷负荷的百分比（%）
20	8.2
40	4.1
60	2.8
80	2.1
100	1.7

ASHRAE 能源标准 90.1 对可用来满足最低节能特性要求的不同建筑围护结构替代方案有非常具体的说明。此外，ASHRAE 出版的《小型办公建筑高级能源设计指南》还详细介绍了关于按气候带进行建筑围护结构设计的最有效策略。最后，另外一个比较好的工程数据来源是 CIBSE 环境设计指南 A。

2.7.2 建筑围护结构泄漏

建筑物泄漏会通过室外空气和水分的渗入影响室内的温度和相对湿度。根据气候的不同，建筑物的泄漏会对数据中心设施的能源使用和室内空气含湿量产生负面影响。但是，也可以根据气候的不同，通过提供辅助制冷来降低建筑物泄漏所产生的能耗。然而，这并不是一种推荐的使用室外空气来减少机械冷负荷的方法。

根据 NIST、CIBSE 和 ASHRAE 对建筑围护组件空气泄漏的大量研究发现，建筑的漏风情况通常被严重低估了。此外，对建筑的漏风情况也没有统一的标准。例如：

• CIBSE TM-23，建筑物漏风和气密性试验测试协会（ATTMA）TS1 推荐建筑物漏气率为 0.11~0.33CFM/ft^2（译者注：CFM 表示 ft^3/min，1CFM = 28.3185L/min；ft^2 表示平方英尺，1ft^2 = 0.092903m^2）。

• ASHRAE Fundamentals 的第 27 章 "通风和空气渗入"的数据显示，严密型、一般型和泄漏型建筑围护结构的泄漏量分别为 0.10CFM/ft^2、0.30CFM/ft^2 和 0.60CFM/ft^2。

- NIST 对 300 多栋现有美国、加拿大和英国建筑的调查报告显示，地上建筑围护结构的泄漏量为 0.47~2.7CFM/ft²。
- ASHRAE 湿度控制设计指南指出，典型商业建筑的漏风率为 0.33-2 次/h，并且 20 世纪 80 年代和 90 年代的建筑与 20 世纪 50 年代、60 年代和 70 年代的建筑相比，漏风率并没有明显差异。

那么设计工程师应该在多大程度上关注建筑物泄漏？逐时模拟数据中心设施，并根据实际情况调整围护结构的泄漏参数，有可能得到室内相对湿度和换气率的数据。

2.7.3 使用建筑性能模拟评估能源消耗

典型的技术分析着眼于峰值需求或稳态条件，这些只是数据中心性能的代表性"快照"。这些分析技术虽然对数据中心设计的某些方面，如设备尺寸非常重要，但却不能告诉工程师任何关于室内温度和湿度的动态信息——这是影响数据中心运行的关键因素。然而，使用如 EnergyPlus（由美国能源署开发）这样的每小时（或每小时以下）模拟工具，工程师将得到丰富分析细节，从而提供优化能源使用的解决方案整体方案提供能源利用优化。这方面的一个例子是，当比较不同的建筑围护结构泄漏率时，采用建筑性能模拟技术进行数据中心基础设施设计，在室内相对湿度和换气率方面会产生非常明显的差异（图 2.9）。因为不可能开发出全尺寸实物模型来测试建筑围护结构的完整性，所以模拟过程是一个非常重要的工具，可用于分析基于围护结构泄露对室内含水率的影响。通过研究，得到以下结论：

- 泄漏率与室内相对湿度波动具有较高的相关性，泄漏率越高，波动越大。
- 泄漏率与冬季室内相对湿度具有较高的相关性，泄漏率越高，室内相对湿度越低。
- 泄漏率与夏季室内相对湿度的相关性很低，即使在泄漏率增高时，室内相对湿度水平保持相对稳定。
- 泄漏率与换气率有较高的相关性，泄漏率越高，换气率越大。

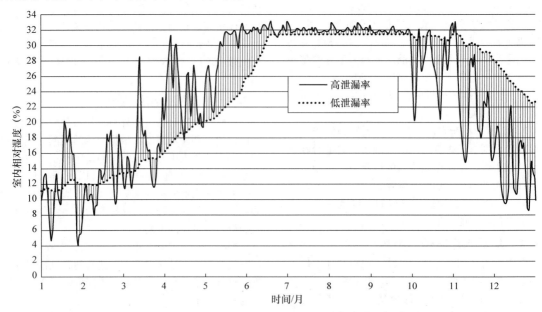

图 2.9 建筑物泄漏引起的相对湿度变化

注：根据建筑物的泄漏量，室内湿度水平将与室外相对应。

2.8 气流管理与封闭策略

在数据中心中，合理的气流管理可以通过很多要素创造级联效率。如果气流管理得当，将显著减少由于热空气回流到冷通道造成的问题，这往往是造成热点和热过载的主要原因。气流封闭还可以创造一个恒定温度梯度的微环境，从而可以预测进入服务器的气流参数。这些条件最终允许提高冷却服务器的空气温度，从而减少冷却这些空气所需的能量，并且还可延长换热器的运行时间。

有许多有效的办法可以改善已有数据中心的制

冷效率和气流分布。这些办法包括重新调整实心地板、开孔地板和架空地板间的密封；在IT机柜中安装空气阻尼挡板以防止气流绕过IT设备，以及其他更有效的可以提升架空地板内压力分布均匀性的改造措施，从而确保气流进入需要的地方。

但是有争议的是，哪种气流管理的效率更高，是采用物理隔离来封闭气流，还是将气流直接送到所需要的地方。根据项目的需求，可以有几种途径让最终用户来选择。

2.8.1 被动式烟囱IT机柜

这种装置是最简单和费用最低的选项，并且没有活动部件。根据IT机柜的结构，烟囱直接安装在机柜顶部并向顶棚静压箱排风。这对机柜有特殊的要求，并不适用于对所有机柜进行改造。同样，烟囱直径限制了机柜内服务器的总风量，所以不确定是否适合高密机柜。

风机式烟囱柜与被动式烟囱柜实际上类似，但顾名思义，这种机柜的空气流动借助了风机的动力。风机提高了向顶棚静压箱排风的压力，但这也是一个故障点，并且增加了安装成本和能源使用的成本。如果在供电故障时需要连续运行，则需要为风机配置UPS电源。虽然安装风机可以提高空气流量，但烟囱的通风量仍然受到限制。

2.8.2 封闭热通道

利用机柜布置来区分冷热通道是常用的分离冷热空气的方法。毫无疑问，这种方法比那种直接将IT设备的热空气排放到相邻机柜进风口的方式要好（不幸的是，这种情况在很多使用传统设备的数据中心仍然存在）。封闭热通道本质上就是采取了冷/热通道隔离的策略。这种方式通过在IT机柜顶部和顶棚之间安装一定的物理屏障，将空气隔离在热通道。更有效的技术是使用实墙和门来创造一个热空腔来完全隔离热空气，这种系统通常适用于新安装的系统。热空气通过隔离的热通道排入顶棚中。当采用热通道封闭技术时，由于热空气被集中在一个较小的区域，所以热通道的空气可以达到比较高的温度，因此工作人员的安全需要注意。

2.8.3 封闭冷通道

虽然冷通道封闭看起来只是简单地与热通道封闭对换，但是冷通道封闭实施起来更复杂。冷通道封闭系统也可以由一套特定的系统或实体墙和门构成。与热通道封闭的不同是，冷通道封闭具有更精细地管理流入计算机气流温度的能力。如果采用

固体组件隔离，整个房间实际上就形成了一个压力室，从而可以通过监测和调节房间的压力来保持服务器所需的空气流量。数据中心的空调设备可以根据指示来增加或减少送风量，以将冷通道内的压力保持在一个设定的水平，流经服务器的风量通过服务器风扇转速的提高或降低而增加或减少。冷通道封闭这种方式较传统气流管理方式有很多优点。

2.8.4 行间冷却

若想将气流管理问题限制在一个有限的范围，行间冷却是一个很好的选择。行间制冷有很多种类，如冷冻水型、风冷直膨型、低压（泵送）制冷剂，甚至二氧化碳制冷型。这种方式适用于少量高密机柜和高发热服务器，特别是当冷却设备的气流很难与数据中心整体的气流组织平衡时。

2.8.5 水冷服务器

作为曾经的数据中心主要用户，学术部门和研究高性能计算的部门仍在使用水冷服务器。通常认为水冷服务器不需要气流管理策略，但其实并不是这样。水冷的方式可以使冷气流通过服务器内部到达最小的部件（对那些不是直接水冷的部件仍需要气流来散热）。通常，当一个水冷机柜安装50～80kW的服务器时，仍然要通过空气排放10%～30%的热量。可以肯定的是，现在并没有一个主流的策略用来加强气流管理，意识到制冷能力如何适应未来容量的发展非常重要。

2.8.6 浸没式液冷

浸没式液冷是一种将服务器浸没在一个大的矿物油容器内的技术。服务器需要进行一些改动，但通过使用这种技术，服务器就可以不需要使用风扇。冷却油在装有服务器的容器内部循环，并通过与室外排热设备相连的换热器进行散热。

如果想提高数据中心的送风温度，就需要采用这些封闭技术，因为送风温度提高后，允许的送风温度偏差（热空气回流引起的）就相应变小。采用物理封闭气流的方法比较实际，并且成本较低，因此实施这些能效优化的策略也会比较可行。

2.9 电气系统能效

在数据中心中，电气系统和冷却系统的可靠性和可维护性是基本的设计要求，以确保可以成功地操作这些IT设备和冷却系统。可靠性和能效优化的目标是可以同时实现的，但这需要IT部门和基础设施部门的紧密配合。

数据中心的配电系统包含大量的设备和子系统,从市政供电到变压器、开关设备、UPS、列头柜、PDU,以及最终的IT设备风机和内部元器件供电。由于存在电能转化为热能的过程,所有这些元器件都存在一定程度的低效率(能量损失)。一些元器件的低效程度与其实际的负载量占其设计处理的总负载量的比例呈线性关系;其他的则表现非线性关系。当估算数据中心在不同IT负载下的整体能耗时,理解对部分负载条件的响应非常重要。虽然多路由供电可以提升IT运维的可用性(可靠性),但这种方式也会降低整个系统的能效,特别是在部分IT负载情况下。

为了阐明电气系统能效的影响,了解以下影响电气系统整体能耗的主要因素很重要:

1) UPS模块和整体配电系统能效。
2) 部分负载率下的能效。
3) 系统模组化能力。
4) 系统拓扑(可靠性)。
5) 电气系统能效对冷负荷的影响。

有许多不同类型的UPS技术,每一种都有独特的适用条件。一些在低负载率下表现出色,而其他的则几乎专门用于高负载率状态。最终选择哪种技术的UPS取决于所使用的场景。也就是说,不同规格、不同电路形式的UPS具有不同的效率曲线——并没有一种放之四海而皆准的模型。每种型号的UPS在非满载情况下的表现都不同,所以有必要分析在100%、75%、50%、25%以及0%负载率时的能效,从而获得完整的UPS和电气系统的能效曲线(图2.10)。(通常情况下)负载率越低,系统可靠性就越高,而相对于低可靠性的系统,电气系统整体的损耗也就越高。当负载率越接近100%时,两种系统的差距就会越小。在25%负载率下,高可靠性系统的绝对损耗比常规系统高50%,但是在100%负载时,两者差距缩小到23%。当估算数据中心年能耗时,最好的做法是准备一份基于IT设备实际运行进度的IT负荷计划,使得能源消耗评估更加准确。这份计划应该包括可预测的每周或每天的运行情况,包含IT设备的运行小时数和每小时的负荷率(基于历史工作负载数据),更重要的是IT设备对电力需求未来持续增长的预估。获得这些信息后,对全年整体能耗的计划和分析将更加准确。

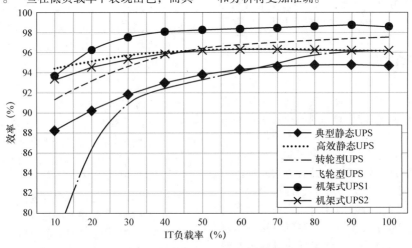

图2.10 不同IT负载下的UPS效率

除了UPS设备的能效外,模块化的电气系统将对系统整体能效产生重大影响。UPS就是一种作为系统进行设计的典型代表,这种系统由多个模块组成。因此,在系统内会有冗余的UPS,或者系统本身就有冗余。最终的系统架构设计主要由业主对可靠性、可扩展性和成本的要求决定。UPS的数量越多,每台UPS所处理的负载就越低。这种影响在高可靠性、低负载率系统中非常明显,可能每台UPS都工作在其额定容量的25%(或更低)。

当所有的UPS和其他电气设备组合成统一的、符合特定的可靠性和可用性要求的配电系统时,就可以得到整个系统在不同负载率下的能效值。现在,整个系统包括UPS上游和下游的所有配电设备。除了UPS的损耗外,变压器、发电机、开关设备、配电单元(有和没有静态转换开关的)以及线缆的损耗都必须计算在内。针对不同的系统架构,当所有这些组成部分都被分析后就可以得到能耗曲线,从而可将能效水平与可靠性进行对比,以辅助决策制定。电气系统的可靠性水平与能效水平通常是负相关的，即可靠性越高，能效越低。

最终，在评价数据中心能效时，主要看能源整体消耗和 PUE。因此，如果常常只是孤立地研究 UPS 系统的概念，就相当于把电气系统作为一个封闭的仓库，而集成是打开这个仓库的钥匙（综合考虑才是正确的方法）。从模块化增长的观点来看，在设计之初就需要准备一份预测 IT 负载增长的时间轴，以用来合理设计电力系统和冷却系统。如之前提到的，基于这种负载增长的年均 PUE 可以应用能量建模技术计算获得。如果建模恰当，电气系统（以及冷却系统）的部分负荷效率将取决于最终供给计算设备的能量和转化为热能的能量。请牢记，UPS 只是影响 PUE 的一部分，PUE 与数据中心运行的各个方面都相关（照明、行政管理区域面积、后台支持部门电力消耗）。

因为电力系统的损耗最终会成为附加的冷负荷（除设备位于室外或非空调区外），机械工程师需要这些数据来确定冷却设备的规格和年度能耗。冷却设备的效率取决于冷却电气系统损耗所需的能量。在对 UPS 和其他电气系统组件进行的全生命周期研究中，必须包括为了冷却电气系统损耗而产生的冷却系统能耗。成本低、效率低的 UPS 有可能由于冷却需要而能耗较高，从而全生命周期成本更高，即使其建设成本可能大大低于高能效系统。除能量以外还有"损失"，由于这些能量损失而导致的附加冷负荷将对基础设施的年度能耗和 PUE 造成负面影响。电气系统的低效性对能源消耗有着双重影响。

数据中心的可靠性和可用性对数据中心的运营商至关重要。幸运的是，最近几年，数据中心行业对大量用来帮助提高能效、降低费用和改善可靠性的新产品和新服务的反应很好。当计划新建一个数据中心或考虑对已有数据中心进行升级改造时，把所有不同专业的组合效应综合考虑进电力、冷却和 IT 系统的总体规划和战略，将能够产生高效率和高可靠性的方案。使用正确的工具和分析技术是实现这一目标的重要部分。

2.10 IT 设备的能源使用

自 2007 年美国环境保护署向美国国会提交的关于服务器和数据中心能效报告发布以来，IT 行业就开始为 IT 设备和数据中心电力使用制定基准和通用的测试方法。其中一个重要的方面就是制定与制造商无关的基准和报告方法，并提供清晰易懂的数据，作为决策过程的一部分。这是一个持续的过程，因为新的设备不断发布，从而需要制定新的测试和报告方法。

2.10.1 美国环境保护署能源之星规范

用于计算机服务器的美国环境保护署企业服务器规范 2.0 版，规定了不同供应商制造的不同类型服务器的电源利用效率测试的流程。文档中规定的流程确保了 IT 设备测试和报告的统一方法，包括测试期间环境温度和湿度条件的一致规范。该测试流程的另一个关键要素是报告不同负载点的功率使用情况，包括空载和满载。制造商必须验证 BIOS 默认启用的服务器处理器电源管理协议，以确保在低利用率时采取办法降低功耗，如降低电压和/或频率、减少使用的处理器或未使用的处理器核心功率。此外，要获得"能源之星"的认证，计算机必须预安装包含电源管理在内的监控系统，并且在 BIOS 中为默认开启状态。

当审查提交给美国环境保护署的一些能源之星项目的原始数据时，就能明显感受到这种测试和报告的重要性。服务器能效的关键标准之一是在空闲状态和满载模式下以 W（瓦）为单位测量的功率。

2.10.2 SPECpower_ssj2008

标准性能评估组织（SPEC）将 SPECpower_ssj2008 设计为一种可对比的基准和可以提高服务器级计算机设备效率的方法。在这个基准测试工具中，用于表示效率的指标是服务器高负载状态和空闲状态时的能耗差别。随着高负载使用状态和低负载使用状态之间能耗差异的增大，服务器在低负载下的能量使用更高效（图 2.11）。

回顾这些数据，我们发现最小功耗与最大功耗的比率已从 60% 以上降至 30% 以下。这意味着在数据中心级别，如果所有服务器都处于空闲状态，则 2007 年运行的 IT 负载将占 IT 总负载的 60%，而在 2013 年，它将低于 30%。这将使冷却系统和电力系统消耗更多能量的情况得到改变。显然，在进行 IT 设备更新规划时，在现有设备中采用积极的电源管理策略并评估服务器设备能效就是一个案例。

超级计算社区已经开发出标准化的排名技术，因为这些超级计算机的处理能力与企业服务器的处理能力不同，超级计算机使用更大的处理能力来运行应用程序。使用的衡量标准是 MegaFLOPS/watt（每瓦特百万次浮点运算），它是通过使用标准化软件包（HPL）来运行非常规范的测试而获得的。这种方法可以将不同计算平台进行非常公平的直接能效对比。

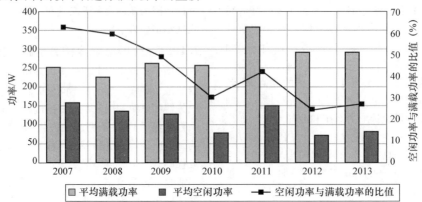

图2.11　2007—2013年SPECpower_ssj2008测试结果
注：自2007年以来，空闲功率与满载功率的比值呈下降趋势，表明服务器效率在提高。

研究表明，普通企业服务器的利用率通常为20%或更低。降低服务器能耗的首选方法是使用更高效的设备，这些设备使用高效电源，并支持更强大的处理器和内存；其次，减少（物理地或虚拟地）运行指定工作负荷所需的服务器数量将降低总体电力需求。将这两种方法与电源管理协议相结合，将确保在服务器运行时能够尽可能高效运行。

了解虚拟化和电源管理策略是降低能耗的潜在方法是很重要的。以一个1000kW的数据中心为例，假设其IT负载平均利用率为20%，其中IT负载全部为计算用服务器。将电源管理应用于20%的服务器，将会使服务器每年的能源消耗减少10%。以4∶1的比例虚拟化剩余的服务器，将使能量消耗再降低4%，总节约量将达到14%。将物理服务器的利用率从20%提高到40%，将使全年总能耗在初始能耗基础上减少26%。这些可能只是被认为在利用率和虚拟化方面做了一些适度改变，但是如果以10美分/kW·h计算，这些小小的变化每年将节省13万美元。而这只是服务器所节省的电费，所节省的冷却系统电费和电力系统损耗部分的电费还没有考虑在内（表2.3）。

所有服务器测量的平均值，平均利用率=7.9%

测量最繁忙的服务器，平均利用率=16.9%

表2.3　电源管理、虚拟化和提高利用率对能源使用的影响

项目	服务器用电量 /kW·h	电气和冷却 用电量/kW·h	全年总 用电量/kW·h	相对于基准值 减少量（%）	全年减少电费 （基于0.10/kW·h）
基准值	5452000	1747000	7198000	基准	基准
方案1 - 采取电源管理	4907000	1573000	6479000	10%	71000
方案2 - 采取虚拟化	3987000	1278000	5265000	27%	121000
方案3 - 提高利用率	2464000	789000	3253000	55%	201000

方案1中，冷却和电力损耗所消耗的电能将从1747000kW·h降低到1573000kW·h，也就是减少了174000kW·h/年。方案2将进一步使这两部分消耗的电能降至1278000kW·h，即每年再降低295000kW·h。方案3将进一步使冷却和电力损耗所消耗的电能降至789000kW·h，即每年再减少489000kW·h（图2.12～图2.14）。

另外一个可以证明IT设备、电气和冷却系统相互依赖的方面是用于计算机散热的空气温度。一个基本设计原则是，所设计的内部空气最高允许温度可以安全地冷却计算机设备，并且不会导致计算机的内部风扇运行速度过快。ASHRAE数据中心温度和湿度设计指南推荐的用于冷却计算设备的空气温度上限为干球温度80℉（26.7℃）。如果使用这

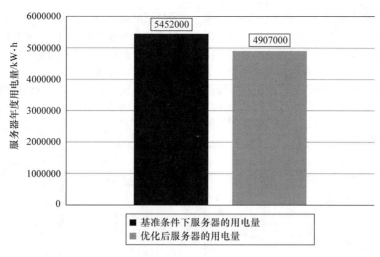

图 2.12　通过实施服务器电源管理策略降低能耗

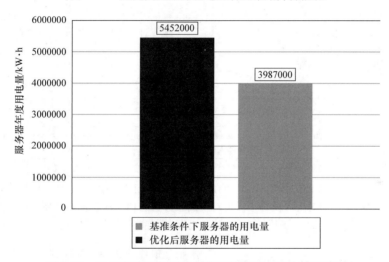

图 2.13　通过实施服务器电源管理策略和虚拟化降低能耗

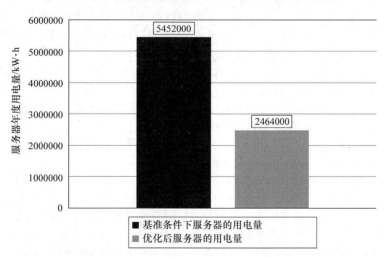

图 2.14　通过实施服务器电源管理策略、虚拟化及提高利用率降低能耗

个温度（甚至在不久的将来使用更高的温度），使用换热器的时间将增加，并且当使用蒸汽压缩（机械）冷却时，蒸发温度的升高将会使压缩机功率降低。但是，服务器中的风扇将会提高速度并吸入更多空气，以将服务器内部组件的温度维持在可接受的水平（图2.15）。好消息是，服务器制造商正在设计新的服务器来应对温度的升高，而不是提高空气流量和服务器风扇功率。平衡由于空气温度升高造成的服务器风扇能耗增加与冷却系统效率的提高非常重要。数据中心所处区域的气候环境将决定可以使用换热器的小时数，从而可以决定温度的提升是否会实现整体节能。

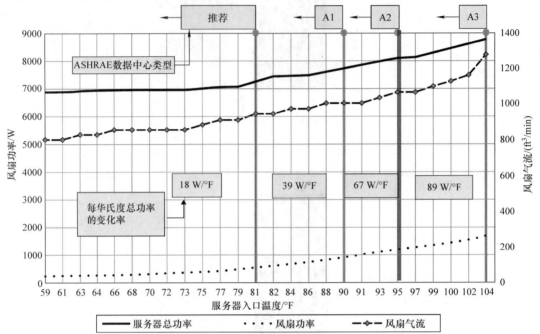

图2.15 将送风温度由 ASHRAE 的推荐范围提高到 A3 范围，不仅会增加进入服务器的风量，同时还会使每华氏度对应的服务器总功率的变化率升高。必须根据具体情况分析冷却系统能效与服务器能耗的正确平衡点

2.10.3 IT 与设施共同协作以降低能耗

鉴于 IT 与基础设施之间存在多方面的相互依赖关系，因此在任何项目中必须尽早开展密切沟通和协作。当 IT 与基础设施相互协作时，就有机会从可靠性和能源使用的角度研究基础设施、电力和冷却系统是如何影响服务器和其他 IT 设备的。在制定 IT 整体战略时，全盘考虑能效，并且将能源使用作为衡量标准之一，将对企业 IT 项目的后续规划产生重大的积极影响。

如果我们将数据中心想象为房东，IT 设备想象为主要租户，那么必须持续进行沟通以了解租户的要求和租户的能力。这种沟通可以说为数据中心整体能源使用优化提供了最佳机会。从热力学的角度来看，计算机的主要任务是将其内部组件保持在规定的最高温度，以最大限度地降低热关机风险，减少漏电，并在极端情况下，减少出现任何对设备物理损坏的机会。好消息是，IT 设备的热力学工程师了解温度和湿度波动对设备和相应能耗的影响。从数据中心冷却的角度来看，必须了解环境温度如何影响计算机的电源使用。假设工作负载恒定，服务器风扇功率将随着入口空气温度的升高而增加，从而使得整个系统的功率发生变化。数据中心冷却策略必须考虑计算机的运行，以避免因入口空气温度过高而无意中增加 IT 设备的能耗。

2.11 平衡 IT 和设施

基于目前的市场状况，有融合的方法可以使 IT 企业能够进行能源优化。这需要合理的规划，以及对影响能源使用的所有因素的透彻理解。实现这些多重目标——服务改进、可靠性和降低运营成本，曾经被认为是相互排斥的，而现在都是关键的成功因素且必须同时具备。下面将讨论当前可用于减少

/优化能源支出的 IT 运营的一些趋势。

2.11.1 技术更新

计算速度提升和同时处理多个复杂应用程序的能力使得采用新的业务应用程序成为可能,并将计算机和技术的使用扩展到几乎所有可以想象到的市场领域。这种繁荣现象正在推动在技术和数据中心的新资本支出达到创纪录的水平。这似乎是一个无休止的循环:更快的计算机支持新的软件应用程序,反过来又推动了对计算机的需求,更新、更多内存和速度密集型应用软件又需要新的计算机!这个循环通常会增加能源消耗;但如果已经有升级计划,那么除了进行通常的技术升级之外,现在还有可能利用升级的机会来进行能源使用优化,提升经营业绩。

2.11.2 降低 IT 运行成本

为了使公司在产品定价和服务方面保持优势,降低与 IT 基础设施、架构、应用程序、房地产,以及与基础设施相关的持续运营成本和能源使用通常会受到严格审查。这个领域采用多层次的途径,包括从 IT 整体战略(基础设施和架构)到实际承载这些技术的基础设施,最终将在降低全年成本方面获益。避免短视、单一的方法是至关重要的。考虑能源使用优化的最佳时机是在新的 IT 规划工作的开始阶段。这可能不是通常做法,但扩展视野并讨论能源使用是非常重要的。统计数据显示,在获取服务器的 3 年后,服务器运行的能源成本将远超服务器的采购成本。

2.11.3 数据中心设施动态和不可预测

众所周知,IT 系统的生命周期为 12~18 个月,因此数据中心设施的首要设计目标是适应未来的灵活性和可扩展性。然而,在 IT 系统完全投入使用之前,这可能会导致电力和冷却系统的短期过度配置。即使在 IT 系统完全投入使用后,计算机、存储和网络设备也会在每小时、每天、每周和每月变化,具体取决于数据中心的用途。这种随着时间的推移而增加的电力使用,以及持续的电力使用波动的"双重学习曲线",使得此类设施的设计和运行难以优化。使用模拟工具可以帮助展现这些变化,不仅会影响能源使用,还会影响室内环境参数,如干球温度、辐射温度和含湿量。

2.11.4 服务器技术和应用效率

在消费类个人计算机和笔记本计算机市场,可以通过电源设置以延长电池寿命或让计算机进入休眠状态的方法已存在多年。然而,由于可能会降低可靠性和处理速度,这一策略仍然还未在企业服务器市场中占据一席之地。通常企业服务器的关注点一直是芯片级的功率指令,并被用作能效基准。在这个能效基准下,过去几年中,能源效率取得了巨大提升。但是,如果脱离其承载的业务,此指标就会产生误导。服务器本身的功耗一直在稳步增长。

现实情况是,大多数基础设施团队没有时间或带宽来了解 IT 行业过去 5 年中发生的巨大变化(电源/冷却密度、可靠性等),因此他们需要更加积极主动地与 IT 部门合作。除了处理器功耗和服务器在企业中的使用方式之外,还有一些可行的机会可以真正实现降低功耗。

2.11.5 数据收集和分析评估

俗话说"没有度量就无法管理",对于数据中心来说尤为重要,因为越复杂的系统,相互依赖性越强,能源消耗量越大。例如,了解服务器功率需求与机械制冷成本之间的关系,有助于确定购买价格稍贵但效率更高的服务器电源和 IT 设备。此外,可以将双转换 UPS 的运行成本与线路无功机组的运行成本进行比较,以确定(可能不必要的)额外调节是否在经济上合理。虽然许多优化能源效率数据收集过程与商业办公楼、学校或医院的做法类似,但仍存在一些细微差别,如果理解不正确,最后得到的可能不是最佳结果。当考虑由监控、测量、分析和修复组成的能源审计时,以下几点非常有用:

(1)识别运行或维护问题 特别是,辅助诊断热点、与热环境有关的设备故障、整体容量不足和其他常见运行问题的根本原因。由于数据中心环境的重要性,这些问题通常需要立即处理,而往往是以非常不理想的中断修复方式进行解决。基准测试可以识别那些为了降低运营成本或长期可靠性而应该重新进行的快速修复。

(2)帮助规划未来的改进措施 相对于其他标准数据中心设施,性能最差的领域通常也是节能潜力最大的领域。改进的范围可以从简单地改变设定值以实现即时回报,到更换整个系统以实现节能,这将在几年内得到回报,但也可以提高系统的可用性和使用寿命。

(3)为未来的基础设施制定设计标准 通过近年来对数十个数据中心基础设施的基准研究,证明了设计和运营方法的最佳实践,从根本上降低了成本,提高了基础设施的效率。尤其是设计标准,可以帮助确定公司特定的最佳实践,这些实践应该

（4）建立基准性能并作为诊断工具　将一段时间内的趋势数据与基准性能进行比较，有助于预测和避免设备故障，提高长期可靠性。通过识别并校正由于系统老化和校准失效而发生的典型性能衰减，也可以提高效率。

ASHRAE出版的《商业建筑能源审计流程》提供了有关如何进行能源审计的材料。该出版物描述了从宽泛到非常具体的三个级别的审计，每个级别都有自己的一套标准。除了理解和优化设施中的能源使用外，审计还包括审核操作程序、文档和设定点。随着审计的进行，必须将由于操作程序不当引起的能耗过高与电力和冷却设备的低效进行区别。如果不这样做，就可能会错误地认为设备性能不佳，从而导致不必要的设备升级或更换。

ASHRAE指南14-2002《测量节约的能源和需求》提供了有关审计建筑物能源使用过程的更多细节。由于信息是由现场测量设备（如传感器和仪表）提供，所以规定了如何校准它们以保证测量结果的长期准确，以及如何安装它们以准确捕捉数据的持续时间。ASHRAE另一出版物《数据中心的实时能耗测量》提供了有关监测和测量数据中心设备能源使用的最佳方法的数据中心特定信息。《测量和报告数据中心整体效率的建议》列出了需要监控和测量的特定位置（表2.4），包括数据中心基础设施中的哪些位置。这对于最终用户持续报告非数据中心区域（如UPS和开关设备室、机械间、装卸区、行政区域和走廊）的能源使用非常重要（根据绿色网格对PUE的定义，建筑物内非数据中心区域的照明、设备和冷却系统的能耗需要计算在内）。确保能源使用数据的准确性和连贯性对于审计的成功和能源使用优化方案至关重要（表2.5）。

表2.4　测量和报告数据中心整体效率的建议

系统	单位	数据来源	持续时间
循环风机总功率（全部精密空调）	kW	电路板	取准确值
新风机组总功率	kW	电路板	取准确值
IT设备总功率	kW	电路板	取准确值
冷冻水设备	kW	电路板	一周
机柜功率（选取一种典型机柜）	kW	电路板	一周
机柜数量	个	观察	取准确值
机柜平均功率	kW	计算	不适用
其他设备功率	kW	电路板	取准确值
数据中心温度（合适位置）	°F	温度传感器	一周
相对湿度条件	%	湿度传感器	一周
年度用电量，一年	kW·h/年	账单	不适用
年度燃料消耗，一年	热量/年	账单	不适用
年度用电量，之前三年	kW·h/年	账单	不适用
年度燃料消耗，之前三年	热量/年	账单	不适用
用电峰值	kW	账单	不适用
平均功率因数	%	账单	不适用
基础设施区域面积（整栋建筑）	ft²	图纸	不适用
数据中心区域面积（投入使用架空地板区域面积）	ft²	图纸	不适用
数据中心投入使用的比例（上架率）	%	观察机房和机柜	取准确值
空气流量	ft³/min	设计、测试及风量平衡报告	不适用

第 2 章 数据中心能源与可持续性

（续）

系统	单位	数据来源	持续时间
风机功率	kW	三相实际功率	取准确值
变频器频率	Hz	变频器	取准确值
温度设定值	°F	控制系统	取准确值
回风温度	°F	10k 热敏电阻	一周
送风温度	°F	10k 热敏电阻	一周
相对湿度设定值	%	控制系统	取准确值
送风相对湿度	%	湿度传感器	一周
回风相对湿度	%	湿度传感器	一周
状态	视情况而定	观测	取准确值
冷负荷	ton	计算	不适用
冷水机组功率	kW	三相实际功率	一周
一次泵功率	kW	三相实际功率	取准确值
二次泵功率	kW	三相实际功率	一周
冷冻水供水温度	°F	10k 热敏电阻	一周
冷冻水回水温度	°F	10k 热敏电阻	一周
冷冻水流量	USgal/min	超声波流量计	一周
冷却塔功率	kW	三相实际功率	一周
冷凝器水泵功率	kW	三相实际功率	取准确值
冷凝器供水温度	°F	10k 热敏电阻	一周
冷机制冷负荷	ton	计算	不适用
备用发电机容量	kVA	观察铭牌	不适用
备用发电机待机损耗	kW	功率测量	一周
备用发电机环境温度	°F	温度传感器	一周
备用发电机加热器设定值	°F	观察	取准确值
备用发电机水套温度	°F	温度传感器	一周
UPS 负载	kW	UPS 控制面板	取准确值
UPS 额定容量	kVA	观察铭牌	取准确值
UPS 损耗	kW	UPS 控制面板或测量	取准确值
列头柜负载	kW	列头柜控制面板	取准确值
列头柜额定容量	kVA	观察铭牌	取准确值
列头柜损耗	kW	列头柜控制面板或测量	取准确值
室外干球温度	°F	温度/湿度传感器	一周
室外湿球温度	°F	温度/湿度传感器	一周

注：1USgal = 3.78541dm^2，1ton = 1016.05kg。

表 2.5　能源审计所需监测和测量的位置、持续时间和提升效率的建议

编码	数据	单位
数据中心常规数据		
dG1	数据中心面积（已投入使用）	ft²
dG2	数据中心位置	—
dG3	数据中心类型	—
dG4	建设年份（或重大改造）	—
数据中心能源数据		
dA1	年度用电量	kW·h
dA2	年度 IT 设备用电量	kW·h
dA3	年度燃料使用量	MMBtu
dA4	年度区域蒸汽使用量	MMBtu
dA5	年度区域冷冻水使用量	MMBtu
气流管理		
dB1	送风温度	°F
dB2	回风温度	°F
dB3	低端 IT 设备进口空气相对湿度设定值	%
dB4	高端 IT 设备进风相对湿度设定值	%
dB5	机柜平均进风温度	°F
dB6	机柜平均排风温度	°F
冷却		
dC1	冷却系统平均功率	kW
dC2	平均冷负荷	ton
dC3	冷水机组安装制冷量（不包括备用机组）	ton
dC4	冷水机组冷负荷峰值	ton
dC5	空气侧换热器运行时长（全自然冷却）	h
dC6	空气侧换热器运行时长（部分自然冷却）	h
dC7	水侧换热器运行时长（全自然冷却）	h
dC8	水侧换热器运行时长（部分自然冷却）	h
dC9	风机总功率（包括送风和回风）	W
dC10	风机总风量（包括送风和回风）	ft³/min
供电回路		
dE1	UPS 平均负荷	kW
dE2	UPS 容量	kW
dE3	UPS 输入功率	kW
dE4	UPS 输出功率	kW
dE5	照明平均负荷	kW

注：1. 由 Lawrence Berkeley 国家实验室提供。
　　2. 1Btu = 1055.06J。

2.12　数据中心能源使用效率的确定

在分析和诠释数据中心能源使用的统计数据时，必须采用行业认可的方法来制定数据收集表格、分析方法和报告的形式。这将确保结果具有高可信度，并且可以排除统计过程不标准而存在误差的可能性。这些行业标准包括 ASHRAE 90.1、ARI Standards 340、365、550～590 和其他标准。本书将解释 ASHRAE Standard 14 中的相关内容。

有几种方法可用于收集、分析和提供数据，以说明能源消耗的基准线和采取节能措施（ECM）后预计的节能效果。一个称为标准化的模拟分析过程包括了从规划到实施的各个阶段：

1）制定标准化的模拟计划。在开始标准化模拟分析之前，必须回答几个问题：使用什么软件？模型标准化到月度测量数据还是小时测量数据，或者两者兼备？统计指标的公差是多少？这些问题的答案需要记录在模拟计划中。

2）数据收集。可以在基准期、改造期或两者中从建筑物收集数据。在此步骤中收集的数据包括建筑物表面的尺寸和属性、每月和每小时建筑整体的公共设施数据、HVAC 和建筑其他系统组件的铭牌数据、运维计划表、所选 HVAC 和建筑其他系统组件的现场测量数据以及天气数据。

3）将数据输入到仿真软件和运行模型中。在此步骤中，要处理之前收集的数据并转化为模拟所需的输入文件。建议建模人员关注分区、时间表、HVAC 组件、模型纠错（查找并消除故障或错误的代码）和天气数据。

4）将模拟模型输出与测量数据进行比较。这种比较方法取决于测量数据的分辨率。至少，模拟模型预测的能源流量要与公用设施月度费用和现场测量值进行比较。最好的方式是将这两组数据每小时比较一次。可以使用图形和统计方法进行这种比较。

5）改进模型直到准确度可接受。通常情况下，初始模型的模拟结果都达不到要求的误差范围。在这种情况下，建模者会分析两组数据之间的异常，并对模型进行逻辑更改以更好地匹配测量数据。用户应尽可能根据改造前和改造后的数据校准模型，仅在两组数据都不可用时单独校准改造后的数据模型。虽然图形方法可用于辅助这个过程，但校准后的模型是否可接受将最终由统计方法确定。

6）生成基准模型和改造后的模型。基准模型

表示没有采取节能措施的建筑物模型，改造后的模型表示采取节能措施后的建筑物模型。如何根据校准的模型开发这些模型，取决于是否在采取节能措施之前或之后，或两次都根据收集的数据将模拟模型进行了修正。此外，必须确保基准模型和改造后模型之间唯一的不同仅限于是否采取了节能措施。除非有已经观测到且必须考虑的特定差异，否则所有其他因素，包括天气和占用率，必须在两个模型之间保持一致。

7) 节能估算。通过使用适当的天气参数来计算基准模型和改造后模型的能量流和强度的差异，从而确定节能量。

8) 观测情况和节能结果报告。节能估算和观测情况以可审查的格式记录在案。此外，还应提供足够的模型开发和校准文档，以便相关方准确地重新创建基准模型和改造后模型，包括输入条件和天气条件。

9) 校准指标统计公差。需要图形校准参数以及两个主要的统计校准指标［平均偏差误差和变异系数（均方根误差）］。每月和每年都要记录这些指标的可接受限度。

10) 统计对比技术。虽然图形方法可用于确定模拟数据与测量数据的差别，并且可以应用于某些量化分析，但仍然需要更明确的定量方法来确定一致性。为了达到这个目的，再次使用了两个统计指标：每小时平均偏差误差和均方根误差的变异系数[1,2]。

采用此方法将使数据中心能源使用效率确定的过程有据可依，并且最终形成基于行业标准和最佳实践的结果。

2.13 私有企业和政府能源效率计划

在设计和建筑行业中要普遍采用建筑规范、行业标准和法规。但截止到现在，专门用于提高数据中心基础设施能效的相关文件非常有限。在很多现有的文件中，一部分的使用范围有限，而另外一部分则变成了逸闻轶事。所有这些都在过去几年中发生了变化，一些知名组织发布了几个经过同行评审的设计指南。预计在不久的将来，随着行业的不断发展，将会有更详细的标准和指导方针可供参考。

有几个主要组织负责开发和维护这些文件：美国采暖、制冷与空调工程师学会（ASHRAE）、美国绿色建筑委员会（USGBC）、美国环保署（US EPA）、美国能源部（US DOE）和绿色网格组织

等。以下是来自这些组织的一些标准和指南的概述，这些标准和指南是专门为提高数据中心基础设施能效提供建议而制定的。

2.14 USGBC – LEED 升级版适用于数据中心

新的 LEED 数据中心标准升级是为了应对当前 LEED 标准在应用于数据中心项目时所出现的挑战。这些挑战与几个因素有关，包括数据中心极高的功率密度。作为应对，USGBC 对 LEED 标准进行了升级，以应对在数据中心基础设施认证中的主要挑战。升级的标准与 LEED 第 4 版评价体系一同发布，适用于建筑设计和施工评价体系，以及建筑运行和维护评价体系。由于这两个评价体系适用于建筑物生命周期的不同阶段，因此采用的评分标准也不同。但是对这些评价标准的升级都有一个相同的目标：建立适用于数据中心的 LEED 评价标准，为开发商、业主、运营商、设计人员和建筑商提供工具，以减少能源使用，最大限度地减少对环境的影响，为数据中心工作人员提供一个优质的室内环境。

2.15 协调全球数据中心能效指标

在制定 PUE/DCIE、CUE 和 WUE 等数据中心指标时，绿色网格已力求达到全球认可，以实现监控、测量和报告数据中心能源使用的全球标准化。这种全球统一体现在美国、欧盟和日本已经在数据中心能效指标的指导原则上达成一致。参与这项工作的具体组织包括美国能源部的节约能源和联邦能源管理项目、美国环境保护署的能源之星项目、欧盟委员会联合研究中心数据中心行为准则、日本经济产业省、日本绿色 IT 促进委员会和绿色网格。

2.16 行业联盟关于衡量和报告整体数据中心效率的建议

2010 年，由来自行业领先的数据中心组织（7×24 Exchange、ASHRAE、绿色网格、硅谷领导小组、美国能源部节能项目、美国环境保护署能源之星项目、美国绿色建筑协会和 Uptime Institute）的代表组成的工作组召开会议，讨论如何将 PUE 的测量和报告过程标准化。该工作组的目标之一是为数据中心业主制定相关指南，从而使其具有一定

的测量能力,并能够执行必要的功率/能量测量程序,同时还允许执行人员增加额外测量点以提高测量准确性的,并对相关流程进行了规定。指南的制定旨在使 PUE 的测量方法一致且可复制,使数据中心操作人员能够监控和提高其基础设施的能效。一致的测量方法还有助于数据中心业主和执行人员之间对 PUE 的沟通(需要注意的是,当一个组织希望使用 PUE 来比较不同的数据中心时必须谨慎,因为有必要首先进行适当的数据分析,以确保其他因素,如可靠性和气候水平不会对 PUE 的比较造成影响)。

2.16.1 美国环境保护署数据中心能源之星

2010 年 6 月,美国环境保护署为其在线测量软件 Portfolio Manager 发布了数据中心模型。Portfolio Manager 是一个在线工具,用于建筑业主跟踪和改善建筑物的能源和水资源使用。这个在线工具中的建筑模型利用了 1999 年发布的办公建筑模型,并不断开发了其他建筑模型。有关 Portfolio Manager 中关于数据中心基础设施的详细信息,请参见 EPA 网站上的技术摘要。

申请数据中心能源之星评级所需的大部分材料都比较简单,需要有资质的专业人员(建筑师或工程师)来验证、检查表中的信息。相关专业人士应参考 2010 年版《商业楼宇能源之星标识指南》,以获取某一商业建筑是否符合能源之星资质所需验证的信息。

2.16.2 ASHRAE 数据中心绿色提示

ASHRAE 数据中心系列丛书为开展数据中心的节能设计提供了基础纲要。这些书籍结合了工程界的最新设计概念,由 ASHRAE 负责持续性维护。可以说,这套开创性系列丛书涉及能源和可持续发展的主题(这些主题仍处于未知领域时),《数据中心绿色提示》被认为是一种用于减少能源和水资源消耗的设计资源。它在整体格式和结构方面类似于 ASHRAE 的绿色指南,但是它逐章介绍了有关减少数据中心能源和水资源使用的方法。本系列丛书受众为基础设施运维人员、业主,以及工程师和其他专业顾问。

2.16.3 其他国际项目与标准

1. 新加坡绿色数据中心标准《能源和环境管理系统》

该标准由新加坡绿色数据中心标准工作组制定,是一个可认证的管理系统标准,为数据中心提供公认的框架和逻辑一致性的方法,以实现能源效率的持续改进。该标准还提供了数据中心最佳实践建议,并列出了几个可用于衡量性能和能效的指标。

2. FIT4Green

FIT4Green 是一个由来自芬兰、德国、意大利、荷兰、西班牙和英国的私人和公共组织组成的欧盟组织,FIT4Green 旨在通过为数据中心自动化框架创建能源感知插件,为信息和通信技术(ICT)节能工作做出贡献;通过本组织数据中心间的移动计算和服务来提高现有 IT 解决方案部署策略的能效,从而最大限度地降低整体功耗。

3. ICT 行业环境可持续性标准指南

该标准的推出是由于在 ICT 行业,越来越多地的客户、投资者、政府和其他利益相关者被要求报告可持续发展绩效,但在 ICT 行业缺乏可简化报告流程的统一标准化衡量标准。该标准为 ICT 公司提供了一套统一的可持续性要求,以便更加客观地报告 ICT 行业在这些关键领域的可持续性:可持续建筑、可持续 ICT、可持续产品、可持续服务、生命终期管理、通用规范,以及 ICT 行业环境影响的评估架构。

还有其他几个标准在这里没有提及,包括已经完成制定的和仍在制定中的。数据中心的相关标准和指南也在不断地发展,IT 和基础设施人员熟悉它们并在相关的领域加以应用非常重要[3]。

这项工作的基本目标之一是开发一个包含可持续性要求的综合跨学科工具包,以指导数据中心业主通过努力提高其生态效益,并推进可持续性报告的公平性和透明度。ITU - T(国际电信联盟电信标准化部)与 50 多个组织及 ICT 公司合作,针对建筑物、可持续 ICT、可持续产品和服务、ICT 设备生命终期管理、通用规范,以及 ICT 行业环境影响的评估架构开发了一套工具包。

2.17 运营优化策略

目前,许多数据中心的能效标准和指南的关注点都在电力和冷却系统的节能措施方面。或者,如果是新的设施,可以在设计过程中采用节能策略,以确保高能效的数据中心。但另外一个需要更多关注的话题是,如何通过更好的运营来改善能源使用。

建设一个新的数据中心需要专家级的设计工程师、专业的施工人员和细致验证测试流程。如果基础设施的运行与设计和施工流程不同步，某些缺陷可能在电力和冷却系统的运行过程中显现。完善的运营优化流程不但可以识别并消除这些缺陷，并且可以提高数据中心能源效率（表2.6）。

表2.6 数据中心能效提升和运营绩效改善的分析和建议示例

标题	描述
计算设备的进风温度过低	更进一步的指导信息见ASHRAE的《数据通信设备中心设计研究》和其他最新的推荐规范。建议计算设备的进风温度范围是64.5~80℉（18~26.7℃），温度越接近80℉（26.7℃），数据中心的能效就越高
将高密度设备重新布置在精密空调的送风范围内	除非使用其他额外的冷却装置或冷冻水型空调设备，否则高密度机架应尽可能靠近精密空调
合理分布高密度机架	高密度机架应合理分布，以避免过多的局部加载冷却资源
将高密度负载区域封闭	对于高密度负载区域的冷却，有许多设计思路，但基本理念都是将中低温的送风与高温的回风进行隔离：冷通道封闭、热通道封闭、机柜级送风、机柜级回风、房间级回风和房间级送风
安装条形窗帘以隔离气流	虽然这种方法可减少再循环，但需要仔细考虑机柜的进风量
消除机柜内盲板间的漏风	尽管机柜安装了盲板，但如果没有精密贴合，则仍会有气流通过盲板上方和下方的开口泄漏
提高精密空调送风温度和冷冻水供水温度2℃	将设定值提高0.6℃，对于定频冷水机组，可降低功率消耗0.75%~1.25%；对于变频冷水机组，可降低功耗1.5%~3%。提高设定点温度和节能设备的运行时长将带来更好的节能效果
扩大精密空调相对湿度的控制范围	相对湿度控制范围太窄，会造成加湿器频繁启停。ASHRAE推荐的服务器进风相对湿度为30%~80%。根据ASHRAE指南，扩大相对湿度的控制范围，可以减少加湿的时间，从而减少能源使用。此外，扩大相对湿度的控制范围，还可以避免控制逻辑的冲突

参 考 文 献

[1] Kreider JF, Haberl JS. Predicting hourly building energy use. ASHRAE Trans 1994;100(2):1104–1118.
[2] Haberl JS, Thamilseran S. The great energy predictor shootout II—measuring retrofit savings—overview and discussion of results. ASHRAE Trans 1996;102(2):419–435.
[3] International Telecommunication Union. *Guidelines for Environmental Sustainability Standard for the ICT Sector.* Geneva: International Telecommunication Union; 2012.

延 伸 阅 读

AHRI Standard 1060 (I-P)-2013. Performance Rating of Air-to-Air Heat Exchangers for Energy Recovery Ventilation Equipment.
ANSI/AHRI 365 (I-P)-2009. Commercial and Industrial Unitary Air-Conditioning Condensing Units.
ANSI/AHRI 540-2004. Performance Rating of Positive Displacement Refrigerant Compressors and Compressor Units.
ANSI/AHRI 1360 (I-P)-2013. Performance Rating of Computer and Data Processing Room Air Conditioners.
ASHRAE Standard 90.1-2013. (I-P Edition)—Energy Standard for Buildings Except Low-Rise Residential Buildings.
ASHRAE. *Thermal Guidelines for Data Processing Environments.* 3rd ed.
ASHRAE. Liquid Cooling Guidelines for Datacom Equipment Centers.
ASHRAE. Real-Time Energy Consumption Measurements in Data Centers.
ASHRAE. *Procedures for Commercial Building Energy Audits.* 2nd ed.
ASHRAE. Guideline 14-2002—Measurement of Energy and Demand Savings.
Building Research Establishment's Environmental Assessment Method (BREEAM) Data Centres 2010.
Carbon Usage Effectiveness (CUE): A Green Grid Data Center Sustainability Metric, the Green Grid.
ERE: A Metric for Measuring the Benefit of Reuse Energy from a Data Center, the Green Grid.
Green Grid Data Center Power Efficiency Metrics: PUE and DCIE, the Green Grid.
Green Grid Metrics: Describing Datacenter Power Efficiency, the Green Grid.
Guidelines and Programs Affecting Data Center and IT Energy Efficiency, the Green Grid.
Guidelines for Energy-Efficient Datacenters, the Green Grid.
Harmonizing Global Metrics for Data Center Energy Efficiency Global Taskforce Reaches Agreement on Measurement Protocols for GEC, ERF, and CUE—Continues Discussion of Additional Energy Efficiency Metrics, the Green Grid.
Koomey JG, Ph.D. Estimating Total Power Consumption by Servers in the U.S. and the World.
Koomey JG, Ph.D. Growth in Data Center Electricity Use 2005 to

2010.

Lawrence Berkeley Lab High-Performance Buildings for High-Tech Industries, Data Centers.

Proxy Proposals for Measuring Data Center Productivity, the Green Grid.

PUE™: A Comprehensive Examination of the Metric, the Green Grid.

Qualitative Analysis of Power Distribution Configurations for Data Centers, the Green Grid.

Recommendations for Measuring and Reporting Overall Data Center Efficiency Version 2—Measuring PUE for Data Centers, the Green Grid.

Report to Congress on Server and Data Center Energy Efficiency Public Law 109–431 U.S. Environmental Protection Agency—ENERGY STAR Program.

Singapore Standard SS 564: 2010 Green Data Centres.

United States Public Law 109–431, December 20, 2006.

Usage and Public Reporting Guidelines for the Green Grid's Infrastructure Metrics (PUE/DCIE), the Green Grid.

US Green Building Council—LEED Rating System.

Water Usage Effectiveness (WUE™): A Green Grid Data Center Sustainability Metric, the Green Grid.

第3章 托管或租赁数据中心

美国得克萨斯州，Compass 数据中心

克里斯·克罗斯比（Chris Crosby） 克里斯·柯蒂斯（Chris Curtis） 著

美国加州大学圣地亚哥分校 孙映雪 译

3.1 引言

"每天谷歌都会用146种语言回答来自全球181个国家的10多亿个问题。"[注]每分钟70万次搜索，产生的新信息超过1800TB。仅仅一年，就产生了8.8亿亿条电子邮件。这些信息中的绝大部分不仅是传输，而且是存储下来，以便重复访问，这意味着谷歌必须不断增加服务器和存储设备的数量，以处理不断增加的信息量。所有这些服务器和存储设备都需要一个数据中心安置，每个组织机构都需要一个数据中心策略来满足他们现在和未来的计算需求。然而，并非所有的数据中心都是相同的，采用错误的方法在技术和财务上都可能是灾难性的。因此，用户必须做出明智的选择，如何帮助组织机构做出明智的选择，避免最常见的错误，本章提供了有价值的信息。

从历史上看，绝大多数企业的计算业务都是在自有数据中心进行的，数据中心的建设、拥有和运营都是用户自己完成的。在某些情况下，它只是总部的一个密室，里面装满了服务器和配线架。在另外一些情况下，这些单独的、专门建设的数据中心的基础设施是由企业的IT团队调试。无论它是一间仅有几台服务器的简陋密室，还是预算巨大的大型设施，它们的共同之处是用户完全承担全部责任，包括数据中心的规划、开发和运营。

近年来，由于数据处理的速度需求超过了大量企业的处理能力，这种策略已被证明是笨拙、低效和昂贵的。当今数据中心的规模、成本和复杂程度促使那些以前"内部"管理所有数据中心运行的用户得出结论：数据中心不是它们的核心竞争力。数据中心被证明会分散企业内部IT团队的精力，而这些项目所涉及的资金和成本正成为企业IT预算中越来越大的负担。这为数据中心供应商创造了商机，它们可以减轻组织机构的技术和财务负担，并且出现了各种新的供应商，提供满足组织机构需求的数据中心解决方案。

虽然这些新业务使用各种各样的业务模型，但它们可以分为两大类：

1）托管。
2）租赁（批发数据中心）。

3.2 托管

最简单的形式是，托管公司将实际的服务器（或服务器上的空间）和存储容量租给企业。用户业务所在的设备和数据中心由托管供应商拥有和操作。在这个基本架构之下，用户通常有各种各样的选择。这些产品选择可分为三类：

1）计算能力。
2）存储。
3）管理服务。

3.2.1 计算能力

在托管数据中心中，其计算能力的提供是很宽泛的，可以是业主的一台服务器，也可以是一个或几个机架。对于中型到大型规模的企业，最常见的托管服务为租赁。托管服务为用户提供了一系列的选择，可以是租用一个机架中的部分空间，也可以是租用多个机架。在所有这些服务中，用户自己的服务器和存储设备都部署在租用的机架中。通常，在多机架托管服务中，供应商还为用户提供了可以上锁的机笼，以防止对物理空间未授权的访问。

托管服务通常包含物理空间租用和数据中心本身的维护。尽管一些供应商可能会对用户使用的带宽收费，但这并不常见，因为大多数用户都是自行选用光纤（被该数据中心支持的光纤服务供应商）进行连接。数据中心服务供应商通常提供多个光纤服务供应商的网络连接，以供用户选择。托管服

[注] http://www.google.com/competition/howgooglesearchworks.html.

最重要的因素是实际交付给用户电力。向用户收取的电费可能有所不同，可能是"过电（pass through）"费用，这是由电力公司直接向用户收取的费用，数据中心提供商也可能增加了额外费用。

3.2.2 存储

虽然大多数用户选择使用自己的存储设备，但许多供应商仍然会为较小的用户提供存储服务。通常情况下，这些服务是基于每千兆字节，按月收取费用。

3.2.3 管理服务

"管理服务"是用于描述供应商能够为用户提供的代表用户进行的执行操作。这些服务被称为"远程"或"温暖"之手，通常包含在升级服务中。在最基本的服务级别上，可以期望管理服务提供包括重新启动（重启）服务器和软件升级等操作。高级别服务可以包括硬件监控、迁移、添加和变更，以及管理网络安全、用户监控和门户跟踪的可用性。这些服务通常按月向用户收费。

3.3 租赁（批发）

"批发"数据中心取代了过去"租赁"数据中心一词，均指用户仅租用供应商的数据中心空间。批发数据中心供应商将其基础设施中的物理空间出租给一个或多个用户。批发数据中心的用户往往是规模较大的企业级用户，对数据中心有1MW的电力需求。在批发模式中，供应商向用户提供空间和电力，以及和数据中心基础设施的运营服务。用户对其约定空间内的设备管理保有自行运行控制权。

通常，批发数据中心会位于全球主要的地理区域市场。这种架构使供应商能够购买和建造大容量的基础设施，从2万ft²～100万ft²甚至更多。然后，用户从供应商那里租赁物理空间和所需的电力。在这种模型中，每个用户仅在他们自己的私有数据中心中运行，同时共享建筑的公共区域，如安保系统、装载区和办公空间。

3.4 数据中心类型

在过去五年内，批发数据中心供应商发现以渐进模式建设数据中心的方式进行数据中心搭建，更具成本效益和能源效益。因此，许多供应商开发了他们所称的"模块化"数据中心。这个术语已经被广泛采用，但是对于模块化数据中心的构成还没有真正的定义。目前，市场上通常认为有五类数据中心是"模块化"的。

3.4.1 传统数据中心

传统的模块化批发数据中心（图3.1）是基于建筑的解决方案，采用公共的内部和外部背板或机组（如冷冻水机组和并行发电机组）。传统设计方案下的数据中心要么是一次性建成的，要么是像最近搭建的一些数据中心一样，在已有建筑内通过添加数据大厅扩建数据中心。采用共享背板面临的挑战是存在，由于共享背板上的级联故障而导致整个系统关闭的风险。对于"扩建数据中心"，其关键缺点是采用共享背板。在这个场景中，"未来新建的数据大厅"不能按5级调试⊖，因为数据中心的其他部分已经正式运行。

在第5级调试中，数据中心的所有系统都需在满负荷下进行测试，以保证它们可以独立或联合工作以便数据中心在第一天就可以投入使用。

优点：
- 非常适合单一用户。
- 适用于大型IT负载，大于5MW设备一天上线。

缺点：
- 共享背板可能导致级联故障。
- 不可5级调试（在阶段性交付场景下）。
- 地理上的限制（如果计划的大型IT负载无法实现，这可能是一个糟糕的选择）。
- 与多家公司或部门共享公共区域（数据中心不是针对单个用户的）。
- 庞大的基础设施，不适宜移动/添加/更改设备。

3.4.2 整体模块化数据中心（数据大厅）

顾名思义，带有数据大厅的整体模块化数据中心（图3.2）是基于大型建筑的解决方案。与传统模块化数据中心一样，它们通常位于大型建筑中，第一天就能提供5MW以上的IT电力，平均场地容量为5～20MW。带有数据大厅的整体模块化数据中心采用可分割的背板来支持各个数据大厅，这样不会造成用户的单点故障，而且每个数据大厅在用户使用前都可以独立地进行5级调试。通常，机电设备的唯一共享部件是中压配电设备。由于这种形式是在大型建筑中，如果该场地中有多个用户，每个用户可能会牺牲很大程度的控制和容量规划的灵

⊖ 建筑调试协会（http://www.bcxa.org/）。

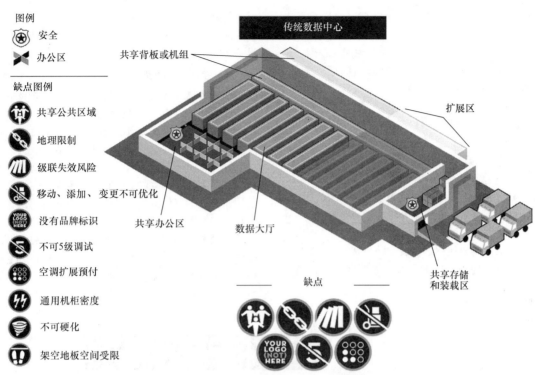

图 3.1　传统的模块化批发数据中心（IT 负载大于 5MW 需求较好的解决方案）
（Compass 数据中心提供）

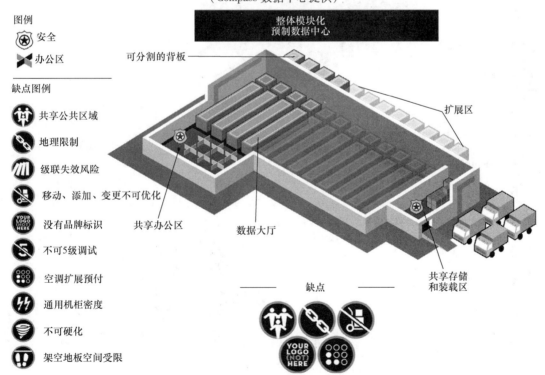

图 3.2　带有数据大厅的整体模块化数据中心（具有可分割的背板，避免了传统数据中心中级联故障的可能性）
（Compass 数据中心提供）

活性。此外，安保系统和公共区域（办公室、存储、平台和装载区）与建筑内的其他使用者共享。容量规划限制是一个特别重要的考虑因素，因为用户必须预先租赁（并支付）设施内的额外空间，以确保他们在需要扩展时可用。

优点：

- 适合已知固定 IT 容量的用户，如第一天 4MW，到第 4 年增长到 7MW，每年固定占用 1MW。
- 适合移动/添加/更改有限的用户。
- 非常适合那些不介意共享公共区域的用户。
- 对那些不介意安全外包的用户很好。

缺点：

- 必须为未使用的扩展空间付费。
- 由于地理位置的限制，大型建筑往往需要大量的前期投资。
- 安全外包。
- 与多家公司或部门共享公共区域（数据中心不是针对单个用户的）。
- 庞大的基础设施，不适宜移动/添加/更改设备。

3.4.3 集装箱数据中心

预制数据大厅通常被称为"集装箱"（图 3.3），是基于 ISO 海运集装箱的标准单元，可交付到现场，以满足即时需求。虽然被称作交付快捷，但用户通常需要提供共享的外部组件，包括发电机、开关装置，有时还有冷冻水。这些背板组件如果不到位，可能需要 8 个月以上的时间来实现，往往抵消了快速交付的好处。作为长期的解决方案，预制集装箱可能会受到非硬化设计的阻碍，这些设计使其容易受到风、锈和水渗透等环境因素的影响，以及空间限制，从而限制了可以安装在其内部的 IT 设备的数量。此外，集装箱数据中心不包括装载平台、存储/暂存区或安全站等支持空间，因此用户需要自行提供。

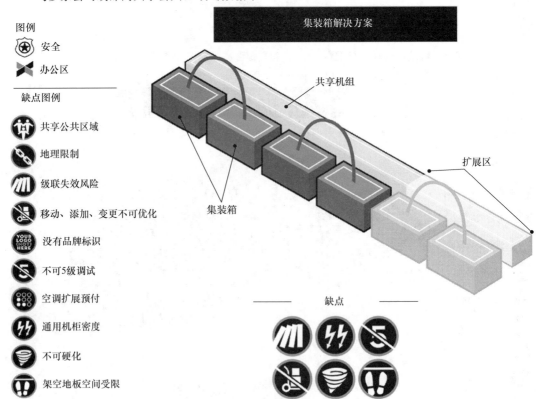

图 3.3　集装箱解决方案（最适合临时应用）
（Compass 数据中心提供）

优点：

- 适用于临时数据中心需求。
- 适用于工作在几百 kW 负荷的应用需求。
- 支持批处理或超级计算应用。

- 适用于偏远、恶劣的地点（如军事用地）。
- 为了有限的移动/添加/变更而设计。
- 同类机架需求应用。

缺点：
- 缺乏安全性。
- 非硬化设计。
- 有限的空间。
- 潜在级联失效。
- 扩展后无法进行第 5 级调试。
- 无法支持不同类型的机架需求。
- 没有支持区。

3.4.4 整体模块化数据中心（预制）

这些基于建筑的解决方案与数据大厅的解决方案类似，只是用户使用供应商的预制数据大厅部署设备。带有预制数据大厅的整体模块化数据中心（图 3.4）需要对用户的使用进行严格控制。每个机架的使用应考虑机架的设计负载限制，以避免错误分配 IT 容量。例如，低密度负载部署到低负载区，高密度负载部署到高密度区。这些场地可以使用共享的或分割的背板架构来消除单点故障，并使每个单元都可以达到第 5 级调试。与其他整体解决方案一样，这些用于集装箱数据大厅的存储库需要用户预先租赁并支付建筑空间的费用，以确保其在有扩展需求时可用。

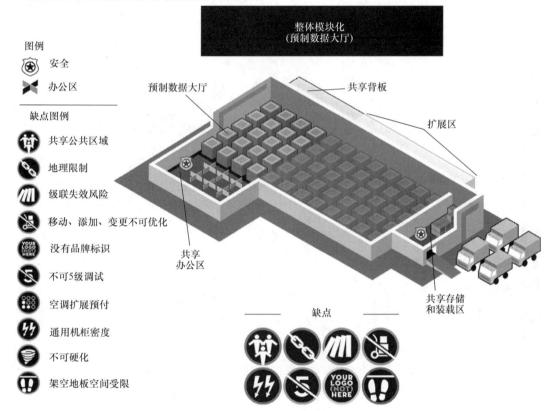

图 3.4　带有预制数据大厅的整体模块化数据中心（使用了共享的背板架构，增加了在附加单元的情况下发生级联故障的风险）

（Compass 数据中心提供）

优点：
- 适用于同类负载应用。
- 适用于总 IT 负载为几百 kW 的负载应用。
- 适用于批处理和超级计算应用。
- 适合移动/添加/更改有限的用户。
- 适用于那些不介意共享公共区域的用户。

缺点：
- 安全外包。
- 扩展空间必须预先租用。
- 与多家公司或部门共享公共区域（数据中

心不是针对单个客户的)。
- 需要建造大型建筑,因此可能造成地理上的限制。
- 庞大的设施,不适宜移动/添加/更改设备。

3.4.5 独立数据中心

独立数据中心使用模块化架构,其主要组件已被合并到一个坚固的外壳中,该外壳很容易以标准大小的增量进行扩展。独立数据中心的设计满足可靠性和建筑效率认证标准。独立数据中心的研发,为那些希望有一个专用于自己使用的数据中心用户提供了地理上独立替代方案,独立数据中心可位于任何需要的地理位置。

通过将数据中心安置在坚固的外壳中,从而使其能够承受极端环境条件。独立数据中心解决方案不同于预制或集装箱数据中心,如果要将其作为永久解决方案使用,后者要求用户或供应商建立一个建筑物。通过使用标准电源和架空地板配置,独立数据中心简化了用户的容量规划,使他们能够根据需求增加容量,而不必像整体模块化解决方案那样,预先租赁设施内的空间。

因为他们为用户提供自己的专用设施,独立数据中心使用模块化的建筑结构,为用户提供所有场地的运维组件(办公空间、装卸平台、仓储和暂存区域,休息室和安全区域),而不需要像其他方案共享这些组件(图 3.5)。

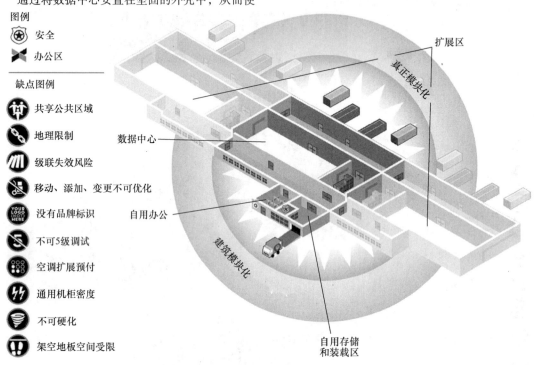

图 3.5 独立数据中心(综合了其他数据中心类型的所有优点,同时消除了它们的缺点)
(Compass 数据中心提供)

优点:
- 适合对安全性有要求的用户。
- 适合不喜欢共享任何关键任务组件的用户。
- 适用于地理位置不同的地区。
- 适用于负载为 1MW~4MW 且随时间增长的应用。
- 为主机房和灾备数据中心设计。
- 适合数据中心供应商。
- 满足不同机架和负载的需求。

缺点:
- 初始 IT 负载超过 4MW。
- 非关键任务数据中心应用。

3.5 扩展数据中心

采用托管或批发的方法扩展或添加新的数据中心是可行的。除此之外的第三种方法是根据用户的需要定制数据中心,但这种方法成本很高。在一个国家或全球范围内添加新数据中心的能力很大程度上取决于供应商的地理覆盖，以及客户对其新数据中心的需求。

对于托管用户，在所有地点使用同一供应商限制了他们可用的潜在选项。仅有一些面向托管用户的供应商（如 Equinix 和 Savvis）在所有主要国际区域（北美、欧洲和亚太）都有部署。因此，需要跨国际边界添加托管服务，可能需要客户根据需要的区域使用不同的供应商。

在托管环境中进行扩展的能力还可能要求客户对场地的实际物理位置有更大的灵活性。没有哪家供应商在每个主要国家都有数据中心。通常，托管位置位于每个区域发达国家的主要大城市。例如，寻找美国地点的客户通常会找到位于纽约、旧金山和达拉斯等城市的主要托管供应商，而伦敦、巴黎、法兰克福、新加坡和悉尼往往是欧洲和亚太国际地点的常见地区。

与托管供应商一样，批发数据中心供应商也往往位于主要的大城市。事实上，这种特征倾向会更加明显，因为这些公司的大多数商业模式要求它们经营 10 万 ft^2（$1ft^2 = 0.0929030m^2$）或以上的数据中心，以实现必要的规模经济，以具有竞争力的价格向客户提供容量。因此，希望在国内或国际地区增加数据中心容量的典型批发数据中心客户可能会发现，他们的选择往往集中在与托管供应商相同的位置。

3.6 选择、评估托管和批发供应商

在从规模能力的角度评估潜在的托管或批发供应商时，客户需要考虑的最重要的因素是其运营的一致性。运营一致性是客户所能得到的最佳保证（除了实际的 Uptime Institute Tier Ⅲ 或 Tier Ⅳ 认证之外⊖）其供应商的数据中心将提供关键应用所需的可靠性或正常运行时间。在评估这种能力时，客户应根据以下能力检查每个潜在的供应商。

（1）设备供应商 使用通用供应商的关键部件，如 UPS 或发电机，使数据中心供应商能够基于设备供应商的维护标准实现标准化维护，以确保所有基础设施的维护程序都是标准的。

（2）记录过程和流程潜在供应商 应该能够向潜在客户展示其所有维护和支持活动的书面过程和程序。这些过程应该用于其投资组合中的每个数据中心的运营。

（3）人员培训 所有负责支持供应商数据中心的运营人员都应获得供应商对其维护设备的认证。该培训确保他们了解设备的正确操作、维护需求和故障排除要求。

供应商有能力证明他们的程序的一致性，同时也有能力达到这三个重要的标准，这对于确保客户的所有站点将以尽可能高的可靠性运行是至关重要的。

3.7 建造与购买

建造与购买（或在本例中是租赁）是一个古老的商业问题。它可以由各种因素驱动，如企业自身的公司文化或公司的财务考虑。它还可能受到资金成本和可用资金量或设施交付所需时间范围等问题的影响。决策也可以根据用户是否考虑批发数据中心或托管解决方案而有所不同。

3.7.1 建造

无论什么类型的客户，设计、建造和运维数据中心都不同于任何其他类型的建筑，它们需要一套专门的技能和专门知识。由于数据中心的独特需求，从供应商租用空间或建造自己的数据中心的最终决定，要求每个企业对自己的内部能力和需求，以及可能考虑的供应商的能力和需求进行深入的分析。

建造数据中心需要企业使用来自外部的专业人员和承包商来完成。这些人应该有数据中心的经验。这也意味着他们应该了解数据设计和建造方面的最新技术发展，对这些个人和公司的评价过程应该广泛地集中在这些属性上。

3.7.2 租赁

与建造自己的数据中心相比，购买数据中心为许多客户提供了更方便的解决方案，但对潜在供应商的评估过程不应放松。虽然在这些情况下，供应商的数据中心经验可能不是问题，但潜在客户应该仔细检查供应商的产品供应、现有设施、运营记录，或许最重要的是他们的财务实力，与选择的供应商签署租约时通常意味着至少五年的承诺。

⊖ Uptime Institute 的分层系统建立了必须用于提供指定的正常运行时间级别的需求。系统的四个层中最常见的是 Tier Ⅲ（99.995% 的正常运行时间），它需要对主要系统组件进行冗余配置。尽管许多供应商会声称他们的设施符合这些要求，但只有那些经过研究所认证为符合这些条件的设施才会被认证为符合这些标准。

3.7.3 选址

在选择建造或购买的众多影响因素中，首要的是选址。不是所有的位置都适合数据中心。在评估一个潜在的数据中心站点时，需要考虑的因素包括电力的成本和可用性（潜在因素还包括水资源）。该站点还必须能够方便地访问一个或多个光纤网络运营商。由于数据中心支持公司关键任务的应用，建议的站点应该远离潜在的危险环境。必须消除的危险因素包括潜在的洪水、地震，以及飞机航线或化学设施等"人为"障碍。

由于数据中心支持应用程序的关键性，公司必须确保其设施的设计（如果他们希望建造），或者如果考虑租赁，则必须确保潜在供应商的设计能够满足其可靠性需求的挑战。正如我们前面所讨论的，Uptime Institute 的层系统可以作为数据中心设计或评估供应商满足组织正常运行时间需求的有价值指南。

3.7.4 冗余

"正常运行时间"的概念是由 Uptime Institute 首创的，并被编入其分级系统。在这个系统中，有四个级别（Ⅰ、Ⅱ、Ⅲ和Ⅳ）。术语 N、$N+1$、$2N$ 通常指组成整个数据中心基础设施系统的电源和冷却组件的数量。N 是支撑关键负荷所需要的组件的最小等级（如 UPS 或冷却单元）。"N" 系统是非冗余的，任何组件的故障都会导致停机。"N" 系统被分类为 Tier 1 级，$N+1$ 和 $2N$ 表示更高级别，其组件冗余和电力路径可达到 Tier Ⅱ～Ⅳ 级。但是，需要注意的是，组件的冗余并不能确保与 Uptime Institute 的级别一致㊀。

3.7.5 维护

除了冗余之外，对系统进行计划维护或紧急维修的能力可能还包括必须将设备离线。这要求数据中心支持"并行维护能力"的概念。并行维护能力允许系统被旁路，而不会影响现有计算设备的可用性。这是数据中心从 Uptime Institute 获得 Tier Ⅲ 级或 Tier Ⅳ 级认证所必需的关键标准之一。

3.7.6 从财务角度确定建造或购买

建造或租赁的选择应该包括对数据中心是否符合 Tier 标准要求的全面分析，以确保能够提供支持关键任务应用程序所需的可靠操作。

在做出建造与租赁决定时，企业需要考虑的另一个主要因素是客户的财务要求和计划。通常，这些考虑是由企业的财务机构驱动的。建造数据中心是一项资本密集型的风险。考虑这一选择的公司必须回答以下几个问题：

- 他们有可用的资金吗？
- 企业的内部资金成本是多少？
- 他们打算运营该数据中心多久？
- 他们打算使用什么折旧时间表？

通常，获得资金的内部过程是漫长而艰难的。这个过程和审批流程的持续时间必须与数据中心所需的估计时间进行权衡。通常也不能保证所要求的资金会得到批准，因此可能导致项目在开始之前就停止了。

资金成本（类似于利息）也是建造数据中心决策过程中的一个重要因素。必须将数据中心项目的累积成本与需要相同资金的其他潜在项目的成本进行比较。换句话说，根据我们的内部利率，我们是否应该把同样数量的资金投入到另一个项目或设备中，以获得更高的投资回报？

投资回报问题必须考虑许多因素，其中最重要的是客户打算运营该设施的时间长度，以及他们将如何在一段时间内减计这笔投资。如果数据中心的预期寿命相对较短，如少于 10 年，但该公司知道，在此之后，它将继续不得不在账面上保留这笔资产，那么建造数据中心可能不是最有利的选择。

由于建造数据中心和获取所需资金的复杂性，许多企业开始将从批发供应商或托管公司租赁所需能力视为获得所需空间的一种更简单的方式。通过租赁数据中心空间，公司可以避免使用自己的资金，并能够使用运营（OpEx）预算来满足数据中心的需求。通过使用这种运营成本方法，用户能够在年度运营预算中对其租约中规定的费用进行预算。

在决定建造还是租赁时，用户必须考虑的另一个主要因素是数据中心交付的时间表。构建一个数据中心通常需要 18～24 个月（通常更长的时间），而大多数批发供应商或托管公司可以在 6 个月或更短的时间内准备好他们的空间。

3.7.7 建造或购买的挑战

租赁或拥有数据中心的决定需要客户考虑长远目标。在租赁环境中，一些通常与拥有数据中心相关的成本包含在每月的租赁费用中。例如，在租用的环境中，客户不需要支付设施运营或安全人员的费用，场地内外的维护也包括在租金中。也许最重

㊀ 《执行指南》系列，《数据中心知识——建造与购买》，第 4 页。

要的是,客户不需要承担替换发电机或UPS系统等昂贵物品相关的成本。简而言之,在租赁环境中,客户无须承担设备本身的运行和维护责任,他们只负责支持在其租用的空间内运行的应用程序。

虽然租赁数据中心空间的成本和运营效益很有吸引力,但许多用户仍然选择拥有自己的基础设备,原因有很多,这些原因最容易归为"灵活性"。

考虑到租赁的所有优势,一些公司发现,虽然这是具有成本效益的解决方案,但却有太多限制,无法满足他们的需求。在许多情况下,企业基于经验或公司策略发现,潜在的批发或托管公司无法满足其需求。为了成功地实现其业务模型,批发或托管供应商不能更改其产品,使用用户指定的供应商,定制其数据中心设计或更改其运营流程。因此,这种由于供应商造成的"不灵活性"对于具有非常具体需求的企业来说是不可逾越的障碍。

3.8 未来趋势

对数据中心的需求在未来5~10年没有减弱的迹象。每天生成的数据量和用户对即时访问数据的渴望将继续推动对数据中心存储数据所需的更多计算硬件的需求。随着云计算和大数据等新技术的普及,再加上公认的空间不足,需求显然将继续超过供应。

这种供需失衡促进了新公司不断进入批发和托管供应商市场,为客户提供各种选择,以满足他们对数据中心需求。通过使用标准化的设计和先进的建筑技术,如果供应商要继续为终端用户提供有竞争力的解决方案,那么他们自身就会面临持续下降的成本压力。设计和技术创新共同作用的另一个结果是,终端客户越来越希望他们的数据中心位于他们需要的地方。这将反映出一种趋势,即大型数据中心将从仅在主要大都市地区建造,以满足供应商业务模型的需求,转向以客户为中心的方法,即新的数据中心将被设计、建造,并以工厂化的精度交付给用户指定的位置。因此,我们不仅会看到未来

十年新数据中心的激增,而且还将看到它们位于历史上非传统的位置。

选择的增加,加上不断加大的成本削减,也将导致选择自建数据中心的企业数量持续下降。对于企业来说,自建数据中心将变得过于复杂和昂贵。

3.9 结论

数据中心产业还很年轻,正处于扩展增长阶段。这个持续创新和竞争的时期将为终端客户提供成本、灵活性和控制方面的显著利益。然而,在此期间不会改变的是,潜在客户需要在其评估过程和做出最后决定时继续使用本章所述的基本概念。在供应商评估和选择方面,供应商提供长期可靠的解决方案能力的稳定性将继续是评估和选择供应商的首要标准。

延 伸 阅 读

Crosby C. The Ergonomic Data Center: Save Us from Ourselves in Data Center Knowledge. Available at http://www.datacenterknowledge.com/archives/2014/03/05/ergonomic-data-center-save-us/. Accessed on March 5, 2014.

Crosby C. The DCIM Closed Door Policy in Mission Critical Magazine. Available at http://www.missioncriticalmagazine.com/taxonomies/2719-unconventional-wisdom. Accessed on August 13, 2014.

Crosby C. Questions to Ask in Your RFP in Mission Critical Magazine. Available at http://www.missioncriticalmagazine.com/articles/86060-questions-to-ask-in-your-rfp. Accessed on December 3, 2014.

Crosby C, Godrich K. Data Center Commissioning and the Myth of the Phased Build in Data Center Journal. Available at http://cp.revolio.com/i/148754. Accessed on August 2013.

数据中心行业新闻和趋势的来源

Data Center Knowledge. Available at www.datacenterknowledge.com. Accessed on June 11, 2014.

Mission Critical Magazine. Available at www.missioncriticalmagazine.com. Accessed on June 11, 2014.

WHIR (Web Host Industry Review). Available at www.thewhir.com. Accessed on June 11, 2014.

第 4 章 模块化数据中心的设计、部署及其注意事项

美国得克萨斯州，惠普公司　韦德·文森（Wade Vinson）　马特·斯莱比（Matt Slaby）
美国纽约州，惠普公司　伊恩·莱文（Ian Levine）　著
普洛斯普瑞数据科技（上海）有限公司　鲁少堃　译

在数据中心行业，分析师们逐渐开始关注一个独特的类别，即模块化数据中心（MDC）。2012年，模块化数据中心在整个数据中心行业的市场份额不到5%，但据预测，未来几年，模块化数据中心的项目将会以每年100%的速度高速增长。本章将描述模块化数据中心的定义、设计和布置，以及模块化数据中心与传统数据中心的异同。

4.1 模块化数据中心的定义

对于模块化数据中心定义的理解中，有一个关键点，那就是相对传统数据中心，模块化数据中心可以不必严格遵守数据中心的规范要求。本书的其他章节中关于数据中心的设计、施工，必须遵守可用性、可靠性、使用寿命等方面的要求，此外还需要遵守对于服务于 IT 设备的配电、制冷、安防、场地等方面要求。相比"砖混"数据中心，模块化数据中心有一个显著特征，即部分或全部的模块化数据中心组件不是完全在现场安装施工，而是作为工厂的产品，预先设计、预先组装和预先测试的模块交付的。此种区别，通常被一些行业专家拿手工生产汽车与自动化流水线生产汽车相比拟。模块化在时间成本及经济成本上存在巨大的优势，并且可以根据 IT 业务增长，更加优化地逐步扩容。并不是说模块化数据中心可以带来功能更为丰富、质量更为优良的终端产品，它只是在数据中心建设阶段提供不同的时间、成本选择。

4.2 模块化数据中心的优点及应用

使用预组装模块来建设一个数据中心，可以降低公司的人力资源成本、时间成本、能源成本及基础设施投资。而在匹配 IT 业务的规模、时间计划及可靠性上，其优点更为明显。无论是部署一个独立无冗余的 50kW 或 200kW 的模块，300kW 或 1.5MW 的 2N 供电及制冷模组，甚至将这些模块聚合为 20MW + 的企业级模块化数据中心，都可以实现这一点。

在工业化的今天，专业分工降低了在生产过程中对人员的技能要求。以模块化数据中心为例，相比传统数据中心，它大大减少了高级建筑师、高级工程师们在施工现场对图纸及施工工艺的审核工作。通常情况，每个施工现场，还会需要达数十人的电气、机械专业技术人员对设备施工质量和性能的保障，哪怕这些设备在工厂已经过了多次的检验测试。采用模块化数据中心建设方案，将会允许业主及施工方以更少的人员来完成项目建设，从而降低人力资源成本。

模块化数据中心组件是在工厂进行预先设计及预先组装的，因此终端用户无须担心模块化数据中心内部各个原件的生产周期。生产周期受钢材、铜材、发动机缸体、压缩机、电气组件甚至工人熟练度等多重因素的影响，在模块化数据中心的实施过程中，这些都可以从用户的责任中移除。不需要提前规划这些相关因素的时间表，整个项目实施周期可以得到保证，甚至节省一年以上的时间。与其不停推动施工，何不把时间用来提前规划业务的 IT 需求？

模块化生产降低了现场的人员需求，大规模的生产管理也减少了项目定制带来的诸多限制，当交付一个 2MW 电力容量或 1000RT（1RT = 3.517kW）的冷却系统时，模块化数据中心就能大大降低总投资成本。工业化同时使低成本、短周期、大规模的可重复性的质量检测成为可能，不再需要在施工现场对成千上万的设备原件进行逐一检测。

数据中心的施工进度决定了项目的付款进度及建设成本，贯穿从土地勘测、土建施工到最后测试、交付的全部过程。模块化数据中心的成本主要与模块交付及最终的测试验收相关，因此相对而言，更具有初期投资成本优势。同时，通过单一 200kW、500kW 或 1000kW 的模块扩容，可以轻松建设 20MW 以上的数据中心（图 4.1）。更小的模

块、更短的施工周期、更低的建设成本，使得越来越多的用户发现，数据中心项目的建设可以依靠更低要求的专业协同，可以更优秀地匹配业务增长及地域，而不再仅仅依靠过于集中的超大型数据中心。

图 4.1　模块化数据中心示例

注：在办公楼后面的每个白色和黑色的箱体，均为预制化的模块，有些在工厂完全可以组装成品。每 4 个黑色的供电模块向 1 个白色的 IT 模块及内部集成的制冷系统提供冗余的不间断电力能源。每行的 5 个模块箱组成 500kW～1000kW 的模块化数据中心。

通过规划合理的电力、制冷设备容量，以得到最高的运行效率，从而获得能源的节约，是模块化数据中心的另一个优势。当数据中心的模块被当作结构元件时，一个 500kW 的模块实际运行功率约 400kW，整个数据中心能效链超过 90%，在压缩机、风扇侧的局部 PUE 约为 1.2[⊖]。与之相反，在一个设计容量为 2.4MW 的数据中心，仅运行 400kW 的容量，一定是一种浪费。

数据中心最主要的用途是运行企业所需的 IT 设备，无论这些 IT 设备是用来开发更好的产品，还是企业员工自用，或者提供网络销售。根据 IT 设备的需求匹配数据中心，会是一个更为优秀的解决方案。从资金利用效率和能源利用效率上讲，模块化数据中心同样降低了 IT 业务的间接成本。如果将模块化数据中心加入到库存清单，提前规划模块化数据中心供应商及工厂的费用支出，使得部署工期上更可预判，采购、测试与 IT 需求的变化联系更加紧密。与 IT 部署时间的同步，可以使用户做出更为长远的规划，并为将来不断变化的 IT 需求建设更加完美的数据中心。

模块化数据中心的一个最大优势就是 IT 设备与基础设施同时交付。以前，数据中心通常被描述为"架空地板总可用面积"或"单位面积的容量"。接下来，又描述为"每机柜容量"及 IT 机柜总数。因此，模块化数据中心可以从一开始的设计源头优化，为 IT 业务的扩容提供了每 6～12 周新增 6 台 8kW 容量机柜的可能（图 4.2 所示为预置了 IT 设备的 MDC）。过去，客户通常会尝试将业务压缩到一个已经满负荷运行的数据中心，或者建造一个较小的主机房。当 IT 需求增长到 10 个机柜或 200kW 时，扩容通常是不可持续的。选择模块化数据中心，通过使用已有电气回路、通用的 UPS 规格、单台或多台冷水机组的接入，在 300kW～1MW 级别，使得这样较小规模的扩容变得更加简单。另一个模块化数据中心的使用场景是较小 IT 模块的大规模复制，直到 480V、4000A 的总容量完全使用，或者总容量达到备用的 3MW 发电机的容量为止。这些也是现场构建数据中心同样需要面对的设备组件的限制，但不同的是，模块化数据中心设计者可以通过较小规模的数据中心模块、组件，更优地匹配 IT 规模和部署时间的需求。这种直到外部容量限制边界的可扩展性及小规模集群部署的便利性，相比大型传统数据中心项目更具经济优势。

图 4.2　预置了 IT 设备的 MDC

注：图中为 20 台 18kW 的 IT 机架及 UPS 电源。模块制冷可由外部冷水机组或单独集装箱式制冷模块，甚至水侧节能冷却装置提供。

对于特定 IT 部署的模块化数据中心定制化，同样可以改变模块化数据中心的用途，以克服 IT 增长的不确定性对现场构建数据中心建设带来的巨大成本和施工周期。同时，某些模块化数据中心模块可以根据 IT 设备进行特殊设计，从成本和税率角度与 IT 设备相统一，这样对于用户来讲，可以在 IT 设备使用寿命完成时，同时处理掉模块化数据中心模块。利用模块化数据中心模块化的特性，

⊖　http://www.thegreengrid.org/~/media/TechForumpresentations2011/Data_Center_Efficiency_Metrics_2011.pdf?lang=en。

可以把模块化数据中心模块返回到制造商,处理掉内部陈旧的IT设备,并更换为最新的IT产品。在模块化数据中心模块10~15年的生命周期中,可以重复3~5次的回收再利用。

虽然替代应用可能会抵消本节所述的一些好处,但一旦模块化数据中心像传统数据中心一样投入运行,将会消除投资上的风险。在规模、成本、建设速度和灵活性等方面的优势,使模块化数据中心的应用更加普遍,甚至也可应用在现场构建的数据中心项目中。

4.3 模块化可扩展性计划

无论规模大小,建设项目的启动都是一项重大的事项,涉及相关项目人员、从制订计划到投入运行的进度规划、外部监管和民间组织影响,以及投资的管理控制。现在,许多公司已经从每瓦建设的成本角度考虑,通过叠加多个小型项目来建设一个超大型数据中心。模块化建设的最初动机是帮助扩展数据中心的容量和构建,以满足IT需求。传统的数据中心建设,是根据IT总需求,通过现场大规模构建而建成一个庞然大物,而模块化数据中心的建设方案则体现了对支持IT设备的电力、制冷、建筑等资源"量入为主"的理念。

图4.3所示为现场构建的整体传统数据中心与模块化数据中心的成本比较。虚线表示了一个典型的线性的IT业务需求随时间的增长趋势。当然,实际的IT业务需求可以有不同斜率的增长、降低和峰值整体数据中心的建设容量并不匹配IT增长的规模,更加匹配IT增长的模块化数据中心建设方案可以有效降低项目建设的初期成本。从图4.3还能看到,最终的模块化数据中心的建设成本可能会略高于IT业务需求的建设成本,但从IT部署的时间成本和建设周期角度来看,实际的模块化数据中心建设的总成本会更低。例如,IT业务预计在一年内完成数据中心内所有设备的部署,企业更可能会考虑整体数据中心,因为它现值成本更低。

如果预计10年还不能完全使用数据中心,在10年期末时更高的现值成本将会大大超过第一年节省的现值成本。通常对于建筑本身的空间、电力、制冷预测为5~10年,12~36个月的预测会更为精确。36个月以后,可能出现的技术更新,使得数据中心容量变得不可预测,同样对于建筑结构本身的需求变得更加模糊,此时建筑结构也仅剩下2/3的使用寿命。为了适应IT设备新的发展需求,

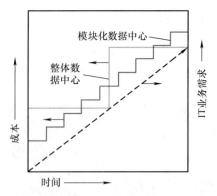

图4.3 现场构建的整体数据中心与模块化数据中心的成本比较

对于既有建筑及设施进行改造的成本,或许会高于建造一个新的数据中心。相反,如果采用模块化数据中心建设方案,则可以根据市场变化,以更低的成本做出更优化的解决方案及产品。在任意的时间维度上,模块化数据中心产品都会具有更低的全生命周期成本。

与整体构建相比,模块化数据中心可以更优地匹配IT业务需求,获得更优的总体拥有成本(TCO)要容易得多。用户首先规划12~36个月所需的电力容量和机架数。这个计划将会帮助客户采用分期部署时的优化设计。如果其他细节,如需要的最小及最大规格的模块、合适的机柜功率密度、针对不同IT业务的Tier级别等能够在同一时间得到确定,那么优化方案将更加完善。不同类型模块的生产周期同样需要被统一考虑。下面的列表给出了几个不同设计和需求的例子:

- 36个月10MW需求或36个月500kW需求。
- 25%的TierⅠ级、25%的容错、50%不间断维护或其他类型,这可能导致一组供电或制冷模组支持不同的IT模块。
- 1000kW的10kW机架的生产周期约为16周或300kW的20kW机架生产周期约为10周,这主要基于IT设备是用于高性能计算集群、存储、虚拟化/云还是自用。
- 40%整机柜交付(含IT);60%架空地板;20%设施回收再利用;80%IT设备有不同的生命周期。
- 50kW、100kW、300kW或1MW的IT业务需求或匹配400A/480V的电路、3MW的发电机,或其他标准产品,如500ton冷水机组。
- 30%使用再生式能源;50%的时间PUE小于1.4;或者其他环境标准。

前述示例表明，一个优秀规划的关键是实现模块化设计及部署的"随产随付"的价值理念。

4.4 模块化数据中心的分解结构

在未来，不论是建设一个部分模块化数据中心还是全部模块化数据中心，一定会有很多工厂预制化的选择。本节将定义不同模块化数据中心的设计特征，以帮助在选择模块化数据中心设计产品时，评估所需要考虑的各种因素。

项目实施过程中最常见的限制条件，就是从仅有建筑结构到建设完成一个包含无数制冷、配电、弱电自控、集成IT等模块的完整数据中心过程中，涉及起重机、货车、船舶的物流安排。这些限制条件在数据中心建设完成后依然存在，因为模块化数据中心的一个优点就是在3～20年的生命周期内，模块可以随时移除并/或重新使用。

每个模块化数据中心必须对配电和制冷有严格的定义，因为这关系到模块化数据中心可以提供给IT设备的服务等级。通过IT服务级别协议（SLA）对配电、制冷进行容量优化和正确配置，得到了TCO节省，大约可以占整个数据中心项目TCO节省的90%。合适的容量设计对于公用基础设施模块和IT模块内的设备都非常重要。这些定义还必须包含测试、维护、应急处理、故障修复和全生命周期服务等因素。

所有模块也必须明确每个机架之间及一组机架至电信（电话公司）接入点（MPE或主要入口点）的网络连接和施工界面。IT管理与数据中心基础设施管理（DCIM），楼宇管理系统（BMS）及电力能源管理（EPMS）必须完成架构及文档。这包括安防、生命保护及消防逃生设计，这些系统还需满足当地或国家的相关规范，以及其他政府部门或企业内部的保险政策。

每个运行的数据中心都会有人员进出，同时也需要为人员提供舒适的工作环境。因为每个模块化数据中心供应商的产品不尽相同，因此对于用户而言，还需要针对产品特性，了解模块化数据中心是如何工作以满足这些需求的。

4.4.1 模块化数据中心的结构（标准集装箱式）

本小节将介绍3种不同配置的数据中心模块，通过不同的途径来满足模块化数据中心各个子系统的需求。模块化数据中心绝不仅仅只有这3种类型，只是他们更好地满足了技术和市场的双重需要，在当今行业内更具有普遍性而已。

图4.4所示为小型高密度无冗余数据中心。它可以部署在室内或室外，通过1～4的模块组合，构成了一个独立的数据中心或大型数据中心的一部分。

图4.5和图4.6所示为一个4倍规模大小、企业级冗余、中高密度的模块化数据中心。它同样可以部署在室内或室外，作为一个独立数据中心，或者集群部署为一个超大型数据中心。两个模组之间可以任意组合。

图4.7比较接近前面的设计，只是IT模块可以作为一个"建筑"，容纳网络中心及办公场所。通常可以选择1～4个模组的组合，并有不同的功率密度和制冷方案。

图4.4所示的例子是基于大多数人对模块化数据中心最初的设想：作为ISO 669标准的海运集装箱模块。从1990年它第一次作为库存量单位（SKU）出现，到关于Sun、BlackBox、Google Container、Rackable IceCube及HP POD的媒体报道中，已经发生了天翻地覆的改变。这些模块在数据中心建设中，通常被打上最简单、最快速、最低成本等标签，能够在仅仅6周内完成订单到工厂预制（含IT）的过程。同时，半数以上的供应商还提供客户定制的解决方案。

从图4.4可以看到50kW到1MW的IT"集装箱"模块化数据中心的组成部分。这个例子是一个典型的室外部署的模块化数据中心，发电机周围设有围栏，以与周边环境隔离，进出风口均留有足够气流空间，同时排烟/出风口设置隔离措施，避免热量混入冷水机组进风侧。市电输入由虚线表示，可以埋地或架空敷设。各个模组可以直接安装在拖车上以有效抗击地震。通过堆叠模组，可以大幅降低占地面积，但是不可避免的也会降低使用便利性。同时，可以将多个模组集成在一个拖车上，这样也会带来预制化及物流上的优势。通常，根据客户的服务协议SLA，此类模块化数据中心的安装场地可以对发电机甚至UPS没有要求。冷冻水来自中央冷站，配电也可以来自配套附属设施，这样一个模组甚至完全可以集成在一个20ft的集装箱内。在这个案例中，市电输入为480V，但可直接从中压变电站向IT系统和冷却系统供电。尽管各个模组都有不同的供应商，但他们之间配合协作的重要性却可以从图4.4中得到体现。电力输入、输出的容量将会影响模组内各个设备。模块化数据中心的总能源效率会因为采用技术方案的不同而不同，如

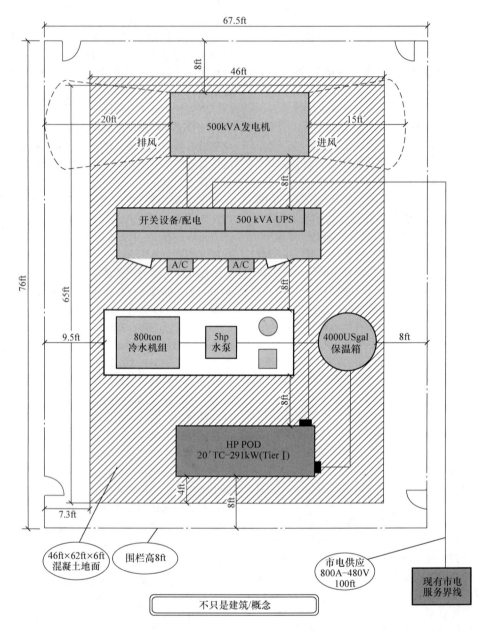

图 4.4 小型高密度无冗余数据中心（Hewlett–Packard 公司提供）

注：1ft = 0.3048m，1USgal = 4.54609dm³，1ton = 1016.05kg，1hp = 745.700W，后同。

采用飞轮 UPS 以避免传统 UPS + 电池模式的交直流两次转换，冷水机为低扬程设备同时配备节能单元等都会影响总能源效率。同样，IT 模组也会影响能源效率：是否可以采用小风量大温差模式，是否可以在 90℉（约 32℃）或更高的温度下连续运行？图 4.4 所示的例子使用了常见的风冷冷水机组，IT 模组采用背板、地板下及顶置式水冷盘管。因为没有采用室外空气直接进行冷却，所以总体能效不会太高，但也避免了 IT 设备免受环境的污染。在气温较低的情况下，水侧节能器可以为设备提供免费的冷冻水。IT 集装箱内的风机盘管都设计为单独供电，有效避免了单点故障。此类模块化数据中心的 PUE 通常为 1.05~1.5，一次成本为 8~20 美元/W。通过使用前文中提到的技术方案，数据中心从 0 开始到 IT 设备投入运行的成本为 200 万~300 万美元。

第 4 章 模块化数据中心的设计、部署及其注意事项

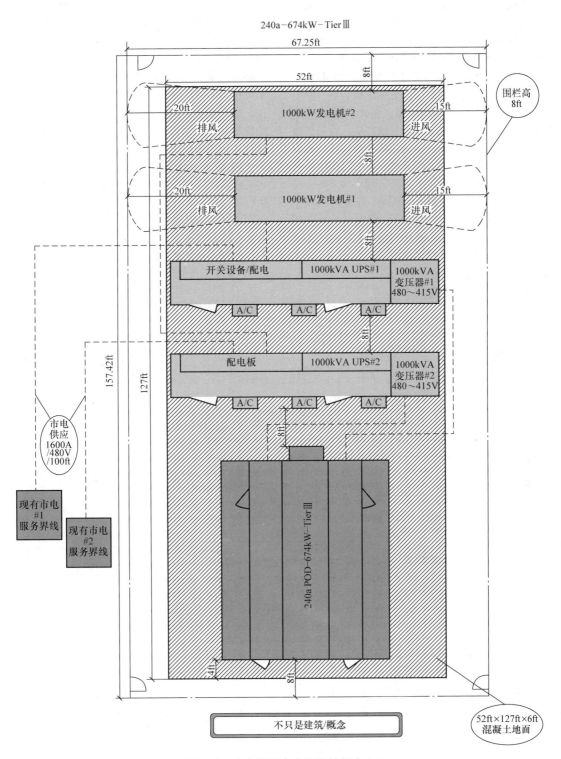

图 4.5 企业级冗余中密度数据中心
（Hewlett-Packard 公司提供）

通过上面的案例，我们可以更容易地考虑将这些模组作为建筑的组成部分而相互关联，以支持IT业务对容量、时间、成本的特定需求。图4.5体现了更进一步依照ISO 668标准集装箱的部署方式。与前一个例子相比，通过在工厂预制的IT和制冷模块，使IT设备具有更大的灵活性和容量。供电系统为企业级，没有单点故障，保证7×24×365的不间断运行。需要注意，尽管这些块状设备和模组可以在工厂进行预制，但仍然需要经过正确和专业培训的技术团队，通过特定的工具，对模组进行运输、安装、调试、测试，以满足用户SLA对交付时间和成本的要求。在这个示例中，配电为两路完全独立的路由，但却可以共用一套发电机或UPS系统，保证了系统维护过程中两路市电同样的连续性，同时也降低了整体交付成本。

图4.6所示的供电系统的一个最大特点是，尽管IT设备为415V/240V电源，但冷水机组的480V电源依然与IT共用配电箱。这个案例主要适应在美国应用的数据中心，IT电源大部分为单相240V，大部分压缩机为三相480V供电。415V/240V为标准电压，可以从同一台变压器引出。换一个角度来说，这个模块化数据中心同样可以采用不带压缩机的冷却装置，这样所有的电源电压都可以统一为415V。如果模块化数据中心中的IT设备也被设计为三相480V供电，那么冷水机组与IT设备的电源也可以从同一台变压器引出。在图4.6所示的案例中可以清楚地看到，模块化数据中心架构师可以通过不同的设计，适应全球范围的安装，满足IT设备和安装场地的不同要求，并根据配电和制冷资源，兼顾系统的灵活性。

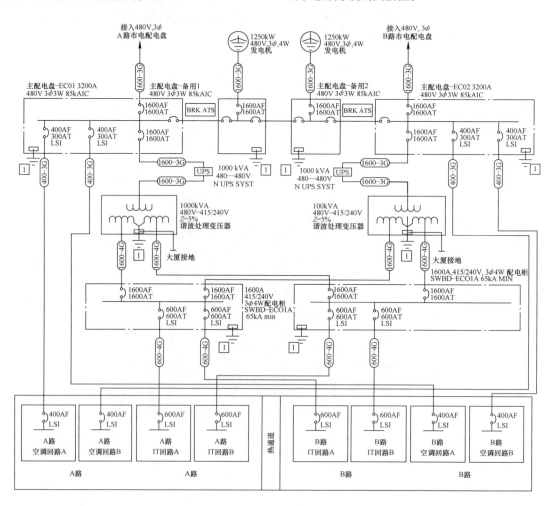

图4.6　企业级冗余、高密数据中心的供电系统
（Hewlett–Packard公司提供）

此案例更像是一个传统的数据中心,有两个冷通道和一个公用的热通道,运维人员可以轻松访问和识别。模组可以靠近建筑部署,同时设置防破坏进入系统的挡雨连廊,以保证进出代管区域的独立与安全。如果机房与数据中心接待大厅相连,模块化数据中心通道进出的控制点也可与模组进出的控制点设置在同一个的区域。

图 4.7 所示为最后一个模块化数据中心的案例,尽管看起来更像是一个传统的砖混建筑数据中心。网络运维室、电信间、缓冲区、办公室、会议室、大堂和卫生间等可采用工厂预制组装交付,也可采用预制模块现场组装。本案例中的电力总容量为 3.2MW,共有 4 个模组。在同样模组面积上,如果减少冷水机组、发电机和配电柜的数量,它也可以转变为 1.6MW 的较低密度数据中心。每个模组可以根据需要分期部署,也可以拥有独立的配电和制冷系统,也可以有不同的功率密度、制冷技术方案和配电等级。对比前面案例中靠近热源的直膨式系统、空气侧节能器、IT 通道顶部绝热直接或间接冷却等方案,本案例中的模块化数据中心将制冷单元排列在设备周边。尽管由于冷空气输送距离更远,会消耗更多的能源,但此方案对机房内 IT 设备的配置和设计有着更大的灵活性。

图 4.7 企业级冗余、风冷厂房型数据中心
(Hewlett – Packard 公司提供)

非标准化也是本案例的一个优点:更宽或更深的机架、更复杂的布线等需求都可以更容易地解决。相比前面方案中为了降低成本、提高质量,并减少 IT 运行周期等原因而采用工厂集成 IT,本方案中的 IT 可以在数据中心部署完成以后再进行安装。在图 4.4 及图 4.5 所示的案例中使用的 IT 模组,同样可以使用在本方案的中,作为该设施的一部分。

对一个典型的大型模块化数据中心的部署来说,第一步可以先从图 4.7 最左上角的模组开始,它包括办公区域及 2N 配电总容量 800kW 的站点网络空间。进入该空间的第一个机架是图 4.4 中的两套 200kW 模块,其中的制冷单元已被拆除,剩余的空间和电源可以在以后的 6～12 个月以内,根据需求,一个机架一个机架地部署。

第二个模组在第二年内完成部署,仅为单路供电,但发电机和 UPS 均设置双路母线。第二年年末,可以将第三个模组运输至现场,采用图 4.5 中的 800kW 容量的 IT 模组,一半机架工厂预制安装完成,另一半机架位预留。第三年,第四个模块也可以运输至现场,同时还有图 4.5 中使用的 1N 设置的 1.3MW 的绝热冷却的 44 台 30kW 机架式高性能计算集群。

4.4.2 建筑部分

数据中心的存在是为了支持其内部的 IT 设备对设施的需求。这些建筑提供了 IT 运行环境需要的制冷、配电及网络资源,提供了内部工作人员必要的安全保护。模块化数据中心可以满足传统数据中心的所有要求,并且提供了从工厂预制到最终运输交付的完整解决方案。图 4.8 所示为几个模块化数据中心模组的外观,同样在内部提供了满足 IT 设备运行所必要的支持区域。图 4.8a 所示为一个 20ft 水冷集装箱。

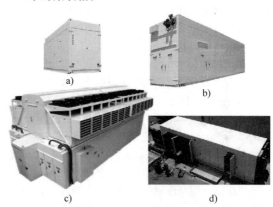

图 4.8 20ft、40ft、40ft 双通道 IT 及 40ft 配电示例
(Hewlett – Packard 公司提供)

在模块化数据中心内部,通常设置密闭的冷、热通道。在机架 IT 的上方、下方前方或后方通常可以设置水冷盘管及供回水总管。同样,支持所有机架的电源连接器可以由一个集中的配电柜引出,也可以分散在不同的区域。图 4.8b 所示为一个与配电箱、制冷箱同样尺寸的 40ft 水冷集装箱。同样有管线将水冷集装箱与机架相连,一直到数据中心的边界或分割箱或连厢。图 4.8c 所示为两个 40ft 的 IT 箱,中间共用一个热通道,当然也可以将机架反置而公用冷通道。模组通过顶置冷却单元对室

外空气进行调节，或者利用室外空气调节内部循环。在以上3个案例中，配电系统可以在主进线或支路配电上设置电量仪或监控点。流量计、传感器、保温及分路控制器可以用于水路及空气管道的控制，以监控风机盘管的压力、温度和流量。图4.8d所示为40ft的配电集装箱，内部集成了变压器、UPS等配电设备，为IT及制冷设备提供电力。

以上4个案例都可以选装火灾和烟雾探测、紧急断电、日常及应急照明灯系统。模块化数据中心的灭火系统，通常可以通过在内部设置的气体排放装置或连接到现场的预作用干式管网来实现。

4.4.3 电力部分

在4.1和4.2节中，我们介绍了几个模块化数据中心的市电接入、电源备份、电力分配的案例。这些功能同样存在于现场建造的数据中心中，在大多数建设项目中，这些配电设备也可以通过工厂预制的模块在现场组装完成。在大多数数据中心中广泛使用的模块化配电设备，为不同区域、不同SLA要求、不同场地的数据中心建设提供了更为标准和常用的解决方案。

针对不同参数，可以选择合适的配电模块。根据电压，提供了中压、低压、中压输入低压输出、交流输入直流输出及各个国家不同电压制式的产品。某些供应商甚至针对不同的产品材料及物流，提供了不同的SKU。发电机和电力存储，如不间断电源设备（UPS）也是一个重要的因素。发电方式可以是柴油（可以选择是否自带油箱）、天然气、生物质燃料、燃料电池，或者其他替代能源，如风能和太阳能。大型供应商，如GE的天然气或生物质能源发电机和BloomEnergy的燃料电池都已经发展为模块化产品。同样也存在很多模块化铅酸电池UPS供应商，包括施耐德、伊顿、艾默生，以及飞轮UPS供应商Active Power、Pillar等。

更多的模块化设备为用户在最终送电的时间和方式上提供了更多的选择。如果采用更远距离的中压线路，使低压配电更靠近IT设备，可以大大降低对电缆和铜的使用量。配电路由可平行设计，以降低冗余成本，也可以根据IT模块的部署分期实现，以实现更短的工期和更低的建设成本。热电联产可以使用在2N系统的设计中。UPS和发电机的耦合可使电池开启使用时间缩短至15s，以减少所需电池尺寸。不间断维护的IT模块的2N双母线设计，则可以允许降低电源部分的设计等级。更多的模块化设备也同样影响配电系统服务的设备。尽管规范规定了设备的最小安全距离，配电模组仍然会有部分设备可以安装在外部。如果提前已知配电模组安装在室内或室外，可以对其外部设备的设计进一步优化。2（N+1）的容错设计、维修旁路的设计都可以保证在系统维护时IT设备连续不间断运行；也可以选择在维护时对部分或全部设备停机，以降低建设成本。在如今的市场上，配电模组为设计提供了更大的灵活性，供应商甚至可以集成其他设备供应商的产品，而不必自己生产所有的元件。继承性和通用性也保证了供应商更长远的发展。

另一个影响配电模组架构的重要因素是IT设备的功率密度。很多数据中心都会有不同功率密度的机架，模块化数据中心配电模组的灵活性降低了初期投资的成本，同时因为其根据不同类型应用而做出的优化，也降低了运维成本。备电方案有三种保障级别，每个级别有不同的配电标准。对企业级数据中心，一般单机架功率密度在10kW以下，但要求2N的高可用性。对大数据存储和计算，要求机架功率密度在20kW左右，同样要求2N的可靠性。任何数据的误差都需要被重建，重建所需的时间证明了2N可用性设计的必要性和经济性。第三个级别，也是目前发展的趋势，即"冷存储"。我们通过以下的例子来理解"冷存储"：存储在社交网络上的海量图片和视频，通常在发布90天后，人们几乎再不会访问这些图片或视频。这种模式下，机架功率密度通常不超过2kW，也仅仅需要1N的供电。在目前的数据中心中，有大约90%的存储都是"冷存储"，而模块化数据中心的灵活性，为"冷存储"使用场景提供了巨大的节省空间。

在计算机应用程序前端，单个CPU插槽节点或替代处理器，如ARM降低了前端应用服务器的能耗。在以往，这种功率密度高达20kW/机架，现在可以降至10kW/机架。然而，IT设计人员还在继续寻找降低CPU节点的方法，所以在这个范围内具有灵活性就显得尤为重要。从另一个维度来说，虚拟化带来的IT设备的高利用率，促使企业级应用从10kW/机架增至30kW/机架。政府部门、大学、传媒业及图形处理行业的高性能计算，已经将整行机架的平均功率密度提高到了50~70kW/机架。大部分高性能计算要求1N供电，但现在一些传统行业（如金融机构）也开始使用高性能计算，对数据中心功率密度的要求也提高到了平均25kW/机架，可用性上达到2N供电。

SLA对IT及应用的灵活性要求，也推动了供电方式的变化。在一些大型数据中心中，针对不同IT设备同时存在1N和2N的供电模式；第三等级

1N 无发电机，5min UPS 备电；针对某些内置电池备电的 IT 设备，仅提供第四等级 1N 无发电机、无 UPS 模式。从行业发展趋势上看，越来越多的 IT 设备本身或 IT 机架本身都会配备电池，既作为后备电源，更能提供不同的电源电压。从以上的案例可以看到，供电灵活性的需求正在提升，模块化数据中心可以根据供电需求精确设计和配置，提供了更适合的时间、成本及服务标准。

4.4.4 冷却部分

模块化数据中心设计同样可以应用在冷却子系统上，以提供更大的灵活性，来满足不同 IT 设备对功率密度、服务级别、部署进度、空气流量及能效的要求。完美的 IT 设备不需要制冷系统中空气和水的流动来消除热点，因此对冷却系统的投资和运维成本都是零。微软曾经将惠普生产的 DL580s 设备安装在位于华盛顿州 Tukwila 室外的帐篷中，经过一年的论证性运行，一切运转正常。企业级数据中心尽管不能按照这样的模式运行，但模块化概念却可以让不同的 IT 设备更接近于完美设计。数据中心冷却系统的目的是保证 IT 设备及内部每个元件、IT 机架都处于制造商规定的使用温度范围或满足行业标准及规范要求。对于这个温度范围，最常用的方法是空气焓湿图。当然也会有其他的文献描述了为什么和如何满足这个温度范围，在本小节中我们还是主要讲解如何使用焓湿图，来描述模块化数据中心冷却模组的面临的挑战。焓湿图上的每个点都完全定义了系统中空气的温度和湿度（或焓）。图上的一个区域定义了 IT 设备允许的进风温度和湿度范围。服务器通常前进后出，通过模块化数据中心的冷却模组，实现 IT 设备的出风口和服务器出风口的闭环控制。图 4.9 所示的空气焓湿图说明了空气在进入 IT 机架前进行温湿度处理的原因和方式。

1—进风区
2—室外新风与回风混合区
3—加湿混风区（绝热）
4—加湿（绝热）
5—加湿（绝热）冷却区
6—回风冷却区
7—新风除湿（冷却）再混风区

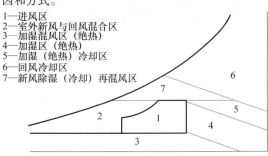

图 4.9 空气焓湿图（Hewlett–Packard 公司提供）
注：惠普 CFS 白皮书《全球数据中心能源战略》，2009 年 10 月 18 日。

假设 IT 设备运行的温湿度区间被定义在区域 1，焓湿图内其他任何状态点的空气如果想要进入区域 1，都必须通过冷却模块或技术的处理。例如，如果室外空气非常热，但不像区域 4 那样非常潮湿，则只需向空气中增加湿度，即可将其带回区域 1 的状态。而区域 7 的空气不是很热，但湿度非常高，则可以选择与来自服务器的回风进行混合，并经过冷却盘管进行除湿，从而进入区间 1。

图 4.10 所示为一个典型气象年中的逐时空气焓湿图。沿着图的顶端可以看到冷却模块如何处理环境空气，以满足 IT 设备运行需求。左下方的表格汇总了全年空气温湿度在每个区域的小时数，以及在此环境下模块化数据中心全年平均局部 PUE。左上方的小图显示了当室外环境处于区域①时，顶置直膨式空调对室外空气进行过滤后，将室外满足 IT 设备运行需求的空气直接输送至模块化数据中心模块。此运行状态非常重要，因为当室外空气满足要求时，空调压缩机可以被关闭，从而节省了大量的能源。如图中④所示，当室外环境处于区域②时，可以通过混合室外空气和模块化数据中心热通道的回风，使空气温湿度进入区域①后再输送至模块化数据中心冷通道。右侧的插图说明了当遭遇极端室外环境时模块化数据中心的闭环运行模式：热通道回风经过制冷盘管冷却处理后，再进入模块化数据中心的冷通道中。下方的两个插图显示了如果室外空气处于"热""干"状态（绝热过程）或"热""不干"状态时，热空气被冷却处理的过程。

以洛杉矶为例，全年可以有更多的时间来使用绝热加湿空调，代替压缩机直膨式空调对室外热空气进行制冷处理。在洛杉矶某项目中，使用了惠普 Eco-POD 240a 设备，在全年 8760h 中的 8421h，仅对室外空气进行过滤，或者与仅开启空气混合模式中的回风风机，就可以得到满足美国采暖、制冷和空调工程师学会（ASHRAE）规定的"A1 允许"范围内的 IT 设备进风。

根据 ASHRAE 对 IT 设备进风温湿度的要求，直膨式（DX）空调并不能被完全淘汰，因为空气还需要通过冷凝器进行除湿处理。但是通过图 4.11 可以看到，如果 IT 设备可以在更高湿度的环境下进入服务器，目前 IT 设备几乎都可以满足这个要求，则直膨式空调可以完全被淘汰，仅需要绝热加湿设备，在一年中最热的时间对空气进行冷却处理。

从能源使用的角度来看，如果允许更高湿度，洛杉矶当地气候条件将会带来更优的局部 PUE

(pPUE)。如果在芝加哥、纽约或许多世界上其他城市，冷却系统的局部 PUE 可能会变高。在此想要强调的是，环境条件对冷却效果的影响非常大，而模块化数据中心通常可以提供通用的设计，并可以根据当地环境进行进一步的优化改造。

除了局部 PUE 数据以外，在盐湖城部署绝热冷却设备，将会比传统压缩机 + 冷凝器 + 蒸发器 + 风机的直膨式空调更具有成本优势。同样，因为没有了庞大的针对压缩机的配电系统，对总成本来说也是一个潜在的成本节约。最后，由于绝热冷却设备可以与 IT 设备共用一套 UPS 系统，而直膨式空调必须单独设置 UPS 或设置足够的蓄冷系统，以满足在发电机起动过程中的制冷需求，对初期投资又是一笔不小的节约。

有效利用现场气象数据可以帮助优化模块化数据中心冷却模组的初期投资、能源使用及运行成本。从图 4.11 可以看到，典型气象年数据是一个很好的指标，但对极端气候也必须予以足够的重视。以盐湖城为例，如果仅考虑典型气象年的数据，在 IT 设备可以容忍更低湿度的情况下，直膨式空调可以完全被取消。但如果考虑极端天气，而系统中又没有安装空调设备时，IT 设备极有可能在允许的温湿度范围外运行。此时选用绝热冷却设备，则可以提高空气相对湿度，使其满足 IT 设备运行的要求。

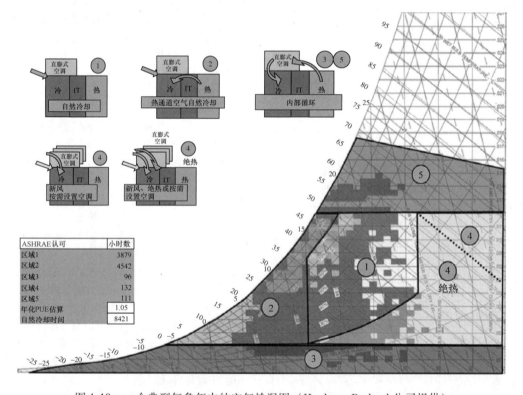

图 4.10　一个典型气象年中的空气焓湿图（Hewlett‐Packard 公司提供）

模块化数据中心可以选择多种不同的冷却技术。在前面章节所描述的冷却模组中，直接利用室外冷空气的空调通常称为"空气侧（风侧）节能"。尽管传统楼宇数据中心也会使用这样的技术，但在模块化数据中心建设中，空气侧节能技术的应用更为普遍，因为 IT 设备更靠近室外环境。而对于较大规模的数据大厅或在建筑内部的数据中心，因为会需要更多的风机来满足所有 IT 设备的需要，这样的技术就不太合适了。对于此类数据中心，可以使用制冷剂直膨式冷却盘管，将 IT 设备的热气直接制冷，来作为主要的散热装置。制冷剂的使用必须符合当地环保的要求。此外，冷冻水盘管也是数据中心冷却的主要模式，冷冻水通常是由制冷剂循环再冷却产生的。在某些地区，冷冻水可以不经过制冷剂循环，而通过与室外环境交换热量而产生。这样的过程通常称为"水侧节能"。避免楼宇数据中心及模块化数据中心的风机过度使用的一种方法是，将直膨式或冷冻水盘管安装在靠近 IT 设备的位置，并使用更大比热容的流体来转移以前通过风机和空气转移的热量。另一种降低冷却系统运行成本的技术是绝热蒸发冷却。对于水冷盘管而言，我们使用的"冷却塔"就是采用这种技术。

对于空气冷却（风冷）系统而言，技术应用体现在"水喷雾"和"绝热冷却"。这些技术都不再需要压缩机，因此相对耗电的冷却技术，我们称之为"自然冷却"。

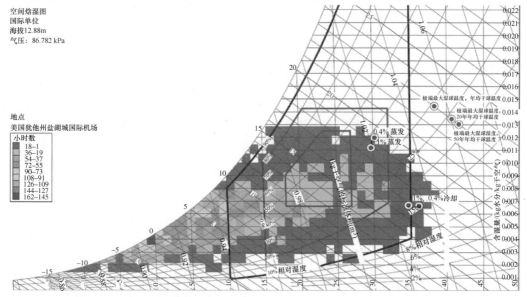

图4.11 冷却技术的选择必须考虑极端气候（Hewlett-Packard 公司提供）

尽管通过水直接冷却大型机非常普遍，但在过去的10多年，数据中心却在逐步清除通往IT机架的水管。今天，水冷技术在高性能计算中再次被大规模应用。相比空气流动，水流带来了更大的比热容，不但可以保证处理器更快、更高效地运行，而且在50kW/机架密度逐步被大规模使用的情况下，提供了唯一的冷却方案。当整个机架热量被水带走时，则可以取消驱动空气的风机。同样，压缩机在冷却系统中也成为可选项，因为即使在最热的地区，也可以将空气冷却到比今天服务器要求的温度（http://www.intel.com/support/processors/sb/CS-034526.htm）低20℃。循环热水的再利用，从而降低了整个园区的能源消耗，是推动水冷技术的另一个因素。水管连接大楼和IT机架，也存在额外的投资和风险。模块化数据中心可以为这样的IT应用场景提供服务。各模组和IT设备的预制，保证了产品开发中更广泛的测试和可靠性的优化配置，提供了更低能耗的水冷方案，以及热水循环利用的可行性。

模块化数据中心冷却系统架构同样可以从初期投资、能源消耗和服务成本等方面进行设计，以满足不同服务级别（SLA）及不同冗余级别的要求。在风冷系统的容错设计中，风机通常按 $N+1$ 或 $N+2$ 配置，所有风机均为 $2N$ 配电。当信号发生故障时，如果可以及时维修，那么可以将风机控制的输入信号和风机风速对控制的反馈信号设置为 $1N$。在水冷场景中，通常设计 $2N$ 主电源输入，其中一路主馈线单独为盘管供电。在可靠性要求较高的机房区域，盘管通常设计为 $N+1$，提供在线维护。对水冷空调、绝热蒸发空调及压缩机空调同样适用。为了保证业务在制冷系统失效情况下的连续运行，水泵、风机通常和IT设备一样有UPS作为后备电源，压缩机通常由发电机作为后备电源，同时设置蓄冷水池或风冷蓄冷池在发电机起动前为IT设备供冷。

对冷却效率的设计需求也是模块化数据中心应用的一个驱动力，因为模块化数据中心提供了更简单地评估IT所需冷却总成本（TCO）的方法。以直膨式空调或水站散热侧的模块化冷却塔为例，它们通常有较高的初期投资，但是由于效率的提升，可以减少购买冷却系统的装机总容量，同时也可以减小配电系统的装机总容量。通过模块的叠加，在保证冗余的情况下同时保持了整个系统处于运行效率最高点。这也是为什么模块化冷却器的应用越来越广泛，甚至被用于大多数大型楼宇型数据中心的建设项目。

大部分模块化数据中心被设计应用于室外环境，因此其防护等级为NEMA3或IP46。室外应用,需要同时考虑特定场地可能出现的雨雪天气。做好设备的隔热,可以有效避免夏季太阳能的作用,降低能源费用。保温及冷机起动的措施在冬季同样重要,因为通常 IT 设备的运行环境不能低于 50°F（10℃）。一旦服务器开始运行,IT 余热可以保持正常的环境温度,这时湿度又会成为被关注的问题。通常的做法是通过安装隔热条,避免室外金属部件将室内的热量传导出去。大部分模块化数据中心尽管设计了气体灭火系统和高级别的防风雨标准,但仍然无法做到完全密闭。这是因为必须留出进出 IT 模块的通道和自然冷却所需的管道接口。因此,如果 IT 设备对湿度有要求,在寒冷干燥的冬季,加湿能力就显得尤为重要。加湿水管同时也带来了夏季冷凝水和冬季冻裂的风险,因此有些用户要求其 IT 设备可以在低至 5% 的湿度下运行,以避免此类风险。如果冬季湿度过高,在寒冷的设备表面极易结露,因此在某些场所,同样需要配备除湿设备。在高寒地区,可以考虑增加额外的成本,使用加厚保温和蒸汽屏障来完全消除凝结隐患。

以最低的成本,更好地匹配 IT 的冷却需求,也许是使用模块化数据中心冷却模块最大的驱动力。在闭式制冷系统中,制冷容量等于每个或每列 IT 机架向环境排放的热量。在风冷模式中,等于每个或每列机架的气流热容量。通过结构设计和控制逻辑,可以调整风机风速以改变气流流量,使冷通道相对周边环境保持正压。即使是一些低功率密度 IT 也可能需要较大风量。因此对风量的控制、测量和输送都是极为严苛。温度控制方面,通常是通过测量室外冷却器的排风温度,来调整和控制绝热媒介、水冷盘管或风冷盘管的流量旁通,从而控制空调出风温度。IT 负荷增加,相应风机和风量都需要增加。像气流流量一样,温度与 IT 需求的匹配是至关重要的,过多的温度控制导致了初期投资的增加,而太少的话,则降低了机房的设计等级。

在模块化数据中心较为紧凑的空间内,将气流隔离为冷热通道显得非常重要。可以使用机架盲板、机架间的封条、机架底座等对通道进行密闭,以保证 IT 设备的热空气在被冷却前不会混进 IT 设备的进风口。某些网络设备没有内置风扇,无法将空气从前方吸入,向后方排除,因此为了避免周边的设备过热,需要设置专门的导风管道。相对传统数据中心,模块化数据中心可以对气流组织、热点、冷却容量等提前预测,降低冷却系统的结构性风险,也可以提供 IT 设备所需的最优的冷量匹配和通道密闭,实现了最大化的初期投资节约和能耗节省。

4.4.5 控制部分

模块化数据中心具有与传统数据中心一样的控制对象。从供电主路及支路,直到机架和 PDU,包括可选的远程紧急断电等,都需要保护。可以通过监控电流或电源互感器,或者通过数据中心 EPMS 系统进行电子监控。所有冷却系统的控制点,可以在 BMS 系统中实现可视化,包括温度、湿度、压力、气流、水流、阀门状态、风扇和水泵转速等。对于现在的 IT 设备,也可以对其状态实现监控,并可以集成到模块的动环监控系统内,也就是我们所说的 DCIM。由于能够在工厂预制和预测试,能够根据 IT 需求对模组内的供配电、冷却系统进行优化,因此,在模块化数据中心内实现 DCIM 也就变得更为容易。

对于数据中心和模块化数据中心都同样重要的监控系统是 VESDA（即早期的烟雾报警系统）,监控点主要为本地和服务于大型设施的烟雾和火灾报警器。灭火系统的设计和布置通常比较简单,因为内部空间总体积已知,我们所做的就是需要设计水喷头位置或根据体积选择合适的灭火浓度。

模块化设计的本质同样使安防监控更为便利。无论是门锁控制、进入检测设备还是生物检测,根据 IT 功能的不同模组可以设置不同的安防级别,甚至可以限制人员仅在其工作模组内进出而无法进入其权限外的模组。电气工程师仅可以进出发电机、配电间,暖通工程师仅可以进出冷却系统区域,网络工程师仅可以进出 IT 区域等。

最优的数据化数据中心会充分利用内部的每一寸空间,以便得到最大的 IT 容量,降低每次部署 IT 的成本。如果没有预先充分考虑,模块化数据中心内部的操作空间通常很少会为布线预留额外的空间。因此,控制导线、桥架、路由等都需要提前规划。一些规定和标准规定了低压电缆,如安防、消防、电话、控制、监控等,都需要有独立的、可维护的、记录在案的桥架和路由。对于模块化数据中心和传统数据中心,在超过 15 年的生命周期内都有同样的要求,因为运维人员需要能够准确找到、更换对应的线缆,这就需要设计和技术文档能够提供有效的帮助。

4.4.6 冗余和可靠性方面

模块化数据中心必须和传统数据中心一样在可用性上遵守相同的标准,来保障 IT 设备的连续运行。正常运行时间及 TIA-942A 通过分别评估包括大楼和 IT 部分的配电、冷却、控制等因素,对 IT

支持条件进行了级别划分。一般概念上讲，对不同级别的说明和定义参考如下：

• Tier I（级别 I）：为了降低方案的初期总投资，系统通常进行高负荷运转或不设置冗余设备。这对于部分或全部 IT 都是正确的。低密度冷备或高密度渲染业务通常采用这个级别。

• Tier II（级别 II）：相比 Tier I，对直接导致业务中断的 IT 模组、配电模组、冷却模组等，增加了设备冗余。数据中心或模块化数据中心在此标准下，最高可提供 99.99% 的可靠性。

• Tier III +（级别 III +）：对 IT 和冷却系统采用 $2N$ 的供电方式，实现了容错和在线维护。目前对 Tier III + 和 Tier IV 的界限，也存在一定的争议。由于模块化数据中心的结构非常紧凑，通常不会对所有设备提供 A/B 双电源。大部分企业级模块化数据中心都采用这个架构，以满足其业务对可靠性的要求。

了解一个机构的 IT 基础设施对 Tier 级别的真实要求，需要强调一点：不要假设所有 IT 基础设施都需要 Tier III + 等级，因为只有根据 IT 业务需求，匹配合适的 Tier 级别，才能在实施和运维过程中有效降低成本。尽管统一的配电层、冷却层、IT 的 Tier 级别可以减少项目隐形投资，改善短期及长期 TCO。

在同一地点或不同区域设置两套完全一样的设备，也可以为模块化数据中心提供冗余。例如，一家大型 IT 服务商为其一个应用规划了 3 台计算机架、3 台存储机架和一台网络机架。在 Tier I 或 Tier II 级别标准下，他们可以部署两套或多套应用程序。但是通过软件关联相同的设备，使之互为备份，就可以大大增加系统的可靠性。当集装箱式模块化数据中心集群部署时，可以每 4 个集装箱配置一个冗余集装箱，以较小的投资换来冗余，保证业务的连续运行。Tier 级别的满足，在模块化建设过程中没有太多的不同，但与模块化数据中心产品化的发展方向关系很大。

在企业的灾难恢复中，模块化数据中心同样可以通过异地设置，提高 IT 系统的恢复能力。工厂预制化的生产方式更大大提高了其在灾难恢复中的作用。此外，当一个企业同时运行多个数据中心时，可以预留一个 IT 集装箱，随时准备运输并部署在需要恢复的数据中心，通过外租冷水机组和发电机，几天内就可以恢复业务。

4.4.7 网络和布线部分

IT 服务器通过线缆彼此相连。线缆在服务器机架内汇聚，并连接 IT 机架与核心交换机架。从核心交换机架出来以后，线缆将会延伸至数据机房的边界，并通过网络连接外部世界。现场建设的数据中心通常会提前规划以上所有的路由，部分路由桥架甚至会比 IT 设备更早完成施工部署。模块化数据中心同样需要遵循这些做法，但由于布线与 IT 息息相关，因此需要更加紧密匹配 IT 的业务需求。

无论模块化数据中心内部署有 10 个、20 个还是 40 个机架，在测试前，IT 供应商需要完成机架内部的跳线连接，可以是正面接线，也可以是背面接线，甚至两种方式同时存在。当 IT 机架搬运进模块化数据中心内部并进行布线时，需要注意线缆的转弯半径不能太小，否则容易造成线缆折断。如果是在模块化数据中心的机架内，线缆在 IT 设备安装前就已经部署就位，则需要考虑机架之间是否有足够的走线空间，以及机架正面、背面是否留有足够的维护空间。图 4.12 所示为一个正在工厂进行组装的典型的正面布线的 IT 机架。布线还必须满足随时更换跳线的需求。通常情况下，约 500 条线缆会汇聚到一台机架内，机架内通常包括一组网络交换机、BMC 汇聚器、键盘、显示器、鼠标（KVM）、理线架、电源等。在图 4.12 中最右侧的机柜顶端安装了了理线架，在 24U 的位置安装了网络交换机。第二个机架的上部安装了理线架，而网络交换机安装在理线架下方。网络交换机通常被称为 TOR（机架顶部），把它们安装在机架内的中间位置，可以减小线缆束的直径。线缆束的直径过大经

图 4.12　正面布线的 IT 机架
（Hewlett - Packard 公司提供）

常会堵塞通道，而较粗的线缆束还意味着，当将每根线缆连接到设备时，需要付出更多的工作才能从一大束电缆中找到你需要的那根。

某些 IT 应用，如高性能计算，可能需要跨越多个机架汇聚到一台 InfiniBand 设备或类似的汇聚设备上。在这种情况下，可能会遇到 8 个机架大约 1600 根网线的情况，模块化数据中心处理这类海量网线的方式是在机架下方或机架顶上设置走线线槽。

图 4.13 所示为一个水冷模块化数据中心的 100 台刀片服务器汇聚到一台交换机。较为普遍的情况下，一个机架内的交换机大约有 16 条线缆连接至核心交换机。如果在一个模块化数据中心中有 20 个 IT 机架，就需要 10~20m 长的线槽，以支撑超过数百根的线缆。图 4.14 所示为 IT 工厂正在预建和预布线的模块化数据中心通道的背面。通道在现场连接完成，并在上部增加直膨式空调后，就可以移除内部的支架。机架采用上走线。从图中左侧的部分还能看到模块化数据中心是如何灵活支撑刀片机箱的后线束，从右侧部分还能看到传统的 1U 和 2U 服务器。有了 2N 的电源需求，空间变得非常紧凑，类似于一个现场建造的数据中心，有非常狭小的 IT 和热通道密封。

图 4.14 模块化数据中心通道的背面
（Hewlett-Packard 公司提供）

都需要认真考虑。既然模块化数据中心的首要用途是支持 IT 的运行，线缆间隔、弯曲半径、核心交换机到 IT 设备的线缆长度等都必须严格遵守相关要求，以保证信号在模块化数据中心内部传输的完整性。理解路由设计、进度、架构等非常重要，因为这些因素将影响施工单位、IT 供应商和网络实施，以及整体建设和测试的进度。图 4.15 显示的是与图 4.14 相同的 IT 设备，它们在工厂完成了复杂的布线工作。工厂内熟练的技术工人和完整的检验程序，保证了布线工作的质量和进度。如果这项工作在模块化数据中心的通道进行，整体成本和施工的复杂性都将大大提高。除非使用更宽的机架，在机架内置线槽，才可能完成这种复杂的布线。图 4.16 所示为在 18 个机架列中设置 3 个更宽的综合布线架，以降低布线工作的难度。

图 4.13 100 台刀片服务器汇聚到一台交换机
（Hewlett-Packard 公司提供）

图 4.15 工厂内完成的布线
（Hewlett-Packard 公司提供）

数据线缆类别非常丰富，从单芯光纤 CAT5 以太网到 68 芯存储线缆，因此对于机架内部、机架之间、从机架到核心交换机等，使用哪种布线方式

最后要说明的是，所有的内部网络最终都将接入外网。在大型楼宇数据中心内，通常设置了主配线区、中间配线区及末端配线区。图 4.7 所示的 4 模组模块化数据中心，也有这样的布线分配区。而其他模块化数据中心可能仅沿着外墙配置了单一桥架或接线面板，然后再接入整体大楼的中间配线区

图 4.16　机架列设置布线架可以降低布线工作的复杂性（Hewlett-Packard 公司提供）

（IDF），或者直接连接至电信运营商的网络。从图 4.17 中可以看到，线缆穿管从大楼的 IDF，通过机架顶部的桥架，并最终连接到核心交换机架。

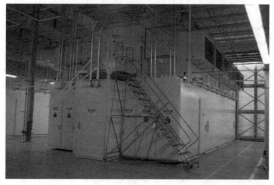

图 4.17　仓库内双通道绝热冷却模块化数据中心（Hewlett-Packard 公司提供）

本例为仓库内双通道绝热冷却的模块化数据中心。网络线缆穿管通过热通道门而进入机架。最左侧可以看到左列机架和控制箱的强电线管，以及单独的弱电及安防系统线管。右列机架的电力电缆是通过最右侧的 4 根线管接入。绝热冷水机的供、回水管路都通过密闭的路径安装接入，以防止漏水。

4.4.8　多模组阵列部署

在前面各节中，我们主要讨论的模块化数据中心的产品及内部各个部件都是由一家供应商提供的情况。在实际项目中，通常会有多个供应商共同参与，模块化数据中心对集成不同厂家的不同设计和产品提供了可行性。对于连接点或界面、进度控制及工作范围等的描述都需要详细的界定，这些在传统数据中心建设过程中也十分重要。实际上，业主方、总包方和模组供应商对模块化设计的期望都有所不同。各个模组直接的相互关联也会影响总的能源使用效率、进度及成本，因此各合作方之间的沟通十分重要。

从图 4.18 中可以看到，每个模组都会影响整体解决方案的能源使用效率和总装机容量，其主要参数为：一个 40ft 集装箱模块化数据中心、UPS 容量为 500kW、20 个机架、2N 供电和冷却。IT 箱冷冻水的设计流量为 240USgal/min（1USgal/min = 3.785L/min），进水温度为 55～75°F，更低的水温是为了匹配更高的 IT 负载需求。除了照明、控制外的其他非 IT 负载，采用的是风扇盘管冷却。风扇侧的局部 PUE 在 100～500kW 的 IT 负载情况下为 1.01～1.02。

IT 箱的装机容量和能源使用效率与气流、冷水机运行状态、配电模组运行状态息息相关。

如果 IT 设备和箱体来自不同供应商，那么就必须准确理解 IT 设备在不同功率下对气流流量和进风温度的要求都会不同。可能一家供应商的设备在 55°F（12.8℃）供水情况下的 IT 功率可以达到 520kW，而另一家采用 75°F（23.9℃）的冷却水作为冷源，从而导致 IT 设备本身的风扇功耗急剧增大，反而仅能支持 350kW 的 IT 功率。

作为一个整体解决方案，总拥有成本（TCO）可能比单纯的 PUE 数据更有意义。因为在环境温度较高的情况下，服务器的风扇转速也更高，服务器能耗很大一部分变成了无用的风扇功率。尽管 PUE 数据变得好了，但是单位耗电的有用功率却变小了。

对冷水机组容量和效率的选择需要考虑以下几个方面：

- 部分负荷工作状态，如全年 90% 的时间都是以 20% 的容量在运转。
- 运行湿度，是否全年都处于高湿度状态运转。
- 运行温度，在全年尽可能多的时间关闭压缩机而采用自然冷却技术。
- UPS 方面，它的运行时间是否与发电同步、是否有维修旁路、采用什么类型的 UPS 等，也都需要考虑。每个模组选用不同的技术，将会大大增加后期运行维护的成本，从而抵消我们在能源节约和初期投资上带来的 TCO 节省。

图 4.18 所示的模块化数据中心模组，建设周期需要 12～26 周，PUE 为 1.15～1.50，总投资为 400 万～700 万美元。以上数据取决于解决方案的 IT 容量、IT 模组、冷水机及 UPS 等因素。

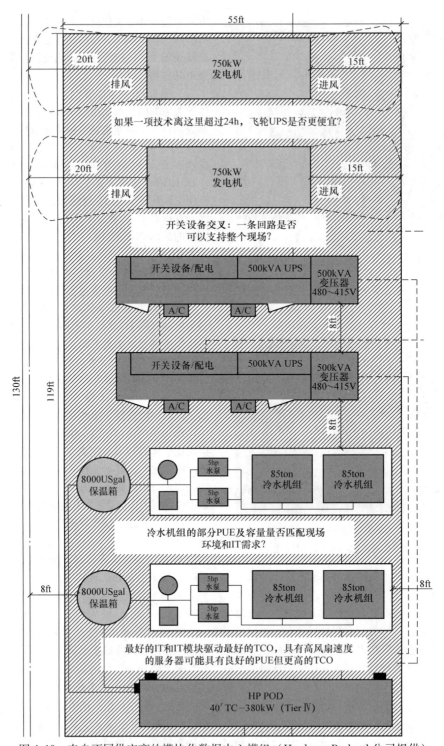

图 4.18 来自不同供应商的模块化数据中心模组（Hewlett-Packard 公司提供）

注：1. 每个机架、集装箱、冷水机组的局部 PUE 都不相同。TCO 是基于整体解决方案的有效的 IT 运行功率的数据，不能仅看其中一个子系统。

2. 1ft = 0.3048m，1ton = 1016.05kg，1hp = 745.700W，1USgal = 3.78541dm^3。

4.5 现场准备、安装和测试

采用大规模工厂预组装模组来建设一个企业级数据中心，会比传统大型数据中心的模式在成本上和工期上更有优势，除非是由同样熟练的技术人员从头开始实施。我们常说的"即插即用""仅仅需要电力"等语句，使得模块化数据中心的建设听起来十分简单。无论3个333kW容量2N供电的水冷模组，还是1个1MW容量的2N供电的直膨式模组，都需要2.5MW的电缆沟和电缆。电缆和电缆沟与各个模组之间的互联性都需要提前规划和统筹安排。从中压市电到发电机、UPS、配电柜模组，再到IT设备和制冷设备，是一个非常复杂的过程。如图4.19所示，设计、施工和验收都是至关重要的。一旦混凝土开始浇灌，设计就几乎无法再做更改了。

在图4.19中，数据中心设计师首先要确认的是，在机房下方，有足够的空间来铺设电气管道。这些管道的施工，无论是地下还是架空，都需遵守与传统数据中心一样的设计规范标准。

4.20可以看到当时施工现场的拥挤程度，因此起重机、建筑物、模组之间的施工空间必须被精确计算。货车本身已经又长、又高、又宽、又重，而一个500kW容量的IT模组重约120000lb（1lb = 0.45359237kg）。因此也需要大型起重机来完成吊装工作。模块化数据中心因为要利用既有的建筑设施，因此实施空间通常都非常有限，所以在规划阶段就需要考虑起重机的停放位置、货车转弯半径、电气工程师布线、暖通工程师维修大型设备的空间等许多问题。

图4.20 施工现场的拥挤程度
（Hewlett-Packard公司提供）

注：长而重MDC部件的需要严格的间隙，
这需要复杂的工程和规划。

图4.19 对既有数据中心进行2N 700kW 模块化数据中心的扩建（Hewlett-Packard公司提供）
注：从2.5MW电气管道的施工到混凝土浇筑大约需要30天。

对于模块化数据中心设计，在平面规划和整理场地时，还需要考虑大型模组运输和施工所需要的足够空间。传统数据中心的建设需要对每个施工工序都有明确的时间安排。对模块化数据中心的建设，从规划角度来看，与传统数据中心基本相同。只是可以将很多工序在不同地点并行实施，最终运输至项目现场做最后的组装。在这个过程中，如何优化调整各个模组的生产时间，以保证需要时到达项目现场就成为最大的挑战。而在最后短短的几天内，将会有无数的货运拖车，运输设备进出现场。在图4.19所示的项目中，大多数工厂预制模组都是在混凝土浇筑30天后进入施工现场的。从图

一个大型的现场建造的数据中心，因为施工工序、施工工人、每个设备生产周期等的限制，通常需要18个月的建设周期。同样规模的模块化数据中心，如果各个模组能够按照规划设计和进度安排准时交付，就可以在6个月以内以更低的成本实现业务运行。以图4.21所示的项目为例，冷水机组（图中未显示）和屋顶场地几乎同时完成。如果制冷装置也布置在屋顶上，或者屋顶空间仅仅能够部署传统设备，那么所花费的时间和成本就会大大增加。考虑整个设计的模块化特性，额外的IT模组、冷却塔和电源模组会随着时间的推移而增加。

对任何数据中心建设项目而言，建筑本身并不是最终需求，直到IT业务在新的数据中心开始上线运行，这个项目才算真正结束。这对模块化数据中心项目同样适用，因为部署速度与场地准备及同时并行的IT、配电、制冷设备生产都紧密关联。就算生产如期完成，场地准备在IT模组到达前全部完成，现场的吊装部署也需要4~6周的时间。所有模组需要固定，水管、电缆也都需要连接和紧固。IT模组供应商在将设备移交给总包或测试单位前还需要进行必要的调试。加速这一过程的一种

图 4.21 模块化数据中心的集群部署
注：第一个水冷集装箱 IT 模组正在调试，第二个正在安装。

方法是在工厂将 IT 和冷却模组联合调试。如果采用的是多模组设备，如直膨式空调，并且计划一起送至终点，那么联合调试会变得更复杂。从电网引入一条新的电源可能会花费约 6 个月的时间，在缺少电力的情况下，IT 设备和冷却设备都无法开机运行。如果没有满足政府监管部门的要求，所有的计划都可能失败。因此这些要求是项目设计、实施所需要参照的重要标准。此外，产品认证文件，如 ETL、CE 或 UL 也非常重要。因此，在项目实施前就规划获得这些政府许可或证明文件的时间计划，将比直接预订 IT 模组更为重要。

大部分数据中心的设计都有很大的运营裕度，以应对数据中心可能的故障，保障业务恢复。而许多模块化数据中心的设计都提供了灵活性，通过降低这个预留的裕度，节省了初期投资和运行成本。为了提高功率密度，采用冷热通道封闭的设计就是一个有效的节约手段。如果在 200 个机架上运行 1000kW 的 IT 负载，由于占地面积更大、需要更多的冷却，因而扩大了风险和故障范围。如果采用高密度方案，仅需要 40 台机架，因而可以大大降低风险和故障范围。采用直膨式空调 + 密闭通道的模块化数据中心，因为空气的热惯性较小，因此需要更快地对冷却故障进行自动反应。可以将直膨式空调的风扇和压缩机接入发电机或 UPS 供电系统，以便获得更快的控制反馈时间。这些设备在正式运行前，都需要作为一个完整系统而进行测试，来检验其是否满足设计要求。

大部分模块化数据中心不会部署在造价几百万美元的建筑内，因此设计时需要充分考虑其运行环境。对于直接使用室外冷空气、部署密集，或者位于建筑内部或过于接近建筑的模块化数据中心，还应注意其气流组织。部署时不但要保证 IT 有足够的进风，同时还要保证排风畅通无阻。可以将 IT 模组置于风口，但冷凝器、发电机等设备因为需要特定的气流通风，所以其部署地点要单独设立。使用风侧节能的楼宇型数据中心，与模块化数据中心一样，也要面临空气质量问题，因为一旦遭遇烟气、火山灰等，就需要增加过滤装置来保障冷却系统正常使用。同样，对于绝热冷却设备或水侧节能设备，需要充分考虑水质和水处理。电能质量也会影响数据中心的 PUE 值，因为数据中心很少有容性负载，所以对于超前/滞后功率因数、相位不平衡或谐波等问题需要提前考虑接受范围和处理方案。在恶劣天气下，运维人员仍然需要进入数据中心，因此需要设计雨棚或其他设施来提供必要的遮挡和安全保护。如果模块化数据中心不是部署在大的园区，那么像防雷、接地、排水、消防、安防、内部通信等支持系统也需要提前考虑和设计。如果模块化数据中心部署在园区，那么就需要在消防、安防等系统上符合园区整体要求。

世界上有成千上万的懂得数据中心运行维护的专业人员。确保你的模块化数据中心可以找到合适的、拥有前瞻性思维的人。如果你的模块化数据中心远离工作地点，对于风扇、盘管、变压器等关键设备，需要在现场配备必要配件。即使模块化数据中心靠近你的办公室，由于生产周期的限制，关键的或专用的配件也是需要规划的。模块化数据中心相对传统数据中心在空间上更加紧凑，运行环境更加严峻，所以对于在如此狭小空间内操作人员的培训就显得十分重要。某些规定，如 OSHA，对于人员在恶劣环境下，如热通道、自然冷却系统所处的高温室外环境等的工作时间都有严格的限制，这些与传统楼宇数据中心都有着很大不同。

图 4.22 所示为部署在同一场地两种模块化数据中心。右侧是基于标准集装箱的模块化数据中心，而左侧的模块化数据中心根据内部 IT 部署和现场部署环境做了特殊的改动。如今，在各个项目现场部署了数百个定制化改动的模块化数据中心，也有了许多的经验教训。

- 在模块化数据中心部署过程中，所有的门都会承受非常大的力，所以对门本身及五金配件的质量要求非常高。因此，尽量仅在需要的地方使用大尺寸的货运通道门。所有的门必须能够在 15 年的使用寿命内完全对室外环境或气体灭火提供密闭环境。

- 有时，内部的再次精装修会要求更简单建筑界面，如滑动门的空隙、二层通道，并需要符合当地的建筑规范。

图 4.22 部署在同一场地的两种模块化数据中心
（Hewlett-Packard 公司提供）。
注：左侧为 20ft 水冷定制模块化数据中心，
右侧为 40ft 标准集装箱模块化数据中心。

- 现有辅助系统（BMS、消防、安防等）的兼容性要求，需要对模块化数据中心进行定制化设计，一个更为灵活的接口来连接现有系统。
- 由于气候环境限制，最好不采用顶部电缆进线。

在本章中，我们看到了很多模块化数据中心灵活性要求的案例，大部分是基于现有的部署。在收集模块化数据中心的"期望需求"时，需要注意与供应商的沟通，因为你期望实现的功能，很可能并不是所有供应商设备的通用属性。这一点很重要，因为一旦提高了定制化比例，必然会导致生产周期的延长，从而影响整体数据中心的建设。图4.23 对比了从项目开始到 IT 运行的周期。与传统数据中心一样，场地准备花费了最多的时间，然后模组才可以根据进度要求运输至项目现场，进行最后的组装。增加定制化要求，如特定的门或安防需求，需要延长施工周期，因为工程师必须对产品进行定制化修改。同样，部署一个像图 4.22 中左侧所示的定制化模组，对实施场地的设计也需要更加详细。定制化模组的生产时间较标准模组更长，如图 4.22 所示，左侧定制化模组为 43 周，而右侧标准模组仅需要 28 周。整体项目一共花费了 78 周的时间，尽管看起来降低了效率，但与传统数据中心项目相比，仍然大大缩短了建设周期。

传统数据中心的验证测试现在已经非常普遍，不存在"什么时候""怎样操作""什么人来实施"等问题。模块化数据中心的出现，对测试验证工作降低成本和缩短时间提供了机会。作为产品设计的一部分，模组供应商通常可以提供工厂内的级别 3 和级别 4 产品性能测试。因此，现场测试仅需关注级别 5 的系统集成测试。

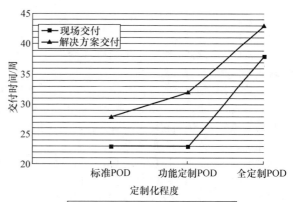

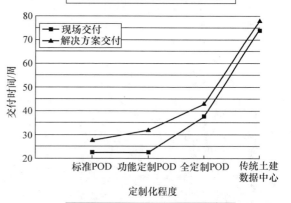

图 4.23 标准 MDC、定制 MDC、传统数据中心
交付时间对比（Hewlett-Packard 公司提供）

当测试工作开始时，第一个要考虑的问题就是"从哪里开始？""IT、暖通、电力的负载有多少？"。对于 IT 模组，可能在工厂生产组装时已经进行过带载测试，现在仅需对其进行连续性测试。由于测试需要用到数十条供电回路，业主方何时接收 IT 设备是业主方在这个阶段需要考虑的问题。如果测试的 IT 设备数量非常多，必然会有一些故障，因此业主方需要考虑如何处理这些故障。电力线路可以在工厂进行带载的连续性测试，也可以在现场仅对部分支路进行功能性测试。对冷却系统的测试，因为要根据业主对舒适性的要求和性能的确认，因此包含许多选项，以及对成本的评估。

理想情况下，IT 供应商会在预配置完成的设备上运行一些类似 Linpack 的通用测试软件，在工厂和交付现场进行两次测试。但是，用户的软件可能与测试软件并不兼容，所以交付现场的测试可能仅限于对 IT 负载的功耗进行测试。如果备用机架是开放的,或者为了测试高密度环境下的 IT 运行状态,现场部署假负载会是一个很好的选择。最后,可以再移除部分机架,以验证设计条件下的模块化数据中心运行状态。

数据中心如果对通道有密闭性需求,就需要考虑假负载的成本、样式和生产时间。机架式假负载是最优的选择,因为它模拟了服务器的工作状态,避免了冷空气漏风,但也需要更多的电力支持。最理想的方式是,使用 IT 供电线路来运行假负载,但从供电支路上引出临时配电在实施上可能会更为简单。为了保证测试环境更接近真实场景,IT 供应商可以在工厂测试时使用图 4.24 所示的服务器式假负载。这个过程在部署现场也可以再次实施。通过运行 IT 满载测试软件和新增机架式假负载,可以实现对总体电力和冷却系统的测试,甚至包括假设的故障状态。

图 4.24 通过假负载进行服务器气流和通道密闭测试
(Hewlett-Packard 公司提供)

一般情况不推荐使用 50kW 或 100kW 的地板安装式假负载,因为将这类大型假负载安装集成到模块化数据中心并模拟出 IT 设备的运行状态,可能需要花费大量的时间和成本。

4.6 如何选择模块化数据中心供应商

选择构建模块化数据中心合作方最关键的一点是需要思考你的 IT 和数据中心在未来的 12~36 个月是什么样子。如果自己无法预测,那么最好是请一个咨询方帮助你来预测。寻找他们已有的项目经验和用户的反馈;寻找那些经营稳定的公司,才能让他们的保修期承诺变成现实。如果你自己有足够的理由或足够的工程建设经验,你可以自己判定谁更适合。如果你没有经验,可以选择那些能够提供"交钥匙"服务或最优服务的供应商。如果你对你想要什么类型的数据中心有太多的不确定性,可

通过资料需求(RFI)来获取数据中心的建设标准和场地情况说明。

在招标(RFP)阶段,征集 3~5 套提案,然后与各个供应商当面商谈,并多进行几次走访,然后再最终决定你的合作单位。下面有几个例子,可以应用在你的合同中:

• 目视检查的时间、地点需要列入进度表并准确定义说明。

• 文字说明每个施工阶段需要的支持类型。

• 交付成果和职责划分非常重要。

施工总包或建筑总包这样的单一大合同,可能无法适用所有模块化数据中心供应商,因为你可能会有非常多的定制设备。在合同签订前,如果无法完成所有书面文件,可以选择主要设备的资料,以便满足最基本的需要。

4.7 外部因素

建设一个新的数据中心,或者对既有的数据中心进行扩建,都必须符合政府的税务规范和公司内部的财务政策,因为往往涉及巨大的投资和税金。而模块化数据中心解决方案,通常在很多方面会模糊 IT 设备和基础设施的界限。因此,这种构建方法为业主方提供了最大的灵活性,以使用可用的贷款资金来完成既定目标。服务器和存储设备通常被认为是 IT 硬件,而其他永久性的支持设施,如为延长发电机运行的地下储油罐等,通常被认为是设施的改善。在模块化数据中心建设项目中,许多模组既可以被定义为建筑解决方案,也可以被定义为 IT 解决方案,这将为交税最小化,以及使用现有预算提供了最大的灵活性。

模块化数据中心建设的另外两个财务考量是通过增加工程建筑施工来支持增量融资模式。通过改变模组用途来满足不同客户的需求,以获得更大的租金收益,也可以将原本为基础设施的投资划入成本模型中。

其他税务问题可以根据企业本身或当地主管部门的需求分成相似的类别:费用与资本,拖车费用划为暂付款,集装箱成本可以分摊为 5 年;如果是楼宇型数据中心,可以划归为生命保障设施等。

为了避免不必要的麻烦,可以在当地主管政府部门的协助下,对数据中心进行认证。有些模块化数据中心供应商已经被 NRTL 列为信息技术产品 UL60950 认证目录的厂商。

行业内最近正在推行新的认证规范 UL2755

（http://www.ul.com/global/eng/pages/offerings/industries/hightech/informationtechnology/ul2755/）。一旦这些规范实施，各个供应商必然需要遵守其要求，你也需要在实施数据中心建设前了解这些规范内容。

4.8 发展趋势及结论

技术和商业模式的不断进步推动了模块化数据中心项目的发展。在数据中心出现的最初几十年，它被认为是大型稳定的投资。这些项目有着稳定的增长和运行模型，IT 设备变得更小，在同样空间内可以安装的设备变得更多。在今天，IT 行业充满了小型、中型或大型的业务，它们是新的、已存在的和重新发明的。所有这些因为需求的变化，导致技术也一直在不断地增长、收缩。仅仅 10 年前，新的手机增加了全键键盘，并将尺寸减小了 30%，而今天，手机的功能甚至堪比最新的笔记本计算机。IT 的转变，也改变了存放 IT 设备的数据中心。

数据中心的经营者也不再仅限于大型稳定的公司，而变得更加广泛，其中就包括提供数据中心场地的出租业务——主机托管服务商，这就导致在过去 12～15 年建设的缺少灵活性的大型数据中心已经不再适用于今天的业务需求，而模块化数据中心则可以从多个方面满足这些需求。如前所述，由于模块化数据中心的灵活性，可以根据需求的增长而逐步增加数据中心的容量，使容量高于实际需求，但仅比需求高出一点点。另一个方面，对于模块化数据中心，一旦需求容量降低，可以通过关闭或休眠部分模组以降低运营成本，同时通过保留电力供给，为业务恢复做好准备。这样的操作可以在数据中心需求发生重大变化时，大大节省运营成本、减少 CO_2 的排放。与基础设施相比，模块化数据中心的一个颠覆性技术就是模组的可替换性。假设一家公司在最开始准备部署高性能计算设备，他们可能需要对大约 10000ft^2（1ft^2 = 0.0929030m^2）的传统机房进行重建，来支持可能很小的一个高性能计算机房，而其他区域的数据中心功能只能被放弃。如果采用模块化数据中心，那么他们可以使用更先进的技术，对部分模组进行改造或直接更换部分模组，以满足实际需求，也可以随便随部署，不需要预先规划好预留的几十个机架。

模块化的发展趋势逐步形成了它的竞争优势。通过模块化，了解 IT 的级别需求，可以给你更高的灵活性，甚至可以通过机架功率密度来规划 36 个月以后的 IT 和应用。

需要记住，模块化数据中心和传统数据中心一样需要巨大的投资。好的计划，决定了交付的时间。咨询顾问、建筑工程公司和总包单位都同样重要。验证测试是检验项目的关键程序。尽管模块化数据中心的部署和传统数据中心的建设相似，但也存在很多的不同，你和你的总包单位需要了解这些差异。

为了支持云计算、高性能计算及其他服务，大型箱体内的 IT 设备和支持设备的部署会更加紧凑。这个趋势也会影响数据中心的各个方面，会导致更少的数据中心运维人员需要管理更多的设备。

更多的地方政府希望数据中心及就业的本地化。本地就业会面临一定挑战，因为模块化数据中心的很多模组并不在本地生产。有些地方政府对新数据中心的建设持鼓励态度，并希望在其权利管辖范围内通过新的商业模式优化税收。模块化并不一定意味着可移动，但一个可在 6 个月内重复使用的模块化数据中心绝对可以更有效地改变政策导向。

延伸阅读

- The Green Grid, http://www.thegreengrid.org/~/media/WhitePapers/WP42-DeployingAndUsingContainerizedModularDataCenterFacilities.pdf?lang=en
- Many companies in the industry are active participants in modular data center design and have their own websites. While this list is not comprehensive, all of these companies and organizations have source material on the subject.
- HP, IBM, Dell, SGI, Cisco, Oracle, Google, eBay, Emerson, ActivePower, Eaton, Gartner, Forrester, IDC, Tier1/The Uptime Institute, greenM3, ASHRAE, OpenComputeProject, UL, The Energy Efficient HPC Working Group, Datacenterdynamics and LinkedIn
- APC, http://www.apcmedia.com/salestools/WTOL-8NDS37_R0_EN.pdf
- http://www.apcmedia.com/salestools/WTOL-7NGRBS_R1_EN.pdf
- Microsoft, http://loosebolts.wordpress.com/2008/12/02/our-vision-for-generation-4-modulardata-centers-one-way-of-getting-it-just-right/
- http://loosebolts.wordpress.com/2009/10/29/a-practical-guide-to-the-early-days-of-datacenter-containers/
- LBNL/DOE, http://hightech.lbl.gov/documents/data_centers/modular-dc-procurementguide.pdf
- Rich Miller, http://www.datacenterknowledge.com/archives/2012/02/06/the-state-ofthe-modular-data-center/
- John Rath, http://www.datacenterknowledge.com/archives/2011/10/17/dck-guide-tomodular-data-centers/
- http://www.datacenterknowledge.com/archives/2011/05/24/video-what-doesmodular-mean/
- http://www.datacenterknowledge.com/archives/2006/10/18/suns-blackbox-gamechanger-or-niche-product/
- http://www.datacenterknowledge.com/archives/2008/04/01/microsoft-embraces-datacenter-containers/
- http://www.computerworld.com/s/article/357678/Make_Mine_Modular

第5章 数据中心选址

美国佐治亚州，K. J. Baudry 公司　肯·博德里（Ken Baudry）　著
中国建筑标准设计研究院有限公司　吴晓晖　译

5.1 引言

几乎所有的数据中心灾难都可以追溯到设施在选址、设计、建造和维护阶段的错误决策。本章从设定目标、建立团队、过程检查和选择考量开始，旨在帮助你找到正确的组合，并消除因选址不当而导致失败的情况。同时，本章对行业趋势进行了总结，并且对它们如何影响数据中心选址进行了阐述。

选址是一个识别、评估并最终确定一个地址的过程。在这种背景下，一个地址是一个社区、城市或其他人口稠密的区域，具有基础设施（街道和公共设施）和核心服务，如治安、消防、安全、教育、公园和娱乐等。这个定义并不意味着满足所有的设施要求，即众所周知的"完美"位置。但是，经验表明，除非有些组织是真的有这个想法，很少有这样的位置拥有支持一个数据中心所需的关键设施（电力和光纤）和核心需求。大多数组织都会因为考虑建造成本和物流成本而放弃这个想法。

选址应尽可能是全面的和简单的，并且能够满足组织的目标。事实上，它需要咨询很多问题，收集大量信息，拜访潜在的群体，也可能需要咨询当地的经济和发展管理部门。

进行广泛的选址背后的动机往往是经济方面的考虑，即获得最小的总体拥有成本（TCO）。虽然选址过程试图为最终的决策建立客观的基础，但它依赖于对未来条件的估计和假设，常常包含一些具有经济价值但不容易被纳入经济模型考量的标准。这些标准包括市场、政治、社会责任（如回馈社会）和生活质量问题等多个方面。这些问题往往是主观的，在决策矩阵中所占的比重往往比经济学所建议的要大。最终结果是，选址过程往往是一个基于经济标准的选址淘汰过程，直到清单被削减到一些具有类似特征的地址。最后的决定往往是主观的。

不存在唯一的"最佳地点"，选址的目标是选择满足要求、不违反任何现状限制条件，并且与选择标准匹配的地点。

一般来说，选址是为了确保所选地点有足够的发展机会。但是，在选址的过程中需要寻找特定的机会（现有可以直接使用或可以改造的数据中心，可被改造的建筑、基地或未开发的土地）。在选址公告之前，通常有谈判优势，特定设施或财产可能会成为候选地点之间的决定性因素。

5.2 地点和设施的寻找

本章中包含的大部分讨论都是基于从头开始选择一个数据中心的地点，即"一个褐色地点"（形容未开发土地的颜色，译者注）。但是，还有其他可行的数据中心获取策略，如购买或租赁现有数据中心、单租户数据中心或公用租赁数据中心。对于公用和现有的基础设施，大部分调查工作应该已经完成。用户的一些要求和问题，如电力公司费率和税收优惠等，都已经由开发商协商完成。

仍然需要了解你想要实现的目标及要求，认为开发者具有超强的能力能够满足你的全部需求，那就大错特错了。数据中心并非一刀切的选择，现有的数据中心可能位于与业务无关的地方。可能是原始的租户选择了该位置，因为它是传承的地方。

你仍然需要将所搜集的信息和需求进行对比，分析每个潜在设施的总体拥有成本（TCO，译者注）。在许多情况下，造价最低的方案可能并不是最佳的经济方案。最佳的经济方案可能是拥有最优电力费用的方案，或者是当地气候能够提供更多节能机会的方案。

5.3 全球化和光速

全球化一直存在，当初，一群冒险家离开一个地区到另一个地区寻求更多的财富，全球化就开始存在了。如今，企业为其产品寻找有竞争力的原材料、劳动力和新市场资源，而这在很大程度上是由

经济驱动的。特别是航空旅行、语音和数据通信等技术，使组织比以往任何时候都更有可能考虑海外的地点。

历史上，企业在海外设立工厂是为了获取原材料或廉价劳动力，并逃避其原产国的税收、安全和监管政策。对我们来说，问题是"将数据中心设在海外是否有经济利益？"

如今，数据中心设在海外的动机与过去对原材料和廉价劳动力的考虑大不相同。数据中心不像制造业和呼叫中心那样需要大量的劳动力，而且它们也不受原材料的限制。数据中心几乎可以设置在任何电力资源丰富、网络发达的地方。

由于需要考虑税收结构、法律、不动产所有权、数据安全等方面的差异，为在国外选址增加了一层复杂性。然而，有一个差异是不变的，即通信信号的传播速度不能超过光速。

例如，考虑一条从印度孟买到美国纽约的路线。在自由空间中，光速为 299792km/s，比光纤稍慢一点，但为了简单起见，忽略这一点。该距离约为 7800mile（1mile = 1609.344m），假设光纤路径比直线路径长 50%，则信号单向传播大约需要 70ms（1ms 等于 0.001s）。这个数字不包括网络接口、传输设备等的延迟。因此，除非爱因斯坦错了，70ms 是最短的信号延迟。

今天，美国和印度之间的预期延迟为 250～500ms。随着时间的推移，网络改进可能会使这个数字下降到大约 200ms。信号延迟如何限制地点的选择在很大程度上取决于使用的应用程序。

最常见的对延迟敏感应用程序之一是存储阵列复制。在数据复制中，应用程序会将数据写入磁盘或存储阵列，并且阵列会将数据复制到远程阵列。当确认数据已成功写入时，事务就完成了。如果延迟时间过长，则性能会严重下降。其他对延迟敏感的应用程序有面向交易的应用程序，如银行和零售。由于交易频率非常高，延迟必须非常短，并且为了满足高要求，需要有应对突发事件的能力。

毫无疑问，一些组织将通过选择在海外实现巨大收益。但这也存在挑战，并不是所有数据中心都适合将地点选在海外。

5.3.1 选址团队

与其他许多活动的流程一样，选址需要付出努力，有明确的期望，具有明确的可交付成果节点的进度计划表，需要与利益相关方进行良好的沟通。这些都不会自发进行。

项目管理是一门艺术。它通过定义和组织工作，与领导利益相关者相互沟通，以及在约束的范围内推动决策，并最终获得成功。

项目管理是设置指标以获得持续的绩效反馈，并相应调整以保持其正常运行。项目经理是一种职业，其角色不容小觑。如果公司内部人员不能满足要求，那么应该在组织之外寻找。

在大多数项目中，项目失败的一些关键原因都是相似的：

- 缺乏用户参与。
- 不切实际的期望。
- 不完备的要求和不受支持的标准。
- 缺乏规划。
- 缺乏管理者的支持。

在选址前，确定潜在的团队成员并开始构建团队非常重要。对于你的成功来说，在"什么时候"把团队带进项目和"带"谁进入项目同等重要。关于成本和可行性的假设通常在项目早期就已经做出，在主题专家（SMEs）加入前，确定项目目标是不现实的，往往需要调整，这会给项目带来厄运。你应使团队在流程的早期就参与进来，以避免出现这样的错误，并建立合理的标准和制度。

当建立选址团队时，应该与主要管理人员进行交流并征求他们的建议；通过尽早让他们参与，并以简洁有效的方式报告进展情况，从而获得他们的支持。如果你是总经理，那应该邀请董事会、投资委员会和主要下属参与进来，因为你在项目推进时也需要他们的支持。这么做能使成员更好地理解项目，并确定谁将参与项目，谁与项目无关。

选址顾问的选择是关键，一个好的选址顾问不仅是一个专家，也是一个导师。他不仅会指导你完成选址过程，还会了解经济发展机构的期望。他知道在哪里获得答案，了解行业中的其他专业资源，并了解如何评估提案。他会明白什么时候结束选址，以及如何结束选址。他将提供建议并帮助你做出正确的决策。在许多情况下，他可以在开始选址前根据自身的经验淘汰一些地点，从而节省时间和金钱。

选址团队需要各方面的专家，如数据中心规划人员、数据中心顾问、建筑师、工程师、律师、税务会计师和房地产经纪人。站点之间的预期成本差异越大，对专家的需求就越大。

建筑师只需对所需的空间进行初步估算，如果建筑成本被认为是相同的，则无论选在哪里，建筑成本都是相同的。需要一名工程师来计算拟建设施的电力消耗概况、能耗和需求。可以聘请公用事业专家来评估每个潜在地点的能源成本。

当建立一个团队时，顾问和供应商之间通常会有区别。顾问通常会收取服务费，供应商通常会免费或以最低的费用提供初步支持，以期在项目后期进行大额销售。供应商包括协助选址的房地产经纪公司、执行初步设计和编制预算的总承包商和其他公司。应该用最好的资源来武装自己，关键是这些资源是有经验、有能力、可信任的，可以为自己创造最佳的利益，这三者都很重要。

5.3.2 选址的本质

选址的一些特征需要特别提及：它通常是秘密进行的，不是一个搜索的过程，而是一个淘汰的过程。在某一个时期，继续这个过程将不再产生更多的价值。

5.3.2.1 保密

通常情况下，选址都是秘密进行的。原因很多，包括：

- 选址并不总是导致搬迁或新设施的开发，宣布选址而没有后期跟进会被视为失败。
- 选址的新闻可能会引起员工对现有设施关闭的担忧。
- 过早披露计划会对企业的竞争不利。
- 一旦消息传出，你将会被想来分一杯羹的供应商淹没。

无论什么原因，管理层都希望选址秘密进行。大多数选址顾问都会意识到这一点。随着团队规模的扩大和选址的进行，需要团队之外的资源，如设备供应商的参与，很可能在漫长的选址结束时，会有很多人知道你的选址信息。

如果保密对组织很重要，那么就需要采取预防措施。第一步应该是与每个团队成员签署保密协议。一旦完成了选址，许多顾问将执行新的任务，及时的提醒可以非常有效地防止信息泄露。

一些公司为其选址项目提供了代码名称，这很有效，因为它为每个人提供了一个使用的名称，并且不断提醒项目是秘密的。

在保密方面，我们自己往往是最大的敌人。许多人不知不觉地通过佩戴带有图片 ID 的公司门禁卡、穿着或带有公司徽标的钢笔或写字夹板、发放名片等途径来泄露秘密，并且打电话过程中的电话号码也可以很容易地追溯到公司，从而泄露秘密等，甚至讨论你的旅行安排和家庭住址时，也可能为有心人提供重要的线索。虽然这些事情都是显而易见的，但也是我们容易忘记处理的事情。如果你真的想要保密，你将不遗余力，让你的选址顾问处理所有的通信。

5.3.2.2 淘汰过程

选址可能有点用词不当，因为它更像是一个淘汰过程而不是选择过程。它始于宽泛的可能性，并通过几轮淘汰（图 5.1）。最宽泛的标准适用于第一轮，以淘汰大多数地点并缩小搜索范围。广泛的标准通常是地理标准，如北美、欧洲、人口 500 万以上的城市、在业务区域范围内等。

每一轮都使用更具选择性的标准，直到所有的被淘汰，只剩下一个站点。这可能听起来有点令人生畏，但在实践中，选址可能性的数量迅速下降，并且很快就缩小到十几个。

当它下降到两个或三个站点时，剩余的地址在经济学方面都非常相似，选址变得比较主观。在此阶段，组织可能会根据感知淘汰预期站点，而以前未知的标准可能会成为区分剩余站点的一种方式。

有一件事是肯定的，一旦你宣布了最终选择，就结束了。没有更多的优惠可以赢得，也没有更多的交易要做。重要的是要让两三个候选地点积极参与，直到最后。

5.3.2.3 相对成本与收益递减规律

估算所有成本对于资金决策很重要，可以作为整体项目战略的一部分进行制定，但只要我们的地点没有区别，那么这个就并不是决定的关键。出于选址的目的，仅需要比较地址之间不同的成本。例如，如果操作系统和应用程序的许可费用无论在何处部署都是相同的，那么这不是需要作为选址过程应该评估的成本。

选址涉及许多对未来事务的预测：你需要多少功率、多少增长速度，你将雇用多少人，政治和经济环境将如何随时间变化等。选址是有成本的，在某种程度上，获取更多信息、进行更多分析和完善评估的成本开始超过可能获得的收益。

最后，担心那些对选址决策不重要或不关键的成本，以及过度分析成本，往往只会延迟决策。可能会有一个明确的选择，但往往会有两三个站点都很适合；如果你前期做得很好，这些站点都非常相似。此时，额外的分析不太可能改善你的决策，那么选址就结束了。

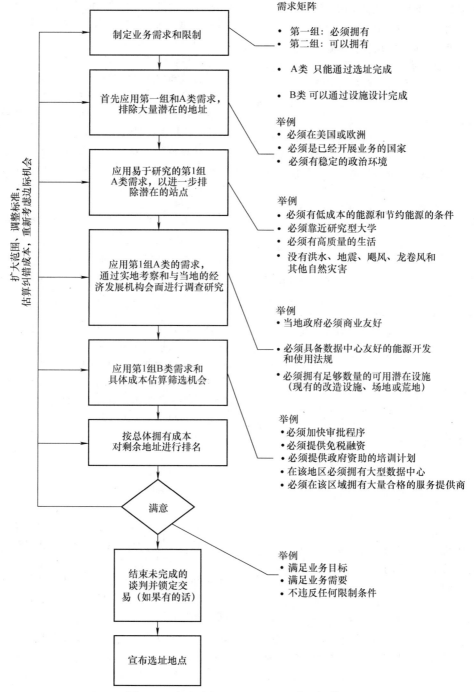

图 5.1 选址过程（K. J. Baudry 公司提供）

5.4 选址过程

选址可以归结为以下几个关键点：
- 制定业务需求和限制条件。
- 定义选址地理区域。
- 定义选址标准。
- 筛选机会。
- 评估"短名单"。
- 完成选址。

5.4.1 制定业务需求和限制条件

选址的第一个活动是定义业务需求。进行选址的典型动机可能包括支持增长、降低成本、扩展新市场等。需求是开展业务所必需的因素，包括空间、电力、冷却、通信等。有些人可能会添加"一种可盈利的方式"，而一些人可能认为盈利能力不是需求的一部分。

该行业已经创建了自己的规则和术语，包括需求、约束、标准等，不要对这些术语之间的微妙差异过于介意。你最终需要做的是一系列陈述，这些陈述定义了你想要什么结果，并由谁将结果分为"必须拥有"（如果没有，业务无法开展，译者注）和"如果负担得起，可以获得的话可以拥有"（可协商），按优先级排序，最后是对成本和实用性的粗略预期。

根据定义，你会认为"需求"必须得到满足。但现实是，需求来自一群具有不同动机、恐惧和担忧的利益相关者。有些更多的是感觉上的而不是真实的。它们经常彼此冲突，有些比另一些更重要。作为编制目录和排序需求的一部分，你需要去解决这些冲突。

你可以在电子表格、数据库或基于 Web 的 Intranet 协作工具中编制目录和跟踪此类信息。还有一些可用的专门的"需求管理"类型的产品。如何做到这一点并不重要，重要的是如何做好并记录在案。

在所有情况下，当一个组织为选址提供资金时，他们非常清楚想要完成什么，并且有一个类似于需求列表的东西。成功的关键是刷新这个列表，淘汰业务不支持的需求，增加缺少的需求，并在决策者之间建立共识。

一个好的起点是看为什么要寻找新的地址，并确定从这项工作中获得的收益的期望是否合理。即使选址的原因看起来很明显，也总是存在替代方案，而且当最终成本估算汇总在一起时，也经常会发生变化。一个组织可能选择翻新现有的数据中心而不是重新建设，可能会决定新的数据中心不能得到用户（销售收入）的支持，或者可能会发现尽管有着廉价的电力，但这廉价的电力充其量是一个转瞬即逝的机会。

第一次高级别方案的通过应基于我们今天所知道的，以及任何可以及时、廉价地收集到的其他信息。如果关键业务需求是降低运营费用，并且如果在其他地方可以获得更便宜的电力，那么采购电力调查/报告和行业平均建设成本报告，可以对潜在的年度节能量和潜在的回报进行第一轮估算。这项工作可能会证实、改变或否定选址的预期，从而为组织节省时间和费用。

应以这种方式对每项需求和期望提出质疑，并假设行政和业务单位对此工作进行支持。不要认为符合一个业务部门利益的就是符合所有业务部门的最佳利益。需要花费一些时间和精力与利益相关者（即对结果有兴趣的任何人）确认初始项目计划。这可能包括高级管理层和将使用该设施的业务部门、客户、顾问等。目的不是在选址开始前就扼杀它，但如果一个选址从开始就很糟糕，那么结果通常也会很糟糕。

令人意外的是，组织真正需求或想要的问题在选址开始时往往没有得到良好的解决，而是在中途才被提出，这种情况在最后阶段将导致拖延和错失机会。它还可能在你的利益相关者之间和你的业务当地经济发展部门领导人之间造成混淆。

一些"看似合理"但实际上详细或不切实际的标准在开始选址时有可能淘汰潜在的地点，并且往往会使选址陷入困境，而这些细节，在选址过程中往往要经过进一步的处理才能看得到。另一方面，用太少的或不完整的标准进行选址会浪费很多时间。当听起来不知道自己在做什么时，人们会反应迟钝，也不会全力以赴。

无论你如何努力地建立一支优秀的团队（图 5.2），也会有一些成员不是你自己选择的，其中的一些成员可能会不合作，并会提出一些不切实际的标准，从而影响选址的成功。重要的是，不适当的标准不要让它进入你的选址列表内。此外，通常会发现某个需求不容易满足，或者满足某个需求的成本过高，可能会有其他原因来纠正这些需求。

在变化时要谨慎并竭尽全力，但请记住，目标不是不惜一切代价遵守需求清单，而是为业务做出正确的决定。当业务条件发生变化时，最初的需求可能不再合适。

5.4.2 第 1 轮 – 定义地理选址区域

地理区域的选择通常是选址团队用来缩小可能性范围的第一个限制条件。为什么？首先，因为该过程是一个淘汰过程，并且通常比其他限制更能排除更多的潜在地点。其次，所需的研究和努力几乎为零。基于这两点，这个方法更划算。

地理区域的选择应该是合理的。请记住，通常存在合法的需求或限制，它们可能与成本无直接关系，也不易估计或计算。

```
典型选址团队成员                    ○ 提供如建设承包商和预防性维护
  • 过程管理者                         供应商的业务和支持服务
  • 相关利益者
    ○ 用户                          • 营业费用
    ○ 员工                            ○ 能源成本低
    ○ 股东                            ○ 节约能源的环保机会
    ○ 项目经理                        ○ 低物业税和所得税
    ○ C级赞助商                       ○ 政府资助的培训计划
  • 顾问及供应商
    ○ 选址顾问                     • 地方和区域灾害低风险
    ○ 建筑师和设计师                  ○ 不受自然灾害影响：飓风、龙卷风、
    ○ 电力及能源采购经纪人               季风、洪水、地震、山体滑坡、
    ○ 网络及通信专家                    野火等
    ○ 成本分析会计                    ○ 靠近运输干道（铁路、公路和航空）
    ○ 税务会计
    ○ 律师                            ○ 靠近石化厂
    ○ 建筑承包商                      ○ 靠近核电站
    ○ 数据中心搬迁顾问
    ○ 人力资源专家                 • 生活质量
                                     ○ 低成本和低房价
典型选址考虑                         ○ 短的通勤时间
  • 地缘政治                         ○ 配偶和儿童的就业和教育
    ○ 稳定的政府                    ○ 为居民提供全年游乐场的一种环
    ○ 商业友好型政府                   境，这里有充足的山地、湖泊、
    ○ 优惠的税率和政策                  河流和海滩
    ○ 有利的能源生产和使用法规         ○ 大的体育场和剧院
                                     ○ 世界级文化景点
  • 基础设施                         ○ 令人兴奋的夜生活和旅行便利
    ○ 光纤网络
    ○ 电力容量和可靠性
    ○ 水及污水系统
    ○ 交通便利（公路和机场）
    ○ 市政服务，如安保、安全、
      医疗和保健
```

图 5.2 典型的选址团队成员和标准（K. J. Baudry 公司提供）

• 电力公司或其他受监管的公用事业公司可能会将选址区域定义为它们的服务区域，对其服务区域之外不提供相应的服务。

• 具有敏感客户信用数据的银行可能会根据本国数据监管要求将其选址限制在国内。

• 可口可乐（Coca - Cola）或家得宝（Home Depot）等国际业务公司可能选址在任何一个销售额巨大且有助于其增长年收入的国家，以对选址所在社区进行某些反馈。

• 一个区域性组织如果需要重新安置员工到新的地点，选址可能会限制在所在地区人口为 100 万～500 万的城市，这样的重新安置会使员工更容易接受。

• 当业务没有任何地域限制时，寻找成本最低的具有竞争性的供应商是选址胜出的关键。一般只是归结为可用的最便宜的站点。

如果没有充分的考虑，地理位置的限制会带来很大的风险。许多组织根据与现有设施的接近程度设定地理位置限制，假设可以获得实际效益（节省成本）。但是，这种假设几乎没有根据。与其他成本节省，如节省能源成本，以及可以在当地获得的税收优惠相比，可能从附近的总部、办公室、仓库或其他设施获得的任何运营支持或便利性通常都是微不足道的。由于非关联并购、破产等原因，可能在其他地区能够以大幅度折扣租赁或购买现有设施。

一旦有了选址区域，就需要开发潜在的地区列表。考虑所涉及的成本，超过 20 个可能是太多了。

你的选址顾问可能会基于他们的相关经验建议淘汰一些地址，但如果少于 12 个，那么当你应用更详细的标准削减名单时，可能最终找不到任何可以接受的选项。

5.4.3 第 2 轮－选址标准

为了便于展示，我们选择了以连续的方式呈现这些信息。根据你的计划和组织愿意投入的程度，在开始选址之前将需求和选择标准的声明作为连续事件是有好处的。考虑到这一点，可能会将需要很少研究的选择标准纳入第一轮。这种想法是在需要进行深入研究之前淘汰尽可能多的可能性。

以下部分确定了选址时许多数据中心用户常见的问题。该清单并不全面，但涵盖了主要领域。某些项目可能不适用，具体取决于你所在组织的类型和行业。

对于这些项目中的每一项，评估它们如何影响你的决策，以及如果它们产生影响，怎样才能最好地处理他们。

5.4.3.1 政治环境

多数国家政府，特别是新兴经济体，已经减少了市场准入、资产私有化的壁垒，鼓励资本进行投资。当在海外选址时，你可能会受到热烈的欢迎。但是，在以下方面可能存在重大挑战：

- 安全。
- 法律。
- 监管。
- 就业。
- 财产所有权和投资。
- 审查制度。

5.4.3.2 员工的生活质量

数据中心的运行需要一些员工。在许多情况下，生活质量问题可能并不重要，因为员工将在当地招聘。但是，如果一个组织计划重新安置员工，那么生活质量问题对于留住员工将变得非常重要。员工关注的问题如下：

- 低房价、税费和能源成本。
- 通勤时间短。
- 配偶和子女的就业和教育机会。
- 为居民提供全年游乐的环境，这里有足够的山地、湖泊、河流和海滩。
- 娱乐，包括大体育场和剧院。
- 世界级的文化景点。
- 令人兴奋的夜生活。
- 旅行便利等。

《福布斯》《商业周刊》和《时代杂志》等众多出版物都发布了"十大"名单。从大学毕业生、企业家到技术、高科技企业等多个维度评定最适合的城市，为这类信息的收集提供了良好的资源。

5.4.3.3 商业环境

选址主要涉及税收和其他成本，这些成本占运营费用的很大一部分。税收的形式和规模各不相同，计算方式也各不相同，每个州也不一样。从历史上看，一些地区已经看到了数据中心提供的直接和间接就业、投资和税收等方面的经济利益并将数据中心作为税收的良好来源。数据中心支付了大量的税金，而对公共服务的需求很少。他们不需要大量的污水处理，不产生垃圾，不需要配套学校，也不需要修建新的道路或额外的警务服务。对于政府来说，它是新的"无负担"收入的重要来源。

最大的单一税种通常是财产税。在许多地区，不动产、土地和建筑物的价值，以及固定装置、家具和设备的价值都要征税。你的基础设施的成本通常远远超过 1000 美元/ft^2（1ft^2 = 0.0929030m^2），并且安装的 IT 设备很容易超过这个数字，即使是低税率，每年也会有大量的支出。

当地政府通常在减免财产税方面提供激励措施，并减少为安装设施而购买设备的销售税。方案可能会有所不同，但几乎所有地区都会在一段时间内逐步推出激励措施。其他州和地方的激励措施可能包括加急许可程序、土地补助、改善道路通行、增加公共设施、退税和通过工业收入债券融资，也可能有开发区和相关的发展补助资金。许多州通过当地社区大学提供工作学分和培训课程。

你需要计算激励方案的经济效益，并将其包含在整体分析中。需要注意的是：相当大比例的税收激励（远超过 50%）没有被获取，原因在于设施运营后组织未能贯彻做法，或者由于经济条件的变化，过度增长的增长率等。例如，如果第一年的激励率最高，并且连续几年下降，那么在最初几年由于设备采购的延迟，将导致减税优惠显著减少。

当考虑海外选址时，征税方式存在差异，这会影响你的成本结构。这时团队中需要有一名会计师来评估经济模型的影响。

政治家、地方官员和经济发展组织喜欢通过宣布大交易来在新闻头条上引起轰动，而数据中心往往是高投资的大交易。这是双向的，你要向他们展示你为社区带来的价值。简而言之，你推销自己越多，获得的奖励也越多。

5.4.3.4 基础设施和服务

虽然机场、道路、水、污水处理和其他公用配套也很重要，但是最重要的两个是显而易见的，那就是数据中心必须具有电力和通信。

通信工程师通常将网络表示为云，接入电路在"A端"有一个输入/输出云，在"Z端"有一个输入/输出云。这有点简化，但却是一个很好的表示方式。输入/输出电路称为端电路或尾电路，由本地运营商（LEC）提供。它们通常可以通过运营商进行传输。

根据购买带宽的方式，你可以单次购买并获得一个账单，但很可能你的流量通过多个不同运营商的路线进行传输。拥有多个运营商意味着总是有替代者。曾经，网络连接的价格是以带宽英里为单位的；但是今天，供应和需求、本地市场竞争对手的数量和实力，以及可用容量都是带宽成本的因素。比较不同选址选项之间带宽成本的唯一方法是征求方案。

虽然小型用户可以使用铜缆、T1和T3，但许多组织将需要光纤服务、OC192或10GB电信级以太网。LEC通常使用自修复网络构建光纤网络，如同步数字体系（SDH）或同步光网络（SONET）环。这些是非常可靠的。通常情况下，可以在多个交换机上将通信交换到长途网络，从而使系统非常可靠和有弹性。

许多组织要求有两个LEC可用。其原因包括可靠性、价格和网络的不确定性。一般来说，选址往往是由财务部门发起和领导的，大多数组织不让网络工程师参与选址过程。但是，网络连接是数据中心的基本要求之一。这是一个关键的成本和性能指标，网络工程师应该被视为一个团队的关键部分，应该让网络工程师参与选址（译者注）。

电力是必不可少的另一大基础设施。负载小于5MW的小型数据中心通常可以建设在有三相电力服务的大型工业园区和办公园区。较大的数据中心需要大量的电力，可能需要与电力公司进行规划，升级配电线路和变电站，在某些情况下还需要建设专用变电站。所有这些都必须在选址前与电力公司沟通。

能源占总成本的三分之一，如果费率很高，还会更多。几乎所有的电力公司都使用相同的基本公式来设定费率：收回客户服务的资本成本，收回生产能源的成本，并为股东提供合理的回报。了解这一点对于协商最佳费率非常重要。是的，大多数公用事业公司都可以协商费率，即使它们受到公共服务委员会的监管，受监管的公用事业公司也可以像非监管公用事业一样具有竞争力。

如果你想获得最佳费率，需要知道负载曲线，并且需要让电力公司了解。你的设计可能是200W/ft^2（2176W/m^2），这很好，但这不是负载曲线。负载曲线与实际消耗的能量和消耗能量的速率有关。聘请一位了解费率并能够分析负荷特点的顾问对于协商最佳费率很重要。

谈判费率最好以合作的方式进行，分享信息，而不是以更传统的方式进行谈判，即要求很高，分享很少，而且还不断威胁将你的业务带到其他地方。要求过高的服务只会导致公用事业花费更多的钱来为你服务，更多的钱必须从你的前期投资或通过更高的费率来收回。因此，正确调整服务需求可以获得最具竞争力的价格。此外，大多数公用事业公司，无论是因为政府监管还是公司管理，都不会主动向你提供低于成本的费率，然后通过向其他客户收取更高的费率来弥补。

气候不是基础设施的一部分，但它有两个因素：首先是作为影响能源成本的因素，其次是影响生活质量的因素。你的能源成本取决于费率，但也取决于使用的能源数量。这促使空调工程师寻找降低冷却成本的途径，如在空气侧和水侧节能。当外部空气在一年中的大部分时间都是凉爽和干燥时，节能潜力会大大增加。

但是，应该考虑的不仅仅是成本；当紧急情况发生时，公用服务应急响应能力也很重要。下面举例论述：2005年9月，卡特里娜飓风摧毁了密西西比海岸。密西西比电力公司是南方的一个小型运营公司，拥有1250名员工，在11天内为近90%的客户恢复供电（10%因损坏太大而无法恢复）。他们引入了1万多名员工，提供临时帐篷、食物和水，每天燃烧14万USgal（1USgal = 3.78541dm^3）的燃料，重建了300座输电塔，超过8000根电线杆和1000mile（1mile = 1609.344m）的架空线路。附属于区域公用事业公司的小型市政公用事业公司可能无法在灾难时工作。随着持续时间的延长，在灾难期间维持运营所需的准备和后勤工作将变得更加困难。

在选址过程中，需要考虑业务连续性中的三个概念：步行、开车和飞行。在诸如地震、飓风及如911事件等重大地区事件发生后，很明显，访问主站点或后备站点，即使不是完全不可能，也将变得非常困难。道路被车辆或残骸堵塞，甚至飞机飞行也可能受到限制。如果业务连续性计划要求数据中心在紧急情况下继续运行，那么拥有多种传输方式就变得非常重要。

将维护供应商视为本地基础设施的一部分有点不

寻常。然而，预防性维护的作用与拥有冗余系统同等重要，甚至可能更重要。重要的是，供应商必须了解设备的所有信息，还必须具备在数据中心环境中工作的规则，并熟悉这些规则。如果是该地区唯一的数据中心，你可能在本地找不到合适的维护供应商。如果没有合格的维护供应商，你需要考虑这将如何影响正常维护计划，以及从故障中恢复的能力。操作员的错误，包括维护供应商的错误，占所有故障的很大比例。如果维护供应商在当地有其他重要数据中心运行的案例，则说明该供应商是可用的。

最后，如果该地区还有其他数据中心，可以请当地经济发展部门给你介绍。很可能他们在选址决策中发挥了一定的作用，并且已经建立了联系。请其中的一个联系人吃午餐，可能是你在选址过程中做得最好的投资。

5.4.3.5 房地产和建筑机会

根据需求，你可能要寻找现有的设施，以购买或租赁，或者开发过程中的站点或未开发的土地。不管需要什么，你都要确保有足够多的可选机会。

在互联网繁荣时期，一种新的商业模式，即"异地办公"应运而生。这些公司以美国企业对信息技术需求的外包为目标，在资金充足的情况下，在全国各地建立了大型的、最先进的设施，其中一些设施的成本为 1.25 亿美元或更高，面积高达 30 万 ft^2（$1ft^2 = 0.0929030m^2$）。这些公司中的许多都失败了，一些是因为糟糕的商业计划，另一些是因为他们只是超前于他们时代。这些设施以相对于建设成本的大幅度折扣投放市场，有些几乎是免费的。

今天，这样的机会很少，但偶尔会有公司合并或改变发展策略，发现他们现在拥有多余的数据中心设施。其他设施因租赁到期、增长、技术变化等而变得可用。虽然这些可能是一些公司选址的大好机会，但它们通常基于过时的标准，并且是在之前建造的，没有关注当前的能源成本。设施可能没有必要符合"现行标准"，但必须符合你的标准和需求。如有必要，应特别注意正确评估升级设施的机会和成本。

利用工业厂房或多功能园区作为我们"数据中心机会"的情况并不少见。这意味着开发商已与当地电力公司合作，将多家光纤运营商引入园区，协商减税，并为新建数据中心完成了一些步骤。但是，如果有人选择在这个地址上建立数据中心，那么它通常并不意味什么。

当选择地区时，重要的是有多个地点可用。这些地点应该具有竞争力（由不同的投资者承担），并且适合构建数据中心。重要的是，你的团队要核实所有者、经济发展机构或其他试图吸引业务的组织提出的任何要求。

如果只有一个现有设施或只有一个场地可用，则需要与相关各方一起谈判，以便同时达成交易，或者将依赖关系写入采购协议，以便任何一部分的失败都会使任何其他协议失效。

建筑成本往往是相对统一的，并且有现成的建筑指标可用于估计社区或地理区域之间的差异。开发成本、许可流程和施工要求可能因地区而异，在某些情况下，可能会对项目造成重大阻碍，尤其是在进度方面。如果你有一个目标日期，那么找到一个愿意加快许可程序的区域可能很重要。

5.4.3.6 地理、自然力和气候

避免自然力是人们所说和所做之间经常存在差异的一个领域。这在一定程度上是由于检查清单的心态：通过检查标准问题的通用清单，我们可以在自己的实际调查工作中避免这种因素的影响。

一般建议是避免因自然力造成的风险。然而，尽管地震活动风险上升加利福尼亚，仍然是大量数据中心的所在地，并仍在继续增长。美国大陆几乎一半的风速在 200mile/h（322km/h）或更高的风速范围内，并且受到龙卷风活动的影响。然而，这些地区继续引领对新数据中心设施的投资。飓风活动风险较高的东海岸地区，如纽约和华盛顿特区，仍然是可以建设数据中心的。

发生这种情况有几个原因。首先，如果有令人信服的理由需要位于特定区域，通过良好的设计和建造可以大大降低风险。其次，关键决策职位的许多人坚持认为他们需要能够让 IT 设备触手可及。对于这些人，有时被称为"服务器拥抱者"，他们认为远程操作会比自然灾害带来更多的风险。

无论原因如何，重要的是评估风险水平，确定降低风险的步骤，估算风险缓解的成本，并在财务建模中包含该成本。据调查，数据中心发生中断，自然灾害可占所有主要原因的 1%～50%。另一份报告称，与电力有关的原因为 31%，天气和洪水（包括断水）为 36%，火灾为 9%，地震为 7%。这很大程度上取决于灾难的定义和数据中心的规模，以及正在推广的产品或服务。事实上，通过良好的站点选择，适当的规划、设计和维护，可以避免许多数据中心中断的风险。

有效降低地震、龙卷风、飓风和洪水破坏风险的设计和施工技术是有必要的，虽然价格昂贵，但在考虑作为总成本的一部分时，在经济上是可行的。

虽然保护你的设施可能是可行的，但一般不可能改变当地的公用设施系统和基础设施。很多组织已经发现，在经历了像飓风之类的区域性灾难后，很容易成为一个孤岛。没有外部通信且没有补给链（燃料、食品和水）的数据中心将毫无价值。

5.4.3.7 人为风险

避免人为风险与避免自然灾害一样重要，有了人为风险，人们的要求和行为之间的差异更大。我们经常在选址清单上发现以下要求：

- 距机场 2mile。
- 距离广播设施 2mile。
- 距离主要州道或州际公路 4mile。
- 距离铁路 5mile。
- 距化工厂 10mile。
- 距离核设施 100mile。

此列表中的许多项目在首次审核时是显而易见的。然而，满载危险物品的火车和油轮每周、每天都会穿越我们的铁轨和高速公路。因此，与潜在的事故现场保持最小距离是有道理的，但大多数事故都没有包含在高速公路的通行权范围内，当你认为释放的有毒化学物质可以被风吹至数英里外时，你会发现 0.5mile、2mile 或 4mile 并没有实质性地改变风险。

现在考虑一下光纤和电力可用的地方。公用事业单位在工业园区、混合用途园区（即有商业的地方）为他们预期的客户建立网络。在有商业的地方，就存在人为危险。

重要的是要考虑所有风险，并且从短期和长期的角度来考虑。更重要的是要了解风险的性质、风险与距离之间的关系以及潜在的影响。

5.4.4 分析和淘汰机会的短名单

选址过程是围绕淘汰而建立的。为了最佳的工作效率，我们应可能多地淘汰地点。在这个过程中，我们冒着可能会淘汰一些好机会的风险。我们淘汰了一些地区，因为它们有明显的缺点。而其他地区，因为它们可能只是缺乏准备和协调工作，无法对信息请求进行可靠的响应。

我们正处于这个过程的关键时刻；我们已经淘汰了大部分地点，并列出了短名单。对每一个剩余的地区都需要进行调查，在最初几轮所做的宣传主张和声明需进行研究并获得支持，要提出具体的提案，高水平的成本估算需降低到具体的成本，协议需进行协商。如果有特定的设施进入选址决策，你可能需要建筑和工程团队对设施进行评估，创建测试匹配，确定工作范围，并准备建筑成本估算（表5.1）。对于每个站点来说，这都是一项相当大的工作，大多数组织都希望将站点数量限制为三个，即两个优先考虑者和一个替代者。

表 5.1 站点的简单列表（K. J. Baudry 公司）

序号	选择标准	权重	评级标准				
			选项 A	选项 B	选项 C	选项 D	选项 E
1	能够满足日程安排	4	2	5	2	4	1
2	财产的可用性	3	3	5	3	3	1
3	财产的价值	3	3	4	4	4	1
4	商业环境—经济激励	4	4	1	4	3	1
5	低的融资成本	3	3	1	4	3	1
6	电力供应	5	4	3	5	4	4
7	电力系统的可靠性	4	4	4	5	4	4
8	低成本的能源	5	4	3	5	4	4
9	环保和节能	3	2	5	3	4	5
10	网络的可用性	5	3	4	2	4	4
11	可靠的供应商	4	4	4	2	4	4
12	IT 人力资源	4	3	3	4	3	4
13	航空便利	4	1	3	4	4	2
14	交通便利	4	1	3	4	4	1
15	临近专业技术大学	3	1	4	3	4	1
16	能够为家庭成员提供就业机会	3	1	3	3	4	0
17	生活质量	4	1	4	3	4	1

注：1. 权重—默认权重为 2.5，为平均评级。
2. 评级—最高为 5，最低为 1。
3. 分数—按"权重×评级"计算。例如，权重为 3，评级为 2，分数为 6 分（3×2）。得出的分数表示供应商满足的程度，得分越高，供应商越符合标准。

在这个阶段，因一个不确定的重大缺点而淘汰一个地点是不合适的。在本章的前面提到，没有最好的地点，只有地点特征的最佳组合。根据这种观点，地点可能存在缺陷但可修复，或者有缺陷且无法修复。在大多数情况下，进行广泛选址的原因是为了最大限度地降低成本，并且寻找具有可修复缺陷的地点，即使修复费用昂贵，也可能由于其他因素而使选址的经济效益最佳。考虑一个没有竞争性运营商的地区。另一家运营商会因为你的业务而被吸引到这个地区吗？你能和现有的运营商协商一项长期协议以保证良好的服务和价格吗？

如果你在过程的早期发现了一个无法修复的缺陷，那么就要从候选名单中删除，并将其中一个排名较低的站点移至列表中。可能是开发机构做出的承诺或声明不正确或不完整。这种情况的发生，可能因为欺骗，但也可能有正当的理由。社区可能期望的债券公投不被通过；另一家公司可能会站在你面前，签订可用的电力合同等。

如果某个特定的设施是选择决策的一部分，则需要将一些业务需求转化为技术或施工需求，这可能是一个挑战。我们的大部分努力将是财务方面的。这不会随技术要求而改变，但会呈现出新的情况。团队中的工程人员通常会将特定属性指明为不可接受的，尤其是在处理现有数据中心升级或现有结构改造时。在许多情况下，工程师会认为一个或多个方面过于困难或昂贵。

重要的是适用性的问题，特别是当可能从短名单中删除站点时，会受到质疑和审查。通常情况下，某些成本从整体来看并不重要，或者站点的许多节约成本很容易被所增加的成本抵消掉。不是每个团队成员都会完全了解站点或设施为项目带来的总体成本和潜在利益。

5.4.5 选址结束

当公告确定的地址时，这个过程就完成了。地点选择可以在过程终结之前就已经选好，重点是至少有两个地址保持同步，直到所有的协议和交易被执行为止。原因很简单，一旦所有其他站点被淘汰，你就会失去所有的谈判主动性。因此，尽管需付出巨大努力，重要的是继续追求你的第一和第二选择，直到最后，需要保密。团队成员最有可能通过与电力公司员工、当地顾问、许可机构和其他参与尽职调查的实体进行无意的谈话来泄露所做的决策。

5.5 行业趋势的影响

5.5.1 全球化和政治经济改革

自人类诞生以来，全球化一直是一股强大的力量，时快时慢。过去30年来全球化取得了很大进步。贸易壁垒已经下降，各国政府都在寻求其他国家的投资。随着各国政府在经济衰退期间实行贸易保护，这个过程可能会暂时放缓。

只要有机会销售更多的产品和服务，只要公用事业、能源政策和税收等关键资源的成本存在差异，全球化就会持续下去。

5.5.2 全球战略位置

虽然世界变得越来越小，但它仍然是一个相当大的地方。每次选址都需要一个起点。传统的经济标准，如人均收入、生活费用和人口可能是适用的。也许，在这些位置，你的竞争对手拥有设施，或者是主要国际IT公司，如Facebook、Google、HP和IBM，也坐落于此。

根据网站 www.datacenterknowledge.com，谷歌在美国十几个城市，如山景城、普莱森顿、圣何塞、洛杉矶、帕洛阿尔托、西雅图、波特兰、达拉斯、芝加哥、亚特兰大、雷斯顿、阿什本、弗吉尼亚海滩、休斯敦、迈阿密、勒努瓦（北卡罗来纳州）、鹅溪（SC）、普赖尔（OK）和康瑟尔布拉夫斯（IO）设有数据中心设施；在其他许多城市，如多伦多、柏林、法兰克福、慕尼黑、苏黎世、格罗宁根、蒙斯、埃姆斯哈文、巴黎、伦敦、都柏林、米兰、莫斯科、圣保罗、东京和中国的香港等也设有数据中心设施。值得注意的是，这些位置并非都是主要的数据中心，有些可能只是节点。有关Google数据中心的详细信息，可参阅 http://www.google.com/about/datacenters/locations/index.html#。

除了传统的标准之外，我们还提供了一个值得考虑的因素：IP网络交换流量或其他衡量标准。

美国最大的节点是纽约地区、北弗吉尼亚州、芝加哥、旧金山湾地区、洛杉矶地区、达拉斯、亚特兰大和迈阿密。

美国以外最大的节点包括法兰克福、阿姆斯特丹、伦敦、莫斯科和东京。通过搜索"peering"或"list of IP exchanges"，可以在维基百科上找到完整的列表。

5.5.3 未来数据中心

今天，我们用以设施为中心的方法来设计和建造数据中心。它们是由设施团队完成架构、设计和运行，而不是通过真正的用户和IT团队。设施设计很难跟上快速变化的IT环境。我们的设施设计在过去20多年里变化不大。当然，我们已经适应了对更多电力和冷却的需求，并且已经有了逐步的改进。能源效率已经变得很重要。但总的来说，我们只是简单地改进了旧的设计，其中包括用于工业建筑、学校、医院和办公室等其他类型的设施，经过时间验证的成熟的技术。

如今，每个数据中心都是独特的一次性设计，以满足组织的独特需求和当地条件。未来的数据中心需要采用整体方法进行设计，这种方法将IT技术、设施的设计管理和总体拥有成本相结合。

我们预计未来的一种方法将是在机械和电气系统中具有最小冗余的一次性数据中心。一种大型设备，价格足够便宜，可以部署在世界各地基于商业友好的政府和廉价的电力选择的地点。

配备自修复管理系统，与无缝操作相结合，提前部署IT系统，这些系统将服务于数据中心全生命周期。

如果站点有足够的冗余和多样性，任何一个站点都可以由于计划内或计划外维护而宕机。可以根据用户需求、能源短缺和光纤传输服务等不断变化的经济需求，进行离线和重新部署。在使用寿命结束时，它可以在现场进行翻新，也可以运回仓库进行翻新，或者出售给低端非竞争组织。

将初始设施开发成本降低，批量生产，保持一致的标准和性能水平，部署速度能够满足不断变化的经济环境，并且具有灵活性。这是一个非常有吸引力的方案。考虑以下因素，在大多数情况下已经具备了这种方法建设的条件：

• 已经存在无人操作。管理系统已经发展到可以远程执行大多数操作的程度。它们允许应用程序存在于多个位置，以进行生产和备份、共同生产、平衡负载，或者允许应用程序满足性能目标。

• IT平台变得越来越小。服务器所占空间已经从几个机架单元（U）发展到一个U和刀片。你可以在一个机架中安装多达70个刀片服务器。处理能力几乎每3年翻一番，虚拟化将大大提高处理能力的利用率。

• 虽然我们今天存储的数据量大大增加，但存储系统的密度也大幅增加，并将继续增加。1956年，IBM推出了计算与控制随机存取方法（RAMAC），密度为2000 bits/in^2，2008年的最新技术记录为179 GB/in^2（索尼）。52年来，存储密度从2000bits/in^2发展到179000000000 bits/in^2。

同样大小的一个集装箱式数据系统，可以提供现有数据中心10~20倍的计算水平。

从设施的角度来看也有优势。数据中心是为特定目的而建立的。我们努力提高物理设备的可用性，每一项改进都以不断增加的成本（收益递减规律）进行。无论我们在设施工厂中设计了多少冗余，我们都无法提供100%的可用性。相比之下，在全世界部署具有动态负载平衡和冗余容量的廉价数据中心设备，不需要五个九（99.999%，译者注）的可用性就可以满足要求。

根据Uptime Institute的数据，Tier Ⅲ设施的成本通常被认为是200美元/ft^2和10000美元/kW或更高。建筑在贬值的同时，物理设备（10000美元/kW）也随着时间的推移而被淘汰。从某种意义上来说，我们已经在以巨大的代价建造用来废弃的数据中心，而且没有一个好的废弃回收策略。

设施的生命周期与设施所服务的IT系统之间始终存在不匹配。IT更新周期通常为3年（大多数组织认为可能为5年），但设施预计将持续15年或更长时间。投资的这种不匹配意味着数据中心必须设计超前并适应未知的未来。这是一种昂贵的方法。

虽然这样的概念不适合大型的数据中心公司，但对于小型运营商而言，这可能是非常有益的，而这些运营商正是配置中心的重要客户，配置中心寻求他们将设备放置在其数据中心中。

延伸阅读

Best Practices Guide for Energy Efficient Data Center Design, EERE, DOE. Available at http://www1.eere.energy.gov/femp/pdfs/eedatacenterbestpractices.pdf. Accessed on March 2011.

National Oceanic and Atmospheric Administration. Available at http://www.nhc.noaa.gov/. Accessed on June 11, 2014.

National Weather Service. Available at http://www.weather.gov/. Accessed on June 11, 2014.

Rath J. Data Center Site Selection, Rath Consulting. Available at http://rath-family.com/rc/DC_Site_Selection.pdf. Accessed on June 11, 2014.

The Uptime Institute. Available at http://uptimeinstitute.com/. Accessed on July 4, 2014.

U.S. Geological Survey. Available at http://www.usgs.gov/. Accessed on June 11, 2014.

第6章 数据中心财务分析、投资收益率和总体拥有成本

英国伦敦，连姆·纽康贝（Liam Newcombe） 著
香港朝亚公司 孙文铮 译

6.1 前言

无论是经营自有的数据中心以支持企业业务、托管服务提供商、云提供商，或者向数据中心提供产品或服务的公司，任何项目的投资或实施都被视为业务的一部分。当需要企业管理层决策投入资源或资金时，都需要提出正当的理由和具有说服力的数据来说明项目获得业务回报的能力。

除了要总体评估项目的财务情况外，还要处理其他有碍于项目价值实现的问题，如企业内部业务部门的职责不清，或者合同商务问题等。本章不仅介绍进行投资收益率（ROI）和总体拥有成本（TCO）评估的常用方法，而且还介绍如何使用这些工具来将有限的时间、资源和可用预算优先投入最有价值的项目中去。

许多组织中常见的错误是ROI和TCO的分析在工程技术方案已经决策后才开始，这也是很多项目超支的原因。为了提供最有效的总体战略，项目分析应该同时考虑工程和财务两方面，以使得可用的财务和人力资源被最有效地使用。财务分析是工程技能以外另一套有益的工具和技能，可用来进行单个项目或整体战略的决策和选择。

在ROI分析中，数据的精密性并不等于能获得准确的预测结果，因为数据会受到各种预测情况变化的影响，并且也需要更多的测算来获得更为准确的结果。

在分析中，应清晰地列出在TCO或ROI案例中使用的包含项、排除项和假设项，并且明确估算交付价值、未来成本或开支节省所用的方法，在这些估算中预估会发生什么程度的偏差，以及这种偏差可能如何影响最终的输出结果。同样的，在审查别人的分析时，所使用的方式和关注的内容应该是一样的。

（译者注：精密度和准确度通常可以互换使用，但在科学中，它们有着非常不同的含义。接近已知值的测量被认为是准确的，而彼此接近的测量被认为是精密的。）

本章介绍了用于评估数据中心投资的常见财务指标，并提供了示例计算。在综合考虑选址及地区影响的情况下，对TCO和ROI分析中常见的疑难问题进行解析。对于一个具体的数据中心，并不能直接套用其他数据中心或供应商提供的成功方案，本章节也会就此说明原因，并结合一个实际数据中心再投资的ROI分析示例，对多个方案进行评估，并给出用于比较不同项目方案选项的方法。

最后，本章从财务角度讨论了数据中心未来可能的趋势。随着具有性能保障承诺的能源服务的出现，以及来自云计算和商品化趋势对业务的威胁，业务关注点将加速从工程性能向财务性能转变。本章会探讨一个典型的现有数据中心付费的模型，对其优缺点进行比较，并从普遍存在的服务单一性问题出发，研究当前缺乏有效的计费和支付模型对数据中心的影响。利用作业成本法（ABC）来打破这种陷阱，可以为企业经营者提供有效的单位成本计算，并进而促进其内部市场正常运转和发展，也可使服务提供商能进行研究并实施单个客户的利润管理。从现有的手段，如以能源度量为中心和电能利用效率（PUE），向着更多有效的总体财务性能指标发展，如交付每kWh的IT的成本。最后，我们会提出一些关键性指标，如是选择自建机房、租赁容量、空间托管，还是在云端部署，以供业务决策时参考。

本章简单介绍了基本的财务分析方法和使用的工具，如果希望进行更深入的研究，建议参阅好的财务管理书，如威利（Wiley）的《估值：衡量和管理公司价值》（ISBN 978-0470424704）。

6.1.1 市场变化和混合型信息通信技术战略

对于任何企业来说，数据中心都是一笔巨大的投资，由于综合了包括房地产、工程和IT等一系列的需求，大多数情况下，数据中心更像一个工厂或装配基地，而不同于普通的商业地产及其运营，因此往往带来各种不同寻常的挑战。高功率密度、

高故障导致的巨大损失，以及建筑和厂房超过20年的投资周期与IT设备2-5年投资周期之间的不匹配，所有这些都使数据中心成为一个复杂而昂贵的命题。

巨大的初始固定资本成本、长期且高额的运营支出、纠正错误的高昂成本和复杂的技术都使得数据中心对于大多数企业来说是一个相对专业、高风险的领域。同时，随着数据中心变得越来越昂贵，拥有起来越来越复杂，服务商提供的各种专业服务越来越多，这种变化带来的压力正在推动企业首席财务官、首席信息官和首席执行官们对关于应该拥有和控制多少IT产业的观点发生重大的变化。

现在有很多类似的讨论，关于将IT资源全部由专业运营商以云的形式交付的商业模式，如同使用电力、水等公用事业资源一样，企业经营业务无须拥有任何服务器或雇用任何IT人员。这种资源商业模式的关键要求之一是IT服务是完全同质的，并且完全可以相互替代，但这显然并非真实的状况。真正的情况可能是商业模式和技术更真实的混合。

很多企业将IT能力视作为商品，获取该些商品的投入不应大于其运行成本，因此在许多情况下，选择从专业服务提供商那里获得这些服务是明智的选择。另一方面，大多数企业也有一些独特并形成竞争优势的能力，不应该被放弃。在当今世界，互联网是客户关系的主要媒介，并且更多的服务是以电子方式提供的。信息通信技术（ICT）是独特的、竞争优势的基本且重要的组成部分。当涉及许多独立的特定服务，如安全、法律、风险和合规性问题时，来自于不同服务方的业务应用的集成也存在实质性问题。对于是否采用云的决策的最大威胁是业务被同一家服务商锁定，很难或不可能有效地将在一个系统中的数据轻易转移到另一个系统中。

实际上，大多数企业都在努力寻找成本、控制、合规性、安全性和服务集成的平衡点。最终企业将发现它们所需要的是一个混合方案，包括内部数据中心能力，在托管设施中拥有的IT设备，以及从云服务商购买的IT资源。

在企业决定是否要建立一个自己的数据中心或外包给云服务商之前，他们必须要评估每种选择对成本的影响。对包括整个生命周期的全部成本的每个选项进行一致的、无偏见的评估是这个决策的必要基础，然后再进一步考量部署时间、财务承诺、风险和来自项目的任何预期增收。

6.1.2 通常的决策

对于许多组织来说，要获得数据中心能力，可以有各种各样的选项，任何选项或投资都可由企业根据其业务所需进行测试：

- 建造一个新的数据中心。
- 对现有数据中心进行扩容。
- 对现有数据中心进行有效的改进。
- 销售并回租数据中心。
- 从整租数据中心长期和大量租用企业自己独享的资源（8年以上租约）。
- 从零售数据中心中短期租用与其他用户共享的资源。
- 在中期内基于专用的IT设备采购定制化的服务。
- 在中期内基于专用的IT设备采购成熟的商品化服务。
- 在短期内基于服务商提供的设备采购成熟的商品化服务。

对于每个项目，内部交付的相对成本将越来越需要与部分或完全外部交付的成本进行比较。例如，当一个项目需要对自有数据中心投资进行扩容，或者投入资金获取外部服务时，证明这两种选择的合理性是非常困难的。

6.1.3 成本负担与职责的偏离

ICT，尤其是数据中心的成本在业务中受到日益严格的审查，这主要是由于在总业务预算中数据中心所占的比例在不断增加。随着成本比例的增加，企业对待IT和数据中心成本的处理方式也开始改变。在许多组织中，IT成本小到足以作为企业业务共享开支的一部分来对待，如同法务或税务会计部门的成本核算一样，将根据各个企业部门实际消费来进行分配。这种对成本的处理未能意识到支持每个职能的IT服务成本所存在的差异，并进而导致更多的错误决策和数据偏差。

一个普遍的问题是数据中心和IT的责任和预算分布在多个不能有效沟通的独立部门。通常由公司房地产（CRE部门）拥有建筑物和支付电费，而同时另一个部门拥有IT硬件，并且不同的业务单元分别负责商业软件。在这种情况下，结果是不正当的激励机制⊖发展和决策导致了牺牲企业的总

⊖ 当一个奖励计划本是对某行为达到期望效果而建立的，而结果与奖励的目标是相反的、意外的和不期望的结果时，就会造成反向的激励。

体成本来优化个别部门的目标或成本。

另一个压力是数据中心的成本分布也在变化，然而在许多组织中，财务模型没有能得以改变来反映这一变化。在过去，数据中心基础设施的成本在数据中心生命周期中比总电力成本要高得多，而与通常从最终用户部门预算购买的 IT 设备相比，这两种成本都很小。近几年来，IT 设备投入成本迅速下降，而每台 IT 设备性能收益迅速增加。不幸的是，IT 设备能源效率的提升比不上投资成本下降的速度，而能源成本也增加了，并且在大多数情况下，这个上升的趋势是持续不断的。这导致了主要的成本从 IT 硬件向数据中心基础设施和电力转移。许多企业都是基于服务器成本明显快速下降来规划他们的战略，却没有意识到这个改变带来的巨大隐藏成本。

为了应对数据中心成本的增长和重新分配，许多组织现在要么将数据中心、电源和 IT 设备的责任和战略合并到单个部门，要么由 IT 部门直接承担诸如数据中心用电之类的大型成本。对于许多组织来说，这与来自外部供应商的成本粒度的增加相结合，推动了数据中心服务的更详细、更有效的收费模型的发展。

由于部分职责分散，因此对企业追逐数据中心投资的收益率造成了障碍，为了获得项目的预算批准，则需要克服这些障碍。在单个组织内部和组织之间的普遍问题是，资本性投资预算的持有者却不承担运营成本责任，反之亦然。例如：

• IT 部门没有从改变气流组织管理实践和环境控制措施中获益，虽然降低了能源成本，但是电力成本收益的核算归 CRE 部门所有。

• 批发托管数据中心提供者几乎没有动力投资或再投资于机械和电气设备，虽然这可以降低数据中心的运营成本，但因为电费是由租赁客户来承担的，而由于会计原则的限制，租赁客户是无法使用资本性投入来投资归属于供应商的基础设施。

为了解决这些职责分散导致的问题，首先必须对所提出的需要改变的成本和其他影响进行现实的评估，以获得高度可信的结论，以便为所涉及的各方之间的磋商提供基础。内部预算持有人要向首席财务官（CFO）提出多个互相关联的问题，这是符合企业整体利益的，也有可能是客户-供应商合同中就复杂的服务等级约定（SLA）问题所需要进行的谈判。这个内容将在"能源服务合同"部分进行更详细的探讨。

6.1.4 什么是总体拥有成本

总体拥有成本（TCO）是一个管理会计概念，涵盖设备、产品、服务或系统中的成本，以提供可用于决策的最佳信息。当存在一系列的产品或服务，每个产品或服务都能满足业务需求，需要从中做出一个选择时，TCO 经常被使用到，以使总成本最小化。例如，服务器的 3 年 TCO 可以用作服务提供商对外提供托管服务进行定价的基础，或者作为对同一组织中的业务单元进行交叉收费的基础。

作为一个简单的示例，假设考虑在两个不同类型的服务器之间进行选择，一个比较昂贵，但是比另一个需要更少的用电量和制冷量，见表 6.1。

表 6.1 简单的 TCO 分析（不考虑时间影响）

（单位：美元）

成本	服务器 A	服务器 B
购买固定资产设备	2000	1500
3 年维护合同	900	700
安装和布线	300	300
在数据中心使用 3 年的电量和制冷量	1500	2000
在数据中心使用 3 年的能源消耗	1700	2200
3 年内的监控、补丁和备份等	1500	1500
总体拥有成本（TCO）	7900	8200

根据这个简单的 TCO 分析结果，很有可能选择拥有更贵的服务器 A，因为比拥有起初更便宜的服务器 B 更经济。除了考虑货币的时间价值和净现值（NPV）外，还要充分考虑其他因素，这样会带来不同的计算结果。

当考虑 TCO 时，通常至少要包括首次购买的资本性投入和涉及运营的一些成本要素，但对于在 TCO 分析中应该包括哪些成本是没有标准定义的。正因为这种缺乏定义的情况存在，需要在使用由其他各方提供的 TCO 和 ROI 分析时，谨而慎之；包含或排除特定的一些因素，都可能对结果产生实质性影响，所以务必要搞清楚这么定义的出发点是什么。

6.1.5 什么是投资收益率

TCO 是以成本为关注点，并且在已经确定采购目标（如买一台新服务器）的前提下，被用于计算持续的服务成本。与之相反，投资收益率（ROI）分析同时关注成本和收入，并且通常被用于是否进行采购的决策。例如，更新现有的一台设备，或者采购一台全新的、更高效的设备，哪个更合理。

当进行 ROI 分析时，与 TCO 分析相似，其目的是试图涵盖所有相关的成本，但两者也存在一些实质性的差异：

- TCO 的数据结果常常被用作 ROI 分析的数据源。
- ROI 分析关注于不同行为带来的成本差异，如"决定投资与不投资会对财务状况造成怎么样的差别？"。
- 当某一特定成本无论时间如何变化，对所有不同的评估选项都不造成差异时，可以省略该成本并可简化 ROI 分析，如无法确定的用于支持和维护设备的人员成本。
- 通过投资所获得的收益是 ROI 分析的关键部分。例如，如果购买的服务器用于向客户提供收费服务，那么导致每台服务器收入不同的性能差异是很重要的

我们可以考虑是否用全新的设备替换现有的旧的不间断电源（UPS）系统，这将降低运营成本，并适当增加数据中心的可用容量，从而带来增加客户收入的可能性，见表 6.2。

表 6.2 简单的 ROI 分析（不考虑时间影响） （单位：美元）

获得的收入或发生的成本	现有 UPS	UPS 升级	差异
采购新 UPS	0	-100000	-100000
安装新 UPS	0	-10000	-10000
旧 UPS 的折价出售（优选价格）	0	10000	10000
UPS 电池成本（同时旧的 UPS 也需要换电池）	-75000	-75000	0
10 年的 UPS 维护服务合同	-10000	-5000	5000
UPS 效率带来的用电损耗	-125000	-50000	75000
预测的客户收入	0	80000	80000
合计	-210000	-150000	60000

在这个案例中可以看到，由于考虑了未来的潜在客户收入，最终的选择指向升级更换新 UPS 的方案。其中，更换新 UPS 的折价收入及预估的客户收入是正值，与成本相反。因此，设定成本为负，收入为正。这是 ROI 分析的一个共同特征，把所有的成本和收入都看作分析中进或出的现金流，这样无论成本是正还是负，都只对如何解释和呈现结果产生影响，但成本应该与收入使用相反的符号。在上述案例中，给出的结论是"投资 100000 美元购买升级 UPS 的在 10 年间的投资收益是 60000 美元"。

这只是个简单的 TCO 分析，所以答案不完善，因为还没有考虑时间带来的价值变化，财务部门不会接受这么测算出来的方案。

6.1.6 货币的时间价值

在之前的 TCO 和 ROI 计算表中，简单地将项目的总成本相加，然后减去所有节省的成本或额外的收入增长，这看上去似乎并没有什么问题，但这种方法没有考虑经济学家和企业财务部门所关注的问题，即"货币的时间价值"。

道理很简单，也很容易看出，一笔钱（如 100 美元）的价值取决于何时拥有它。例如，在 1900 年拥有 100 美元，就比现在拥有的 100 美元要有价值得多。当需要在一个时间期间内考虑金钱时，有许多因素需要考虑。

第一个因素是通货膨胀。在前面的例子中，由于通货膨胀，当时和现在不同时期的材料、能源、商品和服务成本的上升，1900 年的 100 美元比现在具有更大的购买力。当对数据中心进行评估时，表现为物理设备或能源在项目的投资生命周期中可能变得更加昂贵。

第二个因素是货币的利率。存年利率为 5% 的存款账户的 100 美元将在第 1 年底变成 105 美元，第 2 年变成 110.25 美元，第 3 年变成 115.76 美元，以此类推。假设在 1912 年，将 100 美元投资于年息 5% 的固定利息账户，那么到 2012 年，该账户存款将增加到 13150 美元；再过 100 年，即 2112 年，该账户将变成 1729258 美元（不包括税金和银行手续费）。复利的非线性影响常常是总投资收益率分析的关键因素。

第三个因素是风险。它很难得到一个确切的数字，也难以确定计算方法。如果在 4 月份把 100 美元投资在儿童玩具上，并预计于 12 月份在玩具店进行销售，可能会很幸运，玩具成为爆款被热卖；但或者，也可能会发现自己只能在 1 月份以半价甩

卖大部分玩具。在数据中心项目中，风险可能是影响运营成本的不确定的工程结果、未来能源成本的不确定性或投资带来的客户收入的潜在变化。

6.1.7 资本成本

当计算项目投资选项的现值（PV）时，需要用于计算的关键数字是贴现率。在简单的示例中，以当前的市场利率作为贴现率，但许多企业使用其他方法来确定他们的贴现率，通常是基于企业的资本成本，也被称为加权平均资本成本（WACC）。

资本成本通常以与利率相同的形式给出，也代表企业为了取悦其投资者和债权人而必须从投资中获得的收益率，这基于企业将支付的贷款利率或企业进行的投资的预期收益率。通常使用这个预期收益率来代表正常业务情况下的总投资收益率。例如，制药公司对数据中心的投资收益，很可能根据其投资于新药开发的收益来进行对比和评估。

计算一个企业资本成本的方法有很多，所有这些都不在本章节的范围之内。在实际操作中，所使用的贴现率或资本成本应该向企业的财务部门进行征询。

6.1.8 投资收益期

投资分析与基于什么样的时间周期是息息相关的。所以必须考虑这个时间周期的影响。当基于初始投入的资本成本对若干年后的总收益进行评估时，收益年数和贴现率都对结果都有显著的影响。ROI 的周期设定将取决于项目的类型，以及所使用的会计准则。

要考虑的首要问题是合理的投资周期应该是多久。如果对数据中心的投资要在 5 年内退出，那么很明显在这个限制条件下是无法合理评估获益的。由于数据中心具有更长而难以明确定义的寿命，需要在投资计划下考虑各类设备的有效工作寿命。对于数据中心基础设施的主要设备，如变压器、发电机或冷水机组，这可以是 20 年或更长时间，而对于其他设备，如机房空调（CRAC）/机房空气处理装置（CRAH），服务寿命可能缩短到 10~15 年。如果设备有大量的定期维护成本发生在投资周期时间范围内，如 UPS 电池更新，则应该将这些成本包括在分析中。

在设备寿命评估中的另一个关键因素是考虑 IT 设备的影响。与传统设备，如 CRAC 或空气处理单元机组（AHUs）相比，有许多设备（如背板和列间空调）安装得非常接近 IT 设备。IT 设备需求的变化，限制了数据中心基础设施所能提供的服务寿命。近年来，由于 IT 功率密度的增加，导致许多数据中心面临冷却的问题。基础设施设备与 IT 设备的关联度越来越紧密，随着 IT 设备功率密度或其他需求的变化，基础设施设备必须随之而变。在 IT 需求明确后，就可以随之调整基础设施设备的寿命估计值。

保持持续投资，尤其是投入到提高能源效率的手段来降低运营成本，使这些投资的收益时间周期可能会大大缩短。通过净现值分析发现，短至 3 年的收益周期也不罕见。通过持续获得成本的节省带来的收益，可以计算出更好的内部收益率（IRR）。

无论如何来评估投资周期，都需要先确定企业的管理会计准则，以及是否有明确定义的 ROI 评估期，来用于正在评估的投资。这些定义的 ROI 评估周期通常比设备工作寿命短，因为这是基于业务而不是技术原则来设定的。

6.1.9 组成 TCO 和 ROI 的元素

当考虑新规划数据中心的 TCO 或 ROI 时，需要涉及一系列的成本和收入。虽然 TCO 关注成本，但也需要关注收入；在 ROI 分析中，因为寻求总体的财务成果，因此要更广泛地纳入不同的收入。

当确定成本时，明确哪些是资本成本，哪些是运营成本是非常重要的，因为财务会以完全不同的方式来处理这两种类型的成本。资本成本不仅包括采购成本，还经常包括在购买与获取资产时发生的相关的资本性成本。

6.1.9.1 初始资本性投资

当进行分析时，首先要考虑初始的资本性投资。这不仅包括购买设备的资本性投入，而且还包括与购买相关的一些可视作资本成本的投入，如机房选址准备、新设备的安装，以及现有可替换设备的移除和处置成本等。支持项目，如设备的软件许可证和与现有系统集成的任何成本有时也算作资本投入。

当执行分析时，应该咨询财务部门，以了解组织内的政策及一些通用的方法，确定哪些成本应该进行资本化。

对于资产有效使用寿命超过一个会计年度的，就可以进行资本化处理。对于使用寿命大于一个会计年度的资产，则按其被设定的使用寿命在此周期内进行摊销或折旧。特别要注意的是，在财务上设定的资产生命期很重要。因此，根据企业会计实践或税法的要求，资产的折旧期可能远短于其实际的工作寿命。

资本化和折旧的规定因地方法律和会计准则而

异,但作为概念性的指导,欧洲财务报告准则指南指出,固定资产的最初成本应为"使资产进入预期工作状态的投入"。

例如,一个替换UPS项目的初始资本性投资可能包括以下内容:
- 机房的准备。
- 采购和交付。
- 物理设备安装。
- 接线和安全性测试。
- 设备调测和带载测试。
- 监控系统的安装和配置。
- 培训员工如何操作UPS及其软件。
- 既有UPS设备的退役。
- 搬迁和处置原有UPS设备。

请注意,处置并不总是花费金钱;可能有残值或处置收入;这会在后续的收入部分述及。

6.1.9.2 持续投入和升级成本

有两种情况需要考虑第二种资本性成本。

第一种情况是,项目没有购买新的设备,而是对现有设备进行维修或升级,以降低运行成本、增加工作能力或延长设备的寿命,目标是"获得超过预期的性能以提高设备的经济效益"。例如,为修复冷却塔,通过更换被腐蚀的部件和现有的固定速度风扇组件[替换为新的变频传动(VFD)控制的电机和风扇]以延长使用寿命,降低了运行成本,因此其作为资本性成本是非常合理的。

第二种情况是,项目在设备的使用寿命内需要投入额外的资金进行采购,如UPS系统,预期需要在使用寿命内进行一次或多次电池更换,以便保持其设计性能。在评估中需要体现这些将要发生的成本。在金融术语中,这些成本是"企业所支出的,用于对资产进行重大检修以恢复其经济效益"。

6.1.9.3 运行成本

下一个主要的成本要素与设备的运行有关。在考虑设备的运行成本时,需要包括与该设备的所有权和运行相关的任何成本,包括人员、服务和维护合同、消耗品(如燃料或化学用品)、操作许可证,以及水和能源消耗。

一台冷却塔的运行成本可能包含以下内容:
- 年度维护合同,包括检查和清洁。
- 实际的用水费用。
- 实际的风扇用电费用。
- 低温季节使用加热器的用电费用。
- 冷却水所使用的化学添加剂的费用。

所有运营成本应在其发生的会计期间内进行核算。

6.1.9.4 额外收入

有些项目可能会产生额外的收入,这可以在TCO或ROI分析中得以体现。这些收入可以有多种形式,如退税、折旧计划、旧设备的残值或项目所能实现的其他额外收益。当进行TCO分析时,其所交付产品或服务的收益不应包括在此分析中。请注意,核算时,只能包括那些在会计期间内发生的额外收益。

在UPS更换项目中的额外收益可能包含以下内容:
- 现有UPS及其线缆的残值。
- 从UPS供应商处通过以旧换新获得的收益。
- 项目节能达到要求而获得的公用事业公司或地方政府的能效补贴。

6.1.9.5 税收和其他成本

税收在很大程度上取决于项目的所在地和业务定位。税收对项目带来的影响是风险还是收益,是必须被界定的。如果数据中心所在的地区实行碳排放限额和交易制度,特别是如果项目正试图增加如柴油发电机的容量,而这个碳排放量的增加触及了政策设定的门槛,那么极有可能会被征收附加税。而因为投资或在特定领域创造就业所获得的企业所得税退税,项目还可能因为退税节省大量税收。在许多情况下,企业所得税可以通过对所购买的资本资产的会计折旧来减少。这一点会在"税收会计"一节中进一步讨论。

6.1.9.6 生命终期成本

有些设备预期在其生命终期时会发生拆除和处置费用,那么应该在TCO或ROI分析时包括这些成本。在设备替换项目中,对现有设备的处置成本在投资初始阶段就要被考虑,并可能一并包含在资本成本中。新的或改良的设备在使用寿命结束后的处理成本应包括在内,并按所计划的成本来核算。

6.1.9.7 环境、品牌价值和声誉成本

数据中心项目有关环境、品牌价值和声誉成本因其所在区域的业务组织方式和政策法规的差异而有显著的不同,但基本上包括以下内容:
- 水资源使用的税收和补助。
- 电力资源使用的税收和补助。
- 与其他燃料,如油或天然气的使用相关的税收和补助。
- 环保造成的额外能源成本。
- 可再生能源的认证或信用分的抵扣。
- 与碳排放相关的内部成本。

6.2 成本与收益的财务测算

当将时间的价值包括在项目成本和收益的评估中时，它可能显著地影响项目的结果和可行性。本节介绍了 PV 和 IRR 的基本计算，然后讨论了它们的相对的优缺点。

6.2.1 常见业务测算方法和项目批准测试

会计人员使用许多相关的财务方法来分析投资以确定其适用性。企业的财务部门会要求使用一些度量指标，提供一些电子表格或文档模板和标准化的投资方案，并做出如 "所有项目必须获得超过 30% 的内部收益率" 的要求。

可能的度量指标有：
- TCO，即总体拥有成本。
- NPV，即不同方案的净现值。
- IRR，即投资的内部收益率。

NPV 和 IRR 都是 ROI 分析的形式，稍后进行描述。虽然这些经济度量指标本质上很可能被误解为 "应该选择能超越这些指标的项目" 或 "应该选择具有最高 ROI 的项目"，但正确做法是除了考虑正确计算设定的考核度量指标外，也需要了解每个方案的优点和缺点，以做出更好的决策。

6.2 节给出了 PV 及 IRR 的计算方法及公式，也可用微软 Office Excel 函数来计算 PV 及 IRR。

6.2.2 现值

计算投资的所有成本和节约带来收益的现值（PV）的第一步是确定单个成本费用的 PV。正如在货币时间价值中所讨论的，需要对未来发生的任何成本节约的收益或支出进行折现，以获得当前的等价价值。以下是计算按每期贴现率 i 给出未来 n 个会计期间内一次支付费用 a 的 PV 的基本公式：

$$PV_n = \frac{a}{(1+i)^n}$$

在微软 Office Excel 中可以使用 PV 函数，即 $PV_n = PV(\text{利率}, \text{期数}, \text{年金}, \text{终值}) = PV(i, n, 0, -a)$。

可以使用这个 PV 公式或电子表格函数来计算在未来收入或未来发生的成本的 PV（即今天的价值）。例如，以每年 1000 美元的收入和 10% 的贴现率计算，得出以下结果。

第 1 年末现值 = $1000 \times \frac{1}{(1+0.1)^1} = 1000 \times \frac{1}{(1.1)^1}$
$= 1000 \times \frac{1}{1.1} \approx 909.09$

第 2 年末现值 = $1000 \times \frac{1}{(1+0.1)^2} = 1000 \times \frac{1}{(1.1)^2}$
$= 1000 \times \frac{1}{1.21} \approx 826.45$

第 3 年末现值 = $1000 \times \frac{1}{(1+0.1)^3} = 1000 \times \frac{1}{(1.1)^3}$
$= 1000 \times \frac{1}{1.331} \approx 751.31$

如果考虑 10 年内的每年收入为 1000 美元，那么在今年年底支付第一笔款项后，就可以得到表 6.3 所示的在每一年的 1000 美元收入的各个 PV。

表 6.3 在 10 年内按 10% 贴现率计算的 1000 美元的 PV

时间/年	1	2	3	4	5	6	7	8	9	10
收入/美元	1000	1000	1000	1000	1000	1000	1000	1000	1000	1000
贴现率	0.91	0.83	0.75	0.68	0.62	0.56	0.51	0.47	0.42	0.39
按 10% 贴现率的 PV/美元	909.09	826.45	751.31	683.01	620.92	564.47	513.16	466.51	424.10	385.54

图 6.1 所示为在 20 年内 10% 贴现率下 1000 美元的 PV。

从图 6.1 可见，按 10% 的贴现率，收入的 PV 迅速下降到很小的值。如果绘制 50 年期间的年收益 PV 的总额，会看到总价值趋向于 10000 美元，如图 6.2 所示。

当评估相对于初始资本投资带来的成本节约收益总额时，PV 的这一特性非常重要；在贴现率较高的情况下，增加考虑投资收益的年限影响不大。不同贴现率情况下 1000 美元的年收入 PV 如图 6.3 所示。

第 6 章 数据中心财务分析、投资收益率和总体拥有成本

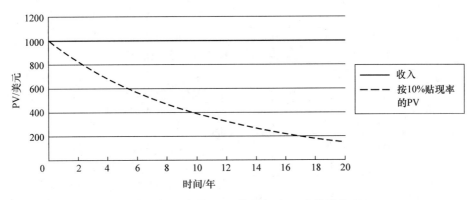

图 6.1　在 20 年内 10% 贴现率下 1000 美元的 PV

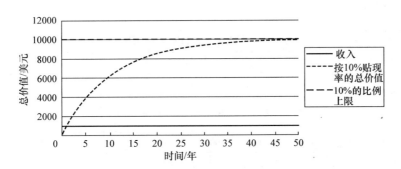

图 6.2　在 50 年内 10% 贴现率下 1000 美元的总价值

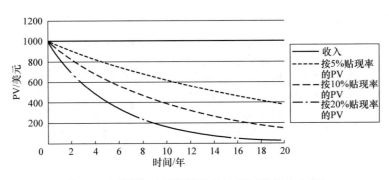

图 6.3　不同贴现率情况下 1000 美元的年收入 PV

一系列等值支付费用的 PV 是一个几何级数，可以简单地用 n 项值的无限求和的标准公式来表示，用以确定多个费用支付总额的 PV_A 或一系列长期连续费用支付的 PV_P 总和。

$$PV_A = \frac{a}{i} \cdot \left(1 - \frac{1}{(1+i)^n}\right)$$

$$= PV\,(利率，期数，年金) = PV\,(i, n, -a)$$

$$PV_P = \frac{a}{i}$$

注：在 Excel 中，PV 函数的正值指支出的费用；对于收入，则采用负值。

使用这些公式，可以确定不同时期、不同贴现率下 1000 美元的收入价值，见表 6.4。

表 6.4 不同时期、不同贴现率下 1000 美元的收入价值

（单位：美元）

贴现率（%）	5 年	10 年	20 年	极限值
1	4853	9471	48046	1000000
5	4329	7722	12462	20000
10	3791	6145	8514	10000
15	3352	5019	6259	6667
20	2991	4192	4870	5000
30	2436	3092	3316	3333

这些数值可以使用电子表格中的财务功能函数计算出来；在微软 Office Excel 中，PV 函数使用相关参数（利率、周期数、付款金额）。

计算 1000 美元在 10 年期 5% 贴现率情况下的值，可以用以下公式：

$$PV_A = -PV(0.05, 10, -1000)$$

得到的结果是 7722 美元。

6.2.3 净现值

要计算一项投资的净现值（NPV），需要考虑的不仅仅是简单的收益，还包括每个会计年度发生的支出和成本节约带来的收益，以获得投资的总价值。

6.2.3.1 简单投资净现值案例

例如，一个节能项目的实施成本为 7000 美元，每年可节省 1000 美元，并将按 10 年期进行评估，可以计算出每年的收益和最终的 PV，见表 6.5。

表 6.5 投资净现值的简单计算案例 （单位：美元）

时间/年	0	1	2	3	4	5	6	7	8	9	10
支出	7000										
成本节约带来的收益		1000	1000	1000	1000	1000	1000	1000	1000	1000	1000
年度总成本	-7000	1000	1000	1000	1000	1000	1000	1000	1000	1000	1000
PV	7000	952	907	864	823	784	746	711	677	645	614
NPV											722

该表显示了评估这种投资的一种方法。初始投资 7000 美元显示在第 0 年，因为这些钱是预先支出的。因此，PV 是 -7000 美元。然后在每年年底有 1000 美元的累积收益，基于 5% 的年贴现率计算 PV。汇总这些 PV，总净现值为 722 美元。

或者，计算每个元素的 PV，然后汇总各个 PV 得到 NPV，见表 6.6。这是一个相同的方法，方法的选择取决于在不同情况下哪个更容易。NPV 的一般计算公式为

$$NPV(i, N) = \sum_{n=0}^{N} \frac{R_t}{(1+i)^n}$$
$$= NPV(贴现率, 值1, 值2, \cdots)$$
$$= NPV(i, R_1, R_2, \cdots)$$

式中，R_t 是 t 期间发生的成本或收益；i 是贴现率（利率）；N 是成本收益发生的会计时间段数量；n 是计算 NPV 的每个时间段。

在 Excel 公式中，R_1、R_2 等是独立的成本或收益。需要注意的是，在 Excel 中，第一个成本或收益是 R_1 而不是 R_0，因此一个阶段中的贴现率是适用于第一个值，同时必须确保第 0 年的投资成本是相对独立的。

表 6.6 计算不同值的 PV 并汇总

项目	数额/美元	时间段	贴现率	PV/美元
成本	7000			-7000
收益	10000	10 年	5%	7722
NPV				722

6.2.3.2 计算盈亏平衡时间

当预测 ROI 时，另一个常见的要求是找出项目投资与项目收入或成本节约收益相等的时间（如果有的话），以确定项目的盈亏平衡时间。如果简单地使用现金流进行核算，那么盈亏平衡点是 7 年，其中 7000 美元的总收入与初始成本相当。当考虑项目收入的 PV（图 6.4）时，计算就会变得复杂。

第6章 数据中心财务分析、投资收益率和总体拥有成本

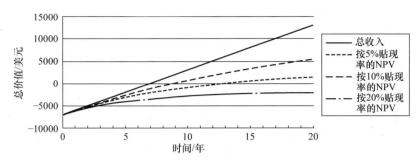

图6.4 投资盈亏平衡的简单案例

如果考虑贴现率的影响,盈亏平衡点见表6.7。

表6.7 不同贴现率下的盈亏平衡点

案例	盈亏平衡点/年	公式
偿还期(不考虑贴现率的)	7.0	总价值 = NPER (0,-1000,7000)
按5%贴现率NPV为0的时间	8.8	总价值 = NPER (0.05,-1000,7000)
按10%贴现率NPV为0的时间	12.6	总价值 = NPER (0.1,-1000,7000)
按20%贴现率NPV为0的时间	—	总价值 = NPER (0.2,-1000,7000)

从图6.4和表6.7可以看出,项目的盈亏平衡点在很大程度上取决于所使用的贴现率。由于贴现率对收益的总PV的影响,经常会发现一个项目在任何时间段内都无法实现盈亏平衡,尽管它提供的持续收益似乎大大超过了实施成本。

对于NPV,电子表格的函数功能可以对盈亏平衡点进行计算;在微软Office Excel中,可以使用NPER函数(贴现率、支付、现值),但只能用于恒定的收入。一旦考虑项目中随时间变化的任何其他因素,如能源费用或IT容量规划的更改,那就需要按年计算数值,并手动查找盈亏平衡点。

6.2.4 盈利指数

NPV作为一种评估工具的缺点之一是它没有直接体现与初始投资相比的收益规模。为了解决这个问题,一些企业会使用盈利指数,它是通过将收入的PV除以初始投资计算而得。

盈利指数的通用公式为

盈利指数 = NPV(贴现率,值1,值2,…)/投资

$$= \frac{PV(未来收益)}{初始投资} = NPV(i, N_1, N_2, \cdots)/投资$$

式中,i是贴现率(利率),N_1和N_2是独立的成本或收益。

在之前给出的简单投资案例中,盈利指数见表6.8。

表6.8 简单投资案例中的盈利指数

贴现率	盈利指数	公式①
0(不考虑贴现率的)偿还期	2.86	盈利指数 = 20000/7000
5%	1.78	盈利指数 = 12462/7000
10%	1.22	盈利指数 = 8514/7000
20%	0.70	盈利指数 = 4869/7000

① 数值单位为美元。

6.2.5 简单投资收益率计算中的净现值

回到前面的简单投资收益率(ROI)案例(UPS替换),重新计算ROI(包括贴现率),并评估项目是否实际提供了总体收益,如果是的话,提供了多少收益。在之前的简单计算中,项目的结果是节省了6万美元,对于这个分析,假设财务部门要求NPV计算期超过10年,贴现率为10%,见表6.9。

表6.9 在简单的ROI案例中计算NPV　　　　　　　　(单位:美元)

序号	A	B	C	D	E	F	G	H	I	J	K	L
	时间/年	0	1	2	3	4	5	6	7	8	9	10
1	新UPS购买	-1000000										
2	新UPS安装	-10000										
3	竞争性贸易退税	10000										

（续）

序号	时间/年	A 0	B 1	C 2	D 3	E 4	F 5	G 6	H 7	I 8	J 9	K 10
4	UPS 电池成本	50										
5	UPS 维护合同		500	500	500	500	500	500	500	500	500	500
6	UPS 用能成本	7500	7500	7500	7500	7500	7500	7500	7500	7500	7500	7500
7	额外的收入	8000	8000	8000	8000	8000	8000	8000	8000	8000	8000	8000
8	年度总计	-100000	16000	16000	16000	16000	16000	16000	16000	16000	16000	16000
9	现值	-100000	14545	12223	12021	10928	9935	9032	8211	7464	6786	6169
10	净现值											-1687

由于贴现率降低了未来每年 10% 的收益 PV，该 UPS 升级项目经过评估，在 10 年期间造成了轻微的损失。

总净现值（NPV）既可以通过对每年的单个净现值进行累加来计算，也可以使用年度总成本或收入来计算。在微软 Office Excel 中，可以使用 NPV 工作表函数，并设置计算参数；NPV（贴现率，未来收入 1，未来收入 2，…）。在对应的准确时间段内处理好每一项成本或收入是很重要的。第一笔费用在第一年初发生，但付款在年底支付，这必须单独添加到 NPV 函数的输出中。另一个要注意的是，NPV 函数取的是收入而不是支出，所以与 PV 函数相比，符号是相反的。

要计算前面提到的 UPS 替换的总净现值，可以使用公式总净现值 = B9 + NPV（0.1，C9：I9），即初始值和其他所有 10 年期间收益的 PV 之和。

6.2.6 内部收益率

内部收益率（IRR）与 NPV 的计算紧密相关。在 NPV 的计算中，使用贴现率来核算未来支出或收入的 PV，以对一项投资的总体价值进行决策。当计算一项投资的 IRR 时，可以进行反向计算，找到当投资 NPV 为 0 时的贴现率。

在微软 Office Excel 中计算 IRR，可以使用 IRR 函数即

IRR = IRR［值，（假设值）］

6.2.6.1 简单投资内部收益率案例

使用此前的简单 NPV 计算案例，即前期投资 7000 美元并带来此后每年节省 1000 美元的运营成本。在 10 年期贴现率为 5% 的情况下获得 722 美元的 NPV。简单投资案例的 IRR 计算见表 6.10。

表 6.10 简单投资案例的 IRR 计算

时间/年	0	1	2	3	4	5	6	7	8	9	10
成本/美元	7000										
成本节约带来的收益/美元		1000	1000	1000	1000	1000	1000	1000	1000	1000	1000
年度成本/美元	-7000	1000	1000	1000	1000	1000	1000	1000	1000	1000	1000
IRR（%）											7.07

计算 IRR 的公式是 IRR = IRR（B4：L4），它使用了"年度成本"一行的值，从最初的 -7000 美元到最终的 1000 美元。

在这个案例中，可以看到 IRR 值刚刚超过 7%；如果以此作为贴现率来进行 NPV 计算的话，会得到 NPV 为 0 的结果见表 6.11。

表 6.11 在贴现率等于 IRR 的情况下，简单投资案例的 NPV 计算

时间/年	0	1	2	3	4	5	6	7	8	9	10
成本/美元	7000										
成本节约带来的收益/美元		1000	1000	1000	1000	1000	1000	1000	1000	1000	1000
年度成本/美元	7000	1000	1000	1000	1000	1000	1000	1000	1000	1000	1000
PV/美元	-7000	934	872	815	761	711	664	620	579	541	505
NPV/美元											50

6.2.6.2 在时间因素影响下的 IRR

正如所观察到的，在项目生命周期末期收入的 PV 对项目的 IRR 影响会逐步减小。在这种情况下，图 6.5 所示为基于 30 年项目生命周期的简单投资案例的 IRR。IRR 值最初随着项目生命周期快速增加，但可以看到趋于约 14.3%。

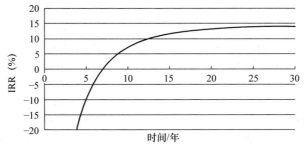

图 6.5 简单投资案例的 IRR

6.2.7 NPV 或 IRR 的选择

在许多情况下，基于公司的财务政策，有时要求以既定的标准形式展现 NPV 或 IRR，否则公司财务将不会考虑这个方案。在其他情况下，则可能需要选择是使用 IRR 分析还是 NPV 分析来最好地展示投资方案。无论哪种情况，都需要理解 NPV 和 IRR 分析的相对优势和劣势，选择适当的工具，并规避所选分析方法的劣势。

NPV 和 IRR 的不同之处在于，NPV 提供了总货币价值，但没有表明与初始投资相比收益有多大，而 IRR 提供的是收益率，但没有表明规模。在处理这两个问题的方法中，最简单的也许是列出投资的关键数字，如 NPV 和 IRR，让评断者根据其各自的出发点来比较项目。

为了说明 NPV 和 IRR 的一些潜在问题，在表 6.12 中列出了四个简单项目的 NPV 和 IRR。每个项目在 5 年内都有一定的年度收益，并按 15% 的贴现率进行评估。

表 6.12 四个项目的 NPV 和 IRR

项目	资本性成本/美元	年度收益/美元	NPV/美元	盈利指数	IRR（%）
A	-100000	50000	67608	1.68	41
B	-500000	200000	170431	1.34	29
C	-500000	250000	338039	1.68	41
D	-1000000	400000	340862	1.34	29

6.2.7.1 对项目进行排序

首要的问题是如何对这些项目进行排序。如果使用 NPV 对项目进行排序，那么会选择 NPV 最高的项目 D，但其初始投资为项目 C 的两倍，而其收益却比项目 C 多不到 1%。如果只用盈利指数或 IRR 对项目进行排序，那么尽管 C 在投资和收益上都比 A 大 5 倍，但 A 和 C 看起来是差不多的。如果寻求最大的总收益，那么 C 会更好；反之，如果项目中有相当大的风险，反而会选择 A 而不是 C。

数据中心项目的另一个复杂之处在于，在许多情况下，项目选项是相互排斥的，要么因为可用的总预算有限，要么因为项目不能同时被选来实施，如升级或更换同一件设备。如果有 100 万美元要投资和在这四个项目中选择，可能会同时选择 B 和 C；然而，如果这两个项目只能选一个，那么 A 和 C 会被优选，以节省 40 万美元的可用预算。

显然，单独采用 NPV 和 IRR 都不适合对项目进行排序；在公司中，如果公司财务为项目投资设定最低的 IRR 看上去是不合理的，但这个设定也可能带来比既定 IRR 更高的收益，从另一个角度来讲又是合适的。

6.2.7.2 其他的问题

IRR 不能用在周期不同的项目间的对比，公司的财务部门通常在计算 IRR 时会设定一个标准的项目周期。

计算 IRR 需要成本和成本节约带来的收益，但不能用 IRR 来评估设备的购置或租赁。

一个项目如果在不同时间段有多次成本发生，如以模块化部署方式进行的分批次交付，那么在项目的不同时间段就会有多个 IRR。

6.3 难点和常见问题

到目前为止，前面所举的所有案例都相对简单，对变更的影响都有明确的预测，从而能够清楚地评估项目的 NPV 或 IRR。在现实世界中，不会如此简单，而且会有许多未知、可变、简单或复杂的因素，这将使 ROI 分析变得不那么容易。本节将讨论数据中心财务分析中的一些难点，以及一些常见的误解。

6.3.1 ROI 分析不仅为了达到既定目标值，更多的是用来优化

当评估数据中心项目的财务可行性时，通常会有一系列项目交付方式的选择，这将影响总体成本和总体收益。有效的财务分析的艺术在于分解每个项目的组成部分，并了解每个组成部分如何对总投资收益率结果做出贡献。一旦对收益要素进行了分解，就可以将其与必须处理的其他项目约束条件进行权衡。在拥有多个数据中心的企业中，还需要在不同站点之间平衡可用资源。

一个好的 ROI 分析如果要达到有效的总体平衡，需要考虑以下的因素：

- 当评估、规划、实施或管理项目时，组织内部的可用资源。
- 因为工程或其他现实原因而相互排斥的项目。
- 可获得的项目预算，以及其在不同项目上的分配关系。

6.3.2 敏感度分析

如前所述，一个项目的分析要对未来事件做一系列的假设和估计。这些假设可能是设备安装或升级后的性能、未来 5 年电力成本的变化，又或者是由于业务增容而带来的更多的市场营收。预估一个项目的 ROI 很重要，但更为重要的是，要理解这些假设和估计对 ROI 分析结果的影响，并与企业内部其他部门充分沟通。

这可以通过基础的分析来实现，同时识别每个变量对 ROI 的影响，为每个变量设定估计值和合理预期范围内的最小值和最大值，然后在不同变量条件下计算 ROI。

例如，一个项目的电力成本为 0.10 美元/kW·h，其 ROI 预估是 10 万美元。如果预估电力成本范围是 0.08～0.12 美元/kW·h，那么 ROI 将在 5 万到 15 万美元之间。对于决策者来说，理解这些变量带来的影响是非常重要的，尤其是对于能源成本比较敏感的投资项目。

有多种复杂的方法可用来评估变化对项目的影响；本章后面将介绍常用的蒙特卡罗分析方法。

一个常见的错误是独立地评估一个数据中心内的多个项目，然后把结果加在一起，从而获得总体资源能力的增加或能源的节省。

要注意的是，数据中心基础设施是一个系统，而不是一组独立的部件。在某些情况下，两个项目的综合成本节约可能超过两个项目各自节约的总和。例如，通过对 CRAC 的 VFD 风机升级来实施气流通道封闭，并添加水侧节能设备。这两个项目都可以节约能源，但空气流动控制可以提高冷冻水系统的温度，从而使节能设备进一步降低压缩机的冷却要求。

更常见的是两个项目的部分或全部节约都依赖于减少数据中心同样的管理开销。同样的开销不能消除两次，因此总的节约不会是单个项目的总和。一个简单的例子是在一个数据中心直接利用节能空气处理单元的外部新风，提升进风温度设定点和实施绝热制冷。这两个项目是互补的，进风温度的提升与绝热制冷都能让制冷压缩机节约同等的能耗，但总能耗的节约不是几个部分的简单加权总和。

6.3.3 税务的会计方法

在 ROI 分析中，可能会有一些额外的潜在收入，需要通过减少税负的形式实现。在大多数情况下，当公司购买一项资本性资产时，该资产的成本在购买时并不是整体一次性地进行税务处理。通常的做法是在一定的时间内以给定的比率对资产进行折旧，这通常由当地税法规定。这意味着，出于税收目的，项目的部分或全部资本成本将在若干年内分摊，然后可以使用该折旧成本来减轻每年的纳税义务。被减少的纳税包括在每年的项目 ROI 分析中，并计入总 NPV 或 IRR。请注意，对于 ROI 分析，仍然应该展示发生在会计期间的实际资本成本，只有税务计算时才使用折旧的逻辑。

与资产折旧和税收相关的区域性税法和会计操作方法的讨论显然超出了本书的范围，但在编制项目分析报告时，应与企业的财务部门沟通，以确定他们是否希望和如何把税务影响纳入到项目分析中去。

6.3.4 随时间变化的成本——实际和名义贴现率

如同货币的价值随着时间而变化一样，商品、

能源和服务的成本也随着时间而变化，这通常通过每年通货膨胀或通货紧缩率来表示。当对数据中心投资进行财务分析时，需要撇开通货膨胀的影响，独立地考虑成本或收入的变化。

NPV 分析的简单方法是使用实际现金流。这些是已调整为当前价值的现金流，只是按照当前价值进行估计。这种方法应用所谓的实际贴现率，包括名义利率和通货膨胀率带来的利率减少。实际贴现率和名义贴现率之间的关系为

$$实际(贴现率) = \left(\frac{1+名义(贴现率)}{1+通胀率}\right) - 1$$

NPV 分析的第二种方法是允许对成本和收入随时间的变化做出适当的估计。需要注意的是，由于所预计的商品或能源成本的变化，与通货膨胀或其他因素并不完全一致，因此在这种情况下，将使用实际（名义）现金流，并全部采用名义贴现率来贴现。

假设一个初始资本投资为 10 万美元的项目，期望在每三年获得相当于 5 万美元现值的收入。对于这个项目，名义贴现率是 10%，同时预估通胀率在此期间为 2.5%，因此实际的贴现率为 7.5%。

表 6.13 列出了使用实际现金流和实际贴现率计算的 NPV。

另一种算法是可以将预期通胀的影响纳入现金流，然后按照表 6.14 中的名义贴现率对其进行贴现。

表 6.13　使用实际现金流和实际贴现率计算 NPV　　（单位：美元）

资本投入	1	2	3	NPV	备注
100000	50000	50000	50000		实际现金流
	46591	43414	40454	30459	实际贴现率

表 6.14　使用名义现金流和名义贴现率计算 NPV　　（单位：美元）

资本投入	1	2	3	NPV	备注
100000	51250	52531	53845		名义现金流
	46591	43414	40454	30459	名义贴现率

可以看到，两个 NPV 的计算结果相同。如果未来的成本和收入都以与预估的通货膨胀系数相同的速度增长，那么这两个计算结果是相等的。如果预计未来的现金流会以与通货膨胀不同的任何比率增加或减少，那最好使用名义现金流和名义贴现率来处理这些变化。未来能源成本的预期变化是数据中心 NPV 分析中最常见的例子。后一种方法在本章后面的蒙特卡罗法和实际案例分析中都使用。

6.3.5　IRR 的多种计算方法

使用 IRR 的一个问题是没有简单的公式来给出 IRR，只能通过电子表格找出一个贴现率值，使 NPV 的评估值为零。在微软 Office Excel 等电子表格中使用 IRR 函数时，公式中有一个选项允许提供一个假设值，以确定所需的 IRR，即

$$IRR = IRR[值,(假设值)]$$

这并不是因为电子表格无法迭代不同的贴现率值，而是因为对于一系列现金流，IRR 并不是唯一的解决方案。如果考虑表 6.15 中的一系列现金流，可以看到现金流的变化不止一次；也就是说，从资本投资开始，其值为负，然后在收入为正和成本为负之间变化。

表 6.15　现金流在不同 IRR 方案中的案例

时间/年	0	1	2	3	4
收入/美元	-10000	27000	-15000	-7000	4500

图 6.6 所示为在 4 年内不同贴现率下的 NPV。从图中可以看到，当贴现率为 11% 或 60% 时 NPV 均为 0。

处理方法很多，从在电子表格 IRR 函数做出适当的假设以寻找到正确的值，到使用其他方法，如内部收益率修正（MIRR），这在大多数电子表格数据报中都有提供，但不在本章讨论的范围内。

6.3.6　断章取义

在数据中心行业有许多标准做法和经验法则，其中一些是在多年的运营经验中开发出来的，而另一些则是在缺乏可用信息的基础上通过反推来衍生的。一般来说，独立的评估是必须的；当只有经验

法则可用时，在ROI计算中所做的假设的有效性并不理想。

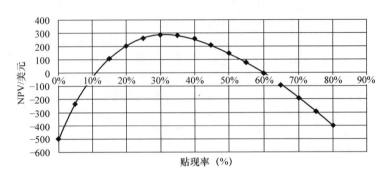

图6.6　在4年内不同贴现率下的NPV

其中一些持续性的问题与数据中心的冷却系统和环境控制有关。一些常见的例子如下

- 根据所需制冷量，最好在已安装的CRAC/AHU上按+1模式运行。这是由于系统使用带气流调节器的恒速风机，其中能量与气流相对线性，运行时间意味着磨损维护成本。在当前的变频传动（VFD）控制系统中，由于风机减速能带来巨大的能源节省，在满足最低速度要求的情况下，更多的机组应以相同的速度并联运行。
- 供气和供水温度每升高1℃，可节约X%的冷却能源。这是整个压缩机冷却系统的一个很好的经验法则，但在任何自然冷却系统中，响应都是非线性的。
- "优选"IT设备的进气温度为25℃，高于此温度，IT设备风扇用能的增加速度快于冷却系统的用能。当然，最小总功耗点不仅取决于IT设备风扇功率分布的变化，还取决于冷却系统的响应，因此每个数据中心及数据中心之间的响应也各不相同。
- 将VFD应用于风机或泵，将使能量以流量的立方倍率减少；对于没有固定水头的系统来说是适用的，并且能够降低到任何速度，但对于控制在恒定压力下的泵（如二次分配水泵），其行为方式是非常不同的。

6.3.7　标准升级程序

在许多数据中心使用者和设计咨询公司中，有一种普遍的习惯，即基于一个经过测试和验证的策略来进行规划实施数据中心项目。这种方法通常有两个主要的缺陷。

首先，每个数据中心都有一系列由其建筑物、设计和历史原因所带来的业务优势和约束。例如，不能期望具有分离的直膨式CRAC的数据中心与具有中央空气控制单元和架空分配管道的数据中心一样，能进行相同的气流组织管理和升级。

其次，如果不同数据中心分布在不同的气候或电价条件下，即便在相同建筑物条件以相同方式进行冷却设计和运行，同样的投资在曼哈顿能获得极好的投资收益率，但也可能在圣路易斯带来大量的资金浪费（注：年最低温度，纽约市曼哈顿区为8.9℃，圣路易斯市为6.9℃）。

通常有一些标准元素被欧盟行为准则推荐为最佳实践，这些标准元素应该被列入数据中心资产的标准选项列表中。然后应根据每个数据中心的业务优势对这些标准元素进行评估，以制定相应的ROI分析方法（而不是根据习惯）。

6.3.7.1　气候数据

气候数据有多种格式，每种格式对特定类型的分析都或多或少有用。气候数据的来源也不同，一般都具有区域性特点，并有更详细的与区域性相关的操作数据。

虽然获得的大部分气候数据都是在相当长的时间内从实际气候详细的观察中获得的，但这通常是在发布之前经过处理的，收到的数据是某种形式的总结。

6.3.7.2　设计条件

一个数据中心的设计通常基于未来若干年可能的最低和最高气温数据。这些数据只有确保设计能够在遇到极端气候条件下运行时才有用。

6.3.7.3　加热和冷却时间

通常在用于设计条件相同的数据集中找到加热和冷却时间，这对于数据中心分析没有实际意义。

6.3.7.4　温度组合小时数

通常使用将一年中的小时数分类为温度"组"（如"每年有2316h在10~15℃干球温度之间"）

的数据对传统冷却部件（如冷水机）进行分析。温度组的大小随数据源的不同而变化。这类数据的主要问题是，在分组过程中，温度和湿度之间的相关性会被破坏。如果数据没有被处理过，那么或许可用，但只有在数据中心的冷却负荷不随时间变化、不考虑湿度控制（即没有直接空气节能系统），以及公用事业能源收费没有峰谷电价或没有峰值需求费用的情况下，此数据才有用。

6.3.7.5 小时平均条件

另一种常见的数据形式是小时平均值。在这种格式中，一年中每个月有24h记录，每个记录都包含各项数据的平均值，如干球温度、湿度等，并且还包含太阳照射或风速和风向等其他方面的平均值。这种格式在电价有峰谷时及有限使用湿度敏感度设计情况下，比"组"数据更有用，但也可能会对具有快速转换能力的节能型冷却系统的性能给出错误指示。

6.3.7.6 典型气象年

冷却系统分析的首选数据类型是典型气象年（TMY）数据。该数据包含每年每小时的一组值，通常包括干球温度、露点、湿度、大气压力、太阳照射、降水、风速和风向。这些数据通常是从记录的观测数据中提取的，但经过仔细处理以代表"典型"年份。

6.3.7.7 数据记录

可以从正在分析的数据中心所在区域的建筑管理系统或其他相同气候条件的区域获得实际记录的数据。这些数据可以用于历史分析，不过在大多数情况下，经过正确处理的 TMY 数据更适合用于预测分析。

6.3.7.8 气候数据的来源

一些优质的气候数据来源包括：

- 美国采暖、制冷与空调工程师学会（ASHRAE）或其他非美国的类似组织，如印度采暖、制冷与空调工程师学会（ISHRAE）。
- 美国国家可再生能源实验室和能源部（DOE）会在 DOE 网站发布优质的 TMY 气候数据组和数据格式转换工具，以用于能源模拟。
- 民间气候组织（www.wunderground.com），会上传从气象站获得的数据，供免费试用。

6.3.8 区位的敏感度

不难看出，即使是相同的数据中心设计，制冷开销在芬兰与在亚利桑那州是不同的，北卡罗来纳州的市电成本也可能比曼哈顿或新加坡便宜。例如，考虑一个比较常见的 1MW 水冷数据中心设计。数据中心使用水冷式冷水机组和冷却塔向 IT 和生产区域的 CRAC 供应冷冻水。数据中心在冷凝器水和冷冻水回路之间设有板式换热器，在外部气候允许的情况下提供自然冷却。

在分析的第一部分中，通过专业的工具软件对数据中心进行了四种配置的建模，代表了四种不同的冷冻水供应温度，包含了冷却系统中的所有主要变量。评估的目的是确定冷冻水温度升高后，冷却装置可节约多少制冷量。一旦知道这些节约的量，就可以确定在执行气流组织管理中的相关工作或提高 IT 设备进气温度的举措是否值得。

分析将分成两个部分，首先是 PUE 受本地气候条件的影响，其次是当地电力成本的影响。

6.3.8.1 气候的敏感度

分析的第一部分是基于以下4种设定值，来评估其对年度 PUE 平均值的影响：

- 7℃/45℉的冷冻水供应，冷却塔在自然冷却模式下设置为5℃/41℉。
- 11℃/52℉的冷冻水供应，冷却塔在自然冷却模式下设置为9℃/48℉，在更高的蒸发器温度下性能系数（CoP）得到提升。
- 15℃/59℉的冷冻水供应，冷却塔在自然冷却模式下设置为13℃/55℉，在更高的蒸发器温度下 CoP 得到提升。
- 19℃/66℉的冷冻水供应，冷却塔在自然冷却模式下设置为17℃/63℉，冷水机 CoP 根据15℃/59℉变频和夏季模式，冷却塔回流设定值增加5℃/9℉。

气候的敏感度分析如图 6.7 所示。选择了4种不同的气象年（TMY）气候，显示了这些变化对 PUE 值的影响，其响应更多取决于区位的不同而不是经验数据。新加坡的 PUE 的改善小于0.1，因为节能部件在这种气候下几乎没有什么效果，唯一的好处是提高了冷水机组的效率。密苏里州圣路易斯显示的响应会更大一些，但仍然只有0.15，因为其在夏季和冬季只有极少的小时数中气候能形成反差，从而切换并工作在节能模式上。圣保罗在高于15℃的温度下表现出更强的响应，机械冷却能在大部分时间内转换到节能模式。加利福尼亚州圣荷西的最大 PUE 提升为0.24，远大于新加坡的0.1。

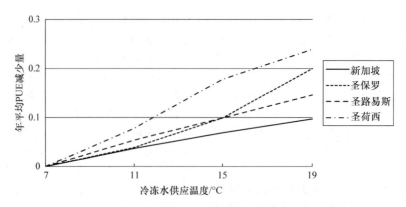

图 6.7 气候的敏感度分析（PUE 随冷冻水温而变化）

6.3.8.2 能源成本

世界各地的能源成本和收费结构都存在很大差异。电力成本通常是以 kW·h 为单位，但在数据中心成规模采购能源时，成本往往更复杂，这在美国市场尤其如此。在美国，具有多个价格区间和按需计费的电价方式很常见。

为了说明这些变化对能源成本和电价类型的影响，气候敏感度的早期分析还包括气候年每小时的电价数据：

- 新加坡的电价相对较高，计费分峰谷时段，并且收取容量费。由于节能措施效果不明显，因此对电力成本的影响几乎没有。
- 圣保罗的电价也相对较高，但在非峰谷时段，电价是可以通过商议而定的。
- 因为密苏里州圣路易斯处于产煤区，所以电价非常低，额外的容量费用也相对较低。
- 加州圣荷西的电价是圣路易斯的两倍。

请注意，在非高峰电价时段，自然冷却的节能效果往往会更好，因此为了准确起见，必须评估每小时的电力成本，而不是在此期间的平均值。

能源成本的敏感度分析如图 6.8 所示。尽管圣路易斯的 PUE 改善只有 2/3，但由于电力成本高，特别是在高峰需求时期，新加坡的能源成本节约的效果是圣路易斯大学的两倍多。圣保罗和圣荷西都显示出了很大的成本节约，但节约的幅度与 PUE 改善的幅度又是相反的。

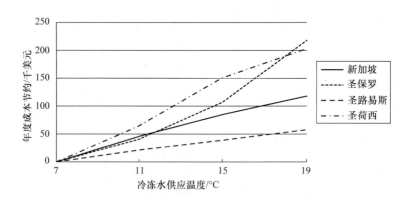

图 6.8 能源成本的敏感度分析—根据冷冻水供应（CHWS）温度核算年均节约成本

结果表明，相比圣路易斯的冷冻水系统升级，圣荷西或圣保罗需要采取不同的升级方法。

在投资收益率分析中提到，这些地区能源成本和计费结构的差异是基于当前情况的，并且可能会随着时间的推移而变化。

1）无压缩机冷却的数据中心。近年来，无压缩机冷却的数据中心的概念已经得到了推广，许多数据中心运营方建造了这样的设施，并声称由于消除了冷水机组而带来了经济或环境效益。

虽然从数据中心消除冷水机组有一些好处，但由于能源效率和能源成本都没有显著提高，因此财务效益主要还是来自于资本成本的减少。在一些数据中心所处的气候条件区域中，得到这些好处的同时，也牺牲了IT设备持续扩容的可能性。

正如下面关于自然冷却的部分所讨论的，减少冷水机组的使用，从每年几个月，甚至到不使用冷水机组，其带来的额外能源成本的效益并不大。然而，可能会有大量的初始资本成本收益，不仅在冷却设备的采购和安装成本的节省上，而且在减少上游电力设备容量方面。由于峰值不再包括压缩机功率，因此可通过减少峰值需求或可用性电力容量费来持续获得额外的运营成本效益。

需要平衡考虑的是，无冷水机组设计带来的成本效益和IT设备的可运行环境的扩展，因为减少冷水机组可能带来温度升高、湿度范围增大或两者兼而有之的后果。通常情况下，室外新风系统将使用绝热加湿器来维持温度，但会带来较高的湿度。其他节能部件设计更容易使IT设备在极端外部气候条件下出现高温峰值。没有直接外部空气系统的

冷却设备的另一个问题是，如果外部发生空气污染事件（如灰尘、烟雾或花粉），无法切换到间接空气循环，可能导致数据中心的意外关闭。

2）自然冷却、时间和能源成本。在使用自然冷却系统的情况下，自然冷却的效果通常用"节能工况小时"表示，即系统不需要机械压缩机制冷的小时数。虽然节能方式的类型可能有所不同，从直接新风制冷到冷却水回路的板式热交换器，但工作目标是一致的，都是为了减少给IT设备降温所消耗的能量。

随着冷却系统设计和温度设定值的提高，都会带来不同的节能效果。如前面关于气候敏感度一节所述，节能效果与空气或水设定点温度的变化并不呈线性关系，这不仅仅是因为不同气温区间的小时数，还因为自由冷却系统的运作方式，这些都会带来影响。

图6.9显示了机械制冷能耗、部分自然冷却小时数和无机械制冷之间的简单关系。

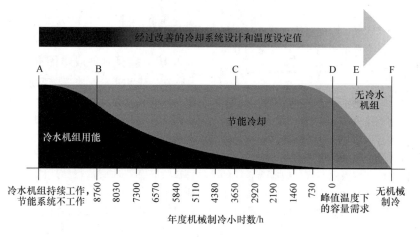

图6.9　机械制冷、部分自然冷却和无机械制冷

最左边（A）是一个完全依靠机械冷却的系统，节能工况小时数为零，此时机械冷却能量最高。向右移动（B），制冷温度设定值增加，这允许节能系统部分介入以提供冷却。一开始，节能系统只能降低机械冷负荷，但机械冷却必须全年运行。随着温度设定值的进一步增大（C），每年需要机械冷却的小时数减少，并且系统将转向以节能冷却为主。当某些特殊情况下系统一年中达到零小时的机械制冷（D）时，可能仍然需要机械冷却来处理峰值高温或潮湿条件（参照设计工况）。超过

（E）点后，通常以自然冷却系统为主，并安装低容量配置的机械冷却系统以做补充。在最右侧（F）时安装的系统，能够满足所有的散热需求，即使在极端条件下，也不需要安装任何机械冷却系统。

图中标记为"冷水机组用能"的区域表示（取决于系统设计和详细的气候状况）全年机械冷却所消耗的能量。由于机械冷却用能是多个变量的函数，最初会急剧下降，然后随着节能系统用能的增加，逐渐趋缓，

● 只要机械冷却小时有所减少，能耗就相应降低。

● 机械冷却系统只启用部分容量，并长期工作在该状态；自然冷却系统承担其余的制冷量，能耗进一步降低。

● 机械冷却系统在较小的温差下工作，或者通过用于较低温差下工作的装置来降低压缩机的能量。

这三个因素结合在一起，最初随着节能系统工作小时数的增加，能源和成本急剧减少；这使得成本节约相当可观，即使经济器只工作了 1000～2000h；同时设定温度点的小幅度增加也能带来可观的额外节约。随着节能冷却接管整体冷却到达（C）点后，机械冷却能耗将很低，提升设定点温度进一步增加的运营成本效益也很小。一旦系统接近零机械冷却小时（D），就只能通过减少或完全去除机械冷却系统的设计安装容量来获得额外的资本成本效益。

3）为何供应商的成功案例不一定能适合业主。供应商通常会将其产品、服务或技术的最佳方案与精心选择的案例进行比较，以尽可能有效地体现其产品方案的价值。其声称的产品方案能带来的节能效果，往往大于数据中心实际能节约的能耗值，实施效果是打折扣的。

当选择不同区域的数据中心来进行研究时，要充分考虑各种的制约条件和优势机会，包括不同的气候、能源价格等。节省成本的方法还包括通过降低甚至终止投资；企业需要分解这些成本节约的要素并考虑实现的措施，以及这些成本效益为企业的产品和服务的销售所带来的好处。

在进行项目分析时，需要考虑的主要因素包括：

● 气候或 IT 环境条件是否对结果有影响？如果是，需定义明确，并且了解其与数据中心是否紧密结合。

● 建筑物或当地法规（如噪声）是否对业务决策有影响？

● 全面了解能源结算方式对分析的影响，包括峰谷时段、不同季节的计费、峰值容量需求和容量计费等。

● 当前所获得的业务条件比此前的数据中心项目的优势在哪里？

● 当前情况下，有哪些更便宜、更快捷或更简单的措施可以用来节约成本？

● 财务分析时是否考虑合适的贴现率？是否

得到了全面的成本核算数据，并依照内部财务流程估算了 NPV 和 IRR？

"一个实际案例"一节中所示的过程是一个很好的例子，一个有效规划的项目会通过成本节约和减少投资带来良好的效益。

6.3.9 IT 节能和 PUE 乘积

如果要评估的项目包含对 IT 用能降低的要求，那么在项目分析中通常包含这方面的能源成本节省。除了直接的 IT 节能，还要考虑基础设施的节能。

一般通过虚拟化或服务器更新换代来降低 IT 的用能，并将这些值乘以 PUE 后可以得到预估的节能值。但这有根本性的错误，因为 PUE 值随着 IT 负载的变化而变化，并且通常会随着 IT 负载的减少而增加。这在旧的数据中心中尤其显著，因为其基础设施开销很大程度上是固定的，对 IT 负载变化的响应非常小。

用 IT 功耗乘以 PUE 不适用于估算数据中心成本节约的数值，除非能够有效地预测数据中心对 IT 负载预期变化的响应。一般来说，预估的基础设施负荷减少的量要小于 IT 负荷的减少。

6.3.10 换算其他成本因素

在构建 ROI 案例时，处理过程中难以把控的因素是概率和风险，尤其是有些收入或成本风险概率很高，应非常谨慎地处理。例如，对设备升级的投资案例，可以在降低运营成本的同时提高可靠性。但是，如果是对客户提供服务的话，对业务容量增容投资的有效性要依赖额外的客户收入来进行论证；由于无法保证未来额外收入的金额或时间，因此测算时必须使用一些估计值。

6.3.10.1 尝试量化成本和风险

对于可能影响分析结果的每个外部因素，应尝试合理地量化这些变量，并将其纳入评估中。事实上，数据中心可能会发生许多问题并造成损失，但并不是说通过投资来降低这些风险是值得的。例如，增加装甲以抵抗爆炸的成本对于民用数据中心来说不是有效的投资，但对于军用设施来说却是值得的。

风险成本的评估会非常复杂。例如，当一个成本可能因事件的严重性而变化时，对风险成本计算的建模就需要做一些统计分析，但这不在本章的讨论范围之内。

简单地说，如果可以对某个事件进行合理的成本估算，那么在 ROI 分析中计算风险的最简单方法是将估算成本乘以事件发生的概率。例如，项目可能会替换报废的设备，目的是将停电风险从每年5%降低到0.1%。如果停电的预期损失成本是50万美元（商业信用或业务收入损失），那么风险成本将是

- 如果项目不实施，那么是 0.05 × 50 万美元/年 = 2.5 万美元/年。
- 如果项目实施，那么是 0.001 × 50 万美元/年 = 500 美元/年。

因此，可以在项目 ROI 分析中包括每年节省的24500 美元，用于降低风险。这是一个非常简单的分析，许多组织将使用更有效的工具进行风险量化和管理，以获得更有效的价值。

6.3.10.2 构建一个参数模型

如果投资受到外部变化的影响，如评估时间周期内的电力成本变化，则需要评估项目随着每个外部因素的不同而发生的变化。通常可在电子表格中构建投资模型，以响应外部因素的变化，从而对这些输入值的变化带来的不同项目结果和对项目的敏感度影响进行评估。

这类模型的复杂性可能有所不同，从简单的电子表格（允许以 0.08 美元/kW·h、0.10 美元/kW·h 和 0.12 美元/kW·h 的电力成本测试 ROI 结果），到包含大量外部变量并需要用蒙特卡洛分析㊀工具来处理的复杂模型。

6.3.10.3 一个增收的项目案例

数据中心项目增加（或释放）容量并不少见。这样做的结果是，有更多的数据中心电能和冷却能力出售给客户，或者向内部用户收更多的钱。在投资进行容量升级项目中，通常由于使用更多电力导致费用增加或运营成本增加，如果不考虑额外的业务收入或增值，那么 NPV 或 IRR 将为负值。

以一个增容项目的 ROI 为例，在一段时间内新增容量被使用和产生收益，同时在此期间电力成本的变化。

项目的假设：

- 10 万美元的初始投资。
- 增加 75kW 的 IT 容量。
- 贴现率为 5%。
- 客户的用电成本乘数为 2.0（客户支付：电表计数 kW·h × 电费单价 × 2.0）。
- 客户使用机房容量的计费是每年 500 美元/kW。
- 客户实际使用了其合同容量的 70%。
- 预计 PUE 为 1.5（假设随着容量增加，PUE 会下降）。
- 初始电力成本为 0.12 美元/kW·h。

根据这些参数，可以在项目的任何一年中计算出向客户额外销售的每 kW 容量的成本和收入。

通过构建简单的电子表格模型，可以看到出售这些容量所需的年数，以及该期间电力成本的年度变化。

NPV 计算方法不变，在项目的初始年份投入升级的资本成本为 10 万美元；然后在每一年，计算增加的客户销售和电力成本，直至这些容量全部销售完毕。表 6.16 是一个示例的 PV 计算。可以看出，需要 4 年时间来销售所有额外新增的容量。

表 6.16 一个示例 PV 计算

时间/年	0	1	2	3	4	5	6
年度用电成本/美元		0.120	0.124	0.126	0.131	0.132	0.139
额外的销售容量/kW		9	28	47	66	77	75
额外的用电容量/kW		7	20	33	46	53	53
额外的收入/美元	0	18485	56992	96115	138192	159155	165548
额外的成本/美元	100000	10348	32197	54508	79035	91241	96036
年度 PV/美元	-100000	7749	22490	35942	48669	53212	51871
总 PV/美元	-100000	-92251	-69761	-33891	14850	68062	119933

该电子表格使用平均值和方差参数来估计每年的电力成本增长。在这个案例中，平均增长率为 3%，标准偏差为 ±1.5%。

根据电力成本、合同费用和客户消耗容量得出的值，可以确定每年的额外收入和成本。从收入中减去成本，然后代入 PV 计算公式，就可以得到年度的 PV。经过汇总可以算出整个生命周期的总 PV，在本例中为 119933 美元，见 6.16。

可以在电子表格中使用此模型进行简单的蒙特卡罗分析，方法是使用一些简单的统计函数来

㊀ 20 世纪 40 年代曼哈顿项目期间开发的一种数值分析方法，可用于模拟输入中具有显著不确定性的现象，这些现象可被建模为随机变量。

生成：
• 基于平均值和标准偏差的年度电力成本增加。在本例中，使用微软 Office Excel 中的 NORM.INV［RAND()，均值，标准偏差］函数来提供假设为正态分布的年度增加值。
• 新增容量完全售出前的年数。在本例中，使用 NORM.INV［RAND()，期望售罄年份，标准偏差］函数，再次假设为正态分布。

通过在电子表格中的反复测试，可以评估财务结果的可能范围和对外部参数变化的敏感度。销售容量增加的简单蒙特卡洛分析如图 6.10 所示。显示了 500 次试验的结果；点是以年为单位绘制的单次试验，是销售到一定容量的 NPV；水平线显示了所有试验的平均 NPV，以及 ±1 的标准偏差。

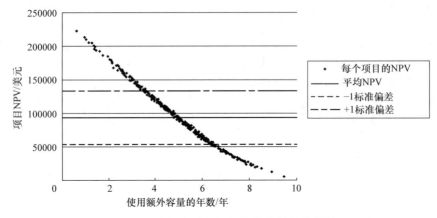

图 6.10 销售容量增加的简单蒙特卡洛分析

从图 6.10 中可以看到：
• 即使销售不理想，出售所有新增产能需要 10 年时间，总体结果仍可能是一个小的正回报。
• 平均净现值（NPV）低于 100000 美元，与 100000 美元的投资相比，在 6 年的项目评估期内，这个收益是合理的。

另一种呈现分析结果的方法是进行更多的试验，然后就试验所得 NPV 划分范围，以估算每个范围内实现某个 NPV 的概率。为了说明这一点，可将先前案例的 5000 次试验点绘制在图 6.11 中。

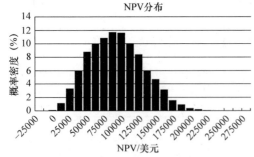

图 6.11 简单蒙特卡洛分析中的概率密度

6.3.10.4 实际案例的分析

前面的案例是一个简单的例子，说明如何评估受多个外部因素影响的项目的 ROI。对于输出数据，也可以使用其他的绘图和分析方法，从不同角度审视项目。大多数电子表格软件包都能够进行蒙特卡罗分析，在应用程序帮助和网络上有许多可用的样板。如果经常进行这样的分析，建议可以购买专业的商业软件包（如 Palisade @ Risk or Oracle Crystal Ball），它们会提供额外的分析工具和功能。

6.4 一个实际案例

为了将本章介绍的一些要素结合起来，本节对一个投资改造升级项目进行 ROI 分析。该项目是在现有数据中心中实施冷却系统的改进。该数据中心有：
• 设计总 IT 负载为 1MW。
• 使用由水冷冷水机组支持的精密空调进行制冷，并设计有冷却塔。
• 当外部条件允许时，板式热交换器用于自然冷却，冷冻水供应温度为 9℃/48°F。
• 位于美国佐治亚州亚特兰大。

根据财务要求，ROI 分析是基于 6 年且按 8% 的贴现率进行计算的。

6.4.1 气流组织改进项目

针对该站点有两种改造方案：
• 采用全热通道封闭（HAC）的行间制冷方案。

- 进行气流管理和传感器网络的改进，升级现有的 CRAC，采用变速风扇，结合分布式温度传感器网络，根据测量温度优化 CRAC 的工作方式。

6.4.2 对上述选项的细化

一种方法是简单地将这两个方案与数据中心的现有状态进行比较，但这很难为机房找到最有效的投资选择。为了选择最佳的选项，需要细化哪些变量是让项目省钱，以及占多大比例。

在本例中，所获得的成本节约都是由于冷却系统的能效提高。在这两种方案中，节能措施来自以下方面：

- 通过减少或消除来自 IT 设备的热回风与来自 CRAC 的冷空气的混合，从而实现变速驱动，并降低 CRAC 风扇电动机功率。通过气流管理的改善，在维持 IT 设备进风口所需环境条件的情况下，减少了对制冷量的需求。
- 通过提高供水温度降低冷冻水系统的能耗，也可以通过减少或消除冷热空气的混合来实现。这使得压缩机效率略有提高，但更重要的是系统的自然冷却工况时间被增加了。

通过评估项目 ROI，将选择以下的改造选项。

6.4.2.1 当前情况

假设该机房没有与升级无关的问题，如湿度过度控制或设定值冲突。如果存在任何此类问题，应单独进行测算和补救，否则会与改造措施的成果相混淆，从而对项目 ROI 测算造成错误影响。

6.4.2.2 方案 1——行间冷却

采用行间冷却方案，减少了当前 15 个外围 CRAC 中的 13 个，并用 48 个行间冷却装置承担了大部分数据大厅的冷却。行间空调机组采用 EC 变频风扇，在不同压差下运行以降低空调风扇的功耗。热通道封闭可使送风量增加，因此冷却水回路温度提高到 15℃/59℉。冷冻水供应（CHWS）温度的升高可增加自然冷却的时间，并可略微提高冷水机的运行效率。其余两个原有周边的 CRAC 升级为 VFD，并设置为最小 80% 的空气流量。

6.4.2.3 方案 2——气流管理和传感器网络

另一个略复杂的方案是通过实施气流管理程序以切断空气串流，并将 CRAC 中现有的定速风扇升级为 EC 变频风扇；同时部署一套分布式传感器网络，通过该网络监控 IT 设备的进风温度。传感器网络没有直接节能功能，但它提供了降低 CRAC 风扇功率和提高冷却水供应温度的可能性，以允许更多的自然冷却时间。该方案也在 15℃/59℉冷冻水供应温度下进行评估。

6.4.2.4 气流管理和 VFD 升级

除了考虑通过降低 CRAC 风扇功率实现节能，还应该考虑其他较低的资本成本的复杂性因素。在同等条件下进行气流管理改造，如果没有传感器网络，那么风扇转速和冷却水温度的改进效果较差。在这种情况下，将按最低 80% 的空气流量和回风温度控制风扇转速，对现有 CRAC 风扇进行较低成本的 VFD 升级。该站点有 $N+20\%$ 的 CRAC，因此即使不大幅度控制和减少冷热气流混合，80% 的气流也足够。冷却水回路温度只会升高到 12℃/54℉。

6.4.2.5 冷通道封闭下的 EC 风扇升级

由于行间升级需要调整机架布局以允许部署热通道封闭，因此还得评估类似选项。由于现有的 CRAC 向活动地板下进行送风，因此，冷通道封闭（CAC）方案将采用与传感器网络选项相同的现有 CRAC 的 EC 风扇升级，并进行评估。但在这种情况下，应控制压差以满足 IT 空气需求。气流封闭允许冷冻水供应温度同样升高至 15℃/59℉。

6.4.3 资本性成本

评估的第一步是确定实施方案的资本性成本，包括资产购买、安装成本和与升级项目直接相关的其他成本。当然，此分析中提供的成本只是示例，并不具有普适性。

- 气流管理和冷/热通道封闭（CAC/HAC）的成本包括气流管理设备成本和安装人工成本。
- 行间空调的成本预估为 48 套×10000 美元/套。
- 行间空调系统还需要 4 套冷却液分配装置和管道，总成本为 80000 美元。
- 15 套 CRAC 的风扇和电动机升级需要 7000 美元。
- 分布式温度传感器网络设备、安装和软件许可需要 100000 美元。
- 每个方案均需要 20000 美元的计算流体动力学（CFD）模拟分析，由于是在实施前投入的，因此也算作资本性成本。

项目选项的资本性成本见表 6.17。

6.4.4 运营成本

ROI 评估的另一部分是每个方案选项对运营成本的影响。所有选项的成本都受当地气候和电力成本的影响。当地气候由本分析中的典型气象年气候数据集表示。

该站点的能源电价在高峰和低谷及夏季到冬季各不相同，第一年平均为 0.078 美元。

表6.17 项目选项的资本性成本 （单位：美元）

选项	当前状态	气流组织管理和VFD风扇	行间冷却	EC风扇升级和CAC	气流组织管理、EC风扇和传感器网络
气流组织管理		100000			
热/冷通道封闭（HAC/CAC）				250000	250000
列间CRAC			480000		
冷却液分配装置和管道			80000		
EC风扇（无电刷直流风扇）升级				105000	105000
VFD风扇升级		60000	8000		
传感器网络					100000
CFD分析		20000	20000	20000	20000
合计资本	0	180000	838000	375000	325000

然后，这将以3%的年增长率调价，以代表欧洲能源成本的预期增长。

6.4.4.1 能效的提升

通过专业工具软件对数据中心在现有状态和升级条件下的分析[一]，得出了年度PUE，见表6.18。

表6.18 分析升级选项的年度PUE

选项	PUE
当前状态	1.92
气流组织管理和VFD风扇	1.72
行间冷却	1.65
EC风扇升级和CAC	1.63
气流组织管理、EC风扇和传感器网络	1.64

这些效率的提高并不能直接转化为能源成本的节约，因为峰/谷时间的能源价格、夏季/冬季变化与外部温度之间都存在相互作用，同时在能源价格较低的时间，自然冷却时间更多。

6.4.4.2 其他运营成本

作为项目其他可变成本的一个例子，季度性CFD气流分析的成本已包含在运营成本中。在未使用通道封闭的措施时，用CFD来分析调整气流组织是长效的必备手段，但一旦实施冷/热通道封闭，CFD就变得不必要了。如果选择通道封闭的改造方案选项，那么不做CFD的成本节约就应该被计入测算中。6年期间不同项目选项的年度运营成本见表6.19。

表6.19 6年期间不同项目选项的年度运营成本 （单位：美元）

选项	当前状态	气流组织管理和VFD风扇	行间冷却	EC风扇升级和CAC	气流组织管理、EC风扇和传感器网络
年度性CFD分析	40000	40000			40000
第1年的用能	1065158	957020	915394	906647	912898
第2年的用能	1094501	983437	940682	931691	938117
第3年的用能	1127336	1012940	968903	959642	966260
第4年的用能	1161157	1043328	997970	988432	995248
第5年的用能	1198845	1077134	1030284	1020439	1027474
第6年的用能	1231871	1106866	1058746	1048627	1055858

6.4.5 净现值分析

为了决策每个选项的净现值（NPV），需要在贴现率8%的假设下计算未来运营成本的NPV，见表6.20。

一 分析采用Romonet软件，利用全典型气象年气候数据模拟数据中心的机电基础设施。

第6章 数据中心财务分析、投资收益率和总体拥有成本

表6.20 在8%贴现率下不同项目选项的NPV分析 （单位：美元）

选项	当前状态	气流组织管理和VFD风扇	行间冷却	EC风扇升级和CAC	气流组织管理、EC风扇和传感器网络
6年中CFD分析成本的PV	184915	184915	0	0	184915
第1年的用能的PV	986258	886129	847587	839488	845276
第2年的用能的PV	938359	843138	806483	798775	804284
第3年的用能的PV	894916	804104	769146	761795	767048
第4年的用能的PV	853485	766877	733537	726527	731537
第5年的用能的PV	815914	733079	701194	694493	699282
第6年的用能的PV	776288	697514	667190	660813	665370

资本性成本在项目开始时不需要调整。将资本性成本和运营成本的PV相加，得到每个方案选项的总PV。每个升级选项的NPV是当前状态的总PV与该方案整个核算周期的总PV之间的差，见表6.21。

表6.21 升级选项的NPV （单位：美元）

选项	当前状态	气流组织管理和VFD风扇	行间冷却	EC风扇升级和CAC	气流组织管理、EC风扇和传感器网络
资本投入	0	180000	838000	375000	325000
运营成本PV	5450134	4915757	4525136	4481891	4697712
总PV	5450134	5095757	5363136	4856891	5022712
NPV	0	354377	86997	593243	427422

6.4.6 内部收益率分析

内部收益率（IRR）分析采用相同的资本成本和运营成本，但不考虑贴现率。为了确定成本，并便于在电子表格中使用IRR功能函数，从基准成本中减去每个升级选项的年度运营成本，以实现年度的成本节约，见表6.22。

表6.22 项目选项的IRR分析 （单位：美元）

选项	当前状态	气流组织管理和VFD风扇	行间冷却	EC风扇升级和CAC	气流组织管理、EC风扇和传感器网络
资本性成本	0	−180000	838000	375000	325000
第1年的成本节约	0	108139	189765	198512	152261
第2年的成本节约	0	111065	193820	202810	156385
第3年的成本节约	0	114397	198434	207694	161076
第4年的成本节约	0	117829	203187	212725	165909
第5年的成本节约	0	121711	208561	218406	171371
第6年的成本节约	0	125005	213125	223244	176013

通过表6.22中第一个显示为负数的资本成本和显示为正数的年收入（或成本节约）列表，可以使用电子表格中的IRR函数来确定每个升级项目选项的IRR。

6.4.7 收益分析

现在已经有了每个升级选项的PUE、NPV和IRR的预期值。现有状态的净现值和内部收益率为零，并以此作为衡量其他选项的基准。项目方案整体收益分析见表6.23。

出乎意料的是，PUE的改善和各个选项的ROI之间几乎没有直接关系。

表 6.23 项目方案整体收益分析

项目	当前状态	气流组织管理和VFD风扇	行间冷却	EC风扇升级和CAC	气流组织管理、EC风扇和传感器网络
资本投入/美元	0	180000	838000	375000	325000
PUE	1.92	1.72	1.65	1.63	1.64
NPV/美元	0	354377	86997	593243	427422
IRR（%）	0	58	11	50	43
盈利指数		2.97	1.10	2.58	2.32

气流组织管理和 VFD 风扇升级选项的 IRR 最高，NPV 相对资本投入的比率最高。EC 风扇和分布式传感器网络的额外 145000 美元资本投入只增加了 73000 美元的 NPV，该方案的 IRR 较低，仅为 43%。气流组织管理可带来大量的节约，而 EC 风扇和传感器网络的改善较小。设想有其他类似的项目，通过在气流管理和 VFD 风扇升级获得成本节约，然后将这些省下的资金用于 EC 风扇和传感器网络的升级，将是更好的投资方法。不考虑气流组织管理，传感器网络项目的 IRR 仅为 23%，一般不会被批准来单独执行。

两种气流封闭方案的运营 PUE 和运行成本相近，两个方案都非常有效，不需要再进行 CFD 分析或调整架空地板。然而，在实施成本上存在着巨大的差异。因此尽管节省了大量的能源成本，但行间冷却方案在所有选项中的收益率最低，而 EC 风扇升级和冷通道封闭升级的 NPV 最高。

这里没有一个"最佳"的选择，因为气流组织管理和 VFD 风扇的 IRR 最高，每单位资本的 NPV 最高，而 EC 风扇升级和冷通道封闭升级的总 NPV 最高。

6.4.8 盈亏平衡点

要为所做的投资确定盈亏平衡点，可以通过每年提取 PV 并随着时间的推移通过累加求和来实现。从投资第 0 年按资本成本为负值开始计算，然后将 6 年期间每年运营成本所省的 PV 相加，确定项目选项的盈亏平衡点，如图 6.12 所示。

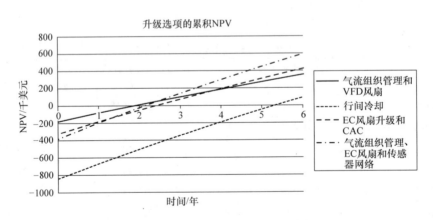

图 6.12 升级项目选项的盈亏平衡点

盈亏平衡点是每个选项的累积 NPV 穿过 0 的地方。其中，三个项目选项的盈亏平衡点介于 1.5~2.5 年之间，而行间冷却需要 5.5 年才能实现盈亏平衡。

6.4.8.1 未来的趋势

本节将分析技术和财务变化对数据中心市场的影响，以及这些变化对数据中心运行的方式，甚至对其进行完全资产处置方式的影响。影响数据中心的大多数趋势包括将数据中心容量商品化，以及从技术性能准则转向业务财务准则。其中包括云计算带来的影响，ICT 技术对消费的促进，以及数据中心性能对财务指标测算的影响。

6.4.8.2 云计算和商品化带来的威胁

由于云计算的实现，未来的 IT 服务被描绘成无差异的,像水或天然气一样的公用事业资源。如果是这样的话,那么不同服务或供应商之间唯一能做的就是价格竞争了。

虽然对"云"的定义描述有很多种,但一个明显的趋势是数据中心和IT资源的商品化。这得益于许多技术变化,包括:

● IT层的服务器、存储和网络虚拟化大大减少了将业务从一个数据中心移动到另一个数据中心的时间、风险、工作量和成本。IT设备的物理位置和所有权的重要性正在迅速降低。

● 高速互联网接入允许客户大规模部署服务器,尤其是依赖网络的设备;这些设备往往由云计算服务商(如苹果、微软或亚马逊)提供服务,而不是在客户自己公司的数据中心里。

● 基于Web的应用程序技术正在取代许多以前由企业用户所使用的应用程序或服务组件。许多企业现在选择外包运营平台,如Salesforce,因为它们与其他基于Web的应用程序集成,因而不需要在企业内部做系统集成了。

6.4.8.3 数据中心的商品化

数据中心通常被称为信息技术工厂,但对待财务却不像传统工厂那么认真。号称PUE更低的新数据中心不断投运,但整体数据中心市场的效率却不高。这一点通过从一些运营商的巨大毛利率,以及机电设备和不同等级数据中心的可比产品和服务的价格差异中都能看出来。

一位数据中心战略的负责人说过,商品化的过程将使市场更有效率,"这是一场在(IT)底层的竞赛,谁成为第一就获得成功。"这一观点提到数据中心是一种商品,这不仅会对数据中心的设计和建设产生重大影响,而且会削弱设备部件供应商在产品销售时的溢价能力。

商品化是将商品变得简单,并弱化采购者角色的过程。在数据中心案例中,商品化是通过以下几个方面的变化来实现的:

● 提高了可移植性——数据中心提供的容量和服务使得客户能够更容易地选择服务更好、更便宜的供应商,以及转移到其他的基础设施区域或更换提供商。这弱化了业务"绑定",从而使供应商之间的价格竞争越来越激烈。

● 差异化价值的减少——如果客户既不知道也不用关心其服务位于哪个数据中心,服务可用性都依赖于网络和软件处理的话,数据中心是否具备高可靠电源、冷却弹性或可用性认证的价值对客户来说意义不大。

● 要充分掌握建立和运营一个经济高效的数据中心所需的特定知识和技能。这曾经是一些非常专业领域的话题,但如欧盟数据中心行为准则,以及数据中心财务和运营的有效预测性和建模等工具,使得这些能力能够被普遍地应用。

● 通过工厂组装预制到整个数据中心按模块化方式交付,与传统的现场建造方式相比,降低了交付新数据中心业务能力的资本性成本。

● 业务关注点重于财务而非技术性能指标。

尽管仍然存在许多阻碍IT服务或数据中心转变为真正无差异的公用事业商品的因素,但过去的市场迄今为止享有的许多差异化、细分和价格溢价正在消失。当然,仍然会有一些客户受到一些重要因素的影响,如物理位置或与其他业务点的距离,但即使在这种情况下,也可能只需部署尽可能少的高成本和性能容量来解决特定的业务问题,而其余的需求将部署在适合的设施或供应商设施中,并以商品化方式实现。

6.4.8.4 数据中心市场成本的降低

尽管存在可能阻止IT成为完全无差异商品的因素,如能源价格,但很明显的趋势是,当前市场效率低下的情况将得到改善,从机电设备到管理应用服务的所有成本都将下降。在这种情况下,企业和服务提供商及其数据中心必须大幅降低成本,才能保持竞争力。

企业的数据中心将:

● 提高其成本和灵活性,使其更接近云服务商提供的成本和灵活性,以减少低成本和无效的外部服务对内部业务能力和投资的侵蚀。

● 以有限的财务资源和数据中心能力为目标,提供具有差异化业务价值或关键性业务服务,同时对外输出更为便宜和高效的商品化服务。

● 以不同的成本能力交付不同级别的数据中心,以灵活满足业务需求,并促进内部市场的正常运行。

云服务提供商可能比企业数据中心更容易受到冲击,因为他们所提供的应用程度从定义上讲几乎完全是商品化的,可以被更便宜的服务快速、轻松地替换。很明显,用户数据现在是很容易被移植的,一些服务提供商想通过规避数据可移植性来对抗市场竞争,这将是越来越难了。

6.4.8.5 时间的敏感度

电力市场的一个关键问题是,目前无法以经济的方式储存大量的电力。这带来的第一个影响是,必须以高资本成本建设足够的发电能力,以满足高峰时的需求，但无法被充分利用。第二个是短期内价格波动较大，需求高峰时价格较高，需求不足时价格较低，无法满足可用发电能力的产能需求。

对于许多数据中心来说，也存在同样的问题，工作负载率因外部因素而变化，由于数据中心投入的容量大小必须满足峰值需求。一些企业能够安排其数据中心的部分工作在低负载期间进行，如网络信息抓取和在不提供搜索结果时构建搜索索引。对于购买业务能力的运营商和销售其服务能力的云服务商来说，价格波动和修改需求计划的方法是值得考虑的重要问题。

6.4.8.6 能源服务合同

许多数据中心运营商面临着资本预算削减和降低运营成本或提高能源效率的压力。尽管这两种压力似乎是矛盾的，但有一种金融机制正日益被用来解决这个问题。

如果投入资本改造升级数据中心可获得明显的运营成本节约，则可以从以后的运营节约中提取资本进行再投资。能源服务合同有多种形式，但其概念相对简单：

- 评估这一时期预期的能源成本节约。
- 评估包括设备和实施在内的节能措施的资本性成本。
- 通过贷款获得用于实施的资本性成本；这项贷款为部分或全部项目实施成本提供资金，以解决资本投资障碍。
- 该项目实施后，贷款的偿还由偿还期内所获得的部分或全部能源的成本节约来承担。

能源服务合同是数据中心设施管理外包公司的常用工具。虽然该方式提供了一种机制来降低运营商能源性能改进的前期成本，但仍有许多问题需要考虑：

- 服务合同一般在较长的时间内将由客户向供应商进行承诺，这有利于供应商降低其服务的直接价格，并获得竞争优势。
- 供应商和客户都存在内在风险。贷款偿还所依赖的成本节约可能无法实现，或者因为某些原因导致成本节约无法得以验证，在这种情况下，偿还贷款的责任仍属于其中一方。
- 对于外包设施管理运营商来说，可能会有一种不正当的动机，即在运营中"缺斤少两"，这将减少能源供应，以便在能源服务合同项目中获得直接收益。

6.4.8.7 承诺的性能和成本

数据中心的关注重点从技术标准到财务标准的变化，以及高能效带来的品牌价值上升，正在推动数据中心采购策略发生潜在的重大变化。现在越来越普遍的是，数据中心客户在基于核定IT负载的条件下，要求设计和建设方对于可实现的PUE和总能耗给出明确的可实现值。这将使得客户在考虑不同的设计策略、选址或供应商时进行更有效的TCO优化。

客户的这个逻辑带来的结果是将交付的数据中心的能耗和PUE性能作为合同条款的一部分。在这些情况下，如果数据中心无法满足规定的PUE或能耗，则供应商需要支付罚款。在合同中的体现是如果数据中心不能满足在核定IT负载下所约定的PUE条件，供应商将承担该机房运营带来的额外能源成本。

这些保证的形式各不相同，从相对简单的，如基于给定IT负载的PUE值，到相对复杂的，如在不同的IT负载或气候条件下的PUE值定义。

当前，数据中心的采购方所面临的比较普遍的问题是建设方是从建设或租赁合同中获利。数据中心的提供方往往从其所投入的建设资本中获益，但没有从运营成本或效率提升中获得利益。在这些情况下，以数据中心的持续运营成本为代价来节省资本成本是很正常的，这会导致TCO大幅增加，使得总体性能较差。当购买或租赁数据中心时，必须确保建设数据中心的提供商也能从运营绩效和成本中分享到财务收益，改善原有的获利机制。这使得能源性能保证的形式越来越多地被采纳，供应商需要对不良运营造成的性能影响承担损失。

6.4.8.8 数据中心计费——作业成本法

随着数据中心占总业务运营成本的比例越来越高，越来越多的业务活动严重地依赖于这些数据中心，从而促使财务部门对数据中心的处理方式发生变化。将数据中心的成本视为集中的运营管理费用，或者以固定的财务"分配公式"在各业务部门之间进行分配，这种做法越来越不可接受。因为这种"分配公式"往往不能及时随着业务变化而更新，而且在现实中几乎没有分配依据。许多企业正试图建立某种程度的按需使用的计费模型，根据业务单元所使用数据中心的资源（或者由此产生的价值）来核算成本并支付费用。

这些计费模型，如从平方英尺模型到详细的实际作业成本模型，在复杂性和准确性方面存在很大差异。对于许多企业来说，数据中心容量的混用可能会进一步复杂化，这包括以下几个方面：

- 自有一个或多个数据中心，可能位于具有不同能源成本的不同地区，资本摊销和折旧方法也不同。

- 一个或多个业务容量托管区域，由于设施的类型和位置不同，收费模式和价格也不同。
- 一个或多个云计算服务提供商，有不同的收费机制、承诺期限和价格。

考虑到这种混合供应和使用，任何企业的各种不同来源的数据中心业务能力之间都不可避免地会存在矛盾和价格竞争。如果认为外部的托管或云提供商更便宜，那么压力会转移到业务资源外包的需求上。如果未能准确有效地对内部资源进行成本核算，以便与外包资源进行有用的比较，则可能导致大部分服务都被外包，但忽视了这样做是否具有财务或商业意义。

6.4.8.9 服务单一性

数据中心所有者和运营者面临的最重要的问题是服务单一性，由于未能正确理解和管理数据中心的成本，从而造成了服务单一性的持续发展和存在。从拥有既有机房的大型企业运营商到新构建的云数据中心，这一问题的症状在大多数类型的组织中都很明显。主要表现为单一级别的数据中心可用性、安全性和成本，唯一真正的变化是由于当地的物产价格和能源成本。常见的情况是，为了满足很小一部分服务需求，但为了充分考虑支持业务所需的可用性、环境影响和安全性需求等，构建了一个容量非常大的数据中心。

这种服务单一性导致了一系列问题，如果不加以解决，将在数据中心市场商品化、利润率下降和价格面临压力时为所有类型的运营商带来巨大的财务压力。

举例说明，假设有一个金融机构拥有一个数据中心，其中包含一个实时处理客户交易的大型机。这种类型的运营商在数据中心成本效率方面面临挑战时的一个共同立场是，他们并不真正关心承载大型机的数据中心的成本，因为任何服务的中断都将导致每分钟损失数百万美元，对风险成本的考量远大于成本效率。但这一立场未能解决这样一个现实，即运营商可能在数据中心上花费过多的资金，在投资关键业务活动时，也在不确定的业务收益上花费了投资。尽管大型机确实是业务关键型的，但数据中心中其他90%以上的IT设备可能都不用考虑停机的影响。运营商面临的问题是，数据中心的设计、规划和运营人员不太可能知道位于哪个机架的哪些服务器会破坏业务，哪些服务器已经一年没有使用过，但仍在白白耗能并让机房变得更热。

这种拥有和管理数据中心资源的方法与计划经济体制非常像。中央计划部门确定预计需要的产能数量，为该产能提供投资，并确保产能的交付。然后，业务部门会根据他们所能证明的任何需求来使用容量，如果要收费，则只需支付一个固定的内部费率。这种情况下灵活地提供多个级别和成本的产能是不太可能的，因为对业务单位来说，选择其他选项，为企业节省开支，但部门本身没有奖励，为什么不选择最大的容量呢，除非对其预算有直接影响。数据中心计划经济的结果通常包括关键资源供应不足、其他资源过剩、分配不理想、计划周期对需求变化反应慢和资源定价集中。

6.4.8.10 内部市场——远离计划经济

在企业内越来越多地使用数据中心服务方式计费是解决服务单一性问题的关键一步。为了在内部形成一个运作良好的市场，需要融合内部和外部的服务，每项服务都有之相关的采购和使用的成本。目前使用云计算服务被越来越多使用的一个原因，并不是源于云固有的效率优势，而是由于内部市场的效率低下和组织单元内明显过高的业务容量成本，由此需要外部供应商降低其对内部资源的占用。

随着企业越来越多地在内部资源、外部资源和云资源之间分配其数据中心成本支出，并且将服务成本与每种被消耗的资源的可用性、安全性和成本进行比较，企业将能运作不同级别和成本的服务，来更好地匹配实际的业务和内部资源需求。

6.4.8.11 支付模式和交叉补贴

对企业和服务提供商的数据中心资源进行核算或收费的要求，催生了多种用来确定容量和利用率成本的方法。早期的方法以牺牲成本分配方法本身的准确性为代价，侧重于数据收集和测量精度。

每个流行的计费模式，都是方法本身优势和劣势的平衡，也会有一些不正常的获利方法。其中许多劣势源于在数据中心混合处理固定成本和可变成本带来的困难。有一些数据中心成本是明确固定的，即它们不会随IT能耗的变化而变化，如建设的资本成本、人员配备、租金和房产税。其他的是可变成本，如基于IT设备的能耗。

6.4.8.12 IT功率的度量

在企业内部，通常将IT设备功率的计量作为计费的基础。然后将计量的IT设备功率乘以计量的PUE和能源费率，得出IT负载的总能源成本估计值。这通常需要安装昂贵的计量设备及细致的数据收集和维护要求，以确定哪些电源负载与提供的服务相关。虚拟化的广泛使用，以及虚拟机在整个物理基础结构中的可移植性给这种计量方法带来了更大的困难。

计量 IT 功率 × PUE × 能源费率是托管服务成本中的一个常见成本要素，运营商和客户都认为这是确定可变成本要素的合理公平机制。计量和数据管理费用也较低，因为与 IT 服务相比，通常更容易通过识别不同托管客户的区域边界来计量。然而，在托管的情况下，计量功率通常是合同成本的一部分。

计量 IT 功率的主要缺点是它无法捕获每个应用平台或客户所占用的数据中心容量的固定成本。具有大量已分配容量但使用率相对较低的平台或客户会得到使用率较高的其他客户的有效补贴。

6.4.8.13 空间

历史上，数据中心的容量是以 ft^2 或 m^2 表示的，因此成本和定价模型是基于空间的使用，而功率和冷却容量通常以 kW/m^2 或 kW/ft^2 表示。自从 IT 设备的功率密度不断上升，将主要制约因素转移到了功率和制冷能力上。大多数以空间计费的服务商被迫对功率密度进行限制，更有效的方法是将计费单位方式改为按千瓦容量计费。

这种收费机制可以非常有效地捕获数据中心的固定成本，但必须以分配固定成本的方式来分配可变成本，同时将能耗独立进行计费。

鉴于大多数现代数据中心的大部分资本和运营成本与千瓦容量和 IT 应用的千瓦负载有关，以空间作为计费成本的方式正迅速消失。

6.4.8.14 千瓦容量或按电流核算

由于市场对高效性的追逐，客户希望更好地了解他们所购买的产品，由此托管服务提供商不再按每千瓦容量或约定的用电电流量来收费，而改用计量 IT 功率和容量收费的组合。但前一种的收费机制在北美部分地区和一些欧洲国家仍然很受欢迎，因为根据当地法律规定企业很难转售能源。

新的机制也有相应的弱点，即 IT 功率的"剥削"。由于占用者支付分配的容量，不管他们是否使用它，那些功耗利用率高的人实际上是由那些对所分配容量利用率较低的人来补贴的。

6.4.8.15 千瓦容量和 IT 功率度量的混合

运营商按客户订购的千瓦容量（或电流或空间，作为千瓦容量的变相计费方式）收取固定合同费用，并根据计量的 IT 功率收取可变费用，这种计费方式能同时体现固定成本和可变成本。对于托管供应商而言，因为市政用电成本已公开，计量电力的收费是很透明的，合同中规定的 PUE 约定使得客户能了解供应商的部分利润由何而来。已分配的千瓦功率和冷却能力的费用基于设施成本，并在需要收回该成本的期间内摊销。但这对于托管提供商来说并不容易，投入的成本受到巨大的市场压力，往往导致其在定价的灵活性上受限。

这一方法不是完美的；事实上没有真正的方法将固定能源成本与可变能源成本严格区分开来，而且很难处理其他成本类别的变化，如在单个数据中心设施内提供服务的成本。

6.4.8.16 基于作业的计费

如前所述，按使用容量计费的模式面临的两个最困难的挑战是将固定成本与可变成本，以及单个设施或园区内服务的不同成本分开。到目前为止，讨论的成本核算方法都不能正确地满足这两个标准，除非是在完全相同的环境中，所有设备的利用率都相同。

在制造业流行的一种方法是将输出产品按照其供应链组成元素进行成本核算，同时考虑产品生产过程中使用的所有资源，包括原材料、能源、劳动力和许可费等。这种方法称为基于成本作业法（ABC），可以非常有效地应用于数据中心，不仅可以产生有效的资源成本核算，还可以理解不同服务级别的成本差异。ABC 并不是针对不同的成本要素使用固定的配比，而是通过识别供应链中的关系来客观地分配成本。

通过对数据中心采用 ABC 方法，可以识别每个成本要素，从土地和建筑、机械和电气基础设施到人员配备和电力成本，并将其分配给所支持的 IT 资源。这个过程从最初的资源、电力供应和建筑物开始，并将成本传递到供应链，直到它们到达由数据中心支持的 IT 设备、平台或客户。

举例说明如何用 ABC 来区分不同的成本：

- 如果一个数据大厅中的一组服务器具有来自一个（$N+1$）UPS 机房的单路供电，而另一组服务器具有双路供电，并且由两个均提供 2（$N+1$）的 UPS 机房供电，则第二个 UPS 机房的额外资本和运营成本将仅由使用双路供电的服务器承担。
- 如果两个共享同一电力基础设施的数据大厅在不同的温度和湿度控制范围内运行，以实现不同的自然冷却性能，所花费的不同冷却成本将分摊到两个数据大厅中的 IT 设备。

对于数据中心运营商来说，ABC 方法最重要的成果是：

- 能够为数据中心的业务容量建立一个有效

的内部和外部市场测算机制，从而可根据适当的资源要求进行投资或使用。

• 了解现有或新业务活动是否是好的投资项目。具体来说，当业务活动需要数据中心资源时，这些资源的真实成本应反映在业务活动的成本中来进行测算。

对于服务提供商，要按客户利润率进行评估和管理。通常情况下，通过客户之间的交叉补贴发现，最大的客户（通常被认为是最有价值的）实际上处于最低利润率和其他人的补贴之中，在保持业务效率上也是积极性不足的。

6.4.8.17 按美元/kW·h 计价方式交付

数据中心的关注点将从当前以工程性能为中心的指标（如 PUE）向更多财务指标转移。作为简单易懂的成本效率的指标，PUE 获得了广泛认可，其为使用基于作业的成本计算来确定数据中心负载的实际交付成本提供了充分的测量方法。可以根据 PUE 算出相应的财务成本，以确定 IT 设施使用每个 kW·h 容量的单位成本。

该测量方法能够捕捉数据中心中更广泛的成本要素，如数据中心内的某个大厅或单个负载，这是 PUE 无法做到的。数据中心的资本成本或租赁成本、人员配备、地方税收、能源费用和所有其他成本都可以包括在内，以了解满载情况下的单位成本。然后，可以用它来进行不同数据中心之间的比较，以及将使用自有业务容量的成本与外包托管或购买云服务容量的成本进行比较。

当进行投资决策时，要充分考虑所有的成本指标。例如，考虑一个旧的数据中心，其主要资本成本是摊销的，在一个能源价格相对便宜但 PUE 较差的地区运行；可以确定单位交付成本为 0.20 美元/kW·h，包括人员配备和公用事业能源。经常会发现，计划更换数据中心虽然能带来更好的 PUE 成本，但一旦考虑了摊销资本成本的负担，就无法与旧数据中心竞争。通常情况下，对现有产能的再投资，往往比新建一个，哪怕是 PUE = 1 的数据中心，都能获得更低的单位交付成本。

自有数据中心的企业运营商可以使用单位交付成本来比较其拥有的多个数据中心，并确定应分别从内部资源和外部资源交付哪些服务，选择适当的弹性、成本和资源所在位置，合理地分配给业务进行服务。

作为数据中心的服务提供商则可以使用单位成本来应对客户的价格谈判，通过在不同的价格点提供多个类别的服务等级和质量，这样也能明确每笔交易的利润率。

6.5 在自建、再投资、租赁容量或托管中进行选择

对于许多组织来说，是投资建设新的数据中心、扩容现有的容量、租赁 IT 容量、托管服务器，还是购买使用云服务，这是很重要的决策。当然，这个问题很难；对于许多企业来说，正确的答案既不是全部自建来拥有全部的业务能力，也不是丢弃所有的自有能力并盲目地信赖云计算。简单来说，托管提供商和云服务提供商都需要盈利，因此其必须在交付成本上比企业自己所实现的更有优势。

如何以及在何处托管企业的业务以提供服务，这取决于一系列因素，每个选项都有优缺点。对于许多运营商来说，结果可能是以下各项的混合：

• 对于关键性服务（发生故障，业务影响大）、安全性要求高或企业核心价值的业务，应在就近的数据中心部署，并尽量获取较低的单位成本。

• 其他的服务，需要保证对 IT 设施和关键性网络连接设施的拥有权和控制权，可以在托管型数据中心中实施。

• 易于外包的商品服务，如电子邮件，由低成本云服务商提供。

• 短期的容量需求和在云上实施的应用平台开发交付，可选择出价最低的服务提供商。

下文介绍了每种选项的主要优点和风险，以便选择时充分考虑。

6.5.1 自有数据中心容量

企业拥有的数据中心容量要依从其所在区域的法律法规，要以正确的安全级别运行，保持所需的可用性级别，并以较高的效率运行。当前，建设和运行一个具有良好 PUE 的数据中心并不困难。许多设施管理公司提供技术能力，以保持数据中心的竞争力，从而使得大型运营商所谓的规模效应并不成为优势。在发生可用性事件的情况下，最关键的业务可以优先被维护或及时恢复到服务状态。简而言之，由于拥有了数据中心，所以对其业务支持方式有充分的控制和选择权。

拥有容量的主要缺点是建设一个数据中心所需的大量资金和持续的运营成本投入，降低风险的方案是在评估中包含迁移到其他数据中心或出售数据中心的可能性。

最常见的两个错误是服务单一性，即在单一服

务级别、质量和成本上构建数据中心容量，以及未能有效运行这些数据中心。对数据中心高固定成本的回报承诺，是要通过高利用率并以有效的单位成本运行来实现的，如果为此将拥有的数据中心服务迁移到其他托管机房或云，只会使剩余的服务成本更高，除非能够完全迁移和处置资产。

6.5.2 租赁数据中心容量

提供批发或租赁数据中心容量的服务提供商声称，他们的经验、规模和供应商价格谈判能力，使他们能够以比客户更低的资本成本构建一个可行的方案。

租用数据中心容量降低了资本成本承诺和风险。然而，一个出租的数据中心向外进行业务迁移的成本和难度，往往与出售自己的数据中心一样高。

第 6.4.8.6 节中定义的风险可以通过确保供应商对数据中心持续运营成本和能源效率的合同承诺来降低。

对于自有容量，一旦向外出租，应保证在高利用率下运行，以保持单位成本可接受。

6.5.3 数据中心托管容量

如果对运营商中立型数据中心的可用网络连接有要求，可以考虑数据中心容量托管。与自有的数据中心相比，这通常具有更高的容量和更低的成本，尤其当业务需要高速可靠的互联网连接时，更有优势。在托管数据中心内还可以提供其他带宽密集型服务，这些服务在机房内的网络传输成本低于将在外部使用的成本。

对于大型的客户来说，经常会对托管设施的电源、冷却和安全进行物理和管理流程检查，并经常安排人员进入机房以维护 IT 设备。机房提供商需要为客户提供合理的服务来保证其业务运行。

通常的误解是，基于托管的财务回报承诺期往往比拥有或租赁数据中心容量的周期要短得多。事实上，许多托管合同的期限都相当长，如果再加上在托管设施中建立业务、安装和连接网络设备，然后安装服务器、存储和软件服务平台所需的时间，其实总体财务承诺的期限也相当长。

许多托管设施都存在服务单一性问题，为满足"企业级托管"客户的期望，在位于高房价地区或高能源成本地区，同时又要方便客户使用，其资本成本其实很高。与许多云服务提供商相比，托管的成本更高。

6.5.4 云数据中心容量

获取云计算资源的主要优点是交付快捷，有时短到几个小时；单位成本相对较低；云服务支持的应用多且集成度高。明智的云运营商在廉价地区以很低的资本成本建造数据中心，并获得廉价能源，这使得它们能够以非常低的单位成本运行，有些甚至提供完备的管理服务，其成本相当于将企业的设备托管在传统的机房中。

云的缺点之一是数据在哪个司法区被管辖，是否满足数据保留或隐私保护的法律要求。

云的一个容易被忽视的缺点是，为降低云计算价格，云计算的可用性通常在软件或网络层提供保障，而不是投资在增加云计算有弹性的数据中心基础设施上。虽然这一概念并没有错，但实际情况是云平台也会出故障，由于复杂性高，它们的故障往往是由于人为错误，并可能与外部问题或硬件问题结合在一起发生。常见的问题是由于操作员配置错误或软件问题导致的故障。

当云服务的提供商发生事故时，依赖云计算的企业面临的问题是，他们对业务如何恢复是完全没有主导能力的。

延伸阅读

Cooling analysis white paper (prepared for the EU CoC). Available at http://www.romonet.com/sites/default/files/document/Manchester%20to%20Madrid%20-%20chillers%20not%20needed%20-%20a%20summary%20of%20cooling%20analysis%20v1.1.pdf. Accessed on May 22, 2014.

支持详细内容

- http://dcsg.bcs.org/data-centre-cooling-analysis-world-it-environmental-range-analysis. Accessed on May 22, 2014.
- http://dcsg.bcs.org/data-centre-cooling-analysis-european-it-environmental-range-analysis. Accessed on May 22, 2014.
- http://dcsg.bcs.org/data-centre-cooling-analysis-analysis-data-centre-cooling-energy-efficiency. Accessed on May 22, 2014.

Drury C. *Management and Cost Accounting*. 7th Rev ed. Hampshire: Cengage Learning; 2007.

Energy re-use metrics paper. Available at http://dcsg.bcs.org/energy-re-use-metrics. Accessed on May 22, 2014.

EU, Data center code of conduct. Available at http://iet.jrc.ec.europa.eu/energyefficiency/ict-codes-conduct/data-centres-energy-efficiency. Accessed on May 22, 2014.

第 2 篇 数据中心的设计和建设

第7章 架构设计：数据中心机架及设施布局设计

美国明尼苏达州，伊萨克技术公司　菲尔·伊萨克（Phil Isaak）　著
上海邮电设计咨询研究院有限公司　丁聪　译

7.1 引言

数据中心平面布局设计过程的成功与否，取决于设施设计团队和信息技术（IT）设计团队的配合。设施设计团队由建筑设计师及电气、机械和结构工程师组成。IT设计团队由负责网络拓扑架构、服务器和存储平台架构及网络布线基础设施设计的人员组成。

数据中心的布局设计必须根据来自组织内的设施和IT设计团队的所有关键利益相关者的输入来开展。这种集成设计方法将有助于确保数据中心在整个设施生命周期内发挥作用和功能，提供运营效率，以支持将看到的许多技术生命周期。

7.2 机架和机柜设计概述

7.2.1 双柱式和四柱式机架

双柱式和四柱式机架为开放式框架结构，其导轨间距符合EIA/CEA-310-E制造标准。

用于安装导轨的机架单元（RU）（1RU=1.75in=44.45mm）应在所有导轨安装位置上清楚标示。RU标示通常从机架底部1开始编号，但也有一些制造商是从机架顶部往下从1开始编号。RU应在整个数据中心内所有的双柱式和四柱式机架和机柜上标示，与IT设备（ITE）安装位置对应整合，并显示在数据中心信息管理（DCIM）平台中。

双柱式和四柱式机架应在每个机架的任一侧提供垂直线缆理线器，并具有足够的容量，以适应机架内预计安装的跳线和线缆等基础设施的最大数量。垂直线缆理线器带有理线手指，每个理线手指高度为1RU，以便理线手指与机架内的IT设备对齐。安装在机架两侧的垂直线缆理线器的深度和安装在机架内的水平线缆理线器的深度应协调一致，保持对齐，从而为机架提供在整个布线过程中更加顺畅的路由。

双柱式或四柱式机架的一个挑战是如何将零U电源插座单元（POU）或机架式配电单元（PDU）安装在机架导轨或框架上。这通常需要非标的安装解决方案，因为POU被安装在机柜顶部的安装孔内，而双柱式和四柱式机架没有这个安装孔。因此，水平的POU通常用于双柱式和四柱式机架。

如果有架空地板，机架的位置首先应该与地板的网格相协调，并与相邻的机柜、架空通道等一并考虑。关于与通道相协调的进一步指导，请参阅第7.4节。关于与其他系统相协调的进一步指导，请参阅第7.5节。

机架应设置一个接地极，用于将机架与数据中心接地系统相连。该接地极应能使金属与金属有效接触，而不会有任何油漆或粉末涂层影响接地的有效性。依据ANSI/BICSI 002-2011中规定的数据中心类别，接地电阻最大值可以是5Ω、3Ω或1Ω。电阻参照ANSI/IEEE Std 81中规定的电位法进行测量。

机架和机柜采用的接地方法应高于建筑规范中的最低要求。虽然建筑规范中的接地要求是为生命安全和电力系统保护而提供的，但在《数据中心设计与实施的最佳实践》ANSI/BICSI 002、《电子设备供电和接地推荐操作规程》IEEE 1100等标准的接地要求中，接地是为灵敏电子设备的安全、噪声控制和保护而提供的。

7.2.1.1 双柱式机架

双柱式机架提供了可安装IT设备的一套单轨。建议将IT设备的安装支架从机架前部向后放置，以便使IT设备的重心落在安装支架的位置。高度或深度尺寸较大的IT设备可能需要配置一个特殊的支架，以便更可靠地安装设备。

双柱式机架通常用于只有一列设备的情况，如作为网络IDF/MDF配线架使用。双柱式机架只能在空间受限无法使用四柱式机架或机柜的数据中心使用。安装在双柱式机架中的IT设备更容易

受到物理损坏，因为 IT 设备暴露在机架框架之外。

7.2.1.2 四柱式机架

四柱式机架提供了安装 IT 设备的一套前、后导轨。制造商提供的四柱式机架型号含有固定位置的前、后导轨，或者根据需要，可提供带固定位置的前导轨和可改变位置的后导轨。位置可变的后导轨通常可作为单个系统从上到下地进行调节，因此所有安装在机架上的 IT 设备都必须与所选的导轨位置匹配。

四柱式机架通常是开放式机架的首选解决方案，因为它们为安装在其中的 IT 设备提供了比双柱式机架更好的物理保护。例如，安装在四柱式机架背后的光纤防护套将位于四柱式机架的框架占地区域之内。光纤通常从机架背后进入光纤防护套。如果光纤防护套安装在双柱式机架中，进入机柜的光纤将物理暴露，但在四柱式机架中，光纤防护套位于四柱式机架的框架范围之内。

7.2.2 机柜

机柜为封闭式框架结构，导轨间距符合 EIA/CEA-310-E 制造标准。

安装导轨 RU 应在所有导轨上明确标记。

进行机柜设计和选择时往往会忽视一些细节，这些细节对确保解决方案的合理性必不可少。机柜的选择不仅要考虑 IT 设备安装到导轨上的能力，还应考虑从架空通道或地下通道支持网线进入的能力、POU 的实施能力、机柜内气流管理的能力。机柜的选择要求设计人员具备硬件平台、网络布线基础设施、配电、制冷等方面的知识，以便能够确定合适的解决方案。

机柜应设置一个接地极，用于将机柜导轨与数据中心接地系统相连。该接地极应能使金属与金属有效接触，而不会有任何油漆或粉末涂层影响接地的有效性。依据 ANSI/BICSI 002-2011 中规定的数据中心类别，接地电阻最大值可以是 5Ω、3Ω 或 1Ω。电阻参照 ANSI/IEEE Std 81 中规定的电位法进行测量。

7.2.3 网络

开放式框架的双柱式机架通常不会用于数据中心安装核心网络设备，因为核心网络设备机箱的物理尺寸和重量不适合安装在双柱式机架内。开放式框架的四柱式机架可用于安装核心网络设备，因为四柱式机架能够支持核心网络设备机箱的物理尺寸和重量，并提供良好的电缆管理。但是，四柱式机架不能安装在具有冷热通道配置的数据中心，因为它不具备气流组织能力。

制造商提供的机柜型号，有的用于构建服务器平台，有的用于构建网络平台。不建议在用于服务器平台构建的机柜中部署核心网络平台。应采用专门用于网络平台构建的机柜（该机柜可同时提供前后向气流组织或侧向气流组织）来安装核心网络设备。

制造商和网络设备型号之间的物理要求差异增加了设计人员的负担，以确保将合适的安装框架集成到数据中心。核心网络设备通常在同一机柜内，既有前后向气流的设备，又有侧向气流的设备。在最终确定设备安装高度设计和机柜选型之前，为特定的网络平台确定合适的气流管理解决方案非常重要。当网络设备要求与机柜制造选项协调时，气流管理可能需要在特定的机箱 RU 位置上方或下方增加空间，以提供足够的气流，如 Cisco 7009 平台；也有一些其他设备需要在机柜上安装固定外部挂件，即增加整体机柜的宽度，以提供足够的进气和出气的气流量，如 Cisco 7018 平台。

在最终确定设备布局和机柜选型之前，通过机柜的特定气流组织路径必须先行通过验证。以下是各种气流组织解决方案的一些示例，每个解决方案都需要在机柜设计和设备布局中采用不同的方式。图 7.1～图 7.4 中网络交换机的端口面称为前面。

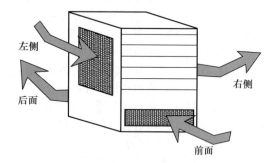

图 7.1 具有从前到后和从左到右气流的网络机箱
（如 HP 12504）
（Isaak Technologies Inc 提供）

- Cisco 7004、7009、7018：侧对侧/右对左和前对后气流。
- Cisco 7010：前后气流。
- HP 12504：侧对侧/右对左和前对后气流。
- HP 12508、12518：靠下面的机箱前后都有

第 7 章 架构设计：数据中心机架及设施布局设计

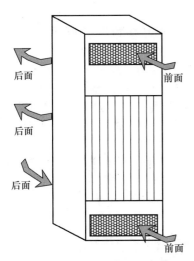

图 7.2 进气口位于机箱的后面和前面及排气口位于机箱的后面的网络机箱（如 HP 12508）（Isaak Technologies Inc 提供）

进气口，靠上面的机箱前面是进气口、后面是气风口，可以前进气后出气、后进气后出气。

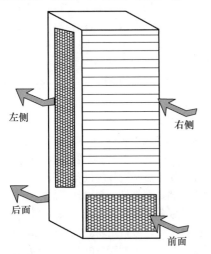

图 7.3 具有从前到后和从右到左气流的网络机箱（如 Cisco 7018）（Isaak Technologies Inc 提供）

机柜制造商通常将其网络机柜设计为支持从右到左的侧对侧气流，网络交换机的端口一侧安装在机柜前面的导轨上（面向冷通道）。具有从左到右气流的网络交换机通过机箱安装，机箱可能要求由网络交换机的制造商提供，以确保适应其气流管理，从左到右气流管理附件可能在机柜制造商行业内并不常见。

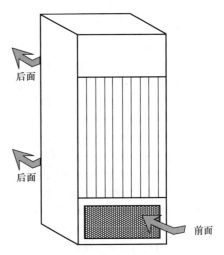

图 7.4 具有前后气流的网络机箱组织（如 Cisco 7010）。（Isaak Technologies Inc 提供）

应提供并安装所有与网络设备互连的光纤防护套或铜缆配线架，并使配线架的端口侧与网络设备的端口侧对齐。

分别安装在机架顶部或机柜列末端的网络交换机通常具有从后面到前面的气流组织。这样做是为了使交换机（前面）的端口侧与服务器上位于服务器背面的端口朝向相同的方向。这使得从冷通道到热通道的气流能够通过机柜，以支持服务器和机架顶部或机柜列末的交换机。

与服务器机柜或存储设备机柜相比，网络机柜通常具有更多用于 IT 设备的网络连接。因此，网线管理是网络机柜设计的关键设计指标之一。网络连接可能包括铜双绞线、光纤和多个冗余机箱之间创建的虚拟交换机堆栈组成的专有互联。对于所有网络布线，应在机柜内提供足够的空间，使其具有适当的弯曲半径，最好能在铜缆和光缆之间进行物理隔离。

在选择合适的机柜制造商和附件时，配电电缆的管理也是一个需考虑的因素。建议将垂直敷设的电源线和铜缆网线布置在机柜内部相对的角落。大型网络机箱通常具有多条 20A 或更高电流的电源线。应对电源线提供电缆管理解决方案，其大小可在不超过路径容量限制的情况下支持所有电源线。

7.2.4 服务器和存储设备

可在机架内安装的服务器和存储平台安装在 IT 设备机柜内。为服务器或存储平台选择 IT 设备机柜时的一些主要注意事项包括：

- 网络布线可以从机柜顶部或底部进线。
- 电源电缆可以从机柜顶部或底部进线。
- 标准机柜的宽度和深度。
- 可将垂直排气管纳入整体冷却解决方案。
- 每个机柜或特定机柜都具备物理安全功能，如有必要，机械锁、电子锁的状态可按需体现在安全日志中。

对于供电线缆或网络线缆采用下进线方式的机柜，需要在机柜底部区域内进行地板切割。为了让地板切割操作灵活，机柜框架底部的障碍物越少越好。一些机柜制造商的解决方案是在机柜底部配置平板，可在内部导轨和外部机柜面板之间提供结构支撑。这些平板也可能会妨碍地板切割的位置。

机柜的宽度和深度应提供足够的空间，以便在一个拐角上安装至少两个垂直电源板，并在对面的一个拐角上安装网络布线。

服务器和存储平台的制造商可以为机架安装提供解决方案，提供一个旋臂附件，用于管理每个设备的电源线缆和网络线缆。旋臂会显著阻碍气流流出服务器或存储平台的背面，从而增加机柜内的温度。旋臂的好处是可以在不断开电源或网络连接的情况下"取出"设备。比较谨慎的做法是，在进行任何硬件升级或变更之前，确认标准操作程序是否包括关闭机箱电源。如果断电是典型的标准操作程序，那么就没有必要在设备的背面配置旋臂。

IT设备机柜的颜色一直以来都是黑色的。设计师可考虑配置白色的IT设备机柜。白色机柜将有助于减少在机房内提供推荐照明强度所需的电能。

7.2.5 大框架平台

大框架平台是一种不适合安装在按标准EIA/CEA－310－E设置导轨、标准高度为2100mm的机柜内的系统。这些系统通常包括用于企业存储、大型机、高性能计算系统、超级计算系统或磁带库的大型磁盘阵列。用于安装这些大框架平台的机柜通常比典型的服务器机柜更宽、更深。

如果在数据中心内使用大框架平台，则必须尽早规划这些系统在机房地板上的布局，以确保关键建筑系统的设计匹配。供配电、冷却方式、照明布局、火灾探测和灭火系统设计都必须与IT设备布局相协调。

大框架平台的电源和网络连接通常从设备底部进入。在不设架空地板的机房中，必须合理选择电源和网络布线的路径和方式。

7.3 空间和电源设计标准

功率需求密度（W/m²）通常被用作确定功率和冷却能力需求的标准。设备工程师经常使用功率密度来定义容量需求。但是，如果将功率密度作为制定容量规划的唯一指标，则可能会出现不适当的容量预测。

适当的容量规划不能简单地识别现有的功率密度。例如，现有功率密度为1000W/m²，然后乘一个系数2，按2000W/m²来计算未来的功率和冷却需求。

7.3.1 平台相关容量规划

建议对硬件平台及其支持的应用程序系统进行逐一分析，在此基础上进行建筑空间、电力容量、冷却容量需求的预测和计算。这不是对基础设施工程进行分析，而是由用于支持业务目标的应用程序类型驱动的企业体系结构和IT分析。

如果有历史数据可以参考，针对硬件平台，可分析硬件平台的历史增长情况。分析受支持的应用程序，并确定未来需求对硬件容量规划的影响。硬件平台通常分为以下几类：网络、非刀片服务器、刀片服务器、大框架处理（大型机、高性能计算系统等）、大框架磁盘阵列、机架安装式磁盘阵列（图7.5）。

7.3.2 更新改造

当应用程序或数据从旧系统迁移到新系统时，需要更新容量规划。更新会对容量规划产生重大的影响。如果使用机架安装的设备服务器或刀片服务器，而且存储要求很低，则更新可能不会有太大的影响。这类服务器通常是按单个服务器进行更新，而不是按整个平台进行更新。在这种情况下，所需的更新容量可能小于所支持的服务器平台总容量的5%（空间、电源和冷却）。

如果一个组织在其存储体系结构中采用了大框架磁盘阵列平台，并且与处理容量要求相比，磁盘阵列需要大量的空间、电源和冷却容量，则该容量规划结果将与上述情况有很大不同。当对磁盘阵列进行技术更新时，它们通常会作为整个系统进行更新。例如，整个磁盘阵列由两组9个机柜的系统组成，则更新迁移将需要的空间、电源和冷却容量应至少能支持一组新的9个机柜的系统。老系统和新系统需要在几个星期或几个月的时间内并行运作。在从老系统迁移数据之前，需要对新系统进行通电、配置和测试。在新系统全面投入生产后,老系统可以退出使用并从数据中心中拆除。此方案的结果是容量规划需要增加预期磁盘阵列平台形式的空间、电源和冷却容量,以促进技术更新。

如果一个支持多个平台的数据中心机房占用了80%以上的机房空间、电源和冷却容量,则可能几乎没有或根本没有增长空间,仅能利用现有多余容量对当前平台进行更新(图7.6)。

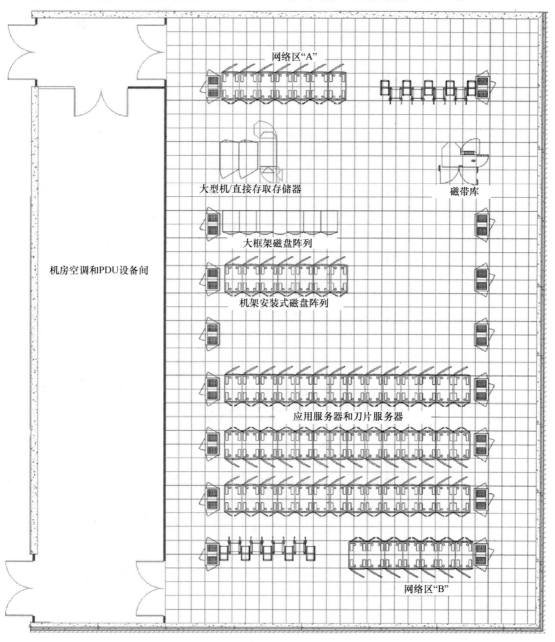

图 7.5　多平台机房布局示例(Isaak Technologies Inc 提供)

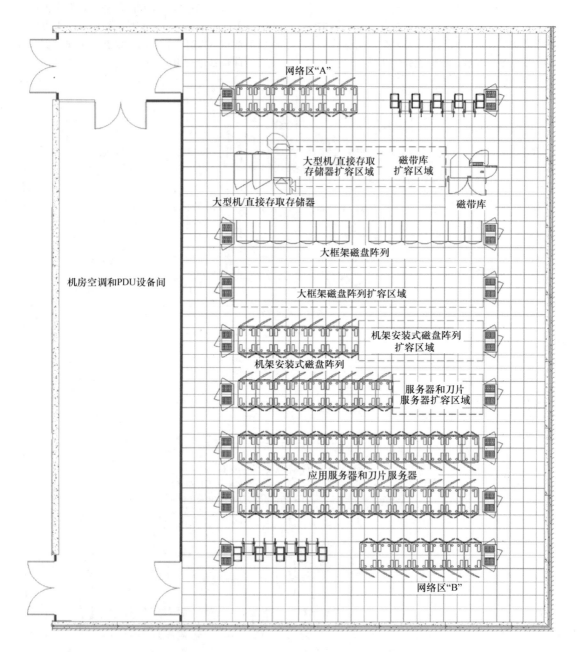

图7.6 技术更新所需空间为18%的多平台机房布局示例（Isaak Technologies Inc 提供）

7.3.3 功率密度

机房的功率密度是对机房空间和电力容量进行规划后得出来的。不建议用功率密度作为初始参数来推算电力容量和冷却容量。一旦确定了如前面所述的增长和更新需求，功率密度就可以确定了。

7.4 路由

7.4.1 网络进线路由

建议在建筑红线处设置客户自有的维修孔。客户自有的管道将安装在客户自有的维护孔和数据中心之间。这可确保客户管理和控制哪些网络宽带服务提供商有权访问其数据中心,以及他们如何将光纤线路配置到数据中心。

每个维护孔盖板的标高必须低于数据中心内入口管道终端的标高,这将确保水不会从被淹没的维护孔进入数据中心。

入口通道的最小尺寸建议为管道大小和数量为 4 根 DN100 的管道,以支持最多三个网络接入提供商。管道可采用硬质管道或内壁衬有织物的管道,能在光纤初次敷设时避免对光纤造成损伤。当预计有三个以上的网络接入提供商为数据中心提供服务时,建议为每个额外的网络接入提供商增加一个管道。建议将管道从维修孔预埋至设备处,与其他运营商的管道间距至少为 1.2m。

从建筑红线到数据中心进线室的进线路径应符合 ANSI/BICSI 002—2011 标准中的以下要求。

- BICSI Class 1:一条路线,至少有四个通道通往进线室。
- BICSI Class 2:两条不同的路线,每条路线至少有四个通道通往同一进线室。
- BICSI Class 3 和 BICSI Class4:两条不同的路线,每条路线至少有四个通道通往各自的进线室。

对于 BICSI Class 3 和 4,建议设置两个进线室,并且在进线室之间安装 DN100 的管道。进线室之间的管道数量应与进入建筑物的数量相同。提供这些管道是为了使网络接入提供商能够灵活地将其环状光纤拓扑路由布置到数据中心,无论是在同一个进线室进出,还是从一个进线室进线再从另一个进线室出线。这些管道只能用于网络接入供应商的光纤敷设,不得用于其他任何用途。

7.4.2 机房内的路由

数据中心内电源线缆或网络线缆的敷设路径可以在机柜顶部上面或架空地板下方。这两种情况都有可行的解决方案。关于使用哪种方式,通常由设计师或业主的偏好决定。

7.4.2.1 上进线

1. 电源布线

上进线配电方法包括在用电源端头、敷设在管道中的电源线、从配电架到每个机柜上方的插座或带有热插拔插接单元的电源母线。

在数据中心的整个生命周期内,当 IT 设备需求发生变化时,电源母线槽提供了更大的灵活性和可重新配置性。

上进线电源布线和网络布线需要设计协调,以确保电源电缆和任何非屏蔽铜网络线缆之间存在充分的物理隔离。电源电缆和非屏蔽铜网络线缆之间的最小隔离间距取决于电源电缆的数量和载流容量(请参阅 ANSI/BICSI 002 标准)。

2. 网络布线

上进线通常是网络布线首选的方式。上进线铜缆网络路径选项包括上进线线槽系统、网格式桥架和梯架。对于上进线光纤布线,建议使用专为光纤基础设施设计的光纤槽道。走线架通常用于布放电源电缆,不建议用于数据中心机房内的网络布线。

柜顶的线槽系统通常用于只有一列或两列 IT 设备的小型数据中心。线槽系统需要的协调较少,可最大限度地降低对顶棚的高度要求,是一个具有成本效益的解决方案。由于线槽在机柜顶部且是机柜柜体的一部分,所以后期更换单个机柜或移动单个机柜时将比较困难。

网格式桥架应用非常普遍,因为它是一个经济高效的解决方案。网格式桥架便于在有大量高度变化的应用场景中安装通路。

梯架应用也非常常见,因为它们为铜缆从梯架过渡到机架或机柜提供了最多的选择。柜顶梯架允许铜缆从侧面下线或通过中间下线,无论哪种方法都可以使用下线板配件,以确保铜缆满足最小弯曲半径要求。如果使用光纤槽道,则可以直接搭载或者挂接在梯架上。

数据中心机房内的光纤敷设一般采用专用光纤槽道。光纤槽道可以确保光纤在整个通道和从槽道到机架和机柜的所有过渡处保持最小弯曲半径。在从槽道到机柜或机架的过渡过程中,应使用波纹管为光纤线缆提供物理保护。

7.4.2.2 下进线

在新建的数据中心设计中,经常被忽视的一个简单而低成本的系统是在地板下空间内设置照明系统。设置在架空地板以下的照明系统,将有助于为任何需要在地板下维护系统的技术人员提供安全的工作空间。

1. 电源布线

地板下的电源布线通常被纳入当前数据中心的设计中。典型的解决方案是采用防水的柔性金属导管或电缆敷设于架空地板下。有些地区法规要求电缆必须设防护套管。

2. 网络布线

在架空地板下进行网络布线,需要与其他架空地板下的机电系统进行协调。这些系统包括电力电缆和管道、冷冻水管道、接地系统、火灾探测和灭火系统。

该行业的发展趋势是逐渐摒除在地板下进行网络布线的做法，除非它是专门为需要从地板下进线的大框架系统。

对于铜双绞线布线，最常用的方法是使用网格式桥架解决方案来分配网络布线。网格式桥架要么由独立于架空地板基座的支架支撑，要么由架空地板基座本身支撑。当由架空地板基座支撑时，设计人员必须确保基座除了支撑架空地板和地板上的设备外，还能支撑布线系统。

对于光纤布线，有专门建造的光纤槽可用于敷设光纤线缆。如果地板下空间被用作空气送风静压箱，则光纤通路必须在送风静压箱环境内使用。唯一可满足这一要求的产品是金属槽。通常不需要金属槽成品，因为现场可以采用轻薄金属板制作，在地板下的狭小空间内也容易切割。

另一种对地板下光纤线缆的物理保护方法，是使用铠装光纤线缆或耐折光纤线缆。这种方法要求设计人员从机架终期所需光纤总量来设置光纤护套的数量。

7.5 与其他系统的协调

将非 IT 系统设置在数据中心机房之外有很多好处。非 IT 系统，如机房空调（CRAC）/机房空气处理装置（CRAH）、配电单元（PDU）和不间断电源（UPS）系统有时设置在小型数据中心的机房内。将非 IT 系统设在机房外的好处包括能尽量减少非 IT 人员在 IT 空间内的活动，最大限度地减少 IT 人员从机房到基础设施空间内的活动，并简化 IT 系统在机房内布置的协调性。

有多种设计方案可将非 IT 系统设置在机房之外。一种方法是靠近机房配置走廊，在里面布置冷却和供配电设备。另一种方法是设置多层空间，机房高于或低于冷却和供配电设备所在的楼层（图7.7～图7.9）。

在架空地板应用中，了解地板系统的尺寸非常重要。600mm 的地板网格要求不是以公制、英制或美制表示尺寸时通常使用的标称尺寸。在美国，地板网格基于 2ft 或 24in 见方的地板，即尺寸为 24in×24in（609.6mm×609.6mm）。在采用公制单位的国家，地板网格基于 600mm 见方的地板，即尺寸为 23.622in×23.622in（600mm×600mm）。

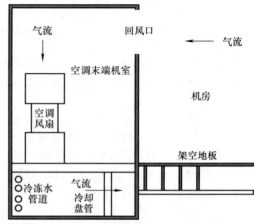

图 7.7　空调末端机室示例（剖面图）
（Isaak Technologies Inc 提供）

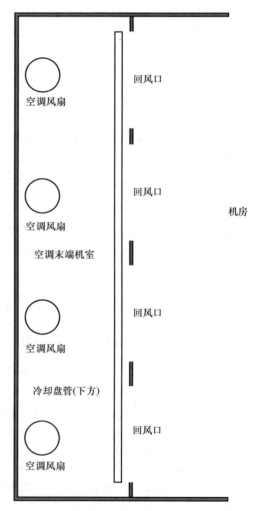

图 7.8　空调末端机室示例（平面图）
（Isaak Technologies Inc 提供）

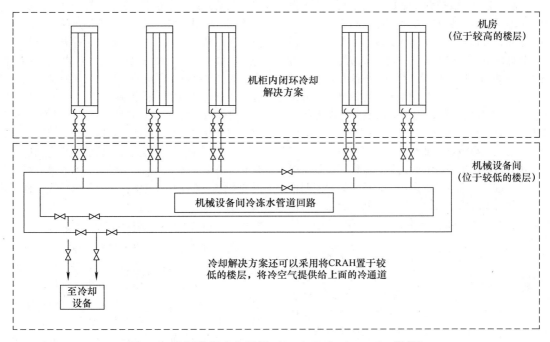

图 7.9 多层数据中心示例（Isaak Technologies Inc 提供）

7.5.1 CRAC/CRAH

CRAC/CRAH 通常布置在靠近机房最长的墙壁，IT 设备成排垂直于最长的墙壁。通常建议 CRAC/CRAH 与热通道对齐，以使每个 CRAC/CRAH 与墙壁穿孔地板的距离最大化。这也简化了气流从热通道直接返回 CRAC/CRAH 回风口路由，这对于顶棚较低的机房来说更为关键。

对于冷通道间距，建议至少为 1.2m。建议热通道间距至少为 900mm，优选 1.2m。最佳的通道间距应在 IT 设计和冷却系统设计之间进行协调，以确保足够的气流可以从 CRAC/CRAH 输送到冷通道，并从热通道返回。

在 IT 设备机柜列与位于机房周边的任何墙壁或其他非 IT 设备之间至少应有 1.2m 的过道空间。另外，建议设置一条或两条宽度为 1.8m 过道，以便 CRAC/CRAH 或大框架式 IT 设备进出机房。

7.5.2 配电

配电单元（PDU）是将电压从建筑物配电电压水平转换为 IT 设备电压水平（美国 208V、240V）的电气元件。建议将 PDU 布置在机房外。

配电列头柜（RPP）是一种电气元件，与标准壁挂式面板相比，它能在高密度框架中提供更多数量的输出分路位置。RPP 位于 PDU 的下游，为 IT 设备机架和机柜内部的 POU 供电。POU 也可称为电源拖线排。根据所需的冗余级别，建议将 RPP 放置在 IT 设备列的一端或两端。

RPP 通常由 4 个 42 极面板组成。整个面板包括一个上游的输入断路器、每个面板配置一个独立的输出断路器，或者这两者之间的任意组合。可以为两个面板从电源 A 供电、两个面板从电源 B 供电。

对于设计符合 ANSI/BICSI F2 级或更低级别的数据中心，每一列 IT 设备的一端配置一个 RPP 就符合设计标准。对于 F3 级、F4 级，为了满足最低设计标准，需在每一列 IT 设备的两端各配置一个 RPP。

将 RPP 布置在机柜列的末端与布置在靠外墙一端相比，可以减少与其他系统之间的协调工作。当 RPP 布置在机柜列的末端时，为机架或机柜送电的电源线缆和端头可以直接从机架或机柜下方敷设。

当 RPP 布置在靠外墙一端时，电源线缆和端头就必须穿过周边通道过渡到机架或机柜列的下方。如果采用这种方法，电源线缆和端头的安装需要与地板下其他路径垂直于 IT 机柜列、冷冻水或制冷剂管线的其他地板下通道相协调。

架空电源母线槽也可用于向 IT 设备机架和机柜配电。当采用架空电源母线槽时，通常不使用

RPP。架空电源母线槽设计为 IT 设计人员提供了灵活性，通过插入与需求匹配的断路器和插座配置的插接单元，可以轻松、快速地更改为每个机架或机柜的精确配电。架空电源母线槽需要与所有其他架空系统（如洒水喷头位置、网络布线路径和照明灯带）等进行协调。如果有两组架空电源母线槽分别提供 A 路和 B 路电源，则水平面或垂直面上的位置需要留有足够的间隔，以便能够插入插接单元，而不会与其他母线槽或插接单元发生冲突。

进入机柜的电源线，无论是上进线，还是从架空地板下进线，都应该敷设在一个适当的密闭凹槽内。凹槽的尺寸需要提供足够的空间，能通过凹槽敷设一根 POU 电缆的直径加上一个 POU 线端盖的直径。

POU 可选用水平安装或垂直安装。垂直安装的称为零 U 型，通常用于服务器机柜。垂直安装的 POU 可能不是网络机柜的首选型号，因为支持 IT 设备侧对侧气流所需的空气坝套件可能会限制在机柜排气侧放置 POU。这是与机柜制造商和型号相关的。因此，水平 POU 有时适用于所有网络机柜。水平安装的 POU 通常也用于开放式的双柱式、四柱式机架，因为这些机架通常没有垂直 POU 安装所需的固定孔位。

7.5.3 喷淋和消防系统

当地消防主管部门（AHJ）将规定除了 IT 机房内，是否需要在架空地板下方或吊顶上方配备消防喷淋或消防系统。

当需要时，喷淋和消防系统应在架空地板下方或吊顶上方的最高位置安装，所有其他通道和系统都应安装在消防系统下方。如果通过了专门针对垂直安装应用的设计和认证，火灾探测设备也可以垂直安装。

对于顶棚高度小于 3m 的机房，喷头布置可能是一个关键的需协调的问题，尤其是在使用架空电源或网络布线时。通常要求在喷头下方 450mm 范围内无遮挡物。当地消防主管部门可能对此有更严格的要求。

如果机房内净空高度≥4.2m，则喷淋和消防系统的协调问题通常可得到解决。

7.5.4 照明设备

当有吊顶时，照明设备通常嵌入顶棚网格系统中。这样，照明设备的设计和安装需要与 IT 设备机柜列、架空通道、喷淋和消防装置等密切协调。

顶棚较高的机房可以通过使用悬挂式灯具实现间接照明，即大部分光线照向顶棚，并从涂成白色的顶棚上反射下来，以在室内提供足够的光线。与嵌入在顶棚网格中的灯具相比，这种方法在整个机房内提供了更均匀的光线分布，且阴影更小。但是，为提供足够光所需的照明输出光通量可能会超过当地节能规范的最高限制。随着 LED 照明应用的长足发展，使用 LED 灯的间接照明方法逐渐变成一种可行的方式。当使用间接照明系统时，建议将悬挂式灯具安装在其他所有悬挂系统（如电源布线或网络布线路径）的上方。当技术人员在灯具上方的系统上工作时，这将最大限度地降低灯具损坏的风险。

7.5.5 有无架空地板的对比

建筑物的层高将对设置架空地板产生限制。在既有建筑内建设数据中心也可能受限于机房空间的承重能力。从邻近走廊空间到卸货平台的整个路径上，希望与机房地板在一个标高上。为适应机房和邻近走廊之间楼层标高的变化而设置坡道，不仅不方便日常使用，而且还会占用机房的空间。坡道的建议坡度为 4.8°，即坡度为 1:12。例如，对于 600mm 的架空地板，需要设置 7.2m 长的坡道。这种坡道设置对于大型机房可能影响不大，但对于小型数据中心，将会显著减少 IT 设备的可用空间。

如果数据中心冷却系统无须采用地板下空间进行气流组织，那么就不需要设置架空地板。冷空气分配需要架空地板，这只考虑了一个方面，而没有考虑其他很多方面。架空地板环境提供了灵活性，以适应未来不在初始设计范围内的 IT 设备的技术要求。这里有两种特殊情况。一种是采用了直接水冷技术的 IT 设备，其冷冻水供水管路一般采用下供方式而不采用上供方式。另一种是采用了无风扇的服务器，此时需要空气从地板下通过垂直通风管道进入并通过机柜后再返回到回风区。这两种特殊情况虽然现在可用，但在数据中心并不常见。

如果在设计中没有设计架空地板，那么会有很多需要协调的问题。必须提供 CRAC/CRAH 冷凝水管线的安装敷设空间，以及足够的地面坡度，以防止水患对 IT 设备的威胁。

7.5.6 通道封闭

在防火系统方面，应始终与当地消防主管部门一起对通道封闭系统的设计进行审查。通道封闭系统要么在所包含的空间内集成了火灾探测和灭火系统，要么在检测到热量或烟雾时自动解除安全壳板而不妨碍出口通道。当地消防主管部门可能会对如何将通道封闭系统纳入整体消防系统提出特定要求。

照明设备的类型和位置需要与通道封闭系统相协调，以确保在封闭空间内提供足够的照明水平。

架空或地板下的电源布线和网络布线路径可以很容易地纳入热通道或冷通道封闭系统。封闭系统本身不会带来任何新的协调挑战。

垂直热烟囱从技术上讲不是通道封闭，而是一个内置的垂直排气管。垂直热烟囱确实带来了额外的协调挑战，因为机柜顶部最多可能有一半的可用空间被垂直管道占用，不能用于电源布线或网络布线。当将架空网络布线路径和架空配电母线槽与垂直热烟囱结合在一起时，需要进行额外的协调。所有这些系统都需要适应机柜上方有限的高度空间。

7.6 机房设计

7.6.1 根据面积

为便于讨论，将面积小于 280m² 的机房称为小型机房，将面积大于等于 280m² 小于 930m² 的机房称为中型机房，将面积大于等于 930m² 的机房称为大型机房。这些参数当然并不是行业内的标准，仅是为了方便对不同规模机房的设计细微差别进行讨论。

7.6.1.1 大型机房

大型机房需要立柱来支撑屋顶结构，或者将机房空间划分为多个较小的房间。立柱的位置应由结构工程师和 IT 设计人员协调，以最大限度地减少立柱对 IT 设备布局的干扰。

大型机房还可能需要机房空间来支持额外的网络分配架，以支持为网络交换机供电。这将取决于部署在数据中心内的网络体系结构和拓扑结构。

7.6.1.2 中型机房

中型机房可能需要立柱来支撑屋顶结构。但是，设计师应确定可用的解决方案，以避免或最大限度地减少立柱的数量。立柱应协调考虑初始的 IT 设备布局和未来的所有技术更新。

在网络架构、拓扑结构和相关的布线基础设施方面，中型机房可以有多种选择。这可能包括集中式、分布式、区域式、机架顶部配置等。可能不需要机房空间来支持额外的网络配线架。

7.6.1.3 小型机房

在小型机房中，IT 设备与所有其他系统之间的协调最具挑战性，它们经常将设计推向高密度解决方案，因为业主试图在有限的空间内挖掘尽可能多的处理能力。

- 应避免在小型机房内设置立柱。
- 小型机房通常有一个集中式网络核心。

7.6.2 根据类型

7.6.2.1 自有平台数据中心

拥有和管理自己的数据中心并需要支持单个或最小平台变体的组织架构，可以具有一致的可重复的 IT 设备布局。在机架安装式设备或刀片服务器上进行所有计算机处理，以及在机架安装式磁盘阵列上的所有存储的组织架构可以使用一致的机柜区域规划 IT 设备布局。

可依据标准机柜的宽度、深度及标准通道的间距来确定机房区域大小。例如，标准机柜宽度为 800mm、深度为 1200mm，则机房布局可由可重复的机柜列组成，在 IT 设备机柜之间有 1.2m 的冷热通道。由于所有系统平台都可安装在标准的 IT 设备机柜中，因此在规划初始 IT 设备平面图布局时，无须确切知道每个系统的部署位置，无论是网络设备、应用服务器、刀片服务器还是存储磁盘阵列。如果从 UPS 下游到 IT 设备机柜的配电是按照 ANSI/BICSI 002 标准设计的，则 PDU 和 RPP 的容量应具有足够的灵活性，以支持独立于特定系统平台内的每个区域。

由于所有 IT 设备系统都统一安装在标准机柜中，电源和网络布线路径也可以在整个机房空间（图 7.10）中进行统一设计。

7.6.2.2 内部多平台数据中心

拥有和管理自己的数据中心但拥有众多平台的组织架构，可能需要独特的区域来支持每种平台类型。独特的平台类型可能包括机架安装式服务器（设备或刀片）、大框架式计算机处理设备（大型机、高性能计算系统、超级计算机）、大框架式磁盘阵列或运营商级网络平台（580mm 导轨）。

机房 IT 设备布局将需要确定各种特定功能分区及其大小。配电列头柜（RPP）、电源路径、网络路径的位置都需要与每个区域（平台）的统一要求相协调。每个区域都需要有足够的扩容能力，以满足预期的增长和技术更新的需求。

大框架式系统可以安装深度达 3.6m 和不同框架高度、宽度的 IT 设备。磁带库等系统需要占用更大的空间。大框架式系统具有各种气流模式，如从前面到后面、从侧面到侧面、从底部到顶部等径。这对于不同的平台、制造商、平台型号来说都是独一无二的。大框架式系统具有各种电源或网络电缆进入点，通常只能从底部进入。可以在特定框架下方设置地板凹槽,消除电缆入口处的位置偏差。大框架式系统的这些独特特性要求特别注意设计细节,并与支持系统进行协调。

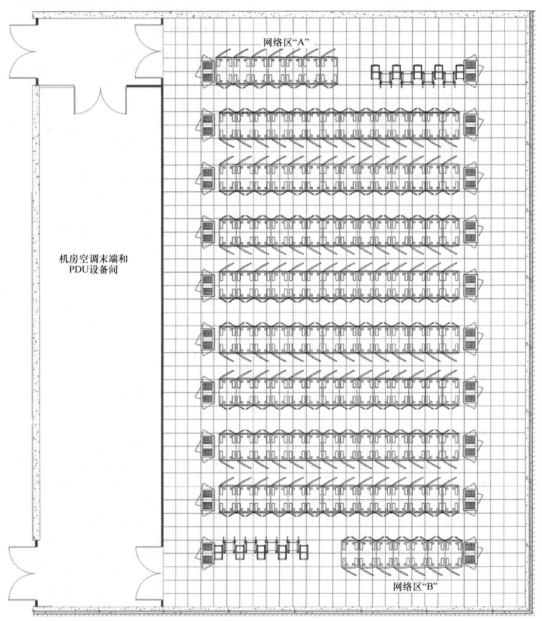

图 7.10 所有 IT 平台安装在标准机柜的机房布局示例(每个设备均占两个标准地板格)(Isaak Technologies Inc 提供)

由于大框架式系统的电源和网络电缆入口通常位于系统底部,支持这些系统的首选电源和网络布线路径位置可能位于架空地板下方。在同一机房(图 7.11)的大型机柜和地板下通道中,通常会有机架安装系统的架空通道。

7.6.2.3　外包服务数据中心

托管型数据中心由拥有数据中心和管理空间、电源和冷却基础设施的组织架构组成,以支持客户部署在机笼区域或机柜中的系统平台。

这种类型的数据中心需要采用一种不同的方法

来定义空间、电源和冷却的容量需求。在客户承诺提供服务并定义他们将部署在托管数据中心内的系统之前,业主并不知道IT设备的布局到底会是什么样子。托管型数据中心在业主规划和设计时,这些信息尚不清楚。因此,托管型数据中心的设计驱动因素通常是成本控制、灵活性和可扩展性。

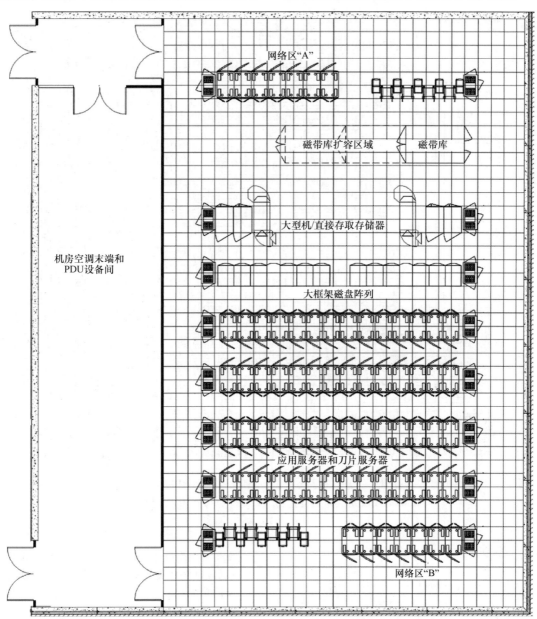

图7.11 多平台机房布局示例(由 Isaak Technologies Inc 提供)

成本控制需要确保数据中心提供的可靠性、冗余度和服务水平符合潜在客户的要求和价格。灵活性是必须的,因为在数据中心的整个生命周期内,每个机笼空间或机柜的容量需求都会随着客户的技术变化、客户租用或退租数据中心而发生很大的变化。可扩展性也是必需的,要能够根据客户需求构建或变更托管型数据中心的容量(空间、电源、冷却)。

托管型数据中心通常为网络接入提供商提供空间、电源、冷却和连接。托管的业主通常不管理网络,而只是在进线室内为网络接入提供商提供电路设备部署所需的机笼空间或机柜。网络接入服务提供商提供的各种电路都有距离限制。对于大型托管型数据中心，可能需要有多个进线室，以便 T-1/E-1 或 T-3/E-3 电路可以扩展到客户空间而不超过距离限制。在此方案中，多个进线室不提供任何冗余功能（图 7.12）。

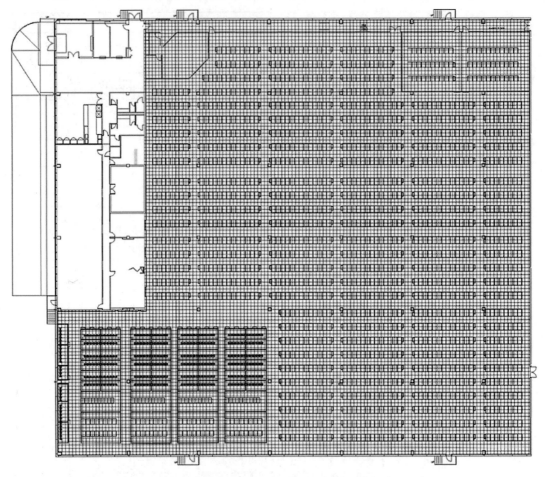

图 7.12　具有客户机笼空间、客户机柜布局的托管型数据中心示例（通过机柜或机笼空间租赁）（Isaak Technologies Inc 提供）

7.7　模块化设计

人们一直试图在数据中心设计中采用模块化设计方法。这其中的例外是小型数据中心，其最大功率和冷却能力不低于单个模块或组件的 40%。模块化设计需要解决空间、电源、冷却和网络容量问题。

当采用模块化方法时，一个关键的考虑因素是，设计必须能够支持未来的扩展，而不会降低关键系统的冗余级别，还必须在不中断数据中心内正常 IT 运行的情况下实现未来扩展。

7.7.1　机房空间

在受模块化设计影响的所有与设施相关的方面中，机房空间往往是影响成本最小的方面。数据中心设施的总成本一般由占比为 30% 的土建成本和占比为 70% 的机电配套成本（不包含土地和 IT 系统）组成。该比例关系将随着所需的冗余程度和机房空间的大小而有所波动。由于建筑只占基础设施费用总额的较小部分，因此通常的办法是建造 2~3 倍于最初所需的建筑面积，以适应未来的增长。

常见的手段还有在规划时就预留出扩容空间，以适应未来的增长。这可以通过土建初期建造更多的机房，或者在机房内建设更多的围墙来实现，这些围墙今后可以拆除。

7.7.2 电力和冷却基础设施

电源和冷却系统采用模块化设计是一种标准的使用方法。新建数据中心的初始电源和冷却容量通常低于终期设计容量的50%。

初始电力容量的建立必须与IT设备布局相协调。更实际的做法是从机房一端开始建造，后期逐渐扩容到整个机房空间。这使得初始配电（PDU和RPP）和冷却设备能够为IT设备的初始区域提供容量。未来的PDU、RPP和CRAC/CRAH等可根据额外需求的容量添加到相邻的IT设备区域。

至关重要的是，后期增加PDU、RPP和CRAC/CRAH等时，不能中断已安装系统设备的运行。建议未来PDU的安装不需要关闭任何上游供电设备，而未来RPP的安装也不需要关闭任何上游供电的PDU。

7.7.3 网络容量

网络采用模块化设计，不仅能解决容量问题，还能解决数据中心进线室的物理位置问题。

7.7.4 可扩展性与可靠性

数据中心运营商通常希望解决方案既有可靠性又有可扩展性。但是，可靠性和可扩展性是从根本上对立的两种要求。可扩展性要求更小的容量组件，以更多的数量来构成最终的设计容量。

例如，7个500kVA的UPS模块与5个750kVA的UPS模块进行比较：

- 500kVA UPS模块示例：可以从500kVA扩展到3000kVA（假设UPS模块需要冗余），增量为5个500kVA。如果每个模块在定义的时间段内的可靠性值为80%，则在 $N+1$ 配置中，7个500kVA UPS模块示例的系统可靠性为85.2%。
- 750kVA UPS模块示例：可以从750kVA扩展到3000kVA（假设UPS模块需要冗余），增量为3个750kVA。如果每个模块在定义的时间段内的可靠性值为80%，则在 $N+1$ 配置中，5个750kVA UPS模块示例的系统可靠性为88.2%。

提高可扩展性本身就会降低可靠性。任何系统的设计人员，无论是用于供配电、冷却还是网络架构，都必须平衡可扩展性和可靠性，以兼顾数据中心初期和终期的建设需求。

7.8 CFD模拟

计算流体力学（CFD）是一种模拟冷却系统有效性及其满足IT设备散热需求能力的方法。进行CFD分析，必须对机房空间进行建模，包括机房尺寸、发热设备的位置、供冷装置（CRAC/CRAH）的布局位置和类型、穿孔地板的布局位置和类型、架空地板系统内的所有开孔，以及阻碍气流的障碍物（如管道、走线架等）情况。

通过CFD分析，将得到整个机房三维空间内的温度和气压随时间变化的模拟结果。这在数据中心设计中被证明是有价值的，因为设计人员可以在安装系统前验证冷却系统的设计。这对数据中心运营人员也有好处，因为它们可以：

- 模拟未来新增IT设备的布局该如何提升冷却系统满足机房需求的能力。
- 通过"关闭"CFD模型中的组件来模拟各种故障场景，并分析剩余的冷却系统是否可以支持IT设备负载。

目前，有一些供应商开发了CFD软件工具，各有千秋，分别具有不同精度、建模复杂度和采购成本。

7.9 数据中心空间规划

7.9.1 流线组织

数据中心必须支持更换所有的IT设备、电源系统部件和冷却系统部件，从卸货平台到机房及电力室、机械室均应提供足够的走廊宽度。走廊高度至少为2.7m。门高至少为2.4m，单扇门的门宽至少为1.1m，双扇门的门宽至少为1.8m。走廊建议采用更高的顶棚、门高2.7m，因为42RU机柜加上外包装，通常难以通过高度为2.4m的门。

数据中心的布局应定义多种访问类型，如非关键区域访问、关键设施区域访问和关键IT区域访问。建议尽可能地减少这些区域之间的人员流动，使设施区域人员远离IT区域，IT区域人员远离设施区域。

7.9.2 支持区

支持机房内的IT系统所直接需要的任何功能都被视为数据中心的一部分，不直接需要的其他功能能被视为数据中心的非组成部分。

以下关键空间是支持机房内的IT系统所需要的。

7.9.2.1 进线室

进线室的功能是提供一个安全接入点，可供带宽接入提供商的网络电缆从室外过渡到室内，并可容纳带宽接入提供商自有的设备，如其分界、终端和供应设备。

进线室应位于机房附近。从进线室到机房的路径不应经过任何不安全的区域。进线室也应靠近主楼接地母线所在的电气室，以最大限度地缩短通信设备接地线缆的长度。

对于具有冗余要求的数据中心，建议设置第二个进线室，以便在冗余带宽接入提供商的服务之间实现物理隔离。这两个进线室应位于机房相对的两侧。

进线室通常可容纳多个带宽接入提供商。进线室的配置应与每个带宽接入提供商协商，以确保满足其要求，并了解所有许可要求和特殊安防问题。

7.9.2.2 网络运营室

网络运营室或网络运营中心（NOC）用来支持IT运营。在这个网络运营室，有技术人员监控网络和IT系统的运行状况，通常是全天候的。

NOC通常位于机房附近，设有一扇进入机房的门。这可以起到提升一个安防级别的作用，因为进入机房的每个人都将通过NOC进入，使NOC人员能够亲眼看到每个进出机房的人。

由于NOC提供全天候值守，人员的舒适性是一个需要考虑的运维设计标准，应确保技术人员保持警觉，并能轻松监控关键信息。这需要考虑如何选择家具类型、多屏显示系统，以及尽可能提供一定程度的自然采光。

尽管NOC技术人员的角色主要与IT相关，但建议楼宇管理系统（BMS）在NOC内也具有显示信息的能力，这将使技术人员能够实时了解楼宇系统的状态。BMS不应在NOC内具有控制功能。

7.9.2.3 入口

进入数据中心的入口应该设置一个实体安检站，以监测和控制进入数据中心基础设施的所有访问。访客和外部供应商必须签到，并核实他们进入机房的授权手续。未经授权，不得通过数据中心的主要入口进入关键区域。

7.9.2.4 支持人员

直接管理数据中心日常运营的支持人员在数据中心内应有固定的办公室或工作空间。数据中心的支持人员包括：

- 数据中心经理。
- 数据中心基础设施经理。
- 数据中心基础设施工程师和技术人员。
- 数据中心运输/收货办事人员。
- 数据中心安保人员。
- NOC人员。

IT网络或IT系统工程师和管理员不一定位于数据中心内。IT人员可能在数据中心以外进行远程访问。

7.9.2.5 电气室

电气室应位于机房附近，以最大限度地减少从配电区域到机房IT设备的电源线的长度。IT设备需要大量的供电线缆，最大限度地减少馈线长度有助于降低建设成本。

电气室的大小直接关系到最终的设计能力和配电的水平或冗余。当需要冗余配电时，建议将这些房间放置在数据中心内，并尽可能多地进行物理隔离，以减少常见的故障模式。

7.9.2.6 电池室

数据中心建议使用基于电池的UPS系统专用的电池室。湿电池需要设置在具有特殊通风要求的专用电池室内，并满足建筑规范要求。其他电池技术也可能需要专用的电池室和/或特殊通风，具体取决于电池系统中的电池酸总量或当地的建筑规范。

7.9.2.7 机械室

机械设备室的需求因使用的冷却技术类型而异。采用冷水冷却系统需要足够的空间来安装冷水机组、水泵和管道。机械设备室应靠近机房，以尽量减少管道穿过机房和机械设备室之间的非机械空间。

7.9.2.8 仓储室

数据中心需要设置仓储室来支持两种不同的功能。仓储室应满足与基础设施相关备件的仓储需求。应该随时提供的备件包括皮带、过滤器和其他一般维护相关的品类。IT系统还需要一个仓储室，用来管理包括在部署到机房之前临时存放的高价值设备、备用网卡、接口卡、网络模块、光学接口、电源模块和故障率较高的关键设备组件。

供应商存储可能需要安全存储。在服务等级协议（SLA）条款中定义的在机房内支持IT平台的供应商，可能需要将关键组件存储在现场，以满足SLA条款的要求。即使这些备件存放在现场，但在需要将其安装到业主的IT系统内之前，它们仍在供应商的库存中。因此，供应商可能需要一个安全的存储空间，以确保其高价值组件得到安全存储。该供应商的存储可能不需要是一个专用的房间，而只是一个安全的空间、储存柜或在更大的存储区域内的货架。

7.9.2.9 卸货平台/收货

卸货平台应能保护高价值的设备在交付接收过

程中避免受到雨、雪等因素的影响。建议在卸货平台与数据中心的其他部分中间设置一个安防入口，以确保只有经过授权的人员才能从卸货平台进入数据中心的其余部分。卸货平台的大小应能有足够的空间暂时容纳一次预期最大规模交货过程的所有设备。如果接收到高价值的设备，卸货平台可将升降门安全关闭，设备可以转移到相邻的安全寄存空间。

寄存空间是拆除设备的外包装、将设备取出的地方。所有的包装材料都应放置到垃圾桶中，以确保纸板、灰尘等不会进入数据中心基础设施的其余部分。

建议从卸货平台到寄存空间、老化测试室、设备维修室和机房的路线上的地板处于同一标高。在数据中心基础设施的整个生命周期中将发生多次技术更新，每次更新都需要搬运新设备和拆除旧设备。因此，最好不要出现坡道或地板高度变化，因为这会带来运输风险，并增加交付高价值设备时的难度。

7.9.2.10 老化测试/设备维修室

建议设置老化测试室或设备维修室，以便在将IT设备放入机房之前，可以对IT设备进行初始通电和测试。这样可以确保IT设备没有缺陷，或者在关键机房内不会出现短路故障。应考虑为老化测试室或设备维修室设置一个独立使用的专用UPS系统，以确保老化测试不会因为外市电的断电而中断。老化测试室或设备维修室的UPS系统的电路不应从主机房的UPS系统供电。

根据内部运维管理流程，老化测试室或设备维修室可与储藏室合并设置。合并设置的储藏、老化测试室和设备维修室需要有足够的空间来支持所有这些功能。

7.9.2.11 安全

安全空间需求包括安保人员监测和控制建筑物出入的空间及支持安保系统的空间。

安保人员空间应位于数据中心的正门，以控制进入大楼的通道。

安保系统空间可以是一个专用的安保室，有IT设备机架或机柜，有门禁和视频监控等安保系统。安保系统对数据中心的运营至关重要，所以安保系统应采用UPS系统供电。

其他一些不属于IT部门管理但需要安装在机架系统内的关键楼宇系统也可放置在安保系统室内。其他楼宇系统可能包括一些支持暖通空调控制系统或楼宇管理系统的服务器。

7.10 结论

数据中心是基础设施系统和IT系统的复杂组合，这些系统协同工作以支持关键的业务应用程序。这些系统的运作并不是相互孤立的，应以系统协调的理念设计。一个系统中的一个设计或操作的变更可能会对其他系统产生级联效应。

一个数据中心项目从理解IT应用程序和支持IT平台开始，继而协调基础设施需求、IT网络架构和拓扑结构，以及IT设备和非IT设备的机房布局，并随着业务应用程序迁移到受所有关键数据中心基础设施所支持的新平台而结束。

延伸阅读

ANSI/BICSI 002-2011. Data Center Design and Implementation Best Practices standard.

ANSI/NECA/BICSI 607. Telecommunications Bonding and Grounding Planning and Installation Methods for Commercial Buildings; 2010.

ANSI/TIA-942-A. Telecommunications Infrastructure Standard for Data Centers; 2010.

IEEE 1100-2005. *The IEEE Emerald Book*, Recommended Practice for Powering and Grounding Electronic Equipment.

NFPA 75. Standard for the Protection of Information Technology Equipment; 2009.

NFPA 1600. Standard on Disaster/Emergency Management Business Continuity Programs; 2007.

UL 60950-1 2003. Information Technology Equipment—Safety—Part 1: General Requirements.

第 8 章 数据中心的机械设计

美国加利福尼亚州，Integral 集团　约翰·威尔（John Weale）　著
中国民航信息网络股份有限公司　田瑞杰　译

8.1 引言

数据中心的机械设计本身并不复杂，但设计如果不能满足高可靠性的要求，再加上非常明显（且代价高昂）的设计错误，则会增加常规机械设计中从未面临的挑战。在这种高风险的设计背景下，传统设计在很大程度上依赖于大量重复，并且已经得到验证的前人设计方法，即通常以牺牲创新为代价来提高设计的可靠性、灵活性、成本、运营效率和与设计质量相关的内容。本章的目的是使机械设计人员熟悉数据中心设计内容，并为他们提供相应的技术支持，使设计人员摆脱前人那些重复且得到验证但又过时的设计思路，创造最优化的设计方案，以满足客户的独特需求。

数据中心最佳的机械设计不仅展示了系统设计的技能，还清楚地明确了数据中心的基本目的：盈利。仔细研究设计标准，并考虑它们对设计的影响，有助于更好地满足客户的实际需求。但令人惊讶的是，通常并不是这样做的，而是依赖那些旧的"经过验证的"设计来证明对当前客户需求的粗略调查是合理的。正确的设计应该是假定一定程度的裕量来保持适当的灵活性，以适应未来未知的 IT 设备需求，而且应该对独立项目初始 IT 设备的设置和操作进行评估。

数据中心设计中使用的系统配置和设备对经验丰富的机械工程师而言都是熟悉的，但仍然有许多专业化的设计可以使其适应数据中心的需求。数据中心的设备配置除了提供主要内部负载的合理性外，还需保证高可靠性，设计的系统配置是为了适应 IT 设备的电源负载，采用各种方法为 IT 设备进风处提供冷空气，同时减少排出热风的再循环。

最后详细讨论了数据中心的设计过程如何适应传统的设计阶段和节点。在任何项目中，与设计团队和业主保持一致的沟通是非常重要的，但数据中心机械系统的高成本和关键特性增加对明确和直接沟通的需求。

通过对数据中心使用的设备、系统配置和设计流程的深入研究，以及当前最佳实践的讨论，提供了进入最后主题的跳板——未来趋势，这不是本章的结论，而是将对话传递给实践的动态世界。

8.2 关键设计标准

没有单一类型的数据中心。虽然仅凭假设设计通用"标准"的数据中心是可行的，但要掌握设计的灵活性和初始成本的最佳平衡点，要求在仔细收集和评估具体客户的需求时应遵循以下原则。

8.2.1 可靠性

高可靠性是数据中心设计的一个关键标准，而且也是常用的关键指标。由于它对机械设计有着广泛的影响，可靠性等级在设计过程的早期就已确定。通常，像 $N+1$ 冗余等级（任何单一的设备故障都不会导致任何容量损失）将是设计标准的明确部分。有时，用参考标准或设计指南来定义可靠性和冗余要求，或者必须满足保险公司的要求文件或内部客户标准。

对于机械工程师来说，充分理解可靠性要求，并明确说明如何满足这一要求，尤其是在成本对解释产生了正向的推动作用情况下尤为重要。例如，一个常见的行业内的解释和妥协方案是 $N+1$ 可靠性要求如何影响冷冻水管道设计。有些客户需要两个独立的冷冻水循环，以实现绝对的最高冗余（爆裂管道不会导致冷却系统停机），而其他客户则接受一个带有平行路径和阀门的单一管道系统，以允许绕过任何管段（在不中断系统运行的情况下进行轻微泄露管道的修复和计划性管道维护工作）。这两种方法提供了不同的操作能力和初始成本。

冷冻水管道是否需要冗余的问题说明了标准数据中心可靠性的方法（所有部件都需要有一定的冗余）是一个大致的简化：管道故障的概率远小于冷水机组等复杂设备故障的概率，但它可能被给予完

全相同的冗余设计要求（$N+1$，$2N$ 等）。然而，另一种方法，即根据部件失效概率对实际失效概率进行详细分析，但这并不是机械设计的一个通用部分。

具体的可靠性要求对系统成本有很大的影响，决定了最终产品是否满足客户的需求，或者是产生灾难性故障的可能性。充分理解所有冗余需求和沟通过程的所有细节，将其所有的含义以文本的形式清晰地记录在案并传达给客户，是一项跨越所有设计阶段的重要任务。通常，定义问题并不困难，但由于其影响广泛，因此不应该就某个方面匆忙地进行任何假设。

项目选址对可靠性设计有重大影响。防御龙卷风或飓风的设计会对机械设计产生很大的影响，通常会采用强化设计的方法，如对干冷器的防护罩和冷却塔背部的（机械自由度很低的区域）位置加装强化百叶。客户对当地森林火灾的担忧，甚至邻近工业区产生的难闻气味，都会限制空气侧经济器的价值。干旱时期，当地用水量的限制，或者标准检查人员倾向于关闭那些害怕携带过多军团菌的设备（尤其是在欧洲），可能会造成不可忽视的影响设计的失效模式。

机械工程师可能会忽略外观可靠性的重要性。为外部客户提供服务的数据中心（托管或场地出租、设施租用）高度重视设计的市场化价值。由于对可靠和充分冷却的要求很高，机械系统通常是销售宣传的关键部分。即使对于自用数据中心，设计故障也会给公司带来非常高的成本，非技术性高管往往对可靠性非常感兴趣。这些关键的客户都不是受过培训的工程师；系统设计不仅需要保证机械的可靠性，而且还被所有与非工程师利益相关人员（从营销经理到首席财务官）所接受，这才是真正的可靠性。这可以成为使用传统设计方法的强大驱动力，即使这些传统设计不是技术上最可靠的选择。最佳设计不仅重视外观的重要性，同时又不会向方案优化妥协。通过架构师与客户的密切协调，以确保定义并满足这种通用的软设计需求，这是至关重要的。

8.2.2 安全性

数据中心的另一个共同特点是安全性。作为可靠性的一个可见方面，安全措施与市场营销密切相关。安全需求通常是相对简单的设计参数，只要在方案设计的适当阶段确定了这些参数即可。例如，在施工过程中，为外部空气侧经济器的百叶添加等

效的防护栏，就是因忽视安全问题而造成昂贵和尴尬的后果。空间内的增压控制，尤其是在实施空气侧经济器时，如果超压导致门不能正常关闭，也可能是一个主要的安全问题。

某些大型数据中心希望匿名存在，不宣传该设施的使用性质，这并不罕见。在建筑上，这意味着没有进行标识的外部处理。通常，这仅会影响建筑师和签署范围，但在某些情况下，它可能会决定外部设备的放置和筛选。

8.2.3 人身安全

与某些关键设施（如化学实验室）设计不同，机械工程师很少有机会通过数据中心设计的细节进行人身伤害。消防系统，包括使用气体灭火的干式灭火系统，是一个对生命安全有严重影响的领域。当发生火灾时，会采用一些空气管理方案，如在出口通道上设置防火卷帘或其他障碍物，而逃生要求也可能会阻碍这些方案的实施。因此，应密切关注消防法规要求⊖。这些要求正在不断发展，以适应数据中心设计的现状。

随着高密度数据中心设施变得类似于工业设施，工作人员的生产率也会受到影响。非常有效的空气管理设计可能导致数据中心的某些区域排出的热空气温度超过 95 ℉（35℃）。通常，高温热空气的排气路径对应于工作人员安装电缆或执行其他任务时偶尔工作的空间。需要考虑设计，以适应这些工作人员的工作环境要求，并满足适用的 OSHA，即职业安全与健康标准。噪音限制也可能是一个问题，尽管高噪声空间的操作环境只需简单地通过耳塞解决，而过热的工作空间可能需要在操作时频繁地强制工作人员休息。

8.2.4 美学

随着机械设计方法的发展，数据中心的内部装饰可能与传统的做法大不相同，这通常是客户需求的问题。数据中心需要吸引客户租赁，租赁客户希望参观基础设施，以便立即投影出一个传统的展示高可靠性数据中心的图像。数据中心内部装饰是一项庞大的投资，需要拥有大量高科技设备和引人入胜的闪烁灯光，对于希望展示公司技术实力的高管来说，数据中心内部装饰也是很受欢迎的参观样板。这些需求很少出现在设计桌上，但他们的愿望如果被忽视了，这对设计师来说是危险的。

由于多种原因，客户对空间外观的期望很难定义。在进行方案设计时，高层管理人员很少坐在桌旁，但当看到设计效果图后，他们会通过对悬挂窗

⊖ 除其他适用的 NFPA（美国消防协会标准）标准和地方规范外，任何与灭火系统分布相互作用的防火卷帘系统，尤其是通过降落报警来移除不同分区的障碍物，应符合现行 NFPA 关于不堵塞出口路径的要求。

帘外观的简单评价来强制进行长时间的设计更改。或者如果没有可靠设施经理运用压力进行气流设计从而提供的架空地板，如何保证一个数据中心的运行，这是一个令人担忧的问题。有时，由于在早期阶段的设计讨论中出现的一些尴尬，客户推迟提出问题，这些讨论充满了对重要技术问题，如制冷容量、冷却量、冗余和等级等的担忧，但早期的设计阶段，这些应该是外观关注的地方并要被明确提出来。在设计过程中，良好的视觉传达，从效果图到草图，尤其是在设计阶段的初始选择系统的外观处理，对于防止美学破坏非常重要。

8.2.5　灵活性

数据中心的主要负载，即系统所支持的 IT 设备，通常会逐渐过时，并在 3~5 年的周期内全部或部分地被替换。除了标准的机械系统需要能够支持空间中负载大小和物理位置的变化之外，可能还需要考虑基础设施需求的变化，从液体冷却到气体冷却的需求变化也应该被关注。这些未来的变化通常需要在数据中心的全面平衡运行时得到满足，从而增加了对设计的需求，以便在将来提供对已安装组件的适当访问，以及对系统扩容的考虑。

对灵活性的需求可能是分布设计的一个挑战。在基于空气冷却的系统中，拥有过量的管道容量提供了未来的灵活性，并且如果风扇设计为关闭，则可以通过降低压降实现一天的能效效益。同样，设计管径过大的管道也是谨慎的。对于风冷空间来说，为将来安装冷冻水做准备是很正常的，因为这样可以应对未来的冷却需求。灵活性还经常证明增加旁通阀的连接点是合理的，以便将来能够进行扩容，而不需要任何系统停机，降低了水环路改造（热水龙头、防冻塞等）的高昂成本。

8.2.6　废热再利用

数据中心的一个不同寻常之处在于，它们是大量的低品质热量的稳定可靠来源。废热的收集和再利用是一个有价值的设计目标，不仅可提供免费供暖，还可进行良好的宣传。废热是低品质热源（温度相对较低），但如果附近有需要热量的区域，则废热可以成为巨大的资产。具有持续户外空气需求的实验室设施与数据中心之间有一种特殊的协同作用，设计师们很珍视将两者结合在一起的项目。热回收冷水机组或热泵系统可以消耗一些电力成本提升热品质，甚至可以为校园电路供电。

计算机芯片自身运行的安全工作温度通常超过 150℉（66℃），但要保持这种芯片温度，传统的风冷散热器设计需要更低的空气温度。从 IT 设备中回收低品质的热量通常不是芯片本身的功能，而是增加散热器和套管设计，这两个方面的变化都会使余热收集更加实用。

8.2.7　盈利能力

设计团队的每个成员都知道，但很少有人说，建设数据中心的主要原因是为了赚钱。这对机械设计的影响是多方面的，机械工程师经常进行明显的施工预算编制工作，从施工成本估算到全生命周期维护成本和能源成本。还有一些不太明确的方面，如提供足够高的可靠性和灵活性，以允许未来经济性扩容，或者提供对潜在租户有吸引力的系统。设计师密切关注技术和初始成本必然会面临一定的挑战，却可以确保为客户提供最佳的最终设计方案。但是，要做到持续地对这些问题进行定期回顾，可能会受到设计的长期可维护性、灵活性和效率方面的更大影响。

8.2.8　效率

尽管效率常常因可靠性和进度要求而显得无足轻重，但从长远来看，效率是相关的，因为数据中心通过运行计算设备而不是冷却设备来赚钱。提高配套机械系统的效率，可以使更多的动力用于支持盈利设备。

随着数据中心设计在互联网泡沫的建设热潮中逐渐趋于成熟，人们的注意力已经转向了这些设施的电力成本。专门的数据中心运营商可能将更高的效率视为一项关键的竞争优势，而支持公司办公的数据中心则可能会寻求数据中心的效率提高，以实现减少碳排放的目标。大型数据中心可能会发现，它们的增长受从电网能获取的可用电量的限制，并且希望通过提高机械效率来为 IT 设备扩容。

用于评估数据中心效率的常用指标是电能利用效率，通常称为 PUE。PUE 大致定义为数据中心总设施用电量与 IT 设备总用电量的比值。根据定义，理论上 PUE 的最佳值为 1.0。偶尔会有关于是否可以通过获取回收热量来获得小于 1.0 的 PUE 的争论，但这种方法的价值可以通过使用不同的指标来度量。PUE 通常是由电能表测量的总设施用电量除以不间断电源（UPS）系统输送的电量，但在实际应用中，PUE 计算的精度仍存在差异。

虽然目前正在制定的标准有望消除歧义并严格定义性能指标[⊖]，但 PUE 目前的使用非常混乱，有

⊖　ISO 技术委员会 JTC 1 分委员会 SC39 目前正在进行工作，以提供强大的性能指标定义。

时甚至不正确，在设计实践中仍然是一个含糊不清的术语。可能存在的问题是关于是采用年度平均PUE还是采用高峰日PUE。当比较现有设施时，必须考虑当地的气候条件，如完全相同的数据中心设计在俄勒冈州将比在佛罗里达有更好的PUE。在IT设备和辅助的机械设备之间划清界限还存在一定的困难，尤其是在创新的系统方法中。例如，如果将UPS直接集成到IT服务器机箱内的IT电源中，是否将UPS损耗从分子移动到分母？相反，如果一个系统将电源从IT服务器机箱中的传统位置分离出来，集成到一个更大的、可能更有效的集中电源中，情况会如何呢？IT内部的小风扇被认为是IT负载的一部分，如果设计能够显著增加其"计算设备"的功耗，那么PUE就会得到"改进"，但设备自身的功耗会增加。

尽管存在这些限制，但PUE目前仍是数据中心业主要求和评估其设施效率的最佳指标。机械设计师有责任确保他们的客户理解设计决策的结果，不仅只有PUE，还有设施的潜在效率。

8.2.9 设计标准和指南

客户通常有他们要求满足的指南或标准，如满足ASHRAE TC9.9等级评定的条件，满足Uptime Institute Tier等级或传统的内部设计标准文件。重要的是，设计师必须理解这两个方面，即标准本身和为什么需要它。在某些情况下，达到标准可能是个先例——"我们上次就是这么做的"——而在其他情况下，这是一个硬性的保险要求，将在实现盈利之前进行全面审计。在项目开始时，与客户明确定义驱动需求有助于集中设计工作和资源，以满足客户的基本目标。

8.3 机械设计过程

三种常见的设计风格可以概括为实施、优化和革命，它们都遵循相同的过程，但每一步都会对其产生影响。设计的实施在很大程度上依赖于使用现成的数据中心系统和非常成熟的配置。例如，将几个CRAC放置在具有地板下送风静压箱和贯穿空间回风路径的数据中心周围就是一种实施设计。这种方法允许快速设计一个高可靠性的空间，但常常陷入传统化设计的困境，虽然可以快速、便宜或高效地使用它，甚至使用多个。对于小型或临时数据中心，在设计和集成控制方面的少量投资可以使这成为一个有吸引力的选择。在某些情况下，整个系统设计可以充分地或低成本（设计成本，而不是设备成本）和快速地由设备供应商提供。

优化方法评估了几种不同的方案，需要进行大量的工程计算才能实施。系统类型和设备将复制现有设计，但需要进行调整和优化，以最好地满足当前客户的要求。冷冻水或乙二醇水系统通常属于这一类，空气分布系统也属于这一类，比地板下送风吊顶回风的系统更复杂。在方案设计阶段，将中央控制系统和几种不同类型系统进行方案评估，这是最重要的，也是机械工程师认为最为理想的情况。

革命性的最终设计风格是寻求最优的设计，但允许它不同于先例。由于可靠性优先级最高，这种方法具有挑战性，但对于实现超低的施工预算或更高的效率、功率密度或其他项目需求来说至关重要。常见的特征包括数据中心使用定制化的系统、不同寻常的气流分配系统、典型的独立的集成设计（如在机架中集成设计暖通空调部件、现场其他用途的热回收、基于IT设备运营范围内的特殊定制等）和精明的客户。一个革命性的设计需要做更多的设计工作，需要一个紧密协调的设计团队和一个精通技术的客户。它并不适用于每个项目，但由于它可以接受最佳的解决方案，所以这在理论上是可行的。

标准的数据中心设计路径现在已经很陈旧了，尽管它有很大的隐患（没有容错的余地），但它的挑战在于平稳、经济地执行设计，而不是创造设计。总是有不同的组件需要考虑，但不可避免地无法满足一些独特的项目要求（磁带驱动室！玻璃参观走廊！不能穿透屋顶！），这些设计是一个实施和优化实践的过程。高效的设计遵循相同的路径，但需要更谨慎地质疑假设，并量化设计方案的效率。这需要更多的工程时间和/或拥有丰富经验的设计团队。这些对假设的质疑，假设是否来自对更高效的设施、初始成本的限制、独特的选址机会等需求驱动，可以将风险接受、设计努力与可承受的微小额外风险结合起来，从而产生革命性的设计方法。

设计初期会选择系统类型，这是决定数据中心最终效率的最关键的选择。负载主要基于项目需求，如需要多少kW或MW的计算设备，以及机械冷却设备的配置及总功耗。通常情况下，项目开始时就已知IT需求，但在某些情况下，随着有关可用电气容量和机械系统负载的深化设计，这些负载将被细化和调整。

在系统选型和内部负载确定后，下个设计阶段将进行设备选型和布置。与任何项目一样，在需要减少施工预算的情况下，通常会有一些设计修订的迭代。更具体地说，有一种趋势是对设计进行修订，以增加机械系统的冷却能力。由于设计团队发现有机会在预算中为IT设备（机械设计师考虑这部分内部负载）增加更多的可用电力容量。

由于使用的施工模型不同，绘制图纸和施工管理阶段也有所不同，范围从设计–投标–建造到设计–建造。除了交付模型之外，项目的范围和进度也会影响设计阶段。在某些情况下，需要压缩进度或在一个阶段进行多次迭代。虽然没有一个通用的设计过程，但最标准的是遵循以下设计步骤：初步设计→方案设计→深化设计→施工文件→施工管理和后期设计支持。

8.3.1 初步设计

数据中心设计项目有几种不同的启动方式，可能会引起机械设计的挑战。虽然不是必须的，但机械工程师在早期阶段的介入可以确保最有效的设施。项目类型将确定所需的机械系统的类型。

8.3.1.1 绿地开发

初步设计的条件都很模糊，只能从所需的设施规模和容量目标（以IT设备容量的kW或MW表示）开始。如果机械系统的功率需求对选址或初步设计阶段常见的其他关键活动有重大影响，机械工程师应向设计团队提供初步设计条件、系统效率作为设计参数。由于系统效率变化很大，因此估计值仅为近似值，但可作为驱动参数，设计过程中必须满足。

在这种情况下，所需的关键机械效率不是年平均效率，而是在最坏情况、峰值冷负荷、极端设计条件下的最大机械功率要求。正是这种最大需求将决定IT设备的供电量，也就是建造整个基础设施以支持机械系统的原因。

数据中心产生大量低质量的废热（低温，从22℃到38℃，取决于设计）。在设施场所允许的情况下，如在企业、校园，对废热的需求可在选址中充分考虑。

有时，潜在的数据中心位置可能相差数十或数百英里，要将当地的气候评估纳入选址问题。最有利的情况是数据中心可以位于冷却需求很少的地区。由于地理范围较小，数据中心可能仍然需要使用大量可用于冷却的水，如河流、大型湖泊，甚至是大型污水处理设施。机械设计师在设计阶段的少量投入可以在选址过程中产生这种难得且非常有价值的效益。

8.3.1.2 将既有建筑改造为数据中心

数据中心在其所占用的建筑物类型中具有很大的灵活性。建筑物改造有时是机械设计的一种选择，有时也是一种限制，这在专门建造的设施中是不可能发生的。例如，对于位于空置仓库中的数据中心，可以提供非常高的层高，这为高效的气流组织提供了很大的机会，或者提供了一个18ft（5.5m）高空间的吊顶；或者，数据中心可能被封闭在现有办公楼的无窗地下室，没有外墙，只有8ft（2.4m）的层高。这两种情况中的任何一种都可以成功地容纳数据中心，但设计团队应该告知客户，其将对可供选择的机械系统类型产生的影响。

8.3.1.3 扩容

对既有数据中心进行扩容是很常见的。机械工程师应协助评估现有系统，以确定是否有可用于扩容的能力。如果运维人员对现有系统不满意，可能会导致扩容的系统类型发生变化。扩容的一个常见情况，是通过将扩容系统与现有机械系统联合起来以降低冗余成本，尤其是冷冻水系统。这有可能会通过将现有系统与更新、更高效的扩容系统集成来提高现有系统效率。这方面有一个案例是冷冻站的扩建，以支持新的数据中心空间，该空间安装了新的高效冷水机组，以满足新的负载，并使现有的低效率冷水机组待机作为备用机组。

8.3.1.4 改造既有数据中心

在不扩大占地面积或扩容冷却能力的情况下，对既有设施进行改造并不常见。当可靠性是首要任务时，很少改造任何未损坏的设施。机械工程师应在初步设计阶段明确进行改造的驱动力：解决热点问题、减少能源使用、利用节能奖励、实现公司碳减排目标、满足未来客户的冗余需求等。通常，改造项目的动机是众所周知的，这些初步设计任务被压缩成一个独立项目，产生一份征求建议书文件或与承包商举行初步会议，以请求服务报价。

8.3.2 方案设计

方案设计阶段有几个共同目标，每个目标的优先顺序因客户差异而不同。典型的方案设计过程从确定关键的设计需求开始。负荷估算系统和选择系统类型可以在某种程度上同时进行，并编写初步设备清单和/或最终可交付成果的示意图，这些将根据项目进度和目标而变化。当设计时间或预算很短缺时，方案设计可与设计说明相结合。

8.3.2.1 目标

确定目标可能只需要仔细阅读设计团队提供的详细设计文件或提案请求。在此目标阶段应把握好的一点就是大多数设计需求都是显而易见的，即所有的客户都想要低成本、有效的空间控制、冗余等等，但相对优先级和基本业务要求需要明确地定义和理解。在大多数情况下，必须在设计优先级之间进行权衡。对每个设计需求的动机有一个很好的理解，这样就可以评估和提供最佳的折中方案。

目标将推动项目所需的交付成果。有些项目可能只需要初步设备清单和材料估算，以协助进行评估业务规划所需的成本估算示意图。在这种情况下，虽然可能会在某种程度上进行示意图绘制和分区域设备布局，以确保设备清单的准确性，但传统的示意图可能完全从最终交付的方案设计中略去用文字叙述性的描述。或者，数据中心扩容可能会加快前期的成本估算进度，并优先考虑设计图纸而不是设备清单和尺寸。了解项目的具体需求可以让机械工程师最有效地分配时间。

8.3.2.2 明确空间要求

数据中心必须保持的温度和湿度是关键的设计参数，这些参数往往是基于传统的假设。通过适当评估这些参数的实际需求，可以在建筑和运营预算中节省大量资金。

传统上，数据中心的温度保持在 72°F（22.2℃），甚至低于大多数 IT 设备所需的温度。许多数据中心的空调设备都是在低温设定点运行，仅仅是因为设计人员和客户正在复制以前的数据中心，回到数据中心初期，因为需要较低的温湿度来保持打卡机和供料器的平稳运行。在现代数据中心中，从"早期研究工作"的角度来看，改变任何关键的设计都存在风险，但仍然值得研究评估当前设备的实际情况，以便提出最佳的设计条件。标准机构已经开始为 IT 机房设计温度设定点提供具体建议。例如，成立已久的国际建筑技术协会 ASHRAE 技术委员会 9.9 拥有专业设计人员和 IT 制造商代表，他们已经制定了温度要求[1]。根据他们的工作，建议数据中心内的最高正常工作环境温度为 80°F（27℃），在某些情况下允许向更高的温度偏移。

现有数据中心温度设定点较低的一个常见原因是为了补偿混乱的气流组织管理产生的损失。由于气流组织管理不好或没有管理（这是旧数据中心的常见情况），在房间的某个位置，IT 机架的热空气会再循环到其他 IT 设备的入口，甚至是相同的 IT 设备。这种再循环导致局部热点，最终可能导致设备损坏。降低数据中心的温度设定点是对热点的常见补救措施，这确实有帮助。

维持低空间设定值的另一个原因是当设备发生故障时为空间提供冷却储液罐，但提供冷却缓冲的希望远远低于人们的预期。当计算"储存"冷却量时，发现除最轻负荷的设施外，它为所有设施提供的冷却缓冲可忽略不计。

在低温设定点下设计和运行数据中心还有一些其他原因，如客户的期望，但对实际需要的设定点进行适当的评估，通常可为受过良好教育客户带来显著的初始成本节约、更高的空间容量和更低的运营成本。

所需的湿度设定点是另一个需要根据自定义和"更严格、更好"的假设来设定的参数，但过于严格的湿度控制实际上会损害数据中心的可靠性。加湿器是由于供水而导致灾难性故障的潜在来源。如果可能的话，应尽量减少甚至消除它们。它们还承担着相当大的运营成本，包括维护和电力消耗，在极端的过度设计条件下，这甚至会影响应急发电机的规模。应仔细评估湿度控制的真正需求，并考虑现代静态控制指南（即加湿不一定是保护元件免受静电放电的公认手段，特别是在现代 IT 设备都包含在标准机箱中，需要静电防护的情况是极少数的）。

8.3.2.3 冷却负荷

数据中心的一个特征是其冷却负荷几乎完全是建筑内部负荷，即内部 IT 设备产生的热量。内部 IT 负荷由客户希望容纳的 IT 设备数量决定。通常，机械设计师会以 W/ft^2 来讨论负载。

与办公楼或其他常见的商业楼宇设计不同，数据中心的工业负荷曲线是平缓的，几乎是 24h 不间断的。"无窗"是数据中心建筑结构的常见设计要求，它最大限度地消除了围护结构造成的热负荷来源，虽然这些热负荷通常只占负载的一小部分。同样地，在规范中认为机房内人员无逗留，所需的室外新风量也是很少的，足够维持内部空间的正压。通常，IT 设备内部产生的热量甚至比通过围护结构的峰值热量高一个数量级或更高，因此围护结构产生的影响可以忽略不计。所有这些导致产生了一个平缓的负荷曲线。

围护结构热负荷可以使用传统的负荷分析方法

○ 对于一个 9ft（2.7m）高的吊顶和 $20W/ft^2$ IT 设备负载的空间，根据空气的热质量，在没有冷却的情况下，温度将升高 5～10°F/min；考虑到热质量，对地板，因为热交换率低而几乎没有增加。在实践中，除非负载非常低，否则数据中心的过冷设计在冷却失效情况下获得一定的持续冷却的弥补是不切实际的。

计算，但实际上只有足够谨慎考虑了所有关键设施设计，才能明确地确定围护结构热负荷。在典型的数据中心中，围护结构热负荷峰值可忽略不计（远小于尺寸安全系数），可假设为零，对设计几乎没有影响。对于不太熟悉数据中心的设计人员来说，了解这种负荷的性质会对设计产生很大的影响。不仅负荷计算完全不同，而且系统的稳定和高效的部分负荷性能也具有更高的优先级。与办公楼不同，即使是在最热的夏季，大多数数据中心的热负荷增幅也是最小的，而且它们通常设计为始终具有冗余容量。这两个特征结合在一起导致它们很少（从没有达到典型的设计状态）以满负荷运行冷却设备。

应定期检查设计时的估算负荷。随着业务计划的变更或关于公共电源可用性的其他信息的发现，估算负荷发生大幅度变化的情况并不少见。通常情况下，与电气设计师进行协调是很方便的，因为他们通常最先了解内部负荷的变化，因为这些变化直接影响基础设施的规模。

在一些大型数据中心项目中，现场可用的电力容量有限，这种有限的供电容量使得机械冷却系统的假定效率成为决定IT设备运行可用功率的关键因素——冷却设备的每瓦耗电量都会比产生利润的IT设备少。在这种情况下，机械系统效率可能成为维护业务计划完整性所必须满足的关键设计参数，设计人员需要定期计算，并相应地保护它（通常不受成本削减的影响）。

设计的最后一个方面是外部设计条件。虽然它们通常对必须交付的冷却负荷几乎没有影响（与大型IT设备的内部冷却负荷相比很小），但外部环境对散热装置的容量有很大的影响。作为一个运行8760h的关键设施，通常采用极端室外气候设计条件，而不是更典型的1%甚至0.5%的环境条件。这可能远远高于机械设计所用的标准条件，并将影响散热系统的尺寸（和成本）。外部设计条件需要与项目相适应，并有明确的文件记录，以便与客户沟通。

8.3.2.4　系统类型评估

机械系统类型在原理图中可能无法完全设置，但通常会选择一种较好的方法。评价系统类型的关键参数包括冷却介质、输送路径、散热方式和气流管理。选择设计依据的目的主要是为了帮助进行成本估算、确定占地面积需求和评估效率。非常高水平地选择这些系统参数可以设定最终设备的效率，并对运行的能源成本产生重大影响。系统类型的选择还会影响建筑参数，包括顶棚高度、外部设备空间和内部布局。

系统类型的选择对机械设计和最终设备的性能有着巨大的影响。在方案设计过程中，应评估不同系统类型满足设计目标的能力。除主要要求外，还应该注意和考虑一些细节，如快速通道项目中的前置时间需求，以及成本对其他方面的影响，如架空地板或大型应急发电机组系统的要求。一个全面的高层次的协调不需要花费很多时间，但如果不将其作为方案过程的一个明确部分，则可以省略。

一些成熟的客户可能要求数据中心满足非常具体的效率指标，或者需要对多个系统选项进行正式的价值分析。系统类型和方案的选择将严重影响最终效率，因此不同方案的相对效率可以成为衡量哪种系统是最佳选择的关键参数。即使客户不需要，根据数据中心机械系统生命周期内的能源消耗量，也应考虑不同系统类型的相对效率。

8.3.2.5　占地面积评估

数据中心机械系统对建筑结构方案、布局和成本有很大的影响。在设计阶段，由于设计的流动性，完整的布局是不切实际的，但是需要粗略估计主要设备的占地面积，水系统管道和风系统管道路由，管道分布和设备机房空间布局，以便与建筑师协调项目要求。系统中最大的部分（如适用，包括空气供应管道）可以用粗糙的矩形块表示，以快速生成初步布局。位于数据中心楼层的任何设备都是特别值得关注的，因为它们会从容纳IT设备的空间中占用可用空间。气流管理和管道所需的空间是数据中心机械系统的另一个重要组成部分。

将建筑设计与机械系统密切配合，可以实现显著的成本效益和效率效益。协调的方法千差万别，从三维（3D）计算机模型到手绘设计图，但无论采用何种方法，它们都有助于机械工程师与建筑师沟通系统的大小、理想的布局，以及在拟定的实际布局方案中进行的评估和妥协处理。所有的设计都有折中之处，重要的是要有意识地识别它们，并使用设计团队的综合专业知识，在计划和预算允许的范围内对它们进行量化。

在大型专用数据中心空间中，系统集成带来的节省往往最为显著。除了传统的架空地板外，还可以利用诸如顶棚静压箱或隔墙等建筑构件来优化和分配气流。节省成本也可以通过将机械设备放置在数据中心下方的底层，或者使用外部屋顶安装的空气处理装置来减少必须建造的空调空间（在温带的气候条件下不妨碍维护）来实现。大多数设计都可以从集中设置的公共设施中获益，以缩短最大输电线缆的长度，并降低风机和水泵电力需求。一些系统解决方案，如空气侧节能，在很大程度上依赖于体系结构配置来生成功能系统。有些产品允许将空气处理器集成到建筑结构中，如采用内置的空气处理装置替换外墙，从而方便地获得外部空气以节约成本。

较小的数据中心也可以从系统结构的紧密集成中获益。一个常见的潜在好处是，在冬季，从办公楼内的数据中心中收集低品质热量来为邻近的办公区域供暖，还可以通过在非工作时间利用相邻的办公机械系统来实现低成本效率冷源利用，从而为数据中心提供空气侧节能；或者使用办公室 HVAC 系统作为冗余冷却来节约成本（通过明确的沟通，办公区域将在必要时牺牲冷却来支持数据中心）。在这些情况下，设计方案通常受到设计成本和办公室与数据中心之间加湿要求匹配的限制，需要大量定制工程设计来实现两个区域之间的平稳运行。

8.3.2.6 规范评估

与任何项目一样，被忽视的规范要求可能会成为一个设计后期的隐患。规范审查应是每个设计阶段的一部分。在数据中心领域，不同地区将面临不同的规范挑战和专业度不同的审查员。开放式蒸发冷却塔可能是加利福尼亚州的一个很好的标准设计方案，但在英国会受到规范影响，其中军团病菌的泛滥会导致数英里的冷却塔停工。像这样的主要规范影响是少数的，设计团队应该基于过去的经验熟悉它；明确地标识和记录规范的关注点是方案设计的一个重要部分。

使用气体灭火剂或干式预作用系统的专用消防系统是常见的。虽然灭火系统通常由消防工程师设计，但机械排风要求、隔离挡板和分配管道通常需要机械设计师的协调和帮助。气流管理是高密度数据中心的一项关键任务，相关的分区可能会影响消防系统的设计，这是最需要长期关注的一个问题。应根据消防规范的规定，评估设计的未来灵活性。例如，使用柔性窗帘来控制热废空气的气流是目前常见的空气管理方法，以便于重新配置，但窗帘会干扰灭火剂的扩散，需要与消防系统集成。

在美国的一些地区，特别是那些通常将严格的能源效率写入地方法规的地区，公用事业公司会提供激励资金，以鼓励更高效的设计。这些标准要求仅在有限数量的地区可用，但值得尽可能早地在方案设计阶段与当地公用事业公司进行核实，以确定可能用于投资更高效系统的任何激励资金，并在后期设计过程中的预算编制环节保护它们，避免被删除。

8.3.2.7 交付成果

方案设计阶段的可交付成果将根据客户和设计团队的不同而有所不同，但至少应记录方案设计阶段制定的设计条件、折中方案和建议。最常见的可交付成果与任何其他设计项目相同：设计说明和一套方案设计图。但在某些情况下，可能要求偏离这些常见的可交付成果。

在成本估算驱动的项目中，为了更详细地编制设备清单，可以完全省略图纸。这背后的理由是，当方案设计的主要目标是制定施工成本估算时，传统的方案设计可交付成果（如系统单线图或主要机械空间的布局）几乎没有价值；设计预算可以更好地用于制定一份更详细的基础设计设备清单、所需面积、管道尺寸和管道重量。为了实现最有效的设计过程，成本估算将贯穿整个方案设计，以明确估算工作所需的内容，并重点关注对成本影响较大的关键设计领域。

一个探索性的具有开发驱动型的项目可能专注于从方案设计中考虑市场营销的内容。他们可能需要一个具有吸引力的卡通风格的设计草图，一个门外汉都能看懂的优势，很少关注设备清单和尺寸大小。尺寸合适的水泵与防水坝距离在效率和使用寿命之间完美平衡是一件很重要的事情，但非机械工程师很少会关心这些问题；如果目标是为了吸引客户投资或将项目出售给另一个业主，那么一个漂亮的全彩色空间 3D 渲染更为重要。

由于预期的方案设计交付成果可能有所不同，因此机械工程师必须与设计团队和（通常间接通过建筑师）业主沟通，以确保编制出正确的材料清单。无论交付所需的主要材料是什么，都必须生成一份明确的设计说明和限制文件。虽然限制文件通常是设计说明的一部分，但它可以是给设计团队负责人的单独备忘录，概述包括设计负荷、空间温度要求和系统要求在内的参数，如需要在数据中心地板上安装水管或数十台独立风冷机房空调冷凝器所需的外部空间。

8.3.3 深化设计

在此阶段，系统类型会最终确定，设备尺寸会进行调整。机械设备分布和布局需要与建筑师协调确定。风管和水管主管道在图纸中进行定义和记录，以便进行明确的协调。控制部分也应该被考虑，尽管通常（如果经常这样做也是不明智的）这部分设计都是不详尽的。可以直接联系规范管理机构解读规范，并且在不熟悉数据中心的管辖区域中启动培训。因此，成本估算，以及与之密切相关的降低施工成本以编制施工预算的工作，通常在深化设计阶段都需要认真考虑。

8.3.3.1 确定系统类型

系统类型，包含从整个房间的空气冷却到直接输送到计算设备的冷却水，对机械设计都有着广泛的影响。尽早确定系统类型有助于按部就班地控制预算，但要保持系统类型的灵活性，以适应布局、输入成本信息、客户偏好和其他关注事项的变化，也可能会出现一些冲突关系。设计预算和进度表对系统类型的结果对比至关重要。机械工程师应该对客户和建筑师的需求特别敏感，但要清楚何时需要通过系统类型的各个方面来维护计划，而哪些方面可以稍后更改以适应其他信息。这个过程中要把握一点，无论何时选择确定系统类型的最终结果，成本估算过高总是会导致结果的重新评估，因此如果成本估算或"价值工程"计划在后期进行，则应假设一定数量的设计返工。

一旦完成了系统类型的选择，应通过电子邮件、备忘录或包含在一个进度图集中的方式明确记录下来，并发送给整个设计团队，以帮助协调。没有什么比系统类型的后期变化更能影响设计师的预算了，如从通过架空地板分配的风冷机房空调机组变更为使用架空管道和通风空间的水冷组合式空气处理装置。当进行基本系统选择时，应该向团队明确地声明，它是一个基础假设，并且改变它可能会导致额外的成本和延期。机械系统也会影响数据中心设计的大部分方面。明确协调所选择的系统类型是非常重要的，即使所有设计专业都直接参与其中，也要保证最终决策具有足够的冗余性。

8.3.3.2 价值工程

与任何项目一样，最终设计需要在预算可用的情况下进行施工，通常被称为价值工程。这种从设计中削减建设预算的做法在数据中心项目中变得越来越普遍，因为它们越来越成为一个公共的商用空间。机械工程师参与设计的系统规模大、费用高，通常需要他们大量参与价值工程。

在研究低成本设计方案时，机械工程师必须与电气工程师协调，以确保客户了解HVAC设备上使用的额外功率（可能是由于使用低成本的机械设备）是1kW的发电机和公共电力容量，无法保证项目盈利。对备选机械系统或设备方案的评估不仅需要考虑该机械部件安装成本的潜在降低，还需要考虑备选方案可能对电气系统产生的任何增加的成本。必须明确定义对冗余、空间灵活性和可扩展性的影响，并将其传达给客户，以确保对节约成本的措施进行准确评估。好的价值工程可以在不损害性能的情况下降低整个项目的成本，但如果设计团队只着眼于自己专业的项目成本核算，可以降低最终空间的效用，实际上却增加了整个项目的成本。

8.3.3.3 修正估算负荷

负荷估算的关键部分是将要支持的计算设备的能力。随着设计过程的进行，这个关键的设计参数会突然改变。与设计团队的定期沟通应确保机械设计人员了解任何相关的修改。机械工程师还应随时向电气工程师了解支持机械系统所需电力的任何变化，同时要敏锐地意识到，机械系统效率的降低可能会成为影响发电机和变压器容量不可忽视的因素。

8.3.3.4 初步布局

在深化设计阶段形成楼层平面图和数据中心布局。机械设计人员通过有针对性、简要的输入可以确保满足机械方面的要求，并能很好地处理诸如最小化分配长度（成本和能源效率驱动因素），为适当的维护通道提供足够的空间，以及气流管理和未来扩容规划等问题。

机房布局对系统效率和运行要求有着重要的影响。这个过程中通常存在许多折中方案，如需要一个非常紧凑的占地面积，但需要空间来保证可维护性，或者通过缩减主管道的尺寸，以影响未来的灵活性和效率为代价，将初始成本降到最低，所以机械设备的布局应尽早生成。建造一个占地面积很小的高速空气系统很容易，但这种方法对未来的灵活性、可扩展性和运营能源成本的影响是严峻的。因此，优化机械系统的布局至关重要。

当系统的首要目标是高效率时，则应该相应地布置机械设备。气流和水流在急转弯时会浪费能量，为了避免这一点，通常会使房间内的机械设备位于墙角处，管道保持在地板附近，而不是在过道的刚性网格上，并且选用长半径转弯和45°弯头。一名管道装配将一种特别有效的设备布局比作污水排放系统，这是一个恰当的比较，因为重力驱动的污水排放系统被迫遵循低压降布局。尽管如此详细的管道布局在深化设计阶段是不合适的，但如果效率是最高优先级，则应确认和规划高效布局所需的适度额外工作量和（有时）地板空间。空气处理器的尺寸应该按照全年运行的标准选型，而不是基于办公室的经验法则，如500ft/min（2.5m/s）的送风速度。

将热量从数据中心向外部排出是机械系统的首

要任务。外部散热部件的尺寸、类型和位置，无论是冷却塔还是百叶窗墙，都应在深化设计阶段确定，并确定所有的限制因素。例如，需要确定并在系统选择和布局中明确禁止屋顶设备出现安全或泄漏问题，防御龙卷风和飓风，或者其他不常见但关键的特定项目要求。如果设施位于住宅区或住宅区的视线范围内，美学和声学问题也需要考虑；位于山上的别墅，如果能直接看到嘈杂的冷却塔布置的最佳位置，就会被举报到当地政府工作人员和规范检查人员那里。

未来扩容也会决定需要多少空间，包括室内和室外。如果需要未来进行扩容，那么它应该是一个明确的项目目标，并通过考虑和记录未来设备和配电将用于支持额外负载的位置，将其直接纳入深化设计阶段。提供一些基础设施来支持未来的设备通常都具有成本效益，如扩展塔式结构支撑平台以适应未来更多的电池，通过大型化管道来提供未来的容量，以及在浇筑基础时增加空置的电气线缆管道。

8.3.3.5 设备选型

设备选型是确保设备能够在快速固化的空间、成本和能源预算内提供所需性能的一个重要步骤。

在确定系统类型后，在设计布局的同时，设备选型的初步依据应从计算设备容量和尺寸开始。在深化设计之初，应开始编制详细的设备清单，并绘制设备进度表。最昂贵的设备应首先确定尺寸，然后是外观上最大的设备，最后是辅助设备，总体目标是确保可以在快速固化的空间、成本和能源预算范围内提供所需性能的设备。泵和风机等设备通常可以根据压降要求的估计值进行近似计算，而较大的设备，如冷水机组、CRAC、空气处理机、冷却塔和其他类似设备应进行初步选择，以便更好地定义尺寸、成本和效率。

数据中心提供的冷负荷的性质不同于典型的商业办公楼。选定的系统设备必须能够在设计（最低室外空气温度）条件下稳定地承载设计负荷，同时办公室冷却设备经常关闭。冷却系统还必须在任何经济模式和机械冷却之间实现无缝稳定切换。在基于空气换热的系统中，为了适应负荷变化，气流大小是唯一可感知的。另外，IT 设备的工作空间不需要重新加热。

满足能效要求的项目须用初步的设备选型来预测计算系统效率，以确保符合合同或设计要求。虽然有许多能源建模程序可用于建筑物，但由于数据中心负荷的简单性（近似平坦，每年 8760h）可

以使用电子表格计算来自多个数据库的每小时典型年气象数据或历史气象数据，以此可以成功简化计算任务。在整个设计过程中应考虑系统之间的交互。例如，一个成功的气流管理系统可以收集来自 IT 设备的热量排放，可以增加空气侧温差，并允许更小的空气处理器，从而支付气流管理元件的初始成本。其他系统设计的决策是：使用低压降静压箱代替管道进行空气流动，而不是通过改变管道尺寸和提高温湿度范围。在数据中心中，其他任何系统的设计决策都会对机械系统产生深远的影响。

8.3.3.6 尺寸和定位

数据中心机械系统的存在是为了将热量从数据中心移出。无论它使用什么介质（空气、水、乙二醇、制冷剂），都会有一个重要的分配系统（风管、水管或两者）来移出热量。

一个基于空气的系统将需要大型管道或通风系统，以容纳所需的风量。在数据中心的占地面积内，由架空地板或吊顶形成的静压箱通风系统通常是最有效和灵活的气流分配形式。这个空间本身经常被用作一个静压箱，用来输送冷却设备所需的大量空气。风管提供的分配系统可控性更好，可以避免一些规范要求，也可将布线空间作为空气路径静压箱，但效率通常较低。空气系统的选择可以通过增加有效容积来显著地影响灭火系统的成本。

架空地板下的空间通常用来作为送风静压箱。这是一种简单的设计方法，但在高功率密度下可能会受到限制，并且层高在经济上不具有吸引力（尤其是在具有广泛抗震要求的区域）。如果地板下空间与其他公用设施共用，如配电系统或数据电缆，可能会变得异常拥挤，导致部分空间的气流不足，这需要与其他专业进行紧密协调，从最初估算楼层高度开始，并继续贯穿整个设计过程。

架空地板下的空间很少用作回风通道。尽管用地板静压箱作为回风通道理论上是可行的（热空气的浮力效应可以忽略，空气流速出现在最轻的负载或特别设计的数据中心），但当前的设计实践和商业产品仅支持使用地板静压箱作为送风通道。

吊顶静压箱通常用于回风。在 IT 设备地板上的 CRAC 传统设计中，使用架空地板进行送风，并通过吊顶回风，将吊顶上方的气流死角转换为回风静压箱是减少送、排风气流混合产生的热点问题，是提高系统容量⊖和系统效率的常用方法。还需考虑通风空间内允许的供电线路和设备类型的规范要求，特别是考虑对既有设施进行改造时，以及增加

⊖ 大多数 CRAC 的冷却是送风和回风之间温差的函数。改善气流组织管理可以增加这种温差，并增大当前安装设备的可用容量。

的有效容积对灭火系统产生的影响。

吊顶静压箱很少用于送风，首选风管送风。回风静压箱可与送风管道相结合，这就提供了不需要架空地板的混合式静压箱/管道式空气管理解决方案。

8.3.3.7 气流管理

在高热密度数据中心设计中，气流管理是避免潜在有害热点的一个关键方面，该设计依赖于空气冷却（而不是冷却水到机架级系统）。气流管理方法需要在设计阶段的早期就进行考虑，因为它对机械设计的大部分领域都有广泛的影响，包括成本、有效性、效率和系统规模。系统架构也可能会受到显著影响。

大多数数据中心的 IT 设备都是从一侧吸入冷空气，然后从另一侧排出热空气，理想情况是从前面吸入冷空气并从后面排出热空气。气流管理可以采取多种形式，但他们的目标都是相同的：捕获热空气并将其送入另一个（或相同）设备，将其冷却以重新产生冷却空气。在本章的其他部分也有讨论过这部分内容，气流管理可以采取多种形式：从悬挂的塑料隔板将机架的进风侧和排气侧气流进行隔离到带有集成和独立变速供气风扇的分布式通孔地板，通过地板静压箱根据每个机架需求供应冷空气。在高度定制的情况下，气流管理可能会通过规定空间高度或相对于外墙的空间布局来决定建筑。

在深化设计中，首要任务是确定哪种气流管理系统设计最适合该项目，并向其他专业传达其对设计工作的影响。

8.3.3.8 图纸

虽然在方案设计阶段可以跳过图纸，而倾向于对成本目标有针对性的叙述，但很少有深化设计阶段不生成图纸。对于较大的项目，通常在深化设计阶段编制一个或两个进度集，以协助团队间的协调。

设计图是为了支持成本核算，记录设计进度，并在这一阶段发挥协调作用。各专业之间的任何协调配合，从机械设备的位置到设备所需的电气容量（或者更简单的地说，电动机功率），都应清楚地记录为本阶段的一个有价值的信息，如果将其留在笔记本中或放在电子邮件链中，可能会丢失。该阶段所需的常用图纸包括设备列表、空气侧系统图和水侧系统图，用于记录负荷计算和系统选择的当前状态。通常也会提供机房和设备布局，尽管在施工文件阶段会对其进行调整。

机械设备和配电的初步布局是建筑师、机械工程师和电气工程师之间的重要协调工具。它们还可用于向更有经验的客户告知其的需求，以及与运营人员一起讨论支持系统的范围和类型。

详细图纸主要是下一个设计阶段的任务，即施工文件，但当在深化设计阶段完成了详细设计工作时，最好将其记录下来。这种情况比较常见，当考虑一个复杂的系统或设计方法时，它的设计必须达到一个很高的水平，才能验证它是一个可行的选择。这些设计方面往往是由它们的不可预测性来定义的，但它们的内容包括很多，从悬臂式硬件配置到悬挂式空气管理隔板，到靠墙安装的包含蒸发冷却/加湿功能的组合式空气处理机组的施工细节。除了那些包含特殊细节的子系统设计来证明可行性的情况外，本阶段还将包括大量的通用细节，因为它们可以从设计师的标准工作中"剪切并粘贴"到项目中；尽管这不是必要的，但这有助于协调那些工期较短的数据中心项目，这些项目设计中专业之间的沟通很少，设计团队成员之间也不熟悉。

8.3.3.9 规范研究

任何影响设计的悬而未决的规范问题都应在此阶段解决。可通过多种方式解决，从具有管辖权的部门的咨询或电子邮件确认，到与客户代表就提出的最低需求达成协议。在这个阶段，任何风险都会造成设计返工，以及相关的成本增加和工期的延误。还应确定工人安全守则对操作的影响，并将其传达给客户。例如，随着数据中心转向创建高温环境的热通道，运营商可能在法律上有义务限制这些区域的工作时间，如果需要定期在热通道内进行大量机架布线和连线，这可能是一个问题。

8.3.3.10 成本估算和"价值工程"

在整个设计过程中，支持成本估算工作和研究降低系统初始成本通常是一个高度优先的任务。任何与传统标准设计的偏离都应清楚地记录下来，供成本估算员用，并由工程师仔细审查。机械工程师应审查设备类型、尺寸、管道系统重量和其他关键成本要素的成本估算。成本估算通常是由承包商完成的，在成本估算过程中，承包商通常可以对设计的明显可施工性和文件的清晰性提出有用的观点。

如果为降低成本而进行的设计变更会影响其他行业的成本，机械工程师应通知成本估算员并审查最终成本估算，以确保准确获取信息。例如，使用较小的高速空气处理机可能会降低空气处理机的成本，但需要更多的风扇功率，并增加从配电盘到建筑变压器等电气支持系统的成本。在早期的设计成本估算中，这类对整体建筑的影响经常被忽略，这可能导致价值工程决策制定得不合理。一些精明的客户也可能要求进行净现值分析，以了解变更对运营成本的影响。

8.3.3.11 控制

控制设计通常留在施工文件阶段进行。这是一种避免返工的合理策略，但研究应在深化设计结束前完成并记录在案，以确定所需控制系统的类型，并且确保成本估算是准确的，并有足够的控制投资来支持拟议的系统。常见的控制方式有中央直接数字控制、独立集成的机房空调机组控制或其他一些组合控制。对于较小的数据中心来说，控制系统由机房空调机组自带的控制装置组成并不罕见，它们的性能和成本与直接数字控制（DDC）系统截然不同。此阶段应明确定义和传达预期的控制类型，以确保其包含在成本估算中，并确定电气和建筑协调问题，而且满足业主的期望。

任何独特或复杂的控制方法都应尽可能详细地加以描述，以验证其可行性。数据中心的水侧或空气侧经济器运行可以节省大量的运营成本，通常需要的控制方法与这些常用系统应用于办公楼时使用的标准控制有很大不同。

8.3.3.12 交付成果

深化设计阶段的交付成果因客户和设计团队不同而有所不同。同样，与客户或建筑师的早期协调，明确定义机械设计师将交付什么，而不是他们可以交付什么，对于提供高质量和完整的交付成果至关重要。大多数（如果不是全部）深化设计的交付成果代表施工文件可交付成果的初级版本。典型的交付成果包括系统设计概述、初始规范和图纸的设计说明，包括主要设备的位置和尺寸、气流组织、所需的主动通风空间、主管道分配路径，以及初步尺寸和有电源要求的（用于电气协调）主要设备。在某些情况下，可能需要更详细的信息。例如，如果项目交付模式在深化设计结束时包括某种形式的投标和授标，以便引入承包商、开发商或其他外部实体参与项目建设。

设计概述通常是对方案设计交付成果的更新。虽然方案设计交付成果经常会讨论和比较不同的选项，但深化设计交付成果侧重于单个选项选定的系统方法。当数据中心的计算机设备功耗方面的空间负载假设被明确定义时，理想情况下，每个项目空间的容量为 $1W/ft^2$，整个建筑的总系统功率为 1kW。如果已经完成了设备选型，则应将初步提交的数据作为附录。

规范应着重于确定设备要求和其他成本较高的技术要求，如要求所有焊接管道或高效轴流叶片风机。虽然理想情况下收集了一套完整的规范草案，但它们可能是非常初级的，对典型区域的描述说明最少。并非所有项目在深化设计阶段都需要初步规范，但即使不需要提交，随着深化设计的设备选型任务完成，开始对其进行裁剪通常也会影响设计效率。

图纸允许在各专业之间进行更详细的协调，并应提供足够的数据供同行评审，无论是外部的还是设计团队内部的。图纸应包含负荷计算、设备尺寸、管道分布和管道尺寸、系统配置和布局等尽可能多的信息，避免只是为了使图纸看起来更完整而仓促地剪切粘贴添加"填充"信息，从而无法规避因使用深化设计图纸而产生的问题。调试计划可根据设计交付成果、创建的能源模型、额外成本估算或其他需要机械系统配置信息的任务制定。最好的是未完成的区域无定义，而不是草率地添加填充，误导其他工作，最终导致浪费时间。

8.3.4 施工文件

施工文件阶段是完成所有必要的设计任务，包括设施许可、投标和施工。这通常是成本最高的设计阶段，但与此同时，影响系统容量、灵活性和效率的大多数重大设计决策都已在该阶段开始时完成。

8.3.4.1 完成设备选型

负荷计算完成，并在该阶段进行最终设备选型。根据预期的施工进度，主要设备的交货期可能是最终设备选型的一个因素。这是一个良好的标准化实践，以确保有多个设备供应商能够满足规范，这通常是大型或政府客户的要求。除了为项目提供设备的竞争性投标的典型节约优势外，考察多个同等设备供应商，可确保项目不会因单个供应商从市场上撤回设备而导致基础设计受到干扰，或者至少应明确强调调设备替换可能需要设计变更的地方。这种标后设计变更往往成本特别昂贵，因为备用空气处理装置具有更大的占地面积，导致机械室尺寸的强制增加，或者重新设计一个完全不同的空气管理解决方案。

如果最初由设计团队使用软件、网站或目录程序执行，应与制造商代表核实设计设备选型的关键基础，以确保准确性。设备选型的所有细节需要在设计文件中定义、核查和记录。需要验证的细节数量与可能应用于数据中心的设备类型相同。必须注意适当指定正确的选项，特别是在控制和室外低温运行区域（与办公楼不同，数据中心即使在最冷的时间也需要冷却）。

所使用的冗余策略（如 $2N$ 或 $N+1$）应包括在设备进度表说明中，以记录设计和辅助调试工作。设备的选择应考虑数据中心运行所需的可靠性和可维护性。

8.3.4.2 消除冲突问题

该设计阶段应确定设备的总体布局和分布路径。设备布局与其他专业的最终协调应确保与其他专业之间不存在干扰或冲突。即使这项工作使用了设计-建造交付模型，在施工过程中依靠现场承包商来解决干扰问题也是一种冒险的做法。管道的安装要考虑一定的裕量，水管的布置应考虑绝缘层的厚度，风管的安装应考虑法兰的尺寸，设备周围应按规范要求和所需的维护空间进行布置。

当主要通过二维（2D）平面布局图和剖面图进行协调时，水管和风管需要在图纸上显示厚度（双线）。在空间狭小区域，需要提供部分管段以提前验证系统是否合适。有时，会为不同的设备指定标高。例如，将顶棚和灯的高度范围定在 9 ~ 9.8ft（2.7 ~ 3.0m）之间。在楼面上（AFF），机械管道和吊架的高度定在 9.9 ~ 12.9ft（3.0 ~ 3.9m）之间，消防和配电定在 13 ~ 15ft（4.0 ~ 4.6m）之间。这种分配高度的方法是可以参考的，但最终实际需要高度可能比设计的高度更高，并且需要协调额外的空间，以确保能够容纳垂直构件（通常是上述管道的吊架和抗震支撑）。设备应清楚地显示其周围所需的间距和维护空间，包括电气面板前规范要求的安装间距。

3D 建模变得越来越普遍，并且可以在施工前成为解决冲突问题的有用工具。3D 建模对施工文件的编制过程有重要影响。设计师的时间和预算，从施工管理阶段转移到施工文件阶段，而施工管理阶段的最终协调通常在实践中完成。在此过程中，预算和工作时间需要相应调整。3D 设计管理的目标是更好地协调设计，最大限度地减少施工延误和工程清单变更，理想情况下可以节省的时间和工程变更的成本会超过并抵消额外的施工文件时间。

一个经常被忽视的协调问题是外部排热设备的位置和周围气流。数据中心设计需要保证控制的连续性，包括在极端高温的情况下。这将导致很多问题，如由于冷却塔放置了隔离墙导致热气流再循环，或者将干冷器聚集在黑色屋顶中央形成热岛效应，周围空气温度比环境温度高十几度。在极端高温期间，可以使用的冗余容量提供了一定的回旋余地，但回旋余地很少，因为故障经常发生在极端炎热的日子（这不仅仅是因为运气不好，而是因为最高的冷负荷与轴承和绕组最坏的运行条件相对应）。极端炎热的外部条件会暴露出满载数据中心运行中不良的散热气流设计问题。在数据中心屋顶上，采用冷水喷雾装置给超负荷的干式冷却器降温，这是一种常见的效果不太理想的散热措施。

8.3.4.3 控制

建筑控制是系统成功的关键要素，但通常要等到设计过程的后期才进行设计。在某种程度上，它们被推迟只是因为没有迫切的协调需求更早地对它们进行定义。除了定义几个需要电力或需要墙壁空间来悬挂控制箱的位置之外，控制协调完全发生在机械设计中。

控制设计与设备选型和规格的协调至关重要。虽然小型数据中心设施的控制可能只需要集成到安装在数据中心地板上的空调机组中的基载控制装置中，但用于大型设施的许多系统类型需要具有外部传感器的联网系统或更具灵活性的集中式 DDC 系统，因此许多控制方面需要定明确定义。每种设备必须具有适当的接口类型定义和控制输入能力。测试是关键设施的一个重要内容，可能还需要控制功能，如控制导向或远程互联网接入（一个非常有用的监控和诊断工具，尽管它具有安全性要求）。

控制序列是定义系统的运行逻辑。最好的控制方法是用简单的系统确保它的可靠性，用复杂的系统保证它的灵活性和有效控制。随着能源成本的增加，减少控制系统的功耗需求也在增加。虽然可靠性和鲁棒性是设计主要考虑的因素，但良好的控制设计是实现共同效率的最佳实践。例如，改变气流，控制 IT 设备的送风温度而不是回风温度，并有效地调整系统运行以最有效地匹配部分负荷条件。

最传统的控制策略往往可靠但效率很低。例如，保持回风温度设定点就等同于控制所需的 IT 设备进风温度，这种方法很简单（简单且可靠），但由于回风温度应高于 IT 设备的进风温度（需要温度控制的点），这种方式会使数据机房长期过冷。它不会直接控制相关参数，即提供给 IT 设备进风的空气温度。由于过冷通常不被视为数据中心的控制故障因此期望机房的环境几乎类似于冰箱模式是很普遍的，传统的控制序列通常偏向于低效甚至不受控制的过冷。许多机房空调制造商已经开始提供更有效的控制方案，利用送风温度传感器，位于机房 IT 设备入口附近的远端传感器，以及变速风机来提高效率。多年来，直接数字控制（DDC）系统提供了这种控制的灵活性，但代价是增加了复杂性和设计工作量。

应尽一切努力将控制复杂性降至最低，以免

影响控制能力和效率。复杂性倾向于在识别和纠正问题时导致系统启动延迟，并引发可能降低系统可靠性的更多故障点。一些复杂性是提供最佳机房系统控制的必要条件（轻负荷和昂贵的过度设计的数据中心除外），在现在的设计中简单地使机械系统处于满负荷工作状态是不允许的。一个好的控制系统能够将冷却输出与实际负荷相匹配，防止传感器或执行器故障时的空间过冷，提供有效的系统控制，并且能够被未来的系统运维人员（而不仅仅是设计工程师）充分理解。

湿度控制是数据中心的另一个重要问题。应放宽湿度控制的设定点，以适当地匹配封装IT设备的实际需要，从而缓解控制问题。由于湿度传感器的可靠性明显低于温度传感器，因此控制方法需要确认并适应预期的传感器随时间的漂移问题。该设计还应努力避免一种情况，即随着时间的推移，传感器错误会导致服务于同一空间的不同独立系统相互冲突，这一情况在使用独立湿度传感器的机房空调机组中较为常见，其中由于传感器错误，一个在加湿，而服务于同一空间另一个在除湿。

8.3.4.4 配合电气

在这一阶段，所有专业都必须协调和整合他们的设计。与电气的协调有时被归结为"将图纸贴到墙上"，但通过更频繁的协调，可以实现显著的系统节约和优化。UPS系统的设计能力通常决定了机械系统必须支持的IT负载，因此应定期验证该部分设计容量，以捕捉后期可能影响机械尺寸的任何变化。这种影响也会从机械系统传递到电气系统。例如，应急发电机的大小主要取决于机械系统的效率。如果发电机接近尺寸临界点，其中负荷的轻微减少就可以允许使用更小的设备。从成本效益角度讲，就可以购买更高效的设备以降低机械系统的峰值功率，也可以通过采用整个建筑评估的方法来实现初始成本的降低和运营成本的降低。类似的影响可能会一直持续到建筑物的变压器容量层面上。在深化设计过程中，应该在生命周期成本估算和评估过程中获取机械效率和电气初始成本之间广泛的相互作用关系，并且应该在施工文件设计阶段最终确定更好的设计解决方案。

8.3.4.5 配合消防

消防系统具有高度专业性和司法管辖权，因此其最终设计图纸通常由消防专家确定，需引入另一个需要协调的专业。气流管理设计方法通常会与空间中引入的防火分区和防火方案产生很大的交互作用。防火设计必须适应分区方案和任何活动的压力通风系统，以确保符合规范并对空间进行适当保护。机械工程师还应该在报警状态下捕捉机械系统所需的火灾防护行为。虽然办公空间的空气处理机通常在火灾发生期间关闭，但数据中心冷却的关键性质通常需要一种火灾控制系统，以便使冷却系统（包括空气处理机）在火灾报警期间保持运行。另一个协调问题是，如果使用干式气体灭火系统，则满足与消防系统相关的任何空间排气要求，包括排气扇、减压阀和相关控制集成。

8.3.4.6 与建筑和电气协调设备布局

通过在此阶段定期生成的协调图集上准确地显示机械设备的位置和要求，实现了与电气的最低程度的协调。同样重要的是，要确保计划中显示的设备电气参数，包括相位、电压和设计电流是准确的。如果控制面板需要UPS电源，以避免在断电时重启延迟的时间过长，则应将所有供电控制面板的位置清晰地连接在一起。应急发电机需要备份的设备也需要明确定义，任何不需要备份的设备也要明确说明。

8.3.4.7 IT设备布局

IT设备的布局通常在一定程度上由机械系统的气流设计决定。高热密度设备需要更好的气流管理设计，以防止热排气使相邻的IT设备过热。大多数气流管理设计对IT设备吸入冷空气和排出热空气的位置设定了一些限制。一个常见的要求是将IT设备放入标准尺寸的机架中并排成行，从前面的"冷通道"吸入冷空气，并将热空气从后面排出到"热通道"。大多数（但不是所有）IT设备遵循这种气流布置；如果需要适当的空间控制，机械设计师应明确说明系统的局限性并与客户协调，以确保设计满足他们的需求。如果不这样做，在修改设计之前，应该总结并传达包含更多灵活性的初始成本和运营成本的影响。设计允许随机的机架布局，对于将空间出租给多个不同客户（通常称为主机托管设施）的某些应用项目，可能会面临设计成本更高且无法完全处理高热密度设备，这就需要采用基于机架的冷却（通过将冷却盘管或水冷散热器放置在热负荷的几英寸范围内）来解决空气管理问题。

8.3.4.8 完成分布设计和计算

与任何设计一样，泵和风机尺寸是根据项目的具体配电布局定制的。最终的大小调整是在考虑数据中心运行状况的基础上完成的。数据中心每年运行8760h，没有可用于重新配置工作的停机时间；必须保证设计的灵活性，如"超大"的分布尺寸设计，以便将来扩容或重新分配负荷。如果这种系统设计可以被用来降低一部分能耗，那么这种超额设计也可以获得显著的节能效果。

8.3.4.9 完成说明书

设计说明书全面定义了机械系统所需的设备、部件和安装方法。虽然设计说明大纲是在深化设计过程中产生的，但在施工文件中需要进行大量工作才能完成说明书。在数据中心的设计中，应特别注意设备的后期更换。商用空调设备可能比数据中心专用设备便宜多，但完全不能满足数据中心的主要显热负荷和24h持续冷却的可靠性需求。设计说明需要严格定义设备的所有方面，特别是冗余性、可靠性、部分负荷效率和控制组件，这些组件往往与商用设备有很大的不同，并且比商用设备更昂贵。

说明书是需要整合很多资源才能编写完成的。起点通常是标准规范库，由设计师随时间编写或咨询专家获得许可。设备制造商通常提供指导性说明，一旦从商标卷材处理到底漆涂层颜色这些不太重要内容被修整以允许合理替代时，这些指导说明是非常有用的。无论初始来源如何，都必须对说明书进行全面审查和修订，以满足数据中心的可靠性和关键设施的性质。使用先前成功的数据中心生成的说明书是可接受，但设计者的全面审查是必须的（烦琐且耗时）。提交一套详细定义了这项工作中不存在的设备的说明书是令人尴尬的，但这仅仅是可能发生的昂贵代价的一种暗示。错误的说明书与允许替代的合同语言相结合，可能会导致将不允许使用的商用空气处理机（但相对便宜的）代替专用机房空调，这就会产生昂贵的工程变更单。

如果图纸中没有说明设计条件，负荷和设计气象条件的依据，则应包括在设计说明中。这些关键参数是在先前设计阶段的说明中被定义和批准的。在施工文件中清楚地包含这些信息，通常会成为建筑运营商文件的一部分，而设计说明则不然，因为数据中心在未来被加载和可能进行改造，因此这些信息具有重要价值。

8.3.4.10 生成协调图集

最后的施工图集是在这个阶段形成的。提交多个图集以帮助设计团队进行协调，通常包括30%、60%、90%的许可和最终的CD集。小型数据中心可以结合所有的协调图集以此进行审查，而较大的数据中心可以依靠项目的双月例会来对3D模型共同进行审查。在合同范围内应明确规定图集的数量，并在机械设计师和设计团队负责人（建筑师、客户、设计-建造总承包商等）的正常设计协调沟通中进行验证。每个协调集的确切范围因项目而异；以下讨论的是一般指南。

应注意确保图纸上的估计数据得到明确跟踪，以便及早进行协调，并替换为可用的正确的计算数据。可获得的计算数据，如所有泵头的压力100.0ft（30.48m）水柱，或每台风机的功率10hp（7.457kW），都是关于具体数据的常见说明，这些数据已经经过最终计算尺寸的复核并实时更新。假如有小的疏忽，如没有更新最新估计的泵的尺寸以匹配最终计算的管道压降（加上安全系数），可能会导致高昂的成本。

30%的图集提供了有关拟用设备布局和类型的信息，重点是需要与其他设计专业协调的方面。支持电气设计的早期优先事项是确定主要设备的位置及其电气需求。为了支持建筑一体化，所有室外进风口和排风管、主要管道、外部设备和管道的位置都是早期优先考虑的事项。这些数据应清楚地显示在30%的图集中，因此往往是最早协调会议的主题。在紧凑的布局情况下，传统建筑师是通过复查图纸和草图来解决问题。三维建模软件是一种新兴的协调替代方案。

30%图集提出的所有协调问题应通过发布60%图集来解决，并添加更多信息。随着细节被添加到配电线路中，并且风管和水管尺寸被完全确定，可能会出现其他的协调问题。60%的设备已完成大部分或全部设备选型，并清楚地显示了分配路径。最终泵和风机尺寸是根据风系统和水系统的最终路由和尺寸计算的，至少已在设备计划表中完成了估算，并在设备进度表中列出。

所有设备的初步控制点表显示预期的操作应在60%图集中完成。如果控制被集成到指定的设备中，所需的选项和预期设置由设备计划表上的明确说明来定义（仅在说明书或控制细节中定义选项在技术上是可以接受的，但在实践中更容易被承包商忽略，从而在施工过程中造成麻烦）。设备供应商之间的集成控制能力可能会有很大差异，因此充分定义控制需求是非常重要的，评估其设备可用性的影响，并确保提供的任何投标或施工变更能提供同等的控制能力。

最终设计包中的所有图纸应以60%的图集表示。60%图集应包括所有草图，包括控制、许可证、管道和灭火。要求团队成员负责为此集提供这些图纸的草稿，以确保设计团队成员完全了解其范围。虽然在设计后期不应出现范围混淆，但如果机械设计假定外部顾问将提供消防设计及许可文件，而客户希望将消防整合到机械系统中并提供机械装置，为了识别和纠正混淆范围，60%的协调集可能会产生很大的工作量，但不会造成灾难性的时间滞后。机械工程师应检查并确认所有预期的施工计划表是否在协调集内，并跟进以验证是否有遗漏。同等重要的是验证电气设备是否支持所有机械设备，包括未来设备的任何设施。

60%图集通常是所有专业都提供图纸（和/或电子版3D模型），其详细程度和准确性适合识别干扰和其他冲突。随着最终设计图集的完成，通常会召开定期会议，无论是面对面的还是通过互联网屏幕共享的语音会议，都可以方便地解决冲突问题。

所有图纸都在60%图集中表示，90%图集只是60%图集的完整版本。虽然很少达到，但机械设计师的目标是将90%设定为最终设计，并且只需要在投标和施工前对设计标题块进行更新。设备尺寸是根据负荷、压降和特定布局参数的最终设计计算完成的。完成设备布局，包括维修通道及安装/拆除走廊和门高的验证。所有分配需求，包括与加湿器和冷凝水控制相关的不重要但关键的管道，都有完整的定义、大小和显示。确定管道，在集合中显示气流管理，并与建筑背景上显示的消防系统和设备布局相结合。

对90%图集中的所有设备定义了控制，包括完整的控制点表和控制顺序。对于设计的各个方面，应完成与电气的协调，无论是对位于非机械空间的高电流电加湿器、需要UPS电源支持的控制面板，还是通过墙壁开关控制卫生间的风机，都在电气承包商的安装范围内。自定义控制序列时，应注意仔细检查它们，确保它们完整、正确且足够简单，以便正确实施。在关键环境中，控制逻辑的限制因素不应该是指定系统可以做什么，而应提供所需的可靠性、控制和效率所必须做的最小值。作为施工完成的最后部分，控制逻辑中的缺陷和错误可能导致施工成本和施工时间节点延迟到最后关键阶段，此时时间和应急资金往往都已用完。

制作细节是完成90%图集的主要任务。细节显示了设备和机械部件的精确结构和安装设计。如果从设计师的开发库中提取细节，则应注意确保它们适用于设计。当建筑为单层钢屋架结构时，包括如何从混凝土板上悬挂管道的详细信息可能会令人困惑，并且不适合包括完全没有供暖要求的建筑的蒸汽疏水阀的细节。如果配电室或机械室布局紧密，并且与其他专业有重大协调和交互，则分区和房间布局是适合的。虽然在平面图中可以通过标注管道底部标高或在楼面上的高度来完全定义管道布局，但仔细选择的截面详图往往会减少现场混乱，并在图纸中而非现场发现更多的干扰问题。截面详图也有助于确保空气分配静压箱不会被机械、消防、电气和建筑构件遮挡。

8.3.4.11 许可图纸

提交建筑许可的图纸应尽可能完整。根据管辖范围的不同，建筑许可图和最终施工图之间的变化可能需要通过修改图纸上的内容来记录—如果有大量变更，就需要进行烦琐的文档记录工作。根据时间表，90%图集可用作许可图纸。如果制作了单独的许可图集，则通常与90%的许可图集不同，包含了特定于许可证的表格（有时插入图中）。时间要求通常也会导致其不完整，控制表也经常被忽略，因为它们往往具有很少的规范要求。需要和完成的细节包括管道系统的抗震支撑、防火排烟阀、空气处理机火灾警报（或省略它们的理由）、室外空气通风率（尽可能低）和其他规范相关的设计方面。在建筑许可图纸中，为施工布局标注尺寸的截面和大型房间布局不那么重要。

许可图纸是在整个设计过程中完成的规范遵从性研究和设计。应参考方案设计图和详细设计阶段的注释和说明，并且所提出的任何规范问题都应在许可图集中清楚显示、注明和规定其解决方案。当与职能人员沟通时，未提出的规范问题可能会因为没有突出显示而有利于保持简明扼要的审查。

8.3.4.12 投标包：施工图和施工说明

投标图纸包括最终设计图纸和设计说明。与90%的设置相比，应该没有什么变化，任何意义上的变化都应该通过电话、电子邮件和/或与所有受影响的专业人员会面进行明确的协调。对设计说明进行最后的审核，以确保它们是完整的和适用的，否则可能会导致其他变更。为了确保系统的完整性，计划表中列出的所有设备至少应在设计说明书中显示，所有的配电系统都应有安装和附件的信息，并且每个控制点类型都应在设计说明书中完整描述。发布投标文件后进行变更的代价可能会非常高昂；虽然这些在后期阶段很难找到时间和预算来进行处理，但除了最小的项目或最大的应急预算外，所有项目都必须在发布投标文件前至少3周进行最终的质量控制审查，这对于那些非常匆忙的客户来说是非常有必要的。

8.3.4.13 投标支持

在投标期间，可向承包商提交澄清要求。根

据客户规定的协议，机械设计师应准备好根据需要及时提供书面答复。投标人将寻求评估最低成本方案，以满足业主的利益，只要节约成本不会降低数据中心所需的可靠性、冗余性和运营能力。

在某些情况下，由于时间限制，投标文件包发布不完整，并且在投标截止日之前发布了额外的附录包，以完成设计文件。如果需要在附录中包含任何机械范围，那么设计团队负责人（通常是建筑师）必须知道期望的内容，并将机械材料纳入附录中是至关重要的。附录也可用于回答投标人的问题，这些问题阐明了设计文件中的存在的冲突或最终会产生降低成本的机会。

8.3.5 施工管理

在数据中心正常运行之前，设计工作不会结束。施工管理是一项重要的时间要求，对项目的成功至关重要。机械设计师负责设备选型文件的提交审核，现场检查以确定是否满足安装要求，出现问题时对设计文件进行说明，快速纠正设计冲突之处（或完全的错误），解决干扰问题与支持调试，并进行最终检查以确保设备正确安装。除了数据中心的第一天完全交付调试过程中高可靠性要求之外，这些任务与任何其他机械设计没有显著不同。

8.3.5.1 提交审核

提交审核确保所有设备符合设计要求。应采取有条不紊的方法，对照图纸、进度表和说明书审查提交的设备。当提交的设备与设计基础相匹配时，提交审核主要限于验证是否指定了正确的配置和参数。若有替换的需求要进行更深入的调查，以确保它们符合设计文件的要求，以及没有明确包含在设计文件中但已经被认定为标准设备参数的任何设计要求，这应该是包含在设备选型内的。

8.3.5.2 现场检查

定期现场检查应侧重于验证设备和管道是否正确安装。承包商有时会按照过去的做法安装设备，而不是按照设计图的要求。在某些情况下，这可能是一个优势，有经验的承包商可以补偿具有缺陷的说明书或图纸细节薄弱的设计文件。但是，如果承包商不熟悉数据中心，并做出错误的安装说明，可能会造成严重的后果，可能会省去冗余以节省成本，或者将干式冷却器集中放在一起以减小机械场地的尺寸，由此造成的代价是损害极端天气情况下的冷却性能。与任何项目一样，始终需要确保安装质量符合设计要求。错误的安装技术越早被发现和纠正，对进度产生不良影响的可能性就越小。

8.3.5.3 设计说明

设计文件将完整描述机械系统及其安装方法。但对于更复杂的机械系统或具有复杂的定制化的机械系统，机械设计师直接与安装承包商讨论设计意图是有价值的。需要注意的是，要确保所有各方都明白，讨论中的任何内容都不代表对偏离或增加合同文件范围的任何批准。现场检查期间的临时讨论可能会使合同文件发生变更（涉及费用），从而产生误解。编写会议纪要，清楚地说明会议上没有暗示或批准任何设计变更可能是有用的。例如，如果使用复杂的管道设计来提供管道冗余，在施工现场与管道安装人员举行30min的会议来描述其目的，可以确保按照图示进行安装。控制逻辑是承包商和设计工程师之间直接讨论的另一个领域；花半天时间阅读控制逻辑，确保实际程序员理解其意图，可以节省相当多的时间来纠正错误的假设，而不至于在测试期间出现故障。

8.3.5.4 设计变更

在设计过程中，是否所有的干扰和协调问题都得到了妥善的解决，最终取决于安装过程。不可忽视的是，有一根立柱直接阻碍管道安装或位于重力驱动的冷凝水排放管道上，当该管线"向下倾斜排放"时，就会碰到吊顶板。干扰问题通常通过现场会议来纠正，但更重要的问题（往往会带来成本影响）需要对信息请求做出书面回应。及时纠正发现的任何问题对最大限度地减少干扰和潜在的工时延误至关重要。在施工过程中也可能出现工期提前的问题，这可能要求机械设计师提供替代设备选项。当预计施工进度紧张时，提前工期是要求所有关键设备都有多个供应商可用的另一个关键原因。

8.3.5.5 调试

调试是对已安装系统的系统测试。从理论上来说，调试应该是不必要的：如果设计安装在各个方面都完全按照设计要求进行，并且所有设备功能都完美，则不需要调试。在实践中，调试是一个非常重要的过程，以确保设备得到正确安装，设计满足要求，并且系统在所有预期条件下都能正常运行。对调试的支持常常深入到系统的基本设计中。提供给管道的测试端口、关键点的管道检修门，以允许检查阀门或转动叶片，以及中央控制系统对趋势功能的要求，都是为调试和持续系统维护提供的通用设施。

机械设计师需要确保调试代理完全了解设计目标，特别是控制逻辑、室内设计条件和室外设计条件。如果整个项目没有计划或测试预算，谨慎的机械设计师（和经验丰富的数据中心承包商团队）会留出时间和预算来执行有针对性的调试。如果不通过测试对系统进行主动测试，则系统启动后，由于内部负荷和外部天气的变化，很可能会出现系统故障。

只有在所有系统完成并运行后才能进行调试。如果在系统完成之前执行，则可能出现问题。例如，在UPS房间冷却系统运行之前，使用负载组测试UPS系统的容量，可能会导致房间过热，从而使消防喷头的水喷出。

8.3.5.6 最终审核

在系统安装完成之前，根据设计文件，最终检查会生成一份竣工查验表或需要纠正的问题清单。值得注意的是，通用的竣工查验表不能代替调试。调试采用的是深度主动测试，以确保所有系统在所有预期运行条件下满足设计要求。竣工查验表通常基于对安装和平衡报告的被动检查，以验证所有设备看起来都是按照要求安装的。

收集对设计的所有变更并将其应用于施工图集，以便向业主提供最终的、准确的竣工设计文件集。竣工文件对于支持系统的持续运行，以及任何未来的修改或扩建都是至关重要的。竣工文件将现场信息收集到设计文件中，需要在施工团队解散之前完成。

查验表上的所有项目都已纠正且已完成交付后，机械设计师签字确认承包商已履行合同义务，并且他们在建筑项目中的角色已完成。

8.3.5.7 建设后保障

传统设计师的工作在项目完成后就结束了，但通常会有持续的服务使业主受益。设计师处于最佳位置，可以提供有关如何以最高效率建立和运行系统的建议。有关预期加载、减载或加速构建方法和运行优化的问题都可以从设计人员的直接输入中受益。通常还可以通过根据实际IT负荷和安装来调整运行以提高系统效率；一旦系统建立并投入运行，就可以根据实际情况而不是设计假设进行优化。

经过培训的现场运维人员可以很好地操作设计合理的系统，但系统的最终专家将是系统记录的设计者。让运维人员参与普通的审核和建议可以明显改善运营状况。启用系统的远程监控有助于使这种参与成为一种经济的选择。

8.4 数据中心关键设备选型注意事项

大多数数据中心冷却系统都依赖于许多常见的冷却组件。虽然数据中心冷却应用程序具有严格的可靠性要求和独特的负载曲线，但通常可以通过适当使用普通商用机械设备来满足这些要求。在选择用于数据中心的组件时，有关选型标准和适用于补充考虑因素的设计方法，概括起来包括以下内容。

机房空调（CRAC），顾名思义，指专门为数据中心提供冷却的设备。通常采用集中控制，系统设计是为了承载数据中心典型的显热负荷（即每吨冷量所提供的气流比典型值的高得多），并且可靠性是主要的设计问题。

许多机房空调具有再加热功能。当系统处于除湿状态时，通常开启再加热以防止房间过冷。由于大多数据中心并不关心过冷，再加热通常是最好的消除方法；由此产生的能源消耗是惊人的，并且几乎没有什么好处。正在运行的数据中心中很常见的情况是，由于加湿器的运行费用高昂，数据中心运维人员往往停用再加热，而且是在炎热潮湿的夏季，对在高冷却需求设施中运行电加热器的用途感到非常困惑。

机房空调加湿器是另一个需要关注的运维问题。虽然通常需要满足用户的湿度控制要求，但它们往往是高维护的组件。湿度传感器漂移通常也会导致多个设备"打架"，即一个设备可能正在加湿，而实际上相邻的设备正在除湿，这大大增加了维护需求和能源消耗。通过设置房间内所有加湿器的群控系统可以防止上述情况的发生，同时也能减少传感器的数量，这些传感器的维护（校准或更换）频率通常比较频繁。

在数据中心系统设计中，部分负荷下的系统效率是决定设备运行成本的关键参数，而制造商并不总是公布这一点。由于未来的冗余和过剩容量的设计，数据中心中所有单元均满负荷运行是非常罕见的。因为系统将在大部分时间（如果不是全部）以部分负荷运行，如果机房空调选型过程中需要考虑运行成本、碳排放或其他常见效率指标，则必须定义部分负荷系统效率以进行准确分析。

1. 冷水机组

通过专业区分和专业设计来保证数据中心负荷设计的合理性，可以显著提高冷水机组的效率。我们知道，数据中心的绝大多数冷负荷是显热负荷，通过此项可以产生显著的运营收益，IT设备不会产生需要除湿的潜热负荷，并且通风率可以忽略不计。针对IT设备产生的显热需求，对该系统装置进行优化的中温冷水机组可在55～60℉

（13～16℃）或甚至更高的温度下运行。当蒸发器温度和冷凝器温度（干冷器、冷凝盘管或冷却塔）之间的温差降低时，机械冷却设备的运行效率显著提高，通常通过降低压缩机负荷比使用风机或泵可节省更多的能耗成本。另外，可以优化配置，采用专用的小型传统风冷空调系统来承担室内加压引入的少量室外空气所产生的除湿需求。

2. 空气侧经济器

使用空气侧经济器自然冷却，即当室外空气比需要冷却的房间更冷时直接引入室外空气，为数据中心提供了巨大的节能效益，这需要满足专业的设计要求，同时必要时需提高设计的可靠性。往往最开始是为了节能，却因其复杂的控制系统和潜在的外部空气污染源的引入成为该系统成功实施的障碍。因为经济器系统的复杂设计增加了其控制系统失效的风险，但该系统提供了全年大部分时间内充足的冗余冷源，并能够针对故障安全来进行系统设计。

数据中心节能潜力巨大，即使室外凉爽，它们每天24h都有很大的冷负荷。在许多气候条件下，空气侧经济器可将年机械系统功耗降低50%。减少机械冷却设备的维护也有好处，如压缩机和干式冷却器风扇的运行时间将明显缩短，并且会有很长一段时间不需要运行。

当与有效的气流管理方式和温度设定值相结合时，可以最大限度地节约成本。将IT设备入口的送风温度保持在80℉（27℃）的标准时，对应的出风温度在100℉（38℃）左右。理论上，当室外空气温度低于100℉时，可以节省空气侧能耗。在实际中，考虑到传感器精度和湿度控制问题，实际节能空间略有减少，但大多数气候条件下影响不大。

与数据中心其他方面的设计一样，空气侧经济器也需要精心设计，以提高系统的可靠性和控制性。室外空气污染是一个常见的问题，尽管很少有研究支持这种担忧。已发现适当的过滤可提供适当的保护。在设计中必须考虑当地独特的地理条件，如临近盐水的位置，靠近柴油机尾气或其他危害健康的烟气，容易引起不适的异味或IT设备非常规需求。数据中心大量的热负荷需要大量的冷却空气才能排出；当评估此设计方案时，应考虑过滤器尺寸的大小，以及相关维护成本和可行性。湿度控制是另一个与空气侧节能设计有关的问题。冗余控制传感器和利用数据中心余热的绝热加湿器系统是确保空气侧经济器避免误加湿和除湿负荷的常用方法。

整个数据中心的可靠性可以通过经济器提供的第二冷源来改善。大多数IT设备可以在明显高于数据中心设计的温度下运行一段时间，如果主要冷却源失效，通常只需通过经济器系统的运行即可维持温度。这种额外的冗余常常被忽略，因为高于设计温度的任何温度偏差都是不可接受的。然而，应该注意的是，即使经济器系统不能保持设计温度，也可以防止停机——这一项在任何数据中心设计过程中都没有将其作为安全系数考虑在内，但它确实为业主增加了使用价值。大多数运维人员都能很好理解经济器系统的好处，"开门"是应对机房冷却设备故障的常见的一招。

经济器完全由机械冷却支持，因此不需要冗余来保护可靠性，如果经济器控制系统没有考虑容错，则可靠性会受到影响。该系统的设计应该避免单点故障，如温度传感器给出错误的低读数，可能导致经济器在不应动作时引入室外热空气，并使机械冷却系统不堪重负。此时，控制经济器室外进风的阀门执行器未能关闭，所以应具有适当警报的终端开关监控。应用冗余传感器感应室外空气温度和湿度，并定期维护传感器（更换或校准）。

3. 水侧节能或自然冷却

使用水侧节能系统，即绕过能源密集型机械压缩机设备，仅通过蒸发冷却来产生冷冻水，为数据中心提供了巨大的节能效果，具有专门的设计要求，并对可靠性有不同的影响。在湿球温度显著下降的气候条件下，节能量较大，但大多数气候环境都提供了很好的节能空间。设计关注点主要集中在确保冷水机组运行阶段的可靠性。如果实施得当，在凉爽天气下，水侧节能提供了补充冷源，以防冷水机组发生故障。

数据中心节能潜力巨大，即使室外凉爽，它们每天24h都有很大的冷负荷。在多数气候条件下，水侧经济器可将年机械系统功耗降低50%。对减少机械冷却设备的维护也有好处，如冷水机组运行时间将明显缩短，并且会有很长一段时间不需要运行（或可快速恢复运行以提供冗余备用冷量）。

主要的设计挑战是，当系统从冷水机组运行切换到水侧经济器运行时，如何保证水侧经济器的运行不会造成系统冷却损失，反之亦然。该系统必须设计成能够实现无缝过渡的切换，因为与办公楼不同，即使冷却时间减少10min也是不可接受的。

为了确保稳定性，冷水机组必须能够在水侧

经济器系统运行时启动——这是一个挑战，因为在自然冷却运行中，冷却塔可能会损坏。冷却塔可能充满45°F（7℃）的水，但大多数冷水机组在冷却塔提供60°F（16℃）出水工况下无法稳定运行。有几种可能的方法以确保冷水机组可以启动，即使冷却塔出水温度较低，并在自然冷却温度下运行。一种是在冷水机组内部使用某种形式的水头压力控制，使其能够使用与自然冷却系统相同的冷却水启动。另一种常见的方法是建立一个独立的水侧经济器回路（通常是通过临时隔离冗余冷却塔容量和提供专门的水侧经济器冷却水供水管道），以确保主冷水机组冷却水回路温度可以快速提高，从而保证冷水机组稳定运行。或者，可以配置某种形式的混合回路，以确保即使在冷却塔水池处于自然冷却温度时，也可以为冷凝器提供可接受的高冷却水供水温度，以便冷水机组启动。无论选择何种设计方法，设计人员必须允许在水侧经济器系统运行的同时冷水机组能可靠地启动。

水侧经济器系统改造通常会带来有吸引力的节能回报，但却面临自身的设计挑战。改造通常必须在系统没有停机时间的情况下完成，幸运的话，系统中设置有检修阀，或者更常见的是通过水系统之间的切换来实现在线改造。还应对系统进行仔细评估，排除在自然冷却系统运行时可能存在的任何问题，例如，防止冷负荷低时冷水机组的运行问题，或者管道外部保温防护失效或缺失引起的冷量散失，这些问题都可以通过水侧节能系统采用的运行界面揭示出来。

如果针对数据中心应用程序进行了适当设计，水侧节能可在大部分过渡季节或冬季提供备用冷源。与空气侧自然冷却方法相比，由于没有引入室外空气，对室内环境的隔离程度更高。但当评估可靠性时，空气侧经济器通常会为更多的故障模式提供备用冷源。例如，在极端寒冷的天气下，一个爆裂的冷却水管道可能会关闭整个冷水机组，包括水侧经济器装置，但带有空气侧经济器的数据中心可以在其整个冷水机组关闭时保持完全运转，并且很可能在维修之前保持正常运行。哪一种方式能提供更好的节能取决于当地的环境，特别是如果平均湿球温度下降足以克服由于冷却塔、板式换热器和空气侧盘管的方式所带来的水侧节能所需的较低温度。最终，系统类型的选择需要机械设计师对系统进行综合评估，并与客户进行讨论。

4. 加湿

相对于高压生活用水管道，加湿器系统漏水会给数据中心带来灾难性的事故。建议安装泄漏检测系统和电源关闭装置，制定适当的维护和测试计划，以确保系统正常运行。生活用水管可以提供几乎无限量的水，这与水量有限的冷冻水管道系统相比，生活用水管道风险更高。

一直以来，数据中心是否需要加湿系统争议不断。根据研究的建设主体，如果不是在打卡机供应时代建立的传统标准，今天大多数关键设施中就不会采用加湿系统，而优先级是保留加湿系统的主要理由。绝大多数IT设备都通过机箱设计来防止静电的。如果静电绕过设备外壳设计的静电保护装置直接作用于内部，那么仅进行加湿并不能提供可接受的保护级别。然而，优先级在数据中心的设计中具有很大的重要性，许多客户仍然需要数据中心使用加湿器。尽管有优先权，但从工程的角度来看，这对于加湿操作人员来说是很奇怪的，因为在数据中心中，相比静电放电引发的严重事故，加湿系统管道或阀门故障造成泄漏导致架空地板下过膝的水，更是常见且时有发生。

从理论上讲，数据中心对加湿要求很低，因为引入的外部空气很少，但操作和控制方面的问题经常会导致过度加湿。不受控制的除湿是一种昂贵的能源浪费，这也是常见的，特别是在直膨（DX）式制冷剂冷却盘管系统中，由于房间相对湿度设定点过高，干球温度设定点低，经常同时进行除湿和加湿，并与部分直接膨胀冷却盘管同时制冷运行的趋势。在多个独立控制的机房空调服务于同一空间的系统中，传感器随时间漂移通常会导致相邻设备"打架"，即一个处于加湿状态，另一个处于除湿状态；这个问题还因设定点苛刻而加剧，湿度死区往往比要求的要小得多。

除绝热系统外，标准加湿系统在能源和维护方面都是一项重要的运行成本。最常见的加湿器使用电来蒸发水，这是非常耗能的。如果湿度设定点较低且室外空气最少（并且没有空气侧经济器），则由于不经常使用，效率低的电加湿系统产生的年净成本也较少。

使用数据中心本身的废热来蒸发水的绝热加湿器通过提供自由直接蒸发冷却和减少发电机的电力需求能够产生较好的能源收益。绝热加湿器在更大尺寸上提高了维护和运行成本，其中许多雾化类型（超声波、高压水喷嘴、压缩空气喷嘴）需要大量的纯净水。虽然雾化喷嘴是许多关键环境中需要大量调节室外空气的首选技术，如利用空气侧节能的数据中心，由此导致的水处理成本极速增加，需要重新考虑更简单但对水质要求不高的加湿方法。

5. 除湿

数据中心中不受控制的除湿可能是一个被忽视的重大设计挑战。数据中心运行使用过时但常见的设定点，如70℉（21℃）干球温度和最低相对湿度45%，露点温度为48℉（9℃）。如果空间冷却盘管在该温度下运行时，可能在盘管的某些部分上会发生冷凝，即不受控制的除湿，这样会浪费可用于冷却空间的冷量，并且可能显著增加运行成本和能源消耗。防止不受控制的除湿的最有效措施是将显热冷却系统与除湿系统完全分离，并设计合理的冷却系统，使工作流体温度不低于机房空间内的空气露点温度。例如，使用52℉（11℃）的冷冻水为冷却数据中心空间，提供冷却空气，使用带有独立直接膨胀盘管的小型专用室外空气系统⊖为加压提供干燥空气。

6. 风机

数据中心风机使用变频器正变得越来越流行，如果控制得当，它可为空气侧系统提供最显著的节能机会。变速风机系统利用冗余容量，即使数据中心处于设计容量，也允许所有风机以较低的速度运行。由于风机功率的立方定律特性能快速节省运行成本，仅将风机转速降低15%，即可将风机功耗降低近40%。风机转速需要与冷却盘管串联控制，以确保风机转速降低，常见的算法包括利用空间内的温度传感器控制风机转速，同时顺序控制盘管以保持恒定的出风温度或风机转速和盘管输出（降低风机转速，然后降低盘管输出）。控制方法仍在发展，但关键在于确保风机转速降低，并且避免盘管和风机转速控制环路以不稳定的方式相互作用。

传统的风机优化技术也可以节省大量成本。例如，普通的架空地板数据中心配置如在下送风空调机组底部设置风机，或者甚至下沉风机来直接加压地板下静压箱通风系统的特征来提高风机效率。如果使用组合式空气处理机，则存在更大的机会，从大型和高效叶片轴流风机系统到使用并联配置的多个小型风机以形成风墙。

最小化风机功率有助于减少发电机和电气尺寸，但它也会对运营成本产生重大影响。数据中心风机在接近恒定负荷的情况下每年运行8760h，与每年运行2600h的可变风量的办公系统相比，为降低风机运行成本，大型管道系统和空气处理机的初始投资成本将显著增加。如果数据中心直接应用从办公系统设计演变而来的计算管道尺寸或风管截面流速的标准经验法则，这样设计的工作系统就错过了在设施生命周期期间优化运营成本和能源使用的许多机会。

7. 热电联产

数据中心机电设计也会选用利用废热来制冷的系统（有时称为三联产，即使没有从工厂取热）。使用现场热电联产设备为数据中心供电并驱动冷却设备可以提供令人信服的方案，但形成实际案例可能会很困难。当地的激励措施，"现场发电厂"的营销方面，以及它如何帮助实现冗余和可靠性，都是机械工程师需协助确定的关键因素。

8.5 主要设计方法

我们接下来讨论数据中心设计中最常见的4个关键领域，即冷却介质、散热方式、送风形式和气流管理的设计方法。冷却介质的选择决定了系统是否主要使用空气或水来移走热量，这在某些情况下具有深远的设计意义，甚至影响客户的IT设备选型；散热方式影响机械系统的设备选型；最后两个方面主要适用于空气冷却系统：用于送、回风的传输路径，以及用于避免热点和有效收集废热的空气管理系统。

以下介绍的只是目前最常见的方法。对于以分析需求为导向的设计，还有其他配置选项可提供评估和满足潜在需求，这些演化的设计，基本上是新系统方法的发展，强烈地被更节能的设计方法带来的可能节省的运营成本所激励（目前，一些互联网巨头通过精明的预算和设计来大力节省成本）。

8.5.1 冷却介质

8.5.1.1 来自机房空调的空气

CRAC是一种专用的空气处理装置，很多制造商都可以提供，它们直接放置在数据中心内，作用于该数据中心已竣工的楼层空间。它通常能够集成数据中心加湿和除湿的控制选项。它们的容量一般为5~50冷吨，提供了最简单的设计方案，基本上只需要遵循清单选项。虽然机房空调（通常称为CRAC，有时也称为CRAH，即以冷冻水为基础的机房空气处理机）的设计选型在许多方面提供了预

 在某些情况下，如果初始成本是驱动因素，则湿度控制和建筑正压常常不会按照 $N+1$ 的关键系统来设计，并且仅提供一台室外空气机组。

先设计的系统，但还需要更多的机械设计细节，包括冷却液（无论是制冷剂、进出外部干式冷却器的乙二醇/水混合物，还是来自中央设备的冷冻水）、加湿管道或系统、冷凝水排水系统、任何相关管道、支持区域的维护、内部和外部（散热）装置的布局、控制方案的正确说明，以及消防系统集成（包括任何必要的净化通风设备）。作为一种传统的设计方法，它们因其相对简单的设计和具有多个单元的冗余而受到青睐。对于大型设施，由于有许多小型分布的风机、冷凝器、压缩机和其他部件，维护成本可能会变得很高。

机房空调的最近发展是行级空调。行级空调的设计形式与标准IT设备机架相同，可直接安装在IT机架附近。这可以显著简化空气管理设计，并且通常提供可变速风机功能，从而进一步提高效率。目前在小型数据中心和作为解决大型设施热点的改造中比较流行，这是CRAC领域的一个有趣的设计演变。

8.5.1.2 来自集中式空调系统的空气

集中式空调系统可提供一个更定制和更低成本的系统，但需要更多的设计工作。空气处理机本身必须进行精确选型；尤其是，它的大小必须适合数据中心预期的几乎所有正常负荷。需要广泛的控制系统设计，以提供适当的数据中心控制和鲁棒性（无单点故障，无论是单个控制器还是单个控制点，如一个普通的温度传感器）。布局通常更复杂，但数据中心楼层要远离大多数（偶尔不是所有的）机械设备。对于更大的设施，使用中央空气处理程序而不是预先设计的机房空调方案，要实现其灵活性、效率和成本节约的潜力，往往需要付出更多的设计努力。

集成到建筑中的集中式空调系统，其整个建筑实体可以与壁挂式盘管和风机系统相结合，基本上可以形成大量的组合式空气处理机，从而产生了一些美观和高效的集中式空调设计。

8.5.1.3 液冷

最有效的散热方法是使用液态水，它的单位体积热容量比空气大3000倍以上。基于这一优势，一些数据中心设备直接用水冷却设备，或者通过垂直散热器系统或（更为常见）直接集成在设备机架中的冷却盘管，直接冷却IT设备排出的热风。这种方法需要在数据中心机房内铺设管道，这使得一些客户非常担忧液体会泄漏到IT设备上，尽管为这种工业环境设计的冷冻水供应系统的泄漏问题非常罕见（液体工艺冷却回路在许多关键设施中都

是标准的，如半导体洁净室或制药实验室）。选择设备时的一个重要因素是，以允许设备在数据中心楼层周围自由延伸的方式定位配电管道，为将来添加和重新定位设备提供条件，并满足冗余要求。液冷的使用为效率的提高提供了巨大的潜力，并且可以很容易地实现高功率密度，即使在高度和空间都很小的空间内也是如此。通过将水侧经济器系统和简化排热的换热步骤，以及最低的换热盘管的换热热阻等各个环节和部件紧密地结合在一起，以实现最大效率。

在大多数液冷应用中，仍然需要一个小型的空气换热系统，以承载机架的侧面和顶部，以及照明和设备外壳通过对流和辐射传热所产生的少量热负荷；还必须提供湿度控制系统，因为液冷机架不能在机架级别提供除湿。根据每个机架的液冷系统成本，通常在2kW或3kW以下的低功率机架使用液冷可能没有意义。它们的负荷通常由基于空气冷却（比典型的小得多）的系统来处理。

8.5.1.4 其他

部分制造商提供了一种直接将制冷剂冷却盘管集成到机架上的系统。同其他系统在设计过程中关注的问题（到机架的管道路由、系统灵活性、环境的湿度控制系统等）一样，该系统也是将液体引至机架。它确实解决了对数据中心水管管道泄露的担忧，因为任何泄露都会在不损害数据中心运行的前提下迅速泄露到空气中，但往往需要付出高昂的代价和牺牲一定的冷却效率。

机架散热的创新方法也一直在不断地探索和研究中，从直接用冷却介质浸没服务器到使用非常长的热管或固体散热器来产生完全被动冷却的系统，这些方法目前尚不可行和/或没有完全商用，但机械工程师应对负载本身的形式和温度，以及散热机械设备选型的发展保持关注。

8.5.2 散热

8.5.2.1 干式冷却器

干式冷却器是一种常见的室外散热装置，它由室外换热盘管和风机单元组成（类似于所谓的汽车散热器，它几乎完全通过强制对流散热）。干式冷却器可用于冷却液体冷凝器回路或直接冷却制冷剂。作为干式排热系统，它们从理论上仅限于冷却到高于室外干球温度的温度，而且在实践中往往是效率最低的散热方案。它们确实提供了一种低调的解决方案，不需要任何重大的运行和维护。设计也可以非常简单，除选择由相关机房空调供应商提供的选项外，其他一切都可以；或者在最简单的解决

方案中，将干式冷却器集成到传统的整体式屋顶空气处理系统中（通过合理选型来处理散热负荷）。

8.5.2.2 开式冷却塔

开式冷却塔通常是最有效的散热方式，其优点是除了在极端潮湿的气候条件下都可以利用蒸发来增加容量；与干式冷却系统相比，开式冷却塔的占地面积更小。但开式冷却塔依赖于水，所以出于可靠性原因，现场需设计有补水装置，有时需设置蓄水池，可容纳数天的水量；至少需要足够的补水，以满足设计负荷期间的蒸发时间与现场柴油储存所需的相同时间。在建造和运行过程中，防冻是一个非常重要的问题。在系统启动期间，设备产生的余热可能远低于设计水平，从而造成因数据中心负荷产生的余热不足而导致冷却塔结冰。在运行过程中，任何允许无流量的管道，如冗余的管道或在自然冷却运行期间旁通的管道，都可能成为整个系统的潜在单点故障，必要时需进行防冻保护和隔离措施，以确保系统满足可靠性设计目标。

8.5.2.3 空气侧经济器

空气侧经济器系统将排出的高温热空气与低温室外空气进行热量交换，通过精确的设计选型，能够为数据中心的改进提供一个很好的思路。利用室外空气为系统提供了一定程度的冗余：如果压缩机的冷却系统发生故障，则数据中心温度至少可以与室外保持相同的温度。在大多数情况下，这将使设备在紧急维修期间继续运行，即使温度可能超过建议的运行温度范围。

通过适当的过滤可以解决室外空气污染的问题，这种过滤设计便于定期更换过滤器。最近的研究表明，适度过滤足以消除微粒粉尘问题。有些地方可能存在独特的气体或固体污染物问题，如农田附近的氨气或森林火灾烟雾，但几乎没有确凿证据表明，超出过滤范围的室外污染空气是一个问题。然而，现实取决于客户的感知，因此空气侧经济器的实施都应在设计过程的早期进行仔细的审查和批准，以避免因客户不采纳而进行徒劳的设计工作。

湿度控制是空气侧经济器系统设计的重要组成部分。干燥、寒冷的冬季空气通常需要加湿以满足数据中心的要求。强烈建议使用绝热加湿系统，以最大限度地降低运营成本。绝热系统可以配置成使用来自数据中心本身的热回流气流中的热能来蒸发加湿所需的水。有许多绝热技术可供选择，包括湿膜加湿、高压微雾和超声波。最终的系统选择应平衡运营成本（包括任何水处理要求和辅助泵或压缩机功率）、维护要求和可靠性。电蒸汽加湿系统在同等空气量上具有较高的能源成本，可能会完全抵消节约的能耗。

空气侧经济器系统的另一个方面是确保保持压力控制。引入数据中心的大量室外空气必须具有适当的出口通道。压力控制不当可能导致门无法正常关闭，这给商业建筑带来不便，但对于大多数数据中心客户来说，这是不可接受的安全风险。

因其主要是为了提高散热效率，节能系统通常不需要冗余设计。然而，它们确实需要适当的容错设计。室外空气经济器阀门应保持开启。至少需要设置冗余的室外空气传感器，以确保传感器故障不会导致夏季允许室外热空气进入。此外，建议从阀门执行器末端开关反馈到阀门卡住报警，以及在节能效益有疑问时偏向于锁定经济器运行的控制逻辑。

8.5.2.4 其他

还有其他不太常见的散热方法。从理论上讲，将热量排放到大型地下闭环热交换器的地热系统是一种选择。然而，在数据中心所需的规模上，地热系统通常相当昂贵，不适用于数据中心全年不间断制冷的运行需求。将热量排放到地表水的地热系统是一个很好的选择，但需要在适当的水体附近进行正确的选址。将数据中心集成到需要加热的大型设施中，以便将数据中心的废热排放到需要加热，甚至是一个区域供热回路的建筑物中，这是一种非常成功和有效的方法。有一点需要注意，即从数据中心出来的热量温度往往很低，如地板下的空气温度或水温在 75～85 °F（24～29 °C）范围内，因此通常使用热泵或其他基于压缩机的系统来提高温度，以使其更适用于再利用。还有将蒸发冷却与干式冷却器相结合的方案，如在某些情况下采用的闭式冷却塔。

8.5.3 空气输送路径

8.5.3.1 地板下送风

最常见的传统数据中心空气输送路径是通过架空地板下空间作为静压箱进行送风。一些制造商提供架空地板系统，由放置在基座上的 2ft×2ft 方形瓷砖组成。地板下的静压箱由空调送风加压，在需要送风的地方铺设多孔地板。瓷砖可以很容易地拿起和移动，提供了很大的布局灵活性。

架空地板的高度通常根据其必须容纳的气流量来确定，这限定了地板下所需的自由区域（由于地板消耗的高度，自由区域高度通常小于标称地板高度）。机械工程师必须仔细考虑地板下自由区域的高度，这将被电缆线管、数据布线和任何其他布置在地板下的基础设施所阻挡。数据中心气流组织分配不良是很常见的（表现为局部过热的"热点"）。地板下的静压箱并不是万能的，必须提供足够的自由区域和维护空间以满足设计气流组织。

虽然提供地板下空气输送的常用方法是使用底座和穿孔地板系统，但采用更为工业化的方法并通过数据中心的结构地板从机械底层地板（有时与电气基础设施共享）向上提供冷空气的供应并非闻所未闻。这种方法可以提供非常低的压降和可控的空气分配，如果改造空间或巧妙地利用建筑（或高昂的底座和穿孔地板成本）提供了一种建造底层地板的经济方法，则是一种很好的方案。它还可以提供很大的操作灵活性，能够在数据中心运行时添加供水管道和风管、添加冷却设备或对机械底层地板进行其他重大修改。

8.5.3.2 风管送风

风管送风是一种非常有效的方法。由于大多数数据中心负荷所需的空气流量与自然对流的影响几乎无关，因此如果空气从顶部向下吹，而不是从架空地板向上吹，自然对流的影响就变得无关紧要了。风管送风可以很好地与集中式空气处理系统集成。这里需要特别注意，数据中心通常具有很高的负荷和大量的空气流动，这可能导致需要非常大的风管，风管必须与布线、照明和消防协调。应注意优化风管侧的运行成本和未来的灵活性；减小风管尺寸可节省初始成本（如果必须加大风机和电气基础设施的尺寸以支持更高的管道压力降，则节省成本的可能很小），但会增加运行成本。随着数据中心负荷的增加，风管会变得非常大，以致模糊了风管和静压箱之间的界限。

风管送风方法可能会使数据中心的灵活性受到限制。送风位置在初始施工时就需要确定，若机架位置或占地面积发生变化，则在以后的运行中不能轻易移动。最初的风管设计可以为未来的灵活性提供一定的余量，风管尺寸和布局方式允许在最小压降和成本的情况下大幅度增加气流，以满足未来空间中负载的移动。还有一些创造性方法可以用来扩展风管送风的灵活性，包括易于重新配置的织物风管，或者有条理地包含阀门和分配路径，以添加未来的风管管道。

8.5.3.3 吊顶回风

预置增压室是向空间分配空气的另一种选择。最常见的方法是使用标准吊顶来创建回风静压箱，这是一种非常有效和低成本的方法，可以与许多空气管理设计方法很好地集成。回风格栅位于热通道上方，空气处理机配置需从回风静压箱吸入回风。作为空气侧经济器系统的一部分，可在回风静压箱中添加排风机和绝热加湿系统（如有必要，可兼作消防排风机）。

如果结构上不需要承载机架的重量，也不需要特别处理地板表面，架空静压箱的尺寸通常比地板下静压箱大得多。回风静压箱可以发展成为一个事实上的机械间隙地板，容纳机械设备并提供维护通道，而不侵占数据中心空间。

8.5.3.4 全空间送风

通过机房空间简单地将冷空气吹向机架来提供冷却空气是非常简单的。奇怪的是，这种设计方法可能会导致热点问题和低效率，也有可能是具有良好控制和效率的方法，这一切都取决于将送风和回风气流分开管理。

使用完全混合的气流管理（也称为无气流管理），通过空间输送的空气通常会通过将热空气与冷空气随意混合来降低可用的冷却能力，但它的成本极低，而且易于在任何空间实施，只需要在地板上放置一个机房空调并将其连接起来即可。如果预期的设备负荷较低，那么这种方法的简单性和低成本可能是很有说服力的。

采用良好的气流管理和空间路径规划可以使气流非常合理。如果所有热空气都作为排热的一部分收集起来，那么为移动设备和操作人员提供的通道可作为较低的压降送风管道。虽然这是一个简单的概念，但这种优化的气流管理集成有时需要进行大量的分析，以确保在实际运行条件下（如机架移入或移出时）能够提供可靠的分布。在所需的空气流量下，建议进行计算流体动力学分析。良好的气流管理系统通常是通过空间的冷风供应与热回风静压箱配套的，将空间气流输送与创新的气流管理系统相结合，可以提供一个综合性的单层空气送风和回风解决方案，该方案就是将送风空间划分为排热风的通道和送冷风的通道。

8.5.4 气流管理

8.5.4.1 气流完全混合

低负荷数据中心的气流可能类似于办公空间的标准设计。标准的办公空间在整个空间内提供经空调处理的空气，将冷热空气混合在一起以稀释空间中产生的热量。在数据中心中，一般是通过使用机房空调，将空气从机组顶部排出，并将热空气从机组的下部抽回，几乎不需要任何管道。

这种方法通常性能较差，但很容易实现。系统虽然简单，但由于无法解决局部热点问题，完全混合的方法在服务能力上是有限的。随着负荷的增加，需要大量的气流（设备尺寸和功率使用）。稀释IT设备排出的热气比直接排放的效率更低且效果不好。稀释方法也会影响冷却装置的有效容量，因为回风温度通常仅与所需空间温度设定值一样高，从而限制了整个盘管可能存在的温差（图8.1）。负荷高的数据中心很少使用这种方法，因为它不适用于高负荷。

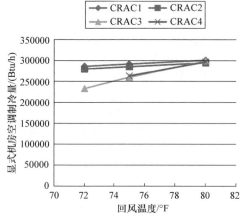

图8.1　回风温度对机房空调制冷量的影响
注：1. 因具体型号而异，但可能差异很大。
　　2. 1Btu/h = 1.05506kJ/h。

8.5.4.2　气流平衡分配

由于认识到IT设备是如何利用空气进行冷却的，因此可以将分配系统设计成直接向IT设备的进风口提供所需数量的冷却空气，然后将回风管道配置为收集热空气。例如，使用架空地板下方作为送风静压箱的设计，将穿孔地板放置在IT设备的前部，冷却空气被吸入机架，并且通过热通道或吊顶静压箱回流至空气处理机。另一种方法是使用行内空气处理装置，通过监控相邻机架的进风温度来调节冷却的气流以匹配IT设备所需的风量。

该方法在减少热点和改善系统空气温差方面是有效的。它的主要限制是难以平衡送风量以满足本地的IT设备风量需求。如果从IT机架前面的穿孔地板供应太多空气，则有些空气将绕过设备旁通到回风口，造成冷气流浪费而没有提供有用的冷却。但如果没有足够的风量供应，那么热空气可以再循环，从IT设备排气区域吸入，通常进入位于机架顶部的设备。在实践中，很难获得并保持这种平衡，但这种限制主要是成本的限制，因旁流损失会造成运营成本和设备成本的增加。如果尺寸合适，平衡分配系统可以承载高负荷运行。

8.5.4.3　气流分区

由于现代数据中心中IT设备负载较高，在机房中冷热空气混合之前收集IT设备的热排风，可以显著提高控制效果和机械效率。在高密度数据中心中，收集热空气通常是确保它不会造成热点和附近设备过热的唯一方法。为了控制气流，可以使用从塑料隔板到实心墙的任何组件来创建实体隔断。在分区设计中，需要考虑防火规范和对未来灵活性的需求。如果空气分配是通过空间分区引导进行的，则必须设计适应性的操作条件，如将通道用新移入的机架进行堵塞。

气流分区可以消除由于热空气再循环进入到冷空气区域而引起的局部过热问题。气流平衡仍然是一个问题，但比平衡分配方法更容易实现，因为它现在平均分配在更多的机架和区域上。

8.5.4.4　机架级冷却

热空气的机架级管理可以将热空气排放控制在IT机架内。这可以采取多种形式，从直接在机架后门中安装冷却盘管到完全集成在机架本身中的小型传统空调，再到收集热空气并将其导入"烟囱"的管道系统，以及顶置回风装置。这些系统可以承载非常高的负荷，而没有热点使相邻系统过热。在电气系统设计、运行维护和电力成本中，应考虑与系统相关的功耗，包括内部风机、泵、压缩机或其他相关设备。

8.5.4.5　主动通风地板

低成本数字控制和实用小型可变流量风机的出现，使另一种空气管理方法得以实现：将送风机集成到单独的2ft × 2ft（610mm × 610mm）架空地板中，不断改变送风速度，以满足局部区域对冷却气流的需求。这些系统通常能感知到相邻IT设备进风口的空气温度。如果温度高于设定值，热空气就会再循环，而风扇地板将提高整体风扇的速度，以增加从地板下方供应的冷空气量。主动通风和直接感应热空气再循环系统可以使其成为一种有效且稳健的空气管理方法。

8.5.4.6　组合模式

使用单一气流管理设计通常从具有共同的操作和维护模式中获得长期运营优势，但这不是必须的。当数据中心需要承载具有显著不同负荷密度或气流特性的IT设备时，组合气流设计方法通常是最佳解决方案。上述许多气流方法可以在同一数据中心内组合使用，以实现系统的灵活性、可靠性、初始成本和机械效率的最佳平衡。分区数据中心可以利用机架级冷却来承载一些异常高负载的IT设备机架。传统设备（如低负荷的旧磁带库系统）可以在数据中心楼层的一个完全混合的气流部分进行调节，而高负载的现代IT设备（具有标准化的前后气流）则采用完全分区设置的热/冷通道布置。主动通风地板可以为包括地板下送风静压箱和热点的现有数据中心提供短期的"修复"，同时解决地板下送风静压箱的严重堵塞问题。

8.5.4.7 未来

这里讨论的气流管理设计包括从常见的传统方法到当前的前沿方法。然而，毫无疑问，未来将出现新的气流管理方法。新方法应根据其可靠性、灵活性和效率进行评估，还应持续评估服务的IT设备需求；除了努力提高最高运行温度外，一些新的服务器设计还包括集成的对流空间、热管连接的公共背板散热器，以及其他从根本上改变气流管理要求和机会的特殊功能。虽然将余热排出与冷却空气入口隔离的原则与从排放未经处理污水的河流上游抽取饮用水一样重要，但实现这一点的各种气流管理技术的细节仍在不断完善。

8.6 当前最佳实践

数据中心设计在不断发展，最终取决于客户的需求，但可以确定当前的最佳实践。良好的数据中心设计必须满足选址和客户的特定需求，即便可能无法满足这些所有的最佳实践，但应考虑所有这些方法。

8.6.1 冗余

系统冗余是数据中心设计的一个重要特征。为所有关键组件提供 $N+1$ 冗余是标准的最佳实践。但是，最佳实践设计将通过设计过程完全定义并记录业主的需求。有时可以减少冗余，并且是适当的，以降低建设和运营成本。设计决策，如不提供完全冗余的冷冻水管道，将数据中心的一部分指定为非冗余（最容易通过IT设备省略UPS进行验证），并根据临时租赁设备提供服务冗余，这些都是通过最佳实践设计过程来减少冗余的例子。除了应急发电机外，在数据中心或具有现场燃料储存的热电联产系统中添加空气侧节能系统是设计决策的另一个例子，该决策可用于添加超出 $N+1$ 标准的冗余。

8.6.2 可靠性

应充分评估所有系统设计决策的可靠性影响，而不是仅仅依赖于复制过去的实践，虽然它是充分可用的。自然冷却的可靠性益处很大，应在设计评估中被认可。同样应评估机房空间内加湿器（带有生活供水管道）的可靠性风险。所有的设计特征都应该对可靠性影响进行类似的评估。

8.6.3 布局和气流管理：热通道-冷通道

在高密度数据中心中，IT设备的布局是最佳实践机械设计的一个组成部分。布局必须防止热空气从一台设备排放到另一台设备的进气口。安装IT设备以使热空气排放到与相邻和相对的IT设备相同的区域，通常被称为创建热通道-冷通道配置。对于具有前面进风和后面排风的设备，采用成行设置的形式，以便将热空气排放到专用的热通道中，而机架的进气侧由专用的冷通道提供，这就是热通道-冷通道布置。对具有侧面排风装置的设备，可采用护罩将热回风引至热通道，或者通过设置的垂直引风管以将其排放到共用的吊顶"热"回风静压箱内。设备分区设置使可用于创建小型热通道或冷通道的可能性更小，但无论具体形式如何，通道密封的最终功能是防止再循环造成局部热点而损坏设备。在最佳实践设计中，热通道也可用于提供比房间设定温度高20°F（7℃）或更高温度的回风热气流（图8.2）。

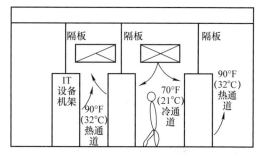

图8.2 热通道-冷通道

创造一个热通道热排风改善了许多自然冷却设计选项，可显著提高可靠性。冷却设备的容量通常通过较高的回风温度来增加，从而允许每个空气处理机支持比低温回风设计更高的IT负荷。在较大的温差下也可以更有效地散热，来自数据中心的废热温度越高，就越容易被排放到散热器（通常是室外环境），从而提高压缩机循环效率。高温废热流还可以使系统的供、回路径（水或空气）之间的温差增大，从而减少流量需求和能源消耗。在某些情况下，高温回风不仅提高了效率和系统容量，而且为相邻空间提供了一种实用的自然热源。

8.6.4 液冷

用液体传热比用空气传热效率要高得多，一个小型泵系统的热移动能力比同等风机系统大一个数量级。通常，液体管道越靠近IT机架，热量就越容易传递到液体回路，效率就越高。液体冷却也可以提供更大的灵活性，因为通过增加 1in（25.4mm）或 2in 的管道直径可以增加大量的未来容量；而在空气系统中增加等量的未来容量将需要在管道尺寸上增加 1~2ft（1ft = 304.8mm）。不是所有设施最终都适用于液体冷却系统，但液冷应予以考虑。

8.6.5　优化机房环境

值得注意的是，除了传统设备和一些磁带驱动器之外，现代 IT 设备可以允许运行的温度大大高于传统设计温度，对于 Tier Ⅰ（级别 Ⅰ）数据中心，ASHRAE TC9.9 推荐范围内的 IT 设备入口温度为 80°F（27℃）。在实施可靠的气流管理以防止热点后，最佳实践可实现高环境温度设定值。通常，较低的室内工作温度用于补偿不良的气流控制或热排风从一个 IT 机架的出口再循环到相邻或相对的机架的入口，如果在到达最坏情况的 IT 机架入口之前有供热空气与 90°F（32℃）的回风混合的热点，则需要将温度设定为 70°F（21℃）。但是通过适当的布局和空气管理，可以消除这种再循环热点。通过精心设计的空气管理系统，可以消除热点，空气处理机提供的空气温度大约等于提供给 IT 设备的温度。理想情况下，送风温度是空间温度，甚至可以设定为 75°F（24℃）。

8.6.6　节能

任何最佳实践设计都充分研究了如何实现节能，以增加冗余，并在室外凉爽时实现非常低的电力成本冷却，我们需要牢记一点，即使在暴风雪天气状况下，数据中心也需要冷却。经济化带来正常运营效益的就是显著的节能效果，有时会使数据中心的总用电量减少 25% 或更多，但可靠性效益可能更有价值。即使是最安全的设计，最好也要考虑最坏的情况。如果机械冷却系统的失效超出了冗余覆盖的能力，则并行节能系统仍然可以起作用，并能够保持设备运行，直至能够进行修复为止。请注意，即使是夏季，经济化运行模式也能将设施保持在 95°F（35℃），这个温度足以使容纳的 IT 设备不会宕机——这种故障处理模式比直接替换那些由系统温度过热导致 IT 设备失效的方式更为有效。几乎每个气候区的节约能源效益都很显著，特别是如果良好的气流管理能提供超过 90°F（32℃）的排气潜力。

8.6.7　冷却

对于超过 1MW 的大型数据中心，集中式蒸发冷却系统是最佳实践，尽管当地的气候条件和法规可能导致冷却塔停机，并且要求采用风冷设计。较小的数据中心通常使用更多的模块化风冷设备，它提供了成本和控制优势，但运营成本更高。理想情况是，需要 IT 设备、客户和气候条件的绝对组合，完全通过节能模式和蒸发冷却消除机械冷却。集中控制是最佳实践，无论是建筑 DDC 系统还是网络集成控制，避免相邻冷却系统由于传感器随时间漂移而导致同时加湿和除湿的常见问题。系统应提供综合警报以识别故障。综合电力监控可以通过发现降低电费的运营情况，并通过预警之前经常出现的电力消耗增加情况来预测设备故障，从而实现费用节省。

最佳实践包括多种形式的节能措施，如经过适当过滤的空气侧经济器，在冷水机组和水侧经济器之间配置了稳定的旁通系统，干冷器的乙二醇供应盘管或泵送制冷剂系统（基于系统集成到一些较新的压缩机的系统中）。在所有可能的气候条件下，第二个冷却源（即使是间歇性的）与每天 24h 的恒定内部冷却负荷相结合，增加了冗余优势，使得除了最严酷和潮湿的气候之外所有区域的自然冷却系统成为最佳实践。

8.6.8　湿度控制

最佳实践是尽量减少数据中心的湿度控制，以满足 IT 设备的实际要求。ASHRAE TC9.9 热环境指南提供了最佳实践起始范围，必要时可根据客户要求进行调整。传统控制范围通常设置为 45±5%，但很少需要控制这些公差，因为公差的控制会产生大量的运行成本和初始投资。与客户进行协商和讨论，以选择更合适的控制范围，将产生最佳的最终产品设计。

由于大量的余热持续可用，如果无法消除加湿，则绝热加湿是理想的方法。绝热加湿是唯一适用于大型加湿的解决方案，如可应用在空气侧经济器系统中。超声波绝热加湿可以提供高精度加湿和多种应用场合，但高压微雾或湿膜加湿通常是成本较低的解决方案。

8.6.9　效率

在设计过程中需要对系统效率进行精确的计算，以确定并实现优化设计。最佳实践是"边走边嚼口香糖"，一方面通过提高系统的可靠性，同时也强调通过高效率设计将分析重点放在最小化运营成本上。效率是数据中心设计中经常被忽视的一个领域，这使得它成为最佳设计师能够脱颖而出并为客户提供优质服务价值的一个方面。相对于设施的总收入来说，数据中心的运营成本通常很小，但较小的效率改进可以提升每年的节能幅度，这通常可以证明附加的初投资是合理的。

8.7 未来趋势

毫无疑问，数据中心的设计将会随着它们所拥有的计算设备的快速发展而改变。良好的机械设计必须不断评估该领域当前的最佳实践、当下项目的具体要求及未来可能的需求。对于关注IT设备的设计师来说，IT设备本身是数据中心设计演变的巨大推动力力，其结构、规格、负荷密度和机架的变化都会影响数据中心的设计。随着数据中心的规模和IT设备的定制对市场需求的响应，业务环境的变化也会产生影响。电力成本的变化正在不断改变初投资和运营成本之间的平衡点。

要准确地预测未来是不可能的，但如果不做出任何努力来确定未来的趋势，任何机械设计或机械设计的讨论就不可能是完整的。

8.7.1 数据中心用水

一些数据中心运营商不希望数据中心占地范围内有任何冷冻水或冷凝水管道出现泄漏，以致淹没数据中心并导致灾难性故障。由于许多最有效的系统设计方法都是集中式冷冻水系统，这可能是设计的一个重大限制。冷冻水或冷凝水管道的实际故障非常罕见，尽管许多运行中的数据中心确实使用了穿越了数据中心楼板的冷冻水管道。

正确的设计方法可以降低数据中心用水的固有风险。常用的技术包括将管道置在地板下，使用水传感器进行报警，以及对冷冻水回路上的任何自动补水系统进行警报。基于水传感器自动关闭和隔离管道以自动隔离泄漏是可行的，但应谨慎处理，因为误报可能比实际管道故障更有可能发生，甚至可能成为灾难性停机的原因；即使发生了真正的泄漏，地板下的积水达到几英尺高，数据中心也可能保持正常运行状态，但如果失去冷却，几分钟后就会导致系统过热并使设备停机。

8.7.2 高温数据中心

多年来，数据中心的一个关键特征是保持在低温下运行，比办公场所更凉爽。大多数现代数据中心设备现在可以在正常或更高的办公室温度下工作。ASHRAE技术委员会（TC）9.9推荐Tier Ⅰ级数据中心运行的上限温度为80℉（27℃）以上。计算机芯片本身的允许工作温度通常是该温度的两倍或更高，因此当前数据中心所维持的80℉（27℃）温度要求明显受制于未来计算机的设计。当然也有例外，存储介质比内存芯片对温度更敏感，但IT设备设计可能在100℉（38℃）的环境温度下运行——根本不需要冷却，仅仅使用当前的技术（良好的通风装置）就可以轻松实现。机械工程师的大部分设计范围的消失可能仅仅是通过市场的发展来实现的，并不存在技术的进步。

8.7.3 假设的质疑

也许最安全的预测也可以作为所有高质量设计的最终方法：随着数据中心设计的不断发展，传统的设计假设将受到更多的挑战并被推翻。目前数据中心市场的成熟带来了更多的竞争，并将重点都集中在了降低成本的地方，包括机械系统设计。传统的数据中心配置，如控制回风温度和使用架空地板分布的独立机房空调，在可靠性是首要任务的领域中被视为"经过验证的"安全方案。但是，历史悠久的传统方法往往不是当前和未来数据中心最具成本效益，甚至是最可靠的设计。经过验证的设计在过去是一个可靠的方案；它已被证明是有效的！然而，这些经过验证的设计在几年前的IT设备负载上得到了证实，但对IT设备和支持它们的机械设备能力的隐含假设已经不再有效。

通常，甚至用户的功能需求（如布线空间的需求或静电放电的控制）也被错误地表示为系统要求（架空地板或加湿器系统）。设计团队和用户群之间良好的沟通，将功能需求与传统期望分开，有助于机械设计师设计出满足特定需求的最佳系统。

现在和未来，最佳的机械设计将因其在满足客户需求方面的出色表现而得到认可，而不是设计团队的假设。

参 考 文 献

[1] Mission critical facilities, data centers, technology spaces and electronic equipment. ASHRAE Technical Committee 9.9. Available at http://tc99.ashraetcs.org/. Accessed on May 22, 2014.

延 伸 阅 读

Data Center Mechanical. Open Compute Project. Available at http://www.opencompute.org/projects/mechanical/. Accessed on May 22, 2014.

Data center networking equipment—issues and best practices. ASHRAE, Technical Committee 9.9; 2012.

Economizer for Data Centers. ASHRAE. Available at https://www.ashrae.org/resources--publications/periodicals/ashrae-journal/features/economizer-for-data-center. Accessed on May 22, 2014.

Eubank H. et al. Design recommendations for high performance data centers. Snowmass: Rocky Mountain Institute; 2003.

Mechanical: Air Flow Management. Lawrence Berkeley National Laboratory. Available at http://hightech.lbl.gov/dctraining/strategies/mam.html. Accessed on May 22, 2014.

第9章 数据中心的电气设计

美国加利福尼亚州，Facebook 公司　杰伊·S. 帕克（Jay S. Park）　莎拉·汉娜（Sarah Hanna）　著
维谛技术有限公司　钟　晨　译

为了设计出一个最佳的数据中心，必须熟悉并确定它们具体的业务需求。规划并列出优先级与所需的功能将有助于为数据中心确定最佳的拓扑架构。列出关键思想法与概念将有助于构建一个详略得当且高效的文件。

为了精准确定数据中心的基本功能需求、业务需求和所期望的运行方式，请考虑下列几项内容

- 设施的运行时间。
- 要部署电气设备。
- 电气设计策略。

基本功能要求、业务需求和期望的运行方式统称为建设数据中心的主干需求。

9.1 运行时间

首先，确定各设施所需的运行时间。系统是否有可能导致宕机。

如果可以，你必须说明可允许多长时间的宕机发生而不会影响正常的业务运营。由于业务的关键性，与业绩创收直接相关的商业机构、场地租用的设施或机构都要求有最高水平的正常运行时间。较少的"关键任务"具有明显降低任务正常运行时间需求的灵活性。

9.2 要部署的电气设备

下一步，考虑将被部署在数据中心并由服务器使用的电气设备，有必要去回答以下几个问题：
- 如何配置电源？
  ◦ 单路还双路。
  ◦ 线电压或相电压是多大。
- 每台服务器功率有多大？
- 服务器电源的功率因数是多少？
- 电压/电流的总谐波畸变率（THD）是多少？
- 供电系统的励磁电流是多大？

9.3 电气设计

在清楚地明确了如前文提到的主干需求后，下一步便是进行一个或多个将会充分满足业务需求的设计。

目前流行的数据中心供配电系统架构主要有三种：N 型、$N+1$ 型和 $2N$ 型。N 型设计系统将会提供确切数量的设备或系统而不考虑任何的冗余，$N+1$ 型设计系统将会设立一套额外的冗余系统，而 $2N$ 型设计系统将会配置两倍于所需的设备，故将会提供最大程度的冗余。表9.1 列出了常见的数据中心拓扑及其优缺点。

表9.1　常见数据中心拓扑及其优缺点

拓扑类型	N	$N+1$			$2N$
		并联 UPS 冗余	备用组件式冗余	分布式冗余	
冗余	无冗余	一套 UPS 的容量作为冗余	一套系统的容量作为冗余	一套系统的容量作为冗余	用另一套独立的系统与原系统形成最大的冗余
优点	• 较少的电气设备需求 • 较少的初始建设及维护的费用	由于电力会通过 UPS 总线均匀地分布，故可轻松地实现负载管理	• 为防止断电及方便维护，旁路总线将一直处于可用状态 • 负载管理较方便	• 所有的设备都在运行 • 经济高效的解决方案	两套系统分开运行，为配电系统当中的每一级提供了真正意义上的冗余

拓扑类型	N	N+1			2N
		并联 UPS 冗余	备用组件式冗余	分布式冗余	
缺点	停电或运行故障将会导致服务器宕机	UPS 总线是一个单点故障点	• 需要安装有负荷转换能力的设备 • 冗余系统的低使用率将会降低整个系统的效率	• 需要安装有负荷转换能力的设备 • 正在进行的繁重的负荷管理,以确保均匀分布	• 高昂的设备采购成本 • 维护费用会有所增长

这些架构将在之后的各章中详细描述。图 9.1 所示为在系统图中所使用的符号含义。

- G 发电机
- 变压器
- × 断路器
- 静态转换开关
- MSB 主开关柜
- ASTS 自动静态转换开关

图 9.1 符号含义

9.3.1 并联 UPS 冗余配置

在这种拓扑结构中,市电通过不间断电源(UPS)系统配电单元(PDU)引入。由一套 UPS 并联开关柜向 PDU 提供电能。PDU 将电能分配到各个服务器。如果市电发生故障,发电机将会带起全部的负载,并联的 UPS 系统会填补市电到发电机起动这一段时间的电力供应。并联 UPS 冗余拓扑结构可容纳单电源或双电源机架配置,这样将会为系统提供 UPS($N+1$)及 PDU($2N$)级的冗余(图 9.2)。

9.3.2 备用组件式冗余配置

在这种通常被称作备用系统的备用组件式拓扑结构中,市电引入后通过 UPS/PDU 再与服务器相连。每套 PDU 都有一套专用的 UPS,有一个备用电源,以在断电时提供电源。备用组件式冗余拓扑结构适用于单电源或双电源机架配置,可以提供 UPS 与 PDU 级的冗余(图 9.3)。

9.3.3 分布式冗余配置

在这种拓扑结构中,电能通过 UPS/PDU 被送到服务器。数据中心的负载配电通过 PDU 进行分布,为 UPS 留有足够的容量。

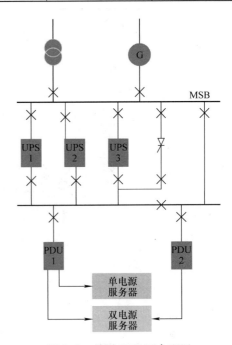

图 9.2 并联 UPS 冗余配置

例如,在某个数据中心中有三套系统,每个系统的负载率可以达到 66%;如果一个系统停止工作,33% 的负载将会转移到另两个系统当中的一个。

分布式冗余拓扑结构适用于单电源或双电源机架配置,可以提供系统级的冗余(图 9.4)。

9.3.4 2N 配置

在这种拓扑结构中,电能通过两套相互独立的系统送到服务器。2N 配置可以提供系统级的冗余,适用于单电源或双电源机架配置(图 9.5)。

9.3.5 N+1 拓扑

图 9.6 所示为并联 UPS 冗余、备用组件式冗余和分布式 $N+1$ 冗余拓扑在正常运行及故障运行的场景。

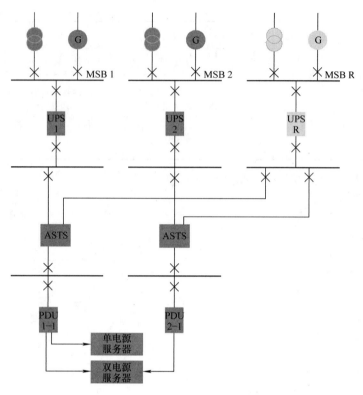

图 9.3 备用组件式冗余配置

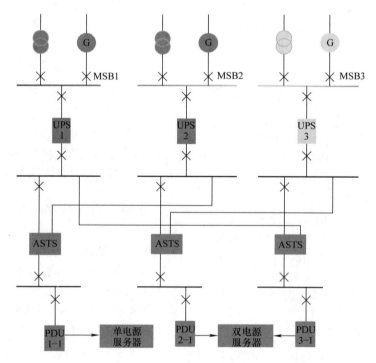

图 9.4 分布式冗余配置

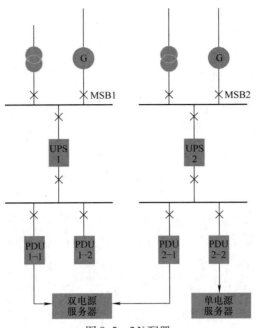

图 9.5 2N 配置

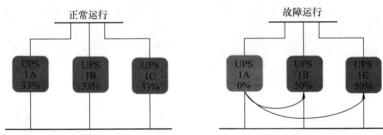

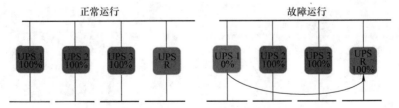

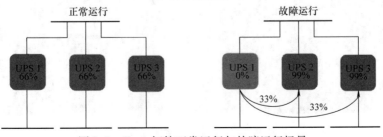

图 9.6 N+1 拓扑正常运行与故障运行场景

9.3.6 Facebook 公司电气设计

这些电气拓扑结构不是相互排斥的，关键是设计一个满足业务需求的数据中心。Facebook 设计的数据中心涵盖了以上这些拓扑结构，形成了一套可以满足自己业务需求的解决方案。数据中心内混合装设有 208V 与 277V 两种设备，以及单电源或双电源的服务器。

Facebook 数据中心设计团队开发了一种革命性的设计方案，即无须再将 UPS 放在关键的位置，这样可以显著地降低损耗。在这种设计中，电能引入后被直接送到 277V 电源服务器。蓄电池柜也直接与服务器相连，以提供直流电来防止断电。

总体而言，Facebook 数据中心采用了备用组件式冗余配置模式，带有备用总线，当发生故障时，可以为六个独立系统之一供电（图 9.7）。

图 9.8 与图 9.9 所示为一种典型的 Facebook 设计套件。Facebook 开放式计算项目（http://www.opencompute.org/）服务器的配电电压为 277V。

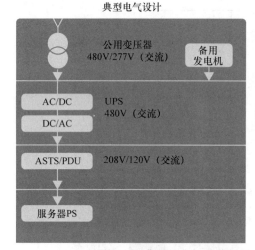
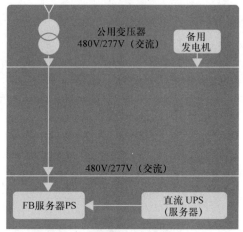

图 9.7 典型的电气设计与 Facebook 电气设计拓扑结构比较

图 9.8 Facebook 数据中心套件

图 9.9　Facebook 数据中心通道

因为取消了 UPS，图 9.10 中的直流 UPS 电池柜将会在发生故障时，为服务器进行配电。

图 9.10　Facebook 直流 UPS 电池柜

图 9.11 所示为直流 UPS 的备用方案，显示了一种典型的直流 UPS 电池柜为 277V 服务器供电的架构。

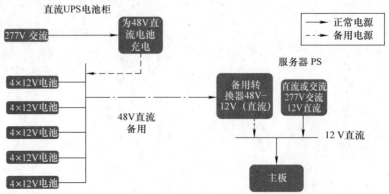

图 9.11　直流 UPS 的备用方案

9.4　可用性

在成功完成了基于特定业务需求的初始设计后，下一步的最佳实践就是计算系统的可用性。

可用性计算为预测数据中心设计的可靠性提供了一种手段。这个计算将帮助设计团队把额外的资源用于在系统中建立足够的冗余度，因为冗余最少的区域易于识别。

为了完成这个计算，需要了解平均故障时间（MTTF）、平均故障间隔时间（MTBF）和平均维护时间（MTTR）。这些值可在设备制造商的数据表或电气或电子工程师协会（IEEE）黄金手册⊖中找到。了解故障原因的可用数据将有助于通过积极的准备来获得更加充足的运行时间。图 9.12 所示为系统的可用时间，反映了故障率，这有助于可用性计算。

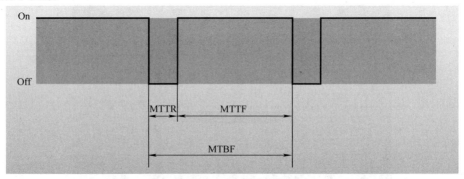

图 9.12　系统的可用时间

表 9.2 列出了可用性计算的符号、定义与公式，概述了对一个数据中心拓扑结构进行完整分析所需积累的数据及公式。这些计算的对象必须是独立的电气设备。然后，可以建立数据，以确定整个数据中心的预期可用性。

表 9.2　可用性计算的符号、定义与公式

符号	定义	公式
λ	故障率（故障时间/h）	$\lambda = 1/\text{MTTF}$
MTTR	每次故障的平均维护时间（h）	
MTBF	平均故障间隔时间（h）	MTBF = MTTF + MTTR

⊖　有关示例表，请参阅附录。

(续)

符号	定义	公式
MTTF	平均故障时间（h）	
A	系统可用性	A = MTTF/（MTTF + MTTR）= MTTF/MTBF
U	系统不可用性	U = 1 − A
R	可靠性	$R = e^{-\lambda t}$
P	故障概率	$P = 1 - e^{-\lambda t}$
s	串联系统	
p	并联系统	

9.4.1 串并联系统间的联系

在计算完各个电气设备的故障率、可用性和MTTF后，需要明确各种拓扑中的连接方案，以进行比较或优化。

设备只能以串联或并联中的一种方式去连接。串联是将两个设备直接相连，并联是用一根母线去连接两个设备，如图9.13所示。

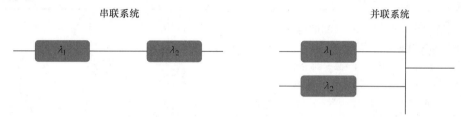

图9.13 串联与并联连接

表9.3列出了串联系统与并联系统的计算公式。

表9.3 串联系统与并联系统的计算公式

	串联系统	并联系统
故障率	$\lambda_s = \lambda_1 + \lambda_2$	$\lambda_p = [\lambda_1 \lambda_2 (MTTR_1 + MTTR_2)]/(1 + \lambda_1 MTTR_1 + \lambda_2 MTTR_2)$
可用性	$A_s = A_1 \times A_2$	$A_p = 1 - [(1 - A_1) \times (1 - A_2)]$
平均维护时间	$MTTR_s = [(\lambda_1 \times MTTR_1) + (\lambda_2 \times MTTR_2)]/(\lambda_1 + \lambda_2)$	$MTTR_p = (MTTR_1 \times MTTR_2)/(MTTR_1 + MTTR_2)$

9.4.2 可用性场景示例

表9.4列出了可用性计算数据。该数据中心系由一套高压电源、变压器、发电机、主开关柜（MSB）、UPS与PDU组成。

请注意，这里的数据是仅为说明这个示例所虚构的数据。当计算一个数据中心时，请参考IEEE黄金手册⊖及设备数据表。

表9.4 可用性计算数据

设备	标准数据输入		标准计算值	
	MTTF/h	MTTR/h	故障率（λ） （λ = 1/MTTF）	可用性（A） A = MTTF/ (MTTF + MTTR)
电缆	3500000	8.00	0.00000029	0.99999771
MSB	2500000	24.00	0.00000040	0.99999040

⊖ 请参阅附录，仅供参考。

（续）

设备	标准数据输入		标准计算值	
	MTTF/h	MTTR/h	故障率（λ） （λ = 1/MTTF）	可用性（A） A = MTTF/ (MTTF + MTTR)
发电机	500000	48.00	0.00000200	0.99990401
发电机控制器	1500000	8.00	0.00000067	0.99999467
PDU	2500000	8.00	0.00000040	0.99999680
变压器	2000000	250.00	0.00000050	0.99987502
UPS	1000000	0.00	0.00000100	1.00000000
市电	7500	6.00	0.00013333	0.99920064
断路器	2500000	8.00	0.00000040	0.99999680
配电盘	2200000	4.00	0.00000045	0.99999818

图 9.14 所示为一个简单的供配电链路。//代表并联系统，而 + 代表串联系统。

第 1 部分 =［（市电 + 电缆 + 断路器 + 变压器）// （发电机 + 发电机控制器 + 电缆 + 断路器）］+ 主开关柜

第 2 部分 = 第 1 部分 + 断路器 + 电缆 + UPS + 电缆 + 断路器 + 配电盘

第 3 部分 = 第 2 部分 + 断路器 + 电缆 + PDU

表 9.5 列出了可用性计算。在这里，//代表并联系统，而 + 则代表串联系统。

9.4.3 带载与运行

优化数据中心运行需要高效带载。部署设备时应该考虑以下关键因素。

- 断路器的尺寸、额定值和整定值。
- 服务器信息。
- 系统配电。
- 灾难恢复规划。

电气设备电源信息可通过制造商的数据表查到。在系统图上，通常可以发现电流、电压、视在功率、有功功率的组合。为了有效地增强数据中心

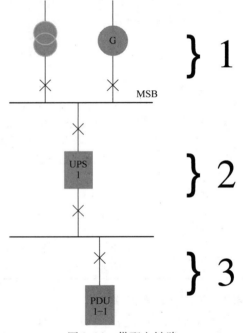

图 9.14 供配电链路

表 9.5 可用性计算

设备	标准数据输入		标准计算值		
	MTTF/h	MTTR/h	故障率（λ）	MTBF/h	系统可用性
市电					
市电 1	7500	7.00	0.00013333	7507.00	0.99906754
电缆	3500000	8.00	0.00000029	3500008.00	0.99999771
断路器	2500000	8.00	0.00000040	2500008.00	0.99999680
变压器	2000000	250.00	0.000000050	2000250.00	0.99987502

第9章　数据中心的电气设计

（续）

设备	标准数据输入		标准计算值		
	MTTF/h	MTTR/h	故障率（λ）	MTBF/h	系统可用性
串联系统（市电、电缆、断路器、变压器）		7.908315339	0.000134519		0.998937189
发电机					
发电机	500000	48.00	0.00000200	500048.00	0.99990401
发电机控制	1500000	8.00	0.00000067	1500008.00	0.99999467
电缆	3500000	8.00	0.00000029	3500008.00	0.99999771
断路器	2500000	8.00	0.00000040	2500008.00	0.99999680
串联系统（发电机、发电机控制、电缆、断路器）		31.86363636	3.35238E-06		0.999893191
第1部分 [（市电+电缆+断路器+变压器）//（发电机+发电机控制器+电缆+断路器）]+主开关柜					
发电机//市电		6.335813894	1.79355E-08		0.999999886
主开关柜	2500000	24.00	0.00000040		0.99999040
（发电机//市电）+主开关柜		5.01	2.17635E-13		0.999999999998910
第2部分（第1部分+断路器+电缆+UPS+电缆+断路器+配电盘）					
第1部分		5.01	2.17635E-13		0.999999999989
断路器	2500000	8.00	0.000000040		0.99999680
电缆	3500000	8.00	0.00000029	3500008.00	0.99999771
UPS	1000000	0.00	0.00000100	1000000.00	1.00000000
电缆	3500000	8.00	0.00000029	3500008.00	0.99999771
断路器	2500000	8.00	0.00000040		0.99999680
配电盘	2200000	4.00	0.00000045		0.99999818
串联系统（第1部分+断路器+电缆+UPS+电缆+断路器+配电盘）		4.525735332	0.00000283		0.99998721
第3部分（第2部分+断路器+电缆+PDU）					
第2部分		4.525735332	0.00000283		0.99998721
断路器	2500000	8.00	0.0000040		0.99999680
电缆	3500000	8.00	0.00000029	3500008.00	0.99999771
PDU	2500000	8.00	0.00000040		0.99999680
串联系统（第1部分+第2部分+断路器+电缆+PDU）		5.49	0.00000391		0.99997852

的带载能力，将所有设备的输出功率转化为有功功率是必要的。也必须将无功功率考虑在内，因为它将影响发电机的带载能力，见表9.6。

估算数据中心的带载时，了解所部署设备的

相互依赖性非常重要。同时，还必须考虑对所有上下级机器的影响。这是一个非常平衡的游戏，必须根据自己的理想情况，分清轻重缓急，找到最佳匹配。更有可能的是，在最后的部署中，还必须做出一些牺牲。

9.4.4 机架信息

首先，你必须定义计划部署的服务器数量，并概述它们的特性。确保可以确定以下关键指标：

- 服务器预期的最大功率。
- 服务器期望的平均功率。
- 冗余级。

- 电压兼容性。
- 相位平衡。

从最关键的机柜开始。定义它们的部署位置及其故障转移方案。对于关键设备，系统能够在不影响负载的情况下承受故障是至关重要的。为了对带载做出明智的决策，你必须对数据中心的电源分布有深入的了解。确定最合理的行/笼/段，以部署双电源机架（基于整个系统的冗余级别）和放置单电源设备的位置。在 Facebook 的数据中心中使用 208V 和 277V 机架。

表 9.6 列出了电气工程的定义与单位。

表 9.6 电气工程的定义与单位

名称	定义	单位	公式
电压	电势的量度	V（伏特）	
电流	通过介质的电荷流动	A（安培）	
视在功率	通过电气系统传输的总功率大小	VA（伏-安）	VI
功率因数	交流电路有功功率对视在功率的比值	kW/kVA	有功功率/视在功率
无功功率	存储于电感和电容元件中的能量；在电气负载中它不直接做功而又必须加以考虑，因为它会影响到发电机的正常运行	VAR	
有功功率	实际做功的功率	W（瓦特）	$V \times I \times Pf$

因此，计划阶段有必要考虑基础设施将如何为这些机架提供所需的电力。然后必须确定从同一来源（配电装置、配电板等）馈电的行/笼/段，确保不会超过面板和上级设备的最大 kW 负荷，也不得超过备用发电机的功率。布线时，要将负载平均分配到三个相位，有可能要反复排布几次，直到该设计满足所有目标的布局。

完成机架配置后，要注意持续监控数据中心的运行状态，及时确定可能发生问题的解决方案。在设备上配置电能质量计（PQM）并分析数据的趋势，对预防发生灾变事件至关重要。更多的计量（BCM、智能 iPDU 等）会提供基础设施性能的其他信息。若所有计量工具之间的连接协议一致，则更便于加入单一端口。此外，也方便获取最大功耗和 kW·h 等若干指标的基准点。电能利用效率（PUE）是一个无单位指标，是用于机架的与用于支持设备（机械系统）的总功率的比值，即

$$PUE = \frac{总功率}{IT 功率}$$

在通用设备上使用计量仪有助于获取数据中心的总功率，而单独测量 IT 设备，便可以将该计算简化为简单的除法。

9.4.5 数据中心正常运行时间

正常运行时间是通过分析数据中心的实时功耗数据来估算可用性指标。图 9.15 所示为现场数据确认正常运行时间，描述了一个每周正常运行时间对比样本图。通过持续记录机柜以分钟计的正常运行时间就可以创建类似图表。所有机柜分钟数的总和确认为数据中心的总正常运行时间。

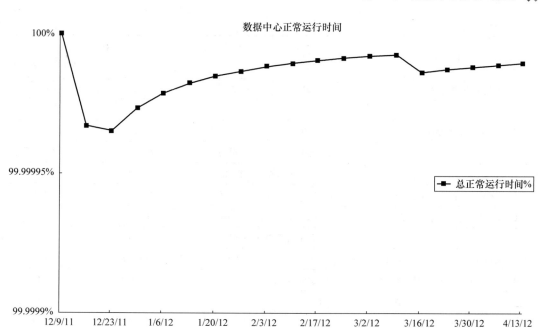

图9.15 现场数据确认正常运行时间

9.5 确定完成

一个数据中心的设计是否成功最终取决于商业需求。要实现高效设计,就必须确定数据中心的需求、冗余要求及合理的正常运行时间。构想一些能满足这些需求的设计并计算每个设计的可用性,以便确定一个能满足这些需求和/或利用这些计算在供电较弱区域建立更多冗余。

附录9.A列出了《IEEE黄金手册》中的可靠性数据样本。

附录9.A 《IEEE黄金手册》中的可靠性数据样本

设备类型/(故障时间/h)	每年故障率 λ	每次故障停机时间 r/h	每年故障的强制停机时间 λ_r/h	IEEE调查【B8】表格的数据来源
保护继电器	0.0002	5.0	0.0010	19
铁壳抽出式断路器				
0~600V	0.0027	4.0	0.0108	5,50
>600V	0.0036	83.1①	0.2992	5,51
>600V	0.0036	2.1②	0.0076	5,51
电源线(1000ft回路)	0.00141	10.5	0.0148	13
0~600V,地上				
601~15000V,地下管道	0.00613	26.5①	0.1642	13,56
601~15000V,地下管道	0.00613	19.0②	0.1165	13,56
电缆终端				
0~600V,地上	0.0001	3.8	0.0004	17
601~15000V,地下管道	0.0003	25.0	0.0075	17
封闭隔离开关	0.0061	3.6	0.0220	9

（续）

设备类型/（故障时间/h）	每年故障率 λ	每次故障停机时间 r/h	每年故障的强制停机时间 λ_r/h	IEEE调查【B8】表格的数据来源
保护继电器	0.0002	5.0	0.0010	19
变压器				
601~15000V	0.0030	342.0①	1.0260	4，48
601~15000V	0.0030	130.0②	0.3900	4，48
开关设备总线—裸线				
0~600V（连接7个断路器）	0.0024	24.0	0.0576	10
0~600V（连接3个断路器）	0.0017	24.0	0.0408	10
开关设备总线—绝缘				
601~15000V（连接1个断路器）	0.0034	26.8	0.0911	10
601~15000V（连接2个断路器）	0.0068	26.8	0.1822	10
601~15000V（连接3个断路器）	0.0102	26.8	0.2733	10
燃气轮机发电机	4.5000	7.2	32.4000	附件L，表格Ⅲ

① 设备无法修复。
② 更换零件。

延伸阅读

Bitterlin IF. International Standards for Data Center Electrical Design. Chloride.

Data Center Energy Management Website. Lawrence Berkeley National Laboratory. Available at http://hightech.lbl.gov/DCTraining/. Accessed on June 12, 2014.

Open Compute Project. Available at http://www.opencompute.org/. Accessed on June 12, 2014.

Sawyer R. Calculating Total Power Requirements for Data Centers. APC; 2005. White Paper #3.

第10章　数据中心的消防与生命安全设计

美国科罗拉多州，休斯联合公司　肖恩·S. 多诺霍（Sean S. Donohue）　著
深圳城市公共安全技术研究院有限公司　倪震楚　译

10.1　消防基础

火灾风险无处不在。对于数据中心、通讯枢纽来说，火灾风险不仅会对人员安全性造成威胁，还会对系统运行的连续性、设备的安全和数据的安全造成威胁。现在的数据中心已经成为世界各地企业和组织的神经中枢系统，越重要的场所，越不能有系统中断或故障。虽然数据中心的消防形式多种多样，不过其目标不外乎以下几点：

1）建设建筑物和消防系统，使人们远离危险，保护他们免受伤害。
2）向用户和响应者提供准确的信息，以便做出明智的决定。
3）减少各种损失，包括减少人员伤亡、缩短故障停机时间、保护设施和数据安全等。

本章将讨论数据中心领域的生命安全、主动消防和被动消防问题，并向设计师介绍一些代表性的解决方案。

电子设备用房和数据中心中有各种可燃物，从印制电路板、电联绝缘护套到机箱外壳，其中含塑料的成分越来越多。办公家具、背板、电池和架空地板也会增加可燃物载荷。

近年来，提高机架功率密度已成为一种建设趋势。机架功率密度的增加导致更多热量的产生。如果通风系统能力跟不上，更高的过热风险随之而来。从风险的角度来看，在数据中心保持良好的内部管理是至关重要的，并应去除与数据中心核心功能无关的物品，如办公家具、纸张或其他可燃物。如果可能的话，电池和非关键设备应该单独放置在一个房间里。

电子设备燃烧时会产生各种有害气体，通常称为烟雾或燃烧产物，包括 HCN 和 HCl 这类腐蚀性气体，它们对印制电路板的损害往往比直接过火的影响更大。因此，早期火灾探测显得尤为重要，可以让运维团队在火灾隐患变成火灾风险前做出响应。火灾探测系统能对火灾进行分级报警，并能联动启动灭火系统。

当现场人员未能通过灭火器、消防软管卷盘等灭火设备控制初期火灾时，自动灭火系统能扑灭或抑制火灾，直到消防部门到达完成灭火。根据建筑物的大小和用途，建筑规范要求许多建筑物配备自动喷水灭火系统。当地消防主管部门（AHJ）允许时，也可用气体灭火系统来替代自动喷水灭火系统。

两个系统之间的主要区别在于，自动喷水灭火系统被认为是一种保护生命安全的系统，因为它可以将火灾限制在着火点所在的区域，防止火灾蔓延，以保护建筑的其他区域。而气体灭火系统则被认为是一种保护设备安全的系统，因为它只能减少特定损失而不保护生命安全。数据中心电气火灾的发展阶段见表10.1。

表10.1　数据中心电气火灾的发展阶段

火灾发展的阶段	现象描述	响应情况
初期阶段	设备或电路过热 产生微量可燃气体（仅到吸气式感烟探测器的探测下限） 其他探测器无响应	现场人员警告 现场人员行动 预警
阴燃阶段（有可见烟雾）	燃烧进一步发展，人员能够闻到异味 点式感烟探测器报警 吸气式感烟探测器达到最高警告级别	现场人员行动 火灾报警 启动气体灭火系统喷放倒计时 电磁阀开启，预作用系统充水

(续)

火灾发展的阶段	现象描述	响应情况
明火阶段	燃烧进入热解和明火阶段 多个点式感烟探测器报警 室温升高，逐渐形成热烟气层	火灾报警 启动气体灭火系统喷放倒计时 电磁阀开启，预作用系统充水
火灾发展阶段或蔓延阶段	产生大量烟气，多个点式感烟探测器迅速报警 火灾热释放速率迅速变大，着火点附近的洒水喷头动作	火灾报警 自动喷水灭火系统喷洒

10.2 消防主管部门、规范和标准

消防主管部门（AHJ）一词经常被狭义理解为在地理或行政管辖区域内执行法定要求或监管火灾、生命安全要求的政府实体。虽然这个群体也确实是消防主管部门之一但也可以广义理解为所有权所适用的任何公共或私人实体，并包括：

- 地方、州或联邦当局。
- 保险公司。
- 有自我监管权的企业或组织。
- 行业组织。

这些群体要么采用满足施工要求的国家标准，要么创建自己的标准。他们还引用了大部分信息，以便遵守规定，因此规定类似，但并非总是相同。例如，美国电信行业协会（TIA）的Ⅲ级要求参考了 FM Global 耐火极限为 1h 的房间要求，而建筑规范则没有这样的要求。有时要求可能会有冲突，因此了解其优先级非常重要。法定标准是法定的要求，保险准则可能会产生经济影响，而企业或组织自己的准则是内部政策的问题。

10.3 当地部门、国家规范和标准

数据中心是具有大量技术需求的高度专业化的场所，但这类场所只占典型管辖审查或检查的较小的比例。与任何专用系统一样，在设计早期与主管部门沟通非常重要，因为不同行政辖区对选址、建筑、动力、通风和消防等的要求都可能不尽相同。通常可在线获取或通过联系规划、建筑或消防部门获得的信息包括：

- 管辖区域范围。
- 规范版本。
- 附加条款和当地政策。
- 特别解释。

本地规范审查员通常会感谢设计师就特殊项目尽早与他们联系。对于不易接近的管辖区，可能需要聘请当地设计师来协助团队。

在美国，《国际建筑规范》[1]（IBC）和《国际防火规范》[2]（IFC）作为基础建设规范和维护规范，适用于大多数行政辖区。较小的乡村行政辖区倾向于直接采用这些规范或略做修改，而大型行政辖区和城市则在这些规范基础上做了更加严格的修改。在设计早期进行规范汇总和回顾对于确保设计团队了解所有本地规定至关重要。适用于某地区的情况不一定适用于另一个地区。

美国国家消防协会（NFPA）发布了数百个标准，涉及从易燃和可燃液体的储存到消防员的防护装备等各种主题。适用于数据中心并被《国际建筑规范》或《国际防火规范》引用的 NFPA 标准包括：

- NFPA 10，手提式灭火器标准。
- NFPA 12，二氧化碳灭火系统标准。
- NFPA 12A，哈龙 1301 灭火系统标准。
- NFPA 13，自动喷水灭火系统安装标准。
- NFPA 20，固定式消防泵安装标准。
- NFPA 70，国家电气规范（NEC）。
- NFPA 72，国家火灾报警和信号规范。
- NFPA 2001，清洁气体灭火系统。

《国际建筑规范》或《国际防火规范》未引用但适用于数据中心和通信行业的其他 NFPA 标准包括：

- NFPA 75，信息技术设备保护标准。
- NFPA 76，电信设施防火标准。
- NFPA 101，生命安全规范。
- NFPA 750，细水雾消防系统标准。

以 NFPA 75[3]为例，该标准涵盖了主动防护、被动保护和风险分析。截至本书出版，《国际建筑规范》和 NFPA 101 均未引用该标准，因此除非特别要求，该标准不是必须执行的。但是，在《国家电气规范》（NEC）第 645 条中，该标准被引用，作为推荐性标准。因此设计师还是应选择遵守该标准，除非其他消防主管部门另有要求。除其他规定外，NFPA 75 要求机房有防火分隔，如果机房所在建筑设有自动喷水灭火系统，则机房内也需要设置该系统，并且还需设置火灾自动探测系统。

10.3.1 保险公司

保险公司的目标很明确：减少损失，降低风险。为了保持较低的保费，保险公司通常会对其客户提出消防要求。FM Global 等一些公司已经创建了自己的标准系列，称为 FM 一览表。例如，FM 一览表的 5-32 为数据中心及相关设施，FM 一览表的 4-9 为卤素碳化物和烟烙尽（清洁气体）灭火系统。这些一览表中的规定可能超过了建筑规范或生命安全规范的规定。

用户应该意识到，将来可能会用到这些 FM 的规定，并且确保这些规定落实到设计中。

10.3.2 企业标准

企业（如联邦政府、州政府或大公司）根据以往多次的经验总结，出于自我保护，可能提出某些特殊要求，比国家规范或保险公司标准更严格。举例如下：

- 数据中心上方严禁设置给排水管道。
- 不应影响符合规范的疏散安全措施。

10.3.3 分层系统

最后，诸如 TIA[4]和 Uptime Institute[5]等行业组织已经发布了基于级别或分层系统的标准，这些标准会影响被动防火、火灾探测和灭火等其他要求。分层描述了数据中心基础架构的各种级别的有效性和安全性，等级越高要求越严格。Tier Ⅰ级和 Tier Ⅱ级设施通常只需要满足最低的规范要求，而 Tier Ⅲ级和 Tier Ⅳ级的设施通常超出最低的规范要求。例如，Tier Ⅲ级和 Tier Ⅳ级设施可能需要同时设置自动喷水灭火系统和清洁气体灭火系统，而 Tier Ⅰ级和 Tier Ⅱ级设施不要求设置清洁气体灭火系统。表 10.2 列出了 TIA 涵盖的不同级别的消防和生命安全主题摘要。

表 10.2　不同等级的消防和生命安全主题摘要

等级参考指南主题（包括但不限于）*	
建筑专业	• 建筑类型 • 外墙等级 • 结构、内部承重墙 • 屋顶、地板、顶棚组件 • 柱网 • 机房隔墙 • 非机房隔墙 • 符合 IT 设备防护标准（NFPA75） • 主机房和支持区的防火分隔 • 走廊宽度 • 门窗防火等级 • 同一建筑物内的多个用户
机电专业	• 计算机和电信系统因紧急断电（EPO）后的灭火剂自动喷放 • 通过手动紧急断电触发火灾报警系统 • 电池监控系统 • 火灾探测系统 • 自动喷水灭火系统 • 气体灭火系统 • 烟雾预警探测系统 • 漏水检测系统

注：引自 TIA。

* ANSI/TIA 942 - A - 2012 "数据中心电信基础设施标准"的内容，该标准由美国电信行业协会书面许可后发行。注意，所有标准都有可能修订，鼓励根据本标准达成协议的各方研究是否可能采用他们发布的最新版本。

10.4 生命安全

建筑和防火规范的首要目标是保护建筑物内的人员生命安全。对于数据中心而言，室内的设备密度大于人员密度。一些数据中心甚至设计成远程维护方式，很少需要人员到现场。无论何种情况，建筑规范和生命安全规范都可以解决适合数据中心的典型生命安全问题。以下是一些重要事项，有助于设计师执行与人员生命安全有关的规范要求。

10.4.1 用途

用途分类是对空间的使用或功能的描述，针对不同风险有不同的设置要求。例如，轮胎存储仓库与医院在建筑构造和保护要求方面就大为相同。数据中心历来被定义为商业用途，因为它们具有雇用人员、提供数据服务的商业功能。数据中心具有提供数据存储的功能，它们也可以被定义为存储用途，特别是当建造为独立的建筑时。

10.4.2 人员负荷

人员负荷是规范假定的建筑中同时存在的总人数。该数值为"最不利的情况"下的保守数字，用于确定建筑的疏散宽度、安全出口数量、卫生器具数量和通风量。不过对于数据中心，所需通风能力一般主要取决于设备配置情况。

根据建筑的功能，人员负荷与总建筑面积有如下函数关系：

$$人员数量 = \frac{建筑面积（m^2）}{人员负荷因子（m^2/人）}$$

译者注：建筑的人员负荷因子的倒数即为我们熟知的人员密度，单位为人/m^2。

应对建筑的实际使用情况进行充分的讨论分析，以便尽可能恰当地估算日常情况下建筑内人员的最大数量。随着技术的不断发展，数据中心所需的运维人员越来越少。类似"熄灯"数据中心之类的建筑，除紧急情况外，完全实现无人值守。数据中心的设计应采用适当的建筑规范和生命安全规范。但是，数据中心的典型人员负荷因子为 9.3 ~ 46.5m^2/人，该因子的大小取决于人员密度。用于计算人员负荷的面积应包括所有的建筑面积：

- 设备占用的空间。
- 内部墙体和立柱。
- 走廊、卫生间之类的配套空间。

译者注：数据中心内人员数量少，故人员负荷因子明显大于其他建筑，如普通办公室、研究工作室、设计绘图室的人员负荷因子分别仅为 4m^2/人、5m^2/人、6m^2/人。

10.4.3 疏散设计

疏散设计应按建筑规范和生命安全规范进行整体考虑，包括《国际建筑规范》、《生命安全规范》[6]（NFPA 101）。下面介绍一些常见的疏散设计。

10.4.3.1 安全出口数量

任何建筑均需要至少设置一个安全出口。当建筑中的人员负荷超过 50 人时，需要增加一个安全出口。采用数据中心人员负荷因子的下限 9.3m^2/人进行保守估计，即当数据中心的建筑面积超过 465m^2 时，应当设置两个安全出口。如果数据中心设置了自动喷水灭火系统，则两个安全出口之间的距离不得小于房间对角线距离的 1/3。如果未设置该系统，则两个安全出口之间的距离不得小于房间对角线距离的 1/2。当建筑的人员负荷分别超过 500 人、1000 人时，分别应当设置至少三个或四个安全出口。

10.4.3.2 疏散宽度

《国际建筑规范》规定，每 100 人最小疏散净宽度为 0.5m/百人。宽度为 915mm 的门的净宽至少为 813mm，即每扇门可以疏散约 160 人。假设数据中心人员负荷因子为 9.3m^2/人，设有两个安全出口，门宽均为 915mm，则可以满足约 320 人的疏散需求，数据中心的建筑面积可达 2973m^2。

10.4.3.3 疏散距离

疏散距离与此前讨论的建筑类型和是否设置自动喷水灭火系统有关。疏散距离是人员从室内至安全出口或疏散门所需行走的最大距离。该距离为从房间的最不利点至最近的安全出口或疏散门的行走距离，应考虑房间内设备和办公家具的影响。应根据这些要求查阅适当的建筑规范和生命安全规范。规范中规定的疏散距离一般为 61 ~ 91m。

10.4.4 通道

要实现运营需求就要布置设备。维护人员需要在设备之间进行维护和进出。根据残疾人设计规范的有关规定，通道净宽度不应小于 813mm。在大型数据中心中，主通道需要设计得更宽，以与更多的人员负荷和安全出口数量相匹配。主通道的宽度不得小于 1118mm。

10.5 被动防火

根据建筑规范，建筑和房间的墙壁、地板和

顶棚需要达到规定的耐火极限。这种规定有多种原因，包括隔离危险、保护安全出口或疏散门，也可能为了能建造规模更大的建筑。

通常建筑规范不规定任何耐火极限，特别是针对数据中心。但是由于设备精密、数据贵重，使得保险公司或业主对数据中心各种建筑构件的耐火极限有了上述要求。其他设备，如UPS电池，则需要按防火规范达到相应的耐火极限。

被动防火的目标是在一定时间内防止火灾向相邻区域蔓延，为人员安全疏散和消防队员扑救火灾赢得时间。构件的耐火极限越高，其热阻越高。耐火极限的单位为小时（h），表示构件耐火能力的强弱。耐火极限代表该构件能抵抗标准耐火极限试验升温曲线的最小时间，但不表示在这个时间内，构件都能阻止火灾不会蔓延至相邻区域。实际火灾可能比ASTM E-119中的标准曲线[7]表示的火灾更大或更小，因为热释放速率在很大程度上取决于可燃物的类型。数据中心的火灾，一般由电路绝缘过热引发，实际上可能会阴燃很长一段时间才会发展成明火，即数据中心的火灾在初期不像ASTM E-119中标准曲线表示的火灾那样猛烈。

在建筑规范中，常见构件耐火极限为1h或2h。一些标准，如TIA标准，要求在Tier Ⅳ级机房中，承重墙/防火墙的耐火极限要达到4h。美国保险商实验室（UL）在线认证目录中有耐火极限1h构件的示例，如图10.1所示。这种墙体是常见的耐火极限1h的构件，由15.9mm厚的X型石膏板、保温材料和轻钢龙骨组成。关于该墙体所有材料的详细信息，请参阅完整的UL列表。

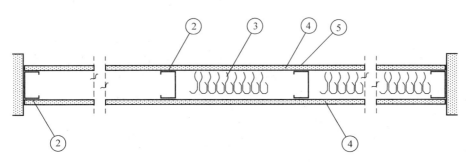

图10.1　UL设计U465（Underwriters Laboratories，UL提供）

注：经许可转载自UL在线认证目录。© 2012UL LLC。

设计师可从若干资料中查到特定耐火极限的构件示例。其中《国际建筑规范》《UL在线认证目录》和《美国石膏手册》[8]等比较热门。

译者注：国内设计师可参照国家标准《建筑设计防火规范》（GB 50016—2014）附录 各类建筑构件的燃烧性能和耐火极限。其中，加气混凝土砌块墙、防火石膏板轻钢龙骨隔墙、无石棉纤维水泥板轻钢龙骨隔墙、水泥纤维复合硅酸钙板轻钢龙骨隔墙等较为常用。

建筑规范中规定，防火隔墙上的洞口，如门窗等，也需要满足耐火极限要求，并配置闭门器或防火百叶，以保证整个围护结构的耐火极限。穿越有耐火等级要求的区域时，风管、水管、桥架等设施需按耐火要求进行防护，具体做法在规范和标准中也有说明。当发生火灾时，安装在穿越管道上的防火阀、防烟阀将保护管道，防止火灾蔓延。防火阀由易熔合金高温熔断来启动，而防烟阀则由安装在管道中或防护区内的感烟探测器来联动启动。评估用户目标、确保采暖通风系统仅在确实发生火灾后才会被关闭是很重要的。

10.6　主动防火/灭火

数据中心所在的建筑通常需要设置自动灭火系统，因此设计师需要了解每种类型灭火剂的适用性、风险性和成本。哈龙1301曾经是数据中心灭火的代名词，但现在只能对已有系统进行维护，而不能新建。目前，许多化学灭火剂和惰化剂可以作为哈龙1301的替代品，尽管自动喷水灭火系统仍然是低风险的可行选择。

10.6.1 自动喷水灭火系统

水作为灭火剂已经有很长的历史。它易于获得，价格便宜，绿色无污染，并且吸热降温能力强。一般而言，水有导电性，会对电气设备造成损伤。不过，自动喷水灭火系统仍是大多数建筑的首选灭火系统，包括与数据中心位于同一建筑物内的人员活动空间。

由于经常被娱乐节目误导，洒水喷头的启动方式经常被人误解。与普遍的观点相反，洒水喷头只能通过温度升高来动作，不能通过烟雾来动作，并且一次只能启动一个。尽管有很多种感温元件，最常见的是易碎感温玻璃球，它能使喷头内的有压水、有压空气或氮气不会喷放。玻璃球内充满某种特殊的含乙醇的液体，这种液体会受热膨胀，当达到预定的温度时，感温玻璃球就会破裂，水或空气就从管网中通过喷头喷洒出来，标准直立型洒水喷头如图10.2所示。

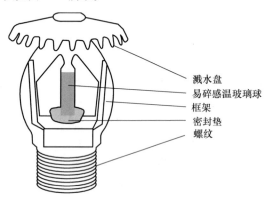

图 10.2 标准直立型洒水喷头

由于自动喷水灭火系统在控制火灾蔓延方面的出色表现，现行建筑规范从很多方面激励设计师选用自动喷水灭火系统，包括：
- 允许更大的建筑规模。
- 更宽松的疏散要求。
- 更宽松的被动防火要求。

设计团队必须讨论自动喷水灭火系统对建筑物的保护作用。如果选择了上述宽松的要求，无论是否安装了替代系统，整个建筑都需要使用自动喷水灭火系统，除非所有消防主管部门都允许不设置该系统。

NFPA 13[9]对自动喷水灭火系统的安装要求做了详细规定。值得注意的是，该标准及NFPA颁布的许多安装标准，对"如何"安装系统及其组件做了详细介绍。至于"何时"应设置该系统，在建筑和生命安全规范中都有详细规定。

当需要设置自动喷水灭火系统时，所有有人的空间都需要设置喷头。但根据燃料负荷和这些空间的可燃性，一些可以进入的狭小夹层空间也需要设置喷头（译者注：如含可燃物的吊顶内应设置直立型喷头）。配套的专用消防排水措施也应一并考虑。从系统启动到火灾被确认控制，将有成吨的水喷出。因此，在进行建筑结构设计时，应尽可能考虑如何有组织地进行消防排水。

10.6.2 湿式系统

顾名思义，湿式系统的配水管道内充满水。管道接至供水系统，一旦闭式喷头在火灾中受热开启，就可以立刻喷水灭火。湿式系统是最简单和最常见的自动灭火系统，已经建设的自动喷水灭火系统中有80%以上为湿式系统[10]。

当建筑物内的环境温度不低于4.4℃时，才能采用湿式系统。如果有运行温度低于4.4℃的空调制冷系统，则该区域不能采用湿式系统，而要做一些调整。

湿式系统通常不用于保护数据。不过，如果意外喷放造成损失的风险比较低，或者亟须控制建设成本，那么该系统还是能采用的。

10.6.3 干式系统

干式系统也采用闭式洒水喷头，但配水管道内没有水，而是充满有压空气或氮气。当闭式喷头受热开启，配水管道内气压降低时，干式报警阀在阀前水压的作用下被打开，配水管道开始充水，水最终从已开启的喷头内喷洒出来。干式系统通常用于没有采暖、温度低的建筑或建筑的局部，也可用于室外，如码头上或雨棚下。

10.6.4 预作用系统

预作用系统也采用闭式洒水喷头，配水管道内也没有水，但与干式系统不同，其管道内不一定充满有压空气或氮气，也可能为常压。该系统需要配套设置火灾探测系统，经常用于保护数据机房，因为该系统降低了意外或非火灾情况下的误动作风险，对电气设备是一种保护。

预作用系统需要先通过火灾探测系统来联动开启控制阀，让配水管道充水。这通常通过探测烟雾或热量来实现，但也可以使用任何火灾报警信号来完成，包括手动火灾报警。预作用系统用于防止意外或非火灾情况下喷头喷水。有三种基本类型的预作用系统，如下所述。

译者注：预作用系统按连锁方式不同分为如

下三种。

10.6.4.1 无连锁系统

无连锁系统指闭式洒水喷头动作或火灾报警信号联动均可以开启预作用阀的预作用系统。如果火灾探测系统未动作，无连锁系统的运行类似干式系统，喷头动作后管道就开始充水，随后开始喷洒。如果火灾探测系统动作了，管道也开始充水，不过水不会喷洒出来，除非喷头动作。

10.6.4.2 单连锁系统

单连锁系统指通过感烟火灾探测系统联动开启电磁阀的预作用系统。一旦电磁阀开启，配水管道就开始充水，不过水还不会喷洒，除非喷头受热动作，即仅电磁阀动作，预作用系统将会转化为湿式系统。当需要自动喷水灭火系统有较快的响应速度时，数据中心通常倾向于采用单连锁系统。否则，闭式喷头受热开启后，充水需要花太长时间。

10.6.4.3 双连锁系统

双连锁系统是火灾探测系统和闭式洒水喷头同时动作，配水管网才会充水的预作用系统，即电磁阀和雨淋阀要同时开启才会充水，也即仅电磁阀动作，预作用系统将会转化为干式系统。

译者注：电磁阀和雨淋阀同时动作，预作用系统将会转化为湿式系统。

该系统主要用于如下两种情况：

1) 用于替代干式系统的场所：在无人或偏远地区，人员响应滞后，此时管道内长时间充满水存在误动作风险。

2) 除非在火灾等紧急情况下，处于准工作状态时严禁管道有水的场所。

无连锁和单连锁系统都允许充水，因此在排空或复位前，系统会转化成湿式系统并保持一段时间。而对双连锁系统，闭式喷头动作前，配水管道是不允许充水的。

10.6.4.4 镀锌管道

尽管镀锌管道一直用于干式系统和预作用系统，但最近的一项研究[11]表明，没有防护层的钢管腐蚀比较均匀。相对而言，镀锌钢管不均匀的局部腐蚀更加严重，这可能会引起管道的穿孔泄漏，那么为防止非火灾情况下发生误喷的预作用系统设计就变得毫无用处。

当使用空气压缩机来维持管道气压时，氧气不断地进入管道，将与管道内的水汽相互作用，从内向外腐蚀管道。为了降低腐蚀的影响，可以用氮气或"干燥空气"代替普通空气。上述研究表明，当使用氮气惰化系统时，管道基本不会被腐蚀，并且镀锌管道和未镀锌管道之间的性能大致相同。

10.6.5 细水雾

细水雾系统的原理基于水被雾化成粒径不大于1mm的小雾滴。很大的比表面积（表面积与质量的比值）使得雾滴与热空气之间产生高效的热传递，用相对少量的水就能吸收大量的热量。细水雾系统最初在20世纪50年代被当作"精细水喷雾"[12,13]来研究；20世纪90年代，在寻找哈龙替代物的研究中，细水雾再次回到人们的视野中。

细水雾系统已经通过测试和认证，可用于机房地板层和机柜内。细水雾系统的一大优势是，当系统设计合理时，使用三分之一甚至更少的水量就可以达到与自动喷水灭火系统相当的火灾防护效果。因此，如果发生火灾，与洒水喷头相比，细水雾喷洒引起的水渍损失可能会降低。然而，积聚的雾滴有导电性，电路板上积聚的水分将导致电子设备故障。在电子设备可能由于水渍而遭受不可逆损害的情况下，选用清洁气体灭火系统，要优于选用细水雾系统。

与标准洒水喷头相比，细水雾系统利用更高的压力产生更小的雾滴。细水雾的工作压力范围为1.21~16.0MPa，需要采用柱塞泵和耐压不锈钢管，因此设备材料成本和安装成本要比自动喷水灭火系统高。为防止喷头小喷嘴的堵塞，细水雾系统需要采用不锈钢管之类的耐腐蚀管道，还需要设置过滤精度小于微米级的精密过滤器。

设计、安装细水雾系统应满足 NFPA 750[14]的规定。NFPA 750 最重要的要求是细水雾系统的设计必须基于按实际情况设计的火灾试验结果。所以，通过测试和认证的用于机舱的细水雾系统，不会被批准用于数据中心。

莫威尼（J. R. Mawhinney）对细水雾系统的现状进行了如下准确的总结："尽管 FM Global 已经表示支持将细水雾用于通信枢纽办公室，但北美的最终用户对细水雾的接受程度一直很低。同样，使用细水雾作为机房的哈龙替代品也是一种混淆视听的行为。根本问题是全淹没气体灭火系统能渗透到电气柜内部扑灭火灾，而细水雾却没这个能力，至少在全淹没方式中是如此。"[15]。

译者注：FM Approvals 的细水雾系统试验协议 FM5560（2016年版）中，在附录 M 和附录 N 中对数据机房工作层和地板层的细水雾火灾试验做了明确规定，为进行数据机房实体试验提供了依据。国家标准《数据中心设计规范》（GB 50174—2017）的附录 A 中规定，数据中心的主机房、变配电、不间断电源系统和电池室可设置细水雾灭火系统。国家标准《细水雾灭火系统技术规范》(GB 50898—2013)对电子信息系统机房的工作层、地板层的细水雾系统设计均有明确规定。故细水雾灭火系统替代气体灭火系统用于数据中心,在国内是可行的,而且有比较多的工程案例。

10.6.6 清洁灭火剂与气体灭火系统

水电不相容是常识。现在的数据中心越来越重要,以至于即使发生火灾了,系统经常也要持续运行。自20世纪初以来,人们就已经探索并试验了几种气体灭火剂,到现在它们的使用方式已被完整地记录和深刻地理解了。气体灭火系统能作用于火灾四面体的几个方面,如图10.3所示。

图10.3 火灾四面体(图片来自维基百科,由Gustavb提供)

首先,大部分灭火剂能置换氧气,这将减缓或终止燃烧过程。其次,许多灭火剂有较高的比热容,能吸收大量热量,如果没被吸收,这些热量将持续加速燃烧过程。第三,最新发现表明,一些灭火剂能切断火焰的链式反应。事实上,扑灭火灾是上述三种方式共同作用的结果。

NFPA 2001[16]对清洁灭火剂有详细描述,清洁灭火剂的定义为该物质在抑制火灾所需的浓度下,应不导电、无毒性且无残留。站在业主的立场来看,这些特性使清洁灭火剂非常具有吸引力,因为这些灭火系统可以保护数据中心,同时能在火灾发生后相对快速地恢复运行。

清洁灭火剂通常采用全淹没系统,即系统由探测系统联动启动或人员手动启动后,将开启一定数量的承压灭火剂瓶,向防护区喷放设计规定用量的灭火剂,使灭火剂浓度达到设计浓度以扑灭火灾。清洁灭火剂也可用于手提式灭火器,作为移动灭火设施来使用。

下面是全淹没系统设计需要注意的几个事项:

1)系统在一段时间内只能喷放一次,一旦灭火剂被喷放,火灾要么被扑灭要么没有。如果火灾再次蔓延,就需要其他灭火方式了,如依靠自动喷水灭火系统或手动灭火。如前面所述,气体灭火系统不是自动喷水灭火系统的替代品。

2)NFPA 2001要求系统的设计喷放时间不超过10s,在10s内灭火剂浓度至少要达到设计浓度的95%,对电气火灾取安全系数为35%。对惰性气体,喷放时间不超过60s。有些灭火剂需要采用高压系统,并且需要定期维护以确保所需压力要求。

3)除非另有规定,否则防护区内应维持至少85%的设计浓度10min。这意味着要么增加灭火剂喷放或防护区气密性足够好,才能维持浓度。有时需额外喷放灭火剂,来维持密度大于空气的灭火剂的机械混合。

4)防护区不满足密闭性要求,是测试期间遇到的主要问题之一。此外,以后的装修改造和设备穿越也会对防护区产生不利影响。

5)大多数清洁灭火剂在压力容器中的形态为液态,在释放过程中,灭火剂会在管网中膨胀气化。这类系统应设计为双相流的水力均衡系统。很多制造商提供他们自主知识产权的软件和设计服务,作为系统安装成本的一部分。

6)设计暖通空调系统联动关闭时,应同时考虑防护区工作层、吊顶层和地板层等空间。通过密闭结构和防火阀门来建立和维持防护区的封闭。

7)为了维持冷却负荷,可能不希望关闭空调系统。因此,设计时可以将空气处理设备和风管系统设计在防护区内。但是,还应考虑以下内容:

a. 必须增加灭火剂量,以弥补通过空气处理设备和风管的泄漏量。这可能引起灭火剂的显著增加。

b. 必须修改系统运行流程,保证空调设备运行时外部的通风口处于关闭状态,方能维持灭火剂浓度。设备运行温度级别不需要提高,因为灭火剂应能始终抑制火灾蔓延,即环境温度不会持续升高。

这种方法的主要好处是防护区在火灾发生后,冷却系统仍能继续工作,并且空气处理系统能提供必要的机械混合以保持灭火剂的均匀浓度。

市场上有许多气体灭火剂,每种都具有其独特的优势。面对特别的应用场景,最好的方式是向灭火系统制造商、供应商或消防顾问进行求教。

将目前使用的各种灭火剂一一列举是不现实的。下面将介绍一些常见的灭火剂。

10.6.7 哈龙

哈龙指使用氟、氯和溴等卤素来取代典型烷烃结构中的氢原子而得到的一类卤代烷化合物。NFPA 12A[17] 对哈龙系统的安装要求有详细描述。哈龙1301至今仍是目前发现的最高效的灭火剂之一，设计灭火浓度很低，蒸汽渗透能力强。但是，哈龙的致命缺点是对大气层臭氧的消耗，因此各种禁止生产哈龙的国际规则接踵而来。自1987年颁布"蒙特利尔议定书"和1993年颁布法令以来，哈龙就一直被禁止用于新建的系统。

尽管如此，哈龙1301系统只是被禁止制造，但安装和维护并没有被禁止。因此，设计人员可能会不时遇到现有的哈龙系统。事实上，有几家供应商在全球购买、储存和销售哈龙以供再利用，可以在网上轻松找到他们。当哈龙系统喷放后，业主面临着严肃的选择：为更换哈龙药剂瓶买单？或者拆下瓶组去充装类似的清洁灭火剂进行替代？

当改造已经采用哈龙系统的既有数据中心时，正确的选择是改造哈龙系统而不是更换它。

10.6.8 氢氟碳化物

为响应禁止生产哈龙的规定，杜邦公司开发了一系列基于氢氟碳化物（HFC）的清洁灭火剂，其臭氧消耗潜能为零。其中最出名的是七氟丙烷，学名为HFC-227ea，商品名称为FM-200。其他常见的HFC灭火剂包括五氟乙烷，学名为HFC-125，商品名称为FE-25，以及三氟甲烷，学名为HFC-23，商品名称为FE-13。

七氟丙烷抑制火灾的效率不如哈龙高，对同样的火灾，其灭火设计浓度大约为哈龙的两倍。气态状态下，七氟丙烷的密度大于哈龙（译者注：都比空气密度大），喷放时需要更充分的机械混合来维持均匀的浓度。由于需要更多的灭火剂，用于哈龙的管网系统和气体喷头不能直接被七氟丙烷重复使用。然而，由于与哈龙相似的特性，七氟丙烷及其他HFC系列灭火剂仍然是常用的一种哈龙替代物。

使用卤代物清洁灭火剂的一个缺点是灭火时可能产生氟化氢（HF），它是HFC热分解的副产物。这意味着如果火灾没有迅速被扑灭，灭火剂可能会在高温下分解。当氟化氢溶于水后，就形成了具有腐蚀性和剧毒的氢氟酸。正是因为这个原因，必须通过严格的设计，确保灭火剂迅速完成灭火，

而且人员从防护区撤离后方能喷洒灭火剂。

10.6.9 惰性气体

烟烙尽（Inergen）也称为IG541，是一种被广泛使用的惰性气体，主要由惰性物质组成，包括氮气和氩气。另外，灭火剂中加入了一定的二氧化碳，用于增加人的呼吸频率。

烟烙尽灭火的原理主要是降低氧浓度。当按体积计算的氧浓度不超过14%时，就不会产生有焰燃烧。在这种氧浓度情况下，人员通常会出现缺氧的生理反应，包括意识模糊、昏迷。然而有资料[18]显示，少量二氧化碳能使人员在一定时间内保持清醒，顺利撤离。一旦人员回到正常的大气环境中，这种效果就消失了。

与其他清洁灭火剂相比，烟烙尽相对便宜。由于成分是惰性物质，因此烟烙尽不会分解成有害物质，不会污染环境。不过，因为密度太小且所需的灭火浓度太高，烟烙尽是所有灭火剂中储存体积最大的。惰性气体所需的输送压力也是所有灭火剂中最高的，所以管网建设成本会增加。

最后，还需要考虑惰性气体定期进行水力测试的长期维护成本，包括钢瓶、高压软管和输送管路。由于喷放需要高压，维护时系统必须长时间停用。

10.6.10 全氟己酮（Novec 1230）

3M公司于2004年推出了一种称为全氟己酮（Novec 1230）的氟化酮类的新型清洁灭火剂。灭火剂哈龙1301因其过高的臭氧消耗潜能值（ODP），从20世纪90年代受到严格限制。氢氟烃类的哈龙替代物，如七氟丙烷，也因会加剧全球变暖而受到抨击。

全氟己酮（Novec 1230）的学名为FK-5-1-12，商品名为"蓝宝石"。由于没有溴分子，它的臭氧消耗潜能值（ODP）为0，全球变暖潜能值（GWP）≤1。

与其他清洁灭火剂一样，全氟己酮（Novec 1230）的灭火机理为吸收热量并稀释氧气。根据可燃物类型，设计浓度范围为4%~8%。对于数据中心，典型的设计浓度大约为5%。预作用灭火系统的设计符合NFPA 2001要求，即能在10s内达到95%的设计浓度。虽然全氟己酮（Novec 1230）在常温常压下是液体，但它能在喷放时迅速气化，气态时密度大于空气，所以需要有较大的喷放速率，以保证灭火剂在10s内与空气充分混合，使整个防护区围护结构内均达到灭火设计浓度。

全氟己酮（Novec 1230）的主要优点是常温常压下为液体，可以空运。从一个容器分装到另一个容器，不会有大量的灭火剂蒸发或挥发到大气中。而所有其他的清洁灭火剂需要储存在压力容器中，并且只能通过地面运输。

译者注：根据3M公司2018年2月发布的Novec 1230技术数据，其典型灭火设计浓度范围应为4.5%~6%，无毒性反应浓度为10%，设计安全阈值高。其臭氧消耗潜能为0，全球变暖潜能值极低，大气存活寿命很短，仅为5天，是一种绿色环保的灭火剂。系统可以设计成全淹没系统，也可以设计成局部应用系统，此前仅有二氧化碳灭火系统可用于局部应用系统。Novec 1230在常温下是透明液体，蒸发热是水的1/25，蒸气压是水的12倍，故容易汽化，灭火效率高。目前，国内已经有一些项目在采用该系统，其行业标准和产品标准尚在制定中。

10.6.11　低氧防火系统

在一些国家出现了一种称为低氧防火系统的技术，也称氧气稀释系统，即是一种降低氧浓度、避免火灾发生的系统。通过压缩机/膜系统可以将空气中的氧浓度降低至约14%。有研究[19]表明，在这种氧浓度下，可以防止火灾发生。不过长时间暴露在过低氧浓度的环境中，会对人员造成伤害。特别是在美国，职业安全与健康管理局（OSHA）规定，不允许任何人在氧浓度低于19%的永久性低氧环境中工作[20]。

与灭火剂灭火方式不同，低氧防火系统不是在火灾发生时喷放灭火剂，而是在受保护的空间内维持恒定的低氧环境。该系统的主要优点如下：

1）不需要配套设置火灾自动报警系统来联动启动灭火系统。

2）由于降低了氧化反应，燃烧产物的生成量或速率要比正常21%氧浓度环境中的要少。

3）该系统的安装成本低于一般有管网气体灭火系统，不需要设置灭火剂瓶和灭火剂管网。

不过，美国尚未接受低氧防火系统，也没有美国标准将其作为一种灭火系统。而英国标准BSI PAS 95：2011中规定了该系统在英国的使用方式。此外，该系统需要不断消耗能量以生产低氧空气来维持低氧浓度环境，而其他气体灭火剂只需要储存在压力容器中直到火灾发生。因为相邻空间内的氧气可能扩散到防护区，该系统必须安装氧浓度传感器以控制氧浓度。

为了提高经济性，防护区围护结构的气密性要求比全淹没气体灭火系统更高，因为低氧空气的产生率必须超过围护结构的泄漏率。因此，必须考虑长期运营维护成本。此外，该系统需要数小时才能将空气中的氧气浓度从正常的21%降至14%。在达到所需低氧水平所需的时间内，防护区将得不到保护。

最后，OSHA要求对进入密闭空间的人员做好充分的安全防护措施，即在任何人进入该防护区之前，可能需要对其进行通风，以使氧浓度达到至少19%。然后可能需要长达24h才能重新建立防火所需的低氧水平。

在美国，低氧防火系统作为灭火系统只能用在无人场所，而不能用在有人场所。

译者注：美国UL公司已经有了低氧防火系统的规范：UL 67377 Oxygen Reduction Fire Prevention System Units，详见：https://ulstandards.ul.com/access-standards/。

10.6.12　机柜灭火系统

用清洁灭火剂或二氧化碳对机柜、配电柜提供特殊灭火防护是最近的一种趋势。二氧化碳也是一种良好的灭火剂。然而，二氧化碳所需的灭火浓度很高，对人员的生存是一种严重威胁，这限制了其在全淹没系统中的应用。不过它还可用于局部应用系统。

机柜灭火系统与全淹没系统一样，也是一段时间段内只能喷放一次，不过其喷放成本远低于全淹没系统。对于那些容易出现较高能量负荷、可能成为着火点的设备，机柜灭火系统可以局部应用、迅速启动灭火，此时其他灭火系统尚未被触发。该系统的缺点与便携式灭火器类似，无法长时间保持灭火浓度。如果设备没有断电，则点火源和可燃物没有被移除，火势可能将继续扩大。

如果被保护的设备可以在灭火系统动作时断开电源，且人员能及时发现系统的动作情况，那么机柜灭火系统就非常适用。

10.6.13　手提式灭火器

NFPA 10[21]对各类手提式灭火器的选择和布置进行了规定。该标准将火灾分为四类：

- A类火灾：固体火灾。
- B类火灾：液体火灾。
- C类火灾：电气火灾。
- D类火灾：金属火灾。

译者注：国家标准《火灾分类》（GB/T 4968—2008）将火灾分类为六类。A类为固体或火灾，B类为液体或可熔化的固体物质火灾，C类为气体火灾，D类为金属火灾，E类为带电火灾，F类为烹饪器具内的烹饪物火灾。为避免国内读者混淆，下文中将直接写中文火灾类型。

数据中心的典型火灾类型为固体火灾和电气火灾。由于存在精密的电子信息设备，NFPA 10中规定，数据中心应选用适合扑灭电气火灾的灭火器。明确禁止使用干粉灭火器，因为干粉灭火剂残留物会对精密的电子信息设备造成不可逆转的损害。这就是为什么数据中心的灭火器通常采用二氧化碳灭火器或清洁灭火器。

与其他手动灭火设施一样，手提式灭火器的有效性取决于使用者。数据中心手提式灭火器的价值大小取决于：操作培训、人员对初期火灾发现的及时性、拿到灭火器的时间、到达着火点的时间。

10.6.14 冷通道/热通道

采用冷通道/热通道来提高能源利用效率是最近的一种趋势，但这种做法对灭火系统有负面影响。对于自动喷水灭火系统，冷通道/热通道会影响顶部洒水喷头的布水。对全淹没气体灭火系统，冷通道/热通道会影响灭火剂的喷放，延长着火点达到灭火浓度的时间。

通道的天窗或窗帘，有时设计成可以翻转的形式。在火灾情况下，由温度触发或由火灾报警信号联动触发。如果设计不正确，可能对设备有遮挡，影响灭火剂喷放，延缓灭火过程。所以，在安装前，设计团队必须就这些方面进行协调。

10.6.15 小结

市场上有许多气体灭火剂和混合物。表10.3对本节中讨论过的几种灭火剂进行了比较，图10.4所示为相同火灾情况下清洁灭火剂用量的粗略比较。

表10.3 常见气体灭火剂的比较[22]

灭火剂	哈龙1301	七氟丙烷 HFC-227ea	五氟乙烷 HFC-125	IG541	FK 5-1-12
商品名称	Halon 1301	FM-200	FE-25	烟烙尽（Inergen）	Novec 1230
种类	卤化物	卤化物	卤化物	惰性气体	氟化酮
制造商	—	杜邦	杜邦	安素	3M
分子式	CF_3Br	C_3HF_7	C_2HF_5	$5N_2 4Ar CO_2$	$C_6F_{12}O$
相对分子质量/(g/mol)	149	170	120	34.4	316
质量体积(m^3/kg，常温常压)	0.156	0.137	0.201	0.709	0.0733
灭火浓度（%）	5	7	9	38.5	4.7
最大无毒性反应剂量（NOAEL）浓度①（%）	5	9	7.5	52	10
最小毒性反应剂量（LOAEL）浓度（%）	7.5	10.5	10	62	>10
所需灭火浓度（kg/m^3）②	0.44	0.74	0.66	0.66③ m^3/m^3	0.91
最低设计压力（20℃）/MPa	4.2	2.9	3.4	14.8	1.0
臭氧消耗潜能值（ODP）	12	0	0	0	0
全球变暖潜能值（GWP，100年，相对于CO_2）	7030	3220	3500	0	1
大气寿命/年	16	34	32	NA	0.038

① 实际所需灭火浓度在很大程度上取决于可燃物特性。本数值代表数据中心典型火灾相应的常见浓度。数值仅用于对比，不能直接用于实际应用。

② 根据NFPA 2001（2012年版）第5章，按海拔0m进行设计计算，按电气火灾取安全系数为1.35。数值仅用于对比，不能直接用于实际应用。

③ 与其他灭火剂不同，IG541的灭火浓度采用体积百分比来表示，取安全系数为1.35（译者注：因为只有IG541的储存状态为气体，其他灭火剂的储存状态均为液体）。

图 10.4 相同火灾情况下清洁灭火剂用量的比较

10.7 火灾探测、报警与信号传递

传统的火灾报警系统能在火灾危及生命之前发出火灾事件早期预警。对于数据中心，由于人员稀少、可燃物适中，火灾对生命的威胁相对较低，因此建筑规范和防火规范通常不要求数据中心设置火灾报警系统，除非单层建筑的人员超过 500 人，或者多层建筑、高层建筑的人员超过 100 人。此时火灾自动报警系统不再仅为人身安全提供预警，也为财产安全和运营损失事件提供预警。这也是 2010 年 NFPA 72[23] 从《国家火灾报警规范》更名为《国家火灾报警和信号传递规范》的部分原因。

美国电信行业协会的 TIA 942 标准、Uptime Institute 的 Tier 标准《Tier Ⅲ 级和 Tier Ⅳ 级机房中火灾探测、报警系统的推荐拓扑结构》和 FM 的一览表，均要求数据中心的火灾报警系统有以下功能：

1）探测火灾、报告系统故障，或者在预设的危险级别下检测状态，包括以下所有内容：

a. 烟雾探测。

b. 温度探测。

c. 联动启动自动喷水灭火系统。

2）根据火灾事件、系统故障的不同程度或如下的系统监控事件，分别向现场人员、业主、远程监控服务人员发出报警：

a. 对现场人员的预警。

b. 建筑内的广播通知。

c. 与外部人员和应答人员的有线或无线通信。

3）按照预先的设定，为启动灭火系统进行一系列操作，内容如下：

a. 开启预作用系统或气体灭火系统的电磁阀。

b. 启动气体灭火系统喷放倒计时。

系统的类型取决于对风险的预评估。需要考虑的内容包括生命安全的风险、运营连续性和业务中断，以及财产或设备损失。总体风险较低的小型服务器机房可能不需要设置探测系统。如果业主希望在自动喷水灭火系统启动前能收到某种形式的警报，可以安装一个烟雾探测器来发出警报。

对于更复杂和更重要场所，专用的吸气式感烟探测器能在现场人员发现问题前，对阴燃情况进行非常早期预警。如果燃烧继续进行，探测器将进入报警状态，并可能在延时 30s 后或直接打开预作用系统的电磁阀。如果运行顺序没有中止或室内情况进一步恶化，则洒水喷头开始喷水，或者气体灭火系统开始喷洒灭火剂。

译者注：在国内，吸气式感烟探测器仅用于火灾报警，不用于联动控制。

10.7.1 温度探测

温度探测用于烟雾探测不太适用的场所，如环境恶劣或寒冷的场所。当房间内设有自动喷水灭火系统保护时，除非想要更早期的温升报警，否则通常不需要额外设置温度探测，因为自喷水灭火系统的水流指示器就能发出报警。

10.7.2 烟雾探测

建筑内最常用的烟雾探测器为点型探测器，分光电型感烟探测器和离子型感烟探测器。这些探测器成本低，可靠性高，可以设置不同的灵敏度。当与可寻址的火灾报警系统配套使用时，可以进行如下的特定响应：

- 预警或警告。
- 火灾报警。
- 定时启动。
- 启动灭火系统。

点型感烟探测器也有缺点，最明显的是，虽然初始灵敏度水平比点型感温探测器高很多，但当其探测到烟雾时，由电气设备引发的火灾可能已经对该设备造成了损害。其次，随着污垢和灰尘在传感器上的积聚，探测器的灵敏度逐渐降低。因为这个原因，点型探测器必须设置在方便维修的地方并定期维护，这将增加运营成本。最后，离子型感烟探测器对气流比较敏感，一般风速超过 1.5m/s 时就不适用了。规范中有列表可以查到不同情况下的风速限制，不过设计人员在通风系统或地板下采用离子型感烟探测器时需要比较谨慎。

吸气式或空气采样感烟探测器又称为高灵敏度感烟探测器（HSSD），是一种常用于数据中心的烟雾探测系统。这种系统的早期制造商威士达（VES-

DA)已成为该技术的代名词。极早期感烟探测器(VESDA)就是 Very Early Smoke Detection Apparatus 的英文首字母缩写。该系统有许多制造商和专业应用程序,本文仅介绍该系统的基本工作原理。

吸气式感烟探测器的灵敏度非常高,所以报警比点型探测器早很多。采样管道布置有点类似于自动喷水灭火系统的管网布置,只不过管路中没有灭火剂——水。相反,它通过一系列采样孔不断吸入空气,并将这些空气送入探测器主机。采样孔也可以设置在暖通系统的回风口或出风口,以测量这些点的空气质量。该系统是模块化的。一个探测器可以设置一定长度的采样管,管道上有一定数量的采样孔。能通过添加多个探测器以覆盖更大的空间,也可以将地板下或夹层空间之类的区域设置成各自独立的探测区域。

该系统使用具有专利的激光技术来分析粒子在通过激光探测腔时所产生的反射率。根据制造商设定的算法,探测器测量每米直线距离上粒子遮光的百分比。例如,如果设置探测器以在 1.00%/m 的遮光率下启动警报状况,并且整个房间的遮光水平一致,则表示 10m 外光线被遮挡了 10% 将发出警报。

实际上,过热电路产生的烟雾能在局部对光线产生微小的遮光率,对现场人员来说是不可察觉的,但会被距离最近的采样孔采集。大多数制造商提供了许多预设的遮光率级别,分别发出特定的报警信号。可以根据保护区的尺寸和物品来设定这些预设级别。以下为 VESDA 探测器的默认报警阈值:
- 警告,0.08%/m。
- 动作,0.14%/m。
- 火警1,0.20%/m。
- 火警2,2.0%/m。

除了灵敏度更高之外,空气采样系统也不像离子型感烟探测器那样容易受到高速气流的影响。空气采样系统区分灰尘颗粒与燃烧烟气颗粒的可靠性水平因产品而异。一个常见的问题是,系统安装好后刚投入使用不久就会不断报警,用户不堪其扰,就要求降低灵敏度级别,或者忽略这些旨在保护设备的警告和行动报警。在购买该系统前,强烈建议用户彻底了解该系统的用途。维护工作包括清洁采样孔和更换过滤器,频率为 6 到 60 个月不等,具体取决于探测区域的环境情况。

另外还有一种气体探测器。例如,某些类型的电池在充电时会产生氢气,故电池室通常会设置日常通风,以避免氢气聚集。业主也可以安装氢气探测器作为额外的预防措施。在半导体工业中,气体探测器也用于使用或存储危险生产材料的房间。

10.7.3 运行顺序

运行顺序是火灾报警将遵循的逻辑功能集,基于来自设备的输入信号。表 10.4 列出了数据中心火灾报警矩阵的样本部分。不过,这不应被理解为火灾报警系统的完整运行顺序。

表 10.4 火灾报警矩阵的样本部分

系统输出	通知					灭火控制			
	发出声光警告	发出声光报警	发出中止警报信号	发出监控信号	发出故障信号	开始30s延迟	释放气体灭火剂	开启预作用电磁阀	中断倒计时周期	恢复倒计时周期
系统输入	A	B	C	D	E	F	G	H	I
1　空气采样警告	●									
2　空气采样火警		●				●				
3　延时周期结束		●					●			
4　烟感动作						●				
5　按下手动报警按钮		●								
6　按下气消手动开关							●			
7　按下气消停止按钮			●						●	
8　释放气消停止按钮										●
9　水流指示器动作		●								
10　防拆开关动作				●						
11　关闭信号阀				●						
12　预作用报警								●		
13　预作用监控				●						
14　预作用故障					●					

10.7.4 暖通空调系统的关闭

根据机电设计规范和标准，如果暖通空调系统的回风系统风量大于944L/s或3398m³/h，当设置在风管内的感烟探测器探测到火灾烟气后，一般应该联动关闭该系统。如果暖通空调系统服务的整个区域都设置了感烟探测器，那就不需要在风管内再设探测器。按规范要求关闭通风系统，还是保持通风系统运行以避免数据中心设备损坏，是需要权衡的重要问题。当暖通空调系统专用于某个房间时，可以认为自动关闭不一定是最佳选择，因为关闭系统的目的主要是防止火势蔓延到建筑物的其他部分。关闭系统也能保护设备免受损坏，但在某些情况下，让设备保持运行至少一段时间是很有意义的。例如：

- 警告类型的报警，此时火灾尚未真正发生。
- 数据中心或通信设备正在关闭中。
- 暖通空调系统用于促进清洁灭火剂与空气混合的场所。

10.8 消防设计

优秀的消防策略应该包括对预期风险的全面评估，并在建筑的整个生命周期内持续评估该风险。从用户开始，与所有利益相关方沟通，消防策略将确定场所的重要性，以及完全损失对组织的影响。由于其他系统的原因，这种影响有可能被降到最低程度。在这种情况下，设计者的角色是确定适当的消防主管部门，并满足规范的最低要求。

火灾也可能会产生严重后果，对生产或服务造成巨大损失。在这种情况下，合理的消防系统可以包括灭火系统、火灾探测系统和火灾报警系统，这些系统将在适当的时间为用户提供正确的信息，并集中保护最关键的部分。与所有利益相关方就目标进行沟通和达成共识，以确定成功的消防战略。一旦达成一致目标，就可以开始设计的技术部分，其摘要如下，设计团队应确定以下内容：

- 选址要求（如与校园内其他建筑物的隔离）。
- 建筑类型。
- 人员分类。
- 人员负荷。
- 疏散要求。
- 灭火系统要求。
- 火灾探测、火灾报警和紧急通信系统要求。
- 机电工艺需求。

每个数据中心或通信机房都存在一定程度的风险，必须予以减轻。如本章所述，这些地方的消防系统规格通常高于规范的最低要求。根据生命安全、运营连续性要求和财产/设备的价值来进行风险评估，就确定了对该风险的容忍度。这就是各种标准和设计团队的既有经验将推动设计的地方。

消防设计应在设计其他系统时就一并纳入。由熟悉生命安全规范、有消防系统集成经验的消防顾问、供应商和制造商等人员组成的协调团队将有助于设计团队根据既定的设计标准做出最佳决策。

参 考 文 献

[1] 2012 International Building Code. Country Club Hills: International Code Council, Inc.; 2011.

[2] 2012 International Fire Code. Country Club Hills: International Code Council, Inc. 2011.

[3] NFPA 75. Standard for the Protection of Information Technology Equipment. Quincy: National Fire Protection Association; 2008.

[4] Telecommunications Infrastructure Standard for Data Centers. Annex G, Tables 9-11. Arlington: Standards and Technology Department; 2012. ANSI/TIA-942-A-2012.

[5] Uptime Institute professional Services. Data Center Site Infrastructure Tier Standard: Topology. New York: Uptime Institute; 2012.

[6] NFPA 101. Life Safety Code. Quincy: National Fire Protection Association; 2008.

[7] ASTM E-119, 2012. *Standard Test Methods for Fire Tests of Building Construction and Materials*. West Conshohocken: ASTM International; 2012.

[8] United States Gypsum Corporation. *Gypsum Construction Handbook*. 6th ed. Kingston: R.S. Means Company, Inc.; 2009.

[9] NFPA 13. Standard for the Installation of Sprinkler Systems. Quincy: National Fire Protection Association; 2009.

[10] Hall JR. U.S. Experience with Sprinklers. Quincy: National Fire Protection Association Fire Analysis and Research Division; 2012. p 6.

[11] Kochelek J. White Paper, Mission Critical Facilities—Is the Use of Galvanized Pipe an Effective Corrosion Control Strategy in Double Interlock Preaction Fire Protection Systems. St. Louis: Fire Protection Corrosion Management, Inc.; 2009.

[12] Braidech MM, Neale JA, Matson AF, Dufour RE. *The Mechanism of Extinguishment of Fire by Finely Divided Water*. New York: National Board of Fire Underwriters; 1955. p 73.

[13] Rasbash DJ, Rogowski ZW, Stark GWV. Mechanisms of extinction of liquid fuels with water sprays. Combust Flame 1960;4:223–234.

[14] NFPA 750. Standard on Water Mist Fire Protection Systems. Quincy: National Fire Protection Association; 2009.

[15] Mawhinney JR. *Fire Protection Handbook*. 20th ed. Quincy: National Fire Protection Association; 2008. p 6–139.

[16] NFPA 2001. *Clean Agent Fire Extinguishing Systems*. Quincy: National Fire Protection Association; 2011.

[17] NFPA 12A. Standard on Halon 1301 Fire Extinguishing Systems. Quincy: National Fire Protection Association; 2008.

[18] Research Basis for Improvement of Human Tolerance to Hypoxic Atmospheres in Fire Prevention and Extinguishment. Philadelphia: Environmental Biomedical Research Data Center, Institute for Environmental Medicine, University of Pennsylvania; 1992. EBRDC Report 10.30.92.

[19] Brooks J. Aircraft Cargo Fire Suppression Using Low Pressure Dual Fluid Water Mist and Hypoxic Air. Gaithersburg: National Institute of Standards and Technology. NIST SP 984-2; NIST Special Publication 984-2.

[20] Occupational Safety and Health Administration, Respiratory Protection Standard, 29 CFR 1910.134; 2011. Available at https://www.osha.gov/pls/oshaweb/owadisp.show_document?p_table=standards&p_id=12716. Accessed on June 19, 2014.

[21] NFPA 10. Standard for Portable Fire Extinguishers. Quincy: National Fire Protection Association; 2009.

[22] DiNenno PJ. Halon replacement clean agent total flooding systems. In: *SFPE Handbook of Fire Protection Engineering*. Quincy: Society of Fire Protection Engineers, National Fire Protection Association; 2008.

[23] NFPA 72. National Fire Alarm and Emergency Signaling Code. Quincy: National Fire Protection Association; 2009.

第 11 章 数据中心的结构设计：自然灾害下的抗力

美国加利福尼亚州，德根科尔伯工程师

大卫·博内维尔（David Bonneville） 罗伯特·佩克尔尼基（Robert Pekelnicky） 著

德赛英创（天津）科技有限公司 李雪琪 译

11.1 引言

为了应对自然灾害，在设计上对设有数据中心的建筑有特殊的要求，因其所存储内容价值高、易损坏。由于一般的建筑规范都以保护生命安全（包括该建筑使用者的安全及公共安全）为首要目的，而不是保证业务连续性，这与数据中心的需求正好相反，因此数据中心所在的建筑需要特殊的结构设计。本章将概述自然灾害对建筑物及其内容物造成的威胁，并阐述关键建筑物的设计注意事项，可能会比普通商用楼宇中需要考虑得更多。

在美国，各州目前都采用《国际建筑规范（IBC）》的一些版本作为结构设计要求。《国际建筑规范》建立在一系列广为接受的标准上，包括采用美国 ASCE/SEI 7-10《建筑物和其他结构最小设计荷载》[1] 和其他众多建筑材料标准，如对钢材、混凝土、砌体和木材的设计要求。ASCE 7 主要是提供保护，防止结构故障。它是通过四组性能目标（称为风险类别）来实现这一点的，稍后将详细探讨。这些类别内部有其对应的假定故障概率和可靠性水平，适合于该类别下所属建筑的设计使用率。由于荷载强度、材料强度和施工质量的不确定性，每个类别也有其相应的不确定性。对结构性故障的保护是每类设计的主要依据，同样也需要对财产提供一定程度的保护，至少要提供低等级的保护，尽管这一保护并未被清晰定义。

11.1.1 结构及非结构组件

当涉及建筑物对自然灾害的抗力时，建筑通常被分为结构系统和非结构组件。结构系包括所有的楼板、屋顶板、梁、柱、基础和任何承重墙；非结构组件则是除此之外的其他部分，外覆层，机械、电气和水暖设备，水管、通风管道，以及架空地板和服务器机架等。

尽管结构系统在很大程度上决定着自然灾害下的整体建筑性能，但它只占建筑总价值的一小部分。例如，在办公楼中，结构系统可能仅占建筑框架总价值的 20% 左右，其余部分则由建筑、机械和电气部件和系统控制。租户的改善进一步降低了这一百分比。以数据中心大楼为例，结构系统可能只占外壳和核心总费用的 5%，租赁完成后，占比更微不足道。由于只需在结构系统的加强和非结构组件的锚定增加较少成本，就能较大程度上改善其性能，因此这种投资的回报可能是巨大的。

11.1.2 环境设计风险

显然，一个建筑必须承受其自重，以及建筑内所有设备和人员的重量。这些荷载通常称为重力荷载。除了重力荷载外，建筑物的设计还应使其能安全地承受预期暴露于自然灾害所加的荷载。地震效应（地面运动、地面塌陷和海啸）对数据中心的影响可能最大，其次是包括飓风、台风和龙卷风在内的风荷载。由此产生的与这两种危害相关的洪灾也构成了重大风险。雪和雨也会对建筑物的屋顶施加巨大的荷载。地震和风荷载都会对主要结构系统和非结构组件（如外覆层）施加作用力。此外，地震荷载也会影响室内设备和公共系统。

11.1.2.1 地震效应

在地震中，结构系统、各种非结构系统和组件的破坏程度因建筑物而异，取决于地面运动的强度、结构系统的类型和质量、非结构系统的锚固和支撑的质量、内部和外部组件的强度和坚固性，以及施工质量。如下文所述，在设计程序中更直接地考虑危害程度和性能，可能对灾后损害和相关的经济损失及业务损失（修理时间）产生影响。

11.1.2.2 海啸

许多沿海地区会受到地震引起的海啸（海浪）的影响。海啸对建筑物的影响有两种方式：首先是波浪对外墙的冲击，以及由此产生的对结构的作用力。墙壁可能会严重受损，甚至被摧毁。波浪也可以产生巨大的力，造成建筑物的永久水平位移，甚至在最极端的情况下将整个结构推倒。其次是由海浪引起的洪水，它会对许多机械和电气部件造成严重损害。

11.1.2.3 风荷载

无论是飓风、龙卷风、气旋还是风暴，风都会以相似的方式影响数据中心。当风吹向建筑物的外部时，就会对外覆层产生压力，此时外覆层转化为支承结构。此外，当风吹过屋顶时，会产生向上的吸力。通常，风引起的损害会影响到外部或屋顶的凸出区域，在这些区域会产生覆层、屋顶或支承的局部失效。在更极端的情况下，整个结构会产生横向变形，或者在罕见的情况下完全被吹倒。风暴中的另一个问题是强风会卷起物体，然后将它们吹入建筑物。被吹向空中的物体可以称其为导弹，它的冲击力或"打击力"会破坏外覆层，尤其是窗户。

11.1.2.4 雨荷载

暴风雨仅在以下情况会影响数据中心：屋顶没有足够的排水系统，导致出现积水或建筑物的围护结构被破坏，使水渗入建筑物。当排水系统不足或堵塞而出现积水时，就会导致屋顶积水。积水足够多时可以导致屋顶结构的应力超限，从而导致局部坍塌

11.1.2.5 雪荷载

类似于雨水积水，雪荷载主要通过使屋顶结构超载而影响结构。雪堆，即雪的堆积不均匀，或雪上的降雨增加了雪的质量，会导致屋顶构架上的荷载增大，从而可能导致局部坍塌。

11.1.2.6 洪水荷载

飓风或热带风暴造成最具破坏性的影响之一是沿海地区因风暴潮和暴雨而发生的洪水。在美国，洪水是最常见的自然灾害，也有其他原因造成的洪水，如水坝溃决或河流溢流。2011年，泰国洪灾造成了超过450亿美元的经济损失，主要集中在制造业设施方面，而2012年的超级风暴桑迪引起的洪灾造成了超过300亿美元的经济损失。洪水最显著的影响是对非结构组件造成损害。在非常严重的洪灾中，洪水可以像海浪一样作用并冲击建筑物，造成类似海啸的损害。

11.2 建筑设计考虑因素

11.2.1 基于规范的设计

由于地质、环境和大气条件的影响，自然灾害的发生概率和程度各不相同。为了制定设计和评价标准，工程界为每种危险选择了"最大"概率定义的事件，这些事件反映了特定区域的最坏情

况。例如，从理论上讲，该国某些地区可能发生9级地震。然而，这种情况发生的概率是如此微小，而结构上抵抗地震作用的相关力又是如此巨大，以至于这种考虑变得不切实际了。另一方面，因为旧金山湾地区1906年发生了7.9级地震，而将其按8级地震考虑是不切实际的。该地区的地质研究表明，发生这种地震的概率虽然很小，但也足够高，应该作为该地区的"最大考虑地震"使用。相反，在凤凰城，发生大地震的可能性非常小，因此不需要考虑大地震。这两个地区及美国其他地区的建筑，都是考虑了地震引起的地面震动，50年内超过这一事件的概率为2%。

出于结构设计的目的，美国的建筑规范和标准将建筑物分为不同的风险类别，其依据是建筑物的设计使用年限和重要性。这些风险类别分为四类，分别有其最低设计要求。总的意图是，风险类别根据发生故障时受影响的生命数量而增加，尽管较高的风险类别也可以提供更大的保护，防止财产损失和设备停运。第Ⅱ类风险是目前最常见的类别，适用于大部分商业和住宅建筑及许多工业建筑。第Ⅲ类风险适用于容纳集会人员的建筑物，如礼堂；居住流动性有限的建筑物，如K-12（从幼儿园到十二年级，即提供基础教育的）学校；以及含有规定数量有害物质的建筑物。第Ⅳ类风险适用于提供基本社会服务的建筑物，如医院、警察局和消防站，以及含有大量危险和有害物质数量较多的建筑物。第Ⅰ类风险被用于如谷仓之类的低居住结构。ASCE 7标准试图通过规定更高风险类别的设计值和更严格的结构细部要求来提供更高的性能。自然，建筑成本往往随风险类别的增加而增加，正如它们随危险程度的增加而增加一样。与每种自然灾害相关的荷载在每种风险类别中单独处理，目的是在更高级别中提供更好的性能。

符合规范要求的数据中心通常属于第Ⅱ类风险，这表明不需要特别的设计考虑。这符合保护生命安全的主要准则目的，同时将商业风险的考虑留给业主。这就在设计过程中引入了建筑性能决策，而在高价值或高度重要的设施（如数据中心）的情况下，保护建筑物及其内容物不受重大损害，以及保护建筑持续功能。对数据中心建筑物、设备和内容的保护，可以将其作为第Ⅳ类风险的结构考虑。

11.2.2 基于性能的设计

大多数建筑物是根据建筑物适用风险类别标准规定要求设计的，这是在建筑物业主没有确定性

能目标的情况下采取的办法。在这种情况下，设计团队实际上并不评估性能预期，这意味着与财务损失和停工时间相关的业主性能目标可能不会得到解决。如果更清楚地理解建筑性能目标（如数据中心），基于性能的设计需求可能是合适的。对于新的建筑设计，基于性能的设计可采取两种不同的方式。首先，ASCE 7 允许使用基于性能的程序来计算出与特定风险类别相关的同等强度和位移，而不遵守规定的要求。这类程序可有助于采用更具创造性的设计方法，并允许采用替代性的材料和施工方法，从而使设计更加经济。

使用基于性能的设计的第二种方式可能与数据中心更相关，因为它更直接地考虑与建筑物和内容的损坏有关的预期经济损失，以及该设施在事件后的运营损失。最近，为基于性能的抗震设计开发了一种综合方法，称为 FEMA P-58《建筑物的抗震性能评估，方法和实施》[2]。FEMA P-58 方法涉及模拟针对各种地震事件的给定设计的性能，并从损害后果（包括生命安全、财务损失和占用中断等方面）描述性能，然后可以调整设计以适应业主的目标。

11.2.3 既有建筑

数据中心通常位于既有建筑中，而这些建筑可能是按照较旧的建筑规范建造的，使用的结构标准已经被取代。因此，考虑新建物的风险类别，其预期性能范围要比定义的范围更广。许多既有建筑物不符合现行的第 II 类风险要求，因此预期性能会降低。不过，既有建筑可能会进行升级，以提供类似于针对不同风险类别设计的新建筑物性能。

建筑规范是不断变化的文件。每一次重大灾难都为工程师提供有关建筑物如何发挥性能的新信息，以及哪些发挥了作用的信息。多年来，建筑规范对于鲁棒性的要求显著提高。在某些情况下，工程师一度认为是安全的且被写入规范中的设计和施工方法在实际应用中被发现是不安全的，后来的建筑规范版本也反映了这些发现。此外，随着科学家对自然灾害的研究，人们对其影响有了更深入的了解，而这往往会转化为改进的设计要求。

这并不是说所有的现代建筑都没有什么风险，所有的旧建筑都有很大的风险。无论是新的还是旧的，建筑的性能都可能会千差万别，并且会受到许多因素的影响。所选择的结构类型、初始设计和施工的质量、初期施工后的修改和建筑物的位置都会影响建筑物的性能。正因如此，自然灾害给数据中心带来的风险，无论是在生命安全还是经济损失方面，都需要特别关注。

即使在涉及现代建筑的情况下，设计通常也不会特地考虑提高性能。因此，在购置建筑物供数据中心使用时，十分重要的是，在编制预算时，应包含对建筑物在自然灾害下脆弱性的了解，正如对电气和机械系统要求的了解一样。

11.3 地震

11.3.1 概述

地震引起的地面震动、地面塌陷和随之而来的火灾使整个城市的部分地区变得无法居住，1906 年的旧金山、2010 年的海地港和 2011 年的新西兰克赖斯特彻奇就是这种情况。绝大多数地震不会摧毁整个城市，但仍然会对建筑物、交通结构和公用事业基础设施造成相当大的破坏。通过损坏物理结构或失去关键公用事业服务（如电源），这可能使数据中心无法运作。与数据中心设施的使用寿命相比，发生重大破坏性地震的情况相对较少，但也是不可预测的。因此，地震是高后果、低概率危险的例证。这种情况虽然很少发生，但在设计特定设施时，其后果是不可忽视的。地震效应可能是数据中心面临的最具挑战性的自然灾害。这是由于易受震动损坏的设备和内容物价值较高，而且这种损坏有可能造成设施的运转中断。建筑规范意识到需要提供具体规定，以减少大地震对易发生破坏事件地区社区的影响。由于地震不常发生，但会产生极端的力，我们的规范认识到，在更大的地震中，设计建筑物使其不受损害的成本高昂。因此，已经制定了一些规定，在相对较大的地震中合理地确保生命安全，同时承认可能发生非常罕见地震时建筑物不安全的情况。在较小的地震中，总是会考虑保护功能和财产，但没有明确的规定。

11.3.2 地震灾害

虽然地震是不可预测的，但已经有大量的研究在记录地震发生的地点及其最大潜在震级。地震最常发生在靠近板块边界的地区。最常见的例子是环太平洋火山带，它沿着北美和南美洲的西海岸，日本、菲律宾和印度尼西亚的东海岸，贯穿新西兰。由于板块的相对运动，应力累积到地壳断裂点，导致能量的突然释放。一般来说，这种情况会沿被归类为断层线的断裂区域发生。沿着北加州的西海岸延伸，然后穿过南加州内陆的圣安德烈斯断层，就是一个断层线的例子。1906 年，旧金山大地震就发生在这个断层上。

此外，地震也可能发生在地壳板块内的地区。这些地震称为板内地震，发生的原因是板块内部的应力导致板块断裂。一个例子就是位于伊利诺伊州南端附近的新马德里地震带，它在1811年和1812年发生了大地震。

地质学家和地震学家对这些区域，特别是断层进行了研究，现已建立起地震震级的最大估计值，以及给定时间段内该震级地震的发生概率。这些信息随后被转化为参数，工程师可用来评估地震对结构的影响，通常是以地震发生时地面最大加速度的形式来表示。由此产生了地震灾害信息地图，为工程师提供了在建筑物设计或评估中应该考虑的地震灾害信息。

由于无法准确预测地震的发生，因此灾害地图通常是根据在给定时间段内发生地震的某种假设概率绘制的。在一些地方，不仅有可能发生非常大的地震，而且有可能发生更频繁、更小但仍然具有破坏性的事件。在另一些地方，则主要是发生罕见但破坏性极大的地震。旧金山湾区属于前者所说的情况，而密西西比河中部（孟菲斯和圣路易斯）则属于后者。这可能是选择新建数据中心或评估现有数据中心时需要考虑的一个因素。

11.3.3 对建筑物的常见影响

地震中释放的能量通过地面传递，表现为地面的水平震动，在较小的程度上表现为地面的垂直震动。地震通过结构的传播方式会影响结构对地震的反应。理想的情况是，结构在受到震动时不会被损坏，并且非结构部件仍能牢牢固定住，不会移动或倾倒。不幸的是，在地震最活跃的地区，设计一个结构，使其能够在没有破坏的情况下承受尽可能大的地震，从经济上来说是不可行的。因此，工程师已经认识到，有必要设计这样的结构，即允许破坏发生，但要以可控的方式进行，并且不损害其总体稳定性。

当一个结构受到震动时，它要么以一种吸收能量的延性方式变形，要么以一种脆性变形的方式使结构的某些部分失效。较旧的结构，特别是那些在1970年或1980年之前设计的结构，通常缺乏确保延性性能所需的特征。因此，这些建筑和一些设计粗糙的现代建筑可能会承受结构连接节点或柱的失效，从而导致部分甚至大规模的倒塌。即使失效程度不足以造成坍塌，它也会破坏建筑物，使其被削弱到易受余震的影响。

即使是在地震中以延性方式变形的结构，仍有可能遭到破坏。在某些情况下，破坏的范围可能大到在重新使用前需要先修复。正因为如此，工程界采用了通用的性能状态来描述建筑物的震后状态，如图11.1所示。

如果没有讨论非结构系统（建筑覆层、饰面、家具及机械、电气和管道设备）是如何受地震影响的话，那么对建筑抗震性能的描述是不完整的。如果不锚定在结构上，地震会导致设备移动和倾倒。根据预期的地面加速度，建筑规范对锚固设计也提出了要求。此外，建筑物的晃动会导致分配系统（如水管或风管）破裂，从而导致内容物泄漏。移动还可能导致建筑物围护结构中的防水密封条破裂，造成雨水侵入。建筑物移动的另一个损害后果是灭火系统随之摇摆，造成洒水喷头撞击，形成水的损坏。

非结构性损害可能发生，而且历史上确实发生在地震烈度远远低于造成重大结构性损害的地震中。这对于数据中心来说非常重要，因为建筑物的大部分价值和重要性都与结构内的设备有关。

11.3.4 新建建筑设计考虑因素

出于设计目的，地震地面运动是根据由美国地质勘探局（USGS）提出并在ASCE 7中提供的灾害地图中给出的设计加速度来定义的。ASCE 7的要求基于FEMA 750、美国国家地震减灾计划（NEHRP）《新建筑物和其他建筑物的推荐抗震规定》[3]（该系统以五年为一个周期进行更新）提出的地震概念。这些地图提供了为设计目的而调整（减少）的最大考虑地震的地面运动，并结合了与动态响应和系统性能有关的因素，以提供设计地震参数。由于建筑物无法设计成结构系统，既可以保持弹性，同时能够抵抗大型（设计层面上的）地震地面运动。因此，抗震设计规定纳入了延性要求，目的是允许结构系统以弹性后效进行能量耗散，这可能伴随着结构系统及非结构部件的破坏。总的意图是提供合理的保证，即在第Ⅱ类风险建筑物中保护生命安全，在第Ⅲ类和第Ⅳ类风险建筑物中实现更高层面的安全，同时提供某种程度的保护，防止损坏和功能丧失。这些固有的性能水平是在标准范围内假设的，尽管普通建筑物（风险类别Ⅱ）更明确界定的目标是在非常罕见的地震事件中防止倒塌，而这在大多数情况下被认为是可以实现的。假定按照ASCE 7标准设计的Ⅱ类风险建筑在50年内的倒塌概率为1%或更低，而较低的概率与较高的风险级类相关。

因为一个普通的建筑只是为了防止倒塌而设计的,而不是为了防止在大地震中受损,所以新建的数据中心最好是设计成拥有更高的性能。这种较高的性能至少应考虑控制结构损坏的程度。

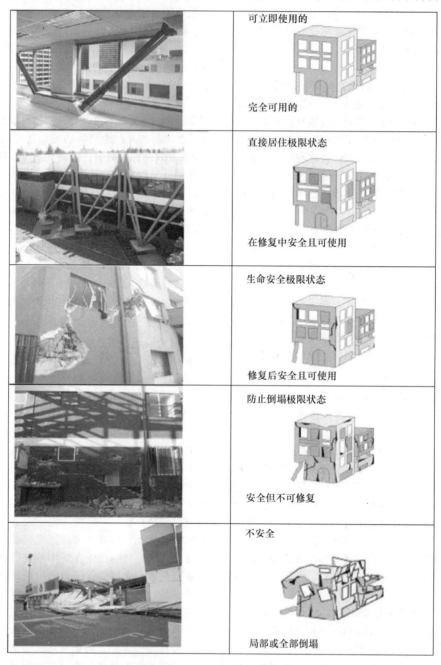

图11.1 建筑性能状态

控制损害对于确保数据中心在重大灾难后不被标记为不安全是至关重要的,因为这种不安全会阻碍重新使用。大地震后的修复时间可能相当长,这也表明需要加强设计。在许多情况下,谨慎的做法是将数据中心的结构设计为与基础设施(如医院和急救中心)相同的类别,而不是设计风险类别的规定。

如前所述,数据中心内的设备比结构更重要,因此可能需要像结构一样重视设计。在普通的建筑物中，如果建筑物位于中高地震活动区，则大多数设备都需要进行地震锚固。然而，虽然这种锚固可以防止设备倾倒，但并不能保证设备在事件发生后仍能正常运行。美国的规范现在要求制造商对基础设施（如医院）中要求在地震后必须能够运行的设备，以及对含有危险物质的设备进行抗震认证。通过这种测试的设备，即经过抗震认证的设备，应该考虑在数据中心使用。

数据中心中最关键的设备，即服务器和服务器机架单元通常没有经过抗震认证。通常，内部的电子元件对较大的地面加速度很敏感。保护服务器的一种方法是将服务器机架放在独立的平台上，利用隔震技术，将设备与它所在地面的震动分开，从而大大降低设备的加速度。

11.3.5 既有建筑物缓解措施

当考虑为潜在的数据中心站点或如果一个数据中心位于既有建筑物中时，首先应该做的工作是确定该建筑物的预期抗震性能。一个常用的评估标准是 ASCE 41-13《对现有建筑的抗震评估和加固》[4]。与新建建筑设计标准不同，ASCE 41 则认为，既有建筑包含了不同强度和延性的结构构件，其中许多构件都不符合新建建筑的标准。在许多情况下，评价工作将需要详细的分析程序，超出了设计新建筑使用的分析程序范围。

ASCE41 有五个结构性能等级，即立即入住、损坏控制、生命安全、有限安全和防塌。"生命安全"是一个典型的新建建筑标准，而"立即入住"通常与一个新的"第Ⅳ类风险"基本设施相关。在评估既有建筑时，生命安全应该是最低标准，而立即入住可能是所需水平，损坏控制是可接受的水平。很难找到一座符合立即入住的损坏控制的既有建筑，因此我们将选择只满足生命安全的建筑，而不包含防止地震后长时间停机的保护，或者对建筑物进行抗震升级。

如果选择升级，理想的做法是在建筑物装配数据中心之前进行改造。改造一个空置的结构大大降低了费用和风险。如果该结构已经被占用，在改造设计中需要更加小心。不妨考虑采用结构升级办法，将新的结构要素置于建筑物外部和屋顶之上，以限制在服务器上进行的施工量。如果必须在设施内进行工作，则应在服务器上建立临时的保护边界，并应以避免或至少尽量减少与现有机械和电气部件发生冲突的方式制定改造措施。

与结构类似，现有的非结构系统通常不是按照新的抗震规范建造的。虽然这不是一个重要的问题，因为数据中心的大多数设备都是较新的（小于10年），但在安装时通常没有适当考虑抗震支撑，也可能不考虑坚固性和震后功能。因此，设备可能需要适当固定。由于现有设备通常无法进行坚固性测试，因此必须做出选择，是否保留现有设备，并承担功能损失的风险，或者以经过认证的设备更换设备，或者将现有设备隔离开。如果防止功能损失是最重要的，那么隔离设备通常要比更换设备便宜。

11.4 飓风、龙卷风及其他风暴

11.4.1 概述

通常有三种不同的大气现象，它们会产生足够大的阵风来影响结构。它们是风暴、飓风/旋风和龙卷风。与地震类似，区域条件决定了这些灾害的程度。与地震类似，风灾也是短暂发生的，级别无法精确预测。正因为如此，科学家们开发了一些模型，可以预测在特定时间段或重现间隔内特定大小阵风发生的概率。例如，目前对普通建筑设计的风是基于平均重现间隔 700 年的最大阵风。

风荷载是由 ASCE 7 中的均匀重现间隔风速等值线图来定义的，该图分别为四种风险类别。涉及美国所有地理区域，包括受飓风影响的地区。风速提供与接触面、地形和方向性相关因素相结合的压力，以提供设计荷载。美国飓风多发区包括沿东海岸延伸的南部海湾地区。在风力设计中，规范规定的设计压力代表了建筑物在最大风力事件期间可能承受的荷载。所以与抗震设计不同的是，在抗震设计中，最大的预期地震力被降低，以考虑通过非弹性响应引起的能量耗散，其目的是使建筑物结构，包括部件和覆层在内的系统，在设计风荷载下仍然保持弹性，不会受到实质性的破坏。但龙卷风的情况除外，龙卷风产生的极端风荷载一般不包括在建筑规范中。

龙卷风一般不在建筑规范中规定，因为一个建筑物位于足够强度的具有破坏力的龙卷风路径范围内的概率很低。目前，考虑龙卷风风速的唯一结构是像核电站这样的重要的高风险结构。这并不是说在数据中心的设计中不能考虑龙卷风的影响。美国有最大的龙卷风风速图。在"龙卷风巷"的地区，如大平原地区，龙卷风的风速比建筑设计中通常认为的要高出 75%。

11.4.2 对建筑物的常见影响

当风吹向建筑物时,外覆层会产生压力,继而传递到支撑结构上。此外,通常会对屋顶、侧墙和后墙产生吸力。这些压力必须由覆层和屋顶构件和支撑它们的结构构件承担。覆层面板、窗户和门的失效在极端风事件中很常见。不是很常见,但仍然可以观察到的是屋顶覆盖层和屋顶板的故障。这发生在吸力强到足以使外壳向上拉的时候。

在更极端的情况下,整个结构可能产生横向变形,对于更轻的建筑物,甚至会完全被吹倒。对于大多数工程建筑,这些类型的失效是罕见的。然而,如果数据中心被置于一个轻框架的金属建筑中,那么这种可能性是存在的,应该加以评估。

风暴中的另一个设计考虑涉及强风卷起物体并将其吹入建筑物。空中形成的物体被称为导弹,它的撞击或"打击"会损坏外覆层,尤其是窗户。如果导弹打碎了窗户或墙的一部分,风就会冲进大楼,增加内部压力,增加对屋顶和墙壁的需求,可能会导致失效。

屋顶设备在风暴中很容易受到破坏。如果设备锚定得不够,就可能被吹倒。如果大的导弹击中设备,也会造成损坏。

除结构倒塌外,风暴后功能损失的主要原因是建筑外墙的损坏和屋顶设备的损坏。如果建筑外墙被破坏,建筑就不再是"不透水的"。因此,雨水可能进入建筑物和破坏设备。由于在数据中心中,空调系统的维护非常重要,屋顶空气处理设备的损失会导致设施关闭。

11.4.3 缓解措施

对新建建筑物而言,最合理的风害缓解方法是将其设计为第Ⅳ类风险,即基本设施。这就要求该建筑的设计风力要比普通建筑的大。如果建筑物位于有可能发生龙卷风的地区,在设计该建筑物及其覆层时,考虑更高的风力是明智的做法。另一个考虑是提供能够抵抗导弹袭击的窗户和门。有一个标准针对这些类型的门窗,即 ASTM E1966。如果该建筑必须有屋顶安装的设备,屋顶设备应该被设计成抵抗最大风力的挡风玻璃所包围,并且一种可以保护设备免受导弹袭击的材料。

对既有建筑物,应根据新建建筑物的设计来评估风力。如果屋面、框架构件、覆层或相关的连接件受力过大,则应加强。窗户和门很有可能对导弹的冲击没有抵抗力,如果龙卷风或飓风的危险性很大,就应该更换门窗。屋顶设备可能未有风挡包围,或者现有风挡不够充足,应添加新的兼容风挡或升级现有的风挡。

11.5 雪荷载和雨荷载

11.5.1 概述

与风和地震类似,雪和雨的危害也因建筑的位置而异。该地区的气象或气候将决定暴风雪或降雨事件的可能性。在这两种情况下,风险都是按概率定义的。地图可以在建筑规范中找到,这些规范提供了设计雪和雨的水平,或者可以通过具体的现场研究获得这些参数。

设计降雨灾害通常被认为是 100 年平均重现期的暴雨在屋顶上积累的水。积雨量是根据屋面坡度、主要和次要屋面排水沟的类型,以及这些排水沟是否堵塞而决定的。屋顶有许多特征,如屋顶设备的存在、屋顶凹陷及屋顶框架的灵活性,这可能导致局部地区的雨水积水,造成超出预期的需求。目前,美国的规范和标准没有规定增加基本设施的雨荷载。

对于雪,50 年平均重现期(或每年 2% 的超越概率)的地面降雪间隔被用作雪灾的基础,并根据屋顶的高度和屋顶设施(如可以导致雪堆形成的护栏)的存在而增加。此外,也应该考虑雨水或雪的堆载等因素,因为雪会截留雨水,导致雪密度增加。美国规范提供了一个系数,在高风险类别设施中增大雪荷载设计值。

11.5.2 缓解措施

解决新建建筑物的降雨和雪灾问题,只是遵循建筑规范和适用的结构设计标准,如 ASCE 7 即可。由于数据中心的重要性,建议与风和地震一样,采用第Ⅳ类风险,即基本设施的规定。同样重要的是,制定一个维护计划,定期检查屋顶排水管是否堵塞或清洁。为了解决断电造成"冷顶"的状况,加热系统可以安装在至少可运行 3 天的应急电源上。

许多宜作为数据中心的既有建筑、工业厂房和大型箱型建筑,屋顶最有可能是这样的:几乎没有储备能力,对积雪考虑不足或过于灵活而造成积水不稳定。因此,在尽职调查研究中,对建筑物屋顶框架进行评估是十分必要的。增加屋顶框架的成本会非常高,如果建筑物已经安装了系统、水管、风管和电缆槽,就很难完成这项工作。所有这些项目都将妨碍人们进入屋顶框架。如果计划新增屋顶设备,应考虑其对屋面排水的影响,以及雪在设备附近漂移的能力。这些设备可能需要重新定位,置于高架平台上,以便进行排水,或者在其下方局部加固屋顶。

11.6 洪水及海啸

11.6.1 概述

虽然造成洪水和海啸的机理不同,但它们都是类似的灾害,它们对建筑物的影响是相似的。洪水和海啸的特点是不受控制的水流入一个地区。水冲击建筑物的力量会损坏建筑物的表面。如果水流足够高,强度足够大,甚至会损坏建筑物结构。一旦建筑物的围护结构被破坏,水就可能流入建筑物,并可能损坏设备,由于残垣碎片和诸如霉变等环境危害而使建筑物无法使用。

与所有环境灾害一样,洪水和海啸风险因区域而异。风险的大小取决于建筑物是否位于淹没区。这是一个区域,对于一个给定的平均重现期或发生概率,可能会由于高水位而遭受洪灾。根据洪水淹没高度,可以确定建筑物是否位于会受洪水冲击的海拔。

美国建筑规范通过要求考虑100年平均重现期的洪水来解决洪水问题。联邦紧急事务管理局(FEMA)发布了洪水淹没地区的地图。如果建筑物位于淹没区,设计师或设计师的顾问需要确定影响建筑物的洪水产生的负荷是否相当大。目前,美国建筑规范并不要求对基本设施采用更高的平均重现期。关于这一点,也有一些专业的意见认为,对于第Ⅳ类风险建筑物,应用500年平均重现期的洪水,而不是百年一遇的洪水。

目前,美国建筑规范没有明确规定海啸风险,但正在努力在不久的将来制定规范和基于性能的要求(ASCE 7-16)。根据美国国家海洋和大气管理局(NOAA)及一些州政府机构(如加利福尼亚自然保护部)发布的海啸风险和淹没地图显示,沿海地区正遭受海啸灾害。许多其他沿海地区面临海啸风险的国家也有这样的灾害地图。为了评估一个地点的脆弱性,需要得到淹没的范围、上升高度和流速。如果没有特定地点的地图,可以进行特定位置的研究。

11.6.2 对建筑物的常见影响

海啸和洪水对建筑物最常见的影响是淹没地下室和一楼。水的损害可能是严重的,并立即使建筑物或其大部分设备失去功能。例如,福岛第一核电站发生的海啸洪水淹没了应急发电机所在的房间,造成核电站断电,无法维持冷却系统。此外,在水消退后,可能会出现霉菌和其他环境危害的问题,在人们重新使用该建筑之前,需要减轻这些问题。

如前所述,流入建筑物的洪水会损坏建筑物的表面,如果洪水足够高且流速足够大,甚至会损坏建筑物结构。建筑外壳中的薄弱环节,如门窗,是最容易受到影响的。在最极端的情况下,一场洪水或海啸会产生足够强烈的水流,以至于将建筑物推离地基。流动水中的碎片也会严重损坏建筑物

11.6.3 缓解措施

应对海啸或洪水风险的最直接方法就是不要在淹没区建立数据中心,也不要在淹没区的既有建筑物中建立数据中心。在不可能做到这一点的情况下,应考虑淹没高度、最大水流高度和流速,以及周围元素的存在,这些因素都有可能成为水系碎片灾害。

在许多情况下,洪水或海啸流量不会很大,也不会很猛烈。在这种情况下,缓解措施可能仅仅需要将数据中心中继续运行所需的所有设备置于淹没高度以上的水平。不应将关键设备置于地下室中。在平台上建造新的建筑物是洪水泛滥地区的普遍做法,因此第一个可居住的楼层就在洪水淹没的高度之上。如果数据中心是至关重要的,则应该考虑500年而不是100年平均重现期的洪水。

11.7 综合抵抗策略

11.7.1 灾前规划

任何减轻自然灾害风险计划的第一步是了解公司库存中每一个设施的自然灾害危害情况。联邦政府和地方政府机构发布关于地震、飓风、洪水、雪和龙卷风灾害的信息。开始一个简单而有效地开始计划的方法是建立一个所有设施场地的矩阵,并将地震、龙卷风、飓风和洪水的危害程度列为高、中、低。

一旦了解了每个场地的危害,就可以评估每个场地不同设施的抵抗力。如前所述,并非所有的建筑,即使是按照相同的规范设计的建筑,在自然灾害中都能发挥同样的性能。规范仅规定了最低限度标准,但没有明确规定与停机和损坏控制相关的性能目标。因此,有一个通用的方法来定义建筑性

能是很有帮助的。

对于任何灾难，都有三个与设施性能相关的主要问题：生命损失、物理损坏和灾后的停机时间。这三个指标可能相互关联，也可能互不相关。例如，一个设施可以是"生命安全"的，但受到损害的程度是在经济上无法修复的。相反，也可能建筑物的整体破坏很小，但局部倒塌会造成数人死亡或受伤。

对于许多建筑物来说，生命安全是唯一需要考虑的性能水平。大多数办公楼都属于这一类。里面的人的生命需要得到保护，但这栋建筑可能会因为一场灾难而遭受巨大的、甚至无法修复的破坏。工人们也许能在建立新的设施或建筑物得到修复之前在场外工作。另一方面，这栋建筑物可能有一个关键的、不可或缺的数据中心或制造车间，其运营的缺失会造成重大的商业影响。在这些情况下，目标性能水平可能远远高于简单的生命安全，可能需要考虑灾后的最短停工时间。

了解组织库存中每个设施的需求是很重要的，这样就可以为每个特定的建筑选择合适的性能水平。标准可根据公司的具体需要加以调整，并应在开始任何评估之前至少在概念上达成一致。一旦确定了哪些建筑只需达到生命安全的标准，哪些建筑具有关键功能是必须立即使用的，哪些需要一定程度的损害控制，那么就可以对建筑物进行评估，并制定缓解策略。

评估不同自然灾害下的建筑性能不一定是每栋建筑的主要任务。有一些方法可以用来粗略地评估投资组合中的所有建筑物。在初步评估之后，可以确定哪些建筑物值得进行更深入的评估。通常，对关键建筑物和粗略评估显示可能有问题的建筑物进行更详细的评估，了解粗略评估方法中的保守范围。

在对设施进行初步评估之后或同时，建议制定针对公司特定的自然灾害准则。这些准则应规定公司库存中每一类设施的最低性能水平。然后，这些准则可用于指导新的建设项目，规定预置和预购评估的标准，并确定哪些现有设施达不到所要求的性能。

重要的是要避免在目录中增加中等或高风险的建筑物。因此，准则应用于所有新的建筑项目，以及公司计划购买或租赁的任何建筑物的评估。根据设施的类型，增加自然灾害抗力的费用可能很小。然而，如果没有指导原则，建筑设计师往往意识不到给定的设施应有更大的抗力。

对于一个典型的办公楼，结构成本只占总建筑成本的20%左右，因此使其具有更强的抗力，在总建筑成本上可能只增加5%或更少。对于制造业和数据中心，结构成本在总建筑成本中所占的比例会更小，因此增加抗灾能力的费用在总成本中所占的比例要低得多。

当考虑购置或租赁新建筑时，应在尽职调查过程中进行适当的自然灾害尽职调查研究。风险研究应重点评估可能发生的任何重大自然灾害下建筑物对生命安全、易损性和可能造成的功能损失的风险。公司的风险准则应该包含一个章节，根据建筑物的占用情况和功能，说明自有和租赁建筑物可接受的风险水平。

对于目前公司名录中不符合设施标准的既有建筑物，有四种选择：改造、更换、投保和风险自留。改造是为使某一设施达到所要求的性能，可能需要进行重大的结构修改，也可能只涉及解决孤立的缺陷或支撑设备。结构改造可以是改变孤立地区的结构，也可以是增加外部支撑，增强现有的构件连接，甚至在建筑物内部增加新的结构元素。非结构性组件，如机械和电气设备、水管和风管，以及建筑组件，可能需要施加支撑，以便它们在地震时能保持完整，或者不被强风吹倒。一些非结构性的组件可能需要重新定位，以便当发生洪水时它们不会位于将被水淹没的区域。在任何改造工程中，如果建筑物正好空置，或者与大租户的改造工程同时进行，则属于有利的情况。在上述条件不可行的情况下，可以设计改造，以尽量减少临时搬迁的数量，并分阶段建造，或者将新的结构元素集中在建筑物的外部。

在某些情况下，改造的费用可能过高，甚至接近建造新设施的费用。在一些情况下，这仍可能是适宜的商业决策。在其他情况下，应寻求几种选择：一是建立一个新的、具有抗灾能力的设施；另一个选择是可在另一个地点建立第二个设施，这样就可以产生足够的冗余，因此一个设施的损失不会对公司的业务活动产生重大影响。

最后两种选择，即投保和风险自留，是基于改造或更换成本太高，无法与风险敞口结合使用。自然灾害保险的费用可能很高，但在某些情况下可能足以减轻自然灾害风险带来的损失。在某些情况下，从灾难发生到保险索赔得到全额赔偿的时间可能相当长。另一方面，如果该设施不是不可或缺的，并且不对内部人员的生命构成威胁，公司可以选择接受风险并进行自我保险。

11.7.2 灾后规划

重大自然灾害发生后的瞬间可能会出现混乱。然而，一个完善的灾后规划可以帮助在混乱的情况下立即开始恢复。有几个重要的概念是每一个灾后规划都应该有的。第一是教育所有员工在灾难中保护自己。例如，在地震的过程中，人们通常会跑出建筑物。然而，联邦应急管理局（FEMA）和其他机构所倡导的更为恰当的应对是伏地、遮挡和手抓牢。第二是对现场人员进行培训，使他们了解如何正确检查建筑物，以确定是否存在明显的安全隐患。默认的位置应该是疏散，并等待工程师或建筑师对建筑物进行评估，以确定其是否安全。

一个司法管辖区可能需要几周的时间才能检查某个特定的设施。这是因为对当地建筑部门的要求非常高，甚至在志愿工程师的支持下，其响应时间也是无法预测的。此外，由于灾后不便导致时间增长，因此要找一位顾问工程师雇用可能会很困难。因此，必须与能够检查设施或多个设施的工程师签订事先安排好的预聘人员协议。理想的做法是，被聘用的工程师事先对设施进行了评估，以便了解这些设施和可能的受损区域。这将使他们的评估更加有效，也可用于对现场人员进行培训，使他们了解具体的危险。

在旧金山，继 1989 年洛马普列塔地震后，与加利福尼亚北部的结构工程师协会共同制定了一个项目，称为"建筑运营恢复计划（BORP）"。在这个项目中，建筑业主与评估工程师签订合同，后者随后准备一份提交给管辖区的震后检查计划。然后，市政官员批准了该计划，并要求工程师注册，必须在灾难发生后 3 天内公布建筑物的安全等级：绿色，可供安全重新使用；黄色，只有受过培训的人员才能安全局部使用；红色、不安全。尽管其他城市没有像 BORP 这样的特定项目，但如果建筑业主向建筑官员或规划部门提出拟建议的项目，许多人还是愿意采用针对特定建筑的 BORP 方案。

参 考 文 献

[1] American Society of Civil Engineers. Minimum Design Loads for Buildings and Other Structures. Reston: ASCE; 2010. ASCE/SEI 7-10.

[2] Applied Technology Council (ATC). Seismic Performance Assessment of Buildings, Methodology and Implementation, FEMA P-58, developed for the Federal Emergency Management Agency, Washington, DC; 2012.

[3] Building Seismic Safety Council (BSSC). NEHRP Recommended Seismic Provisions for New Buildings and Other Structures, FEMA 750, developed for the Federal Emergency Management Agency, Washington, DC; 2009.

[4] American Society of Civil Engineers. Seismic Evaluation and Retrofit of Existing Buildings. Reston: ASCE; 2013. ASCE/SEI 41-13.

第 12 章　数据中心布线

美国加利福尼亚州，J&M 咨询公司　亚历山大·朱（Alexander Jew）　著
华设设计集团股份有限公司　杨军志　译

12.1　为什么在数据中心采用标准的结构化布线

数据中心中大型机和小型机之间的连接通常采用点到点的直接连接。图 12.1 所示为非结构化、非标准布线机房。

非标准的非结构化布线，线缆直接安装在两件需要连接的设备之间。一旦更换了设备，线缆就不再有用，应将其拆下。尽管拆除废弃线缆是一项基本要求，但在机房内通常会发现很多废弃的线缆。

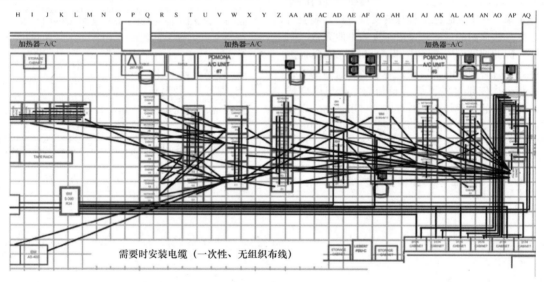

图 12.1　非结构化非标准布线机房

从图 12.1 中可以看出，布线系统杂乱无章。由于缺乏管理和各种非标准线缆，这些线缆通常难以进行故障排除和维护。

图 12.2 所示为基于结构化标准布线的重新设计的同一机房。

基于结构化标准布线节省了成本：

- 基于标准布线可以有多个供应商来源而不是单个供应商。
- 基于标准布线可用于支持多种功能应用，如局域网（LAN）、存储区域网络（SAN）、控制台、广域网（WAN）电路，所以布线可以留在原地并重复使用，而不需要经常拆卸和更换。
- 基于标准布线为高速协议提供了升级途径，因为它们符合 IEEE 局域网（LAN）和存储区域网络（SAN）协议簇。
- 结构化布线是在有组织的，因此更容易管理和维护。

基于标准的结构化布线提高了可用性：

- 基于标准布线的连接比较简单。
- 基于标准布线比非标准布线更容易进行故障排除。

因为结构化布线可以预先安装在每个机架中，支持最常用的设备配置，新系统可以快速部署。

结构化布线也很容易使用和扩展。由于其模块化设计，很容易通过（复制）水平分布区域

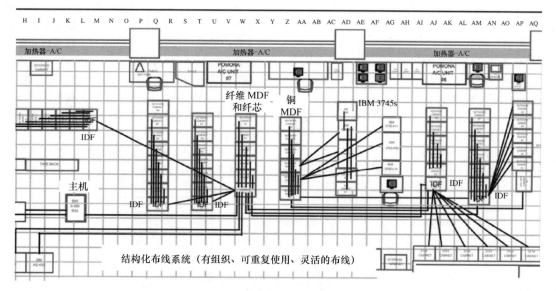

图 12.2 基于结构化标准布线机房
MDF—主配线架　IDF—中间配线架

（HDA）的设计或主干线缆的增加达到冗余的设计。使用结构化线缆会将系统布线分割成更小的部分，将所有线缆集中放置，更容易管理。有意地采用标准化布线，将大大简化设计过程，确保与应用标准的兼容性，并且可以解决不可预见的难题。

在数据中心的规划阶段，业主为了优化功能设施，都希望咨询建筑师和工程师。在此过程中，很容易产生混淆，并且可能忽略数据中心建设的一些关键方面，从而导致额外费用或宕机。数据中心标准试图提示使用者来避免这种结果。如果数据中心业主越理解自己的需求，他们的设计就越有效，并且能够理解他们最终设计的使用范围。这些标准解释了数据中心的基本设计要求，从而使用者可以更好地理解设计过程如何影响安全性、线缆密度和可管理性。这就要求参与设计的人员更好地与使用者沟通设计需求，允许使用者一起参与完成项目设计。

通常使用结构化布线提供的公共服务包括局域网（LAN）、存储区域网（SAN）、广域网（WAN）、控制系统的连接、带外管理的连接、语音、传真、调制解调器、视频、无线接入点、安防摄像机和其他建筑信号系统（消防、安全、电源控制/监测、暖通空调控制/监测等）的通信系统，甚至允许 LED 照明的系统也使用结构化布线。

12.2　布线标准组织

布线基础设施标准由几个组织共同编写。在美国和加拿大，美国电信行业协会（TIA）主要负责布线标准。TIA 制定信息和通信技术标准，并且制定美国国家标准协会和加拿大标准协会共同认证的布线标准。

在欧盟，布线标准由欧洲电工标准化委员会（CENELEC）制定。许多国家采用由国际标准化组织（ISO）和国际电工委员会（IEC）联合制定的国际布线标准。

这些标准是以共识为基础的，并且由制造商、设计师和用户共同制定。这些标准通常每 5 年修订一次，根据在这 5 年期间编写者提交的更新、再次确认文件或撤回文件进行修订。在标准完整修订发布之前，标准制定组织经常发布更新内容或补充资料的附录。

12.3　数据中心电信线缆基础设施标准

TIA、CENELEC、ISO 和 IEC 制定的数据中心布线基础设施标准包含以下几个主题：

- 允许的线缆类型。
- 线缆和连接硬件的规范。

- 线缆长度。
- 布线系统拓扑。
- 机柜和机架的规格和安装。
- 通信空间设计要求。
- 通信路径（如管道，线缆桥架）。
- 安装线缆的测试。
- 电信布线系统的管理和标识。

TIA 的数据中心标准 ANSI/TIA-942-A 包含了数据中心的布线基础设施标准。

ANSI/TIA-942-A 是 ANSI／TIA-942 标准的第一次修订版。本标准提供了用于数据中心设计和安装的指南，包括设施的布局、布线系统和配套设备，它还提供了关于能源效率的指南，并且提供了四级数据中心可靠性的设计指南。

ANSI/TIA-942-A 参考了 TIA 其他的与电信设备布线标准相同的内容。图 12.3 所示为美国电信行业协会（TIA）电信布线标准。

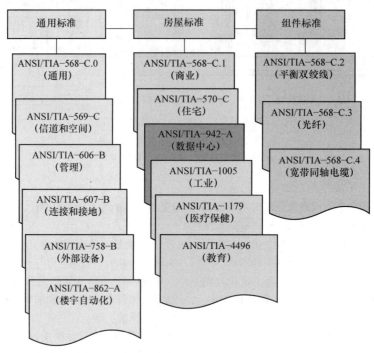

图 12.3 美国电信行业协会（TIA）电信布线标准

因此，ANSI/TIA-942-A 引用了以下每个通用标准：

- ANSI/TIA-568-C.0：关于一般布线要求包括线缆安装和测试。
- ANSI/TIA-569-C：关于信道、空间、机柜和机架。
- ANSI/TIA-606-B：关于管理和标识。
- ANSI/TIA-607-B：关于连接和接地。
- ANSI/TIA-758-B：关于园区/室外的布线路径。
- ANSI/TIA-862-A：关于楼宇自动化系统的布线，包括 IP 摄像机、安防系统，以及数据中心的电力和机械基础设施的监控系统。

线缆的详细规范由 ANSI/TIA-568-C.2、ANSI/TIA-568-C.3 和 ANSI/TIA-568-C.4 规定，但这些标准主要用于制造商。因此，美国或加拿大的数据中心电信布线基础设施设计人员应当获得 ANSI/TIA-942-A 和通用标准 ANSI/TIA-568-C.0, ANSI/TIA-569-C, ANSI/TIA-606-B, ANSI/TIA-607-B, ANSI/TIA-758-B, 和 ANSI/TIA-862-A。

CENELEC 制定的布线标准也有一套适用于所有类型房屋的通用标准和不同行业应用的布线标准（图 12.4）。

为欧盟数据中心设计布线的设计师需要遵守 CENELEC 的数据中心标准 CENELEC EN 50173-5 和通用标准 CENELEC EN 50173-1, EN 50174-1, EN 50174-2, EN 50174-3, EN 50310

和 EN 50346。

ISO/IEC 线缆布线标准如图 12.5 所示。

采用 ISO/IEC 标准为数据中心设计布线的设计师需要遵守 ISO/IEC 的数据中心专用标准 ISO/IEC 11801-5 及通用标准 ISO/IEC 11801-1，ISO/IEC 14763-2 和 ISO/IEC 14763-3。

数据中心布线标准对布线基础设施使用相同的拓扑结构，但使用不同的术语。

本手册使用 ANSI/TIA - 942 - A 中的术语。TIA、ISO/IEC 和 CENELEC 之间术语的交叉引用见表 12.1。

ANSI/BICSI - 002 数据中心设计与最佳实践是另一个有用的参考。这是一个国际标准，旨在补充美国电信布线标准 ANSI/TIA - 942 - A、CENELEC EN 50173 - 5、ISO/IEC 11801 - 5 或其他标准，它提供了基于数据中心电信布线标准最低要求之上的最佳实践。

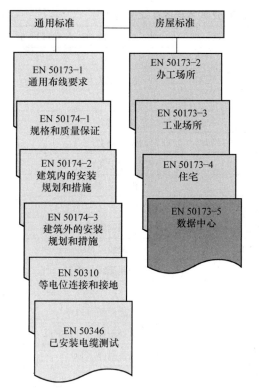

图 12.4　CENELEC 线缆布线标准

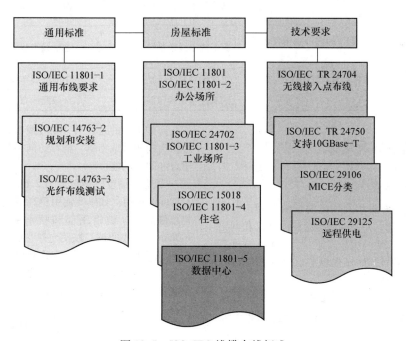

图 12.5　ISO/IEC 线缆布线标准

表 12.1　TIA、ISO/IEC 和 CENELEC 之间术语的交叉引用

ANSI/TIA – 942 – A	ISO/IEC 11801 – 5	CENELEC EN 50173 – 5
电信配线		
电信进线间（TER）	没有定义	没有定义
主配线区（MDA）	没有定义	没有定义
中间配线区（IDA）	没有定义	没有定义
水平配线区（HDA）	没有定义	没有定义
区域配线区（ZDA）	没有定义	没有定义
设备配线区（EDA）	没有定义	没有定义
交叉连接和配线		
电信进线间（TER）中的外部网络接口（ENI）	外部网络接口（ENI）	外部网络接口（ENI）
主配线区（MDA）中的主交叉连接（MC）	主配线（MD）	主配线（MD）
中间配线区（IDA）中的中间交叉连接（IC）	中间配线（ID）	中间配线（ID）
交叉连接和配线		
水平配线区（HDA）中的水平交叉连接（HC）	区域配线（ZD）	区域配线（ZD）
区域配线区（ZDA）中的区域出口或合并点	本地配线点（LDP）	本地配线点（LDP）
设备配线区（EDA）中的设备插座（EO）	设备插座（EO）	设备插座（EO）
布线子系统		
主干布线（从电信进线间到主配线区、中间配线区和水平配线区）	网络接入布线子系统	网络接入布线子系统
主干布线（从主配线区到中间配线区和水平配线区）	主配线布线子系统	主配线布线子系统
主干布线（从中间配线区到水平配线区）	中间配线布线子系统	中间配线布线子系统
水平布线	区域配线布线子系统	区域配线布线子系统

12.4　通信空间和要求

12.4.1　一般要求

机房是一个需要达到环境要求的房间，专门用于服务相关设施，并用线缆连接起计算机和网络系统。数据中心包括机房和其他专门用于支持计算机系统的相关空间，如操作中心、电气室、机械室、暂存区和储藏室。

机房的地板布局应与设备要求和供应商要求一致，包括地板负荷、运维空间、气流、安装、动力和设备连接的距离要求。机房应该远离限制未来空间扩展的建筑构件，如电梯、外墙、建筑核心或承重墙等，也不应该有窗户或天窗，因为如果允许光和热进入机房，将使空调消耗更多的能量。

房间应该配备有安全门，只允许授权人员进入。同样重要的是，只有经过授权的人员才可以接触机房的钥匙或密码。推荐访问控制系统能够提供审计和跟踪功能。

顶棚的高度应该至少为 2.6m，以容纳高度达 2.13m 的机柜。如果要使用更高的机柜，应相应调整顶棚高度。机柜顶部和喷水装置之间还应有 460mm 的最小间隙，以便允许它们有效工作。

机房内的地板应能承受至少 7.2kPa 的压力，但推荐为 12kPa。顶棚还应该有最低吊装能力，使荷载可以悬挂。最小吊装能力应至少是 1.2kPa，推荐为 2.4kPa。

机房需要控制好环境，使计算机部件损坏最小化，寿命最大化，同时应该免受环境污染（如粉尘）。一般常用的方法是使用蒸汽屏障、正气压室或彻底过滤。如果机房所在建筑有暖通空调系统，并具有自动风门，则不需要专门的暖通空调系统；

然而，如果建筑的暖通空调系统不能始终有效，那么推荐建立专用的暖通空调系统以保证可靠性。如果机房有专用的暖通空调系统，那么它应该由建筑物的备用发电机或电池支持。

机房应该有独立的供电电路和自己的配电柜。应该有非计算机使用（如清洁设备、电动工具和风扇）的双联便利插座。便利插座应该每隔 3.65m 放置，除非当地法规另有规定。它们应该与计算机使用的配电装置/面板分开布线，并可由 4.5m 的线缆连接。如果可以，插座应该连接到备用发电机，但发电机的负荷必须达到相应级别或为"计算机等级"。

所有机房环境，包括电信空间在内，应符合 ANSI/TIA – 568 – C.0 中 $M_1I_1C_1E_1$ 环境分类。MICE 环境分类规定要求为 M，机械；I，入口；C，气候；E，电磁。机械规范包括振动、碰撞、冲击和破碎。入口规范包括微粒和水浸泡的条件。气候规范包括温度、湿度、液体污染物和气体污染物。电磁规范包括静电放电（ESD）、射频发射、磁场和浪涌。CENELEC 和 ISO/IEC 标准也有自己类似的 MICE 规范。

机房的温度和湿度应符合现行 ASHRAE TC 9.9 和制造商设备指南。

电信空间，如主配线区（MDA）、中间配线区（IDA）和水平配线区（HDA）可以是数据中心内的不同房间，但更常见的方式是在机房空间中的一组机柜和机架内。

12.4.2 电信进线间（TER）

电信进线间（TER）或进线间指电信线缆进入建筑物的位置，而不是人们进入建筑物的位置。这通常是分界点，即电信接入提供商向客户移交线路的位置。电信进线间也是业主的室外光缆（园区光缆）在室内端接的位置。

电信进线间包含电信槽道、铜缆防雷保护器、接入提供商线缆的端接设施、接入提供商的设备，以及连接至机房的终端设备。

数据中心结构化布线系统和外部布线之间的接口称为外部网络接口（ENI）。

电信接入提供商的设备被安置在这个房间内，因为电信接入提供商的技术人员需要进入，所以不建议将进线间放在机房内，应安置在一个单独的房间内，以便进入此房间而不会危及其他房间的安全。

还应确定房间的位置，以便从分界点开始的整个线缆的长度不超过允许的最大长度。如果数据中心规模很大：

- 电信进线间可能需要位于机房空间内。
- 数据中心可能需要多个进线间。

电信进线间的位置也不应阻碍气流、管道路由或铺设在地板下的线缆。

电信进线间应充分连接和接地（用于初级保护器、次级保护器、设备、机柜、机架、金属线槽和入口线缆的金属组件）。

线缆槽道系统应与机房使用的一样。因此，如果主机房使用架空线缆槽，那么电信进线间也应使用架空线缆槽。

也有用于大型数据中心、冗余接入或专用接入服务提供商的进线间。如果机房有冗余的电源和冷却系统，那么电信进线间的电力和冷却也应该具有相同的程度冗余。

一旦存在危险，应采取措施将水从进线间排出。水管也不应该在设备上方敷设。

12.4.3 主配线区（MDA）

主配线区（MDA）是主交叉连接（MC）的位置，结构化布线系统的中心分布点。核心路由器和交换机等设备应当放置在这里。主配线区也可能包含水平交叉连接（HC），以支持附近机柜的水平布线。如果没有专用的区域，那么主配线区也可以作为电信进线间。在小型数据中心中，主配线区可能是数据中心唯一的电信空间。主配线区的位置应选择保证线缆长度不超过允许的最大长度。

如果机房被多个组织使用，那么主配线区应位于单独的安全空间（如安全的房间或带锁的机柜）。如果它有单独的房间，那么就可能有专用的暖通空调（HVAC）系统和连接到备用电源的配电板。

可能有不止一个冗余的主配线区。

主配线架（MDF）是主配线区的通用行业术语。

12.4.4 中间配线区（IDA）

中间配线区（IDA）是中间交叉连接（IC）的位置，是结构化布线系统中一个可选的中间位置配线点。

在没有使用三级架构的数据中心中可以不需要中间配线区。

如果机房被多个组织使用，那么它应位于单独的安全空间，如安全的房间或带锁的机柜。

中间配线区应位于所在区域的中心，这样避免超过允许的最大线缆长度。

这个区域通常还包含交换机，这些交换机用于局域网（LAN）、存储区域网络（SAN）、管理器和控制台。

中间配线区可能包含一个水平交叉连接

(HC)，以支持水平布线到中间配线区后进行跳接管理。

12.4.5　水平配线区（HDA）

水平配线区（HDA）包含水平交叉连接（HC）的空间，设备配线区（EDA）（设备机柜和水平线缆端接的配线架）。这个区域通常还包含交换机，以实现局域网（LAN）、存储区域网络（SAN）、管理器和控制台等的连接。

如果机房被多个组织使用，那么它应位于单独的安全空间内，如安全的房间或带锁的机柜。

每层至少应有一个水平交叉连接（HC）点，可能在水平配线区（HDA）、中间配线区（IDA）或主配线区（MDA）中。水平配线区的位置应避免超过从 MDA 或 IDA 所选介质允许的最大长度。如果它有单独的房间，那么就可能有专用的暖通空调或配电板。

为了提供冗余，设备柜和机架可水平布线至两个不同的水平配线区。

中间配线架（IDF）是水平配线区（HDA）的通用行业术语。

12.4.6　区域配线区（ZDA）

区域配线区（ZDA）是一个合并点或设备插座（EO）。合并点是水平布线的中间管理点。为避免线缆拥挤，每个区域配线区不应超过 288 同轴电缆或平衡双绞线的密度。区域配线区有两种部署方式，作为合并点或多个设备插座，如图 12.6 所示。

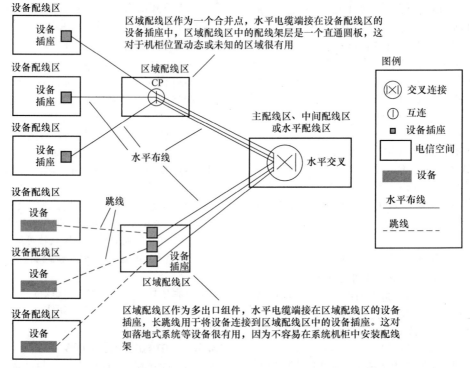

图 12.6　区域配线区的两种部署方式

区域配线区不应该包含有源设备，也不应该设计为交叉连接，即只有一组配线架用于连接水平线区和设备配线区的线缆。

区域配线区可能位于地板下、机柜或机架上方。

12.4.7　设备配线区（EDA）

设备配线区（EDA）是终端设备的位置，包括计算机系统、通信设备及其机架。在这里，水平线缆端接在设备信息插座（EO）中。通常，设备配线区具有多个设备插座，用于端接多根水平线缆。这些设备插座通常位于机柜或机架后部的配线架中（服务器的连接通常位于此处）。

可对位于设备配线区中的设备之间使用点对点布线（即设备之间的直接布线）。点对点布线的长度应限制在 10m（33 ft）以内（译者注：新的 TIA942-B 建议限制在 7m 以内），并且应位于排机柜或机架内。每根线缆的两端应使用永久性标签。

12.4.8　电信间（TR）

电信间（TR）是支持布线到机房外的区域，如工作人员办公室、安全办公室、操作中心、电气室、机械室或设备暂存区。它们通常位于机房外，但可能与主配线区（MDA）、中间配线区（IDA）

或水平配线区（HDA）结合使用。

12.4.9 支持区域的布线

机房外数据中心支持区域的布线通常由一个或多个专用电信间（TR）支持，以提高安全性。这样，从事电信布线、服务器或网络硬件工作的技术人员可以留在机房外。

操作室和安全室通常比其他工作区域需要更多的线缆。电气室、机械室、储藏室、设备暂存室和装卸平台应在每个房间至少安装一部壁挂式电话，以便在设施内进行通信。电气室和机械室至少需要一个数据连接，用于访问管理系统，并且可能需要更多连接来进行设备监控。

12.5 结构化布线拓扑

数据中心电信布线标准中描述的结构化布线系统拓扑是分层星形拓扑（图12.7）。

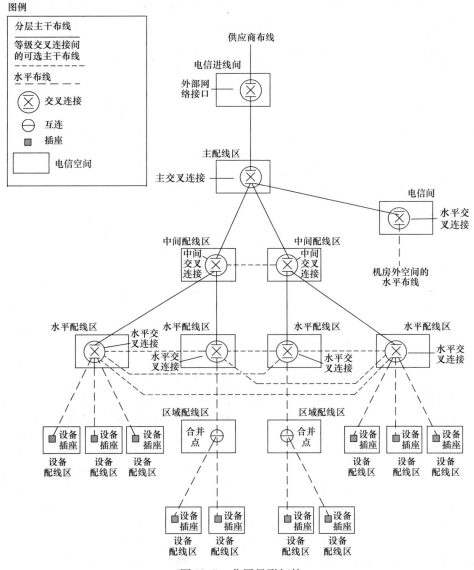

图 12.7 分层星形拓扑

水平布线是从水平交叉连接（HC）区到设备配线区（EDA）和区域配线区（ZDA）的布线，这是支持终端设备（如服务器）的布线。

主干布线指交叉连接位于电信进线间

(TER)、电信间（TR）、主配线区（MDA）、中间配线区（IDA）和水平配线区（HDA）之间的布线。

交叉连接是一种配线架，它允许在两端配线架间通过跳线相互连接。例如，水平交叉连接允许主干线缆与水平线缆连接。互连（如区域配线区中的集合点）通过配线架前后两侧直接连接两根线缆。数据中心中使用的交叉连接和互连，如图12.8所示。

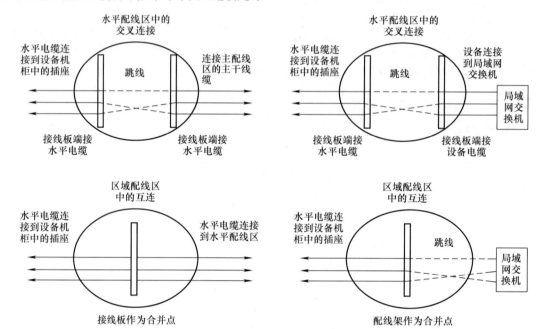

图12.8 交叉连接和互连

注意，交换机可以使用交叉连接或互连方案到水平布线。互连方案避免了多使用一个配线架；但是，交叉连接方案可以允许更灵活的设计，这样水平交叉连接可独立用于配线或跳线，交换机可以置于相邻机柜。

分层星形拓扑的大多数组件都是可选的。但是，每个交叉连接必须具有连接到更高级别交叉连接的后端线缆：

- 外部网络接口（ENI）与主交叉连接之间为主干线缆。由主交叉连接到中间交叉或水平交叉连接的线缆也为主干线缆。
- 位于数据中心电信间中的水平交叉连接到主交叉的线缆为主干线缆。
- 中间交叉与主交叉之间为主干线缆，中间交叉也可以有多个主干线缆连接到多个水平交叉，以实现冗余，并确保不超过允许的最大线缆长度。
- 水平交叉或中间交叉与主交叉之间为主干线缆，可在水平交叉与外部网络接口之间建立冗余，也可在水平交叉与中间交叉之间实现冗余，并确保不超过最大线缆长度。
- 由于区域配线区仅支持水平布线，因此它们可能只有水平配线区和设备配线区的布线。

交叉连接，如主交叉、中间交叉和水平交叉不应与位于主配线区、中间配线区和水平配线区的电信空间相混淆。交叉连接是结构化布线系统的组成部分，并且通常包括两组配线架，可能出现在水平配线区、中间配线区或主配线区中。这些配线实施会占用机房的空间或专用配线机柜或机架。

设备配线区和区域配线区可能会连接到不同的水平交叉，以提供冗余。类似地，水平交叉、中间交叉和外部网络接口可以有冗余的主干布线。冗余主干线缆可以占用相邻的空间，也可以占用不同的空间，但要遵循不同的路径。ANSI/TIA－942－A中定义的各级结构化布线拓扑冗余度如图12.9所示。

1级数据中心布线基础设施没有冗余。

2级数据中心布线基础设施需要冗余接入提供商（电信运营）路由到数据中心。这两条冗余线路必须连接到不同的运营商中心办公室，两条线路相互间隔至少66ft（20m）。

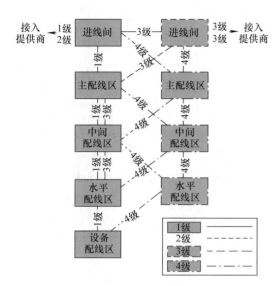

图 12.9 各级结构化布线拓扑冗余度

3 级数据中心布线基础设施具有冗余的电信进线间（TER）。数据中心必须由两个不同的接入提供商提供服务（载体）。从两个电信中心机房过来的线缆冗余路由相隔不低于 66ft（20m）。

3 级数据中心还需要冗余主干线缆。任何两个交叉连接之间的主干线缆必须使用至少两条单独的线缆，最好部署在数据中心内的不同路径。

4 级数据中心增加了冗余的主配线区、中间配线区和水平配线区。设备配线区必须与两个不同的水平配线区进行水平布线。如果存在中间配线区，那么水平配线区必须具有到两个不同中间配线区的冗余主干线缆。如果不存在中间配线区，那么水平配线区必须具有到两个不同的主配线区的冗余主干线缆。每个电信运营商的进线间必须有冗余主干线缆连接至两种不同的主配线区。

12.6 线缆类型和线缆长度最大值

有几种类型的线缆可用于数据中心的电信布线，应根据网络应用需求来选择。线缆的尺寸会影响线缆安装密度和弯曲灵活性。根据空间限制、带宽和连接距离，可选择对应等级的线缆。设备供应商也可能建议使用与其设备配套的线缆。

12.6.1 同轴电缆

同轴电缆中心为铜介质的导体，由绝缘层和金属屏蔽层包围，并覆盖在护套中。数据中心中最常使用的同轴电缆类型是 75Ω 734 和 735 型线缆。用于连接 E-1、T-3 和 E-3 广域网电路。关于 734 和 735 型电缆规范，参见 Telcordia Technologies GR-139-CORE；关于 75Ω 同轴连接器规范，参见 ANSI 0600404—2002。

对于较厚、柔韧性较差的 734 线缆，电路长度支持得较长。线缆支持的最大长度与链路中的连接器数量有关，中间连接器和 DSX 面板会影响性能，并缩短一定距离，可参见 ANSI/TIA-942-A。

宽带同轴电缆有时也用于数据中心分发音视频信号。宽带同轴电缆（系列 6 和系列 11）和连接器（F 型）的规格在 ANSI/TIA-568-C.4 中有规定。

12.6.2 平衡双绞线布线

100Ω 平衡双绞线是一种使用多对铜导线线缆。每对导线绞合在一起，以抵抗电磁干扰。从屏蔽角度可以简单分为三种：

- UTP 非屏蔽双绞线。
- FTP 屏蔽双绞线可能有一个由铝箔或丝网屏蔽或两者制成的整体线缆屏蔽。
- STP 屏蔽双绞线的每条线都有各自的铝箔屏蔽层。

平衡双绞线线缆有不同的类别或基于线缆性能规范的等级，见表 12.2。

3 类、5e 类、6 类和 6A 类线缆通常为 UTP 线缆，也可以有整体屏蔽或每对线屏蔽。

7 类和 7A 类线缆在 4 对双绞线周围各有一个整体屏蔽和每对线屏蔽。

国际标准化组织/国际电工委员会（ISO/IEC）和欧洲电力标准委员会（CENELEC）中的类别指电缆和连接器等部件，等级指包含已安装电缆（包括电缆和连接器）的通道。

注意，美国电信行业协会（TIA）目前没有规定 6A 类以上的电缆类别，但规定了更高性能的 7 类/F 级和 7A 类/F_A 级。

用于水平布线的平衡双绞线有 4 对，用于主干布线的平衡双绞线可以有 4 对或更多对。4 对以上的对数通常是 25 对的倍数。

表 12.2 平衡双绞线类别或等级

TIA 类别	ISO/IEC 和 CENELEC 等级/类别	最大频率/MHz	常见应用
3 类	不适用	16	语音、广域网电路、串行控制台、10Mbps 以太网
5e 类	D 级/5 类	100	与 3 类 +100Mbps 和 1Gbps 以太网相同
6 类	E 级/6 类	250	与 5e 类相同
增强 6 类（6A 类）	E_A 级/6A 类	500	与 5e 类 +10G 以太网相同
不适用	F 级/7 类	600	与 6A 类相同
不适用	F_A 级/7A 类	1000	与 6A 类相同

注：1. F_A 在国际标准化组织/国际电工委员会和欧洲电力标准委员会布线标准中有规定。
2. 国际标准化组织/国际电工委员会和欧洲电力标准委员会不再支持 3 类。

相关标准中要求和推荐的平衡双绞线类型见表 12.3。

表 12.3 相关标准中要求和推荐的平衡双绞线类型

标准	电缆类型	允许的平衡双绞线类别/等级
TIA - 942 - A	水平电缆	6 或 6A，推荐 6A
TIA - 942 - A	主干电缆	3、5e、6 或 6A，推荐 6A
ISO/IEC 11801 - 5	除网络接入电缆外的所有电缆	6A/E_A、7/F、7A/F_A
ISO/IEC 11801 - 5	网络接入电缆（进出电信进线间/外部网络接口）	5/D、6/E、6A/E_A、7/F、7A/F_A
CENELEC EN 51073 - 5	除网络接入电缆外的所有电缆	6/F、6A/E_A、7/F、7A/F_A
CENELEC EN 51073 - 5	网络接入电缆（进出电信进线间/外部网络接口）	5/D、6/E、6A/E_A、7/F、7A/F_A

请注意，TIA - 942 - A 和 ISO/IEC 11801 - 5 建议至少需要 6A 类平衡双绞线布线才能支持 10G 以太网。6 类布线可以支持更短距离（小于 55 m）的 10G 以太网，但可能需要限制线缆捆扎数量，并改进施工措施才能正常工作。

TIA 已经制定了 8 类的规范，ISO/IEC 已经制定了 8.1 类和 8.2 类的规范。8 类双绞线用于支持未来可能会发布的 25GBASE - T 和 40GBASE - T 应用。

12.6.3 光纤布线

光纤由玻璃纤维组成，包括纤芯和包层两部分。光纤分为单模光纤和多模光纤，根据距离和带宽来选择。单模光纤使用更细的纤芯，仅允许光波以一种模式（或路径）传播；多模光纤使用一个更粗的纤芯，允许光波以多种模式（或路径）传播。多模光纤使用更便宜的发射器和接收器，但带宽比单模光纤小。由于模式色散的作用，多模光纤的带宽随着距离的增加而减小，模式色散是不同模式下光波会在不同的时间到达接收端，从而出现误码。

多模光纤有 4 种，即 OM1、OM2、OM3 和 OM4。OM1 是 62.5 /125μm 多模光纤，OM2 可以是 50/125μm 或 62.5/125μm 多模光纤，OM3 和 OM4 均为 50 /125μm 850 nm，是激光优化多模光纤，但 OM4 光纤具有更高的带宽。

译者注：TIA - 942 - B 标准不再建议使用 OM1 和 OM2 光纤，同时增加了 OM5 光纤，作为数据中心的最新选择。

数据中心标准中规定了至少使用 OM3 光纤。TIA - 942 - A 建议使用 OM4 多模光纤线，以支持 100G 以太网的更长距离。

单模光纤有两种，即 OS1 和 OS2。OS1 是标准的单模光纤，OS2 是低水峰单模光纤。制造低水峰光纤时，经过处理后可减少 1400nm 频率下的衰减，从而允许使用这些频率，增加带宽。任何一种单模光纤都可用于数据中心（译者注：TIA942-B 标准不再建议使用 OS1 光纤）。

12.6.4 最大布线长度

表 12.4 列出了只有两个连接器（两端各一个连接器），没有 DSX 面板的 734 型和 735 型同轴电缆的最大电路长度。

表 12.4 同轴电缆的最大电路长度

电路类型	734 型电缆	735 型电缆
E-1	332m（1088ft）	148m（487ft）
T-3	146m（480ft）	75m（246ft）
E-4	160m（524ft）	82m（268ft）

通常，由平衡双绞线支持的局域网应用程序的最大长度为 100m（328 ft），其中 90 m 为配线架之间的最大永久连接长度，10m 为两侧跳线长度的总和。

表 12.5 列出了多模光纤的信道长度（包括永久安装的线缆和跳线）。由于单模光纤适用于长途通信，其信道长度为几千米，甚至可达几十千米。

IEEE 正在开发一种低成本的四信道（8 芯光纤）100G 以太网实现方案。预计四信道 100G 以太网的信道长度在使用 OM3 时超过 70m，使用 OM4 时超过 100m。

请参阅 ANSI/TIA-568-C.0 和 ISO 11801，以了解其他应用的距离限制。

表 12.5 多模光纤的信道长度

光纤类型	1G 以太网	10G 以太网	40G 以太网	100G 以太网
光纤	2	2	8	20
OM1	275m	26m	不支持	不支持
OM2	550m	82m	不支持	不支持
OM3	800m①	300m	100m	100m
OM4	1040m①	550m①	150m	150m

① 制造商规定的距离，但不在 IEEE 标准中。

12.7 机柜和机架的布置（热通道和冷通道）

计算机在运行过程中会产生的热量，将降低其功能和处理速度，会消耗更多能量并增加运维成本，因此保持计算机冷却很重要。计算机机柜或机架的布置会影响冷却系统的有效性，气流组织不良会导致冷气流无法到达计算机内部去冷却设备，也可能会出现热气流回流。

布置机柜的一种有效方法是使用冷通道和热通道，这会有助于气流循环（图 12.10）。这是通过将机柜布置在每行之间的过道中来实现的，每一行中的机柜都是面对面布置。热通道是两侧机柜后部的通道，冷通道是两侧机柜前部的通道。

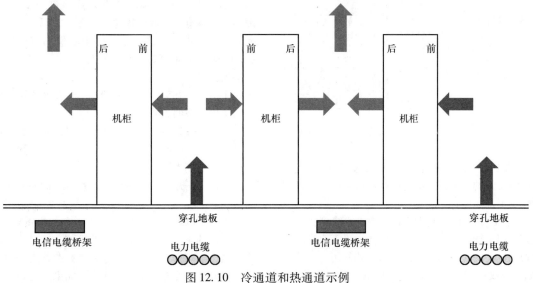

图 12.10 冷通道和热通道示例

如果电信线缆布置在通道地板下，则应将电信线缆布置在热通道下方，以便在使用地板下冷却通风时不限制气流。如果电力线缆分布在通道地板下，则应将电力线缆布置在冷通道的地板下，以确保电力线缆和电信线缆的正确分离（图 12.10）。

照明和电信线缆应相隔至少 5in (130mm)。

电力线缆和电信线缆应按 ANSI/TIA – 569 – C 或 ISO/IEC 14763 – 2 规定的距离分开。通常，最好将大量的电力线缆和电信线缆分开至少 600mm。如果电力线缆被接地的金属屏蔽或护套完全包围，则该距离可以减半。

机柜和机架前部的最小间隙为 1.2m，相当于两个完整的地板。这样可确保机柜前部有适当的间隙，以便将设备安装到机柜中（设备通常从前面安装在机柜中）。设备安装到机柜后，设备后部空间最小间隙为 900mm，这为设备后部提供了工作间隙，可供技术人员调试设备。如果柜前通风地板提供冷空气，则机柜前的最小间隙为 1.2m，以便提供足够的冷空气。

机柜的布置应使其前后边缘与地板对齐，这样可以确保两个机柜后部的地板可以被开启，以便进入通道地板下方的设施（图 12.11）。

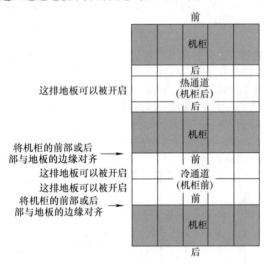

图 12.11　机柜放置示例

如果电力线缆和电信线缆在通道地板下方，则空调设备的气流方向应与机柜或机架平行，以尽量减少干扰。

地板上的开口只能用于通风或线缆穿过，但当开口用于线缆路由时，一定要注意以下事项：不要切割过大的孔而影响气流压力，并使用一些附件（如刷子或挡板）以限制气流乱窜。理想情况下，

这种开口应位于机柜下方或机架之间的垂直线缆管理器下方。

如果没有架空地板或有架空地板但不用于线缆走线，则线缆桥架应布置在机柜和机架上方而不是架空地板下方。

喷淋和照明设备应位于过道上方，而不是机柜、机架和线缆桥架上方，因为在这些地方，洒水器和照明设备的效率将显著降低。

12.8　布线和能源效率

机房不应该有窗户，因为窗户允许光和热进入环境控制区，从而产生额外的热负荷。

TIA – 942 – A 规定，2011 年 ASHRAE TC 9.9 指南适用于机房和电信空间的温度和湿度。在低湿度条件下（如露点低于 15℃，相当于 18℃时的相对湿度约为 44%，也相当于 27℃时的相对湿度约为 25%），静电放电可能是一个问题。如果数据中心在低湿度下长时间运行，则遵循 TIA TSB – 153《局域网布线和数据终端设备之间的静电放电》指南，以缓解静电。该指南包括使用接地跳线消除线缆上的静电，并在使用设备时按照制造商的指南使用腕带。

平衡双绞线电信线缆的衰减将随着温度的升高而增大。由于 ASHRAE 指南允许在入口处的温度高达 35℃，线缆所在热通道的温度可高达 55℃。根据 ISO / IEC 11801，CENELEC EN 50173 – 1 或 ANSI / TIA – 568 – C.2，确定基于沿线缆长度的平均温度而减少最大线缆长度。如果线缆用于设备供电（如 POE 应用），则线缆长度应该进一步缩短，因为线缆本身也会产生热量。

TIA – 942 – A 建议在数据中心使用节能照明（如 LED），并根据每个空间的人口密度遵循 3 级照明协议：

1 级——在没有人员的情况下，照明水平应满足安防摄像头的需要。

2 级——探测到移动物体时会触发更高的照明水平，以提供照明穿过房间的安全通道，并允许安防摄像头识别人员。

3 级——用于工作区域；这些区域的照明应达到 500lux。

电信和 IT 基础设施对冷却既有积极的作用，也有消极的影响。例如，使用前面描述的热通道/冷通道机柜布置将提高冷却效率。线缆路由和位置应尽量减少对冷却的干扰。通常，如果通道地板下

的空间用于冷却，则架空布线比地板下布线更节能，因为架空布线不会限制气流或产生湍流。

如果采用架空布线，则顶棚应足够高，以便空气可以在悬挂装置周围自由流通。桥架的设计应集中为大容量线缆服务，提升路由效率，从而减少阻塞空气。如果可能，应保护光纤跳线免受铜缆的影响。

如果使用地板下布线，这样将隐蔽线缆，可以使外观更加清洁，安装通常更容易，但应注意将电信线缆与地板下的电气线缆分开，应尽量使用直径较小的线缆。推荐较浅、较宽的线缆桥架，因为它们不会阻碍地板下的气流。此外，如果使用地板下冷却，则机柜线缆应与气流方向相同，以尽量减少风压的衰减速度。

架空或地板下的线缆桥架深度不应超过150mm。用于光纤跳线的线缆桥架应具有坚实的底部，以防止光纤出现微弯。

封闭或封闭系统也有助于提高空调效率。考虑使用以下系统：

- 机柜有独立的回风装置（如烟囱直通顶棚空间）。
- 带柜内冷却系统的机柜（如门冷却系统）。
- 热通道封闭或冷通道封闭。注意，冷通道封闭系统通常意味着大部分空间（包括顶部桥架占用的空间）是热的。
- 设备导轨和机柜侧面之间的空间尽量减少空气疏通。

线缆通道、机柜和机架应尽量减少热空气和冷空气的混合。机柜、通道地板和封闭系统的开口应在线缆开口处配备防风刷和盲板，以减少线缆孔周围的冷气流损失。

设备应与冷却方案相匹配，即设备一般应在前部进气，在后部排出热空气。如果设备与此方案不匹配（如侧进风设备），则可能需要在后部安装特别装置（用于将空气循环回前方），或者机柜内可能需要挡板（用于在侧面有进气口和排气口的设备）。

应对数据中心设备进行定期盘点管理。应移除未使用的设备，这样可以避免不必要的设备供电和冷却能耗。

机柜和机架应在未使用的空间配备盲板，以避免冷热空气混合。

机房未使用的区域不应冷却。当设计楼层平面图时，应考虑分区和模块化设计；可将房间隔离，对于多个带有专用HVAC的房间，则只允许建筑物已使用部分被冷却，而空置房间不应冷却。

另外，考虑分阶段构建数据中心，对于未完全建成的部分减低运营费用。此外，由于未来的需求难以预测，因此推迟构建不需要的数据中心空间可降低风险。

12.9 线缆通道

必须为线缆通道预留足够的空间。在某些情况下，线缆（线槽）的长度或线槽的可用空间都可能会限制机房的布局。

线槽长度的设计必须避免超过广域网（WAN）电路、局域网（LAN）连接和存储区域网（SAN）连接的最大线缆长度：

- 通过仔细布置进线间、运营商分界设备和广域网终端设备，可以避免广域网电路的长度限制。在某些情况下，大型数据中心可能需要多个进线间。
- 交换机可能位于主配线区、中间配线区和水平配线区，通过仔细规划交换机的位置和数量，可以避免 LAN 和 SAN 连接的长度限制。

上下线缆桥架之间必须有足够的空间，以便安装和拆卸线缆。美国电信行业协会（TIA）和 BICSI 标准规定了桥架的顶部与其上方桥架底部之间的间隔为 12in（300mm）。此间隔要求不适用于彼此之间成直角的线缆桥架。

当有多层桥架堆叠出现时，需要注意通道地板的深度或顶棚的高度可能会限制可放置线缆桥架的数量。

有相关标准和美国 NFPA 国家电气规范限制了线缆桥架和线缆填充的最大深度。

- 无论线缆桥架的深度如何，线缆桥架内的线缆深度不得超过 6in（150mm）。
- 对于没有坚实底部的线缆桥架，其最大填充量为线槽横截面积的 50%。
- 对于具有坚实底部的线缆桥架，其最大填充率为 40%。

对地板下通道中的线缆，从地板底部至线缆桥架顶部之间的间隙应至少为 50mm，以便在线缆桥架和地板之间留出足够的空间，以便布置线缆并避免铺设地板时损坏线缆。

光纤跳线应放置在底部坚实的线缆桥架中，以避免微弯造成信号衰减。

光纤跳线应与其他线缆分开，以防止其他线缆的重量损坏光纤跳线。

当线缆桥架位于通道地板下方时，线缆桥架应位于热通道中。当它们位于顶部时，应位于机柜和机架上方。灯和自动喷水灭火装置应位于过道上方，而不是线缆桥架和机柜/机架上方。

如前所述，布线应距照明至少 5 in（130mm）并且与电力线缆充分分开。

12.10 机柜和机架

机架是带有侧面安装轨道的框架，可将设备固定在其上面。机柜有可调节的安装轨道、面板和门，并可能有锁。由于机柜是封闭的，如果网孔门使得自然气流不足，可能需要额外的冷却；这可能需要使用风扇进行强制通风，最大限度地减少气流阻塞或液体冷却。

应避免空置机柜和机架位置。应更换已拆除的机柜，并用新机柜/带盲板的机架填充间隙，以避免热空气再循环。

对于机柜的开孔门，前后门应至少有 63% 的开放空间，以允许足够的空气流通。有风扇或其他冷却机制（如专用回风或液体冷却）的机柜例外，以确保设备充分冷却。

为了避免安装和未来升级困难，在设计和安装最初设备时，应该考虑在 MDA、IDA 和 HDA 中使用 480mm（19in）机架，但电信运营商在进线间可能需要 585mm（23in）的机架。机架和机柜高度不得超过 2.4m（8ft）。

除了用于 MDA、IDA 或 HDA 机架之间进行跳线的线缆桥架/梯架，不希望将线缆梯架固定在机柜和机架的顶部，因为这可能限制将来更换机柜和机架。

为了确保基础设施能够适用未来的升级，垂直线缆管理器尺寸应按当前的最大需求加上最小 50% 的增长率计算。

机柜深度应至少比要安装的最深设备深 150mm。

12.11 配线架和线缆管理

随着越来越多的互连线缆被添加到设备中，线缆管理变得越来越困难。使用标记线缆和配线架可以节省时间，因为业务升级或误拨出线缆可能会导致宕机，不允许花费长时间来定位和纠正。避免配线错误的最简单和最可靠的方法是按照 ANSI/TIA-606-B 中的规定，清楚地标记每个配线架和每根线缆每一端。

如果使用高密度配线架，管理可能有困难。在高密度环境中，需要好的标识方案和易用的跳线。

水平线缆管理器应安装在每个配线架的上方或下方，除非使用有角度的角形配线架，一般要求水平线缆管理与配线架的比率为 1:1。如果使用有角度的角形配线架，可以不用水平线缆管理器，但垂直线缆管理器的尺寸应合理，以保证存储线缆松弛。

垂直线缆管理器可以集成到机架中，也可以单独两侧安装，垂直线缆管理器应支持前后都能理线。

配线架不应安装在机架或机柜的前面和后面，以节省空间，除非两侧都可以从前面轻松访问。

12.12 可靠性等级和布线

数据中心基础设施级别分为四类：电信（T）、电气（E）、建筑（A）和机械（M）。每个类别的级别为 1~4，其中第 1 级提供最低的可用性，第 4 级提供最高的可用性。评级可以写为 $T_N E_N A_N M_N$，TEAM 代表四个类别，下标 N 是相应类别的评级。更高的评级意味着更具弹性和可靠性，但也可能成本更高。较高评级包括较低评级的要求。因此，具有 3 级电信、2 级电气、4 级建筑和 3 级机械基础设施的数据中心按 TIA-942 等级评级被分类为 $T_3 E_2 A_4 M_3$。数据中心的总体级别评级为 2 级，即以基础设施最低级别部分的评级（电气级别 2）为总体评级的结论。

TIA-942 级别分类在 ANSI/TIA-942-A 中有更详细的说明，还有其他评估数据中心可靠性的方案。一般来说，对数据中心的设计和运行进行更详细分析的系统，可以为数据中心的未来可用性提供更好的指标。

12.13 结论与趋势

电信布线的要求，包括最大线缆长度、尺寸和电信配线区的位置，以及线缆通道的要求，都会影响数据中心的配置和布局。当规划数据中心的电信布线基础设施时，应对未来的网络发展做出前瞻性准备，至少支持未来一代系统和网络的升级，以避免拆除和更换布线系统而带来的网络中断。

对于当前的数据中心，这意味着：

- 平衡双绞线线缆应为 6A 或更高类别。
- 多模光纤应为 OM4 或更高级别。
- 在数据中心内安装或规划单模光纤为主干线缆。

服务器的局域网（LAN）和存储区域网络（SAN）连接可能会被整合。整合局域网和存储区域网络的优势包括：

- 减少服务器的网络接口数量。
- 降低管理成本和网络成本，因为它具有较少的网络连接和交换机。
- 简化连接，避免需要独立的光纤网络来支持存储区域网络。

融合局域网和存储区域网络连接需要高速低延迟的网络。融合网络的服务器以太网接口可能为 10GB/s 或更高速率，相应的主干网连接可能是 100GB/s 或更高的速率。

融合网络所需的网络需要具有低延迟、高速率的特征。云计算架构通常也需要数据中心内支持高速的东西流量（东西流量为数据中心内服务器群到服务器群的流量）。正在开发新的数据中心交换机结构体系结构，以支持这些新的数据中心网络。

数据中心交换矩阵式架构有很多种。图 12.12 所示的胖树或叶子和脊椎配置是一个常见的网络架构。

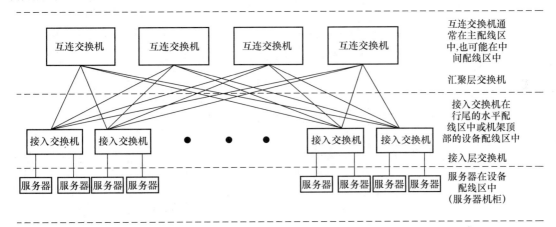

图 12.12　数据中心交换矩阵式架构

ANSI/TIA-942-A-1 中描述了各种实现和支持它们的布线。数据中心矩阵式架构比传统交换机架构需要更多的带宽，并且交换机之间的连接比传统交换机架构多得多。

在规划数据中心布线时，应考虑未来可能需要的数据中心矩阵式架构。

延 伸 阅 读

有关进一步阅读，请参阅以下电信布线标准：

- ANSI/BICSI-002. Data Center Design and Implementation Best Practices Standard
- ANSI/NECA/BICSI-607. Standard for Telecommunications Bonding and Grounding Planning and Installation Methods for Commercial Buildings
- ANSI/TIA-942-A. Telecommunications Infrastructure Standard for Data Centers
- ANSI/TIA-942-A-1. Cabling Guidelines for Data Center Fabrics
- ANSI/TIA-568-C.0. Generic Telecommunications Cabling for Customer Premises
- ANSI/TIA-569-C. Telecommunications Pathways and Spaces
- ANSI/TIA-606-B. Administration Standard for Telecommunications Infrastructure
- ANSI/TIA-607-B. Telecommunications Bonding and Grounding (Earthing) for Customer Premises
- ANSI/TIA-758-B. Customer-Owned Outside Plant Telecommunications Infrastructure Standard

在欧洲，美国电信行业协会（TIA）标准可替换为等效的 CENELEC 标准：

- CENELEC EN 50173-5. Information Technology: Generic Cabling—Data Centers
- CENELEC EN 50173-1. Information Technology: Generic Cabling—General Requirements
- CENELEC EN 50174-1. Information Technology: Cabling Installation—Specification and Quality Assurance
- CENELEC EN 50174-2. Information Technology: Cabling Installation—Installation Planning and Practices Inside Buildings
- CENELEC EN 50310. Application of Equipotential Bonding and Earthing in Buildings With Information Technology Equipment

在美国和欧洲以外的地区，美国电信行业协会（TIA）标准可替换为等效的国际标准化组织

数据中心手册

(ISO) /国际电工委员会(IEC)标准:
- ISO/IEC 24764. Information Technology: Generic Cabling Systems for Data Centers
- ISO/IEC 11801. Information Technology: Generic Cabling for Customer Premises
- ISO/IEC 14763-2. Information Technology: Implementation and Operation of Customer Premises Cabling—Planning and Installation

请注意,没有等同于 ANSI/TIA-942-A-1 数据中心结构布线指南的 CENELEC 或国际标准化组织(ISO)/国际电工委员会(IEC)标准。国际标准化组织(ISO)/国际电工委员会(IEC)电信连接和接地的标准正在制定。

另请注意,标准正在不断更新;请参阅最新版本和相关标准的所有附录。

第13章 数据中心基础设施的可靠性工程

法国格勒诺布尔施耐德电气　马利克·梅格迪赫（MALIK MEGDICHE）　著
北京瑞思博创科技有限公司　黄冬梅
重庆大学　杨　超　译

13.1 引言

可靠性工程被称为故障的学科。第一个可靠性议题和概念出现在20世纪初。如今，可靠性工程被广泛应用于诸多领域。图13.1所示为20世纪可靠性工程的发展历史。可靠性工程使用设备可靠性统计、概率论、系统功能分析、功能失调性分析等方法对系统进行需求设定、可靠性测量或预测，识别系统弱点，并提出系统改进方案。可靠性工程中应用了多种可靠性技术：

```
1900 □ 铁路领域与机械零件统计标准的制定
     □ 随后电力出现，变压器和冗余线路的使用，增加了电力可用性
1939 □ 每小时飞行事故发生的量化目标的介绍
1940 □ V1火箭，罗伯特·鲁泽尔和串联元件的故障概率
1950 □ 电子管，30%可用，MTBF概念出现
1960 □ 征服太空，正式制定美国可靠性方法（美国军用标准MIL）
     □ 核能工程需要进行大量的可靠性和安全性分析
     □ 运行和预测评价技术的普及；可靠性概念得到认可（美国军用标准MIL、CNET）
     □ 维护和保养注意事项（系统方法）
1980 □ 工业数据处理与人为因素考虑
2000 □ 所有工业领域在产品的全生命周期中都考虑了可靠性
```

图13.1　20世纪可靠性工程的发展历史

- 设备可靠性分析。
  ◦ 现场经验可靠性统计。
  ◦ 可靠性测试。
  ◦ 加速寿命测试。
- 系统可靠性和可用性分析。
  ◦ 定性分析。
    —危害与风险分析。
    —故障模式与影响分析（FMEA）。
  ◦ 可靠性预测。
    —电子FMEA。
    —故障树分析（FTA）。
    —统计模拟。
  ◦ 维护性分析。
- 综合保障（集成的逻辑支持）。

可靠性工程技术可用于可靠性、可用性、可维护性和安全性。由于本章主要讨论数据中心基础设施的可靠性和可用性，因此不考虑安全和安保。但是，这些理念可应用于研究安全和安保问题。

系统的可靠性涉及以下属性：
- 可用性：随时可以正常运行的能力。
- 可靠性：连续正常运行的能力。
- 可维护性：保持或恢复到正常运行的能力。

可靠性将用于确定数据中心基础设施的可靠性和可用性性能。

下一部分将提供：
- 理解系统可靠性和可用性的基本概念，包括设备可靠性数据和可靠性方法。
- 进行相关分析时需要评估的主要特征。
- 数据中心基础设施在设计和运营阶段实施可靠性分析的应用指南。

13.2 可靠性理论

可靠性工程是以概率论为基础进行统计估计

的工程。本节将介绍一些基本概念，包括：
- 可靠性词汇表的定义。
- 可靠性数据和指标的定义。
- 一些用于可靠性评估的基本概率计算。

13.2.1 系统可靠性分析定义

系统可靠性的分析基础是研究组件故障对系统的影响，依据如下：
- 设备故障和维护数据。
- 发生故障时的系统行为。

13.2.2 系统的可靠性指标

为了分析和评估系统的可靠性，主要的系统可靠性指标如下所述。

13.2.2.1 可靠度

指产品在规定的条件下和规定的时间内完成规定功能的能力。

数学指标度量如下：

可靠度，$R(t) = $ "在时间区间 $[0; t]$ 内，不发生故障的概率"

不可靠度（故障概率），$\bar{R}(t) = $ "在时间区间 $[0; t]$ 内，至少发生一次故障的概率"

$$\bar{R}(t) = 1 - R(t)$$

平均故障频率，$F = $ "预计的每年（或每小时）的故障数"。

13.2.2.2 可用度

产品在任一时刻需要和开始执行任务时，处于可工作或可使用状态的程度。

数学指标度量如下：

可用度，$A(t) = $ "能够在 t 时刻执行所需功能的概率"

不可用度，$\bar{A}(t) = $ "不能在 t 时刻执行所需功能的概率"

稳态可用度，$A = \lim_{t = \infty} A(t)$

稳态不可用度，$\bar{A} = \lim_{t = \infty} \bar{A}(t)$

$\bar{A}(t) = 1 - A(t)$ 和 $\bar{A} = 1 - A$

13.2.2.3 维修度

产品在规定的条件下和规定的时间内，按规定的程序和方法进行维修时，保持或恢复到规定状态的能力。

维修度，$M(t) = $ "在时间 t 内完成修复的概率"

13.2.2.4 系统功能

系统可靠性指标与系统的一个或一组功能相关联，如图13.2所示。

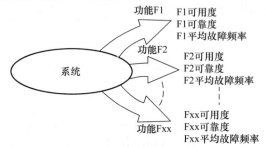

图 13.2 系统外部功能

13.2.3 设备可靠性数据

13.2.3.1 MTTF、MTBF、MDT、MTTR 和 MUT

图13.3所示为设备在服务期的状态。故障时间和停机时间是随机变量。

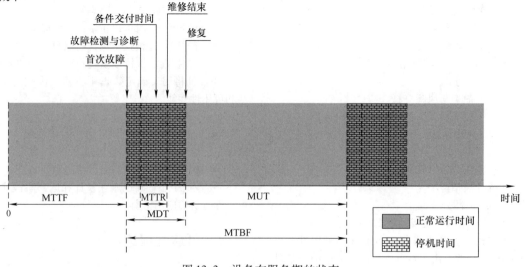

图 13.3 设备在服务期的状态

其平均值定义如下：

MTTF = 平均无（首次）故障时间

MTBF = 平均故障间隔时间

MDT = 平均停机时间（= 故障检测时间 + 备件交付时间 + 平均故障维修时间）

MUT = 平均正常运行时间

MTTR = 平均故障维修时间

需要注意的是：

- 平均无故障时间（MTTF）和平均故障间隔时间（MTBF）是统计数据，为大量部件在很长一段时间的平均值。
- 因为 MTBF = MTTF + MDT，平均故障间隔时间（MTBF）的值依赖于维修时间，取决于现场服务维护，而平均无故障时间（MTTF）是设备数据，不取决于维修时间。
- 从技术上讲，平均故障间隔时间（MTBF）仅用于可修复的产品，而平均无故障时间（MTTF）用于不可修复的产品。但是，无论产品是否可以修复，MTBF 和 MTTF 均用于表示产品的可靠性。

13.2.3.2 故障率

故障率 $\Lambda(t)$ 定义为时间 $[t; t + \Delta t]$ 之间发生故障的概率。

$$\Lambda(t) = \lim_{\Delta t \to 0} \frac{1}{\Delta t} \cdot P \ [在(t; t + \Delta t) 期间发生故障, 此前没有故障]$$

$$\Lambda(t) = -\frac{1}{R(t)} \cdot \frac{\mathrm{d}R(t)}{\mathrm{d}t}$$

故障率并不总是恒定的，其随时间的演变可以用著名的"浴盆"曲线来描述，如图 13.4 所示。

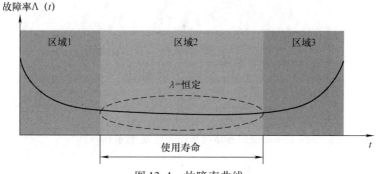

图 13.4　故障率曲线

在这条曲线上有三个不同的区域：

区域 1：早期失效期

在此期间，故障率值逐步下降。故障是由潜在的设计和制造缺陷造成的。磨合旨在消除工厂中的潜在故障，防止有缺陷的零部件运送给客户。在设备投入运行阶段之前，也可采用环境应力筛选试验来检测设备故障。应该将此区域尽量最小化。

区域 2：使用寿命（偶然失效）期

故障随机发生，故障率为恒定值。在可靠性研究中，通常使用此区域对应的故障率。

区域 3：磨损故障阶段

在使用寿命期结束时，老化、疲劳、磨损、腐蚀等耗损性因素会影响部件，导致故障率开始急剧上升。这是磨损故障阶段的开始。

假设区域 2 的故障率为常数：

$$\Lambda(t) = \lambda$$
$$R(t) = e^{-\lambda t}$$

随机故障率与时间的关系遵循指数分布 $e^{-\lambda t}$，则平均无故障时间为

$$\mathrm{MTTF} = 1/\lambda$$

概率密度函数（故障密度）	累积分布函数（不可靠度）	平均值（MTTF）
$U(t) = \lambda e^{-\lambda t}$	$1 - R(t) = 1 - e^{-\lambda t}$	MTTF = $1/\lambda$

通常假设故障率为常数，并写成 λ。基于以下假设条件：

- 简单的现场经验故障估计。故障率估计值定义为在规定的运行时间内观察到的故障产品总数与累积工作时间的比值。因此，它的单位与时间的倒数一致。
- 简单的系统预测可靠度和可用度计算。

警告

一个常见的误区是混淆了组件使用寿命和平均无故障时间（MTTF）或平均故障间隔时间（MTBF）的概念。如图 13.5 所示，这两个参数是不同的。使用寿命是根据磨损故障阶段（区域 3）来设定的，在组件老化而故障率增加之前更换组件，而平均无故障时间（MTTF）与使用寿命期间的随机故障频率有关。

特别情况

对于某些组件，故障率 γ 表示为操作次数而不是运行时间（开/关循环或启动顺序）。

在这种情况下，用以下公式换算每小时的故障率：

$$\lambda = \gamma \cdot N_{运行}$$

式中，λ 是每小时的故障率；γ 是每操作次数的故障率；$N_{运行}$ 是每小时的操作次数。

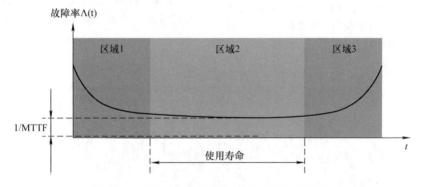

图 13.5　使用寿命与平均无故障时间（MTTF）

13.2.3.3　故障模式

为了分析每个可能故障的影响，明确定义系统每个组件的故障是非常重要的。一个组件可能有多种原因并以多种方式发生故障，因此当研究由多个组件组成的系统时，要为每个组件定义所有故障的形式，这需要很长的时间来研究大量的可能的故障。

为了简化某个组件的可靠性数据，一种有趣的方法是将产生相同影响的故障进行分类：某种功能的退化。这组故障称为"故障模式"。

故障模式定义为某个组件功能的退化。

表 13.1 列出了断路器故障模式。

对于每个故障模式，必须确定相关的故障率和平均停机时间。

表 13.1　断路器故障模式

故障模式	贡献度（%总的故障率）	故障率
故障未能跳闸	xx	$\lambda_1 = xx\% \cdot \lambda$
假的开断	xx	$\lambda_2 = xx\% \cdot \lambda$
意外闭合	xx	$\lambda_3 = xx\% \cdot \lambda$
未能按需开断	xx	$\lambda_4 = xx\% \cdot \lambda$

（续）

故障模式	贡献度（%总的故障率）	故障率
未能按需闭合	xx	$\lambda_5 = xx\% \cdot \lambda$
绝缘击穿	xx	$\lambda_6 = xx\% \cdot \lambda$

13.2.3.4　修复性维护数据

如前所述，故障后的总停机时间可分解为一连系列事件，如图 13.6 所示。

某个组件的总停机时间是这些时间之和：

- 检测故障的时间。

故障可通过以下方式检测：
- 其对系统功能的直接影响。例如，短路会使上游断路器跳闸，监控和数据采集（SCADA）系统或用户会立即检测到该故障。
- 一套防护系统。
- 一套看门狗触发装置。
- 定期测试。
- 一套预防性维护操作。

注意，监控系统可以最大限度地减少故障检测。

- 故障诊断时间。

> 诊断时间包括：
> - 客户监控系统功能。
> - 客户现场维护替换。
> - 客户现场维护能力。
> - 制造商服务维护合同。
>
> 注意，监测系统和干扰分析功能可以最大限度地减少故障诊断。

- 备件交付时间。
- 设备锁定时间。
- 平均维修或更换设备时间。
- 解锁和恢复设备的时间。

重要的是要记住，某个组件的维护参数高度依赖于：
- 制造商服务合同。
- 备件交付时间。
- 客户现场维护。
- 设备每种故障类型的平均故障维修时间（MTTR）。

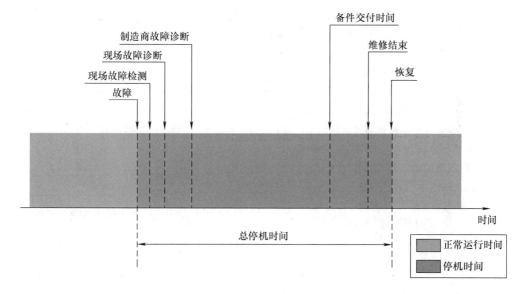

图 13.6　修复性维护时间

所有的维护时间也是随机变量。通常，假设维护时间是常数来粗略估计随机时间，如图 13.7 所示。

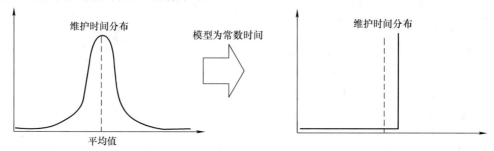

图 13.7　维护时间分布模型

然而，这种近似必须基于以下假设：
- 某些设备的平均停机时间（MDT）与有时间限制的冗余关联。
- 某些设备的平均停机时间（MDT）与过程中断的临界时间关联。

13.2.3.5　预防性维护数据

预防性维修是一种计划性维护，其目的是：
- 延长设备寿命。
- 保证不出现老化现象。
- 检测潜在故障。

预防性维护确保了恒定的故障率,如图 13.8 所示。

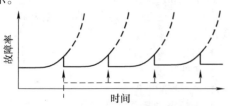

图 13.8　故障率随定期维护演变

注：定期维护保养,确保恒定的设备故障率。

预防性维护作业包括：
- 检查。
- 清洁。
- 测试和测量。
- 调整。
- 零部件更换。

但是,维护作业可能需要锁定设备,或者在作业过程中导致某些设备功能不可用。

对于每台设备的预防性维护作业,进行可靠性分析所需的数据见表 13.2。

表 13.2　预防性维护作业所需的数据

定期维护数据			
设备维护作业	维护作业功能	在作业过程中,哪些设备或功能不可用	频率/年	持续时间/h
设备 xx – 维护作业 n xx				

13.2.3.6　公用设施可靠性数据的特殊情况

电气与电子工程师协会标准 IEEE 1366 定义了测量电力公用设施配电系统可靠性的指标。以下是这些指标的定义：

系统平均停电频率指数（SAIFI）

$$SAIFI = \frac{用户停电总次数}{用户数}$$

系统平均停电持续时间指数（SAIDI）

$$SAIDI = \frac{用户停电分钟数}{用户数}$$

平均供电可用率指数（ASAI）

$$ASAI = \left(1 - \frac{SAIDI}{每年的分钟总数}\right) \times 100$$

瞬时平均停电频率指数（MAIFI）

$$MAIFI = \frac{瞬时停电用户数}{用户数}$$

类似的可靠性数据可用于其他公用事业,如水务或天然气。

13.2.4　基本的系统可靠性模型

13.2.4.1　单一组件

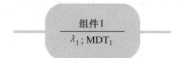

单一组件的可用度和可靠度定义如下：

$$\lambda_总 = \lambda_1$$

$$不可用度 = \frac{\lambda_1}{\lambda_1 + \frac{1}{MDT_1}} \approx \lambda_1 \cdot MDT_1$$

13.2.4.2　无冗余的串联组件

两个串联组件的可用度和可靠度定义如式：

$$\lambda_总 = \lambda_1 + \lambda_2$$

$$不可用度 = \frac{\lambda_1}{\lambda_1 + \frac{1}{MDT_1}} + \frac{\lambda_2}{\lambda_2 + \frac{1}{MDT_2}}$$

$$\approx \lambda_1 \cdot MDT_1 + \lambda_2 \cdot MDT_2$$

13.2.4.3　两主动冗余组件

"两主动冗余组件"指两个组件同时运行。如果其中一个发生故障,另外一个仍然能够保持系统运行。

两个冗余组件的可用度和可靠度定义如下式：

$$\lambda_总 \approx \lambda_1 \cdot \lambda_2 \cdot (MDT_1 + MDT_2)$$

$$不可用度 = \frac{\lambda_1}{\lambda_1 + \frac{1}{MDT_1}} \cdot \frac{\lambda_2}{\lambda_2 + \frac{1}{MDT_2}}$$

$$\approx \lambda_1 \cdot MDT_1 \cdot \lambda_2 \cdot MDT_2$$

13.2.4.4　两被动冗余组件

"两被动冗余组件"指一个组件处于备用模式

（部分激活或关闭）。如果一个组件发生故障，则激活另一个组件以保持系统正常运行。

两冗余组件的可用性定义如下：
$$\lambda_{总} = \lambda_1 \cdot \lambda_2 \cdot MDT_2$$
不可用度 $\approx \lambda_1 \cdot \lambda_2 \cdot MDT_2 \cdot \min(MDT_1; MDT_2)$

13.2.4.5 部分冗余

由于容量限制，两个组件只能实现部分冗余。容量限制可以是：

- 时间限制。如使用电池、燃料存储或水存储的组件。

在这种情况下，组件只要不超过它的时间限制，都是冗余的。

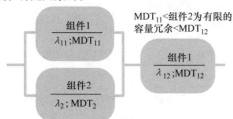

- 依赖于可变条件。
  - 环境条件（温度、湿度等）。
  - 负载超过组件容量的概率。

为了模拟这种类型的冗余，必须确定比率 PR（实现冗余的时间百分比）。那么可靠性框图可改写为：

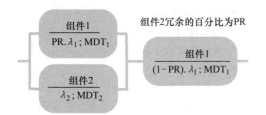

13.2.4.6 共因故障

共因故障指同一个故障，或者条件的原因引起了多台独立设备的故障。共因故障可分为以下几类：

- 人为错误。
  - 设计、制造和安装阶段的错误。
  - 无意的行为。
  - 不恰当或不正确的步骤。
  - 不充分的培训。
  - 不恰当的维护。
- 环境。
  - 火灾和烟雾。
  - 温度，湿度和水分。
  - 电磁场。
  - 动物和生物。
  - 污染物、灰尘和污垢。
  - 风、洪水、闪电、雪、冰和地震。

共模故障（CMF）可建模如下：

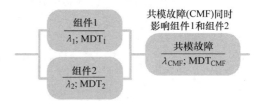

13.2.4.7 隐蔽性故障

通常情况下，保持系统运行的某个所需功能出现故障不会对系统产生直接影响。这种类型的故障称为隐蔽性故障或潜在故障。

以下情况需要检测隐蔽性故障：

- 需要故障功能时。
- 功能定期测试期间。

下面是一种表示隐蔽性故障的简单方法：

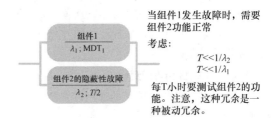

13.2.4.8 预防性维护

如果预防性维护作业的流程需要锁定一些组件，则维护作业需要考虑图 13.9 中提到的可靠性分析。

13.2.4.9 寿命和预防性更换

如前所述，预防性更换老化的零部件可以确保故障率恒定。

在某些情况下，客户更愿意在发生故障后才更换老化的零部件。图 13.10 中提到了一种简单但消极的方法来模拟增长的故障率。

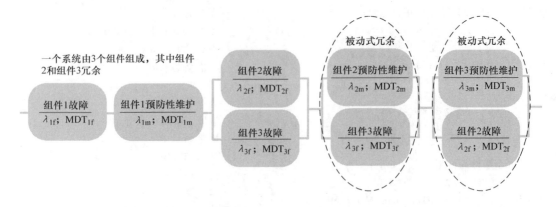

图 13.9　考虑预防性维护的两个冗余部件的可靠性计算

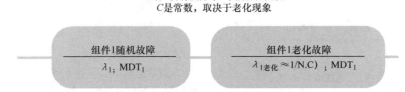

图 13.10　考虑老化故障的可靠性计算

13.3　系统故障分析

本节专门介绍系统可靠性分析方法。在介绍了系统可靠性分析的主要步骤后，阐述了主要的系统故障分析方法。

13.3.1　可靠性分析方法

可靠性工程领域中使用的通用可靠性分析方法如图 13.11 所示。

13.3.1.1　初步风险分析

初步风险分析对于准确定义研究的关键过程和如何正确实施至关重要。方法如下：

- 识别系统的外部功能，并将系统的每个意外事件（UE）定义为系统的一个或多个功能降级或不可用（图 13.12）。

例如，UE 定义可以是：

- UE1，"F1 在超过…期间的损失"。
- UE2，"F2 在超过…期间的损失"。
- UE3，"F3 和 F4 在超过…期间的损失"。

注意，根据 UE 的持续时间，有时预期事件的结果也是非常不同的。在这种情况下，用不同的持续时间定义不同的 UE 是很重要的。

- 将每个意外事件的可靠性和/或可用性目标定义为风险接受极限和 UE 严重性的函数，如图 13.13 所示。

13.3.1.2　系统功能分析

这项任务的目的是了解系统如何工作。它的特征是：

- 系统的运行模式，包括最终升级和演进阶段。
- 过程自动化系统。
- 保护和自动化系统。
- 监控系统。
- 重新配置系统的紧急维护行动（图 13.14）。

注意，需要一些假设来确定故障顺序的结果：

- 设备对供电中断的容忍度。
- 保护和自动化系统行为。
- 紧急维护行为。
- 停电后设备或功能的启动时间。

这些假设必须根据设备数据表、设计研究和现场维护来确定。

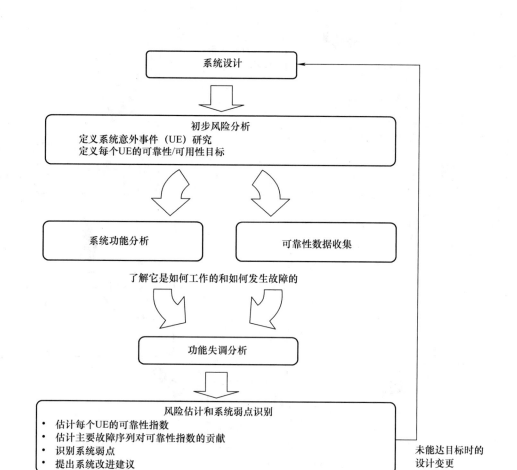

图 13.11 可靠性分析方法

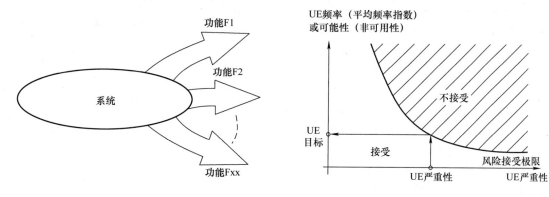

图 13.12 系统外部功能分析

图 13.13 风险接受图

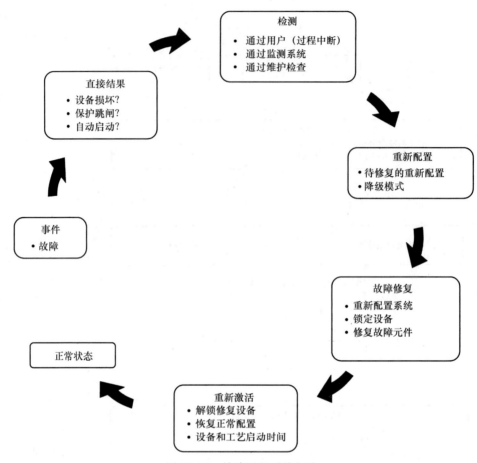

图 13.14 故障后的系统行为

13.3.1.3 可靠性数据收集

如前所述，可靠性数据收集需要包括组件故障数据和维护数据，见表 13.3。

表 13.3 可靠性数据表

设备类型	可靠性数据				治疗性维护数据				预防性维护的数据		
	可靠性的来源	故障率/(1/h)	故障模式	对故障率的贡献(%)	检测时间/h	诊断时间/h	备件交付时间/h	修复和恢复时间/h	维护操作功能	操作过程中哪些设备或功能不可用	频率/年	持续时间/h
组件 1												
组件 2												

(续)

设备类型	可靠性数据				治疗性维护数据				预防性维护的数据		
	可靠性的来源	故障率/(1/h)	故障模式	对故障率的贡献(%)	检测时间/h	诊断时间/h	备件交付时间/h	修复和恢复时间/h	维护操作功能	操作过程中哪些设备或功能不可用	频率/年	持续时间/h
其他												

一些特定的额外数据也可以添加:
• 执行手动操作,如更改系统配置的切换操作或手动重启的时间。
• 现场维护团队的水平等。

13.3.1.4 故障分析和系统弱点识别

故障分析是研究每个可能的故障对系统的影响。如图 13.15 所示,基于每个元件可能出现的故障和系统的行为,故障分析可分为:

• 生成故障序列。
• 确定系统所有动作直到设备恢复。
• 确定故障序列是否影响意外事件(UE)。
• 计算每个 UE 的可靠性指数。
• 计算故障序列对每个 UE 的贡献。

注意,可靠性评估必须对单个故障序列和多个故障序列进行评估。不过,可以做一些假设来简化分析。这将在后面的章节中详细介绍。

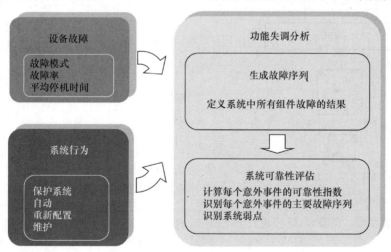

图 13.15 故障分析原则

故障分析结果可归纳到每个 UE,见表 13.4。
如果没有达到目标,可以通过以下方式改进系统:
• 识别主要故障序列对 UE 的贡献。
• 提出改进方案,明确或最小化致命故障的结果。

这可以通过以下几种方式来实现:
• 设计足够的冗余。
• 设置足够的维护。

然而,建议的解决方案必须考虑以下几点:

• 确保所建议的解决方案在技术上是可行的,并且具有成本效益。
• 确保所建议的解决方案比以前的更可靠。
• 尽可能使系统易于操作。
• 在系统架构设计和运行方面尽可能尊重客户的习惯。

13.3.1.5 一个简单系统案例

该系统由一个中压/低压(MV/LV)电力系统组成,为低压(LV)关键负载供电,如图 13.16 所示。

表 13.4　可靠性评估结果

意外事件 $n°$xx	
平均频率指数	×××/年
主要故障序列	对平均频率指数的贡献（%）
××	××
××	××
××	××
平均不可用指数	×××h/年
主要故障序列	平均不可用指数的贡献（%）
××	××
××	××
××	××

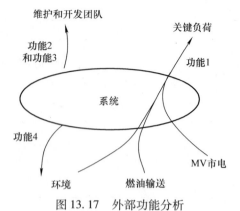

图 13.17　外部功能分析

功能 3：确保安全。

功能 4：防止环境污染（EMC、化学品）。

研究的目的是优化关键负荷供电的可靠性，改进系统架构。因此，将待研究的突发事件定义为 UE1，即"关键负荷供电损失"。由于在 UE 持续时间内，UE1 的中断是关键点，因此目标是最小化 UE1 的频率。

2. 功能分析

- MV 市电由 LV 发电机组提供支持。
- 当开关断电时启动 LV 发电机组，保持持续工作状态。
- LV 发电机组保持满负荷 72h 燃料储备。特殊情况下，保证发电机组长时间运行时的紧急燃油供应。
- 每月对 LV 发电机组测试一次。
- 自动转换开关（ATS）允许从一个电源自动切换到另一个电源。
- 发电机组启动时 UPS 保证 5min 供电。
- 超过额定电压 40% 的压降导致的电力中断时，关键负荷能够坚持 100ms 以上。
- 维护团队 24/24h 允许平均 15min 的干预时间，并且能够在 2h 内进行人工重新配置。

3. 可靠性数据收集（见表 13.5）

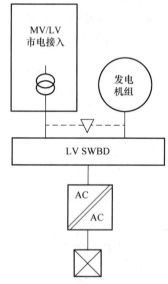

图 13.16　MV/LV 电力系统单线图

1. 主要风险分析

为了确定主要功能，在图 13.17 中进行了外部功能分析。

功能 1：供于关键负荷。

功能 2：允许维护操作，执行安装监控。

表 13.5　可靠性数据收集

设备故障模式	故障率/(1/h)	平均停机时间/h
高压电网大停电	1.00E−06	4
MV 市电故障	1.00E−04	1
MV 市电短中断（<3min）	1.00E−03	0.033
备用模式下发电机组故障	1.00E−04	365
切换—开关故障	1.00E−06	365
转换—两个开关意外断开	1.00E−08	2
LV 开关板故障	1.00E−07	2190
UPS—输出短路	3.00E−07	168
UPS—UPS 路径丢失（打开静态旁路）	1.00E−05	50

4. 故障分析结果

通过故障树估计 UE1 频率并识别主要故障序列，结果见表 13.6。

5. 弱点识别和改进建议

故障评估表明，关键负荷中断的主要原因是故障序列"备用期间发电机组故障"和"市电故障"。这意味着 MV 市电的冗余与单个发电机组是不够的。有以下几种方法可以考虑：

表 13.6 故障分析结果示例

UE1 "关键负荷损失" — 估计平均频率：0.041/年	
主要故障序列	对 UE1 频率的贡献（%）
"备用期间发电机组故障"和"市电故障"	80
"切换—开关故障"和"市电故障"	1
"切换—两个开关的意外断开"	0
"LV 开关板故障"	2
"UPS—输出短路"	6
"UPS—UPS 路径丢失"和"市电短时中断"	11

- 通过更频繁的测试和定期维护来提高发电机组的可用性，并减少发电机组的 MTTR。
- 通过更多冗余的"启动系统"来提高发电机组的可用性。
- 提供"$N+1$"冗余发电机组。

13.3.2 主系统故障分析方法

在系统功能分析和组件可靠性数据的基础上，系统故障分析包括对每个可能故障序列的结果进行分析。根据研究的准确性和允许的时间，可以使用几种方法。本节将详细介绍一些主要方法，并给出每种方法的优缺点。

13.3.2.1 故障模式影响与危害度分析（FMECA）

根据 IEC 60812，故障模式影响与危害度分析（FMECA）是由 IEC 60812 标准定义的方法：

故障模式与影响分析（FMEA）是通过对系统进行分析来确定潜在故障模式及其对系统性能（直接装配和整个系统或过程的性能）的影响。

FMECA 是 FMEA 的扩展，它包含了一种对故障模式的严重程度进行排序的方法，允许对应对措施进行优先排序。通过结合严重程度测量和发生频率（称为危害度）进行度量。

需要注意的是，FMECA 只评估单个故障，而不考虑多个故障。

典型系统 FMECA 特性如下：
- 系统分为多个组件（详细级别），FMECA 见表 13.7。
- 确定了每个组件局部和最终影响的故障模式。
- 频率（F）指数、检测（D）指数和严重性（G）指数是通过参考表确定的。参考表是根据系统定义的，见表 13.8 ~ 表 13.10。

表 13.7 IEC 60812 给出的 FMECA 示例

功能	故障模式	局部效应	最终效应	F	D	G	危害度 = FDG	行动	建议

表 13.8 频率指数参考表

排名	频率	标准故障模式发生率（故障率）
1	不可能	<1E−9/h
2	远程	<1E−8/h
3	偶尔	<1E−7/h
4	可能	<1E−6/h
5	频繁	<1E−5/h

注意，"故障检测"指示器表示检测到故障并避免了危险风险。

表 13.9 检测指数参考表

排名	检测	标准：根据设计控制等级进行检测的可能性
1	几乎可以肯定	设计控制几乎肯定会检测到潜在的原因/机理和随后的故障模式
4	中等偏高	设计控制检测到潜在的原因/机理和随后的故障模式的可能性较高
7	非常低	设计控制检测到潜在的原因/机理和随后的故障模式的可能性非常低
10	绝对不确定	设计控制将不会和/或无法检测到潜在的原因/机理和随后的故障模式；或者没有设计控制

注意，"故障检测"指示器表示检测到故障并避免了危险风险。

表 13.10　严重性指数参考表

排名	严重性	标准
1	无	没有明显的影响
4	非常小	装配和表面处理/吱吱声和嘎嘎声，项目不符合要求。大多数客户注意到的缺陷（大于75%）
7	非常低	车辆/项目可操作，但性能下降。客户非常不满意
8	非常高	车辆/项目不能使用（丧失主要功能）
9	危险有警告	当一种潜在的故障模式影响车辆安全运行和/或涉及不遵守政府规定并发出警告时，严重程度排名非常高
10	危险没有警告	当一个潜在的故障模式影响车辆安全运行和/或涉及不遵守政府规定而没有警告时，严重程度排名非常高

可以定义各种参考表：
◦ 有几个等级。
◦ 使用故障率而不是频率级别。
◦ 使用或不使用检测指示器。
• 对每个故障模式的危害度（频率 F × 检测 D × 严重性 G）进行评估，危害度级别用作全球风险评估指标。风险可接受性与客户一起定义，可以在表13.11中给出。
• 每种故障模式的危害度级别可识别出系统的主要弱点和主要关键故障，为此必须采取措施以降低风险。

表 13.11　风险接受矩阵

故障影响的发生频率	严重程度 = 检测 × 严重性			
	无关紧要的	边际的	至关重要的	灾难性的
频繁	不受欢迎的	无法忍受的	无法忍受的	无法忍受的
可能	可容忍的	不受欢迎的	无法忍受的	无法忍受的
偶尔	可容忍的	不受欢迎的	不受欢迎的	无法忍受的
远程	可以忽略不计的	可容忍的	不受欢迎的	不受欢迎的
不可能	可以忽略不计的	可以忽略不计的	可容忍的	可容忍的

FMECA 广泛用于系统设计或运行的风险分析。它的主要优点是简单：
• 很多人都能理解 FMECA 的方法和结果。
• 不需要特定的工具。
• 易于进行深入分析。
• 所有风险同时综合考虑。

然而，其主要缺点是评估高度依赖以下两点：

• 参考表定义。
• 评估指标的人。

1. FMECA 为系统可靠性定制化

为避免使用定性指标，FMECA 可定制化。其原理是对系统的突发事件进行评估，基本上包括对系统中每一个故障结果的研究，如图 13.18 所示。

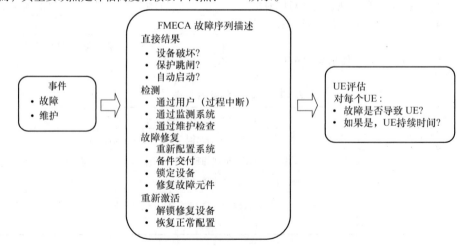

图 13.18　FMECA 方法中设备故障模式的评估原则

定制的 FMECA 表见表 13.12。

表 13.12 定制的 FMECA 表

行	本地化	设备参考	设备功能	故障模式	直接影响	正常状态前的检测和结果	故障率	UE1:"××××的损失"			UE2:"××××的损失"			UE3:"××××的损失"		
								UE 发生?	持续时间/h	不可用度/(h/年)	UE 发生?	持续时间/h	不可用度/(h/年)	UE 发生?	持续时间/h	不可用度/(h/年)

对于未检测到的故障（隐藏故障），悲观的方法是考虑在偶发事件上检测到这个故障。

UE 的估算方法为

$$UE_{平均频率} = \sum 故障率 \times UE 发生?$$

$$UE_{平均不可用度} = \sum 不可用度 \times UE 发生?$$

主要故障对每个指数的贡献可通过对 FMECA 行与列的排序得到"故障率×UE 发生?"。

> FMECA 不针对多个故障评估，只针对每个意外事件的单个故障评估。
> 意外事件指数的统计估计假设与单个故障相比，故障组合是被忽略的。这个假设可通过 UE 主要故障组合是被忽略的来证明。

如表 13.12 所示，每个 UE 都可以给出 FMECA 的结果。

2. 简化的 FMECA 系统可靠性评估

有时需要在短时间内进行故障分析。在这种情况下，可采用简化的 FMECA 来识别单点故障（表13.13），而无须使用 FMECA 表进行统计估计。

设备级简化定义，故障模式也非常简化，只选择最坏的故障模式。例如，低压开关板被认为是一种具有独特故障模式的部件，这种故障模式导致绝缘丧失，整个开关板在维修前无法使用。

13.3.2.2 故障组合分析

如前所述，FMECA 方法允许通过执行单一权变分析来评估 UE。一个单一的权变分析是可以接受的，只要多个故障序列是可忽略的。在某些情况下，当系统高度可靠或可用时，这种假设不再有效，可靠性评估需要对单个或多个意外事件进行分析，以提供准确的结果。

单故障和双故障时间序列如图 13.19 所示。

表 13.13 简化的 FMECA 表

本地化	设备参考	设备功能	故障模式	直接影响	修复前的结果并恢复正常状态	频率指数估计	UE1:"××××的损失"	UE2:"××××的损失"	UE3:"××××的损失"
							UE 发生?	UE 发生?	UE 发生?

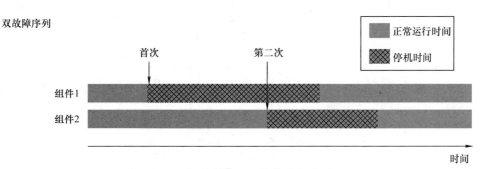

图 13.19 单故障和双故障时间序列

如果考虑多个故障序列,则其数量就变得非常重要。实际上,如果一个系统由 n 个组件组成,每个组件的故障模式数值为 p,则可能的故障序列为:

- $(n \times p)$ 单次故障的序列。
- 2^{n+p} 两次故障的序列。
- 3^{n+p} 三次故障序列。

这就是为什么通常使用专门用于系统可靠性建模的特定工具是必要的。因此,开发了可靠性框图、故障树、事件树、马尔可夫图和随机模拟等方法。

（1）可靠性框图　可靠性框图的原理如下所述:
- 每个组件故障模式用相关的可靠性参数 MTTF 和 MTTR 的框图进行建模。
- 每个 UE 都使用图 13.20 所示的串联或并联的框图进行建模。
- 根据模型,该工具自动计算 UE 概率和频率的统计估计,以及导致 UE 组件故障的唯一组合的最小割集列表。

最小割集可用于确定主要故障序列对 UE 概率或频率的贡献。

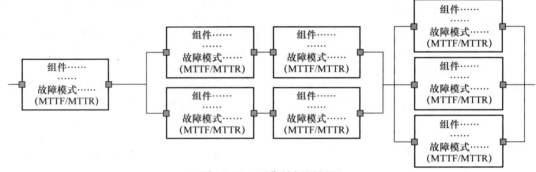

图 13.20　可靠性框图原理

（2）故障树　故障概念是自上向下的演绎故障分析,其中使用布尔逻辑分析系统的意外事件,以组合图 13.21 中提到的一系列事件。与 FMEA 的概念相反,FMEA 的概念包括分析故障结果和识别导致 UE 的故障,故障树过程包括表示 UE 发生的原因。

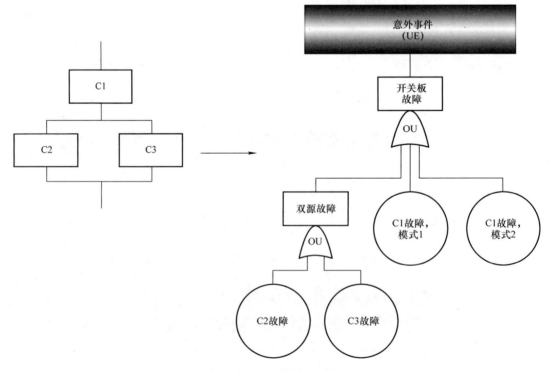

图 13.21　故障树示例

故障树的原理如下所述：

- 每个可能的故障模式都由一个具有相关可靠性参数 MTTF 和 MTTR 的基本事件建模。
- 每个 UE 都使用逻辑门"和""或""表决或（k/n）""禁止"等来表示 UE 发生的可能原因。
- 根据故障树，该工具自动生成 UE 的关联二元决策图，并计算导致 UE 的最小故障组合的最小割集。
- 利用该工具计算 UE 概率、UE 等效故障频率、最小割集概率和等效故障率。
- 最小割集可用于确定主要故障序列对 UE 概率或频率的贡献。

（3）事件树　作为 FMECA 方法，事件树是一种归纳分析图，其中通过描述按时间顺序排序的后续事件来分析故障（或事件）。与 FMECA 方法的不同之处在于，通过使用布尔逻辑来确定可能的结果，将多个故障考虑在内，如图 13.22 所示。

事件树显示序列进程、序列结束状态和跨时间序列特定的依赖关系。对于每个初始事件（第一事件），根据成功或失效（到达意外事件）和概率（不可用性和平均频率）来确定可能的序列列表。

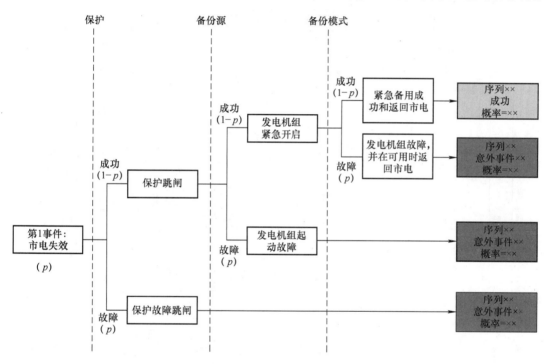

图 13.22　事件树示例

在分析了所有初始事件和所有可能的故障后，利用该工具计算 UE 概率和等效故障频率。

（4）离散时间马尔可夫链　离散时间马尔可夫链是一种数学模型，系统由其不同的状态和从一种状态到另一种状态的转变来建模。图 13.23 所示为由两个活动组件和冗余组件组成的系统的马尔可夫链。

通过假设转换是随机指数定律，系统可按以下方式进行数学建模：

$$\left[\frac{dP_1(t+dt)}{dt}\frac{dP_2(t+dt)}{dt}\cdots\frac{dP_p(t+dt)}{dt}\right]$$
$$=[P_1(t)P_2(t)\cdots P_p(t)]\cdot A$$

其中 $A=\begin{bmatrix} a_{11} & \cdots & a_{1p} \\ \vdots & \cdots & \vdots \\ a_{p1} & \cdots & a_{pp} \end{bmatrix}$ 是转换率矩阵

该系统可以通过计算确定状态概率，然后确定转换平均频率。

（5）时间顺序随机模拟　由于马尔可夫链是一种随机模型，另一种可能性是系统的随机模拟。其原理是根据概率分布和系统对这些事件的反应来模拟可能发生的事件。在足够数量的模拟之后，可以计算出意外事件（UE）的统计估计（图 13.24）。

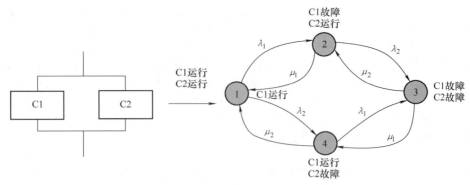

图 13.23 马尔可夫链

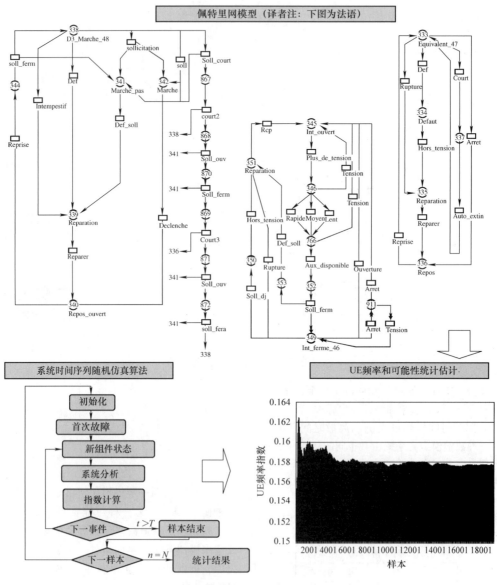

图 13.24 系统时间序列随机模拟算法

模拟需要一个针对每个可能故障的系统行为模型。该模型可以基于多种方法：
- 一个计算机程序。
- 基于佩特里网模型。

译者注：如果读者要更多了解佩特里网模型，可参考网站：https://accendoreliability.com/petri-nets-system-reliability-modeling/。

13.3.3 故障工具的优缺点（表 13.14）

表 13.14 故障工具的优缺点

工具	简化 FMECA	FMECA	故障树	事件树	马尔可夫图	随机模拟
建模时间要求	++	+	–	– –	– –	– –
大系统	++	++	++	+	– –	– –
复杂行为	–	–	+	++	++	++
结果精度	–	+	++	++	++	++
系统弱点识别	++	++	++	++	– –	– –
模型验证	++	++	+	–	– –	– –
易于理解	++	++	+	+	– –	– –
易于使用	++	++	+	++	– –	– –
既有软件工具	可在电子表格上实现	可在电子表格上实现	许多可用的故障树分析工具	许多可用的事件树分析工具	许多可用的马尔可夫图分析工具	已有工具
总结	适用于结构预设计/基础设计阶段的快速分析 允许识别主要单点故障	适用于详细设计阶段的快速可靠性分析 允许识别所有单点故障，并指出对失效频率和不可用性的主要贡献	详细设计阶段进行完整可靠性分析的最佳工具 允许识别主要单点故障 允许识别非绝对冗余	由于数据量过大，不适合详尽分析待研究的始发事件数量	不适用于大系统 不适用于快速识别系统弱点	不适用于大系统，不适用于快速识别系统弱点
注释	—	组件故障模式的详细程度必须按可靠性分析的预期精度、时间和成本约束进行修正	一些商用工具提供了不可用性贡献，而不是故障频率。如果意外事件目标是故障频率而非不可用性，这将是一个问题 一些商用工具建议基于用户提供的系统功能模型自动生成故障模型 尤其要注意自动生成：在许多工具中，故障模型是使用许多研究无法接受的假设自动生成的			

13.4 数据中心可靠性应用

这一部分专门用于数据中心可靠性评估。提出了在设计阶段进行高效、准确的可靠性评估的一些要点，以及可靠性评估的好处，最后介绍了管理可靠性评估和层标准体系结构的要点[1]。

13.4.1 系统可靠性评估的好处

实现数据中心基础设施的可靠和成本效益设计的主要困难是：
- 某些设备冗余可能无法显著提高数据中心的可靠性。
- 未识别某些单一故障点。
- 不同系统（电力系统、燃料储存、冷却系统、储水系统、辅助系统、监控系统等）的可靠性水平无法协调。

可靠性评估可用于设计阶段、运营阶段或数据中心基础设施翻新期间。它允许：
- 评估系统的可靠性性能，证明系统达到了可靠性指标。
- 识别和优先考虑系统弱点，设计正确的可靠性改进。

在设计阶段，通常与设计团队进行迭代，如图 13.11 所示。

图 13.25 所示为一个在基本设计阶段使用可靠性研究的简单示例。目标是提供足够的冗余以达到故障频率 <0.001/年。

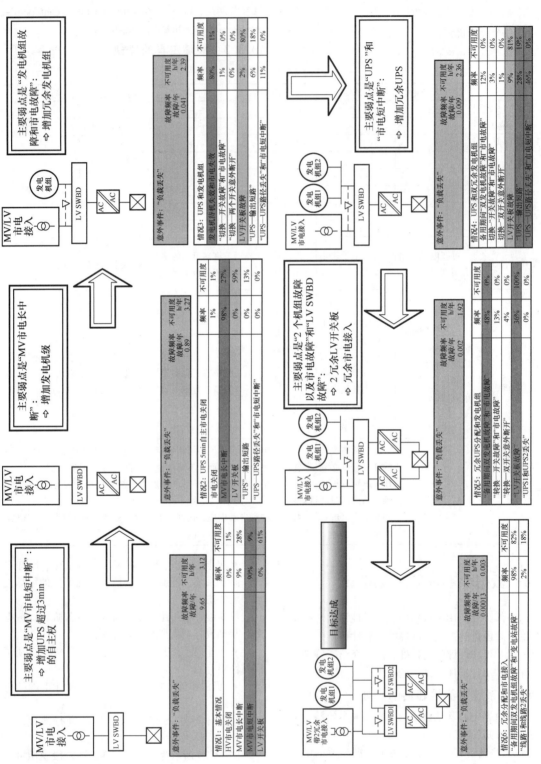

图 13.25 在基本设计阶段使用可靠性研究的简单示例

13.4.2 数据中心可靠性评估的要点

13.4.2.1 数据中心基础设施主要风险分析

1. 通用数据中心的意外事件定义

为了确保其主要功能是"IT流程运行",数据中心基础设施主要由以下几个系统组成,如图13.26所示。

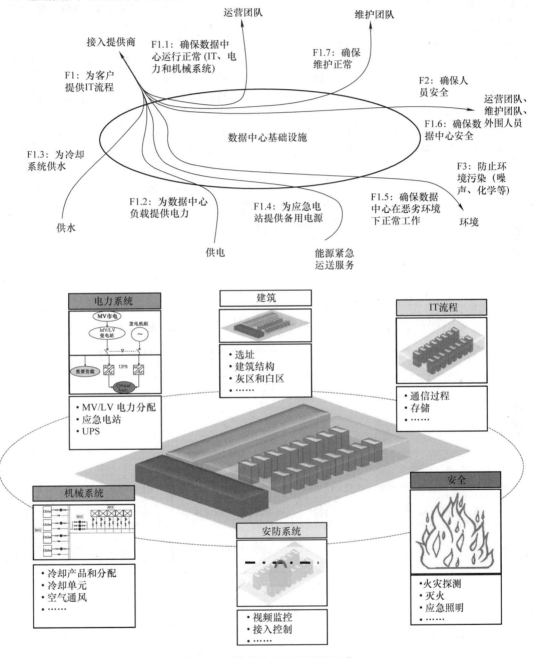

图 13.26　数据中心基础设施组成

下面进行一个简单的功能分析:

■ F1:为客户提供 IT 流程(服务器和与接入提供商的通信)。

F1.1:确保数据中心运行正常(IT、电力系统和机械系统)。

F1.2:为数据中心负载提供电力。

F1.3:为冷却系统供水。

F1.4：为应急电站提供备用能源。
F1.5：确保数据中心在恶劣环境下正常运行。
F1.6：确保数据中心安全。
F1.7：确保维护正常。
■ F2：确保人员安全。
■ F3：防止环境污染（噪声、化学等）
这一分析并非详尽无遗，但可使人记住：
• 其主要功能是"IT 流程运行""确保人员安全"和"防止环境污染"。
• 为了确保 IT 流程，需要考虑许多系统。
从 13.3.1.1 中提到的主要功能退化可以推断出"经典"数据中心基础设施的意外事件：
UE1：IT 流程丢失。
UE2：安全风险。
UE3：环境污染。

2. 可靠性和安全目标

对于与安全和/或污染（UE2 和 UE3）有关的意外事件，可以按照标准确定经典目标或定性目标如下：
• 没有单个故障影响 UE。
• 无故障组合（包括未检测到的故障和第 2 个故障）影响 UE。

根据 UE1 严重性设置 IT 流程可靠性目标；如 13.3.1.1 节所述，如果 UE1 的结果可能非常不同，那么 UE1 可以分解为几个子"不想要的事件"。此外，根据 UE 定义，目标可以由不可用度和/或故障频率决定。

图 13.27 所示为 UE1 分解的一个示例。

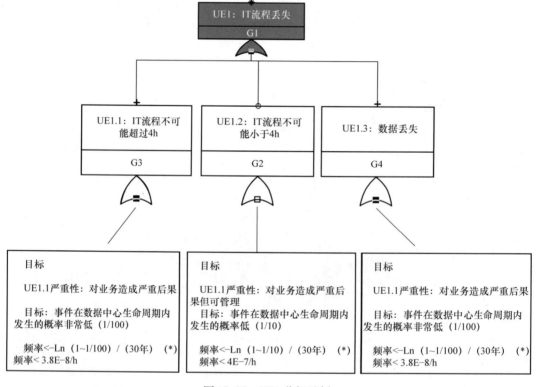

图 13.27　UE1 分解示例

注：（*）频率目标由可靠度指标确定，即 $R(t) = e^{-频率 \cdot 生命周期内}$ > "生命周期内无故障"的概率。

13.4.2.2　系统数据收集

1. 技术范围

在进行可靠性评估时，必须考虑整个系统，以确保没有无用的冗余。图 13.28 所示为在可靠性分析中需要研究的数据中心基础设施的技术范围。

2. 技术数据收集

图 13.29 总结了为进行可靠性评估而收集的数据。

必须特别注意下列各方面：

（1）自动化　自动化行为必须具有以下特征：
• 涉及功能的设备（传感器、逻辑和执行器）。
• 自动化功能整体概述（能够确定不同故障的结果）。

第 13 章 数据中心基础设施的可靠性工程

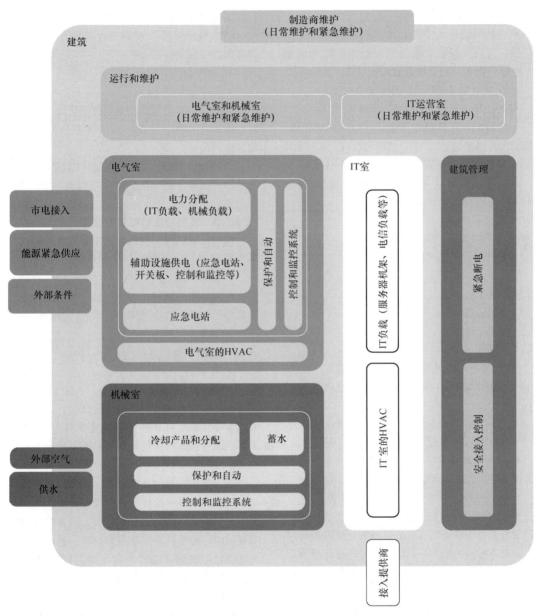

图 13.28 可靠性分析中需要研究的数据中心基础设施的技术范围

图 13.29 为进行可靠性评估而收集的数据

(2) 设备运行模式和降级模式 系统的行为也高度依赖于：
- 设备对供应中断的耐受性（电气、供水、空调/通风）。
- 停电后设备或功能的启动时间。

(3) 冗余 设备冗余必须根据系统架构（电气、冷却）和设备规格检查确定：
- 设备限制可能导致部分冗余。
- 与以下方面有关的常见故障：
  ○ 事件的相互依赖性（设计/生产/安装错误、环境、人为因素）。
  ○ 辅助系统（电源、供水，SCADA 系统）。

(4) 故障检测 为了确定故障的检测时间，必须描述故障检测手段，包括：
- 监控系统。
- 定期测试（频率，诊断覆盖率）。
- 维修操作员介入时间。

(5) 可靠性数据 设备可靠性数据可由以下几个来源确定：
1) 现场故障率源。
- 制造商数据库。
- 可靠性手册。
  ○ IEEE Goldbook Std 493。
  ○ EIReDA1998（法国核电站机电设备现场经验）。
  ○ 可靠性信息分析中心 NPRD（机电设备）。
  ○ EXIDA《安全设备可靠性手册》（第2版）。
- 对现场故障有丰富经验的专家也可以提供有关设备可靠性的宝贵信息。

2) 以下是几个关于故障率假设的警告。
- 现场故障率/预测电子研究：由制造商进行的理论电子可靠性研究有时是可用的。这些故障率是根据 IEC 62380 或 MIL-HDBK 217F 等标准确定的。这些电子可靠性研究是为了优化电子设计，但故障率值可能是悲观的。在没有现场经验故障率的情况下，采用理论值进行系统可靠性计算是较为普遍的做法。
- 故障率效度：故障率在特定条件下（任务简介、生命周期）是有效的，需要突出显示并检查是否与实际情况相符。
- 故障模式：故障模式对整体故障率的影响有时在现场故障源中被提及。当设备无法使用时，基于设备内部架构数据和设备现场经验对设备进行简化的 FMEA 分析，可以提供足够的信息，以非常准确地确定故障模式贡献。

(6) 共模故障 由于数据中心基础设施是高可靠性/可用的系统，共模故障的识别和量化是进行精确可靠性分析的主要关键点。

(7) 维护数据 要确定设备的停机时间，必须考虑以下因素：
- 故障诊断时间。
- 备件交付时间。

此外，还需要考虑在安装演进阶段无法进行预防性维护（验证、清洗、预防性更换）或进行安装工作的设备。

(8) 缺少数据 有时，有些数据是不可用的。在这种情况下，必须在项目中进行进一步的假设、突出显示和验证。

13.4.2.3 项目阶段的可靠性管理

在项目周期内，可靠性是主要的客户要求，适用于图 13.30 中提到的每个项目阶段。

1. 初步大纲

在初步研究期间，客户和设计单位共同定义其需求和数据中心的全球架构：
- 选址。
- 建筑主要特点。
- IT 流程定义。
- IT 机架额定功率。

在此阶段，进行初步的风险分析，以识别不想要的事件并确定可靠性目标。此步骤由客户执行，由客户或外部设计单位提供可靠性工程能力。

2. 基础设计

在方案中，承包商提供了一个简化的可靠性分析，以确认其基本设计达到可靠性要求。在这个步骤中，一个简化的分析就足够了，因为在详细的研究过程中，由于技术问题或客户需求的修改，设计可能会发生变化。此外，在与设计团队进行迭代时，一个简化的分析是有用的。

简化分析可以限于简化的 FMEA 分析，但包括所有数据中心基础设施（图 13.26）。此外，对不可靠设备（公用设施/发电厂、冷却器、泵）的多事故分析进行少量计算，就可以确定冗余的设计是否正确。

3. 详细设计

在详细设计阶段，一个有效的方法是在提供完整的可靠性分析之前对每个系统设计阶段进行可靠性检查。

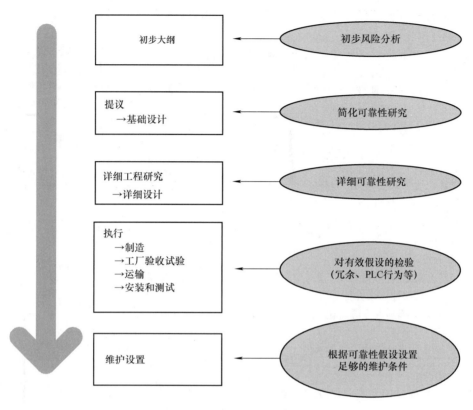

图 13.30 项目周期内的可靠性管理

当详细设计被充分定义时，可使用维护数据的假设进行可靠性详细分析。

4. 项目执行

即使详细的工程阶段已经完成，一些修改可能会发生，并导致可靠性分析的更新（在此阶段进行设计修改而不检查可靠性结果是一个常见的问题）。

在安装和调试阶段，可靠性分析的假设需要通过检验和测试来确认，以确保系统满足可靠性要求。

5. 现场维护设置

现场维护必须与可靠性分析假设相匹配。一些迭代可能发生：维护假设修改和可靠性分析更新，以确保可靠性水平保持不变。

以下总结了在项目阶段管理整体可靠性分析的一些困难：

• 在基础设计阶段和详细设计阶段，承包商负责整体可靠性评估。承包商可能会遇到一些困难，他们需要综合各个系统（如电气、HVAC、安防）的可靠性分析来综合整体的可靠性。为了使这些困难最小化，必须在项目开始时（在设计阶段）为每个系统明确定义可靠性目标。此外，在详细设计阶段，由于不同的系统之间有很多相互依赖的关系，所以最好只有一个实体来进行全面的详细可靠性分析。

• 如果出现以下情况，可靠性评估的准确性可能会降低。

— 系统的某些部分不包括在系统中，特别是辅助系统中。通常，IT 流程常常与基础设施的其余部分分离，这可能会导致误解和架构设计问题（终端电力分配上的过大冗余或将"同时丢失整个数据中心 IT 室"的风险降至最低）。

— 执行分析的可靠性专家对每个系统的工程和开发没有经验。

• 一个常见的问题是，可靠性是在设计阶段考虑的，而不是在项目执行和运营阶段之后考虑的。客户应在其安装的所有阶段更新其可靠性分析。

• 由于数据中心基础设施在其生命周期内要升级多个基础设施，因此需要更新每个阶段的整体可靠性分析，以确保所有阶段的可靠性水平。

13.4.3 TIA 分级和可靠性评估

根据 TIA 942，分级的基本描述如下：

Ⅰ级："基本需求"——无冗余要求。

Ⅱ级："设备冗余"——非可靠性设备冗余。

Ⅲ级："同时维护"——Ⅱ级+每个设备可移动和维修而不会引起数据中心故障。

Ⅳ级："容错"——Ⅲ级+容错架构（无单点故障）。

有关更多信息可参阅参考文献［1］。

根据数据中心 IT 业务的关键性，分级是一个强大的工具：

- 根据客户业务设置适当的分级。
- 为基础设施设计（电气、机械、建筑等）设置设备冗余。

1. 分级的好处
- 简单分级。
- ◇ 易于所有人了解和理解。
- ◇ 设计阶段可快速评估性能。
- 所有关键系统都有考虑（电气系统、暖通系统、关键辅助系统等）。
- 好的可靠性分级提供了好的参考。

2. 分级的缺点
- 对设施可靠性的悲观假设导致一些过度冗余。
- Ⅲ级和Ⅳ级之间的巨大差距，导致一些Ⅲ级过度冗余但却不符合Ⅳ级的要求。
- 在某些情况下，某些设备的"$N+1$"设计是不够的，但分级没考虑这一点。
- 没考虑紧急情况和预防性维护。
- 没有系统考虑所有设备故障模式及故障检测。

在项目阶段，一个有效的过程描述如下：

- 在初步研究中，数据中心业主表达了其 IT 业务的关键性，然后能够根据分级标准设置适当的级别。
- 在基础设计阶段，承包商提供了一个简化的 FMECA，以证明达到了级别要求。
- 在详细的工程研究中，承包商提供了详细的 FMECA 研究，以证明级别要求得到了满足。

参 考 文 献

[1] DiMinico C, Jew J. 2005. ANSI TIA-942: Telecommunications infrastructure standard for data centers. Available at www.tiaonline.org. Accessed on June 24, 2014.

延 伸 阅 读

Billinton R, Alan RN. *Reliability Evaluation of Power Systems*. 2nd ed. New York: Plenum Press; 1994.

Cabau E. Introduction à la Sûreté de Fonctionnement. Cahier Technique Schneider Electric nr 144. Grenoble: Schneider Electric; June 1999.

International Electrotechnical Commission (IEC). CEI 300-3-1: Gestion de la sûreté de fonctionnement, technique d'analyse de la sûreté de fonctionnement—Guide méthodologique. 2nd ed. Geneva: IEC; 2003.

IEC. CEI-IEC-61165: Application des techniques de Markov. 2nd ed. Geneva: IEC; 2006.

IEC. IEC 60812: Analysis techniques for system reliability—procedure for failure mode and effects analysis (FMEA). 2nd ed. Geneva: IEC; 2006.

Logiaco S. Electrical installation dependability studies. Cahier Technique Schneider Electric nr 184. Grenoble: Schneider Electric; December 1996.

Lonchampt A, Gatine G. High availability electrical power distribution. Cahier Technique Schneider Electric nr 148. Grenoble: Schneider Electric; 1990.

Villemeur A. *Sûreté de Fonctionnement des systèmes industriels*. Paris: Eyrolles; 1988.

第 14 章 数据中心的空气质量

美国新泽西州立罗格斯大学 韩泰源（Taewon Han） 著
德赛英创（天津）科技有限公司 胡宇昭 译

14.1 引言

与"封闭"的数据中心相比，采用外部空气冷却的数据中心，其 IT 设备故障率更高吗？数据中心冷却效率对整体用电有着很大影响。一种简单的冷却解决方案就是利用外部空气直接冷却 IT 设备，达成免费冷却（自然冷却）。然而，很多业主和运营商对此却很犹豫，因为他们担心用于冷却的室外空气会由于污染（颗粒物或腐蚀气体）而增加 IT 设备失效的风险。许多人对 IT 硬件在不同条件下的腐蚀现象进行了研究[1-8]。数据中心的 IT 环境控制受到很多法规和准则的约束，如 ISO 14644-1[9]、ISA-71.04[10] 和 ASHRAE 指南[11-14]。事实上，在这些文章的大部分中，作者曾多次发表关于具体技术问题（如电路板的腐蚀）的信息，或者试图帮助设计者和运营商更有效地管理数据中心。然而，在有限的测试条件下（如温度、湿度、气体浓度、种类、空气污染混合物），很难找到室外空气自然冷却与传统封闭式数据中心之间硬件的实际故障率对比。寻找 IT 设备故障的根源是极具挑战性的。欧盟于 2006 年颁布了限制有害物质指令（RoHS）后，制造商在 IT 设备中使用银基材料代替铅基材料来制造印制电路板（PWB）。本章将简要介绍相关标准、空气中的颗粒物和气体，最重要的是，在介绍测量方法的同时，还将介绍一种研究（即在实际运行的数据中心进行调查式研究），即如何采用传统技术来简单又经济地改善空气质量监测。

14.2 标准和指南

大部分数据中心遵循以下的标准和指南：ISO 14644-1[9]（见表 14.1）和 ANSI/ISA-71.04[10]（图 14.1）。ISO 14644 是一个世界性（全球企业都参考）标准，有 8 个组成部分；特别是第 1 部分（即 ISO 14644-1），专门根据空气中颗粒物的浓度对洁净室和相关受控环境中的空气洁净度进行了分类。ISO 14644-1 主要规定了颗粒物的数量和大小（表 14.1）以及检测方法。然而，尽管有对数据中心总质量进行限制的需要，但标准中并没有显示对颗粒物的质量要求。数据中心的空气洁净度通常要达到 ISO 8 级[15]，这可以根据冷却方式的不同，通过最低效率报告值（MERV）8、11 或 13 等级的过滤器来实现（请参考 ASHRAE TC9.9 数据中心系列指南）。

表 14.1　按颗粒数量和大小分类的空气洁净度

洁净度等级	空气中颗粒物最大浓度/(粒/m³)					
	颗粒物尺寸 μm					
	>0.1	>0.2	>0.3	>0.5	>1.0	>5.0
1	10	2				
2	100	24	10	4		
3	1,000	237	102	35	8	
4	10,000	2,370	1,020	352	83	
5	100,000	23,700	10,200	3,520	832	29
6	1,000,000	237,000	102,000	35,200	8,320	293
7				352,000	83,200	2,930
8				3,520,000	832,000	29,300
9					8,320,000	293,000

注：源自 ISO 14644-1，1999[9]。

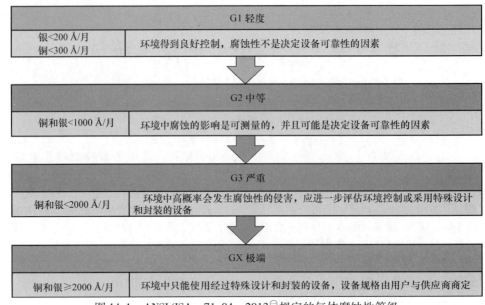

图 14.1　ANSI/ISA－71.04—2013⊖规定的气体腐蚀性等级

注：$1Å = 0.1nm = 10^{-10}m$。来自参考文献［10］。

在 ISO 14644-1 提出颗粒污染物的同时，ANSI/ISA-71.04 在 1985 年提出了气体成分的环境限制。该方法描述了如何确定数据中心环境的气体腐蚀性，它被称为"反应性监测"，是通过将金属条放到环境中来确定的。金属条暴露于空气中一段时间，然后分析确定金属条上的腐蚀膜厚度（以 Å 为单位）。这种分析方法根据各个腐蚀膜厚度来对腐蚀总量进行分类。图 14.1 所示为铜测试片的气体腐蚀性等级。腐蚀性等级根据腐蚀性气体（如 H_2S、SO_2、SO_3、Cl_2、NO_x、HF、NH_3 和 O_3）组合而有显著不同，同时也可能受到如温度和湿度等其他协同作用因素的影响。基于该标准和腐蚀监测技术，在环境分类领域已经进行了大量的研究。然而，迄今为止，一个关键的局限性是仅有铜和银适用于腐蚀监测和评估。

ASHRAE TC9.9 技术委员会成员于 2009 年开始编写 ASHRAE 系列指南[14]，目前已出版了 13 本与数据中心及设备相关的系列指南。其第 8 本为《数据中心颗粒和气体污染物指南》。基于 ASHRAE 对数据中心空气质量的调查，以及在净化受污染数据中心的空气所累积的经验教训，ASHRAE 对该指南进行了更新。TC9.9 委员会的成员由不同的计算机软硬件厂商、空调设备及机架制造商、数据中心运营商、政府成员、大学老师、顾问和测试组织所组成。ASHRAE 推荐，数据中心在颗粒物（粉尘）污染方面要达到 ISO 8 级的洁净度，这可以通过在空调末端使用 MERV 8 等级的过滤器来实现[16]。对于使用室外空气自然冷却的数据中心，要达成 ISO 8 级，则需要选择 MERV 11 或 MERV 13 等级的过滤器[13]。

此外，ASHRAE 推荐在较高气体污染水平的数据中心使用气相过滤系统。在 2008 年和 2011 年，ASHRAE 编制了《数据处理环境热指南》，增加了温度和相对湿度范围（表 14.2）。中国于 2018 年 1 月 1 日施行了现行的国家标准 GB 50174—2017《数据中心设计规范》，对运行温度和湿度重新划定了范围。

表 14.2　数据中心度和相对湿度运行条件（来自参考文献［11，14］）

	2004 版	2008/2011 版	GB 50174—2017
温度低限	20℃（68°F）	18℃（64.4°F）	18℃（64.4°F）
温度高限	25℃（77°F）	27℃（80.6°F）	27℃（80.6°F）
相对湿度低限	40%	5.5℃（41.9°F），露点	5.5℃（41.9°F），露点
相对湿度高限	55%	60%且15℃（59°F），露点	60%且15℃（59°F），露点

⊖　译者注：ANSI/ISA-71.04—2013 是更新的一个版本。

14.3 空气污染（气载污染）

空气污染物可分为两类：颗粒物与气体。无论是传统的封闭设计还是利用自然冷却的数据中心，它们都可以渗透其中，并且在高浓度下，污染物可能会降低电子元件的性能。然而，在实际应用中，由于多种因素（的作用），很难找到空气污染与硬件故障之间的直接关系。目前还没有公开的统计数据，说明污染导致的 IT 设备故障率，也不清楚在美国或世界各地有多少个数据中心出现过 IT 设备故障。

颗粒污染物能被一套适当的过滤系统有效地捕获（如 MERV 8、MERV 11 或 MERV 13 等级过滤器）。因此，在大部分数据中心内，粉尘颗粒引起的污染不被认为会是一个问题[14,17,18]。表 14.4 列出了不同标准的过滤效率对照。MERV 等级是由 ASHRAE 在 1987 年对空气过滤器有效性进行评价时设计的测试标准（表 14.3）。ASHRAE 52.2 提供了在 0.3~10μm 范围内检测和报告过滤器效率的程序（例如，效率数据是通过测量过滤器上、下风侧 12 组粒径范围的颗粒得出的，由此确定该过滤器的类型和最低效率报告值，也就是 MERV 值）。这 12 个值被归纳为三个范围，作为评级目标：E_1（0.3~1.0μm）、E_2（>1.0~3.0μm）和 E_3（>3.0~10.0μm）。

表 14.3　最低效率报告值（MERV）（ASHRAE 52.2⊖）

MERV	E_1	E_2	E_3
	0.3~1.0μm	>1.0~3.0μm	>3.0~10.0μm
8	—	—	70% ≤ ~ <85%
11	—	65% ≤ ~ <80%	≥85%
13	<75%	≥90%	≥90%

不同标准的过滤效率对照见表 14.4。

表 14.4　不同标准的过滤效率对照⊖

中国 GB 14295	粗效，粒径>5μm 15%<E<80%		中效，粒径>1μm 20%<E<70%			高中效，粒径>1μm 95%<E<99%			亚高效，粒径>0.5μm 95%<E<99.9%			—			
ASHRAE 52.2	M1	M2-M4	M5	M6	M7	M8	M9	M10	M11	M12	M13	M14	M15	M16	M17	M18	M19	M20
EN 779	G1	G2	G3		G4		F5		F6	F7		F8	F9	H10	H11	H12	H13	H14	H15

气体污染物，如硫化氢（H_2S）、二氧化硫（SO_2）、氯气（Cl_2）、臭氧（O_3）和二氧化氮（NO_2）的影响并不十分清楚。由于气体、湿度、温度和其他复杂条件的相互作用，气体污染通常难以诊断为某一单独因素造成[19]。将腐蚀速率作为实际环境中气体浓度的函数去确定一般是很困难的，因为许多环境中含有复杂的混合污染物，其腐蚀作用与个别气体是不同的。例如，二氧化硫和硫化氢单独对银或铜的腐蚀性不强，但与二氧化氮和臭氧合用时，腐蚀性很强[20,21]，而银则对于氯气极度敏感[17]。

14.4　常规解决方案

如前所述，气体污染是广大数据中心运营商比较关心的问题。为什么我们会担心气体污染？在 IT

⊖ ASHRAE 52.2—2012 是更新的一个版本。

⊖ 在中国，数据中心通常会使用 GB 14295 和 EN 779 来描述颗粒污染物的过滤效率。例如，MERV 8 等级的过滤器大致相当于中国标准的粗效过滤器和中效过滤器之间，或者欧洲标准的 G4 等级，这个等级的过滤器通常安装在精密空调末端回风口；而 MERV 13 级别的过滤器大致相当于中国标准的高中效过滤器，或者欧洲标准的 F7、F8 等级，新风正压系统因为要将室外新风引入，因此选用这一等级为宜。

行业中，已知最常见的金属部件损坏是由于气体污染物对电路板上的铜或银的腐蚀造成的[4、19、20-24]。据传，IT设备制造商已经观察到，一些数据中心的IT故障是由气体腐蚀引起的。但是，这些数据一般不会公开。针对这一问题，电子行业采用了一种方法来测量受环境影响的金属材料的腐蚀速率。这种方法是对气体污染物的共同反应性检测，在ANSI/ISA-71.04中被称为腐蚀分级测试片（CCC）检测方法。

14.4.1 腐蚀分级测试片检测法

腐蚀分级测试片检测法是测定数据中心气体腐蚀性的一种简便且常见的方法。金属测试片的使用是所有腐蚀监测技术中最广为人知和最简单的。该方法将铜/银片置于环境中一个月，并使用库仑还原法分析腐蚀产物的厚度，将受试环境分为四个腐蚀严重等级之一：G1（轻度，铜<300Å/月，银<200Å/月；腐蚀不是一个决定设备可靠性的因素）、G2（中等，铜300~1000Å/月，银200~1000Å/月；腐蚀可能是一个决定设备可靠性的因素）、G3（严重，1000~2000Å/月；设备存在高概率的腐蚀性损害）和GX（极端，>2000Å/月；只有专门设计和封装的设备才能避免遭受腐蚀性损害）。但是单独使用铜片会有一些局限性，包括以下几点：铜对氯不敏感，而氯是一种对许多金属具有特别腐蚀性的污染物，而且铜腐蚀可能对相对湿度过于敏感[19]。现在，普遍的做法是使用铜片测试的同时增加银片测试（G1，轻度，<200Å/月），以便更好地了解环境中腐蚀性气体的化学性质[14]。

14.4.2 常规腐蚀分级测试片检测法的应用

这是使用常规腐蚀分级测试片方法的探索性研究的描述[25]。测试片的部署策略共包括19个美国的数据中心（加利福尼亚州、得克萨斯州、伊利诺伊州、新泽西州、佐治亚州、北卡罗来纳州和马萨诸塞州）和2个位于印度班加罗尔的数据中心，如图14.2所示。该研究的目的是调查以下问题：①美国各地数据中心铜和银腐蚀速率的近似统计分布如何？②腐蚀分级测试片的测量是否可重复？③铜和银腐蚀检测之间的关系是什么？④外部风冷数据中心的腐蚀速率是否高于"封闭式"数据中心？⑤腐蚀检测结果与IT设备故障率是否有关？

图14.2　测试片安装位置[10]

注：美国14个测试地点，19个数据中心的分布为：旧金山，加利福尼亚州（1）；都柏林，加利福尼亚州（1）；硅谷，加利福尼亚州（5）；洛克林，加利福尼亚州（1）；弗雷斯诺，加利福尼亚州（1）；洛杉矶，加利福尼亚州（1）；凤凰城，加利福尼亚州（1）；芝加哥，伊利诺伊州（1）；波士顿，马萨诸塞州（1）；三角研究园，北卡罗来纳州（1）；理查德森，得克萨斯州（1）；达拉斯，得克萨斯州（1）；亚特兰大，佐治亚州（1）；皮斯卡塔维，新泽西州（2）。印度2个数据中心的分布为班加罗尔（2）。

作为环境腐蚀监测的一种手段，腐蚀分级测试片由铜和银金属条组合而成，已被用于测量腐蚀性气体的严重程度（图14.3）。该方法包括将测试片样本暴露于环境中一特定时间（如30天）；然后用阴极/电解还原法对试样进行分析；腐蚀性（或称之为腐蚀程度）由腐蚀增长速率（Å/30天）来量化。为了最大限度地减少运输过程中的任何背景腐蚀，测试片被放置于密封的塑料袋中，袋内有一种特殊材料，可作为任何环境污染的清除剂。

分析腐蚀分级测试片的标准方法被称为"阴极/

图 14.3　铜银测试片实物照片

电解还原法"。腐蚀膜的厚度由实验室分析结果来确定。报告的结果包括送回的铜/银测试片、ISA 环境腐蚀等级分类、腐蚀膜厚度/30 天。

每一套铜/银测试片安装于树脂有机玻璃支架（4in×3in×0.25in），所附标签用于测试片编号、日期和安装地点信息的记录。测试片被部署于每个数据中心的三个不同位置（图 14.4）：①建筑物过滤或空调系统入口前端的外部大气环境中；②给数据中心机房通风的管道内；③数据中心机房内部。所有数据均收集于 2010 年 8 月至 11 月。

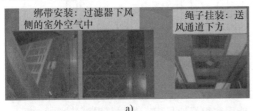

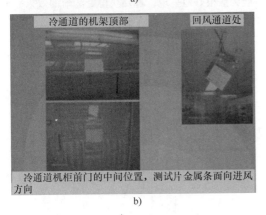

图 14.4　不同测试片位置的照片
a) 室外空气中的样本　b) 室内空气中的样本

如前所述，对数据中心腐蚀性进行分类，铜和银测试片一起使用可以提供更完整的风险评估。一个关键问题是，使用大量外部空气进行冷却的数据中心是否存在更大的 IT 设备故障风险。没有证据表明，通过腐蚀性监测，说明高腐蚀速率就意味着高 IT 设备故障率。由于无法轻易获得故障率的定量数据，因此无法确定反应式检测试样的测试结果与 IT 设备故障率之间的相关性。根据 ANSI/ISA-71.04—2013，这些腐蚀速率被认为是没有问题的。铜/银的腐蚀测量结果可以大不相同，这不足为奇，因为这些元素对腐蚀性气体的反应不同。这些测量值之间存在一些相关性，表明尽管存在实质上的测量误差，但测试片实际上检测的是环境腐蚀性的真实信息。

研究结果表明：

1）美国的铜和银测试片腐蚀速率一般较低于被认为会有问题的速率。

2）同一个数据中心内，测量结果经常会相差 2 倍或更高。

3）银腐蚀速率与铜腐蚀速率相关度不高。

4）采用外部空气冷却的数据中心的铜腐蚀速率并不高于"封闭"数据中心；银腐蚀速率在多数采用外部空气冷却的数据中心并不会更高，但在部分会更高。

5）具有相对高银腐蚀速率的数据中心未报告更多的设备故障率，尽管对这个问题不可能有详细分析数据，因为（在测试中）具有高银腐蚀速率的数据中心数量很少。测试的可重复性较差，而且在仅有的高银腐蚀速率的设施中缺乏明显升高的设备故障率，这表明腐蚀测试片检测可能无法用于预测设备故障率。该研究中包括外部空气冷却的大多数设施，都没有提高腐蚀速率，所以即使测得的腐蚀速率确实与设备故障率有关，在美国使用外部空气冷却也似乎没什么问题。

14.5　中国数据中心空气质量的研究

（本节由译者补充，采用了相同的测试流程，以说明中国的空气质量状况。）正如前面几节内容所描述的，直接影响数据中心内空气质量的因素包括颗粒物与腐蚀性气体，以及间接影响其腐蚀性结果的温度、湿度等。与美国数据中心空气质量的检测与研究结果相比，中国数据中心面临的空气质量形势有较大的差异。本节将介绍我们对中国主要城市以及周围空气质量的初步研究。

与 14.4.2 采用的方法没有本质区别，同样使用常规腐蚀分级测试片检测法。虽然测试的初衷，其一是为客户在 IT 设备装机之前进行现场环境测试，以观察是否满足 IT 设备的装机条件；其二是在出现了明显的 IT 设备硬件故障之后所进行的故障调查分析，但这些测试正好为我们提供了研究的基础数据。

第一种测试均将测试片部署在中国不同城市

（北京市、天津市、上海市、河北省的张北县、吉林省的长春市、山东省的济南市和江苏省的无锡市）的数据中心主机房内（图14.5）。这些数据中心有传统的封闭式数据中心，也有采用自然冷却的数据中心。从获得的数据来看，都存在腐蚀风险——ISA G2级别的较多，在个别案例中甚至有腐蚀极端严重的GX级别存在。当然，这个数据中心在测试之前已经出现了大量的设备故障。

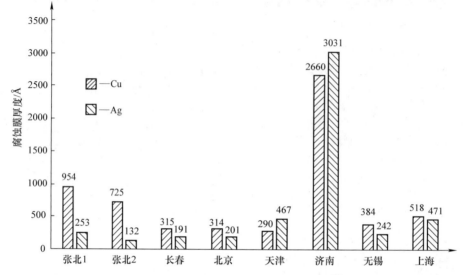

图14.5 不同城市数据中心内的腐蚀测试数据（数据源自DCInsight）

研究测试的结果可以发现，无论是铜还是银的腐蚀生成物，均是硫化物居多（图14.6）；同时，对比中国与美国的二氧化硫近地表面分布云图（图14.7）可见，大气中硫化物的差异可能是导致两国测试数据不同的原因之一。云图在印刷制品中可能无法很好地呈现，若要获得更清晰的效果，请登录 fluid.nccs.nasa.gov 网站。

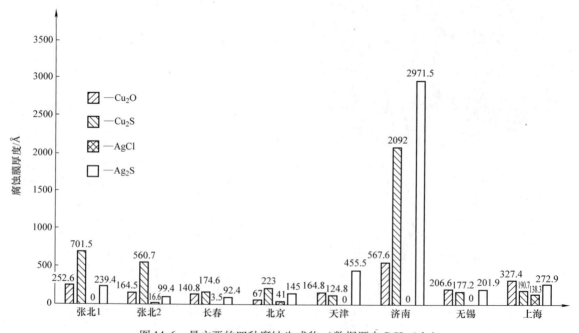

图14.6 最主要的四种腐蚀生成物（数据源自DCInsight）

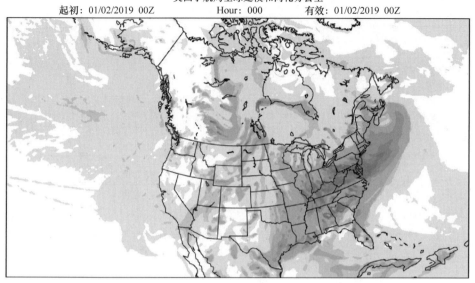

图 14.7　2019 年 1 月 2 日北美地区 SO_2 表面质量云图

第二种测试是将测试片部署在同一个数据中心的室外和室内，获得相同时间内的气体腐蚀等级，并分析其腐蚀生成物（图 14.8）。室外的腐蚀等级为 G2，室内的腐蚀等级为 G1。直接引入未经气相过滤的新风对数据中心进行冷却，确实有一定的风险，但数据中心内部的温度和湿度控制能力同样也会对测试结果产生影响。因此，在进一步的研究中，应当将温度和湿度的变化设计到试验中，这有助于研判气相过滤系统对于自然冷却数据中心的必要性和经济性。

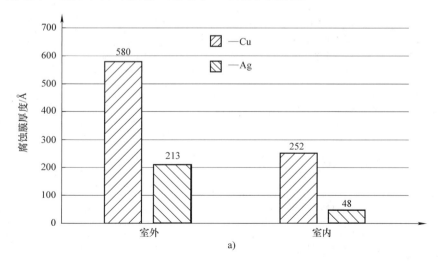

图 14.8　同一个数据中心室内外腐蚀测试数据（数据源自 DCInsight）
a）总体腐蚀程度对比

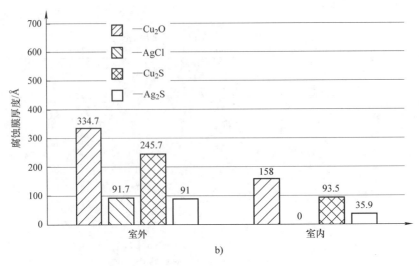

图 14.8　同一个数据中心室内外腐蚀测试数据（数据源自 DCInsight）（续）
b）不同腐蚀生成物对比

14.6　结论与未来趋势

人们对利用外部空气冷却数据中心有相当多的担忧，但业界专家对这种担忧的严重性持不同意见。幸运的是，美国的大部分数据中心都位于环境相对干净的地区[25]。因此，目前在美国没有关于 IT 设备由于污染导致故障率的公开信息。没有公开的数据将外部空气冷却的使用与 IT 设备故障率联系起来。传闻有证据表明，封闭的数据中心也会发生设备故障。

在未来，①仍然需要对气体污染引起的腐蚀进行基础研究，以试图找出其与 IT 设备部件故障率的相关性；②建议开展调查式研究，以便更好地理解腐蚀性监测方法，并且利用放置于数据中心预过滤器后的气流中的大量测试片，持续监测气体污染。一旦了解了失效机制，就应开展潜在补救措施的研究。

参 考 文 献

[1] Cullen DP, O'Brien G. Implementation of Immersion Silver PCB Surface Finish in Compliance with Underwriters Laboratories. Bannockburn: IPC Printed Circuits Expo; 2004.

[2] Hillman CA, Arnold J, Binfield S, Seppi J. Silver and Sulfur: Case Studies, Physics and Possible Solutions. College Park: SMTA International; 2007.

[3] Mazurkiewicz P. Accelerated corrosion of PCBs due to high levels of reduced sulfur gases in industrial environments. Proceedings of the 32nd ISTFA; November 12–16, 2006; Austin.

[4] Reid M, Punch J, Ryan C, Franey J, Derkits GE, Reents WD, Garfias LF. The corrosion of electronic resistors. IEEE Trans Comp Pack Technol 2007;30(4):666–672.

[5] Sahu AK. Present scenario of municipal solid waste dumping grounds in India. International Conference on Sustainable Solid Waste Management; September 5–7, 2007; Chennai, India.

[6] Schueller R. *Creep Corrosion of Lead-Free Printed Circuit Boards in High Sulfur Environments*. Edina: SMTA International; 2007.

[7] Veale R. *Reliability of PCB Alternate Surface Finishes in a Harsh Industrial Environment*. Edina: SMTA International; 2005.

[8] Xu C, Fleming D, Demirkan K, Derkits G, Franey J, Reents W. Corrosion resistance of PWB final finishes, Alcatel-Lucent, APEX; 2007; Los Angles.

[9] ISO. ISO 14644-1, *Cleanrooms Associated Controlled Environments—Part 1: Classification of Air Cleanliness*. Geneva: International Organization for Standardization; 1999.

[10] ISA. Environmental Conditions for Process Measurement and Control Systems: Airborne Contaminants. The Research Triangle Park: Instrumentation, Systems, and Automation Society; 1985. ANSI/ISA 71.04-1985.

[11] ASHRAE. 2008 ASHRAE environmental guidelines for Datacom equipment—expanding the recommended environmental envelope. Atlanta: American Society of Heating, Refrigeration and Air-Conditioning Engineers; 2008. TC 9.9 white paper.

[12] ASHRAE. Particulate and gaseous contamination guidelines for data centers. Atlanta: American Society of Heating, Refrigeration and Air-Conditioning Engineers; 2009a. TC 9.9 white paper.

[13] ASHRAE. *Particulate and Gaseous Contaminants in Datacom Environments*. Atlanta: American Society of Heating, Refrigeration and Air-Conditioning Engineers, Inc.; 2009b.

[14] ASHRAE. 2011 thermal guidelines for data processing environments—expanded data center classes and usage guidance. Atlanta: American Society of Heating, Refrigeration and Air-Conditioning Engineers; 2011. TC 9.9 white paper.

[15] Ortiz S. Data center cleaning services. Processor Soc 2006; 28(14):4.

[16] ASHRAE. ANSI/ASHRAE Standard 127-2007, *Method of Testing for Rating Computer and Data Processing Room Unitary Air Conditioners*. Atlanta: American Society of

[17] Shehabi A, Horvath A, Tschudi W, Gadgil AJ, Nazaroff WW. Particle concentrations in data centers. Atmos Environ 2007; 42:5978–5990.

[18] Shehabi A, Ganguly S, Gundel LA, Horvath A, Kirchstetter TW, Lunden MM, Tschudi W, Gadgil AJ, Nazaroff WW. Can combining economizers with improved 19 filtration save energy and protect equipment in data centers? Build Environ 2010;45:718–726.

[19] Rice DW, Peterson P, Rigby EB, Phipps PBP, Cappell RJ, Tremoureux R. Atmospheric corrosion of copper and silver. Electrochem Soc 1981;128(2):275–284.

[20] John WO. Corrosion-induced degradation of microelectronic devices. Semicond Sci Technol 1996;11:155–162.

[21] Volpe L. Environmental factors in indoor corrosion of metals. Technical report. Armonk: IBM International; 1989.

[22] Lopes BG, Valdez SB, Zlatev KR, Flores PJ, Carrillo BM, Schorr WM. Corrosion of metals at indoor conditions in the electronics manufacturing industry. Anti-Corros Meth Mater 2007;54(6):354–359.

[23] Vargas OL, Valdez SB, Veleva ML, Zlatev KR, Schorr WM, Terrazas GJ. The corrosion of silver in indoor conditions of an assembly process in the microelectronics industry. Anti-Corros Meth Mater 2009;56(4):218–225.

[24] Veleva L, Valdez B, Lopez G, Vargas L, Flores J. Atmospheric corrosion of electro-electronics metals in urban desert simulated indoor environment. Corros Eng Sci Technol 2005;43(2):149–155.

[25] Coles HC, Han T, Price PN, Gadgil AJ, Tschudi WF. Most U.S. Data centers can use outside air for cooling without causing failures, Part of the DOE Roadmap for compressor less cooling in data centers. Lawrence Berkeley National Laboratory Technical Publications; 2011.

延 伸 阅 读

Bennett HE, Peck RL, Burge DK, Bennet JM. Formation and growth of tarnish on evaporated silver films. J Appl Phys 1999;40(8):3351–3360.

Comizzoli RB, Frankenthal RP, Lobnig RE, Peins GA, Psato-Kelty LA, Siconolfi DJ, Sinclair JD. Corrosion of electronic materials and devices by submicron atmospheric particles. Electrochem Soc Interf 1993;2(3):26–34.

Miller SK. Whiskers in the data center. Processor 2007;29(30):1–24.

PURAFIL. Corrosion control for mission critical facilities: design guidelines for the assessment, control and testing of gaseous contamination in data centers and server rooms; 2011. Technical brochure TB1800-02.

第15章 计算流体动力学在数据中心中的应用

英国伦敦未来设施有限公司　马克·西摩（Mark Seymour）　著
北京瑞思博创科技有限公司　郑品迪　译

15.1 简介

数据中心需要执行诸多关键性任务，要求具有极高的可靠性，因此如何有效和高效地向房间内的所有设备提供冷却是诸多关键问题之一。

现代数据中心的功率密度日益提高，意味着以低成本的方式实现冷却，并且不影响日常运维是重中之重。人们经常忘记，冷却系统的主要目的是冷却电子设备，从历史上看，以前对数据中心的冷却处理方式与其他空间的处理方式相同。

从图15.1可以看出，为了冷却电子元件，重要的是考虑IT设备本身的冷却布局/设计，如何在任一机架中冷却IT设备，以及如何在数据中心中冷却机柜。图中机柜上的白色折线表示责任归属权的中断：电子设备级冷却，由制造商负责；房间级冷却，由数据中心基础设施经理负责；机架的布局和冷却明显介于两者之间，存在明显的失效隐患。

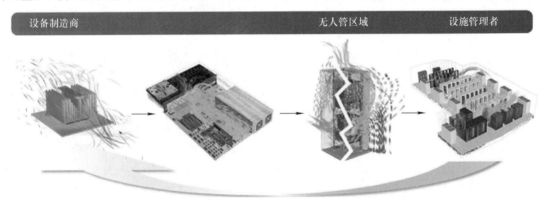

图15.1　数据中心所有层级都需要冷却，以有效去除IT设备热量（Future Facilities提供）

现代环境友好型的设计通常是针对特定数据中心的。使用的最常见的流体是空气，但有时可以是液体，可为IT设备提供冷却并从中带走热量。这不仅是对初始设计的挑战，也是对持续管理的挑战，因为与在系统生命周期中内部组件保持固定不变的电子设备不同，数据中心中的许多设备经常需要更换，在某些情况下甚至是每天都在更换。

当将空气作为数据中心设施中存放IT设备的房间（通常称为白色空间）的冷却介质时，有利于分析并优化冷却设计和IT设备布局，充分利用可用冷量，有助于避免数据中心随着时间的推移而出现的热点。分析也可用于液冷系统的设计和布局，但这通常是专业冷却系统设计人员所负责的任务，不是该主题的主要关注点。

关于白色空间的一个关键问题是几乎每个白色空间都是独一无二的。由于这样或那样的原因，并且不同于典型的电子设备冷却问题（设备布局在设计期间被完全定义且固定不变），白色空间的设计是不断变化的。更重要的是，随着新设备的部署和旧设备的移除、移位或升级，白色空间将随着时间的推移而不断变化。这导致了一个冷却解决方案不能满足所有场景的要求。

由于冷却是通过流体冷却介质实现的，因此可以预测冷却系统复杂性能（冷空气输送和热空气移除）的唯一理论技术是计算流体动力学，简称CFD。

15.2 CFD原理

顾名思义，CFD是使用计算机（运用数值方法）来分析周围环境中流体（液体或气体）可能性行为的一种技术。在分析区域内，CFD 考虑了几何体内部及其周围对流体运动的促进或限制性因素。

使用术语"流体"是因为该技术可以应用于液体或气体。例如，可以对翅片式换热器内冷冻水管路中的冷冻水流动和流过换热器翅片的气流进行分析。实际上，分析不仅限于单一流体，液体或气体的流动，原则上可以同时分析冷冻水流（液体）和气流（气体）两种流体（该算例中，同时分析了水和空气）之间的热传递。它还可以解释两种流体以及由换热器本身组成的固体的温度变化的影响。

从这个简单的例子中可以发现，CFD 方法实际上是非常通用的，它可应用于许多方面，而不仅仅是冷却白色空间中的 IT 设备（主要使用空气作为流体）。事实上，这种技术比前文所描述的更为强大；它不仅可以应用于单组分流体分析，还可以应用于混合流体分析；它可允许状态的变化（如水的蒸发和冷凝）的两相流问题。另外，它还可以应用于随时间变化的流体流动，而不是条件固定在某个时间点下恒定不变的流动，后者通常被称为"稳态分析"。

因此，在更详细地考虑 CFD 在数据中心的应用之前，应该先介绍 CFD 的一些基本原理。

15.2.1　基本原理

在进行 CFD 分析时，人们使用计算机程序来求解一组通常被称为 Navier-Stokes 的方程。这些方程用数学方法定义了质量、动量和能量守恒定律，并最初是由 Claude Louis Marie Navier 于 1827 年推导出来的。这些方程实际上是由几个人在之后二十年中独立得出的，1845 年，George Gabriel Stokes 发表了他以一个不同视角推导出来的方程式。因此，人们随后称之为 Navier-Stokes 方程。然而，对于大多数实际应用，除了一些最简单的场景之外，无法得到这些联立方程的解析解。

为了求解方程，有必要将空间划分为细小的网格；对于每个网格单元，Navier-Stokes 守恒方程可以写成非线性偏微分方程。在这种情况下，这种数学的详细形式并不重要，但重要的是了解它们现在可用于理解流体流动和传热。

有几个方程式，最基本的是描述网格中流体速度的方程。对于三个正交速度分量，通常存在三个方程（在一个矩形网格中，是每个坐标轴的方向，即 X、Y 和 Z）中。然后可以加入其他方程，表示其他物质的传输，如热能（用于温度）或污染物。最后，增加了连续性（质量守恒）方程，从中可以得出压力。

每个方程组中计算的属性通常被称为"变量"，覆盖整个计算空间的变量值集合（通常是每个网格一个值）通常被称为"值域"。保守来讲，通过网格单元面流入和流出的流体（或其他输运特性）必须彼此一致，并与其相邻网格单元保持一致，这种流体通过表面的传递被称为"通量"。

这些方程的实际公式取决于所采用的数值方法（第 15.2.2 节）。由于对于大多数实际问题没有解析解（即不能重组方程以便可以直接计算结果），因此必须用数值方法求解方程。本质上，数值解是通过对结果进行"猜测"，并将每个网格单元上的每个变量值采用不同的差值方法迭代计算得到的。一旦采用差值，就可以计算流入或流出任何给定单元的流量或其他变量（如热通量）的不一致性，从而允许对猜测进行校正。

然后重复迭代该过程，如果成功，误差可以被降低到可接受水平，这个过程称为"收敛"。当成功时，该解被称为"收敛解"（第 15.2.2 节）。重要的是要注意收敛并不意味着流动（或任何其他输运变量）的预测是准确的，只是误差已经达到预定义的"可接受水平"。

还有一些数值原因可以用来解释该收敛解只是对现实的一种近似解。最常见的有以下几种：

- 将模型（代表数据中心内部属性及其影响因素）分解成离散网格，存在数值发散的可能性（第 15.2.4 节）。

- 并非所有方程都是基于物理性质的纯粹描述。特别地，湍流模型是经验导出的关系，旨在捕获由于较小的尺度波动而发生的总效应，如混合。对于某些应用，如空气动力学，可以针对特定情况专门调整方程（为了使该技术足够精确，有时这样做十分必要）。

- 我们定义模型的方式：定义计算域的内部特征，如物理几何结构、气流和热边界条件，以及定义与周围环境和其他部件相互影响的方面。这些通常被称为"边界条件"，这些将在第 15.2.3 节中进一步讨论。

15.2.2　数值方法

在数值数学中，有许多方法用于求解像 Navier-Stokes 方程这样的微分方程组。所采用的方法将会影响用于求解方程的表达式，计算域离散为网格的方式，以及所需的计算能力（就处理器和存储器资源而言)。它甚至会影响求解器(求解方程的计算机程序)是否总能为任何场景提供解决方案,或者是否需要特别注意/控制以实现收敛解。

以下是读者在考虑将CFD应用于数据中心时最可能遇到的方法。

15.2.2.1 有限体积法

有限体积法是一种基于将空间划分为控制体积(或单元)的数值方法,从而将空间离散为单元网格,每个控制体都包含一个数据点。通过将Navier-Stokes守恒方程投射到单元网格上,根据守恒定义,流出或流入网格单元任何面上的通量(气流、热流量等)等于流入或流出相邻的网格单元的通量。图15.2显示了2D情况下如何在所谓的交错网格方法中计算标量(如压力p和温度T)并将其存储在网格单元中心,而速度(u、v)、通量(空气的质量流率)存储在网格单元面上。

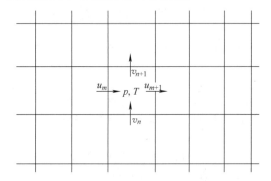

图15.2 通过交错网格显示连续性、标量值和通量(Future Facilities提供)

这种方法的一个优点是更容易书写方程式:通过单元面的通量是相邻单元中的值。例如,通过两个相邻面的流动直接取决于两个单元中的压力差。缺点是每个单元只有一个点,没有关于梯度的信息,导致的数值扩散某种程度上可以通过使用更复杂的数值算法(如高阶差分格式)解决。

在撰写本章时(2013年1月),有限体积法是迄今为止用于数据中心建模的最常用方法,已经证明它能够在可接受的时间内得出有用的准确预测。因此,除非另有说明,本节的余下部分将采用此方法。

15.2.2.2 有限元法

有限元方法更常用于结构分析问题,并在商业上有可用的CFD软件。有限元方法的优点是它在每个单元中都有多个点(用于在结构分析中确定应力);每个单元携带更多信息,包含梯度或变量。

然而讽刺的是,使用多个点也是有限元方法的缺点。这种附加信息使得该方法在计算上更加昂贵,不仅体现在存储方面,而且在计算速度方面也是如此。对于有限元法在流体动力学的应用,尽管当CFD软件与结构分析软件协同工作时运用有限元法可以更方便地集成两种技术,但这样的应用还是太耗费计算资源了。

15.2.2.3 势流法

势流法越来越受欢迎,因为它的假设能够更简单快速地得到解决方案。其中最关键的假设是流体是理想流体,即它是无黏性的(没有黏性),并且是不可压缩的。其结果是流动将是无旋转的,没有垂直于流线的流动(流线表示流体/空气的对流流动路径或热传导路径)。

打个比方,它就像一条沿着河道连续流动的河流,所有的水沿着它顺畅地流动,绕过弯道,越过岩石及其周围,沿途都没有涡流/环流或空洞。实际上,这将导致不能分析与表面有分离的流动,因此在拐角周围会出现不符合实际的流动。

15.2.2.4 其他方法

并非所有方法都可作为求解偏微分方程的数值方法,由于机房的大小,以及其内部对象和特征的数量,人们仍在不断努力寻找具有可接受精度的更快的求解方案技术。但是,作者认为,上述这些方法代表了目前最常用的数据中心数值求解技术。

15.2.3 CFD模型

进行流体动力学模拟是为了了解流体中的流动和换热特性,主要变量是质量、动量和能量。

要定义仿真模型,必须通过上一节中描述的方法之一来进行物理描述,即建立机房的三维(3D)计算机仿真模型。

首先需要定义计算空间的大小,用于执行各种计算。通常是鞋盒形状,一个与问题相匹配且合适尺寸的矩形块。这个空间'计算域'在某些情况下可以是任意形状,但为了简单起见,我们在这里假设为矩形盒状。

一旦如此定义,你可以想象如果这个盒子里充满了空气或其他液体,除非有某种输入或力量来扰乱平衡,否则它内部绝对不会发生任何变化。当然,计算域的六个面代表了与外界相连的边界,它会对计算域内部产生影响。即使作为密封空间,这些面也可以传递热量,使靠近墙壁的空气温度升高并上浮。一旦空气开始流动,盒子的壁面就会产生另一种影响,来自壁面的摩擦会减慢附近空气的流动。

向系统中加入某些东西,如前文案例中提到的热量，通常称之为"源"；从系统中带走某些东西，称之为"负源"或"汇"。当然，源或汇不仅限于热量和摩擦，还可以是质量、动量（质量×速度）和能量，或者其他任何需要计算/求解的变量。此外，它们可以出现在计算域内的任何地方，也可以出现在计算域的表面上。

因此，计算域内用于加速空气流动的风扇引入了动量源，因为它造成了速度的增加。然而，向计算域内引入新风的风扇既是质量源又是动量源：它将新风引入计算域并伴有一定的速度，因而增加了动量。此外，如果模拟考虑了温度，那么也将存在与温度或焓有关的源和汇。与源和汇有关的项在CFD术语中的一般描述是"边界条件"。

边界条件可以在表面上或在体积中定义，具体取决于它们所代表的含义。大多数CFD程序允许所谓的"共轭传热"的扩展。这意味着求解域内的固体可以与流体（或其他固体）交换热量，并同时可以计算固体内的热量传递和流体中的热量分布。

边界条件的关键是表示表面摩擦对局部速度和热传递的影响。一种常见的方法是假设速度与距墙壁的距离是呈对数变化的，且流动为湍流，这种假设被称为"壁面对数定律"。为了更完整地表示壁面边界条件，对数关系在紧邻壁面的区域中被线性关系代替，该区域被称为"层流层"，其中的流动不再是湍流。

对于边界条件，除了可以表示直接质量源和动量源所代表的特定流动，流动边界条件还定义了计算域外的其他条件。在这种情况下，流量取决于紧邻计算域外且与边界条件相邻的条件。可能包括以下内容：

- 由于相邻空间的加压而产生的压力。
- 外部流动（如风）造成的压力和动量。
- 与外部（参考）条件对比，空气产生热膨胀或（收缩），造成相对浮力。

事实上，在一些CFD模拟中，通常将流体视为不可压缩的，因此流体的膨胀或收缩不会显著影响网格单元中的流体质量。这在建筑环境的气流和传热模拟中很常见，因为温度范围通常很小，所以无须视为可压缩流体。即便如此，温度的影响也不能完全忽视：温度所造成的密度变化确实会导致热空气上升和冷空气下降。这可以通过将力作为源项添加到每个网格单元中，以反映局部相对浮力。这种方法通常被称为"Boussinesq近似"。

15.2.4 选择求解网格

从历史上看，CFD建模最耗时的问题之一就是定义求解网格。网格划分的水平及网格的选择可以显著影响流动换热特性的预测，甚至影响计算收敛的能力。此外，它还会影响最终结果的精度。

可以使用描述每个障碍物的几何形状和周围边界层的详细模型来预测流过一系列小障碍物的流动。该模型需要精细网格，障碍物区域需要生成大量网格单元，因此会消耗大量的计算资源。如果对障碍物的关注点是它们阻碍气流的程度和随之而来的压降（对局部流动的细节不关注），通常采用简化模型，使用经验推导的公式来计算压降。计算结果主要取决于障碍物的关键特征，如一组水管或线缆中单元的尺寸和间距。

值得注意的是，在大多数情况下，唯一能够确认网格数量已经足够用来捕获感兴趣的模型特征的方法是进行网格无关性研究。确定当网格变得更细或更粗糙时，所关注的特征结果是否改变。

最简单的网格形式是将空间划分为矩形/砖形单元阵列的网格。这样的网格在二维层面很容易可视化：横跨页面的一组平行（但不一定等间距）线和类似的且与页面垂直的另一组平行线，生成了整个矩形边界内的一列矩形块。在需要提高求解精度的地方网格线离得很近，但需要注意的是网格线要纵贯整个计算域，一边的网格线间出现了小的缝隙，另一边就会随之出现很大的缺口，这就可能生成非常狭长的网格，导致求解发散，无法预测流动结果。长而细的网格被称为具有高"宽高比"。如果网格线在一个方向上非常靠近，然后突然相互疏离，也会出现类似的发散问题，称为高"膨胀率"。

从三维层面看，网格生成过程是相同的。但是现在应将线视为平面，并且必须在3D轴系统的第三正交方向上绘制第三组平面。这种类型的网格通常被称为"结构化笛卡儿网格"，称为结构化是因为每个网格单元有六个面。每个单元面旁边是另一个具有重合面的单元（见图15.3）。

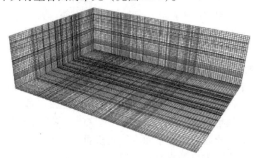

图15.3 结构化笛卡儿网格（Future Facilities 提供）

结构化笛卡儿网格有两个主要挑战：

1）难以在整个模型中捕获不同程度的细节而不产生高的高宽比（细长网格）或高的膨胀率（相邻网格尺寸变化非常快）。

2）如果物体表面与网格不对齐（图15.4），则需要特殊处理，以避免表面流动不切实际地分离。如果没有特殊处理，表面必须近似为通过网格面所切的一条线，如图15.4所示。

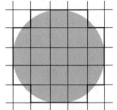

基于结构化笛卡儿网格的简单处理　　网格分区的特殊处理

图15.4　简单笛卡儿网格方法和修正方法中的表面近似（Future Facilities 提供）

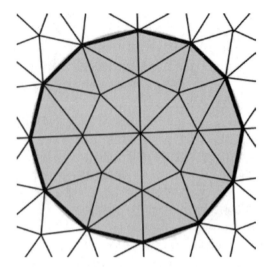

图15.5　可以直接表示形状与单元格的非结构化面重合（Future Facilities 提供）

在一些 CFD 工具中，使用"非结构化网格"以便更容易地描述复杂几何形状，并更准确地预测表面影响。可以通过多种方式实现非结构化网格。最简单的方法是保留笛卡儿方法，但不再坚持在计算域中一味地延伸线/平面，而是允许单元网格面可以具有多个其他网格面在其旁边。通常限于在特定单元面上在任何给定的方向上将单元分成两个，但在应用时此限制不是必须的，此网格化方法称为"octri"。

另一种方法是不局限网格形状为矩形或盒形（见图15.5），允许网格遵循更复杂的轮廓并允许单元面更接近地反映真实表面。单元可以是扭曲的砖形，但更常见的是四面体形状。

非结构化网格的缺点是它们需要更多的计算机内存，并且每个单元的计算速度较慢。这是因为简单矩形网格能够隐含已知的下一个相邻单元，如果单元不是简单矩形网格，则必须存储和处理附加信息，以便知道哪些单元彼此相邻。然而，非结构化网格有时能够通过只加密必要区域来利用更少的网格单元构建模型和计算，虽然这也并不是完全保证的。使用四面体法或体自适应法进行加密可能更有效，但此时网格生成还有一条额外标准，即网格单元不能因内角过小而变得太扭曲。

为特定目的设计的 CFD 的一个优点是可以开发网格规则以适应所涉及的应用。这些网格规则基于对模型中对象类型及其网格要求的了解。

15.2.5　计算域求解

由于除了最简单的几何结构外其余模型都无法得到解析解，因此必须用数值方法求解 Navier - Stokes 方程。数值方法本质上是一种"猜测和修正"的方法，求解器在初始时赋予计算域一个猜测解（通常为零速度，以及全场的单一温度和压力值）。

边界条件逐一叠加在这组数据上，并为它们所在的单元提供质量、动量和能量的源或汇。如果不进行修正，在局部添加的这些源和汇使单元格中的守恒方程产生误差，因此单元格需要调整变量值并不断更改。对于每个变量，这些修正是逐个变量地且逐个网格单元进行的。

当然，单元格的值取决于所有相邻单元中的值。因为逐个单元地重新计算变量值，所以第一个变量将不再与其他变量一致，并且类似地，重新计算的第一个单元在更新后将与其相邻单元不一致。因此，必须多次重复计算所有单元中所有变量的值，直到守恒方程中的误差降低到可接受的水平为止。此时，求解结果被认为已经"收敛"。每次计算所有单元格中全部变量的值的过程被称为"外迭代"。在实践中，一些变量（通常是温度和压力）可能在任何给定的外迭代过程中都要重新计算多次，这些在单次外迭代中对单个变量的重复修正计算称为"内迭代"。

事实上，进行这些重新计算并不能保证计算域中变量值一定会通过迭代逼近真实值。考虑一下乘车的情景：如果汽车没有悬挂系统，乘坐将非常不适。即使汽车的设计初衷是稳地行驶，它也会在不断地颠簸中偏离平衡轨道。通过增加弹簧，利用弹簧吸收能量，产生衰减振荡来减小行驶位置偏差的严重程度。在大多数情况下，振荡会逐渐衰减，但如果汽车碰撞的速度达到了汽车所代表的弹簧-质量系统的固有频率，那么振荡就会失控。对于汽车的悬架，解决方案是增加减振器以限制弹簧上的运动，从而使汽车更快地恢复到平稳行驶状态。若减振器过重，会导致颠簸，但一旦汽车偏离平稳行驶状态，则需要很长时间才能回到平衡位置。而使用较轻的减振器，汽车会接受大部分的振荡，吸收颠簸能量的过程非常缓慢，振荡行驶的持续时间较长。

CFD 中数值解的收敛过程与此类似。如果无阻尼，求解域可能振荡或甚至"发散"（远离真实解）。因此，阻尼用于稳定求解，通常通过以下两种方式之一完成：

1）线性松弛。求解变化量是 ΔV，那么应用的变化是 $f\Delta V$。其中 f 是线性松弛因子，介于 0~1.0 之间。

2）虚时间步长松弛。虚时间步长用于将松弛因子添加到所求解的方程中。它就像瞬态模拟计算中的时间相关项一样，将解与前一次迭代的值联系起来。虚时间步长的较小值提供了更强的连接，因此减慢了从迭代到迭代的变化。

这种虚时间步长松弛不应与"随时间变化"或"瞬态模拟"混淆，CFD 的瞬态模拟用于预测随时间变化的流动。对于瞬态计算，求解通过使用类似的迭代过程来计算将在一小段时间内发生的变化等式。如同网格精度在空间尺度的重要性，时间步长对于时间尺度来说也很重要。时间步长必须足够小，以捕获所关注的时变特征。一般而言，时间步长越小，达到收敛所需的外迭代次数越少。

15.2.6 什么时候可以使用求解结果

我们已经讨论了收敛的概念和收敛解：减少方程中的误差，以使整个计算域满足质量、动量和能量守恒原理的过程。方程中剩余的误差通常称为"残差"。

测量残差的一种方法是将每个变量在所有单元的误差相加，然后将误差和一些参考值进行比较。通常，参考值是变量的流入质量、动量或能量（视情况而定）。当所有变量的误差均远低于该参考值（如 0.5%）时，该求解被认为是收敛的。通常在求解之前估计流入的质量、动量和能量，因此最终结果可能不是流入的质量、动量和能量的真实反映。此外，误差在求解域中发生的位置是十分重要的。如果大部分误差出现在计算域中非关键的区域，则可以容忍较大误差。然而，如果相反，误差产生于关键区域，那么该误差就会变得更不可接受。

确定求解结果是否可接受的另一种方法（至少对于非瞬态计算）是监控关键点的关键变量的变化，并查看它们是否已达到稳定状态。如果已经达到了可接受残差范围且关注点达到稳定值，则该解达到充分收敛并可以被用于最终的分析。

即使你从数字的角度认可了求解结果，更重要的是要审查模型和结果，并考虑它们可能不正确，因为模型不能充分代表现实。换句话说，必须以怀疑态度审查模型：一个模型只有当输入参数符合限定时，才是好的。这里有两种不正确的可能性：

1）用户在构建模型时就犯了错误。
2）模型中没有足够的细节来捕获所有关键特征。

如果这是一个预测模型，并且没有可比较的测量结果，那么通常可以先预判计算结果，然后当最终计算结果不同时，质疑它为什么不同，输入参数是否存在错误，或者是否出现了一些合理但意料之外的问题？当然，当模型真实存在并正在用于故障排除或开发时，最好首先对现有场景进行建模，并在将其用于预测模拟之前创建真实模型。

15.2.7 结果是什么

通过进行相应的求解，计算域中每个单元上的所有变量都有了对应的结果。其中，基本变量包括压力（由连续性方程得出）、温度和速度分量（以及由此产生的合速度和方向）。整个房间内的所有网格点都有相应的数据，而具体的数值取决于所选的网格（如前所述）。

在笛卡儿坐标系下的结构化网格中，数据存储在一组 3D 数组中，每个已求解变量对应一个数组，并且（在有限体积法中）每个网格单元对应一个值。鉴于所获得的大量计算结果，可以进行一系列的后处理。有关数据中心的后处理和指标稍后进行阐述；但是，几乎所有 CFD 工具都会提供以下内容。

15.2.7.1 结果平面

"结果平面"是计算变量值的图形描述。它以绘图的形式显示在 3D 模型中（通常是某个高度方向上的平面，但也不完全是），其中所选平面中的每个网格单元都是彩色的，并且根据所选变量在网格单元格中的值来设置颜色（见图 15.6）。

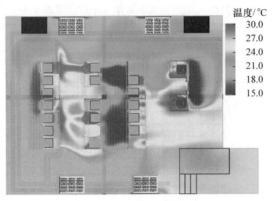
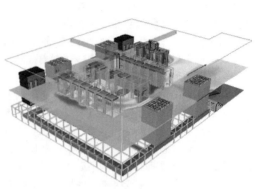

图 15.6 机柜半高度处的结果平面（Future Facilities 提供）

在图 15.6 所示的算例中，该图以灰度表示温度变化，白色代表高温，而深灰色（几乎是黑色）代表低温。在大多数计算机或打印输出中，这通常是彩色的，此时一般利用紫色或蓝色来表示低温，红色来表示高温。

通常情况下，会以平滑的方式来绘制变量，通过在点之间进行插值来构建连续变化的值。除此之外，大多数工具还允许用户只利用计算得到的数值来进行绘制。这对于部分算例是有帮助的，因为一些 CFD 程序在进行插值时并不那么准确，特别是在固体边界或固液交界面附近。在这种情况下，简单的插值可能会产生错误性的结果。

通过结合三个正交速度分量（或三个通量），结果平面也可用于绘制气流流动模式（图 15.7）（或者在适当时也用于绘制热传导的热通量）。平面中速度（或通量）的大小通常由箭头的大小来表示，而 3D 速度的大小通常由色标或灰度来表示。为了易于观察流动与其他变量之间的关系，平面图中的颜色也经常用于表示另一个变量。

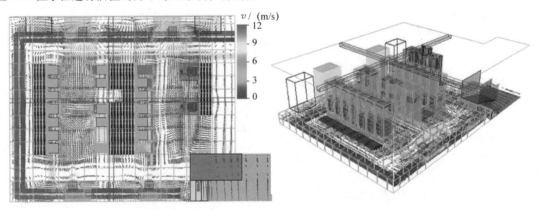

图 15.7 架空地板内气流流动模式的结果平面（Future Facilities 提供）

15.2.7.2 流线

"流线"通常用于理解空气的对流流动路径（或热传导路径）（见图 15.8）。它们很容易在视觉上联系起来，因为大多数人都曾看到过飘带，气流中携带的烟雾或水中的染料。它们均是沿着流体的对流路径从单个点或一组点进行流动。

15.2.7.3 表面图

另一种可视化处理的方法是以图形方式描绘某一表面上的计算结果。表面图有两种基本类型：

1）在物体表面上的分布，如表面温度或表面压力。在第一个算例中，表面温度通常是其固体表面与流体（通常是空气）接触时的温度，这对于在建立类似于电子设备模型时具有一定的作用。另一方面，表面压力通常表示与固体表面相邻的流体中的压力。因此，其中一个使用案例是在对飞机或车辆表面上的升力（或向下力）和阻力进行优化时，通过绘制表面图来表示压力分布。

2）表示计算变量等数值的表面，有时也被称为"iso 表面"。其中一个使用案例是通过绘制处于临界水平的表面来显示污染物处于危害水平的数量,在表面之外——远离污染源,低于临界水平;在表面内部——靠近污染源,高于临界水平。

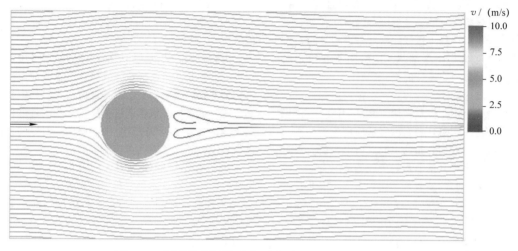

图 15.8　圆柱体周围的流线型流动（Future Facilities 提供）

15.2.7.4　后处理数据

如前所述，大量的流场数据有助于实现图形视图中的 2D 和 3D 可视化。但是，也可以通过对数据进行后处理以获得汇总数据，从而便于更快地理解数据，这有时也可被称为"派生数据"。

例如，在统计进口或出口流量的同时通常也会记录其平均温度和/或浓度。通过在对流动参数进行求和的基础上，利用与所讨论的入口或出口一致的所有单元/单元面来计算其相应的平均值。CFD 程序对某个应用程序的定制程度越高，这些派生数据的定制度就越高。

15.3　数据中心中 CFD 的应用

15.3.1　典型用途

严格来说，CFD 最常用于白色空间（IT 设备所在的房间）而不是数据中心（整个设施，包括 IT 机房外的支持基础设施），有时也适用于数据中心的其他方面，例如：

- 室外机周围的气流，以确定热空气是否有效排出而没有发生回流。
- 电池和 UPS 系统等基础设施的气流和冷却。
- 发电机室。
- 事实上，几乎支持任何空间，无论是有关设备还是人员。

当然，对 CFD 的需求因各种类型的空间而异，特别是当关注重点为人的舒适度而不是设备运行条件时。

本章将主要关注白色空间，但同时也会处理有关数据中心其他应用中出现的一些问题。对于白色空间，可能需要考虑许多不同的任务。主要如下：

1) 概念设计。
2) 详细设计。
3) 评估。
4) 具体评估和故障排除。
5) 运行维护管理。

此外，通常还要考虑机柜级别，即将 IT 设备独立配置在单个机柜或一组机柜中。这意味着部署在机柜中的 IT 设备被认为其内部布局是有效的，不会对房间级的热管理产生不利影响。机架/机柜级仿真具有重要的意义，因为在一些数据中心专业人员的报告中曾指出，设备的冷却问题由机柜内部布局而导致的，就像房间布局问题一样频繁。

15.3.2　用于数据中心设计

大多数数据中心设计方案不需要考虑具体的 IT 设备布局细节。一般来说，他们只考虑室内冷却系统将冷气分配到整个设施中的能力，以及是否有效地排出 IT 设备所产生的热量。根据作者的经验，大约一半的过热问题均是由设备配置问题直接导致的。因此，良好的设计并不能保证其成功运行，但在设备布置阶段多加注意，确实可以增加成功的可能性。于是，在早期设计中，终端用户通常无法准确说出将要安装的设备名称，但这也无关紧要。终端用户仅需从冷却方式的角度对所要安装的不同类型设备至少在概念上有一个了解即可。

模型中所需的细节程度取决于所考虑的设计决策。虽然添加不必要的细节不会导致较差的决策，但在建模及计算上可能会耗费更多的时间，尽管某些工具确实可以以较低的精度来进行计算，即使在模型中包含了更多细节，这将限制在给定时间、空间内可以研究设计的迭代次数。

15.3.2.1 概念设计

在概念设计中，CFD 可用于测试和优化整体设计理念。历史上，CFD 仿真已经被应用于模拟满负荷且功率及气流均匀分布的工况。所以，概念设计方案通常不必考虑系统非均匀负载的情况。

这里主要面临的挑战是，当对于将要安装什么 IT 设备，或者何时安装 IT 设备知之甚少时，有必要创建一系列的工况来测试各种实际条件下的系统。因此，在建模中不必考虑得过于详细，所建立的模型只要有足够的细节能够捕捉所需的关键特性和测试灵敏度即可。

如果做出了适当的决定（第 15.4 节），概念设计模型可用于：

- 测试不同的冷却方案，无论是传统的机房空调（CRAC），还是机房空气处理装置（CRAH），列间或顶置冷却装置，带节能器的冷却装置或直接新风冷却。
- 测试冷却系统的数量，尺寸和布局，以优化冷却分布，考虑房间大小、形状和其他建筑特征（如柱子）、设备布局和配电。
- 优化冷却路径，包括架空地板高度、吊顶高度和通风管道尺寸。
- 优化地板出风口、天花板风口和风管风口布局。
- 测试气流遏制系统，如冷通道或热通道封闭系统。
- 考虑数据中心内部假定的功率分配的影响，优化 IT 设备布局。
- 测试部分负载情况。
- 测试冗余冷却配置。
- 优化能源效率。
- 评估线缆通用表示的影响。

概念设计模型通常会对数据中心中部署的设备做出一些假设，包括：

- 通用冷却系统，如 CRAC/CRAH，具有简化/理想化的冷却分配和标称冷却能力。
- 已知的冷却设定点，如供风温度和空气流量，在求解中对这些参数进行有限的控制（如有的话），以响应产生的条件。
- IT 设备配置为前后通风。
- 机柜配置合理，不允许内部循环。
- 线缆穿孔管理良好，影响不大。

15.3.2.2 详细设计

当然，为详细设计评估而创建的模型可用于进行概念性判断，但通常在完成概念决策之前，不必将模型开发到这一程度。也就是说，在模型中添加细节可以更有把握地确认这些决策。建模者可将其用于测试会对冷却性能产生削弱或增强效果的其他设计假设。其他考虑因素包括以下内容：

- 冷却系统的详细信息，如 CRAC/CRAH 指定装置内风扇的具体类型和气流模式。
- 控制系统的详细信息，包括传感器位置和控制特性，控制特性包括了对条件敏感的冷量和可变的空气流量。
- 更实际的设备布置的影响包括以下内容：
  ○ 选择合适的非从前到后的布置（如转换开关柜）。
  ○ 终端用户的实际应用布置，如架顶式交换机和不使用较低的插槽。
  ○ 更高的 IT 设备功率密度，以至于 IT 设备不会填满机柜。
- 包含可能影响再循环的更实际的机柜和设备配置，例如：
  ○ 机柜是否安装在地板上。
  ○ 空槽位封挡策略。
  ○ 安装导轨周围、顶部上方或底部下方的间隙。
- 通道遏制系统的详细信息，包括潜在的泄漏路径和为了实现冷却系统—IT 设备气流平衡的控制措施。
- 实际线缆管理的效果，包括以下内容：
  ○ 基于所部署的 IT 设备类型的电缆线路尺寸和密度的变化。
  ○ 实际的电缆穿透密封性能和其他穿透性，如凸起的地板孔。

详细设计模型仍将使用典型的 IT 设备类型、名义线缆路径和布线密度，以及均匀的阻尼设置。所以，虽然能在已建立的机房中看到，但上述模型通常不包含一些典型的配置多样性。除了这些更具体的模型，为了更好地理解和优化数据中心配置，可以在机柜级别上进行类似的详细模拟，从而了解用户所选布置对机柜内部气流的影响（例如，使用机架顶部交换机，在可能的情况下，采用侧通风),并且有可能的话,对实际应用进行优化。

15.3.3 用于评估、故障排除和升级

为了对现有机房进行评估、故障排除和升级而创建的CFD模型,可以在类似于概念设计和详细设计两个细节层面上进行,简化后的结果也是类似的。如果采用概念设计方法,则只能预测高层级的问题,因此任何提议和建模的变更仅适用于同一级别。

为了理解机架级别的问题,其所需要的细节程度与具体设计一样。通常,在实践中有必要使用系统的监测数据校准模型(第15.3.4节)。示例如下:

- 测量CRAC/CRAH或其他冷却系统的气流和温度,以确定实际的控制响应。
- 配电的细化程度尽可能接近IT设备级别,以确定系统使用和最终利用率的影响。这点很重要,因为功耗和随之而来的散热很大程度上取决于IT设备上所部署的应用程序。

这种细节程度和对模型的"校准"(第15.3.4节)不应使用户认为预测所得到的结果是完美的。尽管经校正后的模型所得到的模拟结果能提供有用的定性结果,并且在很大程度上提供良好的定量结果,但不能保证其能精确地预测出各个设备入口温度。在某些情况下,模拟可以预测到某机柜中所存在的问题,但可能问题真正发生在相邻的机柜。这是因为一些气流现象对微小细节非常敏感。

例如,当气流从两个相对的CRAC/CRAH的送风口流出时,会导致这两股气流形成一个循环。该循环类似于一个小龙卷风:其中心处的压力很低,而周围的压力则近似于架空地板的典型压力。如果这种低压位于地板格栅/多孔地板下部,则会使得向上流动的气流很少,甚至可能存在向下流动的情况。这种流动特征可以被一个非常小的力所干扰。并且在模拟的过程中,会很容易出现,所预测的流动特征发生在偏离其真实位置的一块地板上。如果是这种情况,会使得实际上几乎没有气流流过的地板出风口可能存在流量为几百L/s的气流。与此同时,与其相邻的板块每秒应该有数百升的流量,而模拟所得出的结果却几乎为零。在这种情况下,所预测的流量可能会出现明显错误。但是,即使位置出现轻微偏差,也可以准确地预测出其定性影响。

有了这一认可,CFD已被用于模拟许多公司的数据中心。实际上,它已经能够识别并提供对问题的理解,以此实现在实施决策之前对决策进行测试。

15.3.4 用于运行管理

利用软件工具进行的经典运行管理主要集中在所谓的数据中心基础设施管理(DCIM)工具。在设施管理人员部署设备时,该工具可用于计算空间、电力冷却和网络等情况。

DCIM工具的局限性在于所提供的有关冷却的信息是基于任何给定IT机架的设计容量。该容量与实际容量相比,可能存在过度预测或估计不足的情况。然而,现实情况是,不同IT设备机架所具备的容量并不相同。

DCIM工具能够实现对来自实时监控系统的数据进行集合,以查看实时功耗和实时温度,使终端用户能够了解真实环境。但在实际应用过程中,会存在一个问题,即上述信息只会告诉你发生了什么,而不是什么会发生。我们所需要的是让DCIM具有预测功能。实际上,想实现预测性的唯一方法是使用CFD来分析参数变化对空气管理和冷却性能的影响。

因此,对于数据中心来说,在其运行管理中使用CFD可能较为苛刻,但同时CFD也是其最有价值的应用。在撰写本文时,使用CFD来进行的运行管理仅适用于某些企业级数据中心。具有讽刺意味的是,由于使用CFD来进行运行管理的一个主要难点是模拟过程中的复杂性和耗时性:它本可以更加容易和快速地应用于世界各地几乎每个城市中的许多小型数据中心,但在任何规模的机房中应用均具有非常大的潜在价值。在机房中部署各种IT设备系统的困难在于,机房中一个区域的变化可能对其他地方产生影响。事实上,它有点像水床—如果你在一个地方按下,水床出现上升的位置很可能相当远。

大型数据中心每天都要更换许多IT设备。因此,随着时间的推移,通常会出现的一种情况是IT设备内部一个新部件的放置可能导致其本身或其他一些非常不相关的设备发生过热。一旦发生这种情况,其典型的应对措施是拒绝任何进一步的部署,以保护机房中的关键任务操作。上述情况经常发生在机房的运行工况处于其设计容量的60%~70%之间。对于部署一个关键部件来说,其最大难点之一是,一旦部署就很难关闭IT设备:回到存在问题的部署之前几乎是不可能的。

CFD提供了一种可将一些本不可见的事物(如空气流动)进行可视化以便于理解的方法,该方法可用于解决和处理一些明显看起来已经没有多余设计容量的设备内的冷却难题。此外,这些数据

中心通常是过度冷却的，以解决少数 IT 设备中的过热问题。在实际应用中，CFD 已被用于控制有问题的数据中心，并将可用容量提高到远超过原来设计意图的 90%，同时以更加节能的方式进行冷却。上述措施可以使得每个数据中心每年节省成本达数万甚至数十万美元。同样，它还可以避免提前花费数千万美元来建造另一个数据中心，更不用说一些无形的方面，如可以减少风险和提高可用性等。

利用已校准过的机房 CFD 模型有个经常未被认识到的好处是，所定义的模型必须包含机房内已存在的基础设施和 IT 设备内的所有关键部件。这也就自然需要（正如一些软件工具所做的那样）通过扩展模型以提供库存跟踪、空间、电力、冷却和网络容量规划，并提供冷却模拟。因此，CFD 为预测分析提供了几乎难得的机会，适用于任何选定的机房。与现有的 DCIM 程序相比，现有 CFD 软件程序的主要缺点是，大多数当前的 CFD 工具都提供快照分析，主要适用于数据中心设计而非运行管理。而那些专为运行管理所设计的 CFD 程序则仍旧侧重于数据中心的管理，而不是数据中心或企业范围的工具。

但是，某些 CFD 软件已经集成了 DCIM 平台，可以与 DCIM 设备进行数据同步更新，与外部监控数据实时连接，并把这些监控结果显示在软件中，也可作为 CFD 的输入条件，提高虚拟模型的仿真精度，简化模型校准过程。这包括有限的监控数据，如机柜、IT 设备的实时输入功率，电力设备实时输入功率，传感器实时监控温度、相对湿度等。图 15.9 所示为 CFD 软件可以集成的 DCIM 平台。

15.3.4.1 校准

校准是使用 CFD 进行数据中心运维管理必不可少的一部分。由于部署工具需要供基础设施和 IT 管理团队日常使用，因此流体力学专家对 CFD 的传统快照使用是不合适的。然而，尽管工具可以提供友好的用户界面，使其对数据中心专业人员具有一定吸引力。数据中心的复杂性意味着软件基于机房"虚拟设施"模型所提供的模拟结果虽然看起来具有一定可信度，但同时也可能存在错误。因此，如果要使得由虚拟设施模型来确定的最合适的 IT 设备部署策略具有一定可信度，就必须对虚拟设施模型进行定期重新校准。

与对测试设备的校准不同，对设备的校准是将仪器读数与更精确仪器所测得的数据进行比较的过程，通过对测试设备的校准，使其能够提供现场

图 15.9　CFD 软件可以集成的 DCIM 平台
（Future Facilities 提供）

真实读数。对虚拟设施模型进行校正，是为了使其提供数据，以查看模型是否足以代表用于运维管理。如果不是，则需通过利用测量值来使用户能够确定模型中需要更新哪些特征以使其足够准确。

根据设施内部的变化率，这种校准应定期进行，通常不低于每季度一次。幸运的是，数据中心内置监视系统的提升意味着更多的数据可以自动获取。

要进行校准，通常会监控以下内容：
- CRAC/CRAH 或其他数据中心冷却系统的温度和气流。
- 穿孔/百叶地板格栅空气流速和温度。
- IT 设备电源尽可能靠近 IT 设备。
- IT 设备入口空气温度。

其中，最难测量的可能是气流参数，特别是测量高开孔率穿孔地板的气流，因为地板出风口本身阻力小，并且单个架空地板上存在大量的地板出风口。因此，测量设备的位置会对流量的测量产生显著影响。通过使用具有背压补偿功能的流量罩（该设备常用于测量建筑通风管道格栅处的流动情况）可以帮助校正测量值，但如果放置流量罩使得流量减少到零，就无法起到校正测量值的作用；对于湍

流/非定常的流动，同样也无法得到令人满意的测量结果。后者通常发生在 CRAC/CRAH 送风口附近的穿孔地板。同理，测量 CRAC/CRAH 出风口处的流速也是困难的，空调流量的获取通常是通过测量回风口流量来实现的。

15.3.4.2 基于网页的 IT 设备变更管理

技术与商业天然的联系在一起，商业的成功在于 IT 运维团队能够对快速变化的商业需求做出快速反应的能力，维持数据中心高效持久运行。

数据中心中的构成元素必须以完全一致的能力高效运行，支持基础设施的每个方面，而不管内部技术设备形状的大小，无论是新的还是遗留的 IT。

某些 CFD 供应商创造性地将 CFD 与 IT 设备变更管理结合到了一起，开发的一个基于浏览器的 IT 设备变更管理工具（图 15.10），把容量规划过程从几周减少到几小时，而把关键的数据中心资源整合到一个单一的视图中。由 CFD 软件支持，通过预测基础设施内任何变化的影响，使你能够适应未来的容量规划需求。

基于网页的 IT 设备维护与管理，能够实现如下功能：

1）基于网页远程登录管理机房。

2）查看机柜与 IT 设备概况，管理机房容量，实现机房容量可视化。

3）智能判断哪个机柜中还可以添加 IT 设备。

4）机柜与 IT 设备变更管理：移动、编辑参数、安装、删除。

1. 工具的独特功能

利用模拟的好处是展示了未来 IT 运维向无工程师团队发展。作为一种基于浏览器的多用户工具，通过集中资产、容量和变更管理系统，鼓励协调合作，从而帮助消除 IT 运维与基础设施管理之间的隔阂。

模拟支持：通过 CFD 模拟决策支持，可以在 IT 变更实施前预测变更对机房热环境的影响。

智能部署：在布置 IT 设备时，要综合考虑电力、空间和冷却的情况，软件会即时反馈机房容量情况，为部署设备提供更好的决策。

多用户管理：允许多个用户同时在同一个模型上进行操作，并且实时更新模型变化，最小化操作冲突。

基于浏览器：可以运行在所有主要的浏览器上，无须安装桌面软件，使多用户 IT 部署更加方便。

资产管理：通过电子表格更新 IT 资产信息，更新模型中的 3d 设备。

拖拽操作：当布置 IT 设备时，只需用简单的拖拽操作就可以快速准确部署 IT 设备到机柜中。

Web 优化：可以在大多数浏览器中优化各种尺寸的数据中心模型，以最少的时间载入模型。

仪表盘：通过仪表盘工具显示机房空间、电力、冷却等机房容量情况，掌握机房动态。

强大的设备库：厂商库中包括 4000 多个 IT 设备、机柜模型，已经设置好了电力、冷却属性。

空间、电力、冷却绘图：可以在机柜上绘制空间、电力、冷却容量热图，了解当前机房容量状态。

2. 工具的工作方式

通过该工具可以在浏览器上查看数据中心的虚拟模型，同时在这里也可以进行 IT 设备安装、移动、卸载等变更操作。这些操作会自动发送到 CFD 软件中，基础设施管理人员会在 CFD 软件检查、分析这些变更操作可能存在的问题。设计的整个工作流程就是为了提前一步消除实际部署可能存在的风险。

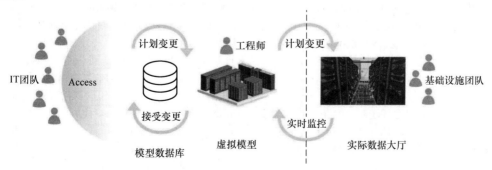

图 15.10　基于浏览器的 IT 设备变更管理工具（Future Facilities 提供）

通过网上的虚拟管理有效消除 15.1 节提到的无人管区域，使各个团队协调一致地工作，提高工作效率，有效管理数据中心容量。

15.4 数据中心建模

与任何模拟一样，数据中心模拟结果取决于所讨论的具体模型的质量及所选择的模拟工具。

目前，该工具的用户几乎完全负责模型，如 CRAC/CRAH、PDU、IT 设备等的创建。尽管一些 CFD 工具会提供设备库（通常称为"符号库"），但所提供的范围是有限的，并且通常需要根据所选设施模型进行检查、修改。因此，所做的建模决策可能会严重影响模拟的结果——"错误的输入导致错误的输出"。因此，用户应该使用传统方法来提高模型的可信度，这一点很重要，包括以下方法：

- 对结果应有一个预测，并质疑为什么会与模拟结果不同。也就是说，模型中是否存在缺陷，或者是否真的发生了未预料到的事情？
- 对存在不确定性的情况进行敏感性分析。数值模拟的一个重要优势是在于它可以对各种条件进行计算，因此对于存在不确定性的情况，可以通过参数变化来测试其灵敏度。
- 对于真实的设施，在可能的情况下应使用模型校准以确保其模型的精确度，从而使得所模拟的参数变化影响能够反映现实情况。
- 在虚拟设施模型中创建设备模型时，应在使用模型之前首先对其进行独立测试（在单独的专用测试模型中）。

下面是一些关于数据中心高层级建模（并非详尽无遗）的指导。

15.4.1 围护结构

在机房应用中，围护结构通常仅从形状的角度来考虑是重要的。这是因为其内部吸热量通常很大以至于其传热最多是二阶效应。机房通常位于内区，会被其他受控环境所包围，因此温度差异不大。例如，柱子和隔墙之类的内部结构主要从气流角度来考虑，它们会影响与冷却系统相关的空气分布，特别是但不仅仅是在送风侧。本节将讨论两类结构，并且重点关注何时需要包含其他细节。

15.4.1.1 机房结构

考虑一个地板面积为 1000m² （约 10000ft²）的典型的企业数据中心，其长度为 40m，宽度为 25m。机房通常很高，因此考虑其高度为 5m（包括地板和顶棚在内）。

根据建筑规范，围护结构的 U 值（传热系数，其定义为在单位面积、1℃温度差条件下材料一侧的空气向另一侧所传递的热量值）可能需要远小于 $1W/(m^2 \cdot K)$。因为这代表了一种最差工况，故可将其作为传热系数。如果墙体全部暴露在外部环境中，那么通过垂直立面的总传热量（W）为传热系数 (U) × 面积 (A) × 温差 (ΔT)：

$$UA\Delta T = 1.0 \times (2 \times 40 \times 5 + 2 \times 25 \times 5) \times \Delta T$$
$$= 650 \times \Delta T$$

这表示为每 1℃ 温差所传递的热量为 650W。式中，U 为传热系数 $[W/(m^2 \cdot K)]$；A 为面积 (m^2)；ΔT 为温差（℃）。

如果机房是一个建筑内部空间，并且机房内部与周围环境之间的温差仅为几度，那么所传递的热量不可能太大。

如果机房被布置在一个环境温度较高的户外，并且最大温差为 20K⊖，则通过壁面传递的热量为 13000W。该数值可能为内部设计总热负荷的 1% 左右。

对于屋顶，同样可以采用类似方法来计算其传热量。当屋顶面积为 1000m² 时，其传导的热量同样也处于占内部设计总热负荷百分之几的数量级。

对于现代的低能耗数据中心，该楼层在正常运行中的换热量可能相对处于中性，因为机房通常位于底层，送风温度可能与地面温度相似，在考虑冷却余量时应考虑这一点，但这对机房中的气流和传热计算可能并不重要。

现在，我们考虑外墙暴露在太阳辐射下的情况。假定一个接近最坏情况的情景，以便了解太阳辐射效应的大小。对于矩形机房，在任何给定的时间，只有两面墙和屋顶可以暴露于直接的短波太阳辐射。假设：

- 所有表面的入射角度为 45°，故每平方米辐射量将乘以系数 0.707。
- 如果太阳正处于数据中心的顶部，则辐射面积将从 1325m² 降到 1000m²。假设太阳辐射强度为 $1000W/m^2$，那么落在建筑物上的热量可能约为 1MW。如果所有的热量都被表面吸收，并且表面的 U 值为 $1W/(m^2 \cdot K)$，可以合理地假设壁面热阻加上内表面热阻之和为外表面传热系数所产生热阻的 10 倍。因此，约 10% 的太阳辐射将进入数据中心。来自太阳辐射的热负荷可能是内部获得热量的 10%。至少从容量的角度来看，这股热量显然是不容忽视的。如果机房有大面积的玻璃窗，或者是具有较低热性能的旧建筑，则必须始终从容量和

⊖ 以 SI 单位表示的温差通常以 K 为单位。因为温差 1K=1℃，实际上这没有影响。

内部温度角度考虑外墙的热性能。

还有一种情况是需要考虑建筑表面的热参数。当分析冷却系统出现完全故障时,若传热系数为 $10W/(m^2 \cdot K)$ $1000m^2$ 的表面在1℃温差下可以吸收10kW的热量。随着机房内温度的升高,虽然这不足以抵消热负荷,但有助于减缓温度上升的速度。

15.4.1.2 内部建筑结构

同样,建筑内部结构之间的温度差异通常不是关键的。但是,内部建筑元素的存在会显著影响气流。

对于内墙,无论是为了提供独立的气流通风系统,还是为了其他原因而隔离机房的区域,它们的隔离效率都非常重要。因此,用户应特别注意任何泄漏路径。对于概念设计,设计者可能认为隔离是完美的,但对于详细的设计、评估,特别是运维管理,必须注意对任何泄漏路径的理解。

近年来,人们对架空地板的隔离效率给予了相当大的关注。分段结构本身确实存在地板之间的泄漏,但在典型的数据中心中,这种泄漏很小,约为1%。然而,在传统数据中心或其他任何数据中心中,人们很少注意地板穿孔的管理,开放的线缆穿孔和其他不良的地板开孔(如冷却和电力基础设施周围)可能引起50%的冷却气流泄露。从建模的角度来看,CFD工具不仅要考虑泄漏的规模,还考虑泄露位置,该位置可以控制冷却气流是否有用,这一点至关重要。

将隔离作为冷却系统节能的关键要素,如封闭通道,使这一方面变得更加重要。对泄漏的错误理解会完全破坏冷却系统的理论性能,可能会出现回流(可能比没有封闭的情况更热和更危险),并且还可能出现流动控制问题。

详细的设计和评估模型以及运维管理模型必须能够模拟气流装置的行为,如穿孔地板。我们必须认识到,一个40%开孔面积的穿孔地板的状况不一定与另一个40%开孔面积的穿孔地板相同。这是因为通过穿孔地板的空气流量不仅取决于气流的阻力和压力差,还取决于几何形状及其对气流通过地板的影响,以及地板的出口流动方式/速度分布等。因此,CFD程序表征关键气流装置的能力不仅对预测机房内的气流,而且对预测穿过地板出风口的气流分布也至关重要。

其他内部障碍物应根据其相对于关键气流的位置来考虑。例如,柱子通常是很重要的,因为它们会干扰地板下方的气流,并且可能导致不规则的地板和设备布局。另一方面,梁一般来说不重要,因为它们通常处于较高的位置,那里几乎没有空气运动。除非回风系统处于高处,梁会分流空气,从而防止或帮助热空气返回冷却系统。

15.4.2 CRAC/CRAH 和冷却基础设施

在数据中心的CFD模型中,冷却和冷却分配系统尤为关键。然而,对于大多数机房建模,如CRAC或CRAH,无论是传统的下送风装置,还是其他的替代方案,如列间、机柜内或顶置的系统,都被表示为一个黑盒子。假设回风口的温度变化,以及所提供的冷却都会在CRAC/CRAH出口/送风口处产生均匀的、完全混合的气流,对于大多数情况,这种假设都是合适的。因为离开CRAC/CRAH的气流通常是高度湍流的,所以出口处的任何不均匀性通常会非常快地混合。如果适用这种情况,更重要的是冷却能力的设置,以及风量、冷量或加湿/除湿的控制。

对于概念设计或概念评估,通常需要的是黑盒子冷却单元的设计流量和冷量,以匹配机房中的热负荷。对于大多数数据中心,CFD工具只能提供简单的控制,根据用户指定的平均送风温度或平均回风温度设定点来控制所需的冷量。由于缺乏对模拟热负荷分布的了解,这种模型是一种适用于目的的方法,可以区分基本假设变化,如回风温度控制与送风温度控制。

对于更详细的分析,特别是详细的评估或运维管理,重要的是对所选冷却单元和相关控制使用一个更具代表性的模型。以下是有效预测冷却性能的关键因素:

1)传感器的位置:温度分布可在很短的距离内有很大的变化。例如,下送风空调回风口处的空气温度在整个回风区域内的变化为5℃(图15.11)。

2)仔细确定出口/送风流量分布:特别是与传统的离心式鼓风机相比,径向鼓风机的引入会产生不同的空气分布(取决于配置)(图15.12)。

3)能够根据温度、压力或流量传感器的反馈来控制流量和冷量,同时要考虑系统的物理性能(如风扇性能曲线)。

4)冷却能力根据盘管条件而变化:在故障情况下,当回风温度升高时,到达盘管的空气温度升高。由于盘管和/或外部热交换器处的温差较大,空气温度的升高和随后的冷却液温度的升高,往往导致冷却能力的提高。

图 15.11　下送风单元典型回风温度变化（Future Facilities 提供）

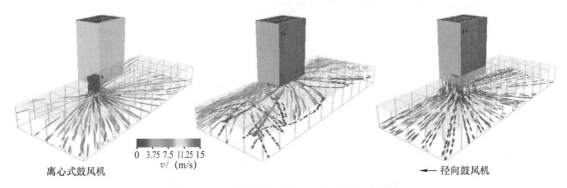

图 15.12　气流模式（Future Facilities 提供）

5）冷源（如列间空调）的流量分布：送风气流的模式和速度分布可以显著改变室内空气与进入冷通道的冷空气混合的程度。

15.4.3　其他基础设施

数据中心中其他基础设施的存在会对冷却性能产生严重影响，但这很容易被忽视。这一点很重要，因为基础设施使用冷却资源，冷却 IT 设备。另外，因为其几何形状对冷却气流路径的影响，基础设施可能也很重要。

15.4.3.1　冷源的使用

一些需要冷却的基础设施通常会从用于冷却 IT 设备的空气中获取冷量，尤其是当不间断电源（UPS）、配电单元（PDU）和变压器系统放置在机房时。同样，也应考虑其他热源，如照明，即使仅从它们对降低 IT 可用冷却能力的影响角度考虑。

例如，室内 PDU 可以直接从架空地板上冷却，有些单元的压力驱动流通过底部的开口进入、顶部风口排出，以冷却变压器等内部部件。其他 PDU 可能有内置的冷却系统，可从房间吸入空气并将其排放回房间。

值得注意的是，这些基础设施由于其重量而经常安装在支架上，而不是直接安装在活动地板上。如果在安装过程中不够小心，则可能在基础设施下方和周围的活动地板上的孔处发生泄漏。要使用 CFD 进行详细评估和运维管理，检查和核算这些系统非常重要。

15.4.3.2　气流障碍

除了通常放置在活动地板上方的基础设施之外，还包括常见的风管、电力电缆和数据电缆。这些设施安装在架空地板上，可能会显著影响整个房间的气流分布。气流问题通常是由于线缆管理不良和架空地板堵塞造成的。

对这些问题的自然反应往往是过度的，完全从架空地板（至少是电力和数据电缆）中移除这些障碍物，以使架空地板用作空气通风系统。然而，CFD 分析可用于评估这是否确实是恰当的做法；经验表明，某种程度的分布式阻塞有助于使通过高架穿孔地板的气流更均匀。这是因为它们有助于打破来自冷却单元的高度定向的气流，从而在整个架空地板下产生更均匀的静压。

对于概念设计，通常可以直接考虑影响气流的基础设施障碍物。但是，对于更详细的分析和评估，特别是故障排除和运维管理，需要更多的关注，以发掘真正的影响因素。

规则的管道和线缆桥架通常在设计期间布置，只在模型中设置关键的主要路径。

1）冷却管：主冷却管的尺寸通常足够大，可单独安装。对于概念设计，通常忽略每个冷却机组的各个分支，即使在更详细的分析中也可能被忽略。它们是否被包括将取决于它们的大小，更重要的是它们的数量和位置。是否包括较小管道，通常取决于它们是否与附近的任何其他物体贴在一起，对气流有显著的阻碍作用。

对于空气通道，小百分比的圆形横截面管道不太可能显著影响空气流动。将主冷却管布置在冷却装置的送风口，可能会显著影响送风的路径和速度分布。

2）电力电缆：配电可以采用多种形式，从单根电缆到大型电力管道。可以用与冷却管类似的方式处理电力管道。但是，必须注意接线盒，当放置在活动地板上时，它们的尺寸可能会很大，可能会阻挡活动地板的一半高度，并且严重干扰局部气流。

当电缆线在架空地板上成束或成组布置在机房周围时，可以用实心障碍物来表示，包括电缆线的高度、宽度、长度和深度。通常，用于建模的最困难的电力电缆是从 PDU 或 UPS 垂直向下到地板的电缆，因为它们通常处于松散的状态，空气可以在电缆之间通过。通过视觉观察该区域发现的严重堵塞实际上可能并没有那么严重，如下面的示例所示。

在一个方向上，电缆按其直径的 150% 彼此分开（图 15.13 左）。从垂直方向看，电缆被分开的距离与其直径相同。在任一方向的任意一排，开孔率为 50% 或以上。从某个方向检查线束的侧面，显示下一排电缆封堵了缝隙（图 15.13 中），但从另一个方向看，线束可能看起来有一个小间隙（图 15.13 左）。实际上，计算结果表明，该线束体积实际上只有 32% 被阻挡（图 15.13 右）。所以，使用视觉检查做出的判断应该仔细确认！

  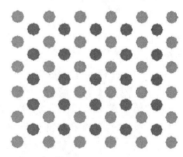

图 15.13 交错排列的圆柱形障碍物（Future Facilities 提供）

如果你选择的 CFD 工具没有松散的电缆束对象，可以使用多孔物体建模对象来表示受阻的体积。这种性质的通用阻力系数可以在文献 [1] 中找到。

3）数据线：对于概念建模，由于对数据线的数量和大小并不详细了解，因此通常可以用简单的障碍物实体表示：一束捆绑在一起的电缆。对于规则布线，这是一种合理的表示，因为数据线与电力电缆不同，数据线通常更加细长且可以捆绑在一起，并且可在合理的曲率半径上改变方向，同时仍然保持束状特性。在某些情况下，还必须包括沿着线缆路径并支撑线缆束的托架。当线缆托架为实心表面时尤其如此，无论是由于金属板结构还是网结构由实心材料（如 Correx，波纹聚丙烯板）填充，以防止数据线在一个大的开放式托架上损坏。

为了在评估、排除故障或运营管理中进行更真实的建模，应根据实际安装的线缆密度来获得更加真实的分布。与概念设计一样，当布线比较规则时，线缆桥架建模相对简单。但是，如果布线不规则（图 15.14）（对于传统数据中心尤其如此），则在确定线缆随意部署后的真实阻塞程度时会遇到类似的挑战。

对于特定数据中心的建模工具,特别是当它们用于运营管理(包括线缆桥架)时,还有其他的好处,即当将新设备添加到模型中时,该工具可以自动布线。这本身具有许多其他好处,包括更好地表示线缆障碍物和计算所需的线缆长度。

图 15.14 经典的非规则布线(Future Facilities 提供)

15.4.4 白色空间/IT 设备

白色空间建模对于数据中心 CFD 分析至关重要。这个建模区域给数据中心 CFD 建模者带来了最大的困境。众所周知,所安装的 IT 设备的特性不仅可以改变机房内的局部流动和换热,还可以改变机房内的整体冷却性能。然而,在数据中心的设计阶段,总是对将要安装的实际 IT 设备知之甚少。在概念设计过程中,通常会假设如下情况:

- 设备从前到后通风。
- 机柜中都是 IT 设备。
- 整个机房都装上了机柜,其中安装的设备达到每个机柜的平均设计热负荷极限。
- 每千瓦 IT 负载的标称流量通常为 120cfm/kW(56.67L/s·kW)。
- 机柜内或机柜底部不会出现热空气回流。

鉴于要安装的 IT 设备缺乏确定性,如果用于数据中心概念设计的 CFD 用户认识到冷却设计可能对各种设计参数敏感,则可以做出这样的总体假设。如果对以下方面进行敏感性研究,则可进行更全面和可靠的设计:

1)每千瓦的流量。典型值范围为 80cfm/kW(37.78L/s·kW)(在高利用率下运行的现代高密度设备)~160cfm/kW(75.56L/s·kW)(低功率传统设备或在低利用率下运行的现代设备)。这很重要,因为它可以测试冷却系统在空气流量(m^3/s)和功率(kW)方面是否满足 IT 的需求。

2)设备在机柜中的密度。对设备安装位置是否敏感,是在整个机柜高度上安装,还是在机柜底部或顶部安装?

3)数据中心不同区域内每个机柜的热负荷的变化情况,代表了一些高密度区域和一些低密度区域(但具有相同的总体平均机柜功率密度)。这测试了冷却能够适应更现实的非均匀设备分布的能力。

4)部分负载场景,以了解当设计在早期仅被部分负载占用时,它将如何处理。

5)冷却系统故障情况,以评估所采用的冗余策略是否有效。

IT设备的一个典型建模错误是假设从IT设备排出的气流分布在机柜的整个表面或至少是网孔门的整个区域。这通常会导致来自IT设备的动量偏低,排出的热空气倾向于更快地上升,并且水平喷射距离比实际的更短。

15.4.4.1　IT设备细节

在对实际机房进行建模并进行详细评估或运维管理时,必须更加关注特定的IT设备。其中一个主要挑战是IT设备的使用情况不同,其输出的热量也会有所变化,流量也受利用率、操作环境及其他关键电子元件的温度影响。此外,只了解IT设备的制造商和型号对于CFD分析来说还是不够的,因为许多平台不仅可以配置不同的内存,而且在处理器、I/O等的数量和类型方面也可以配置不同的参数。

对于大多数部署决策,IT管理者或基础设施管理者最感兴趣的是设施基础架构需求的最大化。IT设备功率和流量等大多数现有数据都基于这些最大需求,这些需求在正常运维中从未实现。因此,对于详细的设计、评估和运维管理,IT设备模型必须适应这些条件。一些企业组织需要对其所选的应用程序的硬件配置进行基准测试,以更好地了解其运行特性。

通过采取措施使数据中心更加节能,使得对这种基准测试数据的需求变得更加重要。例如,环境温度升高可能使IT气流变化的温度阈值更有可能达到。此外,采用封闭通道系统需要更加关注IT设备和冷却系统之间的气流平衡。

理想情况下,IT设备需要定义如下信息:

1) IT设备的物理几何形状。
2) 进口和出口的大小和位置。
3) 与配置和利用率相关的IT设备功耗。
4) 气流及其对压力和温度的依赖性。
5) 通过IT设备不同流动路径的流量和热量分布。

没有这些数据,怎么创建合理的IT设备模型?

- 在最坏的情况下,必须完全基于可用的已发布的数据进行设计/建模。
  ○ 如果实际运行功耗已知,则可以使用实际运行功耗。否则,使用铭牌功率(引用的最大功耗)乘以一个合适的因数,以反映正常运行中设备的功耗。对于传统设备,此因数可低至25%,但通常情况下,建模可将因数设置为50%,以反映增加的利用率和当前的技术状态。
  ○ 使用公布的公称流量,如果没有公布数据,则假定每千瓦流量。通常,建模时假定值约为56.67L/s·kW(120cfm/kW),但值可能会发生明显变化,现代高密度设备的流量可低至35L/s·kW(当前趋势是朝向这些较低的流量),而较旧/低利用率的设备可能有高达75L/s·kW的流量。实际上,如果设备功率较低,后一个数字可能要高得多。

- 运营机房。
  ○ 使用测量的功率数据改善IT设备的功耗估算。在几乎任何机房中,功耗在PDU级别是已知的。随着智能PDU的出现,通常将功耗监视到机柜PDU级别,甚至单个插孔级别。在任何情况下,应使用最精确的数据来调整估计的功耗,以匹配实测数据。因此,如果一个机柜的估计功耗为3.2kW,但测得的功耗仅为2.4kW,那么机柜中每个IT设备的功率应降低到估计值的3/4(2.4/3.2)。由此可在虚拟设施模型中设置更加真实的功率分布。
  ○ 对所选IT设备的进口和出口温度进行采样测量,并在给定功率消耗的情况下,使用温差计算流量。例如,使用400W功率,测量温度差为12℃的服务器的流量为27.9L/s,基于以下公式:

$$Q = \dot{m}C_p \Delta T$$

式中,Q是以瓦特为单位的功率(W);$\dot{m}$为质量流量(kg/s)(可以通过除以空气密度转换为体积流量);C_p是空气的比定压热容[J/(kg·K)];ΔT为温差(℃或K)。

要获得每千瓦(1000W)的流量,只需将流量乘以1000/400即可:在这种情况下为69.7L/s·kW。

15.4.4.2　机柜细节

如上所述,对于概念设计,建模者通常假设防止机柜设备排出的热空气通过再循环进入冷通道机柜入口侧(并且不允许冷空气旁通)。在这种情况下,许多模拟工具假设机柜上的某些通风口流入空气,而其他通风口流出空气,但在实践中,机柜网孔门上既可以有流入空气,也可以有流出空气。

此外,一些人认为这对于评估和运维管理来说是一个充分的假设,因为人们主要关心的是为IT设备提供良好的房间(运行)环境。但是,在作者看来,情况并非如此:

- 首先,主要关注的不是机房条件,而是每个IT设备的条件。
- 其次,如果机柜内发生再循环或旁通(图15.15),那么通过机柜的流量和机柜从入口到出口的温升将与IT设备本身不同。

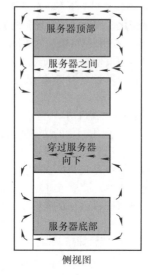

图15.15 机柜内部再循环
（Future Facilities 提供）

- 最后，IT设备的进口条件可能与周围的房间条件不同。

让我们考虑一个例子，20%流经IT设备的空气在机柜内循环。因此，IT设备只有80%的气流需求来自房间。这意味着平均入口温度将使IT设备的温升增加25%，因为再循环空气提供的空气量是冷却空气的1/4，这也意味着机柜的排出空气量仅为IT设备流量的80%，但与机房入口条件相比，温度上升25%，而不是IT设备本身的温度上升。

因此，对于详细的评估、故障排除和运维管理来说，模拟机柜内部潜在的再循环和旁通至关重要。发生这种情况的最常见位置如下：
- 安装导轨中的空插槽。
- 安装导轨的两侧。
- 位于机柜和/或设备底部的U位。
- 顶部U位中的设备。
- 在没有完全占用完整U位的IT设备之间。
- 通过已安装但已关闭的IT设备。

经常被忽视的一个机柜细节是相邻机柜的侧板是否存在，如果在机柜底部的架空地板上有较大的开放式线缆穿孔（第15.4.4.3节），这一点尤其重要，这种情况通常发生在传统机房中。在这种情况下，高速喷射的气流可以在机柜和架空地板中产生再循环，从机柜底部吸出热空气，然后混合空气再进入此排中更远的机柜。

15.4.4.3 线缆穿孔

与用于机柜侧板和顶板上的通风口相比，机柜本身的线缆穿孔通常不是特别重要，尽管有一些例外，如带有玻璃门的通风柜，但通常这些不再用于安装具有强大功率的IT设备。

但是，机柜底部架空地板上线缆穿孔的位置、尺寸和管理（如第15.4.1.2节所述）会显著影响房间冷却系统的性能。例如，多达一半的冷量会泄漏到机房中不需要冷却的区域，如机柜的后部和热通道。现在普遍认为，应通过安装泡沫、刷子或垫圈来限制气流，管理这种线缆穿孔。然而，密封效率的要求通常无法实现。这是因为从架空地板中垂直进入机柜的管线往往会破坏密封性。

CFD模拟对线缆穿孔特别重要的一个作用是，在传统数据中心引入线缆穿孔管理来升级基础设施。虽然在经验上认为对线缆穿孔进行管理会提高机房冷却性能，但在不影响分析的情况下直接对穿孔进行密封会产生危险：在某些机柜中，IT设备可能需要线缆穿孔实现冷却。

应该注意的是，在这种类型的分析中，不给用户提供任何控制线缆穿孔的CFD工具是几乎没有价值的。这是因为通过线缆穿孔进入机柜入口处的空气与通过线缆穿孔进入机柜出口处的空气相比有不同的影响，出口处可能对IT设备根本没有制冷价值。同样，应该注意不过度预测经过线缆穿孔的冷量，因为实际上并没有这么多。

15.4.5 模拟控制系统

冷却系统（第15.4.2节）和IT设备的控制措施（第15.4.4.1节）在上面已经讨论了一些，这两个领域的控制是最重要的。CFD模型的主要挑战是复制真实控制系统的配置和行为。

对于概念设计研究，大多数CFD工具都有简单的控制模型，可以根据平均回风温度或平均送风温度控制冷量或流量。这对于概念研究已经足够，因为冷却系统、控制系统和IT设备的细节还不知道。

然而，当设计进入详细设计阶段，或者模型代表了一个真实设施，并且将用于研究许多不同配置形式或条件时，对控制系统的响应变得越来越重要。以下列表（并非完整描述）可能是建模者需要的功能，使虚拟模型能够真实反映基础设施情况：

1）除了平均传感器之外，可以在用户指定的位置放置点传感器。

2）控制器响应的能力是基于多个传感器值和

选择功能，如平均值、最小值、最大值，差值或实际上其他用户指定的值函数。

3）多个设备由单个控制器控制的能力。

4）控制器根据传感器值控制一个变量（如温度），但控制器输出或对象响应受另一个变量（如压力）的限制。

5）对象响应取决于其运行条件。例如，当控制器要求冷却装置输出全部冷量时，最大冷量应取决于盘管上的空气温度、盘管冷却剂参数和空气流量。

6）能够控制冷却系统以外的参数或对象，包括 IT 设备流量、风扇和阀门等。

7）控制多个变量的能力，包括温度、流量、压力和相对湿度/含湿量。

8）能够感知任何变量并将其用于控制。

9）线性控制器响应和更一般的控制器响应。

尽管此列表代表了各种机房系统中已有的功能，但目前任何 CFD 工具都不太可能提供所有这些易用的、聚焦于数据中心的功能。然而，这可能不是主要挑战，因为工具正在迅速增强，使这些功能更易于访问。

关键问题是设备制造商倾向于将控制系统视为专有控制系统，并且由于受监控的风扇和组件的数量影响，控制系统响应可能非常复杂。因此，设备制造商倾向于不公开发布其设备的数据，这使得软件供应商很难创建出良好的设备库模型，只能为库模型设置有限的特征。因此，用户不应该假设，仅仅因为软件能够表示模型的所有特征，就必须在软件中包含完整的特征描述。

即便如此，预计随着时间的推移，市场力量，特别是来自设备最终用户的压力，将会产生更多可用的数据和更好的库模型。

15.4.6 低能耗设计

对低能耗设计的关注导致了需要使用 CFD 建模新技术。实际上，CFD 已经被用于模拟低能耗设计的基本过程很多年了。但是，对于数据中心使用简化模型更合适，而不是必须包括整个物理的全部细节。因此，用于数据中心的 CFD 工具正在不断发展，追求更低能耗、更高效设计的新技术。

在撰写本章时，最先进的数据中心所采用的技术主要与空气侧和冷却侧节能器相关。现在，数据中心 CFD 工具的功能包括以下内容。

1）水雾喷淋和蒸发冷却。该模型可能不需要喷嘴和液滴运动实现液-气两相转换的完整模型，但需要考虑水分蒸发的位置和蒸发量，因为蒸发过程吸收能量（热量），冷量不需要由冷水机提供。这种蒸发冷却通常被称为"绝热冷却""自由冷却"，因为它不需要机械冷却系统，如冷冻机。

2）湿介质作为水分来源与水喷雾相似：预测由水滴相变为气相而产生的绝热冷却。

3）除湿器。在数据中心冷却系统的空气侧采用绝热冷却，任何未在空气处理部分蒸发的多余水分可由空气携带进入机房。因此，使用除湿器除去多余的水分。

4）可控制的风阀和通风口，用于动态控制再循环和自由冷却。

这些技术，特别是它们的简化模型，目前还处于机房建模的初级阶段。所以，从一种 CFD 工具到另一种 CFD 工具，可用选项差异很大。所以，用户应仔细考虑希望使用这些工具实现的目标，并且应该寻求 CFD 供应商对功能的详细解释。

15.4.7 挑战

数据机房建模的主要挑战之一是对于企业级大小的数据机房，要捕获完整的细节就需要非常庞大的计算网格，其结果是需要大量的计算资源和漫长的模拟时间。目前有两种解决方案试图摆脱这一挑战：

1）使用替代数值技术，简化物理模型以加快计算。虽然这种方法的优点是速度快，但缺点是它需要用户有更专业的知识，了解简化的方法在什么时候可以提供可接受的预测结果或在预测中寻找什么，以确定它们是否对所考虑的情况是有效的。

2）使用当前最先进的 CFD 工具简化数据中心模型，忽略某些增加复杂度的细节，并且在用户看来，在决策中不需要考虑的因素。与1）类似，优点是求解速度快，缺点是它依赖于用户对应用简化模型影响的理解，用户还必须了解模拟结果可用于制定或做出哪些决策。

鉴于目前数据中心 CFD 的特性，CFD 的下一个最大挑战可能是预测的准确性。现在有许多 CFD 被有效地用于预测企业级数据中心的例子，实际上，这些工具在日常运维管理中正在应用。

CFD 本质上是一种近似，由于其公式和方法（例如，用于数值方法求解离散化的方程和用于表示湍流的经验公式）在预测中引入了误差，但最大的不确定性可能发生在数据中心建模中，因为未能真正描述边界条件。

边界条件描述错误的主要来源有两个：

1）因为真正的行为并未得到很好的理解，所以使用简化的边界条件并不能真正捕捉到对象的行为。一个很好的例子（几乎所有使用架空地板提供冷却的数据中心都会出现这种情况）是穿孔地板的建模。

传统方法（如第 15.4.1.2 节中简要描述的）是用气流的阻力来表示穿孔地板，用以捕获驱动空气穿过它所需的压差。实际上，这只是真相的一部分，因为真正的穿孔地板由多个层或多个部件组成。穿孔地板的顶部表面在很大程度上以流动阻力方式发挥作用，以捕获压降特性，但它还具有其他效果。通常在穿孔地板正上方的一个局部区域，由于开口处高速流动的空气会在该区域产生压降，周围环境中的空气会流向地板并填充这个区域，降低流速。

此外，根据顶部表面的构造，气流偏离的方向还会受到穿孔地板下部结构的影响，所以这块地板的顶层结构并不是唯一重要的层。通常还有一个用于穿孔地板的相当大的子结构，主要用于描述穿孔地板所需的物理完整性，承担通过机房运输重型设备所产生的负载。

这些子结构可以显著地影响架空地板下有多少空气可以通过穿孔地板，以及架空地板下的气流方向是否影响出风量和出风角度。此外，还可能存在控制风量的风阀，进一步增加了几何和流动的复杂性。

目前，还没有科学的方法来创建这种穿孔地板的简化模型。目前的研究表明，通常需要创建详细的穿孔地板模型，包括风阀、开孔及其他结构。用户需要依赖 CFD 软件供应商进行表征，并在单个穿孔地板的基础上简化模型，或者用户自己创建简化模型。

这可能是对物体特征缺乏理解的一个极端例子，但实际上，当用户采用量身定制的 CFD 工具时，他们就会接受每个物体的表征都是恰当的。

2）使用边界条件的简化表示并不能充分反映数据中心的真实状态。这是因为定义它的特征要么太详细，以至于无法调查和理解，要么就是现有的 CFD 建模技术或从业者可用的典型硬件无法实际建模。

一个很好的例子是一组非结构化的电缆。虽然原则上用户可以调查和记录每根电缆的精确路径，但这样做不仅费时费力，而且这种建模详细的程度在模拟求解时也需要大量的时间，所以这种方法不可行，也不一定能够提高模拟精度。

然而，这一系列的判断——在模型中包含哪些细节——关键是能否足够表示手中的任务。这些相同的选择推动了对真实设施模型校准的需求（第 15.3.4.1 节）。

机房模拟中出现的其他挑战还有机房的规模及建模和仿真消耗的时间。以下方面又加剧了这些问题：

1）IT 设备的高变更率，意味着模拟可能不切实际，或者不能对每次部署都进行模拟。

2）可用的设备类型多种多样，每种都有独特的性能，因此很难维护所有可能的型号，并为它们创建模型库。

3）IT 设备的散热和流量依赖于利用率，加剧了可用于全面描述设备特征信息的匮乏。

4）为了充分考虑可能出现的大量冗余和失效场景而需要增加的资源。

尽管存在这些挑战，但 CFD 建模现在已成为数据中心设计和运营管理的一部分，因为人们发现它有助于提供更节能、更低风险的方案。

15.4.8 瞬态模拟和故障场景

如上所述，Navier–Stokes 方程和 CFD 本质上不仅可以预测稳态情况时机房中的热环境，还可以预测随时间变化的量。这对于整个冷却系统故障尤其重要，但首先应该考虑不那么极端的故障情况。

15.4.8.1 冗余故障场景

执行关键任务的数据中心及其支持基础架构通常采用冗余设计，以保护 IT 设备、流程和数据不发生故障。对于冷却系统，常见的策略是安装额外的冷却单元，以便在一个或多个冷却单元发生故障时，仍能提供足够的冷量。

在小型数据中心中，冗余通常设置为 $N+1$。也就是说，如果需要 N 个冷却单元将冷空气送到机房，那么还需要安装一个额外的冷却单元"以防万一"。从能源和维护的角度来看，使用备用冷却单元通常最有效，并使机组处于待机状态，为了减少机组磨损，甚至可以轮流更换待机状态的机组。但是，从冷却的角度来看，这增加了风险。机房会有不同的 $N+1$ 冷却模式，原则上应测试所有方案。有些人可能会建议备份单元的转换需要进行时间关联的瞬态模拟。但是，转换时间应该相对较短，并且除非机房处于极限运行状态，否则在两个可接受的冷却配置之间切换时不太可能发生冷却故障。

对于较大的数据中心，通常包括至少两个冗余单元，以便当一个单元由于维护不使用时，另一个单元仍然可能发生故障，余下的 N 个单元仍在运行。然而，显而易见的是，随着冗余单元数量的增加，流动配置数量也会急剧增加。虽然原则上很容易让计算机为每种可能的组合进行模拟，但这可能不切实际。在任何情况下也可能不值得，因为同时失效的单元数量增加的可能性越来越小。在这种情况下,更常见的是在正常运行模式下对冷却性能进行诊断评估以寻找可能严重依赖于一个或两个冷却单元的关键 IT 设备,并选择少数关键的故障场景。通常分析的配置示例包括由于机房高密度区域的物理结构限制和冷却单元故障而将很多冷却单元都集中在一起的情况。

$2N$ 冗余冷却系统的模拟不应与前面描述的情况相混淆。在 $2N$ 情况下,虽然冗余可以通过具有所需冷却单元的两倍来实现,但每个 N 的冗余通常是使用独立的冷却回路来实现的。因此,应考虑两个独立的失效场景,其中一个是冷却回路都失效,而另一个冷却回路上的机组仍在运行。

在所有这些故障场景中,重要的是要认识到,当满载时,机房中的不同冷却单元可能输出相当不均匀的负载。因此,重要的是确定冷却单元的冷量随盘管温度变化的函数是已知的,只有这样才能在盘管温度上升时进行相应的模拟。

15.4.8.2 全冷却故障

全冷却故障只能通过与时间相关的瞬态仿真方案来解决。这是因为数据中心将从处于平衡的冷却状态转变为不主动冷却的状态,因此模型必须随时间不断变化。

对与时间相关的模拟,CFD 程序将计算每个时间步长的变化。从计算的角度来看,求解仍然采用迭代方法,并且需要较长的时间。但是,不能认为一个时间步长的计算也需要稳态计算那么长时间:如果选择适当的时间步长,每个时间步长通常只需要少量迭代就可以收敛了。

通过 CFD 程序模拟机房中的全冷却故障是一种特殊情况下的时间关联模拟。由于迫切需要了解设计方案能否很好地应对这种灾难性故障,因此经常进行这种模拟。然而,由于目前 CFD 程序中的建模方式,如果想要预测结果是有用的,还需要特别注意很多(如果不是全部)CFD 工具的限制条件。

在实践中,对整个冷却系统故障的 CFD 模拟很可能是保守的——他们预测系统的温升比现实中要快。同样合理的是,假设为机房建模而设计的 CFD 工具更有可能采用适当的策略来抵消模拟近似和缺乏数据的不切实际的影响,因此可以预期它们会表现得更好。

对于实际模拟,需要的经典简化和近似包括以下内容:

1)不考虑机房模型冷却系统的外部元素,如冷冻水、制冷剂回路或冷却器本身。当冷冻水泵运行时,将增加系统的热惯性,并降低温升速率。

2)数据中心中的冷却系统具有相当大的热惯

性,特别是在换热器中。如果风扇连接到备用电源系统,它们将继续提供冷却。如果不是,大型风扇由于惯性还可继续运行一小段时间。即使在停止时,如果冷却装置上没有安装止回阀门,仍然会有空气在自然对流作用下通过盘管提供一些冷量,或者由备用电源(UPS 电源)供电的 IT 设备风扇从盘管吸过来风量。

3)稳态计算的机房建筑结构不需要包括热惯性,但进行失效场景模拟时,必须特别注意建筑结构的热惯性。

4)金属薄板/薄壁物体,如机柜壁面,通常建模为薄壁结构。这是因为在稳态计算中,不需要明确地包括它们的物理厚度来正确地表示热阻。因此,此类结构需要经过特殊处理,以考虑这些对象的热容量。

5)IT 设备本身不会由于 IT 设备进口空气温度升高而立即升温,因此 IT 设备出口的温度升高也会延迟。由于这些对象被视为"黑盒子",正常运行状态下通过稳态分析得到的热量和流量,在没有特殊处理的情况下很难表示由数以千计的 IT 设备引起温升的时间延迟。

如果用户打算用 CFD 工具进行此类分析,需要了解该工具是如何处理这些问题的。如果没有,还需要查找是否可以应用于 CFD 模型的实用方法以获得更真实的结果。

当 CFD 工具用于时间相关分析时,它将计算每个时间步长的完整结果。考虑到每个数据集的大小及时间步长长可能大约为 1s 的情况,对几分钟的分析将产生数百个数据集。因此,通常的做法是仅在选定的时间保存完整数据集,而不是为每个时间步长保存数据。通常按照表格指定时间或仅在指定的时间步长频率下保存数据。

对于为选定的时间步长保存的模拟数据,用户可以使用所有标准工具(第 15.2.7 节)检查数据中心的条件,以及机房专用的分析工具(第 15.4.9 节)。此外,结果视图通常可以用动画显示,用户可以查看条件随时间变化的情况。

除了保存完整的视图和数据外,瞬态分析通常会自动记录所选对象的每个时间步长的数据。机房专用 CFD 工具通常能够自动识别并记录全时间段的关键数据,但用户通常可以识别他们想要记录的位置/数据。在非机房专用工具中,用户可能必须确认要存储的所有数据点。

这些针对冷却失效的分析仅可用于机房专用的 CFD 工具。但是,大多数 CFD 工具都具有通用的时间相关分析功能。这些一般的时间依赖性分析的优点是不限于冷却故障分析,可用于随时间变化的其他分析，包括 IT 利用率的变化，以及相应的热量和流量变化。缺点是所有冷却失效的所有特殊处理必须手动执行才能获得有效的结果。

15.4.9 数据机房指标

一旦软件开发团队专注于数据中心，而不是任何其他流体流动和传热应用，就很自然地用 CFD 产生的大量数据去做一下特别的分析。

有大量可用的指标通过数据分析可提炼为机械工程师、基础设施管理者或 IT 经理能够理解的内容。当然，最关键的问题是 IT 是否得到有效冷却。可以简单地绘制每个机柜的平均或最大入口温度，然后将数据与参考值进行比较（图 15.16）。

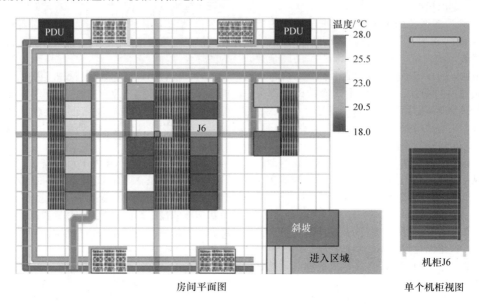

图 15.16　最大入口温度（Future Facilities 提供）

可以计算 ASHRAE 已发布的温度合规性等指标，但对于实际数据中心，根据制造商的建议测试入口温度可能更合适。在这种情况下，CFD 软件可以通过比较 IT 设备的最高入口温度与制造商为 IT 设备建议的最高温度生成一个图，显示安装在机柜中的 IT 设备过热温度图（图 15.17）。

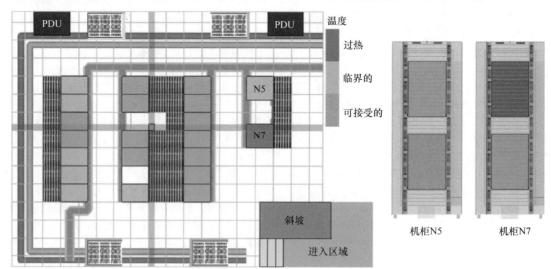

图 15.17　过热温度图（Future Facilities 提供）

要理解和优化冷却效率,了解冷量来自哪里,将要送到哪去是有帮助的。可以绘制简单的图表,显示每个冷却系统的负载(图15.18)。

如前所述,流线可以更智能地跟踪空气,并显示哪些空气来自哪些冷源,进入哪些IT设备入口,以及哪些空气未被使用。该方法可以扩展到定量测量向IT设备提供冷空气的冷却系统的送风效率。类似的方法可应用于设备返回冷却系统所排出的热空气,以及冷却系统清除热空气的效率。可以使用相同的方法来跟踪机柜内或机房内的空气循环量。

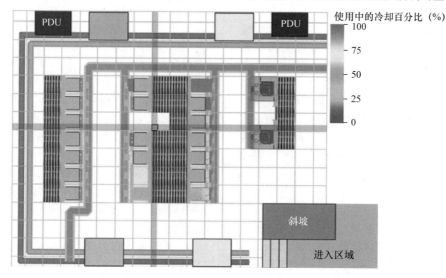

图 15.18 冷却系统负载(Future Facilities 提供)

有如下几种量化方法:

1)一旦模型有了模拟结果,就会显示出供热指数和回热指数。HP[2]开发的这些指数已被ASHRAE和绿色网格等组织采用。

• 简单来说,SHI 衡量的是空调机组(ACU)的冷空气在到达IT设备入口之前被加热的程度。0表示"完美"行为,即不发生稀释,因此设备入口温度等于ACU的送风温度。

• 同样,RHI 表明有多少冷空气混入ACU回风中而未送到任何IT设备。1表示热空气未稀释返回到设备的"完美"行为。

2)机架冷却指数(RCI)®是一个衡量冷却系统在制造商允许范围内冷却电子设备的程度,回风温度指数(RTI)™是衡量气流管理系统的能效指标。RCI®是衡量IT设备进风温度的合规性,如ASHRAE 和 NEBS 符合性的最佳性能指标。RTI™是IT机房中净旁通空气或净再循环空气的量度。参考文献[3]可以在 ANCIS Incorporated (www.anis.us)的许可下使用。RCI 由两部分组成,即 RCI_{HI}™ 和 RCI_{LO}™:

• RCI_{HI} = (1 - 总超温/最大允许超温) × 100,单位为%。100%表示理想条件,即没有过热;低于90%,通常被认为是差的。

• RCI_{LO} = (1 - 总低温/最大允许低温) × 100,单位为%。100%表示理想条件,即没有低入口温度;低于90%,通常被认为是差的。

式中,超温表示所有设备入口超温总和。当进气温度超过最大推荐温度时,会出现超温情况[ASHRAE Thermal Guidelines (2012) Class A1:27℃];最大允许超温定义为最大允许温度(32℃)减去最大推荐温度(27℃)乘以总进口数量;总低温表示所有设备入口低温的总和。当进气温度低于最低推荐温度时,存在低温条件[ASHRAE Thermal Guidelines (2012) Class A1:18℃];最大允许低温定义为最小推荐温度(18℃)减去最小允许温度(15℃)乘以总进口数量。

RTI 的定义为

$RTI = (T_{回风} - T_{送风}) / (T_{设备排风} - T_{设备进风}) \times 100$,单位为%。RTI 值为 80%(净旁通空气)~120%(净再循环空气)通常被认为是接近平衡的气流。

式中,$T_{回风}$是冷却系统的(按体积)加权平均回风温度;$T_{送风}$是冷却系统的(按体积)加权平均送风温度;$T_{设备排风}$是IT设备的(按体积)加权平均设备排风温度;$T_{设备进风}$是IT设备的(按体积计）加权平均设备进风温度。

3) CFD 模拟实现了追踪空气来源和流向的能力。一些指数利用此功能可以轻松计算冷却系统性能。捕获指数是施耐德电气 APC 创建的。参考文献 [4] 包括"冷通道捕获指数（CACI）"和"热通道捕获指数（HACI）"，定义如下。

- CACI：冷源（如穿孔地板、顶部送风口或同一通道内的冷却装置）送风直接进入机架的比例。
- HACI：机架排出的热空气进入回风口（如冷却装置或同一热通道的回风口）的比例。

4) 冷却单元影响区。可以跟踪空气以确定其中有多少进入 IT 设备，CFD 可以显示每个冷却系统影响哪个 IT 设备。这有助于理解冷却系统失效的潜在影响，但应注意的是，即使只有一个冷却单元发生故障，气流也会发生变化。因此，这只是实际效果的一个参考指标。

5) 定制分析可扩展到更通用的指标。例如，如果为系统的外部部件提供性能数据，就可以计算 PUE，如冷冻水机组和相关的冷冻水分配系统，因为 CFD 模型知道 IT 消耗了多少功率，并将其与外部数据和内部计算的冷却系统性能结合使用，模型就可以计算整个系统使用的功率。同样，数据可用于总结能源消耗和相关成本。

预计随着 CFD 在日常运维管理中的进一步应用，并与其他工具更紧密的集成，这些针对特定目的的分析将得到进一步发展。

15.5 CFD/虚拟模型的潜在附加优势

根据定义，CFD 模型必须描述设备的物理几何形状、冷却系统配置和运行参数，以及要冷却的热负荷。对于运营中的设备，如果模拟能够预测详细的冷却性能，需要包含基础设施和 IT 设备的更详细的细节。

因此，可以轻松扩展模型，以解决与空间、电力、网络和重量等相关的其他数据中心设备部署问题。它们可以轻松地用作预测性 DCIM 工具，或者与其他 DCIM 工具、监控系统，甚至基于 IT 应用程序的工具集成。

定义可运维的 CFD 模型的一种方法是将每个 IT 设备明确地安装在正确的机柜和 U 位中，以有效地管理其散发的热量，并了解其与电力系统的连接情况。结果是，CFD 模型可以自动生成位于机房中的设备清单。

CFD 建模的另一方面是需要确定 IT 设备在不同位置消耗多少能量作为热源。鉴于安装的应用程序和 IT 设备的负载会显著影响散热，确认现场带电设备功耗的一种方法是使用实时监测功率数据。完成此操作后，模型可能会保存电力网络连接，以使其能够利用可用数据。在这种情况下，CFD 模型可用于分析电力系统，包括负载平衡及单个（或多个）故障点对可用性的影响。

以类似的方式，扩展的 3D 模型也可用作 DCIM 工具的数据。但是，考虑到 CFD 工具的预测性，它可以作为预测性的 DCIM 工具用于容量规划。

综上所述，考虑数据中心在建设、物流和运营方面的复杂性，很可能会继续在企业组织中为个人或小型任务组提供和使用单独的工具，包括资产管理和库存、监控部署等。因此，如果不同的工具可以共享数据，那将是非常有价值的。CFD 模型的优点有以下几个方面：

1) 可以从选定的资产（或 DCIM）工具中提取 IT 库存。
2) 可以从所选的 DCIM 工具接收计划变更，或者在 CFD 工具中进行分析后将计划变更传回所选的 DCIM 工具。
3) 电力网络和随后的散热可以从第三方电力建模和/或监测系统获得。
4) 监控数据可以显示在 CFD 工具提供的 3D 视图中。
5) 在实施之前，可以在 3D 模型中进行电缆布线。
6) 可以分析替代计划，以便通过整体考虑空间、电力、网络、重量和冷却来避免容量损失。

如果在多个工具共享数据的情况下采用这种方法，最终用户可以将应用程序视为一个整体，其结果可能提供的价值大于各个部分的总和。

15.6 虚拟设施模型的未来

随着计算机越来越成为我们日常生活的一部分，对数据中心的需求正在以天文数字的速度增长。CFD 的主要关注点之一是表现现场设施实时变化和模拟求解所需时间的计算需求。这导致许多人和组织探索使用简化方法（如潜在流程）的可能性，以便在理想世界的实时模拟中实现更快的计算速度。幸运的是，我们日常生活中进行计算的需求也提供了快速计算的潜力。一个例子是具有数百个处理器的图形处理单元（GPU）的快速发展，可以获得足够的机载存储器访问，可在相对低成本的平台上进行大规模并行化（以及随后的高速求解方案）计算，从而无须使用简化的求解方案。

既然可以克服计算挑战，那么这些工具的应用范围将如何变化？管理中会采用吗？已经清楚的是，CFD 工具可以并且正在被用于设计或现有设施的一次性模拟。它们已经不断应用于实际设施的管理，重点是部署、容量规划，以及计算空间、电力、网络、重量和冷却，CFD 工具是否会成为核心平台，或者其他管理工具是否会吸收 CFD 工具，目前尚不清楚。可以肯定的是，包含 CFD 在内的集成工具集将成为常态，该工具集几乎肯定会更广泛，是你需要了解的有关全球数据中心的任何内容的核心参考，它还可能深入到应用程序层、设施层和物理层。

由于 CFD 也被用于设计数据中心中的许多设备，因此这里描述的虚拟设施模型中使用的简化模型似乎也会自动生成，并成为设备设计过程的输出。这可以显著提高模型的质量和一致性，使建模过程更加快速和简单。

关于 CFD 未来的一个常见问题是，"它是否仍然是必要的？"，因为人们认为不断变化的技术会带走设计和运营问题。最近，由于使用冷热通道封闭出现了这个问题，毕竟，对于没有经验的人来说，物理隔离会阻止空气混合，然而，在实践中，隔离不可能是完美的，并且如果允许再循环，未稀释的回风高温空气可能会更加严重。新提出的新兴技术是液体冷却技术。如果使用液体冷却代替空气，为什么需要 CFD？实际上，在功率密度较高的情况下，液冷系统是理想的，但并不是用液体冷却系统带走房间内的所有热量，因此在高功率密度下，这部分热量可能仍然是一个重要的冷却负荷。此外，液体冷却系统本身将变得庞大和复杂，为了优化它们，可能也需要进行某种模拟。

此外，白色空间只是数据中心的一部分，该系统还有许多其他部分可能需要 CFD，如自然冷却系统、发电机房、UPS 机房等。总之，在作者看来，至少在可预见的未来，CFD 将继续存在。

参 考 文 献

[1] Idelchik IE. *Handbook of Hydraulic Resistance*. 3rd ed. London: Hemisphere; 2005.

[2] Sharma RK, Bash CE, Patel CD. Dimensionless parameters for evaluation of thermal design and performance of large-scale data centres. American Institute of Aeronautics and Astronautics; 2002. Jaico Publishing House. AIAA-2002–3091.

[3] Herrlin M. Airflow and cooling performance of data centers: two performance metrics. [PDF] ASHRAE Trans 2008;114(2):182–187. Available at http://wwwhg.ancis.us/images/SL-08-018_Final.pdf. Accessed on January 24, 2013.

[4] Shrivastava SK, Van Gilder JW. Capture index: an airflow-based rack cooling performance metric. ASHRAE Trans 2007;113(1):126–136.

第16章 数据中心的环境控制

美国加利福尼亚州，Facebook 公司　维伦德拉·穆莱（Veerendra Mulay）　著
西安交通大学　李　楠　段凯文　译

16.1 数据中心能耗趋势

近年来，数据中心设施能耗呈快速增长的趋势，并将继续保持惊人的增长速度。功耗和封装密度的共同增加导致了芯片和组件中热流密度的大幅增长。因此，数据中心每平方英尺服务器占地的热负荷升高。ASHRAE[1]公布的热负荷趋势如图 16.1 所示。从图中可以看出，在 2000—2004 年期间，存储服务器的热负荷增加了一倍，与此同时，计算服务器的热负荷增加了两倍。

按此趋势，2006 年，计算服务器机架的热流密度约为 4000W/ft^2（1ft = 304.8mm）。这相当于一个典型 19in（1in = 25.4mm）机架达到了 27kW 的热流密度。目前，市场上也有超过 30kW 热流密度的 19in 机架，这相当于机架热流密度达到了 4800W/ft^2。

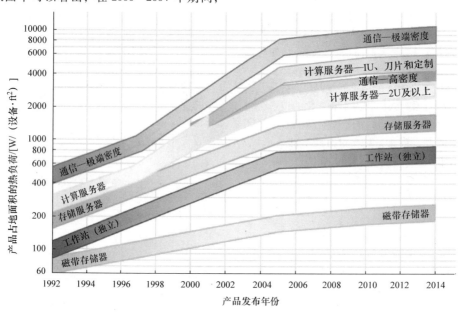

图 16.1　热负荷趋势[1]（ASHRAE 提供）

16.2 数据中心的热管理

服务器占地热负荷的高速增长促进了数据中心热管理最佳解决方案的研究。大量文章、论文、研究和指导方针等[1-106]纷纷发表，介绍了数据中心热管理领域的研究工作成果。这些文章中的部分主题总结如下：

- 冷却系统架构。
- 结构参数。
- 机房空调（CRAC）布置。
- 能源管理。
- 数据中心性能评价指标。
- 数据中心建模。
- 数据中心系统的实验研究。

16.2.1 冷却系统架构

Nakao[13]等人对 4 种数据中心冷却系统架构进行建模，包括地板下送风顶棚回风、地板下送风侧回风、上送风地板下回风和上送风侧回风。

Noh[14]等人模拟了3种机架设计功率为5~6kW的通讯数据中心,其冷却系统架构分别为地板下送风顶棚回风、上送风地板下回风和上送风侧墙回风。这两项研究均一致认为,地板下送风顶棚回风的气流组织方式是最好选择。当回风口靠近顶部时,地板下送风侧墙回风也是一个很好的选择。

Shrivastava[15]等人研究了不同的数据中心冷却系统架构,并建立了计算流体动力学(CFD)模型来评价这些架构的效能。他们基于单个机架平均进风口温度(RIT)(rack inlet temperature)和全区域内机架平均进风口温度来评价数据中心的性能。结果表明,在给定的条件下,地板下送风顶棚回风是最有效的。结果还表明,对于不同冷却系统架构,在送风气流阻力、顶棚高度和回风口位置三者中,送风气流阻力是对 RIT 影响最大的因素。该研究结果与 Nakao[13]等人的研究结论相似,即上送风地板下回风式是性能最差的冷却系统架构。

Schmidt 和 Iyengar[6]讨论了高密度数据中心的空气冷却适用性。他们考虑了上、下送风这两种最为常用的气流组织形式,并建立了相应的 CFD 模型,对比分析了两种气流组织形式在送风气流阻力、机架位置和机架高度三个方面的模拟数据。结果表明,机架进风温度具有较高的温度梯度,并且在某些情况下,相比于上送风模式,高温度梯度现象在地板下送风模式中更为显著。

Sorell[16]等人、Herrlin 和 Belady[17],以及 Mulay[18]等人也做了相似的研究,比较了上、下送风这两种送风结构。Sorell[16]等人赞成 Herrlin 和 Belady[17]的研究结果,即在回流现象严重的情况下,下送风形式使得机架上部服务器极易出现热点。上送风设计则通过从上部送风提供较好的混流消除了这一弊端。Mulay[18-20]等人研究了液体冷却环境下的两种冷量供应模式。研究结果显示,即使在液体冷却环境下,从地板下供应冷量的结构要比从机架上方供应冷量更适合于高功率集群,这也与 Schmidt 和 Iyengar[6]的研究结果相吻合。

Furihata[21]等人和 Hayama[22,23]等人研究了一种在机架内部含有需求控制机构的冷却技术。控制机构能监测机架出风温度,从而通过调整气流使服务器出风温度均匀。该技术在给服务器提供充足冷量的同时减少了总冷量使用。

一般来说,冷通道和热通道的布局具有很强的一致性。Beaty 和 Davidson[24,25]、Beaty 和 Schmidt[26]建议机架应该按照冷热通道布局结构布置:机架从冷通道吸入冷空气,并将热空气排向热通道。Beaty 和 Davidson[24]还表明,将热空气导向顶棚比仅有高的顶棚效果更好。Mulay[27]等人提出的机柜设计与 Beaty 和 Davidson[24]的研究结果相符。

16.2.2 结构参数

影响气流分布的结构参数有架空层高度、穿孔地板开孔率和顶棚高度。其中,架空层高度和穿孔地板开孔率是影响地板下层压力分布的关键因素。顶棚高度很大程度上取决于冷却系统架构,并且在没有适当优化情况下,很可能影响整体设计。

16.2.2.1 架空层高度

当架空层高度增加时,流体流速降低,使得地板下层的压力更均匀,进而使得气流分布更均匀。Kang[28]等人利用 CFD 模拟分析,验证了架空层静压箱模型的准确性。对地板下层空气回流的 CFD 分析也表明了上文提到的架空层静压箱模型有效性的限制条件。作者运用流动网络建模技术对通过架空地板的气体流量进行了预测。

Karki[29]等人模拟了穿孔地板开孔率为25%的架空地板结构。研究结果表明,当架空地板高度低于1ft 时,在某些情况下,靠近机房空调的穿孔地板易发生空气回流现象。然而,随着架空层高度的增加,回流现象被消除,并且通过穿孔地板之间的流量差异也随之减小。Patankar 和 Karki[30]、Beaty 和 Davidson[25]通过相关案例研究,推荐2ft 高无阻碍架空层。VanGilder 和 Schmidt[31]所推荐的2ft 架空层高度也与前文提到的其他研究者的建议一致。

Bhopte[32]等人提出了多变量方法来实现最佳布局,从而得到最小 RIT 值。他们讨论了架空层高度、架空地板位置和顶棚高度对 RIT 值的影响。在多变量优化方法中,研究了这些变量间的相互作用,以及它们对气流分布影响。研究结果以指南形式呈现,用以指导数据中心最优布局。该指南也证实了气流分布随着架空层高度的增加而变得更均匀。

16.2.2.2 顶棚高度

在其他影响因素中,顶棚高度取决于数据中心所采用的冷却系统架构类型。Schmidt[33]的研究表明,在地板不能送风或送风量不足的机架上方易出现热点。对于下送风式冷却架构,随着顶棚高度的增加,这些热点将会变得更加密集,进而导致了 RIT 值升高。

Shrivastava[34]等人在他们的参数研究中发现,当机架的降温高达12℃时,顶棚高度的增加对热点的产生有着巨大影响。然而,顶棚高度在低热流密度区域的影响微乎其微。在另一篇研究[35]中,作者指出,若数据中心采用下送风、机房空调回风的冷却架构,当顶棚高度超过12ft 时,它对 RIT 值没有影响。

Sorell[36]等人介绍了三种冷却架构下三种不同顶棚高度的案例。其中，这三种冷却架构为下送风顶棚回风、下送风机房回风和上送风。研究结果表明，当机房空调送风量为110%时，将顶棚高度从12ft增加至16ft，三种数据中心的冷却性能均能得到提升。他们还提请注意，增加顶棚高度可能导致建筑成本的增加。

16.2.2.3 穿孔地板

Schmidt[37]提出了经验流动模型，并提出了一种描述数据中心热特性的方法。该研究对象为一间74ft×84ft的数据中心，同时记录IT设备用电量、穿孔地板出风量、电缆切口漏风量、机房空调送风量及其回风温度。Radmehr[38]等人的另一项研究关注了架空地板数据中心的气流泄漏分布。描述了从地板间隙、电缆切口及其他缺口所泄漏气流量的测量过程。实验数据被用来拟合泄漏面积和泄漏流量间的关系。结果表明，泄漏流量为可利用冷却空气量的5%~15%。

Schmidt和Iyengar[39]等人测量了三种不同布局数据中心的IT设备用电量、穿孔地板出风量、电缆切口漏风量、机房空调送风量及其回风温度，以研究有助于指导数据中心的布局模式。VanGilder和Schmidt[31]通过对众多架空地板数据中心的模拟，量化了不同参数对数据中心气流分布的影响。这些参数包括地板下障碍物、穿孔地板布局、泄漏气流和总气流速率等。

Bhopte[40]等人提出了一种CFD模型，用以研究地板下障碍物对穿孔地板气流量和RIT值的影响。作者提出了一种参数研究方法，以确定地板下方障碍物位置，进而使其对数据中心性能影响最小化。通过案例研究，作者提出了通过重新布置障碍物位置实现数据中心性能优化的指南。

16.2.3 机房空调布置

机房空调的位置是决定地板下层压力分布的关键因素，将影响冷通道内的气流分布。它是数据中心能源效率低下的最大因素。Schmidt[41]等人发现，导向叶片和盲板的使用使机房空调的流量降低了15%。

Koplin[42]在他的研究中指出，机房空调应该通过增加架空层压力的方式来输送气流。当机房空调平行安装时，它们不应该对齐，否则气流的相互碰撞会导致静压损失。Schmidt和Iyengar[43]的研究也认同这一观点。

Beaty和Davidson[25]、Schmidt和Iyengar[43]的研究表明，对于那些进风温度低的机架，它们排出的热风有较清晰的路径回至机房空调。同时，相比于朝向冷通道，作者建议应朝向热通道布置机房空调。

16.2.4 数据中心能源管理

能耗的增加同样为数据中心的节能和高效运营提供了更多的机会。在众多空气侧和水侧节能方案中，NREL[44]等人在其设计指南中讨论了集中空气处理和液冷两种方案。作者提出了相应指南，接下来就指南中的部分内容进行讨论。

16.2.4.1 空气侧（风侧）自然冷却节能技术

当室外温度低于或等于供气温度时，空气侧（风侧）自然冷却技术利用室外空气来冷却数据中心。室外冷空气被带入数据中心，而机房内热空气则直接被排向室外。在该概念验证的测试中，英特尔（Intel）IT部门以极高的使用率运行着900台服务器[45]。在90°F（约32℃）室内环境温度和室内湿度不受限的条件下，该高密度数据中心引入100%的室外空气为其冷却，而且空气过滤保持在最低水平。据估计，空气侧（风侧）自然冷却技术可利用时长占全年的91%，可节省67%的能量，这对一个10MW的数据中心估计可节约287万美元。该测试也表明，当使用空气侧（风侧）自然冷却技术时，服务器的失效率并没有显著上升。

Shehabi[46]等人对比研究了应用空气侧（风侧）和水侧自然冷却技术的数据中心与传统数据中心在加利福尼亚州五个不同气候区的用能情况。结果表明，空气侧（风侧）自然冷却技术在所有气候区均表现良好。根据另一篇Syska Hennessy[47]团队的研究，在旧金山几乎可以全年利用室外空气完成冷却。

16.2.4.2 水侧自然冷却节能技术

水侧自然冷却节能技术利用冷却塔的蒸发冷却能力，间接产生冷冻水用于数据中心的冷却。Shehabi[46]等人在研究中对比了自然冷却节能技术在加利福尼亚州五个不同气候区的应用状况，以此来判断气候对水侧自然冷却技术的影响。与洛杉矶和旧金山相比，在萨克拉门托应用水侧自然冷却技术具有更多的节能潜力。由于旧金山室外空气中水汽含量较大，处理其潜热超过了单台冷水机组的负荷，因此需要开启另一台冷水机组同时工作。

16.2.4.3 集中空气处理

使用变频驱动器是集中空气处理机的理想选择，它能够提高机组部分负载效率。相比传统机房空调，集中空气处理装置拥有以下优势：

1）集中空气处理装置可以被放置于数据中心以

外的其他位置，从而为 IT 设备腾出了更多的空间。

2）集中空气处理装置的大小可以通过定制来解决数据中心运营过程中的设备冗余和可靠性问题。

3）大型风机和设备具有更好的效率。

4）集中式系统比传统的空调机组具有更好的部分负载效率。

16.2.4.4 液体冷却

Schimidt[47]等人指出，水冷背板换热器的设计旨在降低高密度机架的排风温度。背板换热器的阻力与 IBM 标准背板的阻力相匹配，因此无须增加额外风机。Mulay[18-20]等人研究了高功率密度数据中心的液体冷却。他们研究了不同气流阻力对背板换热器的影响，以及背板换热器在下送风和上送风两种冷却架构下的表现。研究结果表明，背板换热器能够带走 55% 的热量。

惠普公司在其技术概要[48]中所提到的模块化冷却解决方案，包含 3 台气液换热器和 3 台热交换风机，并被安装于标准机架的侧面。Leonard 和 Philips[50]，Patel[49]及 Schmidt[47]等人的研究表明，空气冷却和液体冷却的综合应用可节约大量能源。

16.2.4.5 动态冷却

Patel[51]等人在其研究中引入了"智能冷却"的概念，旨在将局部冷却与工作负荷分配相关联。通过这种整体性的冷却集合，数据中心将运行在最高能效水平。Bash[52]等人提出了一种分布式温度传感器网络，用以为中央控制器提供实时反馈。各机架的 RIT 值也被监测。中央控制器通过监测到的温度数据来调控机房空调。这种"动态智能冷却"可以达到降低能源消耗的效果。

Patel[53]等人还在研究中讨论了空调尺寸、负荷平衡、机架布局和负载分配的问题。作者指出了热负荷非均匀性对能源效率的影响。此外，White 和 Abels[54]在研究中提出了动态虚拟数据中心，并介绍了其热管理的控制算法。

16.3 冷却系统的设计与控制

位于美国俄勒冈州普莱恩维尔的 Facebook 数据中心是自运营以来世界上最节能的数据中心之一[107,108]。其配电系统中的部分创新体现在直流电备份和高压配电（480VAC），这可以消除系统对集中 UPS 和 480-208V 变压器的需求。位于顶层的无冷冻机空调系统使用 100% 的空气侧节能技术和蒸发冷却来维持数据中心的运行环境。这些措施能显著降低数据中心能源消耗，并反映在了系统的电能使用效率（PUE）。PUE 值定义为数据中心总能耗与 IT 设备总能耗之比。普莱恩维尔数据中心在满载时的 PUE 值为 1.07，并在调试过程中得到了验证。

16.3.1 数据中心设计

该数据中心是一栋三层建筑。一层沿着收货区和存储区设有数据大厅和办公区。二层设有一个大型静压室，用于热空气回流。三层是屋顶机房，设有空气处理设备。这些设备可分为进气走廊、过滤室、蒸发冷却/加湿（EC/H）室、风扇墙室、送气走廊及排气走廊。数据中心气流路径如图 16.2 所示。该图还显示了建筑管理系统（BMS），用于控制空气处理设备组中各种组件的要点。

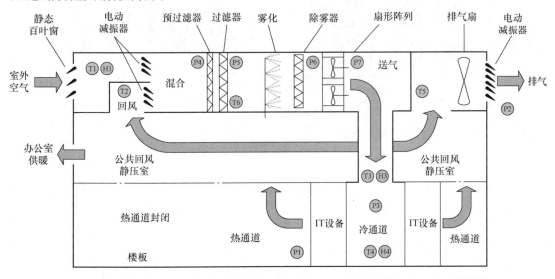

图 16.2 数据中心气流路径（侧视图）（L. Berkley，个人交流）（Facebook 提供）

如图16.3所示，室外空气通过垂直静态百叶窗进入进气走廊。百叶窗呈S形横截面并与排水管相连。S型横截面有助于防止雨雪进入走廊，并帮助排水盘中收集的水排出。

图16.3 室外空气进气走廊（Facebook提供）

室外空气紧接着被引入过滤室，过滤室起混合气体的作用，因此也称为气体混合室，如图16.4所示。在过滤室的一侧是用于调节室外空气和回风的电动调节阀，它可以根据室外空气的温湿度来调节改变室外空气和回风的混合比例。混合气体通过过滤墙从气体混合室中排出。过滤墙由一个2in的折叠式预过滤器和一个最低效率值（MERV）为13（ASHRAE标准85%）的过滤器组成。在经过上述串联过滤器后，混合气体进入蒸发冷却/加湿系统。

图16.4 过滤室（Facebook提供）

蒸发冷却/加湿系统使用高压泵和雾化喷嘴将雾化液体射入到混合气流中。根据送风所反馈的温度和湿度，蒸发冷却/加湿系统具有多个调节模式。有关蒸发冷却/加湿系统中的水循环部分会在其他章节进行详细阐述。随后，经喷射后的混合气流会通过除雾器，以除去未蒸发的水分子，从而防止混合气流中有水分遗留。而由除雾器集水盘收集的水将回到水循环，进行进一步的处理和再循环。图16.5所示为运行状态下的蒸发冷却/加湿系统。

图16.5 蒸发冷却/加湿系统（Facebook提供）

空气处理的下一部分是图16.6中所示的风扇墙。风扇墙是由一组风扇在墙面上以矩阵形式进行排列布置所形成的结构。其主要作用是将空气吸入并通过之前所述的所有部分，同时将空气输送至送风廊道中。

送风廊道中包含通向数据中心大厅的送风竖井。送风通过这些竖井进入数据大厅。

图16.6 风扇墙（Facebook提供）

在图16.7所示的数据大厅中，机柜以"热通道–冷通道"的形式布置。其中，热通道的作用是隔离空调送风与IT设备排风，从而避免两股气流的混合、热空气的再循环和送风旁通。同样地，送风流过IT设备后，热空气进入热通道，再进入回风静压室。

热回风一旦进入回风静室，在室外空气条件允许的情况下，将会被引入混合室中。该混合室会通过调节阀来确定混合所需的热回风量。至于多余的热回风，则会在图16.8所示的排气走廊中排气扇

第16章 数据中心的环境控制

图16.7 数据大厅（Facebook 提供）

的作用下排放至大气环境中。在典型运行工况下，这些风扇将保持待机状态。在冬季，这些热回风将被用于对办公区域进行部分加热。

16.3.2 反渗透补水系统

直接蒸发冷却/加湿系统用水采用反渗透（RO）工艺进行处理。由于雾化喷嘴的孔口为微米级，并且在数据中心有数千个雾化喷嘴。因此，反渗透系统的主要目的是去除水中的杂质，以尽可能减少雾化喷嘴出现堵塞的情况。图16.9所示为蒸发冷却/加湿系统的水循环。反渗透系统拥有两个供水源。主要供水来自于当地一口钻孔水井，次要供水来自普莱恩维尔的市政供水系统。

该数据中心拥有两台反渗透装置，每台装置为数据中心每栋建筑处理一半的供水量。以下是针对单个装置反渗透过程的描述。当以当地水井为主要水源、城市用水为次要水源来为一个户外地上蓄水箱进行供水时，该水箱大小应当可以保证系统在极端天气环境下运行48h。此外，室外蓄水箱是利用管道来进行输送的，其目的是让水间歇性地通过紫外线过滤系统循环，以达到消毒效果，同时也避免水长时间停滞。

图16.8 排气走廊中的排气扇（Facebook 提供）

下一过程发生在反渗透过滤室。该处的增压泵压力为 $50lbf/in^2$（$1lbf/in^2 = 1psi = 6.89476kPa$）（psi）。两个主泵与一个备用泵并联运行，将水从水箱中抽出，并通过三组活性炭过滤器和水软化器输送。其目的是为了对反渗透膜上游处的水进行去除矿物质和净化处理。为了进一步去除水中的大分子与离子，两个橇装 RO 泵机组与第三个橇装泵机并联，在接收流水的同时让水在50psi的压力下穿过反渗透薄膜。根据观察可以发现，一份井水通过反渗透工艺处理可提取出三分之二份的纯净水。然后，通过泵将净化后的反渗透水输送至两个反渗透蓄水箱中。当一个橇装反渗透泵机失效时，箱中内部储水量可保证数据中心在峰值负荷下运行1h。随后，在压力为45psi、并联运行的分配泵的作用下，反渗透水将循环穿过另一台紫外线过滤设备，并进入位于屋顶机房的加湿/蒸发冷却系统橇装泵机组。在流过雾化喷嘴前，加湿/蒸发冷却系统橇装泵机组将水压从45psi 提升至1000psi。此后，大约有85%的反渗透水经蒸发后会形成雾水并进入主气流，而另外15%的反渗透水会被除雾器重新回收。其中，采用除雾器的主要目的是尽可能减小气流中的水分残留。未蒸发的反渗透水经回收后将

285

重新流回反渗透室,并穿过经打磨后的带有紫外线过滤器和微米过滤器的滑道。其原因是屋顶机房内部气流可能会对反渗透水造成污染,故需要通过上述装置对回收后的反渗透水进行净化处理。最后,净化后的反渗透水将通过管道输送回 RO 蓄水箱。经蒸发冷却/加湿系统调节后的气流,将会在风扇阵列和清水墙竖井的作用下输送至数据中心。

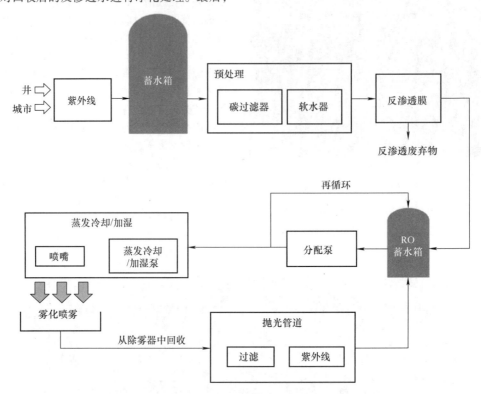

图 16.9 蒸发冷却/加湿系统的水循环(Facebook 提供)

16.3.3 冷却系统的设计及其运行包络线基础

在冷却系统的设计过程中,参考了距离普莱恩维尔最近的雷德蒙德气象站所记录的近 50 年内的当地极端天气数据。据记录,夏季最高干球温度(DB)为 105.6℉(40.9℃),而最高湿球温度(WB)则为 70.3℉(21℃)。冬季最极端的天气条件是干球温度为 -30.8℉(-34.9℃),且相对湿度(RH)为 50%。这种气候有利于蒸发冷却和室外新风的应用。当干球温度较高、湿球温度较低时,这就意味着一年中的大部分时间都可以采用自然冷却,并且在必要时可有效利用蒸发冷却。从图 16.10 可以看出,所设计的冷却系统可以应对上述所有极端天气条件,并且在夏季设计工况下的干球温度并非是 105.6℉(40.9℃),而是 110℉(43.3℃)。

数据大厅内的送风温度被控制在 65~80℉(18.3~26.7℃)之间,相对湿度不超过 65%,且露点温度(DP)不低于 41.9℉(5.5℃)。表 16.1 列出了普莱恩维尔数据中心的运行工况,对上述运行包络线与 ASHRAE 所推荐的运行包络线进行了对比。

从表中可以看出,普莱恩维尔数据中心的运行环境与 ASHRAE 于 2008 年所推荐的运行环境近似,不同之处在于含湿量的最高点不再受限于露点温度。

16.3.4 冷却系统的运行顺序

如图 16.11 所示,已知干球温度、湿球温度、露点温度、相对湿度和含湿量中任意两个热力参数,就可在焓湿图中描绘出运行状态点。如图 16.11 所示,一共有 8 个不同的运行工况区域,涵盖了所有可能的室外空气条件。针对这些区域内的室外空气,冷却系统处理的响应顺序如下:

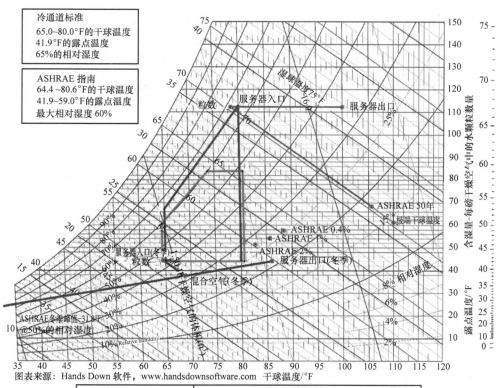

图 16.10 运行包络线（Facebook 提供）

表 16.1 普莱恩维尔数据中心的运行工况

参数	ASHRAE 2004	ASHRAE 2008	普莱恩维尔数据中心
最低温度	68℉（20℃）	64.4℉（18℃）	65℉（18.3℃）
最高温度	77℉（25℃）	80.6℉（27℃）	80℉（26.7℃）
最低湿度	40%RH	41.9℉DP（5.5℃）	41.9℉DP（5.5℃）
最高湿度	55%RH	60%RH 和 59℉DP（15℃）	65%RH

注：RH 表示相对湿度，DP 表示露点温度。

1. 区域 A

当室外空气的湿球温度低于 52℉（11.1℃）且露点温度低于 41.9℉（5.5℃）时，目标送风干球温度为 65℉（18.3℃）。室外空气与回风将通过调节阀门来实现混风，并且在必要时，蒸发冷却/加湿系统将会根据气流的状态采取不同程度地加湿处理，以保证送风的湿球温度为 54℉（12.2℃），露点温度为 41.9℉（5.5℃）。

2. 区域 B

在该区域内，冷却系统对室外空气的需求量为 100%。当室外空气的湿球温度超过 52℉（11.1℃）且露点温度低于 41.9℉（5.5℃）时，回风阀完全关闭，新风阀完全打开。蒸发冷却/加湿系统将会不同程度地对引入的空气进行必要地加湿或冷却。此时，送风干球温度将保持在 65～80℉（18.3～26.7℃）之间，并且露点温度保持在 41.9℉（5.5℃）。

3. 区域 C

当室外空气的干球温度处于 65～80℉ 之间（18.3～26.7℃），露点温度在 41.9～59℉ 之间

(5.5~15℃)且相对湿度低于65%时,此时的室外空气仅需经过过滤即可送入数据大厅。因此,对于本区域来说,回风阀同样也是处于完全关闭,并且新风阀将完全打开,即冷却工作将完全由室外空气来承担。同时,由于不需要进行加湿和蒸发冷却,故蒸发冷却/加湿系统将处于关闭状态。

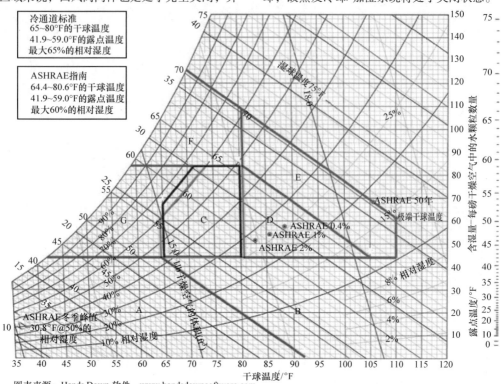

图 16.11 运行区间(Facebook 提供)

4. 区域 D

当室外空气的干球温度超过80℉(26.7℃),湿球温度低于66℉(18.9℃),露点温度高于41.9℉(5.5℃)时,风侧自然冷却技术处于100%运行状态。这也就意味着,此时的室外空气不需要进行任何掺混即可参与冷却。同时,蒸发冷却/加湿系统将会不同程度地对引入的空气提供必要的加湿或冷却,以保证供风的干球温度维持在80℉(26.7℃),露点温度维持在41.9~59℉(5.5℃~15℃)之间。

5. 区域 E

当室外空气的干球温度超过80℉(26.7℃),湿球温度超过66℉(18.9℃),露点温度高于41.9℉(5.5℃)时,风侧自然冷却技术100%运行,这也就意味着,此时室外空气不需要进行任何掺混即可参与冷却。同时,蒸发冷却/加湿系统将会不同程度地对引入的空气提供必要的加湿或冷却,以保证供风的干球温度维持在80℉(26.7℃),露点温度维持在59℉(15℃)以上。

6. 区域 F

当室外空气的干球温度低于80℉(26.7℃),湿球温度低于70.3℉(21.2℃),露点温度超过59℉(15℃)时,通过调节阀门使室外新风与室内回风混合,使送风相对湿度不大于65%。此时的送风温度将保持65~80℉(18.3~26.7℃)之间,并且露点温度高于59℉(15℃)。由于不需要进行加湿和蒸发冷却,蒸发冷却/加温系统不需处于直接蒸发系统模式。

7. 区域 G

当室外空气处于:

1)干球温度低于65℉(18.3℃),露点温度处于41.9~59℉(5.5~15℃)之间时。

2)干球温度超过65℉(18.3℃),露点温度低于59℉(15℃)且相对湿度超过65%时,调节阀会将外界空气与回风进行适当混合,从而在必要时提高冷通道的温度,以降低相对湿度至65%以下。此时的送风温度将保持在65℉(18.3℃)以上,并且露点温度低于59℉(15℃)。同样,由于不需要进行加湿和蒸发冷却,蒸发冷却/加温系统不需处于直接蒸发系统模式。

8. 区域 H:不可接受的室外空气条件(烟气或粉尘)

当室外空气条件不允许其进入数据中心时(如浓烟或空气中尘埃颗粒过多),新风调节阀将处于关闭状态。

16.4 性能指标

数据中心专业人员会使用多种指标来衡量系统性能的有效性。其中,电能利用效率(PUE)是最常用的性能指标。绿色网格将其定义为数据中心总能耗与 IT 设备总能耗之比。理想情况下,数据中心的 PUE 值为 1.0,即所有提供给数据中心的能量均被 IT 设备所消耗。在美国环保署向国会提交的报告中曾预估,在采用最佳实践节能方案下,PUE 值可达到 1.5。

根据对数据中心主要系统能耗的分析(图16.12),西安交通大学数据中心节能与低碳技术重点实验室对传统 PUE 的定义展开研究,并提出了 PUE 的具体计算方法。

$$\text{PUE} = \frac{\text{数据中心总能源消耗}}{\text{IT 设备输入功率}} = \frac{Q}{Q_{IT}}$$

$$Q = Q_{IT} + Q_{cooling} + Q_{electric} + Q_{other}$$

式中,Q 是数据中心总能源消耗,其他配套办公场所能耗不包括在内;Q_{IT} 是 IT 设备实际输入功率,IT 设备一般分为服务器类、存储类、网络类和支撑类;$Q_{cooling}$ 是数据中心冷却系统能耗,其冷却系统一般可以分为一次冷却与二次冷却两个部分;$Q_{electric}$ 是数据中心服务的本地变配电系统损耗,包括变压器、配电柜、机柜配电单元等设备的损耗;Q_{other} 是照明、新风(不用于冷却数据中心)等系统能耗。

$$Q_{cooling} = Q_{c1} + Q_{c2}$$

$$Q_{c2} = \frac{Q'_{IT}/\eta_1}{\eta_2}$$

$$Q'_{IT} = Q_{IT}\eta_{IT}$$

式中,Q_{c1} 是一次冷却的用电量若没有机柜级风机,则机柜风机的用电量为 Q_{c1};Q_{c2} 是二次冷却的用电量;Q'_{IT} 是 IT 设备实际产热量;η_1 是一次冷却的冷量利用效率;η_2 是二次冷却的系统制冷效率;η_{IT} 是 IT 设备的产热量与其输入功率之比。

若 IT 设备的电能全部转换为热能,即 $\eta_{IT}=1$,对采用房间级或行级空调的数据中心(未设有机柜级风机),$Q_{c1}=0$,则

$$\text{PUE} = 1 + \frac{1}{\eta_1\eta_2} + \frac{Q_{electric} + Q_{other}}{Q_{IT}}$$

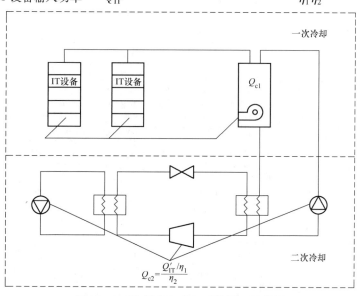

图 16.12 数据中心冷却系统原理及能耗
(西安交通大学数据中心节能与低碳技术重点实验室提供)

而采用了前面所提到的设计和控制方案的普莱恩维尔数据中心在运行过程中的效能则达到了更高的水平。2012 年第三季度末,该数据中心近 12 个月的 PUE 为 1.09[109]。

绿色网格所定义的另一个指标是水利用效率(WUE),可用于表示设备在运行过程中对水的利

用效能。该指标被定义为整个中心年度用水量与IT设备年度能耗的比值。普莱恩维尔数据中心于2012年第一季度开始监测该项指标。截至2012年第三季度末，普莱恩维尔数据中心6个月内的WUE为0.43L/kW·h[109]。

参考文献

[1] ASHRAE. *Datacom Equipment Power Trends and Cooling Applications*. Atlanta: American Society of Heating, Refrigerating and Air-Conditioning Engineers, Inc.; 2005.

[2] ASHRAE. *Thermal Guidelines for Data Processing Environments*. Atlanta: American Society of Heating, Refrigerating and Air-Conditioning Engineers, Inc.; 2004.

[3] Schmidt R. Thermal profile of a high-density data center—methodology to thermally characterize a data center. ASHRAE Trans 2004;110(2):635–642.

[4] Schmidt R, Iyengar M, Beaty D, Shrivastava S. Thermal profile of a high-density data center—hot spot heat fluxes of 512 W/ft2. ASHRAE Trans 2005;111(2):765–777.

[5] Schmidt R, Iyengar M, Mayhugh S. Thermal profile of world's third fastest supercomputer. ASHRAE Trans 2006;112(2):209–219.

[6] Schmidt R, Iyengar M. Comparison between underfloor supply and overhead supply ventilation designs for data center high-density clusters. ASHRAE Trans 2007;113(1):115–125.

[7] Koomey JG. Estimating total power consumption by servers in the US and the world. Oakland: Analytics Press; 2007.

[8] Mitchell-Jackson J, Koomey JG, Nordman B, Blazek M. Energy needs in an internet economy: a closer look at data centers [Masters thesis]. Berkeley: University of California; 2001.

[9] Tschudi W, Xu T, Sartor D, Stein J. High performance data centers: a research roadmap. Berkeley: Lawrence Berkeley National Laboratory; 2004. Report nr LBNL 53483.

[10] Iyengar M, Schmidt R. Analytical modeling of energy consumption and thermal performance of data center cooling systems—from chip to environment. Proceedings of the ASME 2007 InterPACK Conference collocated with the ASME/JSME 2007 Thermal Engineering Heat Transfer Summer Conference, Volume 1; July 8–12; Vancouver, BC, Canada; 2007. p 877–886.

[11] Schmidt R, Shaukatullah H. Computer and telecommunications equipment room cooling: a review of literature. IEEE Trans Compon Packaging Technol 2003;26(1):89–98.

[12] Schmidt R, Iyengar M. Best practices for data center thermal and energy management: review of literature. ASHRAE Trans 2007;113:206.

[13] Nakao M, Hayama H, Nishioka M. Which cooling air supply system is better for a high heat density room: underfloor or overhead. Proc Int Telecomm Energy Conf 1991;12(4):393–400.

[14] Noh H, Song K, Chun SK. The cooling characteristic on the air supply and return flow system in the telecommunication cabinet room. Proc Int Telecomm Energy Conf 1998;33(2):777–784.

[15] Shrivastava S, Schmidt R, Sammakia B, Iyengar M. Comparative analysis of different data center airflow management configurations. Proceedings of the ASME 2005 Pacific Rim Technical Conference and Exhibition on Integration and Packaging of MEMS, NEMS, and Electronic Systems collocated with the ASME 2005 Heat Transfer Summer Conference. Advances in Electronic Packaging, Parts A, B, and C; July 17–22; San Francisco, CA 2005. Paper No. IPACK2005-73234. p 329–336.

[16] Sorell V, Escalante S, Yang J. Comparison of overhead and underfloor air delivery systems in a data center environment using CFD modeling. ASHRAE Trans 2005;111(2):756–764.

[17] Herrlin M, Belady C. Gravity-assisted air mixing in data centers and how it affects the rack cooling effectiveness. Proceedings of the Tenth Intersociety Conference on Thermal and Thermomechanical Phenomena in Electronics Systems (ITHERM '06); May 30–June 2; San Diego, CA 2006. p 438, 5 pp.

[18] Mulay V, Karajgikar S, Iyengar M, Agonafer D, Schmidt R. Computational study of hybrid cooling solution for thermal management of data centers. Proceedings of the ASME 2007 InterPACK Conference collocated with the ASME/JSME 2007 Thermal Engineering Heat Transfer Summer Conference, Volume 1; July 8–12; Vancouver, BC, Canada; 2007. Paper No. IPACK2007-33000. p 723–731.

[19] Mulay V, Karajgikar S, Agonafer D, Iyengar M, Schmidt R. Parametric study of hybrid cooling solution for thermal management of data centers. Proceedings of the ASME 2007 International Mechanical Engineering Congress and Exposition, Volume 8: Heat Transfer, Fluid Flows, and Thermal Systems (Parts A and B); November 11–15; Seattle, WA 2007. Paper No. IMECE2007-43761. p 519–526.

[20] Mulay V, Agonafer D, Schmidt R. Liquid cooling in data centers. Proceedings of the ASME 2008 International Mechanical Engineering Congress and Exposition, Volume 6: Electronics and Photonics; October 31–November 6; Boston, MA 2008. Paper No. IMECE2008-68743. p 95–101.

[21] Furihata Y, Hayama H, Enai M, Mori T. Efficient cooling system for IT equipment in a data center. Proceedings of the 25th International Telecommunications Energy Conference (INTELEC '03); 23–23 October; Yokohama, Japan. p 152–159.

[22] Hayama H, Enai M, Mori T, Kishita M. Planning of air-conditioning and circulation systems for data center. Proceedings of the 25th International Telecommunications Energy Conference (INTELEC '03); 23–23 October; Yokohama, Japan. p 140–146.

[23] Hayama H, Enai M, Mori T, Kishita M. Planning of air conditioning and circulation systems for data center. IEICE Trans Commun 2004;87(12):3443–3450.

[24] Beaty D, Davidson T. New guideline for data center cooling. ASHRAE J 2003;45(12):28–34.

[25] Beaty D, Davidson T. Data centers—datacom airflow patterns. ASHRAE J 2005;47(4):50–54.

[26] Beaty D, Schmidt R. Back to the future: liquid cooling data center considerations. ASHRAE J 2004;46(12):42–46.

[27] Mulay V, Agonafer D, Irwin G, Patell D. Effective thermal management of data centers using efficient cabinet designs. Proceedings of the ASME 2009 InterPACK Conference collocated with the ASME 2009 Summer Heat Transfer Conference and the ASME 2009 3rd International Conference on Energy Sustainability, Volume 2; July 19–23; San Francisco, CA 2009. Paper No. InterPACK2009-89351. p 993–999.

[28] Kang S, Schmidt R, Kelkar K, Radmehr A, Patankar S. A methodology for the design of perforated tiles in raised floor data centers using computational flow analysis. IEEE Trans Compon Packaging Technol 2001;24(2):177–183.

[29] Karki K, Patankar S, Radmehr A. Techniques for controlling airflow distribution in raised floor data centers. Proceedings of the ASME 2003 International Electronic Packaging Technical Conference and Exhibition, Volume 2; July 6–11; Maui, HI

[30] Patankar SV, Karki KC. Distribution of cooling airflow in a raised flow data center. ASHRAE Trans 2004;110(2):629–634.

[31] VanGilder J, Schmidt R. Airflow uniformity through perforated tiles in a raised floor data center. Proceedings of the ASME 2005 Pacific Rim Technical Conference and Exhibition on Integration and Packaging of MEMS, NEMS, and Electronic Systems collocated with the ASME 2005 Heat Transfer Summer Conference. Advances in Electronic Packaging, Parts A, B, and C; July 17–22; San Francisco, CA 2005. Paper No. IPACK2005-73375. p 493–501.

[32] Bhopte S, Agonafer D, Schmidt R, Sammakia B. Optimization of data center room layout to minimize rack inlet temperature. ASME J Electron Packag 2006;128(4):380–387.

[33] Schmidt R. Effect of data center characteristics on data processing equipment inlet temperatures. Proceedings of the Pacific Rim/ASME International Electronic Packaging Technical Conference and Exhibition (IPACK'01), Volume 2: Advances in Electronic Packaging; July 8–13; Kauai, HI 2001. Paper IPACK2001-15870. p 1097–1106.

[34] Shrivastava S, Iyengar M, Sammakia B, Schmidt R, VanGilder J. Experimental-numerical comparison for a high-density data center: hot spot heat fluxes in excess of 500 W/ft2. Proceedings of the Tenth Intersociety Conference on Thermal and Thermomechanical Phenomena in Electronics Systems (ITHERM '06); May 30–June 2; San Diego, CA 2006. p 402–411..

[35] Shrivastava S, Sammakia B, Iyengar M, Schmidt R. Significance levels of factors for different airflow management configurations of data centers. Proceedings of the ASME 2005 International Mechanical Engineering Congress and Exposition; Heat Transfer, Part B; November 5–11; Orlando, FL 2005. Paper No. IMECE2005-81607. p 99–106..

[36] Sorell V, Abrogable Y, Khankari K, Gandhi V, Watve A. An analysis of the effects of ceiling height on air distribution in data centers. ASHRAE Trans 2006;112(1):623–631.

[37] Schmidt RR. Thermal profile of a high-density data center—methodology to thermally characterize a data center. ASHRAE Trans 2004;110(2):635.

[38] Radmehr A, Schmidt R, Karki K, Patankar S. Distributed leakage flow in raised-floor data centers. Proceedings of the ASME 2005 Pacific Rim Technical Conference and Exhibition on Integration and Packaging of MEMS, NEMS, and Electronic Systems collocated with the ASME 2005 Heat Transfer Summer Conference. Advances in Electronic Packaging, Parts A, B, and C; July 17–22; San Francisco, CA 2005. Paper No. IPACK2005-73273. p 401–408.

[39] Schmidt R, Iyengar M. Effect of data center layout on rack inlet air temperatures. Proceedings of the ASME 2005 Pacific Rim Technical Conference and Exhibition on Integration and Packaging of MEMS, NEMS, and Electronic Systems collocated with the ASME 2005 Heat Transfer Summer Conference. Advances in Electronic Packaging, Parts A, B, and C; July 17–22; San Francisco, CA 2005. Paper No. IPACK2005-73385. p 517–525..

[40] Bhopte S, Sammakia B, Iyengar M, Schmidt R. Guidelines on managing under floor blockages for improved data center performance. Proceedings of the ASME 2006 International Mechanical Engineering Congress and Exposition; Heat Transfer, Volume 3; November 5–10; Chicago, IL 2006. Paper No. IMECE2006-13711. p 83–91.

[41] Schmidt R, Karki K, Patankar S. Raised floor data center: perforated tile flow rates for various tile layouts. Proceedings of the Ninth Intersociety Conference on Thermal and Thermomechanical Phenomena in Electronic Systems (ITHERM '04); Volume 1; 1–4 June; 2004. p 571–578.

[42] Koplin EC. Data center cooling. ASHRAE J 2003; 45(3):46–53.

[43] Schmidt R, Iyengar M. Effect of data center layout on rack inlet air temperatures. Proceedings of the ASME 2005 Pacific Rim Technical Conference and Exhibition on Integration and Packaging of MEMS, NEMS, and Electronic Systems collocated with the ASME 2005 Heat Transfer Summer Conference. Advances in Electronic Packaging, Parts A, B, and C; July 17–22; San Francisco, CA 2005. Paper No. IPACK2005-73385. p 517–525.

[44] VanGeet O. FEMP best practices guide for energy efficient data center design. NREL Report nr NREL/BR-7A40-47201. Original publication February 2010; revised March 2011.

[45] Intel Information Technology. 2008. Reducing data center cost with an air economizer. Available at http://www.intel.com/content/www/us/en/data-center-efficiency/data-center-efficiency-xeon-reducing-data-center-cost-with-air-economizer-brief.htm. Accessed June 19, 2014.

[46] Shehabi A, Ganguly S, Traber K, Price H, Horvath A, Nazaroff W, Gadgil A. *Energy Implications of Economizer Use in California Data Centers*. Berkeley: Lawrence Berkley National Laboratory; 2008.

[47] Syska Hennessy. 2007. The Use of Outside Air Economizers In Data Center Environments. Available at http://www.syska.com/thought/whitepapers/wpabstract.asp?idWhitePaper=14 Accessed August 21, 2014.

[48] HP Technology Brief. 2006. HP Modular Cooling System: Technology overview and applications brief. Available at http://www.hp.com/go/mcs. Accessed May 23, 2014.

[49] Patel C, Bash C, Belady C. Computational fluid dynamics modeling of high compute density data centers to assure system inlet air specifications. Proceedings of the Pacific Rim/ASME International Electronics Packaging Technical Conference and Exhibition (Inter-Pack); Kauai, HI; 2001. Paper IPACK2001–15622.

[50] Leonard PL, Phillips AL. Thermal bus opportunity—a quantum leap in data center cooling potential. ASHRAE Trans 2005;111(2):732–745.

[51] Patel C, Bash C, Sharma R, Beitelmal M, Friedrich R. Smart cooling of data centers. Proceedings of the ASME 2003 International Electronic Packaging Technical Conference and Exhibition, Volume 2; July 6–11; Maui, HI 2003. Paper No. IPACK2003-35059. p 129–137.

[52] Bash C, Patel C, Sharma R. Dynamic thermal management of air cooled data centers. Proceedings of the Tenth Intersociety Conference on Thermal and Thermomechanical Phenomena in Electronics Systems (ITHERM '06); May 30–June 2; San Diego, CA 2006. p 452, 8 pp.

[53] Patel C, Sharma R, Bash C, Beitelmal A. Thermal considerations in cooling large scale high compute density data centers. Proceedings of the Eighth Intersociety Conference on Thermal and Thermomechanical Phenomena in Electronic Systems (ITHERM 2002); San Diego, CA; 2002. p 767–776.

[54] White R, Abels T. Energy resource management in the virtual data center. 2004 IEEE International Symposium on Electronics and the Environment. Conference Record; May 10–13; Scottsdale, AZ 2004. p 112–116.

[55] Anton R, Jonsson H, Palm B. Modeling of air conditioning systems for cooling of data centers. Proceedings of the Eighth Intersociety Conference on Thermal and Thermomechanical Phenomena in Electronic Systems (ITHERM 2002); San Diego, CA; 2002. p 552–558.

[56] ASHRAE. *Design Considerations for Datacom Equipment Centers*. Atlanta: American Society of Heating, Refrigerating and Air-Conditioning Engineers, Inc.; 2005.

[57] Baer D. Managing data center heat density. HPAC Eng 2004;76(2):44–47.

[58] Bash C, Patel C, Sharma R. Dynamic thermal management of air cooled data centers. Proceedings of the Tenth Intersociety Conference on Thermal and Thermomechanical Phenomena in Electronics Systems (ITHERM '06); May 30–June 2; San Diego, CA 2006. p 452, 8 pp.

[59] Boucher T, Auslander D, Bash C, Federspiel C, Patel C. Viability of dynamic cooling control in a data center environment. Proceedings of the Ninth Intersociety Conference on Thermal and Thermomechanical Phenomena in Electronic Systems (ITHERM '04); Volume 1; 1–4 June; Las Vegas, NV 2004. p 593–600.

[60] Beaty D. Cooling data centers with raised-floor plenums. HPAC Eng 2005;77(9):58–65.

[61] Beaty D, Chauhan N, Dyer D. High density cooling of data centers and telecom facilities—part 1. ASHRAE Trans 2005;111(1):921–931.

[62] Beaty D, Chauhan N, Dyer D. High density cooling of data centers and telecom facilities—part 2. ASHRAE Trans 2005;111(1):932–944.

[63] Bedekar V, Karajgikar S, Agonafer D, Iyengar M, Schmidt R. Effect of CRAC location on fixed rack layout. Proceedings of the Tenth Intersociety Conference on Thermal and Thermomechanical Phenomena in Electronics Systems (ITHERM '06); May 30–June 2; San Diego, CA 2006. p 425, 5 pp.

[64] Belady C, Beaty D. Data centers: roadmap for datacom cooling. ASHRAE J 2005;47(12):52–55.

[65] Belady C, Malone C. Data center power projections to 2014. Proceedings of the Tenth Intersociety Conference on Thermal and Thermomechanical Phenomena in Electronics Systems (ITHERM '06); May 30–June 2; San Diego, CA 2006. p 439–444.

[66] Bhopte S, Schmidt R, Agonafer D, Sammakia B. Optimization of data center room layout to minimize rack inlet air temperature. Proceedings of the ASME 2005 Pacific Rim Technical Conference and Exhibition on Integration and Packaging of MEMS, NEMS, and Electronic Systems collocated with the ASME 2005 Heat Transfer Summer Conference. Advances in Electronic Packaging, Parts A, B, and C; July 17–22; San Francisco, CA 2005. Paper No. IPACK2005-73027. p 33–41.

[67] Bhopte S, Sammakia B, Schmidt R, Iyengar M, Agonafer D. Effect of under floor blockages on data center performance. Proceedings of the Tenth Intersociety Conference on Thermal and Thermomechanical Phenomena in Electronics Systems (ITHERM '06); May 30–June 2; San Diego, CA 2006. p 426–433.

[68] Furihata Y, Hayama H, Enai M, Mori T, Kishita M. Improving the efficiency of cooling systems in data centers considering equipment characteristics. Proceedings of the 26th Annual International Telecommunications Energy Conference (INTELEC 2004); September 19–23; Chicago, IL 2004. p 32–37.

[69] Furihata Y, Hayama H, Enai M, Mori T. The effect air intake format of equipment gives to air conditioning systems in a data center. IEICE Trans Commun 2004;87(12):3568–3575.

[70] Guggari S, Agonafer D, Belady C, Stahl L. A hybrid methodology for the optimization of data center room layout. Proceedings of the ASME 2003 International Electronic Packaging Technical Conference and Exhibition, Volume 2; July 6–11; Maui, HI 2003. Paper No. IPACK2003-35273. p 605–612.

[71] Hamann H, Lacey J, O'Boyle M, Schmidt R, Iyengar M. Rapid 3-dimensional thermal characterization of large scale computing facilities. IEEE Trans Comp Packaging Technol 2005;31(2):444–448.

[72] Herold K, Rademacher R. Integrated power and cooling systems for data centers. Proceedings of the Eighth Intersociety Conference on Thermal and Thermomechanical Phenomena in Electronic Systems (ITHERM 2002); 2002. p 808–811.

[73] Herrlin MK. Rack cooling effectiveness in data centers and telecom central offices: the rack cooling index (RCI). ASHRAE Trans 2005;111(2):725–731.

[74] Heydari A, Sabounchi P. Refrigeration assisted spot cooling of a high heat density data center. Proceedings of the Ninth Intersociety Conference on Thermal and Thermomechanical Phenomena in Electronic Systems (ITHERM '04); Volume 1; June 1–4; 2004. p 601–606.

[75] Iyengar M, Schmidt R, Sharma A, McVicker G, Shrivastava S, Sri-Jayantha S, Anemiya Y, Dang H, Chainer T, Sammakia B. Thermal characterization of non-raised floor air cooled data centers using numerical modeling. Proceedings of the ASME 2005 Pacific Rim Technical Conference and Exhibition on Integration and Packaging of MEMS, NEMS, and Electronic Systems collocated with the ASME 2005 Heat Transfer Summer Conference. Advances in Electronic Packaging, Parts A, B, and C; July 17–22; San Francisco, CA 2005. Paper No. IPACK2005-73387. p 535–543.

[76] Kang S, Schmidt R, Kelkar K, Radmehr A, Patankar S. A methodology for the design of perforated tiles in raised floor data centers using computational flow analysis. IEEE Trans Compon Packaging Technol 2001;24(2):177–183.

[77] Karki K, Patankar S. Air flow distribution through perforated tiles in raised floor data centers. Trans Build Environ 2006;41(6):734–744.

[78] Karlsson JF, Moshfegh B. Investigation of indoor climate and power usage in a data center. Trans Energy Build 2003;37(10):1075–1083.

[79] Kurkjian C, Glass J. Air-conditioning design for data centers accommodating current loads and planning for the future. ASHRAE Trans 2004;111(2):715–724.

[80] NEMA. Metal cable tray installation guidelines. Rosslyn: National Electrical Manufacturers Association; 2001. NEMA VE 2-2001.

[81] Norota M, Hayama H, Enai M, Kishita M. Research on efficiency of air conditioning system for data center. Proceedings of the 25th International Telecommunications Energy Conference (INTELEC '03); October 19–23; Yokohama, Japan; 2003. p 147–151.

[82] Patterson M, Steinbrecher R, Montgomery S. Data centers: comparing data center and computer thermal design. ASHRAE J 2005;47(4):38–42.

[83] Radmehr A, Schmidt R, Karki K, Patankar S. Distributed leakage flow in raised floor data centers. Proceedings of the ASME 2005 Pacific Rim Technical Conference and Exhibition on Integration and Packaging of MEMS, NEMS, and Electronic Systems collocated with the ASME 2005 Heat Transfer Summer Conference. Advances in Electronic Packaging, Parts A, B, and C; July 17–22; San Francisco, CA 2005. Paper No. IPACK2005-73273. p 401–408.

[84] Rambo J, Joshi Y. Multi-scale modeling of high power density data centers. Proceedings of the ASME 2003 International Electronic Packaging Technical Conference and Exhibition, Volume 1; July 6–11; Maui, HI 2003. Paper No. IPACK2003-35297. p 521–527.

[85] Rambo J, Joshi Y. Physical models in data center air flow simulations. Proceedings of the ASME 2003 International Mechanical Engineering Congress and Exposition; Heat Transfer, Volume 2; November 15–21; Washington, DC 2003.

Paper No. IMECE2003-41381. p 153–159.

[86] Rambo J, Joshi Y. Reduced order modeling of steady turbulent flows using the POD. Proceedings of the ASME 2005 Summer Heat Transfer Conference collocated with the ASME 2005 Pacific Rim Technical Conference and Exhibition on Integration and Packaging of MEMS, NEMS, and Electronic Systems; Volume 3: Heat Transfer; July 17–22; San Francisco, CA 2005. Paper No. HT2005-72143. p 837–846.

[87] Schmidt R, Cruz E. Raised floor computer data center: effect on rack inlet temperatures of chilled air exiting both the hot and cold aisles. Proceedings of the ITherm Conference; 2002. p 580–594.

[88] Schmidt R, Cruz E. Raised floor computer data center: effect on rack inlet temperatures when high powered racks are situated amongst lower powered racks. Proceedings of the ASME 2002 International Mechanical Engineering Congress and Exposition; Electronic and Photonic Packaging, Electrical Systems Design and Photonics, and Nanotechnology; November 17–22; New Orleans, LA 2002. Paper No. IMECE2002-39652. p 297–309.

[89] Schmidt R, Cruz E. Cluster of high powered racks within a raised floor computer data center: effect of perforated tile flow distribution on rack inlet temperatures. Proceedings of the ASME 2003 International Mechanical Engineering Congress and Exposition; Heat Transfer, Volume 2; November 15–21; Washington, DC 2003. Paper No. IMECE2003-42240. p 245–262.

[90] Schmidt R, Cruz E. Raised floor computer data center: effect of rack inlet temperatures when rack flow rates are reduced. Proceedings of the ASME 2003 International Electronic Packaging Technical Conference and Exhibition, Volume 2; July 6–11; Maui, HI 2003. Paper No. IPACK2003-35241. p 495–508.

[91] Schmidt R, Cruz E. Raised floor computer data center: effect on rack inlet temperatures when adjacent racks are removed. Proceedings of the ASME 2003 International Electronic Packaging Technical Conference and Exhibition, Volume 2; July 6–11; Maui, HI 2003. Paper No. IPACK2003-35240. p 481–493.

[92] Schmidt R, Iyengar M, Chu R. Data centers: meeting data center temperature requirements. ASHRAE J 2005;47(4): 44–48.

[93] Schmidt R, Chu R, Ellsworth M, Iyengar M, Porter D, Kamath V, Lehman B. Maintaining datacom rack inlet air temperatures with water cooled heat exchanger. Proceedings of the ASME 2005 Pacific Rim Technical Conference and Exhibition on Integration and Packaging of MEMS, NEMS, and Electronic Systems collocated with the ASME 2005 Heat Transfer Summer Conference. Advances in Electronic Packaging, Parts A, B, and C; July 17–22; San Francisco, CA 2005. Paper No. IPACK2005-73468. p 663–673.

[94] Schmidt R, Cruz E, Iyengar M. Challenges of data center thermal management. IBM J Res Dev 2005;49(4/5): 709–724.

[95] Shah A, Carey V, Bash C, Patel C. Exergy based optimization strategies for multi-component data center thermal management: part I, analysis. Proceedings of the ASME 2005 Pacific Rim Technical Conference and Exhibition on Integration and Packaging of MEMS, NEMS, and Electronic Systems collocated with the ASME 2005 Heat Transfer Summer Conference. Advances in Electronic Packaging, Parts A, B, and C; July 17–22; San Francisco, CA 2005. Paper No. IPACK2005-73137. p 205–213.

[96] Shah A, Carey V, Bash C, Patel C. Exergy based optimization strategies for multi-component data center thermal management: part II, application and validation. Proceedings of the ASME 2005 Pacific Rim Technical Conference and Exhibition on Integration and Packaging of MEMS, NEMS, and Electronic Systems collocated with the ASME 2005 Heat Transfer Summer Conference. Advances in Electronic Packaging, Parts A, B, and C; July 17–22; San Francisco, CA 2005. Paper No. IPACK2005-73138. p 215–224.

[97] Sharma R, Bash C, Patel C. Dimensionless parameters for evaluation of thermal design and performance of large scale data centers. Proceedings of the AIAA/ASME Joint Thermophysics and Heat Transfer Conference; June; St. Louis, MO 2002. Paper no. AIAA-2002-3091.

[98] Sharma R, Bash C, Patel C, Beitelmal M. Experimental investigation of design and performance of data centers. Proceedings of the Ninth Intersociety Conference on Thermal and Thermomechanical Phenomena in Electronic Systems (ITHERM '04); Volume 1; 2004. p 579–585.

[99] Shrivastava S, Sammakia B, Schmidt R, Iyengar M. Comparative analysis of different data center airflow management configurations. Proceedings of the ASME 2005 Pacific Rim Technical Conference and Exhibition on Integration and Packaging of MEMS, NEMS, and Electronic Systems collocated with the ASME 2005 Heat Transfer Summer Conference. Advances in Electronic Packaging, Parts A, B, and C; July 17–22; San Francisco, CA 2005. Paper No. IPACK2005-73234. p 329–336.

[100] Shrivastava S, VanGilder J. A statistical prediction of cold aisle end airflow boundary conditions. Proceedings of the Tenth Intersociety Conference on Thermal and Thermomechanical Phenomena in Electronics Systems (ITHERM '06); May 30–June 2; San Diego, CA 2006. p 420, 9 pp.

[101] Spinazzola RS. High delta-T cooling server rack increases energy efficiency, reliability for data centers. J Assoc Energy Eng 2003;100(2):6–21.

[102] SSI. 2008. Enterprise Electronics Bay Specification 2008, version 1.0.1. Available at: https://www.ssiforum.org/index.php?option=com_content&view=article&id=5&Itemid=8. Accessed on August 21, 2014.

[103] TIA. Telecommunications infrastructure standard for data centers. Arlington: Telecommunications Industry Association; April 2005. Report nr ANSI/TIA-942.

[104] TIA. Commercial building standard for telecommunications pathways and spaces. Arlington: Telecommunications Industry Association; 2003. Report nr ANSI/TIA-569-B.

[105] VanGilder J, Lee T. A hybrid flow network-CFD method for achieving any desired flow partitioning through floor tiles of a raised floor data centers. Proceedings of the ASME 2003 International Electronic Packaging Technical Conference and Exhibition, Volume 1; July 6–11; Maui, HI 2003. Paper No. IPACK2003-35171. p 377–382.

[106] Wang D. A passive solution to a difficult data center environmental problem. Proceedings of the Ninth Intersociety Conference on Thermal and Thermomechanical Phenomena in Electronic Systems (ITHERM '04); Volume 1; 1–4 June 2004. p 586–592.

[107] Frankovsky F. 2011. Most effective computing. Available at http://www.opencompute.org/blog/more-effective-computing/. Accessed on June 19, 2014.

[108] Frachtenberg E, Lee D, Magarelli M, Mulay V, Park J. Thermal design in the open compute datacenter. Proceedings of the 13th IEEE Intersociety Conference on Thermal and Thermomechanical Phenomena in Electronic Systems (ITherm); May 30–June 1; San Diego, CA 2012. p 530–538.

[109] Data centers: measuring performance. Available at https://www.facebook.com/green/app_121750054637947. Accessed on May 23, 2014.

第 17 章　数据中心项目管理与测试[一]

美国得克萨斯州，安科泰克工程公司　林恩·布朗（Lynn Brown）　著
德赛英创（天津）科技有限公司　国晖　译

17.1　引言

本章重点介绍设备测试验证（此处以后均译为测试）和项目管理所涉及的流程和成果，重点介绍数据中心的测试。测试可应用于任何类型的设施，但因为与数据中心相关的机械设备、电气设备和系统的高度复杂性，（因此）与其他类型的楼宇相比，与数据中心相关的测试过程是存在差异的。

本章的内容将关注项目管理问题，重点是测试方面。项目管理部门将针对以下问题进行处理：
- 项目启动。
- 规划。
- 执行。
- 监测。
- 项目结束。

本章关于测试的内容主要有以下几点：
- 什么是测试？
- 为什么要测试一座建筑？
- 为什么要测试一个数据中心？
- 选择一家测试公司。
- 项目管理和测试。
- 设备和系统的测试。
- 测试任务。
- 绿色建筑验证体系（LEED）。
- 测试团队成员。
- 数据中心发展趋势。

17.2　项目管理

测试团队可能拥有业务中最好的现场代理，但如果缺少项目管理组件，测试工作的成功与否将会受到挑战。由于项目管理的重要性，在探讨测试工作前，将先讨论测试过程的项目管理这一主题。

项目管理被定义为计划、组织、激励和控制资源以实现特定目标的过程（图 17.1）。项目管理的主要挑战是在时间、质量和预算的限制下，实现测试工作文件中定义的所有测试项目的目标和目的。由于满足工作文件范围内规定的测试任务的目标和目的的重要性，一个拥有良好的沟通技能、项目管理技能和管理数据中心建设项目中测试工作经验的项目经理是至关重要的。

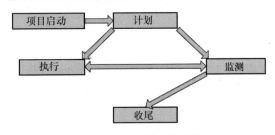

图 17.1　项目管理过程

项目经理将是测试团队的主要联系人，并负责监控进度、测试工作的执行和项目的全局工作。在项目经理启动项目管理计划之前，项目经理需要确认合同已经完全执行，测试的工作范围已经与客户明确定义并记录在案。

在项目开始前，应以项目管理控制系统的形式制定质量控制计划。项目管理控制系统包括以下几个阶段，即项目启动、计划、执行、监控和收尾。

17.2.1　项目启动阶段

当测试公司和客户已经就项目的确切工作范围达成一致，合同已经完全执行，并且所有内部文件工作已经完成时，才能从测试的角度开始数据中心项目。此时，项目经理将开始项目的测试启动阶段。

项目启动的第一步是项目经理联系客户，也就是合同签约方的对接人。会议的主要目的是为了介绍和建立发票提交和支付有关的正式流程。联系客

[一]　Commissioning 在本章中译为"测试"，为使行文流畅，除本章文中第一次出现外均译为"测试"。

户的第二个目的是确认与客户或客户代表的联系方式，以及施工经理/总承包商（如果他们不是客户的话）的联系方式。

第二步是联系建筑师或施工经理/总承包商。要联系的实体将取决于项目是否处于设计阶段或施工阶段，以及项目是否为一个设计/投标或设计/施工项目。如果项目处于设计阶段，并且这是一个设计/投标项目，请联系建筑师。如果项目处于设计阶段或施工阶段，并且这是一个设计/施工项目，则请联系施工经理/总承包商。

与建筑师或施工经理/总承包商联系的目的是为了介绍情况、提出问题和收集开始测试任务所需的信息。需要了解的问题如下：

- 项目的状态。了解状态将确定完成第一个项目测试任务的进度：
  - 如果在设计阶段，项目目前处于哪个阶段？
  - 如果在施工阶段，还有多久才能做完？
- 请求一个时间表。时间表将帮助项目经理安排项目测试任务，并将其纳入设计阶段或构造阶段：
  - 如果在设计阶段，要求给出每个阶段完成的时间表，最好有建筑大概完工日期。
- 请求查阅图纸和规范。这些文件用于执行下列工作的项目测试任务：价值工程、图纸评审、功能预检表（PFC）的制作、功能性能测试（FPT）文件和故障排除。
- 请求项目目录。该目录包括设计团队、施工经理/总承包商和分包商的联系信息。
- 主要联系人。确定谁将是与客户和其他关键人员，如施工经理/总承包商、建筑公司，以及机械、电气、管道工程公司的主要联系人。
- 讨论测试规范。如果项目处于设计阶段，建筑师需要注意，提交测试规范并加入项目规范手册。如果项目处于施工阶段，询问是否已经编写了测试规范。如果尚未书面通知施工经理/总承包人，在合同文件中应编写测试规范，并完成必要的文件，将测试规范作为合同文件的一部分。如果已经写好，请提供一份测试规范的副本，并根据需要进行编辑，以满足双方商定的工作范围。
- 讨论下一步。讨论项目测试的下一步内容和基于当前计划即将提供的可交付结果。

17.2.2 计划阶段

在这个阶段要制定项目测试计划。这是一个非常重要的文件，因为它将成为在整个生命周期中执行测试过程的路线图。项目测试计划可以是一个设计阶段的测试计划，也可以是一个最终测试计划。俗话说，"人无远虑，必有近忧。"这适用于所有类型的项目，但由于数据中心项目的关键性质，一个拥有良好沟通技能、经验和项目管理计划的强大项目经理是无价的。

如果项目测试工作开始于设计阶段，则将在施工阶段开始时制定设计阶段测试计划，并在施工阶段开始后制定最终测试计划。如果项目测试工作开始于施工阶段，则将制定最终的项目测试计划。

设计阶段和最终测试的计划与内容都不一样。那些在施工阶段创建的文件不会放到设计阶段测试计划中。包含在施工阶段创建的那些文档的部分将留为空白。

当施工阶段开始时，以下文件将被插入设计阶段测试计划，从而转换和提交为最终测试计划：

- 在施工进度计划表中插入测试进度计划，以代替附录中的测试进度计划草案。
- 测试程序索引的更新和插入，以代替附录中的测试程序样本索引。
- 插入所有被测设备的项目专用 FPT 文件，以代替附录中的 PFC 文件样本。
- 插入所有被测设备的项目专用 PFC 文件，以代替附录中的 FPT 文件样本。

以下是一个具有代表性的设计阶段的项目测试计划：

- 计划的目的。
- 项目测试概述。
- 具体目标。
  - 被测设备/系统。
- 角色和责任。
  - 项目测试团队成员列表。
  - 项目测试过程的一般性规则。
  - 项目测试责任的分解。
- 项目测试管理。
  - 信息流。
  - 工作安排。
  - 现场考察协议。
  - 跟踪交付。
  - 缺陷报告。
  - 测试策略。
  - 报告/日志。

- 安全和保障。
- 项目测试过程。
  - 项目测试时间表。
  - 项目测试任务概述。
  - 设计阶段的任务。
  - 投标阶段的任务。
  - 土建阶段的任务。
  - 入场阶段的任务。
- 附录。
  - 项目测试计划的草案。
  - 项目测试程序的索引样本。
  - 问题解决日志样本。
  - PFC 文件样本。
  - FPT 文件样本。

除项目测试管理部分外，本章的项目测试部分涵盖了前面所列出的项目测试内容的所有部分。以下将重点讨论在测试计划阶段中与项目管理相关的主题。

信息流　在所有团队成员之间建立沟通的渠道是至关重要的。在项目启动阶段提供了客户、施工经理/总承包商、建筑师和工程师的主要联系方式（图 17.2 和 17.3）。在计划阶段，将在这些实体之间建立正式的信息流通。以下是一个典型的设计/投标项目和一个设计/建设项目的各种沟通路径的样本。

一旦建立了沟通路径，就需要建立一种传递信息的手段。其中一种方法就是建立一个信息传递的网站。这些信息流网站通常是关于如何发布到网站的指导原则，是由建筑师或施工经理/总承包商建立的。有些网站在发布新文件时会自动发出通知，但一旦发布了文件，一个好的做法是向相关方发送有关正在发布的文件的电子邮件，并将文件附加到电子邮件中。如果是一份非常重要的文件，那么就打个电话跟进邮件。

17.2.3 执行阶段

17.2.3.1 安全和保障

对测试项目管理团队来说，现场测试人员的安全和保障是最重要的。测试项目经理有责任联系施工经理/总承包商，讨论他们的安全政策、安全课程/培训，以及为项目现场制定的流程。这不仅包括项目测试单位雇员，还包括测试现场的任何分包商公司。安全和保障政策的要点一般如下：

- 穿戴必要的个人防护装备。

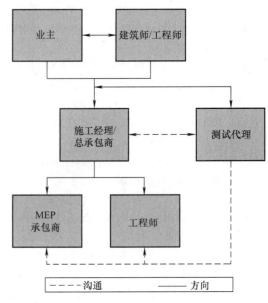

图 17.2　沟通路径（设计/投标）

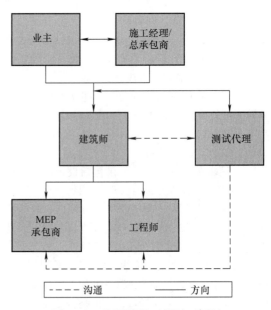

图 17.3　沟通路径（设计/建造）

- 遵守现场员工背景调查政策。
- 遵守现场员工药检政策。
- 正确出示现场身份证和停车许可证。
- 遵循施工经理/总承包商的电气锁定标签政策。
- 在测试过程中使用适当的标志和路障。
- 保护交给测试人员的任何钥匙或接入的设备。

- 参与所有强制性的安全会议和停工。
- 向施工经理/总承包商提交所需的工作危害分析文件。

测试项目经理的目的是成为现场安全团队的一员，防止任何不安全的情况和可记录的事件。

17.2.3.2 工作安排

在收到所要求的设计阶段进度计划或施工进度计划后，对测试项目经理来说，将所有与测试相关的任务和可交付成果插入进度表是非常重要的。如果项目处于设计阶段，就将进度表交给建筑师进行评审。如果项目处于施工阶段，或者该工程是一个设计/建造项目，则应将施工进度计划交给施工经理/承包商审核。

工作安排的价值在于确认所有的任务和交付成果都可以在设计阶段和施工阶段的时间表内完成。数据中心项目通常有一个严格且不灵活的完工日期，工作安排和持续不断的监控是项目管理团队、设计和施工团队的常规操作，这是满足实际完工期限的一个非常必要的步骤。一般情况下，对施工进度计划的审查是施工经理/总承包商在定期施工进度会议上的一个项目。

17.2.3.3 现场考察协议

在项目测试代理进入施工现场之前，项目经理应当与施工经理/总承包商对每次现场考察建立一套协议。项目测试代理到现场开始工作前应与施工经理/总承包商确认如下事项：

- 考察现场的理由仍然有效。
- 到达现场的日期。
- 相关的设备和系统准备就绪。
- 协助项目测试过程的实体仍然可用。
- 到达现场后与施工经理/总承包商团队联系的人员。

在到达现场和进入施工区域前，项目测试代理必须向施工经理/总承包商"签到"。然后，项目测试代理先会见现场测试相关人员，进入施工现场后要审查测试任务，以及在流程中每个成员的角色。现场考察结束后，项目测试代理将与施工经理/总承包人会面，汇报现场考察结果。

17.2.3.4 测试策略

项目经理负责管理测试策略的执行，以此验证项目测试设备/系统的运行是否符合业主的项目要求（OPR），根据工程师的施工图和规范或任何其他合同文件反映图纸和规范的变更（图17.4）。测试过程是项目测试的核心和灵魂，对数据中心至关重要。测试策略在确认后开始按合同文件要求安装测试的设备和系统。通常与数据中心项目相关的测试包括如下内容：

- 开始。
- 功能性能测试（FPT）。
- 集成系统测试（IST）。

测试程序的主要目的是验证组件和系统的操作需求已经通过一系列的操作模式和场景实现。项目测试代理将利用设备规格书、提交文件、施工图和操作文件的控制顺序来制定项目所需的测试程序。

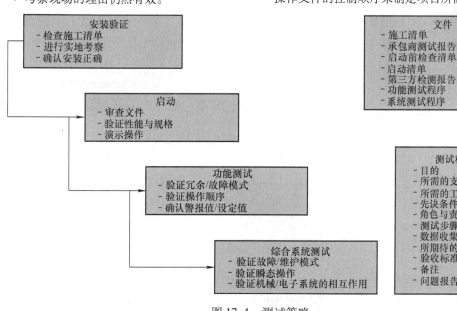

图 17.4 测试策略

需要注意的是，开发的测试策略是特定于项目的，而不是可以从网络或其他类似的数据中心项目中提取的"固定"策略。所有的数据中心都是非常独特的，测试程序也必须是独特的，而且项目也要具体。

测试程序包括明确的测试步骤、预期结果和测试通过或失败的标准。测试策略过程从验证测试设备的安装开始，然后是设备启动的 FPT，最后是 IST。图 17.5 所示为测试批准流程，显示了由项目经理监控的总体项目测试策略的进展情况。

测试程序文件创建完成后，将提交项目测试团队进行审核和评审。如前所述，项目测试团队不仅是由测试公司组成，更是由业主/业主代表；设计团队，施工经理/总承包商，机械、电气和管道分包商，设备供应商/制造商的代表；以及控制承包商、测试和平衡承包商组成。

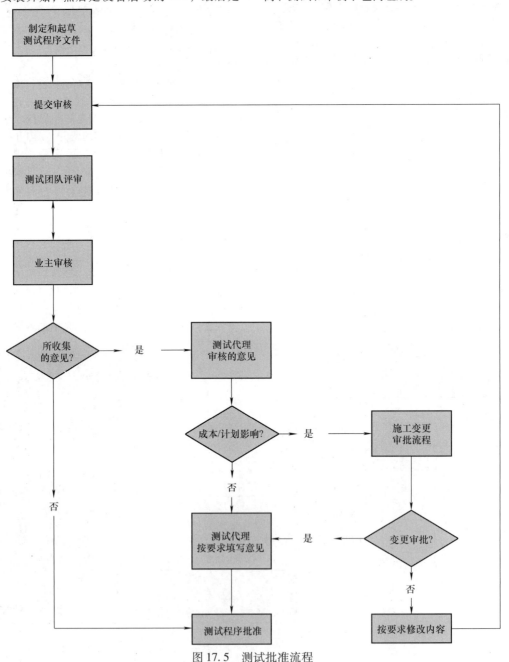

图 17.5　测试批准流程

这个审核过程的目的是确保测试不具有破坏性，并且符合设计意图和业主对项目测试设备与系统测试的操作需求。一旦测试策略被评审并最终确定，它们将被分发给调试团队，为测试执行做准备。

17.2.4 监控阶段

17.2.4.1 跟踪交付

是否按设计或施工进度计划商定的日期及时发布项目测试成果由项目经理负责跟踪。项目经理要创建一个在项目过程中不断变化的动态文档，标识所有已提交的可交付成果、正在进行的可交付成果和待提交的可交付成果。该文件通常按月提交给客户/客户代表、建筑师、施工经理/总承包商，以及客户/客户代表指示的其他人员。

可交付跟踪文件的目的如下：

- 让业主/客户和施工经理了解已完成的、正在进行的和所有待完成的任务的状态。
- Cx项目经理使用的工具，用于跟踪每个项目的状态和对即将到来的任务的计划。
- 用作项目测试团队所有成员的信息来源，以回答问题或确认报告的状态。
- 在结算过程中，用于客户验证发票上完成的工作百分比是否与可交付跟踪文件上的日期相匹配。

17.2.4.2 缺陷报告

从全球化的视角来看，项目测试代理的主要作用是记录测试设备/系统的正确安装和运行，以验证是否符合业主的项目要求，以及工程师的施工图和规范或任何其他反映图纸和规范变更的合同文件。通常在数据中心项目中有一个很紧的截止日期，及时报告和纠正观察到的不符合要求的缺陷是一个非常重要的项目管理角色。

项目测试代理机构应编制一份报告文件，列出测试过程中发现的所有缺陷。缺陷文件将由项目测试代理在现场填写，项目经理将提交调查结果并跟踪缺陷。在问题得到纠正或被证明是正确的之前，缺陷将作为未处理的项目保留在列表中。在项目测试代理现场验证该项目已被纠正或提交了适当的文件，证明设备/系统已经安装和/或按照合同文件操作之前，该缺陷不会被消除。

缺陷文件的内容不仅要报告观察到的缺陷，而且要向解决问题的有关各方提供足够的信息。缺陷的内容至少应包括以下几个方面：

- 追踪号码。
- 为了便于讨论，这将是分配给缺陷的唯一编号。
- 日期输入。
  ○ 表明观察缺陷的日期。
- 识别设备/系统。
  ○ 如果识别有缺陷的设备/系统，应该包括设备/系统的标识号。标识号或编号应当与施工图相符。
- 参考偏差的来源。
  ○ 指示规范部分、图纸编号、备注、细节或任何其他文件中所观察到的缺陷。
- 缺陷描述。
  ○ 尽可能清晰和简明地解释缺陷。
- 响应。
  ○ 本节将输入负责解决该问题的实体对缺陷所做的反应。
- 缺陷状态。
  ○ 这将确定问题是否仍未解决，并需要采取进一步的行动来解决，或者问题已经关闭。

17.2.4.3 报告/记录

项目经理负责所有文件的正确归档，并及时分发报告和日志。报告和日志的数量和分发频率因项目而异，可能会有业主、客户或施工经理/总承包商在测试过程中需要的报告。除向外部单位提交所需文件外，项目经理在项目生命周期内还应至少提交三份与项目管理有关的文件。这三份文件包括以下内容。

1. 项目测试更新报告

测试更新报告的目的是传达测试工作的当前状态。报告的内容应包括所有待完成的测试任务清单，每项任务的状态为已完成的、正在进行中的或未完成的，以及正在进行的任务的简要更新。该报告应每月向客户、业主和施工经理/总承包商提交。

2. 现场考察报告

在项目测试工作的生命周期内，除非有测试代理在现场全职工作，否则每次测试代理到现场时都要写一份现场考察报告。现场考察报告由来访的项目测试代理撰写，提交给项目经理审核和分发。报告的内容应包括实地考察日期、实地考察测试代理的姓名、实地考察期间的其他参与者、实地考察目的、一般注意事项和实地考察情况。所有报告应在3个工作日内提交给施工经理/总承包商，并应施工经理/总承包商的要求分发给其他实体。

3. 缺陷报告

缺陷报告部分讨论了与缺陷日志相关的细节。缺陷日志在每次现场考察后作为现场考察报告的附件和测试更新报告的附件提交。缺陷日志通常也是任何定期计划的施工会议和项目测试会议的一个议程项目。

17.2.5 收尾阶段

项目完成后，将创建收尾文件。通常会生成两个文件，即最终测试报告和系统手册。

17.2.5.1 最终测试报告

最终测试报告是在大多数项目完成时提交的文件。该文件由测试代理创建，并发给业主和施工经理/总承包商。

最终测试报告的内容包括如下几点：

- 执行摘要叙述。
- 未解决的问题。
- 按阶段完成项目测试活动时。
  - 设计阶段。
  - 投标阶段。
  - 施工阶段。
  - 验收阶段。
  - 入住阶段。
- 现场考察报告。
- 项目更新报告。
- 附录。
  - 附录包括所有已完成的测试任务文件。

17.2.5.2 系统手册

当项目试图达到 LEED 认证要求的能源和大气（EA）信用 3 增强型测试（EC）要求时，总是要创建系统手册。如果业主在系统手册中看到了价值，并且包含了系统手册的发布，那么非 LEED 项目也可以要求使用该系统。

该手册的目的是为楼宇营运人员提供了解和最佳操作测试系统所需的资料。《系统手册》将由项目测试代理编制，发给施工经理/总承包商，分发给业主的建筑运营人员。以下是《系统手册》中典型的文件样本，由负责将文件交付给测试代理的实体负责。

- 设计基础（BoD）的最终版本——工程师记录。
- 系统单线图——机械施工图单线图。
- 施工控制图纸的顺序，包括原始设定值——控制承包商。
- 综合建筑系统操作指南——由分包商发布的运行和维护（O&M）手册。
- 建议重新测试已测试设备和系统的时间表，如果不包括在运维手册——分包商中。
- 由认证测试机构（CxA）对测试设备和系统进行重新测试的空白功能性能测试表格。
- 建议重新校准传感器和执行机构的时间表——控制承包商。

17.3 测试

17.3.1 什么是测试

在构建数据中心或任何其他建筑物前，将创建一组施工文件。施工文件包括建筑图纸和规范的准备工作，这些图纸和规范规定了建筑施工的详细要求，以及各种系统和设备的安装和操作方式。施工图代表施工文件的说明性尺寸，规范代表书面尺寸。图纸和规范应互为补充，不得有优先次序。

建筑师/工程设计团队创建施工文件。创建施工文件的原因很多，但主要有两个：一是获得建筑许可证，二是尽可能清晰地传达设计意图，以满足业主的期望和建筑的预期用途。测试是一个质量驱动的系统过程，将根据施工文件，对测试的系统和设备进行独立、交互式的安装验证，以满足业主的期望和运营需求。

测试工作将协调和实施多项测试任务，主要集中于测试设备和系统的安装和运行。从总体上看，测试公司将通过审查文件、现场观测和测试验证来完成这些任务。

拟进行的测试过程的工作范围不会取代或减少系统设计工程师、安装承包商、分包商或供应商在执行所有方面的工作和测试的责任，以提供完成的和充分发挥功能的产品和系统。测试公司不负责设计理念、设计标准、规范的遵守、设计或总施工进度、成本估算或施工管理。

17.3.2 为什么要测试一座建筑

当决定是否使用测试公司的服务时，业主经常会问的一个问题是：我付钱给工程师，让他们提供建筑管理服务；为什么我需要一个测试公司来做同样的事情？

尽管施工管理（CA）服务和测试工作有一些重叠，但存在着实质性的差异。

- 工程师的 CA 服务范围仅要求工程师对已安装的系统有大致的了解，而测试公司则深度参与了测试设备的安装和运行的各个方面。
- 工程师在他们的 CA 服务中有一组随机的现场考察，而测试公司将有多个现场考察，专门针对每个待测试设备和系统进行不同的观察和测试。根据美国建筑师协会（AIA）的标准文件，设计团队要"一般熟悉"设备的安装和操作。

• 工程师仅在现场考察时报告所观察到的缺陷，而测试公司不仅要报告缺陷，还要见证待测试的每一个系统和设备是否正确安装和运行。

• 工程师没有向业主提供测试设备和系统的安装和运行的"基线"条件。

另一个来自业主的问题是，我们已经向承包商支付了启动和确认设备运行的费用，为什么我们需要测试公司？

诚然，承包商应对测试设备的启动负责，但在大多数情况下，承包商并不确认设备和系统与其他系统的交互工作。当进行建筑测试时，所有测试设备不仅要作为独立的单元进行安装和运行，还要根据合同文件与其他设备和系统进行交互验证。

对于承包商和分包商来说，首要目标是在规定的工期内和预算内完成施工。在按期完成项目的攻坚战中，难免会出现无心之过，其中很多错误是在启动过程或正常施工过程中没有发现的。当一座建筑被测试时，这个过程不是"抓住承包商"或指手画脚，而是作为团队的另一组耳目，为业主验证投入使用的设备和系统是否按照施工文件安装和运行。

业主可能会遇到的另一个问题是你希望你的建筑获得LEED认证吗？

LEED是美国绿色建筑委员会（USGBC）开发并推广的可持续建筑评级体系——能源与环境设计领先（Leadership in Energy and Environmental Design）的首字母缩写。USGBC是一个由建筑行业领袖组成的联盟，他们于1993年聚集在一起，致力于推广对环境负责、盈利的建筑，这些建筑也是健康的生活和工作场所。如果业主决定申请LEED认证，其中一项要求是该建筑要投入使用。

根据USGBC的调查结果，以下是LEED福利的样本清单，以协助业主决定是否申请LEED认证。

• 获得LEED认证的建筑具有良好的商业价值。

○ 第三方测试是必须的，为业主验证所测试的设备和系统是否按照合同文件安装和运行。

○ 增强建筑可销售性。

○ 潜在的保护或增加房地产价值。

○ 促进能源效率，从而降低运营成本。

• LEED建筑更健康。

○ 改善室内空气质量令租户满意，从而减少租户流失。

○ 一个健康的建筑可以减少因空气质量差和"病态建筑综合征"带来的潜在风险。

○ 如果业主占用了建筑，一个健康的建筑可以增加工人的满意度，并提高士气，减少旷工，并提高生产力。

• LEED建筑是环保的。

○ LEED建筑可以大大减少或消除负面环境影响，改善现有的不可持续的设计、建设和操作实践。

○ LEED建筑促进节能和循环利用，减少原材料的使用，并停止使用有毒产品。

如果业主决定对该建筑进行认证，测试工作至少需要满足EA先决条件1，即基础测试（FC）下认证LEED状态的要求。如果业主选择提供建筑物的FC以达到LEED认证以上的状态，则需要EA Credit 3 – FC的测试任务。与EA先决条件1和EA信用3相关的测试任务将在第17.6节中讨论。

业主的管理团队基本上对测试工作的方式和原因不感兴趣，而更感兴趣的是测试他们的建筑带来的经济效益。从业主管理团队的角度来看，为了使测试工作具有经济合理性，测试工作的收益必须大于测试服务的成本，即测试收益>测试成本。

2009年7月21日，劳伦斯伯克利国家实验室的Evan Mills为加州能源委员会公共利益能源研究项目进行了一项与测试相关的、名为《建筑测试：降低能源成本和温室气体排放的黄金机会》的报告：

结果令人信服。我们开发了一系列用于描述项目性能和成本效益的基准。交付测试的标准化成本中值为：既有建筑为0.30美元/ft^2（$1ft^2$ = $0.092903m^2$），新建建筑为1.16美元/ft^2（$1ft^2$ = $0.092903m^2$）（占总成本的0.4%）（工程造价）。在可取得数据的项目中，有超过1万个与能源有关的问题，导致既有建筑整体能源节省16%，而新建建筑整体能源节省13%，回收期分别为1.1年和4.2年。至于其他成本效益指标，既有建筑及新建建筑的效益成本比中位数分别为4.5和1.1，现金回报率分别为91%和23%。高科技建筑特别具有成本效益，由于其能源密集性，可以节省更多的能源。采用全面测试方法的项目节省的费用几乎是整体中值的两倍，是最不彻底项目的5倍。

至关重要的一点是，在调试过程中发现了缺陷，避免了问题，节省了潜在成本，但不可量化，也并未包含在实验中。例如，假设我们在测试过程中，发现了一个缺陷，该缺陷将导致建筑灾难性的关闭。由于数据中心"不可能"停机，因此很难量化停机的成本。在测试过程中发现的许多不足之处是无法量化的，这将进一步提高测试建筑的效益。观察到的缺陷似乎无穷无尽，根据我们的发现，最常见的问题集中在：

- 未正确设置设备和系统交互的控件。
- 设备运行控制顺序设置不合理。
- 管道泄漏过多。
- 自动气流控制阻尼器运行不正常。
- 自动水控制阀工作不正常。
- 送气、排气和回流气流不符合工程师规定的要求范围。

前面提到的每一个缺陷都与成本效益有关，仅从节约能源的角度看，就可以发现大量的节约。Mills 的报告对 60 座未测试的新建筑进行了进一步的调查，得出了以下数据，采暖、通风和空调是入住期间投诉的主要来源：

- 50% 的建筑存在采暖、通风和空调相关的问题。
- 15% 的人缺少设备。
- 25% 的节能器/变频驱动器不起作用。

我们在测试过程中遇到的问题，以及劳伦斯伯克利国家实验室发现的问题可以大大减少，甚至可以进一步消除，这显示了测试一座建筑的重要性。

节能也是测试一座建筑的一个非常重要的原因。当一座新建筑投入使用时，投入使用的设备和系统将按照工程师的规范进行测试，以最大限度地节约能源。启用既有建筑也可节省大量能源。根据劳伦斯伯克利国家实验室 Evan Mills 在 2009 年 7 月 21 日发表的一项研究，总共有 186 座建筑进行了测试。该研究包括政府大楼、办公楼和酒店、医疗保健、教育和零售。研究表明，平均节省的能源为 10%~15%。

除了节约能源外，以下是在设计、施工、验收和使用阶段的测试过程中产生的额外增值效益。

- 变更订单和其他索赔被最小化——当测试代理在设计阶段进行图纸评审时，潜在的问题可以"在纸上"识别并纠正，而不是在施工阶段，这有助于避免昂贵的变更订单和索赔。
- 施工后发现的问题较少——在测试施工、验收和使用阶段之前观察到缺陷，由于承包商解决了不足之处，并在施工阶段测试代理确认得以纠正，在使用阶段减少了承包商的返修次数。
- 从承包商到建筑运营的转换周期较短。在施工阶段结束时，测试代理已确认业主的建筑运营和维护人员得到了适当的培训，从而实现了从施工阶段到使用阶段的平稳过渡。
- 改善室内空气质量——室内空气的质量取决于引入建筑的外部空气的可接受水平。设计工程师将设计一个机械系统，该系统将以一种恒定的方式运行，以保持建筑所需的室外空气量。在功能测试过程中，测试代理将按规定验证外部空气流量要求是否满足。良好的室内空气质量可以满足居住者的要求，提高生产力。
- 改进的室温和湿度控制——设计工程师提供了这样一个系统：在满足空间设计意图的情况下，提供室温和湿度的舒适性。测试代理验证设计供应的空气流量和湿度水平是否在工程师规定的公差范围内，从而最大限度地减少对室温的投诉。
- 高质量的建筑——当测试的设备按照合同文件的要求安装和运行后，业主会居住在一个高质量的建筑内，在感到满意的同时获得更多的续租，成为一个良好的工作或参观场所。
- 提供基线数据——在测试工作结束时将提供文件，表明所有被测试的设备都按照合同文件运行。在此过程中使用的表格是 FPT 清单，这些文件将作为测试设备的基线数据。空白 FPT 将提供给业主供日后测试，以便将基线数据与设备和系统的当前运行状态进行比较。这是非常重要的一步，因为如果设备和系统在其设计的运行条件下没有得到适当的维护，数据中心的测试所增加的价值就会很快被侵蚀掉。保持设备和系统处于设计状态的最佳方法是使用空白 FPT 重新测试设备。

简而言之，测试的主要原因不仅是为了给业主提供价值，而且是为了验证业主"得到了他们支付的相应回报"，而业主支付的实际上是一套表明测试设备如何安装和运行的合同文件。合同文件最初将包括 100% 已签字并盖章的施工图和规范。一旦项目开始，合同文件将包括所有已发布和确认的附录、信息请求，以及其他反映施工图和规范变更的合同文件。

当测试代理确认已按照合同文件安装和运行已测试的设备和系统时，通常发现的较早列出的缺陷和劳伦斯伯克利国家实验室研究中确定的统计数据将大大减少或消除。

17.3.3　为什么要测试一个数据中心

原则上，测试办公楼、制造设施、医疗设施或关键任务大楼（如数据中心）之间没有根本区别。尽管从一个建筑到另一个建筑的测试原则上可能是相同的，但从一种类型的建筑到另一种类型建筑的测试过程的侧重点是不同的。例如，办公大楼的测试方法可能主要关注建筑管理系统和能源效率方面，医疗保健设施将主要关注生命安全和保障方面，数据中心则主要关注可用性和冗余性方面。

测试数据中心和大多数其他类型的建筑之间的一个独特区别是，需要对电气和机械系统的冗余性和可用性进行高度的特殊考虑。对于非数据中心建筑，单点故障是可以容忍的，而对于数据中心，单点故障绝对不是一种选择。

对于非关键任务的建筑，冗余是在"设备"的基础上处理的，在设备选择设计中有足够数量的备份，以"应付"，直到发生故障的设备重新上线或维修完成后。例如，如果一套主冷冻水泵的冷水机因某种原因停运，则其余的冷水机和水泵有足够的冷却或抽水能力，以维持建筑物的冷却负荷在可容忍的水平。

对于任务关键型的数据中心，重点是"系统"故障，而不是"设备"故障。如果非关键建筑出现"系统"故障，最糟糕的情况是该建筑将停止服务。对于数据中心来说，是不允许停止服务的！

以一个冷冻水系统为例，该系统设计为三台冷水机中的两台运行，以维持数据中心的冷却负荷，如果其中一个冷水机出现"设备"故障，则不会出现问题。但是，如果出现"系统"故障，如处理两台冷水机的三个电子板中的两个失去电力，两台冷水机就会停机，数据中心就没有足够的冷却能力。数据中心缺乏足够的冷负荷也是不可取的！

如你所见，数据中心必须是可靠的，具有可接受的可用性水平，以满足所有者的需求。设计团队的责任是提供冗余和可用性的数据中心。测试团队有责任在设计阶段的图纸评审过程中验证冗余和可用性，并根据施工文件验证验收阶段 FPT 和 IST 过程中的冗余和可用性。

如你所见，由于与数据中心相关的设备和系统非常复杂，因此必须测试数据中心。测试不能保证任何计划外的中断或主要问题，因为每一个可能设想的场景都不能执行，但测试工作将验证所测试的系统将按照合同文件的要求执行，并将根据最可能的场景进行设计。其中一个假设是，如果数据中心没有或没有很好地测试，则因中断造成损失和破坏的可能性很大，而如果数据中心是由一家声誉良好的测试公司测试的，那么就很有可能避免这种情况的发生。

17.3.4 选择一个测试公司

测试公司在测试过程中处于领导地位，是业主的代言人。在一个项目的整个生命周期中，对设计团队和施工团队来说，选择一家测试公司是必不可少的，也是至关重要的。为了从测试代理中获得最大的利益，强烈建议在设计阶段的项目开始时就使用测试代理的服务。这在处理数据中心及复杂的设备和系统时，再怎么强调也不为过。

选择过程通常包括要求测试公司满足某些条件，然后进行面试。以下是为你的项目选择合适的测试公司的资格要求和面试建议的样本。

17.3.4.1 资格

- 业务年限——过去，如果项目预算允许，测试被视为一种奢侈，但现在，测试被视为为项目增添了重大价值，测试业务正在迅速扩大。随着测试行业的发展，大量不合格的新公司涌入，争相"进入调试业务"。当处理数据中心的复杂性时，不要考虑短期内没有开展业务的公司。

- 服务的种类——当选择测试公司时，应选择专门从事提供测试服务的公司，而不是"兼职"进行测试的公司，或者测试不是他们的主要服务项目。

- 经验——俗话说，经验是无可替代的。测试公司必须有与你的项目规模、功能和范围类似的建筑的测试经验。

- 参考——请求从当前或此前的项目中寻找与该项目大小与规模相仿的进行引用。

- 独立第三方公司——对于测试公司来说，独立于工程公司、总承包商或与设计和施工过程相关的分包商是非常重要的。

17.3.4.2 面试过程

即使测试公司在书面上是合格的，这并不一定意味着这是一个正确选择。让具有同等资质的公司在书面上脱颖而出的是从事该项目的人员素质。通常情况下，一家测试公司会派遣一个营销团队参加面试，并附上一份精妙的演示文稿，以至于让你无法了解参与项目的人。

邀请测试公司面试时，请项目经理带队，测试现场代理团队参与。为了达到工作文件范围内规定的测试任务的目的和目标，必须组织项目经理和测试现场代理，并具备良好的沟通能力、相互工作关系和项目管理能力，这些将在演示过程中得以证明。

选择测试公司的最后一个注意事项是，不要选择费用最低的测试公司，而要根据指派给项目的人员资质和质量进行选择。一旦建筑移交给业主，对与数据中心相关的复杂系统进行修复或不必要的调整是非常昂贵的。此外，如果由于系统故障而导致无法想象的关闭，那么业主将付出巨大的代价。因此，必须选择最具资质的测试公司，选择在测试过程中具有沟通能力和主动性的人员，以帮助防止建筑在运行过程中产生不必要的成本。一个人尽其能的合格团队值得为之付出更多的费用

17.3.5 准备测试的设备和系统

当测试一座建筑时，并不是所有与项目有关的设备和系统都要测试。通常测试的设备和系统是基于业主的偏好、LEED 要求、建筑类型或测试代理的建议。如果测试的设备和系统是基于业主的偏好、建筑类型或测试代理的建议，则涉及的另一个因素是建设预算。如果待测试的设备和系统仅基于 LEED 要求，则将对以下设备和系统进行测试：

- 采暖、通风、空调（HVAC）、制冷系统和相关控制。
- 照明和采光控制。
- 生活热水系统。
- 任何可再生能源系统。

对于数据中心，重要的是要包括所有的机械设备和系统，这些设备和系统的设计目标是服务于温度和湿度控制范围较窄的区域。在电气设备和系统方面，必须包括所有具有冗余和备份能力的应急电源设备和系统。

如果不考虑成本，与该项目有关的所有设备和系统都将被测试。与所有的建筑类型一样，数据中心也有预算，所以不可能将所有的设备和系统都进行测试。以下是一些与拟测试数据中心相关的典型主要设备和系统的代表性抽样。并不是以下内容适用于所有的数据中心，但将给出主要设备测试的一个数量级。

17.3.5.1 机械

- 空气侧系统——所有服务于温度及湿度敏感地区的空气处理装置，包括室内地板安装装置、悬挂风机盘管装置、屋顶安装空气处理装置、包装空气处理系统，以及所有地板安装及悬挂的计算机室装置。所有主要服务于非关键区域的地面或屋顶安装的空气处理系统。空气侧系统管道设备包括恒定和变风量终端机，以及管道安装的加热器、防火/防烟气闸和气流测量站。
- 制冷系统——所有的冷机、冷却塔，以及相关的冷却和冷凝器水泵。所有为机房空调机组服务的风冷冷凝机组。
- 加热热水系统——热水锅炉、膨胀罐和所有与加热热水系统相关的泵。

- 蒸汽系统——蒸汽锅炉、减压阀站、凝水回流泵、热交换器、加湿器和锅炉给水系统。
- 排气系统——主要有通用排气风扇系统、卫生间排气风扇系统和特种排气系统。
- 控制系统——建筑管理控制系统控制所有测试设备。测试数据中心控制系统是必须的！

17.3.5.2 电力

- 应急系统——包括应急发电机、应急发电机负荷库、转换开关和不间断电源（UPS）系统。此外，与应急发电机相关的燃油系统，包括燃油储罐、日用储罐、燃油输送泵等。
- 常规动力系统——包括电动机控制中心、主开关设备、并联开关设备、主配电板、室外负荷库、负荷库开关设备、变压器、室内照明和室外照明等。

17.3.5.3 管道

- 生活热水——生活热水加热器、电热水器，如果使用，还有家用热水循环泵。
- 生活冷水——如果使用，生活用水增压泵、仪表、防回流阀和软化水。
- 卫生系统——污水泵喷射器。
- 雨水系统——雨水喷射泵。
- 中水系统——雨水收集罐、雨水过滤器和膨胀罐。

17.3.5.4 建筑围护结构

- 建筑外围——墙壁、屋顶和玻璃。
- 建筑组件——绝缘、蒸汽屏障和压力测试。

17.3.5.5 生命安全

- 系统——楼梯间增压和中庭增压。
- 屏障——耐火等级、防烟屏障和防烟隔墙。
- 房间——消防指挥室。
- 火灾报警——与生命安全系统、消防系统、电梯、暖通空调系统，以及工作站、控制器和传感设备的接口。
- 消防——消防泵、止回泵、防回流阀、消防部门连接、立管和预作用系统。

17.3.6 测试任务

下面将介绍与项目生命周期每个阶段相关的不同测试任务。测试阶段分为以下几个：

- 设计阶段。
- 投标阶段。
- 施工阶段。
- 验收阶段。
- 入住阶段。

图 17.6 所示为测试过程中每个阶段的主要任务。

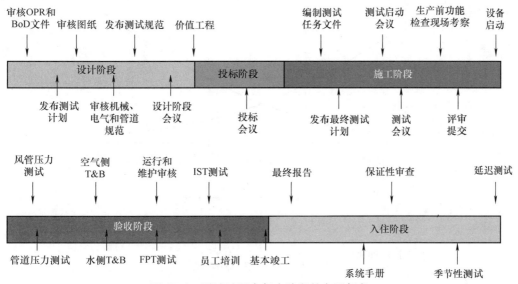

图 17.6 测试过程中每个阶段的主要任务

由于对项目的潜在成本影响，强烈建议在项目的设计阶段就接受测试公司的服务。通过在设计阶段确保测试公司的安全，并观察缺陷或更改意见，"修复成本"将会很低，潜在的节省也会很高。但是，如果相同的缺陷或意见变更发生在稍后的施工或入住阶段，"修复成本"将会更高，潜在的节省也会更低。

俗话说，"书面更改比在实地更改要便宜。"鉴于数据中心是一个非常复杂的设施，不同系统之间的交互非常复杂，修复它的成本将会更高，与其他主要类型的非关键建筑相比，在项目后期发现它的潜在好处会更少。图 17.7 所示为潜在的节省成本。

下面将深入研究测试过程整个生命周期中各阶段的测试任务。所列的任务并不包括所有可完成的测试任务，但很好地代表了与数据中心相关的任务类型（图 17.8）。

17.3.7 审核 OPR 和 BoD 文件

17.3.7.1 OPR 文件

业主的项目要求（OPR）是一个由业主创建的重要文件。OPR 详细说明了项目的功能需求，以及对建筑使用和运营的期望。OPR 中列出的标准应是可测量的、可记录的和可验证的。该文件对设计团队至关重要，因为它提供了与设计中所需的冗余量和可用性相关的所有关键信息，以及建筑运营所需的任何其他关键信息。建议 OPR 解决下列适用于项目的问题：

- 业主和用户要求——描述拟议项目的主要目的、程序、应用（如带数据中心的办公楼）和相关的项目历史。提供与项目需求、未来扩展、灵活性、材料质量、施工和运营成本相关的总体目标。

- 环境和可持续发展目标——描述任何具体的环境或可持续发展目标（如 LEED 认证）。

- 能效目标。描述与当地能源法规或美国供热、空调工程师协会标准或 LEED 相关的总体能效目标。描述建筑选址、景观美化、立面、开窗、围护结构和屋顶特征的任何目标或要求，这些将影响能源使用。

- 室内环境质量要求——根据每个项目/使用区域的适用情况，描述预期用途、空间环境要求（包括照明、空间温度、湿度、声学、空气质量、通风和过滤标准）、特定类型照明的要求，以及提供业余活动的住所。

- 设备和系统期望——在适用和适当的情况下，描述每一个待测试系统所需的质量、可靠性、类型、自动化、灵活性和维护要求的水平。当已知时，为建筑系统提供特定的能源目标、所需的技术或首选制造商。

- 建筑使用者和运行维护人员的要求——描述该设施将如何运行和由谁运行。描述建筑使用者了解和使用建筑系统所需的培训和方向。

17.3.7.2 BoD 文件

设计基础（BoD）是由设计团队创建的文件。BoD 文件的目的是向业主和测试代理传达设计团队认可 OPR，并设计系统以满足要求。

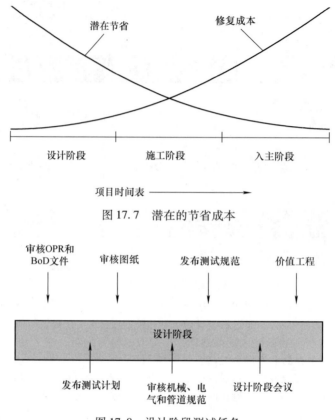

图 17.7 潜在的节省成本

图 17.8 设计阶段测试任务

如果适用，BoD 应该至少包括以下内容：
- 主要设计假设——包括空间使用、冗余、多样性、气候设计条件、空间分区、占用、操作和空间环境要求。
- 标准——包括适用的规范、指导方针、法规和其他将遵循的参考资料。
- 叙事性描述——包括 HVAC 和制冷系统、照明系统、热水系统、现场电力系统和其他将要测试的系统的性能标准。

测试代理的责任是审查 OPR 和 BoD 文件，以验证所有业主对项目的详细功能要求，以及与测试的设备和系统相关的建筑使用和运营的期望，这些都记录在 BoD 文件中。

OPR 和 BoD 文件的审查通常包含在所有 LEED 认证项目中，但由于数据中心是一种关键任务类型的建筑，所以无论是否是 LEED 项目，OPR 形式的文件对于项目的成功都是有价值的。同样重要的是，设计团队通过生成类似于 BoD 的文件来确认业主的期望和设计需求。

17.3.7.3 签发设计阶段测试计划

设计阶段的测试计划是两个测试计划中的第一个，这两个测试计划将作为如何实现测试过程的路线图。第二个测试计划是最终版，将在施工阶段开始和测试启动会议之前发布。

该文件包含对参与者的指导，他们的角色和责任，以及测试过程各个阶段的调度、实现、测试、报告和记录的方向。本计划应纳入施工总文件，使施工过程中的各方都能了解测试过程。测试计划将分发给测试小组进行评审和评论，并由测试机构用于执行测试过程。

设计阶段测试计划的代表性内容如下：
- 计划的目的。
- 测试过程概述。
- 具体目标。测试设备/系统。
- 角色和责任。
  ○ 测试团队成员名单。
  ○ 测试过程的一般规则。
  ○ 分配测试责任。
- 测试管理。
  ○ 信息流。
  ○ 调度。

- 现场考察协议。
- 跟踪交付。
- 缺陷报告。
- 测试策略。
- 报告/日志。
- 安全和安保。
- 测试过程。
- 测试时间表。
- 测试任务概述。
- 设计阶段的任务。
- 投标阶段的任务。
- 施工阶段的任务。
- 入住阶段任务。
- 附录。
- 测试计划草案。
- 样品测试程序索引。
- 样品问题解决日志。
- PFC 示例文件。
- FPT 示例文件。

17.3.8 审核图纸

强烈建议由测试公司进行图纸审核，最好进行多次审核。图纸审核的目的是将任何对可施工性、满足设计意图和 OPR 所必须的更改在桌面讨论。审核的重要性是在施工阶段表现出问题之前就要在设计阶段发现它们。通过发现设计阶段中的问题，使解决问题的成本更低，而且比在施工阶段修改要节省得多。由于数据中心系统的复杂性，为了在设计阶段发现问题，必须保留具有广泛数据中心测试背景的测试公司的服务。

建议在设计阶段进行多次审核，最常见的是在签发 75% 和 95% 的施工文件时进行审核。在 75% 的阶段，有足够的细节来发现问题，不至于使绘图进行得太远，因此发现的更改将是最小的。95% 的审核已经完成到有实质性细节的程度，如果发现了问题，在 100% 的施工文件发布之前也有足够的时间。

图纸审核的重点取决于施工图签发的阶段，并将部分集中于以下方面：

- 确保 OPR 的清晰、完整、充分性和合理性。
- 为编制测试设备的 PFC 文件提供了必要的细节。
- 测试设备的操作顺序包含在图纸或 FPT 的规范中。
- 所有已测试的设备都已安排就绪。
- 测试设备的间隙要求是可以接受的，以便对设备或设备部件进行维护和更换。
- 验证符合行业标准设计问题。
- 验证多方面的规范问题。

17.3.9 机械、电气和管道规范的审核

通常，机械、电气和管道（MEP）规范的审核与图纸审核同时进行。规范审核的重点取决于规范发布的阶段，并将部分集中于以下方面：

- 验证所有与 OPR 相关项目是否包含在规范中。
- 是否每台待测试的设备都包含一个具体的规范部分？
- 如果图纸中未包含待测试设备的运行顺序，则确认规范中已包含测试设备的运行顺序。
- 下列任何一项所要求的标准和公差，需要在测试范围内验证是否包含在规范中：管道压力测试、水管压力测试、气侧测试和平衡、水侧测试和平衡。
- 验证是否参考了以下测试任务的要求：
  - 提交待测试的相关设备。
  - 待测试设备的启动要求。
  - 对任何 MEP 设备的训练要求。
  - 待测试设备的运维手册要求。

17.3.10 测试规范的发布

测试规范对项目的成功至关重要，必须为每个项目制定测试规范，并植入合同文件的项目手册规范部分。测试规范至少应包括以下内容：

- 测试团队的职责。包括建筑师、工程师、施工经理/总承包商（CM/GC）、业主、分包商（机械、电气、管道），以及控制承包商、测试和平衡承包商、LEED 顾问和测试机构。
- 待测试项目和系统列表。待测试项目和系统的列表将在与业主签订的全面执行合同中确定。
- 测试任务的执行。所有在测试过程的每个阶段中要执行的测试任务将在全面执行的合同中确定。该部分将确定每个特定测试任务的执行情况和每个团队成员的参与情况。
- 测试文件。
  - 将识别测试机构在测试过程的每个阶段所生成的所有文件。

如果是保留测试公司在设计阶段的项目，过程就简单了。测试公司将向建筑公司出具一份通用测

试规范,并将其插入规范的建筑部分;如果测试工作范围需要 MEP 或其他行业,则与这些行业相关的规范也将插入特定于行业的测试规范。

如果是在设计和投标阶段之后启用测试公司,流程就不那么简单了。如果在雇用测试公司之前已编写了测试规范,则应提交一份副本,供测试公司审查。测试公司将对规范进行评审,以验证工作范围、角色和职责是否与业主和测试公司之间的工作范围协议一致。如果测试规范需要修改,导致任何行业付出额外的努力,则将发出更改命令,以弥补项目的额外时间和成本。如果在设计和投标阶段之后没有编写测试规范,也会出现同样的问题。投标文件中没有测试规范的问题,只是在设计阶段和投标阶段之前获得测试公司服务的另一个重要原因。

17.3.11 设计阶段会议/价值工程

参加设计阶段会议和参与价值工程过程不是常见的测试任务,而是在预算允许的情况下进行的。在某些情况下,业主曾与测试公司有过积极的合作经验,业主认识到测试公司的经验如何在设计阶段会议和价值工程中提供附加值。这两项服务只能由具有与建筑相关的测试和设计经验的测试公司提供。

17.4 投标阶段任务

投标阶段的测试任务如图 17.9 所示。

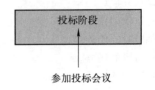

图 17.9 投标阶段的测试任务

17.4.1 参加预备投标会议

对于非常大或复杂的项目,或者测试工作量较大的项目,可以要求测试公司参加预备投标会议。出席会议的目的是回答与测试过程有关的所有问题,并回答任何针对测试规范的问题(图 17.10)。

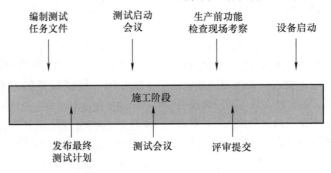

图 17.10 施工阶段的测试任务

17.4.2 最终测试计划

如果在设计阶段制定了设计测试计划,最终测试计划将对设计阶段的测试计划内容进行轻微修改,并替换附件中的文件。如果没有制定设计阶段的测试计划,最终测试计划将包括前面设计阶段计划部分描述的内容,并对附录进行如下修改:

- 输入更新的施工进度计划。
- 更新测试程序索引。
- 为所有待测试设备插入项目特定的 FPT 文件。
- 插入测试项目工作文件中列出的所有测试任务文件。

17.4.3 编制测试任务清单文件

一旦 100% 的施工图和规范完成,测试公司将编制具体项目的检查清单。待编制的清单将取决于测试工作的范围。拟编制的检查表文件样本包括:

- PFC。
- PFT 文件。
- 图纸审核文件。
- 风管压力测试审核文件。
- O&M 评审文件。
- OPR/BoD 评审文件。
- 管道压力测试评审文件。
- 启动评审文件。

- 提交评审文件。
- 测试和平衡评审文件。
- 培训评审文件。

17.4.4 测试启动会议

在进行任何测试现场活动之前，测试代理将协调、安排并召开测试启动会议。被邀请出席会议的应包括但不限于下列人员：

- 业主。
- 业主代表。
- 施工经理。
- 建筑/工程（A/E）设计团队。
- 机械、电气、控制、测试和平衡分包商。
- 任何第三方测试公司。
- 业主或业主代表要求的其他与会者。

测试启动会议的目的是：

- 将所有测试代理团队成员介绍给业主、业主代表、施工经理/总承包商，以及项目施工阶段涉及的所有实体。
- 审查最终测试计划，向业主和施工队解释测试过程、测试过程的具体目标，参与测试过程的所有实体的角色和职责，以及测试管理过程、测试工作的范围，并在项目各阶段为测试任务提供一个论坛，供业主、业主代表和参与测试过程的所有团队成员参与提问讨论。

17.4.5 测试会议

在项目施工和验收阶段，测试代理将根据需要安排和协调测试会议。与会者将包括业主/业主代表、施工经理/总承包商；根据将要讨论的问题的性质，其他潜在的与会者将是 A/E 设计团队和分包商。

测试代理将在会议前发布一份会议议程和出席人员名单。在每次会议上，一直保持的两个议程项目是对测试工作状态的审查和对迄今观察到的公开缺陷项目的审查。

17.4.6 评审提交

测试代理将从施工经理/总承包商处收到一份待测试设备的投标书副本。提交的文件将用于协助 FPT 的编制，验证待测试设备的设备规格是否符合要求，以及验证 OPR 文件是否符合要求。

测试代理将制定一份提交评审文件清单，确认工程师的具体要求和 OPR 文件的要求。所有 OPR 和工程师规范中未提交中注明的引用，将在提交评审文件清单中注明。

17.4.7 PFC 现场考察

生产前功能检查（PFC）现场考察的目的是验证所有待测试安装的设备和系统是否按照合同文件安装。由测试公司创建的 PFC 文件详细说明了待测试设备是如何安装的，如施工图所示及规格书所述。

根据测试工作的范围，PFC 文件将由测试代理或分包商在现场执行。由于数据中心设备的重要性和关键性，强烈建议测试代理执行 PFC 文件。如果由于某种原因测试预算紧张，可由分包商提供执行。如果分包商执行 PFC，测试代理应至少进行一定比例的复核，以验证分包商工作的完整性和准确性。

无论测试代理或分包商是否考察现场，PFC 文件的执行都涉及带着 PFC 文件到现场，并观察是否按照文件上的提示安装了待测试设备。如果从现场观察到的偏差超过 PFC 文件中所示的偏差，则该偏差将被列出并记录在缺陷清单中。

17.4.8 设备启动

记录工程师将说明哪些受测试的设备需要制造商启动。有三项任务可以完成。任何一个启动任务或全部三项任务都可以完成，而要完成的任务将由测试工作的范围决定。

启动测试任务之一是在启动过程开始前检查启动程序文件的空白副本。该程序文件由设备制造商提供，并交给测试代理审查。调试代理将检查空白文档，以确定是否满足规范中所有指定的要求。

可以完成的第二个启动任务是见证调试设备的启动。如果有许多同样的设备，则其中一定比例的设备可以作为见证。观测测试的目的是要直观地验证测试是按照制造商的建议进行的，并且没有与启动相关的问题。

第三个可能的启动任务是在启动后检查最终的设备启动文件。审查最终启动文件的目的是验证其完整性，以及与制造商推荐步骤和工程师指定要求的任何偏差。

17.5 验收阶段任务

一旦按照合同文件安装了调试设备，并成功地完成了启动，验收阶段就开始了（图 17.11）。这一阶段包括完成之后列出的额外测试任务文件，以及对测试设备和系统进行不同类型的动态测试。

17.5.1 风管压力测试

根据测试工作的范围，有两项与风管压力测试有关的任务。一项任务是在管道压力测试期间实地考察，见证风管压力测试过程。通常，工程师会指定中高压风管的压力测试。测试可以在所有的中高压风管系统上进行，也可以只进行取样。见证压力测试的目的是确认测试是按照工程师规定的要求进行的，而且测试结果也在规定的公差范围内。

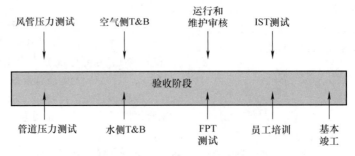

图 17.11　验收阶段的调试任务

第二项任务不是现场测试，而是审查最终的风管压力测试报告。其目的是验证工程师指定的测试公差是否满足要求。

17.5.2　管道压力测试

与风管压力测试类似，管道压力测试工作的范围为与管道压力测试有关的两项任务中的一项或两项。一项任务是在管道压力测试期间实地考察，见证管道压力测试过程。工程师将指定要进行压力测试的管道。待测试管道的取样包括以下内容：

- 冷冻水。
- 冷凝水。
- 加热热水。
- 蒸汽。
- 蒸汽冷凝水。
- 生活用冷水。
- 生活用热水。
- 消防喷淋管道。
- 安装在项目上的任何特种管道。

可以对所有管道进行测试，也可以只进行取样。见证压力测试的目的是确认测试是按照工程师的指定要求进行的，并且测试结果也在规定的公差范围内。

第二项任务不是现场测试，而是审查最终的管道压力测试报告。审查最终管道压力测试报告的目的是验证工程师指定的测试公差是否合适。

17.5.3　空气侧和水侧系统的测试和平衡

空气侧和水侧系统的测试和平衡的任务是相似的。对于每个系统，记录工程师将遵守指定测试和平衡的方法，以及可接受的公差。有三项任务可以完成。任何一项启动任务或全部三项任务都可以完成，而要完成的任务将取决于测试工作范围。

一项启动测试任务是在启动过程开始前检查空气侧和水侧测试文件的空白副本。测试文件由测试和平衡公司提供，并交给测试代理审查。测试代理将检查空白文件，以确定是否符合规范中规定的所有指定方法和要求。

第二项可以完成的启动任务是观测空气侧和水侧系统的测试和平衡。并非所有的空气侧和水侧测试都需要见证，但每个空气侧和水侧系统都需要有一定百分比的见证。见证测试的目的是根据制造商的建议和工程师的具体要求，直观地验证测试的进行。

第三种可能的启动任务是检查最终的测试和平衡文件。检查的目的是验证其是否完整，以及是否偏离了制造商推荐的步骤。

可用于执行一项或多项已经提到的测试和平衡任务的空气侧系统列表如下：

- 供风和回风分配装置。
- 供应空气装置。
- 带风管返回的回风装置。
- 可变风量/恒定风量终端机。
- 排气扇。
- 排气装置。

可用于执行一项或多项已经提到的测试和平衡任务的水侧系统列表如下：

- 冷冻水系统，包括冷水机、冷冻水泵和所有已投入使用的带有冷水盘管的暖通空调设备。
- 冷凝水系统，包括冷却塔和冷凝器水泵。
- 热水系统，包括热水锅炉、热水泵，以及所有安装热水盘管的受热热水设备。

17.5.4　审核运行和维护手册

对运行和维护手册的审核是数据中心项目中一

项非常重要的任务。由于设备和系统需要在最短的停机时间内运行,因此工程和维护部门必须有一套完整的运行和维护手册。

调试代理将制作一份运行和维护手册检查表,以确认符合工程师的具体要求。按照业主的指示,除工程师规范之外的其他要求将包括在运行和维护手册清单中。

17.5.5 FPT 和 IST 测试

当测试数据中心时,FPT 和 IST 验证过程是绝对必要的。FPT,特别是 IST 过程的主要目标之一是确定与数据中心相关的两个最重要的设计意图:冗余和可用性。

FPT 过程是一个动态验证过程,用于调试设备的运行和功能,以验证设备作为一个独立的单元运行,并在 IST 过程中验证设备与其他设备和系统的交互运行。FPT 和 IST 验证过程都将使用由调试公司制定的特定项目测试程序,根据控制承包商提交的由记录工程师审核和批准的操作顺序,对设备进行独立和交互式运行的验证。

对待调试设备进行各种条件、运行模式和环境,如设计热负荷、部件失效、温度变化、火灾报警联锁、局部和现场电力故障及其他必要模式的测试,以验证设备是否能够满足 BoD 文件中概述的运行要求,并控制承包商批准提交的运行顺序。

在 FPT 和 IST 验证过程中,负载组的使用是在各种运行环境下测试机电设备的一种方法。负载组是一种便携式或拖车式电阻或反应式"加热器",其输出可调,用于在峰值设计条件下或在峰值设计条件附近产生电气负载,以测试应急发电机、UPS、配电设备和计算机设备机房冷却系统,然后才安装最终将占用空间并产生实际需求的服务器和交换机。

当整个配电系统需要装载时,在红外扫描期间,可使用较小的手提箱或机架装载的负载组,每个面板都在满载时进行扫描。较小的机架负载组也用于模拟机房等高密度区域的负荷,以验证为机房服务的空调系统能够应付各种运行条件。

调试公司将根据合同文件以顺序书写的格式编制 FPT 和 IST 文件。这些表单用于计划、协调、监督和记录 FPT 和 IST 文件的执行结果。FPT 和 IST 验证过程将由安装分包商或制造商的供应商通过手工测试和操作设备来执行,以验证设备的正确运行。通过使用建筑能源管理系统趋势日志功能、独立数据记录器,以及对测试设备电能质量的监测和分析,完成对性能的监测和分析,这是检验数据中心性能的另一种方法。

除非国际电气测试协会(NETA)的第三方测试活动成功完成,并向记录工程师提交了一份报告且获得批准,否则将不会开始执行 FPT 过程。该测试公司不以任何方式参与 NETA 过程,但需要一份 NETA 测试文件的副本,以及绝缘测试和扭矩数据测试报告的副本,以供审查。NETA 第三方活动的抽样包括(但不限于)断路器 400 A 及以上的一次注流测试,用于电能质量监测的波形捕获,利用红外扫描进行总线和连接电阻测试,以及辅助电压抽头的变压器匝数比测试。

在 NETA 测试和 FPT 过程成功完成之前,IST 过程的执行不会开始。IST 测试阶段将测试所有已投入使用的设备和系统,这些设备和系统将在正常或"真实世界"运行期间及紧急情况下运行。综合系统将在设计热负荷、部件故障、维护模式、火灾报警、现场停电等条件下进行测试。测试的重点是典型的现场故障和业主设施人员经历的运行维护顺序。通常,在 FPT 阶段不涉及这些系统交互。

17.5.6 对业主员工的培训

在建筑物移交给业主后为了保证数据中心设备和系统的运行和维护,对业主员工的培训是另一个非常重要的任务。不用说,业主员工对设备和系统的运行了解得越多,系统不正常运作的可能性就越小,如果出现问题,故障排除过程也会缩短。

测试代理将编制一份设备培训审查清单,列出工程师指定需要培训的所有 MEP 设备和系统。其他培训如果业主指示,将包括在规格之外。业主将向测试代理提交培训课程的要求。

分包商、供应商或制造商的代表应向业主员工提供关于 MEP 规范中规定的所有设备运行和维护方面的完整培训。施工经理和分包商/供应商将负责制定业主的培训计划,安排培训时间,执行培训,并向测试代理提供必要的文件,核实是否符合规定的培训要求。测试代理将不负责进行培训,但将负责监督和记录建筑运行和维护人员的培训完成情况。

入住阶段的测试任务,如图 17.12 所示。

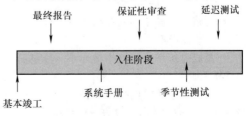

图 17.12　入住阶段的测试任务

17.5.7 最终测试报告

最终测试报告将识别和记录 OPR、BoD、合同文件和已建成条件之间的任何偏差或差异。最终测试报告中将包括向业主发出的潜在缺陷通知和潜在系统优化的建议。本报告将用于评估该系统，并作为日后建筑物系统运行和维护的参考文件。最终报告还将为电气和机械系统测试提供一个基准。可以将未来的测试与最初的测试结果进行比较。

最终测试报告包括以下内容：

- 执行摘要叙述。
- 最终问题解决日志。
- 现场考察报告。
- 项目更新报告。
- 测试任务。
- OPR/BoD 审核意见。
- 图纸审核意见。
- 提交评审意见。
- 已完成的 PFC_S。
- 风管压力测试报告。
- 管道压力测试报告。
- 启动审查文件。
- 测试和平衡评审文件。
- 已完成的 FPT_S。
- 培训文件。
- 运行和维护手册审查意见。

17.5.8 系统手册

系统手册是另一份与数据中心相关的有价值的文件，它是建筑工程师和部门的一个很好的资源。系统手册的目的是编写一份文件，为未来的建筑运营人员提供所需的信息，以便他们了解已测试的设备和系统，并以最佳方式运行。系统手册将由测试公司编制，并分发给建筑经理/总承包商和业主的建筑业务人员。

以下内容将说明系统手册中包含的文件及负责提交每个文件的人员：

- BoD 最终版本—记录工程师。
- 系统单线图—机械施工图单线图。
- 已建成的操作控制图纸序列，包括原始设定点—控制承包商。
- 集成建筑系统的操作指导书—分包商发布的 O&M 手册。
- 如果不包括在运行和维护手册中，被测试设备和系统的重测推荐进度表—分包商。
- 空白 FPT 表格，用于已调试设备和系统的再测试—测试代理。
- 重新校准传感器和执行器的推荐时间表—控制承包商。

17.5.9 近质保审查/入住阶段审查

调试代理将在实际完成日期约 10 个月后，在现场协调和安排近质保审查和入住阶段审查会议。与会者将是测试代理和建筑维护和/或工程师。建议但不要求施工经理/总承包商和业主代表出席。会议的目的是讨论以下问题：

- 在施工阶段关闭的任何未完成的测试缺陷项目。
- 在质保期内运营人员注意到的任何缺陷。
- 建筑物维护和/或工程人员观察到的与原计划运行设施有关的任何再次出现的问题。

如果在保证会议期间发现任何缺陷或性能问题，将对所述设备和/或系统进行性能测试。测试代理将与施工经理/总承包商联系，以协调这项活动。测试将在设备工作人员和测试人员见证的情况下，由授权承包商进行、记录和纠正缺陷。

17.5.10 反季节性测试

反季节性测试的目的是在极度冷却和加热条件下对已测试的设备和系统进行功能性能测试。然而，由于在验收阶段测试的时间安排，这通常是不可行的。如果可能的话，这种季节性的测试将在测试过程中进行。如果在定期安排的测试期间没有满足季节性条件，则业主可以选择在稍后日期安排对设备和系统的测试。

测试代理将使用批准的测试程序和批准的变更管理文件执行季节性测试。测试应在业主的设施操作人员和测试代理在场的情况下由适当的承包商或供应商进行并纠正缺陷。对设备和系统的最后测试将反映在更新的运行和维护手册和在建图纸中，这些内容将包括在"系统手册"中。

17.5.11 延迟测试

任何因建筑物结构、要求、入住条件或任何缺陷而未完成的 FPT，经业主批准后，可推迟到入住阶段的较晚日期。这些测试将尽快重新安排。施工经理/总承包商将协调这项活动。测试将由适当的承包商执行，测试的缺陷和结果由测试代理记录。

17.6 LEED – 所需的测试任务

数据中心变得更节能和可持续似乎有一种趋势，因此数据中心的 LEED 认证正在成为普遍做法。如果客户选择进行 LEED 认证,对测试代理有一个的最低要求。

- 测试代理必须有至少两个建筑项目的授权文件。
- 作为测试代理的个人应独立于项目设计和施工管理,尽管他们可能是提供这些服务的公司的雇员。测试代理可以是业主的合格雇员或顾问。
- 测试代理应直接向业主报告结果、发现和建议。
- 对于小于 50000ft^2(4645m^2)的项目,测试代理可以包括设计和施工团队中具有所需经验的合格人员。

如果业主仅追求获得 LEED 认证状态,则需要满足 EA 先决条件 1,即 FC 任务。如果业主希望收集与获得 LEED 认证级别以上的认证相关的积分,则需要完成 EA Credit 3 EC。

以下将重点介绍为实现每项 EA 先决条件 1 – FC 和 EA Credit 3 EC 认证需要完成的任务。

17.6.1　EA 先决条件 1:FC

EA 先决条件 1 – FC 要求的任务:
- 制定 OPR 文件。
- 制定 BoD 文件。
- 审核 OPR/BoD 文件。
- 制定测试计划。
- 执行 PFC。
- 执行 FPT 文件。
- 发布最终报告。

17.6.2　EA Credit 3 EC

EA Credit 3 EC 要求的任务:
- 制定 OPR 文件。
- 制定 BoD 文件。
- 审核 OPR/BoD 文件。
- 在发布中期施工图之前进行测试图纸设计审查。
- 制定测试计划。
- 审查调试设备的提交。
- 执行 PFC 文件。
- 执行 FPT 文件。
- 编制系统手册。
- 验证业主员工的培训。
- 发布最终报告。
- 在基本竣工日期后 10 个月内审查建筑运营。

17.7　最小测试任务

测试任务部分中列出的所有任务都是可以并已经与数据中心项目相关联的任务。如果测试预算不允许测试公司提供所列的所有服务,下面所列出的则是在每个测试阶段至少要完成的测试任务。

17.7.1　设计阶段

- OPR/BoD 审核。
- 75% 和 100% 施工图的图纸和规范审核。
- 发布测试规范。

17.7.2　施工阶段

- 发布最终测试计划。
- 测试启动会议。
- 提交评审。
- 编制 PFC、FPT 和 IST 文件。
- 见证测试设备的启动。

17.7.3　验收阶段

- 审查最终空气侧和水侧测试和平衡报告。
- 审查运行和维护手册。
- 实地考察,对使用 PFC 文件的测试设备进行安装。
- 现场考察,利用 FPT 文件验证调试设备的正常运行。
- 现场考察,利用 IST 文件以交互方式验证测试设备的正确系统操作。
- 监督建筑维护和工程人员的培训。

17.7.4　入住阶段

- 发布最终测试报告。
- 发布系统手册。
- 近保证/入住阶段审查。

17.8　测试团队成员

一个项目的测试公司很可能由项目经理、首席测试代表、首席机械和电气现场代表及几个机械和电气现场测试员组成。该公司将在测试过程中起主导作用,并提供指导、规划和协调成功测试工作的路线图。测试工作不仅涉及测试公司的员工,还涉及其他实体。

除测试代理外,参与数据中心测试的其他测试团队成员如下:

- 施工经理/总承包商。
- 机械、电气和管道分包商。
- 设备供应商/制造商代表。
- 控制承包商。
- 测试和平衡承包商。

其他同样重要的团队成员（有时往往被排除在整个测试过程之外）是设计团队（建筑师和工程师）和业主或业主的代表。如果项目试图获得 LEED 认证，LEED 顾问是测试团队的另一个关键成员。

测试工作的成功涉及测试公司和测试团队之间的高水平和持续的沟通。与团队成员讨论的一个非常重要的问题是每个团队成员的角色和责任。每个团队成员的下列角色和职责是每个团队成员可能需要参与的典型测试任务的样本，而不是一个包含所有内容的列表。各项目的角色和责任各不相同，将取决于测试公司和业主之间以合同方式商定的测试工作范围。

1. 业主/业主代表

强烈建议业主在项目生命周期内雇佣一名积极参与的组织员工或雇用业主代表（表 17.1）。此外，建筑工程师和 O&M 部门负责人也需要积极参与。测试代理的责任是核实所有受测试的设备和系统是否按照合同文件安装和运行，一旦移交给业主，建筑工程师和运维部门有责任对设备进行运行和维护。

尽管培训通常涉及业主的工程和维护人员，但如果他们在测试过程中参与培训，他们将已经熟悉安装的设备和系统，并且能够在项目完成后更好地接管项目。

2. 施工经理/总承包商代表

在整个测试过程中，施工经理/总承包商将与测试代理密切合作。由于施工经理/总承包商的工作是所有分包商的渠道，而且测试工作涉及分包商，因此施工经理/总承包商通常会在项目的生命周期中指定一个与测试代理打交道的联系人（表 17.2）。

3. 设计团队（A/E）

A/E 将为测试代理提供所有必要的文件，以便为项目编制所有与测试有关的任务文件（表 17.3）。根据商定的信息传递方法，这些文件将直接提交给测试代理或通过施工经理/总承包商提交。

4. 分包商/供应商/制造商代表

分包商负责完成下列测试任务，但可依赖设备供应商和/或制造商代表的协助完成部分测试任务（表 17.4）。以下不包括控制或测试和平衡承包商所需的工作。

5. 控制承包商

控制承包商是数据中心测试过程中的一个重要实体。如果控制系统没有正确地安装和操作，数据中心设计和内置的备份系统将无法运行，并可能导致系统故障和停机（表 17.5）。

6. 测试和平衡承包商

测试和平衡承包商将负责数据中心的空气侧和水侧系统的平衡（表 17.6）。

7. LEED 顾问

如果项目试图达到某一认证级别，测试团队中应包括一名 LEED 顾问（表 17.7）。

表 17.1　业主/业主代表：角色和职责

角色	职责
编写 OPR 文件	如果项目是 LEED 项目，则需要 OPR 文件。如果项目不是 LEED 项目，则详细说明业主的整个建筑和房间需求的 OPR 或类似的文件至关重要，以便设计团队了解冗余、备份和其他关键数据的建议，以及测试设备和系统的所有变更
审查/评论所有调试计划	测试代理通常会制定一份草案和最终测试计划。必须对这些文件进行审查，以确认和理解测试所涉及的任务和完成项目的计划
参加测试启动会议及其他测试会议	建议业主参加所有预定的与测试相关的会议，强烈建议业主参加测试启动会议，因为将详细审查和讨论测试计划
审查缺陷日志	重要的是，业主审查未结的缺陷项目，以了解观察到的缺陷；同样重要的是，要审查已结项目，以确认它们与已结问题的结果是一致的
允许进入建筑	为了顺利完成测试工作，业主必须允许所有区域和房间畅通无阻地进入，测试设备和系统，以便执行所有商定的测试任务

表 17.2 施工经理/总承包商代表：角色和职责

角色	职责
协助测试代理商完成分包商的调试工作	施工经理/总承包商应协助测试代理确保所有分包商按照合同文件及时履行其测试职责
维护/提交施工进度	向测试代理提交整个项目期间的施工进度和所有进度更新
向测试代理发出信息文件申请	向测试代理提交所有与测试设备和系统相关的信息文件请求
审查/评论测试计划	测试代理通常会制定一份草案和最终测试计划。必须对这些文件进行审查，以确认和理解所涉及的调试任务和完成项目的计划
分发测试计划	向分包商和业主分发测试代理提供的测试计划的电子副本，供其审核和使用
在施工进度表中插入测试活动	将测试代理提供的测试活动纳入施工进度计划
协助测试代理召开测试启动会议	参加测试启动会议，与测试代理协调测试启动会议的日期，并与要求的与会者进行协调
参加测试会议	在施工过程中参加所有预定的测试会议
与测试代理协调测试日期	向测试代理提交分包商执行下列适用于本项目的测试日期。测试的取样包括设备启动、管道压力测试、培训课程、空气侧和水侧的测试和平衡
协助测试代理商从分包商处收集所需文件	从分包商处收集并向测试代理提交完成所有适用测试任务所需的所有文件。可能需要的文件样本包括设备提交、空白启动文件、完整启动文件、运行维护手册、空白管道压力测试文件、完成管道压力测试文件、培训签到表、设备维护计划、竣工操作控制顺序，以及重新测试和校准计划
协助解决所有未结缺陷项目和问题	促进并协助相关行业及时响应和解决测试代理缺陷清单上所有未结的问题
协助负载组测试	为测试所需负载组的操作、连接和断开提供必要的资源

表 17.3 设计团队：角色和职责

角色	职责
向测试代理提交施工图	向测试代理交付或获取所需施工图的电子副本，以满足测试过程的需要，包括但不限于机械、电气和管道图
向测试代理提交项目规范	将机械、电气和管道工程规范文件的电子副本交付或提供给测试代理
向测试代理提交所有合同变更文件	所有合同变更文件，包括但不限于任何已发布的附录、信息文件的要求或合同期限内任何类型的工作变更范围，均向测试代理提供电子副本
提交 OPR 给测试代理	从业主处获得 OPR 并提交给测试代理
提交 BoD 给测试代理	以 BoD 文件的形式向测试代理提交机械、电气和管道系统的设计意图文件
参加测试会议	参加测试启动会议和调试过程中预定的所有测试会议
向测试代理提交系统手册文件	向测试代理提供系统手册所需的文件：最终 BoD 文件和测试的机械、电气和管道系统的单线系统图

表 17.4 分包商/供应商/制造商代表：角色和职责

角色	职责
审核测试代理制作的文件	审核测试规范、测试计划、PECs 和功能性能测试（FPT）程序
参加测试会议	在测试阶段参加调试启动会议和所有预定的测试会议
参与 PFC 验证过程	PFC 文件的执行由测试代理或分包商完成。如果合同规定分包商必须执行 PFC，则由分包商执行

（续）

角色	职责
确认测试设备的运行	在测试代理人员到现场执行 FPT 工艺前，分包商应确认设备是否按照 FPT 文件运行
协助测试代理完成 FPT/IST 过程	通过提供必要的设备和人员，协助测试代理完成 FPT 和 IST 过程，并在测试期间提供所需的经过认证和校准的仪器
协助风管压力测试	如有需要，提供空白的风管压力测试文件副本给测试代理，并提供风管压力测试的日期，以及完整的风管压力测试文件副本，供测试代理审阅
协助管道压力测试	提供一份空白的管道压力测试文件副本给测试代理，并提供管道压力测试的日期，以及一份完整的管道压力测试文件副本，供测试代理审阅
参与设备启动过程	分包商应按启动计划执行设备启动，记录结果，并将已完成的启动检查表的副本转发给测试代理，以验证启动活动的完成情况
编制运行和维护手册	编制并向施工经理/总承包商提供交运行和维护手册。施工经理/总承包商将把运行和维护手册转交给测试代理进行审核
举办培训课程	分包商应编制并向施工经理/总承包商提交培训计划。施工经理/总承包商将把培训计划转发给测试代理；与施工经理/总承包商和与会者协调每次培训的日期；准备培训期间的主题议程；为每节培训课程准备一份签到表，列出培训课程的主题、开始和结束时间及参与者；培训结束后，向施工经理/总承包商提交签到表和议程。施工经理/总承包商将把该文件转交给测试代理
响应/关闭所有未结缺陷项目	分包商应对所有未结的 IRL 项目做出响应，并提供一份关闭所有未结项目的行动计划
向测试代理提交系统手册文件	将下列文件移交给测试代理，以便编制系统手册：所有待测试设备的设备维护要求的建议时间表/频率

表 17.5　控制承包商：角色和职责

角色	职责
参加测试会议	参加测试启动会议和测试过程中预定的所有测试会议
提交控制文件	编制并提交给施工经理/总承包商的控制文件。施工经理/总承包商将把文件提交给测试代理，供其在编制功能性能测试（FPT）文件时审阅和使用
通知控制系统准备就绪	控制承包商应声明控制系统正在按施工文件运行，并根据测试代理提供的 FPT 检查表对每台测试设备的控制顺序进行了测试。在接到通知后，测试代理将协调开始 FPT 和集成系统测试的日期
协助测试代理完成 FPT 和 IST 过程	在 FPT 和 IST 过程中协助测试代理，提供必要的设备和人员，并提供所需要的经过认证和校准的仪器
运行趋势日志	根据测试代理的要求建立趋势日志，以确保系统正常运行
向测试代理提交系统手册所需文件	将下列文件移交给测试代理，以便编制系统手册：所有待测试设备/系统的出厂控制操作顺序，以及为重新校准控制传感器和执行机构而建议的时间表/频率

表 17.6　测试和平衡承包商：角色和职责

角色	职责
参加测试会议	参加测试启动会议和测试过程中预定的所有测试会议
协助空气侧测试和平衡过程	通过施工经理/总承包商向测试代理提供以下内容：空气侧测试和平衡报告的空白副本，执行空气侧测试和平衡报告过程的日期，以见证测试和平衡报告的执行过程，并形成一份完整的空气侧测试和平衡报告
协助水侧测试和平衡过程	通过施工经理/总承包商向测试代理提供以下内容：水侧测试和平衡报告的空白副本，执行水侧测试和平衡报告过程的日期，以见证测试和平衡报告的执行过程，并形成一份完整的水侧测试和平衡报告
协助完成 FPT/IST 过程	在 FPT 和集成系统测试验证过程中，协助控制承包商设置测试设备的操作顺序

表 17.7　LEED 顾问：角色和职责

角色	职责
LEED 引导员	管理项目的 LEED 在线站点
参与评分解释裁定	研究评分解释裁定，并根据需要提交评分解释裁定

17.9　数据中心趋势

数据中心的功能和建设与许多其他类型的建筑一样，是一个不断发展的过程。数据中心的趋势如下：

- 数据中心现在正从允许有序关闭变为 100%正常运行，这就产生了额外的设计问题，需要通过备份功能、持续供电和冗余来解决。
- 数据中心通常位于一个现有的结构内，目前的趋势是数据中心变得更加独立。
- 由于数据中心耗电量很大，许多数据中心正在偏远地区建造，以利用较低的电价。
- 数据中心正寻求变得更加"绿色"，以提高能源效率和可持续性，从而看到机械系统设计的创新应用，包括使用热轮、经济器和蒸发冷却，以及其他类型的节能系统和设备。
- 据观察，数据中心的服务器和其他设备的热负荷密度增加，因为冷却需求增加，导致冷却能力和电力可用性一样重要。
- 为了解决额外的冷却需求，正在探索创新类型的机械系统，如利用顶棚和地板下的空气分布，以及利用水冷机架。
- 数据中心在本质上变得更加模块化，以便进行快速、方便的增加和调整。
- 由于对数据中心建设和 100%运行时间的需求增加，极端自然灾害导致关闭数据中心的威胁增加，这使得对极端异常自然事件的规划力度加大。特别是沿飓风或地震易发区建造的数据中心。

17.10　结论

数据中心的测试是绝对必要的，由于对数据中心的任何停机时间都是零容忍的。如果由一家信誉良好的测试公司提供服务，且该公司在成功测试数据中心方面有着良好的记录、经验和知识，那么任何停机的机会，以及设备和系统运行的主要问题都会大大降低。此外，业主在入住阶段将经历最少的变更单、更少或没有"零七八碎"问题、高效运行的建筑、训练有素和知识渊博的员工，以及提供满足建筑内所有空间设计意图的舒适度和高质量建筑。

延 伸 阅 读

Mills E. *The Cost Effectiveness of Commercial Buildings.* Berkeley: Lawrence Berkeley National Laboratory; 2004.

Mills E. *Building Commissioning—A Golden Opportunity for Reducing Energy Costs and Greenhouse Gas Emissions.* Berkeley: Lawrence Berkeley National Laboratory; 2009.

Building Commissioning Association: http://www.bcxa.org/.

第3篇 数据中心技术

第18章 虚拟化、云、软件定义网络和软件定义数据中心[*]

加拿大蒙特利尔魁北克大学　奥玛尔·切尔考伊（Omar Cherkaoui）
美国马里兰州，IBM 公司　拉梅什·梅农（Ramesh Menon）　等著
天津江天数据科技有限公司　张　健　译

18.1　引言

虚拟化和云技术已经在深刻地影响着数据中心基础设施，特别是网络基础设施。虚拟化技术在服务器和存储领域的应用非常广泛，云计算技术更是将所有的基础设施资源整合成为动态资源池。然而，因为网络技术的限制，数据中心无法跟上虚拟化和云计算的发展需求，网络正在变得越来越复杂。因为网络，应用程序的性能和体验与数据中心所处的地理位置有一定的关联，把应用程序安装在数据中心的不同机房模块或不同机柜内，也可能会影响应用程序的性能。

网络已经成为数据中心的瓶颈和焦点，在目前所有流行的虚拟化和云解决方案中，通过增加设备以横向扩展计算和存储能力是最基础的功能和要求，但这样的解决方案带来了指数级的复杂度，在保障性能的前提下，尽量简化网络的复杂度成为最迫切的需求。

数据中心的网络仍然没有完全实现虚拟化，新建的数据中心仍然面临许多的网络挑战：第一个挑战在于轻松配置数据中心网络的能力；第二个挑战是在虚拟化环境中如何让网络运维更加容易；第三个挑战是资源的限制，尤其是 I/O 资源。因此，选择适合的虚拟化技术是一个相对复杂的过程，需要考虑的因素和标准主要包括：系统管理开销、I/O 吞吐限制、管理灵活性（如从一个虚拟机迁移到另一个虚拟机）等。

亚马逊、Facebook、谷歌和微软等互联网巨头推动了超大型数据中心基础设施的快速增长；同时，云计算等新技术的不断发展，触发了更多的企业建设新数据中心的需求，数据中心行业正在爆发式增长。随着计算和存储成本的不断降低，在网络中应用虚拟化技术成为更优的选择，最新的很多网络虚拟化技术几乎都是基于开源的解决方案，如近几年非常流行的软件定义网络（SDN）、Openflow[1,2]、Openstack[3]和 OpenCompute[4]等最新的技术都是基于开源技术。这些与云基础设施相结合的网络技术成为建造超大型数据中心的助推器和必要条件。

数据中心的建造成本是相对透明和可预测的，而在数据中心全生命周期中，运营和管理成本在激烈的市场竞争中成为最关键的变量和要素，每个竞争者都在寻求降低数据中心运营和管理成本的解决方案。

本章将首先介绍数据中心虚拟化的各个组成部分，然后将详细阐述云的基本概念和云服务的相关产品，特别是基础设施即服务（IaaS）产品。将重点关注在建设 IaaS 过程中遇到的挑战与问题，解释在现代数据中心网络设计中需要考虑的重点：多重考虑因素，以及如何对网络进行维度化，并帮助读者了解数据中心网络所需的管理操作。最后将对现代数据中心设计和部署中所必需的软件定义网络（SDN）和软件定义数据中心（SDDC）的相关概念进行阐述。

18.2　数据中心虚拟化

在服务器计算领域，虚拟化并不是一个新的概念。从20世纪60年代开始，虚拟化技术就首先被应用在大型机技术领域；进入21世纪后，这项技术重新浮出水面。从虚拟化技术本身来看，在服

---

[*] 本章由不同的独立的小组分节编写，以便读者全面了解 IT 信息技术，其中 18.1～18.5 节由奥玛尔·切尔考伊（Omar Cherkaoui）撰写，18.6 节由耿怀渝（Hwaiyu Geng）撰写，18.7 节由拉梅什·梅农（Ramesh Menon）撰写，18.8 节由译者张健撰写，每个部分代表作者各自的观点。

器领域应用和大型机领域是近乎相同的。

我们先来定义一下虚拟服务器的概念：服务器虚拟化是基于在单个物理服务器上同时运行多个虚拟服务器或虚拟机的原理。因此，企业可以使用虚拟服务器而不是物理服务器，以大幅提高服务器的有效利用率，降低 IT 基础设施的投资规模。随着软硬件技术的不断发展，今天我们可以在一个物理服务器上同时运行 10～40 个虚拟服务器，在不久的将来，这一数字预计可以增加到数百个。通过服务器虚拟化，企业可以获得更大的灵活性，摆脱了操作系统必须安装在某个指定的物理服务器上，或者某个应用程序必须安装在指定的操作系统中的束缚。服务器虚拟化技术可以让一个物理服务器同时运行多个不同的操作系统和多种不同的应用程序。

大多数虚拟化技术都是基于超级管理程序（Hypervisor）的原理。Hypervisor 是一个底层内核，它可以从软件层面隔离虚拟机，并实现公平分配资源（I/O、CPU、内存等）。虚拟化技术可以分为两类：专有技术和开源技术。在过去 5 年中，随着 XEN、KVM 等技术的兴起，开源解决方案得到了广泛的应用。XEN 的第一个版本是在剑桥大学计算机实验室开发的，XEN 社区的开发和维护让 XEN 成为最知名的免费软件之一。

18.2.1 虚拟化的收益

通过在软件层面快速实现分区和隔离，虚拟化技术可以给企业带来巨大的灵活性，它可以让服务器部署更加灵活和方便，部署周期可以从原来的几天或几个月缩短到按分钟计算。另外，虚拟化技术还可以让一些古老的应用程序继续运行并发挥余热，与最新版本的操作系统并行运行在共同的物理机上，而互不干扰。因此，通过服务器的虚拟化技术，企业可以获得更高的物理设备的使用率。

通过应用服务器虚拟化技术，数据中心的冗余性和网络的可靠性都会得到显著的提升。软件故障通常是难以快速定位和排查的，通过应用虚拟化技术中快速引导程序和系统快速重新启动的特点，可以对软件故障进行动态容错排查。企业还可以通过利用虚拟机可在不同硬件上灵活迁移的特性，提升数据中心硬件的容错性。

虚拟化的另一个非常显著的优势是安全性的提升，即在同一个物理设备上，应用程序可以分别运行在多个操作系统上，实现底层的隔离，增强安全性。

虚拟化技术同样可以让应用程序开发团队受益，不同的开发项目可以分别运行在多个虚拟机上，当碰到程序漏洞（BUG）发生时，可以重启单个虚拟机而非整个服务器。

今天，虚拟化技术已经从专有软件领域（如 VMware）转向各种各样的开源解决方案，如 XEN 和 KVM 等。伴随各种开源技术的快速发展，企业可以根据面对的挑战和自身的需求去选择合适的虚拟化技术。

18.2.2 网络技术的挑战

配置复杂且未完全实现虚拟化的网络技术是当前虚拟化所面临的最大挑战。例如，当企业需要增加或删除一个虚拟机时，可能就需要手工更改网络的配置，很难完全实现动态配置。在实际运维中碰到这些操作问题反映了一个事实，即通用的虚拟化解决方案还无法贯穿至网络层面，这影响了虚拟化的扩展性和伸缩性，制约了数据中心的发展。在讨论下一个小节前，我们先总结一下数据中心网络发展所面临的挑战和机遇。

- 多租户支持：数据中心可能是在不同的业务单元，甚至不同实体之间共享使用。其中，每个实体都有自己的服务质量、管理和安全需求，每个租户都有自己的虚拟机群组且运行在多个物理服务器上，每个租户同样可以有自己命名的虚拟数据中心（VDC）。例如，每个租户可能会要求其虚拟数据中心在数据通信层面是完全隔离的，也可能需要自己来管理网络运维，以维持虚拟机间工作负载平衡，如实时虚拟机的迁移。

- 网络地址分离：每个虚拟机都有自己的网络地址：MAC 地址和 IP 地址。从整体策略角度来看，每个虚拟机的物理位置和它在虚拟数据中心中的逻辑位置应当是完全分离的。

- 拓扑/层次结构：数据中心网络拓扑对于虚拟机之间数据传输带宽影响巨大。与其他网络拓扑（企业网络、宽带运营商网络）类似，数据中心网络拓扑也是按层次结构组织的。数据中心网络拓扑结构对于扩展性和伸缩性要求更高，影响也更大。另外，是否可以支持虚拟机平滑无感迁移也是数据中心网络拓扑与传统层次网络的一个不同之处。

- 负载动态平衡：虚拟机实时动态迁移策略对于数据中心网络有严格的要求。

- 运行在刀片服务器上的虚拟机引发的 I/O

阻塞：在同一物理服务器上的虚拟机需要分享网卡，一个虚拟机的网络阻塞可能影响所有相关虚拟机的网络性能，Hypervisor 需要为虚拟机建立公平的资源分配机制。

18.3 云作为数据中心的延伸

云可以被定义为网络中可用的计算基础设施。用户可以通过网络访问云的信息。作为互联网的补充，云可以提供可靠的计算能力，这也是云的基本概念。用户不再需要建设并拥有自己的计算环境，仅需要接入互联网即可远程使用计算服务。从一个新的视角来看，云重新定义了计算：所有计算资源都是远程可用的。

18.3.1 云的类型和云服务的模型

云计算提供了三种不同的服务模型：
- 基础设施即服务（IaaS）对应于云基础设施。它允许企业根据自身需求远程外包和开发其物理基础设施（服务器、网络和存储）。在 IaaS 中，物理基础设施（服务器、网络和存储等硬件）对于用户来讲是非物质化的。例如，如果企业不希望将数据备份于企业内部，企业可以将这部分工作外包、备份并存储于云端，而企业并不需要采购并建设用于备份的物理基础设施。
- 平台即服务（PaaS）是一个在 IaaS 层之上的服务模式。它允许企业不仅外包物理基础设施，还外包中间件应用程序、数据库、数据集成层和应用程序开发环境等。
- 软件即服务（SaaS）是云的最顶端一层。对于用户来讲，SaaS 是最直观、最完整，也是最容易理解的服务。通过互联网，用户可以直接访问并使用这些被托管在安全云环境中的业务应用程序。企业可以根据实际需要，按需采购 SaaS。

后面将重点讨论 IaaS，因为数据中心是基于 IaaS 的。当云基础设施只属于某个企业或组织时，云被称为"私有云"。出于安全原因，许多企业或组织选择搭建自己的私有云。当企业选择通过互联网租用相关云服务时，云被称为"公有云"。从底层技术实现上来看，公有云和私有云没有差异。公有云需要考虑更多安全方面的功能，公有云和私有云均使用数据中心的相关技术来提供 IaaS。

云计算技术的出现，让计算全部发生在云端成为可能，这对于普通用户和企业来讲，影响都是深远和巨大的：用户可以通过网络连接至云环境，访问数据或使用应用程序，而不必关心这些应用程序和数据到底运行在哪个数据中心或具体哪台服务器上。企业可以更加灵活地选择其外包策略，选择把部分或全部的 IT 基础设施外包出去。

云的优势在于集中计算和管理，帮助客户提升灵活性和伸缩性。云计算灵活的配置能力极大地简化了数据中心的管理，从而降低了与数据中心管理相关的成本。

18.3.2 IaaS 对数据中心的益处

IaaS 技术为企业使用现有资源提供了更大的灵活性。IaaS 促进了公有云或私有云的外部资源的使用，真正实现了按需付费采购。此时，虚拟化完全展现了它的价值，因为企业可以购买和使用它真正需要的计算资源，并因此节省大量的成本。云计算的出现可以显著降低计算成本，促进超大型数据中心的快速高效部署。

18.3.3 IaaS 运营和相关问题

IaaS 运营面临的最大挑战是负载移动性（动态迁移）。根据负载或运维的需求，虚拟机需要不断地在物理服务器上迁移，它可能是在企业的私有云内部，也有可能发生在云供应商管理的公有云上。这种基于 Hypervisor 层的虚拟机的迁移，有可能发生在不同的 Hypervisor 之间，甚至可能发生在不同的云计算供应商之间。图 18.1 所示为数据中心内的虚拟机迁移，这种操作需要支持多租户。

为了让虚拟机可以维持其 IP 地址，动态迁移被限制在网络的第二层级（图 18.1），VLAN 技术还不能支持此类负载迁移的操作。大多数解决方案需要在当前的网络上增加一个网络层级，即需要把一个虚拟机设置为虚拟交换机。在这种需求的推动下，涌现了很多的网络叠加协议，如 VxLAN、STP、OVT、NVO3 和 PBB 等。PBB 使用 Hypervisor 桥接的方式，基于 EVB/802.1Qbg 的标准建立通信隧道。这种解决方案把 Hypervisor 的 VLAN 映射到 PBB 服务上。其他类似的解决方案，如 VxLAN 和 NVO4，使用物理网络地址 Mac over IP 或 IP over IP 的模式。

另外一方面，最新的虚拟化网络架构也开始支持虚拟机动态迁移功能。VL2[5] 和 NetLord[6] 创建了一个虚拟层 2 网络抽象，可以拓展到支持数十万个虚拟机，并支持部分激活用于虚拟机迁移和重新分配。

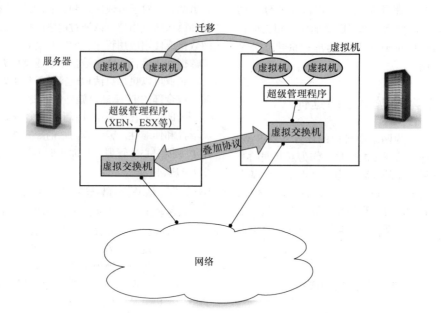

图 18.1　数据中心内的虚拟机迁移

18.4　数据中心网络

在当今的数据中心中，网络仍然是一个基本的挑战，数据中心迫切需要新的解决方案，用于更加灵活地配置网络。本节将会介绍数据中心网络拓扑和网络技术的发展。

18.4.1　数据中心网络拓扑

数据中心通常由几千台服务器组成，每台服务器可能都包含多个虚拟机。当开始考虑构建数据中心网络时，需要考虑多种因素，如网络速度、可扩展性和成本等，以及这些因素间的平衡。连接几千个虚拟机，需要构建由交换机和路由器组成的分层拓扑架构。这种分层拓扑架构被视为由内部交换机连接的东西（横向扩展连接）和南北（上下级连接）的端口构建而成。

数据中心网络通常由三个层级构成：
- 第一层，服务器和存储设备接入柜级交换机（TOR）。为了减少布线，每个刀片服务器都有自己的柜级交换机，可以让刀片服务器内部连接至交换机。一组刀片服务器可以连接至边缘交换机（ESS），一组边缘交换机可以组成一个分发节点（POD），每个分发节点内部由多个边缘交换机横向连接而成。
- 第二层是聚合层，将接入交换机聚合至核心网络。边缘交换机相互连接组成一个分发节点，一组分发节点连接至聚合交换机（ASs），通过聚合交换机连接进入网络核心交换机/路由器（CRs）。
- 第三层是网络核心层，连接各个核心交换机，并与外界进行通信。

端口速度在网络的各个层级是不同的，服务器端口一般是从 1GB 到 10GB，柜级交换机和边缘交换机处于第二层，而聚合交换机处于第三层，如图 18.2 所示。

分发节点可以理解为由边缘交换机和聚合交换机组成的互联网络。在同一层级的交换机直接没有做横向连接的情况下，这个拓扑结构称为 Fat-Tree 或 Clos 拓扑[5,6]。

18.4.2　网络拓扑的挑战

网络拓扑决定了网络的直径和带宽，也决定了网络的成本和电力消耗。网络直径取决于两台服务器间的交换机和路由器的数量（服务器间连接跳转的次数）。根据交换机或路由器的端口数量，可以将路由器分为低基数路由器和高基数路由器。低基数路由器的端口数量比较少，每个端口可以分配的带宽更大；高基数路由器的端口数量较多，但每个端口可分配的带宽较小。在高基数路由器组成的网络中，可以大幅减少交换机数量，并因此获得更低的网络延迟和电力消耗。

网络最主要的挑战是最大化传输带宽和减小网

络连接直径。分发节点之间的横向和纵向连接对于网络连接直径和传输带宽影响巨大，最通用的解决方案是采用 Fat–Tree 拓扑架构。在这方面，网络设备供应商提供了很多不错的解决方案[5,6]。除此之外，基于超立方体理念的各类解决方案也在研究中。

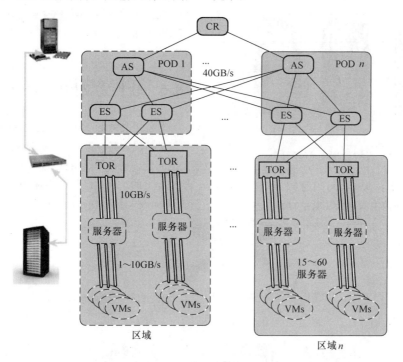

图 18.2　数据中心三层拓扑网络架构

VMs—虚拟机　TOR—柜级交换机　POD—分发节点　ES—边缘交换机　AS—聚合交换器　CR—核心交换机/路由器

18.4.3　I/O 阻塞和 I/O 隔离

近年来，虚拟机的数量快速增长，每个虚拟机可能需要 40 个虚拟网卡（vNIC），其中一个技术挑战是，如何实现在物理网卡和众多虚拟网卡间数据包的无缝切换跳转，而虚拟网卡和物理网卡的映射往往会变得非常复杂且难以维护。

第二个也是最难的挑战是如何处理虚拟网卡和物理网卡之间的网络隔离。主流开源虚拟化软件 XEN 采用 Dom0 作为虚拟网卡和物理网卡的桥梁来传输数据，实现这种方式可以有多种方法：直接 I/O、直通或通过 Hypervisor 的内核等。不同的硬件类型和不同的 Hypervisor 可能采取的技术手段不同，但都必须解决虚拟机间的网络隔离。大多数以太网卡都支持 MAC 地址，并且内嵌了一个小型交换机。另外一种解决方案是将柜级交换机连接至服务器主板，直接使用 PCI–E 总线。Facebook 公司采用的是开放式计算技术，这种技术允许定义一种新的总线，并使用直接 I/O 的方式，替换柜级交换机。

18.4.4　多租户数据中心和虚拟数据中心

数据中心需要关注的主要问题之一是多租户管理。数据中心在多个域之间共享，这些域可以是子组织域、应用程序域或区域域。每个租户都需要专用且独立的网络功能来管理自己的虚拟数据中心；每个租户都有自己的安全性和私密性要求，需要将其资源与其他租户的资源分开。例如，除非通过严格管理控制的流程批复，否则一个租户的数据流永远不能暴露给另一个租户。另外，我们需要把租户和租户之间、租户和基础设施之间的 IP 地址进行严格地分离（图 18.3）。

对于每个租户，虚拟数据中心需要提供与其物理 IT 基础设施对应的服务。租户须将其虚拟网络定义为物理网络上的服务组合，如 L2 服务（VLAN）或 L3 服务（VRF）。这些虚拟网络只可以连通属于这个租户自己虚拟网络内的终端。如前所述，虚拟网络的主要挑战是如何以隔离的方式支持工作负载的平滑迁移，如虚拟机迁移。VLAN 是

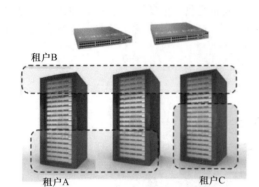

图 18.3　虚拟数据中心多租户

试在虚拟机之间扩展 VLAN，类似的解决方案可以称之为叠加方式。叠加方式的原理是在物理网络之上创建新的叠加网络，它在每个计算节点上创建一个专门的虚拟机用于网络交换。思科公司提出了利用叠加虚拟传输技术（OVT）来扩展 VxLAN 的方法。

18.5　软件定义网络（SDN）

软件定义网络（SDN）是数据中心网络的一个很好的解决方案，它可以解决绝大多数前面章节提到的问题，它最早是由开放网络基金会（ONF）[1]组织提出的，现在已经被主流的开源社区所采纳，如 Openstack[3] 和 Opendaylight[2]（图 18.4）。

最常用的解决方案，但由于可用的 VLAN 数量有限（与虚拟机的增长相比），所以现在的解决方案是尝

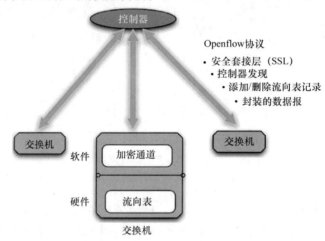

图 18.4　软件定义网络（SDN）控制器

SDN 可由以下三个要素来定义：
1）集中控制。
2）控制信息与数据信息之间的分离（控制和转发功能）。
3）通过封装好的接口，对网络的行为进行编程。

数据中心主要需要这三个要素。

使用 SDN，交换机能够通过控制平台更改转发行为：在过去，控制器通过读取其内部数据表的内容更改数据报的转发。SDN 实现了控制信息和数据信息分离，改变了网络交换机只是一个黑盒子的现状，可以用任何编程语言编写路由和交换规则，并在标准服务器（SDN 控制器）上运行。SDN 可以简化网络并支持新的应用程序，如在软件应用程序中就可以实现控制网络信息与数据信息分离。图 18.5 所示为 SDN 解决方案的组成要素。

SDN 提出了一种新的协议 Openflow，它处于控制层和数据层之间。Openflow 通过安全的 SSH 通道连接将信息从 SDN 控制器推送到交换机。Openflow 的许多版本是由 ONF 提出的。第一个版本（版本 0.9）只能支持一个流条目表。从版本 1.1 开始就可以支持多个流条目表，匹配字段的数量现在增加到 12 个元组。不幸的是，许多设备制造商将不支持 Openflow 协议，而去推动他们自己的专有协议。在 Opendaylight 社区[2]，有人建议在 SDN 控制器上建立一个新的应用程序接口（API），以通过交换机强制执行网络服务。

为了替换在硬件上的任何手动配置方式，实现远程创建和配置虚拟机，并相应地配置防火墙规则或网络地址，SDN 提供了一种基于自动化应用程序的软件方法。SDN 允许网络管理员对网络流量进行可编程的集中控制，而不需要去真正登录网络硬件设备。

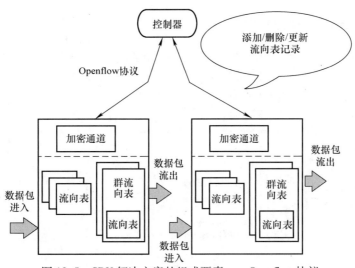

图 18.5　SDN 解决方案的组成要素——Openflow 协议

虚拟化服务器和存储可以从中心管理点进行重新配置和快速迁移,但网络仍然需要非常多的手动干预。SDN 的设计目标和理念就是要改变和颠覆传统的、手动管理的交换机组合模式,通过可编程的平台实现更加灵活和简便的网络管理。

SDN 的灵活配置功能给网络带来了巨大的帮助,通过网络虚拟化技术,降低了技术人员的操作复杂性和网络管理成本。在 SDN 控制器之上,还可以继续开发其他的网络功能,如基于 SDN 的负载均衡防火墙等。图 18.6 所示为 Opendaylight API,展示了 SDN 如何通过控制信息和数据信息分离管理的方式,实现网络虚拟分层和自动化。

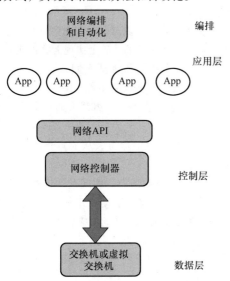

图 18.6　Opendaylight API

18.6　软件定义数据中心（SDDC）

在传统的数据中心中,基础设施通常由硬件和设备组成,安装和部署往往需要数周才能完成。近年来,随着移动互联网、社交媒体、公共和物联网的数据爆发式增长,它们对分析、存储和网络的应用程序提出了更高的要求,需要更快地（从原来的几周到几天,甚至到几分钟）去部署比以往更庞大和复杂的基础设施。由 VMware（威睿公司）最早提出了软件定义数据中心的理念,并得到了业界的广泛认可。软件定义数据中心提供了一种更快、更智能、更廉价的解决方案,可以提高 IT 效率和性能。

根据 VMware 对软件定义数据中心的定义,数据中心内的全部 IT 基础设施组件,如服务器、存储、网络和安全设备等,都是可以通过软件实现虚拟化,建立全面的、抽象的资源池,并实现全部自动化或大部分自动化,最大化地减少人为的操作[7]。自动化软件提供了一个管理逻辑计算、存储、网络和安全服务的框架,而并不需要太多的人为干预。从兼容性的角度考虑,软件定义数据中心不但可以支持最新的云计算服务的解决方案,而且可以支持传统企业应用程序的解决方案[8]。

在软件定义数据中心中,所有的 IT 基础设施都被封装成为服务,可以作为私有云、混合云或公有云使用。软件定义数据中心分钟级的自动化部署能力、更高的设备利用率和人员效率,可以帮助企业持续降低初始投资和运营成本。

18.7 云计算数据中心的路线图

IBM（国际商用机器公司）云计算参考架构（CCRA）（图18.7）展示了如何创建最终用户可以自行配置计算、存储和网络的私有云和混合云。许多大型创新组织通常从内部私有云开始，逐步发展其数据中心战略。

图18.8所示为软件定义数据中心成熟度模型，展示了软件定义的环境和支持云的数据中心框架，其中最大的价值来自云的可自由组合增值服务和应用接口。随着云计算的发展，数据中心的成熟度也随之提高：

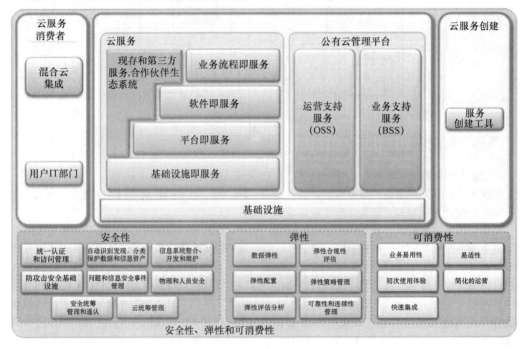

图18.7 云计算参考架构（IBM公司提供）

1. 虚拟化（成熟度等级1）
- 很多企业和组织都处于这个级别，并且使用虚拟化来管理存储、网络或计算。
- 在这个级别上，支持虚拟化的自动化功能仍然很少。

2. 可部署（成熟度等级2）
- 达到自动化部署级别，虚拟化技术随着自动化层的扩展而增强。
- 建立基本的管理流程以跟踪成本。

3. 优化级（成熟度等级3）
在这个级别上，企业引入了更多的自动化的管理手段，以便降低运营成本，并改进服务水平（SLA）和服务质量。

4. 增强级（成熟度等级4）
- 对于级别4，重点转向高价值服务，如提供应用程序拓扑、云环境的灾难恢复和基于云的备份服务。
- 4级使企业可以具备跨数据中心的服务调节能力，也可在私有云的基础上实现无缝连接公有云服务，以动态地扩展和处理峰值负载。

5. 货币化级（成熟度等级5）
- 在这个级别上，IT组织可通过向内部的其他部门，甚至外部其他公司、消费者或用户提供计算和存储的公用事业服务，从成本中心变为利润中心。
- 各项云服务都需要相匹配的流程以支撑业务的开展，包括服务的启动、开发、提供、计费和退役等，为了提升客户体验，需要更加关注用户界面的易用性和可定制性。
- 这个级别代表了云服务提供商业务模式自然演变的过程。

第18章 虚拟化、云、软件定义网络和软件定义数据中心

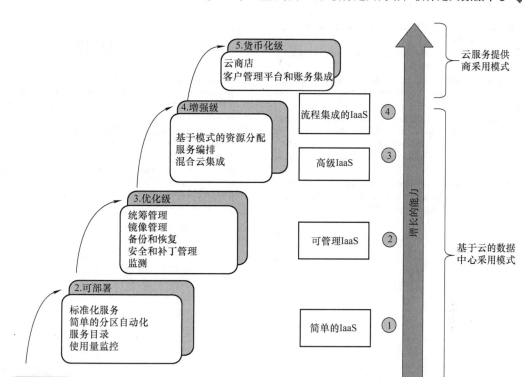

图 18.8 软件定义数据中心成熟度模型（IBM 公司提供）

18.8 容器技术[⊖]

近年来，云计算技术发展日新月异，技术演变和迭代速度很快，容器是虚拟化技术演变的重要方向之一。随着云计算和虚拟化的深入应用，用户发现虚拟机和 Hypervisor 的虚拟化方式带来的管理负担越来越大。对于 Hypervisor 环境来说，每个虚拟机都需要运行一个完整的操作系统和其中安装好的大量应用程序，但在实际开发环境中，用户更关注的是自己部署的应用程序，如果每次部署发布都要建立一个完整操作系统和附带的依赖环境，那么这会让任务变得更加复杂，并导致性能和效率下降。传统的虚拟化（虚拟机）技术，创建环境和部署应用都很麻烦，而且应用的移植性也很烦琐，如把 VMware 中的虚拟机迁移到 KVM 中，需要做镜像格式的转换。

2008 年，容器技术诞生，它是一种内核轻量级的操作系统层虚拟化技术，与传统的虚拟机技术相比，它主要有以下几个优点：极其轻量化、秒级部署、易于移植、弹性伸缩等。2015 年，由 Google、Docker、CoreOS、IBM、微软、红帽等厂商联合发起的开放容器计划（OCI）组织成立，并于 2016 年 4 月推出了第一个开放容器标准。

容器技术有助于优化 IT 基础设施的利用率和成本。优化不仅仅指削减成本，还能确保在适当的时间有效地使用适当的资源。容器是一种轻量级的打包和隔离应用工作负载的方法，所以容器允许在同一物理或虚拟服务器上毫不冲突地运行多项工作负载。企业可以整合数据中心，将并购而来的 IT 资源进行整合，从而获得向云端的可迁移性，同时减少操作系统和服务器的维护工作。

参 考 文 献

[1] Open Networking Foundation (ONF). Available at https://www.opennetworking.org/. Accessed on May 20, 2014.
[2] Opendaylight. Available at http://www.opendaylight.org. Accessed on May 20, 2014.

⊖ 18.8 节为译者增加的内容。

[3] Openstack. Available at http://www.openstack.org. Accessed on May 20, 2014.
[4] OpenCompute. Available at http://www.opencompute.org. Accessed on May 20, 2014.
[5] Al-Fares M, Loukissas A, Vahdat A. A scalable, commodity data center network architecture. Comp Commun Rev 2008;38(4):63–74.
[6] Greenberg A, Hamilton JR, Jain N, Kandula S, Kim C, Lahiri P, Maltz DA, Patel P, Sengupta S. VL2: a scalable and flexible data center network. Comp Commun Rev 2009;39(4):51–62.
[7] Raghuram R. VMware software-defined data center products, vmworld; 2013.
[8] Software-Defined Data Center. Available at ttp://www.webopedia.com/TERM/S/software_defined_data_center_SDDC.html. Accessed on June 15, 2014.

延 伸 阅 读

Delivering on the promise of SDDC. VMware Report; 2013. Available at http://www.vmware.com/files/pdf/accelerate/VMW_13Q1_BB_SDDC_020813_FINAL_LTR.pdf. Accessed on June 15, 2014.

Fichera R, Washburn D, Chi E. The software-defined data center is the future of infrastructure architecture. Forrester Research; November 2012.

Thomas J. A road map to software-defined infrastructure. InfoWorld. Available at http://www.infoworld.com/t/data-center/road-map-software-defined-infrastructure-230713. Accessed on November 13, 2013.

第 19 章 微处理器与服务器节能设计

美国俄勒冈州，英特尔公司　盖伊·艾利（Guy Ailee）　著

阿里巴巴公司　钟杨帆　译

19.1 引言

想要做出一道美食，首先需要上好的食材。数据中心也是一样，也需要好的组件。因此，本章内容主要涉及微处理器和服务器设计：侧重点并不是如何规划、设计和创建它们，而是把它们当作原料来看如何进行筛选。因此，在下面的内容中，首先介绍一些有助于大家进行筛选的指导原则，然后对微处理器、服务器，以及相关的存储、软件和机柜等主要组件进行详细说明。

设计一个绿色数据中心并非易事，需要以终为始，从开始做事情时心里就想着结尾。需要我们回答以下问题：你的目标是什么？构建绿色数据中心的要素是什么？如果以既有数据中心为例，如何描述其当前的状态？如果不以既有数据中心为例，该如何做呢？这是五个指导原则中的第一个，即以终为始。

第二个指导原则是使用能耗帕累托图（图19.1）来描述当前数据中心的能源使用状态。这不仅可以帮助识别能源浪费和改进点在哪里，还可以帮助确定改进的优先顺序。

第三个指导原则是关注计算处理效率。当前，数据中心大约占全美国能源消费总量的 2%，占全球约 1.3%。从长远来看，这比全球使用的 60 亿部手机都要少。简单的节能解决方案是关闭所有的数据中心。然而，这将否定世界在减少其他 98% 用途的能源使用方面所带来的好处。实际上，SMART 2020 报告的结论是，信息通信技术（ICT）在二氧化碳当量上的节约比其自身碳足迹高 5 倍多。因此，确保我们为能源投资获得最大收益的策略是消除所有对计算处理效率无用的能耗。

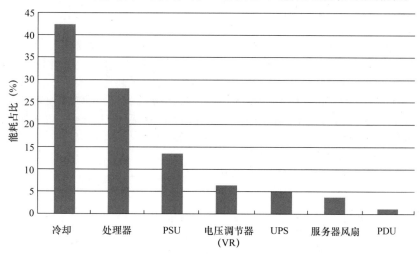

图 19.1　典型数据中心能耗帕累托图（Intel 公司提供）

那么，如何评估计算处理效率？理想情况下，可以通过运行程序获得测试结果。对于绿色数据中心，该测量可能采取的形式是在给定的能源消耗下获得的信息处理能力。如果你正在规划新建数据中心或选择硬件和软件组件，但手头上没有合适的测试程式，可以选择使用制造商发布的计算处理效率指标。例如，SPECpower 是一种行业标准基准测试，通常用于评估服务器系统的能效。

对于数据中心的其余部分，电能利用效率（PUE）是一个很好的指标，可帮助你识别浪费在

开销上的能源使用。但是请记住，PUE 是设施级别的指标，并且它没有区分服务器内的良好能源使用和不良能源使用，它也没有评估服务器能源使用的计算处理效率。为此，需要使用计算处理效率指标将关键业务价值创造（收入）直接与能源支出（成本）联系起来。

第四个指导原则隐含在上述内容中：测量和监控能源使用和计算处理效率。从 ISO-9000 和持续质量改进中我们知道，"如果你不能衡量它，那么也无法改善它。"因此，应建立一个系统来监控能源使用，即使不能连续监控，至少也应定期监控。相信大家都定义过数据中心服务器创造的业务价值并进行测量。你无疑已经做过；如果没有，那将是罕见的。我们要做的是将这种价值和能源使用建立联系并进行测量。

第五个指导原则是专注于优化能耗，而不仅仅是功耗。这二者有什么区别呢？功耗的测量单位是瓦特（W），而能耗的测量单位是瓦特小时（W·h），以功耗目标进行优化一定会得到相同的能耗优化么？答案是否定的。

这里，我们举一个基于当前处理器和服务器的例子来说明。两个处理器，其功耗分别为 15W 和 100W。显然，15W 处理器更节能，对吧？现在，我们来看服务器，采用 15W 功耗处理器的服务器功耗为 100W，采用 100W 功耗处理器的服务器功耗为 200W。显然 100W 的服务器似乎更节能，对吧？但是，这些都不是实际能耗，要想比较谁更节能，你必须实际运行应用负载。同时，关注他们实际的计算处理效率。回到数据中心，如何使用这两种不同的解决方案来满足业务需要呢？假设 15W 的处理器芯片进行运算处理得到相同的结果的时间是 100W 处理器的四倍，那么一台 100W 处理器所在的 200W 服务器运行一年的能耗为 1.75MW·h。

要达到相同的计算能力，15W 处理器所在的 100W 服务器中需要运行 4 年而使用 3.5MW·h 的能耗。所以，仅仅从单个处理器部件上对比功耗，以为可以节省 85W。但这样做，实际将浪费 1.75MW·h。只有当计算处理效率相同且工作时间相同时，才能将功耗作为能耗的简写。因此，关注能耗：首先优化能耗，然后是优化功耗。

最后，第六个指导原则是升级旧的低效设备。今天的服务器显著提高了计算处理效率和能源效率。此外，现代服务器在设计时考虑了虚拟化，因此可以使用更少的服务器来运行更多业务，以保持其充分利用并处于效率曲线的高点。图 19.2 所示为最新一代服务器与 7 年前服务器之间的比较。从图可知，摩尔定律显著提高了服务器的计算处理效率。同时，在空闲时减少了 75% 能耗，满载时减少了 50% 能耗。每一代服务器在性能和能效上不断提升，最新服务器的能源效率几乎是 7 年前的 80 倍。这在峰值利用率上提高了 8000%（在典型的利用率上甚至更好，因为现代服务器正接近能量比例计算的理想状态）。因此，当我们关注微处理器，特别是服务器平台设计时，需要牢记以下六个指导原则：

1) 以终为始。
2) 使用能耗帕累托图来描述当前数据中心的能源使用状态。
3) 关注计算处理效率。
4) 测量和监控能源使用和计算处理效率。
5) 专注于优化能耗，而不仅仅是功耗。
6) 升级旧的低效设备。

总的来说，这些都遵循组织化、现代化和优化的准则。考虑到这些因素，关注微处理器和服务器的设计细节是有必要的。

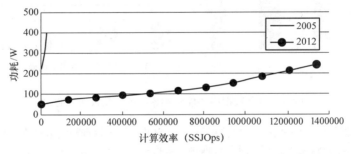

图 19.2　最新一代服务器与 7 年前服务器之间的比较（Intel 公司提供）

注：1. 从 2005 年到 2012 年，计算处理效率提高，能源使用显著减少。
2. SPECpower 报告服务器在不同负载水平下（以 10% 的比例递增）的性能。

19.2 微处理器

微处理器已成为信息时代发展的引擎。从图 19.1 可以看出，在典型数据中心中，处理器的能耗位居第二。因此，在深入研究服务器之前，我们将从数据中心能源使用的主要组成部分——微处理器开始（图 19.3）。

图 19.3　Intel©Xeon©处理器 E5-26xx 系列芯片
（Intel 公司提供）
注：内部主要功能块：核心和非核心
（包括缓存、IO、多处理核心互连等）。

从创建绿色数据中心的角度来看，微处理器具有重大影响。从图 19.1 可以看出，处理器能耗占第二位，并且是"冷却"位居能耗第一位的主要原因。随着行业建立更多具有更好 PUE 的数据中心，处理器能耗必然会成为能耗之首。在选择微处理器时，能耗受多种因素，包括时钟频率、电容、电压、工艺技术、微处理器架构复杂性及固有功率和热因素的支配。

19.2.1　频率、电容、电压和介电常数

时钟频率（f）历来主导微处理器的设计和选择。直到 21 世纪初，微处理器的性能和计算处理效率才很容易通过其时钟频率来概括。然而，在 90nm 半导体工艺节点处却达到了收益递减点，时钟频率的进一步增加会导致更多的泄漏功耗损失和更少的性能提升。当然，时钟频率仍然是一个重要的属性，但它必须在能耗的背景下考虑（不仅仅是功耗，参见前面提到的第四个指导原则）——计算处理有多快和能耗是多少。从绿色角度来看，这基本上是能源投资的生产率。计算处理越快，就越早停止使用能源。

微处理器的功耗可以分为动态功耗和静态功耗。静态功耗是没有时钟信号翻转（待机或睡眠）时使用的功耗。多年来，随着半导体尺寸被缩小到更小尺寸，微处理器的工作电压也不断降低，已接近被称为金属氧化物半导体场效应晶体管（MOSFET）的阈值电压（V_T）的基本限制。当 MOSFET 栅极电压接近 V_T 时，其泄漏电流将会上升，但对计算没有任何作用。在最小化泄漏电流的情况下，静态功耗损失很小，过去 5 年中的许多芯片创新就是这样做的。

当今，微处理器功耗使用的主要形式是动态的——当关闭和打开晶体管时使用的功耗。当对晶体管中的电容进行充电和放电时，会浪费电力，这是在开启和关闭状态之间切换的直接后果。电容（C）是电气设备的固有特性，是微处理器动态功耗的主要因素。实际上，动态功耗与电容、电压的平方（V）和时钟频率（f）有直接关系：

$$动态功耗 = \propto CV^2 f$$

鉴于功耗是电压平方的函数，降低电压对降低绿色运行功耗有很大影响。但是，降低电压也不可能无限制，因为当接近 V_T 时，泄漏电流和静态功耗会上升。相反，随着微处理器电路的尺寸不断缩小，必须降低电压以使用更少的材料并浪费更少的功耗。当缩小晶体管尺寸时，若未能降低电压会导致功耗以立方的关系增长。

当今，摆脱这种困境的方法是在降低电压的同时增加电容。介电常数（K）是在较小的物理体积中允许在较低电压下具有更大电容的特性，而且频率极限（性能）与 K 乘以 f 成正比：

$$频率极限（性能）= \propto Kf$$

因此，优化性能和能耗的途径是高 K 电介质。自 45nm 工艺节点以来，业界已通过改用高 K 介电材料（如氧化铪）解决了这一问题。

为了最大限度地提高性能和降低能耗，绿色数据中心的微处理器需要具有高频率，使用低 K 电介质来实现低电容，并使用较低的电压。在大多数情况下，这些全部来自半导体制造工艺。

19.2.2　工艺制程

如图 19.3 所示，现代服务器微处理器是一项极其复杂的工程成就，可以在几百平方毫米内集成超过十亿个晶体管。实际上，在过去的 40 年中，晶体管的尺寸减小了一百万倍。业界称之为摩尔定律，并且半导体加工工艺每两年的阶跃变化已经取得了不可阻挡的进展，而且每次都有效地使晶体管的数量翻倍。这些阶跃变化中的每一步被称为工艺制程，其由晶体管的物理特征尺寸来标记。

每一代芯片的工艺制程决定了晶体管的物理特

性，如频率、电容、电压及微处理器芯片的功耗和性能。截至撰写本文时，业界正在向 28nm 工艺制程过渡，领先的微处理器制造商正在使用 22nm 工艺制程。因此，绿色微处理器的一个方便的经验法则是寻找一个在较小的工艺制程上制造的芯片，因为它通常可以用更少的能耗和原材料实现或达到更多的计算处理能力。

19.2.3 微处理器体系结构

当然，如何使用这些晶体管对性能和能耗也有很大影响。在业界，这被称为架构。在过去的 10 年中，业界已经从通过提高时钟频率获得更高性能到使用更少能耗的同时完成更多工作的架构创新方面做出了根本性的转变。这已经体现在向多线程和多核微处理器的转变中。在本节中，我们将重点探讨几种主要的按指令体系架构进行分类的微处理器体系结构和微体系结构，即微处理器内的各个功能块。

微处理器的主要分类围绕其指令集进行的。虽然每个新的指令集架构（ISA）的引入都伴随着许多希望，但随着时间的推移，它们往往会集中于所销售的细分市场所需的类似功能。有四种主要的指令集架构（ISA）：复杂指令集计算（CISC）、精简指令集计算（RISC）、超长指令字（VLIW）和通用图形处理单元（GPGPU）。

CISC 是应用于 20 世纪 70 年代发展起来的微处理器指令集架构，它代表了在将一些新的计算科学应用于指令集设计之前出现的微处理器设计，这些设计也是对早期指令集的增量添加，并在超大规模计算（在一个时钟周期内执行一个或多个完整指令）之前开始。最熟悉的例子是 Intel 和 AMD "x86" 微处理器，包括 Core、Xeon、Opteron、Atom 和 Xeon Phi 等微处理器，它们如今在个人计算机和服务器市场中占主导地位。x86 微处理器历来由不断增加的时钟速率和性能作为主要差异化因素。然而，在过去的 10 年中，微处理器已经从提升时钟速率增加性能向更宽的数据宽度（32 位到 64 位）、多核并行处理和低功耗的方向转变。这种转变带来了高的能效比，性能低的 x86Atom 芯片与基于 RISC 的低端处理器相比，在相同功耗下具有更高的性能。

RISC 是在 20 世纪 80 年代引入的，它用更简单的指令换取更快的执行速度。另一个结果是，在相同的工艺制程下，微处理器具有更少的晶体管，因此可以实现比 CISC 更低的功耗。RISC 微处理器主要来自 IBM 的 POWER、Oracle/Sun 的 SPARC，以及作为各种 SoC 中的 ARM。如今，RISC 处理器

可用于从嵌入式计算机到超级计算机的整个计算领域。首次引入时，它们具有显著的速度优势，但在过去的几十年中，CISC 和 RISC 实现已经过优化，并相互借鉴了技术，因此不再具有固有的优势。更重要的是，服务器倾向于更宽的 64 位实现，并且当你将微处理器增加到更宽的多核设计时，两者之间的边际差异正在趋同。

VLIW 在 20 世纪 90 年代被引入，作为硬件和软件之间的替代分工。其理念是让软件编译器对代码进行更深入的分析，并确定可以在硬件上并行执行哪些指令，以及使用条件执行作为分支的替代方法。此外，期望通过简化的微处理器硬件设计，它将具有更少的能耗和更快的速度。

最著名的例子是 Intel Itanium，它在一些特定的高性能计算工作负载和任务关键型应用程序中取得了成功，取代了 21 世纪初世界上 8 种主机架构中的 7 种。在解决硬件和编译器复杂度的新组合方面的延迟导致产品在较旧的工艺制程上发布，这样将需要更多的功耗才能获得有竞争力的性能。此外，x86 扩展到 64 位已经将 VLIW 推向了服务器细分市场的高端。

GPGPU 是在 21 世纪初由图形处理单元（GPU）应用到传统逻辑和计算而产生的。由于 GPU 最初是为图形设计的，因此可以对它们进行编程，以便对程序工作负载和任意计算进行编程。在相同的能耗下可以提供更高的性能。随着 GPGPU 开始实施标准 IEEE 浮点，它们越来越被接受，尤其是作为 HPC 工作负载的加速器。由于大多数服务器工作负载的特征是整数/字符数据而非浮点数，GPGPU 不太可能成为数据中心的通用解决方案。

对于绿色数据中心，指令集架构（ISA）不是重要的决定因素。随着时间的推移，各种微处理器体系结构相互竞争，并且相互借鉴解决方案和技术，以保持竞争力。随着世界对数据中心的能源足迹越来越关注，竞争必然包括能源使用，并用功耗作为指标。如今，CISC 和高端 RISC 微处理器在服务器设计中占据主导地位。VLIW 和 GPGPU 主要应用于专用 HPC 领域。低端 RISC 微处理器正在瞄准服务器市场，并随着其功能和性能的提升而具有竞争力（内核、线程、64 位、ECC、虚拟化支持、I/O 和内存等），它们必然会增加其复杂性和能耗。对于绿色数据中心的相同需求，不同 ISA 是否存在显著差异仍有待观察。

19.2.4 微处理器主要功能块

微处理器由多组电路组成，这些电路为计算提

供了重要功能。这些组称为功能块，在功能分解需求的设计过程中定义。它们是可以独立开发的功能，通过将系统分解为具有良好定义的接口的并行开发工作，使其适用于高复杂性系统的实施。在最高级别上，微处理器可以分为核心和非核心两部分。

核心部分是与程序执行有关的功能块集，包括执行单元、寄存器、分支预测、指令和数据高速缓存、调度程序和流水线管理功能。我们可以将其视为独立于存储器接口、高速缓存、图形、I/O 和多处理功能的微处理器。图 19.4 所示为现代多核服务器微处理器中的主要功能块。能耗的主要决定因素与核心的复杂性、时钟频率及实现它的工艺制程有关。它有多少位宽？多少个寄存器？多少个执行单位？最后，同步时钟以什么频率协调所有流水线功能块之间的执行？

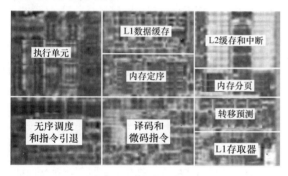

图 19.4　微处理器中的主要功能块（Intel 公司提供）
注：Intel ⓒ Xeon ⓒ 处理器 E5 – 26xx 系列芯片中单核的局部放大图。
（图 19.3 中一个核心旋转 90°）

非核心部分基本上是微处理器中的所有其他内容，它提供了多个内核、共享缓存和外部服务器系统，例如内存、I/O 和其他的微处理器之间的接口。此级别的能耗主要受集成规模，即集成数量的影响。有多少个核？有多少内存通道，频率是多少？共享缓存有多大？有多少 I/O 接口？有多少个多处理器接口？

服务器的当前发展趋势是支持程序工作负载的多个并行执行。这可能发生在板级、芯片级或核心内。在板级，将两个或更多微处理器放在服务器中称为多处理。今天，随着存储器和 I/O 集成到微处理器中，处理能力（通常随存储器和 I/O 扩展）随着微处理器的数量而变化。

因此，具有其附加存储器和 I/O 的另一处理器可以在不显著增加服务器能耗的情况下提高性能。

这就是双处理器（DP）服务器是市场主流的原因。面向事务的工作负载和 HPC 可以从同一系统中更多的处理器中受益。

在芯片级别，将两个或更多内核放在同一个非核心中，可以为不需要更多内存或 I/O 的工作负载提供更高的性能。具有两个或更多内核的服务器微处理器芯片称为多核。通常，内核是相同的，但芯片也可以混合使用具有不同功耗和性能特征的大核和小核，如 ARM Holdings 的 big.LITTLE 架构。将能耗与瞬时计算工作负载需求相匹配的一种技术是关闭不需要的内核，并以更高的时钟速度运行单核，如使用英特尔的 Turbo 模式。相反，如果有不同的内核，则可以关闭高能耗内核，因为工作负载允许以较低的服务器利用率水平节省能耗（当然，较低的性能适合较低的瞬时工作负载需求）。

今天的处理器内核运行速度明显快于内存或 I/O，内核中的执行单元可能需要等待 500 ~ 1000 个时钟周期才能进行内存访问，从而在整个时间内消耗能量。改善这种存储器停顿情况的一种技术是当存储器停顿发生时在多个独立的执行线程之间切换。这种切换称为多线程，其作用是允许微处理器在第一个线程等待存储器访问完成时在第二个并行程序线程上继续进行计算。解决停顿问题的另一种方法是无序执行，即运行下一个可以在暂停的指令等待时运行的指令，然后确保在执行管道的末尾容纳对该暂停指令的任何依赖。其他技术，如分支预测、指令预取、预测缓存（以及一般的高速缓存）和加载/存储缓冲区，都以提高能耗为代价来提高性能。通常，性能提升带来的收益显著高于能耗增加的成本。

相反，提高性能、浪费能源的技术之一是推测执行。这是在知道分支结果之前执行程序的两个分支以便获得更好性能的做法。它倾向于在嵌套循环和 ifs 中级联。不幸的是，为了得到结果最终至少需要进行两次工作（相当于两倍能耗）。十年前，当业界将频率作为性能提升的手段时，经验法则是将增量功耗提高到 3:1，以提高性能。然而，当今业界的关注的比例不超过 1:1。

因此，多线程、无序执行、分支预测、预取及预测性缓存都是绿色微处理器应该具备的功能，其中推测执行是要避免的。

19.2.5　虚拟化、电源和散热

最后，对与微处理器、虚拟化、电源和散热有关的内容进行讨论。虚拟化是使软件认为有更多微处理器而不是物理实际存在。这是通过运行一个称

为虚拟机监视器（VMM）的程序来分配资源和切换任务来实现的，使软件看起来好像是一台具有更多资源的机器。运行 VMM 会产生开销（通常为 1%～5%），因此在机器级别运行虚拟化工作负载实际上需要更多能耗。但是，如果可以关闭整个计算机，并将数据中心中的所有工作负载整合到运行较少的服务器（或更新、更高效的服务器）上，则可以降低总体能耗。绿色服务器微处理器具有内置的特定功能，可以运行虚拟化，性能更高，能耗更低。

微处理器具有一些芯片级电源和散热管理功能。微处理器内的不同功能块可以具有不同的电压要求，并且今天的服务器可能需要数十个不同的稳压输入用于主板上的芯片。电压调节器（VR）是服务器系统中能源损耗的重要部分（图 19.1）。其中一项新技术是采用封装内或芯片内电压调节，这种调节效率更高。此外，采用更高频率的数字控制，可使转换效率曲线相对平坦，以获得更广泛的负载范围内高效转换。芯片内 VR 通常可以整合其他几个外部 VR，并以更高的效率提供多个内部电压。这也可以用单个 VR 替换多个板级 VR，其效率更高，整体成本更低。

另一个功能是通过软硬件结合对可变电源状态进行标准化支持。高级配置和电源接口（ACPI）在 20 世纪 90 年代出现，是一种统一和改进的电源管理平台。ACPI 使平台电源管理成为一种通用接口，通过操作系统（Windows Server、Linux 等）直接管理，而不是之前仅仅通过基本输入输出系统（BIOS）进行控制的电源管理。ACPI 指定不同的全局和系统电源状态，但在这里，我们关注其中的 CPU 状态。微处理器 CPU 的电源状态最初定义为四种不同的 C 状态：C0，运行；C1，停止；C2，停止时钟；C3，睡眠。睡眠状态的其他等级已被命名为深度睡眠、更深入睡眠和深度电源关闭使得 C 状态模式达到了 C6。随着多线程和多核解决方案的激增，围绕线程、核心和封装电源状态（如线程—C6、核心—C6、封装—C6）进行了区分。微处理器不必实现所有状态，但当它执行时，必须通过 ACPI 驱动程序和操作系统。

许多细粒度级的电源管理技术被应用于微处理器内的功能块和电路中。该系统还可以在有限范围内降低时钟频率和电压，从而以较低性能为代价节省能耗，通常是在少量的离散级别上。

这有助于编写操作系统、驱动程序和软件，以便及时整合活动，然后"竞相停止"，以最大限度地减少能源使用，直到有任务再次启动。通过这种方式，可以保持相同的性能水平，但延长了省电时间，使微处理器可以进入更深层次的节能模式。

微处理器还具有一些散热管理功能，可以监控芯片的温度，甚至是单个内核的温度。这些功能主要是为了保护芯片免受热量失控的影响，如果它变得过热，就会通过降频（运行速度较慢）来实现自我保护。实际运行过程中往往会有一些余量，因此微处理器可以使用散热管理功能来监控内部芯片温度，以便在低于热限制运行的这段时间内可以更快地运行。通过更快地完成计算，可以降低整体能耗。通过毫秒级的时间间隔监测温度，预估未来几秒钟之内的热影响。因此，当芯片封装温度比在最大功率下更低时，它可以更快地运行而不会超过热限制。此外，芯片设计中考虑了静态热裕度，它允许微处理器更有效地使用能耗以全速运行，并更快地完成计算而不会达到热限制。

最后，关于额定功率的说明：最大可能功率是微处理器制造商发布的规范，通常称为 P_{max}。很少在实际系统运行中达到 P_{max}，并且在设计支持该规范的系统时浪费了大量的余量。它还导致组件尺寸过大，从而浪费能源，因为这些组件在其效率曲线上的较低点运行。

最近，热设计功率（TDP）是已发布的规范。只要存在过热保护机制以在异常和极端事件中保护微处理器，就可以安全地设计一个具有更少裕度的系统，并使其在较低能耗下运行。

19.3 服务器

虽然服务器微处理器是数据中心能源使用的一个重要决定因素，但其本身并不起作用。它需要组装到服务器主板上，并封装在服务器平台上才能运行实际应用程序。服务器平台是用来填充数据中心的物理计算单元，除了之前详细讨论过的微处理器之外，它还包含用于计算的电气、通信、机械和热力基础设施。服务器平台的主要组件包括机箱、存储器、风扇、I/O 接口、供电单元（PSU）和主板。图 19.5 所示为去掉上盖的 2U 双处理器（DP）机架式服务器中的这些组件。

19.3.1 分类

按外部结构形式，服务器一般可以分为 4 个类型，即塔式服务器、机架式服务器、刀片服务器和高密度服务器。

塔式服务器采用与立式 PC 台式机大致相当的

第 19 章 微处理器与服务器节能设计

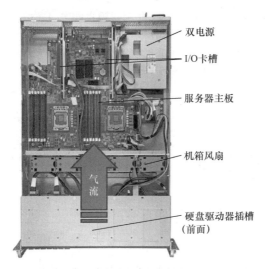

图 19.5　2U 双处理器（DP）机架式服务器的组件（Intel 公司提供）
注：气流从前往后通过机架。请注意，该图中的两个微处理器及其散热器均未安装，第二个 PSU 也未安装。

机箱。因为塔式服务器的主机机箱比普通机箱要大，一般都会预留足够的内部空间以便日后硬盘和电源的扩展。除非使用附加的 PCIE 卡和硬盘等完全配置，否则实际应用的 PSU 负载较低，因此电源的使用效率偏低。塔式服务器通常用于独立应用程序，常见的入门级和工作组级服务器基本上都采用这种结构。大约一半左右的服务器安装在非托管空间（桌子、储物间、配线间）；仅通过采用数据中心的最佳实践，这些服务器就有可能获得巨大的能源管理收益。

机架式服务器更受数据中心青睐，虽然有各种形状和尺寸，但都满足国际标准宽度 19in（482.6mm）的限制。机架高度为一个机架单位（U）的整数倍，即 1.75in（44.45mm）。常见的两插槽机架式服务器是 1U（"比萨盒"）和 2U 高，完全封装在金属壳体（通常是镀锌钢板）中，符合 EMI 标准，因此可以单独销售。4 插槽和更大的服务器会采用 3U、4U、5U 甚至更高的尺寸规格。机架服务器高度越小，适合的风扇直径越小，因此散热和气流问题就越具有挑战性。从风扇能效的角度来看，高度空间越小，能效就会越低。

刀片服务器通过共享几个 U 高（通常为 3 - 10U）的机架式机箱、互连背板和交换网络、PSU 和风扇，消除了多个机架式服务器之间互连布线的混乱。因此，每个服务器卡"刀片"仅仅是一个带有微处理器、硬盘、芯片组和机箱互连接口的主板，以及用于实现 EMI 的金属外壳。刀片服务器往往是低功耗、低性能的解决方案，可在给定的机架空间内提供高功率密度。考虑到适当的业务负载，与机架式服务器相比，刀片服务器可以优化整体能效。

高密度服务器是介于机架式和刀片式服务器之间的一种服务器（如在 1U 机架式服务器中放置 4 个服务器）。它们的特点是每 U 高度提供两个以上的微处理器支持。

19.3.2　数据存储

计算是对数据进行处理。不言而喻，数据需要在计算之前或之后进行存储，并且持续通过服务器的运行进行循环。用于数据存储的传统设备是磁盘驱动器，通常被称为具有机械旋转机构的硬盘驱动器（HDD）。同样的设备也用于软件程序存储。传统上，服务器有一个用于软件程序存储和数据存储的 HDD。但是，随着数据规模的增加，数据存储和管理成为企业或数据中心内专用系统并不罕见。独立冗余磁盘阵列（RAID）是一种提供可靠数据存储的数据备份技术。存储阵列网络（SAN）和网络附加存储（NAS）提供企业级数据存储，代替服务器中的本地 HDD。

通常，服务器具有支持板，用于热插拔磁盘驱动器和多个驱动器的 RAID 控制。它们在物理上与磁盘驱动器一起位于驱动器托架中或其附近，通过 SATA 或 SAS 电缆连接到主板。SATA 驱动器往往具有更低的成本、更低的速度、更低的容量和更低的可靠性，并且比 SAS 驱动器耗电更少。

最近，固态硬盘（SSD）已开始出现在服务器中。它们通常使用相当于 HDD 四分之一的能耗。出于成本原因，SSD 的存储容量范围较低，但 SSD 较低的能耗、较低的温度和较低的延迟正在加速其应用。在某些情况下，它们被用于存储应用程序关键数据，其中较小的尺寸是一个优势；它们的低延迟访问可以显著提高性能并减少完成工作负载的能耗。最后，还有一种混合式硬盘也使用 HDD 的旋转存储介质，但缓冲数据则采用 SSD 中使用的固态芯片。这些尝试使 SSD 的性能优势更接近 HDD。当然，这需要在成本、性能和能耗因素之间进行复杂的权衡，但如果要建立绿色数据中心，则应考虑使用 SSD 和混合式硬盘。

19.3.3　风扇

服务器中使用的所有能量最终都会变成热量。必须不断排出服务器在运行中产生的热量，以确保器件在额定的工作温度范围内工作，保证系统可靠

337

运行。空气是大多数服务器中用于散热的介质,而风扇有助于散热。从图19.8中可以看出,风扇也是服务器中的主要能耗之一。如前所述,较小的空间限制了风扇尺寸并增加了能耗。在刀片机箱或机架级(而不是服务器级)移动空气的解决方案使用的总能量较少。

同样,风扇能耗是其转速的幂函数。一直以全速运行风扇的服务器会浪费更多的能量。风扇能效的关键是使用复杂的风扇速度控制算法,根据系统器件温度和系统负载来控制风扇转速。

19.3.4 I/O 卡

I/O卡插入服务器中的扩展槽中。当主板没有内置特定的I/O接口时,需要通过使用它们进行扩展。通常,I/O卡会增加服务器的能耗。如果主板上有I/O,则能源消耗通常较小。

19.3.5 PSU

PSU是一个独立的电子组件,用于将数据中心的配电电压转换为服务器系统组件使用的直流电压。所有PSU都有一条效率曲线,将PSU的效率与不同的负载相关联,从0%~100%的负载增加。效率曲线通常在较低百分比载荷下较低,在较高载荷时最高。在过去10年中,环境保护机构和80多个计划已经要求服务器电源在20%、50%和100% PSU负载的效率达到80%,因此需要确保系统具有符合要求的PSU。

交流电的PSU效率始终低于直流PSU,因为它们在前端整流器和功率因数校正(PFC)电路中具有额外的损耗。当然,这还取决于PSU其余部分的组件和电路设计。实际上,数据中心380V高压直流配电的动机之一是消除这些交流损耗。

出于可靠性考虑,从数据中心配电的角度来看,一般为服务器提供多个冗余PSU,称为双路冗余。当使用双路PSU时,每个电源限制为不超过其额定最大负载能力的50%(因此当一个PSU发生故障时,另一个PSU可以支持100%)。因此,每个PSU都是在效率曲线上的效率较低点运行。例如,在图19.6中,支持标称300W服务器硬件负载的电源效率为89%,这意味着实际需要337W。如果服务器是双路冗余的,则必须为两条PSU线路中的每条线路提供181W或总共362W(多8%),以支持相同的300W服务器负载(150W除以82.5%的效率然后乘以2)。如果能将服务器供电解决方案应用于数据中心,服务器无须使用双路输入供电且提供相同级别的可靠性,可以显著提高服务器的能效。最近,市场上出现了冷冗余PSU,它只为两个冗余PSU中的一个供电。如果它失去输入电力,可以立即打开第二个PSU。因此,它们可以提供双路的可靠性,同时效率提高5%。

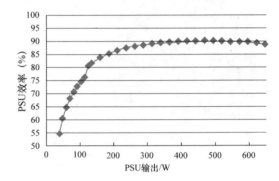

图19.6 电源效率取决于其输送的电量,通常在较低的功率输出水平下会迅速降低
(Intel 公司提供)

19.3.6 PMBus 和节点管理

服务器电源的一个最新功能称为PMBus,它使服务器PSU能够与服务器的基板管理控制器(BMC)进行通信,包括PSU的实时功耗监控管理。因此,服务器现在可以测量自己的实际使用功耗和PSU效率。英特尔提供了一种称为节点管理器的功能,并为程序化界面发布了系统开发工具包(SDK)。因此,数据中心监控管理程序可以实时测量和监控实际使用的能耗。数据中心运营商可以使用它来控制和管理整个数据中心的电力使用,包括功率限额、提高服务器部署密度、动态平衡资源及提高业务连续性。

19.4 主板

主板是服务器组件的集合,支持服务器中的大部分电子组件。主板安装在机箱中,通过电路将"芯片",如微处理器(通常是插座)、芯片组和BMC、VR、内存模块、I/O附加卡及集成的主板I/O进行互联。图19.7所示为图19.5去除机箱后的服务器主板。

同样,能耗帕累托是查看服务器不同组件能耗分布的好方法。图19.8所示为无数据存储的典型机架式服务器中的能耗帕累托分布。鉴于服务器主要是用于计算,微处理器的能耗最高应该不足为奇。

19.4.1 芯片组和电压调节器（VR）

芯片组是将主板上的微处理器连接到所有外部和 I/O 接口的硬件。通常，微处理器的工作电压低于 1.5V（直流），而大多数外部和 I/O 接口的工作电压为 3.3 – 5V（直流）。此外，I/O 接口的信号频率（尤其是板外）通常比板载芯片互连更低。作为微处理器和外部之间的媒介，芯片组也对能耗产生影响。由于具有缓冲 I/O 和直接访问存储器（DMA）和高速缓存（DCA）的能力，芯片组可以允许系统进入较低能耗状态，并与微处理器一起工作以减少能耗。随着芯片组的更多功能迁移到微处理器中，芯片组遵循微处理器的 C 状态，而不是独立的 P 状态。

图 19.7 Intel © Xeon © E5 – 2400 处理器服务器主板（Intel 公司提供）

注：气流设计为从前向后流动，以最小化微处理器和内存 DIMM 热阴影中的部件。

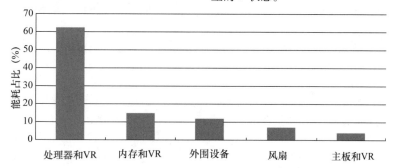

图 19.8 无数据存储的典型机架式服务器中的能耗帕累托分布（Intel 公司提供）

同样，芯片内电压调节器（VR）技术正在将部分 VR 功能从主板上迁移下来，这有助于服务器提高能效。芯片组支持所有 I/O 功能需要的 10 个或 20 个不同电压电平，这并不罕见。芯片内 VR 技术的趋势，以及该技术实现的数字 VR 控制，可以在更广泛的负载率下实现更少的 VR、更高的能效和更平坦的效率曲线。

因此，芯片组中与能耗相关的重要事项是降低整体能耗，减少电压平面，以及更丰富的节能选项支持（ACPI C 状态/P 状态支持）。

19.4.2 基板管理控制器（BMC）

标准的大容量服务器包括一个控制器芯片，用于监控称为基板管理控制器（BMC）服务器的运行。BMC 允许数据中心运维人员与服务器进行远程交互，并监控电源、电压、电路板和芯片温度、风扇转速、错误日志等信息。BMC 由服务器中的备用电源供电运行。只要 PSU 已接通电源且备用电源正常工作，无论服务器是开启还是关闭，BMC 都可以运行。此外，BMC 通过服务器的板载 LAN 接口（称为带内通信）进行通信。相反，它可以通过独立的 LAN 接口与独立的服务器管理网络进行通信（称为带外通信）。BMC 在识别服务器或数据中心的异常情况时尤其重要，因为它可以在异常时提供日志记录和报警信息。同时，也让数据中心运维人员了解能耗是否出现异常，以便他们可以采取行动以更快地恢复。

19.4.3 内存

在微处理器之后，内存是下一个能耗高的部件，具体比例取决于实际应用配置。与微处理器一样，内存的能耗与其工作的时钟频率成比例。此外，内存通道的数量也很重要。目前，系统内存采用动态随机存取存储器（DRAM）芯片组装为双列直插式存储器模块（DIMM）卡。在大多数情况下，内存的能耗是总内存芯片数量的直接函数，与每个芯片的容量无关。在内存工作速度方面，在竞争停止的模式下，更快的速度能够更快地完成计算，并且可以降低整体能耗。必须用真正的软件堆栈验证它才能确定。同样，低功耗的 DIMM 继续存在，其在较低电压下运行并提供较慢的性能。但是，根据工作负载、处理器和服务器处于空闲状态的时间比例，基准测试可以验证这一点。一般来说，通过在更多内存通道中使用更快的芯片、更大的容量和更少的 DIMM 来优化能源使用，以满足应用程序所需的内存量。

19.4.4 风扇、散热器和布局影响

另一个耗能的部件是风扇。避免使用 1U 服务器，可以提高风扇效率。此外，如今大多数服务器都会改变风扇的速度，随着服务器温度的升高，风扇的运行速度也会加快。风扇的选择主要由系统制造商决定。然而，另一个重大影响是风扇控制速度的算法。研究表明，与传统的算法相比，能耗最优的算法可以使风扇在系统空闲时节能约 25%，系统满载时节能 10%。此外，散热器是必须的，但自带风扇的散热器（集成在散热器中的风扇）通常是一种不合理的设计，会增加额外的能耗。主板布局会对风扇产生很大影响，因为如果某些组件布局在其他组件后面，则存在级联加热影响（如微处理器后面的内存 DIMM 插槽），需要更多的风扇能耗来散热。

19.4.5 板载 I/O（LAN、USB 和 VGA）

服务器通常会附带用于扩展附加卡的扩展卡插槽，尤其是 I/O。如果可以定义使用集成到服务器主板中的 I/O 功能的数据中心，则可以避免运行 I/O 卡的额外能量。通常"向下"或在主板上提供的 I/O 示例最多包含 4 个千兆以太网、USB 和 SATA 通道。SAS 和 RAID 接口有时可用作主板选项（而不是已安装在服务器扩展卡插槽中的附加卡）。其次，服务器很少需要图形显示接口，因此可以使用本机 VGA 端口，甚至通过 LAN 连接、通过 BMC 进行交互。最后，小型数据中心传统上会使用键盘、视频和鼠标（KVM）切换器对多个服务器进行远程监控。一旦达到两位数的服务器数量，这就变得不切实际了。有一些解决方案可以通过 Internet 协议来进行远程管理运维服务器，这当然更高效，同时更节能。对于少量服务器和大型服务器，没有理由不使用它。

如今，PCI Express（PCIe）已基本上取代了 PCI-X，成为服务器中 I/O 卡插槽的标准。它当然提供了更好的数据传输和更低的能耗，并且具有平台可以调用的节能状态。USB 是另一种标准接口，通常用于临时与服务器的热插拔连接（如调试期间需要使用键盘）。然而，值得关注的新兴趋势是即将过渡到光连接 I/O。硅光技术可以以 100GB/s 的速度传输数据，其功耗不到现在的 40GB/s 铜缆的一半。随着时间的推移，它可能取代千兆以太网和光纤通道，或者至少取代物理（PHY）层来替代许多 I/O 技术。

19.4.6 服务器利用率和服务器更换策略

可立即在数据中心级别进行总体能耗改进的最有效的方法之一是更换旧的服务器。如图 19.2 所示，7 年前的服务器每瓦特性能是新服务器的 1/80。

在最近一次对数据中心使用服务器数量的普查中，一家财富 100 强公司发现其 32% 的服务器使用已超过 4 年。图 19.9 所示为对这些服务器的能耗和性能分析，得出了令人震惊的结果。虽然 4 年以上的服务器仅占服务器总数的 32%，但它们占总能耗的 60% 以上。此外，它们的计算性能仅占总性能的 4%。显然，较旧的服务器使用了不成比例的能源来完成该数据中心中极少部分的工作。

服务器利用效率（SUE）是英特尔开始用于描述此现象的指标。如果电能利用效率（PUE）是关于数据中心电源和冷却基础设施能源效率的指标，那么 SUE 是关于服务器利用效率的指标。它是数据中心中当前可用的服务器效率与当前实际部署的服务器效率之比，即

$$SUE = \frac{当前可用的服务器效率}{实际部署的服务器效率}$$

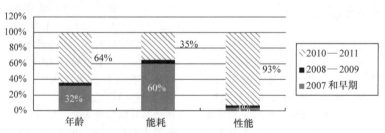

图 19.9　服务器的能耗和性能分析（Intel 公司提供）

根据摩尔定律，每两年性能将提高一倍，以及每隔几年提高能效的经验，综合效应是指数曲线，可用于估算老化服务器群体的性能和能源效率。根据 SPEC 性能结果对数据进行经验拟合，提供了以下简单的方法，以估计服务器的使用年限对其利用率（能耗和性能）的影响：

$$SUE = \frac{1}{\sqrt{2}^{Age\ [years]}}$$

因此，使用一年的服务器其利用效率是新服务器的 71%，而 5 年的服务器其利用效率仅是新服务器的 18%。

显然，这不一定是很确切的答案，但它是一种探索，可以让我们回答一些重要的数据中心规划问题。

用服务器总体的加权平均值计算整个数据中心或局部 SUE，由此可以对服务器替换策略的影响做出明智的估计。以每年更换 1/5 的服务器为例，SUE 为 56%：

$$SUE = \frac{1}{5} \times \frac{1}{\sqrt{2}^0} \times \frac{1}{5} \times \frac{1}{\sqrt{2}^1} \times \frac{1}{5} \times \frac{1}{\sqrt{2}^2} \times \frac{1}{5} \times \frac{1}{\sqrt{2}^3} \times \frac{1}{5} \times \frac{1}{\sqrt{2}^4} = 56\%$$

还可以计算削减今年替换服务器预算的影响：

$$SUE = \frac{1}{5} \times \frac{1}{\sqrt{2}^1} \times \frac{1}{5} \times \frac{1}{\sqrt{2}^2} \times \frac{1}{5} \times \frac{1}{\sqrt{2}^3} \times \frac{1}{5} \times \frac{1}{\sqrt{2}^4} \times \frac{1}{5} \times \frac{1}{\sqrt{2}^5} = 40\%$$

因此，削减今年的支出将使数据中心在没有更新的情况下 SUE 降低 16%。从某种意义上说，这是对机会成本损失的评估，是对数据中心竞争力影响的评估。此外，如果组织对第二年的计算增长预测大于 0，则会产生问题。此外，在这种情况下，如果增长预测超过 16%，那么第二年你可能已经将短期开支削减成了一个紧急项目，以建立一个新的数据中心。

19.4.7 其他考虑因素

还有一些事情需要考虑，超出了本章的范围。首先，我们仅限于讨论微处理器和单个服务器。在某种程度上，这反映了当前的市场细分和服务器目前的销售情况。但是，某些功能无法扩展到这个级别，需要在机架级甚至数据中心级进行考虑。像风扇、380V（直流）配电和数据中心冷却替代方案等，理想情况下应在单个服务器之外的规模上应用。Facebook 上的开放计算项目是一个很好的例子，可以从整体上分析这个问题。其他方面，像如何定义可靠性，可以将一组权衡转移到一个全新的效率水平。

例如，尽管 380V（直流）主要是通过其可靠性改进来推动数据中心的发展，但它可以提供比新交流配电至少高 7% 的能效，比现有的传统数据中心高 28% 的能效。

同样，通过在每个服务器中使用大量小风扇来实现服务器冷却的方式效率比较低。刀片服务器试图将其扩展到更大的物理尺寸，并将风扇能耗成本分散到更多服务器刀片上。机架级风扇甚至比当前情况更有效，特别是如果它在更高的电压下运行。

此外，机架级和数据中心级替代冷却解决方案，如运行在温度为 40℃（104℉）的高温环境、液体冷却或浸没液冷下运行的数据中心，可以提高能效或提供更高密度的散热解决方案，但它们也有额外的功能性、可靠性和成本权衡。

最后，可靠性通常在硬件级别定义，并与软件和整个系统可用性分开。例如，像 Google 这样的大型数据中心定义了运行软件的可靠性，当出现硬件失效时可以将业务负载分配到其他硬件。因此，他们不需要双路冗余，但仍然可以获得所需的可靠性/可用性，同时减少其能耗分配的损失。乍一看，用两台只有两个电源的冗余服务器替换一台具有两个冗余电源的服务器似乎不可思议。但是，取消数据中心服务器的双冗余电源会降低能耗（2N 冗余 PSU 到数据中心级别的 N+1，大约为 5%）。

19.5 软件

服务器平台通过运行软件才具有使用功能。在数据中心中有多个层级的软件，它们会对数据中心的能耗产生影响。服务器平台上有 4 个级别的软件：固件（FW）、操作系统（OS）、中间件和应用程序软件。实现特定功能所需的所有软件共同构成其软件堆栈。

FW 在软件堆栈的最底层，它是嵌入在服务器平台中的软件，在硬件和软件之间提供基本的、最底层的接口。基本输入/输出系统（BIOS）是传统的 FW，随主板一起提供所有底层硬件接口和基本 I/O 功能。BIOS 是用于特定平台的，并且历史上指的是 IBM-PC 平台。统一可扩展固件接口（UEFI）已成为基本 I/O 功能的标准。它以独立于平台的方式实现，超越了 IBM-PC 架构的历史限制。在没有安装操作系统的情况下，可以将系统引导至 UEFI。BIOS 和 UEFI 通常用汇编程序编写，旨在快速高效，因为基本的 I/O 函数经常被调用。FW 按原样提供，无替代方案，因此实际上购买者既不会做任何事情，也没有机会测量与 FW 相关的能效。

FW 的上一层是操作系统，包括 Windows Server 和 Linux 操作系统。在虚拟化服务器中，有一个称为虚拟机监视器（VMM）的软件层，其作用类似于操作系统对应的 FW，一个大的机器对应的操作系统（或多个虚拟机对应多个操作系统）。操作系统会对数据中心能耗产生重大影响；但是，大多数操作系统的选择都是由需要特定应用程序的业务需求驱动的，而特定应用程序又限制了一个特定的操作系统。当存在不同选择时，判断哪个操作系统工作得最好的唯一方法是在所有可选操作系统/应用程序组合上进行基准测试用例，并测量能耗差异以完成相同的工作。

与操作系统和特定 I/O 外围设备相关联的是驱动程序。这是为特定外设/OS 组合编写的是一种可以使操作系统和设备通信的特殊程序。同样，如果存在可选的硬件/驱动程序组合，甚至硬件/驱动程序/操作系统/应用程序组合，则可以执行基准测试。这是一项相当大的工作，通常只是为了满足业务需求而准备的一种能力，占次要位置。但是，如果作为一个更大的 IT 项目的一部分进行了适当的规划和执行，那么在该项目的计划部署生命周期内，它可能会节省大量的能源和成本。如果没有先前的知识或经验积累，很难知道是否节省能源。

中间件是用于为跨一组分布式系统提供服务的软件的术语。在一台机器上，它将被视为操作系统的一部分或扩展。与操作系统一样，中间件替代品可能不存在，也不容易通过替代方案与整个软件堆栈的能源使用相关联。同样，如果不进行深入的调查，就很难知道是否节省能源和成本。

最后，应用程序软件位于堆栈的顶部。如果自己开发应用程序，那么检测和测量应用程序的能耗是一种合理的活动，或者至少在验收期间提供能耗的测试。如果你正在购买应用程序软件，可以将能耗指定为属性之一，并进行验收测试。当然，这就引出了如何设置验收标准的问题。在嵌入式系统和实时软件之外，很少提出应用软件的能耗需求。但是，与软件开发人员或供应商合作，你应该能够量化与现有系统相关的能源成本，并将其用作设置验收要求的基线。从历史来看，能耗是与工作时间相关的。但实际上，测量能耗通常只需要一个电度表（如 Kill A Watt、Watts Up、仪表电源板/PDU）和计时器（可能由操作系统提供或嵌入应用程序中）就可以在单个服务器上组合一个测试用例。一般来说，我们讨论的是在部署软件堆栈以供日常使用之前所做的工作。但是，要完成这项工作，需要在整个操作部署生命周期内进行定期审核，甚至自动执行连续监控。软件堆栈可能会随着时间的推移而发生变化，尤其是在更新、补丁、整合等方面。

前面在微处理器部分中讨论 C 状态时介绍了高级配置与电源接口 ACPI，实际上包含了整个平台。ACPI 是一种能源管理的软件标准，它定义了操作系统管理的电源状态模型，如图 19.10 所示。它由操作系统直接控制，并非每个状态都必须由特定系统实现，但实现那些状态是通过 ACPI 中的功能完成的。该模型包括全局状态（G 状态）、休眠状态（S 状态）、节流状态（T 状态）、CPU 电源状态（C 状态）、微处理器性能状态（P 状态）和设备电源状态（D 状态）。

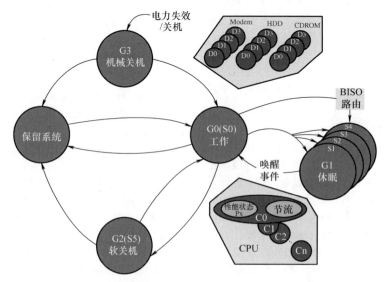

图 19.10 ACPI 电源状态与平台状态之间的关系（ACPI/Intel 公司提供）

最高级别是全局状态（G0～G3）。操作系统启动后，系统处于G0工作状态。系统可以转换到G1（休眠状态）、G2（软关机状态）或G3（机械关机状态）。

休眠状态或S状态代表系统没有工作时的待机状态。S0（唤醒状态）是G0状态的一部分。休眠状态（S1～S4）是G1状态内的渐变。S5是G2（软关机状态）的一部分。在任何S1～S5状态下都没有程序执行；它们简单地代表休眠状态，分别具有不同的延迟恢复时间。S1用于挂起系统，并在缓存刷新为零之后触发。S2通常不在服务器中实现，尽管芯片组已经销售到所有三个细分市场，即服务器、工作站和高端桌面台式机。S3通常通过将DRAM内存置于自刷新模式来跟随S1，从而允许微处理器和/或芯片组进入低功耗状态。S4，俗称"冬眠"，将所有系统状态存储在磁盘上；它很少在服务器中使用，因为唤醒延迟接近开机时间，而且跳过了可靠性、自检步骤。最后，S5是关机状态，并且不保留任何状态。就系统而言，G2、S5和G3机械关机几乎是相同的。LAN唤醒（WOL）或任何其他硬件唤醒功能可以使服务器从G1或G2（但不是G3）的休眠模式恢复。这实际上取决于特定系统实现的内容，以及恢复支持的休眠模式。

T状态和C状态与微处理器有关。C状态在前面已经讨论过了。T状态与强制执行微处理器的热限制有关。如果运行服务器的系统或环境无法使微处理器保持足够冷却，则微处理器将调节其性能以减少其产生的热量。因此，与节能的C状态不同，T状态实际上是保护微处理器免于因散热问题而导致微处理器故障。它节省能源是保护微处理器的副作用，这会带来显著的性能损失。应避免触发T状态，因为在此模式下运行时可能需要更多的能源才能完成计算。

P状态是针对平台的，除了微处理器之外，还可能涉及芯片组和I/O。一般来说，在完成相同计算而不产生更多能耗的情况下，需要越来越深入的P状态支持。在特定硬件上使用特定的软件堆栈进行测试是确定这一点的唯一可靠方法。最后，对于调制解调器和磁盘驱动器等I/O设备，D状态允许设备具有可由操作系统转换的节能模式。

操作系统通常在相当长的时间范围内（至少对于微处理器硬件）以50ms的顺序管理电源状态转换。对于服务器中的微处理器、芯片组和其他硬件，在操作系统与ACPI服务间隔之间有机会进入深度休眠状态和节能模式。其中一个重要机会是将活动整合为具有更长时间不活动的突发性能，以便硬件可以进入更深层次的节能状态，同时提供相同级别的性能。在未来，我们可能会看到一种从操作系统管理能源节省转移出来的"无滴答"的操作系统，新的方法是建立一个更高性能、更节能的操作系统定向模型，在将来的服务器平台中实现硬件能源管理

19.6 基准测试

服务器被用于许多不同的目的，在其上运行的软件的性质（称为工作负载）可能会对能源使用产生重大影响。这些工作负载会对服务器的计算处理效率和能源使用产生重大影响。基准测试是一个详细的数据收集过程，旨在对预估数据中心未来如何运行提供数据。不同的技术需要在要完成的工作量和达到预测需求的能力之间进行平衡。这些技术包括在实际的软件堆栈运行、运行代理工作负载、使用现有行业基准测试程序、测量服务器功率和服务器功率规格。需确保将重点放在计算处理效率和能源使用上。

在规划的服务器硬件及完整的软件堆栈上运行实际工作负载是对计算处理效率和能源使用进行基准测试的最佳方法。当然，这可能是最需要完成的工作。验证解决方案堆栈（硬件和软件）是最成熟的方法。

有时，在部署和测试最终的软件解决方案堆栈之前，必须提前进行规划。在这种情况下，如果可以确定一个与实际负载类似的工作负载，则可以将其用作代理工作负载。这可能具有与验证一个完整的解决方案堆栈一样多的工作量，但有一个额外的好处，即在最终解决方案堆栈可用性之前获得预测数据。

使用行业基准测试可以是一项研究工作，以收集数据，并对给定的解决方案堆栈的性能进行近似预测。当然，前提是对应用程序的执行方式有足够的了解。至少，需要有足够的知识和经验来选择合适的测试基准来模拟应用程序。请记住，大多数行业基准涵盖计算处理效率或能源使用，但很少两者兼顾。有一个真正的诀窍是选择一个接近实际工作负载和所期望使用的硬件的基准测试。当然，也可以在实际软件应用准备好之前在目标硬件上运行基准测试，这比仅仅研究发布的基准测试结果要复杂得多。可以参考的一些行业基准主要有：

- SPECint_rate 是一种微处理器基准测试，用于测量多核处理器在整数计算中的吞吐量。结果适用于字符数据操作工作负载，因为它们基本上是作为整数数据处理的。
- SPECfp_rate 是一种微处理器基准测试，用于测量多核处理器在浮点计算中的吞吐量。从历史经验上看，基准测试也是服务器内存系统性能的良好指标。
- SPECweb 是一种用于评测 Web 服务器计算处理效率的基准测试。
- SPECjbb 是一种基准测试，通过模拟一个三层架构环境来进行 JAVA 应用服务器测试，目的是衡量应用服务器端 JAVA 应用的性能。它侧重于服务器的微处理器、缓存和内存子系统，以及在降低磁盘和 I/O 相位的同时进行多处理的性能。
- Linpack 是衡量高性能计算（HPC）系统计算处理效率的基准测试。
- TPC 是一种用于衡量服务器在关键任务、面向事务的工作负载（如后端订单处理）上的计算处理效率的基准测试。要获得有竞争力的分数，需要在大型系统配置上进行大量投资，因此较小的原始设备制造商（OEM）很少使用 SPEC 列出结果。
- Stream 是一种用于评测系统的内存带宽的基准测试。它通过代理、HPC 工作负载来衡量内存绑定工作负载的计算处理效率。
- GridMix 是一种用于评测大数据和 Map/Reduce 工作负载能力的基准测试。
- VMmark 是一种用于评测在通用服务器平台上整合虚拟化服务器的计算处理效率的基准测试。它有三个版本，可以在性能、服务器电源和存储电源之间进行权衡。

在大多数情况下，只能从基准测试中获得计算处理效率的结果，能源使用情况必须来自实际测量或公布的数据。最有用的信息是在服务器运行应用程序时直接测量能耗。测量单台服务器的电度表可以很容易地得到；像 kill A watt 和 Watt Up meter 这样品牌的产品经常在当地的五金商店中就可买到，以便进行快速测试。更准确地测试或测试更多服务器将需要一个进行校准并针对预期功率进行评级的仪表。确保得到了适当的额定单位，记住，现代大多数服务器电源的额定电压范围为 100~250V 交流电。升压变压器或自耦变压器也可用于通过 110V 交流表提供 110V 交流电压，并将电压转换为服务器的更高电压；记住要减去变压器的功率损失，或者在适当的位置进行测量。在应用程序运行期间，使用电度表来测量能耗将有助于专注于能耗。记住，首先要优化总能耗，而不仅仅是功耗。

以下两项测试值得一提。与前面提到的基准测试不同，它们不是衡量计算处理效率的指标，而是不同性能级别下的功耗度量：

1）SPECpower 是评估服务器系统性能和功耗的第一个基准。它以每 10% 服务器满负载利用率测量运行服务器端 Java（SPECjbb）的 Web 服务器工作负载。

2）SERT 不是基准测试，而是一种主动模式评级工具。拟议的标准效率评级工具正在由 SPEC 为能源之星开发。在提供功率、性能和入口温度评估的同时，它似乎忽略了计算处理效率，可能会排除直流输入服务器。

这些很可能成为将来选择服务器的第一级排序。然而，在这里要避免的真正陷阱是，不要让功率和性能来掩盖能耗和计算处理效率。这可能足以缩小用户的初始选择范围。但是，如果仅仅依赖于这些指标数据，那么就有可能错误地将更高的分值分配给需要更多能量来完成相同工作量的服务器。

铭牌额定功率已用于快速粗略估计。需要注意的是，在实践中，服务器几乎不以其铭牌额定值运行，因此它将高估实际能耗（有时是 2~3 倍）。其次，用时间乘以功率来获得能耗。更好的方法是在他们的网站上找到一个 OEM 电源配置估算器，能源之星电源和性能数据表（PPDS）通常列出一个链接。它允许用户在了解已安装选项的情况下，更好地估计特定服务器配置的预期功耗。当然，这有点过高估计，因为它假设 100% 服务器负载，而不是安装目标软件堆栈的实际行为。

可能使用的最差规格之一是服务器空闲功率。这是对加载了特定操作系统的服务器的测量，等待用户启动程序的一种状态。虽然数据可能很容易获得，但对于服务器来说，它甚至不是一个真实的度量。原始设备制造商提供的报告通常是在没有实时网络连接的情况下处于空闲状态进行测试的结果。将服务器连接到网络上的简单操作会产生与保持网络连接活动相关的额外而非无关紧要的能源要求。此外，这是最糟糕的计算处理效率情况，因为根据定义，没有执行任何工作；在空闲时，计算处理效率为零。

"能源之星"是美国能源部和美国环保署共同推行的一项政府计划，旨在通过识别具有卓越能效的产品更好地保护生存环境，节约能源。最近已将服务器添加为符合"能源之星"认证条件的一类设备。

服务器通常在产品发布时通过了认证测试后才能获得"能源之星"标签。目前的要求包括最低的电源效率百分比（在 80s 内为满负荷额定值的 20%、50% 和 100%）和功率因数；它还要求在默认情况下打开服务器电源管理功能。当前版本是主动披露其测试报告：包括测试自选基准上的空闲功率和满负荷功率。未来版本将添加最大空闲功率限制，这与服务器类型、PSU 大小和安装选项有关；还将用新的服务器功效评估工具机型测试。届时，"能源之星"将成为与同年推出的其他服务器相对应的评级。

因此，当前"能源之星"仅仅是对服务器电源能效的评级，并保证它在出厂时已启用电源管理功能。未来版本将在 SERT 基准测试中增加最大空闲功率限制和采用 SERT 基准进行功率和性能测量。与其他电器一样，预计每年的能源使用量也将达到预期水平，尽管在不了解计算处理效率的情况下，它只会有一点点用处。与冰箱、电视或烘干机不同的是，服务器的输出与它们大不相同，因此"能源之星"可能被认为是一个必要但不充分的指标，表明一个特定服务器是绿色数据中心的良好选择。

19.7 结论

绿色数据中心就是旨在以最少的能耗获得最大的计算处理效率，关键是选择适当的微处理器和服务器。选择涉及复杂的权衡，依靠组织、现代化和优化的指导原则将有助于进行选择：

- 以终为始。
- 使用能耗帕累托图来描述能源使用状态。
- 关注计算处理效率。
- 测量和监控能源使用和计算处理效率。
- 专注于优化能耗，而不仅仅是功耗。
- 升级旧的低效设备。

以下一般准则将有助于为绿色数据中心选择微处理器。简短的回答是选择微处理器，使你的软件堆栈运行最佳，这可以通过计算处理效率和能耗测量来衡量。通常，这实际上是服务器系统的性能指标，而不是微处理器的。有几个属性对于以最低能耗获得最大计算处理效率很重要，但它们永远不会超过实际服务器硬件和应用程序软件堆栈上的实际结果。先进的生产工艺、高 K 电介质、低电压、节能支持，以及专为服务器设计的芯片（多核、多线程、64 位、ECC 内存、虚拟化支持和大缓存）可能是最重要的。在未来寻找采用封装内或芯片内的电压调节新技术。针对整数/字符工作负载的 SPECint_ rate 和针对 HPC 或浮点工作负载的 SPECfp_ rate 将是要考虑的两个微处理器基准测试。请注意，CISC、RISC、P_{max} 和 TDP 都"依赖"系统和工作负载。

绿色数据中心服务器系统选型的一般准则如下。避免选择 1U 尺寸的空气冷却服务器；由于空间原因无法采用高效率的风扇。寻找具有先进节能风扇算法的系统。使用 SSD 或混合硬盘驱动器。在内存方面，购买具有更高容量 DRAM 的 DIMM，并在更多内存通道中放置更少的 DIMM。使用不带寄存器或带寄存器的双列直插内存模块，可为你的服务器配置和 DIMM 计数提供最低的内存延迟。当 SW 应用程序堆栈（基准测试）证明合理时，请使用低功耗 DIMM。使用对应用程序足够快的板载 I/O（如果必须升级系统），而不是添加卡 I/O。避免使用 KVMS，而使用联网的控制台连接。设计数据中心配电和可靠性策略，以提供所需的可靠性，同时避免使用双路；考虑使用 380V 直流电。确保 PSU 的效率大于 80%～90%，并且具有 PM 总线功能。使用 SUE 来规划数据中心替换策略。随着时间的推移，验证和审核服务器的能量和性能。记住，这是一个持续的改进过程，组织（度量）、现代化（升级）和优化（优化）。

SPECpower 和"能源之星"可能有助于初始系统筛选。模拟实际工作负载的其他基准测试结果可用作进一步的纸面筛选，但它们不能代替在实际硬件上运行实际软件测量的能源（不仅仅是功率）和性能数据。如果可以在选择过程中复制应用程序软件堆栈和硬件，那么可以简化复杂的权衡，并提高预测性。在实际硬件上对实际应用程序进行基准测试（即使只是在几个服务器或一个服务器的规模上）是了解能源和性能影响的最佳方法。成熟的 IT 组织会在部署之前验证时这样做。上面所列的都是新的领域，重点放在能耗和性能上，作为绿色数据中心应用程序部署、验证和长期运行的一部分。

2010 年，数据中心（服务器、冷却和其他电气基础设施）占全球约 1.3% 的电能消耗，在美国约占 2%。与此同时，*Smart2020* 报告指出，ICT 在二氧化碳当量上的节约比其自身碳足迹高 5 倍多。你对绿色数据中心的奉献是值得称赞的，并且让我们充满信心，有了这些建议，你将为其他 98% 的经济产生重大影响。

延伸阅读

80 Plus® Certified Power Supplies and Manufacturers. Available at http://www.plugloadsolutions.com/80PlusPowerSupplies.aspx. Accessed on May 22, 2014.

AlLee G, Tschudi W. Edison Redux: 380 Vdc Brings Reliability and Efficiency to Sustainable Data Centers. IEEE Power and Energy Magazine. Nov-Dec 2012; 10(6): 50–59.

Barroso LA, Hölze U. The data center as a computer: an introduction to the design of warehouse-scale machines. San Rafael: Morgan & Claypool; 2009.

Blum A. *Tubes: A Journey to the Center of the Internet*. New York: Ecco Press; 2012.

Brassard M, Ritter D, GOAL/QPC. *The Memory Jogger II: A Pocket Guide of Tools for Continuous Improvement and Effective Planning*. Methuen: GOAL/QPC; 1994.

European Union Code of Conduct for Data Centres. Available at http://iet.jrc.ec.europa.eu/energyefficiency/ict-codes-conduct/data-centres-energy-efficiency. Accessed on May 22, 2014.

Hennesey JL, Patterson DA. *Computer Architecture: A Quantitative Approach*. 5th ed. Waltham: Morgan Kaufman; 2012.

Kolinski J, Chary R, Henroid A, Press B. *Building the Power Efficient PC: A Developer's Guide to ACPI Power Management*. Hillsboro: Intel Press; 2001.

Lefurgy C, Rajamani K, Rawson F, Felter W, Kistler M, Keller T. Energy management for commercial servers. IEEE Computer, Dec 2003;36(12):39–48.

Meisner D, Gold B, Wenisch T. PowerNap: eliminating server idle power. ASPLOS'09; Washington, DC; March 2009.

Minas L, Ellison B. *Energy Efficiency for Information Technology*. Santa Clara: Intel Press; 2009.

Standard Performance Evaluation Corporation (SPEC). SPEC's Benchmarks. Available at http://www.spec.org/benchmarks.html. Accessed on May 22, 2014.

Top 500® Supercomputer Sites. The Linpack Benchmark. Available at http://www.top500.org/project/linpack/. Accessed on May 22, 2014.

US Environmental Protection Agency (EPA) ENERGY STAR. Enterprise Servers Specification Version 2.0. Available at https://www.energystar.gov/products/specs/node/142. Accessed on May 22, 2014.

Zimmer V, Rothman M, Marisetty S. *Beyond BIOS: Developing with Unified Extensible Firmware Interface*. 2nd ed. Hillsboro: Intel Press; 2011.

第20章 信息技术设备设计的节能要求

美国佛蒙特州，IBM 公司　乔普·里斯科（Joe Prisco）
杰伊·迪特里希（Jay Dietrich）　著
天津江天数据科技有限公司　张健　译

20.1 引言

数据中心能源利用效率是信息技术（IT）和通信行业中普遍讨论的一个重要话题。近期，由设备制造商、学术界和行业联盟发起的多个调查显示，数据中心运营商和数据中心业主都将数据中心能效列为最高优先级的事项之一。

多种因素都在驱动着数据中心能源利用效率的不断提升，首先且最重要的是能源价格的不断上涨。美国能源信息局（EIA）[1]的数据表明，从1960年到2010年，电力平均零售价以每年0.17美分的名义价格增长（不考虑通货膨胀），如图20.1所示。随着全球能源需求的增加，成本仍将持续上升，减少支出和成本的最简单方法是减少电力的使用。

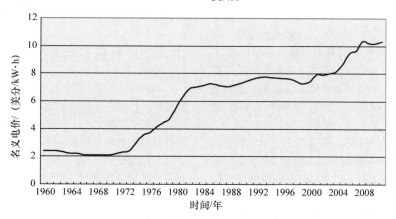

图 20.1　美国商业部门的电价随时间的变化曲线

其次，能源供应正日益面临短期或长期中断的风险，这些中断可能是由内乱、恐怖主义、政治、自然灾害（飓风和地震）、基础设施不足和事故等引起的。

第三，在各种制造工艺和系统运行中，气候变化受到能源使用产生的排放物和温室气体（如全氟化合物和 SF_6）排放的影响。温室气体在大气中吸收热量，导致地表温度升高。

最后，各国政府正在通过制定和实施一系列非强制或基于监管的能效方案来应对上述三点问题，方案包括信息和通信技术（ICT）产品及数据中心等。欧盟排放贸易指令、欧盟能效指令、美国环境保护署（以下简称 EPA）强制性温室气体报告规定和"能源之星"（ENERGY STAR）项目等政府计划已建立了降低碳排放和产品能耗的措施，目的是减少单位国民生产总值排放到大气中的温室气体数量[2]。

IT 设备制造商通常把设计重点放在如何实现更强大的计算、存储和网络能力上。半导体技术的发展使 IT 设备制造商能够不断提升单位能源使用效率[3]。此外，通过降低 IT 设备模块能耗，可以进一步提高设备的能源利用效率。例如，更多利用固态硬盘（SSD）替换传统机械硬盘，或者根据 CPU 处理器、内存和 I/O 的负荷，动态优化调整运行频率以达到能源优化的目标。另外的一个例子是通过使用缓存技术和增加缓存容量，降低存储物理硬盘的访问频度和次数以达到节能的目的。通过这些有意义的创新技术和方式，可以让设备更快地执行更为复杂的任务。

数据中心运营商、数据中心业主、政府和非政府组织对提高数据中心能效的巨大需求，驱动着研发团队不断提升IT和网络设备的能源利用效率。IT设备能效可通过三种产品指标进行评估：单位能耗所能完成的工作量（性能/功率曲线）；能够完成的最大工作负荷（虚拟工作负载，并最大限度地提高系统利用率）；系统处于空载状态时智能降低功率。通过正确的管理和平衡这三项重要的指标，就可以最大限度地优化IT设备负荷，实现能源效率的优化。

执行单个应用程序或工作负载的IT设备通常的运行时间都较短，大约在10%或更低，而在其余时间，IT设备往往处于空转等待状态，但是仍然需要消耗相当于设备满负荷运行时30%~90%的电力，并因此产生30%~90%的热量。为提高系统利用率，服务器和存储虚拟化技术应运而生。通过应用虚拟化技术，可以让IT设备并行运行多个虚拟机（VM），并实现计算资源的动态分配。虚拟化技术可以提升系统利用率20%~60%，甚至更多。总的来说，同时运行多个应用程序的服务器所消耗的能源和机柜空间通常比运行单个应用程序的服务器少20%~80%。当然，应用程序的类型和服务器的性能也是重要的影响因素。

甚至虚拟化的Windows服务器和UNIX服务器通常也有40%~80%的时间是处于空转等待状态的。当工作负载较低时，将全部或部分设备组件设置为休眠状态，可有效地降低能源消耗。操作系统可以在工作负载较低时将CPU处理器、内存和网卡动态地维持在较低的性能水平，或者允许更长的响应时间以实现节能的目的。这种电源管理系统通常需要软件支持，部署此类软件后，可以减少10%~20%的数据中心总能耗。

ICT行业和公共领域已经就提高数据中心能效和ICT设备能源效率达成了共识，并促成了相关规范和法律的制定。例如，日本出台了《关于合理使用能源的法令》［日本能源法（JEL）］，日本对《京都议定书》的承诺使得JEL在1994年被确立，它分别为服务器和存储系统建立了性能功率指标和1GB对应的功率指标，每种产品都有基于产品体系结构而建立起的相对应的分类。每种分类都有一个加权平均指标，在日本销售的所有相关产品都必须满足该指标，通过定期更新，该指标变得更加严格。在标准的测量时间段内，性能表现最佳的测试值将被用来作为这一类产品的最新指标。JEL仅仅考量了ICT设备效率的一个方面，即单位能耗的工作量，并没有考虑可实现更高系统利用率的电源管理和虚拟化等技术。

2006年，美国EPA和能源部（DOE）宣布建立伙伴关系，以提高服务器和数据中心的能效。作为该合作的一部分，EPA开始根据"能源之星"建设计划收集数据中心的能源使用数据。EPA在2009年发布了《能源之星计算机服务器运行标准1.0版》，并在2012年发布了《不间断电源系统（UPSs）程序要求》。2013年，EPA发布了《存储系统标准1.0版》和《计算机服务器标准2.0版》，并调查了大型网络设备的相关参数。随后，包括欧盟、韩国和中国在内的世界各国立法机构和政府也对这一领域产生了浓厚的兴趣。

本章其余部分将详细介绍"能源之星"计划的技术要求和演变过程，包括该计划的法律前景和监管计划，技术方面也会把系统利用效率这一重要因素考虑在内。

20.2 计算机服务器

2006年12月，EPA宣布启动服务器的标准开发流程，计划在三年内提出服务器的"能源之星"标准。服务器相对个人计算机来讲更为复杂，它的组件类型和数量因配置的不同而差异巨大。因此，建立"能源之星"服务器的相关标准是一项具有挑战的计划。计算机工作站是EPA先前研究过的具有相似复杂性的产品，但工作站的配置相对于服务器来讲还是过于简单了，更为重要的是两者的电源模块使用的技术完全不同。尽管如此，工作站标准的制定仍然耗费了若干年，这也预示着建立服务器标准将充满挑战。

在发布了标准框架文件并进行了广泛讨论后，EPA评估了应如何对服务器系统进行分类和应制定哪些能效标准。基于数据分析，EPA确定服务器应按处理器插槽的数量进行分类，服务器制造商可以按单一产品或整个产品系列提交评估申请，以达到标准要求。产品系列定义为同一产品模型或机器类型可以包含不同组合的模块配置。在标准的第1版中，按产品系列分类可以让服务器制造商能够根据处理器插槽功率和CPU内核的数量，在电源性能数据表上提供三种代表性机器类型或型号的所需数据，以确定该机器类型的所有配置。同时，服务器制造商需要验证其所有配置都符合相关要求。在标准的第2版中，产品系列的定义已经扩展，要求制造商提供五种已定义产品的电源使用、性能等配置数据，并提出当处理器插槽功率和内核数量在一定范围内时也可认证为同一产品系列，这简化并减少了测试过程，同时为产品系列提供了各种配置电源使用和效率的数据。

EPA 确定了在建立节能服务器标准时应考虑的关键性能指标：电源效率、待机功率、服务器的工作负载能力、服务器利用率或虚拟能力、性能功率指标，以及服务器通过网络报告电源使用情况和服务器进风温度的能力。在 2009 年 5 月发布最终版本之前，EPA 通过一系列数据分析和能源之星计算机服务器要求的 4 个草案对这些服务器功能进行了探讨。在正式发布的标准中包含了上述涉及的参数，并提供了较为详细的数据分析。

20.2.1 电源效率

从业者普遍认为，电源效率是"能源之星"的重要标准，电源损耗降低了服务器中可用的能量。EPA 采用 ECOVA 插头负载解决方案—80Plus 电源认证项目（表 20.1）[⊖]，以设定电源效率和功率因数要求。针对目前市场上使用的服务器电源工作效率和功率因数的调查数据表明，将电源要求设置为"银级"会大幅改善服务器的电源效率。80 Plus 认证项目还提供了标准的测试程序和认证流程，以简化"能源之星"中满足电源效率要求的步骤。

表 20.1 电源效率水平的 80 Plus 认证（ECOVA 提供）

80 plus 认证	115V 内部无冗余				230V 内部冗余			
负载率	10%	20%	50%	100%	10%	20%	50%	100%
80Plus 基础级	—	80%	80%	80%	—	—	—	—
80Plus 铜级	—	82%	85%	82%	—	81%	85%	81%
80Plus 银级	—	85%	88%	85%	—	85%	89%	85%
80Plus 金级	—	87%	90%	87%	—	88%	92%	88%
80Plus 铂金级	—	90%	92%	89%	—	90%	94%	91%
80Plus 钛金级	—	—	—	—	90%	94%	96%	91%

EPA 在大量收集服务器能源使用数据后，发现了电源低效率运行的问题：冗余、双电源的配置在服务器领域中被广泛使用或组合使用，同时，很多服务器实际的使用率非常低，往往有 80%~90% 的时间处于待机状态，这些因素叠加导致电源经常在 10% 左右的利用率下低效率运行。

针对这一发现，EPA 增加了 10% 负载点的效率要求，以提高电源在空载或低负载时的利用率。这也向制造商强调了为每种服务器提供两种或三种容量的电源的实用性和必要性，以使客户能够选择与其所选配置匹配的电源容量，或者利用创新的技术，在服务器工作负荷处于较低状态时，自动让其中一个电源模块承载所有的负载，并让其余冗余电源处于待机状态，这种方式有利于提升当前运行电源的负载率，以达到其高效率运行负载区间。这些方法与最低电源效率的要求相结合，提高了数据中心服务器电源的利用率。标准的第 2 版中对"最低电源效率"更为重视，并放置在 80 Plus "金级"的要求中。

20.2.2 待机能耗

服务器利用率数据（服务器长时间处于空闲状态）激发了人们对为服务器建立待机电源标准的兴趣。CPU 处理器系统通常具备电源管理功能，如果没有工作负载，电源可以进入低功耗模式，或者系统可以动态调整处理器或单个内核的电压和频率，并与服务器中的工作负载水平相匹配。图 20.2 所示为不同电源管理模式及其对 IBM Power™ 处理器频率（以及通过关联处理器电源使用）的影响。POWER7 处理器提供四种电源管理模式，每种模式都有自己特定的电源配置文件。静态节能模式（SPS）减少了功耗，但也会影响系统性能，动态节能 - 性能优先（DPS - FP）模式在工作负载较高时提升性能，在工作负载空闲时动态降低运行频率，并且动态节能模式 - 电源优先（DPS）还可以动态地调整电源的频率和电压，以提供与功率成比例的工作负载处理。

无论工作负载如何变化，标准模式都可以让频率和功率保持一致。与最大工作负载下的电源相

[⊖] http://www.plugloadsolutions.com/80PlusPowerSupplies.aspx。

比，DPS－FP、DPS电源和基于x86处理器上的电源管理模式可将电源待机能耗降低60%以上。另外，电源管理功能也同样可用于内存系统和I/O接口。

通过对EPA收集的服务器电源使用数据分析，可以看到待机标准的设立对服务器节能是非常有意义的，但随着服务器从一个处理器插槽扩展到4个插槽，其配置的复杂性和范围越来越大，让该标准的具体实施变得非常复杂。例如，在《能源之星计算机服务器标准》（第三稿）第一章的"待机数据分析和图表二[○]"中的数据分析表明，当CPU处理器插槽为一个或两个时，服务器因待机而产生的能耗是相对合理且较小的，但当CPU处理器插槽扩展至4个后，服务器系统变得更加复杂，并因此产生了更长的待机时间和更多的能源消耗。图20.3中最大配置的全负荷功率（x轴）说明了四插槽系

统的功率范围，显示了不同机器类型最大配置的待机功率与满负荷功率的百分比满足2011年8月通过的"能源之星"的要求。

根据现有数据，EPA为一个和两个处理器插槽服务器类别设置了待机标准，并要求系统具备相应的电源管理功能，以满足测试时对于待机电源管理的要求。考虑到四插槽服务器的复杂性，EPA要求合格的服务器设备应具备电源管理系统，但并没有为四插槽服务器设定待机标准。如图20.3所示，对于四插槽服务器，满足"能源之星"标准的系统待机功率与全负荷功率的比值始终高于50%，若服务器在其40%～80%的运行时间内处于待机状态，这样会使启动电源管理功能的服务器系统能够在整个生命周期内的能耗降低30%。对于一个或两个处理器插槽的系统，也可以获得类似的结果。

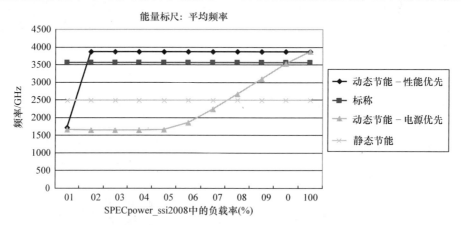

图20.2 不同电源管理模式及其对IBM Power™处理器频率的影响（IBM提供）

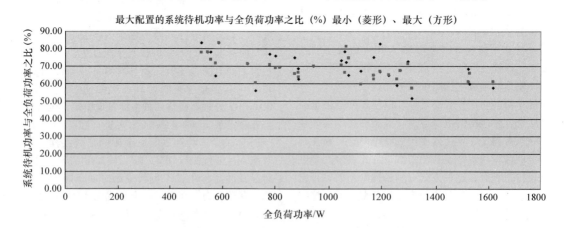

图20.3 四插槽服务器的系统待机功率与全负荷功率之比（IBM提供）

○ http：//www.energystar.gov/ia/partners/prod_development/new_specs/downloads/servers/Draft3_Idle_Data_Analysis_Charts.pdf？c4eb－c336。

20.2.3 服务器的工作负载容量

根据摩尔定律，即芯片上的晶体管数量大约每两年就会增加一倍，服务器系统每交付 1W 的功率，其工作性能会提高 20%~100%。工作负载容量指服务器承担负载的能力，但并不直接表明服务器的整体效率。例如，将现有服务器 15% 负载的某个应用转移到新一代服务器上，可能会使工作任务的执行更快，但这并不会提高单位能耗所能完成的工作负载，因为计算速度提升后，带来的可能是服务器的利用率下降。由于这一考虑因素，工作负载容量没有被设定为"能源之星"中的一个标准参数。

20.2.4 服务器利用率、虚拟技术和性能/功率指标

在 EPA 标准中，把服务器效率定义为单位能耗所对应的最大工作负载。因此，服务器效率取决于其工作容量、同时执行多个工作负载的能力（除非单个应用工作负载十分巨大，可以让整个物理服务器都满负荷运转），以及在没有工作负载时减少电源使用的能力。EPA 组织相关专家探讨了评估服务器虚拟化技术及其性能/功率特征的可用指标。

20.2.4.1 工作负载虚拟化

大多数服务器都具有虚拟化功能。虚拟化程度取决于处理器、服务器基础结构，以及操作系统或虚拟机管理程序。系统虚拟化程度越高，就越依赖于系统的访问和控制系统存储、内存和 I/O 的能力。遗憾的是，目前还没有一个有效的、被普遍认可的评估指标，可用于衡量服务器虚拟化能力。在早期"能源之星"标准的制定过程中，虚拟化的衡量指标似乎被忽略了。

20.2.4.2 性能/功率指标

在"能源之星"项目启动早期，EPA 提出了一个简单的性能/功率指标：SPECpower_ssj2008⊖。该指标提供了记录服务器从满负载运行到待机状态过程中服务器性能和电源特性的方法，但其有效覆盖范围主要是 8~16GB 内存的双插槽服务器。虽然可以用 SPECpower_ssj2008 评估 4 个或更多处理器插槽的复杂系统，但结果与这类服务器的相关性较低。因此，EPA 选择推迟实施服务器标准（第 1 版）中的性能/功率指标，并与行业专家、标准性能评估公司（SPEC）合作，共同开发服务器效率评级工具（SERT）⊖。

SERT 指标旨在测量和评估服务器的能效，它不关注特定类型工作负载下的服务器性能，而是测试服务器系统关键组件（处理器、内存、存储和 I/O）的性能/功率特性。服务器系统的整体性能是各个组件性能的组合。SERT 指标由 8 个组件构成，旨在强调和评估每个组件如何影响服务器系统的性能/功率特性。SERT 与典型基准测试不同，它更倾向于将工作负载和操作系统设定为未知部分，并尝试采用更简单的设置和使用方法，用更为大胆和创新的方式，而不是每次根据不同的操作系统来重新定义测量方法。SERT 设计文件⊖讨论了服务器各个组件和整体指标的详细信息。第 1 版的 SERT 报告中提出了各个服务器组件的评分方法，以及对应的测量间隔、功率和性能的衡量标准等。服务器系统复合评级指标的提出需要收集和分析一个、两个和 4 个处理器插槽系统中具有代表性的数据。

为收集足够的数据，EPA 选择使用《计算机服务器要求》（第 2 版）为合格服务器来收集 SERT 指标数据，以期在第 3 版中建立 1~4 个插槽式机架服务器、塔式服务器和刀片式服务器的性能/功率标准。

对 SERT 指标进行全面评估并确定使用该指标的最佳方式需要相对较长的时间。有些行业专家认为，目前标准的推进速度太慢，但实际上服务器本身效率的提升也同样需要一定的时间。总结数据中心行业过去 5 年的经验，服务器系统效率的提高会得到以下结果：

1）数据中心运营商和服务器制造商认识到虚拟化技术是提高服务器硬件利用率的关键技术。数据中心建造和 IT 硬件的成本正在推动创新，这种创新可以显著地提高单位能耗所能完成的工作负载，并减少所需的硬件数量。

2）传统服务器的设计周期为 12~18 个月，而弹性服务器为 18~30 个月，因为设计周期的原因，服务器能效会逐步提升，但需要一定的时间。

3）服务器电源效率标准的提升对服务器电源模块效率提出了更高的要求，《计算机服务器要求》（第 2 版）中要求电源达到 80 Plus "金级" 水平。

4）"能源之星"和各个政府机构为服务器建

⊖ http://www.spec.org/power_ssj2008/。

⊖ http://www.spec.org/sert/。

⊖ http://www.spec.org/sert/docs/SERT-Design_Doc.pdf。

立性能/功率标准的最终目的，是为了督促操作系统和服务器组件供应商去进一步提升服务器电源管理能力和能源利用效率。

标准中最重要的两条是：单插槽和双插槽服务器的待机标准要求；满足"能源之星"标准的所有服务器必须配置电源管理系统。

伴随更多类型和更多配置的服务器的不断出现，SERT指标也会根据大量的测试数据和测试结果做出相应的调整，以适应服务器技术高速的发展，同时满足行业对服务器能源效率的期望和要求。

20.2.5 服务器电源使用和进风温度报告

《计算机服务器要求》标准中要求服务器系统收集和报告服务器电源使用情况和进风温度数据，以便数据中心运营商能够收集和评估电源和热环境状况。虽然此功能已成为服务器系统和存储系统的标准参数，为数据中心运营商提供了潜在的重要数据，但在数据的收集、呈现和对数据的进一步分析方面仍然存在巨大的提升空间。

《计算机服务器要求》（第2版）于2013年3月发布，生效日期为2013年12月。符合标准的服务器将为数据中心运营商提供更高的电源效率，增强了处理器、内存和I/O中的电源管理功能；同时，对于更多类型服务器和同类型服务器的不同配置进行了更详细的性能/功率标准的细化。将更高能效的服务器系统部署到数据中心中，并通过软件的方式进行统一管理，将大幅度提高单位能耗承担的工作负载。

译者注：《计算机服务器要求》（第3版）于2018年9月正式发布。在这一版标准中，对于最新的服务器技术进行了相关标准的定义和描述，包括刀片服务器（Blade）、弹性服务器（RAS）、辅助加速处理器（APA）和固态硬盘（SSD）存储等。例如，广泛应用于图形加速和人工智能计算的图形加速处理器（GPU）被定义为辅助加速处理器类别，GPU的能效和散热是当前服务器节能的新焦点。另外，固态硬盘技术与传统硬盘（HDD）技术相比，在提升I/O效率的同时，又大幅度提升了硬盘能源利用效率。

20.3 存储系统

EPA于2009年6月发布了存储系统标准框架文件，该文件是在发布第1版《计算机服务器要求》[⊖]后不久发布的。存储系统的媒介类型可选择范围很广，同类存储又可能同时配置多种媒介类型（如传统机械硬盘、固态硬盘、磁带、光盘等）。与服务器相比，存储更多的依赖软件功能来提升性能和系统利用率，因此存储系统在建立"能源之星"标准方面比服务器面临更大的挑战。EPA与存储网络行业协会（SNIA）就绿色存储计划[⊖]展开合作，采用存储系统类别和标准测试程序。该标准制定历时3年多，第1版于2013年8月定稿。

为了定义存储系统产品类别，EPA采用了SNIA Emerald™《能效测量规范》[⊖]中的分类方法。《存储系统要求》（第1版）涵盖在线存储类别2~4，其他类别会在标准的未来版本中指定（表20.2）。

表20.2 Emerald™存储系统分类（SNIA提供）

类别	在线存储	近线存储	可移动介质库	虚拟介质库
消费级/组件式	在线存储1	近线存储1	可移动1	虚拟1
低端	在线存储2	近线存储2	可移动2	虚拟2
中端	在线存储3	近线存储3	可移动3	虚拟3
中端	在线存储4			
高端	在线存储5	近线存储5	可移动5	虚拟5
大型主机	在线存储6	近线存储6	可移动6	虚拟6

EPA确立了评估存储系统效率的4个关键参数：电源模块效率、性能/功率指标、容量优化管理技术（COMs）和存储系统电源实时监控。受限于传统硬盘技术（硬盘始终处于高速旋转状态），高密度硬盘驱动器（HDD）导致存储系统的电源使用率为70%~90%，因此待机功率这一指标在

⊖ http://www.energystar.gov/ia/partners/prod_development/new_specs/downloads/storage/ES_Storage_Framework.pdf?420f-b5ea。

⊖ http://www.snia.org/forums/green。

⊖ http://snia.org/sites/default/files/EmeraldMeasurementV1_0.pdf；p.18。

评估存储系统能源利用效率方面的价值有限。容量优化方法（COMs）可以通过提升系统利用率和优化存储媒介数量的方式提高数据中心的能效。

20.3.1 电源效率

与服务器一样，存储系统电源效率的提升增加了用于工作的线路供电的百分比。在完成数据收集和分析工作后，EPA 确定《存储系统要求》的第 1 版应要求存储系统达到 80 Plus "银级"。由于控制器和硬盘驱动器一直处于持续运行状态，存储系统也一直处于耗能状态，这一特性显著区别于服务器。因此，EPA 标准将具有冗余电源的存储系统电源负载率设定在 20% 或以上，以降低人们对于因过低负载率而导致存储自动进入待机状态的担忧。

20.3.2 性能/功率指标

由于高密度硬盘驱动器（HDD）始终处于高速运转状态，使得存储系统电源负载波动性较小，因此存储系统的能源利用效率在很大程度上取决于控制器上的软件、数据管理算法和可用缓存。根据存储的这一特性，在《存储系统要求》（第 1 版）中，EPA 采用性能/功率指标，而非待机标准。EPA 考虑了可用的测试方案和基准，并选择了 SNIA Emerald 功率效率测量规范作为存储系统的性能/功率指标。Emerald 指标定义了以下几种工作负载类型：热峰、随机读/写、顺序读/写和待机测试。其中，热峰工作负载是非常重要的，因为在版本 1 的生命周期内，数据存储软件功能正在成为大多数存储系统的关键功能和技术发展方向。SNIA Emerald 测试将为 EPA 和从业者提供一系列数据，以更好地了解存储系统的性能/功率状况，并为第 2 版建立性能/功率标准。

"能源之星"要求确定了存储测试的三种操作类型：事务类型、流类型和容量类型。要求规定了每种操作类型应根据 Emerald 定义的三种类型进行分类汇总。由于 Emerald 标准刚刚发布，缺乏有效的测试数据，EPA 仍在使用《存储系统要求》（第 1 版）中充分有效的数据来评价指标结果，并为第 2 版中的系统认证创建单个或系列指标的最佳方法。

存储要求成功的另一个关键是制定一套可行的存储产品系列定义。与服务器类似，一个在线存储类别中的某个设备型号可能存在数百甚至数千个的配置组合。EPA 在《存储系统要求》（第 1 版）中建立了产品系列框架，并定义了 3 个基本配置：首先，确定最佳性能/功率配置（OPPC），通过配置的调整，不断优化某种事务操作类型性能，寻找并获取最优的基线 OPPC 配置。然后，在此基础上，调整存储介质数量，分别定义低于某个 OPPC 百分比的为最小配置，而高于某个 OPPC 百分比的为最大配置。最后，在最小和最大配置之间的存储系统配置可以根据"能源之星"标准进行认证。

存储系统制造商还可以记录扩展最小配置（EMC），其存储介质数量低于最小配置。如果 EMC 性能/功率指标在 OPPC 指定的百分比范围内，则该存储产品仍可以被认证为"能源之星"。允许公司识别与鉴定测试中使用的存储设备相当的替换存储设备。替换存储设备的鉴定将通过验证指定的设备参数与用于鉴定存储系统的存储设备参数相比是否在定义的界限内的方法来完成。

大多数客户购买多种驱动器类型的存储系统，所以 EPA 提供了由多种存储驱动类型组成的"能源之星"认证。该标准建立了一种方法：可将两个或三个合格配置组合起来的存储设备用于创建一组具有多种驱动器类型的合格配置。如果一家公司选择将一个产品型号或类型拓展认证至两种或三种操作类型，即事务类型、流类型和容量类型，需要建立一种方法，可以将存储设备从两个或三个限定的配置组中组合起来，从而创建一组具有多种驱动器类型的限定配置。驱动器类型可以是系统鉴定测试中使用的驱动器类型或其他合格的可替换驱动器的混合类型。这些要求也为测试混合驱动系统做了规定。这使制造商能够扩大存储介质的供应范围，同时将必须要进行资格测试的配置数量最小化。重要的是参考最终公布的"能源之星"存储系统标准，可获得存储产品系列测试和报告结果的具体要求。

20.3.3 容量优化方法

存储系统提供商不断地优化其软件算法和技术，如重复数据消除、数据压缩、精简资源调配和增量快照，以大幅度节省存储空间。虽然这些技术通常不会直接提高设备的能效，甚至可能会增加能耗，但却可以减少数据中心所需的存储设备数量，以及其对应的能源和冷却需求，从而实现节能。由于容量优化管理技术（COMs）可减少数据中心能耗，EPA 要求"能源之星"认证的存储系统应采用一定数量的容量优化管理技术。

20.3.4 存储系统电源使用和进风温度的报告

在《存储系统要求》（第 1 版）中，对于进风温度的收集和报告并未做强制要求，而是作为可选项，因为系统中有许多存储设备和进风温度点，因此存储系统历史上并未对进风温度进行数据收集和监控。EPA 表示，第 2 版要求报告进风温度的数据。

20.4 不间断电源系统

2012 年 5 月，EPA 发布了《能源之星计划对不间断电源（UPS）的要求》（第 1 版）⊖。本要求涵盖了四类 UPS 产品，其中一类是数据中心 UPS，旨在保护大型 ICT 设备，如企业服务器、网络设备和大型存储阵列。本要求涵盖的设备包括静态和旋转 UPS，以及对应的两种输出形式：交流输出和直流输出。本要求为交流输出和直流输出 UPS 设定了最低平均效率和功率因数。对容量大于 10000W 的不间断电源系统，如果具备计量和通信能力，将获得 1% 的效率激励（允许降低最低效率），以鼓励将电力使用情况报告给在线的电力监控系统。

20.5 网络设备

2012 年 10 月，EPA 宣布为大型网络设备提供"能源之星"认证。在讨论文件中，EPA 认为通过采用节能技术，可以将网络设备的能耗降低 20% ~ 50%。根据服务器和存储系统的经验，认证标准的制定可能需要多年才能完成。

"能源之星"计划已公布或正在制定数据中心 ICT 基础设施各个关键组件的要求。该要求可为制造商提供认证，但要求该制造商应不断通过改进性能、电源管理和增加硬件利用率等方式，提升单位能源使用效率。数据中心 IT 设备"能源之星"认证的初步工作重点是定义产品系列和相关性能指标，以及确定产品能源使用特性的基本要求：电源模块效率标准、单插槽和双插槽服务器的待机标准、支持已交付产品的电源管理功能和性能/功率数据的收集，以便在后续版本中为标准的制定提供信息。

当前企业级 ICT 设备可以为用户提供大量的功能，只要充分地利用和发挥这些功能，就可有效地降低数据中心的能耗。例如，在利用率为 30% 的服务器上进行电源管理可将功耗降低 20% ~ 40%；在服务器和存储系统上使用虚拟技术可以使一台服务器完成 6 ~ 10 台服务器所能完成的工作。随着制造商不断创新，ICT 设备的性能和效率也在不断改善。

20.6 产品能效要求的未来趋势

数据中心中的各个系统包括 IT 硬件、IT 设备工作负载的分配、设施设备、数据中心热环境和数据中心管理系统等，对数据中心能源使用效率都有影响，作为数据中心的基石，IT 设备和设施设备将继续成为全球非强制性和监管性能效计划关注的焦点。"能源之星"与相关参与方合作，已开始努力定义相关指标，以评估数据中心设备的能效。初步努力表明，为这些复杂系统制定能效标准是一项艰巨的工作。由于系统配置、功能和工作负载类型的不同，应采用灵活的方法来评估企业级 ICT 设备的能效。技术变革和创新步伐为该行业带来了进一步的不确定性，因为今天制定的标准和指标可能会因为技术变革而过时或边缘化。与传统的指标和测试方法相比，对于 ICT 设备性能/功率指标和测试数据仍然非常少，需要采取慎重、渐进的办法来制定可行的 ICT 设备能效标准。虽然取得了一定进展，但标准制定方面仍任重而道远。

最初管理 ICT 设备能效主要侧重于简单且易于衡量的指标：电源模块效率、电源管理技术，以及测量相关型号或类型对应的各种配置的最大功率和待机功率的情况。这些指标中的一部分或全部已在全球各地实施：日本（日本能源法）、墨西哥（能源使用报告要求）、欧盟（供电效率）和美国（"能源之星"要求）。这些要求满足了第一层的效率要求，并开始更完整地汇总市场上各种系统配置的电源使用情况和性能/功率指标。

预计在未来的几年，性能/功率要求和分级制度将会在全球被推广和实施。"能源之星"计划作为能效要求的起点，建立了测试和标准协议，并建立起收集计算机服务器和存储系统性能/功率数据的明确路径。通过对相关测试数据和结果的分析和评估，EPA 将在未来 2 ~ 5 年内为更多产品类型建立性能/功率标准。

一些国家或州政府也宣布了建立性能/功率监管要求的计划，如加利福尼亚州、中国、欧盟和韩国，这些计划有些已启动或正在完成研究或监管工

⊖ http://www.energystar.gov/index.cfm?c=uninterruptible_power_supplies.pr_crit_uninterruptible_power_supplies.

作，中国和韩国的进展是最快的。在中国，环境保护部发布了《环境标志产品技术要求 网络服务器》[◯]，并涵盖1～4个处理器插槽机架、塔式计算机服务器、刀片服务器和存储服务器。该标准于2011年4月生效，属于非强制标准，但将用于政府采购。该服务器要求在很大程度上借鉴了"能源之星"要求。存储要求包括电源效率、W/IOPs标准，以及待机和最大功耗的标准。韩国计划在2014/2015年为一个和两个处理器插槽服务器建立一个能效分级系统。欧盟和加州能源委员会（CEC）计划分别在2013年和2015年启动一项关于计算机服务器能效标准的研究，并在2015年或2016年建立标准。通常情况下，这些项目将基于测试协议、指标和"能源之星"项目的测量数据来开展研究，这将有助于使测试及数据生成和收集过程标准化，同时使各国政府能够制定适合自己国情的标准。

参 考 文 献

[1] *Annual Energy Review 2011*. Washington, DC: Bernan Association, U.S. Energy Information Administration; 2012.

[2] Chennells J. Trading in carbon emissions—how to ensure compliance. Energy World 2005;330:10–11.

[3] Koomey J. *Growth in Data Center Energy Use 2005–2010*. Oakland: Analytics Press; 2011. Available at http://www.analyticspress.com/datacenters.html. Accessed on May 23, 2014.

延 伸 阅 读

Data Center Dynamics Data Center Efficiency. Available at http://www.datacenterdynamics.com/focus/themes/energy-efficiency. Accessed on May 23, 2014.

European Union Data Center Code of Conduct. Available at http://iet.jrc.ec.europa.eu/energyefficiency/ict-codes-conduct/data-centres-energy-efficiency. Accessed on May 23, 2014.

Green Grid Library of Resources and Tools. Available at http://www.thegreengrid.org/library-and-tools.aspx. Accessed on May 23, 2014. Offers white papers and other resources on data center energy efficiency topics.

Lawrence Berkeley National Lab (LBNL) High-Performance Buildings for the High-Tech Industry: Data Centers. Available at http://hightech.lbl.gov/datacenters. Accessed on May 23, 2014. Offers white papers and resources for assessing and improving data center efficiency.

Open Compute Project. Available at http://www.opencompute.org/. Accessed on May 23, 2014.

USEPA Energy Star. Top 12 ways to decrease the energy consumption of your data center. Available at http://www.energystar.gov/index.cfm?c=power_mgt.datacenter_efficiency. Accessed on May 23, 2014.

◯ http：//english.mep.gov.cn/standards_reports/standards/othersl/Technical_Requirement_Labelling/201103/t20110331_208223.htm。

第21章 数据中心地板下送风与顶部送风冷却技术

美国北卡罗来纳州，轩尼诗集团　瓦利·索雷尔（Vali Sorell）　著
维谛技术有限公司　傅烈虎　译

21.1 引言

关于如何将空气输送到不受控制的数据中心，有两种观点（还有其他多种方式，但这里讨论的两种是主要的）。一种是传统数据中心设计中常用到的利用通孔地板向上送风的气流组织；另一种是针对以前无架空地板的电信机房，通常采用顶部送风技术将空气向下送入通道。这两种方法在各自的应用场合已经使用了很多年。

在最近几年的发展中，电信机房和数据中心的功能性融合使得两者之间的差异基本消除。这种融合出现的原因更多是与IT设备自身功能的完善相关，关于这部分内容已经超出了本章的知识范围，暂不做讨论。

一般情况下，这两个场景的设计师都习惯采用他们所熟悉的设计方法，因为他们相信各自的设计都是向IT设备提供冷却空气的最佳方法。在电信和数据中心的功能性融合出现之后，行业内的设计人员在方案选择时会处于进退两难的地步，并且都提出一个问题："顶部送风还是地板下送风？"这里没有一个明确的答案——两种方法都必须被认同，因为每种方法都有其各自的优缺点。本章将更全面地就这些问题进行相关讨论。

21.2 地板下送风与顶部送风的由来

在不太遥远的过去，一台大型计算机与容纳它的房间大小基本相当。这些大型计算机的冷却通常采用更传统的方式，即将冷冻站产生的循环冷冻水导入与计算机设备相连接的换热器中，通过这些换热器能够直接冷却数据处理器、电源和框架式服务器，以维持机房设备所需的环境温度。为了方便起见，设计人员会将循环冷却系统隐藏在架空地板下敷设，对于相关的管道附件，如阀门和水泵等的操作和检修，只需要拆卸掉相应的架空地板就可以轻松实现。

20世纪七八十年代，市场上的主流计算机采用的是功率较高的双极型半导体芯片（冷却方式为液冷型），直到20世纪90年代，互补金属氧化物半导体（CMOS）的出现加速了计算机的发展进程。这种芯片不仅比旧的双极型芯片的功率低，并且可以利用空气进行冷却。CMOS的出现使得计算机的尺寸大幅缩小，设备冷却也变成了以风冷为主[1]。尽管在一定的计算周期内使用较少的能量，但计算机设备尺寸减小的代价是更多的电源被放到计算机机箱内。由此产生的直接影响是，随着单台计算机设备尺寸的减小，其计算能力和功率反而会不断增加[2]。

随着风冷技术在数据中心行业的应用，将架空的地板静压箱作为冷却空气的输送通道就变得很有价值。采用机房空调（CRAC）和机房空气处理装置（CRAH）为小型模块化装置提供冷却就更加便利。但由于大部分CRAC/CRAH的安装空间仍然沿用了CMOS芯片出现之前的机房布局，因此空调设备的尺寸也会受到门及电梯等尺寸的限制。

在空气冷却的早期，人们认为计算机的工作温度必须保持在非常窄的范围内，并将机房所需要的通用温度标准设定为68°F±1°F，甚至还要求设备周围的环境也保持这个温度，这是因为机房内设备冷却气流的入口通常位于设备四周（一般情况下，设备排风或热气流位于顶部）。

科技的进步使得数据中心负载的功率密度正在以惊人的速度持续增加。根据"摩尔定律"观测发现，集成电路以大约每两年密度翻倍的速度在增长，并且以后仍然会保持这个态势。从1990年到2000年，机房负载功率密度经过第一个十年的持续增长后，采用传统的冷却方式从计算机设备有限的空间内持续地将热量带走变得越来越困难。电信行业和数据中心领域开始制定标准，定义一个可行的协议，实现更高效和可持续的数据中心。随之开发了前送风-后回风的机房空调气流组织形式，并由此产生了热通道/冷通道配置方案。

随着人们对能源效率关注度的增加，气流组织

管理的优势越来越明显，数据中心气流组织管理得越好，冷却IT设备所需的空气流量就越少。

因此相关标准也进行了修订，IT设备制造商也放宽了对温度控制的严格要求。这并不是说芯片自身最终可以在更高的温度下运行。事实上，在技术上并没有使芯片对工作环境的温度要求发生改变，而是由于热通道/冷通道方案的广泛使用和气流遏制或冷热隔离，使得这一变化成为现实。由于冷热通道隔离技术使得机房内冷、热气流的混流相对减少，等同于可以提高空调的送风温度。送风温度的提高可以有效增加经济器（如无须机械制冷的自然冷却）的应用范围和时长，这样节能装置的利用率就越高，数据中心的能效也就越好。

不利的是，送风温度越高，冷却气流越容易受到气流环流和旁流的影响，因此保证冷通道温度场的均匀性和稳定性就变得尤为重要。

为了减少机房内空气环流和旁路带来的不利影响，相关的行业标准和多年的最佳实践都给出了一些的建议，即通过使用盲板、密封垫圈、毛刷等措施最大限度进行抑制，这些都是提高气流分配效率的有效措施。

总之，减少环流和旁流的影响不仅可以提高数据中心的能效，还可以为IT设备提供温度更均匀的环境。

21.3 送风方式和气流遏制

随着负载功率密度的持续增加，业界已经认识到，传统的冷却方式所能支撑的功率密度是有限的，当机房的功率密度超过一定值时，传统的热通道/冷通道方案配置已经不能有效维持机房的环境温度。

相反，如果将气流通道完全封闭，则可以防止冷通道空气绕过服务器进入热通道，以及热通道空气环流到冷通道，这就解决了许多与气流组织管理有关的问题。但也由此产生了许多新问题，如机房成本的增加，机房和机柜通道的门禁系统、更加精细的控制要求，以及由此带来的不同的控制策略。

许多用户发现，当负载功率密度高达约150W/ft^2时，未封闭冷热通道的机房环境还可以维持，并且在控制、故障修复等方面产生许多不合理的附加成本。尽管目前对于负载功率密度的设定还没有明确的临界值，但业界已经对过高负载功率密度必须进行气流遏制这一理念达成共识。

当机房气流通道封闭时，气流组织形式不再是一个问题。所有来自空气处理机组（AHU）的空气都进入IT设备；所有IT设备排放的空气都会返回到AHU。

送风气流从送风口流入冷通道的方向变得无关紧要。无论是从上方（向下流）、从下方（向上流）还是从侧面（向水平），空气都会到达相应的空间环境内，这些不同的气流遏制策略之间也没有功能上的差异。

目前，许多新建的高功率密度数据中心已经开始采用封闭通道技术。相反，旧的数据中心和新的低、中负载功率密度机房设备仍然采用通道开放方式。业界普遍认为，到目前为止，所运行的低知名度、低负载功率密度、通道开放的数据和电信中心设施占据了绝大多数能耗，虽然没有太多数据可以支持这一说法，但在通道开放的机房环境中，是采用顶部送风还是下部送风的气流组织形式仍然是一个问题。

当采用封闭通道时，与气流组织管理有关的所有问题都消失了，因此本章不再对气流遏制措施进行讨论。

21.4 气流组织动态分析

建立基本的最佳气流组织管理策略是解决机房错位问题和低效率的第一步。目前，一些专业的研究机构已经取得一些成果，并且他们的解决方案也得到了行业认可。

2004年，ASHRAE TC9.9及其《数据设备环境热指南》首次发布，随后进行过两次修订，为用户和设计人员处理数据中心的设计问题提供了参考[3]。

NEBS是由贝尔实验室开发的另一个标准，现在由Telcordia公司管理。它是在30年前制定的，用来配置电信中心机房环境的需求标准。当时总结了许多有价值的实践经验，并且这些实践经验现在仍然可以在ASHRAE标准中看到。

与这些标准和其他相关标准共有的气流组织设计基本原则如下：

1）机柜应该是前部进风、后部排风或前部进风、顶部和后部排风的气流组织设计。

2）机柜应布置成冷通道-热通道配置，以减少从冷通道到热通道的空气旁流，或者从热通道到冷通道的空气环流。

3）冷却空气应该先送入冷通道，再从热通道中排出。

4）尽可能减少空气旁流和环流，可以使用密封垫圈、盲板、毛刷或其他方式来封闭机柜内服务器之间及相邻机柜之间的空隙。

对于业内许多从业者而言，很多人会混淆服务器进出风温差和机房空调的进出风温差，实际上这是两个概念，理解两者之间的相互作用对于掌握非封闭空间环境内的气流组织管理至关重要。

图21.1所示为典型服务器的气流组织形式。它具有多个发热表面，以及被动、主动的气流组织形式。从图21.1中可以看出很多重要概念：

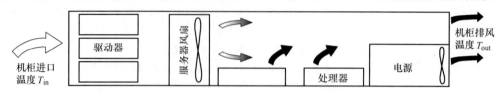

图21.1 典型服务器的气流组织形式

1）机柜内置散热部件。
2）每个组件与散热有关的气流可能不同。

这些气流是级联的，这就意味着进入第一组件的温度可能低于进入或经过第二组件的温度等。由此带来的关键问题就是"应该在哪里测量和监测机房的温度？"，正确的位置应该是服务器机柜的入口处，即测量机柜进口的冷却空气温度 T_{in}。IT 制造商已经解释了第二或第三组件与第一组件的温度不同这一事实。

ASHRAE《数据设备环境热指南》中定义的热环境规定，推荐的服务器入口温度范围为 64.4～80.6°F（18～27℃）。如果在空气流动方向上进入第二或第三组件的温度是 90°F（32.2℃），这也无关紧要，因为在设计服务器时，各制造商就已经考虑过这些气流级联的问题。假设机柜后面的出口温度是 110°F（43.3℃），同样也并不影响使用。

现在假设将这个典型服务器与其他服务器一起堆叠在机柜中，每个服务器都有自己独特的运行状态。机柜内的服务器布置如图21.2所示。每台服务器从冷通道进入的空气温度 T_{in} 都相同，但每个服务器可能会产生不同的排放温度 T_{out}，这是因为每个服务器的加载的程度不同，并且服务器内部风扇的运转速度也不尽相同。

设备散热量的计算公式为

$$Q = 1.085 \times (T_{out} - T_{in}) \times CFM \quad (21\text{-}1)$$

机柜中所有服务器的散热量为

$$Q_{total} = 1.085 \times (T_{out平均值} - T_{in}) \times CFM_{total} \quad (21\text{-}2)$$

式中，$T_{out平均值}$ 是一个不容易计算的假设平均值，它需要根据通过每个服务器的气流进行加权，但这个平均值通常是很难获取的。幸运的是，它在实际中是很容易测量得到的，这里假设热通道空气充分混合，则回风温度 $T_{回风}$ 实际上与排风温度 $T_{out平均}$

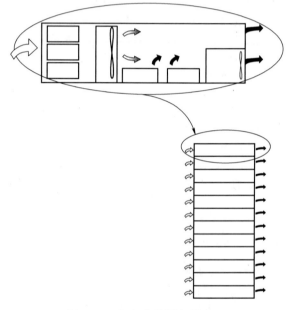

图21.2 机柜内的服务器布置

值相同。

现在假设这个机柜被扩展到一个数据中心，并且添加了 AHU 来输送和冷却空气，如图21.3 所示。

这种方案比图21.2所示的情况稍微复杂一些，因为它会引入冷气流进入热通道（旁流），这会影响热通道温度；同样热通道空气也会进入冷通道（环流），影响冷通道温度。虽然过程复杂，但整个过程中质量和热量是守恒的。为了简化这个过程，可以将它看成两个不同的热传递过程：一个代表机房里发生的热传递过程，另一个代表 AHU 的热传递过程。服务器机柜中的总气流不一定与 AHU 空气流量相同。如果服务器机柜风扇输送 10000cfm（1cfm=1.699m³/h）的空气，而 AHU 输送 15000cfm 的空气，则必须有 5000cfm 的旁流。如果 AHU 输送 6000cfm，则必须具有 4000cfm 的环流，这里应注意是"净"流量。实际情况中，也可以同时具有环流和旁流，并且仍然满足流量的"净"平衡。

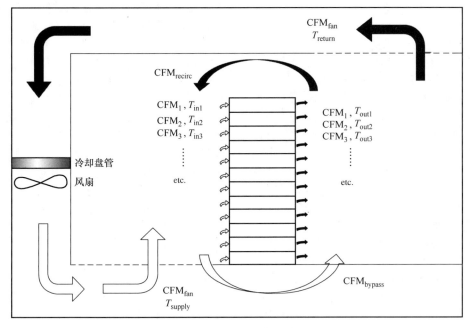

图 21.3　典型的数据中心

由于 AHU 空气流量和机柜中空气流量在通道开放环境中不一定相等，但因为两者的传热量须相等，所以从热平衡方程中可以看出 AHU 的 ΔT 与机柜的 ΔT 是不同的。流量的差值就是空气环流和旁流之间的净差值。

在考虑改善系统运行方式时，必须牢记这些气流组织管理原则。机房空调的空气流量越接近机柜的空气流量，系统就越有效。这也同样验证了这样一个事实，尽最大努力减少环流和旁流是正确的。

21.4.1　空气环流

当机房内空调单元的送风量不足时，会导致热通道的空气环流到冷通道内。有时，即使有足够的送风量，也会引起环流。例如，机房内的气流组织很差，并且过量的送风气流因旁流而损失，则必须通过从热通道中吸取一部分空气来弥补冷通道中流量的损失。

21.4.2　空气旁流

空气旁流形成原因有很多，为了增加冷通道的气流流量，进入冷通道的送风速度会偏大，可能会导致冷通道中气流的损失。不言而喻，机柜之间的间隙、电缆管孔、地板的开口等应尽可能地加以封堵。如果在施工过程中遗漏了这些需要封堵的空

隙，将会对数据中心的整体性能产生直接影响。

仔细研究每一种可能的泄漏源都很有意义。有时，不太明显的泄漏源可能会是最大的损失源头。例如，在一个场地，来自架空地板的空气通过石膏夹板墙和钢结构之间的间隙流入立柱。由于这些空隙隐藏在架空地板下方，通常很难被发现，并且立柱也没有在顶棚上方被封闭，由此导致大量的空气被直接导入顶棚中，吊顶空间起到机房的回风箱作用。该旁通空气流量经测量大约占在整个送风量的 20%。

送风量过大会增加旁流的空气比例。通常，业主和运营商都会设置旁通回路作为安全阀，即使过多的空气被送入系统，也能保证机房环境的舒适性，因为旁通回路的存在有效保证了服务器的风量需求。在通道未封闭的机房内，确定了正确的气流组织形式后，AHU 空气流量应稍微大于服务器的实际风量需求。这样设置的目的可使服务器的入口温度（从机柜中最低点的服务器到最高点的服务器）更接近送风温度。

控制旁流的最好方法是减少系统内旁路分支的数量，保证"足够"的空气能够进入冷通道。这个仅仅"足够"的量就是将再循环空气量 CFM_{recirc}

保持为 0 时所需的量。

当再循环空气量 CFM_{recirc} 保持为 0 时，

$$CFM_{supply} = CFM_{in1} + CFM_{in2} + CFM_{in3} + \cdots + CFM_{bypass}$$

和

$$T_{in1}, T_{in2}, T_{in3}, \cdots \rightarrow T_{supply}$$

设施运营商会寻找最不利运行工况下的机柜入口温度 T_{in}，通过降低 T_{supply} 以确保没有 T_{in} 超过 ASHRAE 推荐值的上限。有时，服务器设施要求设计比推荐值的上限低的 T_{supply}，这会使得其他所有 T_{in} 也降低相应的量。由此会带来很高的运行成本，T_{supply} 越低，需要的制冷量也就越多。T_{supply} 每降低 1℃，机组的冷冻水供应温度必须降低 1°。冷冻水温度每降低 1℃，冷却装置能量消耗所支付的费用就会增加大约 2%[4]。如果采用直膨式制冷系统提供冷却空气，则与降低送风温度的代价是相似的。

如果 T_{supply} 每降低 1℃，使用经济器进行自然冷却的运行时间可能会减少大约数百小时，具体数值取决于设备安装区域的气候条件。

另外，当 T_{supply} 降低时，增加了空调冷却盘管潜热的比例。潜热不会降低空气温度，但能够从空气中提取冷凝水。而机房空调的盘管容量通常是固定的，潜热比例越大，进行机房空气显式冷却（降低空气温度的部分）所需的 AHU 数量也就越多。这是一种非常浪费的方法；同时还需要设备补充因为冷凝而损失掉的水分，以维持数据中心所需要的相对湿度，这就无形中增加了加湿器的功耗和水资源的消耗。

综上所述，消除机房内的空气环流，尽可能保持合适的送风温度 T_{supply} 是非常重要的。同样，减少空气旁流以节省风扇能耗也非常重要，但少量的旁流产生的影响相对于空气环流而言会小一些。

因此，需要采取相应的策略，无论是通过自动控制还是通过手动操作，都要确保这样一种平衡，即尽可能保持所有 T_{in} 尽量接近 T_{supply}，使用尽可能高的 T_{supply}，消除空气环流 CFM_{recirc}，并最小化空气旁路 CFM_{bypass}。这些内容将在下面部分中进行介绍。

21.5 地板下送风气流组织

通过架空地板下送风可能是目前数据中心最常采用的冷却方式，它可以通过多种方式实现和优化，其中一些方法如下所述：

1）统一调节 CRAH/CRAC/AHU 的空气流量，稳定架空地板通道内的压力，移动或放置多孔地板或格栅以匹配负载需求。

2）统一调节 CRAH/CRAC/AHU 的空气流量，保证所有冷通道内最不利位置处的温度传感器的最大值（即最高测量温度）在合理范围内。

3）统一调节 CRAH/CRAC/AHU 的空气流量，稳定架空地板通道内的压力，在特定位置放置导流地板、带辅助风扇的地板或有效通风截面可调的地板，以引导气流进入最需要的空间。

在数据中心机房设计中，有多少名设计师就有多少种气流组织形式。由于篇幅限制，以下建议仅针对上面提出的方式展开讨论（即统一调节空调单元模块以维持架空地板静压箱内的压力）。它可以说是优化气流组织管理策略中最简单、最可靠的方法，并且实践效果显著。

1）使用带变频风机的 CRAH/CRAC/AHU。为了将空气输送到架空地板的静压箱内，装置选择下送风。许多设备使用老式的恒流电机/风扇，由此导致较高的能耗。将这些装置的定频风机替换为变频，是实现投资收益的最快方式，不仅节能，而且可以改善气流组织管理策略。

2）使用顶棚作为回风通道。这就需要热通道顶部的顶棚是敞开的，并用风道将 CRAH/CRAC/AHU 的顶部回风口与之连接。对于空调整体性能而言，机房顶部没有顶棚的情况实际上要比有顶棚的情况要好一些，但重要的是将 CRAH/CRAC/AHU 的回风口用风道伸入距离数据中心顶部 23ft 的高度内。数据中心空间越高，冷热气流的分层越好，空气的环流量就越少[5]。

3）架空地板的理想高度应为 36in（914mm），这样可以支持不同程度的负载功率密度。老式的设施或建筑物有时受限于较低的机房层高。在这种情况下，架空地板通道内不能有实质性障碍物，这一点非常重要。当需要将主管道、大型电气管路、电缆桥架等放置于地板通道内时，其位置须远离多孔地板或格栅，也不应该放置在出风口附近。

4）布置足够的压力传感器，精确测量架空地板通道内压力和与之对应的机房内的压力。地板下方通道内压力传感器的布置应尽可能均匀。前期可以根据经验数值来布置，如"每1000ft² 布置 1 个传感器"，而且地板下方的通道布局设计越好（在考虑障碍物方面），通道内的压力分布就越均匀，需要布置的传感器也就越少。遵循上述的指导原则，在整个架空地板通道内设计相对均匀的压力分布对于气流组织管理策略至关重要。

通过变频器统一调节所有单元组件，以维持地板下的压力稳定，该压力以压力传感器的平均值为基准。

地板下静压箱内的压力设定值是可以变化的，但要遵循以下原则（参见图21.4，其显示了不同风量下多孔地板和格栅与地板静压箱内压力关系）：

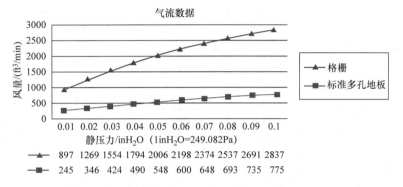

图21.4 多孔地板和格栅与地板静压箱内压力的关系（数据来源于Tate Access Floors）

1）对于多孔地板，使用的地板通道静压值约为 $0.03\text{inH}_2\text{O}$（$1\text{inH}_2\text{O} \approx 250\text{Pa}$）。地板下静压值再大一些也可以使用，并主要应该用于封闭通道的机房内；但在通道开放的机房内，较大的气流速度产生较高的压力会导致旁通回路流量比例的显著增加。我们的目标是气流通过地板下方的通道和多孔地板进入机房冷通道，同时将通道内的干扰降至最低。气流扰动越大，旁流和环流的比例就越高。理想情况下，机房内的冷热气流分界点应该位于机柜顶部的水平面处。当然，机柜顶部和通道末端会有一些泄漏，泄漏量应该与旁路流量的大小相当。

2）对于格栅，使用的静压值较小，约为 $0.015\text{inH}_2\text{O}$。由于格栅具有较大的通风面积，单位时间内能排出更多体积的空气，与同样标准的 $24\text{in} \times 24\text{in}$（$610\text{mm} \times 610\text{mm}$）通孔地板相比，其平均风速会更高。较高的风速往往会扰乱从下方缓慢进入冷通道的气流组织。通过计算流体动力学（CFD）建模和模拟证据表明，当通道压力明显高于 $0.015\text{inH}_2\text{O}$ 时，会导致冷通道顶部气流的严重紊乱。当工作人员经过冷通道时会感受到气流的存在，并且认为已经为冷通道提供了足够的冷却空气。实际上，大部分冷空气绕过服务器，迫使热通道空气再循环到了机柜顶部和服务器前端。

3）风口类型（格栅和多孔地板）的选择应根据负载功率密度进行。高密度负载对冷却空气的需求量更多，应考虑使用格栅，反之低密度的负载考虑使用多孔地板。另外，风口的选择还需要考虑冷通道宽度和数据中心未来负载的增长速度。还有一种解决方案就是将两者混合放置于同一区域通道内，但该方案并不能通用，因为地板下送风通道所需维持的设计压力是唯一的。该压力决定了只能使用一种类型的风口，关于这个问题我们下面进行详细讨论。

数据中心的负载数量是需要密切监测的，工作人员可以通过调整通道内风口的数量来匹配负载的需求变化。一般情况下，检测的是冷通道的负载，这是进行气流组织管理必须遵循的一个重要理念。冷通道是以机柜为边界设定的，因此计算该边界内给定设置压力点下需设置多少风口是很有必要的。风口的数量完全取决于冷通道内的总负载，根据冷通道负载需要的功率负载来计算送风量。计算案例如图21.5所示。

在这个案例中，冷通道有100kW的功率负荷。以多孔地板为例，每个风口风量为 $400\text{ft}^3/\text{min}$ 时对应的地板下通道内的压力为 $0.03\text{inH}_2\text{O}$，总共需要40块多孔地板来满足负载需求。其中旁路流量占比为20%，因此，地板的数量应增加到48块。

当考虑通道宽度时，应该以单个通道为基准进行计算。确定了单个通道所支持的最大负载量，并以此计算该通道的风量便可以得出地板的需求数量。针对上述案例，冷通道的宽度为4ft（$1\text{ft} = 304.8\text{mm}$），长度以24块地板长度为准（地板尺寸为 $24\text{in} \times 24\text{in}$），可以容纳48块地板（即总共安装约48个机柜）。如果机柜负载较小，地板的数量可以相应减小，即使数量少于48块也可满足要求。

对于冷通道长度小于24块地板长度的情况，可以采取下面两种方法，使得空间内冷通道负载实现最优化。

冷通道功率负荷 → 冷通道中标准多孔地板的数量				
负荷/kW	冷负荷/(Btu/h)	需求的冷却量/ton	需求的风量/(ft³/min)	标准多孔地板的需求量/块
10	34,130	2.84	1,573	4
20	68,260	5.69	3,146	8
30	102,390	8.53	4,718	12
40	136,520	11.38	6,291	16
50	170,650	14.22	7,864	20
60	204,780	17.07	9,437	24
70	238,910	19.91	11,010	28
80	273,040	22.75	12,582	32
90	307,170	25.60	14,155	36
100	341,300	28.44	15,728	40

图 21.5　多孔地板数量计算案例

1）冷通道宽度增加为 6ft，风口仍然选用多孔地板，这样冷通道内仍然配置 48 块多孔地板，但由于在该区域中有三排风口可以使用，则最少只需要 16 块地板长度即可满足。

2）冷通道宽度仍然为 4ft，风口替换为格栅。通道压力为 0.015inH$_2$O 的大风量格栅允许比通道压力为 0.03inH$_2$O 的多孔地板更高的气流速度，并且仅需要 20 块地板就能获得与 48 块多孔地板相同的风量，20 块地板可以轻松放入 4ft 的冷通道内。

如果按上面的计算方法去更改方案，即使用格栅，则需重新调整所有其他冷通道的风口数量，因为整个通道内要使用同一种类型的格栅。图 21.5 所示的是基于风量为 400ft³/min 时多孔地板的计算值，但也同样适用于风量为 1000ft³/min 的格栅。

当数据大厅负载发生变化时，应随时按照这种计算方法进行调整。根据通道内的负载需求，添加相应数量的风口。当移除负载后，同样须去掉相应数量的风口。

机房内 CRAH/CRAC/AHU 风量的变化是与通道内风口数量的变化相关联的。用户会经常忘记这一点，仅当添加风口时，空调单元风机才会加速。随着风口数量的增加，地板下方通道内的压力下降，风机速度上升，使架空地板通道内的压力恢复到设定点。相反，当负载减少时，移除风口可使风机减速。

在设计过程中，仅仅通过查看设计条件来确定适当类型的风口及冷通道宽度是不够的。设计师和业主都需要考虑项目的未来需求，以匹配数据中心在后期分阶段扩建中要放置的负载功率密度的实际上限。前期建造时的设计计算结论也许表明该设备使用多孔地板能够满足要求，但如果在设施的生命周期内存在增加高密度负载的可能性，那么在前期规划设计中选择较大风量的风口是很有必要的。因为从多孔地板改为格栅，现场需要较大的改动，在改动过程中会对现场设施的气流组织造成一定破坏。

21.5.1　气流组织的自动化管理

当通过对地板下送风气流分布的研究来建立可靠的气流组织管理策略时，必须对如何通过控制气流以自动适应负载的不断变化进行相关探讨。

数据中心气流控制都是手动组件。到目前为止，没有办法自动安装或拆除多孔地板和格栅。事实上，如果设计者想要自动化调节通过地板的气流，可以采用类似于商业办公场所传统管道系统的控制方式来处理它。可变风量（VAV）装置的使用在 HVAC 市场中几乎无处不在，因此人们会问，为什么不将 VAV 装置添加到数据中心的自动化控制中？其根本原因是成本问题。目前可用的最大 VAV 装置可以提供两个或三个格栅地板的等效风量。为了实现与大规模 IT 负载相匹配的大风量，将需要数百或数千个装置，并且安装极其复杂，因此成本问题成为数据中心自动化设计过程中的关键因素。

制造商已经设计出将自动化装置直接安装在地板或格栅中的方法。这些产品包括风扇和自动风阀，使其更像 VAV 装置或带有供电装置的风扇盒，但在大型数据中心安装这些产品的成本和复杂性会随着设施整个生命周期内负载的持续增而变得非常不切实际。

而且,期望数据中心的自动化系统能够达到类似商业办公场所那样的响应速度是不现实的,因为忽略了一个非常关键的点,即数据中心的负载不能像商业办公楼那样。预计商业办公楼在其运营的第一年就有可能达到100%负荷运转,并且该峰值一般出现在达到室外设计条件的那一天。因此,商业办公空间需要从一开始设计就全面补充VAV装置。而数据中心的负载增长具有其独特性,尽管在一天或一年的过程中负载可能非常稳定,但负载通常会在设施的生命周期内持续增加。

在排除了自动化控制的可能性后,我们回到手动调节风口位置和数量的问题,它是数据中心架空地板送风气流组织分布的重点:

1) 如前所述,风口数量需要满足每个通道的负荷需求。在这个过程中,可以通过创建表格/图表的形式来确保每个冷通道的总负荷的相关信息是最新的。根据此负载计算每个冷通道所需的多孔地板数量。用户可以选择增加一定的安全系数(一般为10%~20%),以确保系统中有少量旁路但无空气环流。

2) 根据这些计算,管理每个冷通道要放置的风口数量。目前还没有实际的方法来自动化匹配这个过程。当负载增加时,必须人工添加更多的风口;当负载减少时,必须人工移除相应的风口。

21.5.2 控制策略

1) 统一调整所有可用的AHU,以维持地板下通道内压力的控制与调节。有的控制方法是通过调节单个AHU,以控制特定的传感器位置,但作用不大。因为当完成一个AHU的调节后,当对另外一个AHU进行调节时,风量的变化会导致地板下的空气动力学发生剧烈变化。当少量的多孔地板位置发生变化或其他单元的气流发生变化时,在某一时刻从机房一侧的某个机组接收空气的传感器很可能转变为从另一个机组接收空气。因此,统一调节所有机组才能提供最稳定的控制。

2) 所有AHU应设置相同的送风温度设定点,并且该设定点应尽可能高(见第21.4.2节中的讨论)。

3) 当添加更多风口时(无论是移除实心地板和/或放置多孔地板),所有风机都会提高转速,以维持地板下方通道内的压力。

4) 监测进入机柜顶部的空气温度。如果机柜顶部温度不符合要求,意味着有大量空气环流,需将地板下的压力点重置为略高的值,重复上述步骤,直到满足温度要求。

5) 改变控制策略,将地板下的压力传感器替换为靠近机柜顶部的温度传感器。通过控制风机转速以确保所有温度传感器都满足其设定点。如果温度传感器读数太高,风机会加速;如果所有温度传感器读数满足要求,则风机可以减速,直到单个或预定部分的传感器达到过高的温度。在该方案中,除了用温度传感器替换压力传感器外,气流组织管理策略应该与前面描述的一致,包括基于每个冷通道的负载来匹配多孔地板或格栅的数量。

21.6 顶部送风气流组织

采用顶部送风系统将冷却后的空气输送到数据中心,虽然没有地板下送风方式常见,但同样有效。电信中心机房多年来一直使用这种方法,并得到了很好的传承。在电信机房如果使用地板下送风,则不利于气流分配。目前可以通过很多方法实现顶部送风气流组织分配的最优化。

地板下送风和顶部送风的主要区别在于,CRAH/CRAC/AHU通常是上送风的。设备制造商可以提供上流式装置,其工作方式与送风式装置一样。然而,空间的布局与装置的基本配置是混乱的,因为它们的回风口必须位于装置的底端。这意味着来自冷通道的冷空气更容易返回到该装置,因为冷空气相对于热空气本来就分布在空间中较低的位置,这就构成旁通空气量的增加,迫使需要更多的风量来满足负荷需求。

有以下几种方法可以处理旁流:

1) 在装置周围局部高度设置挡风板,迫使空气从空间的较高部分(即热通道空气)返回装置。

2) 在装置上增加一个风扇通道。与定制的AHU相比,使用模块化CRAH的问题在于缺少一定的灵活性。AHU可配置为适应任何特殊布置,通常允许更大尺寸的装置和更多定制的选择。

3) 顶部送风的同时又从顶部回风可能会使送风系统管道复杂化。即使顶棚静压管道回风也不一定能缓解这种情况,因为顶部送风系统和顶棚静压回风系统都位于相同的空间。为了适应这种情况,数据中心必须足够高,至少达到18~20ft(5.5~6.1m)。

4) 高大的空间更容易适应气流的分层。送风系统管路可以放置在通道上方的一层,而来自热通道排风系统管路放置于送风系统管路的上方。回风系统管路或风机进风段可以抽取来自该高点的回风，并将这些空气送回系统，以便再次冷却。

数据中心顶部送风气流组织的控制策略有很多种，下面就一种常用的控制策略展开讨论：

1）使用变频器控制的 CRAH/AHU。地板下送风需要控制向下送风的装置以保持恒定的地板下静压箱压力，顶部送风系统同样也需要保持恒定的管道静压，这类似于许多商业 VAV 系统所采用的控制策略。为了实现这种基于压力的控制手段，一般通过设定歧管接收各装置的气流并汇入主管道。

2）当负载达到设计的 100% 时，歧管管道的尺寸应能够满足通过它的最大风量需求。上一节主要讨论了如何设计地板下送风系统。由于这种管道系统的设计与商业办公场所管道系统的设计没有区别，因此在这里对顶部送风系统的管道设计不做过多讨论。暖通空调行业已经有了这种类型的设计，可供参考。

3）应使用支管将冷却空气输送到冷通道。每个冷通道都要设计有一个分支风管，这是很有必要的，以便可以通过调节管路风阀控制冷通道瞬时的风量。

4）通过冷通道进行基于温度的控制是顶部送风系统较为适当的方法。将一定数量的温度传感器放置在机柜的高处；根据冷通道中最不利情况下测量的温度来调节分支阀门，以确保满足温度设定要求。

5）由于每个冷通道的风量通常远远超过大多数商用 VAV 装置的控制范围，因此必须使用风阀代替 VAV 装置。风阀在某种程度上可以起到 VAV 装置的作用，但在阀门上游使用流量测量装置意义不大。因此，这些设备的工作模式类似于随压力变化的 VAV 装置。

6）必须通过同步调节所有装置的风机来使歧管送风管道保持压力稳定。为了确保整个歧管管道上的压力相对均匀，管道设置应该尽可能地简单且是直管，并且规格尺寸适当放大。

7）在分支风管中放置风阀，会产生这样一种特性，该特性在地板下送风系统中并不适用。它可以根据冷通道中的负载调节进入冷通道的气流大小。该调节是以通道内测量的温度数值为基准，这样就实现了无须人工去监控冷通道内负载的需求，而地板下送风系统中必须对气流分配模型进行监控。另外，由于分支管路风阀可以通过调节冷通道风管上开口的大小来改变空气流量，因此不需要手动调节去适应送风系统需求。

8）第 21.5.1 节描述了如何通过自动化控制地板下送风系统，尽管已经自动化，但仍需要手动调

整组件（即监控负载，以相应地调整风口的数量满足系统的工作需求）。顶部送风系统没有这种限制，并且非常简单，一旦系统建立，自动化系统就能够在没有人为干预的情况下，通过控制进入冷通道的空气流量来匹配负载变化。

21.6.1 通道宽度对安装的影响

1）由于分支管道可以独立调节进入单个冷通道内的气流大小，因此通道的宽度并不像地板下送风系统模型那样重要。如果设定的通道宽度能够满足数据中心中任何通道内的最大风速需求，则所有通道都可以设计成与之相同的宽度。

2）地板下送风系统存在与送风速度相关的问题。顶部送风系统的合适送风速度是多少？目前没有一个明确的答案。最慎重的方法是使用 CFD 在设计过程中模拟通道中的气流动态。设计者需选择一个初始速度，这个初始速度应该比实际送风管道系统的风速低（意味着充分考虑成本和布局的情况下管道要尽可能大），并确保流经服务器前端的气流速度不能太大，以防止它直接进入服务器的前端。通常情况下，送风速度范围在 2.5~5.0m/s 之间。一旦送出的空气下降到地板上，开始扩散并跟随机柜前端的涡旋气流回到顶部，这个气流速度就会大大降低。如果进入通道的气流速度太大，进入冷通道的空气会再次被诱导流出冷通道（类似于试图在水龙头满流量状态下去装满一杯水）。因此，建议采用 CFD 建模，以将该流量优化为"尽可能小的旁通气流"。

3）过低的气流速度并不会造成实质性的问题。根据控制逻辑的设定，这种情况是可以自行纠正的。当空气没有到达服务器机柜的顶部时，温度传感器指示反馈异常，就会将调节器驱动到更大的开度，从而将更多的空气导入冷通道中。

4）这些设计问题可能会产生附带效应，因此顶部送风系统设计前期的合理规划就显得尤为重要。一旦系统被正确地设置，这些初始速度就决定了解决方案的可行性，全自动化（无人干预）的优势使得设施的全生命周期内的系统维护更便捷。此外，随着系统的完善，整个系统的适时调整也要求不能进行人为干预。

21.6.2 气流组织管理的自动化

关于顶部送风系统的自动化已经有很多论述。下面这些是其运行的基本要求：

1）温度传感器必须放在机柜的高处。

2）控制系统必须监控冷通道内的多个传感器，

并驱动各支路风阀的打开或关闭,以保持温度设定值(研究信息表明,有时使用平均温度而不是冷通道中的最不利工况下的温度可以更稳定地控制进入冷通道的气流)。

3)压力传感器应放在管道系统的歧管中。AHU 应同步进行调制,以保证各歧管的压力恒定。

4)随着分支管道风阀开启数量的增加,管道压力将会下降。系统应通过提高风机转速将管道压力恢复到设定点。当调节阀关闭时,也应通过风机转速来调节管道压力。

5)风管静压可以重置,以确保各支路调节阀尽可能完全开启,这将优化风机的能效,并可内置于自动控制系统中。

21.7 结论

顶部送风和地板下送风是将冷却空气输送到非密闭数据中心的主要方法各有优缺点。

地板下送风系统送风口的布置有更好的灵活性,因为多孔地板和格栅很容易进行重新定位安装,从而将冷空气送入负荷密度最大的位置。此外,这些多孔地板的放置和成排机柜的放置不需要在项目初期就开始确定。如果在项目后期需要增加负载密度,则可以将新增机柜放置在冷通道宽度更宽的地板上,从而使更多的空气输送到更高负载密度的冷通道内。

地板下送风系统的主要难点是多孔地板的选择和穿过这些地板速度的选择,这一点是非常重要的。速度太高将使 IT 设备难以获得充足的冷却气流,从而增加空气旁流的比例。速度太低会使到达 IT 机柜顶部服务器的冷却气流不足,从而增大了冷却空气的环流比例。气流组织的这种平衡(实质上是解决气流如何从地板下部全部送入冷通道)是一个复杂的问题,通常需要更复杂的 CFD 建模来解决。

由于顶部送风系统需将系统风管布置在数据中心的上部空间,并且通常是在机柜布局没有完全确定之前,因此在项目规划阶段,顶部送风系统往往缺乏灵活性。必须在项目初期就确定冷通道和热通道的间距,这样在数据中心投入运营后就不需要再进行相关的建设项目(如安装风管工程)。

顶部送风系统有一个很大的好处,即系统可以自动调整,以适应冷通道不同负荷的变化。随着负荷的变化和设施的增加,系统可以自行调整而不需要任何人为干预。地板下送风系统要求严格监测冷通道内的负荷变化,并相应地改变多孔地板位置和数量。如果不进行多孔地板的改动,系统将无法响应风机转速的变化。

许多 CFD 仿真结果已经表明,顶部输送的冷空气自上而下进入机柜间的冷通道,然后沿着 IT 机柜前端轮廓返回机柜顶部。一般情况下,无须关注冷却气流是否能够到达机柜的顶部,因为从顶部送出的冷却气流带有一定的附加速度,该速度产生的惯性可以使冷却气流到达机柜的整个前端。

另外,由于顶部送风气流分布更加均匀,通道宽度对冷通道内高密度冷却空气的输送影响不是很大。因此,无论每个通道的负载密度如何,数据中心的所有通道都可以选择相同的宽度。

通道的封闭问题仅在本章中进行了一个简略的讨论,因为一旦实施通道封闭措施,气流的输送方式就像排气速度一样变得无关紧要。一般情况下,高密度数据中心应使用封闭通道,对于低密度数据中心,可能有成本或后期维护原因而未使用封闭通道。但一旦决定不使用封闭通道,就必须考虑顶部送风和地板下送风系统之间的差异,并确定其适用性。

参 考 文 献

[1] Beaty D, Schmidt R. Back to the future: liquid cooling data center considerations. ASHRAE J 2004;46(12).
[2] ASHRAE. *Thermal Guidelines for Data Processing Environments*. 3rd ed. Atlanta: ASHRAE; 2012.
[3] ASHRAE. *Considerations in Data Center Energy*. 2nd ed. Atlanta: ASHRAE; 2009.
[4] Moss D. Under-floor Pressure Control: A Superior Method of Controlling Data Center Cooling. ASHRAE Transactions, Vol. 118 Issue 1, p3; Atlanta; ASHRAE; 2012.
[5] Sorell V, Khankari K, Abougabal Y, Gandhi V, Watve A. An Analysis of the Effects of Ceiling Height on Air Distribution in Data Centers. ASHRAE Transactions CH-06-9-2; Atlanta: ASHRAE; 2006.

延 伸 阅 读

Schmidt R, Iyengar M. Comparison between underfloor supply and overhead supply ventilation designs for data center high-density clusters. ASHRAE Trans 2007;113(1):115–125

Sorell V, Escalante S, Yang J. Comparison of overhead and under-floor air delivery systems in a data center environment using CFD modeling. ASHRAE Trans 2005;111(2):756–764.

Herrlin M, Belady C. Gravity-assisted air mixing in data centers and how it affects the rack cooling effectiveness. Proceedings of the Tenth Intersociety Conference on Thermal and Thermomechanical Phenomena in Electronics Systems (ITHERM '06); May 30-June 2; San Diego, CA 2006. p 438, 5 pp.

Mulay V, Karajgikar S, Iyengar M, Agonafer D, Schmidt R. Computational study of hybrid cooling solution for thermal management of data centers. Proceedings of the ASME 2007 InterPACK Conference collocated with the ASME/JSME 2007 Thermal Engineering Heat Transfer Summer Conference, Volume 1; July 8–12; Vancouver, British Columbia, Canada; 2007. Paper No. IPACK2007-33000. p 723–731.

第 22 章 热通道与冷通道封闭

美国密苏里州，施耐德电气信息技术公司　戴夫穆迪（Dave Moody）　著
浙江大学山东工业技术研究院　赵帅帅　译

22.1 执行概要

封闭热通道系统（HACS）或封闭冷通道系统（CACS）可以与内部或外部冷却系统一起安装在新的或既有的数据中心，也可安装在架空地板系统或顶部送风系统中。在机柜上直接安装连接管路也被认为是 HACS 的一种特例。

封闭热通道（HAC）和封闭冷通道（CAC）的主要功能是将数据中心中的冷送风和热回风隔离。

HAC 和 CAC 在一定程度上具有以下优势：

1) 通过影响回风温度（RAT）提高冷却系统的盘管容量。

2) 通过影响 RAT 提高冷却系统的盘管效率。

3) 降低冷却系统风机功率。

4) 提供可预测和可靠的 IT 设备进气温度。

5) 通过扩大冷却装置的影响范围提高行级冷却系统的冗余度。

HACS 和 CACS 对数据中心运行的影响如下：

1) 影响数据中心或封闭系统内人员的工作环境。

2) 在冷却系统故障或冷却系统断电的情况下影响冷却系统和数据中心温升时间。

3) 影响数据中心中封闭热通道或封闭冷通道区域外围设备的工作环境。

4) 影响在较冷的外部环境温度下经济器的运行时间。

22.2 封闭：气流结构模型

带架空地板的热通道/冷通道如图 22.1 所示。带架空地板的封闭热通道和封闭冷通道侧视图，如图 22.2 所示。

22.2.1 封闭热通道

根据施耐德电气公司白皮书#55[1]中的描述，HACS 部署可基于以下两种不同的气流结构模型。

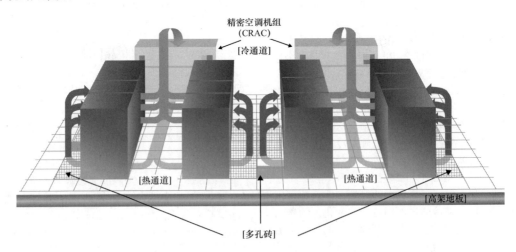

图 22.1　带架空地板的热通道/冷通道（Emerson Electric 公司提供）

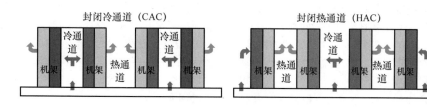

图 22.2　带架空地板的封闭冷通道和封闭热通道侧视图（Emerson Electric 公司提供）

22.2.1.1 封闭风管回风：大空间送风

在这种结构模型中（图 22.3），由行级 IT 设备排出的热回风被引入封闭的回风系统，并从 IT 设备排风系统的出口通过管路系统或密封结构进入冷却系统的入口。密封结构有助于防止热空气与室内空气或室内和/或冷通道中的 IT 设备送风气流混合。该系统可以是与 IT 设备机架一起放置在机架列中的内部冷却单元，并且通过密封装置将热通道与 IT 设备机架的出口密封连接，也可以是外部冷却系统，该冷却系统包括冷却装置，该冷却装置与封闭风管回风系统共用一个入口，但其位于机架列和封闭系统外部，通常位于数据中心机房的周边，或者完全位于数据中心机房外部。

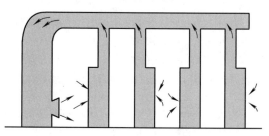

图 22.3　封闭风管回风—大空间送风
（Emerson Electric 公司提供）

冷却系统的总风量大于或等于回风管路系统中的 IT 设备总风量，因此所有 IT 设备的排风都会进入冷却回风系统，并且 IT 设备的热排风不会从回风系统排出或泄漏到房间内。

在不使用任何送风管路或在房间设置送风系统的情况下，从冷却装置的出口向房间送风。冷却系统总风量大于或等于总的 IT 设备入口所需风量。一旦来自冷却装置的适量送风进入房间并可用于 IT 设备入口，IT 设备风机将自动从室内空气中吸取每个 IT 设备装置或服务器所需的气流。室内空气就是 IT 设备的供应气流。

22.2.1.2 封闭风管回风：局部风管送风

在这种结构模型中，IT 设备热排风的流动形式与封闭风管回风式大空间送风结构相同。冷却系统总风量大于或等于 IT 设备总风量需求（图 22.4）。

通过室内的送风管路或分配系统，从冷却装置的出口向房间送风。一旦来自冷却装置的送风进入房间，就可使用一些管路的方法，使空气更靠近 IT 设备入口，通常是架空地板送风系统，带有穿孔或部分穿孔的地板格栅以提供进入冷通道的气流，或者通过房间顶部的管路进入冷通道，供应空气可与室内空气混合，最终被吸入 IT 设备。IT 设备风机自动从冷通道空气中抽取每个 IT 设备所需的气流。IT 设备的送风为室内和冷通道空气的混合气流。

这种情况经常用于既有数据中心（具有先前安装的架空地板或顶部送风系统），其中封闭热通道作为封闭风管回风系统进行改造，以提高效率和性能。在采用封闭风管回风的新建数据中心中，安装任何形式的送风管路系统都是无益的。

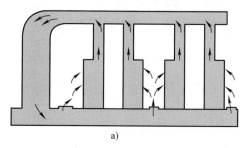
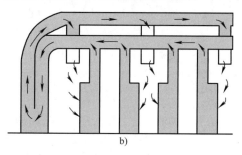

图 22.4　封闭风管回风 - 局部风管送风（Schneider Electric 公司提供）
a）架空地板　b）顶部

一些行业文件指出，使用大空间送风结构，流入服务器的冷空气是开放的且受房间的影响，并且具有更高的无法提供服务器所需进气温度的风险。对于结合了封闭管路回风系统，并且经过合理设计和管理的大空间送风系统而言，以上问题是无须担心的，该系统会持续监控 IT 设备入口温度，并且冷却系统的盘管散热和送风性能会及时调整，以使整个数据中心的 IT 设备温度保持在合理的范围内。

有些供应商不能配合和提供根据两者共同管理系统的实时数据来对冷却系统盘管散热和气流性能进行的检测和调整，数据中心管理人员应谨慎部署来自这些供应商的任何封闭系统。

22.2.2 封闭冷通道

根据施耐德电气公司白皮书#55[1]中的描述，封闭冷通道（CAC）的部署可基于两种不同的气流结构模型。

22.2.2.1 大空间回风：封闭风管送风

在这种结构模型中（图22.5），冷却设备提供的用于冷却 IT 设备的气流被引流至封闭的送风系统中，并从冷却装置系统的出口通过管路系统或密封结构到达 IT 设备入口。物理封闭结构有助于防止冷空气与室内空气或室内和/或热通道内的回风混合，使其可用于 IT 设备或服务器的入口。该系统可以包括放置在机架列中的列间空调与 IT 设备机架的入口紧密连接，或者包括外部冷却系统，其冷却装置与封闭管路的送风系统共用出口，但位于机架列和封闭系统的外侧，通常位于数据中心机房内，或者位于数据中心机房外的位置。

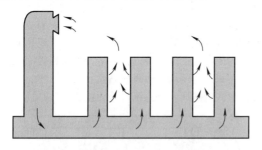

图22.5　大空间回风—封闭风管送风
（Schneider Electric 公司提供）

冷却系统总风量大于或等于 IT 设备所需风量与送风管路系统的泄漏量之和，因此所有 IT 设备的入口空气均由冷却系统提供。超过所有 IT 设备入口所需的气流都可能从送风系统泄漏出封闭系统而进入房间或热通道。

IT 设备出口排出的热回风无须使用回风管路或分配系统。冷却系统热回风量大于或等于 IT 设备所需风量与送风管路系统的泄漏量之和。一旦来自 IT 设备的设计热回风量进入房间并可供冷却装置入口使用，冷却装置风机就会自动从室内空气中抽取每个冷却装置的设计风量。室内空气是冷却装置的回风。

22.2.2.2 局部风管回风：封闭风管送风

在这种结构模型中（图22.6），送风方式与大空间回风 - 封闭风管送风的结构相同。冷却系统总风量等于 IT 设备所需总风量与送风管路系统中的泄漏量之和。

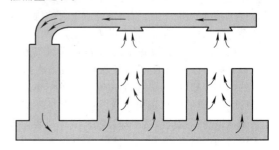

图22.6　局部风管回风—封闭风管送风
（Schneider Electric 公司提供）

通过室内的回风管路或分配系统，热回风从 IT 设备装置的出口进入房间，进而从房间进入冷却装置。一旦 IT 设备装置的总排气量进入热通道或房间，就会采用一些利用管路使空气更接近冷却装置入口的方法。这通常是吊顶回风静压系统，吊顶上有穿孔或部分开孔的顶棚格栅，以使热通道的热风回流至吊顶；也可以在热通道上方布置架空管路，其中回风可与室内空气混合并最终被吸入冷却装置入口。冷却装置的风机自动从热通道上方的室内空气中抽取每台装置的全容量冷却气流。房间和热通道内的气流即为冷却装置的回风气流。

这种情况通常适用于既有数据中心（具有先前安装的吊顶或顶部回风管路系统），其中热通道回风作为局部管路回风系统进行改造，以提高效率和性能。在新建的数据中心中，如果房间/热通道中的其他外围 IT 设备能够承受 IT 设备的排气温度，其会导致室内空气温度等于其排气温度，则采用封闭风管送风结构，安装任何形式的回风管路系统都是无益的。

如果封闭冷通道系统以外的房间级或外围 IT 设备不能承受 IT 设备的排气温度，则可用局部风管回风系统将 IT 设备的排风引流至回风系统，使其与外围 IT 设备附近的气流混合程度最小化。

22.3 封闭热通道与封闭冷通道回风温度趋势

冷却装置的回风温度（RAT）会对装置盘管散热量产生重大影响，特别是在冷冻水（CW）冷却装置系统中，冷冻水的流量仅受冷却装置盘管中的速度和冷冻水输配系统所能提供的压降能力限制。随后，在冷冻水系统中"水完成工作"，并且在相同的进水温度（EWT）下流过同一盘管的流量增加，盘管冷却能力成比例增大，直至每个冷冻盘管装置达到最大流量。

表22.1列出了进水温度为45℉（7.2℃）的 APC-Schneider ACRC100 的性能参数。

表 22.1 ACRC100 性能参数（Schneider Electric 公司提供）

冷冻水温差 ΔT /℉（℃）	总冷量/(Btu/h)（kW）	显冷量/(Btu/h)（kW）	显热比（SHR）	冷冻水流量/gpm（USgat/min）（L/s）	冷冻水压降/ft H$_2$O（kPa）
干球（DB），湿球（WB）温度/℉（℃）80℉ DB, 62.8℉ WB（26.7℃ DB, 17.1℃ WB）					
10℉（5.5℃）	45000（13.2）	45000（13.2）	1.00	9.8（0.62）	9.8（29.2）
12℉（6.6℃）	39000（11.4）	39000（11.4）	1.00	7（0.44）	5.4（16.11）
14℉（7.7℃）	36000（10.5）	36000（10.5）	1.00	5.7（036）	3.8（11.22）
16℉（8.8℃）	35000（10.2）	35000（10.2）	1.00	4.8（0.3）	2.8（8.3）
18℉（10℃）	33000（9.7）	33000（9.7）	1.00	4.1（0.26）	2.14（6.4）
20℉（11.1℃）	33000（9.7）	33000（9.7）	1.00	3.6（0.23）	1.7（5.18）
干球（DB），湿球（WB）温度/℉（℃）85℉ DB, 64.5℉ WB（29.4℃ DB, 18.1℃ WB）					
10℉（5.5℃）	62000（18.2）	62000（18.2）	1.00	13.2（0.83）	16.9（50.56）
12℉（6.6℃）	52000（15.2）	52000（15.2）	1.00	9.3（0.59）	8.9（26.59）
14℉（7.7℃）	46000（13.5）	46000（13.5）	1.00	7.0（0.45）	5.4（16.16）
16℉（8.8℃）	44000（12.9）	44000（12.9）	1.00	6.0（0.38）	4.05（12.09）
18℉（10℃）	43000（12.6）	43000（12.6）	1.00	5.2（0.33）	3.2（9.46）
20℉（11.1℃）	43000（12.6）	43000（12.6）	1.00	4.6（0.29）	2.6（7.77）
干球（DB），湿球（WB）温度/℉（℃）90℉ DB, 66.1℉ WB（32.2℃ DB, 18.9℃ WB）					
10℉（5.5℃）	74000（21.7）	74000（21.7）	1.00	15.5（0.98）	23.06（68.78）
12℉（6.6℃）	66000（19.3）	66000（19.3）	1.00	115（0.73）	13.2（39.51）
14℉（7.7℃）	60000（17.6）	60000（17.6）	1.00	9.0（0.57）	8.5（25.2）
16℉（8.8℃）	53000（15.5）	53000（15.5）	1.00	7.1（0.45）	5.5（16.48）
18℉（10℃）	53000（15.5）	53000（15.5）	1.00	6.3（0.4）	4.4（13.26）
20℉（11.1℃）	53000（15.5）	53000（15.5）	1.00	5.6（0.36）	3.7（10.98）

注：1. 显冷量13.2kW（45mbh、3.75ton），对应于10℉冷冻水温差，回风温度80℉ DB/62.8℉ WB，冷冻水流量9.8gpm。用水率 = 9.8gpm/13.2kW = 0.742gpm/kW。

2. 显冷量18.2kW（62mbh、5.16ton），对应于10℉冷冻水温差，回风温度85℉ DB/64.5℉ WB，冷冻水流量13.2gpm。用水率 = 13.2gpm/18.2kW = 0.724gpm/kW。

3. 1ton = 12mbh = 12000Btu/h；1Btu/h = 3.412W。

综上所述，回风温度增加5℉，装置冷却能力增加37.8%，用水率（gpm/kW）减少2.5%（0.724/0.742）。

回风温度增加10℉（从80℉到90℉），装置冷却能力为21.7kW，单位制冷量增加64.3%，用水量减少4.8%（gpm/kW）（0.714/0.742）。

在直接膨胀式（DX）冷却装置中，由于受最大压缩机制冷能力/转速下制冷剂流量的限制，较高回风温度的影响不太显著。

Emerson-Liebert CRV 行级 DX，风冷装置参数见表22.2。

表 22.2　Emerson – Liebert CRV 行级 DX 风冷装置参数（Emerson Electric 公司提供）

参数		环境温度 120℉ (48.9℃)	
		CR035RA	CR020RA
105℉ DB, 71℉ WB (40.6℃ DB, 21.6℃ WB) 17% RH			
	总冷量/(Btu/h)（kW）	137885 (40.4)	83960 (24.6)
	显冷量/(Btu/h)（kW）	137885 (40.4)	83960 (24.6)
100℉ DB, 69.5℉ WB (37.8℃ DB, 20.8℃ WB) 20% RH			
	总冷量/(Btu/h)（kW）	131401 (38.5)	79864 (23.4)
	显冷量/(Btu/h)（kW）	131401 (38.5)	79864 (23.4)
95℉ DB, 67.9℉ WB (35℃ DB, 19.9℃ WB) 23% RH			
	总冷量/(Btu/h)（kW）	125257 (36.7)	76110 (22.3)
	显冷量/(Btu/h)（kW）	125257 (36.7)	76110 (22.3)
90℉ DB, 66.2℉ WB (32.2℃ DB, 19.0℃ WB) 27% RH			
	总冷量/(Btu/h)（kW）	120138 (35.2)	72356 (21.2)
	显冷量/(Btu/h)（kW）	120138 (35.2)	72356 (21.2)
85℉ DB, 64.5℉ WB (29.4℃ DB, 18.1℃ WB) 31% RH			
	总冷量/(Btu/h)（kW）	117066 (34.3)	68601 (20.1)
	显冷量/(Btu/h)（kW）	113994 (33.4)	68601 (20.1)
80℉ DB, 62.8℉ WB (26.7℃ DB, 17.1℃ WB) 37% RH			
	总冷量/(Btu/h)（kW）	113994 (33.4)	67919 (19.9)
	显冷量/(Btu/h)（kW）	103414 (30.3)	67919 (19.9)
80℉ DB, 66.5℉ WB (26.7℃ DB, 19.2℃ WB) 50% RH			
	总冷量/(Btu/h)（kW）	121503 (35.6)	72697 (21.3)
	显冷量/(Btu/h)（kW）	88738 (26)	59045 (17.3)

注：回风温度为 80℉ DB/62.8℉ WB 时，装置显冷量为 30.3kW（103.47mbh、8.62ton）；回风温度为 85℉ DB/64.5℉ WB 时，装置显冷量为 33.4kW（114.06mbh、9.5ton）；回风温度为 90℉ DB/66.2℉ WB 时，装置显冷量为 35.2kW（120.2mbh、10.0 ton）。

总结一下，回风温度增加 10℉，装置冷却能力增加 16.2%。

无论是冷冻水式冷却装置增加 64.3%，还是直膨式冷却装置增加 16.2%，单台冷却装置显冷量的增加都会影响管理数据中心总热负荷所需冷却装置的总数。

施耐德电气公司白皮书#25[2]《计算数据中心的总冷却需求》可用于数据中心总冷却需求的计算。为确定数据中心中冷却装置的数量，可按下式计算：

向上升至最近的整数：

N = 总热负荷 kW/每台装置容量 kW

例如，在总热负荷为 200kW 的数据中心配备 ACRC100CW 的冷却装置，每台冷量为 13.2kW，N = 200kW/13.2kW/台 = 15.15 台；N 取为 16 台。

在布置了 ACRC100CW 冷却装置的 200kW 总热负荷的数据中心，每台冷量则为 21.7kW，N = 200kW/21.7kW/台 = 9.22 台；N 取为 10 台。

因此，相对于 80℉ 的回风温度，当回风温度为 90℉ 时，数据中心的设计需求少了 6 台 ACRC100CW 冷却装置。这消除了 6 台冷冻水冷却装置设备和安装成本、维护和运营成本，以及在数据中心平面所占的空间。

冷冻水流量也会受到影响：

80℉ 回风温度下需要 200kW × 0.742gpm/kW = 148.4gpm 冷冻水流量。

90℉ 回风温度下需要 200kW × 0.714gpm/kW = 142.8gpm 冷冻水流量。

由于冷冻水系统中泵的 hp/kW 功率与流量和系统压降成正比，因此总流量减少 4.5% 的节约会被冷冻水冷却装置压降 235%（23.06ft/9.8ft 总动态压头[TDH]）的增加所抵消。该抵消量代表了冷冻水冷却装置压降的增加占冷冻水系统总压降的百分比。例如，如果冷冻水系统总压降为 110ft TDH，冷冻水冷却装置压降增加 13.26ft TDH，抵消量为泵 hp/kW 功率增加（13.26/110）≈12%。

在 200kW 总热负荷数据中心，使用单台制冷量为 30.3kW 的直膨式冷却装置，则 N = 200kW/30.3kW/台 ≈ 6.6 台；N 取为 7 台。

在 200kW 总热负荷数据中心，使用单台制冷量 35.2kW 的直膨式冷却机组，则 N = 200kW/35.2kW/台 ≈ 5.68 台；N 取为 6 台。

因此，相对于 80°F 的回风温度，当回风温度为 90°F 时，数据中心设计的需求少了 1 台 DX 冷却装置。

由此可以得出结论，安装使用封闭热通道或封闭冷通道来提高回风温度的气流结构，会对冷却装置盘管制冷量、效率和管理总数据中心热负荷所需的冷却装置总数产生重大影响。

22.4 高 RAT 对运行或温升的影响

在直膨式和冷冻水式冷却装置中，断电会立即导致风机停止运行和冷却失效。在冷冻水冷却装置中，因为泵系统故障导致的水流损失可能造成冷却能力的即时损失要小些，因为如果有电，风机将继续运行。

对于封闭冷通道，应考虑在断电/冷却故障期间冷空气的可供应性。当发生断电或冷却故障时，冷通道的存在会最大限度地减少整体冷池或蓄冷池或冷通道本身给 IT 设备入口提供的可用冷空气。房间内仅有少量空气的温度满足 IT 设备进风的要求，大部分空气温度较高。

对于封闭热通道，当发生断电或冷却故障时，热通道的存在会使整体冷池或蓄冷池给 IT 设备入口提供的可用冷空气最大化。房间内仅有少量温度偏高，大部分空气满足 IT 设备进风的温度要求。以下讨论一些示例，仅为预测，而非测试；推荐用于任何特定数据中心的实际计算流体动力学（CFD）模型。

22.4.1 低密度 CAC 和 HAC 温升对比

示例 1：低密度，2500ft² 的房间

一个总热负荷为 200kW 的数据中心，50ft × 50ft 的空白空间，14ft 高的顶棚，以及两个冷通道区域，每个区域有两列机架，每列由 20 台机架组成。平均 IT 设备机架热负荷密度 = 200kW/80 机架 = 2.5kW/机架。

当 1kW 的 IT 设备风量为 160cfm 时，通过 IT 设备的总风量 = 200kW × 160cfm/kW = 32000cfm 或每个区域 16000cfm。

室内体积 = 50ft × 50ft × 14ft = 35000ft³

室内 IT 设备换气率 = 35000ft³/32000cfm = 1.09min

对于 160cfm/kW 风量的 IT 设备而言，气流通过 IT 设备后的温升 ΔT = 19.7°F[3415（Btu/h）/160（cfm/kW）/1.08 空气常数]。

换句话说，每隔 1.09min，整个室内的空气通过 IT 设备，温升为 ΔT；当没有冷却时，在 1.09min 内，室内空气温度将升高（+）19.7°F。

22.4.1.1 封闭冷通道：低密度

封闭冷通道体积 = 40ft（机架列长度）× 4ft（封闭冷通道宽度）× 7ft（42U 标准机架封闭冷通道高度）= 1120ft³，封闭冷通道总体积 = 1120ft³/个 × 2 个（封闭冷通道区域）= 2240ft³。

室内/热通道温度为最大机架进风温度（RIAT）加 IT 设备温升 ΔT：RIAT = 75°F，则室内/热通道温度 = 75°F + 19.7°F = 94.7°F。

CAC 体积 2240ft³/IT 设备风量 32000cfm = 0.07min，因此在 4.2s 内，所有 CACS 中 75°F 温度的空气将被吸入 IT 设备，并且温度从 75°F 增至 94.7°F，然后排入室内/热通道中剩余的 94.7°F 空气中。在接下来的 4.2s 内，当没有冷却时，冷通道内 IT 设备进气口处的 RIAT 将会达到 94.7°F。

即使冷却系统单元风机故障，室内/热通道内的空气将继续以恒定的风量被吸入 CACS，以匹配 IT 设备总风量。当气流从高压区流至低压区时，气流会沿阻力最小的路径流动，由压差驱动。目前不存在完全密闭、无泄漏的封闭系统。封闭通道中始终存在开放区域，如服务器入口挡板、机架电缆接入口、IT 设备机柜之间的空间，以及机架与地板之间的空间。对列间空调，空调在 CAC 区域且处于机架列中，封闭泄露和通过静态风机流过冷却装置的气流，允许 IT 设备所需的气流从室内/热通道进入封闭系统。

如果采用外部冷却装置，并且风机在 CAC 区域之外，当风机未运行时，IT 设备所需气流来自室内/热通道封闭系统的泄露，或者来自 CAC 区域和静态外部冷却装置之间的送回风路由。对 CAC 区域的 IT 设备入口，在相同的压差下，房间泄漏

和外部路径两个系统之间的总风量会逐步达到平衡。

在任何一种情况下，IT设备风机将继续从其入口吸入32000ft³/min的风量。

当没有进一步冷却时，在接下来的1.02min内，对于包括冷通道的整个空间，空气温度将再升高19.7℉，达到114.4℉，并且在接下来的1.09min内，空气温度将进一步升高到134.1℉，此时火灾传感器可能会开始作用。冷却故障后，室温每分钟升高18℉。

从室内/热通道温度94.7℉开始，室温在大约1.4min内升至不可接受的120℉，或者在2.5min内升至140℉。

对于外部冷却系统，将调整每个时间单位的机架入口温升，以考虑分配给送风和回风管路系统的额外"房间容积"。最初将在回风管路侧计算热空气量，并且在送风管路侧计算冷空气量。

22.4.1.2 封闭热通道：低密度

同样的例子，HAC体积 = 40ft（机架列长度）×4ft（封闭热通道宽度）×7ft（42U标准机架封闭热通道高度） = 1120ft³，封闭热通道总体积 = 1120ft³/个×2个（封闭热通道区域） = 2240ft³。

热通道温度为最大机架进风温度（RIAT）加上IT设备温升ΔT：RIAT = 75℉，则热通道温度 = 75℉ + 19.4℉ = 94.7℉。

室内/冷通道温度与RIAT相同：RIAT = 75℉，则室内/冷通道温度 = 75℉。

HAC体积2240ft³/IT设备风量32000cfm = 0.07min，因此在4.2s内，温度为94.7℉的整个HACS空气将通过未工作的冷却装置或封闭泄漏进入室内/冷通道内75℉的空气中。4.2s之后，混合后的室内/冷通道温度可计算如下：

$$\{(94.7℉ \times 2240ft³) + [(35000ft³ - 2240ft³) \times 75℉]\}/35000ft³ \approx 76.3℉$$

即冷却故障4.2s后，混合后的室温达到76.3℉。

即使冷却系统单元风机故障，冷却/室内冷通道空气也将继续以恒定流速被吸入HACS，以匹配IT设备总风量。对列间空调，空调在HAC区域且处于机架列中，封闭泄露和通过静态风机流过冷却装置的气流，允许IT设备所需的气流从热通道系统进入室内/冷通道。

如果采用外部冷却装置，并且风机在HAC区域之外，当风机未运行时，IT设备所需气流来自室内/冷通道封闭系统的泄露，或者来自HAC区域

和静态外部冷却装置之间的送回风路由。对CAC区域的IT设备出口，在相同的压差下，房间泄漏和外部路径两个系统之间的总风量会逐步达到平衡。

在任何一种情况下，IT设备风机将继续从其入口处抽取所需的32000cfm气流，并将其排放到HACS中。

当没有进一步冷却时，在接下来的1.05min内，整个室内空气温度将再升高19.7℉，达到96℉；再过1.09min，室温将进一步升高到115.7℉。冷却故障后，室温每分钟升高18℉。

从室内/冷通道温度75℉开始，室温在大约2.5min内升至不可接受的120℉，或者在3.6min内升至140℉。

对于外部冷却系统，将调整每个时间单位的机架入口温升，以考虑分配给送风和回风管路系统的额外"房间容积"。最初将在回风管路侧计算热空气量，并且在送风管路侧计算冷空气量。

22.4.1.3 低密度CAC和HAC温升总结

对于CAC，在冷却故障8.4s后RIAT = 94.7℉。

对于HAC，在冷却故障1.09min后RIAT = 94.7℉。

数据中心冷却故障后，CAC的情况下室内温度升至120℉时间为1.4min，HAC的情况下为2.5min。

数据中心冷却故障后，CAC的情况下，室内温度升至140℉的时间为2.51min，HAC的情况下为3.6min。

22.4.2 中密度CAC和HAC温升对比

示例2：中密度，2500ft²的房间。

一个总热负荷为800kW的数据中心，50ft×50ft的空间，14ft高的顶棚，以及两个冷通道区域，每个区域有两排机架，每排由20台机架组成。平均IT设备机架热负荷密度 = 800kW/80机架 = 10kW/机架。

当1kW的IT设备风量为135cfm时，通过IT设备的总风量 = 800kW × 135cfm/kW = 108000cfm或每个区域54000cfm；

室内体积 = 50ft × 50ft × 14ft = 35000ft³

室内IT设备换气率 = 35000ft³/108000cfm
= 0.324min（19.4s）

对于135cfm/kW空气流量的IT设备而言，气流通过IT设备后的温升ΔT = 23.4℉ [3415（Btu/h）/135（cfm/kW）/1.08空气常数]。

换句话说，每隔19.4s，整个室内的空气通过

IT 设备,温升为 ΔT;当没有冷却时,在 19.4s 内,室内空气温度将升高 23.4°F。

按照与低密度示例相同的计算形式,从室内/冷通道温度 75°F 开始,室温在大约 37s 内升至不可接受的 120°F,或者在 54s 内升至 140°F。

中密度 CAC 和 HAC 温升总结

对于 CAC,在冷却故障 1.2s 后 RIAT = 98.4°F。

对于 HAC,在冷却故障 19.4s 后 RIAT = 98.4°F。

数据中心冷却故障后,CAC 的情况下,室内温度升至 120°F 时间为 18s,HAC 为 37s。

数据中心冷却故障后,CAC 的情况下,室内温度升至 140°F 时间为 34.7s,HAC 为 54s。

22.5 单几何被动式风管的 HAC

22.5.1 压差相关性

连接 IT 设备机柜的单几何被动式排风管没有额外的气流调节措施,主要取决于不同风速下排风管的不同压降。两台或更多具有相同风管几何形状(机架检修口、横截面积和高度)的 IT 设备机柜都将具有大致相同的风量,无论机架千瓦 IT 设备负载或 IT 设备气流,因为驱使气流从机柜流出的主要动力来自于机柜风管底部与吊顶静压箱或风管上方回风管道负压之间的压差。被动式机架设计声称封闭来自服务器风机的排风,并且只将其排到排风管中,而大多数情况下并不是密闭的"气球",因为它们提供了许多排风途径,让气流从机架排出,而不是排风管或其他指定的排风途径。

考虑在典型机架中这些潜在的泄露口,如机架底部和最低服务器与地板之间的空间、线缆接入端口、机架附件安装孔、前挡板之间的小缝隙、机架门接口和钣金接点。

空气作为一种流体介质,能够以较小的压差通过较小的面积进行一定风量的流动。通俗来说,在不是全封闭(风管系统或没有孔的机架)的情况下推动空气就像在满是孔的桶中装水一样。举例来说,300cfm 的气流在直径为 10in(1in = 0.0254m)的圆管中流动 10ft,只需要 0.005inH$_2$O 的压差。

从期望的流动方向,如风管末端的鼓风机入口产生负压,可以更有效地影响空气流动。当具有较低机外静压(ESP)的标准服务器风机试图将风机正压侧的空气压入气流阻力区域时,这尤其适用。通过服务器风机的设计选型,使风机的上游(负压侧)能够产生足够的压差,在服务器中驱动所需的气流穿过散热器,仅以克服通过服务器气流路径的内部阻力。如果任何特定服务器风机的下游(正压侧)具有足够的"额外"压能,以在服务器气流路径内部提供足够的服务器风量,则将根据具体情况确定。

22.5.2 服务器风机问题

依靠服务器风机把气流从服务器排出的情况,回风管路系统存在如下问题:

1)服务器风机具有典型的"陡峭"流量 – 压力性能曲线,因此静流量或入口压降的任何轻微增加都会导致流量显著减少。

2)服务器风机的选型和设计是为了"通过"气流,将空气从服务器前部穿过散热器并从背面排出,系统中的设计压降非常小。使用这种类型的风机将空气推向 ESP 就像推围绳一样。任何压力的增大都会导致气流量减少,并且空气会找到最小的阻力路径,这可能会进入房间而不是排风道。

基于这些原因,被动风管系统空气的流动更多地取决于外部风机系统产生的气流,而不是 IT 服务器风机。在典型的数据中心中,这是由周边机房空调(CRAC)A/C 装置或专用于数据中心空间的任何其他风机盘管冷却装置提供的气流。

22.5.3 混合 IT 设备负载示例

如果单几何机柜风道的压差导致每个风道风量为 600cfm(1cfm = 1.7m^3/h),则 3kW IT 负载机柜和 12kW IT 负载机柜中的风量均为 600cfm。

但是,3kW 机柜中服务器所需的风量为 480cfm,12kW 机柜中服务器所需的风量为 1920cfm(IT 设备风量 = kW × 160cfm,服务器温度上升 19.7°F)。系统中所有机架的风量(基于吊顶静压箱压力和机柜压力之间的压降)必须调整到每台机柜 1920cfm,以便任一台机柜在最高负载时能获取相应的风量。如果有 20 × 3kW 机柜和 10 × 12kW 机柜,则 IT 设备气流总量将为 9600cfm + 19200cfm = 28800cfm。

然而,由于采用单几何排风管,所有 30 台机柜需要 1920cfm × 30 = 57600cfm 的风量。风量增加 100%,在此风量下运行 A/C 风机电机需要相应的千瓦功率成本。

此外,如果每 12kW 机柜排出的 1920cfm 风量未能完全进入风管并被排出,则服务器排出的多余气流将泄漏或溢出到室内,从而可能造成热回流和热点。如果系统 A/C 单元是根据实际 IT 设备风量要求设计的,28800cfm 的 IT 设备风量,30 台机柜系统,每个风管的平均风量为 960cfm(28800/

30)。在这种情况下,对于 10×12kW 机柜,每台机柜 90°F 的 IT 设备排风量(总共 9600cfm)不会进入回风管道,从而会造成热回流现象,导致热点的出现。

一个示例场景:一个大型数据中心机房,具有运算柜行 J 和 M,由 40 台机柜组成,单机柜功耗为 18kW。IT 设备总风量=115200cfm。如果所有机柜都是相同的 IT 设备风量,则每台机柜风管的平均值为 2880cfm。

在这个例子中,同一个房间也有基础设施机柜行 C 和 F,由 32 台机柜组成,单机柜功耗为 18kW。总风量=92160cfm。如果所有机柜都是相同的 IT 设备风量,则每台机柜风管的平均值为 2880cfm。

由于机柜功耗均为 18kW,A/C 单元系统回风管路所需流量总计 207360cfm。

如果其中一台机柜的 IT 设备负载改为 25kW,则新的机柜风量为 4000cfm。如果使用 160cfm/kW,或者如果是刀片服务器,可为 130cfm/kW,则新的机柜风量为 3250cfm。由于只有 2880cfm 风量进入回风系统,因此每台机柜(刀片服务器)370cfm 的 IT 设备热排风(可能为 94°F)会出现热回流现象并产生热点。如果 72 台机柜中有 10 台升级到 25kW IT 设备刀片服务器负载,则会使 3700cfm 的热空气出现热回流并产生热点。

为了解决这个问题,72 台机柜中的每台机柜都需要 3250cfm 的新风量,而 A/C 单元需要 234000cfm 总风量。

同样,62 个 2880cfm 的机柜风管(178560cfm)加上 10 个 3250cfm 的机柜风管(32500cfm),IT 设备总风量为 211060cfm,而 A/C 单元的风量为 234000cfm;鼓风机需 11% 的额外出力。

22.5.4 解决方案:带挡板管路的 HACS

使用 HACS 静压箱,将机柜行之间的热通道密封,所有机柜气流汇流至共享/公共的回风系统,该系统可调整 HACS 区域 IT 设备平均风量,而不考虑单机柜 IT 设备风量。因此,从前面的示例,在 20×3kW 机柜和 10×12kW 机柜中,A/C 鼓风机单元所需的风量是 28800cfm,而不是 57600cfm。

因为热通道作为 IT 设备气流总风量排出共有风管组件前的缓存区域,因此单台机柜气流由服务器确定,而不是由风管系统确定(图 22.7)。当等量的气流从服务器出口进入热通道区域并被 A/C 单元风机从热通道区域抽出时,热通道区域中没有影响服务器风机气流的静压。

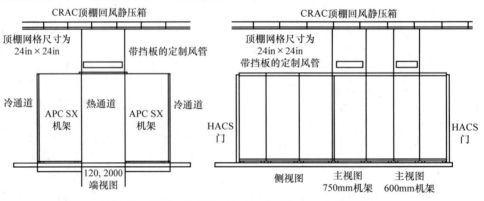

图 22.7 挡板风管组件(Schneider Electric 公司提供)

风管组件中设有可调节挡板,以平衡数据中心中多个 HACS 区域之间由同一组 A/C 风机和吊顶静压箱提供的气流。在回风管路组件使用热球式风速仪,是手动确定每个区域所需气流对应挡板调节的一种方法。挡板是可以调节的,用以补偿热通道上方顶棚静压箱空间周围的不同负压。

在该示例中,32 台基础设施机柜热通道区域风管组件系统将被调整为每个区域总共 92160cfm 风量,并且 40 台运算机柜热通道区域风管组件系统将被调整为每个区域总共 115200cfm 风量。

具有回风管路系统的 HAC 是被动式系统,因为它在机柜出口和 A/C 单元之间不包含中间风机或空气推进器。有关主动回风管路系统的讨论,请参阅施耐德电气公司 ITB Application Note #96, Rack Air Removal Unit。

22.6 较高回风温度的心理影响

22.6.1 最高室温舒适度

一些行业文件声称,"……对冷却装置来说,CAC 可产生较高的(回风)空气温度以提高容量和效率。"然而,与 HAC 相比,使用 CAC 可能会带来与更高 RAT 相关的心理损害和妥协。

考虑一个 CACS,封闭系统具有少量的空气,RIAT = 75℉。使用标准 IT 设备服务器,气流经过 IT 设备的温升 ΔT 大约为(+)19℉。这意味着室内/热通道较大体积的空气温度大约为 75℉ + 19℉ = 94℉。ASHRAE TC9.9 建议的 RIAT 最大值为 80℉,该室温超过了 14℉。

对于某些数据中心管理者而言,这种高效的 CACS 组件和所带来的结果可能会使室内温度处于不舒适的范围。如果是这种情况,则需要通过设计将室温保持在低于 ASHRAE 标准最大值 80℉ 的某个值。这会将冷却装置 RAT 限制在 80℉,并影响该 RAT 下冷却装置的最大制冷量和效率。为了使室内和 RAT 低于 80℉,需要根据最大 RAT 调整冷却系统设定点。考虑 IT 设备的 ΔT 为 19℉,要达到 80℉ 的最大 RAT,则需要(80℉ − 19℉)= 61℉ 的冷却装置送风/冷通道温度。这个 61℉ 的冷通道/RIAT 比 ASHRAE 标准最低建议值 64℉ RIAT 要小。因此,为了将 RIAT 和冷却装置送风温度(SAT)保持在 ASHRAE 限制范围内的最低值,RAT/室内/热通道温度须为 64℉ + 19℉ = 83℉。

建议与数据中心管理和工程设计团队进行适当的协商,以解决这些矛盾的设计思路:更高的室内温度/热通道温度/RAT,提供更多的冷却装置制冷量或管理舒适度,或者室内空气温度高于 ASHRAE 建议的最大限值时的管理舒适度,或者 RIAT 低于 ASHRAE 建议的最低限值。

相比之下,一个封闭热通道系统中的少量空气处于 RAT = RIAT 加上 IT 设备 ΔT。对于标准 IT 设备服务器,IT 设备的温升 ΔT 大约为(+)19℉。这意味着热通道温度的较小体积温度大约为 75℉ + 19℉ = 94℉。ASHRAE 标准推荐的 RIAT 最大值为 80℉ 时,热通道温度可达 99℉,从而提高更多的冷却装置制冷量和效率。

对于大多数数据中心管理者来说,作为 RAT/热通道温度这种高效的 HACS 组件和所带来的结果是可以接受的。如果是这种情况,室内/冷通道温度将保持在低于 ASHRAE 标准最高值 80℉ 的设计值。冷却装置和冷通道送风温度与推荐的 ASHRAE RIAT(64~80℉)一致,且不低于建议的最低温度 64℉。

22.6.2　HAC 与 CAC 工作人员的工作条件

使用现代化的封闭热通道来匹配数据中心不断增加的功率密度和更高效的冷却系统,这使人们对热通道环境中工作条件的适宜性产生了疑问。

数据中心传统的冷却方法是使用将空气输送到热负荷和从热负荷排出空气的过渡耦合方法。这意味着冷却系统送风广泛扩散在室内,通常是通过架空地板。没有严格的边界来防止冷空气在整个室内与空气自由混合。这样做是为了保持室内的平均整体温度降至 IT 设备和人员可接受的水平。在这样的房间中进入冷却系统的回风代表了大部分的房间温度,通常约为 75℉。

如果在室内使用热通道/冷通道布局,则在热通道中监测到的温度应高于 75℉,在冷通道中应低于 75℉。实际上,这些与总体平均室温的偏差几乎从来没有达到预期的程度。这是因为传统设计通常允许大部分冷送风绕过其预期的输送点,直接进入热通道,通常通过地板中的线缆接入口渗透,这降低了热通道温度。类似地,以往的设施通常不包含防止热 IT 设备排风从机柜顶部或端部周围被吸入冷通道的规定。冷空气泄漏可减轻在热通道中工作的人员所承受的热应力,而热空气泄漏可能会加热冷通道使其变得不舒适。

通过对一个相对开放的传统数据中心和一个现代化紧凑式零再循环的数据中心工作人员热应力的比较,可以得出一种保守的方法和一组假设。

传热和传质分析有助于说明再循环对工作人员热应力的潜在影响。根据质量守恒和能量守恒定律,再循环的减少或消除,对于热通道中的工作人员来说,热应力可以减少或增加。实际结果取决于工作人员所处的位置与空气开始混合处的相对关系。如果工作人员处于身体大部分暴露在未混合的服务器排气中的位置,那么当再循环发生时,他将暴露在比未发生再循环时更高的温度。对于在服务器附近且非常靠近 IT 设备排气口工作的人员来说,可能会出现此种情况。然而,如果工作人员在开放式热通道所限制的一定空间内工作,可能会在允许再循环的数据中心感受到较低的温度。这是因为工作人员接触的 IT 设备排风有更多的机会被从冷通道泄漏到热通道中的冷空气中和。

数据中心的大多数温度传感器都是干球温度传感器。然而,单独的干球温度不能很好地监测工作人员的热应力,因为它没有考虑湿度水平的生理效应或辐射热的存在。更好的热应力监测是湿球温度或称 WBGT。WBGT 与普通温度计读数的不同之处在于它考虑了空气温度、湿度和辐射热。这些因素中的每一个因素均会影响工作人员所感受到的热应力。各种条件下的 WBGT 暴露限值指南，请参见 Occupational Safety and Health Administration（OSHA）Technical Manual Section Ⅲ：Chapter 4.。

当没有太阳辐射时，公式（22.1）适用于 WBGT，如数据中心所假设的那样：

$$WBGT = 0.7NWB + .3GT \quad (22.1)$$

式中，NWB 是自然湿球温度；GT 是黑球温度计温度。

自然湿球（NWB）温度是室内干球温度和相对湿度的函数。通过在普通水银温度计的球部上放置浸水的灯芯型材料来测量。通过水的蒸发从温度计的球部散发的潜热降低了相对干燥的球部温度，这是一个工作人员通过流汗散热简单直接的表现。如果已知相对湿度，则湿度图也可用于表示湿球温度。可以假设两个数据中心的相对湿度（RH）都控制在50%。黑球温度计温度（GT）定义为薄壁发黑铜球中心温度传感器的读数。辐射热和环境干球温度都影响该读数。站在热通道中的工作人员吸收的辐射热水平可以忽略不计，因为可见的固体表面温度基本上不比工作人员的体温高太多。因此，可以使用分析中的干球温度代替 GT，而不会影响精度；然后使用式（22.1）将 NWB 和 GT 相加以得到 WBGT。

表 22.3 列出了 OSHA 指南中与相关 WBGT 值有关的工作强度级别。OSHA"工作强度较小"相当于典型 IT 设备工作人员的工作，如安装机架式设备或布线网络线缆，并假设工作人员穿着普通的单层衣服。相比之下，OSHA 将"工作强度较大"定义为沉重的全身工作，并引用"铺设铁路轨道"作为适合此类别的工作的一个例子。

表 22.3　OSHA 指南：允许的热暴露阈值限值

工作/休息方案 （每小时）	工作强度较小情况下 最大允许的 WBGT	中等工作强度情况下 最大允许的 WBGT	工作强度较大情况下 最大允许的 WBGT
连续工作	86℉（30℃）	80℉（26.7℃）	77℉（25℃）
75% 工作/25% 休息	87℉（30.6℃）	82℉（28.0℃）	78℉（25.9℃）
50% 工作/50% 休息	89℉（31.4℃）	85℉（29.4℃）	82℉（27.9℃）
25% 工作/75% 休息	90℉（32.2℃）	88℉（31.1℃）	86℉（30℃）

在 HACS 中，IT 设备的排风温度表示 RIAT 干球温度升高后的温度，IT 设备对气流中的水分含量没有贡献。对于 IT 设备，典型的 RIAT 为 75℉ 和 $\Delta T = 19.7℉$，HACS 干球温度可能高达 95℉。

以下为典型数据中心室内和热通道条件的 WBGT 计算结果（表 22.4）。

表 22.4　室内和热通道 WBGT 计算结果

参数	室内	热通道
DB 温度/℉	75	95
WB 温度/℉	62.7	69
RH（%）	50	27
WBGT 计算值	66.4	76.8

注：源自 Schneider Electric 公司。

这表明，当热通道区域干球温度为 95℉ 时，每个 OSHA 的工作条件仍然低于 WBGT 允许的高强度工作负荷，比常规数据中心工作负荷的 WBGT 值低 10℉。

22.6.3　热通道温度的调整

尽管有这样的监管分析，工作人员可能仍然会对热通道区域的工作条件提出异议或担忧。通情达理的数据中心管理者将通过采取以下措施来解决这些问题，从而做出响应。

22.6.3.1　CAC 温度调节

对于 CAC，当确定室内/热通道温度和湿度条件对于工作人员的舒适度来说太高时，可以将冷却装置送风温度的设定点调低，以使在相同 IT 设备 ΔT 下，室内/热通道具有较低的温度。这可能会暂时降低冷却装置的制冷量，因此必须在实际调试之前进行规划。较低的室内/热通道温度也可能影响 RAT 和冷却系统效率，相同制冷量的功率增加必须列入数据中心电气系统和运行预算中去。

作为部分有效的替代方案，可以调节冷却装置风量的设定点，以获取比区域 IT 设备所需风量更多的风量。在典型 CACS 冷却方案中，每个 CAC 区域部署 $N+1$ 台冷却装置，导致同时运行的所有装置的风机转速低于 100%。例如，如果 $N=5$，则 $N+1=6$；5 台冷却装置、单台风机最大转速 100% 风量运行的总风量等于 6 台冷却装置、单台风机

83%转速风量运行的总风量。因此，如果所有6台冷却装置都以100%的风机转速运行，则还有额外的N台20%的风量可用。

额外的N台风量的20%冷风会被送至CAC区域，不是由IT设备抽出和加热，而是以冷却装置SAT泄漏到室内/热通道中。可以计算这种额外的冷风量对室内/热通道温度的影响，并确定对冷却装置性能的影响。总之，在较大室内/热通道风量上增加20%的冷送风的影响，要小于在较小的热通道风量上增加20%的冷送风的影响。

22.6.3.2 HAC温度调节

对于HAC，当热通道温度和湿度对于工作人员的舒适度来说太高时，可以调节控制冷却装置风量的设定点以获得更大的风量。在典型的HACS冷却方案中，每个HAC区域部署N+1台冷却装置，同时运行的所有冷却装置的风机转速低于100%。与CAC一样，如果N=5，且所有6台冷却装置都以100%风机转速运行，则还有额外的N台20%的风量可用。

额外的N台20%的冷却气流将从HAC区域抽出，并在室温和RIAT下被泄漏到热通道的空气所取代。为了形成最佳的工作环境，可以打开HAC区域的门，以便将较冷的空气泄漏到热通道区域。可以计算这种额外的冷风/室内温度的气流对热通道温度的影响，并确定对冷却装置性能的影响。

例如，如果IT设备在95°F HAC区域的总风量=15000cfm，并且在室内/冷通道温度下增加N台20%的风量，即在75°F时增加3000cfm，则净效应是热通道温度为91.7°F，而不是N台流量下的95°F。基于冷却装置SAT的反应和控制逻辑，这种额外的气流对RIAT的任何变化均影响最小。

如果没有用于控制冷却装置SAT的控制逻辑，则降低RAT设定点可能会降低RIAT。这些较低的SAT和由此产生的RIAT会对IT设备产生热冲击。因此，必须在ASHRAE TC9.9推荐的RIAT变化率不超过1°F/6.7min（1h ΔT 不超过9°F）的速率内逐步进行。

较高的风量和风机转速可能会影响冷却系统的效率，相同制冷量的功率增加必须列入数据中心电气系统和运行预算中去。

总之，对于较小的热通道空气量来说，多出的20%的冷却送风效果将大于在较大的室内/热通道空气量上多冷却20%的送风效果。基于此，较低的冷却装置风机转速可实现与HAC区域相同的热通道温度降低效果。

对于HAC，作为气流调节的替代方案，冷却装置SAT的设定点可以调低，以产生较低的室内/冷通道温度，并且在有相同的IT设备 ΔT 下，获取较低的室内/热通道温度。这可能会暂时降低冷却装置的制冷量，因此必须在实际测试前进行规划。较低的室内/热通道温度也可能影响冷却系统的效率，相同制冷量的功率增加必须列入数据中心电气系统和运行预算中去。

注：较低的SAT设定点方法会影响RIAT。

对于CAC或HAC，降低SAT会对IT设备产生热冲击，因此必须在不超过1°F/6.7min（1h内 ΔT 不超过9°F）的速率内进行，这是ASHRAE TC9.9推荐的RIAT变化率。因此，在下一个1°F设定点变化之前，应允许SAT设定点约10min内降低1°F，在单元大约1h的时间内完成5°F的净变化。

22.7 冷却系统风量和风机功率

22.7.1 房间级冷却系统

传统的数据中心冷却系统基于房间级冷却装置和混合模型，用于散热，并在ASHRAE-TC9.9推荐的范围内实现IT设备RIAT的能力（图22.8）。

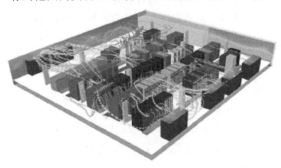

图22.8 房间级冷却系统
(Schneider Electric 公司提供)

这种设计方法足以满足低密度和中密度数据中心机架的热负荷（每台机架功耗可达5kW），这相当于大约170W/ft² （1ft² = 0.0929030m²）的数据中心空间，更大的可用空间用于将混合空气从IT设备排风位置分配到热通道、房间，并最终分配到冷却单元的回/进风口。

冷却装置送风温度低于设计的平均RIAT，冷却装置总风量（cfm/kW）通常小于IT设备总风量，这样使冷却送风与一些室内空气和一些IT设备排风混合，从热通道排出的空气再循环到冷通道，足以在一些或大多数机架IT设备位置混合成可接受的 RIAT。对于在任何给定机架中的任何特定 U 形空间中安装的单台 IT 设备，与该方法和模型一致的是局部 RIAT 存在高于或低于推荐范围的可能性。在架空地板送风系统中尤其如此，其中底部 U 形空间的送风/冷通道温度为 60~70°F，机架上方 U 形空间的送风/冷通道温度为 80~90°F。

通过大空间回风系统到冷却装置，冷却系统风机功率与风量 CFM 和系统中的总压降成正比。压降包括 ESP 压降，特别是架空地板下方的压力，以及盘管和过滤器上的冷却装置内部压降。当气流改变方向以在架空地板下分散时，还存在动压的降低。

在上送风式冷却装置到冷通道之间连接管路的顶部送风系统，外部压降取决于送风管路系统的几何形状和气流的流动。

在一些较新的房间冷却系统中，冷通道中提供足量的 IT 设备进风是必须考虑的设计因素之一。在这种情况下，从冷通道多孔地板出来的送风被设计为足以匹配该机架列 IT 设备所需的风量。地板制造商根据地板下静压分配每块地板的 cfm 流量，并提供详细的专业分析和建议。

在开孔率为 25% 的地板示例中，没有阀门，0.10inH$_2$O 的地板静压，足以为每块地板提供大约 800cfm 的风量。在典型的冷通道设计中，针对这种情况，10 块地板和 10 台机架组成的长 20ft 的机架列，可为安装在机架上的 IT 设备的入口提供 8000cfm 的风量。对于需要 160cfm 的 IT 设备，以及相应的通过 IT 设备后 19.7°F 的温升，这 10 块地板可以承担 8000cfm/160cfm/kW = 50kW IT 设备负载的风量。这相当于平均每台机架的功耗为 5kW。

在这个模型中，必须考虑冷通道地板外面的地板泄漏。在 0.1inH$_2$O 静压下，典型的地板泄漏率为总风量的 10%~15%。因此，在此示例中，必须从送风系统输送 8800~9200cfm 的风量，从而确保冷通道地板能够提供足够的风量。由于风机或鼓风机功率与风量 CFM 成正比，因此与其他非泄漏送风系统相比，风机功率增加了 10%~15%。

基于房间的体系结构的一个潜在缺点是，在许多情况下，不能使用 CRAC 的全部额定制冷量。这种情况是房间设计的结果，当大量的空气分配路径从 CRAC 在 IT 设备负载旁通并直接返回 CRAC 时，就会出现这种情况。旁通的 CRAC 气流，不直接用于 IT 设备热负荷的冷却，实质上是整体制冷量的降低。结果是，IT 设备布局的冷却要求甚至可能超过 CRAC 的制冷量，而 CRAC 额外的大量的冷却 (kW) 能力未得到充分利用。

房间级冷却系统的另一个设计或运行缺陷称为"搁浅容量"，当 CRAC 或外部制冷量和风量与 IT 设备热负荷的距离太远，无法有效地从 IT 设备出口气流向冷却单元气流进口进行传热时，这种现象就会出现。这也可能发生在动态数据中心，其中每台服务器的功耗和热负荷都在变化，并且服务器在数据中心组中的位置也在变化。在这种情况下，从地板供应的风量可能并不总是与所需的 IT 设备风量要求相匹配，因为它是针对平均值设计的，而不是实时的实际需求风量，并且不可能进行实时调整。结果就会出现热点，服务器 RIAT 可能随时会超过 ASHRAE 标准的允许值。某些类型的地板使用自动可变开口来解决这个问题。

在任何条件下，考虑任何冷通道中所需的最大地板风量需求，那么实际的风量需求就会变得过大，并且会浪费风机或鼓风机的功率。在鼓风机上设计变速电动机不适用于多个冷通道的架空地板送风系统，因为在一些冷通道中需要更高的地板下压力，以实现每块地板更高的额定风量，同时由于有些机架内 IT 设备需要的风量较少，所以其需要的地板下压力也就较小。这两个不兼容和矛盾的运行条件无法通过分配给整个架空地板系统气流的鼓风机电动机的变速控制来实现。

房间级冷却装置中的风机功率可根据风机类型和 1kW 用电量所输送的风量（cfm）来表征。具有电动机和带驱动的双幅双入口离心式鼓风机的传统 CRAC，通常在 1200~2500cfm/kW 的范围内。CRAC 的最新型号可包括直接 EC 电动机驱动的压力通风系统或插入式离心鼓风机。这些设备的容量范围由 ESP 决定，对于 ESP 在 0~0.2inH$_2$O 范围内，则风机容量可能在 2200~4000cfm/kW 范围内。

对于房间级冷却系统，与不使用风管或架空地板系统向 IT 设备入口送风的送风系统相比，地板下或其他送风系统的设计增加了风机功率。因为存在泄漏到冷通道外空白空间的现象，IT 设备无法吸收这些区域的冷风，因此这些冷风是被浪费掉的，所以架空地板送风系统还可能增加所需的风量，从而增加风机功率。

根据送风系统中的压降，设计工程师对送风系统的选择也会影响可用于满足 ESP 设计条件的风机和电动机类型。与不使用风管或架空地板系统向 IT

设备入口送风的送风系统相比，可能需要效率较低的风机设计。

在虚拟数据中心，可能需要超过实际IT设备入口总送风量所需的最小值的过量冷却送风量设计，以避免在IT设备附近的风量小于设备所需风量，或者避免热点和IT设备热排风回流现象。

22.7.2 行级冷却系统

对于行级冷却结构，冷却装置与行相关联，并且为了设计的目的，假设它们专用于行级系统。冷却装置可以安装在IT设备机架内或机架之间：可以安装在机架的顶部，可以安装在机架的后部，或者可以安装在地板下。与房间级结构相比，气流路径更短、更清晰。此外，因为可以利用冷却系统的所有额定制冷量，并且可以实现更高的IT设备负载密度，气流更容易预测。

除冷却性能外，行级结构还有许多其他优点。由于不再存在ESP，气流路径长度的缩短降低了所需的冷却装置风机功率，从而提高了效率。考虑在负载较小的数据中心中，仅冷却系统风机固定转速时的功率损耗就超过了总IT设备负载功耗，这个优点非常明显。

行级设计允许制冷量和冗余以特定行或两行区域的实际需求为目标。例如，行级结构允许一行机架运行高密度的IT设备（如刀片服务器），而同一区域中的另一行运行较低功率密度的IT设备（如通信机柜）。以类似的方式，具有较低和中级IT设备负载密度的机架可以在同一行中混合，或者在相同的两行区域中混合，同时为整个行级系统中的每台机架和IT设备供应足够的风量和制冷量。此外，$N+1$或$2N$冗余可以针对特定行或两行区域。

可在没有架空地板的情况下使用行级结构。这可能会增加地板的承载能力，降低安装成本，消除对进入坡道的需要，并允许数据中心存在于建筑物空间中，否则这些空间不具有允许安装架空地板的净空高度。对于架空地板建议高度为3ft或更高的高密度安装，这尤其是一个问题。例如，顶部冷却装置解决方案（图22.9）和行级冷却装置解决方案（图22.10）。

图22.9 顶部冷却装置解决方案（Schneider Electric公司提供）

对于来自冷却装置的行级送风系统，冷却系统风机功率与系统中的风量和总压降成正比，包括冷却装置盘管和过滤器的内部压降，以及气流在通向IT设备入口的送风系统路径中改变方向所导致的任何动压损失。

通常没有ESP；特别是，在架空地板或送风管路系统中都没有压力，因为冷却装置的送风口/出口和回风口/进口紧邻IT设备的进风口和出风口。

根据送风系统中的压降，设计工程师对送风系统的选择也会影响可用于满足ESP设计条件的风机和电动机类型。与使用风管或架空地板系统向IT设备入口送风的送风系统相比，可以选择更高效的风机设计。

对于行级系统来说，冷却装置的总风量可能会受到使用开放通道或闭合/封闭通道的影响。

22.7.2.1 开放式冷通道

可考虑采用落地式、行式和水平气流冷却装置的开放式冷通道系统。由于没有封闭通道系统阻断冷通道和房间之间的空气混合，因此来自行级冷却装置的气流被输送到公共冷通道和冷通道上方的房间部分区域。进入开放式冷通道上方房间这部分送风，可能为来自冷却装置总风量的25%，对于4ft

宽的冷通道而言这是典型的情况。随着远离冷却装置，低密度负载的 IT 设备在单个冷却装置中将需要更多的机架，则这部分风量会随之增加。

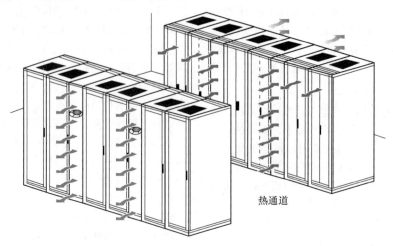

图 22.10　行级冷却装置解决方案（Schneider Electric 公司提供）

例如，图 22.11 所示为一个双排开放式冷通道系统。其中有 20 台机架，每台机架平均功耗为 2kW，使用安装在地面上的行级 CW 冷却装置，设计制冷量为 43kW，风量为 6900cfm。N 台冷却装置为 1，因此 $N+1$ 为两台冷却装置。区域的对称设计可能使两台冷却装置在区域中间彼此相对，每排每侧有 5 台机架，总共 20 台机架。由于每排末端的最后位置的两台机架明显更接近室内空气（0~2ft）而不是冷却装置（8~10ft），因此安装在这些 4 台机架中的 IT 设备的进风几乎是 100% 的室内空气。

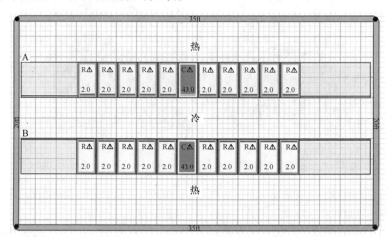

图 22.11　双排开放式冷通道系统（Schneider Electric 公司提供）

IT 设备入口风量在三个垂直区域之间成比例：
1）来自房间的送风，特别是进入机架顶部 U 形空间的空气。
2）机架中部 U 形空间内的室内空气和送风的混合。
3）从机架底部 U 形空间的冷却装置送风。

为了防止出现这种垂直分层和较高 U 形空间 IT 设备较高的 RIAT，冷却装置需要增加风量并扩大其影响范围，从而增加风机功率。在上述示例中，两个行级冷却装置都将以 100% 的风机转速运行，100% 风机电动机功率为该区域提供 2 × 6900cfm = 13800cfm 的风量。

22.7.2.2　封闭热通道

对 HACS（图 22.12 和图 22.13），可落地式、

行式和水平气流冷却装置。由于 HACS 组件阻断了来自房间的空气，行级冷却装置的气流仅在公共热通道被抽走，而不是从热通道上方房间的某些区域或行的末端被抽走。冷却风量自动控制，几乎与 IT 设备风量相匹配，并且不受远离冷却装置的机架中的低、中或高密度负载 IT 设备的影响。

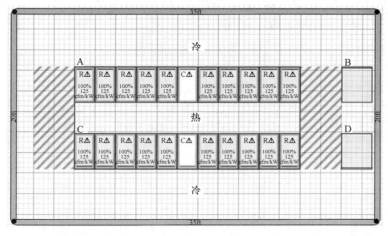

图 22.12　封闭热通道系统（HACS）配置（Schneider Electric 公司提供）

当 IT 设备热排风进入热通道时，通过热通道区域的湍流（40kW × 160cfm/kW = 6400cfm IT 设备排风量），避免了垂直分层和在较高 U 形空间 IT 设备较高的 RIAT。冷却装置调节其风量并将其影响范围扩展到 HACS 的封闭空间，从而降低风机功率。在上述示例中，两个行级冷却装置均以 51% 的风机转速运行，为该区域提供 2 × 3536cfm = 7072cfm 的风量，冷却装置总风量仅比所有 IT 设备风量多 10%（7072/6400 ≈ 1.11）。

图 22.13　来自设计网站（APC – Schneider）的 CFD 分析模型（Schneider Electric 公司提供）

在此模型中，房间和热通道区域之间的泄漏都是从房间进入热通道区域，因为从该区域抽出的冷却装置的总风量（7072cfm）比进入该区域的 IT 设备总风量（6400cfm）高出约 10%。

基于风机功耗关系曲线（图 22.14），风机电动机的功率与风机转速的立方成正比，风机以 51% 的转速运行，每个冷却装置的风机电动机功率约占额定功率的 28%。

因此，两台以 51% 转速运行的冷却装置比一台以 100% 转速运行的冷却装置使用更少（56%）的风机功率。这代表了数据中心运营的实际和持续节能。

在 CACS 中，风量和冷却装置风机功率运行是可比的。在这种情况下，即使有封闭通道，任何冷却送风的泄漏都会从冷通道区域泄漏至房间，而不是从房间进入冷通道区域。

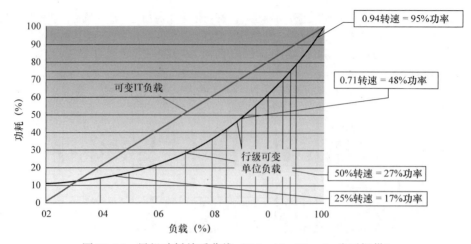

图 22.14　风机功耗关系曲线（Schneider Electric 公司提供）

行级冷却系统冗余度的提高是通过使用封闭通道（HAC 或 CAC）来扩展冷却装置的影响范围来实现的。上文为 20 台机架，两台冷却装置系统和 HAC。当一台冷却装置停止运行时，剩余的冷却装置风机以 100% 的转速运行，风量为 6900cfm，足以超过 6400cfm 的 IT 设备风量。与两台冷却装置以 51% 的转速运行相比，冷却功率将增加到 100%。但是，一台冷却装置可提供足够的冷却盘管容量和风量，用于 40kW IT 设备负载和风量。因此，HAC 或 CAC 可提供可预测且可靠的 IT 设备 RIAT。

在 HAC 模型中，通过匹配总冷却风量，所有 IT 设备热排风均处于热通道区域的内部并被抽走。当它通过冷却单元时，热量被散发掉，SAT 气流被输送到室内/冷通道侧，用于 IT 设备进风。这提供了一个"室内中和"区域，其中由 HAC 区域中的 IT 设备产生的热量和气流在送至室内/冷通道之前，由冷却装置管理、捕获和中和。

在 CAC 模型中，所有 IT 设备热排风都被送入热通道/室内。通过匹配冷却装置总风量，CAC 中提供了足够的风量，以匹配 IT 设备入口的总风量。在冷通道区域内保持微小的正压，以便使冷送风不会在冷通道内与温度较高的室内空气混合。当热回风通过冷却装置时，热量被排出，SAT 被输送到冷通道侧，用于 IT 设备进风。封闭系统组件扩大了冷却送风的影响范围，允许所需的气流沿着冷通道向下移动，远离冷却装置，同时仍然防止温度高的空气从室内/热通道进入 CACS。

行级结构的简单和预定义的布局几何具备可预测的性能，这些性能可以由制造商完全确定，并且相对来说不受房间几何或其他房间约束的影响。在所有的 IT 设备负载密度（<2~5kW/机架）下，它使设计的规范和实施得以简化。

22.8　冗余和冷却装置位置的影响

在 HAC 和 CAC 模型中，$N+1$ 或更多冗余不取决于冷却装置的位置，而是参考同一区域中特定机架组或 IT 设备的位置。

22.8.1　房间冷却冗余

可考虑使用架空地板送风系统的房间气流冷却方案（图 22.15）。根据施耐德电气公司白皮书 #55[1]，此系统为大空间回风、封闭管路送风系统。

在所有 5 台 CRAC 运行（左上方 CFD 模型）的情况下，制冷量和风量是足够的，以使 IT 设备 RIAT 保持在 ASHRAE 建议的 65~74°F 之间的合理范围内。

然而，当 5 台 CRAC 中的一个停止运行时，架空地板下的空气静压分布发生变化，部分机架内 IT 设备的 RIAT 高于 ASHRAE 推荐的 80°F。房间平均温度可能会继续保持在建议的范围内，但单台机架进口送风量不足，温度超过建议的限值。

将这种缺乏足够冷却的方案与 HACS 或 CACS 的冗余方案进行比较，这些模型可以分为两种类型的系统：内部冷却装置和外部冷却装置。

22.8.2　包含外部冷却装置的 HAC 或 CAC 示例

22.8.2.1　包含外部冷却装置的 HAC

在 HACS 中，IT 设备排出的热空气处于封闭热通道内，并通过风管输送到冷却装置的入口/回风连接件。所有冷却装置入口均位于相同的公共回风管路系统上,则冷却装置的位置并不重要。冷却装置总风量应匹配或略高于IT设备总的排风/出口风量。当N台冷却装置运行时,必须在冷却装置的总风量中做出预留风量,以防止任何泄漏进入回风管路系统。

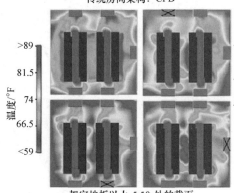

图22.15 传统房间冷却冗余评估CFD(Schneider Electric公司提供)

冗余:
- 显示了5台CRAC装置的初始温度梯度图
- 任何装置的故障都会导致某个区域的冷却失效
- 房间级的N+1在故障模式下提供了足够的冷却

特殊情况下,冷却装置是传统设计的DX制冷剂蒸发器的类型(与CW盘管相比),其中CRAC的RAT必须低于该压缩机和制冷剂系统允许的最大值(表22.5)。超过最大值CRAC RAT可能会导致压力问题和设备停机。采用这种设计,必须将额外的室内空气吸入回风管路系统,以便调节和降低热通道区域的回风系统温度。例如,N+1(2)台DX CRAC,每台装置的制冷量为78kW,风量为12600cfm。如果IT设备热负荷为78kW,则热通道区域的总风量 = 78kW×160cfm/kW = 12480cfm。这12480cfm将是CRAC中的最小回风量要求,以有效地将所有IT设备热排风从HAC抽出并回至CRAC。

表22.5 典型的DX风冷CRAC性能参数[风冷DX装置(TD/UAV)]

模型	0511	0611	0921	1121	1422	1622	1822	2242	2542	3342
净冷量参数										
80°F DB, 67°F WB (26.7℃ DB, 19.4℃ WB) 50% RH										
总冷量 Btu/h	58000	61000	87000	116000	154000	168000	171000	212000	233000	267000
总冷量 kW	17.0	17.9	25.5	34.0	45.1	49.2	50.1	62.0	68.3	78.3
显冷量 Btu/h	58000	61000	87000	116000	154000	168000	171000	212000	233000	267000
显冷量 kW	17.0	17.9	25.5	34.0	45.1	49.2	50.1	62.0	68.3	78.3
蒸发器风机/电动机:直接驱动电子换向(EC)后弯风机										
名义功率/hp	3.8	4	4	4	4	4	4	4	4	4
在0.20inH₂O ESP下的风量 cfm	3500	3500	4800	7100	9200	9300	9300	12600	12600	12600
数量	1	1	1	1	2	2	2	2	3	3

注:1. 数据由Schneider Electric公司提供。
2. 1Btu = 1055.06J, 1inH$_2$O = 249.082Pa, 1hp = 745.700W, 1cfm = 1ft^3/min = 1.699m^3/h。

如果RIAT为75°F且IT设备ΔT为20°F,则产生的HAC区域空气温度为94°F。当两台CRAC以额定转速运行时，总冷却风量 = 2 台冷却装置 × 12600cfm/台冷却装置 = 25200cfm。所得到的 CRAC RAT 将为 84.4℉，这高于 CRAC 入口设计的 RAT 最大值 80℉，因此需要额外的 CRAC 在低于最大盘管性能的情况下运行，以避免产生的入口 RAT 高于允许值。

作为替代方案，在使用两台 CRAC 的情况下，IT 设备所需的 SAT 为 66℉，以使 CRAC 的平均进风 RAT 为 80℉。这基于 IT 设备排风温度为 85℉。

这种情况的冗余需要超过两台 CRAC，因此运行的 CRAC 入口的总风量不会低于总风量 25200cfm，并采用 66℉的送风温度（SAT）。

如果仅安装了两台 CRAC，当一台装置不能运行时，CRAC 入口 RAT 将从 66℉ RIAT 开始，直至接近 IT 设备排风温度 85℉。

这可能会超过 DX 制冷剂回路最大进风温度，并导致冷却装置压力问题和停机，需要手动复位才能再次运行。

在大多数行级冷却装置中，设计中避免了 DX CRAC 较高的 RAT 问题，这些冷却装置专门设计为允许高达 105℉的 RAT。请参阅前面给出的典型 Liebert CRV035A 和 CRV020A 的性能数据。类似较高的 RAT 设计条件也在 APC - Schneider 行级冷却装置的正常范围内。

22.8.2.2　包含外部冷却装置的 CAC

对于包含外部冷却装置的 CACS，IT 设备送风处于封闭冷通道内，并通过风管输送到公共冷通道中的 IT 设备入口。所有冷却装置送风口均处于同一共用的送风管路系统上，冷却装置的位置并不重要。N 台冷却装置总风量应匹配或略高于 IT 设备总的排风/出口风量。当 N 台冷却装置运行时，必须在冷却装置总送风量中做出预留风量，以解决送风管路系统的泄漏问题。架空地板送风系统的典型泄漏率为 10%～15%，具体取决于地板下的压力，该压力用来确保额定风量的送风能够通过地板进入房间。如果 CAC 区域中的冷却装置总送风量与 IT 设备入口总风量一致，则 CAC 区域的任何泄漏对于维持所需的 IT 设备 RIAT 并不重要。

对于不超过 CRAC 最大 RAT 的限制问题，应与 HAC 一样，考虑相同的因素。

22.8.3　包含内部冷却装置的 HAC 或 CAC 示例

22.8.3.1　包含内部冷却装置的 HAC

在 HACS 中，IT 排出的热空气处于封闭的热通道内，并通过 HAC 区域与冷却装置入口/回风口紧密连接。所有冷却装置入口均位于同一公共的回风 HACS 中，冷却装置的位置并不重要。冷却装置总风量应匹配或略高于 IT 设备总的排风/出口风量。由于 IT 设备出口/排风口和冷却装置入口是紧密相连的，因此当 N 台冷却装置运行时，任何回风管路系统都不会出现泄漏问题。

22.8.3.2　包含内部冷却装置的 CAC

对于包含内部冷却装置的 CACS，IT 设备送风处于封闭冷通道内，并通过公共冷通道送至 IT 设备入口。所有冷却装置送风口均处于同一公共的 CACS 中，单台冷却装置的位置并不重要。N 台冷却装置总风量应匹配或略高于 IT 设备总的排风/出口风量。由于 IT 设备入口和冷却装置送风口/出口是紧密连接的，因此当 N 台冷却装置运行时，任何送风管路系统都不会出现泄漏问题。由于冷却装置送风 CAC 区域的总风量与 IT 设备入口总风量一致或略高，因此 CAC 区域的泄漏对于维持 IT 设备入口所需的空气温度并不重要。

HAC 或 CAC 内部冷却装置位置的最佳应用是通过对称布置且冷却装置在其共用的热通道或冷通道两侧对应布置实现的（APC - Schneider Application Note #92[3]—Best Practices for Designing Data Centers with the In Row RC 做出了概述）。

22.9　对 HAC 或 CAC 区域外数据中心外围设备条件的影响

22.9.1　CAC 和外围设备

使用 CAC 时，室内空气温度与热通道温度相同，可能比 IT 设备排风温度低 2℉。如果周围的建筑空间比数据中心室内空气温度低，则表面热量会散发到周围的建筑空间。室内温度梯度的基础和任何外围设备的入口空气温度都由 RIAT 加上 IT 设备 ΔT 决定。这个计算非常有必要，因此可以基于 RAT 部分地确定冷却装置性能。如果 RIAT 为 64℉且 IT 设备 ΔT 为 19℉，则产生的室内空气温度可为 81℉。这是 ASHRAE TC9.9 所确定的 RIAT 的低值。在 ASHRAE 标准中位值 75℉ RIAT 下，室内空气温度为 92℉。数据中心工作人员需要确定室内温度梯度的合适范围，并相应地调整 RIAT 和冷却装置 SAT 设定点。

来自 CAC 区域外外围设备的热负荷将对室内空气温度的升高和冷却装置 RAT 的升高产生相应的影响。对于相对较低和较低密度的外围热负荷（高达 5kW），进入冷却装置的室内气流将充分地将这些热空气从周边设备附近送至冷却装置的入口。一旦进入冷却装置，热量将通过冷却装置盘管自动排出。对于大于5kW的外围负荷和CAC区域冷却装置的10ft以外的外围负载，可能需要辅助冷却系统来管理外围热负荷和其气流对室内热分布的影响。

22.9.2 HAC和外围设备

对于HAC，室内空气温度与冷通道温度相同，并且可能比冷却装置SAT高约2℉。如果周围建筑空间比数据中心室内空气温度高，则数据中心室内空气会吸收来自周围建筑空间的表面热量。

HAC区域的温度梯度基础和冷却装置的回风口/入口空气温度基础由RIAT加上IT设备ΔT决定。这个计算非常有必要，因此可以部分地基于RAT确定冷却装置性能。如果RIAT为64℉，且IT设备ΔT为19℉，则冷却装置RAT为81℉，这是ASHRAE标准TC9.9所确定的RIAT的低值。在ASHRAE标准中位值75℉ RIAT下，冷却装置的回风口/入口空气温度为92℉。数据中心工作人员需要确定室内温度梯度的合适范围，并相应调整RIAT及确定冷却装置RAT和性能。

HAC区域外的外围设备产生的热负荷对室内空气温度的升高和RIAT的升高产生了相应的影响。基于典型的行级冷却装置控制逻辑，RIAT的这种升高将要求增加冷却装置风量和/或冷却盘管容量，以管理额外的热负荷，同时自动维持冷却装置SAT和RIAT的设定点。

对于相对较低和较低密度的外围热负荷（高达5kW），外围负荷气流将与冷却装置送风混合，并平均至RIAT设定点。进入IT设备的室内空气将充分地将这些空气从外围设备附近送至IT设备的入口。空气进入IT设备后将被加热，一旦进入冷却装置后，热量会通过冷却装置盘管自动排出。对于大于5kW的外围负荷和HAC区域冷却装置的10ft以外的外围负荷，可能需要在外围设备附近的辅助冷却系统来管理外围热负荷和其气流对室内热分布的影响。

在CACS和HACS中，任何外围热负荷及其位置，以及其他影响整个室内热负荷的因素，都应该考虑到整个冷却系统的性能要求中。因此，通过适当的设计，即使考虑到一些外围热负荷设备，CAC或HAC区域中的行级冷却装置也足以管理整个室内的热负荷。

在某些特定情况下，仅有行级冷却装置可能是不够的，需要额外的房间级的冷却装置。

22.10 在较冷外部环境温度下对经济器运行时间的影响

基于两个系统的典型温度梯度，HACS和CACS允许使用外部经济器排热系统方面的实际能力不同。这特别适用于双冷却（DX和乙二醇盘管）CW系统和空气-空气经济器系统，其中经济器的运行时间由环境温度和IT设备气流温度之间的温差决定。

在美国威斯康星州阿普尔顿市，考虑一个水侧经济器（图22.16），以及历史温度平均值、最高值和最低值，如下所示。

APC-Schneider ACRC系列、EWT=45℉、RAT=80℉ DB的性能见表22.6。

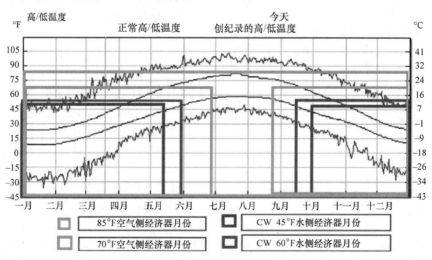

图22.16 威斯康星州阿普尔顿市的气温和经济器月份图（Weather Underground 提供）

表 22.6 RAT 为 80℉的 ACRC100 CW 45℉ EWT 的性能（Schneider Electric 公司提供）

温度 DB, WB ℃（℉）	CW ΔT ℃（℉）	SKU 系列	总净冷量 kW（Btu/h）	显冷量 kW（Btu/h）	显热比 SHR	CW 流量 L/s（GPM）	CW 总压降 kPa（ft H₂O）
26.7℃ DB, 17.1℃ WB （80℉ DB, 62.8℉ WB）	5.5℃（10℉）	ACRC100	13.2（45000）	13.2（45000）	1.00	0.62（9.8）	29.2（9.8）
		ACRC500	40.8（139000）	39.6（135000）	0.97	1.8（28.8）	81（27.3）

ACRC 系列、EWT = 60℉、RAT = 95℉ DB 的性能见表 22.7。

表 22.7 RAT 为 95℉的 ACRC100 CW 60℉ EWT 的性能（Schneider Electric 公司提供）

温度 DB, WB ℃（℉）	CW ΔT ℃（℉）	SKU 系列	总净冷量 kW（Btu/h）	显冷量 kW（Btu/h）	显热比 SHR	CW 流量 L/s（GPM）	CW 总压降 kPa（ft H₂O）
35.0℃ DB, 19.8℃ WB （95℉ DB, 67.7℉ WB）	5.5℃（10℉）	ACRC100	17.3（59000）	17.3（59000）	1.00	0.79（12.5）	46.17（15.5）
		ACRC500	40.6（139000）	40.6（139000）	1.00	1.8（28.7）	80（26.8）

从表 22.6 和表 22.7 中可以得出，具有更高 RAT 的 HAC，其设计的 CW 供应温度可从 45℉增加到 60℉，在经济器 CW 模式下相应增加大约一个月，同时仍可达到上述所需的冷却单元显冷量，高于 80℉ RAT、45℉ EWT 状态下的容量。

对于没有 HAC 的 ACRC100 型，需要 EWT 为 45℉才能在 RAT 为 80℉的情况下实现 13.2kW 的制冷量，相比之下，60℉ EWT 与 95℉ RAT 的 HACS 装置的制冷量为 17.3kW。

对于没有 HAC 的 ACRC500 型，需要 EWT 为 45℉才能在 RAT 为 80℉的情况下实现 40.8kW 的制冷量，相比之下，60℉ EWT 与 95℉ RAT 的 HACS 装置的制冷量为 40.6kW。

可以基于特定的冷水机组尺寸来计算在冷水机组处于经济器模式时，冷水机组压缩机不运行所能节省的。以使用标称 150ton 冷水机组的 500kW IT 设备负载数据中心为例，当 150ton 冷水机组处于完全经济器模式时，典型的节能量在冷水机组冷凝器和压缩机功率中达到 182kW。因此，一个月的额外节省相当于本月总节省 131040kW·h。

以类似的方式，在具有更高 RAT 的双盘管冷却机组（DX 和乙二醇）中，运行流体冷却盘管也可以延长经济器盘管的运行时间，同时可以通过更高的 EWT 与乙二醇冷却盘管实现相同的机组净显冷量。同样，这代表了在不运行压缩机的情况下节省的电力成本，或者在某些机组设计中，每年还有一些额外的时间没有以满负荷运行压缩机。

与 HACS 封闭管路回风的冷却装置一样，必须考虑 DX 运行侧允许的最大入口空气温度。

对于空气 - 空气经济器系统，经济器冷却能力通常与气流 RAT 和环境温度之间的 5℉温差有关。因此，RAT 增加 15℉，从 75℉到 90℉（70 ~ 85℉环境温度），对应于美国威斯康星州阿普尔顿的另外 2 个月的完全空气 - 空气经济器运行情况。

22.11 结论和未来趋势

四个关键要素有助于提高数据中心冷却装置的性能和效率：

1）热量封闭。
2）冷量封闭。
3）最佳尺寸组件。
4）容量管理。

22.11.1 HAC 满足四个要素

可以设计和部署 HACS 以满足这四个要素，从而实现最大的冷却性能和效率，以及在任何数据中心布局中允许进行容量匹配和房间中立的 IT 区域。该设计还可适应 HAC 区域外的房间外围热负荷。

22.11.2 CAC 仅满足两个要素

CACS 设计仅满足上述要素 2）和 3），因为它不能封闭热量，不允许与 IT 设备热负荷相当的制冷量，默认为房间级冷却模型和较低的 RAT，这对冷却装置的性能至关重要。

22.11.3　HAC 具有设计优势

对于未来的数据中心，与 CAC 相比，HACS 的明显优势有利于 HAC 的设计标准和部署。

22.11.4　机架风道管路是一种特殊情况

没有其他气流调节方式的 IT 设备机架的单几何被动风道排风管路，主要取决于不同的风量下排风管路的不同压降。对于每台机架和风道管路的 IT 设备负载变化，在设计中需要注意。

参 考 文 献

[1] Rasmussen N. Airflow architecture in data center designs. West Kingston: Schneider Electric ITB; 2012. APC-Schneider White Paper #55.

[2] Rasmussen N. Calculating total cooling requirements for data centres. West Kingston: Schneider Electric ITB; 2003. APC-Schneider White Paper #25.

[3] Niemann J. Best practices for designing data centers with the InfraStruXure InRow. West Kingston: Schneider Electric ITB; 2006. APC-Schneider Application Note #92.

延 伸 阅 读

ASHRAE TC9 Committee. ASHRAE TC9 Addendum and Appendix E. Table E-1. ASHRAE 2011 Thermal guidelines (I-P Units). Atlanta: ASHRAE Headquarters; 2011.

Capes J. APC-Schneider Presentation by Joe Capes. Power Point—data centre trends. West Kingston: Schneider Electric ITB; 2010.

Dunlap K, Rasmussen N. The advantages of row and rack-oriented cooling architectures for data centers. West Kingston: Schneider Electric ITB; 2006. APC-Schneider White Paper #130.

Emerson Technical Team CRV Tech Manual. Emerson-Liebert Tech Data Manual for CRV Model: Document SL-11978_REV1_02-10. Columbus: Emerson Network Power; 2013.

Emerson Technical Team—WP166-19. Emerson-Liebert White Paper: focused cooling using cold aisle containment. Columbus: Emerson Network Power; 2013.

Fink J. Hot aisle containment working conditions. West Kingston: Schneider Electric ITB; 2005. APC-Schneider White Paper #123.

Lemke K. Hot aisle containment. West Kingston: Schneider Electric ITB; 2008. APC-Schneider Application Note #146.

Niemann J, Brown K, Avelar V. Hot aisle vs. cold aisle containment. West Kingston: Schneider Electric ITB; 2010. APC-Schneider White Paper #135.

Niles S, Donovan P. Virtualization and cloud computing: optimized power, cooling, and management maximizes benefits. West Kingston: Schneider Electric ITB; 2012. APC-Schneider White Paper #118.

Uhrhan G, Buell S. Selection procedure for InRow chilled water products. West Kingston: Schneider Electric ITB; 2007. APC-Schneider Application Note #126.

VanGilder JW, Schmidt RR. Airflow uniformity through perforated tiles in a raised-floor data center. The Proceedings of IPACK2005, ASME Interpack 05; July 17–22, 2005; San Francisco.

Weather Underground. WebPage for U.S. Temperatures. San Francisco: Weather Underground, Inc. Available at St. Louis to USA: http://www.wunderground.com/ Accessed on May 27, 2014.

第 23 章 数据中心自然冷却技术

美国弗吉尼亚州，蒙特公司　尼古拉斯·H. 德尚（Nicholas H. Des Champs）
基思·邓纳特（Keith Dunnavant）　著
世图兹空调技术服务（上海）有限公司　陈　远　译

23.1 引言

计算机是一种因商业和科学计算需求而设计开发出来的设备，它的应用减少了办公室中众多繁重的工作并且缩短了科学计算所需的时间。计算机技术不断升级换代，从 20 世纪 50 年代的晶体管大型机（如 IBM 705）到 20 世纪 80 年代的小型计算机，它们通常被放置在一栋大楼中，而这栋大楼同时也是许多操作这些计算机的工作人员的家。从早期计算机高昂的成本和相应的安全方面考量，它们通常被布置在大楼的安全区域并用玻璃围起来，这样参观者和操作人员就能随时看到这些计算机及相关的外围硬件，它是一种将计算能力作为前沿技术而体现的资产。

这些早期计算机系统的每条指令产生的热量都比今天的服务器要大得多。此外，这些电子设备对环境的温度、湿度和灰尘也都更加敏感，因此早期的计算机房必然要被当成现代的洁净室来设计建造。也就是说，高效的过滤器和适宜的温、湿度控制是计算机房的标准配置。正因为机房是主要设施不可或缺的组成部分，并且还有众多工作人员需要操作和运行计算机，再加上计算机的各种外围设备，所以机房的环境维护被设施维护人员视为一种更为精密的空调系统维护。

20 世纪 70 年代中期，单片机微处理器的发展被认为是一个新时代的开始。此时，计算机的成本大大降低，并且具有执行办公和科学计算的能力，允许个人访问他们自己的"个人"计算机。早期的处理器和主机产生很少的热量，因此计算机通常分散在部门内的个人手中。例如，8086 处理器（参见表 23.1）产生的热量小于 2W，其主机产生的热量为 25W（不含监视器）。而当今一个服务器产生的热量大约为 500W，并且现代数据中心可将 40 台服务器装载到同一个机架中，也就是说在非常小的房间内产生了 20kW 的热量。以一个 200 机架的数据中心为例，将产生 4MW 热量（20kW/机架×200 机架）需要排放。

表 23.1 计算机处理器年表

处理器	时钟频率	发布日期
4004	108kHz	1971.11
8086	10MHz	1978.06
386	33MHz	1988.06
486	33MHz	1992.11
Pentium	66MHz	1993.03
Pentium II	233MHz	1997.05
Pentium III	900MHz	2001.03
Celenon	2.66GHz	2008.04
Xcon MP X7460	2.66GHz	2008.09

注：处理器名称是英特尔公司的版权。

当然，如果没有因特网的快速发展和 1991 年万维网的启动（1993 年初，WWW 上只有 50 台服务器），如果没有复杂路由器、其他辅助的硬件和软件产品的开发，就没有必要将大型数据中心中的几千台服务器进行联网。20 世纪 90 年代，互联网和个人计算机如雨后春笋般涌现，从路由器市场的快速增长可见一斑：1991 年，思科公司有 251 名员工和 7000 万美元销售额；到 1997 年，它拥有 11000 名员工和 70 亿美元销售额。对服务器容量巨大需求还可从以下数据看出：2011 年底，全球网站总数为 5.55 亿个，其中有 3 亿是在 2011 年建立的。全球互联网服务器总数估计为 7500 万台。

随着科技的发展，冷却方式也随之不断演进。新数据中心不再是只使用风冷型空调，液体冷却型空调被越来越多地采用：冷却液送到冷通道，冷却 IT 设备，将热量排入热通道，然后这些热量要么被直接排放到大气中，要么被冷却液带回到空调中进行放热，冷却液再回到冷通道。

最新的机房环境温度允许值的变化也体现了从空气调节到工艺冷却的概念转变。在过去的 9 年里，ASHRAE 冷却指南已经发生了三次大的变化：2004 版 ASHRAE 推荐的 1 类机房环境温度范围为 68~77℉（20~25℃）；2008 版的机房环境温度范围为 64.4~80.6℉（18~27℃）；2011 版的机房环境温度推荐范围保持不变，但极大地扩展了温度和湿度的允许范围，以便操作人员灵活使用无压缩机制冷的直接或间接自然冷却技术来冷却数据中心，从而提高了数据中心的冷却效率，并降低能效指标（PUE）。

23.2 利用室外空气的特性来冷却数据中心

在某些情况下，环境条件是确定数据中心未来选址的主要因素。但大多数情况下，数据中心的选址除了要靠近所服务的市场外，还需要综合考虑城市的接受度、互联网主干网接入的便利性，以及基础设施供应的成本和合理性。由于 IT 设备的允许进风温度已经升高了，环境条件变成一个更加重要的因素。环境越凉爽，有时环境越干燥，数据中心利用室外空气进行自然冷却的时间就越长。例如，在内华达州的雷诺市，全年都可以提供 72℉（22℃）的冷却空气，而无须机械制冷或蒸发冷却技术。

设计师在为特定场地选择冷却系统时主要考虑的因素如下：

1）冷通道温度和通过服务器机架的最大温升。

2）服务器和外围设备持续运行的关键要素。

3）采用蒸发冷却技术时，保证充足供水的可行性。

4）全年的环境干球温度（DB）和湿球温度（WB）、极端的干球温度和湿球温度、空气质量（也就是空气中的颗粒物和有害气体）。

5）公用设施的成本。

其他因素还包括初始投资成本、全年运行成本、可靠性、维护成本，以及系统在正常运行和供电或供水故障期间保持所需房间温度、湿度和空气质量的有效性。

下面将对四种常用的经济器冷却系统进行详细讨论：三种空气-空气换热器（以下简称 AtoAHX）系统和一种直接蒸发冷却（以下简称 DEC）系统。使用空气-空气换热器的系统都属于间接空气侧经济器（以下简称 IASE）系统，因为新风用于间接冷却循环气流，不会被直接送入机房。而直接蒸发冷却（DEC）机组则属于直接式空气侧经济器（以下简称 DASE）系统，因为通过经济器，新风的干球温度降低后直接送入机房。只要气流之间不传递潜能的空气-空气换热器，在数据中心中都可以使用。常用的形式有板式换热器、转轮显热交换器和热管换热器[1]。

23.3 经济器的热力过程及设备布局

23.3.1 直接式空气侧经济器（DASE）

23.3.1.1 利用环境干球温度冷却

经济器最简单的方式是直接将新风供给房间来冷却设备。

图 23.1 所示为典型 DASE 机组系统，包括 DEC（部件1）和冷却盘管（部件2）。如果没有部件1，此图则表示使用新风的干球温度来直接冷却 IT 设备的 DASE 系统。此时，当环境温度低于冷通道设计温度时，所有冷却都可由新风提供，部分回

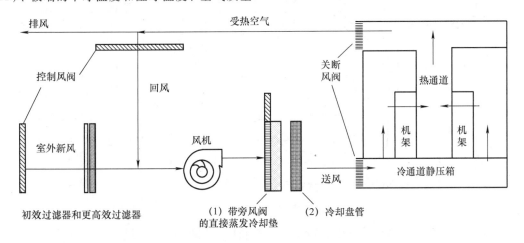

图 23.1　典型 DASE 机组系统

风与室外新风进行混合以达到期望的送风温度；当环境温度低于热通道设计温度时，新风可用于部分冷却，不足部分由机械制冷补充；当环境温度高于热通道设计温度时，系统必须采用完全机械冷却。除极端寒冷地区外，几乎所有情况下都还需要一定比例的机械制冷以满足房间冷却的要求，并且在大多数情况下，机械制冷是按照满足全部冷负荷来进行设计的。因此，对于世界上大多数地区而言，全年能耗降低是相当可观的，但由于使用很大比例的机械制冷，设备初期投资成本则较高。将大量室外新风送入建筑物所带来的相关成本也需要考虑，这会导致较高的过滤器更换频率和较低的房间湿度控制精度。此外，未被高效过滤器捕获的气态污染物可能也会是一个问题。

23.3.1.2 利用环境湿球温度进行冷却

如果现场有可用水源，那么如前所述，添加图23.1所示的直接蒸发冷却段，将是一个延长全年自然冷却时间的经济方法。将新风从干球温度冷却到湿球温度，蒸发冷却器通常可以达到90%～95%的效率，使得送风的干球温度仅比环境湿球温度略高几度，结果是相比利用环境干球温度冷却，利用环境湿球温度冷却所需的机械制冷量显著减少。此外，使用直接蒸发冷却装置（部件1），在寒冷季节向空气中喷水雾，湿度控制范围将变大；在过渡季节，房间的相对湿度由直接蒸发冷却器和旁通风阀来共同控制；在夏季，则没有湿度控制。事实上，缺乏对湿度的精确控制，是带直接蒸发冷却段的空气侧经济器系统的最大缺点。与利用环境干球温度冷却一样，将大量室外新风送入建筑物所带来的相关成本也需要考虑，这会导致较高的过滤器更换频率和较低的房间湿度控制精度。此外，未被高效过滤器捕获的气态污染物可能也会是一个问题。即使存在这些问题，使用带直接蒸发冷却段的空气侧经济器系统仍然是众多IT设备冷却技术中效率最高且成本最低的，在极端寒冷地区运行的直接式空气侧经济器系统（其环境最高温度从未超过规定的冷通道最高温度）除外。

使用带直接蒸发冷却段的空气侧经济器系统空气状态变化如图23.2所示。在该示例中，冷通道温度为75°F，热通道温度为95°F，设计湿球温度为67.7°F。采用90%效率的蒸发冷却器，房间的送风温度（SA）可以从91.2°F冷却到70°F，低于要求值。此时，有如下三种控制方案可用于满足房间的冷却要求：

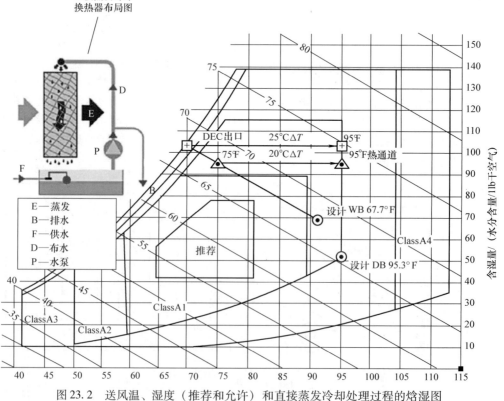

图23.2 送风温、湿度（推荐和允许）和直接蒸发冷却处理过程的焓湿图

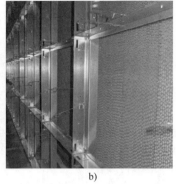

图 23.3 并排的直接蒸发冷却单元
a) 数据中心侧墙上安装的多台直接蒸发冷却机组 b) 蒸发冷却填料阵列

1) 热通道温度保持在 95°F，增加冷通道和热通道温度之间的温差。它可以通过降低循环风机转速来实现，此时循环风量减少，风机功耗降低。该方案在图 23.2 上标识为采用两个方块起始点的空气处理过程。

2) 循环风量保持不变，冷通道温度保持在 70°F，热通道温度则变为 90°F。该方案在图 23.2 上标识就是方案 1 水平空气处理过程的从 "DEC 出口" 到 90°F 干球温度之间过程。当房间的热负荷保持不变时，就需要该处理过程。

3) 使用 DEC 装置的直接蒸发和上面的旁通风阀将冷通道送风温度控制在 75°F，该方案在图 23.2 上标识为采用两个三角形始点的空气处理过程。

图 23.3 所示为 5 个并排的直接蒸发冷却单元。现场共有 20 个直接蒸发冷却单元在运行，每个单元在过渡季节提供 40000cfm（1cfm = 28.317mL/min）经过绝热冷却的室外空气，而在冬季则采用室外新风和回风进行混合，如图 23.1 所示。冷却后空气直接送入冷通道，通过服务器和其他 IT 设备，然后直接从屋顶的排风阀排出。图 23.3b 中展示的是一种常用的金属填料直接蒸发冷却器。

23.3.2 间接式空气侧经济器（IASE）

23.3.2.1 空气 – 空气换热器（AtoAHX）

在大多数的数据通信冷却应用中，大家都希望冷却循环空气，而不是将室外新风直接送入被冷却房间。这种间接冷却技术可以更好地控制房间湿度，并减少空气污染物进入房间的可能性。当冷却循环空气时，专用的新风补偿装置可控制房间的湿度和房间静压。空气 – 空气换热器作为换热介质，使用新风来冷却房间而不会将新风带入房间。最常用的空气 – 空气换热器有板式换热器、热管换热器和转轮显热交换器，如图 23.4 所示（有关 AtoAHX 性能和技术说明的更多信息，请参见 2012 版 ASHRAE 手册第 22 章）。图 23.5 所示为典型 IASE 机组系统。空气 – 空气换热器将热量从热通道回风（RA）传递给室外冷却空气，室外冷却空气通常称为排风（ScA），因为它在吸热后被排放到大气中。综合考虑成本、尺寸和压降等因素，在排风（ScA）和循环风风量相同情况下，AtoAHX 的效率通常选择在 65%～75%。

如图 23.5 所示，排风通过粗效过滤器①进入

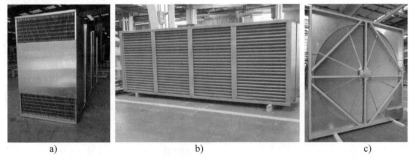

图 23.4 板式换热器、热管换热器和转轮显热交换器
a) 板式换热器 b) 热管换热器 c) 转轮显热交换器

系统，该过滤器可去除室外空气中可能对 DEC、AtoAHX 或冷凝器盘管（可选）造成影响的杂质。如果现场有足够的可用水，那么一定要考虑在进入空气－空气换热器之前（状态点②），用 DEC 来冷却排风。因为在所有情况下蒸发冷却都能扩展 IASE 系统全年的节能量，并且在极端环境设计条件下，IASE 减少了用于满足冷却所需的机械制冷量。空气处理机组的设计环境工况：如果仅使用空气－空气换热器，则为极端干温度；如果在排风进入换热器前增加蒸发冷却装置进行预冷，则为极端湿球温度。极端环境条件的选择与项目有关，通常使用第 3 版典型气象年（TMY3）数据、极端 50 年 ASHRAE 数据，或者甚至 0.4% ASHRAE 设计工况。

如图 23.5 所示，当使用 DEC 并且需要 DX（直膨）补冷时，将冷凝器盘管放置在排风的下游更有利，因为几乎在所有情况下，该点的干球温度都低于环境的干球温度。如果不使用 DEC，并且将 DX 补冷装置的冷凝器放置在排风的下游，则排风的温度可能高于循环空气温度，导致冷凝器的冷却空气温度高于环境温度。此时，就应该采取措施，防止热交换器向错误的方向传热，否则热量将从排风传递到循环空气，并且辅助机械制冷不足以将循环空气冷却到指定的冷通道送风温度。在这些极端条件下，垂直式热管换热器可以自动防止热传递，因为如果环境温度高于排风温度，则热管内的工作流体不会冷凝（如图 23.5 所示，过程②~③），因此将无冷凝液体返回循环空气侧的热管（过程⑦~⑧）。而对于转轮显热换热器，当环境温度高于回风温度时，转轮将停止旋转，从而消除热传递。对于板式热交换器，为了阻止热传递，可能需要在室外侧的换热器附近增加隔断和旁通装置，以引导周围的排风。

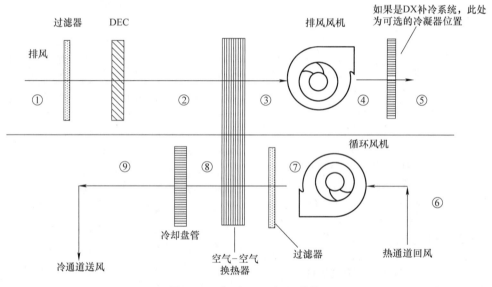

图 23.5 典型 IASE 机组系统

例如，当采用无 DEC 的空气－空气换热器系统时，假设其效率为 72.5%（仍然使用 75°F 冷通道温度和 95°F 热通道温度），当环境温度低于 67.4°F 时，经济器就可以进行完全自然冷却；当环境温度更低时，排风扇转速将降低，以排出所需的热量，同时风机功耗也将降低；当环境温度高于 67.4°F 时，机械制冷系统持续开启，补充所需冷量；当环境温度达到 95°F 或更高时，所有冷负荷都由机械制冷系统承担。

当使用 DEC 对排风进行预冷时，有必要借助焓湿图来计算冷却量。图 23.6 中的编号点对应图 23.5 中所示的编号位置。当设计湿球温度为 67.7°F 时（点①），DEC 将排风降低到 70.1°F（点②），然后排风进入热交换器并被加热到 88.2°F（点③）。在此过程中，从热通道（点⑥）返回的热空气从 95°F（不考虑风扇发热）冷却至 77.2°F（点⑧）或所需冷负荷的 89%。因此，在设计参数下，当使用 DEC 和空气－空气换热器时，所需的机械补冷（图 23.5 中的点⑨）制冷量仅为整个冷负荷的 11%，并且仅在全年很短时间内运行。

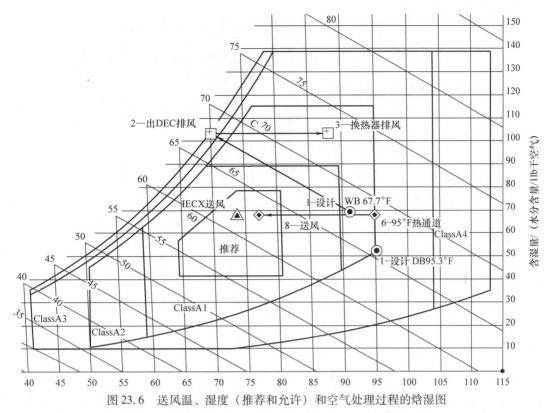

图 23.6 送风温、湿度（推荐和允许）和空气处理过程的焓湿图

图 23.7 和图 23.8 所示为采用 12 个 IASE 转轮热回收器的机组规格和设计参数，从数据中心移除 10MW 的热量，需要 80000cfm（点②）和 160000cfm（点⑩）的风量。最高室外环境温度为 105.4°F，热通道的回风温度为 94°F，因此在该应用中，当设计环境温度大于热通道温度时，就需要 DX 制冷系统持续运行，以满足全部的空调负荷。尽管 DX 制冷需要按满负荷设计，空气 - 空气换热器提供了全年累计冷负荷的 90%，仅有不到 10% 由 DX 制冷系统提供。

23.3.2.2 间接蒸发冷却式空气 - 空气换热器（IECX）

上一节采用 DEC 和空气 - 空气换热器这两个单独的设备来实现间接蒸发冷却过程。这两个空气处理过程可以集成到一台设备中，称为间接蒸发冷却式换热器（简称 IECX）。使用湿球温度作为动力来冷却 IT 设备的间接蒸发冷却式热交换器，比使用 DEC 和热交换器的组合的方式更有效，相关热力学过程的论证超出了本章的范围。

典型 IECX 的配置如图 23.9 所示。数据中心 95°F 循环空气从热通道返回，从右侧进入水平管，并在管内冷却到 75°F。由于排风中水蒸发带来的冷却塔效应，循环空气被冷却，富含水蒸气的排风从扁管外表面流过后排到室外。由于蒸发冷却效应，从扁管表面流过的水和扁管自身都被冷却至相对室外湿球温度略高几度的温度。通常，IECX 按照 70% ~ 80% 的湿球趋近效率（WBDE）来设计。参见图 23.6，所有条件与上一节的使用 DEC 对排风进行预冷的干式空气 - 空气热交换器系统完全相同，78% 效率的 IECX 换热器可提供 73.7°F 的冷通道温度（图上采用三角形标识），其已经低于设计的冷通道温度 75°F。此时，须控制排风扇的转速以减少风量，降低散热，使冷通道温度保持在 75°F 而不是 73.7°F。

图 23.10 所示为位于澳大利亚悉尼惠普数据通信工厂 IECX 机组示意图和运行工况。参考图中的气流流向，当设计室外环境温度为 113°F/80°F（干球/湿球）时，90°F 的回风从热通道①返回到机组，经过风扇②被加热到 92°F，再进入 IECX 扁管内冷却到 83.2°F③，然后被 DX 补冷系统冷却至设计冷通道温度 70°F。在该极端运行条件下，经济器可以带走 40% 的热量，DX 补冷可以带走剩余的 60% 的热量。该极端运行条件每 10 年或 15 年才发生一次，但即使是在该极端情况下，DX 补冷系统也必须在能够提供足够的冷量。以全年来看，经济器带走了 99.71% 的全年累计热量。

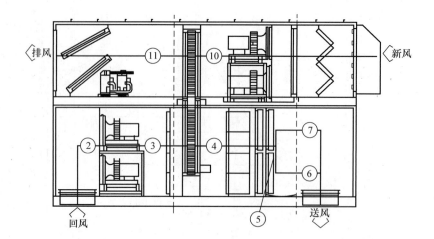

工作点	夏季（常规）			夏季（极端）			冬季		
	DB/°F	WB/°F	ACFM	DB/°F	WB/°F	ACFM	DB/°F	WB/°F	ACFM
回风	94	69.2	79424	94	69.2	79424	94	69.2	79424
②	94	69.2	79424	94	69.2	79424	94	69.2	79424
③	98.3	70.4	79995	98.3	70.4	79995	98.3	70.4	79995
④	75.4	63.4	76169	98.3	70.4	79195	74	62.9	75982
⑤	74	62.9	75982	74	62.9	75982	74	62.9	75982
⑥	74	62.9	75982	74	62.9	75982	74	62.9	75982
⑦	74	62.9	75982	74	62.9	75982	74	62.9	75982
送风	74	62.9	75982	74	62.9	75982	74	62.9	75982
新风	65.4	54.6	80000	105.4	72.7	80000	−14.5	−15.5	13027
⑩	67	55.2	80228	107	73.1	80207	−14.5	−15.5	13027
⑪	86.9	62.4	83608	107	73.1	81019	94.5	54	16884
排风	88.7	63	83608	147.4	82.8	86300	94.5	54	16884

图 23.7　直径为 14ft 转轮、风量为 80000cfm 的 IASE 系统

图 23.8　10MW 数据中心使用的风量为 160000cfm 转轮 IASE 机组

全年中使用经济器进行冷却的累计时间是一个非常重要的指标。相比使用风冷型精密空调或冷水机组＋冷冻水型精密空调这两种传统制冷方式，使用经济器冷却的 IT 机房可以达到更低的 PUE。PUE 是评价数据中心能源效率的指标，是数据中心总能耗与 IT 负载能耗之比。因此，PUE 是一个比值，随着机房总效率的提高，其值将趋近 1。数据中心的平均 PUE 目前还没有达成共识。根据 Uptime Institute2011 年和 2012 年对全球 500 多个数据中心的调研，数据中心的平均 PUE 为 1.8；2012 年，Digital Realty 公司的 CTO 表示数据中心的平均 PUE 为 2.5。使用带 DEC 的直接式空气侧经济器系统，可实现 PUE 1.07～1.3；使用 IECX 系统，可实现 PUE1.1～1.2，具体数据取决于换热器的效率和项目所在地。因此，如果悉尼惠普工厂的经济器系统在全年时间内可将机械制冷运行的时间缩短 99.7%，那么相对于 PUE 为 2.0 的数据中心，冷却成本是原来的 1/5。

参见图 23.10，外界空气从 IECX⑤机组的底部进入，向上流经扁管，顶部喷入的水向下流动，在扁管处蒸发冷却，同时吸收循环空气中的热量。它使 IECX⑥换热器顶部的出风达到或接近饱和状态，出风温度达到 88.6°F，比环境温度低 24.4°F。由于此处的出风温度大大低于环境温度，将有利于降低 DX 补冷系统的冷凝温度，改善压缩机性能。

第23章 数据中心自然冷却技术

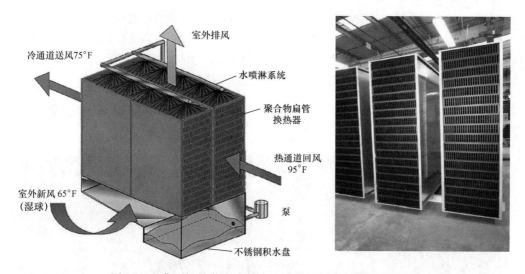

图23.9 典型间接蒸发冷却式换热器（IECX）机组的配置

风机数据	位置	送风	排风
	风量(cfm/L/s)	16166/7630	18003/8496
	机外余压/(in.w.g/Pa)	1.25/311	不适用
	总压/(in.w.g/Pa)	3.86/961	1.16/289
	电动机规格/(hp/kW)	15/11.2	7.5/5.6

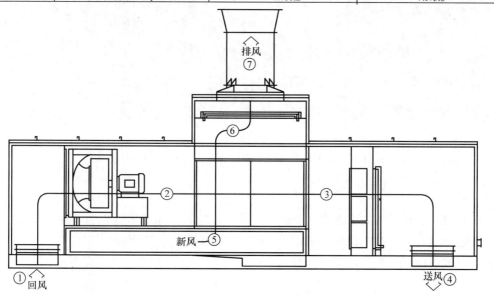

工作点	设计					
	DB/°F	DB/°C	WB/°F	WB/°C	cfm	L/s
① 回风	90.0	32.2	67.4	19.7	16166	7630
②	92.0	33.3	68.0	20.0	16225	7657
③	83.2	28.4	65.2	18.4	15966	7535
④ 送风	70.0	21.1	60.7	15.9	15578	7352
⑤ 新风	113.0	45.0	80.1	26.7	18200	8589
⑥	88.6	31.4	82.2	27.9	17425	8224
⑦ 排风	106.8	41.6	86.1	30.1	18003	8496

图23.10 5MW数据中心安装的IECX机组示意图和运行工况
注：1in WG = 249.082Pa。

图23.11所示为澳大利亚悉尼惠普工厂部分竣工的鸟瞰图。项目全部竣工后，IT负载达到10MW，需要84台IECX机组（目前图上只显示了42台）来承担全部冷负荷。机组顶部排风风机出口安装有扩散器，它可以提高风机性能，降低水平辐射噪声，并将受热后的湿空气尽快排向屋顶上方，防止气流短路返回吸入口，从而降低机组冷却性能。

图23.11　惠普工厂部分竣工的鸟瞰图（含42台IASE机组）

图23.12所示为典型IECX机组的功耗曲线，其中的阴影区域表示了典型IECX机组在每个统计湿球温度点的统计运行时间（右侧纵坐标）。大部分时间都落入湿球温度11~75℉区间。上部的曲线（中虚线）是经济器的总运行功耗，短虚线曲线是DX补冷系统功耗，点画线曲线是排风风机功耗，两者都在极端湿球温度下满负载运行。全年平均加权总功率为117kW。通常，数据通信设施内照明负荷和其他电气设备负荷约占IT负荷的3%，因此IT机房的总平均负荷为1500kW×1.03+117kW=1662kW。平均PUE=1662/1500=1.108，与传统的制冷系统PUE 1.8~2.5相比，这是一个了不起的值。在该示例中，DX补冷系统带走24%的总排热量（452.9ton）。

为了更好地理解IECX在不同气候条件和海拔高度下的性能，图23.13显示了不同运行模式下全年ton·h百分比：①IECX湿模式（天气温暖，使用湿球温度）；②IECX干模式（气候凉爽，使用干球温度）；③极端条件下（湿模式+DX补冷）。该图列出了海拔高度从0到5000ft的全球15个城市。嵌入的小图显示了每种运行模式下的全年累计能耗，最后一列代表全年中无压缩机运行、由IECX提供全部冷负荷的时间占比。

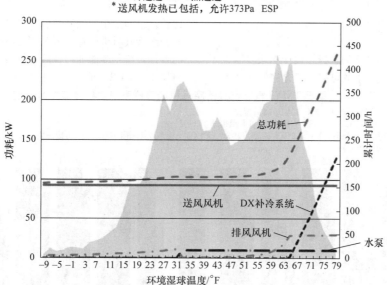

图 23.12 典型 IECX 机组的功耗曲线

地点	海拔/ft	0.4%湿球设计(MCDB/WB)/°F	峰值机械制冷量减小 (%)	IASE全年ton·h占比(湿模式)(%)	IASE全年ton·h占比(干模式)(%)	机械制冷全年ton·h占比(%)	全年无机械制冷时间占比(%)
阿什本(弗吉尼亚州)	325	88.8/77.7	65.7	53.0	44.1	2.9	78.7
亚特兰大(佐治亚州)	1027	88.2/77.2	67.2	73.7	22.0	4.3	70.8
波士顿(马萨诸塞州)	0	86.3/76.2	70.1	51.5	47.8	0.7	91.6
芝加哥(伊利诺伊州)	673	88.2/77.9	65.1	46.4	52.3	1.3	88.8
达拉斯(得克萨斯州)	597	91.4/78.6	63.0	69.8	22.8	7.4	62.1
丹佛(科罗拉多州)	5285	81.8/64.6	100.0	51.3	48.7	0.0	100.0
休斯敦(得克萨斯州)	105	89.0/80.1	58.4	74.8	15.2	10.0	48.0
洛杉矶(加利福尼亚州)	325	78.0/70.2	87.4	99.2	0.7	0.1	97.9
迈阿密(佛罗里达州)	0	86.8/80.2	58.1	84.1	0.3	15.6	24.5
明尼阿波利斯(明尼苏达州)	837	87.5/76.9	68.1	46.4	52.3	1.3	90.3
纽瓦克(新泽西州)	0	88.8/77.7	65.7	54.6	43.7	1.7	84.9
菲尼克斯(亚利桑那州)	1106	96.4/76.1	70.3	83.1	14.5	2.4	80.7
盐湖城(犹他州)	4226	86.8/67.0	95.9	50.1	49.9	0.0	99.8
旧金山(加利福尼亚州)	0	78.2/65.4	100.0	70.7	29.3	0.0	100.0
西雅图(华盛顿州)	433	82.2/66.5	97.5	58.6	41.4	0.0	99.8

系统设计参数：
  1MW负荷，N=4
  设计送风温度=75°F，设计回风温度=96°F
  N+1冗余，冗余机组运行参于年度分析
  机组有MERV13级过滤器
  环境温度低于50°F时喷淋系统关闭
  室内循环侧ESP=249Pa
  IECX系统 湿球趋近效率=75%，干球效率=56%
备注：
  湿球温度低于67°F时，湿模式提供全部负荷
  干球温度低于55°F时，干模式提供全部负荷
  新风完全不进机房，全部冷却都通过间接方式进行
  峰值机械制冷量减小比例是基于N台机组运行的结果

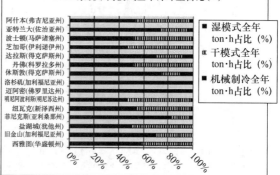

图 23.13 使用 IECX 系统的模块化数据中心冷却解决方案分析

23.4 节能潜力与所需机械制冷补冷比例的比较

数据中心冷却系统的选择和设计受众多因素影响,其中地理位置、水的可用性、允许的冷通道温度和极端设计工况是4个主要的因素。

表23.2对前文讨论过的不同冷却方式进行了比较,它与全年中经济器能够提供的冷负荷百分比和炎热天气时机械制冷补冷的制冷量都密切相关。前者代表全年节能能力,后者代表初投资成本。如需使用表23.2,请按照以下步骤操作:

表23.2 基于TMY3气象参数的空气侧经济器系统全年冷却能力比较

纯黑色块:75°F/95°F(23.9°C/35°C)冷/热通道温度
斜线标记:80°F/100°F(26.7°C/37.8°C)冷/热通道温度
1—空气-空气换热器(AtoAHX)　2—直接蒸发冷却(DEC)+空气-空气换热器　3—间接蒸发冷却式换热器(IECX)
4—直接蒸发冷却(DEC)

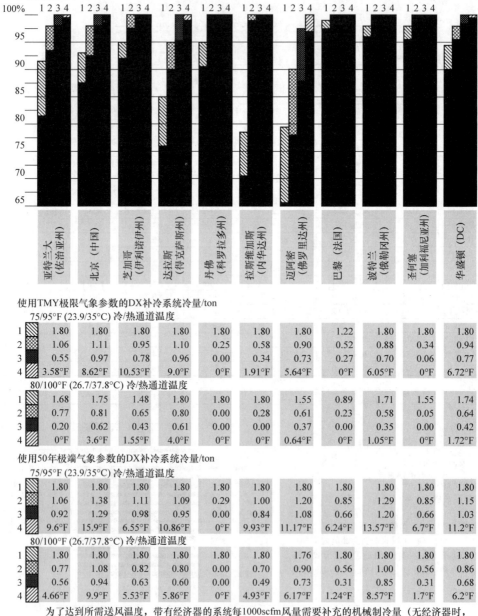

为了达到所需送风温度,带有经济器的系统每1000scfm风量需要补充的机械制冷量(无经济器时,全部冷负荷为1.8ton/1000scfm)。

1) 找到所关注的城市，并使用该列的以下参数。

2) 选择设计环境温度（采用 TMY 最大值或 50 年极端气象参数）。

3) 在步骤 2 选定的范围内选择所需的冷/热通道设计温度。

4) 比较步骤 3 选定范围内的四种不同冷却系统所需机械制冷补冷量。

以空气 - 空气换热器（AtoAHX）系统（柱顶用标号 1 表示，应用于得克萨斯州达拉斯市）为第一个示例，系统在 75℉/95℉ 的冷/热通道（以纯黑色块表示）温度下运行，全年累计冷却量的 76% 由经济器提供，其余的 24% 则由冷却盘管提供。辅助机械制冷系统的制冷量在表格的下半部分显示为 1.8ton/1000 scfm（标准 ft^3/min）的冷却空气，这也是冷却 IT 设备所需的最大制冷量。因此，当 AtoAHX 系统使用于达拉斯市时，所需的补充机械制冷量与不使用经济器冷却系统的制冷量完全相同。这是因为 TMY3 设计室外温度为 104℉，远高于 95℉ 的回风温度。即使将冷/热通道温度升高至 80℉/100℉，也需要 100% 的辅助制冷量。如果 DEC（柱顶用标号 2 表示）加入到排风（TMY3 最大湿球温度为 83℉）中，则全年 90% 的负荷由经济器供应，并且辅助机械冷却量会从 1.8ton/1000 scfm 降至 1.1ton/1000scfm。

以华盛顿特区为第二个示例，设计师基于 TMY3 数据选定设计环境温度，冷/热通道设计温度为 75℉/95℉，IECX 和 DEC（柱顶分别用标号 3 和 4 表示）系统可分别提供全年 98% 和 99% 的冷负荷，仅余 2% 和 1% 冷负荷由辅助机械制冷系统提供。AtoAHX（标号 1）系统提供了全年 90% 的冷负荷，如果将 DEC（标号 2）加入到排风中，则该组合可满足全年 96% 的冷负荷。标号 1、2、3 换热器系统的辅助制冷量分别为 1.8ton、0.94ton 和 0.77ton，其中 1.8ton 是系统满负荷量。如果将冷/热通道温度分别提高到 80℉/110℉，则标号 3、4 换热器系统可通过经济器提供全部的冷负荷，从而大大减小辅助机械制冷量。

从表 23.2 可以看出，即使是佛罗里达州迈阿密市这样的高湿气候条件，也应该将空气侧经济器系统作为数据通信设施除传统机械制冷方案外的一个备选方案。此外，由于设计师和业主越来越熟悉新发布的 A1～A4 级允许运行范围（如图 23.2 和图 23.6 空气焓湿图所示），本节介绍的空气侧经济器系统对于渴望节能的用户特别适合。事实上，如果全年 8766h 只需要在部分时间段达到 A1 级和 A2 级的运行范围，那么当使用 TMY3 气象参数时，对于标号 2 和标号 3 的空气侧经济器系统，所有的冷却都可以通过经济器来实现而不需要借助机械制冷。对于标号 4 系统，所有的冷却也可以由经济器来完成，但在高温高湿季节，湿度会超出运行范围。

在某些情况下，冷却系统是为满足非常关键任务应用而进行选型和设计的，此时就要求冷却系统即使在最恶劣的环境条件下也能够保证温度的恒定。在这种情况下，使用 ASHRAE 50 年极端气象参数（详见参考文献 [2] 的第 12 章），这些数据只能通过 ASHRAE 手册附带的光盘来访问。50 年极端气象参数见表 23.3，其中包括了 TMY3 数据，以方便大家进行比较。

使用表 23.3 中的 50 年极端气象参数，辅助机械制冷量（相当于额外的初投资）显示在表 23.2 的下半部分。所有冷量数据均为冷/热通道温升 20℉（11.1℃）时每 1000scfm（1699m^3/h）风量所能提供的冷吨冷量。对于标号 4 的 DEC 系统，不采用冷吨数显示，而是给出高于所需冷通道温度的温升。

表 23.3　用于确定补充机械制冷量的设计气象参数

城市	50 年极端气象参数				TMY 3 气象参数最大值			
	干球温度		湿球温度		干球温度		湿球温度	
	℉	℃	℉	℃	℉	℃	℉	℃
亚特兰大	105.0	40.6	82.4	28.0	98.1	36.7	77.2	25.1
北京	108.8	42.7	87.8	31.0	99.3	37.4	83.2	28.4
芝加哥	105.6	40.9	93.3	28.5	95.0	35.0	80.5	26.9
达拉斯	112.5	44.7	82.9	28.3	104.0	40.0	83.0	28.3
丹佛	104.8	40.4	69.3	20.7	104.0	40.0	68.6	20.3
拉斯维加斯	117.6	47.6	81.3	27.4	111.9	44.4	74.2	23.4
迈阿密	99.4	37.4	84.7	29.3	96.1	35.6	79.7	26.5

(续)

城市	50年极端气象参数				TMY 3 气象参数最大值			
	干球温度		湿球温度		干球温度		湿球温度	
	℉	℃	℉	℃	℉	℃	℉	℃
巴黎	103.2	39.6	78.8	26.0	86.0	30.0	73.2	22.9
波特兰	108.1	42.3	86.4	30.2	98.6	37.0	79.3	26.3
圣何塞	107.8	42.1	78.8	26.0	96.1	35.6	70.2	21.2
华盛顿特区	106.0	41.1	84.0	28.9	99.0	37.2	80.3	26.8

从成本角度来看，当空气侧经济器系统减少或取消辅助机械制冷系统时，它意味着什么？将空气侧经济器系统和目前传统的机械制冷系统的局部PUE（pPUE）进行比较，可以更好地说明。此时，pPUE =（IT 负载 + 冷却 IT 负载所消耗的功率）/（IT 负载）。空气侧经济器系统的 pPUE 值为 1.07～1.3，而传统的机械制冷系统，其值为 1.8～2.5。将空气侧经济器系统的 pPUE 值取平均值，则为 1.13，将机械制冷系统 pPUE 值取最低值 1.8（更好的性能），那么当采用空气侧经济器系统为数据中心提供所有的冷却时，相比于机械制冷系统，其仅消耗了 1/6 的电能。

以一个 5MW 负载的 IT 数据中心运行一整年，并且电费为 0.10 美元/kW·h，作为成本节省的案例，IT 设备每年的运行电费为 4383000 美元。如果使用 pPUE = 1.80 的机械制冷系统进行冷却，那么每年的冷却成本为 3506400 美元，数据中心总电费为 7889400 美元。如果采用空气侧经济器系统提供全部的冷负荷，则冷却成本将降到每年 570000 美元；如果经济器只能完成全年 95% 的全部制冷负荷，那么冷却成本仍将从 3506400 美元减少到 717000 美元，这一成本节约非常值得研究。

23.5 冷却数据中心的常规方法

本章我们讨论了将空气侧经济器系统作为主要冷却方式的冷却技术。市场上有 20 多种数据中心冷却方法，有的完全使用机械制冷，有的则使用机械制冷并部分采用某种形式的空气侧经济器系统，参考文献 [3] 和 [4] 涵盖了各种各样的机械制冷技术，参考文献 [5] 的第 17 章讨论了数据中心冷却的常用技术。

参 考 文 献

[1] ASHRAE. *ASHRAE Handbook—Systems and Equipment*. Atlanta: American Society of Heating Refrigeration and Air Conditioning Engineers, Inc.; 2012.

[2] ASHRAE. *ASHRAE Handbook—Fundamentals*. Atlanta: American Society of Heating Refrigeration and Air Conditioning Engineers, Inc.; 2013.

[3] Evans T. The different technologies for cooling data centers, Revision 2. Available at http://www.apcmedia.com/salestools/VAVR-5UDTU5/VAVR-5UDTU5_R2_EN.pdf. Accessed on May 27, 2014.

[4] Kennedy D. Understanding data center cooling energy usage & reduction methods. Urbana: Rittal; February 2009. Rittal White Paper 507.

[5] ASHRAE. *ASHRAE Handbook—Applications*. Atlanta: American Society of Heating Refrigeration and Air Conditioning Engineers, Inc.; 2011.

延 伸 阅 读

ASHRAE. *Thermal Guidelines for Data Processing Environments*. 3rd ed. Atlanta: ASHRAE; 2012.

Atwood D, Miner J. Reducing data center cost with an air economizer. Hillsboro: Intel; 2008.

Dunnavant K. Data center heat rejection. ASHRAE Journal 2011;53:11.

Quirk D, Sorell V. Economizers in datacom—risk mission vs. reward environment? ASHRAE Trans 2012;116(2):9, para. 2.

Scofield M, Weaver T. Using wet-bulb economizers, data center cooling. ASHRAE J 2008;50(8):52–58.

Scofield M, Weaver T, Dunnavant K, Fisher M. Reduce data center cooling cost by 75%. Engineered Syst 2009;51:44–54.

Yury YL. Waterside and airside economizers, design considerations for data center facilities. ASHRAE Trans 2010;116(1):98–108.

第24章 机架级冷却和冷板冷却*

美国加利福尼亚州，劳伦斯伯克利国家实验室　亨利·科尔斯（Henry Coles）
史提夫·格林伯格（Steve Greenberg）
美国加利福尼亚州，集群系统公司　菲尔·休斯（Phil Hughes）　著
世图兹空调技术服务（上海）有限公司　陈远
上海绿色数据中心专委会　黄赟　译

24.1 引言

本章简要介绍了应用于信息和通信技术（ICT）设备的机架级冷却技术。机架级冷却机组的设计和功能多种多样。着重探讨了这些机组如何与现有的制冷技术相匹配、一些常见机架制冷机组的优缺点、选型和安装注意事项。

24.1.1 基础

数据中心通常是用于放置计算机系统和相关设备（如存储阵列和电信设备）的专用建筑，常用"服务器"一词代表为终端用户提供服务的ICT设备。

数据中心的最终用途、规模和配置各不相同。可以是支持大型社交或购物网络、在全球各地部署的一系列数据中心，每个数据中心消耗数十兆瓦的电能；也可以是只用到数台电子设备、消耗1kW或更少的电能的小机房。在本章中，当使用术语"数据中心"时，指的是所有规模的ICT设备设施。

24.1.2 能耗

2005—2010年，全球数据中心的能耗增加了56%。2010年，数据中心所消耗的电能大约占美国全国电能的2%（1.7%～2.2%）[1]。数据中心功耗的快速增长，主要是由于互联网中可用服务的数量和使用频率的快速增加。

在美国，数据中心每年要消耗数百亿kW·h的电能，部分原因在于大量ICT设备全年24×7×365不间断地运行，但这些能源并非完全由ICT设备所消耗。

ICT设备由处理器节点、存储设备和网络设备组成。这类设备所具有的功能和提供的服务能产生商业价值。供给这些设备的电能全部转化成了数据中心的热能。为了更全面地了解数据中心的能源消耗，我们来看看两种不同类型的设备：配电设备和冷却设备。

配电设备为数据中心的所有设备供电，它通常以冗余供电的形式，通过不间断电源（UPS）为ICT设备供电。UPS转化效率不可能达到100%，它不断耗电，使电池一直处于饱和状态，确保整个储能装置正常运行。

供电站的电源通常要经过两次或多次变压才能提供给最终的ICT设备。变压器效率也并非100%，其效率随负载的变化而变化。

UPS系统和配电系统损失的电能合计占ICT设备能耗的10%～15%，因此增加了总体的能源需求。这些损失的电能会转化为热量，大部分热量都聚集在数据中心内部。

还有一些设备，可以归类到冷却系统范畴。数据中心内释放的所有热量必须排放到外界环境中，通常以水蒸发的形式来完成（利用冷却塔）。

整个冷却系统的设备和工艺分为两大类，如图24.1所示。

1）位于数据中心机房内的冷却设备。
2）位于数据中心机房外的冷却基础设施。

机架级冷却主要集中在与房间冷却相关的设备和工艺上。现有的房间冷却设备通常包括机房空气处理装置（CRAH）或机房空调（CRAC）等。这类装置最常见的布置方式是从吊顶内回风，然后通过换热器冷却，再通过风扇将其吹入架空地板静压箱内，这种方式通常称为架空地板冷却，如图24.1所示。

---

* 本章包含两个独立的部分，由两个不同的团队编写，旨在从两个不同的视角为读者提供与机架级冷却技术相关的信息。24.1～24.4节由亨利·科尔斯（Henry Coles）和史提夫·格林伯格（Steve Greenberg）编写，24.5节和24.6节由菲尔·休斯（Phil Hughes）编写，每一节都代表了作者各自的观点。

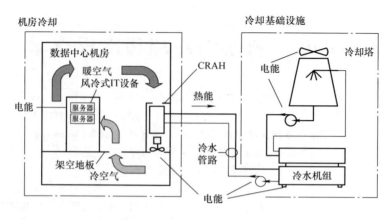

图 24.1 冷却系统设备和工艺

来自 ICT 设备、配电设备和数据中心冷却系统的热量（包括 CRAH/CRAC 产生的热量），必须通过 CRAC/CRAH 传递给冷却基础设施。这种传递过程通常是通过冷却水循环来实现。冷却基础设施通常采用水冷式冷水机组和冷却塔，接收来自机房冷却系统的热水，并将热量传递给环境。

24.1.3　数据中心能源强度

如前所述，全美范围内的 ICT 设备消耗了大量的电能。此外，数据中心内部的功率密度几乎要比其他任何类型建筑的都要高。"功率密度"定义为供给 ICT 设备的电量除以数据中心的内部面积。

在过去 10 年里，数据中心的能源使用密度急剧增加。例如，原来数据中心的密度为 40～80W/ft^2（430～860W/m^2），而现在则为 600～1000W/ft^2（6.5～11kW/m^2）[2]，并且自 2005 年以来增幅越来越快[1]。如果从单个机架的密度变化来分析，则更容易理解近年来功率密度的快速增加。许多传统数据中心设计时都可以支持 1.5kW/机架的功率密度，最新的 ICT 设备可以达到 20kW/机架或更高。

新增或替换传统 ICT 设备以达到更高的密度面临着来自各方面的挑战，包括电力扩容和制冷量变大。在新型高密度服务器上增加机架级冷却设备，可为克服这些挑战提供极佳的解决方案。

即使整个数据中心或单个机架内存在多种功率密度和多种配置，机架级冷却都能够成功实施，同时还能提高总体的能源利用效率。

24.1.4　数据中心冷却

24.1.4.1　概述

上一节已经提及了数据中心内部的热源，以及将热量转移到室外的常用方法。

有多种类型的冷却基础设施可供选择，部分类型冷却基础设施（如冷冻站）的能耗占冷却系统总能耗很大比例，同时数据中心机房内冷却过程也会消耗大量的能量。注意，外部冷却基础设施的能耗还受机房冷却系统的效率和工作时间的影响。

机架级冷却适用于数据中心内部的热量传递。此处简单介绍一下典型的冷却设备，以便理解机架级冷却是如何与整个冷却系统相匹配的。

需要注意的是，机架级冷却必须与水冷却系统（冷冻水系统或冷却水系统）配合使用。对于无冷却水系统的设施，不太可能采用机架级冷却。

24.1.4.2　热量传递

数据中心内产生的热量大部分都源自 ICT 设备。如图 24.2 所示，内部风扇源源不断地送风，以防电子部件过热。

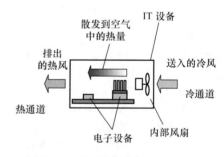

图 24.2　ICT 设备冷却的基本原理

商用 ICT 设备通常安装在所谓的"标准机架"上。标准 ICT 设备机架的外形尺寸约为：24in（宽）×80in（高）×40in（深）（1in = 25.4mm）。这些机架连同 ICT 设备一起成行摆放，一侧为进风口，另一侧为出风口。这种布局方式就形成了所谓的"热通道"和"冷通道"。

ICT 设备制造商会提供一个能让设备达到最大

计算性能的可接受进风温度范围。除了要求的进风温度范围外，ICT 设备设计的进、出口机外余压也非常低。

对于低密度机架（如 1kW/机架），增加空调容量并不是问题。

对于 ICT 设备耗电量为 2MW 的中型数据中心，增加空调容量就很有挑战性。假如 ICT 设备的进风温度为 21.1℃（70°F），加热后的排风温度为 37.8℃（100°F），则通常会有 16.7℃（30°F）的送回风温差。在这种情况下，机房内的冷却系统需要提供 210000ft³/min 的送风量，将空气从 37.8℃（100°F）冷却到 21.1℃（70°F），并且还要以接近于零压差将冷却空气送到所有 ICT 设备的入口，这就是数据中心机房冷却系统需要实现的功能。

24.1.4.3 传统机房冷却

在传统数据中心机房内，从服务器出风口吸入空气，将其冷却，再送回服务器进风口。这一系列操作通常是由 CRAH 来完成，如图 24.1 所示（注意，机房内可采用水冷的 CRAC 或室外风冷冷凝器进行冷却。为了简便，图 24.1 中没有示出）。这种空气冷却方式以前是可行的，但如果加入高密度 ICT 设备或改造现有设备，就会造成许多问题。

当现有 CRAH 或 CRAC 需要增加风量时，问题就会出现。在数据中心的某些区域，需求的风量有可能增加到原来的 10 倍，如从每机架 150ft³/min（1.5kW 的 ICT 设备）增加到每机架 2000ft³/min（20kW 的 ICT 设备）。该系统当初设计时并不支持如此大风量，内部换热器的尺寸也不足以带走增加的热量，并将其转移到冷却基础设施中去。

此外，架空地板下面的气流通道通常会因堆积在用或废弃的电缆和其他设备而逐渐减小。地板下的空间减小会造成额外的气流受限，并加剧风量不足的问题。

24.1.4.4 传统冷却设备

为了解机架级冷却设备如何与现有机房冷却系统相匹配，下面简要列出了采用架空地板通过 CRAH/CRAC 进行机房冷却这种传统方式的优缺点：

优点：通过移动或调节风口板的方式，可以在一定范围内方便地调整冷却气流。

缺点：由于架空地板下的气流受限，要使特定位置的送风量大幅提升不太实际。

由于是房间级空气循环，架空地板冷却系统无法将温度均匀的空气输送到垂直机架的 ICT 设备进风口处。因此，地板下的空气温度必须要比正常情况下更低，这就使得外部冷却基础设施耗电更大，从而消耗更多能源。

如果现有的机房冷却系统无法调整或改动，必须通过其他方法来满足额外负载的要求，如采用机架级冷却解决方案。在下一节中，将探讨三种常见的机架级冷却解决方案。

24.2 机架级冷却方案的类型

24.2.1 概述

在过去几年里，已经有多种技术来应对高密度 ICT 设备冷却的挑战。在讨论常用的几种机架级冷却设备前，我们先看看三个关键的功能性需求：

• ICT 设备进风口的冷空气温度应恒定。解决方案应提供恒定的温度环境，包括规定范围内的气温，且没有温度的快速波动。有关这些限制，请参见 ASHRAE《数据处理环境散热指南》[3]。

• ICT 设备进、出风口间的空气压差接近于零或微正压。ICT 设备需要通过零压差或微正压差来获得充足的循环风量，以减少内部和外部气流短路引起的问题，包括组件运行温度超过最大温度限制。

• 现有机房空调负载增加最小化。理想情况下，机架级冷却解决方案应将其负责的相应机架 ICT 设备的热量全部带走，这样可减少现有机房冷却设备的热负载。

许多数据中心已经安装了一些不同类型的机架级冷却机组，并经过了多年的验证。下面将介绍以下三种机组的设计及其优缺点：

• 封闭式。
• 行级 In-Row™。
• 背门式。

需要指出的是，鉴于设计和安装这类机组的场合多种多样，并且经常会有更新的机架级冷却机组推向市场，下文所列的优缺点也可能存在例外情况。

24.2.2 封闭式

与其他两种相比，封闭式机架级冷却方案的设计方式相对独特，因为当达到所需的制冷量时，它与周围区域之间几乎没有或完全没有热交换。如果增加采用此类机架级冷却的 ICT 设备，可避免原有 CRAH 或 CRAC 的扩容需求。封闭式机架级冷却系统是由一个 ICT 设备机架和一台与之直接相连且密封良好的冷却机组组成。该冷却机组配有空气-水换热器和风扇。所有的热传递都发生在封闭结构内部（图 24.3），随后封闭式机架级冷却机组将收集到的热量直接传递给机房外的数据中心冷却基础设施。封闭式机架级冷却机组通常可支持一个或两个 ICT 设备机架，但较大的机组也可支持六个或更多机架。有很多制造商生产这种类型的机架级冷却机组，包括惠普、威图和施耐德电气。

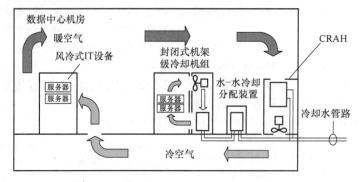

图 24.3　封闭式机架级冷却机组安装侧视图

封闭式机架级冷却机组需要供给冷却水，通常水管是布设在架空地板下的空间内，但也可以将水管布设在吊顶上。对某些数据中心，基于现场的水质条件、漏水应对策略、温度控制要求和冷凝控制等要求，建议安装水-水冷却分配装置（CDU）。CDU 通过水-水换热器和水泵将一次侧和二次侧水回路隔离开来。CDU 大小可根据需要进行设计，以连接不同数量的封闭式机架级冷却 ICT 机架。

24.2.2.1　优点

封闭式机架级冷却解决方案的主要优点在于：能将高密度 ICT 设备布置在现有数据中心内的几乎任何位置，即使现有冷却系统的冷却量已接近极限也没问题。

此外，设计合适的封闭式机架级冷却系统可以为机架中的 ICT 设备提供紧密耦合、控制良好、恒温恒压的送风。也正是由于这一点，该系统更有机会采用冷却塔产生的温水直接进行冷却。在这种情况下，可以减少冷水机组的使用时间，因此可以大大节约能源。

24.2.2.2　缺点

封闭式机架级冷却机组通常需要占用原本用于放置 ICT 设备机架的空间，因此减少了 ICT 设备可用空间。如果设计不当，ICT 入口附近还可能会产生低压区。

由于通常情况下没有配置冗余冷却水源，当冷却水发生故障时，在 1min 或更短时间内就会导致 ICT 设备过热。为消除这一风险，有些系统配置了故障应急开门系统，在冷却水系统发生故障时就会启动。

24.2.3　行级 In–Row™

术语 In–Row™ 是施耐德电气的商标，通常用于指一种机架级冷却解决方案。这种方案的设计方式类似于封闭式概念，但通常用于为大量机架提供冷却，其中的一种结构如图 24.4 所示。这类系统通常比封闭式的尺寸更大，提供的冷却量和风量也大得多。有很多制造商生产这种类型的机架级冷却机组，如施耐德电气和艾默生网络能源（Liebert 品牌）。

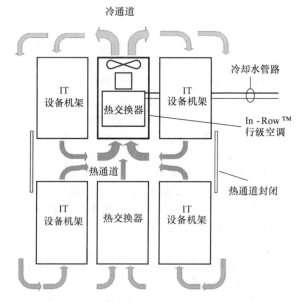

图 24.4　行级 In–Row™ 冷却机组安装俯视图

24.2.3.1　优点

行级 In–Row™ 需要与特定型号的机架进行精

确的机械连接，目前可以推荐多个制造商生产的多个型号机架。该结构最好配合气流管理通道封闭系统使用，以减少冷、热通道之间的气流掺混，可以使用热通道封闭或冷通道封闭方式。如图 24.2 所示，由于 In－Row™ 空调通常为全机架宽度 (600mm)，所以其冷量较大，从而可以显著减少 In－Row™ 空调的数量。此外，也有冷却量较小的半机架宽度（300mm）机组可供选择。

24.2.3.2 缺点

能为大量不同制造商的 ICT 设备机架进行冷却的优势也会带来潜在的劣势。与封闭式机架级冷却系统相比，ICT 设备送风温度和送风风量控制精度不高的可能性将增大。

24.2.4 背门式

2000 年中期，ICT 设备背门式冷却方式比较流行，当时 Vette 公司获得 IBM 公司的技术授权，大量推出被动式背门冷却装置。从那时起，被动式背门冷却装置广泛应用于 IBM iDataPlex 平台。Vette（现改名为 Coolcentric）的被动式背门冷却装置已在很多地方正常使用多年。

背门式冷却的工作原理：在各个 ICT 设备机架的背后直接放置一个大型的空气－水换热器，以取代原有的机架背门。

ICT 设备后侧排出的热空气被立即送入该换热器中，而不会与其他空气掺混，随后冷却到所需的排风温度再次送入室内，如图 24.5 所示。

背门式冷却器有两种类型，即被动式和主动式。被动式冷却器本身无风扇来推动热空气通过空气－水换热器，它依赖于 ICT 设备内部的小风扇（图 24.2）来推动气流。如果被动式背门冷却器的风侧压降无法克服，那么可采用自带风扇的主动式背门冷却器，以提供通过空气－水换热器所需的风压和风量。

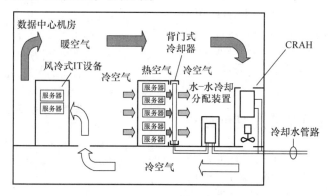

图 24.5　背门式冷却装置安装侧视图

24.2.4.1 优点

背门式冷却器能简单有效地减少或避免 ICT 设备所产生的热量进入现有的数据中心机房空调系统。在某些情况下，基于所供应的冷却水状况，背门式冷却器能够带走的热量比机架上 ICT 设备所产生的热量更多。被动式背门冷却器非常简单，故障相对较少。如果是被动式背门冷却器，其安装通常不受控制。

对于被动式和主动式两种背门冷却器，换热器上的冷凝水被吹入气流中造成 ICT 设备损坏的风险很低。因为这些水滴只会出现在 ICT 设备气流的下游，从而大大减少甚至避免了水滴进入 ICT 设备的潜在风险。与大多数其他解决方案相比，背门式冷却器占用空间更小。

24.2.4.2 缺点

对于背门冷却器，无论是主动式（自带风扇）还是被动式（无风扇），都面临一个主要的问题，即 ICT 设备出风口附近需要进行气流限制。被动式会限制 ICT 设备的气流，但可能与其原有的背门阻力相当。尽管这个问题是基于流体力学分析，但有一份文献披露，除了制造商报告的影响很小或可忽略不计的数据[4]外，没有任何其他发现，这与用户的使用经验是一致的。对于对气流受限有顾虑的客户来说，可选择自带风扇的主动式背门冷却器。

24.2.5 其他冷却方式

除了前面讨论的采用空气冷却的传统机架级冷却解决方案，还有其他机架级冷却解决方案可用于高密度 ICT 设备。

2009 年以后，大量创新的机架级冷却解决方案进入市场，下面是两个示例。

在 2013—2014 年间，商用 ICT 设备引入了一种通常被称作直接冷却的冷却方法。直接冷却这一概念并不新鲜。几十年来，它一直广泛用于大型计算机系统，如用于科研的超级计算机。直接冷却是将液体（通常为水）提供给电子部件，替代效率相对较低的空气进行冷却。直到目前，这项技术仍因成本太高而无法在商用 ICT 设备上实施。但最近已有 Asetek 和 CoolIT 提供了成本更低的解决方案，即通过贴近或直接接触各冷却组件的小型水冷式冷板结构，可为 ICT 设备内产生高热量的热敏元件冷却，部分解决方案在冷却板上集成了微型泵，提供泵冗余。通过将热量直接传递给基础设施的冷却水回路，提高直接冷却系统的总体效率。通过直接冷却系统带走热量，可减少或完全停止效率较低的机房空调系统的使用。

Clustered Systems 公司提供了一个独特的机架级冷却解决方案，即将电子元器件产生的热量传导给覆盖在服务器表面的冷却板，该冷板内通入相变制冷剂以保持冷却状态。制冷剂吸入的热量通过制冷剂-水冷却分配装置 CDU（参见第 24.5 节）传递给设施冷却回路。

24.3 机架级冷却设备的选型和安装

提供机架级冷却解决方案的制造商和型号很多，一个型号并不适用于所有应用，最好的解决方案可能最初并不显而易见。本节列出一些选型指南。数据中心的业主可直接与工程公司或冷却设备制造商合作，选择适合的解决方案。无论哪种情况，下面介绍的准备工作都将极大地提高选型效率。

建议的选型步骤如下：
- 利用既有基础设施。
- ICT 设备信息和布局。
- 市政设施要求。

24.3.1 利用既有基础设施

当冷却需求发生变化时，建议先花点时间理清存在的问题，再尝试基于既有的设备寻找低成本的解决方案。例如，可参考以下两个案例：

案例 1：既有数据中心需要添置 25kW 的新 ICT 设备，机房空调系统目前已最大容量运行。

首先，发掘采用现有冷却系统的解决方案。提出以下问题：如果冷却系统没有根本性的改变，能为新的 ICT 设备冷却吗？

需要考虑的因素可能包括淘汰过时或闲置的 ICT 设备，调节架空地板下送风口的送风量，对现有机房中的气流管理和通道封闭装置进行低成本或无成本的改进。这些因素都考虑后，就有可能找到满足所需容量的低成本解决方案[5]。如果还是未能找到合适的低成本解决方案，则可以考虑添置机架级冷却解决方案。

案例 2：提高既有数据中心的能效。

高效数据中心冷却系统的设计已广为人知并为人们所理解（如 ASHRAE TC 9.9 数据通信设备系列）。根本性改造或新建数据中心的主要阻碍很大程度上是经济上的。当评估不同改造方案时，应将其潜在的节能回报与其需要的投入进行比较。在考虑大量投资之前，首先应彻底评估是否存在如前所述的利用现有机房冷却系统和冷却基础设施的无成本或低成本解决方案。

24.3.2 ICT 设备信息和布局

新增或更换现有的 ICT 设备需要评估现有冷却系统的冷却能力。在与工程公司或冷却设备制造商就冷却能力问题进行沟通时，首先会被要求提供的就是相关 ICT 设备的布局和详细散热信息，以及现有冷却系统的全部信息。

24.3.2.1 制造商/型号/配置

在接触工程公司或制造商之前，应考虑收集以下信息：现有的和预计在不久要采购的所有 ICT 设备的制造商、型号和配置。

24.3.2.2 功耗

对于每一台 ICT 设备，应获得其制造商对其功率需求的预估信息。该信息通常由 ICT 设备制造商通过在线工具提供。如果可能的话，考虑实测或评估所计划采用设备的实际平均功耗和峰值功耗。该值通常要比在线工具提供的值低得多。一般来说，在线工具提供的是最大功耗。正因为如此，很容易高估所需的额外冷却需求。

24.3.2.3 风量

ICT 设备内部的风扇可使气流通过内部的元器件表面，从而确保元器件保持在设计的温度范围内（图 24.2）。ICT 设备是按照前后部进出口处气流不受限来设计。风扇的转速由软件控制，产生的风量将受多种因素的影响而变化，包括进风温度和主要电子部件（如 CPU）的表面温度等。当气流受限时，设备内部或外部将发生气流短路，导致元器件温度高于预期温度。如果机架级冷却系统气流受限，那么当设备运行在最高性能时，就很可能出现高温警告，此时控制系统自动发出指令，使服务器风扇加速，以减小气流受限产生的影响，此时又会导致消耗更多的电能。气流受限导致的后果因ICT设备的不同而异，如果想在某一进气温度下运行并获得最佳整体效率，应特别注意这一点[6]。

24.3.3 市政设施要求

机架级冷却解决方案是将ICT设备的热量先传递给水或制冷剂（某些情况下），再通过它将这些热量传递到室外的冷却基础设施，此时可能需要对配套设施进行改造，并额外考虑一些事项。

24.3.3.1 水质

与现有房间级空调设备相比，机架级冷却设备配备的换热器流道直径更小。低质水所携带的杂质更容易在小流道中堆积或结垢，因此可能会导致冷却性能的降低。

24.3.3.2 水压

大多数机架级冷却解决方案没有配备专用的或辅助用的市政供水水泵。因此，要考虑将水输送到机架式冷却设备或CDU，建议最好检查一下自来水供水压力。

24.3.3.3 冷凝水

有些机架级冷却解决方案设有冷凝水排水管路，在某些特定的温度和湿度条件下，可能会有凝结水产生。此时，设施需要提供冷凝水排水管路。

24.3.3.4 CDU

当出现水质较差、水温控制不达标、不允许泄漏或无冷凝水排放管路等问题时，建议增加冷却分配装置（CDU）来解决这些问题。

24.4 机架级冷却总结和未来趋势

当既有基础设施或传统冷却解决方案遇到瓶颈时，在许多情况下采用机架级冷却技术就能很好地解决。其优点也正是源于以下三大固有特性：

1）由于紧靠待冷却ICT设备布置，机架级冷却解决方案具有高效节能的优势。热量以较高的温差快速传递给水系统，由此带来两大潜在优势：

① 外部冷却基础设施供应的冷却水温度较高，这为降低系统能耗提供了可能。

② 与通过风扇吹动大量热空气的低效方式相比，更多的热量通过水和水泵在数据中心内部传递。

备注：对于安装了机架级冷却设备的机房，如果既有的冷却系统进行手动或自动控制优化，潜在的节能比例可能会有限。

2）机架级冷却可以解决安装高密度ICT设备时的热点问题，尤其适用于无法通过改动或调节现有房间空调系统而为特定区域提供所需冷量的情况。

3）机架级冷却系统通常配备有控制系统，可以在ICT设备负荷发生变化时优化机组效率。传统数据中心的机房冷却系统，对负荷变化的有效调节能力有限。当负荷发生变化时，CRAH[7]或CRAC[8]的风扇转速无法降低时尤为明显。不过，数据中心软件控制公司（如Vigilent和Synapsense）现在为该问题提供了解决方案：为CRAH或CRAC的风扇增加转速控制系统。

如上所述，新的ICT设备每平方英尺的热负荷显著增加。为了应对这种情况，机架级冷却技术不断发展，不断有新的产品进入市场。

ICT设备冷却的最新趋势是新产品通过靠近或直接接触温度敏感的高发热元件来传递热量。

无论是针对超级计算中心的需求，还是面向单机架ICT设备的方案，这些已有或即将推出的解决方案都将会在市场上大放异彩。

24.5 采用冷板的机架级冷却

24.5.1 冷却基础

我们人类感知热或冷的现象是通过分子的运动而获得的。只有在绝对零度（-273℃）时，分子才不会运动。当它们变得更加活跃时，人们会感觉到它们的温度升高了，其状态也可以从固态变为液态再变为气态，甚至当分子自身破裂时会变成等离子体。随着能量状态的增加，分子间的碰撞概率增加，偶尔会产生光子，从而出现辐射现象。能级较低时产生的辐射表现为光谱中的红外区，而能级较高时产生的辐射扩大到可见光甚至紫外区。

热力学第一定律表明，能量不能被创造也不能被破坏，但可以改变其形式。正是其中的一种变化造成了服务器的发热问题。电能以电子流的形式进入芯片，撞击分子并开始快速地移动，从而产生热量。必须将这些分子的速度减慢到足够的程度（通过冷却），才能避免芯片受损。

热力学第二定律表明，当允许两个系统相互作用时，它们将实现能量平衡，即能量将从活跃程度高的系统向活跃程度低的系统转移。因此，就产生如下问题：去除多余能量的最佳转移机制是什么呢？我们可以选择辐射、对流（强制或自然）、传导和相变。

24.5.2 辐射

在撰写本文时，大多数的电子器件都是固态的，因此我们可以认为我们的高能系统是固态的，其周围的低能系统可以是真空、气态、液态或另一种固态。

对于真空，能量离开这一系统的唯一方式就是通过辐射。根据斯特藩-玻尔兹曼定律，绝对黑体的辐射能量通过以下公式来定义：

$$q = \sigma T^4 A$$

式中，q 是黑体辐射能量（W）；σ 是斯特藩-玻尔兹曼常数，$\sigma = 5.67 \times 10^{-8}$（W/m² · K⁴）；$T$ 是绝对温度（K）；A 是表面积（m²）。

以 33mm × 33mm 的芯片封装、芯片温度为 70℃ 为例，我们可以得出结论，在绝对零度和真空的条件下，经过绝对黑体辐射的能量只有 0.75W。

24.5.3 传导

1L 空气中大约有 2.7×10^{22} 个分子。如果在绝对零度下，这些分子仅占 4.7×10^{-8} L。室温下空气的热导率 k 仅为 0.028 W/(m · K)。从 33mm × 33mm 的芯片上每带走 1W 热量，那么热芯片与冷物体之间的空气将有 800℃/in 的温差。

水是很受欢迎的冷却剂之一，每升水中有 3.3×10^{25} 个分子，该密度是空气的 1000 多倍。当然，这也意味着水的热导率更高，其值为 0.58W/(m · K)，是空气的 20 倍，可以将温差降低到 40℃/in。

1L 铝中含有 6.02×10^{25} 个分子。其热导率为 205W/(m · K)，是水的 350 倍。可以将温差降低到 0.11℃/in，是空气的 1/7000。

显然，铝或其他高导热性金属（如铜）在导热性方面轻而易举地胜出，分子被限制在一个结晶体中，它们在里面振动并将能量传递给所有相邻分子。而液体的密度几乎一样，其分子是自由移动的（有利于对流），但它们并不能快速地将自身能量传递给其他分子。气体分子数量非常少，很少发生碰撞，更大程度上降低了导热性。

24.5.4 自然对流

这种对流发生在液体和气体中。当对液体加热时，最靠近热源的液体分子变得更加活跃，并倾向于向活跃性较低的相邻分子上方运动。我们能够观察到的是一部分液体膨胀并上升到顶部。

24.5.4.1 空气

要计算空气中自然对流带走的热量，必须考虑 14 个或更多个参数。即便如此，有些还是用几个世纪前由瑞利（Rayleigh）、雷诺兹（Reynolds）、普朗特（Prandtl）、努塞尔特（Nusselt）和格拉晓夫（Grashof）等专家发明的近似或简化公式。

幸运的是，有一个简化公式可以使用：

$$h = C^*[(T_1 - T_2)/L]^n = 3.77 \text{W}/(\text{m}^2 \cdot \text{K})$$

式中，h 是对流换热系数[W/(m² · K)]；C 和 n 是无量纲系数，分别是 0.59 和 0.25；T_1 是热物体的温度（K）；T_2 是冷板的温度（K）；L 是热物体与冷板之间的距离（mm），本例中 $L = 25$mm。

因此，对于 33mm × 33mm 的 CPU，其热阻为 5.8℃/W。

结论：自然对流非常适合于低功率芯片（<5W）。

24.5.4.2 流体

对采用流体自然对流换热的系统，优先使用浮力与黏性力比值高的流体。这可以用格拉晓夫数 Gr 来表示，格拉晓夫数 Gr 应尽可能高：

$$\text{Gr} = 浮力/黏性力 = g \cdot \beta \cdot \Delta T \cdot L^3 / \nu^2$$

式中，g 是重力加速度；β 是体积变化系数；L 是特征长度（m），$L = 0.1$m；ΔT 是垂直平面与流体之间的温差（℃），$\Delta T = 30$℃；ν 是运动黏度（m²/s）。

在以上特征长度和温度参数下，典型的格拉晓夫数为

$$\text{FC} - 3283, \text{Gr} = 1.88 \times 10^{10};$$
$$\text{FC} - 70, \text{Gr} = 5.19 \times 10^5; 矿物油, \text{Gr} \ 1.01 \times 10^5。$$

结论：采用 FC - 3283 电子氟化液或格拉晓夫数较高的类似流体，可以在浸没式系统中运行良好。此时主板完全浸没在流体中，离主板几毫米远就是冷却表面。Iceotope 是目前唯一拥有这种解决方案的公司。

24.5.5 强制对流

气体和液体都可用于强制对流系统。在这里，我们只讨论空气和水。通常，空气通过风管被输送到需要冷却的地方，而水则只能在管道和换热器中流动。

24.5.5.1 空气

虽然推导出的强制对流传热系数包含约 18 个参数，但可使用部分简化的公式进行定性分析。在标准温度和标准压力下，用于空气散热器的最简单的公式为

$$\Theta = 916^*(L/V)^{0.5}/A$$

式中，Θ 是强制对流传热热阻（℃/W）；L 是散热器长度（in）；V 是气流速度（ft/min）；A 是总表面积（in²）。

但是，该公式甚至更复杂的公式也不能替代现

场测定。图 24.6 所示为散热器特性曲线，实测值和通过散热器计算软件（部分制造商主页上有提供）得到的理论计算值之间有很大差距。这些计算软件也是使用与上述完全相同的公式。请注意，这两条曲线之间有大约 2 倍的差异；dP 表示达到所需风量时的压降。

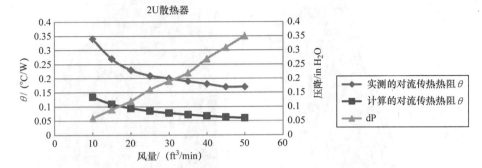

图 24.6 散热器特性曲线

服务器之间的差异也增加了复杂性。如果外部环境有差异，即使相同的散热器，其性能也会有所不同。这些外部环境因素包括风管、各 CPU（若不止一个的话）的相对位置、动态存储器（DRAM）和电压调节器（VRM）布局。

另一个重要因素是服务器风扇的规格。风扇必须能提供足以驱动空气穿过散热器的风量和压头，同时还不会因此而消耗过多能量。为了能够确定风扇的运行需求，我们先看一下 CPU 的最高允许表面温度和 CPU 功率。通常情况下，最高允许 70℃，但未来可能最高允许 95℃。高性能 CPU 的最大功率通常为 135W（虽然大多数服务器可能只配置了 95W 的 CPU）。

假设工作时最大进风温度为 45℃，那么将有 25℃ 的裕度。因此，允许的热阻为 25/135 = 0.185℃/W。从图 24.6 可以看出，这是散热器的最大能力。此时，风扇必须在 0.35in H_2O 的静压下提供 $50ft^3/min$ 的空气。

图 24.7 所示为两台风扇的典型运行曲线。当以最大功率运行时，它们运行在拐点处，每分钟提供 $30 \sim 40ft^3$ 的风量。

一般来说，2U 服务器的散热器宽度为 3.5in、高度为 2.5in。DRAM 插槽部署在 CPU 的一侧或两侧（图 24.8）。左图为半宽主板，那么就只有两台风扇的空间，就要选择功率更大的风扇 1，此时风扇功耗为 60W。

此外，在极限性能运行中，至少也有 50% 的空气将绕过散热器。当风扇出现故障时，为了保证温度不超限，CPU 将降速运行，从而牺牲了性能。右侧的系统稍好一些，但风扇故障仍可能影响性能。风扇功耗有可能提高到 150W，从而额外承担

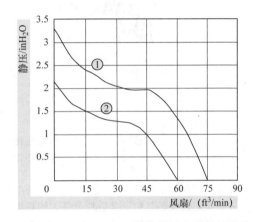

图 24.7 60mm×60mm 散热器风扇的运行曲线

30% 的负荷。

由于风扇的功耗与风量三次方成正比，从节能的角度讲，风扇最好尽可能得多。例如，如果一台风扇在 32W 的功率下能产生足够的风量，那么两台相同的风扇分摊负载的话只需消耗 8W 的功率。请注意，风扇产生的热量确实会使气温稍微升高，但其升高程度通常是非常低（<1℃）的，因此不会成为重要影响因素。

当服务器排出热量时，这些热量要么被冷却装置带走（采用水或制冷剂冷却），冷却后的空气重新循环返回服务器进气口，要么直接排入大气中。如果是后者，外界的新鲜空气将直接进入服务器进气口。如果一个机架装载 80 块服务器主板（图 24.8 左图主板），每个主板功率为 450W，其组件总功率为 36kW，典型的风扇功率为 6kW（75W/台服务器），则其风扇需要约 $12600m^3/h$ 的循环空气，以保证服务器出口处 10℃ 的温升。

图 24.8　英特尔内存液冷刀片式服务器和背后的机架式 CDU
（Intel 公司和 Asetek 公司提供）

需要注意的是，外部环境也会影响风扇的性能。被动式背门换热器和布线是两个最大的影响因素，它们会阻碍服务器的排风并降低冷却效率。

24.5.5.2　水

水比空气更容易处理。水可以通过管道准确输送到需要的地方。大多数系统由三类组件组成，即服务器内组件、机架内组件和散热系统。在所有已知的系统中，服务器内组件通过两个快速接头连接到机架内的液路分配系统上。

目前它们主要分为两类，即 IBM 版和其他公司版。IBM 版设计非常牢固，所有冷却组件都以铜管钎焊相连。从图 24.9 中可以看出，每个散热组件都有一个单独的液冷模块，需要采用空气冷却的组件非常少。

图 24.9　水冷服务器（IBM 公司和 Asetek 公司提供）

典型的"其他公司版"产品仅对 CPU 进行冷却，采用柔性管和塑料接头进行连接。包括 DIMM

在内的所有其他组件仍需空气冷却。图 24.10 所示为典型水冷系统的机架级液冷分配管路。

图 24.10　机架级液冷分配管路（Asetek 公司提供）

这些系统大多数都宣称能通过温水冷却，它们也确实能高效地散热。与 CPU 或其他发热元件接触的冷却模块通常是铜质的，其热导率约为 400W/(m·K)，所以铜材本身的温差可以忽略不计。如果水泵的水流速足够慢，则水泵的功率也会降低，此时水处于层流状态。由于水并非是优良的导热体，水与铜的交界面上的温差预计在 5℃ 左右，通常它也可以忽略不计。但如果有必要，可以通过增加流量使水处于紊流状态来减小温差。不过这种方式成本较高，比较费电。

两种类型液冷服务器都是采用双 CPU 水路串联的方式连接。单个 CPU 的最大功耗约为 130W。假设 CPU 的最高表面温度为 70℃，进水温度为 40℃，那么克服水膜和冷却模块自身的热阻后，每个 CPU 会使水升温 10℃。对于一台装载了 40 台服务器的机架，共 160 个 CPU（21kW），每小时需要大约 1.8 m^3 的水，泵功耗约为 80W。当然，另外还有 15kW（每台服务器共 450W）的热量需要通过风扇来排出。很明显，如果没有额外的散热措施（如背板换热器），机架不可能按最大密度布置，机架功率密度在 600W/ft^2 左右。

虽然该系统在理论上是可行的，但从统计学上看不行。我们乐观地假设：液路快速接头的平均无故障时间（MBTF）是 10^7 h，其使用寿命为 3 年（即 26280h），那么其可靠度为 $e^{-(26280/10^7)}$ = 0.9974，或者说其故障率为 0.26%。如果有 1000 台服务器，那么就有 2000 个接头，则其中有 5 个接头会出现故障。该计算对于 IBM 版系统来说是合理的，因为系统中所有接头都是钎焊到管道上

的。如果是采用柔性管和塑料接头的系统，除了考虑风扇振动引起的故障，还需要考虑柔性管和塑料接头本身的故障，这样的话，系统的故障率会更高。

最后，水化学问题会很难解决。水被称作"万能溶剂"，如果水处理不当，就会腐蚀金属和塑料。另一个问题可能是藻类的生长，二次侧回路须采用闭式系统才能可靠地解决这些问题。水回路中一旦出现泄漏，可能会导致整个水回路及其相关服务器的崩溃。

24.5.5.3　油

轻质矿物油已应用于若干个冷却案例中。在其中一个案例中，多台服务器被整体浸入油槽中；而在另一个案例中，每台服务器被封装到单独的密封盒中。在这两个例子中，都采用循环泵将油强制流过各服务器的储存容器。油所携带的热量在经过油-水换热器后被水系统带走。

轻质矿物油的典型参数（括号中为水的参数）为密度 800（1000）kg/m^3；黏度为 0.0345（0.000798）N·s/m^2；比热容为 1100（4186）J/(kg·K)；热导率为 0.15（0.000615）J/(m·s·K)；热膨胀系数为 0.00064（0.000291）K^{-1}；格拉晓夫数为 $1.01×10^5$（$1.34×10^8$）。

这种方案比使用空气冷却更节能，但有两个缺点：一是主板被油膜覆盖，其可维护性就成为一个问题；二是油系统循环泵的功耗肯定要比水系统高得多，因为油的比热容更低、黏度更高。此外，自循环能力也可能是一个问题，因为油的格拉晓夫数和比热容都相当低，所以当泵发生故障时，自循环能力很弱。此时就可能导致发热元件过热。

24.5.6　相变

相变系统利用蒸发时的潜热来吸收热量，并将热量从发热元件中带走。

一种方式是服务器放置在开放式容器中，容器内装满了沸点较低的冷却液；另一种方式是冷却液通过闭式回路输送到服务器的冷板上。

24.5.6.1　浸没式系统

容器的盖子上安装有冷却盘管，冷却水（通常为纯水或乙二醇水溶液）在管内循环。当系统运行时，容器内的液体沸腾，气体上升到顶部并被冷却盘管重新冷凝，冷凝后的液体回流到容器中。

3M 公司开发了 Novec 7000（沸点 34℃）和 Novec 649（沸点 49℃）等冷却液，它们最初设计时是用于单相闭式系统的，但在正常大气压下建议使用非闭式系统。虽然 Novec 7000 具有极佳的物理

特性，如高蒸发潜热和低沸点，但其全球变暖潜能（GWP）值很高，在某些地区使用可能会成为一个问题。相反，Novec 649 的沸点很高，可能会影响某些组件的可靠性，不过其 GWP 值却很低。

这两种液体和其他类似液体多年来一直用于容器的清洁，对操作人员没有明显的伤害，因为它们始终低于沸点。据推测，大多数人会在容器上方安装排气罩，这样就能把吸入量降到最低。如果操作人员需长期暴露于沸腾液体所产生的蒸汽中，就需要采取预防措施，直到对人的长期影响已经评估。另外，需要采取额外的预防措施，以防止冷却回路出现故障，避免机房内充满冷却液饱和蒸汽。

24.5.6.2 封闭式系统

在开放式系统中，流体与发热元件直接接触，对系统的拓扑结构和元件的高度不敏感。而在采用平整且低柔韧度冷板的封闭式系统中，热量必须上升到冷板平面才能被带走。虽然通过对流就足以解决低功率元件的散热问题，但对高功率发热元件，就需要利用热传导效应来实现。

在 Clustered Systems 公司开发的系统中，热量是通过安装于每个组件顶部的一系列导热片传导到冷板平面上，这些组件会产生大量的热量，它们主要包括 CPU、VRM、DIMM、网络器件，以及所有发热量大于 2W 的其他器件。在图 24.11 的上部可看到各发热元件上的导热片。澄清一下，只有下部服务器可以看到覆盖的冷板。冷板属于机箱组件之一，内部焊接有制冷剂歧管，因此完全消除了接头泄漏的可能性。

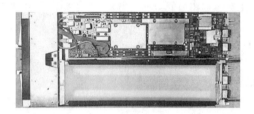

图 24.11　Clustered Systems 公司的相变冷板和两个半宽服务器
（Clustered Systems 公司提供）

液体（R134a）通过循环泵输送到冷板上，而冷板与 CPU、DIMM、VRM 等上部的导热片紧密接触，这些元件散发的热量使液体沸腾，其吸收的热量是同样质量水的 93 倍。

气液混合物随后被输送到换热器中，在那里被重新冷却为 100% 纯液体。与常规风冷系统不同的是，发热元件和液体之间的热阻很小，因此系统可以承受较高的冷却液温度。大多数情况下也不需要冷水机组，唯一需要供电的是循环泵及干冷器或冷却塔的风机。冷却 PUE 可低至 1.03。

图 24.12 所示为十六刀片机箱的正面。每个空插槽的右侧为冷板。当插入刀片式液冷服务器时，冷板就会滑入并与导热片紧密接触。

图 24.12　十六刀片机箱的正面
（Clustered Systems 公司提供）

图 24.13 所示为机箱背面，显示了 4 个后部更换刀片服务器和液路分配歧管的局部视图。

图 24.13　机箱背面
（Clustered Systems 公司提供）

CPU 的最大功耗约为 130W，假设 CPU 的最高表面温度是 70℃，由于相变系统是等温的，所以几乎所有位置的冷板温度都相同。被吸收的热量只会使液体变成气体，而不会引起温度上升。假设入口处制冷剂的温度为 40℃，并且通过测量可以确定 CPU 表面与制冷剂之间的热阻 <0.2℃/W，那么 CPU 表面温度将达到 66℃（40 + 130 × 0.2）。由于气化会产生大量气泡，因此制冷剂将以湍流形式流动，不会形成层流边界层。

对于装载有 160 台服务器（每台 450W，共 72kW）的一个机架，每小时需要约 $0.66m^3$ 的制冷剂。在实际应用中，由于制冷剂黏度为水的 25%，并且流量为水基系统的 10%，所以泵的功耗非常低，约为 30W。

如此高效的相变冷却系统，其优势是惊人的：
- 可以达到很高的功率密度：100kW 的机架可以使数据中心的功率密度达到 $4kW/ft^2$。
- 10MW 数据中心的机架占地面积可从 $50000ft^2$ 减少到约 $2500ft^2$。
- 数据中心的建设和设施成本减少了大约 50%。

24.6 结论和未来趋势

无论选择何种液冷技术，都始终比风冷系统更节能。最重要的一点是，在相同的冷却量下，输送空气所需消耗的能量始终比输送液体所需的能量大几倍。

表 24.1 列出了不同冷却方式的典型数据。相对风冷系统，输送水所消耗的能量减少了 50%，而使用制冷剂所消耗的能量更是减少了 90%。

表 24.1 不同冷却方式的典型数据

冷却介质	密度/(lb/ft^3)	比热容/$[Btu/(lb\cdot °F)]$	状态	$\Delta T(°F)$	lb/min/ton	cfm/ton	静压(psi)	耗电量/W	风扇/水泵效率(%)	总功率/W	相对负荷占比(%)
空气（标准状态）	0.075	0.205	气-气	18	54.11	722	0.036	84.6	30	282	8.0
水 50°F(10°C)	62.45	0.998	液-液	9	22.27	0.36	35	40.6	30	135	3.8
R134a 95°F(35°C)	72.94	72	液-气 30%	0	9.26	0.13	20	8.3	30	28	0.8

注：$1lb/ft^3 = 16.0185kg/m^3$，$1Btu/(lb\cdot °F) = 4186.8J/(kg\cdot K)$，$1lb/min = 7.55987\times10^{-3}kg/s$，$1ton = 1016.05kg$，$1cfm(ft^3/min) = 0.47L/s$，$1psi = 6.895kPa$。

参考文献

[1] Koomey JG. Growth in data center electricity use 2005 to 2010. A report by Analytics press, completed at the request of The New York Times; August 1, 2011. Available at http://www.analyticspress.com/datacenters.html. Accessed on May 23, 2014.

[2] Rasmussen N. Guidelines for specification of data center power density. West Kingston: Schneider Electric ITB; 2005. APC White Paper #120.

[3] ASHRAE Technical Committee 9.9. Thermal guidelines for data processing environments–expanded data center classes and usage guidance. Whitepaper, 2011. Available at http://tc99.ashraetcs.org/. Accessed on July 28, 2014.

[4] Coolcentric. Frequently asked questions about rear door heat exchangers. Available at http://www.coolcentric.com/info_center/frequently-asked-questions.php. Accessed on May 23, 2014.

[5] Bell GC. Data center airflow management retrofit technology case study bulletin. Berkeley: Lawrence Berkeley National Laboratory; September 2010. Available at http://hightech.lbl.gov/documents/data_centers/airflow-doe-femp.pdf. Accessed on May 23, 2014.

[6] Moss D. Data center operating temperature: what does Dell recommend? Round Rock: Dell Data Center Infrastructure; 2009.

[7] Coles HC, Greenberg SE, Vita C. Demonstration of intelligent control and fan improvements in computer room air handlers. Berkeley: Lawrence Berkeley National Laboratory, LBNL-6007E; November 2012. Available at http://eetd.lbl.gov/sites/all/files/publications/control-and-fan-improvements-in-crahs.pdf. Accessed on July 28, 2014.

[8] Greenberg S. Variable-speed fan retrofits for computer-room air conditioners. Berkeley: The U.S. Department of Energy Federal Energy Management Program, Lawrence Berkeley National Laboratory; September 2013. Available at http://www1.eere.energy.gov/femp/pdfs/dc_fancasestudy.pdf. Accessed on May 23, 2014.

延伸阅读

Aquasar. Available at http://en.wikipedia.org/wiki/Aquasar. Accessed on June 17, 2014.

ASETEK. Faster, Denser, Greener, Quieter Servers & Data Centers. Available at http://www.asetek.com/data-center/data-center-coolers.aspx. Accessed on June 17, 2014.

ASHRAE Technical Committee 9.9. Mission critical facilities, technology spaces, and electronic equipment. Available at http://tc99.ashraetcs.org/. Accessed July 28, 2014.

Bright Hub Engineering. Natural Convection Heat Transfer Coefficient Estimation Calculations. Available at http://www.brighthubengineering.com/hvac/92660-natural-convection-heat-transfer-coefficient-estimation-calculations. Accessed on June 17, 2014.

Clustered Systems Company, Inc. Available at www.clusteredsystems.com. Accessed on June 17, 2014.

Hewitt GF, Shires GL, Bott TR. *Process Heat Transfer*. Boca Raton: CRC Press; 1994. Made in IBM Labs: IBM hot water-cooled supercomputer goes live at ETH Zurich.

Stefan–Boltzmann Law. Available at http://en.wikipedia.org/wiki/Stefan-Boltzmann_Law. Accessed on June 17, 2014.

第 25 章 不间断电源系统

美国北卡罗来纳州，伊顿电源　克里斯·莱夫勒（Chris Loeffler）　艾德·斯皮尔斯（Ed Spears）　著
伊顿电源（上海）有限公司　郑大为　译

25.1 引言

在高质量和高可靠性的电力供电系统中，不间断电源（UPS）系统非常重要。在这个章节中，我们会探讨 UPS 的类型、典型的应用架构、选型的方法和其他在部署 UPS 系统中需要考虑的关键因素。

25.1.1 UPS 是什么

简单来讲，UPS 是一种可以在电网发生故障或出现不稳定时提供稳定的输出能量来保障供电正常的设备。UPS 通常有两种应用模式，一种是提供足够长时间的后备电源，以保障关键负载的正常关闭，避免数据丢失或程序中断；另一种是提供一定时间的后备电源，以保证关键负载的正常运行，直至备用能源（典型的形式为柴油发电机）能够正常供应电力。

其中有多种 UPS 拓扑还可以针对输入电网出现压降或高压尖峰的情况进行输出端电压治理，防止关键负载和配电设施由于电网冲击导致损坏。UPS 系统通常结合标准电力基础设施的要求进行设计，容易部署。针对小型化电力系统，通常是单相 UPS 系统；对于大功率电力系统，则采用三相 UPS 系统。以北美市场为例，通常单相 UPS 系统设计的最大容量为 25kVA，三相 UPS 系统为 8kVA～MVA 级的容量。在欧洲的一些国家，所有超过 8kVA 的电力系统都要求采用三相电源输入，以保证电网供电的平衡。一台 UPS 的容量通常从 300VA 起步（能够支撑单台计算机和监控设备的电力供应），到 2MVA 以上（足够能量来支撑 175 个家庭的供电），对于更大容量的电力系统需求，通常采用并联 UPS 系统来达到 20MVA 的功率（足够电力来支持一个区域供电）。

25.1.2 为什么需要 UPS

随着边缘计算和互联网数据的蓬勃发展，保证 IT 基础设施的正常运行是维持持续服务的关键。在如今的运行环境中，电力中断除了导致业务不能正常开展的损失之外，还会导致由于电力中断产生的生产率下降。在每一种业务类型中，无论小规模商业还是大规模商业，电力中断都会让商业运转产生损失。

通常情况下，你只有在发现照明系统出现闪烁或中断时才会意识到电力异常，但此时你的计算机、存储设备、网络通信设备和制造设备都有可能由于电力的异常产生肉眼看不到的故障，这些故障可能立即或在未来缩短设备的使用寿命。

对于设备的保养，除了提前进行设备保障的规划之外，没有其他提高设备工作可靠性的方法。在大型数据中心中，IT（互联网）传输设备也是处于高风险中的。通过 Find FVP 对世界财富 1000 强的 450 家企业进行的调查可以发现，每个供电网点中每年出现 9 次 IT 设备的故障，其中 28% 的故障是由于电源设备故障引起的。

根据普华永道的调查报告，当电网出现异常中断之后，IT 机房基础设施会产生以下的问题：

- 33% 的企业需要超过 1 天的时间来恢复系统。
- 10% 的企业需要超过 1 周的时间来恢复系统。
- 即使系统恢复，也需要 48h 来重新配置系统参数。
- 需要 1~2 周时间来重新恢复丢失的数据。
- 90% 的企业如果没有一个预防的处理机制，可能由于 IT 基础设施重新恢复的周期导致在 18 个月之内失去原有的客户。

断电时间将导致非常高的成本。你的 IT 硬件可能通过保险购买了对设备的保障，但如果保险无法针对可能的数据丢失、运营的声誉和销售影响进行赔偿。这个损失包括两个部分，一部分是恢复系统的时间，另外一部分是设备无法正常工作带来的数倍的运营收入的影响。其中结合由于恢复数据、重新配置系统带来的时间上的影响，同时还包括业务上来自供应商、商务伙伴、客户端的收入损失。

在这里我们反思一下你的企业是否可以承受由于电源供应异常或 IT 基础设施故障导致的损失？根据美国能源局的调查数据显示，电源故障导致 IT 系列中断产生的费用有以下几种：

- 33% 的故障导致 2 万 ~50 万美元损失。
- 20% 的故障导致 50 万 ~200 万美元损失。
- 15% 的故障导致超过 200 万美元损失。

25.2　UPS 的工作原理和应用

25.2.1　UPS 的工作原理

UPS 的设计分类通常按照备用储能方式和能量交付方式进行。有两种典型的分类，静态 UPS 和动态 UPS。在 IT 行业中，静态 UPS 被广泛使用，通过电力电子开关和变换器技术来完成储存能源的功率变换，从直流电压转换为交流电压的输出，输出的电压等级根据下游负载的规格决定。动态 UPS 采用旋转电机来产生备用能源，电机通常是通过输入电网电压来维持电机的运转。旋转电机通常是采用非常重的飞轮作为载体来储存能量，在电网电压出现中断时，通过飞轮的惯性来提供短时间后备的动能，进而将动能转换为电能。

UPS 系统可以根据应用和各个国家的电网要求进行不同输入和输出电压的配置。在北美和加拿大区域，单相 UPS 系统设计的输入电压规格是 120V，直接连接墙上的电源插座。通常单相 UPS 系统可以适应电源插座是 120V、208V、220V、230V 和 240V 这几种电压。在部分加勒比海湾国家和大部分欧洲国家，电力系统的通用电压为 220V、230V 或 240V。墨西哥和其他中北美洲国家通常采用 127V 作为单相供电系统标准。对于三相 UPS 来说，通常有以下几种规格：208Y（三相四线）/120V（单相输出）、220VY（三相四线）/127V（单相输出）、480VY（三相四线）/277V（单相输出）和 600VY（三相四线）/347V（单相输出）这些电压规格主要应用于北美市场，380VY（三相四线）/220V（单相输出）、400VY（三相四线）/230V（单相输出）主要用于北美以外其他国家电网。不过在最近几年中，部分美国的数据中心开始部署 400V 或 415V 电压系统，配合 IT 基础供电设备的规格，来达到运行效率的最佳化。另外，由于采用了 400V 的标准电压系统，客户可以取消原来用于将 480V 或 600V 降为 208V 的变压器，从而获得 1% ~3% 系统效率的提升。同时，IT 基础供电设备应用要求控制输入电压在 250V 以内，如果输入电压过高，需要加入额外的降压变压器来保证 IT 设备有足够的安全电压工作裕度。目前，只有少数新型的 IT 基础供电设备允许 277V 电压运行，发展更高电压等级设备的原因是可以通过降低电流的损耗来提升整体的运营效率，这对于超大型数据中心来说，是一个非常大的成本节约机会。

UPS（不间断电源）根据系统类型分为一系列的内部模块。本节主要针对通用模块和关键部件进行介绍。

1. 逆变器

所有静态 UPS 都会包括一个逆变器，它通过将直流电压或直流备用能源转换为交流输出电压，进而连接到用电设备。逆变器通常根据系统供电的重要程度和成本要求进行相应的设计。对于小功率低成本的逆变器来说，通常采用晶体管或金属-氧化物半导体场效应晶体管（MOSFET）作为开关元件，输出采用方波或变形的正弦波。在选型过程中需要注意的是，由于逆变器输出的不是正弦波，可能会和负载的电源系统产生匹配性的问题，严重的话会导致负载电源不能正常工作。高成本的逆变器通常采用 IGBT 器件作为开关元件，通过连接输出端的滤波器来产生高精度的正弦波。IGBT 器件通常通过脉宽调制（PWM，图 25.1），在 1s 之内可以完成几千个开关周期的切换。从图 25.1 可以看出，在正弦波的起始点和终点，导通的时间（on）比较短，断开的时间（off）比较长，然后随着正弦波的变化，在正弦波的峰值处导通时间增大，随着正弦波峰值的下降，导通时间也下降。当导通时间增加时，此时更多能量通过滤波器来产生正弦输出。更重要的技术是，大功率 IGBT 器件可以运行在 18kHz 或以上的频率（典型的是 50kVA 容量以内的系统），从而降低 UPS 运行的噪声，人类对 18kHz 的频率噪声敏感度也很低。大功率 UPS 系统通常采用三电平逆变器设计，优点是通过器件的串联来降低单一器件的电压应力，这个设计方式可以

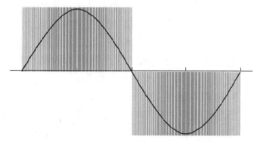

图 25.1　PWM 脉宽调制产生标准正弦波的波形（Eaton 提供）

让 IGBT 器件运行在更高的转换效率模式。与两电平逆变器设计相比，平均有 3% 的效率提升，从而降低 UPS 系统的运营费用。

2. 整流器

双转换 UPS 系统和多种模式 UPS 系统都具备一个内部模块，称为整流器。整流器是 UPS 系统中直接连接输入电网的模块，它通过将交流电压转换为内部直流母线的基准电压，从而作为逆变器的能量供应和对电池进行充电。传统典型的大功率 UPS 采用可控硅（SCR）作为整流器部件，完成交流到直流的变换。可控硅是一种非常容易控制的器件，运行可靠。不过越来越多 UPS 系统采用 IGBT 作为整流器部件，替换 SCR。采用 IGBT 作为整流器器件，可以对输入电流进行正弦化控制，从而使 UPS 系统输入端功率因数达到 0.99 以上。采用 IGBT 作为开关器件，可以方便地连接到发电机输出，从而避免采用 SCR 设计额外配置的高成本低谐波滤波器。

3. UPS 逻辑控制

每台 UPS 都有一个内部逻辑控制器，这个逻辑控制器连接多个输入端的信号，根据输入信号的反馈信息来进行对应运行模式的调节和完成模式切换。所有大型 UPS 都取消了传统的模拟控制方式，进而采用数字化控制的算法来进行逻辑控制器设计。这个设计的优势可以结合外部通信指令和连接外部设备来完成必要的信息交互，甚至进行数据监测和命令控制。

4. 直流电压变换器

UPS 系统内部采用直流电压变换器的原因是可以结合高电压或低电压的内部直流母线（整流器输出电压）来为电池进行充电，另外一个作用是完成备用电源电压和直流母线电压的转换。目前，很多高频化 UPS 为了达到最高的工作效率，整流器输出电压的峰值尽量与输入电压峰值相同，通过调制算法来完成谐波和功率因数的调节，这样也会导致直流母线电压可能不足以满足备用储能能源的充电电压要求，从而需要一个直流电压变换器来完成两端电压的平稳过渡。当电网输入电源中断时，直流电压变换器将备用储能源电压转换为直流母线电压，通过直流母线电压向逆变器供电。

5. 静态转换开关（STS）

静态转换开关（STS）是双转换架构 UPS 的标准部件，在一些大功率的单转换系统和动态 UPS 中也可以找到静态转换开关（STS）的身影。STS 的主要作用是在电网电压和负载之间提供一个直接的路径；要求电源电压在较小的范围之内波动（通常是 ±10%），STS 允许提供输出给负载供电。对于 STS 存在的价值主要有以下几个原因，第一个是从维护角度出发，当用户准备将 UPS 系统切换为外部维护模式时，通过 STS 来确保逆变器输出电压与电网电压同步后，才进行手动切换；第二个原因是通过 STS 可以完成逆变器输出到电网输出的快速切换，特别在一些紧急模式下，如逆变器输出过载或逆变器内部出现硬件故障。大功率 UPS 系统通常会为 STS 提供专门的电源设计和散热系统，从而来提高对单点故障的防护能力。STS 的另外一个作用是在高效模式下，可以提供直接电网电压供电管道，从而达到最高的系统效率（在具备多个工作模式的 UPS 系统中）。STS 采用可控硅（SCR）进行设计，SCR 具备很快的切换时间（通常为 1ms ~ 10ms），远远快于机械式或电磁式接触器（通常 50ms ~ 100ms）的切换时间。为了实现 0ms 的转换，STS 通常会提前几个 ms 启动吸合控制来避免切换中断的产生。有些 UPS 采用 SCR 并联机械式接触器的架构作为 STS，这种 STS 架构称为"暂态型 STS"。在这种系统中，SCR 不具备持续导通提供输出的能力，当 SCR 承受满负荷负载供应时，SCR 将由于过载而出现故障。最新一代的多模式 UPS 系统采用全功率容量的 SCR，既可以满足快速控制的需求，又具备强大的过载能力，以承受电网电压的突变状况。

6. 维护旁路

维护旁路的作用主要在于保证 UPS 可以在完全离线的情况下进行服务，包括维修、升级和预防性维护。目前，有很多种电力设计方法可确保在 UPS 上进行适当的服务。其中最基本和典型的设计是单台 UPS 配合一个独立的外部旁路柜，这个架构称为"外置型维护旁路"。也有一些 UPS 有内置维护旁路功能。在选型时，需要注意评估内置维护旁路开关的带载能力和可维护性。通常 50kW 以下的 UPS 可以采用壁挂旋转式维护开关，中大功率 UPS 可采用固定式维护开关或断路器，超大型 UPS 的维护旁路通常集成到输入配电柜中，采用抽屉式断路器。

在多台 UPS 并机系统中，大部分都采用高度定制化的维护旁路方案。以一个 UPS 单机系统为例，维护旁路方案包括了一个旋转式维护开关和 UPS 输出开关。这两个开关装置用于进行旁路输出的切换。一些旁路开关集成了 3 个端口输入，除了维护开关、输出开关外，还包括了输入开关。当采用双电源系统配置时，还需要额外增加一个旁路输入开关。不是必须要在 UPS 旁路输入增加一个独立开关，但这个独立开关可以提高安全性，可以提高维护工程师操作的安全，同时也可以独立对旁路通道进行保护。维护旁路开关的另外一个作用是方便维修操作，当 UPS 修好之后，服务工程师可以通过输出开关连接假负载进行测试，同时维护开关可以保证市电持续为负载供电，这样可以避免在 UPS 修好之后无法完整验证 UPS 的带载功能。

不过需要注意的是，在这个测试活动前，需要确保输出负载开关容量小于输入开关的容量，避免在过载测试过程中出现输出开关没有脱扣和输入开关脱扣的问题。有时，维护旁路开关采用集成化开关柜来实现，其中包括变压器和分路配电单元。这种设计方式可以降低整体的占地面积和成本，但需要注意的是，如果内部的部件出现故障，需要将整个维护旁路开关柜断电后才能进行维修。

7. 备用储能能源

对于绝大部分静态 UPS 系统来说，铅酸蓄电池是目前 UPS 备用储能能源的首选。这种电池技术已经有几十年的应用经验，同时能够提供一个低成本的储能方案。铅酸蓄电池同时也是目前市场中材料回收比例很高的电池材料，铅和塑料通过回收处理，可以作为制造新电池的材料。另外一个优势是，铅酸蓄电池从第一台 UPS 诞生时就进行了匹配应用，通过应用证明铅酸蓄电池的运输和维护更加容易、安全。以往，铅酸蓄电池作为湿电池或浸没式电池的一种，运输过程中需要将酸液和电池本体分开，安装时再添加硫酸，同时需要定期检测电解液的浓度，以保证电池功能的正常发挥。大功率 UPS 大部分都采用铅酸蓄电池，因为铅酸蓄电池的能量密度很高，最高容量达到几千 AH。由于铅和硫酸都是有毒的材料，在电池供电过程中会产生氢气，所以大型电池通常安装在独立的房间，有专门的通风系统、酸液处理系统和酸液中和剂。这种特殊的基础设施和维护成本可能相当高，所以大约 30 年前，一种免维护的铅酸蓄电池（VRLA）问世。这种电池最开始从小容量电池开始，扩展到现在的大容量电池。这种电池没有传统的填充盖，而是电解质转换为胶体化，同时在电池的正极和负极之间注入了玻璃纤维填充物。这种电解液的胶体化和电池极板的改变解决了电解液泄露的问题。这种架构允许电池带着电解液运输。另外，通过压力阀的设计，让气体在离开电池本体之前先与电解质进行聚合反应，从而通过密封技术来实现免维护。这种设计的优点也带来了一些其他方面的不良影响，如与湿电池相比，免维护铅酸电池寿命最长为 10 年，而湿电池最长寿命为 20 年。同时，VRLA 电池在高温环境下或充电电压过高时更容易发生故障，充电速度也没有湿电池那么快。

其他后备储能能源在后续的章节会进一步介绍，大部分都只是刚刚推出市场或处于小批量样品阶段。由于能源成本的上升和企业运营策略的要求，其他能源替换免维护铅酸电池霸主地位的速度逐渐放慢，可能在若干年以后，当新的储能能源成本降低到非常有竞争力时，它们才会逐渐占据主导地位。

25.2.2　UPS 系统的一般分类

25.2.2.1　静态 UPS 系统

最基础的静态 UPS 系统包括电池、将电池的直流电压转换为可供连接设备〔信息技术设备（ITE）〕使用的交流电压（逆变器）的某些类型的电子开关设备，以及一个电子或机电设备（开关），当市电异常时，完成市电输出和逆变器输出到负载供电的切换（图 25.2）。这种基础型的 UPS 还具备电池的充电能力，有多种充电器的方案，保证电池容量是满负荷的，在电网出现中断时可以提供备份能源。更加复杂的静态系统中还包括自动转换的旁路装置（STS）和交流到直流切换的变换器（整流器）。在后续章节会再进一步讨论这几种模块的运作模式。

25.2.2.2　动态 UPS 系统

动态 UPS 基于旋转的惯性能量来进行短时间储能，这样的架构相对静态 UPS 来说，将带来更多的机械磨损。动态 UPS 系统中旋转的飞轮只可以支持 5~15s 的满负荷带载能力，所以需要通过耦合电感和柴油发电机输出进行并联，才可以提供足够的运行时间（参考图 25.3）。动态 UPS 通常是非常大的容量（500kVA 以上功率），不适用于中小型数据中心，适用于超大型制造业的应用。数据中心的发展趋势是希望逐步降低免维护铅酸电池的使用，飞轮储能作为其中一种可以选择的替代储能能源，这是动态 UPS 系统的一种差异化方案。采用这种架构时，在静态 UPS 系统的电池输入端连接飞轮储能单元的输出。当交流电源丢失时，飞轮储能系统可以提供能量用于支撑逆变器，从而通过逆变器来提供交流电压以供应给负载。大部分静态 UPS 制造商的产品都可以接入飞轮储能作为备用储能能源的一种方案，目前制约发展的主要原因还是在于飞轮储能的工作时间太短（15~30s）。另外,由于需要保持飞轮的正常运转(部分设计要求转速 40000r/min 以上),UPS 的整流器或双向转换器需要提供额外的支撑能量,这也会影响整流器的带载能力。所以,在选择飞轮储能系统前,需要充分评估这几个因素带来的影响,进行必要的容量检查。

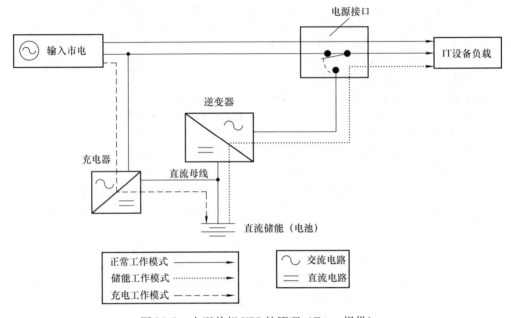

图 25.2 小型单相 UPS 的原理(Eaton 提供)

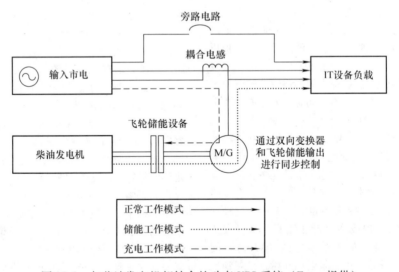

图 25.3 与柴油发电机相结合的动态 UPS 系统(Eaton 提供)

25.2.3 UPS 拓扑结构

如前所述,静态 UPS 有许多不同的拓扑结构,根据 IEEE 的分类定义,可以将它划分为单级转换 UPS 架构和双级转换 UPS 架构两种模式,如图 25.4 所示。

25.2.3.1 单级转换架构

在单级转换的 UPS 架构中,交流输入通过内部连接组件提供给负载供电。内部连接组件包括了降压或升压的电压调节模块,将交流输入电压调整到适应负载工作的电压范围。根据连接关键负载供

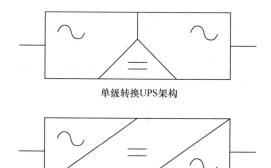

图 25.4　IEEE 定义的不同 UPS 架构框图（Eaton 提供）

电的要求，在一些单级转换架构的 UPS 中增加了滤波电感或低频变压器对电网波形进行滤波，从而实现一定程度隔离电网谐波和波形异常对负载可靠运行可能带来的影响。部分单级转换 UPS 系统中还配置了独立的充电器，可以保证电池容量一直处于充饱的状态，以满足负载供电的需要。最常见的单级转换 UPS 架构包括后备式 UPS 和在线互动式 UPS。

（1）后备式 UPS　后备式 UPS 是一种非常通用的小功率 UPS，通常适用于桌面计算机、家用或家庭影院设备的电源保障。对这些应用，在追求低成本解决方案的同时，只是需要基本的转换瞬间用电保障和短时间电源供应的要求。这种架构的 UPS 通过一个开关器件将输入电压直接连接到输出端，这个开关通常有静态转换开关（SCR）或继电器两种类型。它的工作原理是当输入电压在设定范围之内（-15% ~ +10%）时，输入电源可以直接提供给负载。如果输入电压超过了这个设定范围，这个开关器件将切断输入电源的供应，电池将通过直流变换器提供输出给直流母线，从而通过逆变器来提供能量给负载。后备式 UPS 只有在市电丢失或出现异常的情况下才启动逆变器提供后备能源的工作模式，这种机制将带来一个固定的切换时间，直到输出电压过零点才结束。大部分制造商设计的切换时间通常为 6 ~ 12ms，这个时间由 CPU 侦测机制和市电的故障类型来决定。这个切换时间可以保障大部分负载的供电连续性，但一些精密的 IT 基础设施设备和网络设备对中断时间有严格的要求，这些设备无法接受 10ms 以上的断电。一些低成本后备式 UPS 的逆变器输出电压波形接近于方波，并不是类似电网的正弦波。产生方波的原因是由于逆变器输出缺少滤波电路。大部分个人计算机可以在接入方波时正常工作，但 IT 基础设施设备和存储设备需要一个谐波更小的电源，此时方波就不适应了。另外一个差异是正弦波可以实时反馈电池的供电能力，其峰值和电池电压有关，而采用方波输出，读取的是一个周期的平均值，此时如果电池电压不足，最终读取的方波有效值会滞后半个到一个周期，此时可能会影响负载的供电。

（2）在线互动式（LI）UPS　在线互动式 UPS 通常作为小型办公场所或一些制造设备电源备用。在线互动式 UPS 有几种常见的设计架构，其共同功能是对输入电压进行调节，产生一个稳定的输出电压。与后备式 UPS 相比，在线互动式 UPS 允许有一个更宽的输入电压范围。这些额外添加的输入电压调节线路会带来效率上的损失，造成效率偏低一些，但通过扩大允许的输入电压工作范围，在线互动式 UPS 可以降低电池模式的使用频率。在线互动式 UPS 的电压调节线路通常有两种架构：一种是通过逆变器并联旁路回路，对电网电压进行补偿；另一种是通过降压/升压变压器的组合来对电压进行连续调节。通过逆变器来对电网电压进行补偿，相对效率会低一些。大部分在线互动式 UPS 的逆变器和旁路模块切换有 4 ~ 10ms 的中断时间，大部分条件下逆变器在紧急情况下切入是不设置延迟的，从而保证负载供电的连续性。另外，在线式 UPS 也会通过在旁路模块上并联压敏电阻（MOV）或浪涌吸收装置来钳制电网侧出现抖动时带来的对负载的冲击。

在线互动式 UPS 大部分采用了分绕组的铁氧体低频变压器。这种变压器有两个绕组，其中一个绕组串联在旁路通道，另外一个绕组连接到逆变器的输出端。这种变压器的特别之处在于连接到逆变器输出的绕组，可以通过与另外一个绕组的耦合来保证 UPS 系统输出的连续性。在正常模式下，连接在旁路通道的绕组处于饱和工作模式；在电池后备模式下，逆变器通过耦合绕组来提供稳定的输出，两者之间没有继电器或 SCR 的切换，所以转换时间几乎没有延迟。这种架构的缺点是具备非常大的工频变压器，除了体积很大外，另一个缺点是系统效率也很低。这种 UPS 大部分用于电力不稳定和环境比较恶劣的工业、船用和军用电源场合。

一些动态 UPS 设计可能也会采用单级变换的方式来提升转换效率，通过内联的电感调节电路控制旋转质量（发电机），以实现间歇性工作。如果市电丢失，电动发电机给负载供电，直到负载正常关机或其他电源切入。

25.2.3.2 双转换架构

双转换 UPS 架构（图 25.5）和单转换 UPS 架构的不同之处在于能量转换的次数。双转换 UPS 架构将电网输入的电压通过整流器转换为直流母线电压，直流母线电压通过逆变器转换为交流输出电压，这个过程中能量转换两次。通过这个方式转换出来的交流输出电压是完全稳定的。双转换 UPS 通过实时跟踪输入电网的电压频率来保证输出电压频率的同步，从而保证在紧急转移至旁路时，可以无缝切换，不会出现电源中断。大部分双转换 UPS 跟踪市电频率范围在 ±3Hz 之内。

双转换 UPS 实时通过逆变器控制输出的电压和频率（除逆变器故障或 UPS 过载转旁路模式外）。经典的双转换 UPS 架构包括整流器和逆变器，它是一种非常传统的拓扑，已经有超过 40 多年的应用历史，主要应用于电网质量比较差或非常重要负载的环境。双转换架构完全隔离了电网电压对负载的直接影响，逆变器从直流母线接入，这是一个完美的保护方案。缺点在于双转换 UPS 的价格、成本和系统效率。

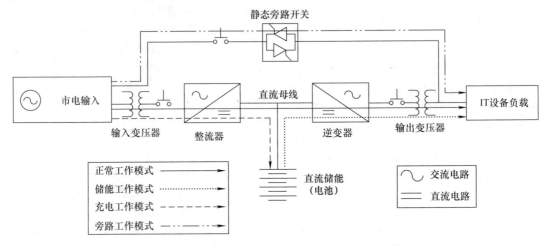

图 25.5 典型的工频双转换 UPS 架构（Eaton 提供）

（1）工频双转换 UPS 架构 目前，市场上仍然存在一些传统的工频机应用，它们的架构是采用大的工频变压器和滤波电感器。与单级转换 UPS 相比，它包括了更多的组件，大多数系统包括整流器（交流到直流变换）、电池充电器（通过整流器或直流到直流变换器）、逆变器（直流到交流变换器）和旁路模块（提供紧急状态下的旁路切换）。旁路模块通常在 UPS 系统出现过载或内部故障时提供市电给负载供电的渠道。传统技术使用三相变压器，通过基于 SCR 的 6 脉冲整流技术，将交流转换为直流母线电压，从而供应给逆变器和对电池充电。这种系统大部分采用 6 脉冲整流器。简单来说，6 脉冲整流技术结合三相交流电压的相位关系来控制 SCR 的导通角度和时间。从波形来看，市电三相的电流波形有 3 个波峰、3 个波谷。这种架构导致输入电流谐波失真度（THD I）变得比较高。为了降低输入电流谐波，大部分 UPS 制造商都有提供额外的谐波滤波器，通过加装滤波器之后，UPS 输入的 THD I 可以下降到 10%。另外一种降低输入谐波的方法是加装 12 脉冲整流器，这种整流器有两个独立的绕组输出，连接到两个分开的变压器。两个变压器绕组的输出相位相差 30°，通过两个 SCR 的独立控制达到降低 5 次和 7 次谐波，这是 12 脉冲整流器对比 6 脉冲整流器的差异。通过加入额外滤波器，通常可以将 THD I 从 12%~13% 降低到 5% 以内，缺点是需要额外的占地面积，用户成本和影响系统运行效率。额外的滤波器通常具备大的滤波电容，将产生超前的功率因数，可能存在一些发电机运行问题，影响发电机输出电压的稳定性。为了解决这个问题，大部分厂商提供了一个额外分断装置，在发电机启动时断开滤波器，从而降低系统之间的影响。

工频双变换 UPS 的逆变器有几个不同的架构，最早的设计采用 6 相开关斩波（图 25.6），更高功率采用 12 相开关斩波。6 相斩波结合可控硅（SCR）进行直流母线正负极的切换，在滤波器之前看到的波形就会产生正负半周的阶梯波，通过由大阻抗的滤波电感和滤波电容来整形成为正弦波。

SCR 的特性是不能直接立即关断，可以通过控制信号发出关断指令，直到通过 SCR 的电流为零时才能彻底断开。在后期的 12 脉冲逆变器设计中，已经改为采用 IGBT 器件，可以实时开通和关断，但仍然只能采用 60Hz 的频率进行控制。

对于这些架构的 UPS 来说，需要内置的变压器有很多原因，主要原因是变压器需要具备升压功能，能够将逆变器输出的电压稳定到设定电压（标称 ±1%）。另外，由于输入电压范围和电池电压不同，需要通过变压器升压或降压设计来达到预定的直流母线电压。因此，大部分内置变压器根据不同电压应用，有降压和升压两种规格，从而实现 UPS 输出可以直接连接到输出配电盘或供配电单元（PDU）。

在新型的工频 UPS 系统中，均采用基于 IGBT 器件的 PWM 脉宽调制技术（图 25.1）。这样的改变可以最大化 IGBT 的器件优势，使大功率器件工作在更高的频率，从而降低变压器的体积。同时，采用 IGBT 的高频开关技术，逆变器的输出滤波器结构也发生改变。由于输出的电流纹波减小，可以采用更小的滤波器来输出滤波，带来的好处是系统的输出动态响应速度也变快了，可以更好地配合负载端的变化进行输出电压的调整。

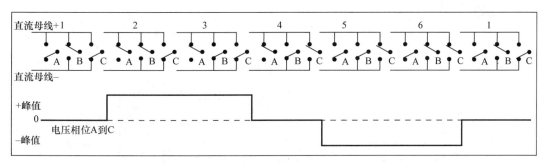

图 25.6　三相 UPS 的 6 相开关斩波（Eaton 提供）
注：电波波形用于逆变器输出的 A 相至 C 相。

当工频机在小功率应用市场逐渐被淘汰时，市场仍然存在大功率工频机的应用。目前，市场中高频化 UPS（内部不采用工频变压器）结合应用趋势调整，带来了更高频率和更大功率的基于 IGBT 器件的应用技术。

（2）高频化 UPS 架构　从 20 世纪 90 年代开始，大部分 UPS 制造商开始推出高频化 UPS（图 25.7）。高频化 UPS 带来了很多技术上的革新，包括更好的动态响应时间、更小的体积和重量、更优化的成本和系统效率的提升。高频化 UPS 通过使用基于 IGBT 技术的整流器和逆变器及 PWM 脉宽调制技术来实现上述目标。例如，高频化 UPS 输入谐波失真度（THD I）< 4%，这是在不需要额外添加滤波器的基础上实现的，可以节省客户在滤波器选择上的成本支出。另外，由于采用更快的 PWM 控制技术，对负载端的电流响应速度也快，这样 UPS 的逆变器可以更好地响应负载的波动。通过这样的技术引入，也不需要采用工频机中通过变压器的阻抗来缓冲负载冲击影响的方案。用户收获的关键指标在于更轻的重量、更小的体积，这两项可以节省安装成本，而更高效率可以降低用户运营的电费支出。

（3）"多模式" UPS　最新的 UPS 技术主要体现在"多模式"的应用上（图 25.8）。出现"多模式"的原因主要是基于可靠保护负载的前提下，如何降低电能消耗和提升系统的效率。"多模式"的概念最开始于备用式和在线互动式 UPS，后来也用于在线式双转换 UPS。"多模式"的工作原理：如果市电在正常的供电范围，此时旁路模式处于导通工作并为负载供电；当输入市电超出可接受的供电电压或频率范围时，UPS 系统将立即切换到逆变器工作模式，断开旁路模块的开关，此时如果输入电压仍然在整流器的工作范围，UPS 的整流器将工作，或者由直流转换器工作来为直流母线供电。按照这样的设计模式，UPS 在大部分工作时间下的系统效率达到 99%，同时基于最优化的控制技术，可以在 2ms 内完成电网的电压检测和系统的切换控制。

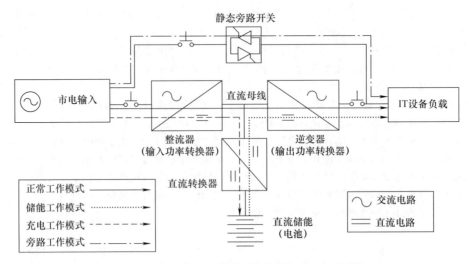

图 25.7　高频化 UPS 的基本框架图（Eaton 提供）

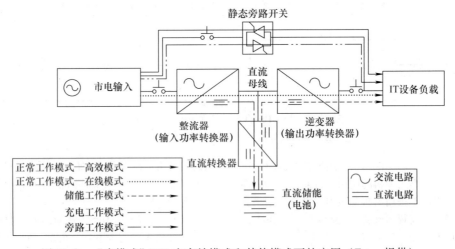

图 25.8　"多模式"UPS 在高效模式和其他模式下的应用（Eaton 提供）

高效工作模式对于 UPS 来说并不是全新的技术。过去一些采用双转换架构的 UPS 也具备高效模式，但由于存在一些常见的技术问题，没有作为一个主要功能来进行推广。这些常见的技术问题主要包括不稳定的模式转换时间，特别是针对电网丢失的检测；太敏感的系统响应，需要保持逆变器实时工作，以确保转换旁路时输出电压相位的一致性。另外一个问题是在数据中心中，通常需要在下游分路配电柜中具备静态转换开关（STS）（图 25.9），STS 连接在 UPS 的输出端。STS 的工作原理是当输入端出现中断时，会自动将 STS 输出切换到二次电源。

这些问题都会对系统的可靠性造成影响，那么新的技术如何解决这些问题呢？请记住，UPS 中的静态旁路开关基于 SCR，SCR 需要在电流为零时才能完全关闭。如果 SCR 处于导通状态，且市电输入出现故障，UPS 系统通常等到 SCR 关闭后才开启逆变器。如果不等待 SCR 关闭就启动逆变器，此时输入端的其他负载通过 SCR 连接到逆变器输出端，相当于 UPS 输出带了很多的负载，严重情况下会导致过载保护直到旁路 SCR 被关断。一些制造商通过技术研究，开发了可以在几 us 内强制关断 SCR 的方案，解决了 SCR 被动关闭需要 ms 级别时间的问题。技术领先的 UPS 制造商采用预测算法来预测输入波形，如果输入电压波形的变化率超出了正常范围，UPS 系统在强制关断 SCR 的同时将系统切换到双转换模式或电池运行模式以提供最高保护。这些领先技术可以判断故障是由于市电输入故障还是输出端的故障，这样可以和下游的 STS 进行联动诊断，以确定 STS 是否需要保持导通，还是切换到另外一路供电系统。

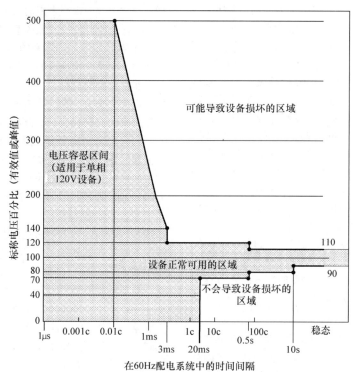

图 25.9　ITIC 研究所提供的电源模块可用电压区间的曲线（Eaton 提供）
注：这条曲线基于对 IT 设备的电源模块规范评估得出。

另外，在大功率的高频化 UPS 系统中，针对电网的交流滤波器变得更加可行。高效模式下的输入浪涌保护，通常是通过整流器和逆变器的高频滤波器来实现的。这些滤波器中的电容可以很大程度地降低电网波形瞬变的影响。一些 UPS 由于架构的原因无法支持这样的应用方式。如果无法采用内置的滤波器来进行浪涌保护，通常需要在 UPS 输入端加装其他滤波器。

对于工频 UPS 来说，由于内置了变压器，这些变压器在高效模式下会带来效率的损失。最新的超大功率高频化 UPS 的单机容量达到了 1000kVA 以上，如果采用高效模式，对于数据中心来说，节能效果就更加可观了。

最后，下游的 STS 在一些情况下会产生问题，不过这些问题大多可以通过 STS 的程序配置来避免。并不是所有高频化 UPS 都可以做到在 2ms 内完成内部模式切换。原因是大部分的应用执行两路电源切换间隔在 4ms 内。如果 UPS 内部采用 4ms 来完成模式切换，此时 STS 可能已经准备切换到另外一路电源了。大部分 STS 出厂前的默认值 1ms 的切换时间，这个时间可以调整到 2ms 甚至更长的时间。如果你的数据中心配备了下游的 STS，务必根据 UPS 型号的规格设定 STS 的切换时间，这样可以降低系统切换产生故障的概率。

最高效率的"多模式"UPS 系统需要基于高频化 UPS 的系统框架。采用高速的采样技术和控制系统，并结合预测算法是目前最流行的设计理念。

25.3　UPS 选型的参考原则

在进行任何重要投资前，设计师和终端用户都需要权衡投入成本和收益之间的关系。与高压交流配电系统和低压配电柜一起，UPS 和其他机房相关设备都是数据中心基础设施的重要资产，在选型时需要基于期望的运行性能和投入的成本进行评估。以下提供了一些 UPS 系统选型的参考要素。

25.3.1　UPS 的切换时间

UPS 的主要功能在于针对不同的异常状况快速

实时调节输出电压，保障负载供电的连续性。从成本来看，备用式 UPS 成本最低，但从市电模式切换到电池模式通常需要 2~10ms 的时间。大功率备用式 UPS 的切换时间更长，通常为 4~16ms（基于 60Hz 的供电系统），这些断电的间隔除了需要和 IT 负载的容错能力一起考虑外，还需要和下游的 STS（基于 A/B 两路电源供电结构）反馈时间一起考虑。需要注意的是，在线互动式 UPS 和在线式双转换 UPS 设计理念都是保持逆变器持续在线，这样可以保障市电模式和电池模式之间的切换做到 0ms。这些系统通常采用"先导通再分离"的交叠切换技术，保障负载当 UPS 从在线模式切换为旁路模式时不存在电压的中断。客户到底需要多快的速度呢？参考下面 ITIC/CBEMA/IEC（图 25.9）。如果电力中断达到 20ms 以上，IT 设备将无法可靠地工作，其中一些设备在超过 10ms 的断电下将发生故障。UPS 的设计理念是在任何模式切换下，理想的中断时间是 0ms。在超大型的兆瓦级别数据中心中，中断时间通常建议为 0~3ms。

25.3.2 效率

在 UPS 选型过程中，UPS 效率是最主要和竞争激烈的指标。对用户来说，高的效率可以真正降低数据中心的运营成本，包括 UPS 本身的电能损耗，由于损耗下降带来的空调系统费用的降低。在大功率 UPS 系统中，高效率带来的成本节约是非常客观的，一台高效的 UPS 可能在初期投资成本相对高一些，但效率提高带来的成本节约可以多购买一台 UPS，这个对传统的低效率 UPS 来说，是一个巨大的优势。另外，高效率的 UPS 对数据中心能耗降低的作用是非常显著的，这个对社区的环境保护也是非常重要的贡献。

现代 UPS 在满载下的典型效率为 92%~94%。最高效率的双转换 UPS 可以达到 96.5%，"多模式" UPS 可以在高效模式下达到 99% 的效率。需要注意的是，这些 UPS 的效率指标都是指满载下的，如果负载非常小，系统效率可能会急剧下降。大部分 UPS 系统的负荷都在 50% 以下，特别是在高度冗余的配电系统中，两组完全冗余的独立电源系统。"多模式" UPS 可以在 15%~20% 的低负载情况下维持高的效率（图 25.10），对比满载的工作模式，只是损失了 2%~3% 的效率。值得注意的是，与新一代 UPS 相比，传统的 UPS 在 10~15 年的使用过程中会降低 5%~15% 运行效率。采用投资收益率（ROI）来计算传统的 UPS 和新一代"多模式" UPS 的效能，可以发现，新一代 UPS 只需要 2~3 年就可以收回投资，这是非常具有竞争力的。

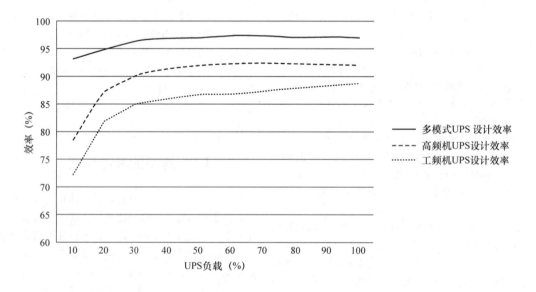

图 25.10 不同 UPS 拓扑在不同负载下的效率曲线（Eaton 提供）

25.3.3 环境因素和安全

虽然 UPS 的选型大部分是基于技术性能指标的考量，但用户仍然需要衡量设备对环境和使用安全的影响。

25.3.3.1 可持续性指标

用户对于可持续性的定义通常考虑的是 UPS 设备是否采用环保的材料和环保的制造工艺。作为 LEED 合规流程的一部分，需要进行的"从摇篮到坟墓"的生命周期分析。例如，一个零件制造过程中的环境成本，包括原材料的运输和购买成本，制造和测试过程中的电力成本。目前，有越来越多的针对环境保护的相关法规，要求在 UPS 系统中，包括内置的电池，避免采用对环境有害的物质，同时针对 UPS 寿命终结时的拆卸流程进行了定义。

UPS 系统使用的电池通常被视为危险品，需要遵循维修和废料处理的特殊规则。此外，由于电池重量比较重，需要在安装、服务和维护活动期间小心处理。VRLA 电池采用"密封"技术，电池含有铅和硫酸的成分，但由于它们是"密封的"，所以它们带来的危险性比其他类型的铅酸电池（大容量，富液式铅酸蓄电池）要小得多。富液式电池通常需要一个特殊的房间，其中包括地震支撑、泄漏电解质的容纳和氢气的通风设备。小型化 UPS，最大到 500kVA 容量的系统，大部分都采用 VRLA 电池，而更大容量的 UPS，设计考虑更长的使用寿命，通常采用富液式铅酸蓄电池系统。在设计评估过程中，用户可能会在两种不同技术的电池系统中进行权衡。无论哪种方式，操作安全程序及处置要求必须按照法令要求并严格执行。

25.3.3.2 可服务性

虽然小容量的 UPS 系统可通过"现场整体更换设备"或更换备机提供安全的用户服务，但对大功率 UPS，除了允许用户更换防尘滤网外，大多数部件不允许用户自行维修。只要任何人靠近 UPS 或配电系统，用户就应该保持警惕和谨慎，即使在没有市电输入的情况下，UPS 中也包含大量的储存能量。考虑 UPS 运行中可能产生的电弧，不允许用户拆除 UPS 内部的前方防护挡板。从安全角度考虑，选择 UPS 时，应该考虑 UPS 具备包括 UL 认证或其他当地的国际安全认证，以及选择经过认证且经验丰富的安装承包商。该承包商将根据当地法规和国家电气规范（NEC），执行正确的接线和接地要求。

25.3.4 成本

与大多数采购一样，更好的性能和品质的内部组件与更高的成本直接相关。但这不是购买产品的唯一考量，还需要考虑数据中心系统的总体拥有成本（TCO）。系统的总体拥有成本（TCO）包括采购、制造、工厂测试和系统物流等前期成本，具体内容如下：

- 电气安装和测试的成本。
- 每年运营的占地面积成本。
- 生命周期内 UPS 的电力成本（效率）。
- 冷却成本（也受 UPS 效率影响）。
- 生命周期内维护和维修 UPS 的成本。
- UPS 生命周期期间，电池系统的维护成本，以及每 5~6 年的更换预期成本。
- UPS 和电池在使用寿命结束时的处置成本。

如果用户选择冗余 UPS 系统或 2N 或"双总线"架构，则成本巨大。这些系统不仅增加了"额外"冗余 UPS，而且重要的是，还为该 UPS 配置了额外电池系统。这可能导致上述的成本翻倍，同时影响占地面积、测试、维护、电源成本和冷却成本。一些现代 UPS 系统，由于其模块化和可扩展的结构而具有先天的冗余功能。在许多情况下，这可以使用户获得系统可靠性为 $N+X$ 冗余的收益，而不用像传统方式那样在资本成本和增加占地面积方面遭受损失。

25.4 可靠性和系统冗余

从历史上看，平均故障间隔时间（MTBF）一直是 UPS 制造商用来衡量和表达可靠性的关键指标。实际上，MTBF 通常是用来预测 UPS 可用性的指标。

要了解原因，以 MTBF 为 20 万 h 的 UPS 为例。外行人可能期望这样的设备在 20 万 h 或 23 年的运行中经历一次故障。事实上，UPS 制造厂商不能也不会对其产品进行 23 年的测试。相反，他们根据 UPS 组件的预计使用寿命计算初始 MTBF。然后，他们根据实际出货的 UPS 数量更新统计模型，结合产品的实际表现来替换这些预估数值。这些修订后的模型数据可能会产生误导。例如，如果 2500 台 UPS 在 5 年的跟踪周期内表现完美，那么结果将是令人印象深刻的 MTBF 评级。但如果这些系统包含一个设计寿命 6 年的组件，那么在跟踪期之后的一年中，这些组件可能会出现 90% 的失效率。

目前，国际上没有衡量 MTBF 的通用标准。多年来，大多数政府机构都要求制造商根据最新版本的 MIL-HDBK-217F 手册提供计算结果，而许多商业客户已采用 Telcordia（Bellcore）SR-332 工艺。但是，这两个标准会给出截然不同的结果。最近，行业技术委员会通过分析得出结论，这些计算数据虽然可以作为参考，但不应该是用来衡量制造商产品可靠性的唯一途径。因此，制造商也越来越关注可靠性设计（DFR）。与以往标准不同的是，前者专注于个别电子元件及其与产品设计中所用电路的关系，而 DFR 方法更注重产品在不同条件下的预期性能和结果。

尽管如此，目前还没有一个标准可以衡量 UPS 如何执行其任务，即保持连接负载的供电。因此，将 UPS 制造商的 MTBF 数据进行相互对比，几乎是没有意义的。设备的可用性为关键电源备用系统提供了更为现实的衡量标准。鉴于 UPS 在数据中心中发挥的重要作用，快速更换老化或故障部件的能力至关重要。将 MTBF 与 MTTR（平均故障修复时间）两个指标相结合，可以用来衡量设备的可用性。

$$可用性 = \frac{MTBF}{MTBF + MTTR}$$

可用性通常采用百分比的方式表示，"9" 越多表示可用性越高。可用性采用系统运行一年的时间作为分母进行计算。例如一台 MTBF 为 500000h 且 MTTR 为 4h 的 UPS，将具有 0.999992 或 99.9992%（500000÷500004）的可用性。这意味着每年可能存在 4.2min 的停机时间。

从实用角度出发，可用性比 MTBF 数据更能衡量系统的可靠性，但这个算法的缺陷是它并没有包含日常服务所花费的时间。如果每年必须进行一次系统化检查，这个检查包括表面检测、重新校准或一般维护，那实际运行可用性将低于上述公式。因此，MTTR 的计算还需要包括全年为设备进行服务的离线时间，从而更加准确地计算系统的可用性。

25.4.1 提高 UPS 供电可用性的策略

一个最普遍使用的提高系统可用性的方法是通过增加给负载冗余供电的路径。这些路径可以通过 UPS 的内部路径或并联 UPS 系统来实现。从 UPS 内部路径评估，通常是考量具备多个内部独立的子系统或多个相互独立、易维修的模块。大部分运行在数据中心的 UPS 都具备一个自动旁路模块，通过旁路可控硅模块可以在 UPS 内部提供第二个为负载供电的路径（图 25.11）。在这个图中，外部独立的手动维护旁路模块也是数据中心的一个典型应用。

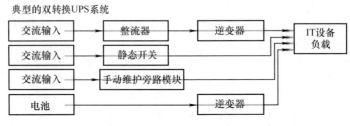

图 25.11 负载连接多种供电路径框图（Eaton 提供）

在现代的高频化 UPS 系统中，模块化 UPS 采用多个模块内部并联，从电气功能上隔离了内部直流母线之间的联系（图 25.12）。这些模块通常具备所有关键的功率器件、整流器和逆变器，所以它们可以做到组件上或模块级别的冗余。需要注意的是，即使在功率转换器级别可以达到冗余，但它们仍然存在一些共用的需要断电才能维修的组件。

当评估 UPS 系统可靠性时，通常使用一个简单的图表来帮助理解组件与整个系统可靠性之间的关系。假设图 25.13 中的三个冗余组件中的任何一个都可以关闭，此时剩余的两个器件可以继续输出供电。在图 25.13 的上半部分，从输入到输出的串联子系统（A、C、D）被认为是一个故障点，将危及整个系统的可靠性。子系统 B 可以认为是冗余系统，当其中一个模块发生故障时，剩余的模块仍然可以为负载供电，这个故障模块可以在不影响负载前提下更换。图 25.13 的下半部分显示了使用三个独立系统的典型并行冗余配置，每个模块包含所有需要独立操作的子系统。因此，如果出现单个系统（1、2 或 3）的任何一个失效，都不会影响整个系统的可靠性。

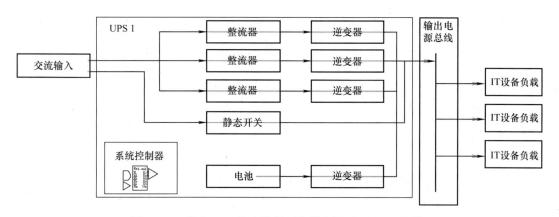

图 25.12　单台 UPS 的多路径冗余供电框图（Eaton 提供）

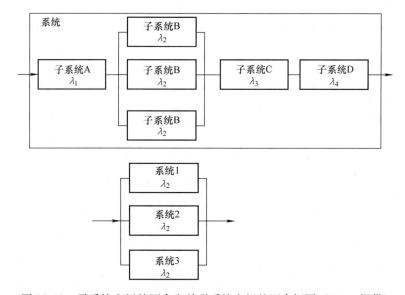

图 25.13　子系统之间的冗余和并联系统之间的冗余框图（Eaton 提供）

当考量系统冗余设计时，需要衡量是在多个系统之间冗余，还是在子系统内部冗余，这些冗余是否太多了？正如你可以想象的那样，当系统中添加的组件越多，则可能出现故障的组件也会增加，此时你得到的受益会由于冗余度太高而下降。这个问题可以通过在前期适当设计串联和并联型的冗余架构和限制冗余数量来避免。建议可以先从供电的模块入手，在该模块中可以使用 4~6 个并行系统来取代众多的分离组件。但是，当数据中心容量过大时，可能需要用最大功率的供电模块来构造冗余系统，因此增加了冗余模块的数量，并增加了后期更换故障部件的可能性。

统计表明，在任何静态 UPS 系统中，最常见的故障点是电池。即使大多数新的 UPS 系统设计每月或更快地完成多个电池测试，但只要出现一个内部的连接问题或一节电池故障，电池组将无法供电。一种简单地增加电池系统可靠性的方法是增加并联的电池组。如果 UPS 只是配置了一组串联的电池，将会极大地增加负载断电的风险。例如，大功率的 UPS 通常采用 40 个电池串联在一起（第一个电池的负极连接到第二个电池的正极）。如果电池组中任何一个电池出现故障，都会导致电池组无法为 UPS 提供后备能源，而增加另外一组 40 节的电池并联，同时将两者的正极和负极连接在一起（图 25.14）。如果任何一组电池出现故障，此时 UPS 仍然可以由剩余的电池组提供能量，继续提供稳定的交流电压输出，直到备用发电机接入或电池能量消耗完为止。

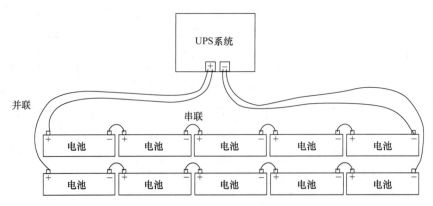

图 25.14　并联多个电池组（Eaton 提供）

越来越多的组织研究发现，直接使用市电可能出现的电压闪断或电网故障导致的风险很大，已经不能忽视。因此，这些组织通常会配置 $N+1$ 冗余的 UPS 系统，以解决单一 UPS 故障所带来的风险。在并联冗余的系统中，通常都是采用机械连接方法，形成统一的输入和输出端。在 $N+1$ 冗余系统中，除了可以满足负荷供电的模块以外，还配置了一个全功率冗余的模块。作为一个系统，每台 UPS 随时准备在必要时接管其他 UPS，不间断地为负载供电。

让我们更仔细地研究一下并联 UPS 系统架构，包括它们是如何工作的，在建立并联配置时必须克服哪些挑战，现代的并联技术如何提高可用性，以及它如何提供不同的电源保护方案。在很久以前，冗余 UPS 的配置是比较少见的。一般组织为了追求费用最低，通常能用一台 UPS 的场合就不配置两台 UPS。只有在考虑可延续性或重要电力应用的场合，才会决定采用冗余并联系统。现在这种情况发生了改变，数据中心管理人员和设施管理人员得出的结论是，数据中心断电带来的风险是不可预估的。即使在小型数据中心中，断电导致的成本都可以用来平衡配置并联系统的支出。事实上，为了满足大部分行业专家（如 Uptime Institute）定义的可靠性水平，冗余设计是必须的。

在 Uptime Institute 定义的最低的 Tier Ⅱ 冗余系统中，采用的配置是 $N+1$，更高等级数据中心定义的冗余度更高。因此，并联 UPS 配置在数据中心中的应用变得越来越普遍。目前，至少 50% ~ 60% 的大型 UPS 系统（300kVA 及以上）被配置为并联系统。十年前，并联配置小功率系统（在 10kVA 及以下）并不常见，但现在这些较小的系统中高达 40% 是采用并联配置的，尤其是在欧洲和亚洲。

25.4.2　并联 UPS 系统如何工作

从表面上看，并联 UPS 冗余的概念非常简单。将多台 UPS 直接连接到一个公共端（如一台大功率 UPS 内部结构），通过公共的输出端来给负载供电，每台 UPS 实时准备好可以接收其他 UPS 的负载。在 $N+1$ 配置（典型的冗余设计）中，如果出现任何一台 UPS 损坏的情况，其他 UPS 将有足够的备用容量来支持负载。例如，可以通过部署两台 500kVA UPS 的并联系统来保护 500kVA 容量的负载（图 25.15），也可以通过部署内部具备 3 个 400kVA UPS 模块的 UPS 系统来保护 800kVA 负载。在正常运行期间，3 个 400kVA 模块将各自携带 800kVA 负载的 1/3。如果任何一个模块离线，剩下的两个模块将有足够的容量来支持负载。图 25.15 展示了内置两个 UPS 模块的典型并联配置。在正常运行中，交流电从公用电源流向每台 UPS，每台 UPS 都连接到两个独立的输入源或配置为双输入系统，其中一个输入进入整流器，另外一个输入进入静态旁路开关。UPS 将输入的交流电转换为直流电，然后再转回交流电，并将这种清洁的电源发送到配电柜，其中来自两个 UPS 的输出合并为单个输出以保护负载。

如果任一 UPS 模块出现任何类型的故障（图 25.16），则关键负载仍然由 UPS 系统保护。内部的故障诊断系统立即将故障的 UPS 模块和系统总线隔离，而其他 UPS 则承担全部负载，保持正常运行，在这个过程中，不需要激活内部静态旁路开关进入旁路模式。对于并联系统中每台 UPS 都保留自己的内部静态旁路开关的配置，被称为"分布式旁路"系统。

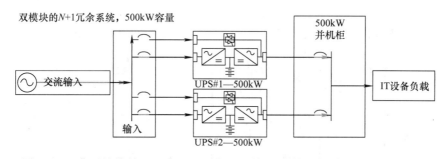

图 25.15 典型的并联 UPS 配置（两个 UPS 输出连接到并机柜）（Eaton 提供）

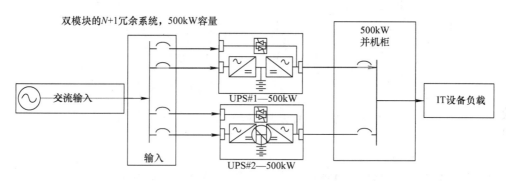

图 25.16 如果其中一台 UPS 故障，其他的 UPS 将持续为负载供电（Eaton 提供）

当市电输入发生故障时，每台 UPS 都将进入电池模式，根据不同的电池配置，系统可以运行数分钟到数小时。

你可以（并且应该）把每台 UPS 连接到独立的电池组，以实现更好的备用能源保护和更高的冗余度，但这种配置不是最经济的。

在一个并联系统中，可以不限于配置两个模块冗余，也可以配置为 4 个模块冗余，其中一些系统需要 8 个或更多模块冗余。在最新的机架式 UPS 系统中，UPS 模块安装在标准机柜中，不需要额外的并机柜。模块的并联通过连接在 IT 机架后方的总线连接器，利用类似机架式即插即用的方式来实现。

图 25.17 中所示的配置具有单个旁路机柜，而不是采用标准的并机柜，其被称为集中式旁路配置（静态开关在外部机柜中"集中"）。这种带有独立旁路的并机柜，其自身配置了全系统额定容量的静态开关，在故障期间提供备用电源路径，即自动和即时环绕式旁路。虽然自动旁路功能在正常模式下很少用到，但可能在服务或修复设备过程中会使用到。只有当整个系统中 UPS 输出无法支持负载供电需要时，环绕式旁路才会被激活。如果并联 UPS 系统出现短路，当短路能量超过 3 台 UPS 的输出容量时，系统将识别关键总线上的故障，并在几乎没有中断的情况下转移到旁路模式。

另一种替代方案称为分布式旁路并联系统（图 25.18）。在这种系统中，每台 UPS 都保留它自己的内部静态开关，并且当需要转换到旁路模式或从旁路模式进行转换时，它们都进行同步操作。在这种系统中，当许多 UPS 并联时，它们共同支持的负载将超过任何一台 UPS 的内部静态旁路开关和旁路电路的容量。因此，在这种配置中，需要确保所有 UPS 模块均等地分担负载，无论是在线模式还是旁路模式。当采用更多的 UPS 进行并联时，每台 UPS 连接到市电输入端和连接到输出配电柜的电缆就更加重要。每台 UPS 内部的静态旁路开关无法控制电流的分配，只有通过控制连接在旁路回路上的所有电路阻抗，才可以保证负载均分。如果整个并联系统中有一台 UPS 的输入阻抗非常大，而另外一台 UPS 的输入阻抗非常小，大部分电流会通过阻抗比较小的 UPS，从而导致这台 UPS 承担更多的负载。当这些不平衡度很严重时，会导致系统旁路过载，从而引起发热或断路器跳闸的情况，最终导致输出断电。

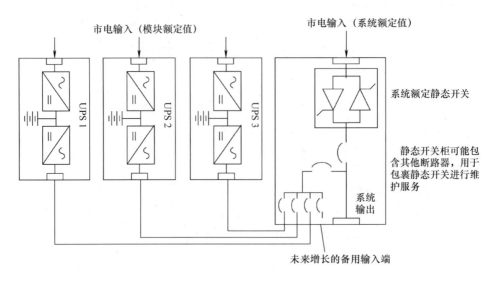

图 25.17　采用集中式旁路配置 3 台独立 UPS 模块的框图（Eaton 提供）

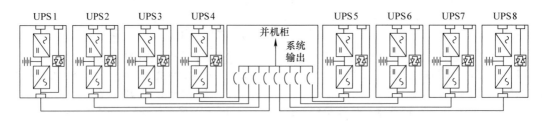

图 25.18　8 台并联 UPS 采用分布式旁路配置（Eaton 提供）

一旦将多个交流电源连接成一个集成的、并联的系统，那将会有四个主要的挑战需要解决：

1）控制独立的 UPS 如何作为一个统一的系统运作。

2）同步每台 UPS 的输出，以便能够同时给负载供电。

3）在并联系统中的所有 UPS 均衡承担负载。

4）如果出现故障，识别并暂时停用有问题的 UPS。

这些问题可能是复杂的，并且必须以一种不损害 UPS 系统并联可靠性的方式进行管理。

25.4.3　并联系统中的扩容应用

大多数数据中心都会考虑在未来进行扩容，但不会细致到什么时候和多大的容量扩展。在明年或 5 年内将消耗多少电力？你不希望为了未来可能实现或不可能实现的需求而过度建设电力系统。即使你能证明成本是合理的，电力基础设施的运行也会远远低于容量需求，因此效率是非常低的。你也不想因为明年需求变更、需求增加和需求改变导致电力需求突然增加一倍时，就拆掉和替换现有的 UPS。

在现有的 UPS 系统基础上，并联提供了扩展现有使用价值来满足未来用电需求的极佳方案。简单来说，并联扩容系统和并联冗余系统差不多，硬件基本是一样的，只是在操作模式上有细微差别。并联扩容系统允许逐渐增加负荷，直到到达系统的额定值，然后会通知客户，说明需要添加新的模块；并联冗余系统需要保持足够数量的冗余模块，以便保证系统实时可以提供 $N+1$ 的冗余保障。例如，如果并联系统有 5 个 100kVA 容量的模块，如果负载超过这 5 个模块中 4 个模块所能支持的 400kVA，则系统会发出警报。

25.4.4　大型并联系统的定制化

在实际操作中，大客户需要独一无二的、专门化的配置，以便能够满足对可用性和可管理性的独特需求。在并联 UPS 系统中有许多选项，例如：

1) 环绕式维护旁路开关，即使并联系统不可用（自然灾害期间），仍然允许携带负载继续运行（市电关闭）。

2) 在并机柜中设置冗余的断路器，允许在不影响系统供电的情况下进行主回路断路器的维护。

3) 每台 UPS 采用独立的负载组断路器，这样客户可以在不影响负载供电的前提下，对每台 UPS 进行单独的带载测试。

4) 通过通信卡和监控软件实现远程监控。

25.4.5 其他增强冗余系统保护的方案

冗余不一定只能通过并联来加强，目前有很多种提升冗余的设计方案。

1) UPS 系统采用分布式而不是并联式，在电源路径上通过不同层次的供电结构来保护。例如，可将 UPS 系统采用串联的冗余配置，当供电的 UPS 出现故障时，这台 UPS 紧急转换为旁路模式，此时旁路供电由上游的 UPS 进行保护。

2) 数据中心可以被划分为多个由独立的 UPS 系统供电的区域，从而最小化任意单台 UPS 故障的影响。

3) 独立的 UPS 系统采用双电源供应接入，或者连接到来自不同变电站的电源节点。

此外，这些选项中的任何一个都可以设置为重复冗余。然而，与先前描述的对等配置相比，每个选项都需要进行折中考量。

25.4.6 整体系统安装

在设计整个关键的基础设施中，除了 UPS 系统和它的外围供配电设备外，还有很多其他的注意事项，包括可替代能源、维护旁路能力，甚至像 A/B 或双总线架构这样的高端超冗余架构。

25.5 可替代的交流和直流能源

25.5.1 可替代的交流能源

UPS 系统的交流输入有多种选择。虽然市电是迄今为止所有 UPS 最常见的电源，但还有其他一些选择。当设计一个可移动安装或其他恶劣环境的系统时，可采用以下能源进行评估：

- 风能或太阳能（或海洋设施的波浪能）。
- 柴油发电机或涡轮发电机。
- 燃料电池。

25.5.2 可替代的直流能源

鉴于铅酸蓄电池的许多缺陷，数据中心管理人员长期以来一直要求替代品也就不足为奇了。目前，有五种此类技术显示出了不错的前景。尽管目前还没有一种被广泛使用，并且 UPS 的使用案例比较少，但未来几年，它们都有可能获得更大成长空间。

1. 飞轮

飞轮是一种围绕大型金属转盘建造的机械装置。在正常运行过程中，通过电力牵引电动机来快速旋转金属转盘。当停电时，金属转盘由于惯性继续保持旋转，产生直流电，UPS 可将其作为应急能源。当 UPS 消耗这种能量时，磁盘的转速逐渐下降，产生的能量逐渐减少，直到完全停止转动。并联飞轮通常根据成本和运行时间的要求进行评估，大多数系统的备电时间为 15s～1min，平均时间为 30s。这个时间通常是足够的，可以确保备用发电机完成启动，给负载提供电力的支撑。

2. 超级电容

超级电容也被称为超级电容器，它是专业化的、超高密度的电池。它们通常含有无毒的碳基材料，如活性炭和石墨烯。可用的运行时间非常短，通常少于 30s，因此也需要配合发电机一起应用。

3. 燃料电池

与普通电池不同，燃料电池产生电能而不是储能。燃料电池是一种将燃料（通常是氢）转化为能量的电化学装置。但与内燃机不同，燃料燃烧转化为能量时，唯一的"废品"是水。因此，从汽车制造商、电力公司到 UPS 制造商，都将燃料电池引入产品线，或者研究其应用。

4. 锂电池

锂离子电池在大多数手机和笔记本计算机被使用，在过去十年中，锂电池变得越来越小、重量越来越轻、密度越来越大。尽管锂离子电池目前很少用于工业环境或数据中心，但它们具有与铅酸电池相同的大部分功能。

5. 镍钠电池

这种电池具有容量大、结构坚固、功率密度高、耐高温和废弃物无污染等优点。镍钠电池系统已经用于公用电力和电信设施等这些需要长时间运行的户外场景，更小的系统也在 UPS 中得到了应用。

25.5.3 双总线或 2N 架构的数据中心双电源 IT 设备

在这种配置中,UPS 模块提供独立配电板,为 IT 设备提供独立电源(PSU)。UPS A 支撑 IT 设备的一路电源,UPS B 支撑另一路电源(图 25.19 和图 25.20)。

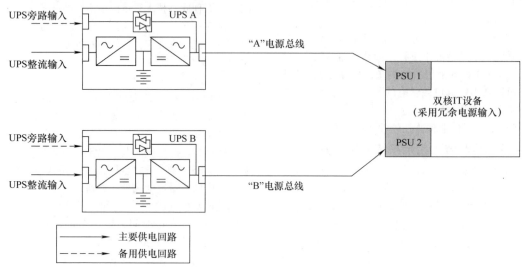

图 25.19 带有独立 UPS 系统的双总线电源系统(Eaton 提供)

注:每路 UPS 独立接入一个供电接口,这种架构把电源故障点的冗余放在单个 IT 供电设备上,确保最高级别的可用性。

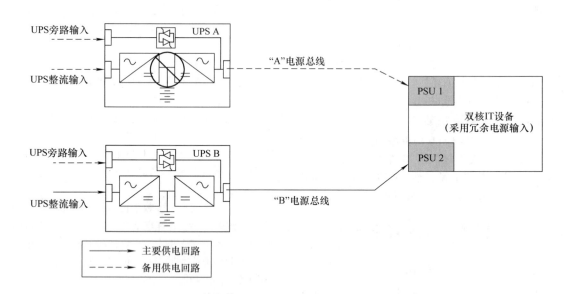

图 25.20 双总线系统中单系统故障或单边 UPS 系统为负载供电的架构(Eaton 提供)

注:这样的设计应该适当地调整系统容量,并持续地进行监测,以减少 UPS 或配电系统过载的可能性。

这种配置提供了很大的灵活性,因为 UPS 系统不需要完全相同。它们可以是不同的尺寸,连接不同的负载,甚至来自不同的制造商,但它只适用于双电源 IT 设备的数据中心。今天的大部分数据中心仍然使用单电源的传统设备，如调制解调器和其他通信设备。

如何为这些单电源负载提供冗余呢？UPS 系统在单电源负载的输入端配置了静态旁路开关 (STS)，如果主 UPS 发生故障，则通过 STS 将负载从一台 UPS 切换到另外一台 UPS。如图 25.21 所示，一个静态旁路开关配置于数据中心架构中；另外一个替代方案是采用小功率继电器，装配在每个单独机架上，以完成两路电源的切换。无论部署的是哪种类型的双电源开关，都将在 ms 内将负载从故障电源（本例中为 UPS）转移到可用的 UPS，从而保障在不断电的前提下来保护负载（图 25.22）。

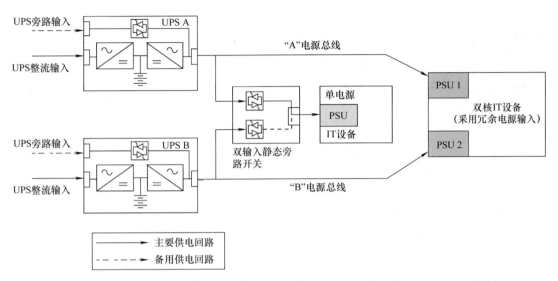

图 25.21　单电源设备连接双输入静态旁路开关由"A"路供电的架构（Eaton 提供）

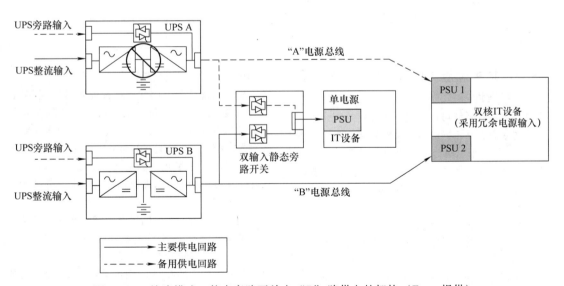

图 25.22　故障模式：静态旁路开关由"B"路供电的架构（Eaton 提供）

这种设计增加了配电结构的复杂性。在电力输送路径中采用的组件越多，监控、维护和故障排除点就越多，发生故障可能性的点也就越多。但是，最麻烦的问题是同步。如果 UPS 彼此不同步，当静态旁路开关从一路电源快速切换到另一路电源时，可能会引入电压瞬变，并导致单电源负载关机或损坏。

针对这种情况，尽管这种 UPS 没有带来并联的所有好处，但 UPS 之间的输出必须是同步的。这可以通过一个外部电源同步控制（PSC）器来实现，该控制器可以设置主从配置。这些单总线系统的可用性取决于静态开关和同步控制器的可靠性。因此，这种安排只是临时的应急之举，因为随着双电源越来越广泛的应用，单电源将逐步被淘汰（图 25.23）。

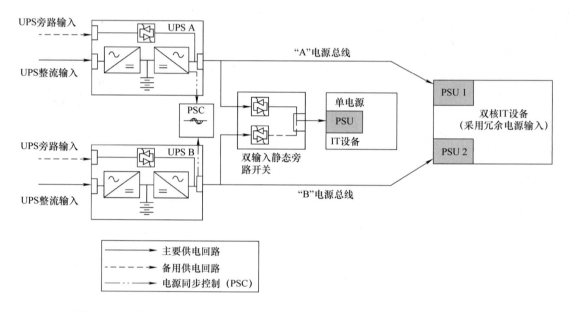

图 25.23 单电源负载采用同步控制配合静态旁路开关的系统框图（Eaton 提供）

25.5.4 基于独立 UPS 系统的多重冗余设计

使用双总线系统可以实现更高级别的冗余，尤其是当每条总线从不同的市电供电源接入时。在图 25.24 中，每侧采用两台 UPS 并联（用于 N+1 保护的主 UPS 和备用 UPS）、采用系统旁路模块（SBM）来连接 UPS 并联系统的输出和市电的输入，以及它自己的备用电池组和柴油发电机。在正常运行情况下，其中一条供电路径为双总线 IT 设备中的一个电源端口供电，另一条供电路径为另一个电源端口供电。

如果任意一侧的一台 UPS 离线，该侧的备用 UPS 会为负载供电。即使同一侧的两台 UPS 都不可用，IT 设备仍然可以从另一侧的回路获取电力。如果一路市电供电暂停，由于另外一路供电取自不同的市电，系统供电仍然保证正常输出。

由于具备高的可用性，这种配置被广泛使用，但"重复冗余"的代价昂贵。还有一个问题是如何处理单电源负载。这可以通过添加一个电源同步控制器来解决前面描述的同步问题。在图 25.25 所示的配置中，这些冗余的 UPS 系统通过热并机柜连接。热并机柜配备有断路器，可以完全隔离或并联两路电源。

在正常运行时，两路供电中间的断路器是断开的，两个冗余的 UPS 系统彼此隔离。左侧的 UPS 系统将其输出馈送到左侧总线。在故障状态或例行维护期间，中间的断路器将闭合，左侧断路器将断开，然后右侧的 UPS 系统为 A 总线和 B 总线同时供电。对负载而言，它们获得的电源电压、频率或电能质量没有变化。

第 25 章 不间断电源系统

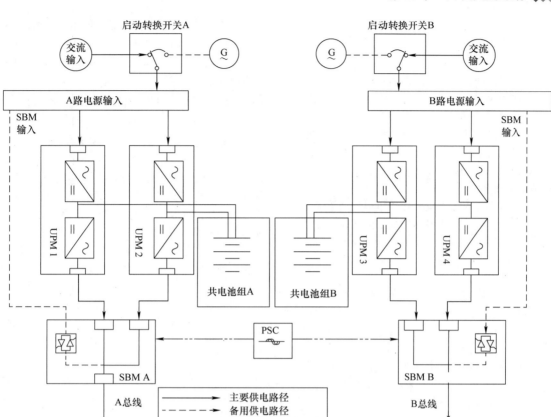

图 25.24 双总线配置中采用多个 $N+1$ UPS 系统（Eaton 提供）

注：每条总线都有自己的系统旁路模块（SBM）和带发电机的上游启动转换开关（ATS）。每组不间断电源模块（UPM）使用一个普通电池组。

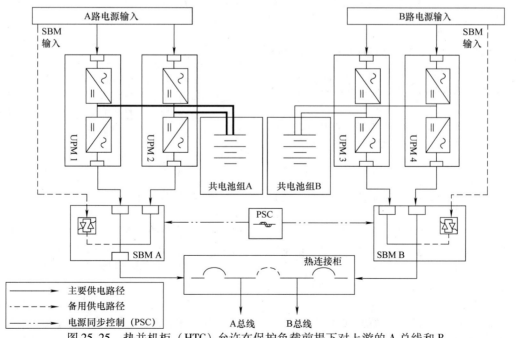

图 25.25 热并机柜（HTC）允许在保护负载前提下对上游的 A 总线和 B 总线进行维护（Eaton 提供）

435

25.6 UPS 预防性维护需求

做工精良的 UPS 只要维护正确、工作环境稳定，完全可以安全可靠地运行 20 年以上。如果没有正确的维护，即使再好的 UPS 也会发生故障。因此，在选择 UPS 硬件维护方案时，应该选择经验丰富、专业知识强和资源雄厚的服务商，这样才可以提供全面、高质量的技术支持，安全和快速地完成维护任务。

研究表明，定期预防性维护可以提前检测和修复潜在的问题，避免其成为重大的问题，导致产生高昂的成本，它是实现设备性能最大化的关键。事实上，日常预防性维护可以明显地降低 UPS 停机的可能性。

选择 UPS 的服务商是一个复杂的决策。一些客户只是从 UPS 制造商处购买服务或延长保修期，而其他客户则倾向与独立的服务提供商签订合同；少数客户雇用了设备维护工程师，他们能够维护全部或部分的电力设备；还有一些客户只在选择出问题时才使用 UPS 服务。所有的选项都有利弊，没有十全十美的选择方案。

25.6.1 决定服务供应商和计划的常见问题

1）如果 UPS 无法提供可靠的备用电源，导致的停机成本是多少？

2）持续供电对数据中心应用有多重要？只是一次使用不便，还是会失去客户，损坏产品或关闭关键服务器的网络？

3）为了获得 UPS 的紧急维修服务，我可以等多久？一周、一天或一小时？

4）自然灾难期间，我在"优先级表"上的地位如何？

5）距离数据中心 161km 范围内，有多少训练有素的现场工程师熟悉我们的 UPS，并可以携带正确的部件？

6）我对 UPS 服务有预算或成本限制吗？

7）我需要多少定期的预防性服务和可以负担多少费用？

8）制造商推荐什么级别的服务？

9）是否已为电池、电容器或其计划外的部件更换编制了预算？

10）我是否拥有合格的电气人员来进行一些或所有必须的维护？

11）我承受 UPS 故障导致的风险能力是多少？如果 UPS 出现故障，对我个人会有怎样的影响？

无论你最终采用哪种方案，有效的预防性维护计划都可以节省时间和资金，最小化业务中断和停机成本，延长关键电源设备的使用寿命并提高总体投资收益率。

25.6.2 选项1：UPS 制造商的服务体系

与 UPS 制造商签订服务合同可以带来许多好处。首先，客户可以通过 UPS 现场技术人员获得更多的专业知识，提升能力。这些技术人员掌握 UPS 功能的最新、最全面的信息，以及访问最新固件和升级套件工具的权限，以便维护 UPS 的最佳性能。此外，技术人员有高级故障排除能力，可以缩短平均故障维修时间。在提供 UPS 服务时，没有谁能比他们更精通和了解该产品的专业知识。

除了提供由设计工程师、技术支持人员和其他专家组成的完整支持体系以支持其现场技术人员外，UPS 制造商通常还有很多现场人员和后台资源。此外，制造商通常会制定经常被客户忽视的风险缓解程序，如安全程序和适当水平的保险保障建议。

制造商提供服务的另一个显著优势是服务从首次呼叫就开始启动，技术人员可随时从库存货车或区域仓库中获得备件，确保快速解决 UPS 问题。此外，许多服务计划包括零件套件和产品升级的折扣，这可以显著降低总体维护成本。

为了满足客户的各种需求，UPS 制造商提供各种服务，包括标准保修、延长保修、预防性维护和众多级别的服务合同，以及工时和材料（T&M）计费。许多还具有增值服务支持，如远程监控。更重要的是，大多数制造商提供的服务合同包括 7×24h、响应时间从 2~8h 或次日响应等选项，这对关键任务环境中的客户来说是一个特别具有吸引力的优势。虽然与独立服务提供商相比，制造商的服务价格可能略高，但物有所值。

25.6.3 选项2：独立服务提供商的服务体系

独立服务提供商是第三方组织，通常为 UPS 或电能质量设备提供一系列服务，如专业维护、咨询、启动、安装和紧急服务。虽然独立服务提供商的定价时常低于 UPS 制造商，但他们通常也拥有较少的可用资源，并且可能没有全面受过该型号 UPS 的操作培训。

虽然独立服务提供商的现场技术人员通常接受过一个特定的 UPS 产品或品牌的培训，同时可能通过或没有通过 UPS 制造商的认证，事实上几乎不可能针对技术人员进行所有制造商 UPS 型号的全面培训。此外，由于 UPS 产品不断更新和更改，如果技术人员最近没有经过制造商培训，他或她可能不具备相关的知识来为 UPS 提供充分的服务。

当涉及维修部件时，一些技术人员可能携带适当的部件或从中央仓库获得。但是，他们的仓库很难为所有品牌提供本地供应的适当部件。通常，独立服务提供商因为本身的资源有限，会使用 UPS 制造商的设计工程师、技术支持和专家的支持体系，以支持他们自己的现场团队。保险和安全记录有可能会或不会被保留在一个可接受的水平。除非制造商签订合同，独立服务提供商通常不能提供工厂保修，但他们确实能提供预防性服务、各种级别的服务合同及 T&M 计费。有些还可能会提供增值服务支持，如远程监控。

25.6.4 选项 3：自我维护的服务体系

如果一个团队拥有足够的电气和安全技能的内部资源，那么对 UPS 进行自我维护可能才有经济效益。自我维护最重要的方面是制定有效的计划，其中执行例行的定期维护，并且主动解决如电池和电容器等常见的器件损耗问题。

现场应急响应培训使技术人员能够了解特定 UPS 的操作、安全、环境问题和预防性维护的基础知识。此人还必须了解特定事件所需的各种警报条件和响应，以及各种应用的正确启动和停止 UPS 的步骤。

从 UPS 制造商处获得的备件套件可以保障自我维护 UPS 的需要。但是，该团队从专业服务提供商获得更多关键的维修、升级或日常维护非常重要，以此补充自我维护资源。

在考虑采用自我维护的服务体系之前，请考虑以下问题：

1）公司内部是否拥有了解 UPS 基本知识和电气技能的人力资源？如果有这样的人，那么他是否有时间进行 UPS 维护？

2）团队是否制定了具体的自我维护计划，包括更换常见损耗器件的时间表？

3）是否已从 UPS 制造商处购买了备件套件？

4）是否已确认有外部服务资源可以协助更复杂的维修？

25.6.5 选项 4：T&M

T&M 是一种常见的 UPS 维护方案，主要适用于某些特定的场景，如非常旧的 UPS 型号，没有可用的服务合同。如果是复杂的多模块 UPS 系统或冗余 UPS 的架构，这种服务体系的成本会非常高。

T&M 随时可供使用，通常按小时计算人工费，且有最少工时数的报价要求。通常工作日加班和周末工作的服务报价会更高一些。T&M 的响应时间通常是"尽力而为"，无法保证到达时间，因为在服务提供商的定义中，购买其他类型服务合约的客户始终优先于 T&M 客户进行处理。

T&M 模式的另一个缺点是备件费用通常非常高。例如，一台普通三相 80kVA UPS 的电路板价格大多超过了 5200 美元，其中功率模块的价格超过了 10000 美元，更大功率 UPS 在维修时可能需要更换多个功率模块。

对任务关键型组织，紧急情况下响应时间的不确定性和计划外维修的财务风险，会降低 T&M 这种方式的吸引力。从另外的角度来看，T&M 可能适合于自我维护的服务体系，如 UPS 未开始正式使用，或者制造商/独立服务供应商已经进行了预防性维护，客户评估现有的应用没有风险（零件、维护人员和应急响应不是关键问题），不购买单独的服务延保合同。

如果你正在考虑 T&M 的方案，首先要考虑以下问题：

1）你的特定 UPS 是否有可用的服务计划？
2）贵组织的 UPS 有多复杂？
3）你的 UPS 是经常使用还是偶尔使用？
4）你的 UPS 是否支持关键任务的应用？
5）如果 UPS 出现故障，你的组织是否可以承担不确定的停机时间，直到技术人员能够安排维修请求为止？
6）贵公司是否有足够的资金用于支付 T&M 的服务费用？

25.7 UPS 系统的管理和控制

即使安装了 UPS，如果长时间停电或 UPS 长时间过载，你的 IT 系统仍可能发生故障。通信软件不仅可以提供 UPS 状态的实时通知，还可以在发生电源故障时自动执行指定操作。这个功能是非常有帮助的，可以让你的系统连续运行，而不需要手动关闭受影响的设备。

在过去的 20 年中，大多数 UPS 系统都带有软件，可以向一台或多台服务器发出市电电源丢失和 UPS 电池模式供电的信息。如果市电没有恢复且电池能量接近耗尽时，软件将关闭所有打开的应用程序，以防止任何数据丢失。在恢复市电电源后，系统将自动重启，使系统恢复到先前的状态。该解决方案最初是在由单台 UPS 保护的小型 PC 服务器上实施，然后转移到具有一系列操作系统的大型系统，其中许多操作系统是 IT 设备制造商专有的。通常采用 RS232 串行端口建立通信，或者通过继电器建立简单的控制信号。

随着 IT 系统规模和数量的增长，串行通信（无论是 RS232 还是 USB 端口）被网络通信所取代，以实现多台 UPS 与多个服务器之间的通信。在这种类型的安装中，UPS 在网络上被分配了自己的 IP 地址，并且可由该 UPS 供电的所有服务器来进行远程访问。当出现电源故障时，每台服务器可以通过编程去关闭或监视 UPS。

因为网络和 UPS 通信硬件和软件变得更加复杂，通过电源管理软件开发了一些其他的自动化特性，包括通过电子邮件、寻呼机或短信息进行远程通知的功能，允许生成报告和进行趋势分析，关闭数据库的复杂脚本或停止服务的程序等。即使

有了这些进步，典型安装也包括具有单个操作系统的服务器，并且在每个服务器上运行的单个应用程序。

虚拟化现在带来了一系列新的复杂性，因为操作系统和物理硬件之间的联系不再是标准。某些 UPS 软件供应商必须确保在每台虚拟机和主机上都安装了关机软件代理。如果虚拟机的数量很大，这可能会非常烦琐，这已成为许多虚拟化环境中的标准。领先的 UPS 制造商开发了新的软件平台，通过将其软件集成到 VMware 的 vCenter® 或 Citrix XenCenter® 等虚拟化管理平台，降低了管理复杂性。在这些开发环境中，单个安装的软件可以控制和关闭任何服务器群集。另一个好处是在断电时启用虚拟机的自动实时迁移，因为你不再局限于关闭服务器和停止操作的选项。现在，通过此集成可实现业务连续性，不仅可在 vCenter® 上使用，还可在 Microsoft SCVMM 或 Citrix XenCenter® 上使用（图 25.26）。

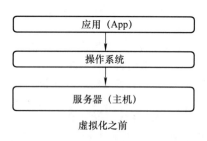
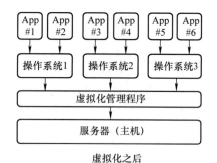

图 25.26　虚拟化技术从大型机架构降低到单个服务器级别（Eaton 提供）

总结一下，完整的电源管理应用程序可以帮助公司：

- 从可以访问因特网的任何位置监控和管理其 UPS。
- 自动通知关键人员或发出警报。
- 对连接设备进行有序、无人值守的关闭，或者更好地使用虚拟化软件来移动虚拟机，以最大限度地提高关键应用程序和硬件的可用性。
- 有选择地关闭非关键系统以优化运行时间。
- 通过分析和绘制趋势图，在问题发生之前预测和预防问题。
- 通过开放标准和平台与现有网络和管理系统集成。

25.8　结论和发展趋势

现代企业在 IT 基础设施中投入了大量的资金，以保持其运行所需的电力。他们通过投资基础设施来保持生产率和竞争力。如果 IT 基础设施无法抵御电网的骤降、尖峰和中断的影响，那将是一个大的问题。

完美的电源保护方案是采用高质量和高效率的 UPS 系统，进而保持 IT 基础设施的高可用性、用电成本的可管理性和数据的安全性。通过熟悉 UPS 的基础知识和了解 UPS 的选型方案，数据中心运营商可以确保关键 IT 基础设施始终采用清洁、可靠的电力，进而保障数据服务业务的正常开展。

第 25 章 不间断电源系统

随着IT系统的不断发展，不断有IT设施运营商希望挑战传统的设计方案，用全新的架构来进行配电系统设计，从而推动整体设计成本的降低。随着IT冗余平台可靠性的提高，他们开始寻找减少电源冗余层次的方案。虽然这些方案在短期内可以降低IT基础设施的硬件投资，但目前无法预估降低冗余层次后系统长期运营的可靠性。

参 考 文 献

[1] http://www.nema.org/Standards/Pages/Uninterruptible-Power-Systems-Specification-and-Performance-Verification.aspx. Rosslyn: National Electrical Manufacturers Association. NEMA PE 1-2003; 2004.

延 伸 阅 读

Corrigendum 1—Uninterruptible power systems (UPS)—Part 1: General and safety requirements for UPS. Geneva: International Electrotechnical Commission. IEC 62040-1 Ed. 1.0 b Cor.1:2008.

Crow LH. Achieving high reliability. J Reliabil Anal Center 2000;4:1–3.

Dod Guide for Achieving Reliability, Availability, and Maintainability. Washington, DC: Office of the Secretary of Defense; 2005.

IEEE guide for batteries for uninterruptible power supply systems. New York: Institute of Electrical and Electronics Engineers. IEEE Std 1184-2006 (Revision of IEEE 1184-1994).

LaCommare KH, Eto JH. *Understanding the Cost of Power Interruptions to U.S. Electricity Consumers*. Berkeley: Ernest Orlando Lawrence Berkeley National Laboratory; 2004.

Reliability prediction of electronic equipment; 1995. MIL-HDBK-217F.

第26章 直流网络在数据中心的应用

瑞典斯德哥尔摩IBM公司　索菲亚·伯格维斯特（Sofia Bergqvist）　著
香港朝亚公司　沈添翼　译

26.1 引言

数据中心的用电量常常达到数百兆瓦，大型数据中心的用电量甚至可以超过500MW。世界上所有数据中心的用电量总和几乎可以与航空运输业相比拟。运营数据中心带来的高额的能源成本和大量的二氧化碳排放促使人们寻求可替代的、高效的供电设计方案。其中一种减少用能的方案是针对所有数据中心内的服务器使用直流系统供电，从而减少交流和直流之间的转换。

与传统的交流供电设计相比，直流供电解决方案在效率和可靠性方面有许多优势。直流供电技术也使其他方面，如更高效地与可再生能源进行整合成为可能。

本章将重点讨论这种技术的优缺点、已完成的相关研究及当前市场趋势。一些全球使用直流供电运营数据中心的案例也在本章中有所展示，以向数据中心业主和运营商提供一手的实用信息。另外，在本章开头加入了对于过去几十年来供电系统变革的背景回顾及对未来技术发展的展望。

本章旨在将技术性、经济性、安全和环境等诸多因素通盘考虑，就直流技术的内涵及在当下发生此技术变革的原因给读者一个完整的概念。

对其他方面，如直流技术的设计、与可再生能源的整合、可靠性及投资成本等也做了一些思考。

26.2 爱迪生的复仇

在19世纪末和20世纪初，经常有关于交流和直流的争论。托马斯·爱迪生作为灯泡的发明人，大力宣扬使用直流技术，而尼古拉·特斯拉则是交流技术的拥护者。逐渐地，在20世纪后期，交流供电成为占主导地位的技术。大部分过时的直流电网被替换为交流电网，交流供电成为家庭和建筑（终端供电）及远距离输电的标准。

然而，在过去的几十年中，由于直流技术的若干优点，人们发现了许多应用领域，其中本地直流电网和长距离直流供电线建议用来取代交流电。在本节中，讨论了交流何以战胜直流的背景，以及直流为何及在哪些领域又被重新引入。

人们正为直流电网发现新的应用，这也证明了托马斯·爱迪生的正确性。尽管一个世纪以前在直流交流之争中被打败，托马斯·爱迪生现在一定程度上实现了复仇。为此，我们常将对直流供电的新的兴趣称为爱迪生的复仇。

26.2.1 交流曾经战胜直流的原因

在20世纪初，直流曾经作为标准为住宅和建筑中的电动机和灯泡等供电。然而，以当时的技术很难切断直流电并实现不同电压等级的转换，从而使人们转而支持交流。20世纪初期对于使用何种技术的争论有时被称为"直流交流之战"。

26.2.2 长距离直流配电

大规模长距离配电线路，如连接水电站与城市的配电线路，需要非常高效[1]。随着城市化，以及新建水电站、核电站和火力发电设施，对于长距离配电的需求正在增加。

传统意义上，交流被用作长距离配电。但由于交流电的性质，对长距离配电线路的电能质量和效率存在影响。事实证明，直流在长距离大功率点对点输电方面更为经济和高效。

交流供电有更多的控制变量，如频率和相位，这使不同交流供电电网之间的同步比直流供电更为复杂。另一方面，直流供电更适用于此目的，因为它本质上更为"简单"，从而使配电更为高效[2]。

在长距离配电中，使用直流供电取代交流供电也降低了传输无功功率的要求。当前的电网必须传输所谓的无功功率。无功功率不产生实际用途，但需要在电网中为其预留"空间"。电网运营商有时需要安装特定设备来补偿电网中的无功功率[3]。

26.2.3 建筑内的直流供电

尽管我们日常生活中的大部分设备，如计算机、LED照明、控制系统和机器人等，都由直流供电，但交流供电仍然是建筑配电的标准。在欧洲，根据欧盟的最新方向，2020年以后建设的所有建筑必须基本实现"能源中立"。这意味着这些建筑需要产出与其所消耗的一样多的能源。所产出的能源将来自建筑内安装的可再生能源。

这就促使人们寻找更为高效的建筑配电网络。由于目前几乎所有的设备均使用直流供电，并且可再生能源也产出直流电，因此建筑内使用直流配电网将最为高效。一些大公司，如西门子和ABB正在低压直流电网领域投资研发，有时这也被称为"智能电网"[4]。

直流配电网络可以简单高效地与各种规模的太阳能电池结合。由于太阳能电池的输出是直流的，无须进行交直流转换，因此系统的效率更高。当需要增加由太阳电池阵列提供的电能时，只需简单地与电池和市电供电进行并列。风力发电也可以与直流电网结合，且无须额外的交直流转换。

回到用户侧，几乎所有电网内的用电设备都是电子产品，并且该比例还在增加。这是由于电子领域的技术发展及高效使用电能的需求。

电网并非专为电子设备设计，因为在建立电网时尚不存在电子设备。断开电子设备的直流电流并不会产生电弧并引起火灾危险。这是因为在实际运用中，所有的电子设备都带有用于储能的内部电容器，这就意味着在断路器动静触头之间不会存在产生电弧的冲击电压。电网与负载（如建筑电气设备）的界面并不适用于现代电子设备，为此并不十分节能。这一点导致了不必要的电能损耗和成本、电网扰动、电气环境问题、谐波、磁场及更高的设备费用等。

进一步说，如果电气设备的供电单元只需要直流/直流变换而不需要交直流变换，那么电气设备将更为高效，成本也更低[3]。

数据中心是使用直流为部分建筑负荷供电的完美示例。所有的服务器、电池和LED照明均在直流下运行，再加上太阳能电池等可再生能源运用，产生了将传统交流供电向更为高效的直流供电转换的需求。

在建筑中使用直流供电取代交流供电的另一个原因是直流供电更为节省配电线缆中铜材和铝材的使用量。飞利浦公司在荷兰做了关于交流和直流运用于建筑配电的评估[5]。评估结果显示，在同等的压降标准（5%）和温度条件下，比较230V单相交流和380V直流，直流可节省37%的铜截面；而相应地比较三相380V交流和两相760V直流（±380V），直流可节省44%的铜截面。即使在实际运用中并不能完全减少导体材料的使用量，仍然

可以实现配电系统中能量损耗的降低。

另外，直流供电不会产生噪声。直流供电为零频率，不会在灯具和其他设备中产生振动。交流供电在欧洲为50Hz（在北美为60Hz）。50Hz在很多设备中（如灯泡、灯管）会产生振动，这在不同程度上产生蜂鸣声及或多或少的强噪声。即使噪声并不强烈，但始终存在，并产生不可见的压力，会不同程度地影响各类人群。

建筑配电使用直流的一个缺点是直流没有类似交流的过零点和自动熄弧装置。这使直流比交流更难开断，并在切断感性负载电流时可能会产生电弧。在直流配电应用广泛的飞机上，电弧监测一直以来就得到运用；在建筑设备中，接线盒或分线盒中的接线松动在交流和直流系统中均可能存在。现在已有可应对电弧问题的产品，并且很多地方都在研制主要针对太阳能电池系统的新产品。在多起严重的太阳能电池系统火灾事故后，国际电工委员会（IEC）目前正在起草针对太阳能电池设备的电弧保护标准。

26.3 数据中心电源设计

计算机是一种以逻辑方式处理和存储数据的机器，确保信息可以从计算机中按需取回。为了确保信息的质量，计算机需要持续运行，即使在失电的情况下也不例外。在笔记本计算机中，其自带的电池可以解决这一问题。笔记本计算机经过整流器由直流供电。

数据中心中的服务器没有确保不间断运行的能力。为此，数据中心通常通过不间断电源（UPS）供电。不间断电源的主要目的是通过电池（或飞轮，见下文）为计算机供电，从而确保计算机不间断运行。不间断电源连续运行，并在一定时间内提供电力，使计算机可以正常关机或备用电源可以启动工作。

不间断电源可作为供电网络的延伸。电流从不间断电源注入计算机的供电单元。供电单元接着向服务器提供12V或5V的直流供电。

传统中，数据中心使用交流供电。

26.3.1 传统上使用交流供电的数据中心

图26.1所示为传统数据中心的供电方式。在瑞典，标准的输入是三相400V交流电，从接自电网的变压器引出；负载侧（在数据中心中即指服务器）使用230V交流供电。大型数据中心经常直接连接至12kV高压输电线。

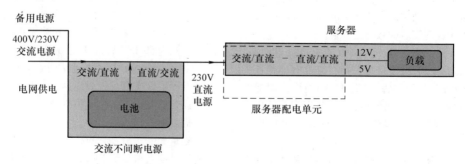

图 26.1　传统数据中心的供电方式

注：图中引自电网的 230V 交流电是瑞典标准。

集中式不间断电源使用交流为所有的数据设备供电。供电至设备的交流电接着转换为 12V 或 5V 的直流电。

不间断电源的储能装置可以是电池或动态飞轮。动态飞轮有时作为电池的替代方案在数据中心中用于储能。大部分数据中心还配备柴油发电机组作为备用电源。

26.3.2　作为替代方案的直流供电

由于数据中心内大多数的 IT 设备在直流电下运行，包括不间断电源内的储能电池，一种提议取代交流供电的设计是在整个数据中心中使用直流供电，从而可以省略若干交直流转换的步骤。这将提高系统效率。直流供电方案的定义和概念在下文中提出。

26.3.2.1　直流系统定义

图 26.2 所示为直流供电数据中心的建议解决方案。在本方案中，图中打"×"的转换步骤可以略去。通常由三相交流电供电的数据中心都配备有隔离变压器，接入 10kV 高压或接入 400V 低压，并向整流模块提供 230V 交流电。此后，电流通过不间断电源直接注入服务器的配电单元。

图 26.3 所示为采用直流而非交流向供电单元供电的概念。使用直流供电方案可节省在交流供电单元的滤波器或/和预调节器上消耗的能量。

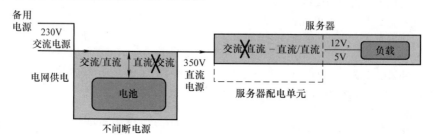

图 26.2　直流供电数据中心的建议解决方案（该设计中打"×"的转换器已去除）

注：图中引自电网的 230V 交流电是瑞典标准。

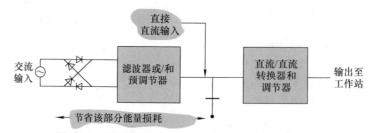

图 26.3　采用直流而非交流向供电单元供电的概念

26.3.2.2　为何使用 380V 直流供电

对数据中心内使用直流供电的研究有时指直流 48V，有时指直流 380V。使用直流 48V 的原因要追溯到通信行业，48V 直流在该行业有着很长的应用历史。为此，设计48V直流供电方案的技术和组件更容易获得。

但是，380V直流系统有着更高的效率。这是因为与48V直流系统相比，380V系统电压更高，从而可以得到更低的电流，为此可降低数据中心内的损耗和线缆截面面积[6]。因此，在欧洲，380V直流供电是当前的行业趋势。

26.3.2.3 机架级或机房级交直流转换

直流供电数据中心有几种不同的系统设计方式。最常见的是在输入侧实现交直流转换，我们称为机房级，在此之后通过380V直流配电向服务器供电。

另一种方式是使用标准的交流不间断电源结合机架级的交直流转换器，再通过低压直流向服务器供电。但这种方式比更高效的机房级交直流转换有更多的转换步骤。图26.4所示为数据中心不同配电系统的设计方案[7]。

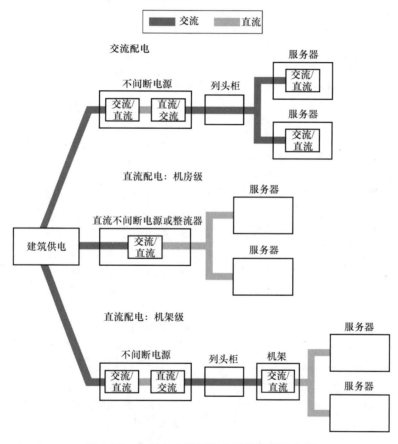

图26.4 数据中心不同配电系统的设计方案

26.4 为何在数据中心内使用直流系统

在比较传统交流系统设计和直流系统解决方案时，需要考虑几个因素。环境、经济性及可靠和安全性是其中最重要的几个因素，必须加以考虑。考虑这些因素，将在本节中对直流技术的优缺点加以讨论。

26.4.1 效率

高效的系统是降低运营成本和减少二氧化碳排放量的关键。表26.1列出了两种不同系统的效率。该数据由Uppsala大学Netpower实验室提供。试验使用IBM XIV存储系统，比较了传统交流供电方案与直流方案的能效。通过测量不同负载下电源的输入输出量，然后计算出效率，该表同时列出了正常运行时每年的能源使用情况。

表 26.1 交流系统和直流系统的效率[8]

设计方案	交流系统	直流系统
不间断电源效率	0.91	0.97
配电单元效率	0.74	0.93
总效率	0.67	0.9
总功耗/W	5300	4000
年度电能消耗量/kW·h	47000	35000

从表 26.1 可以看出，在本研究中，直流系统的效率为 0.9，相较而言传统交流系统的效率仅为 0.67。

表 26.2 列出了劳伦斯伯克利国家实验室 2008 年发布的一份报告中关于交流系统和直流系统的比较。在该研究中，将两种交流系统（一种称之为典型交流配电系统，另一种称之为最高效交流系统）与直流配电系统进行了比较。本项目为高校与一些行业专家的合作项目。报告结果显示，直流配电系统效率为 0.85，而典型交流配电系统效率为 0.61，最高效交流配电系统效率为 0.79。交流和直流系统的效率是在为期一年的运行中测得的[9]。

表 26.2 交流系统和直流系统的比较
（劳伦斯伯克利国家实验室）

系统效率	不间断电源效率（%）	隔离变压器效率（%）	配电单元效率（%）	系统效率（%）
典型交流配电系统	85	98	73	61
直流配电系统	92	100	92	85

系统能耗	计算机负荷/W	输入功率/W	效率增加
典型交流配电系统	10000	16445	
直流配电系统	10000	11815	
直流系统相对交流系统能效改善（%）			28.2

减少的年度电能使用量同时可降低数据中心所需制冷量。IT 负载每使用一度电意味着需要 1kW·h 的制冷量。

26.4.2 可靠性

可靠性对于数据中心业主而言是最重要的因素之一，它的定义是系统在一段指定的时间内稳定地执行所要求功能的能力[10]。政府、机构和企业均依赖于其 IT 系统全天候运行。

与交流相比，直流控制变量更少，这也减少了直流系统中可能发生故障的组件数量。表 26.3 列出了交流和直流方案中的控制变量。

表 26.3 交流和直流方案中的控制变量

传统交流方案	直流方案
电压	电压
频率	无
相位	无
波形	无
电子开关	无

交流供电的特点是控制变量众多，如电压、相位、频率、波形，这些都需加以考虑。而另一方面，直流供电非常简单，仅有电压这一个控制变量，这使数据中心的供电方案设计更为简单，从而使运行更为安全可靠[11]。根据英特尔实验室在 2010 年所做的可靠性的预测，直流系统在 5 年内发生故障的概率为 6.72%，而传统交流系统则为 13.63%[12]。

关于可靠性的实际测量，日本 NTT Facilities 在 1995—2005 年间实施了一项研究，记录了交流不间断电源和直流不间断电源的故障次数。结果表明，直流系统的可靠性远高于传统的交流不间断电源。实验结果基于对 23000 套直流系统和 10000 套交流系统的统计数据。直流系统在九年中无运行故障，而交流系统每年至少有一起故障。

26.4.3 冗余

冗余指系统中功能组件的复制或一些场合的三倍复制，从而增加在组件故障情况下的可靠性。设计和建设一套冗余的直流系统比设计和建设一套具有同样冗余程度的交流系统更为简单，这是因为直流不间断电源可以直接并列运行，不需要相位同步，而当数个交流设备连接在一起时，需要进行调整和同步。

26.4.4 谐波

谐波是由计算机、打印机、荧光灯等非线性负载引起的正常正弦波形的变形。非正弦谐波失真示例图 26.5 所示。

图 26.5 显示的是一个电气谐波。谐波电流会导致电能质量问题，并在复杂的交流供电环境，如交流供电的数据中心中产生热量[11]。当今，人们

使用功率因数校正设备[13]来解决这一问题。

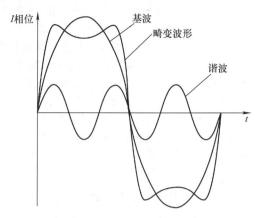

图26.5 非正弦谐波失真示例

由于在对应的直流供电系统中没有正弦波形，为此该问题在直流系统中不存在。

26.4.5 故障和泄漏电流

故障电流是发生在电力系统中的异常电流，可引起干扰。系统通过电气熔断器来保护故障电流侵袭。交流系统比直流系统更容易断开故障电流，因此直流系统中需要使用专门适用于直流系统的熔断器。

泄漏电流发生在绝缘不良的电气设备内，如果人们触碰设备的导电部分，泄漏电流将构成威胁。导电部分通常与保护导体相连，只要保护导体不发生故障，它将消除泄漏电流带来的风险。但是，如果保护导体出现故障，则当人们触碰设备时，可能会产生有危险的泄漏电流。这些电流有时通过电源滤波器产生。在电源滤波器中经常使用电容，这为交流泄漏电流提供了通路，但直流系统中不存在该情况。交流系统中的泄漏电流或称之为保护导体电流，存在越来越高的趋势，这在某些情况下妨碍了人们使用漏电保护器[14]。

26.4.6 可扩展性

随着对计算机容量需求的增长，在数据中心内灵活部署服务器的需求也越来越高。直流和交流系统均可采用模块化构建，从而实现可扩展性。然而，当使用直流系统时，系统增容和降容都较为简单，因为不需要同步及额外的交流/直流转换步骤。

26.4.7 标准

由于人们对于在数据中心和建筑（即所谓微电网）中使用直流的兴趣日渐增加，因此涌现联盟（EMerge Alliance）等行业协会正协同工作，以制定通用标准。该联盟包括数家数据中心设备供应商及大学和政府机构。

国际电工委员会（IEC）是一个国际性的电气行业权威机构及其相关技术委员会（TC），正深度参与现代直流系统运用的标准化。另外，欧洲电信标准协会（ETSI）也在就直流系统的运用制定标准。

26.4.8 安全

当谈及个人安全时，直流比交流有几个优势。当一个人碰触交流电缆时，将产生心肌痉挛反应，并且由于交流供电的频率将很难松开电缆。反之，当一个人触碰直流电缆时，尽管会触电，但会立即松开电缆[15]。

反对使用直流供电的一个常见论点是断开电流的问题。最初电网均通过直流电向家用电器供电，由于难以断开直流电流（有时这会引起火灾），交流供电逐渐取代了直流供电。然而，仅当直流电源向感性负载（电动机、散热器）供电时才存在断开问题。当前数据中心内大部分设备由容性或阻性负载（计算机、紧凑型荧光灯等）组成，也称为电子负载[8]。在电子负载中，总有能量储存于电容器内。当断开与电网的连接时，负载从电容中获得储存的能量而非从电网处获得。因此，当断开供电时，在开关或插座处不会产生火花或闪光。

26.4.9 环境影响

此数据中心电源设计新解决方案的一个重要方面是环境影响。保持数据中心的生态友好和尽可能减少碳排放量对于当今大多数数据中心业主来说至关重要。

直流系统比目前数据中心内传统使用的交流系统更为高效，这降低了对环境的影响。根据数据中心所在地的能源组合（如当地可用的能源种类），减少的碳排放量可能不同。

然而，通过化石燃料（如煤、天然气、石油）生产能源仍在全球电力生产中占主导地位。更高效地利用电能也意味着降低碳排放量。

而且，从数据中心生命周期的角度来看，减少电力系统设计中所需的组件可以降低数据中心对环境影响。

另外，使用直流供电方式生产和运营大型的冷却设备所造成的环境影响低于使用传统的交流系统。

26.4.10 成本论证

在设计数据中心时，需要考虑两个经济方面：

资本成本和运营成本。

26.4.10.1 运营成本

用单一的转换（交流变直流）取代传统交流系统设计中的多重转换可实现最大程度的节能。

同一领域的其他研究表明，对于一个 5.5MW 的数据中心，将基于交流的系统设计替换为基于直流的设计，每年可节省 15 万美元的财务支出[12]。

人们针对数据中心交流和直流系统的能源使用情况进行了若干研究。表 26.4 列出了两种不同系统的年度运营成本。该研究由 Uppsala 大学进行，研究对象为一套 IBM XIV 存储系统。1kW·h 电价参照 2011 年瑞典电网价格。

表 26.4 年度运营成本[8]

系统方案	交流系统	直流系统
年度运营成本（含冷却）/美元	7000	5200

由表 26.4 可以得出，对于一套存储系统，使用直流系统每年可节省 1800 美元的运营成本，这同时意味着节省约 25% 的运营成本。如果将一个大型数据中心内的服务器或存储服务器的数量进行相加，则节省的运营成本将非常可观。

26.4.10.2 资本成本

直流供电解决方案意味着更少的组件，从而可以降低生产成本和资本成本。根据英特尔实验室 2010 年发布的一份报告，在数据中心内使用直流电可节省 15% 电气设施成本[12]。对于制冷量需求的减少也会降低冷却设备的投资成本。

然而，由于交流供电是目前的标准，有很多供应商提供交流设备，而针对基于直流的不间断电源，有几家公司正投资该项技术并在市场中提供解决方案。几家大型服务器供应商也投资于该新技术的研发，并开始在市场中提供基于直流的配电单元。

转变为直流供电方案的一项额外支出是教育和培训技术人员运用和开发该系统。

26.4.11 空间节省

另一个经常被提及的因素是使用直流供电方案比传统的交流方案存在节省空间的可能性。由于减少了组件和冷却需求，使空间节省成为可能。根据英特尔实验室的研究[12]，直流系统方案比交流方案最高可节省 33% 的空间。

26.4.12 与可再生能源的整合

支持数据中心使用直流供电的一个强有力的论点是直流方案可以提升与可再生能源和燃料电池的整合。当将可再生能源整合至数据中心供电系统时，使用直流供电有几个好处。这是因为与传统的使用交流系统数据中心相比，直流系统可以省去很多转换步骤[16]（图 26.6）。

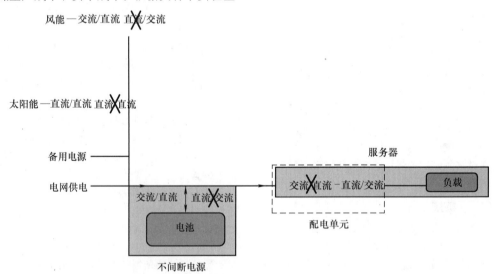

图 26.6 集成了可再生能源的直流供电数中心（图中打"×"的转换步骤在本设计方案中被省去）

通过研究图 26.6，将可再生能源与数据中心供电系统进行整合，使人们想起所谓的智能电网。智能电网有若干定义，但可以简单描述为自带植入式智能的小型电网。所谓智能指在当地可再生能源可用时，电网使用其生产的电能，而在其不可用时由输电干线供电。使用当地可再生能源产出的电能是尽可能保持低损耗的关键。

数据中心非常有利于利用可再生能源，并结合直流供电实施小规模智能电网,因为数据中心负荷全天候相对稳定,而且所有设备均通过直流供电。太阳能电池和风力涡轮机也可以直接安装在建筑上,从而消除因长距离传输带来的损耗。将太阳能电池整合入数据中心已经有成功案例,这降低了运营成本,并减少了对环境的影响[3]。

26.5 在用直流数据中心案例

全球越来越多的公司、机构和政府部门正在部署直流系统。使用380V还是48V直流供电,以及何处进行交直流转换的细节可能有所不同,但目的均是通过简化设计减少能量损耗。下述三个案例是部署直流系统且在运行的数据中心。

26.5.1 瑞典能源署

"在能源署,我们有一个可持续能源系统的愿景,并且我们将终身学习,成为瑞典能效最高的政府机关"(首席信息官,Bjorn Lundqvist)。

瑞典能源署位于埃斯基尔斯蒂纳,斯德哥尔摩以南。其直流不间断电源系统安装于2010年,数据中心内所有的服务器和存储服务器由380V直流供电。此外,他们安装了最大输出功率为12kW的太阳能电池板,用于在夏季为数据中心供电。直流不间断电源和太阳能电池板将在不久的将来为办公室LED照明和设备供电。直流供电、太阳能电池板、虚拟化和刀片服务器技术的组合使能源署能耗降低了45%[8]。

图26.7所示为瑞典能源署数据中心电源系统的原理。

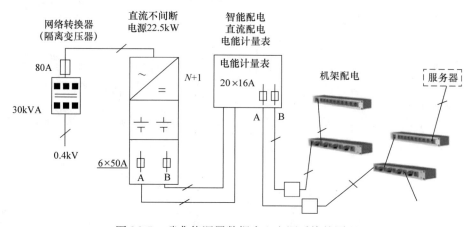

图26.7 瑞典能源署数据中心电源系统的原理

26.5.2 SAP数据中心(美国帕洛阿尔托)

在位于帕洛阿尔托的数据中心设计中,为了从业务和数据中心运行中降低能耗,进而减少对环境的影响,采用了多项创新方案。其中之一是使数据中心运行在380V直流供电下。通过在整个数据中心部署直流供电系统,预计可节省15%~20%的成本。此外,在屋顶安装了太阳能电池板并连接至数据中心,这使能耗节省了30%~40%。㊀

26.5.3 NTT集团(日本)

日本电信公司NTT多年来一直积极研究和开发直流供电数据中心的解决方案,是该领域的开拓者。他们自己的测量结果表明节省能耗15%。NTT在东京区有五个数据中心使用380V直流供电。㊁

26.6 未来趋势和结论

因二氧化碳排放导致的全球变暖,以及电力成本的上升,再加上信息技术系统对于高可靠性的要求,带来了未来对于高效数据中心的需求。至今为止,人们专注的领域经历了计算能力集中、虚拟化及新型更高效的冷却方案。采取了上述措施后,现在需要重新设计供电系统,使其成为最高效的解决方案。

㊀ www.greentechmedia.com/articles/read/the-worlds-best-green-technology,2012年11月28日。

㊁ http://www.ntt.co.jp/kankyo/e/protect/greenbyict/index.html,2012年12月1日。

与交流系统相比，直流系统可能的节省因不同的研究而有所波动，这当然也取决于使用何种交流系统与何种直流系统进行对比。能耗的减少最高可达30%，最低约为5%。即使在某些情况下能耗节省仅为5%，但我们必须记住，在一个能源消耗堪比航空业，并且电费支出仅次于人工成本的第二高成本的行业，这仍是一个非常可观的数字。

尽管如此，在直流供电成为全球数据中心供电标准之前，仍有一些障碍需要清除。最显著的是大部分服务器供应商是否或何时能够开始大规模提供直流供电的服务器。有些迹象表明，一些大型服务器供应商正开始提供380V直流供电服务器。

另一个较小的障碍可能是建设和运行数据中心的技术人员需要经过培训掌握运用直流供电的技能。

至于经常被提及的使用直流供电的安全问题，在数据中心内使用直流供电不会引起火灾危险，而且直流供电造成的人身伤害少于交流供电。

数据中心使用直流设计的一个显著优势是集成了可再生能源、LED照明和其他生产或在直流供电下运行的设备。

最后，使人们接受新的概念和新技术总是一个耗时的过程，尤其当这些新概念将挑战那些运用了数十年且关系到人们信息分享和存储的重要技术时。但无论如何，运用直流为数据中心供电的时代终将来临。

致谢

特别感谢John Akerlund理学硕士作为我的指导老师，并在我撰写硕士论文和本章节时提供的指导，感谢IBM复杂系统Rational World Wide Executive的Ben Amaba® PE、CPIM、LEED® AP BD + C所提供的指导和帮助。

参考文献

[1] Schneider D. Edison's final revenge. *American Scientist*; April 2008.

[2] Padiyar KR. *HVDC Power Transmission System*. New Delhi: New Age International; 2005.

[3] Akerlund J. Investigation of a micro DC power grid in Glava Hillringsberg—a smart grid. Stockholm: UPN; 2012. p. 10.

[4] Revolutionary power: direct current in buildings. Siemens Innovation News, IN 2012.07.3e; 2012. Available at http://www.siemens.com/innovation/en/news/2012/e_inno_1222_1.htm. Accessed on September 19, 2014.

[5] Boeke U, Wendt M. Comparison of low voltage AC and DC power grids. Eindhoven: Philips Research; 2010.

[6] Tomm A, Annabelle P, Pavan K, Dwight D, Guy A. Evaluating 400V DC distribution in telco and data centers to improve energy efficiency. Hillsboro: Intel Labs; 2007.

[7] Power distribution cuts data center energy use. California Energy Commission; 2008.

[8] Bergqvist S. *Energy Efficiency Using DC in Data Centres*. Uppsala: Uppsala University; 2011. pp. 9, 12, 15.

[9] Brian F, My T, William T. DC power for improved data center efficiency. Berkeley: Lawrence Berkley National Laboratories; 2008. p. 4.

[10] Dunn WR. *Practical Design of Safety-Critical Computer Systems*. Solvang: Reliability Press; 2002. p. 233.

[11] Murrill S. Evaluating the opportunity for DC power in the data center. Stamford: Emerson Network Power; 2010. p. 6.

[12] Albridge T, Kumar A, Dupy D, AiLee G. Evaluating 400V direct-current for data centers. Hillsboro: Intel Labs; 2010. pp. 10, 11.

[13] Spitaels J. Hazards of harmonics and neutral overloads. Palatine: Schneider Electric; 2011. p. 5.

[14] Mannikoff A. Advances in Measurement Systems. Croatia: In-Tech, www.intechweb.org; 2010.

[15] Akerlund J, Boije af Gennas C, Olsson G, Rosin D. One year operation of a 9 kW HVDC UPS 350 V at Gnesta Municipality Data Center. INTELEC 2007; Rome; 2007. p. 6.

[16] Savage P, Nordhaus RR, Jamieson SP. DC grids: benefits and barriers. New Heaven: YALE School of Forestry and Environmental Studies; 2010. p. 54.

延伸阅读

EMerge Alliance. Available at www.emergealliance.org. Accessed on May 22, 2014.

Innovations in DC technology by ABB. Available at http://www.youtube.com/watch?v=_KeMgVNlSPQ. Accessed on May 22, 2014.

Rasmussen N. AC vs. DC power distribution for data centers. Boston: Schneider Electric; 2012.

The world's best green technology? Available at greentechmedia.com. Accessed on December 9, 2010.

第 27 章 绿色数据中心机架式 PDU 的应用

美国新泽西州，力登公司　徐清一（Ching–I Hsu）　著
罗格朗中国北京力登科技有限公司　周里功　译

27.1 引言

机柜供配电单元（即机架式 PDU）正在默默无闻中崛起。作为精心设计的数据中心电源供应链的最后一个环节，机架式 PDU 的传统角色一直是为机架或机柜内的所有设备（包括各种型号的服务器、存储设备、网络设备等）提供稳定、可靠、充足的电力。虽然它担任着为运行这些关键应用程序的系统提供稳定、安全电力的重要任务，但它一直被认为只是一个简单的产品，就是一个电源插线板而已。通常，IT 工作人员只是基于设备铭牌的额定用电参数（同时考虑留出少量富余量）来告知供电部门设备需要多少电力供给，而且通常会有冗余容量和小风险的宕机时间。人们往往不会考虑电力效率或机架式 PDU 是否具有其他价值。

现在，这些都已经成为历史。在过去的几年中，系统的可用性已俨然成为一种"必须"，现在数据中心的主要关注方向在于运营成本、效率提高和资源优化。随着供电支出的不断增长，电费已超出采购 IT 设备的成本。合理使用能源已成为优先考虑的关注点。除了针对数据中心的供电成本外，还有其他影响数据中心当前运营和未来扩展的相关问题，如物理空间和电力供应的可用性、CO_2 排放量和未来的政府政策。

由于几乎所有数据中心的有效电力都会被那些连接到机架式 PDU 上的设备直接消耗掉，以及被其他一些冷却设施间接消耗掉，所以曾经一度不被关注的机架式 PDU 逐渐在数据中心管理者的视线中慢慢浮现，并开始得到重视。毫不奇怪，许多解决上述问题的主要策略，或者提高整体数据中心用电效率的主要方法，都要依靠新的功能，而不是插线板这种简单的产品：

- 为了最大限度地利用数据中心的空间和其他资源，曾经一度风行过一种趋势，就是将那些 1U 的服务器或大功率的刀片式服务器密密麻麻地部署在同一个机柜或机架上。所以，现在的机架式 PDU 通常是被要求能够提供 20 个电源插座，5～10kW 的负载，相比之下，几年前为 2～3kW，8～12 个插座。而如今，有一些 PDU 可以支持 20 多千瓦和 40 多个插座。

- 某些数据中心通过实现"熄灯式"（即无人值守）或远程运营维护来节省电力资源和提高 IT 工作人员的生产力。因此，一些智能机架式 PDU 可以提供实时监测、报告和预警的功能，以及安全可靠的电源插座控制开关功能。

- 为了确定那些幽灵设备（没有执行任何功能的设备），确定是否可以弃用、替换、合并或使用虚拟化技术来处理那些利用率不足或效率低下的服务器，有些机架式 PDU 还可提供单独插座的测量功能，协助轻松实现这种需求。

- 为了创造一个个性化、可计量和可回溯的清单以记录用电成本和 CO_2 排放量，一些机架式 PDU 在插座级别配备了高精度和实时测量用电数据的功能。

- 为了优化 IT 工作负载，并且对基础设施容量规划做出明智的决策，IT 人员和基础设施管理人员需要智能电源的集中管理平台，以持续不断地收集用电参数，并提供分析趋势和与之相关的工作负载数据。

以上这些只是机架式 PDU 选择变得重要的几个原因。

基于一些基本用电参数，如以相位数（单相、三相）、电压、总电流、分支电流、电源插座数量、进线接线种类、接头种类、机柜的负载消耗和物理尺寸，有各式各样的机架式 PDU 可供配置和选择。除了机架式 PDU 的一些基本功能，根据 PDU 的类别或种类，还能额外增加一些附加的功能，我们通常称之为计量、开关和智能化。此外，如果还是无法找到一款现成的、匹配具体要求的机架式 PDU，某些制造商可以为你定制一款，甚至设计一款全新的定制化的机架式 PDU（这也被称为 BTO/ETO，按订单定制/按订单设计）。

27.2 基本原理和准则

IT 设备通常安装在有必要的线缆、通风和制冷且方便被访问的机架或机柜中。本书前几章讨论了数据中心的供配电单元（PDU），它是被用于供电链路较前端的地方，通常是独立部署或安装在机房的墙面上。在这本章节中，我们讨论的对象只是机架式 PDU，处于供电链路的末端，仅为机柜中部署的 IT 设备供电。除非另有说明，本书以下论述的"PDU"均是指"机架式 PDU"。

PDU 在插座数量、类型、功率和物理安装（水平或垂直）方面有很多种配置。除了为机柜内 IT 设备提供电力外，还可远程开关控制设备电源、监测功耗和机柜内温度。

27.2.1 概述和产品分类

PDU 通常是安装在 IT 设备机架中，为各种 IT 设备（如服务器、网络和存储设备）提供电力。现在，有各种各样配置的 PDU 可供选择，下面主要论述四种机架式 PDU 的基本特征。我们使用弗若斯特和沙利文（Frost&Sullivan，是全球著名的市场调研、咨询公司）的分类作为一般指南（图 27.1）。在第 27.4.3 节中，将讨论每种 PDU 类型的优缺点及其典型应用。

项目	非智能型 PDU		智能型 PDU			
	基础型	监控型	整条计量	插座级计量	整条计量和开关	插座级计量和开关
核心功能						
电力分配	●	●	●	●	●	●
整条计量	○	●	●	●	●	●
输出口计量	○	○	○	●	○	●
网络连接	○	●	●	●	●	●
开关	○	○	○	○	●	●
其他功能						
环境传感器支持	○	○	○	○	○	◐
登录验证强密码	○	○	○	○	○	◐
数据加密	○	○	○	○	○	◐
用户权限控制	○	○	○	○	○	◐
附加端口，如 USB	○	○	○	○	○	◐

● 支持　　◐ 部分支持　　○ 不支持

图 27.1　机架式 PDU 的类型
（Raritan 公司提供）

机架式 PDU 一般可以分为两个大类，即普通（非智能型）PDU 和智能型 PDU。

1. 普通（非智能型）PDU

1) 基础型 PDU：是一种使用在数据中心中的

常规电源板，主要作用是将电压和电流分配到各个电源插座上，为 IT 机架中的设备提供电源。

2）监控型 PDU：允许用户在本地端显示界面查看当前的电流情况，但这个信息无法被远程读取，因为这个类型的 PDU 不提供以太网的接入功能。

2. 智能型 PDU

1）整条计量 PDU：在 PDU 级计量用电数据，这些数据机可以在本地显示，也能通过网络在远程读取，帮助用户确定机架电源的使用率、机架的可用容量，并且有利于电力的分配。通过整条计量的功能，用户可以避免电路超载，更容易计算效率指标，如 PUE。

2）插座级计量 PDU：插座级计量 PDU 在电源插座一级实现用电计量，这些数据可以在本地显示，也能通过网络在远程读取。与整条计量 PDU 一样，插座级计量 PDU 不但可以帮助用户确定机架电源的使用率和机架的可用容量，而且可让用户了解设备或服务器级别的电力消耗，有利于电力的分配；同时，可以将用电成本分配到具体的业务部门或客户。

3）整条计量、开关 PDU：除了具有整条计量级 PDU 的功能外，还提供了电源插座开/关控制的功能，方便用户配置特定的顺序远程开/关/重启设备，或者按照端口编号顺序延迟加电来减少电涌；可防止未经授权的设备用电，还可以关闭不使用的设备来节省能源。

4）插座级计量、开关 PDU：具有插座级开关和插座级计量 PDU 的功能。

27.2.2　机架的电力分配

27.2.2.1　分支电路

分支电路是源自配电上游面板、开关或配电板的电源，并且终止于安装在 IT 机架附近的接线盒中的电气插座。根据数据中心的布局，分支电路布线可以是顶部架空的，也可以是机房的架空地板下的，或者两者皆可。机架 PDU 本身可以具有多个分支电路。有关分支电路保护要求的详细信息请参见第 27.2.5 节。

27.2.2.2　分支电路的负载容量

分支电路可以提供的功率取决于电路的电气特性。向机架供电的关键因素是电源是单相还是三相。输送到机架的电量通常称为负载容量，是额定电压和额定电流的乘积，表示为伏安（VA）或千伏安（VA×1000）。给定额定电压和额定电流，可以使用这个公式确定分支电路可以提供的负载容量。

▶单相：负载容量 = 额定电压 × 额定电流
▶三相：负载容量 = $\sqrt{3}$ × 额定电压 × 额定电流

27.2.2.3　分支电路的额定电压

分支电路的额定电压取决于其大小（伏特）和相导体数量（表 27.1）。单相接线很简单，由两根导线（加上安全接地）组成，其中交流电压是两根导线上测量的单个正弦波。

三相线路更为复杂，由三（三相火线）或四（三相火线和中性）线和安全地线组合而成。三相的分支电路提供更高的功率，机架式 PDU 也需要特别设计。在 PDU 内部，三相供电的机架式 PDU 分出三条或四条多分支单相线路，这些单相电路连接到机架式 PDU 的单相插座上。

三相线路的特点是具有相同的电压幅值，但正弦交流波形的相位互相错开 120°。无论相线的数量是多少，三相线路的额定电压永远是任意两条相线之间的电压差，而不是相线和中性线之间的电压差。正如上面所描述的单相电源一样，连接在 220V 火线和中性线的线路提供 220V 交流电（AC），而连接在任何两个 220V 火线间的线路，如 L1 和 L2，则提供 380V 交流电（AC）。行业惯例，不论相线的数量是多少，或者是否有较高的和较低的电压被作为输出，三相机架式 PDU 额定电压是计算两条相线之间的电压，如 L1 和 L2 之间的电压是 380V。

三相机架式 PDU 也可以提供 400V 交流电（AC），如果其中一个相线是连接到一个中性线而不是另一条相线，它的一个单相输出的额定电压是 230V AC（400V/1.732 ≈ 230V）。这是一种在欧洲常见的电力部署。

表 27.1　分支电路额定电压和线需求

额定电压/V	分布	导线的数量	输出电压（s）/V
230	国际、欧洲、中国	3（火线 + 中性 + 地线）	230
120	北美	3（火线 + 中性 + 地线）	120
208	北美	3（火线 + 中性 + 地线）	208
400 3 ØY	国际、欧洲、中国、北美	5（3 火线 + 中性 + 地线）	230

注：图表来源于 Raritan 公司。

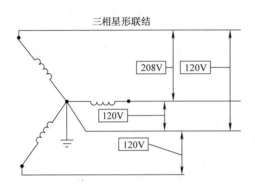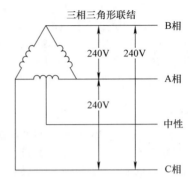

图 27.2 三相接线图
（Raritan 公司提供）

当看到三相机架式 PDU 时，你会经常看到星形和三角形联结的标识或希腊字母 Y 和 Δ。这是因为变压器电气配置图的形状看起来像三角形"Δ"的和星形"Y"。

机架式 PDU 并不转换输入电压（380V 或 400V）到一个较低的输出电压（120V 或 230V），而是通过三角形联结方式将整个 PDU 保持较高的电压上。如图 27.2 中三角形联结变压器有三个连接点，在三角形的每个角的顶点。每一个点都提供了三相中的一条线的连接。连接任何两点提供了一个回路，如上面描述的例子，L1 到 L2 提供 380V（或 400V）。

同样，采用星形联结的机架式 PDU 也不转换电压。星形变压器有三个连接点的导线，一个在 Y 的"手臂"末端和一个在 Y 的"脚"的末端，Y 的中心点是第四个连接点，也是中性线。连接三条相线的任何两条相线，如 L1 和 L2，将提供 380V 或 400V 电压。连接任何一条相线到中性线，如 L1 和中线，则得到的电压 120V 或 230V。

27.2.2.4 分支电路的额定电流

电路中的额定电流通常是由导线的粗细、材质和终端插座决定的。所有的支路都需要有断路器（或熔断器）来进行过电流保护。断路器的额定尺寸和规格需要与分支电路的布线和插座的电力承载能力一致。例如，10 AWG（美国线规）线和 NE-MA L21 - 30R 插座都是被规定为 30A，所以使用这些组件的一个分支电路必须由 30A 断路器保护。

在北美，国家数据中心电气规范（NEC 第 645 条）要求分支电路布线负载能力必须大于额定接入负载总额的 125%。为了确保符合该规定，并无须敷设过高规格的线缆，所有在北美数据中心运行的电气设备（如机架式 PDU、计算机等）必须通过 UL 60950 - 1 认证。UL 60950 - 1 限制一台设备消耗不超过其额定输入插头容量的 80%。例如，一个带 30A NE-MA L21 - 30R 插头的机架式 PDU 负载电流不得超过 24A。这 80% 的电流值通常被称为"降额"电流。表 27.2 列出了各种分支电路的可用功率。

表 27.2　各种分支电路的可用功率

分布	额定电压/V	额定电流/A	降额电流/A	分支电路可用功率/kW
中国、欧洲、国际	230	16	16	3.7
	400 3φ			11.1
北美	120	20	16	1.9
	208			3.3
	208 3φ			6.7
中国、欧洲、国际	230	32	32	7.4
	400 3φ			22.1
北美	120	30	24	2.9
	208			5.0
	208 3φ			8.6

注：图表来源于 Raritan 公司。

27.2.3　进线插头、电源插座和电源线缆

机架式 PDU 有多种类型的进线插头和插座，其设计应确保只有对应型号的插头才能插入合适的电路插座。这样做是出于安全考虑，为了保护设备。例如，一个设计为 120V 的设备不小心被接入 208V 的电路，则会被烧毁；又如，一台 30A 的服务器不小心被接入一条最高只能负荷 15A 的电路上，则不会造成电路过载。

用于数据中心的插头和插座的两大分类是由美国电气制造商协会（NEMA）和国际电工委员会

(IEC）定义的。IEC 插头和插座在欧洲和中国最常见（图 27.3）、NEMA 插头和插座在北美洲最常见（图 27.4）。然而，在北美的许多数据中心也使用 IEC 插头和插座，而世界各地的数据中心也有很多使用的都是家庭用插头和插座。

数据中心配电中的一个重要问题是电源线意外断开导致电源意外中断。现有的解决方案是将插头锁定在插座中，防止电源线与插座分离。将插头固定在插座中有三种方法：

- 插头和卡舌卡入插座，将它们锁定在一起。
- 插头插入插座，插座上有一个锁紧机构，可夹持插头接地片。
- 安装在 PDU 机箱上的电线固定夹将插头固定在插座中。

插头、插座或电线的电流承载能力越高，要求金属导电材料的性能越好，如铜，可防止电线因过热而导致电气设备发生火灾。

需要注意的是，线规号越小，导线的直径是越大。

导体周围有绝缘材料和护套，它们一般具有特殊的性能。例如，有些护套是用来预防油腐蚀。典型的绝缘和护套材料是 PVC、橡胶和氯丁橡胶。

线缆中的导线数目可以改变。下面是一些典型的数据中心配置：

▶两条导线：一条火线，一条中性线，没有接地线。
▶三条导线：一条火线、一条中性线和一条接地线。
▶四条导线：三条火线（L1、L2、L3）和一条接地线。
▶五条导线：三条火线（L1、L2、L3）、一条中性线和一条接地线。

插座	插头	额定值	插座	插头	额定值
IEC 60320, C-13	IEC 60320, C-14	15A250V UL/CSA 10A250V 国际	IEC 60320, C-5	IEC 60320, C-6	2.5A250V UL/CSA 2.5A250V 国际
IEC 60320, C-19	IEC 60320, C-20	20A250V UL/CSA 16A250V 国际	IEC 60320, C-7	IEC 60320, C-8	2.5A250V UL/CSA 2.5A250V 国际
IEC 60320, C-15	IEC 60320, C-14	10A250V UL/CSA 10A250V 国际	IEC 60320, C-13	IEC 60320, C-1	15A250V UL/CSA 10A250V 国际
IEC 60320, C-15	IEC 60320, C-16		IEC 60320, C-17	IEC 60320, C-1	
IEC 60309, 4H-R	IEC 60309, 4H-P	20A125V UL/CSA	IEC 60309, 4H-R	IEC 60309, 4H-P	30A125V UL/CSA
IEC 60309, 6H-R	IEC 60309, 6H-P	20A250V UL/CSA 16A230V 欧洲"CE"标志 VDE	IEC 60309, 6H-R	IEC 60309, 6H-P	30A250V UL/CSA 32A230V 欧洲"CE"标志 VDE

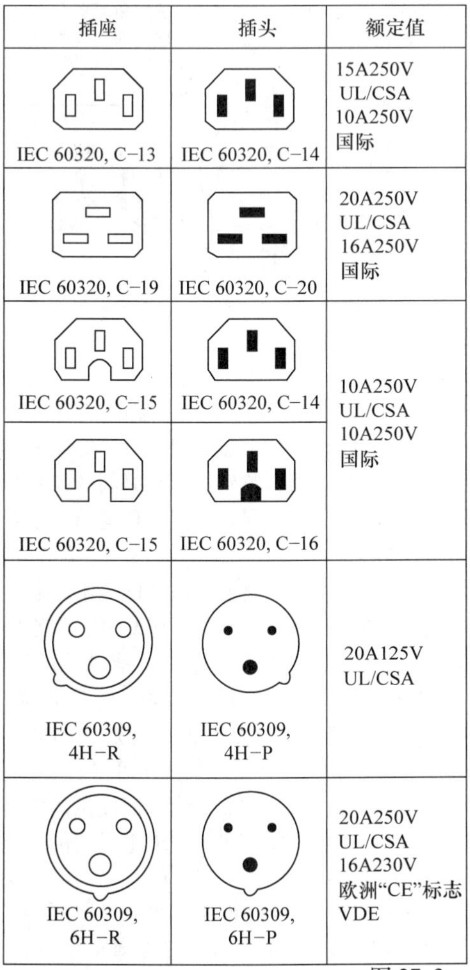

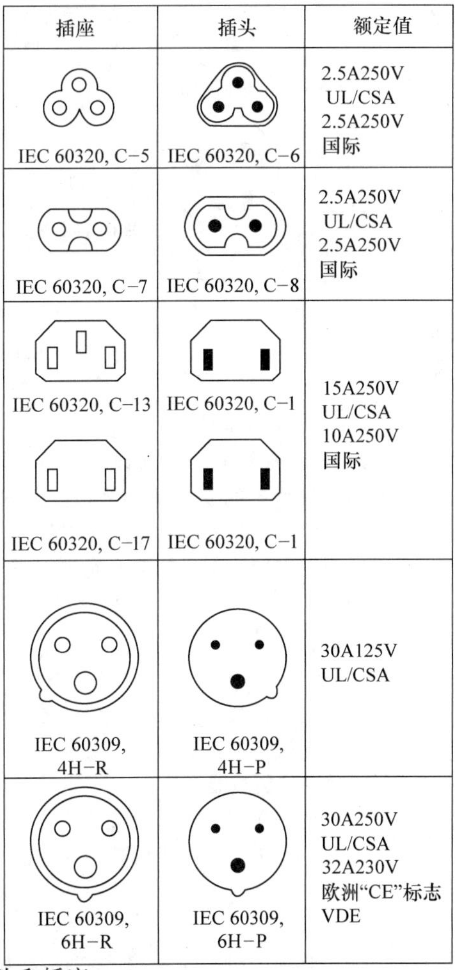

图 27.3　IEC 插头和插座
（Raritan 公司提供）

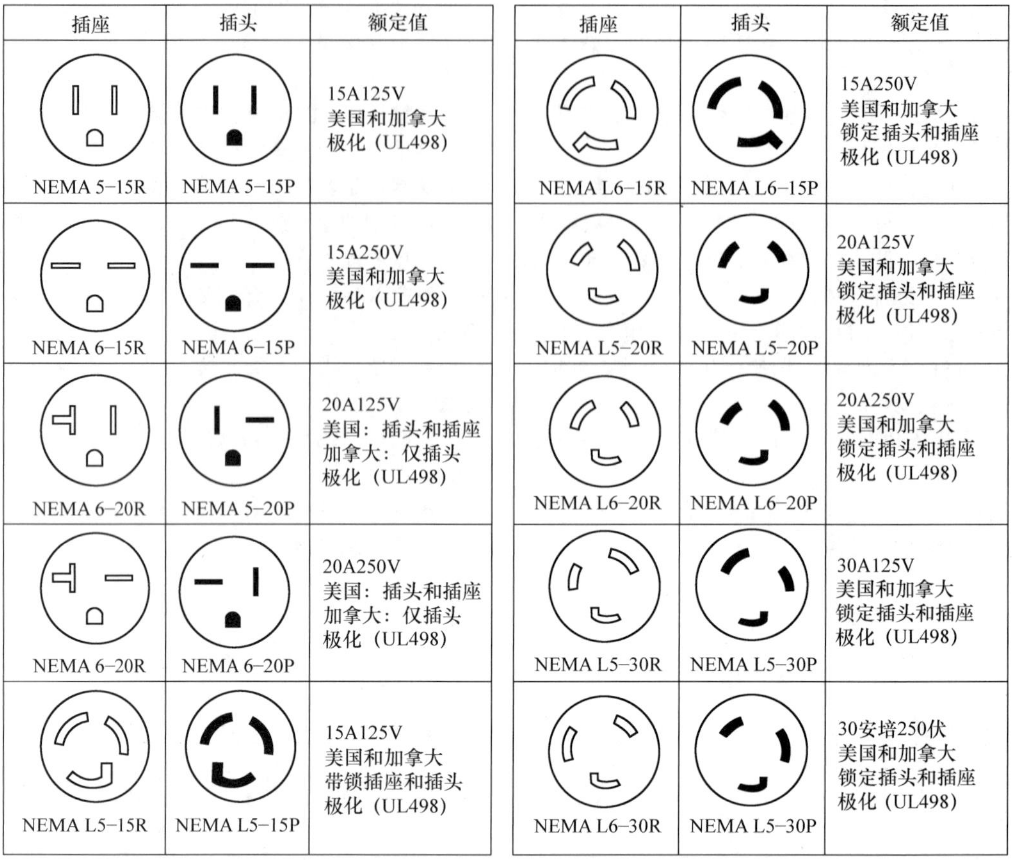

插座	插头	额定值	插座	插头	额定值
NEMA 5-15R	NEMA 5-15P	15A125V 美国和加拿大 极化（UL498）	NEMA L6-15R	NEMA L6-15P	15A250V 美国和加拿大 锁定插头和插座 极化（UL498）
NEMA 6-15R	NEMA 6-15P	15A250V 美国和加拿大 极化（UL498）	NEMA L5-20R	NEMA L5-20P	20A125V 美国和加拿大 锁定插头和插座 极化（UL498）
NEMA 6-20R	NEMA 5-20P	20A125V 美国：插头和插座 加拿大：仅插头 极化（UL498）	NEMA L6-20R	NEMA L6-20P	20A250V 美国和加拿大 锁定插头和插座 极化（UL498）
NEMA 6-20R	NEMA 6-20P	20A250V 美国：插头和插座 加拿大：仅插头 极化（UL498）	NEMA L5-30R	NEMA L5-30P	30A125V 美国和加拿大 锁定插头和插座 极化（UL498）
NEMA L5-15R	NEMA L5-15P	15A125V 美国和加拿大 带锁插座和插头 极化（UL498）	NEMA L6-30R	NEMA L5-30P	30安培250伏 美国和加拿大 锁定插头和插座 极化（UL498）

图 27.4　NEMA 插头和插座
（Raritan 公司提供）

27.2.4　额定值和安全性

机架式 PDU 与所有其他的电气设备一样，需要遵从许多通用的和特定的安全标准规范。此外，还应该理解一些通用的行业术语和约定，以保证数据中心的安全性和可靠性。这些都在下面进行详细讨论。

27.2.4.1　铭牌参数

铭牌参数是设备制造商规定的电力消耗信息，通常是设备可以消耗的最大功率的保守估计值。这一信息标签一般位于设备电源输入端口附近。

27.2.4.2　额定功率与负载能力

或许会将额定功率和负载能力两者搞混。这种模糊的情况一部分是源于对审批机构某些规定的误解，另一部分是由于某些制造商使用了一些误导性的术语。

在北美，一些典型的电路都有最大载流能力，并使用额定电流为 15A、20A、30A 的断路器或熔断器。换句话说，如果一个额定电流为 20A 的电路，一段时间承载的电流超过 20A，那熔断器就会烧断，或者断路器会跳闸。承载时间的长短取决于电流的量级大小和起保护电路作用的熔断器或断路器的类型。

在北美，一般电路能负载的电流不能超过最大额定值的 80%。因此，一个 15A 的电路不能承载超过 12A 的电流，20A 的电路不能承载超过 16A，30A 的电路不能承载超过 24A 等。这个 80% 的值，如 16A 对于 20A 的电路来说，就是我们通常所说的降额值或负载能力。机架式 PDU 的供应商的规格表或许会标出限载电流。供应商提供的规范或使用的术语可能会有所出入，但以下讨论的是一个很典型的示例：

▶每一相的最大线电流：30A。
▶降额电流：24A（30A 降额到 80%）。
▶最大电流：6×16A（六路，每路能够通过高达 16A 的电流）。

在欧洲或世界的其他地方,电路通常只是简单的被描述成额定电流,如 16A 或 32A。(译者注:我国与欧洲类似)

如上所述,视在功率等于电压值与电流值的乘积,以 VA 表示(电流为降额值)。例如,对于一个额定电压为 380V,降额电流为 24A(非最大电流)的单相机架式 PDU,它的负载能力就是 5.0kVA（380V×24A）。

27.2.4.3 审批机构

为了满足当地和国家规定的电气规范要求,机架式 PDU 必须是安全而无电磁辐射的。为了能按照现在已有的标准来测试产品,一般制造商都会遵守并采用公认的认证机构提出的标准(表 27.3)。当产品通过认证机构的检测测试后,会有一个对应的目录编号,然后制造商会将这个认证机构的徽标粘贴在每个产品上。这个徽标就是凭证,表明产品是安全的并符合各项电气规范要求。如有要求,制造商必须提供产品的目录编号和测试报告的副本,也可以将目录编号递交给相关认证机构去验证。

表 27.3 安全和电磁审批机构

审批	描述	标准/修改/年	注解
UL	安全	UL 60950-1	美国要求
cUL/CSA	安全	CAN/CSA-C22.2 No.	加拿大要求
CB	安全	IEC 60950-1	在接受 CB 的国家/地区通常替换 UL、CSA 和 CE
CE	电磁辐射（EMC）	EN 5502：2006	欧洲
CE	安全	EN 60950-1	欧洲
FCC-A 或 FCC-B	EMC	FCC 47 CFR Part15	美国
ICES-003	EMC	ICES-0003 issue-004	加拿大

注：图表来源于 Raritan 公司。

27.2.4.4 正确的接地

NEC（NEC 645.15 条）规定,信息技术系统中所有外露的非载流的金属部件必须接地。这意味着在机架内所有设备和金属机架本身必须接地。

在 PDU 的进线接口处有一个接地针脚。当插头连接到一个正确接线的插座上时,PDU 就成为其上所有设备的接地点。PDU 也可用作金属机架的接地点,而且大部分的 PDU 为了这一目的都配有一种特殊的螺纹孔。通常情况下,机架用一根接地线连接,PDU 则用螺钉固定。当连接地线以确保良好导电时,注意不要刮掉机柜上的油漆,因为有专用的带齿接地螺钉,以保证良好的接地。

27.2.5 过载保护

美国保险商实验室（UL）UL 60950-1 标准适用于所有信息技术设备（ITE）的安全要求,并且规定了所有电流大于 20A 的 PDU 电气设备必须使用分支电路过载保护器。通常,对电流超过 20A 的 PDU 或 2003 年 4 月以后通过认证的 PDU,必须配有内置的 UL489 断路器或熔断器（如 UL 248-5 熔断器),以保护分支电路。

UL 60950-1 允许设备在没有配置断路器或熔断器的情况下能通过的最大电流为 15A 和 20A。因为在数据中心建筑中,建筑本身的 15A 和 20A 的断路器或熔断器被认为已经能充分保护好 PDU,同时 PDU 提供的补充保护是另外一种额外的保护。在 2003 年 4 月的新版认证以前,超过 20A 的老型号 PDU 也是被认可的。虽然这样的 PDU 现在仍在出售,但以现行的 UL 60950-1 来建造的数据中心,还是要避免使用此类 PDU。

按照国家电气规范 ANSI/NFPA 70 的规定,新认证的数据中心的 PDU,凡是电流超过 20A 的 IT 设备,必须使用过流保护器。这意味着这些产品都需要采用符合 UL 489《塑壳断路器》中的塑壳断路器、塑壳开关和断路器,或者断路器外壳或熔断器,详细内容请参考 UL 248-5《低压熔断器 第 5 部分：G 类熔断器》。

除了 UL 489,UL 还发布了 UL 1077,《电气设备的辅助保护标准》。符合这一认证标准的设备,通常称之为"辅助保护器"或"认可的器件"。符合 UL 489 的断路器被称为"目录设备";断路器的 UL 标准比"辅助保护器"更严格。

断路器的用途很广,可以安装在配电盘面板上

（也常被称为建筑用 PDU）或机架 PDU 中，以保护分支电路布线，也可以内置在设备中，用以保护组件和系统。中断短路只靠电阻来限制电流，这对断路器来说是个严峻的考验。如果断路器的中断能力不足，有可能导致装置爆炸。

UL 489 要求断路器必须通过短路测试。UL 1077 和 IEC EN 60934 要求断路器迅速处理短路情况，但此过程必须安全可靠。UL 489 断路器可中断 5000A 以上的短路电流，UL 1077 断路器可中断 1000A 的故障电流。

过载时间可长可短。对 IT 设备，瞬时或短期的过载电流是正常的，断路器不应该断开。例如，对于服务器，当其内部电源或滤波电路开启时，就会产生浪涌电流，通常只持续几分之一秒，很少引起问题。如果过载持续时间超过几分钟，断路器应断开，以防止过热和进一步损坏。使断路器能判别什么是正常情况，什么是具有损坏性的过载电流的是它的延迟曲线。

27.3 系统构成

从建筑的电力进线到设备的整个供电链路来看，包括了 UPS 和变压器、较大型的 PDU 和配电盘，机架式 PDU 是 IT 设备供电链路的最终端点。IT 和基础设施的管理者越来越看重机架式 PDU，不再仅将其视为 IT 设备电源插座的集合体。基于此，将所有对数据中心的整体效率和效益产生重要影响的设备都通过网络在了一起；有了合适的管理，它们就可像 IT 设备一样被集中管理。这样一种趋势正逐渐形成，配有环境传感器的数据中心使用越来越智能的 PDU，甚至与其他数据中心的管理系统相集成融合。本节不仅介绍了机架式 PDU 的物理组件和基本的环境传感器，而且介绍了机架式 PDU 的集中管理系统，由它完成对 PDU 的操作运用和节约能耗，而且还可以与企业 IT 和基础设施管理系统相整合，成为数据中心整个生态系统中的一部分。

27.3.1 机架式 PDU

在过去的几年中，随着一系列大功率设备，如刀片服务器或集装箱式机房的使用，每个服务器的平均功耗都在迅速增加。此外，正在部署的密集型存储、虚拟化应用和云计算，使机架更密集，如装满 1U 服务器的机柜，要求提供更高的功率密度（W/ft^2）。为了支持这些新的、高耗电的设备，数据中管理者必须向 IT 设备机架提供更多的能源。

在过去的十年中，一个机架常规消耗的电力已经由 2kW 增加到了 12kW，而且还在继续上升中。

27.3.1.1 机架式 PDU 的单相或三相输入电源

为了应对 IT 设备机架不断增长的电力需求，数据中心管理者正在部署能够提供更高电压、更高电流、多相电路的机架式 PDU。增加机架功率的一种方法就是增加电路的相数和提高机架的电压。

可用电能的定义是视在功率，其数值计算为电压（V）×电流（A），称为伏安或简写为 VA。一个 220V、32A 的电路具有 7040VA 或 7.04kVA 的视在功率。一个 380V（三相线电压）、32A 电路具有 2110VA 或 21.1kVA 的视在功率。假设电路中的电流（安培数）一致，那三相电路要比单相电路提供了三倍的电力；一个三相的 PDU 的部署可以承载更大功率的用电设备。

为三相 PDU 供电的线缆既粗又重，但对于提供相同视在功率的单相系统，则需要更粗的线缆；相比之下，三相 PDU 的线缆还不算粗重。如果在机柜上使用一个三相接入，既减少了线缆的重量和体积，也使安装更加容易，而且由于线缆体积的减小，占用的空间也相对减少。因此，就不会阻挡 IT 设备在机架内部署，也不需要从架空地板中来获得必要的冷却空气的流动空间。

一般来说，像路由器、集线器和交换机等设备，需要提供 5kVA 的视在功率，而刀片服务器和核心交换机需要提供 15kVA 的视在功率。三相电源在 IT 设备机架中的运用，是数据中心管理者有效部署更大功率容量和增加灵活性的一种便捷方法。

27.3.1.2 外形及尺寸

机架式 PDU 可以水平安装在一个 19in 的设备机架中，只占用一个机架单元（1U，1.75in，高）或两个机架单元（2U；3.5in 高）（1U＝4.445cm）。

零 U 的机架式 PDU 是垂直安装的，通常安装在机架后部的垂直导轨中。这样做有很多优点：零 U 的 PDU 不占用机架的任何单元空间。因为在零 U PDU 上线性排列的电源插座能更好地与机架上每个设备的电源线连接在一起，所以它们能使用较短的电源线来连接，这就能让机架上的线缆更加整齐有序，机架间的空气能更好地流通，也就提高了冷却效率。

根据不同的机架/机柜，零 U 的机架式 PDU 可以用螺钉安装，或者通过间隔 12.25in 的按钮直接挂在机架/机柜上。

为了保护电路，高功率的机架式 PDU 通常都配有分支电路的断路器。这些断路器可能会让机架式 PDU 的分配管理更加深入和细化。所以，应当考虑这些 PDU 如何正确地安装在机架上，如电源插座是否面向中心还是面对背面，以保证线缆管理有序，空气正常流通，能方便地连接到 IT 设备且能很好地运维。

27.3.1.3 插座密度和类型

基于物理尺寸（如长度、宽度和深度）的不同，机架式 PDU 支持的电源插座数量也不同，因此安装的可用空间也不一样，内部的组件和电力承载容量也就不同。例如，一个 1U 的机架式 PDU 可容纳 8 个 IEC C-13 230V/10A 标准电源插座，而一个 2U 的机架式 PDU 则可容纳 20 个电源插座。另一方面，一个零 U 的垂直安装的 PDU 或许能安装 24 个 IEC C-13 230V/10A 的电源插座来支持普通服务器，或者仅有 4 个 230V/16A 的 IEC C-19 插座来支持刀片服务器。

在设备部署量比较大且每台设备都要求有适当的供电情况下，那就需要相当数量的电源插座。在一个双路供电的密集部署中，有两个提供冗余电力的机架式 PDU，每个 PDU 的负载应不超过 40% 的电力，所以如果有一个供电链路失败，另一个负载也不会超过 NEC 规定的 80%。（译者注：以上为北美规定的负载率，在我国，每个 PDU 负载不超过 50% 即可）

机架中有些设备，如刀片服务器、存储或网络设备，每一个都消耗大量的电力，总的电力消耗可能与高密集插座部署一样（如上述举例），但电源插座数量和类型可能不同。像刀片服务器这样设备的部署密度取决于电源的数量（通常在 2~6 个冗余电源之间）或电源的配置方式（电源通常在接近最大值运行时效率最高）和机架上将要部署的设备数量。

有些情况，如设备比较少，但电力需求特别大，需要的可能不是大数量的电源插座，而是能提供高功率电源的插座。典型的高电能设备（如刀片服务器）需求的电源插座主要有 IEC C-19（可高达 240V/16A）或 NEMA 5-20R（可高达 125V/20A，额定 16A）等。

27.3.1.4 接口：以太网、串口、传感器、USB 及其他

如今，只有最基本的机架式 PDU 只有供电插座，没有额外接口。大多数 PDU 基于应用的需求，都配有各种接口。下面我们主要介绍四种 PDU 的接口和一般应用。

第一种：没有配置接口来进行外部管理或远程报警，甚至可能连本地显示都没有。不再适用于当今大多数数据中心的应用。

第二种：有本地按钮和显示屏，通过导航菜单查看基本的 PDU 单元和电源插座的数据。

第三种：一个用于本地计量的 RS232 串行接口；本地计量可以是通过 LCD 或 LED 显示。可以插在终端或控制台服务器进行远程 Telnet 或 SSH 访问，可以通过菜单或终端仿真命令行界面访问。本地按钮允许通过导航菜单查看基本单元数据。除非通过特别研制开发的串行控制台服务器，否则没有支持报警用的 SNMP。通常无法进行电源开关控制。

第四种：以太网接口（RJ-45）和 RS232 串行接口（DB-9 M），用于 PDU、断路器和电源插座的远程计量。USB-A（主）和 USB-B（从）接口用于支持 PDU 到 PDU 级联、摄像头和无线网络。支持 SNMP 管理可用于报警，Telnet 和 SSH 访问，允许使用命令行访问。PDU 也可提供对温度、湿度、气流、气压和其他类型传感器的支持，或者通过添加一个外部设备来达到此支持功能。远程计量模块通常配有 LCD 或 LED 显示和导航按钮，用于查看基本单元和电源端口数据。

27.3.1.5 分支电路保护

自 2003 年 4 月份以来，美国保险商实验室（UL）规定，凡是用于输入电流大于输出电流（如 32A 的输入和 16A 的输出）的 PDU，无论是使用断路器还是熔断器，都需要对分支电路进行保护。16A 的机架式 PDU 可以不用分支断路器，因为上游配电柜断路器会提供必要的保护。配有断路器或熔断器的机架式 PDU 类似于是小型配电板。例如，一个 380V、16A 的三相 PDU 具有三个分支电路，每个电路/每组电源插座都有个 16A 的断路器。

断路器主要有 4 种类型，即热断路器、磁断路器、热-磁断路器和液压-电磁断路器。

1）热断路器：有一个热敏双金属片。这一技术有一个较慢的特性曲线，可以区分安全、临时浪涌和超长时间电流过载。

2）磁断路器：通过电磁阀操作，一旦达到电流的阀值，就会立即做出反应。但对服务器来说，这种类型的断路器并不适合，因为通常在开机时，服务都会有超正常电流 30%~200% 的浪涌电流。

3）热-磁断路器：结合了热断路器和磁断路器的优势。它有一个延迟，能避免正常浪涌电流引起的跳闸，内置有个电磁执行器，能对更高电流做出快速响应。但无论是热断路器还是热-磁断路

器，都对环境的温度非常敏感。

4）液压 - 电磁断路器：磁断路器可与一个液压延时系统结合使用，因此其对浪涌电流更耐受。液压 - 电磁断路器有个两步响应曲线。它们对正常的过载电流有延时响应，但在短路时能快速跳闸，并且不受环境温度的影响。

机架式 PDU 上使用的断路器一般是热 - 磁断路器和液压 - 电磁断路器，这两者都有一个延迟曲线，能允许合理的浪涌电流（如服务器开机瞬间通常就有超过正常运行负载 30% ~ 200% 的浪涌电流），同时也能保护设备不受破坏性过载电流的损坏。

熔断器也可用于 PDU 的电路保护。然而，更换熔断器非常耗时，并且需要电工来操作，这样就导致平均修复时间（MTTR）延长。备用的熔断器必须有备用的储备库存，而且为了确保其可靠性和安全性，必须使用正确的熔断器。

当选择一个机架式 PDU 时，以下几点是需要考虑的：

▶要符合最新的熔断器和断路器的标准。

▶更换熔断器或重置断路器可接受的平均修复时间（MTTR）。

▶如果熔断器熔断或断路器跳闸，对正常运行时间服务等级协议（SLA）的影响。

27.3.1.6 断路器：单极、双极和三极

选择分支断路器的一个重要的考虑因素是可靠性和灵活性。通常，断路器可用作单极、双极或三极设备。单极断路器通常适用于由一条火线和中性线组成的电路，如 16A、230V 的电路。单极断路器将火线和中性线电路中的火线断开。双极断路器是把由两条火线组成的电路，如 20A、208V 的电路断开。一些 PDU 的设计使用双极（或三极）断路器来保护两组不同的电路，如两组不同的火线。一个双极断路器要比两个单极断路器便宜一些，所以这样能降低一些设计的成本。如果双极断路器保护的两路电路中有任意一组电路过载，那断路器就会跳闸。双极断路器要比 2 个或 3 个单极断路器便宜，但在停机维护或跳闸时，所有 2 路或 3 路电路都应是断电的。

例如，假设有 6 条分支电路的机架式 PDU 要安装断路器保护，在这种配型下，一些机架式 PDU 会配 3 个双极断路器，一个双极断路器保护线路 1 的电路，一个保护线路 2 的电路，一个保护线路 3 的电路。虽然使用双极断路器相对便宜一些，但存在一定的缺陷。因为两条电路中任何一条电路电流过载，那这个双极断路器就会跳闸，这意味着双极断路器不那么可靠。双极断路器的使用也存在一定

的限制性。例如，你想关掉其中一条电路进行维护，那你也就必须关掉另外一条，毫无别的选择，两条都关。还有一些机架式 PDU 会使用 6 个单极断路器来保护 6 条电路，即每条电路配置一个断路器。虽然这样的做法相对会比较昂贵，但单极断路器更可靠，而且限制也少。所以，如果想要可靠性、灵活性更高，就可以考虑故障时只单独关掉一条电路的机架式 PDU。

27.3.1.7 断路器计量

断路器的计量功能对于任意一台机架式 PDU 来说都是非常有用的，特别是在处理高功率的情形中，这一点显得尤为重要。因为如果断路器跳闸意味着将丢失多台刀片服务器的数据，这个后果可以说是灾难性的。通过断路器的计量功能，用户可以设置一个阀值。一旦超过这个阀值，会有告警，用户会提前知道，可通过减少耗能来降低断路器跳闸的风险。所以，对断路器的监控是非常重要的，因为高功耗意味着断路器有更大的跳闸风险。

线路计量通常用于三相机架式 PDU，对于平衡每条线路的功率非常有用。一条线路透支功率往往伴随另外一条线路浪费可用功率；而且不平衡的线路会使星形联结（Y 形）配置的 PDU 对中性线的要求更高。

27.3.1.8 进线的长度和馈入方式

机架式 PDU 的进线电源线长度必须合适，能够达到它的输入电源，电源线缆通常会置于机房架空地板下或机架上方的插座。普通电源线的长度是 10ft（3m），其他的可用长度可以达到 UL 的最高值 15ft（4.5m）。机架式 PDU 的电源线可以从 PDU 的后方、前方、顶部或底部接出。如果从一个零 U 的 PDU 底部接出电源线，那数据中心管理者必须确保线缆有足够的弯曲半径空间。一般来说，5.25in（3U）的弯曲半径就足够了，但还是需要核实准确。因为弯曲半径取决于线缆的规格。细线缆的弯曲半径可相对小一些，粗线缆则可能需要更大的弯曲半径。

机架式 PDU 线缆的方向似乎微不足道，但根据机架和机架电源物理位置的不同，线缆的方向或许会成为一个隐患，所以需要考虑线缆的方向，以及如何将线缆连接到配电柜。例如，线缆是从机房架空地板下方上来，还是从机架上方的线槽中下来？机架内是否有空间可用于布线？怎样才不会阻挡空气流动？

PDU 布线的传统做法是否正确得当，像机架内线缆管理一样，会使操作的效率和可靠性有很大的差异。通过固定夹支撑、管理和保护电源线，会让你对机架内连接 PDU 设备的连接和管理能力得到

大大地提高，同时也避免了无意中从机架式 PDU 中拔掉电源线的可能性。最后，还应该巧妙地布置线缆，以保证在设备和机架式 PDU 间有起码的空气流动通道。

27.3.1.9 本地显示和用户界面

几乎所有数据中心使用的机架式 PDU 都有内置显示屏，通常是 LED，以显示整个 PDU 的电量参数。与远程界面提供的信息和控制功能相比，本地显示的功能有局限性，但在机架上工作时，本地显示还是非常方便和有用的。IT 管理员通过按钮可在电流和电压之间进行切换；对于那些监控多个电源插座的机架式 PDU 来说，可以通过对各个电源插座的序号来确定每台设备的电流使用状况。一些有开关功能和智能计量的插座，在每个电源插座位置都有一个 LED 指示灯，用于显示状态，是开/关机、固件升级还是故障。

除了机架式 PDU 本身的本地显示，有些 PDU 还能通过笔记本计算机进行，本地终端连接以进行配置、诊断；建议通过连接集中串行服务器来连接控制管理。

27.3.1.10 远程用户界面

对于可远程访问的智能机架式 PDU，IP 网络连接到机架式 PDU 的远程用户界面通常有两种选择。最常见的一种是基于 Web 的图形用户界面（GUI）连接到具有以太网功能的 PDU（图 27.5）。一些 PDU 支持 SSL 加密访问（使用 https），而其他则只支持未加密的访问（使用 http）。所以，当选择 PDU 时，务必查看你单位组织的安全要求。

可以通过 IP 以太网访问的 PDU，使用的是命令行界面（CLI）的 SSH（加密）或 Telnet（未加密）。无论是在启用还是禁用 Telnet 访问时，都必须牢记安全的重要性。还有一些 PDU 制造商，提供串行控制台服务器，如能够通过串行（RS232）本地连接到 PDU，或者通过 SNMP 或 CLI 远程连接到该设备。

需要考虑的另一个因素是与目录服务认证集成（LDAP）用于用户身份验证和访问控制，尤其是当机架式 PDU 有提供远程开启/关闭/循环各个电源插座或各组电源插座功能时，这一点显得尤为重要。最后，远程访问 PDU 并不排斥通过 LED/LCD 或相关按钮来进行本地访问的需要。

图 27.5　机架式 PDU 管理系统的图形用户界面（Raritan 公司提供）

27.3.2 环境管理

随着IT行业对如何提高数据中心效率的关注度日益升高,越来越多的机架式PDU制造商也正在提供环境传感器。这些传感器包括测量服务器入口处机架空气的温度传感器、湿度传感器、气流传感器、振动传感器、烟感传感器、水浸传感器和空气压力传感器。有些PDU已经预先安装了传感器,其他的则可以选择插入式外部传感器。另一种常见的方法是部署一个独立的机架管理系统,可以更大范围地选择环境传感器。这样做有一个缺点,即为机架管理系统占用额外的机架空间,同时也会产生额外的基础设施成本,如IP地址、以太网端口和布线。传感器的连接通常是通过RS485或1-wire© (1-wire 是单总线技术,目前在传感器应用中,绝大多数使用RS485技术,使用1-wire技术的已经越来越少了)。

27.3.2.1 温度传感器

温度传感器主要用于监测IT设备(如服务器)的进风口温度。由于IT设备在运行时会产生大量的热量,因此制造商明确规定了设备正常运行时可接受的温度范围。支持传感器功能的PDU应当能够设定一个阀值,当进风口温度接近服务器因为过热会导致关机或宕机的温度值时,会自动发出告警。另外,如果能设定一个允许温度的最小值,一旦当进风口温度低于正常需要的温度时,也能自动发出告警,这样的举措也是非常不错的。从数据中心设备的角度来看,空气冷却和空气流通的成本是基础设施中最大的支出,所以如果IT设备的进风口温度一直维持在正常需要的温度值之下,即过度冷却,那这就是纯粹的浪费能源和金钱。机架上的温度传感器还能够对温度过高、热点或冷却点及时地发出警告,而且能帮助识别暖通空调(HVAC)系统是否开始变得不平衡。为了确保IT设备能得到足够的冷却,美国采暖、制冷和空调工程师协会(ASHRAE)建议,在设备机架进气口特定的位置放置温度探头。

27.3.2.2 湿度传感器

了解什么是湿度,以及它如何影响服务器机房的基本信息,可能就决定了计算机设备的使用寿命和电费账单费用的多少。湿度是对空气中潮湿度的测量。湿度高会造成计算机组件上凝露的形成,从而增加了短路的风险。同样的道理,如果湿度太低,数据中心中容易引起静电(ESD)。对湿度可以分区域来监测,确保它处于一个安全的范围内。ASHRAE建议,数据中心合理的湿度范围应当进行相关的咨询。应设置一个适当的阀值和告警,以标示出潜在的问题。

27.3.2.3 气流传感器

气流传感器可以检测到冷空气的流速是否减少,这可能会造成过热,继而损害IT设备。一般在数据中心有两个常见的监测区域,一是架空地板上方的空气流动区(监测一定数量的点位),另一个是架空地板下方的区域(监测一些选定的点位)。不同位置的气流传感器是确保地板底层和地板之间有足够的压力差,足以控制空气从地板底层向地板上方流动。地板下送风静压箱的阻塞会导致较高的压降和冷空气流动量不均匀,进而导致冷空气的回路短路,造成机房局部区域过冷,而其他区域过热。气流传感器应当像其他环境传感器一样设定一个阀值,并且配置告警功能,以确保在低于最优化冷却要求时,数据中心管理员得到及时的告警。

27.3.2.4 空气压力传感器

确保地板下送风静压箱中有适当的空气压力是非常重要的,但有时只会在事后才会被重视。空气压力太高会导致更高的风机成本和更大的泄漏,并影响空气冷却,而压力太低会导致部分区域远离供冷,产生热点。这会导致低效能地"修正"那些环境的问题。例如,为了解决某几个热点的问题而降低了整个数据中心空气的温度,从而造成了过冷的现象。不同的空气压力传感器可用于确保地板底层空间和地板之间的压差是足够的。保持适当的室内压力可以防止空气中的颗粒物进入数据中心。

27.3.2.5 触点闭合传感器

触点闭合传感器可用于各种各样的应用。例如,当一个机柜的门被开启时,触点闭合传感器可以发出告警,甚至触发一条安全策略来使用摄像头拍照。触点闭合传感器可以被连接到任何可以打开/关闭的触点设备上,这使得触点闭合传感器的使用非常方便。

27.3.2.6 其他传感器

还有很多种传感器,可用于数据中心环境监控。包括有用于机柜内部的烟雾、水浸和振动传感器。像上面提到的那些传感器那样,这些传感器都能用来在当测量的数据超过阀值范围时发送告警,以告知数据中心管理人员进行适当的操作来应对。

27.3.3 系统的连接

27.3.3.1 物理拓扑

与其他数据中心的管理功能一样,远程管理机架式 PDU 的物理拓扑和扩展性的实践是不断发展的。当前最佳的实践是将所有的机架式 PDU 直接接入"管理网络"(与企业的"生产网络"区分开来),周期性地收集测量数据,获得任何故障和潜在隐患的及时告警,并能对 IT 设备远程加电重启(此功能取决于机柜的部署是否是智能型机架式 PDU)。当规划一个新的数据中心时,有一个非常有用的经验就是每个机柜需要预留至少两个以太网接口,因为每个机柜通常会部署两条机架式 PDU。然而,一些数据中心尽量减少以太网和 IP 地址数量,目的是降低布线的成本。在这种情况下,数据中心部署的机架式 PDU 可以采用菊花链方式连接或级联,这样只需要通过一个以太网接口连接就可以与整个链中的机架式 PDU 通信。此外,针对一些没有给 PDU 预留接口的特殊情况,也可以选用无线(WIFI)的方式来连接,前提是要符合自身的网络安全管理规范。

27.3.3.2 通信协议

当机架式 PDU 使用以太网进行连接时,通常采用 TCP/IP 协议进行数据通信,而当使用串行连接时则使用串行通信协议。通常,SNMP 协议被用来管理设备,而 LDAP 和 Active Directory 则被用来认证、授权和访问控制;SSH 和 Telnet 可用来对机架式 PDU 进行基于命令行的管理,SSL 是加密协议;HTTP/HTTPS 可用于基于 Web 的访问和管理。

现在的机架式 PDU 都配备了一个或多个 USB 接口,可用来支持各类 USB 设备,如网络摄像机(webcams)和 WiFi(无线)上网卡。部分机架式 PDU 支持 MODBUS 管理协议(这是一种比较老的通用的工业通信管理协议),部分机架式 PDU 支持 GSM(移动电话标准)调制解调器,这样管理员手机可通过该系统收到告警短信。

27.3.3.3 管理机架式 PDU

如前所述,数据中心电源管理系统通常运行在一个"管理网络"中并与生产网络分离。这种部署方式可以降低拒绝服务(DOS)攻击或其他严重影响企业的关键应用攻击的可能性。在关键基础设施管理中,每个配备远程通信的机架式 PDU 通常有两类连接,一类是 syslog、SNMP Traps,通过 Web 浏览器访问和 kW·h(电度)记录;另一类是用于关键功能,如远程电源重启、断路器状态和

负载的监控(通常会有 PDU 级和断路器级的监控)。在某些情况下,管理类功能,如机架式 PDU 的配置,命令行指令可以通过辅助接口(如串行接口)进行操作,其他全部功能可通过以太网接口实现。

以下列出了一些重要的管理功能:

1)日志审计功能。跟踪电源管理活动,如开关电源插座状态和配置的变化等,通常会部属两个或更多的 syslog 服务器用于此功能。

2)故障管理功能。使用 HP OpenView、IBM Tivoli(HP OpenView、IBM Tivoli 为惠普和 IBM 的管理软件)或其他工具,通过 SNMP 进行故障管理。SNMP V 2 依旧是最常用的管理协议,但对于需要出口控制的应用程序,建议使用具有内置安全性的 SNMP V3。

3)配置功能。通过 Web 浏览器、SNMP、命令行或集中管理平台的方式配置电源设备。

4)固件升级功能。对于以太网管理的智能 PDU 来说是非常重要的。一个集中的管理工具能够管理大量的 PDU,是简化管理和降低总体拥有成本的关键。

5)告警功能。通常通过 SNMP trap 和 SMTP(电子邮件)方式提供告警信息。

以上所述的部分或全部功能是实现有效管理数据中心所必需的。根据你的应用需求,并且选择符合你应用需求的 PDU 种类。当然,如果你有较大数量的机架式 PDU(大于 40 个),你需要认真考虑一个综合的机架式 PDU 管理系统,这将在下一节讨论。

27.3.4 机架式 PDU 管理系统

机架式 PDU 管理系统是一套软件应用系统(有时会以搭载软件的硬件设备来提供),通过远程通信将数据中心中的所有 PDU 设备整合在一起(图 27.6)。它的主要功能是数据收集、报告、电源控制、电源设备管理和故障管理。该系统收集并将原始用电数据转化为有用的信息,同时也是管理员安全访问和控制多个机架式 PDU 的操作验证和审核日志的集中统一平台,它简化了 PDU 的管理,并且及时提醒潜在的威胁和隐患。我们将此整合在一个平台中,因为对于机架数量超过 40 个数据中心,其数据量很大,该系统"必须具有"这种管理能力;目的是为了实现实时精确计量、完成电源开关、提升能源效率、增加正常运行时间和降低运营成本。

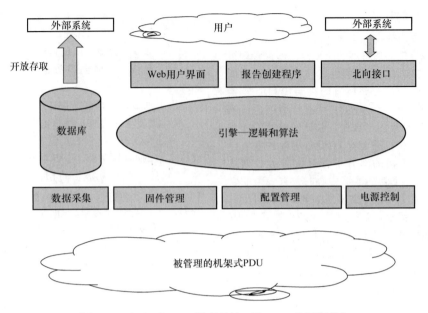

图 27.6　机架式 PDU 管理系统（Raritan 公司提供）

27.3.4.1 数据收集

数据收集是基本功能，是所有报告和其他管理功能的基石。当然，管理系统只能收集那些被管理 PDU 上采集的数据。如上所述，普通 PDU 是无法提供所需的数据的，整条计量 PDU 可以提供整条 PDU 的数据，智能 PDU 可以提供单个电源插座的数据甚至更多，因此，在选择机架式 PDU 时，需要清晰知道什么样的数据是你将要分析的。

你可能希望从 PDU 收集的典型数据元素包括总单元有功功率和视在功率、线路电流和容量、出口电流和有功功率、环境传感器数据和实时 kW·h 计量数据。

接下来你需要确认你所需的数据粒度。管理系统应提供给你一个用户可配置的数据轮询间隔。对于大多数应用程序，一个正常的轮询间隔通常是 5min，这意味着系统采集的数据点是每 5min 一次，但如果你需要更好更细的粒度，你的机架式 PDU 需要能够存储更多的数据条目，并且网络也不会被轮询的通信所阻塞。最后，你需要使用汇总算法来处理长时间的收集数据，以防止数据的过大膨胀和效能低下。大多数能源管理系统会将实际的数据以小时、天和月为基准统计成最小值、平均值和最大值。

高级轮询选项可以帮助用户在确保所需粒度数据收集的同时减少网络流量，它需要机架式 PDU 具有记忆能力来记录和存储 PDU 采集到的数据样本。例如，一个机架式 PDU 应该可以存储 120 条样本记录。机架式 PDU 管理系统应当可为每一个机架式 PDU 配置可选的采样率，还可为管理系统本身设置可选的轮询间隔，以此来收集每一个机架式 PDU 上存储的非上一个轮询周期的数据样本。例如，一个机架式 PDU 可配置为记录和存储 1min 的数据样本。机架式 PDU 管理系统可配置为 1h 轮询机架式 PDU 一次，在每次轮询周期中，管理系统将会轮询并收集自上次轮询周期后产生的 60min 的数据样本，并且通过智能比对，确认上次轮询周期，数据样本中最后一笔记录，以确保本次轮询数据的准确性。

27.3.4.2 电源监控和测量的报告和分析

报告和图表应包括有功功率、电流、温度、湿度，以及从收集数据衍生而来的信息，如能源利用效率（PUE）、成本和碳排放等，这些都是基于在选定时间段内遵从标准而产生的能源消耗。

有关电流、温度、湿度和有功功率的最大值和最小值的报告是简单但极其关键的任务，能够使你确认是否存在超过断路器额定值的风险，是否存在过冷或者过热的问题。例如，这些环境信息可以使数据中心操作员有信息提高温度设定值，而不会给 IT 设备带来风险。趋势分析曲线图表和报告及假设模型可以帮助你执行基于数据中心真实数据的容量规划。

插座级的测量数据和报告粒度可以协助你实现

高效节能。它能帮助你确认升级到更节能的服务器设备，或者部署服务器虚拟化所带来的节能潜力；整合多个利用率低的物理服务器到一个利用率高的物理服务器，并使用虚拟服务器技术以降低整体的费用（需要了解每个虚拟主机所耗费的电力数据）。还可以建立一些项目，针对数据中心的物理组件（楼层、房间、行/列、机架和 IT 设备）和各种逻辑群组（用户、部门、应用程序、组织和设备类型）的使用率和部署变化进行报告。这种详细程度为数据中心的能源使用创造了可视化和可审计追溯。一些 IT 组织会向 IT 设备的用户或业主发布能源账单报告，以审核营运成本。

27.3.4.3　图形化用户界面（GUI）

图形用户界面是操作机架式 PDU 所有管理功能的窗口。这应该是一个简洁的、直观的、基于 Web 的界面，能支持绝大多数的浏览器。一个基于 Web 的系统为你提供了更多的远程访问选项，容易被各种操作系统支持，也非常容易升级更新，如图 27.7 所示。

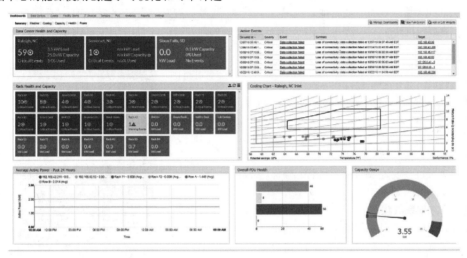

图 27.7　数据中心基础设施管理（DCIM）监控软件的 GUI（Raritan 公司提供）

27.3.4.4　设备管理

设备管理的主要组件包括对机架式 PDU 的访问和集中控制、固件管理、批量配置。你可以从一个统一的 Web 浏览器窗口中查看所有你拥有管理权限的机架式 PDU，并且得到一个包含 PDU 名称、位置、状态、硬件型号和固件版本的视图。你可以一级一级地深入管理 PDU 的不同层级：PDU 设备级、线路级和插座级。最后，只需要一个单击，就可以轻松地登录到每一个你想要直接管理的 PDU，每个 PDU 都拥有独立的基于 Web 的 GUI，以供你操作。

因为智能 PDU 有很多功能，机架式 PDU 管理系统应允许你可以集中存储各种机架式 PDU 的固件/配置文件，并且能方便地分发给多个 PDU。保存配置模板并在初始化配置 PDU 时进行分发，这将大大简化管理员在数据中心需要部署和更换 PDU 时的工作。

27.3.4.5　故障管理

机架式 PDU 管理系统通常会提供一个机房平面视图和 PDU 健康图表，并使用不同的配色方案（如红/黄/绿）以提供所有 PDU 健康管理的状况。健康问题可以从几个方面发现：机架式 PDU 管理系统可接收 SNMP Trap 或 syslog 事件，以此来提醒你注意 PDU 的健康问题；还可以在设定的时间间隔轮询机架式 PDU，收集系统和 PDU 之间通信路径的健康状况或其他严重的故障，并将事件转发给更高层次的企业管理系统。

27.3.4.6　本地和远程的控制/切换

开关机架式 PDU 允许对电源插座进行开/关/重启的操作。但是，出于电源冗余的目的，大多数 IT 设备都有多个电源，并且这些电源被分开连接到不同的机架式 PDU 的电源插座上。通过机架式 PDU 管理系统，你可以对一台 IT 设备的电源插座组进行开/关/重启，即你可以按照设备级别来统一开/关/重启不同机架式 PDU 上的电源插座。该系统还应允许你把需要的 IT 设备分组到机架中，以便你可以控制整个机柜的设备。最后，任何开关机架式 PDU 必须允许灵活的排序和延迟，这样不会形成一个浪涌电流而造成断路器的跳闸，并且可以按照应用系统的安全等级和重要程度来安排IT设备的开机和关闭的顺序，保障企业应用程序的稳定和安全。

27.3.4.7 数据和用户访问的安全

远程监测、计量和管理需要通过以太网或串行连接进行安全的远程访问。为了确保安全，智能机架式PDU应该有强大的加密和口令及高级授权选项，包括权限设置、LDAP/S和活动目录（AD）。设置一个Web会话超时，可以防止用户不小心留下一个已认证的会话进程而不被其他人使用。

27.3.4.8 管理和维护

大多数管理工作都是初始设置。所有系统都允许从图形化用户界面（GUI）输入所需的数据，但这样会非常耗时。系统还应允许导入配置信息，如CSV文件。在设置过程中，需要添加机架式PDU和层级式的逻辑关系。这些层级关系包括数据中心、楼层、房间、行/列、机架、机架式PDU和IT设备，逻辑关联包括IT设备的业主/客户和它的设备类型。管理员也会设置数据剔除间隔，确保将不必要的数据从系统中剔除。

27.3.4.9 开放的系统集成

大多数数据中心已经在使用一些其他的管理系统，因此机架式PDU管理系统可以集成到这些系统中，以减少重复的数据输入和采集量，这一点很重要。资产管理和企业报告系统是两个很常见的系统，应与机架式PDU管理系统进行逻辑接口。资产管理系统会自动将机架式PDU、IT设备和其相关的链接添加到机架式PDU管理系统的被管理设备数据库中。与企业报告系统的整合可以创建定制化的报告，还可以关联其他系统中存在的数据。最后，近年来，一些称为数据中心信息管理（DCIM）的产品通常包括上述功能、整体规划能力工具和更多其他功能。

27.4 规划和选择机架式PDU的注意事项

27.4.1 机架电源的可用性和分配

有几种IT设备机架的电源部署方法，这些都会影响机架式PDU的选型和配置。有些方法提供了一定程度的冗余，因此具有更高的可靠性/可用性，但可能不适合某些特殊类型的设备，而且更高的冗余和可用性都要求更多的资源投入。因此，数据中心管理者需要决定什么IT设备需要较高的冗余电源，如生产服务器，并不是所有设备都需要很高的冗余，如非生产的测试或评估设备。

27.4.1.1 单路供电到单个机架PDU

IT设备机柜最简单的电源部署方式是一个大小合适的供电链路将电力供应到单个机架式PDU（图27.8）。IT设备的一个或多个电源将插头插入这个唯一的机架式PDU。如果这条单一的供电线路或机架式PDU发生故障，无论是什么原因，所有部署在这个机架中的IT设备都会失去电力供应。故障可能发生在机架式PDU本身或更加远离机架的地方，也许是一个主要供电线路故障或建筑物PDU断路器跳闸。

图27.8 单个机架式PDU的单路供电
（Raritan公司提供）

如前所述，NEC要求电路负载不能超过其最大容量的80%的。例如，如果在配置中部署一个30A的供电线路和机架式PDU，在这种配置下，允许的最大负载将是24A（30A×80%）。

27.4.1.2 双链路供电到单个机架式 PDU（带转换开关）

可用性的下一步仍然是单个机架式 PDU 的单一馈送，增加了一个转换开关，它通常有两个来自相同或不同建筑物的馈线（图 27.9）。如果转换开关的馈线失败，它会自动切换到另一个电源馈线，机架 PDU 继续为 IT 设备供电。但是，如果单机架式 PDU 出现故障，则 IT 设备的电源将丢失。

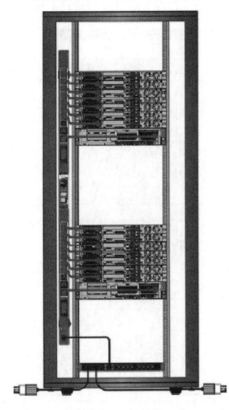

图 27.9　带转换开关的双链路供电到单个机架式 PDU
（Raritan 公司提供）

这里有两种类型的转换开关：静态转换开关（STS）和自动转换开关（ATS）。STS 是基于静态电子元件技术（可控硅整流器或可控硅），可以在不同电源之间实现更快、更好的转移和控制；ATS 相对成本较低，是电磁继电技术，切换速度较慢。两供电链路连接到 STS，然后供电给机架内的单电源设备。

同样，在这种配置情况下，机架式 PDU 的负载仍不要超过最大值的 80%。其中的一条链路是作为备份。

27.4.1.3 双链路供电到两个机机架式 PDU

如今，许多服务器、网络设备、存储系统，甚至键盘、视频、鼠标（KVM）交换器和串行控制台服务器等设备都使用双电源来提升可靠性。一些较大的服务器（如刀片服务器、核心交换机）可能有多达 4 个甚至 6 个电源。这时最可靠的部署是用两条供电链路连接两个机架式 PDU（图 27.10）。在这种配置情况下，如果有一个机架式 PDU 或供电链路发生故障，则另一个机架式 PDU 及供电链路可以保持给机架内 IT 设备的电源供电。一种常见的做法是，两条供电链路的机架式 PDU 用彩色机箱来区分，如红色和蓝色。彩色机箱可以在机架式 PDU 部署和变更时提供便捷的视觉分辨效果。例如，机架式 PDU 的红色机箱表示供电链路"A"，蓝色机箱表示供电链路"B"。彩色机箱有助于避免操作中辨识机架式 PDU 到底连接自"A"路或"B"路时出现的混乱和误差。

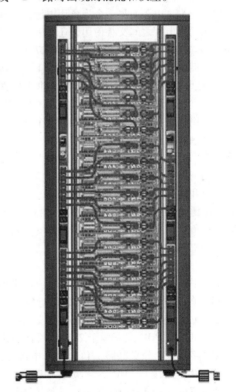

图 27.10　双链路供电到两个机架式 PDU
（Raritan 公司提供）

但值得注意的是，每条电路的负载应不超过总容量的 40%。如果机架的两条 PDU 负载都加载到 80%，这能够满足 NEC 要求，但如果一条 PDU 或其供电链路发生故障，将会发生什么？所有的负载将一起加载到第二条 PDU，而这条 PDU 的负载将从 80% 位上升到 160%，这样会使 PDU 的或上级的断路器跳闸，因此第二条供电链路也会失效，机架内的 IT 设备将失去电力供应。为了防止这种情况发生，供电链路的负载应不超过 40%，这样当一条供电链路发生故障时，所有加载到第二条 PDU 上的负载不会超过 80%。与 27.4.1.2 节中提到的使用 ATS 的案例不同（其中一条供电链路是备份状态），在这种部署结构中，两条供电链路都为 IT 设备提供电力。

注意，如果你打算对双电源设备进行远程开关，你需要使用具有电源插座分组功能的机架式 PDU，即两个或两个以上的电源插座捆绑成一组，操作起来就好像它们是一个单一的电源插座。

27.4.1.4 多电源设备

许多 IT 设备都拥有两个或两个以上的电源，并且可采用不同的方式把电力输送给设备。有些设备采用一个为主电源而另一个为备用电源，一些设备则采用两个电源之间交替使用，还有一些设备同时使用多个电源为 IT 设备供电（图 27.11）。例如，一台拥有 4 个电源的刀片服务器，4 个电源采用 3+1 的冗余模式，刀片服务器从 3 个主电源上获得电力（每个电源提供 1/3 的电力），剩下的一个作为备用，当 3 个主电源中的任何一个发生故障时提供冗余。最后，一些更复杂的设备专为冗余和供电效率而配置多个电源。例如，一些设备为了获得更好的利用率会使用更多供电效率更高的电源。需要检查和确认每个设备制造商的产品，了解他们的设备电源是如何工作的，以便在机架式 PDU 上实现最佳负载平衡配置，特别是带有分支电路和三相供电的机架式 PDU。

27.4.1.5 负载平衡

负载平衡是均匀分配机架设备的电流需求到机架式 PDU 的每个分支电路中，当越接近完美平衡时，会有更多的电力余量提供给每个分支电路。例如，一台机架式 PDU 配有两个 20A 的断路器来保护分支电路，每个分支电路上包含多个电源插座。如果所有设备连接到 PDU 的总负载为 30A，完美平衡是当前负载完全分散在两条支路上（每条分支各 15A），每条分支电路的余量为 5A（20A 断路器减去 15A 负载）。其他的负载分配方式，如 16A/14A、17A/13A 都会减少余量空间。

负载平衡在三相 PDU 上有类似的益处。当负载接近完美平衡时，负载电流在三相线路中的分布更加均匀（更多的余量），并且在三条线路中流动

的总电流最小。例如，一条 24A 三相三角形联结的机架式 PDU 拥有三个分支电路。当 18A 负载平衡地分配在三个分支电路上（每条分支电路 6A 负载）时，流动在每个输入相线的电流为 10.4A（6A×1.732），而三线的总电流为 31.2A。如果整个负载是由一个分支电路承载（完全不平衡），三相线中的电流分别是 18A、18A 和 0A，此时三线总电流为 36A。当负载平衡到所有三条线路上时，PDU 具有 7.6A(18.0A − 10.4A) 的余量。

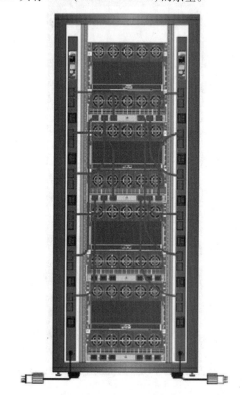

图 27.11　多电源设备配置
（Raritan 公司提供）

要实现负载平衡是一件很困难的事，因为许多 IT 设备消耗的功率随着计算负荷的不同而变化。对于单电源设备，只要计算出每台设备的功率消耗，然后将设备电源插入不同分支电路，统计出分支负载的和，就能轻松实现负载平衡。这对单一机架和多个机架同样有效。对于一台拥有双电源的设备，它的电源需要被插入不同的分支电路，一个典型的部署方式是如上文所述的使用双供电链路（也称双馈线）和双 PDU。

对于那些拥有两个以上电源的 IT 设备，如刀片服务器，负载平衡可能会变得更加复杂，特别是当机架式 PDU 是三相供电时。例如，假设有 4 个

刀片机箱是安装在一个机架中，每个刀片机箱有6个电源，机架中有两台三相供电的机架式PDU以提供冗余电源。第一刀片服务器的电源为#1、#2和#3接入机架式PDU – A 的分支电路L1、L2、L3上；#4、#5和#6接入机架式PDU – B 的分支电路L1、L2、L3上。

因为我们想尝试十分完美地平衡所有电路和线路之间的负荷，第二台刀片服务器的接法略有变化，详细如下：#1、#2和#3接入机架式PDU – A 的分支电路L2、L3、L1上；#4、#5和#6接入机架式PDU – B 的分支电路L2、L3、L1上。

这样电路级计量、相线级计量、电源插座级计量，将非常有助于实现机架上的负载平衡。

27.4.1.6 浪涌电流

服务器在第一次开机时会产生一个瞬间的大电流，称为浪涌电流。在过载保护一节讨论过，机架式PDU上的断路器通常被设计为在非常短的时间内遭遇大电流而不跳闸。但当IT设备大量开启造成电流突然上升时，上级电路的断路器容易做出响应。出于这个原因，一些机架式PDU提供电源插座可自定义配置的顺序和延迟加电功能。一些机架式PDU甚至允许对电源插座进行分组并实现组一级的顺序加电。

27.4.2 机架内设备电力需求

27.4.1节论述了如何在机架中部署电力的方法，本节讨论如何确定在一个机架中部署多大容量的电力。通常情况下，这个起点是一个IT设备铭牌上功率要求的数据（见27.2.4.1），该数据规定了电压和电流，通常高于实际部署的情况。因此，在使用铭牌数值作为参考时，通常会乘以一个百分比，如70%，当计算PDU最大负载容量时：PDU负载容量=总和（设备铭牌$VI×70\%$），如208V×2.4A×70%×14台服务器=4.9kVA。

对于上述示例，如果你运行在208V环境且需要30A（5kVA）机架式PDU，因为你需要将其负载控制在不高于最大容量的80%，以符合北美要求（4.9kVA/208V=23.5A，23.5A/80%≈30A）。如果你想提高冗余度，你需要添加第二个5kVA机架式PDU，并且每条机架式PDU的负荷不超过40%，需要确定适当的电源插座数量（建议配备一些备用插座，以供日后可能的扩容或增加设备使用）。目前通行的做法是使用IEC C – 13和C – 19中规定的PDU插座和208V供电标准。大多数服务器和数据中心设备可以在208V（甚至高达240V）下运行。

70%的降额系数只是一个估算值，通过机架式PDU的电源插座级精确计量功能来做更多更深入的研究会有很多发现。令人意外的是，即使是满负荷运行，大约15%的服务器功耗不到其铭牌额定值的20%，甚至更少；近9%的服务器功耗可以达到铭牌额定值的81%或更高。需要指出的是，实际功耗占铭牌标称额定值的百分比范围很宽。理想情况下，数据中心管理者应该实际测量功耗，而不是用单凭经验和70%规则。如果实际的平均值接近40%，基于以前的经验，按照铭牌的70%部署会产生大量的浪费和电力闲置。

如果一个机柜内部署了30台1U服务器，每台服务器具有双电源馈线且平均需要150W，则机柜的总功率要求为150W×30=4.5kVA。假设附加设备（如一个以太网交换机和KVM切换器）需要250VA，这将使容量达到4.75kVA。因此，两条208V、30A（额定功率为5kVA）的机架式PDU就能够满足这个机柜的要求了。当机柜一侧供电线路失效或需要进行维护时，单条PDU可承载4.75kVA的满负荷。在正常情况下，每个机架式PDU只承载4.75kVA的40%。

还需要注意的是，三相Y形208V机架式PDU能够在同一PDU中同时支持120V和208V，这对于需要将具有不同电压要求的各种设备组合在一起的情况非常方便。

27.4.3 机架式PDU的选型

27.4.3.1 机架式PDU的选型和特定应用的需求

影响机架式PDU选型的因素很多，如数据中心的位置、它的应用要求、设备要求、可用电源、柜内空间、能源管理和效率的目标，这将决定应该使用什么类型的PDU。下面的一些注意事项将会指导你如何选择PDU的类型和功能，只有符合需求的类型才是你数据中心需要的PDU。

设备类型是什么？有多少这样的设备需要部署在机柜内？是42×1U服务器，每台设备一个电源；还是3台10U高的刀片服务器，每个刀片式服务器有6个电源？答案将帮助你确定物理配置，如电源插座的数量和类型，你需要的PDU容量，如一条PDU需要支持多少功率（kW）。机架平均功率需求从2006年的6kW、2007年7.4kW上升到2011年的12kW，在一些特殊的场景中，机架容量要求已达30kW。

显然，对于一个7天×24h/天都有人在的站点，它的决策标准将不同于需要远程管理的无人站点。如果你需要远程管理一个无人站点/设施，那么你可能需要一个可开关的 PDU，而且需要有更多的安全和用户权限管理功能。远程管理软件在业界被称作 SNMP 管理。

与目录服务 LDAP 或微软 Active Directory 相集成，解决了越来越多对资源访问控制的要求，适用于所有那些本地或远程需要集中认证的应用程序。而对于许多数据中心的应用，如联邦政府和金融机构，远程访问必须支持强密码认证。

机架式 PDU 必须为每个插入其中的设备提供不间断电源。你要防止或减少任何可能造成机架式 PDU 或上游断路器跳闸事件发生。电源插座顺序加电是一个非常有价值的功能，通过对多个设备建立适当的顺序和延迟加电来防止浪涌电流造成断路器跳闸。电源插座顺序加电不仅可防止断路器误跳闸，还可以让用户以指定的顺序将目标服务（设备）上线或关闭、重启。例如，可以先给数据库服务器加电起动，然后再加电开启 Web 服务器。当电源插座分组功能结合使用时，这种功能最为有用（见上文）。

对于某些应用程序和设备，你需要对每一个电源插座定义相应阀值告警，这样就能在某个电源插座的电流超过设定的阀值时将它关闭，还能防止因温度过高或其他因素（3.2 节）引起的服务器宕机。一个先进的应用是依据 PDU 上温度传感器的报告来控制暖通空调（HVAC）。

在许多关键业务的环境中，受管理的关键设备往往有多个电源，可以在不同电路间进行故障切换和冗余。受管理设备需要被作为一个单一的设备来管理，无论电源/插头数量有多少，所有电源插座必须被同时操作。这种能力适用于所有本地或远程应用程序。

由事件驱动的电源插座/设备的开/关/重启，对于某些特殊应用来说是非常需要的，特别是那些地处偏远地区或无人值守的场所。例如，如果一个偏远位置的设备无法响应且 WAN 无法使用，基本上有两种方式来解决这一问题：方式一，代价高昂、费时费力地开车到现场重新启动设备；方式二，通过机架式 PDU 的远程控制功能重新启动发生故障的设备。

如果需要最大限度地提高用电效率，那么机架式 PDU 能够提供有价值的数据，如电流、电压、功率因数，可在 PDU、线路、断路器和电源插座级查看测量值。在电源插座级别查看电量（kW·h），可依此对个人或团体进行收费或提供用电报告，因此计量精度非常重要。需要注意，有些机架式 PDU

的计量可能是基于假设的计算，而非实时测量。

27.4.3.2 机架式 PDU 功能

机架式 PDU 的功能是非常明显的，不仅是它们提供的操作功能，还有那些监控和数据收集的功能。以下是针对几类 PDU 的优势和劣势的分析（在 27.2.1.1 节定义的各种类型）。当然，我们关于分类的定义不是很严格，因为每个供应商提供的功能各不相同，并且你选择的 PDU 类型应当是符合你的实际需求，这里只是给你选择 PDU 时提供一个有用的指南。

1. 普通非智能型 PDU

▶优势：基础、成本最低、技术成熟和可靠性高。

▶劣势：缺乏仪器，无法在任何级别上进行管理。

2. 计量型 PDU

▶优势：提供 PDU 电流消耗的实时监控。用户定义的警报可在潜在电路过载发生之前提醒 IT 人员。

▶劣势：数据有限，如没有插座级或环境数据，没有插座切换开关。

3. 开关型 PDU

▶优势：提供计量 PDU 的部分或全部功能，以及远程电源开/关功能、插座级切换和顺序启动。

▶劣势：必须小心管理，并避免意外操作重启电源的风险。可能不适合某些环境，如刀片服务器。通常数据有限，如没有插座监控或关键环境数据。

4. 智能型 PDU

▶优势：可通过 Web 浏览器或 CLI 远程访问最先进的设备。种类包括远程开关（尽管它们可以切换或不切换），以及插座级监控、基于标准的管理、与现有目录服务器的集成、增强的安全性和丰富的定制。提供全面的数据，包括电流、电压、视在功率、有功功率、实时环境数据，以及通常的实时千瓦时（kW·h）计量。

▶劣势：相对较高的初始成本，因为它们的功能集大大增强。

27.4.3.3 智能型机架式 PDU 的优势

在过去的十年中，IT 行业已经明显地选择向更加复杂但易于管理的系统方向发展。没有比这更能证明使用智能型 PDU 将是一种明显的趋势。

一个真正的智能型 PDU 至少需提供实时的电源插座级别或 PDU 级别的用电监控测量、机架级的温湿度监测和远程电源插座开/关的功能。在世界顶级的数据中心中，部署智能型PDU可以显著提高IT管理员和设施管理员的能力，以提高正常运行时间和员工的生产力，能更加有效地利用电力资源，做出明智的容量规划决策、节省金钱，打造一个绿色数据中心。显然，如果你的数据中心有几十个机架，那么最大的利益将是通过使用智能机架式PDU的管理系统来进行数据采集，实现IT设备运行环境的稳定和安全，提供各种用电报告和对PDU的管理和控制。选择智能型机架式PDU还有以下几个实际原因：

1. 提升正常运行时间和管理员的生产力
- 在PDU或每个电源插座级进行用电监控，用户可自定义不同的阈值和警报，并通过电子邮件或SNMP通知管理员，这能够在问题发生之前提供潜在问题的告警提示。
- 在任何地方通过Web浏览器进行服务器和IT设备的远程重启，能够减少停机时间和人员操作成本。

2. 安全使用电力资源
- 用户可配置的电源插口级延迟加电和顺序加电功能能够防止因浪涌电流导致的PDU或上级断路器的跳闸。
- 电源插座级的开关控制可以防止非授权IT设备接入电路，特别是那些已经饱和且面临断路器跳闸风险的电路。

3. 做出明智的容量规划决策
- 电源插座级别的监控测量可以识别出各机房各排/列的IT设备用电情况，从而了解电力资源的余量，实现各排/列之间的用电平衡。
- 电源插座级别的监控测量可以识别出那些需要变更干预的IT设备，因为它已经接近或超越了设定的安全运行阈值范围。
- 监控机架温度和其他环境条件可以防止出现问题，特别是当一个数据中心需要进行重新部署且气流模式发生变化时。

4. 省电和省钱
- 在电源插座级别监控电源并结合趋势分析，可以识别那些幽灵服务器，或为充分利用服务器虚拟化，或高耗能设备退役提供依据。
- 远程电源开/关/重启功能使管理人员能够迅速启动那些挂起或崩溃的IT设备，避免了因赶赴现场处理而产生的运维成本。
- 温度和湿度传感器能帮助数据中心管理者优化他们的空调和湿度设置，避免过冷和减少能源浪费。

27.4.4 电源效率

27.4.4.1 PUE测量等级

绿格组织将电能利用效率（PUE）分为三个级别：基本（级别1）、中级（级别2）和高级（级别3）（表27.4）。许多行业分析师推荐采用中级（级别2），即PDU级别测量IT功耗。尽管PDU级别的能耗数据能够提供计算PUE所需的分母，但这些信息可能还不足以进一步提升效率。无论选择何种PDU级别，最好的做法是在"典型"的电力使用时间段内收集数据，以确保高峰和低谷都已经计算在内，这需要建立一个PUE的基线和趋势以进行持续的跟踪和改进。

表27.4 PUE三个级别的测量点

在何处测量？多久测量一次？		级别1（基本）	级别2（中级）	级别3（高级）
IT设备耗能	必须	UPS输出	PDU输出	IT设备输入
基础设施总耗能	必须	电力公司输入	电力公司输入	电力公司输入
	其他建议的测量		UPS输入/输出 冷却输入	PDU输出 UPS输入/输出 冷却输入
测量时间间隔	必须	每月	每天	15min
	其他建议的测量	每周	每小时	15min或更短

注：来源于The Green Grid组织。

27.4.4.2 PUE高级测量的优势

改进的（较低的）PUE可能会产生误导，因为这可能加入了一些实际上能耗高但效率低下的IT设备，这只会增加分母。一般来说，较低的PUE值比较高的PUE值要好，但也可能是实施了某些措施，帮助数据中心降低了能耗，但事实上却提高了PUE值。例如，如果你想用新的更高效的服务器替换老旧的、低效率的服务器，或者消除幽灵服务器，或者在晚上关闭不需要的服务器，或者部署虚拟服务器，带来的结果是能耗的下降，但PUE值提高了。详细的高级IT负载数据提供了降低能耗的信息粒度，而不仅仅是提高了PUE指标。显然，PUE（它的倒数DCIE）在计划建立一个面向IT设备的性能考核时是一个非常有用的指标，因此需要达到高级PUE的测量精度，然后可以处理分子部分，并把效率低下的基础设施关闭或清理出去。

27.4.4.3 高电压的优点

100A（额定电流为80A）的单相120V电路提供9.6kVA，60A（额定电流为48A）的单相208V电路提供10.0kVA，40A（额定电流为32A）的三相208V电路提供11.5kVA，60A（额定电流为48A）的单相230V电路提供11.0kVA，20A（额定电流为16A）的三相400V电路提供11.1kVA。

高电压小电流下运行意味着可使用更细的电缆，更少的铜，重量更轻，占用的空间也更少，成本更低。三相供电代替单相供电意味着将使用更少的电缆，也简化了部署。

与高电压小电流相匹配的插头和插座也比较便宜。例如，一个30A、400V三相星形联结（16.6kVA）插头（Hubbell NEMA L22-30P）的成本为32美元，插座成本为41美元。一个60A、208V三相三角形联结（17.3kVA）插头（Mennekes IEC-309 460P9P）的成本为166美元，插座成本为216美元。插头/插座组合的成本为73美元与382美元。

使用高电压还有其他的好处，如400V的电源电路可消除电压转换，还可降低能源成本，如400V配电比208V的配电降低2%~3%，比120V的配电降低4%~5%。

数据中心通常都需要降低总功耗，这给使用高密度机架和高功率机架式PDU带来了机会。例如，一个42U机架如果装满1U服务器，每台服务器的功耗为250W，一共需要10.5kW的容量，这就需要两条三相208V、50A的电路，每条电路提供14.4kVA。若使用刀片服务器且每个机架部署5个刀片机箱，这可能会需要部署两条三相208V、80A或两条三相400V、50A的机架式PDU。以上都考虑了提供足够的余量以应对其中一条链路故障时切换，同时也符合不能超过最大容量80%的要求。

高密度机架可部署在小型、中型、大型数据中心中。即使是很小的数据中心部署多个刀片服务器或密集部署1U服务器，也能从高功率机架中获益。

27.5 机架式PDU未来的发展趋势

有两个主要因素影响机架式PDU的发展和创新趋势：首先是要求在机架上增加IT设备的功率和密度，或者计算1U机架空间的密度；其次是全行业的目标，甚至是使命，创建高效能（通常称为"绿色"）的数据中心，其中还包括了降低碳排放和对碳足迹的跟踪。这两个趋势都要求PDV制造商改进硬件和软件设计，也要求所有设施组织更好地了解数据中心的能源消耗，并采取积极措施降低能耗。

在IHS 2018年的《世界机架式PDU市场-2018版》中强调了上述趋势。

在世界范围内的容量（数据来源于GAGR 2017—2022）：

- 小于5kW的机架式PDU预计将有4.2%的增长（其中4.8%来自亚洲）。
- 容量为5~10kW的机架式PDU有望增长6.2%（其中10%来自亚洲）。
- 容量大于10kW的机架式PDU预计将有6.3%的增长（其中12%来自亚洲）。

关于单相和三相（数据来源于GAGR 2017—2022）：

- 单相PDU预计增长4.3%（其中6.9%来自亚洲）。
- 三相PDU（400V）预计增长9.0%（其中11.6%来自亚洲）。

关于智能和非智能（数据来源于GAGR 2017—2022）：

- 非智能型机架式PDU预计有4.4%的增长（其中6.1%来自中国）。
- 智能型机架式PDU预计将有6.1%的增长（其中11.2%来自中国）。
- 这些因素推动机架式PDU向能满足更高容量和更高密度的需求方向发展，同时也需要PDU更加的智能。

27.5.1 配备各种传感器的高密度、高功率机架式PDU

1U服务器、刀片服务器、网络连接存储（NAS），存储区域网络（SAN）和大型网络通信设备机箱的日益普及，对机架式PDU提出巨大的需求。例如，在一个机架内的4台刀片服务器机箱可能超过 20kW 的功率，这对数据中心管理者来说，无论是供电还是冷却，都面临着重大挑战。从功率的角度来看，机架需要三相电源 60A、80A 甚至 100A 来支持应用。有一些数据中心部署 400V 三相电路来为机架供电，这样既满足了机架对电力的需求，同时通过降低电压来提高供电效率。最终用户将在一个机架内密集部署几十个 1U 服务器，并要求 PDU 制造商设计超过 40 个电源插座且功率超过 20kW 的机架式 PDU。

服务器虚拟化是数据中心发展的一个主要趋势，同时也能提高效率并降低成本。但是，在一台服务器上运行多个虚拟机将加大该服务器的总功耗，一个部署了多台这样应用的服务器机架可能会有很高的功耗，因此需要为获得更好的可见性以监控服务器的能耗来实现最佳的用电管理。

更多的功耗意味着需要更多的冷却以排出这些热量。PDU 的供应商充分意识到了这点，通过提供最基本环境传感器，如温度、湿度和气流传感器，以帮助数据中心管理者了解整体环境条件，并确定那些必须微调或补充及那些需要专门冷却的区域（冷/热/干/湿等）。

从趋势来看，特别是超大型的数据中心，都是设计和部署定制化的服务器、电源和机架式 PDU 等，以求最大限度地提高电能利用效率。例如，Facebook 和 OpenCompute 已经开始部署 480V 三相星形电源，每条火线都连接到中性线，所有插座提供 277V 电源。这个星形配置与上述 400V/230V 的布线配置和接线是相同的。这种方法非常有效，但它是高度定制化的产品，今天大多数 IT 设备是不支持 277V 电源的。此外，最常见的数据中心插座是 IEC C-13 和 C-19，同样不支持 277V 供电。

然而，这种定制化系统带来的节约和效率是非常明显的（比 400V/230V 三相系统提高效率 1%-2%）。Facebook/OpenCompute 可以证明这一切，他们定制了三联机架，定制了配备定制化电源的服务器，定制了电池和 UPS，定制了配备定制化的电源插座（Tyco 3-pin Mate-N-Lock）的 480V/277V 机架式 PDU。

27.5.2 提高机架的智能性以支持效率计划的"智能机架"

许多数据中心在近几年变得更大和更复杂，而且这种整合趋势还将继续。随着规模和复杂性的快速提升，这个巨大的需求促使机架内的设备更加智能化，并且让那些业内人士开始认识并考虑"智能机架"的必要性。

每一个数据中心，无论规模大小，都是设计用来支持机架内部署的服务器工作的，这些服务器正是实际运算发生的地方，它们消耗了数据中心绝大部分的电力资源，也是电力资源的最大消耗者。适当地对 IT 设备的用电情况进行监控和测量，并辅以机架内部署的各种环境传感器，准确地收集各类数据，这是产生显著总体效率、节能和优化运营所必须的。精准的计量、收集和分析实际能源消耗的数据，将使你最大限度地利用当前的资源，并且有能力利用容量规划工具来"正确预测"未来需求的数据中心规模。这会让你消除或延缓数据中心扩张的资本支出，同时提高日常的能源效率和整体 IT 生产率。

基于铭牌上的数据来规划数据中的容量是不准确的，也是不够的，提高效率是一个应用需求驱动的行为。为了制定和推动最有效的决策，你需要收集 IT 设备的 CPU 利用率及其相应的实际功耗。以过去一段时间内实际功耗数据为基础，进行分析和趋势观察而制定的容量规划，能够获得更好的能源利用效率。此外，在机架级别收集的实际数据可与整个数据中心基础设施管理（DCIM）系统和能源管理系统集成，以完善数据中心信息管理，提供电力链的可视化、建模和规划，从而推动数据中心生态系统的进一步改进，如提供计算设备碳排放的报告和采取措施来降低碳足迹。

效能也可以通过专业软件获得，该类软件可以细粒度的 IT 设备能耗数据和预先建立的静态或动态规则为基础，建立一个能源管理策略，自动地开/关服务器和其他设备。这些节能软件最早应用于各实验室、Web 服务器和云计算环境，最终它们会找到自己的方式进入主流的数据中心，它们的成功将在一定程度上需要部署智能 PDU 来使其功能更加完善和可用。

通过整个组织创造和推广节能行为是减少浪费和成本的关键因素；同时，能源使用者的个人意识和责任则是影响这个节能行为的基本因素。当然，为了富有成效，任何能源报告或计费系统都必须是基于可信的、全面的和一致的真实使用数据，因此 PDU 供应商将为每个组织提供各个级别的高准确性的能源使用数据。

27.5.3 与更高级别的数据中心管理系统集成

近些年来，已有大量的软件被用于帮助实现对数据中心的 IT 设施和基础设施的管理。各自的类别和名称可能不同于物理基础设施资源管理

（PIRM）、数据中心基础设施管理（DCIM）和数据中心服务管理（DCSM）等，但这些软件系统提供了以下主要功能：数据中心所有物理资产的数据库系统，包括 IT 设备、电力设备和暖通空调（HVAC）设备、数据中心平面布局和电缆连接的详细数据；变更管理；2D 或 3D 可逐级深入展开资产信息的可视化模块；以及基于数据中心地板和机架空间、电源、冷却可用性的容量规划模块。

用于管理数据中心基础设施和能源效率所需的数据可以从机房电力进线一直延伸到 IT 设备电力链上每个节点的电力设备上收集，从 IT 设备自身收集，从环境传感器收集，从数据中心的平面布局图上、布线规划和冷却系统的设计文件中收集。收集的数据越多，数据越准确。数据中心的人员就能够更好地管理数据中心，提高支持关键 IT 运营的环境可靠性、效率和成本效益。

以下是关于数据测量、收集、汇编、分析和决策支持的一个简单展示：

● 智能型机架式 PDU 以预先设定好的频率测量基本的电力数据，并将数据存储在内存中。

● 机架式 PDU 管理（或称电源管理）系统的数据收集使用行业标准管理协议（如 SNMP）轮询智能机架式 PDU。

● 数据收集可以是智能 PDU 供应商的机架式 PDU 管理系统的一部分，也可以是 DCIM 或其他能源管理系统的一部分。基于可扩展性的原因，数据收集通常是授权给特定的 PDU 供应商的机架式 PDU 管理系统，它是随着智能 PDU 一起部署，以用于管理、维护和排除 PDU 故障，并从这些智能 PDU 上收集电力数据并进行统计。

● 机架式 PDU 管理系统可以利用收集的数据进行第一层次的分析，这将有助于展示电力发展的趋势和发现一些潜在的问题。对收集的数据和汇编的信息可通过 DCIM 或能量管理系统做进一步分析。

● 能源管理系统或 DCIM 所涵盖的范围超出机架式 PDU 管理系统。它们可以做得更多，如可以轮询上一级的智能电力设备，通常还具有数据中心的静态信息，如数据中心的物理平面布局、布线规划和暖通空调（HVAC）部署信息等，使它们更适合于分析，因为这需要考虑许多智能 PDU 以外的因素。

通过 DCIM 或能量管理系统进行高级分析，数据中心管理者可以使他们的日常经营决策与长期战略规划相吻合，在降低数据中心能耗浪费的同时，确保为关键商业应用提供可靠的、高质量的电源。

延伸阅读

Alger D. Build the Best Data Center Facility for Your Business: A Comprehensive Guide to Designing and Operating Reliable Server Environments. Indianapolis: Cisco Press; 2005.

ASHRAE. *Thermal Guidelines for Data Processing Environments*. 2nd ed. Atlanta: ASHRAE; 2004.

ASHRAE. ASHRAE Workshops on Improving Data Center Energy Efficiency and Best Practices. NYSERDA Sponsored Workshop; New York: ASHRAE; November 6, 2008a.

ASHRAE. 2008 ASHRAE Environmental Guidelines for Datacom Equipment. Atlanta: ASHRAE; 2008b.

ASHRAE. *High Density Data Centers: Case Studies and Best Practices*. Atlanta: ASHRAE; 2008c.

ASHRAE. *Best Practices for Datacom Facility Energy Efficiency*. 2nd ed. Atlanta: ASHRAE; 2009.

Cuthbertson D. Practical data centre management training workshop, part 1—managing the facility. Workshop; Somerset: Square Mile; July 24, 2008.

Data Center Users Group, Emerson Network Power. Data Center Users' Group Special Report: Inside the data center 2008 and beyond. Columbus: Data Center Users Group, Emerson Network Power; 2008. White Paper WP165-118, SL-24634.

Digital Realty Trust. *kW of IT Load. The New Chargeback Mechanism*. San Francisco: Digital Realty Trust.

Frost and Sullivan. Worldwide Power Distribution Unit Market, N2FE-27. Rockville: Frost and Sullivan; December 2008.

Haas J, Monroe M, Pflueger J, Pouchet J, Snelling P, Rawson A, Rawson F. Proxy proposals for measuring data center productivity. Beaverton: The Green Grid; 2009. White Paper #14.

Information technology equipment—safety—part 1: general requirements. Northbrook: Underwriters Laboratories, Inc.; 2007. UL 60950-1.

NFPA 70: National Electric Code. Quincy: National Fire Protection Association; 2008.

Raritan Inc. Data center power overload protection: circuit breakers and branch circuit protection for data centers. Somerset: Raritan Inc. 2009a. White Paper. Available at http://www.raritan.com/resources/white-papers/power-management/. Accessed on May 22, 2014.

Raritan Inc. Data center power distribution and capacity planning: understanding what you know—and don't know—about power usage in your data center. Somerset: Raritan Inc.; 2009b. White Paper. Available at http://www.raritan.com/resources/white-papers/power-management/. Accessed on May 22, 2014.

Raritan Inc. Power distribution units (PDUs): power monitoring and environmental monitoring to improve uptime and capacity planning. Somerset: Raritan Inc.; 2009c. White Paper. Available at http://www.raritan.com/resources/white-papers/power-management/. Accessed on May 22, 2014.

Raritan Inc. Deploying high power to IT equipment racks. Somerset: Raritan Inc.; 2012. White Paper V1156.

U.S. Environmental Protection Agency. Report to congress on server and data center energy efficiency public law 109–431. Washington: U.S. Environmental Protection Agency, ENERGY STAR Program; 2007.

Verdun G, editor. The Green Grid metrics: Data Center infrastructure Efficiency (DCiE) detailed analysis. Beaverton: The Green Grid; 2008. White Paper #14.

Wikipedia. "1-Wire," of Dallas Semiconductor Corp. Available at http://en.wikipedia.org/wiki/1-Wire. Accessed on May 22, 2014.

第28章 可再生与清洁能源在数据中心的应用

美国加利福尼亚州，加州大学圣克鲁斯分校硅谷学院　威廉·高（William Kao）　著

突破电气科技（上海）有限公司　杜晓牧　译

28.1 引言

随着互联网、社交媒体和云计算的迅猛发展，所有生成的信息，如视频、音频、电子邮件、状态更新、新闻和推特最终都将存储于被称为数据中心的巨型数字基础设施。这些设施将消耗大量电能，占全球能源需求的 1.5%～2%，并且以每年 12% 的速度增长。因此，数据中心成为能源需求增长最快的用户。

企业可持续发展和社会责任意识的增长，即将设立的碳排放立法，如"限额与交易"，以及来自绿色和平组织等环保活动组织的压力，正在推动谷歌、苹果、Facebook 和雅虎等行业领军企业对可再生能源和清洁能源进行大量投资，为其数据中心供电。与此同时，采用清洁能源技术的燃料电池公司正在将其产品供应给数据中心运营商，作为分布式清洁能源的新兴目标市场。

在本章中，我们将介绍可再生能源和燃料电池的基本原理，并介绍了绿色数据中心的定义及最新的绿色数据中心发展趋势。同时，描述了大多数公司（特别是云计算公司）是如何通过新数据中心大量使用前面各节所提及的清洁技术来实现"绿色"的。

所有新建企业数据中心都将努力发展成绿色的数据中心：

1）实施可再生能源和清洁技术解决方案（太阳能、风能、水能、地热和燃料电池）。谷歌和微软的新建数据中心位于像艾奥瓦州、俄克拉何马州和俄勒冈州等这样的州，以获得该州的风力发电。他们在西北部建立了由水电数据中心。谷歌还通过在增强型地热系统（EGS）上投资超过 1000 万美金来支持地热能源，该系统涉及人工地质增强开发，如钻孔、裂岩、输水以制造蒸汽。

2）测定关键指标并制定"能效"计划。衡量数据中心的两个关键指标是电能利用效率（PUE）[⊖]，即数据中心内所有用电设备消耗的总电能与所有电子信息设备消耗的总电能之比，以及碳利用效率（CUE）[⊖]，数据中心运营商可以通过该指标衡量 1kW·h 能耗的 CO_2 排放强度。

PUE 表示数据中心内所有用电设备消耗的总电能除以所有电子信息设备消耗的总电能，电子信息设备消耗的总电能在配电柜或不间断电源（UPS）处测量，即

$$PUE = \frac{\text{所有用电设备消耗的总电能}}{\text{所有电子信息设备消耗的总电能}}$$

当 PUE 接近 1.0 时，意味着大部分或全部能量将被 IT 设备所使用，而更大的数字意味着更多的能量在消耗过程中损失或被转移用于其他用途。据业内人士称，大多数数据中心的典型 PUE 为 1.6。

CUE 和 PUE 指标共同帮助描述数据中心的相对能效和碳排放强度。

理想的"绿色数据中心"应非常节能，PUE 接近 1.0，资产利用率高，使用绿色电源的 CUE 低。因此，通过提高能源效率和使用清洁能源，从两个基本的角度去减轻对环境的影响。

3）新建绿色数据中心正在采用的一些措施如下：

- 分开冷热通道，保持冷热空气隔离。
- 提高恒温器温度并使用更多的外部空气进行冷却，从而减少耗能水冷机组的使用。
- 使用无线监控和管理系统来监测和控制数据中心的温度、湿度和能耗。

[⊖] http://www.thegreengrid.org/~/media/WhitePapers/WP49-PUE%20A%20Comprehensive%20Examination%20of%20the%20Metric_v6.pdf?lang=en。

[⊖] http://www.thegreengrid.org/~/media/WhitePapers/Carbon%20Usage%20Effectiveness%20White%20Paper_v3.pdf?lang=en。

● 使用可以显著降低电力转换损耗的新型直流（DC）网络。

本章的其余部分将介绍可再生能源基础知识、燃料电池基础知识、绿色数据中心，以及各种大型企业正在着手通过使用清洁技术使其数据中心更加绿色和高效的措施。

28.2 可再生能源基础知识

可再生能源之所以被称为"可再生的"，是因为利用这些能源可以在相当短的时间内（即数月或数年，而不同于化石燃料需要数百万年才能够形成的情况）不断补充或更新。这些能源包括太阳能、风能、水能、生物能，以及来自地球内部和大气的热能。

"可再生能源"一词不包括铀等核燃料和化石燃料（石油，天然气和煤炭）产生的能源。化石燃料需要数百万年才能形成，一旦被移除和使用，需要很长时间才能再次形成。世界上的铀和化石燃料供应有限。

关于可再生能源的一个重要观点是，虽然很快得到了补充，但这些形式中的一些能源在日常或季节性基础上是间歇性的。例如，有些时段没有光照或没有风。当然，阳光和风在一天中都源源不断地供应非常少见。在某些情况下，该技术需要一种存储所产生能量的方法。在大多数情况下，这些间歇性可再生能源产生的电力由能量存储系统产生的电力补充，如泵送水力、压缩空气、熔盐、飞轮和电池等。

来自化石燃料的能源对环境造成了严重的影响。当化石燃料燃烧时，它们会产生二氧化碳和其他温室气体。这些气体在我们的大气层中积聚热量，在比自然情况下发生的更短时间内使地球变暖并造成气候变化。这已经产生了一些具有毁灭性的极端天气影响，如频繁发生的干旱、洪水和更严重的暴风雨。

此外，化石燃料也是有限的。易于开采的有限储量的石油产量正在逐年下降，虽然存在巨大的煤炭储量，但它们也是有限的。自然过程生成原油和煤炭需要数千年的时间，远远超过我们使用它们的速度。

由于它们在世界各地分布不均，它们是价格上涨的主要驱动因素，也是政治和经济动荡的主要原因。

与燃烧煤和化石燃料发电相比，来自可再生能源发电产生的温室气体排放量更少（温室气体与气候变化有关）。同样，可再生能源通常会减少空气中的其他污染物，包括：

● 形成酸雨的二氧化硫和氮氧化物。
● 颗粒物，与地面臭氧一起形成烟雾。
● 汞，可在环境中转化为剧毒物质，导致脑损伤和心脏问题。

虽然所有高科技公司在数据中心整体能效方面都取得了非凡的进步，但绿色和平组织一直专注于可再生能源的利用，即无论是通过现场发电，还是项目选址需要具备使用可再生能源发电的条件⊖。

绿色和平组织最近发布了一份报告，描述了主要互联网服务设施的能源使用情况。绿色和平组织的报告，《你的云有多干净？⊖》着眼于为数据中心和云计算提供动力的能源选择。

28.3 可再生能源的类型

可再生能源发电主要有七种类型，即太阳能、风能、生物质能、水能、地热能、波浪能和潮汐能。以下各节将简要介绍每种方式。

28.3.1 太阳能

太阳是一种可再生的能源，丰富且环保。它是（直接或间接）大多数可再生能源形式的来源。在七种可再生能源中，只有潮汐能和地热能不归因于太阳。

太阳能有两种主要形式：太阳能热，也称为聚光太阳能（CSP）和光伏（PV）能。

28.3.1.1 太阳能热系统或 CSP 系统

CSP 系统有三种，即电力塔系统、抛物槽系统和抛物面盘系统。

⊖ http://www.greenpeace.org/usa/en/。

⊖ http://www.greenpeace.org/international/Global/international/publications/climate/2012/iCoal/HowCleanisYourCloud.pdf。

- 电力塔系统：这种类型的系统使用许多大型跟踪太阳平面镜将太阳光聚焦到塔顶的中央接收器上。该系统将流体（高温合成油或熔盐）泵送至接收器，在此处将其加热至550℃，然后用于发电（图28.1）。
- 抛物槽系统：这种类型的系统（图28.2）使用一系列抛物线形状的长槽，将光线集中到沿着抛物线槽的焦线定位的接收管上。

接收器的温度可达到400℃，并产生蒸汽用于发电。通常，当太阳在白天从东向西移动时，槽以一维（1D）追踪太阳光照。

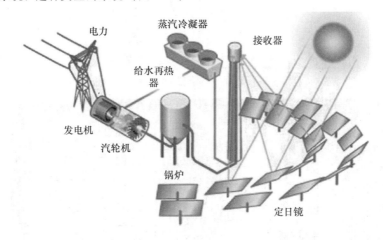

图28.1 电力塔系统（美国能源部能源效率和可再生能源署的发电厂）

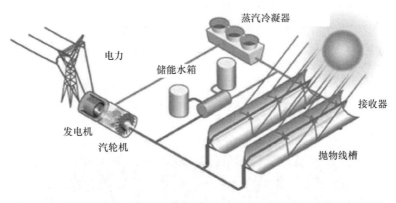

图28.2 抛物槽系统（美国能源部能源效率和可再生能源署的发电厂）

- 抛物面盘系统：抛物面盘系统（图28.3）使用抛物面盘形反射镜将太阳的辐射聚焦到位于圆盘焦点的接收器上。接收器中有液体，当太阳光线照射时，会加热到750~1000℃，然后将非常热的液体用于连接到接收器的小型发动机中发电。与抛物槽系统一样，抛物面盘系统也可以追踪太阳的运动，但它是在二维，即东西和南北各个方向运动中完成的。

28.3.1.2 光伏能

光伏（PV）过程将太阳的辐射能转化为直流电能。

光伏电池或太阳能电池是小型半导体器件。第一代太阳能电池由硅制成，而第二代则采用薄膜技术。只要太阳照射在光伏电池上，它就会产生小的电流，大约0.5V。为了产生足够用量的电力，电池通常在面板或模块中组合在一起（图28.4）。完整的太阳能系统由一系列拼接在一起的面板组成。光伏电池仅在阳光普照时才起作用，因此一些光伏系统包括存储电力的电池，以便可以在夜间或阴天使用。光伏电池产生直流电。大多数电器和照明灯以交流（AC）电流运行，因此PV系统通常包括称为逆变器的设备，以将直流电转换为交流电。

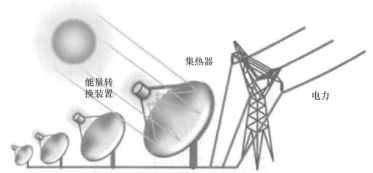

图28.3 抛物面盘系统（美国能源部能源效率和可再生能源署的发电厂）

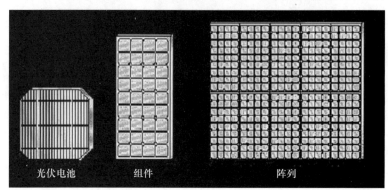

图28.4 光伏电池、组件和阵列（美国能源部能源效率与可再生能源项目的照片）

光伏电池板和阵列在发电时不会产生辐射，只需要太阳能为其供电。

光伏电池板是一种具有成本效益的电源，对于没有电网的偏远农村地区而言，它们特别有效且方便。

人们越来越关注将光伏阵列集成在房屋和办公楼的窗户、屋顶和墙壁上。光伏能量的这种使用方式被称为建筑物集成光伏（BIPV）。

28.3.2 风能

数百年来，人们一直在使用风力发电。在18世纪和19世纪，风车被用来抽水和碾磨谷物。风车的现代版本被称为风力涡轮机。风力涡轮机主要有两种，即水平（左）轴风力涡轮机（HAWT）和垂直（右）轴风力涡轮机（VAWT）（图28.5）。

图28.5 两种类型的风力涡轮机（源自Sandia国家实验室，https：//share.sandia.gov/news/resouces/news_releases/vawts/#，U8dMNWdOVMy）

水平轴风力涡轮机（HAWT）看起来像风车，其两个但通常是三个转子叶片像螺旋桨一样固定在塔顶的前部。变速箱、制动器和发电机安装在塔顶部转子叶片后面的套管或机舱内。

垂直轴风力涡轮机（VAWT）看起来像一个打蛋器。转子叶片安装在塔顶，靠近塔底，中间凸出。变速箱和发电机安装在塔架底座的保护结构中。

28.3.2.1 风力发电机如何工作？

风通过转子叶片，使其转动。风吹得越大，可捕获的能量越多，可产生的电量也就越多。如果风速太大，那么涡轮机将通过顺风转向来关闭并施加制动机构，以防止叶片过快转动而导致损坏。

当风速超过 8mile/h（1mile = 1609.344m）时，风力涡轮机通常会发电。产量增加，直到达到 34mile/h 的最大功率。当风速大于等于 55mile/h 时，出于安全原因，大多数大型风力涡轮机都会关闭。

一些风力涡轮机独立运行，有些则集中在风电场（图28.6）。在风电场，风力涡轮机之间需要至少间隔转子叶片直径的 5~6 倍，以防止一个涡轮机的湍流影响另一个涡轮机的风流。

图 28.6　风电场（来自 EPA，http：//blog.epa.gov/blog/2008/09/science-wednesday-better-together-wind-and-solar-power-in-california/）

风是一种间歇性能源，因为它并不总是以发电所需的速度运行。风力涡轮机通常能够捕获风力涡轮机总额定发电容量的 15%~40%。这种可再生能源没有明显的空气污染和温室气体排放。然而，转子叶片在空气中切割时会产生一些噪声，但较慢的转子速度（15~25r/min）和新的设计与材料在过去几年中显著降低了噪声水平。今天，250m 处的噪声水平可低至 42~43dB，低于城市居民区的平均噪声水平。同样，研究结果表明，风力涡轮机对鸟类的数量影响不大，一部分原因是公用事业和私营公司竭尽全力确保它们不会在迁徙飞行路径中间设置风力发电场，另一部分原因是在大多数地区，鸟类的迁徙飞行路径高于涡轮机或叶片的范围。较慢且恒定的叶片速度与坚固的塔式设计是当今风力涡轮机的典型代表，也有助于减少鸟类撞击的可能性。

28.3.2.2 风力计算

传输到风力涡轮机的功率与转子旋转扫出的面积、空气密度和风速的立方成正比。因此，在风中可能获得的可用功率为

$$P = \frac{1}{2}\alpha\rho\pi r^2 V^3$$

式中，P 是功率（W）；α 是由涡轮设计确定的效率因子；ρ 是空气质量密度（kg/m³），海平面温度下 $\rho = 1.225$kg/m³；r 是风力涡轮机半径（m）；V 是空气速度（m/s）。

为了使风力涡轮机有效工作，风速通常必须高于 12~14mile/h。风速必须达到这个值才能使涡轮机快速转动以产生电力。涡轮机通常每台发电 50~300kW。风速是高度 H 的函数。在高度 H_0 处已知速度 V_0，可以计算不同高度 H 处的速度 V，即

$$V = \left(\frac{H}{H_0}\right)^\alpha V_0$$

式中，$\alpha = 0.143$（1/7 幂定律）。

28.3.3 生物质能

几千年来，人们一直在使用生物质能，燃烧木材和泥炭来取暖，烹饪他们的食物，并锻造他们的器具。

28.3.3.1 生物质能量

生物质是可以燃烧产生能量的植物和动物材料。它可以是农作物、农作物废物、树木和动物粪便，虽然这些是可再生资源，但生物质与化石燃料一样也有类似的挑战，因为燃烧时会产生二氧化碳和其他导致温室效应的有毒有害气体。生物质是可再生能源中唯一可转换为运输燃料的能源。在植物生长过程中，来自太阳的光能为二氧化碳和水转化为构成植物物质的碳水化合物提供能量。光合作用过程产生氧气，同时从大气中去除二氧化碳：

$$\text{阳光} + 6CO_2 + 6H_2O \rightarrow C_6H_{12}O_6 + 6O_2$$

（碳水化合物，植物物质）

当在汽化期间反应被逆转时（参见汽化），释放的二氧化碳是源自随着植物生长而先前从大气中吸收的二氧化碳。虽然生产和运输生物质需要少量的化石燃料，但其净碳平衡接近于零。

有如下几种方法可以将生物质转化为热能和电能，包括直接燃烧、厌氧消化、共燃、热解和汽化。

- 直接燃烧。任何足够干燥的有机材料都可以

燃烧。热量用于煮沸水以产生蒸汽，从而使连接到发电机的涡轮机转动以产生电力。

- 厌氧消化是将有机物（如城市垃圾的有机部分）分解在没有任何氧气的罐、容器或氧化塘中的过程。废物中含有微生物，当它们消化生物质如粪肥、有机废物或垃圾填埋场中的废物时，产生可燃气体。该气体主要包含甲烷和二氧化碳，称为沼气。这种沼气是一种相当清洁的燃料，可用于发电厂。消化过程还产生"消化物"，可分离成用作肥料的液体组分和用作土壤改良剂的固体组分。

- 共燃指将生物质引入燃煤电厂锅炉的做法。添加生物质作为燃料有助于减少煤炭的使用。

- 热解是指将固体生物质转化为液体燃料的热化学过程。在这个过程中，生物质在无氧罐中加热，产生富含碳氢化合物的气体，然后迅速冷却成油状液体和固体残渣或焦炭，通常称为木炭，并用于燃烧。热解提供了生产可再生液体燃料的优点，它比实木废料更容易储存、运输和燃烧。

- 汽化是一种热解形式。当生物质被加热时，它比热解使用更多的空气。产生的气体称为生产气体，是一氧化碳、氢气和甲烷，以及二氧化碳和氮气的混合物。这种气体燃烧产生蒸汽，或者用于燃气轮机发电。

如果合理地管理生物质资源，并且适当控制由此产生的燃烧排放，生物质有可能比不可再生的化石燃料（如煤和石油）更清洁地提供大量能源，并且具有更低的温室气体排放。然而，生物质的直接燃烧可导致令人担忧空气排放。

28.3.3.2 生物燃料

生物燃料可广义地定义为由最近死亡的生物材料（最常见的是植物）组成或衍生而来的固体、液体或气体燃料。生物燃料可以从任何碳源生产。最常见的是捕获太阳能的光合植物。液体燃料，如乙醇或生物柴油是由植物材料和常见的藻类产生的。生物燃料，如乙醇的碳循环如图28.7所示。近年来，粮食作物作为燃料的使用导致一些谷物（如玉米）价格飙升。目前，在大众媒体和科学期刊中讨论了生物燃料生产和使用的各种问题。其中包括减缓油价增幅、食品与燃料争论、可持续生物燃料生产、森林砍伐和土壤腐蚀、对水资源的影响、人权问题、减少贫困压力、生物燃料价格，以及集中化与分散化生产模式的影响。

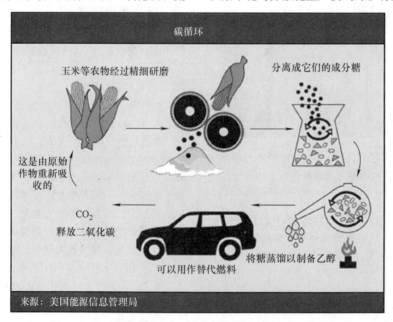

图28.7 生物燃料的碳循环（来自 http://www.window.state.tx.us/specialrpt/energy/renewable/ethanol.php）

目前，关于提炼纤维素乙醇工艺的研究仍在继续。在这一过程中，更多的木质原料和农作物废弃物可以转化为乙醇，而不是作物本身，但更有前途的技术是使用藻类来生产生物燃料。

乙醇：乙醇用作添加剂，通常以10%乙醇和90%汽油的混合物与汽油混合，这称为E10。驾驶员可以在新车型中使用它而无须修改发动机。今天生产的大部分乙醇是使用玉米、谷物、马铃薯、甜菜或甘蔗进行发酵的结果。使用乙醇为汽车提供燃料减少了驾驶员对汽油的依赖,汽油不是可再生燃料,并可减少二氧化碳和一些与烟雾有关的污染物的排放。

有人担心,为了确保不断供应生产乙醇的原材料,公司可能会购买大片土地来种植作为原料所需的作物,这可能会危害该地区的生物多样性,因为这些土地会专门用于种植一种作物。还有人担心,曾经用于养活人类的作物可能会被转移到工业中,并且土壤质量可能会恶化,因为曾经留下来滋养土壤的植物或树木的部分现在将被用作生物产品的原料。

生物柴油:生物柴油由可再生资源制成,如油菜籽、玉米种子、太阳花种子或亚麻籽的植物油。这些可以被处理以产生清洁燃料,称为生物柴油。从种子中提取油的最直接方法是使用机械或机械/溶剂萃取。

28.3.3.3 沼气

沼气是甲烷气体,是分解、畜牧生产、某些植物的种植,以及可以捕获和焚烧的垃圾填埋场的副产品。由于甲烷的全球变暖潜能(GWP)是二氧化碳的 62 倍,因此燃烧甲烷气体比将其排放到大气中更为可取。

28.3.4 水能(水力发电)

水能已经使用了数千年。它只是利用水体流动的惯性来旋转涡轮机,或者用磨机为碾磨谷物提供动力。

水力发电厂通过降低水的高度将水的势能转换为电能。产生的电量取决于瀑布的垂直距离和水的流速。流量是在一定时间(通常是1s)内流过一个点的水的体积量度。许多水力发电站使用水坝(图28.8)来提高电站上游的水位,增加高度下降以产生更多电力和/或储存水并释放水来发电以适应需求的变化。以下是它的工作原理:

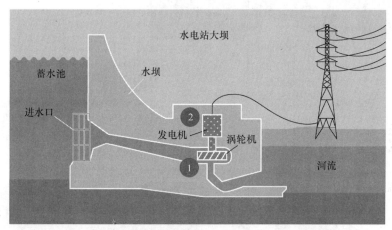

图 28.8　水力发电的水坝(来自 Enviromental Protection Agency)

- 水坝后面的河水或水库中的水通过一个通常称为进水口的开口,并从那里通过一个称为压力水管的管道。
- 水在压力下流过压力管道直至其末端,此处有涡轮机。
- 水的作用力使涡轮机的叶片转动,从而使涡轮机内的轴转动。涡轮机轴与发电机相连,发电机发电。
- 一旦经过涡轮机,水就会通过一个称为引流管的管道流出发电站,进入一个称为尾水管的通道,并返回河流。

大多数水力发电来自驱动水轮机和发电机的拦截水位的势能。从水中提取的能量取决于水量和出水源与出水之间的高度差。这种高度差称为水位差。水中的势能量与水位差成正比。为了获得非常高的水位差,用于水轮机的水可以通过称为压力管道的大管道。

一个简单的用于计算水电站发电量的公式为

$$P = hrk$$

式中,P 是功率(W);h 是高度/水位差(m);r 是流量(m^3/s);k 是转换因子

水力发电的效率相对较高。事实上,它们将大

约90%的可用能量从水能转化为电能，这比任何其他发电方法更加有效。

一些大容量水电项目需要巨大的水坝和水库，这些水坝和水库淹没了数千公顷的荒野，并破坏了鱼类和野生动物的迁徙模式。因此，许多独特的荒野地区因此而消失，许多人被迫撤离和重新安置。

28.3.5 波浪能

沿着海洋表面吹来的风会产生波浪。波浪能发电机（图28.9）依靠波浪的上下运动来发电。浮式结构等特殊设备随波浪移动，并附着在发电机上，促使发电机将其转换为电能。

波浪能系统不需要燃料来运行，也不会产生污染排放。但它们必须足够耐用，以抵御在严重风暴期间遭受的冲击。一些系统，如离岸系统，使用视觉和雷达设备作为船只和船舶的导航辅助设备，以避免可能的碰撞。

波浪能的方式仍然相对较新，除了需要进一步改进和发展并造成航行危险外，它几乎没有缺点。

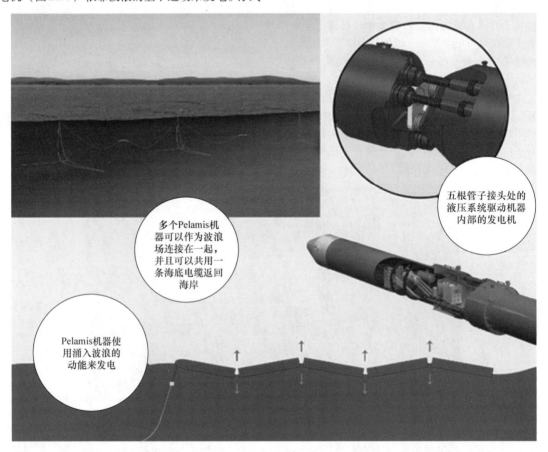

图28.9　波浪发电机（Pelamis Wave Power，www.pelamiswave.com 提供）

28.3.6 潮汐能

每天两次潮汐上升和下降的过程，在一些地方只有几英尺，而在其他地方则高达20ft（1ft = 0.3048m）。当潮汐进出时，水产生了大量的动能。这种能量可以通过特殊的涡轮机进行采集，无论潮汐是退潮还是涨潮都可以使用。

20世纪60年代，法国人在La Rance建造了第一座，也是世界上最大的商业规模的潮汐发电厂，发电量为240MW。虽然所有沿海地区的潮汐每天都会上升和下降两次，但潮汐发电站的涨潮和退潮之间必须存在至少5m的差异，才能创造出具有成本效益的电力。今天，世界上大约有40个地区被认为适合潮汐发电站。

潮汐能如何运作？

拦河坝：最简单也是最古老的技术是在海湾或河口建造一座大坝，称为拦河坝，在涨潮和退潮之间有很大的海拔差异。当涨潮时，水充满了拦河坝后面的区域。当潮水开始退潮时，拦河坝的闸门关闭，以将水保持在最大高度。退潮后，水就可以流过涡轮机所在的拦河坝底部附近的孔。现在用大能量运动的水驱动涡轮机的叶片转动，进而产生电能。

潮汐涡轮机：潮汐涡轮机（图28.10）类似于风力涡轮机，叶片或转子大约是结构上方的1/3，完全浸没在水中。这些涡轮机利用速度为 2~3m/s 的潮汐来驱动转子或叶片。超过 3m/s 的海流对叶片施加了过大的压力，就像大风损坏风力涡轮机一样。潮汐发电的主要缺点是成本高，包括腐蚀和维护费用。

28.3.7 地热能

地热能利用地球熔融核心的热量。这些热量可以从几个来源获得：通过钻井获得地球深处的热水或蒸汽储层、地球表面附近的地热储层，以及保持相对恒定温度（50~70℉或10~21℃）的地球表面附近的浅层地面。可以将水注入通向这些岩石的

图 28.10　潮汐涡轮机（Marine Current Turbines 提供）

孔中，以产生可以驱动涡轮机发电的蒸汽。

地热发电厂（图 28.11）利用地表以下几英里或更远处的热水库产生的蒸汽来发电。蒸汽驱动涡轮机，带动发电机产生电能。

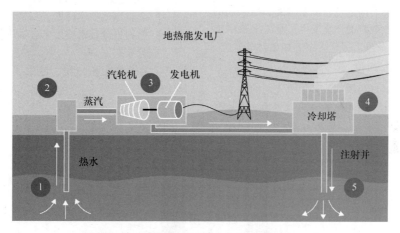

图 28.11　地热能发电厂（来自 www.epa.gov）

有三种类型的地热发电厂，即干蒸汽发电厂、闪蒸汽发电厂和二元循环发电厂。

- 干蒸汽发电厂利用地下蒸汽资源。蒸汽通过管道直接从地下井输送到发电厂，然后直接进入涡轮机/发电机组。加利福尼亚州北部的间歇泉是美国唯一的干蒸汽发电厂。

- 闪蒸汽发电厂是最常见的，使用温度高于360℉（182℃）的地热蓄水池。这种非常热的水在其自身压力下流过地下的井。当它向上流动时，压力降低，一些热水沸腾成蒸汽；然后将蒸汽与水分离，并用于驱动涡轮机/发电机组。任何剩余的水和冷凝蒸汽都会注入储层，使其成为一种可持续的资源。

- 二元循环发电厂在 225~360℉（107~182℃）的较低温度水上运行。二元循环设备利用热水的热量来煮沸工作流体，通常是具有低沸点的有机化合物。工作流体在热交换器中蒸发并用于驱动涡轮机，然后将水注入地下重新加热。在整个过程中，水和工作流体保持分离，因此几乎没有气体排放。

目前，有两种类型的地热资源（EGS 与低温和共生地热资源）可用于二元循环发电厂：

- EGS通过利用地球深层地热资源提供地热能，这些资源由于缺水、位置或岩石类型而不太经济。
- 低温和共生地热资源通常在300℉（150℃）或更低的温度下发现。一些低温资源可以利用二元循环技术发电。共生的热水是美国油和然气井的副产品，人们正在研究这种热水的发电潜力，以帮助降低温室气体排放，并延长油气田的寿命。

虽然地热发电厂的建设成本非常高，但建成后的发电成本相当低。地热能的主要缺点是由于热岩的深度和水的供应，它仅在有限的地理区域内可行。

28.4 替代能源：燃料电池

替代能源的定义各不相同。在本章中，我们认为，"替代能源不是来自化石燃料的任何形式的能源。替代能源通常是可再生的，如太阳能和风能。替代能源供应是清洁的⊖"。

太阳能和风能的间歇性，以及水能和地热能的地理限制，需要在现有的燃烧发电厂基础上再增加一种24/7基本负荷电力替代方案，如燃料电池。

28.4.1 燃料电池设计

燃料电池是通过与氧气或其他氧化剂的化学反应将来自燃料的化学能转化为电能的装置。氢是最常见的燃料，但有时也使用天然气等碳氢化合物和甲醇等醇类。燃料电池与电池的不同之处在于它们需要恒定的燃料和氧气源才能运行，但只要燃料和空气稳定供应，它们就可以持续发电。

燃料电池由三个相邻的区段组成：阳极（负侧）、电解质和阴极（正侧）（图28.12）。在三个不同区段的界面处发生两种化学反应。这两个反应的最终结果是消耗燃料，产生水或二氧化碳，并产生电流，可用于为通常称为负载的电气设备供电。单个燃料电池产生的电量非常少，约为0.7V，因此电池被"堆叠"或串联放置，以增加电压，并置于并联电路中以增加电流输出来满足应用的发电要求。除了电力，燃料电池还会产生水、热量，以及极少量的二氧化氮和其他排放物，具体取决于燃料来源。如果在热电联产（CHP）系统中捕获并使用废热，则燃料电池的能量效率通常为40% ~ 60%或高达85%。

28.4.2 燃料电池技术的优势

燃料电池最显著的优势如下：
- 燃料电池技术降低了二氧化碳排放量。
- 燃料电池技术在发电过程中使用更少的水。
- 分布式（DG）发电。燃料电池可"现场"发电，无须长距离传输，避免了电网传输7% ~ 15%的损失。

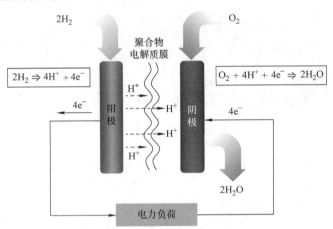

图28.12 燃料电池（美国环境保护署的图表，http://www.epa.gov/fuelcell/basicinfo.htm#background.）

28.4.3 燃料电池类型

燃料电池类型之间的主要区别在于电解质。因此，燃料电池根据它们使用的电解质的类型进行分类。在阳极，催化剂氧化燃料，通常是氢，将燃料

⊖ http://www.universetoday.com/74599/what-is-alternative-energy/.

转变为带正电的离子和带负电的电子。电解质是一种专门设计的物质，因此离子可以通过它，但电子不能。释放的电子穿过导线产生电流。离子穿过电解质到达阴极。一旦到达阴极，离子就与电子重新结合，二者与第三种化学物质（通常是氧气）反应产生水或二氧化碳。

- 燃料电池[一]中最重要的设计特征如下：
  - 电解质物质通常定义燃料电池的类型。
  - 使用的燃料：最常见的燃料是氢。
  - 阳极催化剂：将燃料分解为电子和离子。通常制备非常细的铂粉作为阳极催化剂。
  - 阴极催化剂：将离子转化为废化学品，如水或二氧化碳。阴极催化剂通常由镍制成，但它也可以是基于纳米材料的催化剂。

我们将介绍五种主要的燃料电池。第一个被发射进入太空的是聚合物电解质膜（PEM）燃料电池，它由 GE 公司开发并成功完成了 20 世纪 60 年代中期的双子座轨道任务。

28.4.3.1 PEM 或聚合物电解质膜燃料电池

这些燃料电池类型包含采用固体聚合物膜作为其电解质（图 28.13）。固态柔韧的电解质不会泄漏或破裂，这些电池可在足够低的温度下工作，使其适用于家庭和汽车。但它们的燃料必须经过净化，并且在膜的两侧都使用铂催化剂，从而提高了成本。

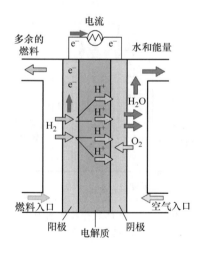

图 28.13　PEM 燃料电池（能源部 EERE 提供）。

质子（H+）从阳极输送到阴极。工作温度范围通常为 60~100℃。

今天，PEM 是商业化汽车动力的主要类型，它的一个优点是它可以在室温下开始发电，并在大约 80℃（176℉）时达到峰值功率，从而实现汽车所需的相对快速的启动。它几乎可以立即响应不断变化的电力需求，这对交通运输至关重要。

28.4.3.2 碱性燃料电池

碱性燃料电池（AFC）（图 28.14）消耗氢气和纯氧，产生饮用水、热量和电力。它们是最有效的燃料电池之一，有可能达到 70%。

AFC 使用压缩氢气和氧气。它们通常使用氢氧化钾（KOH）水溶液作为其电解质，效率约为 70%，工作温度为 150~200℃（300~400℉）。电池输出范围为 300W~5kW。在阿波罗宇宙飞船中使用碱性电池来提供电力和饮用水。然而，它们需要纯氢燃料，而且它们的铂电极催化剂价格昂贵，并且像任何装有液体的容器一样，它们可能会泄漏。

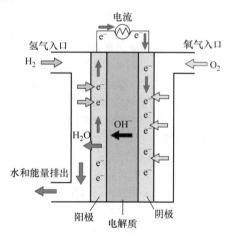

图 28.14　碱性燃料电池（能源部 EERE 提供）

28.4.3.3 磷酸燃料电池

这类燃料电池中的电解质由浓磷酸（H_3PO_4）组成（图 28.15）。质子（H+）从阳极输送到阴极，工作温度范围通常为 160~220℃，效率范围为 40%~80%。现有磷酸电池的输出功率高达 200kW，11MW 的电池已经完成测试。磷酸燃料电池（PAFC）可耐受约 1.5% 的一氧化碳浓度，这拓宽了他们可以使用的燃料的选择范围。如果使用汽油，则必须除去硫。需要铂电极催化剂，内部部件必须能够具有耐蚀性。

[一]　http://www1.eere.energy.gov/hydrogenandfuelcells/fuelcells/fc_types.html#phosphoric。

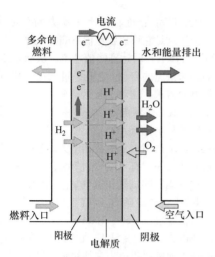

图 28.15　磷酸燃料电池（能源部 EERE 提供）

28.4.3.4　熔融碳酸盐燃料电池

熔融碳酸盐燃料电池（MCFC）使用高温盐（如钠或镁）碳酸盐化合物（化学，CO_3）作为电解质。碳酸根离子（CO_3^{-2}）从阴极传输到阳极（图 28.16），工作温度通常接近 650℃，效率范围为 60% ~ 80%。已经建造了输出功率高达 2MW 的机组，并设计了可用于高达 100MW 的机组。高温限制了一氧化碳对电池"中毒"造成的损害，并且废热可以再循环以产生额外的电能。与其他电池中使用的铂相比，它们的镍电极催化剂更加便宜，但高温也限制了 MCFC 的材料和安全使用因为太热而无法在家中使用。此外，电解质的碳酸根离子在反应中耗尽，因此必须注入二氧化碳来补偿。

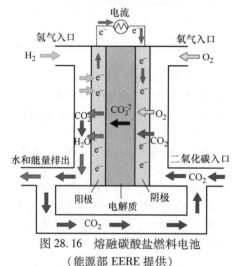

图 28.16　熔融碳酸盐燃料电池
（能源部 EERE 提供）

MCFC 使用廉价的催化剂，效率高，并产生可被捕获和利用的多余热量。它不仅可以使用天然气和丙烷，甚至可以使用柴油，这使其适用于偏远地区的船舶和固定电力，如岛屿，向这些地方输送天然气是困难的或不可能的。

MCFC 系统的化学反应可表示为

阳极反应：$CO_3^{-2} + H_2 \rightarrow H_2O + CO_2 + 2e^-$

阴极反应：$CO_2 + \frac{1}{2}O_2 + 2e^- \rightarrow CO_3^{-2}$

整体电池反应：$H_2 + \frac{1}{2}O_2 \rightarrow H_2O$

28.4.3.5　固体氧化物燃料电池

固体氧化物燃料电池（SOFC）因其设备中心的固体陶瓷材料而得名。虽然固体电解质不会泄漏，但它们会破裂。SOFC 使用硬质金属（如钙或锆）氧化物（化学，O_2）陶瓷化合物作为电解质，效率约为 60%，工作温度约为 1000℃（约 1800°F）。电池输出高达 100kW。在如此高的温度下，不需要转化炉从燃料中提取氢气，并且可以回收废热以产生额外的电能。然而，高温限制了 SOFC 装置的应用，并且限制往往相当大。

空气进入电池的阴极侧（图 28.17）。在阴极处，空气中的氧被转化（还原）成氧化物离子，氧化物离子穿过陶瓷内部到达阳极。在阳极侧，燃料被电化学氧化，产生热能和电能。

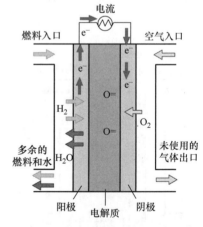

图 28.17　固体氧化物燃料电池
（能源部 EERE 提供）

如果燃料仅包含氢气，则水将是唯一的排放物；如果使用含有碳及氢的化石燃料，除了水之外，二氧化碳在阳极处形成并从阳极排出。在燃料氧化期间产生的电能（电子）流过外部电路，沿路径做一些有用的功，流向阴极，用于将氧转化为氧离子，从而完成电回路。SOFC 系统的化学反应可表示为

阳极反应：$2H_2 + 2O^{-2} \rightarrow 2H_2O + 4e^-$

阴极反应：$O_2 + 4e^- \rightarrow 2O^{-2}$

整体电池反应：$2H_2 + O_2 \rightarrow 2H_2O$

SOFC 在高温（600-800℃）下运行，因此可以耐受许多毒素质子交换膜（氢）燃料电池的燃料成分。

SOFC 以高于 85% 的效率热电联产和产生有用的高温热量。

SOFC 不产生通过燃烧化石燃料形成的硫/氮氧化物和微粒。它们可以使用天然气、丙烷和柴油。SOFCS 的燃料灵活性还允许对新兴燃料，如生物质燃料、煤合成气，以及纯净和不纯的氢。

使用碳氢化合物燃料的 SOFC 产生废物流主要含有增湿的二氧化碳（CO_2），因此 SOFC 可以作为优质的二氧化碳捕获技术，进一步减少温室气体排放。

28.4.4 燃料电池技术比较

图 28.18 中的表格比较了前面所述的五种类型燃料电池，包括所用电解质、工作温度、典型电池组大小、效率、优点、缺点和应用。

燃料电池类型	所用电解质	工作温度	典型电池组大小	效率	应用	优点	缺点
聚合物电解质膜（PEM）	芳磺酸	50~100℃（122~212℉）典型值 80℃	>1~100kW	60% 运动状态 35% 静态	• 备用电源 • 便携式电源 • 分布式发电 • 运输 • 特种车辆	• 固体电解质可减少腐蚀和电解质管理问题 • 低温 • 快速启动	• 昂贵的催化剂 • 对燃料杂质敏感 • 低温余热
碱性（AFC）	浸泡在基质中的氢氧化钾水溶液	90~100℃（194~212℉）	10~100kW	60%	• 军事 • 空间探测	• 在碱性电解液中阴极反应更快，性能更高 • 低成本组件	• 对燃料和空气中的二氧化碳敏感 • 电解质管理
磷酸（PAFC）	浸泡在基质中的磷酸	150~200℃（302~392℉）	400kW 100kW 组件	40%	• 分布式发电	• 更高的温度使 CHP 成为可能 • 增加对燃料杂质的耐受性	• 铂催化剂 • 启动时间长 • 低电流和低功率
熔融碳酸盐（MCFC）	浸泡在基质中的锂、钠和/或碳酸钾溶液	600~700℃（1112~1292℉）	300kW~3MW 300kW 组件	45%~50%	• 电力 • 分布式发电	• 高效率 • 燃料灵活性 • 可以使用各种催化剂 • 适合 CHP	• 电池组件的高温腐蚀和击穿 • 启动时间长 • 低功率密度
固体氧化物（SOFC）	钇稳定-氧化锆	700~1000℃（1202~1832℉）	1kW~2MW	60%	• 辅助电源 • 电力设施 • 分布式发电	• 高效率 • 燃料灵活性 • 可以使用各种催化剂 • 固体电解质 • 适合 CHP 和 CHHP • 混合动力/GT 循环	• 电池组件的高温腐蚀和击穿 • 高温运行需要很长的启动时间和限制

图 28.18 燃料电池技术比较（来自美国能源部的燃料电池技术项目）

28.4.5 燃料电池技术挑战

成本和耐久性是燃料电池商业化的主要挑战。尺寸、重量、热量和水管理是燃料电池技术商业化的障碍。主要挑战包括：

1）成本。在与传统技术竞争前，必须降低燃料电池动力系统的成本。对于固定式系统，可接受的价格点要高得多（广泛商业化需要 400～750 美元/kW，初始应用需要 1000 美元/kW）。

2) 耐用性和可靠性。燃料电池系统的耐用性尚未确定。对于固定应用，在 -35～40℃ 的温度下，需要超过 40 万 h 的可靠运行才能获得市场认可。

3) 系统尺寸。必须进一步减小现有燃料电池系统的尺寸和重量，以满足汽车的安装要求。这不仅适用于燃料电池堆，而且适用于构成动力系统平衡的辅助部件和主要子系统（即燃料处理器、压缩机/膨胀机和传感器）。

4) 空气、热和水管理。燃料电池系统的空气管理是一项挑战，因为当今的压缩机技术不适用于汽车燃料电池应用。此外，燃料电池的热管理和水管理也是个问题，因为工作温度和环境温度之间的微小差异需要大型热交换器。

5) 改进的热回收系统。PEM 燃料电池的低工作温度限制了可在热电联产应用中有效利用的热量。需要开发技术，以允许更高的工作温度和/或更有效的热回收系统，并改进系统设计，使热电联产效率超过 80%；还需要评估允许从固定燃料电池系统排出的低热量提供冷却的技术。

28.4.6 燃料电池制造商和用户

鉴于数据中心需要消耗大量的电力，许多燃料电池公司现在将其数据中心运营商的燃料电池系列产品作为分布式清洁能源的新兴市场，这一点不足为奇。他们的新计划是将燃料电池作为主要电力出售给数据中心运营商，而电网将成为燃料电池的备用电源。这与之前的一些案例形成了鲜明对比，数据中心运营商使用燃料电池作为备用和辅助电源。

燃料电池产品看起来像工业冷冻库。它们为寻求降低能源成本、提高能源安全性和降低碳排放的企业提供了一个解决方案。他们声称，他们可以减少高达 50% 的市电费，提供连续电力，即使在电网故障时也能保持稳定，减少 41% 的排放，并且能够产生比同等太阳能装置多 11 倍的能量，同时仅占用地面积的 1/20。

许多公司一直在他们的数据中心或设施中使用燃料电池，包括 Apple、AT&T、eBay、Facebook、Google、NTT America、Samsung、Sprint 和 Verizon 等。读者可以查阅"Fuel Cells 2000"（http://www.fuelcells.org/）或其他燃料电池制造商名单的其他来源。

28.5 案例研究

绿色和平组织⊖是一个非政府的环境组织。绿色和平组织声明，其目标是"确保地球在各种多样性中培育生命的能力"，并将其活动重点放在全球变暖、森林砍伐、过度捕捞、商业捕鲸和反对核武器等全球性问题上。

尽管所有高科技公司都在数据中心整体效率方面取得了非凡的进步，但绿色和平组织一直特别关注可再生能源的使用，无论是通过现场发电，还是通过选择可再生能源发电的地点。

绿色和平组织最近发布了一份报告，描述了主要互联网服务设施的能源使用情况。绿色和平组织的报告《你的云有多干净?⊜》着眼于为数据中心和云计算提供动力的能源选择。

在本节中，将介绍撰写本文时通过在新数据中心采用清洁技术而走向绿色的高科技公司。

28.5.1 苹果公司

到 2013 年底，苹果公司为其目前的三个数据中心提供无煤能源。⊜到 2012 年底，苹果公司完全使用可再生能源为其在北卡罗来纳州梅登市 50 万 ft^2 的数据中心提供动力。苹果公司将生产约 60% 的可再生能源用于太阳能和燃料电池的场地。该设施在被评价为特别节能后荣获了美国绿色建筑委员会的 LEED 白金认证。

苹果公司在梅登市建造了两个太阳能电池板装置。这些站点使用高效太阳能电池和先进的太阳能跟踪系统。100 英亩（acre，1acre = 4046.856m^2）、20MW 的现场安装每年将产生 4200 万 kW·h 的能量。苹果公司称这个 20MW 的太阳能项目是"美国最大的终端用户拥有的现场太阳能电池阵列。"位于几英里外的第二个占地 100acre 的场地将产生另外 4200 万 kW·h 的能量。这些将每年提供 8300 万 kW·h 的清洁可再生能源。沼气能（从分解生物质中捕获的气体）5MW 燃料电池装置于 2012 年底

⊖ http://www.greenpeace.org/usa/en/。
⊜ http://www.greenpeace.org/international/Global/international/publications/climate/2012/iCoal/HowCleanisYourCloud.pdf。
⊜ https://www.apple.com/environment/renewable-energy/。

运营，每年提供超过 4000 万 kW·h 的 24×7 基本负荷可再生能源。这意味着苹果将以 1.24 亿 kW·h 的产量生产足够的现场可再生能源，相当于 10874 户居民住宅的电力。

苹果公司在梅登市基础设施的一些节能设计元素包括：

- 来自加利福尼亚州圣何塞的 SunPower 公司的 20MW 太阳能电池板。
- 来自位于桑尼维尔的 Bloom Energy 公司的 4.8MW 燃料电池。燃料电池将由垃圾填埋场的沼气供电。使用沼气取代传统天然气发电，将减少温室气体排放和烟雾形成污染物。
- 来自当地市电的 200MW 风力发电，以降低运营中的碳排放量。
- 冷冻水储存系统。通过每天从高峰时段到非高峰时段转移 10400kW·h 的电力来提高冷水机组效率。
- 在夜间和寒冷天气期间，通过水侧经济器操作使用"自然"外部空气冷却，与蓄水一起使冷水机组可以关闭 75% 以上的时间。
- 白色冷屋顶设计，提供最大的太阳能反射率。
- 高效 LED 照明与运动传感器相结合。
- 运行期间的实时电力监控和分析。

苹果公司最新的数据中心位于俄勒冈州的普里内维尔，与梅登数据中心一样，对环境负责。在普里内维尔，他们可以使用足够的当地可再生能源，以完全满足设施的需求。为了实现这一目标，他们正在与两家当地公用事业公司和一些可再生能源发电供应商合作，从当地购买风能、水能和地热能。

28.5.2 易趣网

易趣网的新"犹他州数据中心将依靠位于加利福尼亚州桑尼维尔的 Bloom Energy 提供的 6MW 燃料电池阵列，该阵列是一种创新的固体氧化物系统。[一] 它将成为最大的固定式燃料电池组（30 个 Bloom 电池），曾经安装在非实际应用的装置中，并且第一次将数据中心设计为依靠燃料电池作为其主要能源，并将电网作为备用电源。正常的程序是数据中心从电网获取电力，当电网故障时，某种备用系统会启动，这是一个昂贵的程序。"

"原则上，无论该工厂是完全依靠沼气，还是通过补贴沼气生产以补偿工厂消耗的天然气，该设施似乎是双重绿色的：它使用可再生燃料，不产生固体废物，二氧化碳是其唯一不受欢迎的副产品。因此，很容易理解为什么 Bloom Energy Server 对依赖大型耗能数据中心且热切希望建立绿色形象的高科技公司具有吸引力。"

28.5.3 谷歌

迄今为止，谷歌已投资 9.15 亿美元用于清洁能源开发，并选择了位于艾奥瓦州[二]和俄克拉何马州[三]的数据中心，签订了长期风能合同。谷歌将从位于俄克拉何马州梅斯县的一个计划 100MW 风力发电场购买电力，这个风电场位于正在建设的数据中心附近，这是该公司实现碳中和目标的又一步。从梅斯县 Minco 二期风力发电场购买电力的协议为 20 年，与 2012 年谷歌与艾奥瓦州风力发电场项目开发商 NextEra Energy Resources 签署的协议类似。

此项交易是在谷歌投资两个大型可再生能源项目之后进行的，其中包括俄勒冈州的一个 825MW 风电场[四]和南加州的伊万帕太阳能发电厂[五]，这两个项目均在建设中。

谷歌宣称其设施的能源效率数字，谷歌的"TTM 能源加权平均 PUE"可以在《效率：我们如何做到这一点》中找到。[六]

[一] http://spectrum.ieee.org/energywise/green-tech/fuel-cells/ebay-will-rely-on-fuel-cells-to-power-major-data-center。

[二] http://www.google.com/about/datacenters/inside/locations/council-bluffs/。

[三] http://www.google.com/about/datacenters/inside/locations/mayes-county/。

[四] http://www.google.com/about/datacenters/inside/locations/the-dalles/。

[五] http://ivanpahsolar.com/about。

[六] http://www.google.com/about/datacenters/efficiency/internal/。

28.5.4 IBM

IBM 印度位于班加罗尔的软件实验室[一]已经建立了一个 50kW 的屋顶阵列，为其数据中心的 20% 能耗提供电力。

当 IBM 考虑在高压直流电环境下运行服务器时，他们决定使用产生直流电的太阳能电池板作为电源。由于交流－直流转换损耗，这种直流微型电网解决方案可以将数据中心的能耗降低约 10%。该系统的设计目的是在夜间或没有足够的电压直接运行服务器时从电网中获取电力。专用于数据中心供电的电源调节装置，可实现电源之间的自动切换。

28.5.5 微软

微软公司在其"功效最高"的数据中心中依赖于绿色技术。其位于得克萨斯州圣安东尼奥市的数据中心将耗资 5.5 亿美元和 47.7 万 ft² （1ft² = 0.0929030m²），并包含数万台服务器。[二]微软计划每天在其冷却系统中使用 602000USgal （1USgal = 3.78541L）的循环水（来自圣安东尼奥的废水系统）。可循环的水利用非新鲜或非饮用的水，但不会包含任何有毒物质的污染水。它被认为是环境友好型的，因为它减少了对淡水的需求，并且不消耗在废水处理场所净化淡水所需的能量。此外，得克萨斯州的大部分电力是由风能和太阳能电池板产生的，这种清洁能源对微软的选址具有吸引力。

28.5.6 雅虎

雅虎在纽约洛克波特推出了新的数据中心，是世界上最节能的数据中心之一。该公司表示，新数据中心将比传统数据中心显著减少能源和水的使用。雅虎表示，"该设施的电能利用效率（PUE）低于 1.08，与行业平均值 1.92 相比。"[三]该数据中心将部分由水力发电提供动力，并将能源成本降低到"每花费 1 美元电费就可以减少 1 美分的冷却费用。"雅虎自行设计了数据中心，选择了一个有凉爽天气和大风的地方。它的"鸡舍"设计灵感来源于狭长的鸡舍建筑。效果是空气自然地穿过建筑物并冷却服务器，而不需要像往常那样打开空调，从

而产生高额电费。

环境控制：绿色和平组织关注环境影响和可再生能源的利用。

28.6 总结和未来趋势

本章概述了可再生能源技术，重点介绍了用于为数据中心供电的技术（太阳能、风能、水能和地热能）。同时，为了弥补一些可再生能源的限制（太阳能和风能间歇性），讨论了燃料电池技术。燃料电池在 DG （见下文）和现场发电中提供紧凑、安静和可靠的基本负载功率。

可以观察到以下趋势：

今天，美国生产的大部分电力都是由地区公用事业公司提供的，并通过电网提供给客户。DG 指的是在消费地点的发电而不是集中发电。DG 消除了输电和配电的成本与低效率，减少了电网拥塞，并提供了灵活性。DG 的这些独特优势正在发生变化，用户正在选择 DG，以便在能源需求方面实现自力更生。

热电联产（CHP）：燃料电池允许使用燃料电池产生的废热来加热建筑物，从而降低能源成本。读者不妨阅读 ICF International 为美国能源部编写的《数据中心热电联产的机会[四]》。

许多 IT 公司正在签署长期购电协议（PPA），以从可再生能源系统中获取能源。此类购电协议可帮助可再生能源开发商获得优惠融资，并允许客户以固定费率（通常低于公用电价）购买能源。公司可以为现场或非现场的可再生能源解决方案签署购电协议。购电协议要求客户组织具有良好的信用，并愿意签订长期合同。谷歌是使用购电协议为新数据中心采购清洁能源的一个很好示例。通过签署长期购电协议，Google® 为 NextEra Energy 提供了一个安全的收入来源，使他们能够获得融资，并有助于刺激对更多可再生能源的需求。

高科技公司正在选择通过竞争性零售市场、购电协议或可再生能源证书（REC）直接购买可再生

一 http://www-03.ibm.com/press/us/en/pressrelease/35891.wss。

二 http://blogs.msdn.com/b/microsoft-green/archive/2008/09/22/microsoft-opens-san-antonio-data-center.aspx。

三 http://yodel.yahoo.com/blogs/yahoo-corporate/yahoo-unveils-world-class-green-data-center-4735.html。

四 https://www1.eere.energy.gov/manufacturing/datacenters/pdfs/chp_data_centers.pdf。

五 https://static.googleusercontent.com/media/www.google.com/en/us/green/pdfs/renewable-energy.pdf。

能源。REC 表示向美国电网发电和输送 1MW/h 绿色电力的环境属性。REC 已经成为一种流行的选择，可以轻松、低成本地抵消数据中心用电产生的排放。包括英特尔、微软、思科和戴尔在内的领先高科技公司是 REC 的首选购买者。REC 可以在本地或全国采购，这意味着购买 REC 可能会或可能不会产生当地的环境效益。

最后，使用可再生能源的目标是尽量减少数据中心散热所需要的能源对环境的影响。高效地运行服务器、热源、将能够高效率地利用电能。应用参考文献［5］中所述的"绿色算法"定理，确定分配给计算机的所有任务的最优速度，将以可调速度和参数有效地运行云服务器，从而有效降低能耗并完成所有计算任务。

参 考 文 献

[1] Boyle G. *Renewable Energy*. Oxford: Oxford University Press; 2004.
[2] Twidell J, Weir T. *Renewable Energy Resources*. 2nd ed. London: Taylor & Francis; 2006.
[3] National Renewable Energy Laboratory. Available at www.nrel.gov. Accessed on May 22, 2014.
[4] Renewable Energy World. Available at www.renewableenergy-world.com. Accessed on May 22, 2014.
[5] Zhang LM, Li K, Dan Chia-Tien Lo, Zhang Y. Energy-efficient task scheduling algorithms on heterogeneous computers with continuous and discrete speeds. Sustainable Computing: Informatics and Systems. 3(2), 109–118; 2010.

延 伸 阅 读

Bloom Energy. Available at www.bloomenergy.com. Accessed on May 22, 2014.

Energy Department. *Annual Energy Outlook 2013 with Projections to 2040*. U.S. Energy Information Administration; 2013. Available at http://www.eia.gov/forecasts/aeo/pdf/0383(2013).pdf. Accessed on May 22, 2014.

Fuel cells articles. Available at www.eoearth.org/article/Fuel_cells. Accessed on May 22, 2014.

Green Data Center. Available at http://www.42u.com/green-data-center.htm. Accessed on May 22, 2014.

Kishore VV. *Renewable Energy Engineering and Technology*. Sterling: Earthscan; 2009.

Levelized Cost of New Generation Resources in the Annual Energy Outlook 2013. U.S. Energy Information Administration; 2013. Available at http://www.eia.gov/forecasts/aeo/pdf/electricity_generation.pdf. Accessed on May 22, 2014.

第29章 智能电网响应数据中心

美国加利福尼亚州，劳伦斯伯克利国家实验室　吉里什·格拉提安（Girish Chatikar）
玛丽·A. 皮埃特（Mary Ann Piette）　文卡塔·V. 甘蒂（Venkata Vish Ganti）　著
西门子（中国）有限公司　邓馨　译

29.1 智能电网响应数据中心简介和背景

自2008年以来，劳伦斯伯克利国家实验室（LBNL）需求响应研究中心（DRRC）的工业需求响应（DR）团队一直在评估工业设施中的需求响应机会[1]及其电网响应能力。这项初步研究包括收集和分析市政综合审计中推荐的需求响应策略的数据，并评估这些策略在自动需求响应（被称为AutoDR）项目中的适用性。这些程序使用OpenADR，这是一个关于智能电网的需求响应和分布式能源资源的国家标准。OpenDR指使用开放标准来传递需求响应的价格和信号，这使得市政或能源服务提供商能够向设施发送通用的信号[2]。基础设施控制被提前预编程，以响应这些信号。该团队支持加利福尼亚电力公司及其承包商确定潜在的自动工业需求响应客户，并在评估需求响应站点方面提供技术援助；还对看上去具有良好自动需求响应潜力的工业部门进行了深入分析，并分析了它们的需求响应技术能力。2008年，DRRC选择数据中心设施作为新研究的重点，因为数据中心的能耗高且不断增长。数据中心的能源使用在加州乃至全国范围内迅速扩大。仅在太平洋天然气和电力（PG&E）服务领域，预计数据中心每年消耗500MW的峰值电能[3]。

根据2007年美国环境保护署（EPA）的一份报告，服务器和数据中心的全国能源消耗从2000年到2006年翻了一番，达到610亿kW·h。如果这种趋势继续下去，到2011年，我们将再翻一番，达到1000多亿kW·h。据估计，每年的电力成本为74亿美元，仅在太平洋地区就有20%的能源消耗[3]。最近的一项研究表明，数据中心的能耗增加了856亿kW·h。然而，最近的研究表明，这低于EPA的预测[4]。2008年的金融危机导致全球经济放缓，虚拟化技术的进一步发展导致服务器安装量减少，这些使得能源使用量低于EPA的预测。由于加利福尼亚的旧金山湾和洛杉矶地区是美国最大的数据中心集中地，美国环境保护署将此地区定义为"需被关注"区域和电力传输"关键区域"，这个定义为LBNL的能源效率和DR研究提供了动力。

29.1.1 什么是电网响应数据中心

随着美国和世界其他地区智能电网部署的快速推进和投资，一个关键问题仍未得到解答：客户如何从智能电网中获益？虽然对客户的价值尚未有很好的定义，但很少有初始研究通过需求响应来研究估值框架[5]。这些指标是数据中心客户与智能电网集成的良好起点。需求响应是当电网紧急情况或供电短缺等突发事件威胁电力供需平衡和/或导致电力成本增加的市场条件时，为减少电力负荷而采取的一系列措施。需求响应计划和税费旨在提高电网可靠性，减少用电高峰期间的用电量，从而降低整体系统总成本[6-8]。智能电网响应数据中心（简称电网响应数据中心）代表数据中心基础设施不仅可以"自我感知"以满足自身需求，而且可以"电网感知"以响应不断变化的电网条件（如价格或可靠性），并从政策奖励、信贷和/或降低的电价中获得额外收益。

29.1.2 智能电网和需求响应角色

对于美国智能电网框架的开发方——国家标准与技术研究所（NIST）来说，智能电网被定义为"一个复杂的系统体系，对其主要组成部分及其相互关系的共同理解必须广泛共享"[9,10]。NIST框架为具有安全通信和电气接口的智能电网领域提供了高级概念参考模型，包括与客户设施的集成。该框架还提供了智能电网中使用的硬件及软件技术之间的相关性。图29.1所示为智能电网内的各个域和通信模型，包括DR和OpenADR接口。该框架构成了识别互操作性标准的基础，以促进不同智能电网域及其相关安全措施之间的通信。

在许多情况下，智能电表和智能电网之间进行了类比。智能电表作为能源服务接口（ESI）之一，用作智能电网和客户域之间的分界点。根据 NIST 框架，智能电网范围不在仪表或 ESI 范围内。其他的能源服务接口可存在于客户域内，如能源管理和控制系统（EMCS）及 IT 设备管理工具。DR 范围在服务提供商、运营商和客户域中，如图 29.1 中的 OpenADR DR 信号所示。然而，其他智能电网领域影响了对 DR 的需求。

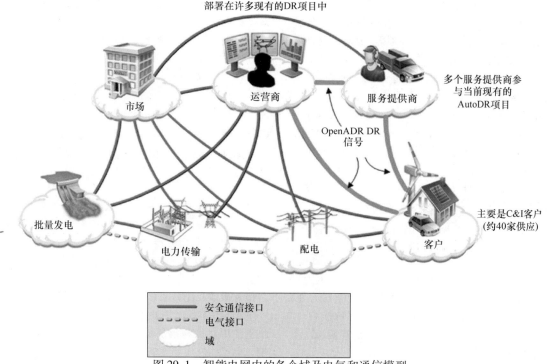

图 29.1　智能电网内的各个域及电气和通信模型
（NIST 出版物 1108 号参考文献 [9]）

29.1.3　研究对象

与智能电网相关的 LBNL 研究评估了数据中心的技术、机构能力和机遇，以及与需求响应相关的挑战和独特问题。这些研究成果构成了本章的大部分内容。LBNL 正在通过一系列数据中心现场测试，评估需求响应控制策略的性能。⊖早期研究的具体项目目标是：

- 识别不同类型的现有数据中心和数据中心技术。
- 使用开放标准（如 OpenADR）确定可用于 DR 和/或 AutoDR 的技术和策略。
- 确定可用于 DR 和/或 OpenADR 的新兴技术（如虚拟化、负载迁移、云计算和存储）。
- 验证在对数据中心业务或运营影响很小或没有影响的情况下，可以实现的负载模式和数据中心中的潜在负载减少或转移的幅度。
- 评估可用于加利福尼亚州公用事业公司现有 OpenADR 基础设施的技术准备情况。
- 确定提供支持 OpenADR 产品的概念和机会，以促进数据中心 DR 策略的全面自动化。
- 确定数据中心参与 DR 或 OpenADR 的后续步骤和现场研究要求与障碍（如有）。

该研究借鉴了 LBNL 过去 6 年多的研究，以及正在进行的数据中心和与建筑相关的高科技节能项目[11]。以前的相关工作包括数据中心的基准测试；为美国能源部（DOE）开发最佳实践和评估工具；能源效率的案例研究和演示；制定认证从业者计划和美国采暖、制冷和空调工程师联合会（ASHRAE）–能源部意识培训课程；不间断电源（UPS）和 DR 电源效率研究。

⊖ 太平洋天然气和电力公司（PG & E）的新兴技术项目通过加州委员会（CEC）公共利益能源研究所（PIER）项目的联合资助了早期的研究。PG&E、CEC 和圣地亚哥天然气和电力公司（SDG&E）已经资助了这些研究，以进行现场测试和分析。

29.2 美国的智能电网和需求响应应用

美国政府和行业正在进行大规模投资以创建更高效的电网,即"智能电网"。一个功能齐全的智能电网可动态优化电网运营和资源。这种电网系统将使需求响应和消费者参与成为可能[12]。智能电网有许多定义(例如,电力输送系统的现代化,以监控、保护并自动优化其互联元件的运行[13]),选择开发和部署哪些系统取决于环境和区域需求。

2009年,美国总统奥巴马宣布投资34亿美元,以刺激智能电网转型,随后通过《美国复苏和再投资法案(ARRA)》进行了超过110亿美元的投资[14]。联邦和ARRA智能电网基金的投资通过测量数据、可视化及设施和电网资源自动化引领创新的潜力。

许多其他国家也关注这些发展,并制定了自己的智能电网计划以满足当地的需求。例如,在印度,更多的重点是提高电力可靠性和更好地计算电力损失。在韩国,智能电网需要提供需求响应计划,以应对高需求期和大规模智能电表部署的价格波动。在日本和中国,需要智能电网提供需求响应,以满足不断增长的可再生能源系统的需求和集成。

29.2.1 使命

NIST 框架 1.0 及其更新版的框架 2.0 的目标是制定路线图,以确定和开发互操作性标准的途径,从而促进智能电网领域在不同市场间的通信和操作。这项活动旨在通过分析和协调活动推进联邦目标和使命。主要利益相关者提供了智能电网互操作性标准的投入和改进,并在不同领域开展了工作。在本章中,我们将重点讨论客户、服务提供商和操作接口,这是需求响应和 OpenADR 的领域。

29.2.2 利益相关者

以下需求响应利益相关者可能对本节内容感兴趣:

- 电力、能源或需求响应服务提供商。希望在数据中心行业发现新的需求响应潜力,并创建有针对性的工业需求响应计划。
- 数据中心运营商。希望降低能源成本、探索需求响应价值和战略,并将那些已经规划或实施之外的能源效率或需求侧管理措施一并纳入进来。
- 联邦与各州的政策制定者及监管机构。希望确定新的需求响应机会,并以此审查技术可用性和成熟度,作为实施建筑规范和新建筑建议的基础。
- 广大民众。希望了解电力行业和数据中心行业为提供能源、电网安全和可靠性所做的努力。
- 产品供应商公司。希望在能源价值链中发现新的商机。

此外,NIST 框架还定义了智能电网利益相关者,包括工业公用事业公司、供应商、学术界、监管机构、系统集成商和开发人员,以及决策过程的其他人员。

29.2.3 效益

电网响应数据中心通过与电网协调良好的活动可带来许多效益。美国的数据中心能源使用在本地和全球都在增长。例如,数据中心的能源使用在加利福尼亚州等地方相当可观,比全国平均水平 1.5%～2% 高出约 10%。EPA 的研究结果表明,仅在 PG&E 服务领域,数据中心的峰值负荷估计为 500MW(约占总负荷的 2.5%),并且增长很快。加州内外的能源使用都在迅速增加[3]。如果这种趋势继续下去,加州某些地区的数据中心集中将给配电和供电系统带来压力。LBNL 研究是对数据中心需求响应机会的首次全面探索。虽然重点是研究能源使用对加利福尼亚州数据中心需求响应的影响,但这些发现和建议也适用于其他地区。数据中心能源使用不仅是国内的挑战,也是全球日益关注的问题。需求响应的成效可扩展到不同的智能电网领域和客户设施,如数据中心。例如,数据中心设施减少峰值电力需求会导致新的发电能力或峰值负荷发电厂减少。为了在一年中有限的时间内提供电力,如果发电来源是煤炭、石油等,用电高峰时发电厂通常会导致碳排放增加。由此产生的成本节约可以通过降低电价和/或激励措施、参与需求响应计划的信贷等形式传递给消费者。NIST 框架定义了现代化电网的附加效益:

- 提高电源可靠性和质量。
- 优化设施利用,避免建设备用(高峰负荷)电厂。
- 提高现有电网的容量和效率。
- 提高对中断的恢复能力。
- 实现对系统干扰的预测性维护和"自我修复"响应。
- 促进可再生能源的扩展部署。
- 适应分布式电源。
- 自动化维护和操作。
- 通过启用电动汽车和新能源减少温室气体

排放。
- 减少高峰期低效发电的需求，从而降低油耗。
- 提供改善电网安全的机会。
- 允许过渡到插入式电动汽车和新能源存储选项。
- 增加消费者选择。
- 使新产品和服务被市场和消费者访问到。

29.2.4 当前智能电网和需求响应状态

随着美国智能电网互操作性标准的出台，政府和行业的示范已经形成；有许多 ARRA 项目可以向利益相关者证明技术可行性和价值。其中一项研究是 LBNL 为数据中心提供的需求响应机会，这是本节内容的重要基础[15]。

智能电网互操作性标准的一个关键成功指标是支持应用程序的测试和认证框架。一些组织已经开始成功地实施测试和认证计划的实施指南。NIST 发起了智能电网互操作性小组（SGIP）及其小组委员会智能电网测试和认证委员会（SGTCC），创建了互操作性过程参考手册（IPRM）。IPRM 为认证模式提供了一种最佳实践方法，从实际测试到认证产品本身[16]。在需求响应领域，OpenADR 标准开发正在进行中，以创建一个测试和认证，包括部署路线图，目的是[17]：

- 创建可互操作的标准。
- 一致性和互操作性测试。
- 认证产品。

通过 NIST 框架，智能电网的下一步包括让消费者和利益相关者在联邦、州和地方各级参与。路线图和活动最终应带来已确定的效益和功能完备的智能电网。NIST 框架还旨在向监管机构和决策者提供投入，以评估公用事业和其他实体提出的投资。

29.2.5 数据中心配电和技术

本节回顾了适用于数据中心并可用于需求响应的配电和效率技术。现场基础设施的关键技术是控制和其他减少冷却能源使用的策略；IT 基础设施的关键效率技术是虚拟化。这项研究还包括整合 IT 和站点基础设施效率的协同技术。其中综述包括成熟技术和新兴技术，强调可用于需求响应和与 OpenADR 集成的技术。本节讨论的几乎所有技术的主要用途是能效和操作优化。对于需求响应，技术和控制系统需要允许与多个供应商进行开放式集成，以实现不同数据中心类型的互操作性和可扩展性。

图 29.2 所示为典型数据中心的配电架构和最终用途。通常，EMCSS 管理现场基础设施负荷，在没 EMCS 的情况下，能量直接由开关设备（通常称为电网）直接分配。IT 基础设施包括用于转换和平滑电源的电子组件，以便设备安全使用。在大多数情况下，IT 设备平均消耗近一半（40%～50%）的能量，而现场基础设施则消耗数据中心总能量的 50%～60%。通过节能措施得出的最新趋势似乎显明，现场基础设施负荷（主要是冷却负荷）显著减少。

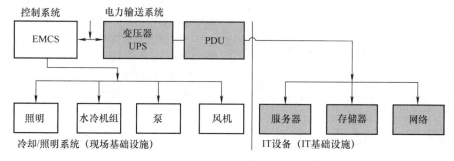

图 29.2　典型数据中心的配电架构和最终用途
（NIST 出版物 1108 号参考文献［10］）

29.3　现场基础设施控制系统技术

能源管理和控制系统（EMCS）主要管理数据中心现场基础设施系统，如冷却、供电和照明。大多数当前的数据中心冷却系统使用风机将冷空气推送到设备上。一些数据中心使用高效的直接水制冷剂冷却系统[18]。

目前，市场上有几个分布式能源管理和控制系统，主要用于监测和实施能效措施。与监控和数据采集（SCADA）系统一起，这些自动化和控制系统以集成的方式调节暖通空调（HVAC）、照明和相关设施及电气系统的运行。通信建筑控制协议，如 Bacnet©、Modbus© 和 Lontalk© 允许能源管理和控制系统与现场基础设施设备通信。这些协议对于理解非常重要，并且可以通过编程来传达任何效率或潜在的需求响应策略，并监督数据中心内的技术互操作性。在许多情况下，可以对此类能源管理和控制系统或监控和数据采集系统进行预编程，以管理数据中心支持负载，作为需求响应事件通知的回应。

29.3.1 冷却、供电系统和照明技术

如前所述，IT 设备是数据中心的主要终端用电设备，大约消耗数据中心总能耗的一半，现场基础设施系统（如冷却、供电和照明）也消耗大量能源，占总能源消耗的 35%～50%。通常，IT 设备每消耗 1W，整个基础设施就需要消耗 1W。根据最佳实践"绿色"数据中心的运行情况，冷却系统的能耗可能会减少 15%。在一个小型的最佳实践数据中心中，这相当于节省了 100 多万 kW·h 的电能[19]。数据中心使用的技术，如用于冷却系统的自然冷却技术、用于电力输送系统的功率损失降低和照明控制，也可用于需求响应。

29.3.2 冷却系统技术

风冷/水冷型节能装置器可以为数据中心节省大量的能源和成本，这可能是一种需求响应策略。当室外空气温度低于回风温度设定值时，经济器直接利用室外空气满足室内冷却需要。在一项关于空气侧经济器的 LBNL 研究中，当经济器启动时，机械冷却功率下降了约 30%，这节省了大量的能源成本[20]。可用于需求响应的其他节能冷却系统技术包括：

- 提高数据中心温度设定值并改进气流管理。
- 在不需要加湿的区域（如加利福尼亚等温带气候）调节加湿控制或完全消除它们。

29.3.3 电力输送系统技术

最近的一些技术进步可以减少因 UPS、变压器和使用 UPS 旁路等配电系统造成的损失，从而提高数据中心的整体效率。大多数数据中心都使用备份存储系统技术和备用发电机来应对电源中断、紧急情况和需求响应。这种电力输送系统技术可能对需求响应有用。

29.3.4 照明控制技术

双层和可调光照明控制使用传感器并根据需要自动调节照明。因为照明占数据中心能源消耗的一小部分（混合使用数据中心除外），因此照明控制和更高效的照明节约的能源小于冷却和电力输送系统采用的效率措施。

29.4 IT 基础设施虚拟化技术

未来的数据中心成本管理将依赖于减少 IT 设备能耗，反过来又降低了现场基础设施的能耗[21]。虚拟化技术实时整合和优化服务器、存储和网络设备，通过优化现有数据中心设备来降低能源消耗。业务和运营需求、服务级别协议（SLA）和能源管理目标决定了如何使用虚拟化技术。虚拟化技术不仅越来越多地被用于提高能源效率，而且还被用于减少 IT 设备所需的昂贵占地空间，以及实时管理和优化遗留系统。虚拟化允许数据中心：

- 根据业务需要优化现有服务器、存储和网络设备的使用。
- 降低电力和新硬件/软件调试成本。
- 整合以提高 IT 设备的能效。
- 管理带宽需求、电源限制和时差速率。

服务器电源效率随负荷而显著变化，在 50%～60% 的负荷下达到峰值效率，高负荷时效率高，低负荷（＜30%）时效率显著降低。大多数服务器电源在 20%～50% 的负荷下工作，并且电源通常因设备需求而过大，导致低效用电和过热[22]。虚拟化技术通过消除冗余的 IT 设备，提高了服务器的电源效率，并减少了冷负荷，而且足够成熟，可以在不降低服务质量的情况下满足数据中心的性能和可靠性要求。

一个例子是数据中心中简单的网络管理协议（SNMP），允许 IT 设备通信并与虚拟化技术一起使用。其他通信协议和语言，如 Internet 协议上的传输控制协议（TCP/IP）和可扩展标记语言（XML），将在数据中心的虚拟化网络内实现开放，并基于标准的信息交换、互操作性，以及与智能电网的集成。集成现场和 IT 基础设施的技术将有助于为综合实施需求响应战略提供单一的信息来源。

29.5 需求响应机遇、挑战和自动化注意事项

数据中心存在大量潜在的需求响应机遇，有许多可用的策略。数据中心相关的需求响应策略将取决于数据中心功能（或类型）特征，这些特征为

需求响应计划的参与提供决策支持。数据中心管理者可能认为有些策略适用于提高能源效率；但是，在不影响运营的情况下，取消限制并暂时降低服务级别，可以通过需求响应策略实现进一步的效益增加。这些需求响应策略通常分为减少负荷（完全降低负荷）和负荷转移（将负荷从高峰时段移到非高峰时段）。根据数据中心设施的应用区域，需求响应可在以下方面得以应用：现场基础设施，其中暖通空调、电力输送和照明方面的机会都得到了很好的研究，如包括提高温度设定点。IT 基础设施，其中主要的机会在服务器、存储和网络设备的虚拟化和其他新兴技术，如冗余服务器的整合。

以下各小节总结了需求响应数据中心的主要机遇和战略，以及每个策略的优势和挑战。这些机遇包括目前正在研究的战略，以及仍在开发中的新兴技术。表 29.1 中列出的每一个策略在以下各小节中有更详细的描述。

除了机遇，我们还关注在数据中心实施需求响应的关键挑战，包括传统的保守运营策略、对于考核需求响应表现的绩效评估指标需求、数据中心缺乏关于需求响应的信息，以及由此产生的对需求响应风险的认知（表 29.1）。对于尚未使用能效战略的数据中心，需求响应可能是迈向能效实践的可管理的第一步，使数据中心节省能源并获得经济利益。

数据中心需求响应机遇和挑战基于 LBNL 界定的范围进行研究。通过实地测试，LBNL 正在进行进一步研究，以评估广泛采用其中一些需求响应策略的机会，以及使用 OpenADR 等开放式标准实现自动化的可行性。

29.6 具有需求响应功能的数据中心

现场基础设施需求响应的机会包括通过改变冷却和照明能源使用来减少或转移负荷的策略，IT 基础设施的机会包括利用虚拟化战略整合冗余服务器和存储提高网络和任务的效率，如常规备份。

29.6.1 现场基础设施的需求响应策略

数据中心现场基础设施负载（冷却、照明、供电）支持数据中心 IT 基础设施。现场基础设施的最终用途和控制系统与商业建筑中的类似，尽管在数据中心中，这些系统服务于 IT 设备需求，而不是人的舒适需求。

冷却和照明控制系统的需求响应策略只能用于现场基础设施，或者可设计为响应 IT 设备的能源使用。对于包括大型办公区的多用途数据中心，大量研究已着眼于暖通空调和照明的最佳需求响应策略[23]。这些研究发现，暖通空调和照明设备是需求响应的最佳候选方案，可实现显著峰值负荷降低，并且不影响居住者或设施运行的情况，也适用于数据中心。

29.6.2 IT 基础设施的需求响应策略

数据中心 IT 基础设施的终端用电设备包括服务器、存储和网络设备，通常占数据中心总能耗的一半。冷却系统通过消除这些设备产生的热量来防止它们发生故障。根据定义 IT 基础设施负载的任何需求响应策略都将降低冷负荷。虚拟化技术可用于整合冗余服务器。第 29.6.3 节详细介绍了目前可用的一些虚拟化技术。关于需求响应适用性的信息很少或没有，因此未提供经验需求响应减载估计值。

29.6.3 IT 和现场基础设施协同

2007 年，LBNL 团队确定协同式需求响应使用 IT 和建筑控制技术来管理 IT 和现场基础设施负载，在 IT 或现有基础方面的影响可能比独立需求响应更大。这里的协同作用将使现场基础设施负载能够更快地响应不断变化的 IT 加载。这一决定与其他研究的结果一致，这些研究表明，综合建筑控制可实现更大的潜在节能。例如，集成照明、暖通空调控制和自动遮阳系统可以监控光照水平和温度，可以控制建筑系统，以实现最低的能源成本[24]。在数据中心，智能协调现场基础设施控制，以自动响应 IT 基础设施负载减少，可以实现快速有效地降低整个建筑的负荷。改进现场和 IT 管理（和技术）之间的交互，不仅可以提高总体效率，还可以促进虚拟化或服务器整合之间的协同作用，从而显著降低 IT 能耗，并相应减少对现场基础设施的需求（如冷却）[25]。目前的技术和系统没有提供一个集成 IT 和现场基础设施的平台。目前市场上的部分解决方案为提供中间件，以弥合这个缺口。

集成数据中心 IT 和现场基础设施的能源管理的一个关键是使用不同的通信协议。目前，市场上许多供应商提供的此类解决方案都提供了中间件，用于集成 IT 和现场基础设施系统，并提供分析能力。例如，为新开发的电源技术生成服务器电源消耗报告和效率数据，以用于与 EMC 或暖通设备协调（协议如 BACnet、Modbus 等），以便冷却系统与 IT 设备（如 SNMP 协议）热输出进行通信和响应。

表 29.1 数据中心实施需求响应面临的挑战

数据中心基础设施	需求响应策略①	优点	未来的考虑和注意事项②
现场基础设施和包含大型办公区的多用途数据中心	1）将送风温度和/或湿度设定值调整至工业和 ASHRAE 范围（推荐或允许） a. 调整数据中心区域的送风温度和湿度设定值 b. 调整混合使用数据中心区域的暖通空调温度设定值	• 对该策略的操作顺序进行了充分研究，并已在办公室和商业建筑中实施 • 策略可以是控制系统操作顺序的一部分	• 不适用于已经在较高温度下运行的数据中心 • 气流管理问题 • 如果不保持严格的环境条件，IT 设备可能会发生感知风险的故障
	2）使用创新的冷却系统管理 a. 根据IT设备需要关闭冗余冷水机组、泵和机房空调装置 b. 扩大外部空气温度范围以节约水或空气	与 IT 基础设施策略一起使用时，可显著节省成本	• 较高的外部空气湿球温度可能会提高冷却水温度 • 风冷/水冷节能装置的天气依赖性 • 需求响应处于研究概念阶段
	3）使用照明控制装置 使用双层开关或可调光照明控制，降低照度	• 对该策略的操作顺序进行了充分研究，并已在办公空间和商业建筑中实施 • 灯可以完全关闭	在独栋数据中心中，作为独立策略的影响最小
	4）重新配置冗余电力输送和备用电力存储系统 a. 使用 UPS 旁路技术 b. 关闭冗余变压器 c. 使用备份存储	• 短期战略 • 加利福尼亚州以外使用的备份存储；系统测试可以与需求响应事件一致	• 对设备的感知影响或错误或故障风险（a） • 在需求响应期间感知到对额外备份存储的需求（c） • 如果使用柴油发电机，空气质量监管问题（c） • 需求响应处于研究概念阶段（a 和 b）
IT 基础设施	1）使用虚拟化技术 a. 提高服务器处理器利用率并整合 b. 提高存储密度并整合 c. 提高网络设备效率	• 可用的赋能技术（a 和 b） • 使赋能技术成熟（c）	• 服务器利用率的提高可能会增加总体效率的冷却需求（a） • 需求响应处于研究概念阶段（b 和 c）
	2）移动或排队等候 IT 或备份作业处理	• 使用中的赋能技术 • 可用于负载转移	• 适用于实验室或研发数据中心 • 需求响应处于研究概念阶段
	3）使用内置设备进行电源管理	• 大多数设备中已经存在内置电源管理 • 在较新的系统中节省更多能源	• 为大多数现有设备提供最小的节能 • 需要与 IT 虚拟化和负载转移或工作备份策略相结合，以获得需求响应的影响 • 需求响应处于研究概念阶段
	4）将负载迁移技术用于甩掉或转移 IT 设备	• 为某些客户提供技术支持 • 长期战略（"随时需求响应"）	• 基础架构仅在少数数据中心可用，主要用于需求响应 • 可能需要当地公用设施和协调 • 需求响应处于研究概念阶段
IT 和现有基础设施协同	集成虚拟化、暖通空调、照明控制等，实现更快的减载响应	这些智能策略比独立策略具有更高的潜在节能效果	• 目前没有可用的赋能技术 • IT、现场基础设施技术和性能测量目前是分开的 • 需求响应处于研究概念阶段

① 除非另有说明，所有策略都需要需求响应演示和评估。
② "研究概念"表明，该需求响应策略仍在开发中，对节能和可扩展性的影响需要量化。

29.7 使用开放式标准的自动需求响应

使用 OpenADR 等开放标准的自动需求响应在数据中心是可行的，并提供参与商业需求响应项目的机会。OpenADR 是一套通过通信通道（如互联网）提供连续、开放、安全双向信号的规范，允许设施在"无人参与的情况下自动化其需求响应程序"[2]。在向 DOE 提交的 NIST 路线图报告草案中，OpenADR 被推荐为国家智能电网[12]需求响应标准[26]。考虑数据中心技术的复杂性，自动需求响应应该是一个可行的选择。OpenADR 提供以下好处：

- 适用于现有和新 IT 及现场基础设施技术的可靠的自动需求响应。
- 与现有控制和软件系统集成，实现互操作性。
- 使用现有的技术和控制基础设施，应用于商业和工业终端设备，如照明、暖通空调和 IT 设备。

与使用手动或半自动需求响应的设施性能相比，使用 OpenADR 的自动需求响应显示出更高的可靠性。[27]⊖⊖

在数据中心中使用 OpenADR 的可行性取决于基于 OpenADR 特定的自动需求响应程序，以及它是否适合与数据中心的 IT 和现场基础设施的系统、网络和通信进行安全集成。加州公用事业公司对 OpenADR 技术和通信基础设施进行了大量投资，数据中心技术可以利用这些基础设施。如前所述，现场基础设施控制策略，如改变送风和区域温度设定点及调整照明，已经被证明是包括商业办公空间的数据中心内的 OpenADR 策略。IT 虚拟化技术也被用于整合服务器，这也证实了之前的概念研究。这些虚拟化技术可以使用软件客户端与 OpenADR 基础设施进行集成[28]。

供应商需要进一步研究数据中心的设备和技术，以提供内置的 OpenADR 功能。"OpenADR 就绪"系统将允许数据中心参与需求响应通信基础设施，并与预先编程的需求响应策略集成。大多数使用 OpenADR 进行外部通信的数据中心都会关心网络和安全。知识渊博的网络管理员和软件程序员可以确保控制系统的安全通信和自动化集成。

图 29.3 所示为自动需求响应的架构概念和 OpenADR 标准。该架构由加利福尼亚三家投资者拥有的公用事业公司（IOU），即 PG&E、SCE 和 SDG&E 进行商业运营。需求响应自动服务器（DRAS）是电网或 ISO 与参与设施系统之间的中间件或中间商。DRAS 可以启用标准的基于因特网的接口。参与的设施或需求响应聚合器，使用硬件或软件"客户端"与 DRAS 通信，并检索需求响应事件信息，然后设施将需求响应策略编程进其 EMCS 或其他终端使用技术。客户端可以是硬件客户端，如客户和逻辑集成继电器（CLIR），任何第三方设

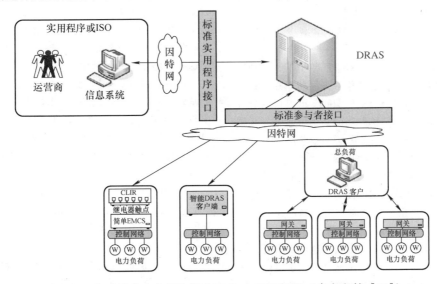

图 29.3 自动需求响应架构概念和 OpenADR 标准（参考文献 [15]）

⊖ 手动需求响应：手动关闭或更改舒适性设定点或过程或单个设备、开关或控制器。
⊖ 半自动：使用 EMCS 或集中控制系统对设施内的一个或多个过程或系统进行自动化，其余部分采用手动操作。

备或集成在设施控制和技术子系统中的基于软件的客户端。数据中心技术可使用基于软件的客户端进行 OpenADR。

1. OpenADR 与控制系统的集成

所有规模较大的数据中心（IT 负载大于 1MW）都有控制系统，可用于监控并冷却、供电和照明，也可用于需求响应，尽管它们可能需要自定义编程来自动减少负载，以应对需求响应事件。

2. OpenADR

虚拟化技术的集成旨在提高 IT 基础设施能效的虚拟化技术可以通过软件客户端用于需求响应策略。例如，对于需求响应事件通知，可以激活比正常情况下更积极的虚拟化策略，以在事件持续期间增加节能。加利福尼亚州的 ISO 于 2008 年启动了一个示范项目，在实验室环境中测试三台服务器。该项目表明，虚拟化技术可以与电网或 ISO OpenADR 基础设施集成。

29.8 分布式电网数据中心和网络

作为灾难恢复的备份，一些数据中心在不同的电网和地理位置上同时存在几个机房，并保持互联互通。2007 年，LBNL 与数据中心专家讨论了当前可用的或正在开发的新技术，这些新技术允许数据中心 IT 设备负载在经历需求响应事件的区域外进行临时负载迁移。由于这种转移，IT 设备可以关闭或启用智能电源管理。尽管这主要是一种 IT 基础设施策略，但 IT 负载的转移也会减少支持现场基础设施（冷却）的负荷。使用此策略参与需求响应的数据中心，可能需要对于那些出于计划和协调目的需要而进行的负载迁移进行提前通知。有了这样的通知，在需求响应事件期间，可以将部分或全部数据中心工作量转移到当前公用事业服务区或电网以外的另一个数据中心。即使数据中心以 100% 的效率运行，也可以使用这种策略。

鉴于数据中心的独特特点及其既定的灾难恢复方案，允许基于计算机网络拥塞和其他原因进行计算力转移，LBNL 正在进行研究，以确定通过负载迁移（计算和其产生的电力负荷）等策略在数据中心内实现需求响应能力的方法。这种策略可以通过全国和国际上的分布式电网网络应用于电网可靠性和价格响应计划。这种基于数据中心的需求响应减少/转移策略需要测试，包括 IT 设备和现场基础设施系统，方法是根据电网条件、可再生能源发电和/或价格将负载迁移到备份数据中心。

29.9 需求响应策略总结

数据中心需求响应机遇取决于多个因素，包括在前几节中确定的机构和技术能力。为便于实施，前面列出的主要机遇包括：

- 那些最有潜力的公司将虚拟化和新兴技术用于构成数据中心 IT 基础设施的服务器、存储和网络设备，并相应地减少了冷却能源的使用。
- 那些最直接的机遇，如提高温度和湿度设定值和照明策略，都在先前的研究中得到了很好的探讨。

在数据中心实施需求响应所面临的挑战包括：在温度和其他条件方面的传统保守运营策略、当前的能源性能指标（无法提供评估需求响应成功所需的信息），以及缺乏有关需求响应风险、益处和数据中心可能性的信息。因此，需要额外的实地研究，以验证这些策略在数据中心的效果。

29.10 电网响应数据中心面临的挑战

除了前面列出的实施具体需求响应策略的注意事项外，在数据中心考虑需求响应参与之前，还需要解决一些关键的组织和决策挑战。这些关键挑战如下：

1）对业务和运营风险的感知。"关键任务"数据中心的运营人员担心负载减少策略是否会对其运营的可靠性产生不利影响。本报告中描述的一些策略是研究概念，其性能和影响需要在需求响应采用这些策略之前进行量化。

2）绩效衡量策略。数据中心目前分别测量现场基础设施和 IT 基础设施的能源使用情况。但是，出于需求响应的目的，必须在整个建筑功耗（WBP）水平上评估性能。测量 WBP 表明该设施节省了多少总能量。出于结算目的，电网需要对其进行量化。

3）缺乏信息。数据中心可能没有意识到需求响应对他们来说是可行的，而那些目前采用能效措施的人可能没有意识到需求响应可能带来额外的节约。

29.10.1 对业务和运营风险的感知

许多设施将数据中心区域温度维持在建议范围的低端，因为过热可能导致设备损坏。大多数外部数据中心都有服务水平协议（SLA），规定了它们必须保持的环境条件，尽管在需求响应事件期间，可以允许在推荐范围内对温度设定值进行细微的变化。可以方便地测试并允许温度变化的数据中心可能是提供非关键任务服务的内部、研发或实验室数据中心。

在大多数混合使用的数据中心中，办公室暖通空调和照明占能源使用的很大一部分。办公空间使用与其他部分分开的暖通空调系统，除非办公空间的空调使用与数据中心相同的冷却冷冻水源。对于集成的暖通空调和机房空调系统，任何提高数据中心区域内温度设定值的需求响应策略也可能会影响办公室人员。对于混合使用的数据中心，比较好的设计策略是，可以暂时减少暖通空调和照明负荷，不会对办公人员的舒适度或数据中心的运行产生直接影响。这个被感知的风险同样适用于不同类型的数据中心。

29.10.2 绩效衡量策略

数据中心的能源使用是独一无二的，因为IT和现场基础设施的运营是分开的，并且受到不同绩效衡量实践的制约。减少IT基础设施能源使用的需求响应策略也可以减少现场基础设施的能源使用，因为现场基础设施的用电负荷与IT设备的能源使用相关。因此，需要一个度量来捕获这些节省。当前的数据中心效率度量实践无法获取整个建筑节能情况（WBP）。要在WBP级别评估需求响应性能，需要结合IT和现场基础设施进行度量。为了测量需求响应性能，应在WBP高峰需求水平[29]下进行以下测量。

- 总功率降低：供电公司用于减少需求响应负荷的估计和收款。
- 总降低百分比：显示相对于基线的正常运营的变化。
- W/ft^2 降低：将节能情况标准化为类似现场基础设施的基准。

29.10.3 缺乏信息

缺乏信息既包括那些认为参与需求响应完全不可行的数据中心运营商，也包括那些已经实行能效管理但不知道从需求响应中可以获得额外节约的数据中心运营商。即使是具有相对较高负载率特性的高效数据中心，也可以在需求响应事件期间暂时降低服务级别，并实现额外的增量能源（和财务）节约。此外，数据中心的能源使用是独一无二的，因为IT和现场基础设施操作是分开的，并且受到不同绩效衡量实践的制约。因此，需求响应的测量和验证度量必须考虑整个建筑级别的负载减少，用于计算负载减少及奖励和借贷的最终支付。

29.11 美国关于智能电网新兴技术的政策

美国在联邦和州一级有许多政策，其中最重要的是《2007年能源独立与安全法》（EISA—2007）。EISA—2007法案将老化的美国电网现代化为"智能电网"。这项联邦立法包括升级电力公司的输配电系统，并制定新的智能家电标准。能源部需要进行智能电网的研究、开发和示范。因此，一个新的角色被分配给NIST，用以建立智能电网的互操作性标准。在州一级，除了进行研究和开发外，供电公司还被授权进行智能电网示范试点，以调查经济可行性，以及与当前和新兴技术的互操作性。

智能电网技术需求来自EISA—2007，第13篇的以下章节：1301（电网现代化政策声明）、1302（智能电网系统报告）、1303（智能电网咨询委员会和智能电网工作组）、1304（智能电网技术研究、开发和示范）、1305（智能电网互操作性框架）和1306（智能电网投资成本联邦匹配基金）[13]。

能源部、联邦能源监管委员会（FERC）和NIST是制定智能电网政策的主要政府机构。NIST框架1.0中定义的基本概念模型是一个法律和监管框架，包括适用于各种参与者和应用场景及其交互的政策和要求[9]。联邦能源监管委员会以及州和地方各级公用事业委员会通过的法规涉及智能电网的许多方面。

这些法规旨在确保电价公平合理，并满足安全性、可靠性、隐私性和其他公共政策要求，如参见NARUC的任务声明[30]。向智能电网的过渡引入了新的监管考虑，这可能超越管辖范围，需要联邦、州和地方立法者和监管机构之间加强协调。概念模型必须与法律和监管框架保持一致，并支持其随时间的演变。框架中确定的标准和协议还必须与现有的和新出现的监管目标和责任保持一致。

标准在促进技术创新方面发挥着重要作用。通过定义和建立基本规则，产品差异化、创新技术开发和其他增值服务可以在此基础上开发，并提供给公用事业客户。标准对于实现产品和系统之间的无缝互操作性也是必不可少的。在美国，由私营部门主导的标准开发（以市场需求为依据）在促进竞争、创新和全球贸易方面发挥了基础性作用。一个被证实的例子是，作为2005年美国环境保护署标准的一部分，针对住宅和商业用节能电器的一系列标准被制定出来。根据该标准，私营企业进行了积极的研究和开发，使家电节能并达到标准要求。

联邦政府在私营部门标准化活动中发挥着领导或协调作用，以解决法规或行政政策中确定的国家优先事项。在智能电网领域出现新技术的情况下，政府领导层汇集了来自各个领域的利益相关者，组成了一个智能电网创新联盟。通常，这些不同的利益相关者可能需要更长的时间才能联合起来，并快速识别关键的差距和需要，以开发和采用可互操作的智能电网。这种开放的标准化过程具有以下优点：

- 透明度。所有相关方均可获得有关标准化活动的基本信息。
- 公开参与。所有利益相关方或受影响方都有机会参与标准的制定，不存在不适当的财务障碍。
- 灵活性。不同的产品和服务部门依靠不同的方法来制定满足其需求的标准。
- 有效性和相关性。根据监管、采购和政策需求制定标准，并考虑市场需求和实践，以及科学和技术发展。
- 一致性。该过程避免了标准的重叠和冲突。
- 国际认可：为了受益于国际市场，政府部门和私营部门最好采用在国际范围内通用的标准。
- 净效益：用于满足监管和采购需求的标准应使采用此类标准的净效益最大化。

29.12　智能电网发展的州立政策

在州一级，一些州已经制定了促进智能电网发展的立法。在加利福尼亚州，参议院第 17 号法案要求加州公用事业委员会（CPUC）制定智能电网部署计划。该法案要求加州采用的标准符合 NIST、智能网格架构委员会、国际电气和电子工程师、北美电力可靠性合作组织和 FERC 的标准。基于这些需求的重要性，CPUC 正在采取措施满足这些要求。例如，CPUC 对加州 IOU 部署的智能电表生成的客户数据采用了隐私和安全规则。在加利福尼亚州的地方一级，可再生能源组合标准（RPS）计划要求 IOU、电力服务提供商和社区选择信息汇集公司，要求到 2020 年，将合格可再生能源资源的采购增加到总采购量的 33%[31]。最近的范围界定研究已经评估了数据中心和自动需求响应技术，以评估需求侧资源的技术潜力，以便在可再生能源发电具有间歇性行为的情况下更好地管理智能电网[32]。

29.13　结论和下一步

先前的和正在进行的研究表明，在数据中心设施中实施需求响应可以显著节约成本和能源。数据中心负载的特定特性使它们成为需求响应的候选者，这些特性包括小的负载变化性和天气敏感性、不断增加的能源成本和峰值需求，以及目前缺乏数据中心 IT 基础设施的需求响应计划⊖。

数据中心独特的运营特点，以及对 IT 和现场基础设施使用高度先进的技术和控制系统，使它们成为 OpenADR 的候选者，使用的技术已经由加利福尼亚州的 IOU 部署。在数据中心实施需求响应面临着许多挑战，无论是操作层面还是理论层面。主要包括：

- 数据中心（IT 和现场基础设施）缺乏对需求响应的研究和示范，导致数据中心参与需求响应计划的能力，以及由此产生的任何影响，特别是对敏感的 IT 设备和数据中心性能存在不确定性。
- 担心中断数据中心流程，并对服务质量和 IT 设备寿命产生不利影响，这些担心影响着数据中心能源使用，特别是空调负荷，以及不愿参与需求响应。
- 对在数据中心实施需求响应策略没有全面的战略指南。
- 数据中心未充分利用能效和需求响应技术与实践。
- 不同数据中心的规模、类型、能源使用、流程和业务战略差异很大，这意味着没有"一刀切"的数据中心需求响应解决方案。
- 由外部因素（如客户需求、任务关键型应用模式和资源可用性）驱动的依赖于资源的负载模式，会导致数据中心的持续可用性和冗余 IT 设备。
- 没有综合评估量化数据中心参与需求响应计划的价值。
- 目前，大多数数据中心对于现场基础设施和 IT 基础设施的能源使用分开测量。但是，出于需求响应的目的，必须在 WBP 级别评估总体能耗，因为公用事业公司需要整栋建筑级别的能耗使用，以便进行结算。

⊖ 混合使用的数据中心（包含大型办公空间）比其他类型的数据中心具有更多与天气相关的负荷。然而，即使在混合使用的数据中心中，基本负荷也非常高，其变化率仅为 20% 左右。

生产数据中心运行任务关键型应用程序，并且始终处于完全运行状态，具有最大的理论层面设备可靠性和服务连续性的风险，使它们不太愿意参与需求响应。实验室、研究和其他"非关键任务"数据中心是最有可能的在早期采用适用于数据中心现场基础设施的需求响应的候选人。需求响应策略已针对其他类型的商业建筑进行了充分研究，并可随时部署到数据中心。这些策略包括：

● 暖通空调的节能措施（如提高冷却设定值）。

● 优化和使用照明控制系统。

适用于数据中心 IT 基础设施的需求响应策略包括：

● 提高环境设定值，以符合行业标准和建议（如提高区域供气温度和湿度限制）。

● 使用虚拟化技术临时提高 IT 设备的效率，如服务器整合和工作负载迁移，这通常用于灾难恢复需求响应和可用性要求较高的情况。

● 使用照明控制系统减少或关闭不必要的照明。

● 使用协同策略整合 IT 和现场基础设施的能源使用和负载降低。

● 使用其他新兴技术，如内置设备电源管理、UPS、变压器、旁路和备用存储策略。

LBNL 研究的结果表明，将虚拟化技术用于需求响应策略，以关闭未充分利用的 IT 基础设施设备，可能会最大限度地降低数据中心的能源使用，因为该策略减少了直接 IT 负载和支持负载，特别是冷却负载。使用 OpenADR 的 IT 设备技术可以与公用通信基础设施和数据中心策略集成，以响应自动需求响应事件。

LBNL 研究还发现，大多数数据中心的温度和湿度水平都远低于行业推荐标准。温度设定值的适度增加将导致负荷立即降低。如果在需求响应事件期间，由于冷却负荷的降低而没有带来负面影响，则可以对温度设定值进行永久性调整，从而减少整个数据中心的能源使用。已经采用高效照明和暖通空调实践的数据中心，可以从额外的需求响应策略中获益。先前的商业需求响应项目研究表明，建筑控制系统可与 OpenADR 集成[26]。

最初的研究建议，在数据中心部署需求响应策略需要进一步的研究，以确定需求响应策略的具体内容，即哪些负载可以卸载、持续时间、使用哪些技术，以及如何最好地与实用程序交互。需要对数据中心的需求响应的两种具体策略进行研究和示范，尤其是适用于 IT 基础设施的策略，以量化数据中心参与需求响应计划的价值，并建立信心，相信参与需求响应不会损害数据中心的性能或设备的可靠性和寿命。2007 年，PG&E 自动需求响应评估特别建议进一步研究 OpenADR 的数据中心。

29.13.1　商业化潜力

本报告着眼于现有的和新兴的节能技术在需求响应和自动需求响应中的潜在应用。OpenADR 客户端与数据中心虚拟化技术的集成可能存在巨大的商业潜力。IT 和现场基础设施技术的"集成系统"是另一个具有显著能效提升空间和需求响应潜力的领域，可以与 OpenADR 集成。采用需求响应策略将取决于数据中心参与需求响应的意愿，而需求响应策略参与的意愿又取决于技术成熟度和这些策略的节能量化及其可节能的规模。

29.13.2　下一步

早期的研究已经揭示了需求响应在各种数据中心终端应用中的潜力。这些研究结果有助于为 IOU、PG&E、SDG&E 和加州能源委员会共同赞助的数据中心需求响应的下一阶段研究制定一个重点范围，下一阶段的研究正在 LBNL 进行，目的是：

● 评估现有的支持技术（监控基础设施、服务器虚拟化软件、分布式计算的网络能力）。

● 在基础设施监控、数据中心虚拟化技术和分布式计算集群的网络能力方面寻找可增长的领域。

● 调查并演示数据中心 IT 基础设施、冷却系统、照明和其他附加负载中的需求响应机会，以及此类应用如何支持联邦和州政策，如加利福尼亚可再生能源组合标准（RPS）。

● 招募有兴趣成为需求响应早期采用者的生产、备份、科学计算和地理分布式数据中心，以进行现场测试。

● 分析由减负荷、转移或迁移负荷策略产生的需求响应措施。

● 可能在外部与公用事业公司或电网运营商驱动的 OpenADR 标准和自动需求响应控制策略的自动化进行集成。

尚未正式公布的早期研究结果表明，在需求响应事件中，IT 负载可以在不到 8min 内手动关闭，并且存在巨大的负载降低的潜力。这有可能使数据中心成为参与自动需求响应计划的优秀候选人，并与零售和批发需求响应市场的 OpenADR 集成。

未来的研究领域将涉及开发基于云的分布式数

据中心管理自动化软件，能够使跨地理分布的数据中心无缝地迁移存储和计算负载。Petascale 和 Exascale 计算系统将能够通过 OpenADR 响应来自电力公司或 CAISO 发出的价格和需求响应信号，从而在美国和全球不同的电力公司间动态转移处理和数据存储负载。

致谢

本报告中所述的工作由 DRRC 协调，并由加利福尼亚州能源委员会（能源委员会）、公共利益能源研究（PIER）项目（合同编号 500‐03‐026）、太平洋天然气和电力公司（PG&E）（第 PGZ0803 号）、美国能源部根据（合同编号 DE‐AC02‐05CH11231）提供资助。合同编号为 POSD01‐L01 的 SDG&E 也资助了正在进行的研究参考。

作者要感谢研究贡献者 Sydny Fujita、Aimee McKane、June Dudley、AnthonyRadspieler 和 Nance Matson（LBNL）、KC Mares（兆瓦咨询）、Dave Shroyer（SCG）、Bill Tschudi，以及 Dale Sartor 的数据中心能效专业知识。作者还想感谢所有其他协助审查本文件及其正在进行的工作支持，包括能源委员会码头项目的 IvinRhyne、Chris Scruton、Anish Gautam、Paul Roggensack 和 Mike Gravely，PG&E 的 Albert Chiu 和 Jonathan Burrows，以及 SDG&E 的 Eric Martinez。

参考文献

[1] McKane AT, Piette MA, Faulkner D, Ghatikar G, Radspieler Jr, A, Adesola B, Murtishaw S, Kiliccote S. 2008. Opportunities, barriers, and actions for industrial demand response in California. LBNL-1335E. Lawrence Berkeley National Laboratory. Available at http://drrc.lbl.gov/sites/all/files/lbnl-1335e.pdf. Accessed on June 12, 2014.

[2] Piette MA, Ghatikar G, Kiliccote S, Koch E, Hennage D, Palensky P, McParland C. Open automated demand response communications specification (version 1.0). California Energy Commission, PIER Program; 2009. CEC-500-2009-063. LBNL-1779E.

[3] EPA. EPA report to congress on server and data center energy efficiency public law 109–431; 2007. Available at http://www.energystar.gov/index.cfm?c=prod_development.server_efficiency, http://www.energystar.gov/ia/partners/prod_development/downloads/EPA_Datacenter_Report_Congress_Final1.pdf. Accessed on April 26, 2012.

[4] Koomey JG. Growth in data center electricity use 2005–2010. Report by Analytics Press; 2011. Available at: http://www.mediafire.com/file/zzqna34282frr2f/koomeydatacenterelectuse2011finalversion.pdf. Accessed on May 24, 2014.

[5] Heffner G. 2009. Demand response valuation framework. LBNL-2489E. Lawrence Berkeley National Laboratory. Available at http://drrc.lbl.gov/sites/all/files/lbnl-2489e.pdf. Accessed on May 24, 2014.

[6] Lekov A, Thompson L, McKane A, Rockoff A, Piette MA. 2009. Opportunities for energy efficiency and automated demand response in industrial refrigerated warehouses in California. LBNL-1991E. Lawrence Berkeley National Laboratory. Available at http://drrc.lbl.gov/sites/all/files/lbnl-1991e.pdf. Accessed on June 12, 2014.

[7] Pacific Gas and Electric Company. What is demand response?; 2008. Available at http://www.pge.com/mybusiness/energysavingsrebates/demandresponse/whatisdemandresponse. Accessed on April 26, 2012.

[8] Flex Your Power. Demand response programs. 2008. Available at http://www.fypower.org/flexalert/demand_resp_faq.html. Accessed on April 26, 2012.

[9] NIST Framework and Roadmap for Smart Grid Interoperability Standards, Release 1.0, NIST special publication 1108. January 2010. Available at http://www.nist.gov/public_affairs/releases/upload/smartgrid_interoperability_final.pdf. Accessed on May 24, 2014.

[10] NIST Framework 2.0: NIST Framework and Roadmap for Smart Grid Interoperability Standards, Release 2.0, NIST special publication 1108R2; February 2012. Available at http://www.nist.gov/smartgrid/upload/NIST_Framework_Release_2-0_corr.pdf. Accessed on August 16, 2014.

[11] Lawrence Berkeley National Laboratory, High Performance Buildings for High-Tech Industries. 2009. Data center server power supplies. Available at http://hightech.lbl.gov/. Accessed on July 13, 2009.

[12] U.S. DOE Secretary Dr. Steve Chu's presentation; GridWeek. 2009. Available at http://www.pointview.com/data/2009/09/31/pdf/Steve-Chu-4774.pdf. Accessed on May 24, 2014.

[13] Energy Independence and Security Act (EISA). 2007. Available at http://www.whitehouse.gov/assets/documents/recovery_plan_metrics_report_508.pdf. Accessed on May 24, 2014.

[14] American Recovery and Reinvestment Act of 2009 (ARRA). Available at http://frwebgate.access.gpo.gov/cgi-bin/getdoc.cgi?dbname=111_cong_public_laws&docid=f:publ005.pdf. Accessed on May 24, 2014.

[15] Ghatikar G, Piette MA, Fujita S, McKane AT, Han JQ, Radspieler A, Mares KC, Shroyer D. 2010. Demand response and open automated demand response opportunities for data centers. Lawrence Berkeley National Laboratory. Available at http://eetd.lbl.gov/sites/all/files/demand_response_and_open_automated_demand_response_opportunities_for_data_centers_lbnl-3047e_0.pdf. Accessed on June 12, 2014.

[16] NIST Smart Grid Testing and Certification Committee (SGTCC). 2011. Interoperability process reference manual, Version 1.0. Available at http://collaborate.nist.gov/twiki-sggrid/bin/view/SmartGrid/SmartGridTestingAndCertificationCommittee. Accessed on May 24, 2014.

[17] Ghatikar G, Bienert R. Smart grid standards and systems interoperability: a precedent with OpenADR, in Grid-Interop 2011, Phoenix, 2011.LBNL-5273E.pdf

[18] Silicon Valley Leadership Group and Accenture. 2008. Data center energy forecast. XIII of the Energy Independence and Security Act of 2007 (Pub.L. 110–140). Silicon Valley Leadership Group. Available at http://accenture.com/SiteCollectionDocuments/PDF/Accenture-Data-Center-Energy-Forecast.pdf. Accessed on June 12, 2014.

[19] Gartner. 2008. Available at http://www.gartner.com/it/page.jsp?id=799812. Accessed on April 26, 2012.

[20] Shehabi A, Tschudi W, Gadgil A. Data center economizer contamination and humidity study. 2007. Report to Pacific Gas and Electric Company. LBNL-2424E. Lawrence Berkeley National Laboratory. Available at http://hightech.lbl.gov/documents/data_centers/economizerdemoreport-3-13.pdf. Accessed on June 12, 2014.

[21] Gartner. 2007. Available at http://www.gartner.com/it/page.jsp?id=535714. Accessed on April 26, 2012.

[22] Lawrence Berkeley National Laboratory (LBNL). 2009. High performance buildings for high-tech industries: data center server power supplies. Available at http://hightech.lbl.gov/. Accessed on July 13, 2009.

[23] Motegi N, Piette MA, Watson DS, Kiliccote S, Xu P. 2007. Introduction to commercial building control strategies and techniques for demand response. California Energy Commission. LBNL-59975. Lawrence Berkeley National Laboratory. Available at http://drrc.lbl.gov/sites/all/files/59975.pdf. Accessed on June 12, 2014.

[24] Roth K, Westphalen D, Feng M, Llana P, Quartararo L. 2005. Energy impact of commercial building controls and performance diagnostics: market characterization, energy impact of building faults and energy savings potential. TIAX LLC. Available at http://s3.amazonaws.com/zanran_storage/www.tiaxllc.com/ContentPages/42428345.pdf. Accessed on June 12, 2014.

[25] Brill KG. 2008. Special report: energy efficiency strategies survey results. Uptime Institute.

[26] Electrical Power Research Institute (EPRI). Report to NIST on smart grid interoperability standards roadmap; 2009. Available at http://www.nist.gov/smartgrid/upload/InterimSmartGridRoadmapNISTRestructure.pdf. Accessed on April 26, 2012.

[27] Wikler G, Bran I, Prijyanonda J, Yoshida S, Smith K, Piette MA, Kiliccote S, Ghatikar G, Hennage D, Thomas C. Pacific gas & electric company 2007 AutoDR program: task 13 deliverable: AutoDR assessment study. Report to PG&E; 2008. Lawrence Berkeley National Laboratory. Available at http://drrc.lbl.gov/sites/all/files/pge-auto-dr-assessment-study.pdf. Accessed on June 12, 2014.

[28] Cassatt Pacific Gas and Electric Company feature pack for automated DR installation and user guide. Available at http://www.cassatt.com/infocentral/PGE/1.0/docs/InstallingPGE/. Accessed on April 26, 2012.

[29] Motegi N, Piette MA, Watson D, Sezgen O. Measurement and evaluation techniques for automated demand response demonstration. Proceedings of the 2004 ACEEE Summer Study on Energy Efficiency in Buildings; August 23–27; Pacific Grove; 2004. LBNL-55086.

[30] Mission statements of NARUC and FERC. Available at http://www.naruc.org/about.cfm, http://www.ferc.gov/about/about.asp. Accessed on May 24, 2014.

[31] California Energy Commission (CEC), 2002 under Senate Bill 1078, accelerated in 2006 under Senate Bill 107 and expanded in 2011 under Senate Bill 2, California's Renewables Portfolio Standard. Sacramento, CA.

[32] Watson D, Matson N, Page J, Kiliccote S, Piette MA, Corfee K, Seto B, Masiello R, Masiello J, Molander L, Golding S, Sullivan K, Johnson W, Hawkins D. Fast automated demand response to enable the integration of renewable resources. California Energy Commission; 2012.

延伸阅读

DRRC annual report. 2013. Advancing grid integration through research, development, demonstration, deployment. Demand Response Research Center, LBNL, Berkeley, California. Available at http://drrc.lbl.gov/sites/all/files/DRRC%20Annual%20Report%202013.pdf. Accessed on August 16, 2014.

NREL. 2011. Reducing data center loads for a large-scale, net zero office building. DOE/GO-102011-3459. Available at http://www.nrel.gov/docs/fy12osti/52786.pdf. Accessed on April 26, 2012.

Public Law 109-58 US Energy Policy Act of 2005. Available at http://www.gpo.gov/fdsys/pkg/PLAW-109publ58/pdf/PLAW-109publ58.pdf. Accessed on May 24, 2014.

第4篇 数据中心运营和管理

第30章 数据中心基准指标

美国伊利诺伊州，惠普公司　威廉·J. 科西克（William J. Kosik）　著
普洛斯普瑞数据科技（上海）有限公司　金超强　译

30.1 引言

目前，除了PUE™外，还有许多其他衡量数据中心能耗及性能的指标。这些指标不仅可以评价设备功耗及冷却系统能效，还可对IT系统效率进行评价。其中，一部分指标正在被行业所采用，而另一部分指标仍在开发中。本章重点阐述国际上比较通行的用来衡量数据中心能效的评价指标——PUE。当然，其他指标对于数据中心而言也至关重要。

30.2 PUE 的来源与应用

2007年，美国环境保护署（EPA）在向国会提交的关于服务器和数据中心能效的报告中指出："联邦政府和行业应共同努力，为数据中心制定客观、可信的基础设施能效等级评价系统，未来若有可能，可将此等级评价系统进行扩展，涵盖IT设备的生产率和工作输出的配套指标。"这为行业制定统一指标明确了方向。仅仅几年后，由绿色网格提出的电能利用效率是（PUE）已被技术行业广泛采用，并作为主流的评价方法，以评价数据中心的能源使用效率。虽然大家普遍了解PUE的定义，而且其应用也有许多年，但结合理论分析和数据中心的实际测试，行业内仍持续对PUE的定义及应用进行补充与完善。

PUE评估包括数据中心IT设备、空调系统、配电系统及其他辅助系统在内的所有系统能源消耗的数值。虽然PUE可单独评价电气系统和冷却系统的能效，但更重要的是，它可以衡量数据中心整体设施的用能效率。PUE作为能源效率的评价指标，具体表达式为

$$PUE = \frac{数据中心年总用电量}{IT设备年用电量} =$$

$$PUE_{空调或制冷} + PUE_{配电} + PUE_{其他} \quad (30.1)$$

$$PUE_{空调} = \frac{P_{空调}}{P_{IT}} \quad (30.2)$$

$$PUE_{配电} = \frac{P_{配电}}{P_{IT}} \quad (30.3)$$

$$PUE_{其他} = \frac{P_{其他}}{P_{IT}} \quad (30.4)$$

能耗数据通过市电输入变压器、机械开关设备、UPS及其他负载面板进行采集。通过测量不同电气组件的输入与输出功率来计算其效率，作为优化效率时所参考的数据。2011年，数据中心行业联盟达成了一份《关于数据中心整体效率的测量和报告建议》的协议，针对数据中心PUE制定了更加明确和一致的测量方法。

那么，当新建数据中心或评估现有设施是否需要升级时，如何使用PUE来分析系统替代方案，从而做出相应的决策？在这过程中，需要同时考虑气候、冷却系统类型、配电拓扑和冗余级别（可靠性、可用性）的相互关系对系统能效的影响。特别是当分析设施的峰值能耗和年平均能耗时，这些因素的相互影响会变得更加显著。为了证明这个观点，我们以近期的两个数据中心项目为例，一个数据中心在印度德里，其PUE为1.35，暖通空调能耗占年能耗的16%；而另一个数据中心在瑞士苏黎世，其PUE为1.21，暖通空调能耗占年能耗的7%。这两个数据中心采用相同类型的暖通空调系统，但由于气候和暖通空调系统运行方式的不同，导致能耗有所差异。一般来说，在数据中心的总能耗中，空调系统能耗占总能耗的5%～20%（图30.1a），其中冷却系统能耗占数据中心非IT系统能耗的50%（图30.1b）。这些比例会随着许多因素的变化而变化，如数据中心规模、照明密度、各种电源要求和运营计划。空调系统的设计、控制及运营对数据中心年度能源使用会产生重大影响，但也具有较大的节能潜力。

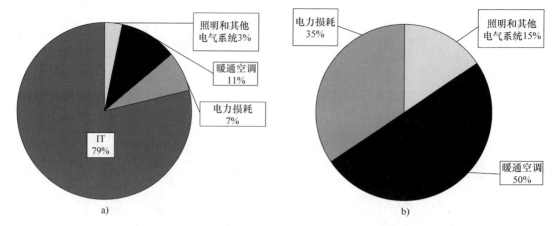

图 30.1 数据中心总能耗构成与非 IT 能耗构成
a) 数据中心总能耗构成 b) 数据中心非 IT 能耗构成

暖通空调系统的能效不仅取决于设备自身组件的效率，还取决于支持冷却和通风（正常运行）的电气系统效率。这些电气设备包括从中压到低压的变压器和不间断电源（UPS），前者为支持不同空调系统正常运行，后者为支持机房空调或冷冻水泵的不间断运行且减少部分空调系统配电损耗。电力损耗包括从市电接入端起始的所有电力损耗，其中有变压器、UPS、配电单元（PDU）、静态转换开关（配置或不配置），以及为 IT 设备供电的配电列头柜（RPP）。对于典型的数据中心，100% 负载下的电气系统总效率为 85%～95%，其中非 UPS 系统损耗为 2%～4%。

在使用机械冷却、水冷机组或其他电驱动蒸汽压缩的数据中心中，冷却设备能耗在非 IT 设备能耗中的占比很大。通过提高冷冻水供水温度和/或降低流经冷凝盘管的空气温度是降低总能耗的一个重要策略。但是，该方式受限于空调系统的类型、气候条件和 IT 设备允许的送风温度。对于定速冷水机组，冷冻水温度每升高 1°F（0.56℃），冷水机组的能效将提高 1%～2%；对于变频冷水机组，冷冻水温度每升高 1°F（0.56℃），冷水机组的能效将提高 2%～4%。因此，将送风温度从 60°F（15.56℃）升高到 75°F（23.89℃），可使冷水机组的平均效率提高近 40%。

在完成所有详细测试和数据分析后，需要对 PUE 进行仔细的计算与分析。例如，某数据中心有高效的冷却系统，但配电系统损耗巨大，此时数据中心的 PUE 值较小；如果缺少配电系统的性能数据，就很难制定有效的节能策略。类似地，在冷却系统中，冷水机组的效率极高，但冷冻水泵耗能过多，此时单纯地看 PUE 值就很难发现数据的异常。另外，PUE 不能用来比较不同数据中心的性能差异，但它有助于数据中心单个设备的能效评价，并且可作为设备持续优化的参考。

30.3 数据中心评价指标

在能源审计完成后，收集和分析测量数据，可用于数据中心行业指标的计算，而这些指标专门为数据中心业主提供能耗基准，并用来判断数据中心整体用能效率。其中，许多评价指标仍处于原始发布状态。因此，将这些指标应用后的效果反馈给发布指标的组织，对指标的持续优化具有重要作用。

由于许多程序和指标的使用都有明确的准则，所以在进行测量、处理数据和进行最终分析时遵循这些准则就显得尤为重要。例如，当使用机架冷却指数（RCI）时，需要有相关规范来指导测试的准确性和一致性。目前，有许多不同类型的指标与数据中心性能相关，但并非所有的指标都必须用来评价数据中心的效率，其中一些指标可作为主要的统计数据，为优化设备用能提供参考。

30.4 绿色网格的 XUE 指标

自从绿色网格在 2007 年 10 月发布其 PUE 白皮书以来，一直在推出 XUE 系列指标，旨在帮助数据中心行业在数据中心建造、调试、运营及报废过程中能够更好地管理与能源、环境、社会及可持续发展相关的因素。

30.4.1 能源再利用率

能源再利用指一些数据中心可为其他设施或园区提供再利用能源的能力。其中，最为常见的一种方法是利用服务器排放的低品位热量来为相邻建筑供热，或者预热进入电热水器或燃气热水器之前的生活热水。能源再利用率（ERE）的具体表达式如下：

$$ERE = \frac{年度设施能源使用量 - 年度再利用能源量}{年度IT能源使用量} \tag{30.5}$$

30.4.2 水利用效率

与PUE相似，水利用效率（WUE）是根据数据中心年设施用水量与年IT设备用电量之比来评价数据中心水利用效率。具体计算式为

$$WUE = \frac{年设施用水量}{年IT设备用电量} \tag{30.6}$$

一般来说，数据中心用水量的减少可能会导致其用电量的增加，而此时需要考虑生产增加部分电量所消耗的水量。例如，当某些地方的数据中心采用风冷直膨式机组或直膨式机组代替冷水机组时，就会出现这种情况。显然，对于直膨式机组，现场用水量将大幅减少，相应的用电量则大幅提升，而生产该部分电能所需要的水量也随之增加。由此可见，在水利用效率指标中考虑区域层面的耗水量显得至关重要。因此，考虑到生产电量所需的水量，则上式变为

$$WUE_{水资源} = \frac{年设施用水量 + 年发电用水量}{年IT设备用电量} \tag{30.7}$$

由于区域发电厂的用水量数据无法准确获得，因此，需要对其进行估算。

30.4.3 碳使用效率

与PUE相似，碳使用效率（CUE）用来衡量数据中心年IT设备用电量下的总CO_2排放量。与其他指标一样，减少公式中的分子即可使CUE值降低。CUE的定义式为

$$CUE = \frac{年数据中心总CO_2排放量}{年IT设备用电量} \tag{30.8}$$

CUE是源驱动指标。数据中心的用电来自发电厂，而发电厂在发电的过程中产生CO_2。与计算WUE时所需的水量数据相似，CO_2排放量可以采用美国环境保护署和国际能源署发布的数据。一旦确定了以kW·h为单位的数据中心年用电量，即可通过简单地换算来确定年CO_2排放量。当对新建绿色数据中心进行审核时，CUE和WUE可作为关键性指标。

30.5 机架冷却指数和回风温度指数

30.5.1 机架冷却指数

机架冷却指数（RCI）是由Magnus Herrlin博士提出的无量纲参数，可用于评估数据中心气流管理的有效性。通过CFD模拟（或在现有数据中心中进行实测）获得机架的平均入口温度，结合最大允许温度和最大推荐温度计算出百分比。其中，RCI = 100%表示机架平均入口温度完全符合规范要求。RCI可分为RCI_{HI}和RCI_{LO}，前者用于评估机架入口温度高出推荐温度范围上限的程度，后者用于评估机架入口温度低于推荐温度范围下限的程度。RCI的定义为

$$RCI_{LO} = \left[1 - \frac{\sum(T_{min-rec} - T_x)_{T_x < T_{min-rec}}}{(T_{min-rec} - T_{min-all}) \times n}\right] \times 100\% \tag{30.9}$$

$$RCI_{HI} = \left[1 - \frac{\sum(T_x - T_{max-rec})_{T_x > T_{max-rec}}}{(T_{max-all} - T_{max-rec}) \times n}\right] \times 100\% \tag{30.10}$$

式中 $T_{min-rec}$——推荐温度范围的下限值；
$T_{max-rec}$——推荐温度范围的上限值；
$T_{min-all}$——允许温度范围的下限值；
$T_{max-all}$——允许温度范围的上限值；
T_x——机架进风温度；
n——机架总数。

根据所使用的标准不同，这些指标的数值会有所不同。

30.5.2 回风温度指数

回风温度指数（RTI）是由Magnus Herrlin博士提出的无量纲参数，是用来评价数据中心气流管理效率。与RCI相似，它在一定程度上反映了冷热气流相互掺混的强度。当机架进出口温度分别与空调的送风和回风温度相等时，RTI为100%，这意味着冷空气在进入机架前并没有受到环境中热空气的影响而产生损失，并且热空气在回到机房空调前也未受到冷空气泄漏或旁通的影响。因此，空调送风温度和机架入口温度相等，且空调系统的回风温度与机架出口温度相同。此时，数据机房内冷热气流不存在掺混现象。

$$RTI = \left(\frac{回风温度 - 送风温度}{机架平均出口温度 - 机架平均进口温度}\right) \times 100\% \tag{30.11}$$

30.6 其他行业指标

目前，还有许多专注于 IT 设备性能和能耗的指标。虽然这些指标还未直接与 PUE 指标建立联系，但这些指标会影响数据中心的能效，并且是数据中心整体用能策略的重要组成部分。

30.6.1 SPEC

标准性能评估公司（SPEC）是一家全球性的第三方非营利性公司，致力于建立、维护和认证一套计算机标准化的基准评测套件。SPEC 开发的基准套件在被成员组织应用后的测试结果，经审查后在 SPEC 网站上公布。其中，SPECpower_ssj2008 是业界第一项用于评测系统级别服务器及与运算性能相关的功率基准测试工具，并且可作为一项指标来比较不同服务器之间的能耗和性能。这个测试基准为工程师和操作人员掌握服务器实际功耗特性提供了重要的数据支撑。

30.6.2 The Green500™

用每秒百万个浮点操作（MFLOPS）除以每瓦能耗的值作为指标，以对最高效率的超级计算机进行评级。该指标最初是为了解决超级计算机在运行负载时消耗大量能源而提出的。从此，除了计算能力外，计算机的单位功率性能已成为衡量计算机整体能力的一部分。测试可由终端用户完成，但测试必须遵循 Green500s 的测试标准，即《超级计算机功率测试标准》。测试结果以列表的形式每 6 个月发布一次。

30.7 欧盟委员会行为准则

制定行为准则（COC）是为了阻碍数据中心能耗的不断攀升，以及尽量减少对环境、经济和能源供应安全产生负面影响。COC 主要为数据中心运营商和业主提供必要的信息，帮助他们在不降低数据中心可用性的情况下降低数据中心能耗。COC 包含许多工具，可用来帮助负责数据中心运营的人员识别、规划和实施节能项目，其中还包括最佳实践手册。

30.8 国际电信联盟

国际电信联盟（ITU）发布了"信息通信技术（ICT）行业环境可持续性工具包"。这一工具包向 ICT 公司提供了一系列国际公认的可持续性要求，在重点领域中对 ICT 行业可持续发展实践做出了更客观的评价。这些重点领域包括可持续建筑、可持续 ICT、可持续产品和服务、ICT 设备的末端管理、通用规范和关键绩效指标、ICT 环境影响的评价框架，该工具包由国际电信联盟与行业领导者共同制定。

30.9 结论

综合运用这些指标，可提供一系列基准值，以便于理解数据中心的效率和有效性，而且不同指标的组合会产生不同的协同效应，这在数据中心基准评价过程中至关重要。例如，当 PUE 与 WUE 结合使用时，可以看到这些结果之间是如何相互关联的，以及当考虑不同能效方案时，应适当最好查看相应的水消耗量。同样地，当分析不同城市的新建数据中心时，使用 PUE 和 CUE 可以帮助了解当地的发电方式和效率是如何影响用电数据，以及气候条件是如何影响冷却系统的性能。由此可见，单独使用这些指标或策略性整合这些指标，对于分析数据中心的能源使用具有很大的价值。

延伸阅读

ANSI/AHRI 1360 (I-P)-2013. Performance Rating of Computer and Data Processing Room Air Conditioners.

ASHRAE Guideline 14-2002. Measurement of Energy and Demand Savings.

ASHRAE Real-Time Energy Consumption Measurements in Data Centers.

ASHRAE Standard 90.1-2013 (I-P Edition). Energy Standard for Buildings Except Low-Rise Residential Buildings.

Building Research Establishment's Environmental Assessment Method (BREEAM) Data Centres; 2010.

Carbon Usage Effectiveness (CUE): A Green Grid Data Center Sustainability Metric, the Green Grid.

Data Center Air Management Research. Pacific Gas and Electric Company, Emerging Technologies Program, Application Assessment Report #0912; Issued September 22, 2010.

ERE: A Metric for Measuring the Benefit of Reuse Energy from a Data Center, the Green Grid.

Green Grid Data Center Power Efficiency Metrics: PUE and DCIE, the Green Grid.

Koomey JG. Estimating Total Power Consumption by Servers in the U.S. and the World; February 15, 2007. Final report.

Koomey JG. Growth in Data Center Electricity Use 2005 to 2010.

Lawrence Berkeley Lab High-Performance Buildings for High-Tech Industries, Data Centers.

PUE™: A Comprehensive Examination of the Metric, the Green Grid. International Telecommunication Union: Environmental Sustainability for the ICT Sector; 2012.

Recommendations for Measuring and Reporting Overall Data Center Efficiency Version 2—Measuring PUE for Data Centers, the Green Grid.

Singapore Standard SS 564: 2010 Green Data Centres.

US Green Building Council—LEED Rating System.

Usage and Public Reporting Guidelines for the Green Grid's Infrastructure Metrics (PUE/DCIE), the Green Grid.

Water Usage Effectiveness (WUE™): A Green Grid Data Center Sustainability Metric, the Green Grid.

第 31 章 数据中心基础设施管理

美国加利福尼亚州，Nlyte 软件公司　麦克·哈里斯（Mark Harris）　著
罗格朗中国北京力登科技有限公司　周里功　译

31.1 什么是数据中心基础设施管理

数据中心行业充满了变化。自互联网时代以来，为了降低成本、提高容量、更合规和管控，以及改进整体效率，数据中心已被多次扩充、缩减、停滞和再建。Gartner 在其《IT 关键指标报告》（2012 年 12 月）中发布的一项针对 IT 专业人员的调查显示，全球近 1/3 的 IT 预算都用于数据中心基础设施及其运营（译者注：Gartner 在其 2018 年 4 月的全球 IT 支出报告中显示，2017 年，数据中心的支出为 1.8 千亿美元，增长率为 6.3%，虽然增长较往年放缓，但投资体量依然很大），令人惊讶的是，很少有公司投资积极管理这些巨额资本投资所需的工具、技术和训练。

如今，数据中心基础设施管理（DCIM）是数据中心的一项关键管理解决方案。作为一个管理领域新的类别，"DCIM"一词的由来尚不清楚，DCIM 的确切定义目前也未得到普遍认同。尽管如此，DCIM 的最初精髓可以用 Gartner 所表达的方式来概括："将信息技术和设施管理专业整合到数据中心关键系统的集中监控、管理和智能容量规划中。此外，DCIM 是通过部署专业的软件、硬件和传感器来实现的。DCIM 将为 IT 和设施中的所有独立系统提供通用的实时监控和管理平台，而且还管理这些系统的业务流程。"

DCIM 已经远远超越了简单的监控系统，同时也并非只是生成精美的图表和华而不实的交互式的视觉效果，DCIM 已成为数据中心许多其他系统的扩展，包括资产与服务管理、财务总账等。在一些个别的案例中，已经创建的 DCIM 解决方案主要是针对一些特定硬件环境的控制功能。长远来看，部署良好的 DCIM 解决方案量化了与数据中心 IT 资产移动、新增和更换相关的成本，了解运营这些资产的成本和可能性，并清楚地确定该资产在其使用寿命期内存在的价值。秉承前面提到的 DCIM 的最初精髓，这些业务管理跨越了 IT 和设施领域。

仔细研究图 31.1，你可以看到 DCIM 是能够直接支持数据中心资产和服务管理的新方法。结合 Forrester 和 The 451 Group 的两个著名模型，你可以看到 DCIM 是如何从物理层向上提供数据中心视图的，而目前使用的大多数 IT 管理模型都是自上而下的逻辑视图。根据 IDC 最近的一份报告，57% 的数据中心管理人员认为他们的数据中心效率低下，84% 的受访者有空间、电力或冷却方面的问题，这些问题会直接触及警戒线。显然，这些模型必须融合到具有多领域综合视图的单一管理域中。

31.1.1 DCIM 技术和用户的成熟度

任何新技术通常需要在漫长的孕育之后才能出现。以最近的数据中心行业为例，如虚拟化或云计算，我们可以注意到，在实际生产中要部署任何新技术之前，这项新技术必须经历几个不同的迭代周期曲线。Gartner 将此流程称为"技术成熟度曲线"，如图 31.2 所示。最开始是一个令人惊讶的创新发明，几乎打动了业内所有的人；接下来的几年里会对这项新发明进行测试和再测试，并投入一定量的实际部署应用。技术专家和业务经理都会对这项新发明进行调查和推动，以确定它与自己的应用案例有什么关系。随着时间的推移，一些发明因各种原因而消失，而其他发明则随着时间的推移逐渐普及。

DCIM 也同样遵循这样的曲线。参考图 31.3，可以看到各种组织目前处于不同阶段，在各自思考其未来的计算需求，并且正面临着需要自我评估当前 IT 最佳实践的挑战。经过为数据中心提供多年独特的资产管理解决方案，并结合其间贯穿了整个数据中心行业特殊的变更流程之后，我们发现了一系列沿着成熟度连续区的点，它们代表了行业的当前状态。

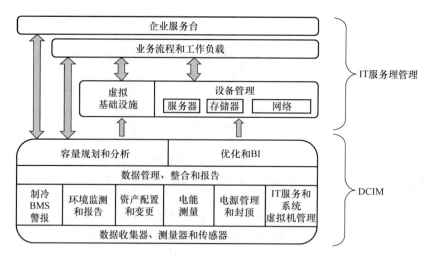

灵感来自The 451Group和Forrester

图31.1 DCIM被宽泛地定义为支持IT功能的物理基础设施的管理层

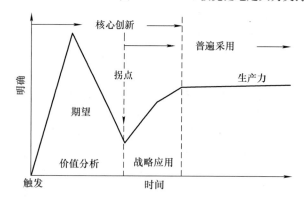

灵感来自Gartner的技术成熟度模型

图31.2 技术成熟度曲线

注：任何新技术的成熟都遵循一个非常可预测的采用周期，狂野的热情被现实取代，最完善的想法变成了产品。

31.1.2 DCIM对现代数据中心具有重要的战略意义

DCIM是数据中心资源和容量规划的一套业务管理解决方案，它使数据中心能够利用现有的物理层技术，包括监控、容量规划、配置数据库、环境监测等，还能够无缝集成到企业的其他业务管理如资产管理、流程管理、数据管理、人力资源规划、预算规划、SOX合规性㈠等解决方案中。在21世纪的企业中，信息是最具战略性的资产和竞争优势。从数据中心自身功能上看，就如同通过处理业务或交易从而生产战略价值的工厂车间。DCIM是数据中心顶级的管理者，在几乎每家财富500强企业中，都有数亿美元的资产和数十亿美元的信息流动。DCIM是这个关键基础设施的业务管理工具，并将有助于在不久的将来建立动态的自我调整的数据中心。

至少有4个利益相关者，如IT组织、设施组织、运营财务部门及管理团队和个人。对DCIM产生了浓厚的兴趣，每个利益相关者都有自己采用DCIM的需求。

一般而言，所有"IT"类别正被视为一个单一实体，对组织和相关成本具有可量化的价值。IT和设施组织现在正肩负着一系列与数据中心相关的共同目标，而且作为回应，IT和设施组织发现自己需要表现为单一的业务部门，并具有透明度、监督和会计能力、预测和整体有效性，所有这些都是重点。DCIM实现了这些重点，并已成为数据中心社区的关键。

The 451Group的安迪·劳伦斯（Andy Lawrence）说的最简洁："我们认为，如果不广泛使用DCIM软件，就很难实现更高级别的数据中心成熟度或数据中心效率。今天，投资DCIM软件的主要驱动因素是经济效益（主要通过与能源相关的节约）、提高可用性，以及提高管理能力和灵活性。"

随着IT行业转型的继续，我们看到一些企业的IT目标受到精心设计的DCIM战略的极大影响，并开始启用和重点支持这个战略，这使得DCIM与任何其他部署的业务管理应用程序处于同等重要水平：

㈠ 2002年的《萨班斯-奥克斯利法案》（SOX）是一项美国立法，要求公司的IT部门遵守记录保存惯例，以便在审计时提供支持。

1）包括云在内的 IT 转型。
2）积极管理电力需求并专注于绿色 IT。
3）资产迁移和容量规划。
4）卓越运营和流程再造。
5）推迟新的资本支出，特别是数据中心构建。
6）审计和监管及合规性。

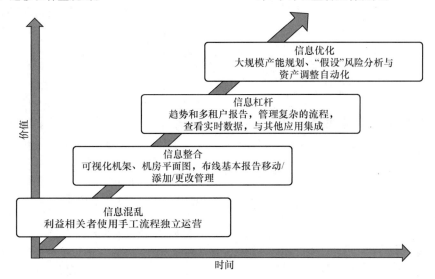

图 31.3　现有数据中心管理流程的成熟度变化（使用 DCIM，每个流程都可以进行优化）

31.1.3　DCIM 的共同目标

DCIM 已经成为一个通用的"效率"类别，大量的利益相关者已经表达了他们的数据中心管理需求。将 DCIM 引入运营和战略计划的一些最常见目标包括：

1）能源管理已成为大多数数据中心管理者和 IT 业务经理的首要任务。他们的目标是全面降低运营成本，出发点是更加主动的能源管理。DCIM 解决方案可以提供关于能源使用和各种其他物理层指标的高度细化的分析，并最终帮助识别和控制低效率状况。

2）需要高度精准的设备物理状态实时数据（译者注：包括 IT 设备物理位置的精准定位数据、设备所在机柜的实时容量数据）和可视化的数据视图，用于了解其数据中心的当前容量和可用性，以及容易查找与当前运营相关的基准线。

3）运营最佳实践正在被重新定义，以适应更加简化的运营和补救措施。DCIM 被视为最佳工具，它最适合识别、呈现和管理与数据中心物理资产相关的工作流程。DCIM 本质上管控并实施与变更相关的流程。

4）由于使用了如此宽泛的传统工具，即使在同一个组织中，与数据中心资产相关的资源仍然存在非常松散且割裂的现状。DCIM 承诺确保协调，并将不同的资源整合到资产库的单一视图中。

5）资源可用性和容量规划在需求清单中占有重要位置。更好地预测空间、电力和制冷容量意味着增加了可用的资产寿命，并增加了对未来容量不足做出反应的时间表。

6）敏锐的洞察力允许将大量原始数据转换为商业智能。通过增强对数据中心当前和未来状态的了解，可以提高资产利用率和可用性。

7）确保 IT 管理的持续创新，这一企业责任目标正在被考虑，研究调查、创建业务案例也在进行当中，作为标准实践，不会错过重大的技术进步。

31.1.4　DCIM 是谁的工作？IT 还是设施

采用 DCIM 最有趣的现象之一是受众的多样性及其个人驱动因素。传统上，数据中心是由明显不同的组织建立、维护和应用的：①设施组织负责处理全部物业的所有空间、电力和冷却需求；②IT 组织负责数据中心的物理和逻辑构建，以及所有设备的生命周期管理。

IT 和设施现在发现，它们需要一起协同工作，以进行规划和优化过程。关于设备和部署的决策如今正在被整合。在许多公司中，两个组织现在都向 CIO（首席信息官）汇报。DCIM 使数据中心资源容量规划能够在首席信息官较长的时间内进行管理。也就是说，DCIM 及其所有功能（在大多数情况下）将由 IT 组织驱动，就像 IT 组织多年来对其他类型的数据中心管理（系统管理、网络管理等）

所做的那样。当然，一旦 DCIM 投入生产，所有组织都会受益，但 IT 组织往往在企业级软件选型方面拥有更大的话语权和经验。因此，可以预期，DCIM 的部署和组织整合最好作为对现有软件管理框架的扩展，从而驱动已有数据中心的逻辑操作。在几年内，随着 DCIM 实施的成熟，它将在匹配供需方面发挥重要作用，确保在每个时间点都存在适量的资源调配。

31.2 DCIM 采购和部署的出发点

虽然"DCIM"一词是在过去几年才出现的专业术语，但资产管理的概念自数据中心建立以来就已存在。传统的数据中心资产管理方法是利用现有的财务账本工具来做一个非常简单的补充。早期的资产管理方法，通过增加物理属性和组织所有权，简单地建立在该时期的会计制度基础上。在一些少数案例中，专门致力于 IT 创新的专业人员，在该信息中添加了一些机架和地板可视化内容。由于这些微小的扩展无法体现更多新的商业价值，因此采用能源、可视化和生命周期的资产管理解决方案始终没有火起来。这些早期"DCIM"类型的解决方案仍然是小众，虽有一套很好的功能，但不是必备的业务需求。

备受好评的 Uptime Institute 于 2012 年 5 月对部署 DCIM 的原因进行了调查[1]，见表 31.1。毫不奇怪，最重要的原因包括需要更好的容量管理、更好的资产可视化及生命周期管理、资源可用性目标的支持、提高资产利用率、改善客户服务绩效，最后通过减少或重新利用现有人员来节省相关费用。对于在像企业一样运行数据中心新环境中，这些原因都不令人惊讶。

表 31.1 部署 DCIM 的原因

部署 DCIM 的原因	%
更好的容量管理	73
更好的资产可视性和管理	35
识别威胁可用性的问题	34
提高 IT 资产的利用率	19
改善数据中心客户服务	14
员工成本降低	3
没有购买 DCIM 的计划	10

注：资料来源 Uptime Institute[1]。

31.2.1 容量管理

电力是每个企业要实施 DCIM 的关键点。在无论是住宅还是商业的生活场景中，都能看到日益增长的电力成本。个人看到汽油和电力价格上涨，企业看到他们的巨额电费变得更大。IT 通常是企业中最大的一项用电开支，因此这些可见成本的异常上升引起了关注。首席执行官和首席财务官的领导们开始询问有关 IT 真空的成本问题，然而首席信息官及其团队无法回答这些问题。电力是与 DCIM 成功实施直接相关的首要的可量化值之一。

31.2.2 业务流程再造和运营效率

数据中心的运营方法正在快速转变：从个体的、无系统的、为达成目标"不计成本的高服务级别"转变为具备测量功能，并可对"以何种成本服务"进行修正的、有计划的和可以预测的方法。其本质上是将成本因子添加到这个运营方法中，而且会考量运营过程的每一步。IT 组织不仅被要求记录并自动执行现有的实践，而且被要求实地考察其当前方法，并确定它们是否仍然有效和依然最优。因此，许多组织发现自己对现有实践的认识有限，这阻碍了他们创建新方法的能力。由于基线是针对现有条件创建的，因此 IT 组织将开始编写新的优化工作流程并部署新技术，如 DCIM，用以长期管理其资产。DCIM 承诺能够覆盖当前的业务实践，并允许实现工作流程和运营相关的效率优化。

31.2.3 数据中心整合项目

由于各种原因，数据中心整合现在已成为大多数公司需要面对的现实，如计算技术的升级、合并和收购。DCIM 支持数据中心整合项目中常见的大量计算设备的测试验证和退役。

31.2.4 新容量、新数据中心

许多组织都意识到，他们的核心数据中心资产要么已超过其使用寿命，要么根本无法支持其组织快速增长的处理需求，部分原因在于他们的运作低效和资源浪费。目前的发展趋势，新业务应用程序正以无法想象的速度被加速采用，那么这些低效和浪费就全面暴露无遗了。

DCIM 承诺解决当前数据中心容量的量化问题，并随着时间的推移密切关注容量管理。数据中心本身提供计算资源，当研究大量基于时间的数据样本，并结合与新企业规划相关的需求时，高度准确的数据中心规划不仅是可能的，而且是可预期的。DCIM 量化数据中心容量并允许对其进行规划。

31.2.5 降低数据中心成本，提高资源效率

随着以减少浪费为首要目标的"绿色计算"时代的到来，能源开销备受关注，数据中心多数优

化项目的重点聚焦在降低数据中心的单位运营成本上，这种做法已经变得非常流行。绿色 IT 已被当作一个流行语，用于描述更有效地使用能源。

31.2.6 技术更新和架构变更

许多数据中心都拥有大规模的技术更新项目。这些项目源于对更高密度计算、虚拟化、虚拟桌面基础设施（VDI）计划或移动性的渴望与追求。整个基础架构正在重新设计，当面临这种变化时，IT 专业人员发现自己正在寻找创新方法来管理这些创新设计，而且需要比以前执行的更加有效。

31.2.7 聚焦环境和可持续性

大多数大公司都对减少 IT 对环境的影响表现出极大的兴趣。许多组织使用绿色网格提出的三个关键指标，并在本书的其他地方介绍了他们对环境优化的努力：与数据中心整体效率相关的电能利用效率（PUE）、碳利用效率（CUE）（指的是与能源消耗相关的碳排放），以及最近与水资源相关的指标，即水利用效率（WUE），表示数据生成过程中消耗的水量。

31.2.8 监管和合规、审计和文件

全球各大公司的执行团队发现自己处于新级别的 IT 审查阶段。IT 作为最关键的公司资产，涉及公司各个主要职能部门，IT 技术的影响已经变得如此巨大和无处不在，以至于各个政府和管理机构都在努力提供监督，以确保数据被正确地维护，并考虑数据中心对环境的影响。

DCIM 成为实现这一目标的手段，它允许将数据中心记录为单个系统，并识别和理解其各个组件的复杂性。可以看到每个组件的运行效率，并且随着时间的推移而优化。

31.2.9 云

DCIM 适合各种云！公有云和私有云有一组共同的特征：自助服务、快速配置和记账。对于公有云提供商，需要可扩展的 DCIM 解决方案来帮助快速管理资产并动态调整资源供需。一个精心设计的 DCIM 解决方案对于公有云提供商了解所有容量（跨 IT 和设施）至关重要，因此允许快速回撤补救、资源调配和退役，DCIM 使数据中心能够像业务一样来运营，所有运营成本都得到了明确的量化和优化。DCIM 允许公有云存在，提高响应速度，提高运营准确性，并减少因为提供最终用户所需要的服务级别而付出的开销。

私有云只是传统的 IT 基础设施，它们使用公有云中开创的原则在运营上进行了改造。DCIM 解决方案被证明是 IT 基础设施重新设计的最重要的支持技术之一。DCIM 将允许此私有云转型。请记住，DCIM 就是要让数据中心像业务一样进行管理的：全面访问所有业务指标、成本结构、服务等，并动态管理资产。全面的 DCIM 解决方案对于将传统 IT 基础设施转变为高度优化的私有云至关重要。

31.3 DCIM 解决方案的模块

当今最成熟的 DCIM 解决方案包括所有必要的功能，以允许一个功能齐全的数据中心得以简化，并随着时间的推移支持所有需要的资源供应、优化、补救和文档管理。全面的 DCIM 套件通常由一系列功能模块组成，旨在无缝协同工作。这些模块提供各种方式来收集静态和动态数据、存储大量特定时间的数据、关联相关数据，然后以越来越有意义的方式呈现和利用这些丰富的数据。当这些紧密集成的模块由单个数据存储库驱动时，DCIM 可以做出高度有影响力的业务决策。

31.3.1 资产生命周期要求和变更管理

DCIM 能实现数据中心及其所有资产的生命周期管理。它涉及数据中心的物理层，包括变更管理和工作流程，这些功能与企业中的其他资源规划（ERP）类管理解决方案的功能相同。尽管 DCIM 解决方案中存在监控功能，但 DCIM 的最大价值不是监控，它可以作为管理变更的推动者，同时密切关注与此变更相关的成本结构。

在这些年中，估计所有数据中心中包含的资产，每年至少有 25%～30% 发生变化。由于折旧和维护成本，采用密集计算和虚拟化、新的网络或存储技术，导致技术更新周期都发生了巨大的变化。

从图 31.4 中可以看出，更改单个服务器似乎相对简单，试想一下每月将这些工作量增加一千倍或一万倍！这是惊人的。DCIM 是业务管理平台，它有条不紊地保存所有这些添加/移动/更改周期，记录每个步骤的流程，并确定需要极其详细完成的任务，以减少执行这些任务期间发生的人为错误。

31.3.2 容量规划、分析和预测

当讨论 DCIM 的机遇时，需要特别注意的是，它将数据中心视为一个系统的能力，随着时间的推移，会有非常具体的一组指标和容量。数据中心具有物理属性和相关联的限制。无论是空间、电力还是冷却，每个数据中心都有一组物理属性的限制，

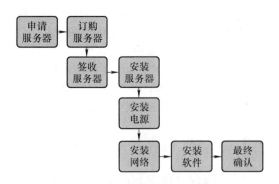

图 31.4　DCIM 套件的工作流程

它们定义了数据中心的容量限制。DCIM 已经被证明是综合考虑这些因素，然后随时间推移去分析的最佳方法。随着时间的流逝，有了这种分析所有资源的能力，就可以预测这些关键资源中的一个或多个资源何时将会用尽，以及将新资源投产上线将需要多少成本。

最成功的 DCIM 产品都知道未来的可见性是极其宝贵的。关注历史数据并以各种形式呈现是很容易的，但解释历史数据并使用它预测未来是成熟的 DCIM 产品的亮点。值得注意的是，IDC 最近发现，几乎三分之一的数据中心被迫推迟新业务服务的上线，超过四分之一的数据中心需要花费计划外的运营预算来维持定义不明确的数据中心结构。这些未实现的机会成本可能是巨大的！

DCIM 模型包括数据中心的高水平粒度呈现，这使得它能够识别资源（电源、空间、冷却和连通性）的存在位置地点和使用位置。多年来，许多数据中心由于无法确定其确切位置而丢失了资源。当出现这些情况时，诸如"滞留容量"和"白色空间"之类的术语就会被讨论。基本上，最初设计的资源变得支离破碎，因此不能有效地利用，或者在其他情况下，一种资源的可用性与另一种资源的类似容量并不相关。一个很好的例子是数据中心希望在电力充足但冷却有限的区域部署高密度刀片机箱系统。这种电力基本上变成了"滞留"，所有数据中心资源都出现了相同类型的不平衡。DCIM 解决方案通过识别当前可用资源，并进行资源平衡调整，为重新获取这些资源提供帮助。在某些情况下，为了更好地平衡所有可用资源，需要重新定位设备，可能会为现有数据中心结构增加两年或更长时间的使用寿命。

31.3.3　实时数据收集

有两种主要类型的运行数据是必须要收集的。第一种是传统的"IT"设备及其虚拟化组件。这些设备通常使用传统的网络协议，如简单网络管理协议（SNMP）或现代基于 Web 的应用程序编程接口（API）进行通信，并且还包含由每个数据收集协议接口嵌入的定义非常清晰的模板，它们了解如何解释设备本身提供的各种数值。由于这些设备报告了成千上万个数据点，因此这些数值通过 DCIM 的映射是至关重要的。

对 DCIM 解决方案很重要的第二类设备是构成机械、电气和管道（MEP）基础设施的所有部件，包括通常位于数据中心外部的电源和冷却设备，或者用于为后续配电提供大量电力和冷却的设备，包括发电机、后备电池 UPS 系统、楼层配电单元、制冷冷水机组、机房空调和机房空气处理装置（CRAC/CRAH）。这些装置通常与更具挑战性的协议（如 MODbus、BACnet、LON）进行通信，在某些情况下，通过 ASCII RS232 用最基础的串行命令进行通信。

通常，通过每隔几分钟的轮询就会观察对 DCIM 解决方案有用的数据中心指标。在少数情况下，会触发异常事件，如门禁开启，但数据中心的绝大多数"实时"数据与温度、湿度、压力和功率有关，这些指标是在较长时间内测量的，通过分析去查找同一时期的趋势。值得注意的是，在 DCIM 环境中的"实时"并不像制造业可能定义的那样是亚秒级的实时，而是通常处理在几分钟或几小时内观察到的指标。

31.3.4　与第三方现有管理框架、Web API 的集成

对 DCIM 解决方案的要求之一是与现有结构连接的能力。大多数 IT 和设施组织随着时间的推移在关键点都部署了管理解决方案。多年来，这些解决方案已成为数据中心管理的核心。最强的 DCIM 解决方案将提供与这些解决方案及许多传统业务管理应用程序的连接，以便以有意义的方式协调工作流程和指标。这些系统可以提供丰富的知识源，对服务台和工单流程至关重要，并且包括现有组件的所有控制挂钩。在众多不同的企业数据中心中都可以找到许多 IT 和设施管理系统，DCIM 供应商越来越多地发现他们的客户要求进行集成，范围从使用标准协议（如 SNMP 或 WMI）的简单设备访问到更复杂的基于 Web 的工作流和配电链路管理的集成。看似无穷无尽，强大的 DCIM 正在积累这些的"管道"。图 31.5 所示为最终将被连接起来以执行 DCIM 功能的主要系统。潜在客户在做出选择时应

考虑每个供应商的现成"管道"清单。

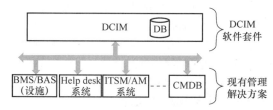

图 31.5　最终将被连接起来以执行 DCIM 功能的主要系统

31.3.5　发现服务和定位服务

31.3.5.1　发现服务，我有哪些设备？

发现服务是网络上活动资产的逻辑发现。可以通过部署该活动资产发现以识别或确认网络上是否存在设备，然后可以使用高级匹配技术来确保 DCIM 资产模型与现实情况或实际安装的资产模型相匹配，反之亦然。各种 DCIM 供应商如何处理他们的模型和他们逻辑发现的内容之间的协调，取决于他们作为解决方案的成熟度。

一旦确认了逻辑寻址，就可以进行活动资产识别。由于没有一种方法可以通过编程方式来确定这些设备的具体品牌、型号和配置，因此必须使用各种技术方法来确定其细节和配置。这些方法利用了许多协议接口，包括 IPMI、ILO、DRAC、RSA、串行、RPC、WMI 和多种虚拟化协议。

虽然是一个烦琐的过程，但今天已经完成了主动资产识别。许多 DCIM 增强型初创公司仅根据查询活动设备的能力创建了（企业）业务介绍，然后使用表单和度量检索的组合来准确识别每个设备及其配置。

31.3.5.2　定位服务，每个设备安装在哪里？

定位服务有时与发现服务合为一组，资产定位服务是 DCIM 细分市场的一个重要主题。尽管如前所述，使用发现服务对网络上的设备进行逻辑检测一直可行，但没有简单的方法来检测资产在物理上的位置。实际上，大多数数据中心仍然主要依靠人工审计和广泛多样的文档来确定数据中心资产的安装位置。

各种供应商都推出了他们的物理资产定位服务版本，每个都需要各种复杂的定制硬件附加配件。其中一些系统可以识别"机架单元"级别的物理资产放置，而其他系统则不太具体，只可以识别当前存在资产的物理区域。值得记住的是各种基础的技术方法，如条形码技术，在过去几十年中一直流行，至今仍在使用，以跟踪资产。在某些情况下，这些传统方法已经成为 DCIM 解决方案的一部分，并倾向于提供资产位置跟踪所需的粒度。

译者注：今天数据中心 IT 资产定位产品技术已经有了很大的进步，可以识别机柜"U 位"级别的物理资产位置的产品，经过不断的技术迭代也已经成熟。U 位产品主要分为两种技术类别：最先出现的是基于 1-wire 技术的有线电子标签（EIC 标签）和之后出现的基于 RFID 技术的无线电子标签，但由于这两种技术都有其自身的局限性，如有线电子标签（EIC 标签）对环境适应能力较差、使用寿命较短和维护成本较高。21 世纪初，EIC 标签技术已经被 RFID 技术替代，EIC 产品没有完善的产业链支撑，无法持续发展，而 RFID 的无线电子标签是目前主流的物联网技术，其应用场景几乎是无处不在，产业链非常强大。但是，RFID 技术用于 U 位定位场景存在定位精度不准的问题，所以这两类技术的 U 位产品上市多年来没有得到市场的广泛认可和普及。近年来，一项创新的发明 MC-RFID 技术（RFID 技术的改进技术）彻底解决了 RFID 技术定位不准的问题，完全解决了前两类技术的缺陷。MC-RFID 技术的产品的特点是全生命周期 100% 的定位准确性，还具有高可靠免维护及低成本的特性，而且 RFID 产业链非常强大，具有可持续性。基于 MC-RFID 技术的 U 位物联产品目前已经在一些大型、中型和小型数据中心中部署上线和成熟应用。

随着时间的推移，对于确定资产位置的方法应该有一个统一的行业标准。如果有这样的能力，这将使所有 IT 设备制造商能够发布信息，能够识别自身的硬件设备及其在数据中心系统安装架构中的位置。即便如此，开放计算项目（OpenRack）提出的新机架外形仍然不包括这种位置感知，因此等待这种能力成为现实可能会需要更长久的时间。

译者注：最新消息，全球部分领先的机柜和微模块的制造商目前已经开始将 U 位物联定位系统模块安装到机柜和微模块数据中心内，作为可选配的智能管理工具。

31.3.6　数据导入和导出

当实施任何 DCIM 解决方案时，一个重要的功能是要具备收集和规范现有资产及连接数据源的能力。在一个复杂的数据中心中，可能存在数十万个单独的数据，如果没有这种能力，那么这些数据将不得不通过某种方式手动输入或重新创建。通常，在不使用任何数据导入的情况下，手动输入的人工成本将超过 DCIM 软件自身的成本，并且在某些情况下实际上可能是软件成本的两倍。因此，数据导入创新的意义是 DCIM 解决方案中至关重要的一部分。

作为回应，大多数 DCIM 供应商都提供了一些导入数据（如电子表格和文本文件）的方法。每个供应商采用不同的导入方法，并在导入过程中包含不同程度的智能。

大多数成熟的解决方案使用高级字段和模式识别，甚至可以在导入过程中定义、处理明确的各类问题解决方案，以映射到现有的源文件。这些文件的格式各不相同，导入过程中可处理的错误更正大概包括缺少信息查找、顺序缺失数据替换、资产字段重复数据删除，正确处理结构化布线范围约定和一般的基于重叠数据的数据字段排序。

数据导入通常是部署任何 DCIM 解决方案时的关键组件。它通常情况下只用一次，导入后就可以抛弃以前的数据录入手段了，同时用 DCIM 解决方案代替来跟踪和维护资产库。最有效的 DCIM 实施允许 DCIM 套件在投入生产后成为资产真实性的单一来源。

在相关主题中，一些 DCIM 解决方案还支持将数据导出转换为行业标准文件格式，如 CSV 或 XLS。这些导出可能包括部分或全部 DCIM 数据库信息，并且往往是用于临时分析的大型文件，以过渡方式提供给其他系统。包含导出功能的 DCIM 解决方案通常可以使用与导入相同的文件重新创建整个主数据库。

31.3.7　模型目录和库

所有的 DCIM 解决方案都被设计用来管控资产生命周期、资产的布局以及它们的连接，当创建物理结构时，必须从这个目录中选择各种类型的设备，以供在整个 DCIM 建模过程中使用。

大多数 DCIM 解决方案供应商都为材料库提供 5000 台或更多的 IT 设备。当试图如实阐述数据中心当前的情况时，增强这个库的规模和方法将使其成功和易用性更加明确。

材料目录包括设备的呈现，并且包括制造商对每个设备的特定参数。这些参数通常包括设备正面和背面的高分辨率渲染图、电源要求、物理尺寸、重量、各种接口连通性等。对于复杂设备，材料目录还包括可能安装的选项（如设备的电源和接口卡）。

所有这些材料必须由 DCIM 供应商提供，或者必须由最终用户手动创建，这是一项艰巨的任务。一些供应商提供了"按需"（通常在一周或两周内）添加这些新设备的能力，而其他 DCIM 供应商则要求用户自己创建这些特殊的新设备。在少数情况下，DCIM 供应商提供了两种增强材料目录的机制。

31.3.8　机架规划和设计

任何 DCIM 解决方案最具视觉特色的功能之一是能够创建设备机架真实视图，包含机架内安装的设备和相关连接。事实上，正是这些机架逼真的视觉呈现，吸引了数据中心管理人员对 DCIM 的一些初始兴趣。当考虑 DCIM 供应商时，对 DCIM 解决方案所创建的机架的逼真程度和绝对的准确性给予了极大的重视，并且每个产品都以其最接近真实物理外观的能力来判断。

大多数 DCIM 解决方案使用上述材料目录作为机架设计的构建块，如图 31.6 所示。

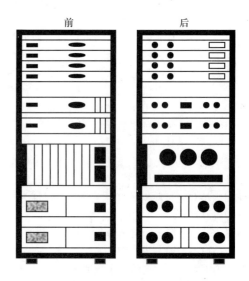

图 31.6　DCIM 解决方案的机架规划
注：允许高度准确地呈现所有已安装的资产，
提供设备的前视图、后视图和布线。

译者注：使用 U 位物联模块管理后的机架规划，可以实现 U 位资产实时定位、资产自动盘点、机柜容量实时监控、机柜微环境实时监控、资产安全实时监控、资产全生命周期管控等业务，如图 31.7 所示。

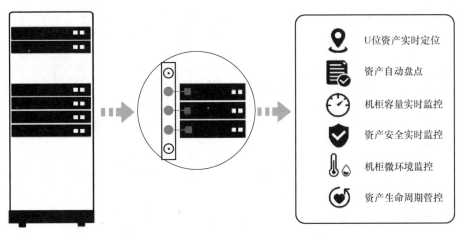

图 31.7 使用 U 位物联模块管理后的机架规划

31.3.9 楼层规划

数据中心的楼层基本上是 $X-Y$ 坐标网格，用于确定设备机架和其他数据中心独立设备的实际位置。楼层规划是一个关键的参考过程，因为数据中心的楼层必须设计成模拟每个数据中心的实际几何形状。

不幸的是，真实运行的数据中心并不都是简单的长方形，它有许多类型的结构和各种障碍物影响设备和机架在数据中心的放置。DCIM 解决方案的楼层规划组件必须允许精确地捕捉这些几何图形，因为它们几乎影响数据中心内建模和规划的很多方面。每个设备和机架的精确定位是实现 DCIM 最大效益的核心要求。

大多数 DCIM 产品还包括使用楼层规划组件对整个数据中心进行可视化呈现。图 31.8 所示为一个示例，可以看到数据中心中各种自上而下的呈现，其中地板系统、机架、CRAC 和其他组件以精确的细节显示。这些俯视图还可以使用颜色编码的比例显示测量的实时数据和数据组合。例如，它们可以呈现可用机架单元的数量或每个给定机架中的总功耗。使用数据中心的这些可视化呈现，可以可视化容量，并可以根据数据中心当前的实际情况创建新项目。

译者注：目前很多主流的 DCIM 供应商除了可以提供 2D（二维）的可视化呈现外，也可以提供 3D（三维）的可视化呈现，有些供应商还加入了 VR/AR 技术，这样通过三维的呈现和 VR/AR 技术，可以让使用者更加直观地了解垂直空间的状况，身临其境地感知数据中心的空间规划。

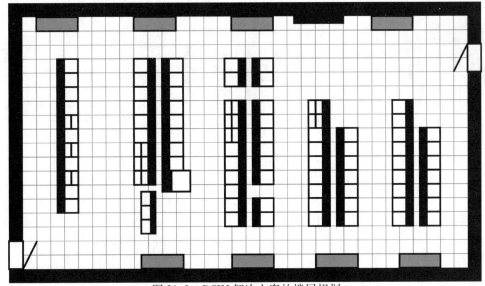

图 31.8 DCIM 解决方案的楼层规划

注：可以有效地放置机架和机柜，同时考虑服务限定和障碍。

31.3.10 DCIM 的关键部分——报告

对于任何 DCIM 解决方案来说，最有价值的功能之一是它的报告。报告是将原始信息进行关联，然后以业务影响的方式呈现。这些报告系统还可以包括标准数据中心管理报告库，并且通常能够以自动化的方式将任何一个报告分发给指定的用户。一些 DCIM 供应商只需包含数据存储定义模式，并依靠其客户设计所需的报告，然后使用行业领先的报告包，如 Microsoft Reporting Services、Business Objects 或 SAS 来创建这些所需的报告。

31.3.11 仪表盘

仪表盘像是一种特殊的报告，可以被视为"概览"报告。仪表盘能够在易于阅读的显示器中显示大量信息，适用于桌面或操作"指挥中心"控制台。

尽管某些仪表盘可能被认为是 DCIM 套件的"外观"属性，但它们是新的潜在客户在选择 DCIM 解决方案时首先考虑的因素之一。请记住，DCIM 解决方案中可用的数据量可能非常大，并且能够将大量原始数据提取为有意义的信息，然后使用易于理解的可视化仪表盘来呈现这些信息，这是整体成功的关键。快速访问可操作信息的能力是 DCIM 部署的主要价值。

供应商提供的仪表盘（图 31.9）是 DCIM 功能的一种重要表现形式。众多的利益相关者在数据中心的正常运作中，每个人都会拥有一套他们自己负责的指标。每个人都有一组特定的需求，可以从数据中心内的数据中进行挖掘和导出。运营和财务部门考虑设备成本、折旧、保修等。设施专业人员寻找电力和制冷消耗的趋势。

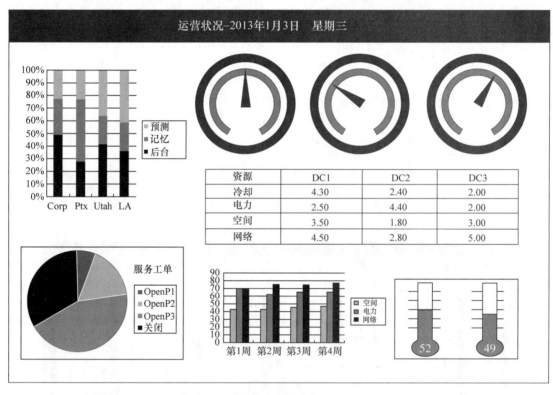

图 31.9 仪表盘

注：仪表盘对 DCIM 部署的成功至关重要，可以轻松、近乎实时地显示大量数据。

31.4 系统本身、期待和规划

如我们所见，DCIM 在数据中心提供了一整套资产管理功能。资产本身具有大量的各自标识符，这些标识符对于每个资产是唯一的，包括物理特征和位置、业务所有者属性和服务信息。DCIM 技术允许以各种方式组织数据中心资产，从而可以做出可靠的业务决策。除了这些静态属性外，数据中心可以提供丰富的动态信息，这些信息源自互补技术，有时也被称为"DCIM 专家"解决方案。DCIM 专家解决方案现已有超过一百家供应商提供。

31.4.1 平台结构

在本节中，我们将描述 DCIM 平台和支持它的各类仪表。如前所述，DCIM 数据模型是动态的资产 3D 模型，一般来说，该模型与可用仪表信息的关联度越高，DCIM 的实现价值也就越高。

31.4.2 平台的数据存储模型

DCIM 套件的核心组件是强大的数据存储模型。大量数据将来自各种各样的源头，其中大部分是具有时间序列特征的，并且所有数据都需要易于访问，以满足复杂的分析和呈现需求。数据模型本身必须足够健壮，这样才能够支持非常复杂的分析，能够以跨数据集交互使用的方式来存储数据。

对于 DCIM 套件，拥有专为交互式检索而设计的数据模型至关重要。随着时间的推移，大量数据将被存储，DCIM 解决方案的一个关键属性是能够将大量原始数据解释、呈现为有意义的指标，这具有战略意义。虽然听起来像一个技术细节，但存储方法的选择将直接影响整个 DCIM 解决方案的可用性。用户不会容忍 DCIM 解决方案中的数据检索导致的性能下降。如果选择了错误的存储技术，那么横跨数千兆位大量数据的复杂搜索将花费不可接受的时间。想象一下，每次你想在智能手机上使用应用程序时，在第一个屏幕画面开启之前要等 30s 的时间，这样你可能就不会使用这个智能手机了。如果选择不当，DCIM 存储模型可能会具有和这个智能手机相同的效果。

31.4.3 平台的用户界面

现代 DCIM 套件通常是基于 Web 的，并且利用最新的基于 Web 的访问方法，这些方法都是在常见业务管理应用程序中普遍采用的。DCIM 的视觉呈现非常复杂，因供应商而异，但每个都有一个共同的目标，即允许多个用户通过因特网轻松浏览大量数据。

图形用户界面（GUI）可以被认为是 DCIM 解决方案的关键属性之一，因为客户的多次采用往往与图形界面的自然友好是直接相关的。直观的图形用户界面的一个很好的例子是谷歌的地球应用程序，它允许未经培训和训练的用户从整个地球的地图开始，并在几秒钟内放大显示他们居住的房子的视图。

DCIM 的用户界面至关重要。这些应用程序必须非常直观，必须能够快速访问大量的横跨数千平方英尺的 IT 设施和设备组合。DCIM 可以非常详细地清楚地表达这些组件之间的关系。

31.4.4 使用仪表实时监测物理组件

现代数据中心可以提供大量的物理组件信息，包括从配电链路到冷却状态、从服务器到虚拟机性能的所有现状，它完全适用于被 DCIM 称为"仪表"的类别。仪表对于 DCIM 解决方案的有效性至关重要，它包括各种技术和协议，旨在收集整个基础设施的特定部分。最成熟的 DCIM 套件期望存在许多这些子系统，并且 DCIM 系统本身处理该仪器数据的标准化和呈现。关于规模的参考点值得注意，因为使用各种仪器收集的数据量可能很大。在一个具有 100 个机架和 1000 台服务器的典型小型数据中心中，每个分钟可以生成数万个数据点！

31.4.4.1 环境仪表：温度，湿度和气流传感器

环境传感器供应商是最早到达 DCIM 环境的供应商之一。多年来，数据中心的环境传感器仅被数据中心运营商视为"可有可无的"工具。因此，仅限于这些相对较少的运营人员在使用。低采用率的一些原因还包括：认为这是一种相对高成本的解决方案，可以解决一些简单的需求、没有特定的应用、安装布线复杂，最后是相关成本和有限的 DCIM 早期业务管理价值。环境传感器不被视为数据中心内的战略数据来源。

译者注：近些年来，针对绿色数据中心的建设要求，以及在对现有数据中心"绿色化"的改造策略方面，政府的推动力度加大，使得当前数据中心环境传感器的采用率已经非常高。对于新建数据中心来说，甚至几乎是 100% 的设计和采用。

"美国采暖、制冷和空调工程师协会"（ASHRAE）在过去几年中发布了指南，以支持研究和优化数据中心冷却的新方法。他们对传感器布局的建议为传感器产业提供了创新和复兴，事实上已经形成了一些初创公司，以满足这些 ASHRAE 对易于使用的环境传感器的支持，从而支持 DCIM 部署。

有线环境系统是数据中心市场的第一批进入者，通常包括内置某种形式微操作系统的专用微型 PC 硬件，以及所有必要的模拟 I/O 硬件，用于监控温度和湿度，可能还包括读取和控制干触点和继电器，收听或发出声音、告警、感应灯等。这些设备连接到数据中心任何位置的 LAN 端口，所有与这些设备的交互都是使用标准的 Web 和 IP 协议完成的。这种"连接"方法需要大量的、非常复杂的部署、布线可能会变得昂贵和令人望而却步。

已经出现了第二种类型的环境检测系统，它通过使用无线传感器来简化部署。无线系统可以是交

流供电，也可以使用 802.11（WiFi）或 802.15（如 Zigbee）或有源 RFID 技术的电池供电。只要交流电源存在，有源无线设备就会运行，并且由于它们的物理电源连接，其功能往往与有线传感器解决方案非常相似，可以更频繁地收集和传递大量传感器信息。有源无线设备允许无线网络连接，但对交流电源本身电源线的要求使得这些"无线"解决方案不是真正的无线解决方案。值得注意的是，出于安全考虑，许多数据中心运营商一直担心禁止在数据中心使用 WiFi，因为一旦打开用于仪表的 WiFi 通道，则也允许通过 PC 和手持设备使用相同的 WiFi 通道进行任何其他类型的网络访问。

新一代电池供电的无线监控设备确实是"无线"的，在易于部署方面给人留下了深刻印象，名副其实。这些电池供电的设备经过精心设计，通过采用高度智能的数据处理和重复数据删除，有效限制了传输的数据量，在每个时间段仅报告变化的监测数值，从而降低了功耗。这些低功耗电池供电的无线设备往往是单向的，向上报告变化，但不接收任何类型的数据。监视可以看作是一种上游活动，因此这种方法在大多数 DCIM 支持角色中是完美的。其中一些设备的电池寿命超过 3 年！

与数据中心协同工作，可能包括数百或数千个温度、湿度和气压或气流的有线和无线传感器。这些系统中的每一个都有其优点和缺点，最终 DCIM 安装可能会使用这些系统的组合来支持其环境的各个部分。

31.4.4.2 电力仪表：机柜 PDU

数据中心中最基本的构建模块是容纳有源设备的机架或机柜。每个机架最多可包含 40 个或更多需要电源（以及相关冷却）和连接的有源设备。数据中心中的机架数量可以从几个到数千个。每个数据中心的范围差别很大，但保持不变的是这些机架中的电源需求。向这些设备供电的装置被称为"基于机架的"PDU（或在某些情况下称为电源排插或电源插线板）的设备。

虽然为有源设备供电主要取决于功率容量和可用插座数量，但现代能源管理部门则专注于数据中心运营商最大限度地利用电力的方式和效率，最终目标是降低成本。在过去 10 年中，人们利用现代电力公司的一些新方法来获取电力，并精心设计了复杂的配电策略，以便更有效地在数据中心内分配电力。

有两个与配电相关的优化机会：①在更小的空间和更短距离通过更高的电压、电流来有效地分配电力；②用高粒度级别来测量和监视，研究和分析单个用电设备随着时间推移的用电状况。

DCIM 提供了可视化这些配电链路的方法，并允许进行精细的业务决策。DCIM 允许部署、研究和主动监控这些配电方法，以确保负载得到适当平衡，并且对可用电源和冷却的需求与可用电源匹配。

31.4.4.3 隐藏的仪表：服务器智能

DCIM 解决方案能够将任何资产的大量运营数据关联起来，以便做出业务决策。各种协议，包括 IPMI、SNMP、WMI 和每个虚拟化供应商自己的 API，用于从服务器提取此信息。几乎所有数据中心运行的设备都支持使用一个或多个协议来报告其运行状态。

在一个典型的现代服务器、存储或网络设备中，根据需要，现在可以向外部应用程序提供大量信息。这不仅包括传统的逻辑运算参数和性能指标（如 CPU 和 I/O 速率），还通常包括物理设备指标，如功耗、电源状态、运行状态、内部风扇速度、每个设备中的多个温度读数、安全锁定状态等。DCIM 套件给你提供了将所有这些物理和逻辑信息一起分析的独特机会。

31.4.4.4 建筑仪表：建筑管理系统和机械设备

通常被称为 MEP 设备，或简称为"设施"设备，典型的数据中心有一长串设备，成为 DCIM 解决方案良好实施的关键部分。这包括发电和配电设备、冷却组件，以及多年来为控制这些系统而部署的所有控制系统。设备可能已经联网，或者它们可能是独立的。

DCIM 的真正承诺是加入 IT 和设施领域，它允许提供计算服务所需的所有设备成为 DCIM 结构的有用部分。只有完整了解 IT 和设施组件，才能从 DCIM 中获得最大价值。例如，"配电链路"由许多环节组成，如服务器的电源、机架内 PDU、配电柜、数据中心 UPS、断路器面板和发电机，其中每一项都是配电结构中的一个组成部分，在数据中心做出业务决策时需要考虑这一配电结构。

如今，建筑管理系统（BMS）是 DCIM 的中间汇聚层和测量数据的来源。安装 BMS 通常用于控制冷却资源，它们在本质上可能相当简单，并且往往具有相对较少的传感器探测点，因此这反过来会导致只能感知环境相对宏观的变化。通常，这些系统在部署中是较为严格的，并且随着时间的推移变化非常小。当集成到 DCIM 解决方案中时，这些系统可以提供大量的重要信息，事实上，这将使

DCIM 套件能够非常轻松地控制冷却资源。展望未来几年，我们将看到现有的 BMS 系统被 DCIM 结合了控制和协调，使它增强或者被 DCIM 取代。与过去的 BMS 系统一样，触发事件将改变环境，仅在 DCIM 启用的世界中，这些触发点将数以千计，并且控制操作的类型将是高度精细化的。

31.4.5 数据中心最基本的构建块——机架

数据中心机架本身是 IT 任务的物理构建块。通常，物理机柜由钢制成，每个机架通常高约 2m，宽 0.6m，深略大于 0.9m。每个机架中通常可容纳 42~48 台设备，在不同的应用中可以看到更多或较少的数量。

作为标准构建块，大多数 DCIM 产品都支持这些机械设计，并为所选机架使用非常精确的模板。每个机架的大小和形状都很好理解，当与地板系统结合使用时，可以非常准确地呈现要建模的数据中心。DCIM 产品使用这些构建块作为其高清物理拓扑呈现的基础，并在描绘位置和相对布局时依赖于这种有序的方法。

31.4.6 远程访问和电源状态管理

与 DCIM 相关的是远程访问系统的概念。事实上，早在 DCIM 市场出现之前，管理基础设施的概念主要由两部分组成：①使用专用 BMS 和控制面板可视化电力和冷却的设施经理；②使用硬件和/或软件工具远程访问其设备以重新启动或重新配置操作设置的系统管理员。

设施经理管理其电力和冷却基础设施的能力已经非常成熟。大型楼宇自动化供应商已经创建了高度先进且完全定制的可视化、仪表板和控制机制。这些 BMS 单独为每个设施部署量身定制，尽管非常严格但往往是非常实用的。BMS 及其更先进的楼宇自动化系统（BAS）价格昂贵，并且必须在建筑施工时由管理建筑物电力、冷却、安全和照明系统的设施工程师进行极其详细的定义。建筑工程师和机械设计人员协同工作以创建这些基础设施，然后对 BMS/BAS 进行定制，以揭示内部工作原理和控制能力。这些系统往往随时间变化很小，只有当主要设施建设发生变化时，这些需求才能得到重新评估和功能更新。

对于 IT 世界，其中一些远程管理技术被称为"电源重启""KVM"或简称为"控制台"（译者注：如果仅仅是服务器的远程管理和电源重启需求，除了 KVM 之外也可采用 IPMI 的技术来实现），如图 31.10 所示。IT 系统和数据中心设备的基本物理管理基于使用这些技术中的一种或多种，是一对一的方法。这种对 IT 设备管理的方法是针对作为独立管理实体的单个服务器、交换机或其他类型的 IT 系统的。服务器和其他设备没有位置和相对位置或的概念，也没有所需的资源，并且通常不存在能耗和温度的基本指标。远程管理技术可以被认为是过去十几年中使用的一些最基本和最原始的设备管理手段。随着企业级设备中的硬件和软件的成熟度提升，大大降低了对此类远程访问的需求（译者注：虚拟化技术、云的发展，使得物理服务器的数量降低，从而也降低了这些基本物理管理技术的需求数量，而对虚拟机的远程管理和电源重启完全通过软件方式来实现）。而今天最常见的是为特定功能需求（和单点故障）部署特定任务关键型设备。对于这些应用，电源重启和相关的系统重启是这些远程管理技术的最常见应用（译者注：当前，虽然 KVM 远程管理技术的需求量在下降，但并没有下降到零点，依然有许多特定功能需求还在使用 KVM）。

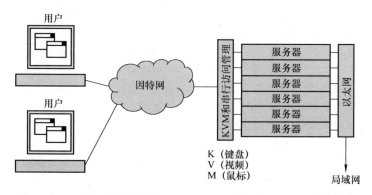

图 31.10 物理基础设施管理仅限于远程控制台和 KVM 访问技术

虽然成功实施DCIM并不严格要求远程访问技术，但这些套件通常可以利用已经部署的远程访问技术。DCIM系统允许传统系统管理员共享DCIM套件中的用户界面，并利用KVM切换到需要远程操作员访问的系统，通过KVM远程访问技术来满足配置或重新启动要求。

31.5 实施DCIM时的关键成功因素

用于实施DCIM的方法可以决定项目未来的成功与否。由于DCIM是一个相对较新的领域，因此你和你的团队将要涉及的大部分领域都是一个不熟悉的领域，你将在此过程中发现许多惊喜。最重要的是，你需要不断提醒自己项目的目标，不要让它远离你。

下面列出了一些应该考虑的关键因素，以提高DCIM项目成功的可能性。虽然你的里程碑可能会有所不同，并且每个组织都不同，但在最成功的DCIM部署中可以找到一组共同的步骤：

1）做好你的攻略。阅读并与投资DCIM的其他公司进行交流。

2）获得所有利益相关方的支持。这一过程中包括的4个关键组织是IT、设施、财务和管理层团队。

3）设置范围和时间要切合实际。由于DCIM技术对于大多数人来说是新的，因此可能会过度简化实际部署所需的复杂性和资源需求。记住，成功的DCIM实施需要流程变更、文化变革和培训，这对于大型组织和那些可能涉及许多不同人员的组织来说并非小事。

4）记录你现有的流程和工具。可以从捕获所有数据中心的当前运营作为一个开始。你会发现人与人、中心与中心的多样性。对于实施新流程，当相关团体开始进行预期结果的谈判时，挑战将变得更加复杂。

5）审核并清点已安装的资产。通常有许多可用的电子数据来源（如电子表格、文本文件和CAD图纸），它们描述了当前的大部分结构。它可以作为一个起点，通过电子文档和一些古老的手工审计工作，可以很容易地评估现有的结构状况。

6）确定你的集成要求。成功的DCIM解决方案不是独立的，它们可能已经连接到现有的其他数据中心管理框架（如建筑、资产和工作流程管理），因此需要全面考虑。

7）建立用户名单和相关的安全策略。战略业务管理解决方案通常拥有许多用户，因为它们的价值影响着许多组织。当DCIM作为战略组件实施时，更多用户将受益。财务、技术、设施、资产规划人员和其他人都需要访问DCIM解决方案，以实现其预先制定的现代化目标任务。

8）确定每个利益相关者所需的输出（仪表盘、报告等）。在DCIM部署中可能会犯的最大错误是假设"一刀切"。每个用户的需求可能千差万别，因此报告和仪表盘必须反映其个人需求。即使具有共同工作描述的用户也可能会发现他们感兴趣的特定领域是独一无二的。

31.5.1 选择DCIM的供应商

寻找一个与自己愿景相匹配的DCIM供应商至关重要。很显然，每个数据中心战略在整个行业中都是独一无二的，但在选择DCIM供应商之前，必须讨论容量规划、卓越运营、能源管理、灾难恢复等方面的良好构想。选择DCIM供应商时，有以下几点值得考虑。

1）考虑供应商的解决方案。供应商的解决方案有多久的商用时间，每个供应商有多少安装数量。显而易见，越多越好，因为这支持和证明了供应商的DCIM方案被认可，并最终有助于引导你的选择。每个供应商的已安装数量将提供无价的用户需求资源，这些用户可能与你的需求相似，并且已经先于实践了你未来要走的路。供应商应该能够共享现有的客户名称和联系方式，或者根据客户要求安排与这些客户进行讨论。

2）考虑每个供应商推荐的平台、架构和集成功能。新的解决方案是否能够与你现有的其他系统集成？供应商能否以你的IT结构的规模经济高效地部署？它们如何处理多用户、众多资产和多个数据中心？地理位置分散的数据中心如何影响DCIM套件的性能和实时监控功能？

3）寻找能够提供更精确粒度级别的自动化、可视化的业务分析平台工具供应商。你不是在寻找一种更好的方法去做你已经能做的事情，而是在寻找新的业务管理洞察力，以便让你自己做出更明智的决策，更快地做出响应等。精细到设备级别的可视化、自动化工具只是一个可靠选择的开始，而供应商提供的那种更精细粒度信息才是神奇的来源。

4）一旦有了一个简短的供应商列表，就应该要求开箱即用的、可证明的功能。DCIM市场相对较新，几乎所有供应商都希望取悦潜在客户。当寻找DCIM供应商时，确实希望考虑他们今天可以提供哪些功能，并且避免在给予足够的时间和资金的情况下进行关于它们能做什么的更加理论化的讨论。工程项目会产生孤立的安装，并且可能与任何商业产品相去甚远，以至于客户在开始时会被抛弃，并且无法利用所选供应商未来发布的软件。根据经验，如果他们不能显示特定的 DCIM 功能，那么他们可能还没有构建。在这里要谨慎，因为这将决定 DCIM 的长期成本。

5）询问定价模型。众所周知，软件供应商将产品呈现为时间和材料项目，这可能是一个昂贵的方法。选择一个成熟的 DCIM 供应商，详细说明其成本结构，哪些是现成的，哪些是定制的。他们还必须明确说明持续的维护成本。

31.5.2 成本考量

这是讨论 DCIM 时最容易被误解的话题之一，因为 DCIM 的定义是如此的多样化。如前所述，少数管理软件套件已经包括顶级的 DCIM 功能，这使得可以用这个解决方案来实现业务管理应用，并且它是用户将与之交互的最常用接口。DCIM 套件中的所有其他产品实际上是整个解决方案的子组件。Gartner 将这些供应商称为"DCIM 专家"或简称为 DCIM 解决方案的"增强功能"。这些增强功能包括提供有关电源或环境实时数据的硬件及软件，允许更深入的分析或客户示范，甚至能够发现和识别各种资产及其位置。

如今，DCIM 没有单一的定价方案。DCIM 软件管理套件根据管理范围或容量采用多种方案进行定价，"永久使用"和"需订购许可证使用"使该过程更加复杂。虽然存在不同的定价方案，但为了进行比较，可以用"机架"或机柜作为使用计量单位。

另一方面，DCIM 增强组件在定价方面更为直接。例如，传感器供应商可以准确地告诉你一千个传感器的成本；如果你计划每个机架使用 4 个传感器，你可以进行数学计算，以确定这 250 个机架配备 DCIM 专家供应商的传感器的成本。

那么，当为即将开始的 DCIM 项目进行预算时，如何知道成本是多少？作为一般经验，基于 2014 年的美元价格，DCIM 套件及其 DCIM 专家（增强功能）的预算为每个机架约 1000 美元。这将包括 DCIM 核心功能、与通用系统的基本集成、实时传感器、安装和培训（如果需要智能电源测量，基于智能机架的 PDU 将为每个机架增加 1000 美元）。

31.5.3 其他 DCIM 注意事项

DCIM 解决方案正在走向成熟，并且几乎已经处于成熟的级别，大型和小型组织都可以开始利用

这个数据中心管理的新领域，通过使用 DCIM 中的设施部署逻辑视图，创建数据中心基础设施的扩展视图会变得非常简单和及时。

当开始调查并制定 DCIM 计划时，需要考虑以下几点：

- 你打算采用什么样的项目进度时间表？或者你能接受这种时间进度吗？
- 目前生产中使用的现有数据来源和其他文档是什么？
- 谁将成为该项目的负责人，以及承诺提供哪些资源？
- 部署 DCIM 后，所有现有 IT 支持人员将去向何处？
- 确认你的 DCIM 需求和功能将随着时间的推移不断发展。

31.6　DCIM 的未来趋势

DCIM 作为一个管理类市场正在迅速发展，鉴于目前正在进行的大多数工作，允许采用高度细化的方法来维护和呈现现有 IT 和设施（包括实时度量）。

译者注：数字化技术应用飞速发展，近年来，数字孪生技术已成为数据中心领域的热点。DCIM 是与数字孪生契合最高的技术应用，因此也促进了 DCIM 的市场发展和管理功能的扩展。

DCIM 的未来将包括：

1）供应商解决方案的整合及合理化。
2）新的利用功能。包括自动化和控制，以及对资产定位和自动发现技术的支持。
3）生态系统方法。使用更标准化的方法在这些相关的基础设施管理解决方案中进行集成，从而形成特定的跨供应商集成。
4）基于云服务的 DCIM。技术的进步和应用需求的上升，催生数据中心的多样化演变，而 SaaS 的应用成熟和 AI 在数据中心的应用推动了 DCIM 向云服务的迭代，即数据中心管理即服务（DMaaS）（译者注）。

31.6.1　供应商解决方案的整合和合理化

自 21 世纪中叶以来，DCIM 已经成为一项备受关注的新兴技术。回顾 Gartner 的"技术成熟度曲线"，我们看到，在 2010 年期间，任何类型的 DCIM 供应商都达到了顶峰，超过 100 家供应商自行宣布参与 DCIM 市场。部分原因是 DCIM 在整个行业中的定义仍不明确，部分原因是它被视为管理类供应商的新兴绿色领域，而现有供应商很少，潜在的 DCIM 客户一直受到这些供应商的"宣传轰炸"，而许

多供应商都在重叠一些客户，并且在许多情况下，无法支持索赔。DCIM 领域一直有一些"负面新闻"。

很明显，这种情况不能继续下去。DCIM 的价值太大，不足以让市场继续分散和混乱。最近，The 451 Group 试图为这种混乱提供一些指导，并开始尝试通过展示 DCIM 与服务管理的关系来定义 DCIM 可能的价值的各个方面。他们引入了数据中心服务优化（DCSO）这一术语，可以将其视为 DCIM 的以效益为导向的超集。根据他们的定义，DCSO 系统用于规划和优化数据中心的资源和服务，以实现可用性、灵活性，以及财务、运营和能源效率。物理和虚拟资源包括关键系统、资产、电源、计算、IT 服务和应用程序。

其他分析师肯定会追随这一趋势，并开始更加具体地了解 DCIM 解决方案的商业价值，而不是主要关注产品命名。

31.6.2 自动化和控制

控制是一个宽泛的功能，它将 DCIM 套件从可视化、分析解决方案转变为精心策划的业务和工作负载管理解决方案，重点是动态调整满足计算需求所需的所有资源。虽然有一些功能性的 DCIM 系统可以在选定的设备参考设计中提供一定程度的硬件控制，但 DCIM 的承诺是，真正的多供应商自动化将在数据中心的整个硬件和软件平台上进行，这将依赖于功能强大的 DCIM 本身。具有控制层功能的 DCIM 将在未来 10 年内成熟。虽然目前有许多创业公司专注于动态容量管理（冷却和处理）的这些自动化方法，但整个市场尚未作为主流支持来接受这些概念，还有几个活跃的社区将 2020 年及以后运营的商业数据中心描述为具有完全自我修复和动态的能力，自动化将精确地协调计算的供需，以及实现这一点所需的物理资源。

31.6.3 资产定位和物理发现

资产定位是 DCIM 市场的亮点之一。目前，没有标准化的方法来确定资产的物理位置。在逻辑世界中，可以非常容易地检测和查询活动设备，以确定它们在网络上的位置、设备类型及正在运行的服务。2014 年，开放计算项目提出了一个新的机架平台，这是 25 年来第一个新的机架设计。该平台依然不包括物理识别机柜内物理插槽位置的内置功能。虽然开放计算行业仍在研究他们的最终设计，但只有时间才能告诉我们资产定位是否或何时会成为现实。在此之前，创新型初创公司将继续寻找更多的方法来改造标准机架，以通过使用有线、无线和光学探测技术实现这一功能。

译者注：如前文所述，从目前的技术发展看，基于 MC‐RFID 技术的资产定位产品解决和弥补了目前其他资产定位产品的缺陷和不足，有望成为主流认可的标准化方法。

31.6.4 生态系统和集成"标准"，与其他系统的连接

DCIM 市场准备建立强有力的合作伙伴关系。潜在客户正在寻找 DCIM 供应商社区，以考虑展示核心数据中心管理价值所需的所有战略部分，然后找出他们自己做不到部分。DCIM 的潜在客户正在寻求由所涉及的 DCIM 供应商进行集成的"繁重工作"。仅仅用诸如"SNMP"或"WebAPI"之类的"协议"作为唯一的集成方法的标准语句作为回答已经不够了。经验丰富的 IT 专业人员明白，对标准接口的通用支持与可以无缝协同工作的系统相去甚远。这些 DCIM 的潜在采用者正在寻找强大的生态系统来完成。

31.6.5 DMaaS——基于云服务的 DCIM + AI 大数据分析（译者注）

网络通信的发展（如已经到来的 5G 通信）将催生 IOT 应用的爆发，从而促进数据中心的多样化演变和数据中心规模及数量的增长，传统数据中心、云数据中心和边缘计算数据中心（微型数据中心）将共存。显而易见，这对于在每个数据中心本地都要部署 DCIM 来说，走向云服务是一个必然的方向。另外，数据中心规模和数量的增长，使 DCIM 收集的数据也会出现爆发式的增长，一些超前的数据中心管理团队已经在应用 AI 的机器学习来分析管理他们的 DCIM 数据，从而更快更好做分析预测。基于这样的背景，DMaaS（数据中心管理即服务）的出现也就理所当然。

DMaaS 虽然是基于 DCIM 软件的云服务，但它不仅仅是 SaaS 交付的 DCIM 软件版，会更进一步收集数据：从大量的数据中心收集各类设备信息和设备产生的数据，然后对数据进行匿名化、汇总和大规模 AI 分析。很显然，DMaaS 的管理对象已经跳出了某个企业的数据中心，通过对更多数据中心的海量数据 AI 分析，可以提高对具体接受服务的某个数据中心管理的预测能力，大大提升管理水平，降低 DCIM 投资成本。DMaaS 唯一令人担心的问题是数据安全的问题，相信随着时间的推移和技术的进步，这一问题也会逐渐弱化。DMaaS 将是今后 DCIM 的一个发展方向，但在相当长的一个时期内，传统的 DCIM 还会存在。

31.7 结论

真正的 DCIM 已上市多年。无论是作为本地永

久许可软件产品购买,还是通过基于云的 SaaS 方式购买,DCIM 现在都可以以任何规模提供,并且价格合理。在过去,数据中心物理方面的管理是一门支离破碎且知之甚少的科学,因此这一物理管理层被完全忽略,或者过去是通过过度配置所有资源来解决问题的。在过去,一般准则是简单地创建丰富充裕的数据中心资源,这样就永远不会触及测试资源上限,只有随着近期急剧上升的电力成本和虚拟化密集计算的快速发展,人们才会关注与过度配置相关的严重低效问题。即使在考虑可用性和正常运行时间的背景下,建立严重过度配置的数据中心也不再被视为战略计划。事实证明,股东和利益相关者要求他们的资源被明智地使用,每一个行动都要有一定的合理性。

译者注:近些年,国内数据中心的建设热潮也推动了 DCIM 的市场发展,一些主流供应商的产品也趋于成熟,在 DICM 产品功能模块中,资产管理及资产精确定位管理技术已经成熟,并且已经形成一定规模的市场:基于 MC - RFID 技术的 U 位物联产品,有效地打通了物理层和数据层的连接,该产品已经在全球多个数据中心部署,解决了数据中心物理层的管理落后、低效和资源及人力消耗高的问题。资产管理及资产精确定位管理技术已成为现代 DCIM 工具的亮点和不可缺少的部分。

参考文献

[1] Uptime Institute. May 2012. Data center annual survey. Available at http://uptimeinstitute.com/2012-survey-results. Accessed on May 27, 2014.

延伸阅读

Azevedo D, Belady C, Patterson M, Pouchet J. September 2011. Using CUE™ and WUE™ to improve operations in your DataCenter. The Green Grid.

Belady C. October 2007. The green grid data center power efficiency metrics: PUE and DCiE. The Green Grid. WP #06. Available at http://www.thegreengrid.org/Global/Content/white-papers/The-Green-Grid-Data-Center-Power-Efficiency-Metrics-PUE-and-DCiE. Accessed on May 27, 2014.

Belady C. 2010. Carbon usage effectiveness (CUE): a green grid data center sustainability metric. The Green Grid. WP #32. Available at http://www.thegreengrid.org/~/media/WhitePapers/CarbonUsageEffectivenessWhitePaper20101202.ashx?lang=en. Accessed on May 27, 2014.

Blackburn M. January 2010. THE GREEN GRID data center compute efficiency metric: DCcE. The Green Grid. Available at http://www.thegreengrid.org/~/media/WhitePapers/DCcE_White_Paper_Final.pdf?lang=en. Accessed on May 27, 2014.

Cappuccio D. March 2010. DCIM: going beyond IT. Gartner ID: G00174769.Gartner Inc., Stamford, CT.

Cappuccio D, Cecci H. June 2012. Cost containment and a data center space efficiency metric. Gartner ID: G00235289. Gartner Inc., Stamford, CT.

Clark J. October 2011. The price of data center availability. Data Center J. Available at http://www.datacenterjournal.com/design/the-price-of-data-center-availability/. Accessed on May 27, 2014.

Clark J. November 2011. The next data center real estate boom. Data Center J. Available at http://www.datacenterjournal.com/facilities/the-next-data-center-real-estate-boom/. Accessed on May 27, 2014.

Cole D. June 2011. Data center energy efficiency—looking beyond PUE. No Limits Software. Available at http://www.nolimitssoftware.com/docs/DataCenterEnergyEfficiency_LookingBeyond.pdf. Accessed on May 27, 2014.

Cole D. May 2012. Data center knowledge guide to data center infrastructure management. No Limits Software. Available at http://www.datacenterknowledge.com/archives/2012/05/22/guide-data-center-infrastructure-management-dcim/. Accessed on May 27, 2014.

Data Centre Specialist Group. May 2012. Data centre fixed to variable energy ratio metric. Available at http://dcsg.bcs.org/data-centre-fixed-variable-energy-ratio-metric-dc-fver. Accessed on May 27, 2014.

EPA. June 2012. Annual energy outlook with projections to 2035. DOE/EIA-0383. Available at http://www.eia.gov/forecasts/aeo/pdf/0383(2012).pdf. Accessed on May 27, 2014.

Fichera D, Washburn D, Belanger H. November 2012. Voice of the customer: the good, the bad, and the unwieldy of DCIM deployments Forrester Research, Cambridge, MA.

Fry C. January 2012. Green data center: myth vs. reality. WWPI. Available at http://www.wwpi.com/index.php?option=com_content&view=article&id=13817:data-center-infrastructure-management-myth-vs-reality&catid=210:ctr-exclusives&Itemid=2701757 (iTracs). Accessed on May 27, 2014.

Harris M. June 2012. DCIM value: two halves make the whole!. Available at http://dcimexpert.com/2012/06/two-halves-make-the-whole/. Accessed on May 27, 2014.

Harris M. 2009. Taxonomy of data center instrumentation. Mission Critical Magazine Available at http://www.missioncriticalmagazine.com/ext/resources/MC/Home/Files/PDFs/WP-Taxonomy_of_Data_Center_Instrumentation-Mark_Harris.pdf. Accessed on May 27, 2014.

Howard C. February 2012. Hybrid IT: how internal and external cloud services are transforming IT. Gartner ID: G00231796 Gartner Inc., Stamford, CT.

IBM Global Technology Services. February 2012. Data center operational efficiency best practices. Ref: RLW03007-USEN-01. IBM Corp., Whiteplains, New York..

Intel. February 2012 Moore's law inspires Intel innovation. Intel Corporation. Available at http://www.intel.com/content/www/us/en/silicon-innovations/moores-law-technology.html. Accessed on May 27, 2014.

Kaplan J, Forrest W, Kindler N. July 2008. Revolutionizing data center energy efficiency. Available at http://www.ecobaun.com/images/Revolutionizing_Data_Center_Efficiency.pdf. Accessed on May 27, 2014.

Kumar R. July 2008. The six triggers for using data center infrastructure management tools. Gartner ID: G00230904. Gartner Inc., Stamford CT.

Mell P, Grance T. September 2011. The NIST definition of cloud computing. NIST. Pub #800-145. Available at http://csrc.nist.gov/publications/nistpubs/800-145/SP800-145.pdf. Accessed

Neaves R. September 2011. Moving the data center from chaos to control. Nlyte Software. Available at http://www.nlyte.com/german/doc_download/15-moving-the-data-center-from-chaos-to-control-white-paper. Accessed on May 27, 2014.

Ortiz Z. February 2012. The green grid monthly members webcast: productivity proxies, economizer survey, and forum 2012. Available at http://www.thegreengrid.org/en/events/Forum2012PreviewWebcast.aspx. Accessed on May 27, 2014.

Pultz JE. December 2011. Net IT out: Data Center Infrastructure Management (DCIM): new tools to monitor, manage and control power. Las Vegas Conference. Gartner Inc., Stamford, CT.

Pultz JE. February 2012. More than half of data center managers polled will likely be using DCIM tools in 2013. Gartner ID: G00231803. Gartner Inc., Stamford, CT.

Ravo K. 2012. A new power measurement standard, UL 2640, to reduce data center costs. Available at http://www.ul.com/global/eng/pages/corporate/aboutul/publications/newsletters/hightech/vol2issue3/4par/. Accessed on May 27, 2014.

Schreck G. December 2009. Put DCIM into your automation plans. Forrester Research, Cambridge, MA.

第 32 章 数据中心信息化运维管理系统

美国新泽西州，PTS 数据中心解决方案公司　彼得·萨科（Peter Sacco）　著
德赛英创（天津）科技有限公司　王宇恒　译

32.1 引言

我们生活在一个由技术驱动并快速迭代的时代中。一个公司如果不能持续创新，则会面临失败。

对于所有公司来说，糟糕的运维交付都是一个代价高昂的问题。例如，错误的工单、失效的备件管理都会导致大量时间和金钱的浪费。

随着公司的发展壮大，数据中心运维管理的难度也随之增加。这台机器下次什么时候需要进行维护？这台机器最后一次维修是什么时候？机器的维保是否到期？通过使用信息化运维管理系统（CMMS），这些问题的答案将会变得一目了然。

CMMS 为数据中心的运维提供了完整的解决方案，它囊括了从独立数据中心设施到租户机房空间及其相关基础设施的管理，并在信息技术（IT）和设施资产管理方面提供了一套高效且经济的解决方案。该系统实施的目标是帮助公司延长资产的寿命，跟踪维护的细节，防止并预测设备的故障，提高劳动生产率，减少设备停机时间，优化备件库存，从而降低总体维护成本。CMMS 可按设备类型、制造商或年限跟踪所有的资产，并根据制造商的标准维护计划规划公司的资产运维计划。同时，系统也能跟踪每个资产的维护工作，包括任务工单、维护周期、故障记录、问题记录、解决方案和其他运维所必需资料。

CMMS 软件是创建和执行设备设施维护计划、创建和跟踪备件库，以及存储重要文档的最佳平台。由于纸质单据冗长、低效且很难检索，因此应当使用 CMMS 替代传统的纸质单据。CMMS 可以存储整个公司的历史记录，并且可轻松检索文档。同时，CMMS 使用户可以存储和展示关键数据，从而快速做出正确的决策。该系统的其他优点如下：

1. 提升运维能力

CMMS 可以通过有效的运维管理计划缩短故障时间、延长运营时间，从而达到高效率操作。

2. 提升设备性能

战略资产管理可以帮助公司最大化提升资产绩效。

3. 控制维护成本

通过使用资产管理、生命周期管理，以及预防和预测性维护，公司可以最大化延长资产寿命并最大限度地减少停机时间，从而实现维护成本的控制。

32.2 CMMS 基础概念

32.2.1 架构

CMMS 是一个面向服务的软件应用，具有"实时"的维护管理界面。用户可以跟踪和安排维护计划，管理资产和备件库存，编写和审查各种文档，以及处理工单。

32.2.2 配置

CMMS 解决方案必须具备灵活的配置功能，以满足用户对软件的长期需求。例如，当输入某一类资产信息时，系统应能根据资产类型显示相应的输入字段，并自动隐藏与此类资产无关的字段。

32.2.3 操作

CMMS 为用户提供了记录和跟踪各项操作的功能，为操作人员提供维护工作流程、设备相关文档、保修工作内容及服务合同条款等数据。通过使用资产管理、生命周期管理、预防性维护和预测性维护等工具，可以降低资产全生命周期的运营成本。

32.2.3.1 资产管理

资产管理功能用于记录和管理资产从安装到退役的全部数据。它允许用户输入资产的信息，如资产类型、型号、序列号、制造商、安装日期、投产时间、运行时间和资产远程连接端口等，用户还可以记录资产的位置、备品备件库存、保修和服务合同、采购信息及服务记录等。

32.2.3.2 全生命周期管理

全生命周期管理应从需求分析阶段开始，贯穿从设备购买到报废处置的整个生命周期，并且将在

设备更新决策上起到关键作用。全生命周期管理的关键目标是削减成本和提高效率。

32.2.3.3 预防性维护

预防性维护可以最大化提升资产绩效和寿命，并减少非计划停机时间。典型的例子是根据全生命周期管理数据进行空气过滤器的更换、灯泡更换和磨损部件的更换。

32.2.3.4 预测性维护

预测性维护的关键目标是通过状态监测来防止意外的设备故障，统计历史数据用于分析特定设备的未来维护趋势。常见的例子包括柴油发电机润滑油的分析、各类设备的热成像仪分析、管路的超声波探测和机械部件的振动分析等。

32.3 CMMS 模块

CMMS 通常为客户端/服务器架构（C/S）单机架构或在线托管服务。无论哪种方式，均支持基于功能模块的部署，每个模块都可以与核心功能无缝集成。

32.3.1 资产管理

有效的资产管理系统始于对资产的跟踪，并在整个生命周期内管理资产产生的数据。资产管理信息包括位置数据、过去和未来的工单信息、资产折旧数据和历史运行记录。这些数据将有利于最大化生产力，并延长资产寿命。

32.3.1.1 位置信息

资产管理的核心是了解资产的物理位置。最有效的位置管理工具集不仅需要记录国家、州/省/地区、城市和街道地址的信息，还应记录资产所在的楼层、房间甚至站点的详细信息。

32.3.1.2 联系人

与资产物理位置同样重要的信息是资产的负责人信息，这些信息应包括：

- 资产的使用人。
- 资产的管理人或所有人。
- 资产的合同管理人。
- 技术和维护承包商。
- 设备制造商。

32.3.1.3 层级架构

资产管理系统应能从地理区域、系统专业等层面汇总资产的成本、性能等指标。了解资产的层级架构非常重要，这不仅有助于了解资产的位置，而且可以通过考核资产相关的任务来改进对员工的管理。

1）位置层级。如前所述，理解资产的位置层级结构是很重要的。这不仅有助于资产的管理，而且有助于人员的有效管理。

2）动力层级。利用资产信息绘制供配电系统架构图通常来说也非常有用（图32.1）。通过这种方式，员工可以直观地理解一台设备的电力中断将对整个供配电系统造成什么样的影响。借此功能，资产管理系统可以更好地规划维护计划，降低设备维护对其他设备的影响，并将潜在的问题告知这些设备的"管理员"。

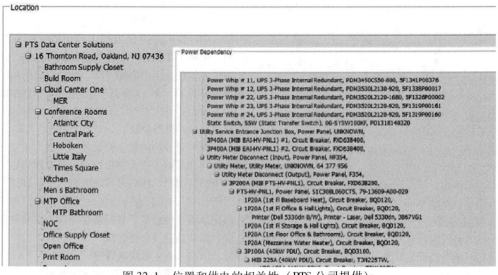

图 32.1 位置和供电的相关性（PTS 公司提供）

32.3.1.4 资产

资产指基础设施维护和管理的各种设备。实际上，资产可以是各式各样的，包括物业管理类的基础设施，用于支持数据中心运行的基础设施，甚至整个公司的 IT 基础设施。无论被跟踪的资产是什么，信息准确都非常重要。唯一性的标识会提高资产检索的速度。

1. 资产类型

它是定义资产所属的设备类的名称。标准的 CMMS 应用程序都会提供标准的资产类型列表。但是，按需添加新的资产类型的功能也非常重要。一些常见资产类型如下：

- 机房空调（CRAC）。
- 机房空气处理装置（CRAC）。
- 风冷式冷凝器（ACC）。
- 干式冷却器/液体冷却器。
- 泵。
- 不间断电源（UPS）。
- 发电机（备用）。
- 自动转换开关（ATS）。
- 供配电单元（PDU）。
- 电源板。

特定资产类型信息。除了资产的类型外，收集每种资产的配置信息也非常重要（图 32.2）。

- CRAC：
  - 制冷量。
  - 冷源（空气，水，乙二醇，冷冻水）。
  - 工作电压。
- UPS：
  - 电源容量。
  - 输入电压。
  - 输出电压。
  - 拓扑结构。

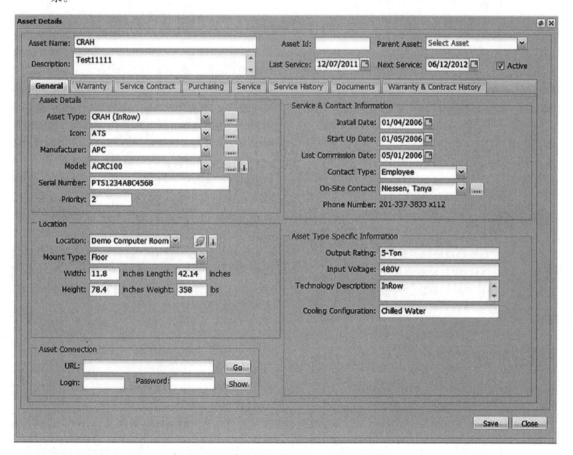

图 32.2　资产详细信息（PTS 公司提供）

2. 制造商、型号和序列号

制造商是制造设备的公司，它们通常被称为原始设备制造商。设备型号是原始设备制造商用于识别订购设备的型号和配置的标识。设备序列号是原始设备制造商针对订购设备的唯一标识代码。值得注意的是，不同原始设备制造商的设备序列号有可能是一样的。因此，序列号不应作为设备的唯一性标签，通常应该使用公司内部的资产编码作为设备标识号。

3. 安装日期

安装日期是设备的实际安装日期。这个日期是相当主观的，因为不同的人对安装日期有着不同的看法。有些人认为它是购买日期，有些人认为它是交付、安装、启动、试运行、实际使用日期等。在同一个系统中，安装日期的统计口径应保持一致。最佳实践是以原始设备制造商的起保日期为准，这样可以准确描述设备的保修开始日期。同样地，每个原始设备制造商的起保日期规则可能不太一样，因此应逐一确认。

4. 启用日期

启用日期是与安装日期一样重要的信息，是设备正式启用的日期。启用日期是原始设备制造商或代理商正式交付、通电并完成配置且设备达到良好工作状态的日期。

5. 调试日期

调试日期通常与启用日期不同。调试是在真实或模拟操作条件下测试设备的行为，以确保设备已具备投产条件。如果对资产进行了升级或改进，则应重新进行调试，并记录相应数据。

6. 资产远程连接信息

资产远程连接可以做许多操作，包括：
- 使用扫码枪获取设备信息。
- 通过网页访问设备获取设备信息。
- 通过传感器集中管理设备实时数据。

32.3.1.5　备品备件管理

备品备件的库存管理是跟踪所有进出库的过程、实时了解物料的状态。库存管理功能应包括进出库跟踪、零件和物料管理。可以通过控制过多的配件和更新库存来降低整体运营成本。库存优化功能可以使管理人员评估库存水平以支持维护需求，并确保在正确的位置供给正确的零件。

32.3.1.6　合同管理

合同管理可以帮助运维经理控制供应商合同。系统应能将资产与供应商承诺的服务等级协议（SLA）相关联。此外，合同范本功能对于确保合同的一致性和标准化要求也很有用。系统应有自动通知和告警功能，以帮助合同各方避免处罚，并使每份合同的价值最大化。最后，应将CMMS接入企业内部支付系统，可以简化工作流程，提高效率，并加强与供应商的关系。

1. 保修条款

保修条款是制造商或代理商向甲方提供购买新设备时的书面保证，通常会规定制造商在指定的时间内免费维修或更换有缺陷的部件。因此，保修条款有很多重要信息需要记录。

1）保修详细信息。需要准确描述保修的具体限制，包括开始和结束日期。以及确切的保修条款。不同类型设备的保修范围可包括以下内容：
- 零件和人工服务。
- 仅限零件。
- 按比例配件计划（随着时间的推移，其价值会减少，如电池保修通常就是这种情况）。

2）维保负责人信息。维保负责人应是实际提供维保公司的正式员工，当设备需要维护时，应及时通知此人。因此，这个信息对设备管理员非常有用。

3）保修历史。维保期通常是特定有限的服务期，因此CMMS应能为每一个资产保留旧的保修合同和记录延保信息。这些在续约谈判中有用的信息可以为续签合同提供依据。

4）维保到期报警。报警通知功能应能自动通知或提醒，这有助于规避过期风险，并使每份合同的价值最大化。

2. 咨询服务合同

咨询服务合同指供应商提供时间、精力及专业知识而不是商品（有形产品）的协议，通常规定供应商将调查问题并在规定的时间内进行适当的维修。有时，保修和服务合同是合二为一的。因此，服务合同同样有需要记录的重要信息。

1）咨询服务合同细节。需要准确记录服务合同的具体限制，包括开始和结束日期，确切的承保条款及承保的成本模型。以下是不同的服务合同成本模型：
- 固定费用合同，提供无限制级别的技术支持和现场服务。
- 单价合同，约定单次维护服务价格。
- 成本框架合同，约定运维服务的物料及人工框架价格。

此外，还提供不同的维护条款，包括：
- 实时响应。

- 下一工作日响应。
- 下一日响应。
- 限时响应，包括：
  - 24h。
  - 8h。
  - 4h。
  - 2h。

2) 服务承包商详细信息。服务承包商是实际提供服务的公司。因此，需记录服务承包商的联系信息等。

3) 服务合同历史。服务合同通常用于一个特定的有效期限。因此，系统需能保留旧的服务合同，并可以为每个资产建立新的服务合同。这些历史信息对签订下一期的维保服务合同非常有价值。

4) 服务合同到期通知。报警通知正如之前提到的那样，能够自动通知和提醒合同各方，这有助于规避过期风险，并使每份合同的价值最大化。

32.3.1.7 采购管理

采购管理功能为企业的所有采购提供数据支持，包括直接采购需求和库存补货。此外，经供应商审核的运维计划也可以规避零配件的合同外采购。根据维护计划的工作内容自动关联耗材料单对运维工作也很有帮助。最后，CMMS 应能提供自动周期规划，实时或以事件的方式生成料单，规避维护人员在维护过程中遇到备品备件不足的问题。

32.3.1.8 服务历史

显然，跟踪每个资产的服务历史非常重要，这是 CMMS 工具指导维护工作的关键点。服务历史记录应包含以下内容：
- 处理了哪些资产？
- 它们在哪里？
- 什么时候开始的工作？
- 谁在执行维护工作？
- 操作范围是什么？
- 操作是否在现有保修或服务合同范围内执行？
- 在服务执行期间使用了哪些部件？
- 维护过程是否导致运行停机？
  - 如果是，则停机了多长时间？
- 执行服务是否产生了支出？
  - 如果是，则发生了多少费用？
- 执行维护需要多长时间，是否符合预期？
- 谁批准完成维护工作？
- 是否已完成并保留所有过程文件？
- 维护操作是否对设备或系统的可靠性造成影响？
- 此维护是否影响 SLA？

32.3.1.9 生命周期管理

资产生命周期管理（图 32.3）是一套业务实践，它们连接财务、合同、维护和库存等功能，以支持数据中心环境的生命周期和战略决策。有效的生命周期管理可以指导资产维修、更换与再分配的决策。生命周期管理可确保组织更有效地管理其生产系统，并通过消除计划外维护、提前报废及谨慎地预估报废计划来节约时间和金钱。确定资产报废时间应满足下面两个要素：

1) 在一定时间段内组件发生故障的概率。
2) 故障的平均修复时间是多少？

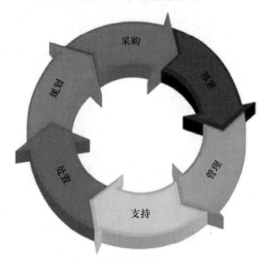

图 32.3 资产生命周期管理（PTS 公司提供）

1. 平均故障间隔时间（MTBF）

MTBF 是系统在运行期间两次故障之间的时间间隔，通常以小时为单位计算两次故障之间的间隔。MTBF 假设故障系统会立即被修复的情况，它属于平均故障修复时间（MTTR）模型的一部分。

对于可修复资产，故障被认为是超出设计条件的事件，导致系统停机并进入维修状态。不会恶化且不会导致停机的事件通常不被视为故障。此外，计划内维护也不计入故障。

CMMS 工具应能识别特定资产的典型 MTBF，跟踪组件和系统的 MTBF，并能计算组件和相关系统的故障概率。

2. 平均故障修复时间（MTTR）

MTTR 是修复故障组件或设备所需时间的基本耗时，通常以小时表示。它通常不包括准备零配件的时间。

MTTR 可以是维护合同的一部分。例如，同一类资产的 MTTR 约定为 8h 通常比约定为 24h 更有价值，因为它们各自的 MTBF 是相同的。

在维护合同中，应该严格界定 MTTR 的起止时间，是从发现故障开始，还是从进行维修开始。例如，服务合同约定为现场"8h 修复"，加上故障响应、商务流程和技术人员路程等时间，整体修复时间就被延长到了 24h。这样缩水的"8h 修复"，与直接约定从报修到修复不超过 24h 的实际效果是一样的。

因此，使用 CMMS 应用程序作为衡量标准来跟踪这些交付能力就变得非常有必要。

32.3.2 服务管理及服务程序

当使用预定义的服务程序（图 32.4）详细说明服务任务的范围，从而允许最终用户通过创建服务请求工单的方式来获得服务，并跟踪和更新这些服务请求时，服务管理最为有效。

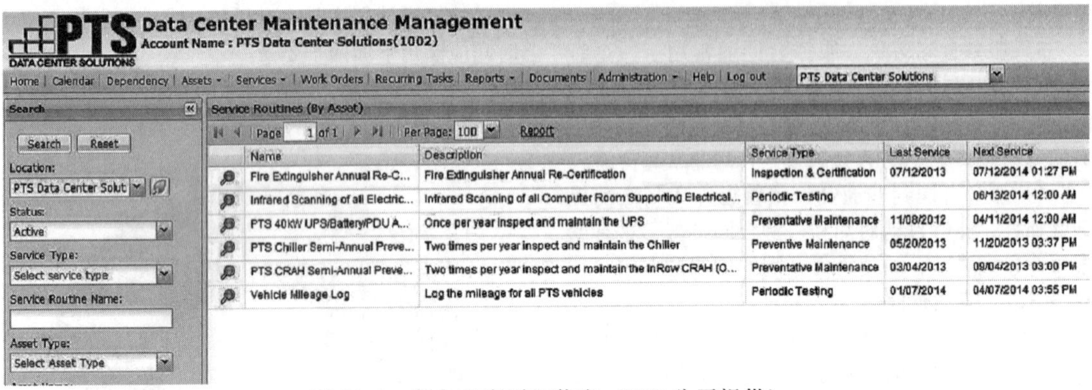

图 32.4 服务程序详细信息（PTS 公司提供）

服务管理应具有定义 SLA 的功能，该功能可以管理数据中心和业务部门之间的期望，数据中心的 SLA 交付水平应与业务目标一致。因此，对 SLA 的监控就变得非常重要，可以根据各项指标主动监控 SLA 的交付情况，以避免错过 SLA 中规定的服务事项。

此外，服务管理配合变更管理也非常重要，这样可确保资源的妥善管理以达成约定的服务水平。

最后，将服务程序纳入服务目录中可以改善整个组织的沟通能力。

32.3.2.1 工作范围管理

CMMS 应用程序中的工作范围（SOW）管理工具通常由工单工作引擎组成，该引擎允许构建运维工作的分步任务。系统应能对工作任务的安全要求和应急预案有详细的描述。此外，为任务注明备品备件型号也非常重要。

服务程序应包括一个详细的计划部分，并能自定义任务的频率。

通常来说，应为每个资产的每项运维工作都创建服务程序。一些 CMMS 软件会附送通用标准库、特定运维服务程序和 SOW。

1）按资产类型创建模板。对于同一类资产可以创建相同的服务程序，但也可以按资产类型创建不同的服务程序。例如，可以为三相 UPS 系统创建服务程序模板，然后可将其复制到其他特殊的系统，并根据系统特性进行适配。

2）原始设备制造商的特定工作范围。除了与设备相关的特定运维要求外，一些原始设备制造商也为其所有设备提供了标准的 SOW 库，包括：

- 启动程序。
- 调试程序。
- 各种级别故障的预防性建议。
- 标准操作程序（SOP）。
- 紧急操作程序（EOP）。

3）基于时间的计划。服务程序是为特定的确定频率创建的。例如，预防性检测中的一般目视检测可以每周执行，与之相对，更换过滤器就不用全面定期了。

32.3.2.2 计划服务

计划服务是先前已预测和安排好的服务。因此，它有据可循，服务的结果及影响范围非常明确。一般来说，有计划的服务比无计划的服务对运维更有利。

CMMS 不仅可以为特定资产创建计划服务，还可以创建基于特定位置的计划服务。

1）基于资产的服务。基于资产的服务应在特定位置的特定设备上进行。资产是任何有序列号的设备或配件。

2）基于位置的服务。它通常是对非资产项目和区域执行维护服务。例如，清洁机房是标准的维护活动，但房间本身没有序列号。因此，允许为非资产的特定位置创建服务程序对于 CMMS 程序来说非常有用。在基于位置服务的情况下，可以为特定空间或区域定义 SOW。基于位置的维护服务的一些示例如下：
- 机房冷却。
- 照明维护。
- 屋顶维护。
- 停车场维护。

3）预防性维护。预防性维护的目标是减少意外停机和应急工作。有效的预防性维护应由合格并训练有素的人员进行，目的是在故障发生之前，通过定期检查、检测和采取纠正措施，维护已经处于令人满意的运行状态的设备和设施。实际维护可包括清洁、功能测试、测量、校准、调整或部件更换，所有这些操作的目的都是为了防止故障的发生。

4）预测性维护。预测性维护有助于确定在役设备的状况，以预测何时应进行维护。这种方法比常规或基于时间的预防性维护更节约成本，因为维护任务仅在有征兆的情况下执行。

预测性维护的目标是通过安排纠正性维护，防止意外的设备故障。维护工作成败的关键是在正确的时间获得正确的信息，通过掌握设备的维护计划、服务工作计划、资源和备件计划，可以很好地规划预测性维护工作。因此，计划外维护的中断被更短和更少的计划服务所取代。

32.3.2.3 计划外服务

一般来说，计划外服务不是首选项。在理想情况下，服务应该是那些计划好的工作，其影响是良性且可预测的。但是，事实并非总是如此。设备不可避免地会出现故障，因此对于计划外和紧急服务来说，有效的信息获取就变得非常重要。

1）中断-修复。故障修复是最常见的计划外服务。通常，为每个潜在的故障编写服务计划和服务工作范围是不切实际的。因此，了解如何应对资产故障非常重要。此外，拥有与资产相关的下列信息也很重要：
- 服务手册。
- 服务历史。
- 维保合同。
- 服务合同。
- SLA。

- 服务联系人。

2）紧急服务操作程序。作为计划外服务的响应，在 CMMS 中建立单个组件或系统跟踪和处理紧急服务是相当明智的选择。这可以包括：
- 汇报流程。
- 故障升级流程。
- 应急替换方案。
- 故障隔离流程。

32.3.2.4 重复任务

重复任务是一些周期性发生但却无法确定准确时间的任务。它们必不可少且有一定的灵活性。一些常见的重复任务如下：
- 密码更改提醒。
- 人员评审和培训事件。
- 管理会议。

32.3.2.5 关联服务

关联服务是针对实时监控事件而执行的服务。它是一种没有时间规律的主动运维服务，用以减少意外停机时间。就像上文提到的，基于资产的服务通常按照时间计划安排，但有一种例外情况，那就是基于关联关系的服务。例如，发电机可能有多个预防性维护服务环节，如定期测试、更换过滤器、润滑油等，这些环节按时间顺序周期性触发。但是，实际情况往往并没有这么规律，如数据中心即将进入重保期，需在重保前对发电机进行维护服务。因此，将维护服务和设备的运行时间关联就变得很有意义。CMMS 应用程序应具备按条件触发相关服务环节的功能。

32.3.3 工作管理

工作管理包括支持计划内和计划外的维护活动，从最初的工作请求和工单生成到完成和记录实际执行的工作。这个管理工作应利用专门的工具来实现对资源、材料、设备使用和成本的详细分析，这些分析数据将有助于降低劳动力和材料成本。

32.3.3.1 工作订单

工作订单是客户或客户代表提出针对特定资产、资产组或位置的工作请求（图 32.5）。

在大多数 CMMS 应用程序中，工作订单通过电子邮件提交。但是，它们通常也可以打印成纸质文档。工作订单可以包括与工作相关的文档，如工作订单说明、现场要求、安全要求和待完成的文件等。

32.3.3.2 时间和区域管理

可视化的管理界面可以确保人员与工作的匹配。例如，如果运维人员收到一个计划任务，那么他就可以基于时间或位置来搜索其他任务，同一地点的多项任务可以穿插进行，节省资源。

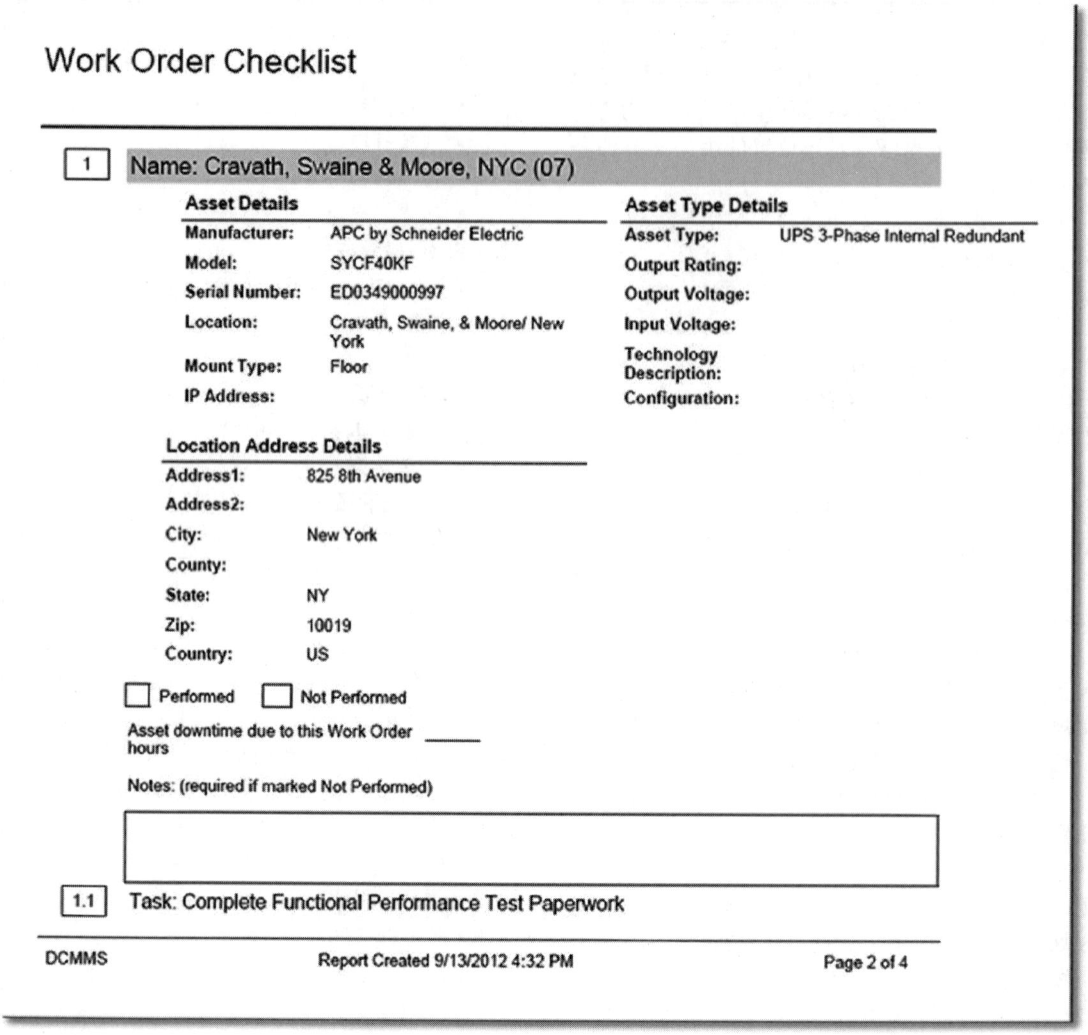

Work Order Checklist

1 Name: Cravath, Swaine & Moore, NYC (07)

Asset Details

Manufacturer:	APC by Schneider Electric
Model:	SYCF40KF
Serial Number:	ED0349000997
Location:	Cravath, Swaine, & Moore/ New York
Mount Type:	Floor
IP Address:	

Asset Type Details

Asset Type:	UPS 3-Phase Internal Redundant
Output Rating:	
Output Voltage:	
Input Voltage:	
Technology Description:	
Configuration:	

Location Address Details

Address1:	825 8th Avenue
Address2:	
City:	New York
County:	
State:	NY
Zip:	10019
Country:	US

☐ Performed ☐ Not Performed

Asset downtime due to this Work Order _____ hours

Notes: (required if marked Not Performed)

1.1 Task: Complete Functional Performance Test Paperwork

DCMMS Report Created 9/13/2012 4:32 PM Page 2 of 4

图 32.5 工作请求（PTS 公司提供）

32.3.4 日历

CMMS 平台中的日历功能允许用户在日历视图下查看数据中心维护计划的详细信息。日历中最好能展示以下内容：

- 工作请求日期。
- 服务器例行程序时间表。
- 保修到期日。
- 服务合同到期日。
- 定期任务到期日。

此外，如果日历可在日视图、周视图和月视图中切换，则会非常有用。更进一步，如果可以通过客户端和/或位置过滤事件，会更有帮助。

32.3.5 报告

报告功能是任何 CMMS 应用程序的重要组成部分。它是查看和分析数据的主要方法，报告可以用列表、计划或性能分析的方式呈现。

报表生成工具的特点是能根据用户需要轻松地将数据过滤并制成有意义的表格。因此，报告工具应至少具备以下核心功能：

- 生成典型和高频报告的基础数据。
- 生成和保存自定义数据或自定义报告的功能。
- 优秀的搜索和过滤功能。
- 能够以任意形式打印或导出。

通常，报告呈现为管理报告和运营报告两种类型。运营报告通常以细节为导向，并显示最近的更新记录。参与管理的各方使用运营报告进行短期战术决策。管理报告着眼于较长时间范围内的汇总数据，并用于战略决策。在下文中将更详细地讨论每种类型。

如上所述，运营报告是最新数据的详细报告，并列出了当前状态和所有短期事件的详细信息，用于在广泛的维护管理活动中做出日常决策。

32.3.5.1 列表

简单地说，列表是日常活动所需的最基本数据的表格。它们包括：
- 顾客。
- 承包商。
- 资产。
- 备件。
- 资源。
- 服务程序。
- 合同。

32.3.5.2 已完成的活动

已完成的活动包括在规定时间内提供的活动和/或服务。一般来说，参与管理的各方更关心 30 天内已完成的事件。

1）工作订单。最近完成的工作订单明确了哪些服务已完成，由谁来完成在特定位置针对特定资产或系列资产的操作。此外，理想的工作订单可以记录完成工作所花费的时间（从而优化劳动力成本）、停机时间（如果有），以及使用了哪些备件。

2）重复任务。在已完成的重复任务中，传递了有迹可循的有关非资产和/或非位置特定事件的信息。

3）保修。资产保修的范围对于维护适当的备品备件和维修成本控制非常重要。

4）服务合同。了解资产的更新或新服务合同的签订对于控制时间和材料成本非常重要。

32.3.5.3 计划活动

了解即将开展的活动对于资源的协调和优化同样重要。每个组织通常会建立一个最适合其自身资源优化的计划。对于大多数人来说，这个计划通常为 30~90 天。

1）工作订单。即将发布的工作订单定义了将在何处由谁完成哪些服务，订单针对特定的位置、特定的资产或系列资产。此外，工作订单还应预测完成工作所需的时间（从而优化劳动力成本）和停机时间（如果有），以及需要哪些备件；然后通过实际执行记录对计划进行改进。

2）重复任务。在已完成的重复任务中，传递了有迹可循的有关非资产和/或非位置特定事件的信息。

3）保修。资产保修的范围对于维护必要的备品备件和维修成本控制非常重要。

4）服务合同。了解资产的更新或新服务合同的签订对于控制时间和材料成本非常重要。

32.3.5.4 管理报告

如上所述，管理报告着眼于较长时间范围内的汇总数据。它们用于制定战略决策、改进运营或维护流程。管理层长期规划的核心是对以下三个因素的深入理解：数据中心的运营绩效，运营的财务影响及资源利用效率。

1）绩效。数据中心的运营绩效是基础设施维护有效性的直接结果。执行的维护越有效，数据中心的可用性就越高。衡量"有效性"的标准是数据中心的正常运行时间与停机维护时间，通常以小时数表示。

- 正常运行时间。数据中心的正常运行时间是数据中心完全用于运行的小时数。这意味着数据中心的关键负载在没有故障和/或中断的情况下运行，而不管哪些事件可能已经影响到数据中心本身。

此外，跟踪单个资产的正常运行时间也很重要。因为部分故障可能会导致部分资产运行中断，但因为冗余而可能不会影响整体系统的可用性中断。

- 停机时间。与正常运行时间相反的是停机时间。在这种情况下，数据中心停机时间是衡量数据中心未完全运行的小时数指标。尽管存在冗余，但停机的可能原因通常可以直接追溯到单个资产或完整系统的故障。

同样，跟踪单个资产停机时间也很有用，即使它可能不会导致整个数据中心可用性的故障，但仍会反应单个资产的可用性故障。

- 故障影响分析。从数据中心停机事件中收集信息非常重要。应全面分析故障的根源，对根源的分析可以改善运营、维护的实践和具体流程。

2）财务。用于衡量数据中心维护有效性的第二个指标是其财务成本。特别是，跟踪所有维护活动的人工成本、所有备件的成本及故障导致的收入损失，不管是直接的还是间接的。

- 人工。在整个维护执行过程中应考虑许多人工成本。例如，应跟踪所有直接维护管理人员

（包括管理人员、经理、技术人员和维护人员）的人工成本。

- 合同。除了人工外，所有维护合同的成本也应纳入管理。
- 备件。另一个对财务的影响是所有备件的成本，无论它们是正在使用还是在库存待用。此外，跟踪所有备件库存的周转率也很有用，可以优化未使用的库存，避免浪费过多的资金。
- 收入损失。由于故障而导致数据中心服务中断进而影响收入，这通常是最不利的情况。虽然这种损失难以量化，但计算该损失可以为维护支出提供合理的成本基础。
- 折旧。最后（通常是最容易被忽视的），财务影响是折旧。折旧是资产价值的减少（公允价值折旧）和资产资本在资产使用期间的分配（折旧与匹配原则）。

$$年度折旧费用 = \frac{固定资产成本 - 剩余价值}{资产的使用年限}$$

3）资源利用率。管理层用于衡量数据中心维护有效性的最终指标是跟踪其资源利用效率。特别是，跟踪所有维护活动的人工成本、所有备件的成本及由于故障导致的收入损失。

32.3.6 文件管理

文件可以与资产、资产类型、位置、制造商或模型相关联。仅为资产显示与特定资产关联的文件。与资产类型关联的文件将显示为所有资产的相关文件。与位置关联的文件将显示为该位置中所有资产的相关文件。与制造商关联的文件将显示为与该制造商匹配的所有资产的相关文件。与模块关联的文件将显示为与该模块匹配的所有资产的相关文件。

32.3.6.1 文件类型

在整个维护管理过程中，需要处理的文件类型几乎是无穷无尽的。但是，CMMS 工具应包括以下类型：

- 权益。
- 采购订单。
- 报价。
- 安全文件。
- SOW 文件。
- 完成服务文本。
- 保修文件。
- 服务合同。
- 产品技术说明书。
- 竣工图纸。

32.3.6.2 文件关联

除了跟踪文件类型外，跟踪文件关联也同样重要。最常见的文件关联关系是：

- 地点。
- 资产类型。
- 资产。
- 制造商。
- 型号。

32.3.7 管理职能

与任何软件工具一样，CMMS 必须有一套管理工具。管理工具通常分为以下几个方面：

- 批量全局更改和替换数据的工具。
- 管理系统功能的工具，如用户、角色、密码、电子邮件等。
- 管理程序中选择列表信息的工具。

32.3.7.1 用户管理

管理员应能修改用户详细信息，如用户名、显示名、密码和角色。管理员还可以添加、编辑或删除用户。

32.3.7.2 基于角色的管理

管理员可以通过为任意数量的程序区域分配无权限、只读权限或完全访问权限来控制用户的访问范围。

32.3.7.3 审核日志

审核日志功能允许用户查看在 CMMS 中执行的操作、执行操作的日期和操作说明。用户还可以按日期、执行操作的人和受影响的范围来进行搜索。

32.3.7.4 系统设置

系统设置可以包括从资产字段到电子邮件设置的各种内容。PTS 公司的 DCMMS 就可以设置以下七个系统值：

- 重复任务。在指定的天数内到期的所有重复任务都将显示在仪表板上。
- 服务合同。所有在指定天数内到期的服务合同将显示在仪表板上。
- 服务程序（按位置）。在指定天数内的所有服务程序（位置）将显示在仪表板上。
- 保修合同。所有指定天数内到期的保修合同将显示在仪表板上。
- 工作订单。在指定的天数内到期的所有工单将显示在仪表板上。
- 系统消息。将显示在登录屏幕上的消息。

32.3.7.5 预制模板

大多数 CMMS 程序会提供一系列的预制模板，用户可以根据具体情况进行选择。

32.3.8 用户首页

最后,任何 CMMS 工具中最实用的部分之一就是用户首页。在这里,关键数据将以表格、图形或其他格式展现,以便用户进行操作。

32.3.8.1 到期/逾期

到期/逾期窗口允许用户按资产和位置查看重复任务、服务程序和需要执行的工作订单。此外,它允许用户查看即将到期的服务合同和保修,以及需要订购的零件。

32.3.8.2 天气

一些 CMMS 应用程序集成了外部数据源。一个特别有用的工具是查看气象图或天气预报。为了应对恶劣天气,通常会启用一定的应急手段,因此在恶劣天气过去后进行维护是一个不错的选择。此外,大多数雷暴的持续时间都很短,通常在 30min 内进出一个地区。因此,主动跟踪风暴,可以制定并执行某些预防性维护活动。

32.3.8.3 故障概率和统计分析

系统的故障概率和统计分析功能也非常重要。如上文所述,MTBF 和 MTTR 是整体系统可用性的预测指标。同样,良好的预防性维护活动或缺乏预防性维护活动也会对故障及停机概率产生影响。因此,CMMS 应用程序应能提供关于组件、系统及整体的故障统计数字及故障预测。同时,预测数据应能与实际运行数据进行对比。

32.3.8.4 实际绩效数据

实际绩效数据通常以两种重要方式表示,第一种是连续的正常运行时间,没有中断和故障;第二种是与此相反的,即在一段时间内经历的停机时间。这些数据应该能按系统(组件、系统、站点)及时间两个维度进行统计汇总,并可以进行横向和纵向的对比分析。

32.4 选择 CMMS 的注意事项

为组织选择合适的 CMMS,将协助设施管理人员对企业资产进行有效的监控,并规范工作流程,进而达到减少停机时间、降低运营成本、实现良好的规划和管控的目的。因此,评估和选择 CMMS 可从两个方向着手,即产品特性和企业管理架构。

最终,组织必须选择一个最适合企业文化的 CMMS,通常说来它应该包含以下功能模块:

- 资产管理。
- 维护管理。
- 生命周期管理。
- 库存管理。
- 工作订单管理。
- 日历及工作计划。
- 报表及门户网站。

除软件功能外,还有许多其他因素会影响组织选择软件的决策,本章的其余部分将详细讨论这些因素。

32.4.1 实施过程

就像有效地维护绩效一样,有效的 CMMS 实施始于合理的流程,而且就像每个流程一样,有始有终。

32.4.1.1 预评估

该过程的第一步是确定如何收集信息,由谁来收集,以及信息交付的时间和可能的成本。许多 CMMS 软件供应商提供现场和远程的评估,以帮助组织完成此项工作。此外,即使内部员工能胜任这项任务,CMMS 供应商的顾问角色也不可取代。

32.4.1.2 实施

CMMS 工具的实施和使用是组织决定外包还是自己做的另一个领域。大多数 CMMS 供应商会提供一系列的服务,以帮助组织实施其平台。实施落地将花费整个过程中最多的时间。因此,应创建实施计划用以保障完成以下工作内容:

- 信息收集。
- 数据输入。
- 维护流程梳理。
- 纸质文件扫描。
- 培训计划。

32.4.1.3 培训

学习新软件的操作可以通过很多方式,如阅读手册、远程教学、面授或在线的交互式授课。通常,CMMS 供应商将这些方法中的一种或多种纳入其产品中。

32.4.1.4 实施后反馈

CMMS 一旦被部署实施,分析其有用性就非常重要。因此,CMMS 供应商通常会提供一系列服务来评估其系统的运行效率,这个评估应包括以下内容:

- 员工的软件使用率。
- 成本节约分析。
- 流程改进情况。
- 资源改进情况。

32.4.2 员工因素

由于 CMMS 软件的实施,员工需要在 CMMS

的框架内工作，并使数据中心设施保持最佳状态（最终还是人在使用这些工具去提高工作绩效，以保障数据中心基础设施运行在最佳状态）。因此，在实施 CMMS 时，公司需要考虑如何将 CMMS 的各个工具集成到数据中心日常运维工作的一般流程中。

32.4.2.1 信息收集

如果没有准确完整的数据，那么任何工具都是无用的。因此，必须考虑如何从设施收集信息并导入 CMMS。通常，有两种方法可以进行信息收集：手动和自动。

手动信息收集的最大问题是准确性比较差。人工输入非常容易出现错误。研究表明，手动资产清单收集的误差可能会高达 10%[⊖]（Watson and Fulton 2009）。采用标准的采集脚本并辅以条形码等工具，可以提高手动信息收集的准确性。因此，应优先使用运维工具完成 CMMS 基础数据的收集。

自动信息收集的优点显而易见，但实施起来却非常困难和耗时。原因是自动信息收集主要依赖于仪器和现有信息的质量。一般来说，设备可以连接到监控网络并进行轮询。例如，服务器可以使用各种服务和/或协议，如简单网络管理协议（SNMP）、智能平台管理接口（IPMI）等，在网络上传输其当前状态或其逻辑地址等信息，对于 UPS、空调等基础设施也是如此。

32.4.2.2 系统监测

实时并全面地对数据中心进行监测比阶段性的运维管理要好，全面的监测可以为运维提供充分的操作依据，而且可以降低操作风险和成本。不过值得说明的是，一个设计优秀且能很好落地的监控平台其造价往往也很高。这么做至少可提供计划所依据的基本数据，包括维护管理、性能管理和容量规划。

32.4.2.3 内部能力

在选择最合适的 CMMS 工具时，必须考虑组织内部设施和管理人员的技能和能力。如前所述，最终执行运维操作的是具体的人。因此，组织应评估其内部能力，以确保其可以满足 CMMS 工具实施和运维的最低要求。

内部员工至少应能熟练使用和操作软件工具。此外，还应了解信息和流程管理的基本概念。

32.4.2.4 员工工时的投入

除了员工的技能外，还必须考虑员工完成 CMMS 项目的时间。由于每个人都有本职工作，因此能拿出多少额外的时间来处理 CMMS 工具所需数据（包括信息收集、软件培训和流程构建）就变得至关重要。

32.4.2.5 培训

所有系统使用的培训都至关重要。对于软件最终交付目的的宣讲远比软件操作本身重要。通常，培训必须涵盖数据中心维护的意义，以便员工理解软件的设计思路，并能更好地利用软件的功能。例如，如果员工不习惯使用正式的工作订单来派遣和指导技术人员，在培训方案中就必须宣讲正式工单的作用。同样，如果组织内部还没有标准操作流程、应急操作流程和维护操作流程，那么不仅需要对员工进行软件使用的培训，还可能需要首先一道建立这些流程。

CMMS 软件的落地失败往往会追溯到员工没有真正去使用这些软件。通常原因是，员工对新 CMMS 工具失去信任，这是组织无法实施有效培训的直接结果。研究表明，学习新软件最好是循序渐进地进行。因此，落地实施必须考虑时间因素。CMMS 供应商通常会提供多种培训技术，包括：

- 提供用户手册。
- 在线演示站点和/或教程。
- 非现场和/或现场讲师指导的课程。

32.4.2.6 技术支持

与任何软件包一样，CMMS 工具的采购合同中通常具有维保相关条款。因此，相应的 CMMS 供应商应至少能提供以下服务：

- 软件升级和补丁升级。
- 7×24×365 用户技术支持。
- 7×24×365 管理员技术支持。
- 在线的手册和文档。
- 在线和用户可访问的知识库。

此外，CMMS 供应商通常希望搭售一些增值性服务，包括：

- 程序定制。
- 实施前咨询。
- 实施和/或实施咨询。
- 安装后系统优化的咨询。
- 维护流程和程序开发咨询。
- 标准操作流程开发咨询。

此外，一些 CMMS 供应商甚至使用自己的软件工具作为其服务的基础，提供设施维护管理的整体

⊖ 计算机协会技术简报—努力实现 100% 的数据准确性：下一代资产管理的挑战。

外包服务。

32.4.3 IT需求

根据CMMS的部署方法，实施过程中可能会提出一些IT需求。基于C/S的CMMS提供商通常会提出最低配置和建议配置。

大多数CMMS供应商通过以下两种方式部署应用：基于Web的软件即服务（SaaS）产品和传统的基于客户端/服务器（C/S）或浏览器/服务器（B/S）的应用程序。有些供应商则两种都可以提供，组织如何取舍应基于以下方面考虑：

- 是否可提供足够的IT软硬件支持。
- 是否有足够的IT支持人员。
- 部署方式是否符合数据安全和/或法规要求。

1）基于C/S。基于C/S的系统常使用光盘安装或下载安装。它需要运行在特定的操作系统或启用某些特定的服务。此外，还需要一些硬件资源和相应的服务。公司内部须为CMMS系统准备运行环境。这意味着公司将负责运行和维护应用程序所需的MS SQL、Oracle或MySQL环境。CMMS软件的部署通常由公司自行完成，若自身能力和资源不够，则可以从软件供应商处采购。

2）SaaS。近年来，SaaS模块在CMMS提供商中变得越来越普遍。在这种方法中，SaaS提供商通常搭建好一套运行环境，通过基于web的安全界面向客户授予访问权限。在某些情况下，CMMS提供商可以提供离线版本，这些版本对于用户是唯一的，不会被其他用户使用。在其他情况下，CMMS提供商则是提供一个公共平台，每个客户都在平台上被分配一块逻辑的区域，客户仅能访问自己的内容。

SaaS方法的好处是可以免除基础设施搭建，以及维护的成本支出和相应的工作。此外，客户也不必担心应用程序升级和补丁升级。但是，SaaS客户必须时刻关注数据安全性、带宽容量，以及提供商的持续交付能力。

32.4.4 可用性/易用性

比较各个CMMS平台的另一个重要因素是它们的整体可用性，或者是它们的易用性。显然，软件工具的可用性可能非常主观，但一般而言，应选择一个与公司组织方式类似的软件系统。

32.4.4.1 简单

最好的软件工具应该是非常直观的，一般人不经过特殊培训就可以轻松上手使用。一般来说，最好请一线的运维人员参与软件测试，并一定程度地参与软件选择的决策，以保证软件简单易用。

32.4.4.2 移动性

CMMS工具的一个典型使用场景是跨平台的移动操作。因此CMMS应能支持移动工作的需求，可以在平板计算机或智能手机平台上使用。

移动端应具备与网页端相近的功能，至少应包括以下内容：

- 添加、删除或编辑资产属性。
- 访问和执行工作单和相关文件。
- 搜索服务历史记录。
- 查看并执行计划。
- 查询工作范围和相关文件。

值得注意的是，CMMS应用程序通常具有大量资产数据的视图。但移动平台屏幕较小，很难展示详细信息，因此在使用移动端程序时，应确保数据和展现方式已经针对移动端进行了优化。

1）条形码。一些CMMS平台的移动端支持条形码识别技术。此功能可以从CMMS工具中生成设备的唯一性标签，并应用于资产管理中。同样，移动端具备扫描硬件，可以识别先前标记的设备，并立即访问有关它的信息。

2）资产位置管理。另一个常用的功能是资产位置跟踪。这一功能通常是由与CMMS供应商合作的资产管理软件供应商提供［基于射频识别（RFID）等技术］。利用这一功能，可以在每个资产上部署唯一的标签，并可通过射频扫描仪读取或监测。在某些CMMS平台中，此标签可用于RFID和条形码扫描。上述功能通常由几个供应商配合实施，因此公司应充分测试系统的集成性能以满足所需。

32.4.5 成本

实施数据中心CMMS解决方案的成本分为两大类：一是软件本身的成本；二是软件运行环境，以及软件实施和使用过程中产生的相关服务成本。

第一个成本的驱动因素是软件采购策略的选择，是购买标准CMMS软件包、定制标准的CMMS软件包和根据企业的特点按需定制，还是从头开始开发一个完整的系统。

第二个成本的驱动因素是内部实施成本和确定从外部供应商那里获得的服务内容。

32.4.5.1 战略

与任何软件项目一样，"构建"与"购买"的结果很容易回答，因为从头开始设计CMMS会最大限度地满足公司需求，并达成完美的定制解决方案,但这将是一个漫长而昂贵的过程。购买标准的 CMMS 软件包,可以压缩时间和成本的支出,但代价是可能不符合企业的预期。因此,定制化选择 CMMS 应用程序是平衡成本与需求的捷径。

1) 新建一个 CMMS 将是一项艰巨的任务。它需要大量的内部资源配合和相当长的时间来梳理软件需求,然后编程团队需要进行内包或外包的代码开发。完成后,在程序发布之前还应进行广泛的功能测试。一般来说,这个过程可能会花费大约 100 万美元,并需要一年多的时间。

2) 定制系统。由于金钱和时间的投资巨大,因此定制系统应当非常慎重,只有当现有程序中的一些功能完全无法满足公司需求时才启动软件定制的计划,签订定制化合同并执行必要的代码更改。一些典型的定制可能包括以下方面:

- 根据企业的视觉风格定制界面。
- 与内部系统对接,一般包括:
  - 财务系统。
  - 变更控制管理系统。
  - 配置管理数据库。
  - 联系人数据库。
  - 日历和计划。
  - 项目管理系统。

这些定制的成本差异很大,但通常来说,这样一套做下来花费几十万美金,持续半年多的情况并不罕见。

3) 预制解决方案。预制的 CMMS 解决方案是迄今为止最具性价比和可以最快部署的解决方案。通常,CMMS 平台针对广泛意义的运维而开发,但少数供应商也会提供为特定行业设计垂直落地的解决方案,如医疗保健、公用事业和数据中心。

这类 CMMS 解决方案包括基础功能,以及垂直领域的各种专属模块和特定功能。

32.4.5.2 软件

CMMS 产品的成本在几个主要的供应商之间差异很大。通常影响价格的主要因素是:

- 服务的特定行业。
- 要管理的资产数量。
- 有权访问系统的用户数。
- 要管理的设施数量。
- 要管理设施的规模。
- 软件的使用期限。

如前所述,购买时可以一次性买断或按需购买 SaaS 服务。

1) 购买模式。典型 C/S 的应用程序模型通常一次性买断。软件成本通常与前面描述的一个或多个变量有关。通常情况是,购买可以覆盖当前公司所需的功能和/或容量,同时具有一定的扩展性。

作为购买模式的一部分,建议与软件一起购买当年的支持服务合同。支持服务合同可确保两项重要服务:一是对已购买模块的更新、补丁和升级,二是为用户和管理员提供技术支持。

支持服务合同的成本各不相同,但每年花费 15%~20% 的软件成本购买支持服务合同的情况并不罕见。

2) 订阅模式。基于订阅的购买模式通常以年度或月度服务费的形式提供。与买断模式相反,订户不必购买单独的年度支持服务合同,因为这些服务通常包含在订阅费用中。订阅成本通常也与前面描述的一个或多个变量有关,类似于购买模型。在订阅模式中,可以根据需求扩展和变更功能。

32.4.5.3 服务

如 32.4.1 节所述,实施可以分为 4 个主要服务内容,即预评估、实施、培训和实施后反馈。所有这些服务的目的是提供足够的资源和经验,使 CMMS 尽可能顺利地集成到组织中。

通常,实施和培训服务的成本会与软件成本相当或略高。

1) 预实施评估服务。预实施评估是一种咨询型服务,其目标是:

- 确定数据中心的当前状态。
- 确定所有资产的数量及位置。
- 确定设施本身的详细信息。
- 确定并获取所有资产和设施相关的文件,包括:
  - 图纸。
  - 保修条款。
  - 服务合同。
  - 技术规格。
- 确定和记录所有已知设施的规范运维程序和操作流程,包括:
  - SOPs。
  - EOPs。
  - MOPs。

由于现场情况不明,因此预实施评估服务的成本通常按人·天计算。对于小型数据中心设施,可能需要 1~2 个人·天实施,但对于较大的数据中心设施,可能要数个人·天。

此外,许多 CMMS 服务提供商还会帮助公司完善部分缺失的文件,例如:

- 修订"竣工"资料。
- 绘制图纸。
- 创建操作程序和流程，如 SOPs、EOPs 和 MOPs 等。

显然，这些服务的成本差异很大，而且与产生结果所需的工作量直接相关。

2）实施服务。如果在预实施评估服务阶段已经收集到了足够的信息，则无须在此阶段重复劳动。但是，如果甲方无法提供相应的文件，则需要在此阶段完善各类文件。收集到的数据和文件可通过手动或自动的方式导入 CMMS 软件平台中。由于现场情况往往并不明确，因此这些服务通常以人·天计费。至于数据录入部分，则可以由供应商离线或远程完成以降低实施成本。

3）培训服务。如前所述，培训服务可以通过多种方式进行，包括：
- 自行阅读使用手册。
- 远程指导。
- 内部宣讲。
- 在线培训。
- 现场操作讲解。

一般而言，最昂贵的培训形式是现场操作讲解。自学成本最低，但用户很难坚持，且培训效果也很有限。因此，现场操作讲解较为合适，它可以为用户提供真正的身临其境的学习体验。

如前所述，培训服务的成本通常基于人·天，并与培训的长度和深度以及班级规模相关。有效和完整的培训是 CMMS 项目成功实施的绝对必要条件。因此，至少应预留总预算的 10% 用于培训。此外，培训应该是一个广泛而长期的工作，不仅针对新员工，而且也应对与系统相关的人员进行持续的培训，并结合数据中心维护管理的总体目标调整培训计划。

4）交付及反馈服务。结合数据中心的运维实践，针对 CMMS 工具的反馈和改进也非常重要。正如整个主题的核心内容一样，交付及反馈的成本与研究和分析流程的数据量成正比。这些工作可以按人·天进行计费，也可以按工作包固定费用购买此服务。

32.5 结论

成功不会一蹴而就，因此 CMMS 必须由训练有素的员工正确实施和使用。通过实施 CMMS 解决方案，组织可以跟踪数据中心基础设施中发生的几乎所有的事情，并全面替代纸质单据。

管理层将能够确定在某些任务上花费了多少时间，查看运维计划和已完成的维护活动并掌握耗材的使用情况。此外，系统还可以有效地管理技术人员的工时。当需要进行维护时，可以在网页上创建工作订单，并高效地控制这些工单的响应和交付。

当然，所有的这一切都是在购买了合适的 CMMS 解决方案，并且完全落地、全面培训之后才有可能实现。

最后，在购买 CMMS 解决方案时，需要记住的最重要的事情之一是，应将所有受影响部门的代表都纳入决策团队。具体的人员和角色如下所述。

1. 设施管理人员

设施管理人员全面负责数据中心设施维护和运营。

2. 维护技术人员

维护技术人员是现场技术专家，负责执行较高技术要求的维护任务。

3. 设备工程人员

设备工程人员是部分设备的技术专家，提供现场支持或完成设备的专业维护。

4. 执行管理人员

执行管理人员负责数据中心运营和所有权的整体战略规划。

5. 数据中心运营人员

数据中心运营人员负责日常值班，$7 \times 24 \times 365$ 保证数据中心的可用性。

6. IT 管理人员

IT 管理人员负责管理 CMMS 工具技术上的落地实施。

7. 财务人员

财务人员负责该项目的财务管理。

8. 人力资源工作人员

人力资源工作人员负责持续的教育和培训。

32.6 趋势

未来数据中心的 CMMS 会呈现以下趋势。

1. 增长

CMMS 正在成长为数据中心的基础软件。公司不只是想要它，他们更需要它。

2. 降低成本

降低成本始终是任何公司普遍关注的问题，

尤其是在当今经济衰退的情况下。通过对维护成本的控制，CMMS 可以为公司带来成本优化效益。

3. 有条件的维护

有效且立即的响应实时事件和紧急情况的应对能力是 CMMS 应用程序中的核心功能。如前所述，它还可以进行主动的维护和减少意外停机，时间，从而提高可靠性。

4. 互操作性

互操作性是多个相关或不相关的业务应用程序的无缝集成。

延 伸 阅 读

Capehart BL. *Handbook of Web Based Energy Information and Control Systems*. Lilburn: The Fairmont Press; 2011.

IBM Corporation. *IBM Maximo Technology for Business and IT Agility*. IBM Corporation; 2010.

Predictive Maintenance Program. Available at http://engineer.jpl.nasa.gov/practices/ops13.pdf. Accessed on May 23, 2014.

Thomas S. 2011. CMMS Best Practices Study. Available at www.reliabilityweb.com. Accessed on May 23, 2014.

第5篇　数据中心灾难恢复和业务连续性

第 33 章 数据中心灾难恢复和高可用性

英国伦敦 Logicalis 集团　克里斯·加布里埃尔（Chris Gabriel）　著
云聚数据科技（上海）有限公司　朱国胜　译

33.1 引言

"任何可能出错的事总会出错。"这就是著名的墨菲定律（Murphy's law）。这项定律指出，任何具有机械特性的东西，无论设计多完美、建造多完善、使用多得当，都会失效。而且最重要的是，在墨菲定律中，它往往正好在错误的时间出错。墨菲定律是 20 世纪 40 年代末由在美国爱德华兹空军基地工作的一名工程师爱德华·墨菲（Edward Murphy）提出的，它研究的课题包括重力及其在大幅减速过程中对人体的影响。他的儿子后来表示，他父亲的近似说法是："如果有多种方式可以完成工作，而其中一种选择方式会导致灾难，那必定有人会这么做。"

当我们讨论的对象是企业业务应用程序和存储业务的数据中心时，设计数据中心基础设施和企业 IT 基础架构的架构师以及数据中心的运营人员，必须要考虑墨菲定律总结的规律。因为任何一次设计或运营的事故，都可能会给业务带来灾难性的后果。在当今以 IT 为中心的商业世界中，可以说，虽然会计师仍然掌握着组织的钱包，但数据中心却拥有组织的心脏。如果心脏停止跳动，组织的脉搏便开始迅速减慢；对于某些组织而言，这可能意味着业务流程或业务本身最终停止。

本章将介绍数据中心基础设施和 IT 基础架构的灾难恢复（DR）和高可用性（HA）的基本概念，包括规划、设计和流程等。

首先，我们应该定义灾难恢复和高可用性术语的含义，以及我们希望通过投资这两种策略中的任何一种来实现什么样的目标和回报。

灾难恢复指技术基础设施恢复或延续所需准备的相关流程、政策和程序，这些对组织在自然灾害或人为灾难后至关重要[1]。

高可用性是一种系统设计方法和相关的服务实现，可确保在合同测量期间满足预定的运营绩效水平[2]。

灾难恢复是一门学科，它为可能出现的错误、可能发生的不同时长的停机时间，以及以有序和及时的方式启动恢复的过程进行规划。灾难恢复假设有损失，这些损失可能是整个物理数据中心的损失、数据中心的网络连接中断、物理基础设施的故障中断，以及最重要的灾备中心（从灾难点到恢复点）之间的数据损失等。

例如，对汽车来说，灾难恢复计划是在你的汽车行李舱放置一个备胎，以防轮胎被刺穿或爆胎。在可接受的服务丧失之后，存在可接受且可恢复的停机时间。

汽车车主应该遵照制造商的指南来保养他们的爱车，并可决定通过购买额外的路边故障保险，以扩展车辆维修计划的覆盖范围，但这只能降低故障的风险；他们并没有消除它，而故障保险是假设故障将会发生，而这项投资是为了在出现问题时缩短恢复时间。

高可用性通过主动式设计来减少系统故障，将停机时间降至可忽略不计的程度，并确保和假设没有数据丢失。例如，商用客机高可用性计划内容之一就是部署有完全冗余的飞行控制系统。正常运行时间是唯一需要考虑的重要因素，虽然飞机在飞行过程中一直都会有各种故障发生，却很少有飞机坠毁。

飞机在设计时，就考虑了单系统甚至多系统故障的情况。飞行员接受了专门的培训，当故障发生时，能够使用预定义的检查列表进行排查，目的是标准化故障系统的恢复，或者恢复到备份或备用系统。

现代飞机设计从一开始就融入了高可用规划的精髓。作为一名乘客，发生物理部件故障甚至系统故障都是可以接受的，但完全的服务失效是不可接受的。

在设计数据中心基础设施和 IT 系统灾难恢复和高可用性时，需要考虑的因素很多。针对不同的物理硬件和整个系统的复杂性，成本是最重要的考虑因素之一，更高级别的可用性，需要付出更高的成本。汽车上的物理冗余（将备胎放入行李舱）成本远远低于商业客机上的系统冗余。

据我所知，为防止其中一个发动机失灵，没有一辆汽车会配备两个发动机。事实上，唯一的冗余设备是设计的照明系统，以防一个出现故障。在一家汽车保险公司最近的一项调查排行榜中，最好的制造商的发动机故障率为 0.29%，即 344 辆车中有 1 辆，而最差的制造商的发动机故障率平均要达到 1/13 [3]。

所有商业航空公司都至少配备两台（$N+1$）发动机，这是一个巨大的系统可靠性，尤其是世界领先的飞机制造商之一的空中客车公司（Airbus）现在宣称，现代商业客机上的飞机发动机平均每 30 年才会发生一次故障停机[4]。虽然每位飞行员都将接受培训和测试，以了解他们应对这种停机的能力，但统计数据显示，今天在航空公司工作的飞行员可能永远不会遇到发动机故障导致停机的情况。

这种差异可归结为两个关键因素：虽然两者都是运输形式，但汽车和商用飞机是针对两种完全不同的服务和运营模式而设计的。飞机故障的风险特征明显不同于汽车的风险特征。

正如我们将在本章中所回顾的那样，导致数据中心中断的关键因素大致可分为七大类，包括从物理建筑本身到核心 IT 基础设施：

1）建筑。
2）环境（供电和冷却）。
3）消防系统。
4）访问控制。
5）安防。
6）服务供应商连接。
7）IT 基础设施。

数十年来，最佳实践标准的不断发展，充分考虑了数据中心物理层面的保护，包括物理建筑、环境系统、消防系统、访问控制、安防和连接等方面。

然而，与投资在飞机系统的物理冗余一样，相比任何物理故障或自然灾害，数据中心更容易被运维人员误操作，要么是运维人员在设施设备层面的人为误操作，或者更有可能是在操作系统或应用层面的人为误操作。

统计数据显示，超过 50% 的航空公司坠机事故归因于飞行员的某种操作失误[5]，数据中心行业的专家认为，大约 75% 的数据中心"崩溃"是因为某种形式的操作失误造成的[6]。

最终，与这两种运输方式一样，在数据中心，灾难恢复和高可用性规划投资的方法和水平可归结为可承受的业务风险水平。然后将减少或消除此风险的方法设计到物理数据中心，构建基础设施、平台、系统、流程，以及人员对潜在故障的响应。

33.2 数据中心的演变和数据中心风险

在早期大型机时代，数据中心仅仅是为这种大型的、极度耗电的早期计算机配置一个安全的可以调节温度的房间。数据中心及其内容牢牢掌握在 IT 部门一些专家手中。大多数组织只有一台或两台大型中央计算机，因此为它们安装、供电和保护相对简单。事实上，在早期，数据中心的构建也非常简单，仅仅考虑它的四面墙就够了。数据中心对数据处理是本地输入、本地处理，最后在本地输出。

当我们从大型机的绿色屏幕转向个人计算机上的第一个绿色字母时，从数据中心到桌面的转移改变了从中心到外围的计算能力平衡。由于台式计算机运行自己的本地磁盘、操作系统和应用程序，服务器分布到业务部门、布线柜和远程办公室，数据中心宕机不再是一场灾难，对许多人来说，只是无关紧要。

但是，随着 IT 系统的部署模式从集中到分散再到集中，数据中心对组织的健康和敏捷性的重要性也在不断变化。

有的业务部门认为，他们可以比集中管理的、响应速度极慢的 IT 部门更快地部署服务器和存储，这常常导致出现办公桌下的分布式数据中心（DDuD），没有集中管控，更重要的是几乎没有经过验证的操作流程，可用的备份或灾难恢复功能也很少。这种不受控制的分布式计算扩展分散了工作负荷，并分散了数据中心系统故障的风险。谁还记得 20 世纪 80 年代或 90 年代关于数据中心或重大 IT 系统故障的任何一篇头条新闻？

进入 21 世纪后，分散的 IT 模型被认为是固有的业务风险，监管部门对 IT 系统的监管增加了企业的压力，要求企业以与其他关键业务纪律相同的公司治理水平来管理 IT，对 IT 的整合和控制使数据中心及其基础设施成为重要的组织资产。

这导致旧的和新的 IT 设备又重新回到数据中心，从容纳一个大型机的一个大盒子，数据中心变成了一个计算复杂的地方,大型机、中端系统、x86 服务器、存储、网络、互联网关设备、安全设备、电子邮件系统、打印和文件服务器,以及平台、系统和应用程序又重新进入了数据中心。这些系统中有许多是相互关联的,但大多数都不是,形成了很多技术孤岛,它们由不同的团队运营,大多数技术战略和采购决策都是在完全隔离的情况下做出的。

从只容纳一个重要的大型机到容纳无关紧要的设备,再到成为计算领域的中心,数据中心的重要性增长比许多组织保持其运营完整性的能力还要快。最好的例子就是数据中心布线成为数据中心物理基础设施设计中缺乏控制的缩影(图 33.1),以至于许多网站都致力于改善这种现象[7],随后数据中心的"结构化"布线行业成为 IT 行业中最热门的行业之一。

图 33.1 数据中心布线的复杂度(GeekAbout.com 提供)

在过去的几年中,我们看到了数据中心的另一个变化。随着服务器、存储和网络技术的进步,数据中心已经与虚拟化资源的逻辑和操作完整性交织在一起并得到了增强。

物理服务器经过整合和虚拟化,一台物理服务器包含多个虚拟服务器实例或刀片服务器系统,支持单个系统中的成百上千个虚拟机(VM)。

存储平台已经虚拟化,因此不是将一台服务器连接到一块存储,而是多台服务器访问池存储,降低了存储环境的复杂性,将更多的负载和更多的职责放在更大的存储环境中。

网络已经虚拟化,因此虚拟局域网将安全域细分到一个聚合的网络访问层,而不是支持单个服务器的单一交换机。

如今,位于数据中心内部的新企业 IT 架构本质上就更加强健、更具弹性,虚拟资源冗余增强了物理弹性,现在克服特定硬件组件中故障的运营风险也相对简单。然而,尽管风险在虚拟系统之间的扩散降低了物理中断的风险,但运行高度集成系统池的复杂性也带来了自身的挑战:运行和人员。

最后,"云"一词已进入数据中心的词典。在客户自己的数据中心内构建和运营的私有云为数据中心服务提供了新的范例。私有云有望提供随需应变、灵活、可扩展性和可更改性的服务器、存储和网络资源,将物理资源和虚拟资源与新的、更复杂的管理和操作堆栈相结合,为数据中心企业基础设施设计带来了新的效率和复杂性。

墨菲定律指出,无论我们的物理数据中心或数据中心架构多么强大、设计得多么完善,事情还是会出错的。

在当今的 IT 世界中,我们需要解决企业体系结构中物理建筑、系统和组件的损失问题,现在必须解决虚拟服务器、存储和网络设备宕机问题,这些虚拟设备几乎存在于任何位置和任何当前的配置中。

"数据中心的服务"越来越流行，企业不需要构建自己的数据中心，而是像根据需要购买水和电的公用事业服务一样，通过签约或可能的临时服务提供商处获得所需的服务。这种管道云服务可以很好地提供根据业务连续性计划设计的灾难恢复或高可用性服务[8]。

在当今灾难恢复和高可用性的世界中，评估、解决和应对物理设施、虚拟设施和现在的"即服务数据"中心服务比 CIO 面临的任何事情都更复杂、更具挑战性，或者 IT 部门也比我们想象的要简单和直接得多。这取决于从哪个角度看问题。

高性能带宽的可用性意味着数据中心不再需要与其服务的用户位于同一的建筑物、园区、城市，甚至国家/地区内。如果组织所在地区面临洪水、飓风或其他自然灾害的风险，只需将数据中心设置在其他地方即可。

运行许多独立系统的数据中心的历史复杂性可以通过虚拟化和高度自动化私有云技术的实施来解决，这些数据中心依赖独立的服务器、存储和网络组件，通过不同程度的运营成熟度以不同方式进行管理。

如果不能为自己的业务构建一个高度可靠且具有弹性的数据中心，或者认为拥有数据中心并非自己业务模式的核心活动，可以选择数据中心的托管服务，托管提供商会花费数百万美元在世界各地建立高等级的托管设施。⊖

最终，可以通过将核心基础设施、操作系统、甚至应用程序外包给云服务商的方式，以解决建造和运营自有数据中心基础设施及系统基础架构的许多复杂性和成本问题，云服务提供商可以提供基础设施即服务（IaaS）、平台即服务（PaaS）、软件即服务（SaaS）等多种灵活的云服务产品，相对于很多中小型企业来讲，云服务提供商具备他们梦寐以求的灵活的系统扩展和大型数据中心运营能力。

尽管有这些选项存在，对于很多企业来讲，设计和运营自有数据中心基础设施仍然是唯一的选择，因此我们应该尽可能降低墨菲定律的影响，将设计、控制和数据中心灾难恢复和高可用性计划的最终命运明确地纳入与业务一致的企业战略规划中。

我们必须假设某些环节可能出错，而且一定会出错，其中一些错误可能会给组织带来毁灭性的后果，因此我们需要提前规划和应对。

我们现在如何应对当今的挑战，确保我们组织的心脏不会停止跳动，如果它停止了，我们将使用强大的运营流程、程序和计划来恢复，这是前所未有的选择。业务能够承受得起多么严重的宕机，将取决于组织的具体情况、对风险评估的结果，以及业务连续性规划等方面。

33.2.1 评估数据中心和 IT 系统停机的影响和成本

对任何灾难恢复和高可用性策略的投资将主要由业务而非技术需求驱动。

这方面的一个示例见表 33.1，许多在线和专业研究组织（如业务连续研究所）提供了许多需要考虑的变量。⊖

表 33.1　灾难恢复和高可用性策略

业务驱动因素是什么	需要灾难恢复或高可用性功能的基础设施、系统或应用程序背后的业务性质是什么
中断的财务影响是什么	中断成本是多少？中断的成本证明了构建物理环境或系统中的可用性层数是合理的
在任何给定时间，基础设施、其他设施或系统可以停机多长时间	这个问题的答案通常是"视情况而定。"然而，这个问题针对的是最繁忙的时间，如月底的结算期间
基础设施、其他设施或系统在一年内可以停机多长时间	由于许多可用性指标都是在一年的时间框架内标准化的，因此累积的年度停机时间通常是一个重要指标

⊖　http://uptimeinstitute.com/TierCertification/certMaps.php。

⊖　http://www.thebci.org/。

(续)

什么是中断?	这个问题比表面看起来更难回答。这个问题的答案涉及任何可用性度量方案的核心
系统设计应围绕年度累计中断还是最坏情况下的单次中断进行	这个选择是基于在高可用性系统上运行的应用程序的性质和关键性做出的。此外,为处理最坏情况下的单次中断而设计的系统将会有更高的价格
高可用性有多高	这个问题的答案对这个练习有一定的帮助。它的高可用性有多高? 这是构建定制可用性模型时需要回答的最重要的问题,这个问题的答案为系统设计者设置了一个目标。如果没有明确的目标,那么就无法知道是否有任何系统是高可用的

电力系统制造商艾默生[9]于2011年完成了一项调查,揭示了许多与停机成本相关的重要发现（图33.2）。根据调查对象提供的成本估算,数据中心停机平均成本约为5600美元/min。

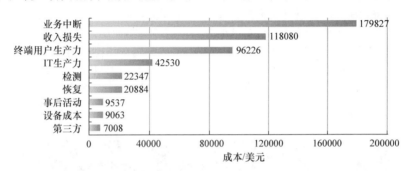

图33.2 来自41个基准数据中心的计划外停机的平均成本（Emerson网络能源提供）

调查中上报的故障事件时长平均为90min,单次停机事件的平均成本约为505500美元。这些成本基于各种因素考量,包括但不限于数据丢失或损坏、生产力损失、设备损坏、故障原因调查成本和系统恢复、法律和监管影响、收入损失,以及对关键利益相关者之间的声誉和信任的长期影响。最大的两个损失是业务中断和收入损失。

总之,当中断发生时,每个企业都会遭受不同程度的损失和成本损失。

损失可以用许多不同的方式来看待,包括金钱损失、声誉损失、员工生产力损失、客户忠诚度损失,以及在许多情况下所有这些损失的组合。

计算数据中心停机可能造成的收入损失的一种简单方法是

$$收入损失 = \frac{GR}{TH} \times I \times H$$

式中,GR是年度收入总额,TH是年营业总小时数,I是影响百分比,H是中断小时数。

数据中心或其中的服务中断会带来一定的成本损失,但如果选择建设或租用一个高可用的、系统强健的数据中心,同样需要一定的投入,如维持高可用性所需的设施运营流程和监控系统的投入,以及建设不同冗余和弹性等级的IT基础设施的投入等。

构建高弹性数据中心设施或IT基础设施的业务案例必须与所评估的与组织相关的风险进行权衡。

33.2.2 可能出错的地方总会出错: 为什么数据中心会失效

数据中心发生中断的原因可分为两大类,即自然灾害和人为灾难。

1. 自然灾害

自然灾害,如洪水、飓风、龙卷风或地震,是在考虑重大中断事件时最容易想到的灾害。很容易想象飓风、大停电或地震的破坏性影响。它们是最容易被人想到的,但从统计上来看也是最不可能发生的。

如果自然灾害发生了可以通过业务连续性规划引发深入思考。

2012年10月下旬,美国东部和加拿大为桑迪飓风做好了准备,这是有记录以来破坏性最强的大西洋飓风,直径约1800km。随着纽约市开始为风暴做准备,许多数据中心运营商开始实施应急计划,以确保客户仍能够顺利运营。其中一家名为Peer 1 Hosting的运营商,他们将其约1200m²托管数据中心的发电机安装在曼哈顿一栋写字楼的17层。

当洪水来袭时,发电机在数据中心供电中断后,顺利启动了。

由于洪水淹没了办公楼的地下室和一楼,当地的电力公司切断了主楼的电源,留下了约75700L的燃油,也位于一楼,燃油泵因为电力中断而无法正常运行,一楼的燃油无法被泵送至发电机日用油箱,该发电机每小时耗油约151L,日用油箱燃油的供应很快就消耗殆尽。

一个旨在保障数据中心运转的完美计划失败了,它将发电机部署在离地面50多米的高空,远离了洪水的袭击,但"任何可能出错的地方都出错了"。为了保持托管数据中心内的业务可以继续运行,客户们付出了巨大的努力,协助Peer 1 Hosting的工作人员把大量的燃油搬上17层,直到电力恢复。

在当时情况非常紧急、充满变数的环境下,一位客户指出,这个新的、还未经测试的灾难恢复计划实际上运行良好。"看来我们已经将这一点付诸行动,我们可以让它发挥作用——我真的不敢相信。"⊖

有时候,无法预测或计划对抗大自然向你射出的许多支箭。在大多数灾难恢复计划文件中,寻找愿意将燃油运送到17层楼的客户,可能也是一个不切实际的策略。

这个例子很好地说明了,即使是最好的设计和业务连续性规划也会被一些特殊的东西所取代。Uptime Institute是一家位于新墨西哥州圣达菲的智库和专业服务机构,它为数据中心编制了自然灾害风险概要⊖,其中包括向运营商提供关于不同类型灾害性天气可能给数据中心造成的影响的建议。该概要还包括一些美国自然灾害风险位置图(图33.3)。

图33.3 美国自然灾害风险位置图
(美国国家海洋和大气管理局(NOAA)提供)

⊖ http://www.computerworld.com/s/article/9233136/Huge_customer_effort_keeps_flooded_nyC_data_center_running。

⊖ http://uptimeinstitute.com/component/docman/doc_download/11-natural-disaster-risk-profiles-for-data-centers。

2. 人为灾难

第二类灾难绝对符合墨菲定律：人为灾难。

除非你正在运行的是一个"熄灯"数据中心（熄灯数据中心指位于组织总部的服务器或机房，在物理上或地理上是隔离的，从而限制了环境波动和人员访问。用于照明和在常用门周围保持适当气候的不必要能源，可以通过熄灯来节省），这会让工作人员远离该数据中心，从而限制了人为干预，否则人为失误成为数据中心中断主要原因的可能性更大。

人类被完美地设计用于造成数据中心停机。大脑和双手一起工作可能会溢出某些东西，错误关闭一个开关，错误地配置企业基础架构的一部分，或者忽视或跳过某些关键操作流程，而这些流程原本是为了保障数据中心平稳运行，降低人为失误而精心设计的。

在极端情况下，虽然还没找到物理攻击的记录，但恐怖分子可能会将关键的数据中心基础设施作为恐怖袭击的目标。通常，恐怖分子或黑客主要通过远程分布式拒绝服务（DDoS）对数据中心进行攻击，但政府和企业必须在其业务/国家关键基础设施计划中包含数据中心基础设施，并对其进行评估。

虽然商业或政府支持的网络犯罪和网络恐怖主义的总体威胁无疑是在增加，但《数据中心知识》杂志回顾 2012 年十大数据中心停机事件（图 33.4）显示，意外的人为失误比人为的恐怖行为更有可能发生[10]。

排序	数据中心中断	解释的或建议的原因
1	纽约市（11月）	飓风桑迪
2	Go daddy DNS停机（10月10日）	内部事件毁坏路由器数据表
3	亚马逊中断（6月29日~30日）	断电
4	Shaw通信，卡尔加里数据中心（7月11日）	火灾
5	澳大利亚航空公司订票系统（7月1日）	与日期相关的系统
6	微软Azure云（2月29日）	与日期相关的安全证书
7	Saleforce.com（7月10日）	断电
8	叙利亚互联网管制（11月29日）	政府或恐怖主义
9	微软Azure云（7月28日）	流量管理配置
10	Hosting.com（7月28日）	UPS维护人员操作失误

图 33.4　2012 年数据中心十大停机事件（来源：*Data Center Knowledge Magazine*）

从这个完全公开的非科学的数据中心停机列表中可以明显看出，超过一半的停机是由配置错误引起的，无论是系统程序、数据中心子系统的手动维护，还是非常简单的内部数据中心计算机架构的配置。

这些中断中只有一类可能是由于数据中心物理基础设施或子系统的设计不佳造成的，因此被归为以飓风桑迪为标题的事件。

基于这些数据中心的规模，我们假设其中的大多数系统都是按照高可用性规范设计的，然而它们仍然遭受了系统中断之苦。2008 年，在 Freeform Dynamics 关于应用程序故障或中断原因的调查中，电力中断被列为最不可能的原因（图 33.5）。

事实上，该调查指出了一系列人为错误，包括

○　http://www.techopedia.com/definition/26965/lights-out-data-center。

○　http://www.cpni.gov.uk/documents/publications/2010/2010006-vp_data_centre.pdf?epslanguage=en-gb。

软件中断、用户错误、配置/变更管理不足、系统规模/容量规划、IT员工错误或补丁管理不足等，有人可能认为，安全漏洞都是由于人为错误导致的应用程序中断。在列出的 11 次停电中，只有 3 次是物理故障，它们分别排在第 5 位（网络故障）、第 8 位（物理组件故障）和第 10 位（停电/电力管制）。

2012 年，英国一家主要金融机构的一个主要银行系统发生了系统故障。这次停机的后果成了一个全国性的新闻事件，成为该组织对外公关的噩梦，也是所有 IT 运营人员的一个教训。

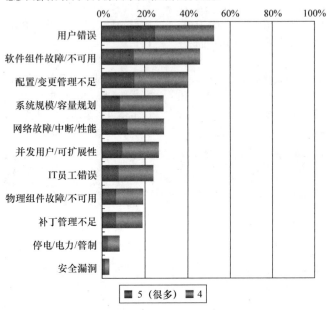

图 33.5　应用程序中断调查（Freeform Dynamics 提供，2008 年 3 月）

尽管可以在 IT 系统中构建尽可能多的冗余和恢复能力，但一次简单的应用程序系统升级就能造成混乱。维基百科上关于这次中断的条目（维基科上的条目非常有名）显示，有的客户的新房购买因此而被推迟，有的客户因此被困在国外，还有的客户被威胁要停止他们在墨西哥一家医院的生命保障系统，一个人因此次中断事件而被送进监狱。

最重要的是，你的组织要进行灾难恢复风险评估，评估和评级所有威胁的过程、发生的概率，以及它们将对你的组织产生的影响。TechTarget 提供了一个示例（表 33.2），给出了一些你可能需要评估的风险范围，这取决于你的基础设施或其他设施最有可能发生的内部和外部威胁的范围。

表 33.2　概率和风险评估示例[①]

威胁		概率(P)	影响(I)	风险 = $P \times I$
洪水	内部			
	外部			
消防	内部			
	外部			

（续）

威胁	概率(P)	影响(I)	风险 = $P \times I$
强风暴			
暴风			
地震			
龙卷风			
飓风			
暴风雪			
冰暴			
冰雹			
干旱			
海啸			
泥石流			
疫情			
瘟疫			
爆炸			
漏气			
结构失效，如桥梁坍塌			

第33章 数据中心灾难恢复和高可用性

(续)

	威胁	概率(P)	影响(I)	风险 = $P \times I$
IT	系统软件			
	应用软件			
	硬件			
	病毒			
	黑客攻击、未经授权的入侵			
	通信、连接			
	供应商失约			
	运营(人为)失误			
公共设施	水			
	污水			
	电力			
	气			
	蒸汽			
	通信系统			
恐怖主义	生物制品			
	化学制品			
	放射性物质			
	核物质			
	破坏			
	炸弹威胁			
刑事犯罪	盗窃			
	非法闯入			
	破坏行为			
	间谍			
	人质			
	谋杀、强奸、殴打			
	贿赂			
	停工			
	工作、行动、罢工			
	内乱			
	人为错误			
	其他			

① 由TechTarget提供。

永远不要忘记,一系列事件最有可能造成数据中心的中断和破坏。

恐怖事件直接摧毁数据中心的可能性非常小,甚至可以忽略不计。但对于许多城市来说,发生恐怖事件时,关闭城市的一部分、中断交通、阻断数据中心基础设施运营人员上班的可能性很大。

飞机坠落在数据中心的可能性实际上是不存在的,但当禽流感大流行时,工作人员可能不得不待在家中,不能与其他人聚集在一起,因为这种疾病的菌株在世界各地继续变异。

然而,统计数据显示,对于大多数企业来说,当前威胁发生的概率,以及诸如洪水、公民抗命、流行病、恐怖主义或极端天气条件等威胁导致数据损坏的概率与中彩票一样不太可能发生。

在某些时候,有人轻弹、切换或错误输入配置更改,可能会使IT系统瘫痪数分钟、数小时甚至数天,这种情况是非常确定的,但大多数赌徒会认为这是肯定会发生的事情。

33.3 物理数据中心设计和冗余:Tiers和$N+$

数据中心的最佳实践设计及工程设计并不是自然的或偶然的。

Uptime Institute作为先驱,多年来已经进行了大量的工作,以标准化物理数据中心的设计,并描述了从设计到物理数据中心及其底层支持系统中的冗余。

最简单的是由Uptime Institute定义的一个Tier I级数据中心,它基本上是一个服务器室,到最高级别的Tier IV数据中心,用于托管任务关键型计算机系统,具有完全冗余的子系统和由生物识别访问控制方法控制的分区安全区域。正常运行时间研究所进一步定义和优化了自己的4个Tiers,㊀它们现在被数据中心托管行业的人士用作商业差异化因素。这些Tiers列在表33.3中。

截至2013年4月,Uptime Institute为全球范围内已建成的数据中心颁发了236项认证。

Uptime Institute Tiers的核心目标是指导设计拓扑,根据业主的业务情况提供高水平的可用性。Uptime Institute Tiers(图33.6)通过其允许维护和承受故障的能力来评估数据中心。

㊀ http://uptimeinstitute.com/TierCertification/。

表 33.3 Uptime Institute Tiers

Tier	要求
I	服务于 IT 设备上单一非冗余分配路径 非冗余容量组件 基本的现场基础设施的预期可用性为 99.671%
II	满足或超过所有 Tier I 要求 容量组件冗余的现场基础设施的预期可用性为 99.741%
III	满足或超过所有 Tier I 和 Tier II 要求 服务于 IT 设备上多条独立分配路径 所有 IT 设备必须双电源接口且完全兼容现场基础架构的拓扑结构 可并行维护的现场基础设施的预期可用性为 99.982%
IV	满足或超过所有 Tier I、Tier II 和 Tier III 要求 所有冷却设备均为独立双电源接口,包括冷冻机、采暖、通风和暖通空调(HVAC)系统 带电力存储和配电设施的容错现场基础设施的预期可用性为 99.995%

简单地说,等级越高,在一个系统、电力或维护中断期间提供正常运行服务的可能性就越大。大多数中小用户的数据中心往往只能达到 Tier II 标准,中大型企业用户可能选择按 Tier III 标准建设数据中心,而数据中心托管服务提供商或云提供商将寻求从 Tier III 或 Tier IV 中心提供他们的服务。

Uptime Institute 提供了丰富的技术文件,内容太多,故无法在这一章中回顾;但是,正如我们在汽车和飞机的类比中所讨论的,值得反思的是不同等级分类之间的差异程度。

大家可以看到,不需要特定的组件细节,仅在 Tier I (图 33.7) 和 Tier IV (图 33.8) 数据中心之间的冗余电气系统设计是相当重要的。

物理数据中冗余的主要定义有两种,即 $N+1$ 或 $2N$。

Sarah Pollock[⊖] 在 Data Center Mapping 的博客中介绍了这两种冗余的定义。

理解 $N+1$ 最简单的方法就是把它想象成你孩子 7 岁时生日聚会的情景。假设你有 10 位客人,需要 10 个蛋糕,但万一有不速之客出现,你可以订 11 个蛋糕。N 表示你需要的蛋糕的确切数量,额外的蛋糕表示 +1,所以你有 $N+1$ 个蛋糕。如果你订了 12 个蛋糕,那么你有 $N+2$ 的冗余。

尽管 $N+1$ 系统包含冗余设备,但它不是一个完全冗余的系统,而且仍然可能发生故障,因为系统运行在一个公共电路上,或者在一个或多个点上馈送,而不是在两个完全独立的路径上运行。

让我们再来回顾一下生日聚会的场景。

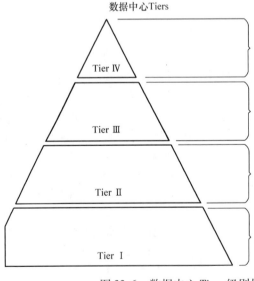

图 33.6 数据中心 Tiers 级别划分
(http://www.colocationamerica.com/data-center/tier-standards-overview.htm)

⊖ http://uptimeinstitute.com/TierCertification/。

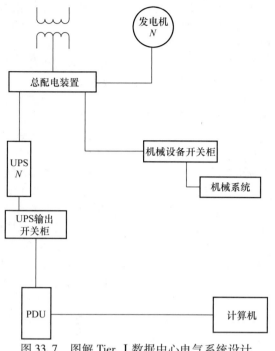

图 33.7 图解 Tier Ⅰ 数据中心电气系统设计

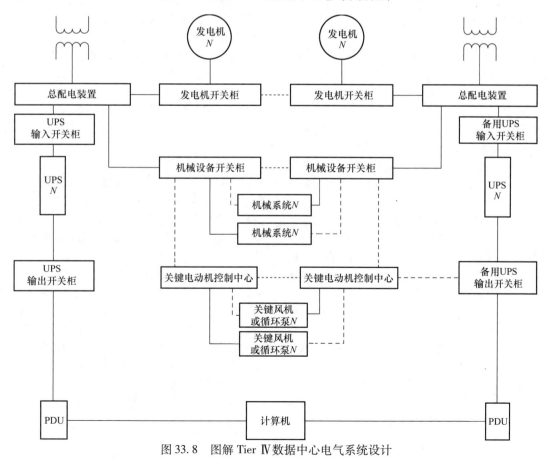

图 33.8 图解 Tier Ⅳ 数据中心电气系统设计

如果计划一个有 2N 冗余系统的生日聚会，那么就可以为 10 位客人准备 10 个蛋糕，外加 10 个蛋糕。2N 只是基本需要蛋糕量的两倍。

在一个数据中心，2N 系统包含两倍于所需设备的数量，这些设备单独运行，没有单点故障。它们比 N+1 系统更可靠，因为它们提供了一个完全冗余的系统，可以很容易进行定期维护，而不会给后续系统造成任何电力损失。

在一个章节中涵盖物理数据中心冗余设计的所有方面是不可能的，但正如你所看到的，在全世界范围内，大量可用的材料和最佳实践建议都是经过充分验证的。

没有必要将数据中心设计的物理冗余留给偶然。

设计一个数据中心应考虑业务的需求，并且需要基于灾难恢复或高可用性及考虑总体费用和可承受的损失而定。所选择的 Tier 或合作伙伴数据中心托管合作伙伴所构建的 Tier 将影响可以使用的数据中心的每平方米空间成本，当然，也有可能不会影响成本，除非数据中心缺乏来自专业服务机构提供的基于最佳实践的设计指导。

33.4 虚拟化带来开箱即用的灾难恢复生存能力

根据 Taneja Group 公司的研究，[一]55% 的用户仍然使用磁带作为主要备份/灾难恢复介质，这种方法旨在当设施系统出现故障时保证数据安全并恢复原状。从非现场存储设备中检索并恢复磁带的速度大致可以说明该公司对数据中心或系统灾难的响应速度。

这个恢复过程意味着 IT 人员需要管理数据备份软件、日程安排、磁带库和离线存档设施或服务提供商。必须协调复杂的流程，以分别从多个物理位置来恢复和重新配置服务器和数据集，因此恢复时间通常很长且不可预测。

对于许多组织来说，这根本不够快。如果在用于灾备的两个数据中心的存储上采用存储复制技术，就可以提供更快的恢复时间，当然成本也是一个需要的考虑因素。

数据中心之间的同步或异步数据复制将较慢恢复速度的成本转移到了新的硬件成本上，并将额外的成本负担转移到广域网上。在广域网上，高成本带宽仍然是全面应用广域复制技术的主要障碍。

但是，许多组织至今仍然没有足够的灾难恢复计划，原因是缺乏大量的冗余投入。组织不仅要复制数据，而且还要复制服务器、网络、安全设备和一系列支持技术。对所有内容都做一个精确的复制，不仅仅会使基础架构价格翻倍，还会使构建系统的成本增加数倍，而设计、架构和构建副本灾难恢复系统的成本也会大幅增加。

对于其 99.999% 的生命，会发生什么？没有！整个恢复基础设施往往长期处于闲置状态，只有在主数据中心发生故障的那一刻才会被使用几个小时、几天或几周的时间，直到主系统恢复运行。

首先，这种方式代价太高。从本质上说，这就像买了第二套房子，并保持其供暖、装修和维护，以防你的主要住所被烧毁。但是，在当今更加复杂的 IT 系统世界中，它不仅仅是一种非常昂贵的保单，有时很难判断在什么时间什么系统发生了故障而需要进行系统的灾难恢复，并且还必须按照你需要的或你希望的方式进行恢复。

其次，由于许多公司都没心思去检查磁带备份数据的质量，越来越多的组织无法或不愿测试其灾难恢复计划和系统。

为什么？奇怪的是，他们不进行测试，因为他们最初构建这些测试的原因是风险；测试灾难恢复计划的风险等。

灾难恢复计划或系统的测试本身可能将导致停机，因为在现代数据中心内构建的系统越来越复杂。

为了测试灾难恢复系统和流程是否按计划工作，许多 IT 部门和他们的董事会现在都在回避关闭子系统或整个物理环境。对于许多员工来说，火灾警报测试带来的干扰已经足够大了，他们难以想象一个完整和特有的灾难恢复计划测试意味着什么。

在当今复杂的工作环境中，IT 服务器和存储系统运行每一个更为复杂的应用程序，并为台式机、笔记本计算机、平板计算机和移动设备提供服务，并且系统依赖于其他核心组件和系统，经过全面测试数据中心灾难恢复计划，我的意思是，如果每个系统都被拆除，并且每个用户都能够以灾难恢复计划中设想的方式继续运行，那么全面测试对于大多数组织来说可能无法实现。

风险实在太高了！

㊀ http://www.colocationamerica.com/data-center/tier-standards-overview.htm

但是，基于虚拟技术的企业基础设施的出现，以及管理工具的发展（这些工具允许自动化和编制以前手工交付的非常复杂的流程），使得灾难恢复测试的风险大大降低，也更加容易实现。

事实上，在服务器、存储和网络硬件之上的虚拟化分层意味着跨不同的本地或远程基础设施的复制服务已经成为一种自然的设计原则。

有人可能会说，虚拟服务器一直处于自然的灾难恢复或高可用性状态。

如今，在机箱中的刀片服务器之间、数据中心的机箱之间或数据中心之间移动一个虚拟机变得越来越简单。

像 VMware 等公司通常不会把服务器灾难恢复作为一门单独的主题来讨论，而是把它作为其核心解决方案和产品的一部分来讨论㊀：

如今，许多组织都没有为其应用程序提供足够的灾难恢复（DR）保护。在大多数情况下，灾难恢复对于除关键业务外的任何应用程序来说都被认为过于昂贵、复杂和不可靠。

灾难恢复是一种保险形式，用于在灾难发生时可保护你的 IT 资产。就像好的保险一样，最好的灾难恢复应该以尽可能低的成本，以最少的搅扰提供最大的保护。VMware 为所有虚拟化应用程序提供最可靠、最经济、最简单的灾难保护。

使用 VMware，组织可以有效地满足灾难恢复的核心要求：

- 自动化快速恢复。
- 可靠的恢复，无中断的自动化测试和简化的恢复计划测试。
- 经济实惠的恢复，无须重复的空闲的数据中心。

VMware 和其他开源虚拟化技术引擎现在都直接提供了一种开箱即用的方法，以改善数据中心的灾难恢复能力，它们不仅解决了恢复单个服务的技术挑战，而且还试图解决整个恢复计划、恢复测试，并阐明了当故障发生时需要启动的许多手动操作流程。

- 集中式恢复计划：使用 vCenter 现场恢复管理器，设置集中式和自动化的恢复计划非常简单，只需几分钟即可通过与 vCenter 服务器紧密集成的界面完成。
- 自动故障转移和现场迁移：vCenter 现场恢复管理器将整个现场恢复和迁移过程自动化。在启动灾难故障转移后，业务服务会在有限的或无人工干预的情况下自动恢复。
- 无中断测试：使用 vCenter 现场恢复管理器，可以根据需要频繁执行故障转移测试，并且不会对生产系统造成干扰。组织能够快速识别恢复计划中的任何问题，从而实现快速解决。
- 广泛的复制选项可供选择，使成本与业务需求最佳匹配，可以使用内置的 vSphere 复制来实现经济实惠的复制，并为大型关键业务型环境提供存储复制。vCenter 现场恢复管理器支持 VMware 存储合作伙伴提供的各种基于存储的复制产品。

这不仅限于服务器上虚拟化软件内置的固有灾难恢复功能。

服务器本身也变得更加智能，并且更倾向于提供现成的内置灾难恢复功能。

现在，越来越多的组织正在构建敏捷的基础设施，它可以动态地重新调整用途，从测试开发资源到灾难恢复资源只需要几分钟甚至几秒钟，而不仅仅是支持那些可以驻留在虚拟机上的应用程序。我们现在可以在几分钟内在数据中心之间移动"物理"硬件。

无状态计算刀片，如 Cisco（思科）统一计算系统（UCS）的出现，现在允许随意移动虚拟硬件。这在计算和灾难恢复领域是一个新的令人兴奋的发展，因为我们现在可以以最少的工作量和复杂性提升和恢复整个应用程序集。

在 Cisco UCS 中，刀片服务器的特性并不存在于物理硬件中，而是存在于被称为服务配置文件的可编程软件中。Cisco UCS 服务配置（图33.9）允许在软件中更改关键定义，允许对机箱中的备用刀片服务器重新编程，以承担可能已发生故障的另一个刀片服务器的角色。对于服务配置文件，新编程的刀片服务器是故障刀片服务器的精确副本，从配置到网络地址、网络名称及所有其他属性的克隆版本。

本质上，服务配置文件可以在单个机箱中的类似刀片类型之间移动，也可以在机箱之间移动，从而在数据中心之间移动。这意味着灾难恢复基础设施的架构和运营方式将发生重大变化，也意味着为了掌握服务配置文件的好处，可能需要更多的技术阅读，在一杯咖啡制作的时间内，可以在不同的数据中心恢复整个应用程序堆栈。㊁

㊀ http://www.vmware.com/business-continuity/disaster-recovery.html。

㊁ http://www.tanejagroup.com/。

NetApp 和 EMC 等存储供应商正在以类似的方式降低数据复制的成本和复杂性。

NetApp 的 SnapMirror?[@] 技术声称，能够将大量技术和运营效率引入数据复制，同时降低这些技术在数据中心之间的网络上的开销；传统存储镜像技术可节省 60% 的总体拥有成本，而且随着存储行业对数据压缩技术的使用不断提高，主数据和复制数据所需的存储量也在逐年减少。[⊖]

网络也已经虚拟化了，我们并没有进入可编程网络、软件定义网络（SDN）的时代。

译者注：近年来，SDN 技术已经迅速成熟并普及，如 Cisco、新华三等主流网络解决方案供应商都发布了 SDN 设备和解决方案。

这些新的可编程虚拟网络创建了一个新的强大的选项，以帮助改善灾难恢复响应。由于虚拟网络可以跨越多个数据中心，所以网络可以同时位于两个地方。以下关于 SDN 如何帮助降低灾难恢复和高可用性环境的成本和复杂性的观点由 SDNCentral 提供，这是一个致力于 SDN 社区的网站。[⊖]

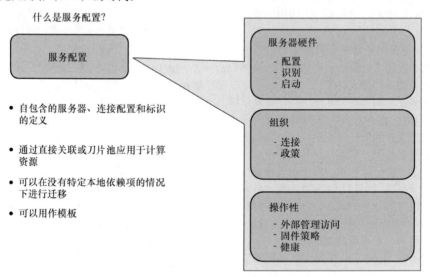

图 33.9　Cisco UCS 服务配置（Cisco 系统公司提供）

虚拟网络的灾难恢复功能跨越了许多关键挑战，这些挑战在历史上对于非虚拟网络来说一直是难以克服的或昂贵的。

● 广域网流量优化。虚拟网络架构意味着流量是在虚拟路由层处理的，这既增加了网络设计的灵活性，又减少了创建复杂环境所需的网络硬件数量，而且虚拟网络可以自然地优化到灾难恢复或高可用性站点的流量。

● 虚拟网络接口卡（vNIC）。管理员不必在设备上分配一个或两个端口，而是可以将许多虚拟端口专用于可能需要的服务。此外，这有助于将虚拟机从一个站点实时移动到另一个站点，并促进环境的高可用性或灾难恢复部分。

● 灾难恢复测试与开发。虚拟化已经在这个领域发挥了作用。然而，从灾难恢复和高可用性的

角度来看，SDN 可以提供更大的帮助。想象一下，能够重新创建一个完整的网络环境来镜像现有的基础设施。区别是什么？一切都是网络虚拟化和完全隔离的。SDN 可以帮助在应用程序、服务、虚拟机和许多其他工作负载之间创建连接。实际上，管理员能够完全从安全且隔离的配置中测试他们的环境、灾难恢复计划或高可用性方法。在许多情况下，你甚至可以模拟最终用户环境来创建一个真正强大的测试平台。

● 利用负载平衡器。通过网络虚拟化，新型负载均衡器不仅有助于流量控制，还有助于灾难恢复和高可用性。像全局服务器负载平衡（GSLB）这样的工具不仅可以根据用户的位置和 IP 地址将用户移植到相应的数据中心，而且还可以协助制定

[⊖] http：//www.vmware.com/solutions/datacenter/business-continuity/disasterrecovery.html。

[⊖] http：//www.cisco.com/en/US/prod/collateral/ps10265/ps10281/white_paper_c11-590518.pdf。

灾难恢复计划。通过设置 GSLB 环境，用户可以在发生紧急情况时被完全透明地推送到恢复的数据中心。这个虚拟的跨广域网心跳组件将监测数据中心的可用性，并在出现情况时将用户推送到可用性更高的数据中心。

使用虚拟化网络有如下明显的好处：

- 组织能够更加灵活，更好地控制其网络足迹，并根据业务需求扩展其基础设施。更多的网络制造商正在为虚拟网络创造各种选择。SDN 市场的扩张在很大程度上是因为虚拟化的推动。
- IT 目标是围绕效率和整合制定的，利用网络虚拟化技术有助于组织实现这些目标。通过引入 SDN 组件，可减少物理占用空间，并提高网络基础设施的敏捷性，公司可以继续构建强大的灾难恢复就绪环境。
- 对于许多组织来说，虚拟技术的固有优势是为灾难恢复和高可用性问题提供了一种更清晰、更简单的方法。

基于数据中心烧毁可能性很低的事实，并假设 Tier Ⅰ、Tier Ⅱ、Tier Ⅲ 或 Tier Ⅳ 级数据中心内机械和环境系统应对故障的相应响应，IT 硬件的损失是最可能导致停机或丢失的物理故障原因。

在构建由自动化和协调管理工具管理的虚拟基础架构时，允许复杂的手动流程（在失效场景中需要许多流程，只需要按一下按钮即可启动），拥有永不出现故障的 IT 基础设施的概率现在非常高。

33.5 灾难恢复和云

外包和云计算是灾难恢复和业务连续性问题的简单解决方案吗？

当越来越多的组织（从数据中心托管公司到基于管理服务提供商和云提供商）将为你提供灾难恢复基础设施时，为什么还要拥有和运营自己的灾难恢复基础设施呢？

在过去几年中，灾难恢复即服务（DRaaS）的市场增长已经超过了大多数其他 IT 服务市场。

根据 Markets and Markets 公司的研究，⊖ 全球 DRaaS 和基于云的业务连续性预计将从 2013 年的 6.408 亿美元增长到 2018 年的 57.7 亿美元，复合年增长率（CAGR）为 55.2%。

许多组织已经将其灾难恢复计划的一些主要方面进行外包，最广泛使用的外包是由第三方公司提供"热门服务台"。如果你的办公室被水淹没，你的一部分员工通常会被安置到由专业公司运营的共享设施中，其中许多公司还提供用于重新安置的数据中心空间。这个市场本身也受到了技术的影响，越来越多的组织将远程工作作为许多员工日常生活的一部分。工作是人们所做的一件事，而不是他们去的某个地方，现在变成了组织的口头禅。这些组织正在利用技术为员工提供更好的工作与生活平衡，同时减少他们需要拥有的实际办公场所数量。

"云"技术（托管的、敏捷的、基于消费的 IT 服务）的出现，主要覆盖了包含 IaaS、PaaS 和 SaaS 的 IT 基础设施，现在提供了越来越多的独立和集成灾难恢复服务。

备份即服务是许多企业甚至政府客户早期使用的基于云的服务之一。

无论你使用的是简单的基于文件的软件工具，还是更复杂的基于图像的设备，这些备份服务都会将数据转移到安全的云存储中，在那里几乎可以立即检索到所需的数据。你不需拥有任何基础设施，并且在运行所有确保数据安全的备份系统时不会产生任何运营开销。当发生重大或轻微的灾难（用户删除文件或损坏的数据）时，可以从云服务提供商那里恢复受影响的文件。

DRaaS 增加了多个服务层，为基于消费的灾难恢复创建了一种完全收缩包装的方法。DRaaS 产品由基于云计算的服务支持，不仅是可以将备份文件存储在异地，以便恢复到你的场所，使你可以将云中的"新"环境作为一系列虚拟机和你的数据。DRaaS 提供计算和数据一体化服务，通常由运营而非资本支付开支。许多 DRaaS 只提供基于虚拟机的服务，但在这个不断增长的市场中，无论你使用哪种系统（x86、RISC 或大型机），都可以为大多数主流计算平台和操作系统提供 DRaaS。

基于云的 DRaaS 服务市场正在走向成熟，更广泛的云市场也在走向成熟，以及不必购买、构建或运营自己的内部灾难恢复基础设施的诱惑对许多组织都非常有吸引力，特别是规模较小的企业，它们可能没有资源、技能或资金来负担最基本的灾难恢复基础设施。

⊖ http://www.netapp.com/us/system/pdf-reader.aspx?m=snapmirror.pdf&cc=us。

对于许多人来说，它将成为预防企业级基础设施故障的数据中心的最终保险单，只需支付自己所需的那部分成本。

使用云提供商的 DRaaS 还有另一个优势。DRaaS 提供商的基础设施规模更大，这种规模迫使他们投资于更高级别的灾难恢复和高可用性规划。每个客户都应该从他们自己能够负担得起的更强健的环境中获取他们的服务。

云服务提供商使用本章前面描述的高可用性 Tier Ⅲ 和 Tier Ⅳ 数据中心，因此从理论上讲，可以访问由服务提供商运营的随需应变的系统，这些服务提供商投入巨资，提供卓越的运营性能和安全性，其数据中心通常符合最高等级的构建和运营标准。

但是，与所有服务合同一样，选择拥有相应服务级别的合适提供商，在最佳实践流程和系统上进行了投资的人员，以及在你最需要的时候会出现在那里的人员是至关重要的。

从使用备份即服务到完整的 DRaaS 是一个巨大的飞跃，你的业务连续性计划应该评估你云提供商所面临的风险，包括来自你最初认为可能出现的所有潜在停机场景。

云灾难恢复策略将与许多组织密切相关，但外包也有其自身的挑战。

但是，在未来几年中，基于云的服务的日益成熟只能意味着云中的 DRaaS 很可能成为大多数中小型企业，甚至越来越多的大型商业组织的主要灾难恢复策略。

参考文献

[1] Anonymous. Disaster recovery, Wikipedia. Available at http://en.wikipedia.org/wiki/Disaster_recovery. Accessed on August 1, 2014.

[2] Anonymous. High availability, Wikipedia. Available at http://en.wikipedia.org/wiki/High_availability. Accessed on August 1, 2014.

[3] Holden C. German cars "among worst for engine failures." Campbell: Auto Express. January 2013. Available at http://www.autoexpress.co.uk/car-news/consumer-news/62383/german-cars-among-worst-engine-failures. Accessed on September 20, 2014.

[4] Handling engine malfunctions. Blagnac Cedex: Airbus Customers Services. December 2006. Available at http://www.skybrary.aero/bookshelf/books/193.pdf. Accessed on September 20, 2014.

[5] Causes of fatal accidents by decade. PlaneCrashInfo.com. Available at http://www.planecrashinfo.com/cause.htm. Accessed on August 1, 2014.

[6] Bigelow S. The causes and costs of data center system downtime: Advisory Board Q&A. TechTarget. Available at http://searchdatacenter.techtarget.com/feature/The-causes-and-costs-of-data-center-system-downtime-Advisory-Board-QA. Accessed on September 20, 2014.

[7] GeekAbout website. 40 Most disastrous cable messes. Available at http://www.geekabout.com/2008-02-19-479/40-most-disastrous-cable-messes.html; http://www.geekabout.com/2008-02-19-479/40-most-disastrous-cable-messes.html. Accessed on September 20, 2014.

[8] Business continuity planning. Wikipedia. Available at http://en.wikipedia.org/wiki/Business_continuity_planning. Accessed on August 2, 2014.

[9] Sponsor by Emerson Network Power. Calculating the cost of data center outages. Traverse City: Ponemon Institute LLC. February 2011. Available at http://www.emersonnetworkpower.com/documentation/en-us/brands/liebert/documents/white%20papers/data-center-costs_24659-r02-11.pdf. Accessed on September 20, 2014.

[10] Miller R. The year in downtime: Top 10 outages of 2012. Cincinnati: Data Center Knowledge. December 2012. Available at http://www.datacenterknowledge.com/archives/2012/12/17/the-year-in-downtime-top-10-outages-of-2012/. Accessed on September 20, 2014.

延伸阅读

Brocade/Hitachi. Beyond disaster recovery—build datacenter resilience. Hitachi. 2007. Available at http://www.brocade.com/downloads/documents/solution_briefs/HDS_Brocade_Brochure_Web.pdf. Accessed on May 23, 2014.

Introduction to business continuity planning. Sans Institute. 2014. Available at https://www.sans.org/reading-room/whitepapers/recovery/introduction-business-continuity-planning-559. Accessed on May 23, 2014.

Smith J. Business. 2010. Continuity planning & disaster recovery planning. Purdue University. Available at https://www.google.com/#q=smith+j+business+continuity+planning+%26+disaster+recovery+planning+purdue+university. Accessed on August 16, 2014.

第 34 章 自然灾害的教训和数据中心的准备

美国加利福尼亚州，亚美智库　耿怀渝（Hwaiyu Geng）
日本东京国际信息系统审计协会　梶本政利（Masatoshi Kajimoto）　著
美国加利福尼亚州，亚美智库　耿怀渝
中国外运股份有限公司　孟明　译

34.1 引言

"减少致命性自然灾害的关键是预测、教育和信息。不幸的是，我们没有给这些因素足够的重视"[1]。本章的目的是让数据中心的利益相关者增强对自然及人为灾难的认识、预防和准备。

已经证明，70%以上的数据中心停机是人为错误，如程序执行不当或维护不当造成的，除了自然灾害，恐怖分子对数据中心基础设施及其软件的攻击也可能是毁灭性的。因此，有必要为数据中心制定业务连续性（BC）的计划和灾难恢复（DR）计划。我们从过往的经验中学到的越多，对加强 BC、DR 计划和应对灾难情况的准备也就越充分。

34.2 业务连续性和灾难恢复设计

一盎司（oz，1oz = 28.3495g）的预防胜过一磅（lb，1lb = 453.59237g）的治疗。数据中心基础设施应该考虑超出法定建筑规范和标准的 BC 和 DR 要求进行建设。国际建筑规范（IBC）或加利福尼亚建筑规范（CBC）只要求确保居住者的生命安全，不考虑建筑物的破坏和修复期间不能使用的损失，以及灾后业务的连续性。要想让数据中心在自然灾难或人为灾难后还能保持运行，基础设施的设计必须考虑系统的冗余，建筑结构和非结构组件必须要依照合适的 BC 及 DR 进行加固和强化。

本手册阐述了冗余的许多方面，因此具有鲁棒性。为了加强建筑结构和非结构性组件的抗震能力，美国联邦应急管理局（FEMA）制定了以下设计指南：

- "安装机械设备的抗震装置"，FEMA，2002 年 12 月。
- "安装电气设备的抗震装置"，FEMA，2004 年 1 月。
- "安装风管和管道的抗震装置"，FEMA，2004 年 1 月。

当地震或其他灾难发生后，它可能造成最大损失的价值简称可能最大损失值（PML）。PML 还应包含销售和市场份额的损失。与 PML 相比，设计和安装一套抗震装置的成本是非常小的，尤其对于一个新建项目来说更是如此。美国材料与试验协会（ASTM）发布了如何评估地震损失的指南。该文件于 2007 年更新，添加了 PML 以外的内容，如受灾预期损失（SEL）、受灾上限损失（SUL）和可能损失（PL）。

自然灾害通常引起网电中断。当网电中断时，其他的电源，如燃料电池等技术可以提供电力。对于互联网服务提供商（ISP），必须确保有多种互联网接入方式以提供基础服务，这包括光纤、T1 线路、卫星通信和数字用户线路（DSL）的组合，以便在一个或两个连接失败时仍能提供基线服务。

34.3 自然灾害

自然灾害包括地震、海啸、火山喷发、飓风、龙卷风、野火、热浪等，尽管许多自然灾害都可能会影响到数据中心的运行，但本章将重点讨论日本东北部大地震和美国超强飓风桑迪这两个灾害的教训。地震和人为灾难是不可预测的，但强飓风或强风暴是可以预测的，因此可以事先有所准备。

地震与火山活动、海啸密切相关。日本大约

100%的国土处于地震带，中国约60%，美国约40%，还有从大洋洲、亚洲到美洲，以及其他地区的"环太平洋地震带，或称火环"[2]。地震是由大陆板块错位引起的（图34.1），起因是"发散、收缩或板块边缘断裂"⊖。地震还可能引发海啸⊖、滑坡和火山喷发。

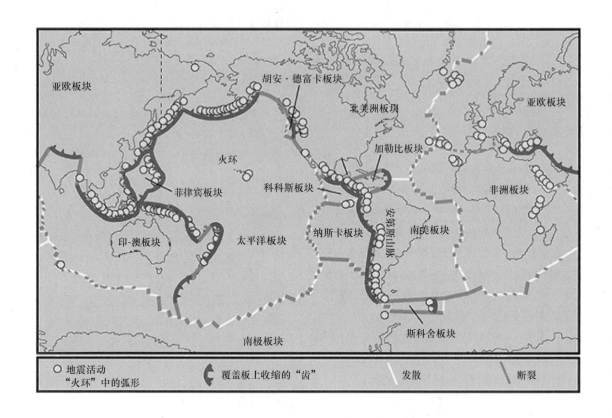

图34.1 世界板块和火环（来自美国国家公园管理局）

海啸是海底地震所引起的一系列海浪叠加的结果。通过检测每分钟海水通过监测仪的海浪高度变化，去除正常水位及潮汐影响，就可以测出海啸引起的水位偏差（图34.2）。

⊖ http：//pubs.usgs.gov/gip/117/gip117_ebook.pdf。

⊖ http：//tidesandcurrents.noaa.gov/。

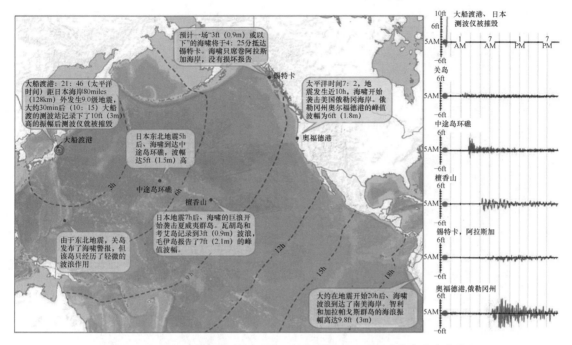

图 34.2　日本东北海啸横跨太平洋、水位测量显示了海啸带来的水位偏差
（源自 http：//tidesandcurrents.noaa.gov/）

34.4　2011 年日本东北部大地震

2011 年 3 月 11 日，东北太平洋沿岸发生了里氏 9.0 级的俯冲带地震，就是大家常常提到的"日本东北部大地震"。这是自 1900 年有地震测量记录以来日本发生的最大地震，也是美国地质勘探局（USGS）有记录以来的第四大地震。地震过后 30min，一场速度高达 500mile/h（800km/h）、具有毁灭性的大海啸袭击了日本东部沿海长约 406mile（650km）的海岸线，淹没了 217mile^2（561km^2）的土地。灾难造成 15894 人死亡，2500 人失踪，数以千计的人员受伤，127290 间房屋被夷为平地。海啸导致福岛第一核电站冷却系统故障及 7 级核熔毁和放射性物质泄漏。

这场特大灾难包括地震、海啸和核电站关闭，以及全球供应链中断，它是世界史上损失最大的自然灾害。灾害对建筑、道路、港口和其他设施造成的损失估计高达 2350 亿美元。如果不是日本吸收了 2000 多年以来的历史教训，制定了一套详尽的灾难风险管理系统，这次灾难造成的生命和财产损失可能会更大、更严重（图 34.3）。

从日本东北部大地震和海啸可以汲取以下教训[3]。

1. 发生了什么

（1）最初三天

- 由于海啸，许多企业失去了负责救灾工作的人员及决策者。
- 灾难导致电话、通信及网络拥塞。
- 电力供应中断。
- 许多组织机构同时遭到破坏，这不仅是一个企业遇到困难，它的供应链企业也无法正常运营。
- 信息技术（IT）资源被严重破坏和中断。
- 运输线路严重受损。
- 余震在不断发生。

（2）最初三个月

- 不定期的轮流停电。
- 灾区内电力供应短缺现象持续存在。
- 关东地区（东京和其周边辖区）执行了法定的"节约用电"措施。

（3）最初四个月及以后　电力短缺在日本西部日趋严重。因为核电站的关闭，许多原来在关东地区的工厂、数据中心和其他机构搬迁到了日本的西部地区。

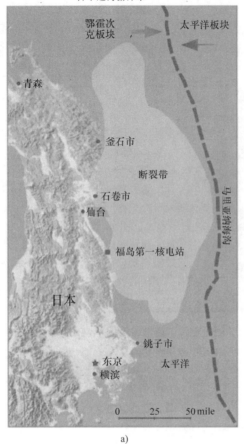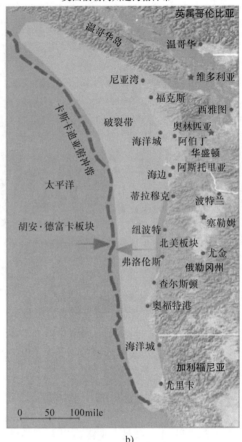

图 34.3　经验教训：美国俄勒冈州的地质构造如同日本东海岸的翻版（源自参考文献 [2]）

a）海岸线与点线之间的区域是日本东北断裂带的区域　b）海岸线与点线之间的区域表示太平洋西北部可能发生地震的区域

2. 对 IT 相关工作的影响

（1）影响一

- 指挥系统受到破坏。几乎没有人能够为 IT 基础设施的恢复制定适当的计划。
- 通信系统受到破坏。几乎不知道"谁还活着？""谁负责？""发生了什么事？"和"当前状态是什么？"等。
- 用于应急电力供应的燃料储备十分有限（仅够用 1~2 天）。
- 服务器机房受到电路系统的严格保护，由于电力不足、余震不断，电路系统成为应急响应措施的障碍，有些组织机构干脆一直开着机房的门。

（2）影响二

- 由于众多企业遭受灾难，供应商没有能力迅速提供灾难中受损的设施或备件（服务器、PC 等）。
- 灾备中心也在灾难中受损，因此许多组织机构在短时间内不可能恢复运行。
- 由于轮流停电，企业无法有效地从远程办公地点联结其服务器。
- 数据恢复是一项非常艰巨的任务，如果某一家企业的数据备份是每周循环备份一次，那么他们几乎丢失了将近一周的数据。在有些情况下，电子备份和纸质备份都会受到损坏。
- 近核电站事故的地区，没有人被允许进入自己的办公室。
- 许多 IT 相关的设备在海啸时被海水冲走，有些设备落入了不该得到它们的人手中。
- 由于运输路线难以在短时间内修复，导致了许多地区的燃料供应中断。
- 一些组织机构将他们的数据中心和工厂转移到日本的西部地区。

- 应急电源不能长时间供电，因为它们是为短期运行而设计的。
- 许多组织机构无法进行每月的定期数据处理，这造成大量延迟。

(3) 影响三　在日本西部，许多企业因为电力短缺而无法满负荷运行。

对灾害所造成破坏有了完整的了解后，可以看看从灾难中得到了哪些的教训：

1) 糟糕的情况可能会持续很长一段时间。快速恢复到以前的状态是不可能的，因而对此要有所准备。

2) 尽可能让更多人参与灾后恢复的工作，事先指定好每个人的工作角色和责任有时不见得可行。

3) 数据加密是不可或缺的。

4) 类似云计算的环境在这种情况下非常有帮助。

5) 应用"不确定性风险的管理"是十分必要的。

- 在日本历史上，发生过的多次大地震、海啸都被记录了下来。我们必须更加仔细地研究我们的历史，并注意这些事情可能会发生在我们身上。
- 最近，就在同一个震区（环太平洋地震带）发生了多次强烈地震和海啸。2004—2010 年间的"苏门答腊灾难"引发了大地震和海啸，包括 2004 年的里氏 9.1 级大地震。我们必须从这些灾难中学习，并且认定一个事实，就是同等级别的灾难随时可能会发生在同一震区。
- 尽管我们还不能准确地预测出会在何时、何地发生多大规模的地震，但我们可以为这些不确定因素做好准备。

6) 对于某些风险情况的准备工作可能是无用的。过多的灾难应对手册只成为该单位的"镇静剂"，但组建一个"风险管控框架"可以使准备和应对灾难做得更好。

灾害可能会随时随地发生，请你和你的同事们现在就坐下来制定一个完善的 BC 和 DR 计划。

34.5　2012 年美国东海岸超强风暴桑迪

2012 年 10 月 29 日，一个被称为"桑迪"的 2 级超强飓风在美国新泽西州登陆。袭击了从佛罗里达州到缅因州的整个美国东海岸，影响了美国东部、24 个州。桑迪从风眼向外延伸达 175mile（282km）使得它比同类型的飓风强大很多（图 34.4）。它将一场灾难性的"风暴潮"带到新泽西、纽约和康涅狄格州，持续风速达 80mile/h（129km/h）的狂风和暴雨袭击了人口稠密的纽约州和新泽西州。风暴潮掀起的巨浪在纽约的炮台公园达到了 14ft（4m），打破了 1960 年"唐娜"飓风创下的 10ft（3m）的记录，它是有史以来第二大的大西洋风暴。飓风使大西洋沿岸产生了严重的洪水泛滥，导致纽约大都会地区燃料短缺，并引起西弗吉尼亚、弗吉尼亚、马里兰和北卡罗来纳州降下 2ft（0.6m）深的大雪。这次风暴导致美国 117 人死亡，加拿大和加勒比海超过 69 人死亡，并造成 500 亿美元损失，使得 850 万居民断电。桑迪飓风带来的损失仅次于 2005 年的卡特琳娜热带风暴。详细的事件过程可以在美国有线电视新闻网（CNN）的"飓风桑迪快报（Hurricane Sandy Fast Facts）"[4] 中找到。

译者注：请参考 2018 年报告，https//www.fema.gov/mat-results-hurricane-sandy。

以下是与数据中心准备工作相关的一些要点：

- 当局暂停了火车、地铁、轻轨和巴士等影响将近 1100 万乘客的服务，航空公司取消了航班。
- 根据美国核管理委员会的一份声明，三座反应堆在风暴期间跳闸或关闭。
- 15 个州和哥伦比亚地区共有 790 万家企业和家庭断电（直到 11 月 7 日，仍有 60 万人无电可用）。
- 受桑迪袭击的地区由于加油站断电而无法供应燃油。
- 美国能源信息管理局报告称，纽约大都会地区大约 67% 的加油站无油可售。
- 通过官方渠道宣布，纽约市公立学校将于 11 月 5 日恢复开学。
- 一个来自海洋带有强大东北风的低气压系统将袭击已被桑迪破坏的地区。

34.5.1　从美国东海岸超级风暴桑迪得到的教训

现代的天气预报在桑迪来袭前早就发出了警告，但在纽约的曼哈顿等地区，桑迪带来的洪水

（图34.5）仍造成了巨大的破坏。

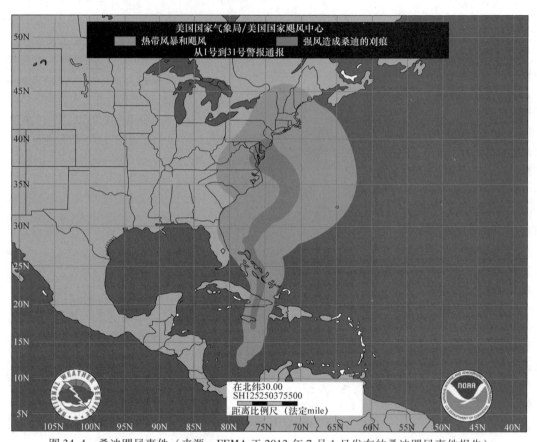

图34.4　桑迪飓风事件（来源：FEMA于2013年7月1日发布的桑迪飓风事件报告）

注：桑迪在美国东南海岸以一级飓风向北上移动，于2012年10月29日在新泽西州大西洋城附近登陆，成为一个热带气旋。

图34.5　新泽西州霍博肯和曼哈顿的地铁站大量进水
（美联社/纽约和新泽西港务局提供）

大多数公司不会在地下室或一楼建造数据中心，但由于机架冷却的需要，人们总是把地下层作为机房空间以放置基础设施的设备，如电气开关柜、机械设备（水冷机组和泵）和UPS。总之，只要机房空间不设在地下室而是在地面以上，这仍然是一个较好的设计方案。

纽约市的消防和建筑规范规定，燃料油箱必须位于建筑物的底层。因此，地下室配备了大功率的排水泵，以确保地下室的燃料箱、电气开关和机械设备能安全运转。为避免洪水对燃料输送泵造成损坏，可将泵体封装在防水箱内，或者在燃料箱中使用配备防水电源和高通风口的潜水泵。为确保积水不会渗入，可建造一个防水的燃料储藏室。若大量洪水进入了地下室，燃料油箱会离开基座而浮升起来，以断开连接。楼内的燃料箱应配备可与油罐车连接的管道，以迅速供油，确保应急发电机的运行。

以下是从桑迪飓风事件中学到的经验教训，可以在准备业务连续性/灾难恢复（BC/DR）计划时加以考虑。

34.5.2 业务连续性/灾难恢复计划

- 留意风暴警报，及早交流且尽早备灾的公司，准备工作会做得更成功。
- 一旦收到风暴警报，立即启动业务连续性/灾难恢复（BC/DR），并按照预先制定的流程操作。
- 计划灾后48h、96h及144h内都需要做什么。
- 及时向客户提供充足的信息，以便他们能制定更好的DR。
- 与客户或商务伙伴进行定期DR演练，制定出最坏情况下的DR解决方案。
- 审阅非关键任务，并在紧急恢复过程中商定何时恢复使用。
- 在灾难发生后，重新评估BC/DR的准备工作，包括服务提供商在事件中的表现、哪些工作做得好、哪些工作做得不好而做改进等。

34.5.3 通信

- 加强对事件管理过程至关重要的关键人员和决策者的通信系统（如在家中配备发电机）。
- 在为无法到达数据中心的关键人员和决策者预先安排全方位服务的办公室。
- 通过电子邮件向决策者、员工和客户报告详细DR进展情况，在企业网站上发布DR的重点信息。
- 使用电子邮件、电话、网站发布、微信等工具发布信息和进行沟通。
- 使用社交媒体和GPS与企业员工进行联络和定位。
- 美国联邦通讯委员会报告，因25%的手机基站停电，导致手机无法通信。可以考虑使用卫星电话、业余无线电等多样化的通信手段。
- 确保有给手机充电的设施。
- 确保应急中心电话24h有接线员待命。
- 确保语音和数据基础设施冗余。
- 由于风暴而导致交通不便，不愿或不能离开家庭的员工可以通过远程办公系统工作。

34.5.4 应急电源/备用发电机

- 现场至少储备够运转12h的燃料。
- 定期测试主、备电源的切换。
- 考虑来自不同区域的柴油燃料供货商，签订多个燃料供货合同。
- 定期检查和维护备用发电机，制定能够支持48h、96h或144h工作的计划，并了解其限制因素。

34.5.5 后勤

- 确保在风暴来临前准备好发电机、电缆延长线及所需备件，并在风灾前入库。
- 准备好食品、饮用水、手电筒、睡袋、服装、药物和个人医疗必需品等生存资源。
- 充分了解供货商和第三方公司在供应链中断时的BC方案。
- 储备好汽车所需的汽油。
- 预先安排危机期间的信贷额度，并考虑内部采购系统的延误，确保有钱买东西。

34.5.6 预防性维护

- 每季度、每半年或每年都要进行BC/DR演练。
- 事件响应团队成员定期对系统和基础设施进行BC/DR测试。
- 在风暴来临前，全面测试支持数据中心关键任务运行基础设施。
- 定期切换到发电机供电系统，每次运行6~8h。
- 定期切换到电池、UPS和发电机，进行10h的停电测试。
- 在风暴灾害来临前，加满油箱并测试发电机。

34.5.7 人力资源

事先组织好事件支持团队，团队的人员应该来自不受灾害影响的数据中心，一旦收到简短的通知，他们就能在公路和机场关闭之前就位（恐怖袭击是一个例外的情况）。

34.5.8 信息技术

- 在事件发生前，将IT负载转移到其他地点。
- 灾害可能导致停电，因此可能需要调整常规备份存储和镜像处理流程。
- 将电子邮件系统、文件系统和数据存储转移到外部云服务提供商，以确保通信不会中断。
- 经验证明，将通信系统转移到基于云的主机上是非常有价值的。
- 优先处理关键任务，简化灾后恢复工作流程。
- IT安保工作是BC/DR期间较为松懈的时期，保持警惕并在BC/DR过程中实施最佳实践是非常重要的。

BC/DR实践中有许多是与数据中心和IT领域相关的，为增强抗灾能力，可将数据部署在冗余的数据中心、集装箱数据中心、托管主机或云服务。

34.6 结论

在自然灾害或人为灾难事件发生前，应充分考虑如何简化数据中心中BC/DR、风险评估和危机管理的流程，并制定详细的缓解计划。一个好的DR计划应该是简明扼要的。受灾时，员工没有时间去阅读一个复杂冗长的计划。必须考虑投资，以确保数据中心建筑结构、非结构组件、IT 设备和基础设施的完整性。

DR 准备工作包括事件响应团队、人力资源、策略和流程、通信协议和培训，必须在本地和公司层面系统化地重审和实操演练，让客户或业务伙伴也参与到灾难恢复和运营计划中来。协调柴油供货商、公用事业公司和政府机构等团体，确保回滚期间的电力和物料供应。

建立一个可持续运行数据中心的 BC/DR 准备文化事关每一个员工。

熟能生巧。让数据中心运营、IT 和客户的人员都有计划、有系统地参与培训和实际演练。要特别注意沟通与协调。

给关键员工家中安装应急电源。照顾好员工，让他们家中有电、有暖气，无后顾之忧。

灾后讨论总结应该包括关键服务的提供，云服务上的电子邮件和文档，保险赔付条款和洪水泛滥程度等的潜在不足。必须讨论每一次灾难后的教训、以了解哪些行之有效，哪些不奏效。将它们结合起来以不断提高 BC/DR 技术、策略和流程，并使准备工作达到新的水平，避免重犯灾后修复时同样的错误。

事后追悔不如事前的准备稳妥。一旦有自然灾害警报，就要采取特别的措施，做好准备工作，数据中心的停机时间和恢复时间将会大大缩短。

参考文献

[1] Natural disaster preparedness and education for sustainable development. UNESCO Bangkok; 2007.
[2] The 2011 Japan earthquake and tsunami: lessons for the Oregon Coast. The Oregon Department of Geology and Mineral Industries; Winter 2012.
[3] Kajimoto M. One year later: lessons learned from the Japanese tsunami. ISACA; March 2012.
[4] Cable news network. Available at http://www.cnn.com/2013/07/13/world/americas/hurricane-sandy-fast-facts/. Accessed on May 23, 2014.

延伸阅读

Blake E, Kimberlain T, Berg R, Cangialosi J, Beven J. Tropical cyclone report Hurricane Sandy. Washington, DC: National Hurricane Center, National Oceanic and Atmosphere Administration; February 12, 2013.

Bosco ML. Hurricane Sandy prompts new way of thinking about data center resiliency. FacilitiesNet; May 2013. Available at http://www.facilitiesnet.com/datacenters/article/Hurricane-Sandy-Prompts-New-Way-Of-Thinking-About-Data-Center-Resiliency--14015. Accessed on May 22, 2014.

Brotherton H. Data center recovery best practices: before, during, and after disaster recovery execution [Master thesis]. West Lafayette: Purdue University; 2011. Available at http://works.bepress.com/heatherbrotherton/. Accessed on May 22, 2014.

Disaster recovery: 10 lessons from Hurricane Sandy. Deloitte; November 2012. Available at http://deloitte.wsj.com/cio/2012/11/29/disaster-recovery-planning-10-lessons-learned-from-hurricane-sandy/. Accessed on May 22, 2014.

IBM. Faster disaster recovery in IBM business process manager. August 2013. Available at http://www.ibm.com/developerworks/bpm/bpmjournal/1308_zhang/1308_zhang-pdf. Accessed on May 22, 2014.

Industry impact and lessons learned from Hurricane Sandy. Tellefsen and Company; January 2013. Available at http://www.futuresindustry.org/downloads/Industry-Impact-and-Lessons-Learned-From-Hurricane-Sandy_Summary-Report.pdf. Accessed on May 22, 2014.

Japan Metrological Agency. Lessons learned from the tsunami disaster caused by the 2011 Great East Japan Earthquake and Improvements in JMA's Tsunami Warning System. October 2013. Available at http://www.seisvol.kishou.go.jp/eq/eng/tsunami/LessonsLearned_Improvements_brochure.pdf. Accessed on May 22, 2014.

Kidman A. Top 10 data center management lessons from Hurricane Sandy. Lifehacker; April 2013. Available at http://www.lifehacker.com.au/2013/04/top-10-data-centre-management-lessons-from-hurricane-sandy/. Accessed on May 22, 2014.

Learning from the Great East Japan Earthquake and Tsunami Policy Perspectives—Summary Statement. Japan-UNESCO-UNU Symposium; February 2012. Available at http://ioc-tsunami.org/index.php?option=com_oe&task=viewEventRecord&eventID=1035. Accessed on May 22, 2014.

Ready, Prepare, Plan, Stay Informed. FEMA.gov. Available at http://www.ready.gov/business/implementation/continuity. Accessed on May 22, 2014.

Rimler B. Lessons learned from Hurricane Sandy. Schneider Electric Data Center; November 29, 2012. Available at http://blog.schneider-electric.com/datacenter/2012/11/29/lessons-learned-from-hurricane-sandy/. Accessed May 22, 2014; the U.S. Geological Survey; 2010. Available at http://pubs.usgs.gove/gip/117/. Accessed on May 22, 2014.

Suppasri A, Shuto N, Imamura F, Koshimura S, Mas E, Yalciner A. Lessons Learned from the 2011 Great East Japan tsunami: performance of tsunami countermeasure, coastal building, and tsunami evacuation in Japan. Pure Appl Geophys 2013;170(6–8): 993–1018.

Sverdlik Y. Japan data centers face rolling blackouts. London, UK: Datacenter Dynamics; March 15, 2011.

Tilling R, Heliker C, Swanson D. Eruptions of Hawaiian Volcanoes—past, present, and future. Reston: U.S. Geological Survey; 2010. Available at http://pubs.usgs.gov/gip/117/gip117_ebook.pdf. Accessed on May 22, 2014.

Tuner WP, Seidman D. Sandy. 2013 Symposium Uptime Institute; May 2013. Available at http://symposium.uptimeinstitute.com/images/stories/Symposium_2013/2013_Slides/Day3/0516_sandylessonslearned.pdf. Accessed on May 22, 2014.

World Bank. The Great East Japan earthquake learning from mega-disasters. Washington, DC: World Bank; 2012.

Yamanaka A, Kishimoto Z. The realities of disaster recovery: how the Japan Data Center Council is successfully operating in the aftermath of the earthquake. Shinjuku, Tokyo, Japan: JDCC, Palo Alto, CA; AltaTerra Research; June 30, 2011.